각종 영어시험에 필요한

이펙티브 어휘사전

실용영어 연구팀 지음

Jonghap Books

실용영어연구팀

각종 영어시험에 필요한
이펙티브 어휘사전

발 행 일 2020년 10월 15일(초판 1쇄)
저　 자 실용영어연구팀
발 행 인 문정구
발 행 처 종합출판 ｜EnG
출판등록 1988. 6. 17 제 9-175호
주　 소 04002 서울시 마포구 월드컵북로5길 65 주원빌딩(4층)
홈페이지 www.jonghapbooks.com
전자메일 jonghap@jonghapbooks.com
대표전화 02-365-1246
팩　 스 02-365-1248

ISBN 978-89-8099-727-5　13740

※ 낙장 및 파본은 바꾸어 드립니다.

「이 도서의 국립중앙도서관 출판예정도서목록(CIP)은 서지정보유통지원시스템 홈페이지 (http://seoji.nl.go.kr)와 국가자료공동목록시스템(http://www.nl.go.kr/kolisnet)에서 이용하실 수 있습니다.(CIP제어번호: CIP 2020040971)」

각종 영어시험에 필요한

이펙티브 어휘사전

실용영어 연구팀 지음

Usage of Essential Words

 머리말

　우리가 항상 고민해야 하는 것은 지금 공부하는 어휘들로 하여금 토익, 토플, 텝스, 편입, 공무원시험 등 각종 영어시험에 충분히 대비할 수 있고, 또 일반 독해나 회화 등에 실제로 활용할 수 있는가이다. 단순 표제어와 그 대표적인 의미만으로 단기간에 많은 어휘를 암기하여 시험에서 어휘문제 몇 개를 더 맞출 수는 있겠지만, 궁극적으로 그렇게 습득한 어휘들을 극대화시켜 그 활용 범위를 더욱 넓혀 나갈 수 있는 영어실력을 쌓아가는 데는 큰 도움이 되지 않는다. 그 이유로 몇 가지가 있다.

　첫째, 어휘 학습에 있어서 예문의 필요성을 소홀히 여겨 빈약한 예문을 실은 교재로 공부한 사람은, 나중에 그 어휘의 다양한 표현들을 만나게 될 때 전혀 어휘력을 발휘하지 못한다는 점이다. 특히 대부분의 학습자들이 단어의 예문을 '암기한 어휘를 점검하는 차원' 쯤으로 생각하고 있지만, 아니다. 다양한 예문들을 '어휘 암기의 필수 수단'으로 여겨야 한다. 어휘는 많은 예문들을 읽어가는 과정에서 저절로 숙지되어야 하는 것이다. 그래야 후일 다양한 문장에 다양한 의미로 쓰인 그 어휘들을 제대로 이해하고 또 활용할 수 있다.

　둘째, 어휘에는 자주 사용되는 것과 그렇지 않은 것이 있다. 그런데 대부분의 어휘 교재들은 어휘의 양만을 강조하기 때문에 우리들은 그 많은 어휘를 활용빈도나 중요도에서 모두 같이 취급하다보니 깊이 학습해야 하는 어휘는 소홀히 하고, 그렇지 않은 어휘를 열심히 익히는 경우가 많다. 그러니 수많은 어휘를 기계적으로 외우고 나서도 실제로 영자신문이나 영어원서를 읽을 때 그 어휘들을 좀체 만나기가 어렵다고 여기는 사람들이 많은 것이다. 어휘 학습에도 순서가 있는데, 곧 중요한 어휘들은 먼저 깊이 학습할 필요가 있으며, 그렇지 않은 어휘들은 다음 순으로 정해서 학습하는 것이 바람직하다.

　셋째, 어휘를 학습하는 과정이 너무 복잡한 것도 문제이다. 기본 어휘, 중·고급 어휘로 구분된 교재를 따로 이용하여 암기해야 할 뿐 아니라, 추가로 문제를 다룬 교재도 별도로 풀어봐야 하고, 또 이디엄을 다룬 책도 봐야 하는 등, 근래 학습자들이 느끼는 어

휘 학습의 과정 자체가 너무 복잡하다. 그래서 많은 학습자들이 중도에 포기하는 경우가 많은 것이 현실이다. 대부분의 교재들이 단순히 열심히 꾸준히 암기할 것을 강조하지만, 이것은 어휘들의 막연한 나열과 무조건적인 암기 방식에서 비롯될 수 있는 어떤 좋지 못한 결과를 학습자의 탓으로 미리 돌리려는 것일 수도 있다. 어휘의 암기 과정은 최대한 자연스러워야 한다. 그래야 장기적인 효과를 얻을 수 있다. 어휘들이 단순하게 나열된 교재들을 통해 암기하는 방식의 어휘학습 과정은 매우 힘들고 효과 또한 일시적이다.

이 책은 이와 같은 어휘학습 교재, 학습과정의 폐단을 감안하여 학습자들에게 실용영어를 포함, 각종 영어시험을 대비한 교재로 유용하게 쓰일 수 있는 맞춤사전, 즉 쓸모있는 수험·실용 영영한 사전 형태로 기획되어 만들어졌는데, 이 책의 가장 큰 특징은 비록 쉽고 이미 알고 있는 기본 어휘라 하더라도 그 어휘를 활용하여 파생어는 물론, 관련 중요 표현들을 더욱 확장시켜 습득할 수 있도록 꾸몄다는 점이다. 구체적인 책 내용 구성과 특징은 바로 다음에 이어지므로 참고 바란다.

독자 여러분의 건투를 기원한다.

실용영어 연구팀

구성 및 특징

이 책의 구성과 특징, 그리고 이 책으로 어휘를 학습함으로써 얻을 수 있는 이점은 다음과 같다.

① 표제어로 선정된 단어들은 실제 영어 지문과 회화, 그리고 각종 시험에서 가장 많이 출제되는 것들로 엄선되었다. 표제어에 이어 다양한 예문과 관련 표현들, 그리고 각종 시험을 위한 연습문제까지 한꺼번에 학습할 수 있기 때문에 차례대로 읽기만 해도 각 해당 어휘를 쉽고 깊이 있게 암기할 수 있다. 따라서 어휘의 예문을 찾거나 관련된 문제로 연습하기 위해서 많은 사전을 뒤지거나 교재를 찾아야 하는 번거로움을 피할 수 있다.

② 표제어를 담은 예문들은 일상 회화에서 사용되는 표현들이거나 최신 뉴스기사 등에서 인용한 문장들이기에, 비록 단순히 사전적으로 암기한 어휘라 할지라도 실용 영어에 직접적으로 도움이 될 수 있다. 따라서 이 예문들을 암기할 정도로 반복해서 읽는 것이 좋다.

③ 표제어의 다른 품사 형태가 파생어로 소개되어 있다. 하나의 어휘를 알았을 때 그 어휘에서 파생된 다른 품사의 어휘들이 쓰인 문장이라도 읽고 사용하는 데 어려움이 없도록 하였다.

④ 표제어가 포함된 다양한 관용구와 회화 표현 등이 관련 표현으로 제시되어 있어서 표제어로 익힌 어휘를 더욱 폭넓게 학습할 수 있도록 했다. 이것 역시 어휘 암기가 실제 영작이나 회화에 바로 적용이 될 수 있도록 한 것으로, 많이 읽어서 직접 표현할 수 있는 수준까지 익히면 바람직하다.

⑤ 실전문제 부분은 각종 시험을 준비하는 수험생을 위한 것으로, 어휘들이 실제 시험에서 어떻게 출제되는지를 보여준다. 특히, 가장 자주 출제되는 예문을 중심으로 구성되어 있기 때문에 그 예문을 함께 기억하면 도움이 되며, 보기의 오답에도 주로 어떤 단어들이 등장하는지도 유심히 봐둘 필요가 있다.

① □ **abandon** [əbǽndən]

② ***vt.* 1 to leave completely and forever** (사람, 장소, 지위 등을) 버리고 떠나다: At the sight of the police, the thief *abandoned* a bag he stole and run away with bare life. 경찰을 보자, 그 도둑은 훔친 가방을 버리고 허둥지둥 도망쳤다. / The army has already *abandoned* the village. 군대는 이미 그 마을을 버리고 떠났다.
2 to give up or bring an end to, without finishing it or gaining the intended result 끝내지 못하거나 의도된 결과를 얻지 못한 채 포기하거나 마치다: They *abandoned* all hope of finding the child. 그들은 그 아이를 찾고자 하는 모든 희망을 포기했다.

· 파생어 · ③
abandoned
자포자기한, 타락한 (=completely uncontrolled in an immoral way);
버려진, 폐기된 (=deserted)
abandonment 자포자기, 포기

· 관련표현 · ④
abandon oneself to ~ ~에 빠지다
(=to let oneself be controlled completely by ~)
e.g. He *abandoned* himself to a life of pleasure. 그는 쾌락적인 삶에 빠졌다.

with[in] *abandon*
멋대로, 흥에 겨워
(=with lack of control and care)
e.g. They danced *with abandon*. 그들은 흥에 겨워 몸이 가는 대로 춤을 추었다.

abandoned **behaviour**
자포자기의 행동

An *abandoned* baby was found beside the gate.
문 옆에서 버려진 아기가 발견되었다.

Little can be done to prevent the *abandonment* of the project.
그 프로젝트의 포기를 막기 위해 할 수 있는 일이 거의 없다.

⑤ |실전문제|

1. 다음 빈칸에 들어갈 말로 가장 적절한 것은?
I'm glad to see that fame didn't make him _____ his old friends.

(1) abandoned　　　　　(2) abandon himself to
(3) abandon　　　　　　(4) with abandon

해설 | make가 사역동사이며 목적어인 him과 목적보어 abandon은 능동 관계이므로 원형부정사가 들어가야 한다. (3) 「나는 그가 명성으로 인해 옛 친구들을 저버리지 않았다는 것을 알고 기뻤다.」

2. 다음에 주어진 뜻풀이 가운데서 밑줄 친 abandoned의 의미로 가장 적절한 것은?

　끝으로, 학습자에게 어휘 공부를 최대한 편안하게 하라고 부탁하고 싶다. 표제어부터 아래로 읽어 내려가면서 다양한 표현들을 재미있게 읽고 즐기기 바란다. 어휘를 외운다는 생각을 버리고 읽는다는 생각으로 공부하자. 습득한 어휘의 생명력은 단기간에 가장 많은 어휘를 암기했는가가 아니라 꼭 필요한 어휘를 제대로 이해하고 또 잘 암기했는가에 달려있다.

Contents

A	...	10	J	...	347	S	...	528
B	...	66	K	...	358	T	...	580
C	...	110	L	...	366	U	...	600
D	...	181	M	...	396	V	...	606
E	...	226	N	...	422	W	...	616
F	...	248	O	...	435	Y	...	631
G	...	280	P	...	450	Z	...	635
H	...	306	Q	...	493			
I	...	323	R	...	498			

실용영어 **핵심어휘** 200% **활용**

A~Z

A

abandon [əbǽndən]

vt. 1 to leave completely and forever (사람, 장소, 지위 등을) 버리고 떠나다: At the sight of the police, the thief *abandoned* a bag he stole and run away with bare life. 경찰을 보자, 그 도둑은 훔친 가방을 버리고 허둥지둥 도망쳤다. / The army has already *abandoned* the village. 군대는 이미 그 마을을 버리고 떠났다.

2 to give up or bring an end to, without finishing it or gaining the intended result 끝내지 못하거나 의도된 결과를 얻지 못한 채 포기하거나 마치다: They *abandoned* all hope of finding the child. 그들은 그 아이를 찾고자 하는 모든 희망을 포기했다.

|실전문제|

1. 다음 빈칸에 들어갈 말로 가장 적절한 것은?

I'm glad to see that fame didn't make him _____ his old friends.

(1) abandoned (2) abandon himself to
(3) abandon (4) with abandon

해설 | make가 사역동사이며 목적어인 him과 목적보어 abandon은 능동 관계이므로 원형부정사가 들어가야 한다. (3) 「나는 그가 명성으로 인해 옛 친구들을 저버리지 않았다는 것을 알고 기뻤다.」

2. 다음에 주어진 뜻풀이 가운데서 밑줄 친 <u>abandoned</u>의 의미로 가장 적절한 것은?

The country <u>abandoned</u> its political leaders after a few times of economic instability.

(1) to give up or bring an end to, without finishing it or gaining the intended result
(2) to leave completely and forever
(3) abandon oneself to
(4) with[in] abandon

해설 | 정치 지도자들을 외면하고 버린다는 내용이다. (2) 「그 나라는 수차례의 경제적 불안정이 있은 후 정치 지도자들을 버렸다.」

·파생어·

abandoned
자포자기한, 타락한 (=completely uncontrolled in an immoral way); 버려진, 폐기된 (=deserted)

abandonment 자포자기, 포기

·관련표현·

abandon oneself to ~ ~에 빠지다
(=to let oneself be controlled completely by ~)
e.g. He *abandoned* himself to a life of pleasure. 그는 쾌락적인 삶에 빠졌다.

with[in] *abandon*
멋대로, 흥에 겨워
(=with lack of control and care)
e.g. They danced *with abandon*. 그들은 흥에 겨워 몸이 가는 대로 춤을 추었다.

abandoned behaviour
자포자기의 행동

An *abandoned* baby was found beside the gate.
문 옆에서 버려진 아기가 발견되었다.

Little can be done to prevent the *abandonment* of the project.
그 프로젝트의 포기를 막기 위해 할 수 있는 일이 거의 없다.

syn. desert, relinquish, resign
ant. remain, undertake, continue

abide [əbáid]

vi. to stay in a place (장소에) 머무르거나 남아 있다: Jesus *abided* in the wilderness for 40 days. 예수는 40일 동안 광야에 머물러 있었다.

vt. 1 to tolerate or bear 〈의문문, 부정문〉에서 참다: I can't *abide* his laziness. 나는 그의 게으름을 그냥 보고 있을 수만은 없다.

·파생어·

abiding
영속적인, 지속하는

·관련표현·

abide by ~ (약속, 규칙 등을) 지키다; (운명, 결과 등을) 따르다, 감수하다

2 to wait in a place or condition (장소나 상황에서) 기다리다: You'd better *abide* your time. 때를 기다리는 편이 낫다.
3 to confront in a situation 맞서다, 대항하다: He bravely *abided* the rainstorm. 그는 용감하게 폭풍우와 맞섰다.

e.g. He had to *abide by* the consequences of the decision.
그는 그 결정의 결과를 따라야만 했다.
I abide by my promise.
나는 약속을 지킨다.

abiding friendship
변치 않는 우정

The experience left me with an *abiding* hatred of dogs.
그 경험 때문에 나는 개들을 계속 싫어하게 되었다.

syn. linger, remain, tolerate
ant. leave

|실전문제|

다음에 주어진 뜻풀이 가운데서 밑줄 친 <u>abide</u>의 의미로 가장 적절한 것은?

How could you <u>abide</u> such awful conditions?

(1) to confront in a situation (2) to tolerate or bear
(3) to stay in a place (4) to wait in a place or condition

해설 | 문맥을 보면 '끔찍한 상황을 참는다'는 뜻임을 알 수 있다. (2) 「그렇게 끔찍한 상황을 어떻게 참을 수 있었습니까?」

☐ **able** [éibəl]

a. **1 having the physical or mental power, skill, time, money, opportunity, and etc, needed** ~할 수 있는, ~해낼 수 있는: Due to financial difficulties, he wasn't *able* to pay his debt. 재정적인 어려움으로 인해, 그는 빚을 갚을 수 없었다.
2 skillful or good at that one does; competent 유능한: He's an *able* teacher. 그는 유능한 교사이다.
3 skillful or good 훌륭한, 기술이 있는: He made an *able* speech before the crowd. 그는 군중 앞에서 훌륭한 연설을 했다.

· 파생어 ·
abled (특별 영역에 있어서) 능력을 지닌
ably 훌륭히, 솜씨 있게
ability 능력, 재능, 역량

· 관련표현 ·
an *able* man 수완가
to be best of one's *ability*
능력이 닿는 대로 최대한
demonstrate a remarkable *ability*
상당한 능력을 입증해 보이다
He's a man of considerable *abilities*.
그는 상당한 능력이 있는 사람이다.

syn. capable, competent,
ant. unable, incompetent, inept

|실전문제|

1. 다음 빈칸에 들어갈 말로 가장 적절한 것은?

 The company says that they're ____ to keep pricing competitive.

 (1) ably (2) ability
 (3) abled (4) able

 해설 | be able to ~는 can의 뜻으로 뒤에 동사원형이 따라온다. (4) 「그 회사는 가격 경쟁력을 유지할 수 있다고 말한다.」

2. 밑줄 친 부분과 뜻이 가장 가까운 것을 보기에서 고르시오.

 The winds and waves are always on the side of the <u>ablest</u> navigators.

 (1) most skillful (2) most cautious
 (3) bravest (4) luckiest

 해설 | able이 navigator(항해사)를 수식하고 있으며, 또 최상급으로 쓰였으므로, '가장 기술이 있는, 가장 유능한' 등의 뜻이 된다. (1) 「바람과 파도는 언제나 가장 숙련된 항해사의 편에 있다.」

abolish [əbáliʃ]

vt. **to put an end to a system or practice** (제도나 관행, 관례 등을) 폐지하다: Many countries voted to *abolish* the death penalty for murder. 많은 나라들이 살인에 대한 사형 제도를 폐지하기로 표결했다. / The government is planning to *abolish* the state pension system. 정부는 국가연금제도를 폐지할 계획이다.

| 실전문제 |

밑줄 친 부분과 뜻이 가장 가까운 것을 보기에서 고르시오.

They <u>did away with</u> the interview test last year.

(1) introduced   (2) included
(3) transferred (4) abolished

해설 | interview test가 목적어이므로, 주어와 목적어를 볼 때 동사는 '폐지하다, 철폐하다' 등의 뜻을 가진 abolish가 정답이다. (3)의 transfer는 '이동하다, 환승하다, (은행에서) 돈을 이체하다, 전근 가다' 등의 다양한 뜻이 있으며, (2)의 반의어는 exclude '제외하다, 배제하다' 이다. (4) 「그들은 작년에 인터뷰 시험을 폐지했다.」

· 파생어 ·
abolishable 철폐[폐지]할 수 있는
abolition 폐지, 철폐; 노예 제도 폐지
abolitionary 폐지의

· 관련표현 ·
abolish **slavery** 노예 제도를 폐지하다
the *abolition* **of capital punishment** 사형제의 폐지
the *abolition* **of apartheid** (남아프리카 공화국의) 흑백차별정책의 폐지

syn. eliminate, eradicate, terminate, wipe out
ant. establish, institute, support, reinstate, legalize

abolition [æbəlíʃən]

n. **the formal ending of a system or practice** (제도나 관행의) 폐지: The Senator fought for the *abolition* of the income tax. 그 상원 의원은 소득세의 폐지를 위해 투쟁을 벌였다.

| 실전문제 |

다음 빈칸에 알맞은 말을 고르시오.

Many people in the United States and Korea repeatedly demonstrate for the _____ of the death penalty.

(1) absolutely   (2) abolition
(3) absolution   (4) assignment

해설 | (1)은 부사로서 '절대적으로'를 뜻하며, 관사 다음에는 명사가 들어갈 자리이므로 답이 될 수 없고, (3)은 '면제, 석방'의 뜻이며, (4)는 '과제(물), 할당, 지정' 등의 뜻이다. 문맥상 사형 제도의 폐지가 가장 적합하다. (2) 「미국과 한국의 많은 사람들은 사형 제도의 폐지를 위해 계속 데모를 하고 있다.」

· 파생어 ·
abolitionist (사형, 노예 제도 등의) 폐지론자
abolitionize 노예 제도 폐지론으로 전향(轉向)시키다

syn. elimination, eradication, abolishment, nullification
ant. establishment, institution, legalization, abrogation

abroad [əbrɔ́ːd]

ad. **1 in or to a foreign country** 외국으로, 해외로: We always go *abroad* in the summer. 우리는 여름이면 항상 해외로 나간다.

2 in the foreign country 외국에: He's currently *abroad* on business. 그는 현재 사업[출장]차 외국에 있다.

· 관련표현 ·
at home and *abroad*
국내와 국외에서, 국내외에서
news from *abroad* 해외 소식
Are you going *abroad* **for holidays?** 휴가 때 해외로 갈 것입니까?

3 over wide area; everywhere 널리, 사방으로: The rumors soon spread *abroad*. 그 소문은 곧 널리 사방으로 퍼졌다.

n. a foreign country 외국: He returned his country from *abroad*. 그는 외국에서 고국으로 돌아왔다.

|실전문제|

다음에 주어진 뜻풀이 가운데서 밑줄 친 abroad의 의미로 가장 적절한 것은?

More than 70% of its product sales come from abroad.

(1) over wide area; everywhere (2) in or to a foreign country
(3) in the foreign country (4) a foreign country

해설 | from이란 전치사 뒤에 따라오므로 abroad는 명사이다. 일반적으로 전치사 뒤에는 명사, 동명사, 대명사의 목적격 그리고 재귀대명사 등이 따라올 수 있으며, 특히 TOEIC, 대학 편입 시험, 공무원 영어 시험 등에서 전치사 뒤에 따라오는 형태의 문제가 반드시 출제되므로 주의해야 한다. (4) 「그 제품 판매의 70%는 해외에서 이루어진다.」

I lived *abroad* for more than 10 years.
나는 10년 이상 해외에서 살았다.

be all *abroad* 전혀 짐작이 틀리다

syn. overseas
ant. domestic, national

□ **absent**[ǽbsənt]

a. 1 not present 부재의, 결석의, 결근의: Steve has been *absent* from work for three days now. 스티브는 지금까지 3일 동안 결근했다.

2 lacking, not existing 없는, 결여된: Any sign of remorse was completely *absent* from his face. 그의 얼굴에는 후회의 표시가 전혀 없었다.

3 showing lack of attention 멍한, 방심 상태의: an *absent* expression on his face 그의 얼굴에 나타난 멍한 표정

vt. 1 to be absent from 결근[결석]하다: He often *absents* himself from the meeting. 그는 종종 그 모임에 빠진다.

2 to leave 떠나다: He *absented* himself from the room. 그는 그 방을 떠났다.

|실전문제|

다음에 주어진 뜻풀이 가운데서 밑줄 친 absent의 의미로 가장 적절한 것은?

Any soldier failing to report would be considered absent without leave and punished accordingly.

(1) not present (2) lacking, not existing
(3) to be absent from (4) showing lack of attention

해설 | absent without leave는 AWOL이란 약자로 표시되는 군대 용어로 '무단탈영, 무단외출'을 뜻한다. (1) 「신고를 하지 않는 군인은 무단 탈영[무단 외출]으로 간주되어 그에 따른 처벌을 받게 될 것이다.」

·파생어·

absent-minded 멍한, 방심한
absence 부재, 결근, 결여, 방심
absentee 부재자, 결석자
absenteeism
(회사나 학교의) (장기) 결근[결석]

·관련표현·

He's becoming very *absent-minded*.
그는 아주 얼빠진 사람처럼 되어 가고 있다.

an *absent-minded* person
맹추, 얼빠진 사람

in the *absence* of ~
~가 없을 경우에

absence of mind 방심

in one's *absence* ~
(아무개의) 부재 시에

absentee vote[ballot] 부재자 투표

There has been a recent increase in *absenteeism*.
최근 결석이 증가했다.

syn. away, blank, vacant
ant. present

absolute [ǽbsəlùːt]

a. **1 perfect** 절대적인, 완전무결한: I have *absolute* faith in his judgement. 나는 그의 판단을 절대적으로 믿는다. / He is a man of *absolute* honesty. 그는 완벽할 정도로 정직한 사람이다.

2 not allowing any doubt; certain 의심할 여지없는, 확실한: The investigator has *absolute* proof of his murder. 그 수사관은 그의 살인에 대한 확실한 증거를 가지고 있다.

3 having complete power 절대적인 권력을 가진, 전제적인: an *absolute* ruler 절대적인 지배자 / an *absolute* monarch 절대 군주

4 complete 완전한, 전적인: an *absolute* lie 새빨간 거짓말 / He is an *absolute* idiot. 그는 순전히 바보야.

|실전문제|
다음에 주어진 뜻풀이 가운데서 밑줄 친 absolute의 의미로 가장 적절한 것은?
I have told them, with <u>absolute</u> certainty, there'll be no change of policy.

(1) not allowing any doubt; certain　　(2) having complete power
(3) complete　　(4) perfect

해설 | absolute certainty는 '절대적인 확신'의 의미로 사용되었다. (4) 「나는 그들에게 방침에는 변화가 없을 것이라고 확실히 말했다.」

· 파생어 ·
absolutely 절대적으로, 정말로, 참말로, 그렇고 말고
absoluteness 절대, 완전
absolution 면제, 석방
absolutism 전제주의[정치]
absolutize 절대화하다

· 관련표현 ·
absolute zero 절대 영도
absolute majority 절대다수[과반수]
absolutely impossible 절대적으로 불가능한
absolutely disgusting 정말로 역겨운
Absolutely! 그렇고 말고!
grant ~ *absolution* ~에게 사면을 허가하다

syn. complete, consummate, supreme, unconditional
ant. negligible, dubious, questionable

absorb [əbsɔ́ːrb]

vt. **1 to suck water or liquids gradually** (물, 액체를) 흡수하다, 빨아들이다: Salt or coffee *absorbs* moisture from the air. 소금 혹은 커피는 공기 속의 습기를 흡수한다.

2 to take or suck heat, light, sound, and shock (열, 빛, 소리, 충격을) 흡수하다: *absorb* shock 충격을 흡수하다 / *absorb* sound and light 소리와 빛을 흡수하다 / The wall *absorbed* the main impact of the crash. 충돌로 인한 큰 충격을 그 벽이 흡수했다.

3 to give one's attention completely to (사람, 마음을) ~에 열중하게 하다: He's *absorbed* in a fantasy novel and can't hear you call. 그는 판타지 소설에 몰두한 나머지 네가 부르는 소리를 들을 수 없다.

4 to take time or attention away (시간, 주의를) 빼앗다: Watching TV or playing computer games *absorbs* most of his valuable time. TV 시청이나 컴퓨터 오락이 그의 귀중한 대부분의 시간을 빼앗아 간다.

5 to take in or assimilate; incorporate 〈보통 수동형으로〉 (큰 조직의 일부로) 흡수하다: A small firm was *absorbed* into a large one. 조그만 회사가 큰 회사로 합병이 되었다.

· 파생어 ·
absorbable 흡수되는, 흡수되기 쉬운
absorbability 흡수됨
absorbed 흡수된, 열중한, 마음을 빼앗긴
absorption 흡수, 열중, 전념

· 관련표현 ·
The scientist is *absorbed* in doing his research.
그 과학자는 연구에 열중하고 있다.

His *absorption* in his work is so great that he doesn't think about anything else. 그는 일에 너무 열중한 나머지 딴것은 전혀 생각하지 않는다.

| 실전문제 |

다음에 주어진 뜻풀이 가운데서 밑줄 친 absorbed의 의미로 가장 적절한 것은?

The larger company gradually absorbed its smaller competitions.

(1) to take in or assimilate; incorporate
(2) to take time or attention away
(3) to give one's attention completely to
(4) to suck water or liquids gradually

해설 | 문맥을 보면, 대기업이 보다 작은 경쟁 업체들을 합병한다는 뜻이다. (1) 「보다 큰 기업이 점진적으로 더 작은 경쟁 업체들을 합병했다.」

syn. soak, sop, sponge, engross, immerse, preoccupy
ant. bore, weary

abstract [ǽbstrǽkt]

a. **1 existing as a quality or concept rather than as something real or solid** 추상적인, 관념적인: Truth and beauty are *abstract* concepts. 진리와 미는 추상적인 개념들이다.

2 general as opposed to particular 이론적인, 관념적인: This debate is becoming too *abstract*. 이 토론은 너무나 관념적으로 흐르고 있다.

3 not trying to show things as they would be seen by a camera in art or paintings 추상파의, 추상주의의: an *abstract* painter 추상파 화가 / *abstract* art 추상 미술

n. **1 a painting which represents the qualities of something, not its outer appearance** 【미술】 추상파 작품: He bought an *abstract* in the auction. 그는 추상파 예술 작품을 경매에서 구입했다.

2 a shortened form of a statement, speech, etc. 요약, 적요: There is a section at the end of the magazine which includes *abstracts* of recent articles. 잡지 끝에는 최근 기사를 요약해 놓은 공간이 있다.

vt. **1 to make a shortened form of speech or a statement, etc.** 요약하다: *abstract* a book into a compendium 책을 요약하다

2 to steal 훔치다: He *abstracted* a purse from the woman's pocket. 그는 그 여자의 주머니에서 지갑을 훔쳤다.

· 파생어 ·
abstracted 멍한, 마음을 뺏긴
abstractedly 멍하니
abstraction 추상; 방심; 절취
abstractive 추상성의; 요약의

· 관련표현 ·
in the *abstract* 추상적으로, 이론적으로

abstract noun 추상명사

We've only discussed the question in the *abstract* so far. 우리는 지금까지 그 문제에 대해 추상적인 토론만 했다.

give ~ an *abstracted* glance 멍하니 쳐다보다

She gazed *abstractedly* out of the window. 그녀는 멍하니 창문 밖을 바라보았다.

She's always talking in *abstractions*. 그녀는 항상 추상적으로 이야기를 한다.

syn. intangible, pure, complex, difficult, obscure
ant. concrete, clear, expand

| 실전문제 |

다음에 주어진 뜻풀이 가운데서 밑줄 친 abstract의 의미로 가장 적절한 것은?

A modern abstract painting exhibition is going to be held in the National Museum starting from today.

(1) existing as a quality or concept rather than as something real or solid
(2) general as opposed to particular
(3) not trying to show things as they would be seen by a camera in art or paintings
(4) a shortened form of a statement, speech, etc.

해설 | 뒤에 그림이라는 뜻의 painting이 따라오므로 추상적인 그림, 즉 추상화라는 것을 알 수 있다. (3) 「현대 추상화 전시회가 오늘부터 국립 박물관에서 열릴 것이다.」

absurd [əbsə́:rd]

a. **1 against reason or common sense 불합리한, 터무니없는:** an *absurd* opinion 터무니없는 의견 / It was completely *absurd* of him to expect us to finish the report by this Friday. 우리가 이번 금요일까지 보고서를 끝내길 바라는 그의 기대는 너무도 불합리한 것이었다.

2 ridiculous or foolish in an amusing way 바보스런, 어리석은: Don't be *absurd*! 어리석은 소리 하지 마! (=What an absurd thing to say!) / He looked *absurd* in those old-fashioned trousers. 그 구식 바지를 입으니 그가 바보스럽게 보였다. / He looks *absurd* in that hat. 그가 그 모자를 쓰니까 바보 같다.

|실전문제|

다음 빈칸에 들어갈 말로 가장 적절한 것은?

The air fare was _____ expensive.

(1) absurd (2) absurdity
(3) absurdly (4) absurdism

해설 | 형용사인 expensive를 수식해야 하므로 부사인 3번이 정답이며 '터무니없이 비싼'의 뜻이다. (3) 「비행기 요금이 터무니없이 비쌌다.」

· 파생어 ·

absurdism 부조리주의
absurdist 부조리 작가
absurdity 부조리, 불합리; 어리석음, 어리석은 일, 바보스러움
absurdly 불합리하게, 터무니없이, 바보스럽게

· 관련표현 ·

absurd drama 부조리극
We had to laugh at the *absurdity* of the situation.
우리는 바보스런 그 상황을 보고 웃지 않을 수 없었다.
an *absurdly* over-priced hotel
터무니없이 객실료가 비싼 호텔

syn. senseless, ludicrous, preposterous, ridiculous
ant. sensible, serious

abundance [əbʌ́ndəns]

n. **a large quantity of something 풍부, 많음:** Food was prepared in *abundance*. 음식은 풍부하게 준비되었다. / Korea has an *abundance* of skilled workers, but not enough jobs these days. 요즈음, 한국은 숙련공이 넘쳐나도 충분한 일자리가 없다. / There was such an *abundance* of food that we all overate. 음식이 너무 많아서 우리 모두 과식을 했다.

|실전문제|

밑줄 친 단어의 정의(definition)는 무엇인가?

The countryside was famous for the <u>abundance</u> and variety or its bird life.

(1) a large number of (2) not enough of
(3) a large quantity of (4) quite a few

해설 | 우선 abundance는 '풍부함, 풍요' 등의 뜻으로 추상명사에 속하기 때문에 양을 나타낼 때에는 수를 표시하는 a number of ~ (=many)나 a few는 사용할 수 없고, a large quantity of ~, much 또는 a lot of ~ 등으로 표현할 수 있다. (3) 「그 전원 지대는 갖가지 야생 조류들이 많이 모여 사는 곳으로 유명하다.」

· 파생어 ·

abundant 풍부한, 많은
abundantly 풍부하게, 많이

· 관련표현 ·

in *abundance* 많이, 풍부하게
(=abundantly)
live in *abundance* 유복하게 살다
an *abundant* harvest 풍작
an *abundance* of grain
풍성한 곡물

syn. ample, amount, sufficiency, surplus, lavish
ant. insufficient, scant, scarce, meager

abuse [əbjúːz]

vt. **1 to use (something) wrongly or badly** (지위, 특권, 재능 등을) 남용하다, 악용하다: He is continually *abusing* his authority by getting other people to do thing for him. 그는 다른 사람들에게 자신의 일을 시킴으로써 계속적으로 권한을 남용하고 있다.

2 to treat (someone) in a cruel or immoral way 학대하다, 혹사하다: Several of the children had been sexually *abused*. 몇몇 애들이 성적인 학대를 받아 왔다.

3 to say unkind or cruel, or rude things to or about 욕을 하다, 나무라다; 애도하다: She *abused* her son for his laziness. 그녀는 아들의 게으름에 대해서 나무랐다.

n. **1 wrong use** (약, 권력 등의) 남용, 오용: drug *abuse* 마약 남용 / the *abuse* of power 권력 남용

2 bad or cruel treatment 학대, 혹사: child sex *abuse* 어린이 성폭행 / spouse *abuse* 배우자 학대 / animal *abuse* 동물 학대

3 unkind, cruel, or rude words 욕설: He greeted me with a stream of *abuse*. 그는 나에게 계속해서 욕설을 퍼부었다.

4 an unjust or harmful custom ⟨종종 *pl.*⟩ 악습, 폐습: We must do away with *abuses* of the past. 우리는 과거의 악습을 폐지해야 된다.

· 파생어 ·
abusive 욕하는, 학대하는, 악용[남용]하는

· 관련표현 ·
abuse oneself 자위하다
abuse the confidence
신뢰를 저버리다
use *abusive* language
욕설을 퍼붓다
an *abusive* exercise of power
권력의 남용
an *abusive* phone call 욕설 전화
an *abusive* person 욕쟁이

syn. misuse, mishandle, mistreat
ant. honor, protect, preservation, praise

|실전문제|

1. 다음에 주어진 뜻풀이 가운데서 밑줄 친 abuse의 의미로 가장 적절한 것은?

   A government committee has been set up to look into the problems of drug <u>abuse</u>.

   (1) to treat (someone) in a cruel or immoral way
   (2) unkind, cruel, or rude words
   (3) wrong use of power or drugs
   (4) to say unkind or cruel, or rude things to or about

   해설 | drug abuse는 마약 남용이란 뜻이다. (3) 「약물 남용 문제 조사를 위해 정부 위원회가 조직되었다.」

2. 다음에 주어진 뜻풀이 가운데서 밑줄 친 abuse의 의미로 가장 적절한 것은?

   He showed how the rich and powerful can <u>abuse</u> their positions.

   (1) to use (something) wrongly or badly
   (2) to treat (someone) in a cruel or immoral way
   (3) to say unkind or cruel, or rude things to or about
   (4) bad or cruel treatment
   (5) an unjust or harmful custom

   해설 | 문제의 abuse는 조동사인 can 뒤에 오므로 동사원형이며, '지위나 권력을 남용하다'의 뜻으로 쓰였다. (1) 「그는 부자와 권력자들이 어떻게 자신들의 직위를 남용할 수 있는가를 보여 주었다.」

☐ accept [æksépt]

vt. 1 to receive or take something willingly 받아들이다: The police must not *accept* a bribe. 경찰들은 뇌물을 받아서는 안 된다.

2 to recognize as being true or right (사실, 학설 등을) 인정하다, 믿다, 이해하다: For a long time, he could not *accept* the fact of her wife's death. 오랫동안 그는 아내의 죽음을 받아들일 수 없었다.

3 to take or receive as satisfactory or reasonable unwillingly (사태에) 순응하다, 감수하다: The work force has reluctantly agreed to *accept* a 5% pay raise. 종업원들은 마지못해서 5%의 봉급 인상을 받아들이는 데 동의했다.

4 to be willing to suffer or take blames, responsibilities, or challenges (고통, 비난, 책임, 도전 등을) 기꺼이 받아들이다: Are you willing to *accept* responsibility if customers have complaints? 만약 고객들이 불만을 가진다면 당신이 그 책임을 지겠습니까?

|실전문제|

다음에 주어진 뜻풀이 가운데서 밑줄 친 accepted의 의미로 가장 적절한 것은?

He accepted blame for the collision accident.

(1) to recognize as being true or right
(2) to be willing to suffer or take blames, responsibilities, or challenges
(3) to receive or take something willingly
(4) to take or receive as satisfactory or reasonable unwillingly

해설 | 목적어가 비난(blame), 책임(responsibility), 고통(suffer) 등일 때는 그런 것들을 '기꺼이 받아들이고, 인내하는' 것을 말한다. (2) 「그는 그 충돌 사고의 책임을 인정하고 받아들였다.」

· 파생어 ·

acceptance 받아들임, 수령, 수락
acceptable 받아들일 수 있는, 허용되는, 용인되는
acceptability 수용성

· 관련표현 ·

accept a favor 호의를 받아들이다
accept an offer 제의를 받아들이다
accept an explanation 설명을 이해하다
accept one's apology 사과를 받아들이다
socially *accepted* behavior 사회적으로 용인되는 행위
acceptable gift 마음에 드는 선물
accepted principles of behavior 용인된 행동 원칙

syn. receive, embrace, agree to, suffer
ant. reject, refuse, renounce

☐ accessible [æksésəbəl]

a. 1 easy to reach or use conveniently 접근하기 쉬운, 가기 쉬운: The house that is easily *accessible* to a subway station is very convenient. 지하철역에서 쉽게 갈 수 있는 집이 아주 편리하다.

2 easy to obtain or understand 입수하기 쉬운, 이해하기 쉬운: Guns are easily *accessible* to Americans. 미국인은 총을 구하기가 쉽다. / The tourist information ought to be made more *accessible*. 관광 여행 정보는 더욱 알기 쉽게 만들어져야 한다.

3 easy and friendly to speak to (사람이) 가까이 하기 쉬운: A manager ought to be *accessible* to his or her staff. 매니저는 직원들이 가까이 하기 쉬워야 한다.

4 easy to be affected or touched 영향을 받기 쉬운, 감동되기 쉬운: Public officials should not be *accessible* to bribery. 공무원들은 뇌물에 영향을 받아서는 안 된다.

· 파생어 ·

access 접근, 출입; (병의) 발작
accessibility 접근성, 다가가기 쉬움, 입수가 쉬움
accession 접근, 도달, 계승, 취득

· 관련표현 ·

accessible to pity 정에 약한
a very *accessible* sort of person 가까이 하기 쉬운 사람
accessible only by boat 보트로만 접근이 가능한
his *accession* to the throne 그의 왕위 즉위

|실전문제|

다음에 주어진 뜻풀이 가운데서 밑줄 친 accessible의 의미로 가장 적절한 것은?

Power Gym's goal is to make fitness accessible and affordable to all people who need to exercise.

(1) easy to be affected or touched
(2) easy and friendly to speak to
(3) easy to obtain or understand
(4) easy to reach or use conveniently

해설 | 주어가 체육관(gym)이며, 문맥을 보면 '체육관은 모든 사람이 affordable(저렴해)하고 편리하게 갈 수 있어야 한다'는 뜻의 문장이다. (4) 「파워 짐의 목표는 모든 사람이 저렴하게 헬스를 이용할 수 있게끔 하는 것이다.」

syn. available, obtainable, reachable, approachable
ant. unavailable, unobtainable, inaccessible

accommodate [əkámədèit]

vt. **1 to supply with a place to stay or live** 묵게 하다, 투숙시키다: We can *accommodate* him for the night. 우리는 그를 오늘 밤 재워 줄 수 있다.

2 to make changes that take account of the wishes or demands of 편의를 도모하다[들어주다]: The union has made every possible effort to *accommodate* the management. 노조는 경영진의 편의를 도모하고자 가능한 모든 노력을 다했다.

3 to have enough space or capacity for (호텔, 경기장, 탈 것 등을) 수용하다: This new stadium can *accommodate* more than 50,000 people. 이 새로 지은 경기장은 5만 명 이상을 수용할 수 있다.

4 to provide with something that is needed, such as money 돈을 융통[마련]해 주다: He asked his father to *accommodate* him until he got paid. 그는 아버지에게 봉급을 받을 때까지 돈을 좀 융통해 달라고 부탁했다.

5 to adjust or fit someone to a situation 조절하다, 조화시키다, 적응시키다: You'll have to *accommodate* yourself to the situation. 너는 그 상황에 적응해야 할 것이다.

· 파생어 ·

accommodation
숙박[수용] 시설; 편의, 융통, 적응, 조절

accommodating 편의를 잘 봐주는, 융통성 있는, 싹싹한

accommodative 적응적인, 편의를 봐주는

accommodator 적응하는 사람, 조절자

· 관련표현 ·

accommodate one's wishes
소망을 들어주다

accommodate ~ with lodging
~에게 숙소를 제공하다

accommodate oneself to circumstances 환경에 적응시키다

come to an *accommodation*
화해하다, 조정하다

reach an *accommodation*
합의[조정]에 이르다

syn. supply, provide, hold, adjust, fit, reconcile
ant. disoblige, trouble, inconvenience

|실전문제|

1. 다음에 주어진 뜻풀이 가운데서 밑줄 친 accommodate의 의미로 가장 적절한 것은?

The country decided to accommodate the special needs of minority groups.

(1) to adjust or fit someone to a situation
(2) to supply with a place to stay or live
(3) to make changes that take account of the wishes or demands of
(4) to have enough space or capacity for

해설 | 요구나 바람이 목적어가 될 때는 이러한 요구나 바람을 '받아들이다, 수용하다'의 뜻이다. (3) 「그 나라는 소수 집단의 특별한 요구를 들어주기로 결정했다.」

2. 다음의 밑줄 친 것과 뜻이 가장 가까운 것을 고르시오.

The hotel can <u>accommodate</u> no more than 100 people.

(1) participate in (2) provide for
(3) prepare for (4) support

해설 | accomodate의 뜻은 다양하나, 일반적으로 '인원수를 수용하다, 편의 시설을 제공하다' 등의 의미로 자주 쓰인다. 또는 '응하다, 적응시키다' 그리고 '돈을 융통하다' 등의 뜻도 가지고 있다. (1)은 (모임, 행사, 대회 등에) 참가하다(take part in)', (3)은 '~를 준비하다', (4)는 '지지하다'의 뜻으로 문맥에 맞지 않고, (2)는 '제공하다, 공급하다, 부양하다' 등의 의미를 가지고 있어서 '사람들에게 방을 제공(공급)하다'는 의미가 되므로 가장 적합한 것이다. (2)「그 호텔은 정원이 불과 100명이다.」

accompany [əkʌ́mpəni]

vt. 1 to go with on a trip or a meeting as a companion (여행이나 모임에) 같이 가다, 동반하다: Would you please *accompany* me on my journey? 제 여행에 같이 동행해 주시겠습니까? / My daughter *accompanied* me on the trip. 내 딸이 나와 같이 여행을 갔다.

2 to be brought with someone on a trip, etc. (여행 등에) 가지고 가다: I was not *accompanied* by my camera on my trip. 나는 여행할 때 카메라를 가지고 가지 않았다.

3 to provide complimentary instrumental music for someone's musical performance (누구의 음악 연주에) 보충적인 반주를 곁들이다: He sang and the music teacher *accompanied* him on the piano. 그는 노래를 불렀고, 음악 선생님은 그에게 피아노 반주를 해 주었다. / The pianist *accompanied* her singing. 그 피아니스트는 그녀의 노래에 반주를 했다.

4 to be done or found with something 같이 행하거나 따라오다: Shouts of protest *accompanied* this announcement. 이 발표에는 항의의 외침이 뒤따랐다.

5 to add or mix something with 첨가시키다, 섞다: The speaker *accompanied* his speech with a lot of gestures. 그 연사는 연설에 많은 제스처를[몸짓을] 섞었다.

6 to go hand in hand with or to appear at the same time or same place as (현상 등이) 수반하여 일어나다: Suffering *accompanies* war. 전쟁 때문에 고통이 더해졌다. / Wind *accompanied* the rain. 비에 바람이 더해졌다.

7 to provide (something) as a complement or addition to something else ~을 수반하다, 첨가하다: Is the dinner *accompanied* by any wine? 저녁 식사에 포도주가 따라 나옵니까?

· 파생어 ·
accompaniment 부속물; (음악의) 반주
accompanist 반주자; 동반자
accompanying 수반하는, 동봉한[첨부한]

· 관련표현 ·
be *accompanied* by[with] ~ ~을 동반하다
play a piano *accompaniment* 피아노 반주를 하다
to the *accompaniment* of ~ ~의 반주로, ~에 맞추어서

syn. attend, escort, guide
ant. abandon, leave

|실전문제|

1. 다음에 주어진 뜻풀이 가운데서 밑줄 친 accompanied의 의미로 가장 적절한 것은?

   Each application should be accompanied by a stamped address envelope.

   (1) to go with
   (2) to be brought with someone on a trip
   (3) to provide complimentary instrumental music for someone's musical performance
   (4) to be done or found with something

   해설 | '~을 동반하다, 같이 따라오다'의 의미로 쓰였다. (4) 「각 신청서는 우표를 붙인 발신용 봉투가 동봉되어야 한다.」

2. 다음에 주어진 뜻풀이 가운데서 밑줄 친 accompanies의 의미로 가장 적절한 것은?

   Thunder accompanies lightning.

   (1) to go hand in hand with or to appear at the same time or same place as
   (2) to play a musical accompaniment for or to supply music for
   (3) to go with on a trip or a meeting
   (4) to add or mix something with

   해설 | 천둥이 치면 번개가 일어나는 것이므로 어떠한 자연현상이 수반되어 일어나는 것에 해당된다. (1) 「천둥은 번개를 수반한다.」

□ **accomplish** [əkámpliʃ]

vt. **1 to succeed in doing** (목적을) 성취하다, 달성하다: Henry Ford *accomplished* what he planned to do. 헨리 포드는 그가 계획했던 것을 성취했다.

2 to get done or finish 완성하다, 끝내다: If you organize your work, you'll *accomplish* more. 일을 잘 조직하면 더욱 많은 것을 완성할 것이다. / He has *accomplished* a great deal in the last few weeks. 그는 지난 몇 주 만에 많은 것을 성취했다[끝냈다].

|실전문제|

다음 빈칸에 들어갈 가장 알맞은 말을 고르시오.

We were in hopes that we could _____ what we had set out to do before nightfall.

(1) accomplish   (2) advertise
(3) condition   (4) adapt

해설 | 'set out to + 동사원형'은 '~하기 시작하다'의 뜻이며, what ~절이 있으므로 타동사를 사용해야 되는데, 4가지의 보기 모두 타동사의 역할을 할 수 있다. 우선 목적어 부분이 '해가 저물기 전에 우리가 시작했던 것'이므로, 문맥을 고려해 보면, 시작했던 것을 '끝내다, 성취하다' 등을 뜻하는 동사가 (1)이라고 볼 수 있다. (2)는 '광고하다', (3)은 '조절하다, 조건이 되다', (4)는 '적응시키다, 조절하다' 등의 의미를 나타낸다. (1) 「우리는 해가 저물기 전에 우리가 시작한 일을 끝낼 수 있을 것이라고 기대했었다.」

A

· 파생어 ·

accomplished (사실이) 기정의, 기량이 뛰어난

accomplishment 성취, 업적, 완성; (*pl.*) 재주

· 관련표현 ·

accomplish one's object[purpose]
목적[목표]을 달성하다

accomplish a task
일을 끝내다[완성하다]

accomplish a journey
여정을 마치다

the *accomplishments* of scientists 과학자들의 업적

a man of many *accomplishments* 재주가 많은 사람

accomplished facts 기정사실

syn. achieve, fulfill, succeed at, get done, complete
ant. fail, give up, fall short, leave done

according [əkɔ́ːrdiŋ]

ad. **1 as stated by or in a particular person or book or other sources of information** (특정한 사람, 책, 다른 정보원으로부터의 말이나 정보 등에) 따르면(to); ~에 의하면(to): *According to* Robert, he is both a kind and good teacher. 로버트에 의하면 그는 친절하면서도 훌륭한 선생님이다. / *According to* the weather forecast, it will rain cats and dogs in the evening. 일기예보에 의하면, 저녁에 비가 억수 같이 내릴 것이다.

2 in proportion or relation to (비율이나 관계 등에) 따라서: You will be paid *according to* the amount of work you do. 당신이 하는 일의 양에 따라 급료가 지급될 것입니다.

|실전문제|

다음 빈칸에 들어갈 가장 적절한 말을 고르시오.

_____ the anthropologist Edward Hall, humans have a biological need to organize frames of reference in order to minimize their fear of isolation.

(1) Accordingly (2) According to
(3) In consequence (4) Actually

해설 | 우선 쉼표까지는 주어 동사가 포함된 절이 아니라 명사구이다. 일반적으로 뒤에 구나 명사가 올 때는 전치사를 사용하고, '주어 + 동사'가 들어 있는 절이 따라올 때는 접속사를 쓰게 되어 있다. (1) '~에 따라서, 이에, 사실, 실은' 등의 부사는 문장의 연결 기능이 없고, 이처럼 쉼표로 양분된 문장에서는 사용할 수가 없다. 그리고 (3)은 '결과적으로'라는 부사구이므로 역시 비문법적이고, 전치사구인 (2) '~에 의하면'이 적당하다. 참고로 'According to + 명사(구), According as + 절(주어 + 동사가 포함됨)'의 공식을 잊지 말며, 여기서는 as가 접속사로 사용되고 있다. (2) 「인류학자인 에드워드 홀에 따르면, 인간은 고립되는 것의 두려움을 최소화하기 위해 여러 가지 기준계를 조직할 수 있는 생물학적 욕구를 가지고 있다고 한다.」

· 파생어 ·

accordingly 따라서, 그러므로
accord 일치하다, 조화시키다, 일치시키다: 주다(=give)
accordance 일치, 조화; 수여
accordant 일치하는, 조화된

· 관련표현 ·

be in *accord* with ~ ~와 조화되다
***according* as ~** ~에 따라 (as는 접속사이므로 뒤에 '주어 + 동사 ~'가 따라옴)
cut the coat *according* to the cloth 분수에 맞는 생활을 하다
of one's own *accord* 자발적으로, 자연히
in *accordance* with ~ ~에 따라, ~에 일치하여

syn. correspondingly, hence, therefore, thus

account [əkáunt]

n. **1 a written or spoken description** 묘사, 기록: Give us your *account* of what happened. 일어난 사실에 대해 묘사해 봐.

2 a sum of money kept in a bank that may be added or taken from 은행의 계좌: My salary is paid directly into my bank *account*. 나의 월급은 은행 계좌로 바로 들어온다.

3 a customer who has regular dealings with a company 고객: The sales manager has secured several big *accounts* in a few days. 영업부장은 며칠 만에 여러 개의 거래처[고객]를 확보했다.

vt. **to consider** 간주하다: She was *accounted* a very careful woman. 그녀는 아주 조심성 있는 여성으로 간주되었다.

· 파생어 ·

accountable 책임 있는 (=responsible, liable)
accountability 책임, 의무 (=responsibility, liability)
accountant 회계사

· 관련표현 ·

***account* book** 회계사
***account* department** 경리[회계]과
on *account* of ~ ~때문에, ~로 인해 (=owing to, due to, because of)

vi. **to explain** 설명하다: How do you *account* for the company's alarmingly high staff turnover? 당신은 그 회사 직원들의 심상찮게 높은 이직률을 어떻게 설명할 것입니까?

take ~ into *account*
~을 고려하다 (=consider)
account for ~
~을 설명하다 (=explain)

syn. report, sketch, story, tale, record, statement, believe, consider, regard, explain

|실전문제|

1. 다음에 주어진 뜻풀이 가운데서 밑줄 친 account의 의미로 가장 적절한 것은?

   Can you charge it to my account, please?

   (1) a written or spoken description
   (2) a sum of money kept in a bank that may be added or taken from
   (3) a customer who has regular dealings with a company
   (4) to explain

   해설 | 본문에서는 '계좌, 계정'의 뜻으로 사용되고 있다. (2) 「비용은 제 계좌로 청구해 주시겠습니까?」

2. account를 빈칸에 넣을 경우 옳지 않은 문장을 고르시오.

   (1) He has a checking _____ with a bank.
   (2) Dr. Watson gave Sherlock Homes a detailed _____ of the events.
   (3) You must take her feelings into _____.
   (4) Divorces _____ unhappy feelings.

   해설 | (1)의 checking account는 '당좌 예금 계좌'라는 말이며, (2)의 a detailed account는 '상세한 이야기[묘사]'의 뜻이며, (3)의 take ~ into account는 '~를 고려하다'의 뜻으로 consider, 또는 take ~ into consideration으로 바꾸어 쓸 수 있다. 그러나 (4)의 account가 들어가면 말이 되지 않는다. 즉 (4)의 문장은 '이혼은 불행한 감정의 원인이 되다' 또는 '이혼은 불행한 감정을 낳다' 식의 표현이 되어야 하므로 result from ~이 들어가야 올바른 문장이 된다. (4)

across [əkrɔ́ːs]

ad., prep. **1 going from one side to the other** (~을) 가로질러서, 건너서: He hurried *across* to the other side of the river to save the drowning child. 그는 물에 빠진 아이를 구하기 위해 급히 강 반대편으로 건너갔다.

2 looking towards (~쪽을) 바라보면서: He glanced *across* at his sleeping wife in the bed. 그는 침대에서 자고 있는 아내 쪽을 바라보았다.

3 to or on the opposite side of (~의) 반대쪽에: They live just *across* the road from us. 그들은 우리 집 길 건너에 산다.

· 관련표현 ·

with one's arms *across*[crossed] 팔짱을 낀 채
get ~ *across* ~을 이해시키다
lie *across* each other 서로 열 십 자로 놓여 있다
across the country 전국적으로, 전국에(=around the country, all over the country)
across the world 전 세계적으로 (=through the world, across the globe)
come *across* 우연히 만나다(=run across, run into)
across-the-board 일관되게, 전체적으로

|실전문제|

다음 빈칸에 들어갈 가장 적절한 단어를 고르시오.

North Americans readily take someone's arm to help him _____ a street or direct him along an unfamiliar route.

(1) across   (2) against
(3) on   (4) up

23

해설 | help him _____ a street or direct him을 분석해 보면, '그가 거리를 _____ 하는 데 도와주거나 그에게 길을 안내하다'에서 _____ 안에 가장 적절한 말은 거리를 '건너는 데 도와주다'라고 해야 문맥에 가장 적절하게 연결이 되며, 여기에서 '건너, 횡단하는'의 의미를 가진 단어는 (1)의 across뿐이며, (2)는 일반적으로 '반대 또는 역행'의 전치사이며, (3)은 '~위에', 또는 특정한 날짜 앞이나 on[in] the street(거리에서) 등에 사용된다. 그리고 up은 '~위에, ~위로'의 뜻으로 walk up the street(길을 따라 걷다), live up the street(거리의 위쪽에 살다) 등으로 사용된다. (1) 「북아메리카인들은 사람이 도로를 건너는 데 기꺼이 도와주거나, 그 사람이 길을 잘 모를 경우에는 목적지까지 그를 안내해 준다.」

☐ accumulation [əkjùːmjuléiʃən]

n. **1 a large number of things collected over a period of time** 축적(물), 퇴적(물): Let's throw out that *accumulation* of junk in the attic. 다락방에 있는 저 쓰레기 더미를 버립시다.

2 collecting or gathering 모으는 것, 수집: The *accumulation* of antiques is his pastime. 골동품 수집이 그의 소일거리다.

· 파생어 ·

accumulate 모으다, 축적하다
accumulative 돈을 모으고 싶어하는
accumulator 누적자, 축적자

· 관련표현 ·

accumulate a fortune
재산을 모으다
cf. make a fortune 큰돈을 벌다
accumulation of capital 자본 축적
accumulation of knowledge
지식의 축적
accumulation of rubbish[junk]
쓰레기 더미
accumulative deficit 누적적자

syn. collection, pile,
    gathering, collecting
ant. distribution, dispersing,
    scattering

|실전문제|

밑줄 친 단어의 뜻에 가장 가까운 것을 고르시오.

The initial impulse that leads most people to keep a journal is the need to record memories before they become lost beneath the ever-growing accumulation of experience as each day slips into the next.

(1) the experiences which are constantly changing
(2) the experiences which are gradually gaining importance
(3) the group of experience which is constantly growing burdensome
(4) the stock of experience which is constantly increasing

해설 | accumulation은 '축적'의 뜻이므로 경험이 매일 꾸준히 증가해 축적된다는 의미를 찾으면 된다. (4)가 '계속적으로 증가한다'는 뜻이므로 정답이며, (1)과 (2), (3)은 문맥상 맞지 않다. (2)의 gain importance는 '중요성을 더해 간다'는 뜻이고, (3)의 grow burdensome은 '부담을 준다'는 뜻이다. (4)「대부분 사람들은 일상생활 속에 누적되어 가는 경험 속으로 그들의 추억이 사라지기 전에 그 추억을 기록하고 싶은 욕구 때문에 일기를 쓰는 것이다.」

☐ accurate [ǽkjurət]

a. **1 (of information or statistics) correct to a very detailed level** (정보나 통계가) 정확한: His report of what happened to the group was *accurate* in every detail. 그 집단에 생겼던 사건에 대한 그의 보고서는 모든 세부 사항이 정확했다.

2 true or fair in judgement or prediction (판단이나 예측이) 정확

· 파생어 ·

accuracy 정확, 정확성, 정밀도
accurately 정확하게, 정밀하게

한, 공정한: They were *accurate* in their prediction that the value of the stock would rise again. 주가가 다시 오를 것이라는 그들의 추측은 옳았다.

·관련표현·

with *accuracy*
정확하게(=accurately)

an *accurate* **typist**
실수를 내지 않는 타자수

accurate **judgement** 정확한 판단

accurate **prediction** 정확한 예측

an *accurate* **weapon**
목표물을 정확히 맞추는 무기

syn. correct, true, without error, unerring, precise
ant. incorrect, inaccurate, inexact, imperfect, defective

|실전문제|

다음 빈칸에 들어갈 가장 적절한 말을 고르시오.

The clock is not as _____ as it should be; it is usually between three and four minutes fast.

(1) soon   (2) just
(3) accurate   (4) true

해설 | 우선 as ~ as 표현은 원급 비교 표현으로 as ~ as 중간에 형용사나 부사의 원급만 들어갈 수 있으며, 문맥을 볼 때 시간에 관한 내용을 말하고 있으므로, (3)의 '정확한'이 들어가야 함을 어렵지 않게 발견할 수 있다. (1)과 (2)는 부사로서 is라는 be동사 뒤에 올 수 없으며, (4)도 형용사이기는 하지만 역시 문맥에 맞지 않다. (3)「그 시계는 별로 정확하지 않다. 보통 3, 4분 정도 빠르다.」

☐ **acknowledge** [əknάlidʒ]

vt. **1 to recognize the fact or existence of** 인정하다, 자인하다: The Republican candidate *acknowledged* his defeat. 그 공화당 후보자는 패배를 인정했다. / She grudgingly *acknowledged* that she had made a mistake. 그녀는 자신이 저지른 실수를 마지못해 인정했다.

2 to state that something has been received (편지나 지급 금액의) 수령을 통지하다, 도착을 통지하다: Did he *acknowledged* your letter? 그가 당신의 편지를 잘 받았다고 하던가요?

3 to show that you are grateful for (친절, 선물 등에 대해) 감사를 표하다, (인사에) 답례하다: She *acknowledged* my greeting by nodding. 그녀는 나의 인사에 머리를 끄덕여 답례했다.

4 to show that you recognize someone by smiling or waving (미소나 손을 흔듦으로) 알았음을 알리다[표시하다]: He walked right past me without even *acknowledging* me. 그는 나를 아는 체하지도 않고 내 옆을 지나갔다.

·파생어·

acknowledgement 승인, 자인, 고백; 감사, 인사

acknowledged 일반적으로 인정된

acknowledgeable
인정(승인)할 수 있는

·관련표현·

in *acknowledgement* **of ~**
~에 대한 답례로, ~을 감사하여

bow one's *acknowledgement*
허리를 굽혀 답례하다

syn. recognize, accept, respond, appreciate
ant. renounce, ignore, reject, deny

|실전문제|

다음에 주어진 뜻풀이 가운데서 밑줄 친 acknowledging의 의미로 가장 적절한 것은?

The army sent me a letter acknowledging my request.

(1) to show that you recognize someone by smiling or waving
(2) to show that you are grateful for
(3) to state that something has been received
(4) to recognize the fact or existence of

해설 | 요청, 지급된 금액이나 월급, 편지 등의 수령을 통지할 때 acknowledge를 사용할 수 있다. (3)「군대는 나의 요청을 받았다는 편지를 나에게 보내왔다.」

☐ acquire [əkwáiər]

vt. 1 to buy or obtain for oneself 손에 넣다, 획득하다: The disabled was sitting in his *newly-acquired* wheelchair. 그 장애인은 새로 이 얻은 휠체어를 타고 앉아 있었다.

2 to learn or develop through experience (기술, 학문 등을) 몸에 익히다, 배우다: He *acquired* a bad habit. 그는 나쁜 버릇이 몸에 익었다. / She *acquired* a working knowledge of Spanish. 그녀는 스페인어의 실무 지식을 습득했다.

3 to start to have that reputation as (비판, 평판을) 받다: The man *acquired* a bad reputation as a deceiver. 그 남자는 사기꾼이라는 나쁜 평판을 받았다.

|실전문제|

다음 빈칸에 들어갈 적당한 단어를 고르시오.

An easy and effective way to _____ a foreign language is to live in the country where it is spoken.

(1) inquire   (2) blunder
(3) require   (4) acquire

해설 | 문맥을 보면, 외국어를 ____ 하는 쉽고도 효과적인 방법을 말하므로, '습득하다, 배우다' 등의 뜻을 가진 단어가 들어가야 한다. 그런데 (1)은 '문의하다, 묻다'의 ask와 같은 의미이고, (2)는 '큰 실수(a big mistake)'를 의미하며, (3)은 '필요로 하다, 요구하다'의 뜻이다. (4)는 '습득하다, 배우다'를 의미하므로 (4)가 정답이다. (4) 「외국어를 습득하는 쉽고도 효과적인 방법은 그 언어가 사용되는 나라에서 사는 것이다.」

· 파생어 ·

acquired 취득한, 습득한
acquirement 습득, 취득; 학식
acquiree 취득한 물건

· 관련표현 ·

***acquire* a foreign language** 외국어를 습득하다
***acquire* a good reputation** 호평을 받다
***acquired* immunity** 후천성 면역
***acquired* immune deficiency syndrome** 에이즈(후천성 면역 결핍증)
***acquired* rights** 기득권

syn. obtain, attain, achieve, secure, get
ant. lose, relinquish, give up

☐ acute [əkjúːt]

a. 1 able to notice small differences 민감한, 영민한, 빈틈없는: Einstein was a man of uncommonly *acute* intelligences. 아인슈타인은 남과는 다른 영민한 지능의 소유자였다. / Some animals, like dogs, have *acute* sense of smell. 개와 같은 몇몇 동물들은 민감한 후각을 가지고 있다.

2 showing an ability to understand things clearly and deeply 빈틈없는, 혜안의: He made an *acute* analysis of the economic situation. 그는 경제 상황을 빈틈없이 분석했다.

3 severe or very great in pain or in a situation (아픔이나 사태가) 심각한, 몹시 아픈: The African nation is an *acute* shortage of water. 아프리카 대륙은 심각한 식수 부족 사태에 빠져 있다. / She had an *acute* headache. 그녀는 심한 두통을 앓았다.

4 (of a disease) coming quickly to a dangerous situation (병이) 급성인: He's suffering from *acute* appendicitis. 그는 급성 맹장염을 앓고 있다.

· 파생어 ·

acutely 날카롭게, 예민하게
acuteness 날카로움, 명민함

· 관련표현 ·

***acute* pain** 극심한 통증
an *acute* angle 예각
an *acute* disease 급성 질환
***acute* hearing** 민감한 청력

syn. sharp, severe, intense, agonizing, piercing, sensitive
ant. obtuse, dull, mild, chronic, moderate

26

5 sharply pointed, but less than 90 degrees 예각의: Angles of less than 90° are called *acute* angles. 90° 미만의 각들은 예각이라고 불린다.

|실전문제|

1. 다음에 주어진 뜻풀이 가운데서 밑줄 친 <u>acute</u>의 의미로 가장 적절한 것은?

   A patient with <u>acute</u> rheumatoid arthritis came to the hospital the other day.

   (1) showing an ability to understand things clearly and deeply
   (2) (of a disease) coming quickly to a dangerous situation
   (3) able to notice small differences
   (4) severe or very great in pain or in a situation

   해설 | 류마티스성 관절염에 걸려서 관절이 몹시 아픈 경우에 해당되지, 급성 질환으로 인한 위독한 상태를 말하는 게 아니다. (4) 「심한 류마티스성 관절염을 가진 환자가 전날 병원에 찾아왔다.」

2. 다음 빈칸에 들어갈 적절한 단어를 고르시오.

   We have to build many new apartments to ease the _____ housing shortage.

   (1) peculiar   (2) expansive
   (3) acute   (4) inadequate

   해설 | ease the _____ housing shortage를 보면 '_____한 주택 부족(사태) 문제를 완화하다'의 의미이므로, 주택 부족이 심각하다는 뜻이 되어야 한다. (3)의 acute가 serious와 같이 '심각한'의 뜻을 나타내고, (1)은 '특별한, 독특한, 기묘한' 등의 뜻을 나타내며, (2)는 '광활한, 광대한' 그리고 (4)는 '부적절한, 부족한' 등의 뜻을 나타낸다. (3) 「우리는 심각한 주택난을 완화하기 위해 새 아파트를 많이 지어야 한다.」

□ **adapt**[ədǽpt]

vt., vi. **1 to make or become suitable for new needs or different conditions** 적응시키다: When we immigrated to Canada, our children *adapted* to the change very well. 우리가 캐나다로 이민 갔을 때, 아이들은 변화에 잘 적응했다.

2 to change one's ideas or behavior in order to deal with it successfully 생각이나 행동을 적응시키다, 적응하다: The world will be different, and we will have to be prepared to *adapt* to the change. 세계는 달라질 것이며, 우리는 그 변화에 적응할 각오를 해야 할 것이다.

vt. **1 to make a book or play suitable; reshape** (책이나 연극 등을) 개작하다, 각색하다: The play is *adapted* from a short story. 그 연극은 한 단편 소설을 각색한 것이다.

·파생어·

adaptation 적합; 개작, 각색, 번안
adaptive 적합한, 적응하는
adaptable
적응(순응)할 수 있는; 개작(각색)할 수 있는
adaptability 적응성; 개작 가능성

·관련표현·

adapt oneself to a new life
새 생활에 적응하다
adaptive power 적응력
an *adaptation* of his novel for a movie 그의 소설을 영화로 각색함

syn. adjust, suit, reshape, modify

2 to modify or change the structure of buildings or machines (건물이나 기계 등을) 개조하다: He *adapted* the motorboat for fishing. 그는 모터보트를 낚싯배로 개조했다.

|실전문제|

다음에 주어진 뜻풀이 가운데서 밑줄 친 adapt의 의미로 가장 적절한 것은?

The scriptwriter helped her to adapt her new novel for the movie.

(1) to change one's ideas or behavior in order to deal with it successfully
(2) to make a book or play suitable; reshape
(3) to modify or change the structure of buildings; machines
(4) to make or become suitable for new needs or different conditions

해설 | adapt 뒤에 책이나 소설, 연극 등이 올 때, 이때의 adapt는 '각색하다, 개작하다'의 의미이다. (2)「그 작곡가는 그녀의 새로운 소설을 영화로 각색하는 데 그녀를 도와주었다.」

adopt [ədápt]

vt. 1 to take one's ideas or technologies and use it (의견, 생각, 기술 등을) 채택하다: The schools must *adopt* new methods of teaching foreign languages. 학교는 외국어 교수법을 새로 채택해야 한다.

2 to take someone else's child into one's family (양자[양녀]로) 삼다[받아들이다]: Many childless couples in the developed countries *adopt* children. 선진국의 자녀가 없는 많은 부부들은 아이들을 양자로 받아들인다.

3 to take or approve suggestions or report (제안, 보고 등을) 승인하다, 받아들이다: The personal committee *adopted* my suggestion. 그 인사 위원회는 나의 제안을 받아들였다.

4 to take up a guideline, standard, or policy (방침이나 정책을) 택하다: The government *adopted* new guidelines for the national defense. 정부는 새로운 국방 지침을 채택했다.

·파생어·
adoption 채택, 차용
adoptive 양자 관계의, 채택하는
adoptee 양자, 채택된 것
adoptable 채택 가능한; 양자로 삼을 수 있는

·관련표현·
adopt a proposal
제안을 채택하다[받아들이다]
adopt a child as one's heir
상속자로서 아이를 양자로 받아들이다
an *adoption* agency
양자 알선 기관
an *adoptive* country 귀화국
consider *adoption* 입양을 고려하다
adopt a conciliatory attitude
유화적인 태도를 가지다
adoptive parents 양부모
a son by *adoption*
양자 (=an *adoptive* son)
adoptive father 양부

syn. accept, follow, embrace, choose, approve
ant. abandon, reject, disclaim

|실전문제|

다음에 주어진 뜻풀이 가운데서 밑줄 친 adopt의 의미로 가장 적절한 것은?

Having no children of their own, the couple finally decided to adopt an orphan.

(1) to take or approve suggestion or report
(2) to take one's ideas or technologies and use it
(3) to take someone else's child into one's family
(4) to take up a guideline, standard, or policy

해설 | 타동사는 목적어와 짝을 이루는 경우가 많으므로, 목적어를 보고 답을 어렵지 않게 고를 수 있는데, 지금은 orphan(고아)이 목적어이므로, 이때의 adopt는 '양자로

받아들이다'의 의미로 사용되었다. (3)「그들 자신의 자녀가 없어서 그 부부는 마침내 고아를 입양하기로 결정했다.」

adjust [ədʒʌ́st]

vt. 1 to change a bit so as to make suitable for a particular purpose (특수한 목적에 맞추기 위해 약간 변화시키다; 조정하다, 조절하다): She *adjusted* herself very quickly to the custom of the country. 그녀는 그 나라의 관습에 빨리 적응을 했다. / They will have to *adjust* to the heat and low humidity of the country. 그들은 그 나라의 열기와 낮은 습도에 적응해야 할 것이다.

2 to alter something to make it suitable for something else (무언가에 적합하도록) 무엇을 바꾸다: She *adjusted* to the length of the skirt to the school's requirements. 그녀는 학교의 요구 조건에 맞게 치마의 길이를 조절했다.

3 to get used to something by changing one's behavior or one's ideas (행동이나 생각을 바꿈으로써) 순응하다: It has been hard to *adjust* but now I'm getting satisfaction from my work. 순응[적응]하기 어려웠지만 지금은 일에서 만족을 얻고 있다.

4 to correct or alter its position or setting of machines or clothing (기계나 옷의 위치나 장소를) 변경하다: She *adjusted* her mirror and then the car out of the parking lot. 그녀는 차의 거울을 고치고는 주차장에서 차를 몰고 나갔다.

·파생어·

adjustable 조정[조절]할 수 있는
adjusted 조정된, 적응[순응]한
adjustment 조정, (보험의) 정산
adjuster 조정, (보험의) 정산인

·관련표현·

The seats are fully *adjustable*.
그 자리는 완전히 조정이 가능하다.

a seat belt *adjuster*
안전벨트 조정기

He will have to make major *adjustments* to his thinking if he is to survive in office.
그가 사무실에서 살아남으려면, 그의 사고방식을 크게 바꾸어야 할 것이다.

syn. regulate, tune, alter, change, modify, accommodate, accustom, adapt, conform, arrange
ant. maintain, resist, upset

|실전문제|

다음에 주어진 뜻풀이 가운데서 밑줄 친 adjust의 의미로 가장 적절한 것은?

To attract customers, he is determined to <u>adjust</u> tax and labor laws of the country.

(1) to change a bit so as to make suitable for a particular purpose
(2) to get used to something by changing one's behavior or one's ideas
(3) to correct or alter its position or setting of machines or clothing
(4) to alter something to make it suitable for something else

해설 | 고객을 유치하기 위해서 그 나라 법에 적응한다는 뜻이다. (2)「고객을 유차하기 위해서 그는 그 나라의 세법과 노동법에 적응하기로 마음먹었다.」

administration [ædmìnəstréiʃən]

n. 1 the management or direction of the business or government affairs 관리, 경영, 행정: An executive should be experienced in *administration*. 임원[간부]은 경영에 있어서 경험이 있어야 할 것이다.

·파생어·

administer 관리하다, 통치하다, 집행하다; 투약하다
administrative 관리의, 경영의, 행정의
administrator 관리자, 행정관, 장관

2 the people who direct the affairs of a business 관리 책임자들, 경영진, 집행부: The accountants need to talk to the college *administration*. 회계사들은 대학 집행부 측과 이야기할 필요가 있다.

3 the act of administering (법률 등의) 시행, 집행, (종교의식의) 집행: The *administration* of justice is sometimes difficult. 법 집행이 종종 어려울 때가 있다.

4 the government of a particular president or ruling party 내각, 정부: Quite a few of American people have died overseas during the Bush *administration*. 부시 행정부 동안에 꽤 많은 미국 사람들이 해외에서 죽었다.

|실전문제|
다음에 주어진 뜻풀이 가운데서 밑줄 친 administration의 의미로 가장 적절한 것은?

Anyone will need some experience in administration before he can run the department.

(1) the act of administering
(2) the government of a particular president or ruling party
(3) the management or direction of the business or government affairs
(4) the people who direct the affairs of a business

해설 | 뒤에 부서를 맡아 이끌어 나간다는 표현이 있으므로, 이때 administration의 의미는 '관리나 경영'의 뜻이다. (3)「부서를 맡아 관리하기 전에 누구라도 관리(경영) 분야에서 약간의 경험을 필요로 할 것이다.」

administrable 관리할 수 있는, 집행할 수 있는

·관련표현·

mandatory *administration* 위임통치

administer medicine to a person ~에게 투약하다

administer a rebuke 꾸짖다

an *administrative* district 행정구역

administrative law 행정법

syn. management, execution, government, leadership, executives

---

☐ admit [ædmít]

vt. **1 to state or agree to the truth** 사실을 말하거나 이에 동의하다: He *admitted* having stolen the purse. 그는 지갑을 훔친 것을 시인했다.

2 to permit to enter 입장을 허락하다, 입장하다: Only ticket-holders will be *admitted* into the stadium. 티켓 소지자만 스타디움에 입장하실 수 있습니다.

3 to allow 허용하다: The facts *admit* no other explanation. 그 사실에는 다른 설명이 필요 없다.

4 to take (someone) to a hospital for treatment and kept there until they are well enough (치료를 위해 병원에 가서 건강해질 때까지) 입원시키다: She was *admitted* to hospital with a soaring temperature. 그녀는 고열로 병원에 입원했다.

·파생어·

admission 입장, 입학, 승인, 허가
admittance 입장, 입학
admitted 명백한, 공공연한
admittedly 명백히, 틀림없이

·관련표현·

admission fee 입장료
admission ticket 입장권
admission free 입장료 무료(인)
admit one's guilty 죄를 시인하다
admit to the allegation 진술을 인정하다
an *admitted* fact 공인된 사실

syn. acknowledge, concede, recognize, allow, grant, receive
ant. forget, deny

| 실전문제 |

다음에 주어진 뜻풀이 가운데서 밑줄 친 admitted의 의미로 가장 적절한 것은?

He was admitted yesterday for the treatment of blood clots in his lungs.

(1) to allow
(2) to permit to enter
(3) to take (someone) to a hospital for treatment and kept there until they are well enough
(4) to state or agree to the truth

해설 | 병의 치료를 위해서 병원에 '입원하다'는 의미로 쓰였다. (3) 「그는 폐의 혈전을 치료하기 위해 어제 병원에 입원했다.」

☐ **advocate** [ǽdvəkit]

vt. **to recommend a particular action or plan publicly** 옹호하다, 주장하다: The committee is *advocating* revision of the draft laws. 그 위원회는 징병법의 수정을 주장하고 있다.

n. **1 someone who recommends a particular action or plan publicly** 옹호자, 주창자: The forest ranger is an *advocate* of environmental protection laws. 산림 경비원은 환경 보호법의 옹호자이다.

2 a lawyer who speaks for someone or defends him in court 변호사: He hired the best *advocate* he could find to represent him in court. 그는 법정에서 그를 대변해 줄 가장 좋은 변호사를 고용했다.

3 a person who works for the interests of a particular group 대변인: Consumer *advocates* claim that some oil companies in America are exploiting the Iraqi War. 소비자 대변인들은 미국의 몇몇 석유 회사들이 이라크 전쟁을 이용하고 있다고 주장한다.

· 파생어 ·

advocator 주창자, 옹호자
advocatory 대변인의, 변호인의, 옹호자의
advocacy 옹호, 주장, 지지

· 관련표현 ·

advocate peace 평화를 주창하다
advocate abolishing racial discrimination 인종차별의 폐지를 주장하다
advocacy group 옹호[지지] 집단
a strong *advocate* of free market economy 자유 시장 경제에 대한 강력한 지지자

syn. recommend, champion, speak out of, stand up for, support, propagate
ant. oppose, combat, attack, opponent, adversary, accuser

| 실전문제 |

밑줄 친 부분의 내용에 가장 가까운 설명을 고르시오.

Some children's right advocates have praised him, because he said in effect that children are people, too.

(1) people who believe children are correct
(2) people who believe children are spoiled
(3) people who believe children should be treated as adults
(4) people who believe children ought be treated as independent individuals

해설 | advocates는 '옹호자, 지지자' 등의 뜻이어서, '어린이들의 권리 옹호자들'이란 뜻인데, 이런 뜻의 보기는 (4) '어린이들이 독립적인 개개인으로 대우받아야 한다고 믿는 사람들' 이 이에 해당된다. (2)의 spoiled는 '버릇없는'의 뜻이다. (4) 「아이들의 권리를 옹호/주장하는 몇몇 사람들은 그가 어린이들도 역시 사람이라고 천명했기 때문에 그를 칭찬했다.」

affect [əfékt]

vt. 1 to cause some result or change; to make an influence on (어떤 결과나 변화를) 야기하다; 영향을 미치다: An increase in oil price *affects* the stock market. 석유 가격의 인상은 주식 시장에 영향을 미친다. / His decision of resignation will *affect* the company's future. 그의 사임 결정은 그 회사의 미래에 영향을 미칠 것이다.

2 to cause feelings of sorrow or anger (슬픔이나 분노의 감정을) 일으키다: He was deeply *affected* by the news of his wife. 그는 아내의 소식에 크게 충격을 받았다.

3 to pretend to feel or have 느끼거나 가진 척하다: He *affected* illness so that he could stay off school. 그는 학교에 가지 않으려고 아픈 척했다.

| 실전문제 |

다음에 주어진 뜻풀이 가운데서 밑줄 친 <u>affects</u>의 의미로 가장 적절한 것은?

It is well known that arthritis is a crippling disease which <u>affects</u> people all over the globe.

(1) to pretend to feel or have
(2) to cause some result or change; to make an influence on
(3) to cause a situation or event to happen
(4) to cause feelings of sorrow or anger

해설 | 관절염이 고통을 안겨 준다는 글이다. (4) 「관절염은 전 세계 사람들에게 고통을 안겨 주는 병으로 잘 알려져 있다.」

· 파생어 ·
affectation ~인 체함
affected 영향을 받은, ~인 체하는; (병에) 걸린
affection 애정, 감동, 영향
affectionate 애정 어린, 인정 많은
affectionately 애정이 넘치게
affectionless 애정이 없는

· 관련표현 ·
an *affectionate* child
인정 많은 아이
an *affectionate* hug
애정 어린 포옹
Your *affectionately*
(=*Affectionately* yours)
친애하는 ~로부터 (편지의 끝 맺음말)

syn. alter, change, influence, impress, inspire, assume

---

add [æd]

vt. 1 to put together so as to increase the size or the number 크기나 숫자를 늘리기 위해 합치다: *Add* a few more names to the list. 그 목록에 몇 명의 이름을 더 추가하세요.

2 to add (numbers or amounts) together to calculate their total 합계를 내기 위해 숫자나 금액을 합산하다: If you *add* 6 and 7, you get 13. 6에다 7을 더하면 13이 된다. / Banks *add* all the interest rates and other charges together. 은행은 모든 이자율과 다른 청구 금액을 합산한다.

3 to say (something) more 추가해서 말하다: The president agreed, *adding* that he hoped for a peaceful solution. 대통령은 동의하면서 평화적인 해결을 희망한다고 덧붙였다.

vi. to make greater in degree or amount 정도나 양을 더 크게 만들다: The latest incident will *add* to the pressure on the government. 최근의 사건은 정부에 대한 압력을 증가시킬 것이다.

· 파생어 ·
addition 추가(사항), 건물의 증축 부분, 더하기
additional 부가의, 특별한
additive 첨가물; a.부가적인, 추가의
additive-free 첨가물이 들어 있지 않은

· 관련표현 ·
add fuel to the fire 불난 집에 부채질하다
add up to ~ 총계가 ~되다, 결국 ~이 되다
additional charge[tax] 할증료
additional budget 추가예산

syn. affix, append, attach, tally, total
ant. remove, subtract

|실전문제|

1. 다음에 주어진 뜻풀이 가운데서 밑줄 친 add의 의미로 가장 적절한 것은?

   Is there anything else you'd like to <u>add</u> before we wrap things up?

   (1) to add numbers or amounts together to calculate their total
   (2) to say (something) more
   (3) to make greater in degree or amount
   (4) to put together so as to increase the size or the number

   해설 | 문맥을 보면 '첨가하다, 덧붙이다'의 의미로 쓰이고 있다. (4) 「우리가 그것들을 포장하기 전에 더 넣고 싶은 것이 있습니까?」

2. 다음 밑줄 친 단어와 뜻이 가장 가까운 표현을 고르시오.

   There are all kinds of interesting questions that comes from a knowledge of science, which only <u>adds</u> to the excitement and mystery.

   (1) add up to   (2) amount to
   (3) count over   (4) increase

   해설 | add to ~는 '~를 증가시키다(increase)'의 뜻으로 to는 전치사이며 뒤에 명사가 따라온다. (1)은 '총계[합계]가 ~이 되다'의 뜻이며, (2)의 amount to ~는 '~에 해당하다, 총계가 ~에 달하다' 등의 뜻을 가지고 있고, (3)은 '다시 세다'의 뜻이다. (4) 「온갖 종류의 흥미로운 질문들이 과학 지식에서 나오는데, 그러한 것들은 단지 흥미와 수수께끼만 더할 뿐이다.」

3. 다음 빈칸에 들어갈 가장 적절한 단어를 고르시오.

   In _____ to water, sunshine is absolutely necessary for plant life.

   (1) proportion   (2) alliance
   (3) addition   (4) harmony

   해설 | 문맥을 고려해 보면, 물 이외에도, '태양 광선이 식물이 살아가는 데 절대적으로 필요하다'는 의미로써, _____ 속에는 '~이외에도'라는 의미가 들어가야 한다. 보기 중에서 (3)이 들어가서 in addition to ~가 되면 '~이외에도'의 뜻으로 besides를 대신할 수 있다. (1)의 in proportion to ~는 '~에 비례해서', (2)와 (4)는 뒤에 with가 따라와서, in alliance with ~는 '~와 연합[제휴]하여', in harmony with ~는 '~와 조화하여'의 뜻을 나타낸다. (3) 「물 이외에도 태양 광선은 식물이 살아가는 데 절대적으로 필요하다.」

□ **advanced** [ədvǽnst]

a. **1** reaching a high level of industrial or technological development (기술이) 고급의, 발전한: Germany is one of the *advanced* industrial nations of the world. 독일은 세계의 선진 공업국 중 하나이다.

2 already learning the basic facts and is doing more difficult job or course 고급의, 상급의: The economic course is

· 파생어 ·

advance 나아가게 하다, (기일을) 앞당기다, 진척시키다, 승진시키다; *n.* 진전, 향상, 승진, 선불

advancement
전진, 진보, 승진, 선불(가불)

A

33

suitable for *advanced* students. 그 경제학 강좌는 고급[상급]반 학생들에게 적합하다.

3 forward in an idea (생각이) 진보한, 발전한: Her ideas must be more *advanced* by the time the committee meets again in July. 그녀의 아이디어는 7월 위원회가 다시 열릴 때까지는 좀 더 진전되어 있어야 한다.

4 old in a polite way (점잖은 표현으로) 늙은: Despite his *advanced* age, he works out in a gym every day. 고령에도 불구하고 그는 매일 체육관에서 운동을 한다.

| 실전문제 |

다음 빈칸에 들어갈 가장 적절한 단어를 고르시오.

The U.S. is one of the few industrially _____ nations to require by law that a married couple share one common family name.

(1) risen   (2) increased
(3) promoted   (4) advanced

해설 | one of the few industrially _____ nations에서 명사 nations를 수식하고, 부사인 industrially의 수식을 받는 품사는 형용사인데, 분사도 형용사와 같이 명사를 수식한다. 앞의 말인 industrially를 보아 '산업[공업]적으로 발전한 나라들'이 되어야 하므로, (4)가 답으로 적당하다. (1)의 risen은 '증가된', (2)도 '증가된', (3)은 '개선된, 진전된, 승진된' 등의 뜻이다. advanced[developed] nations는 선진국이란 뜻이며, developing nation는 개발도상국 그리고 underdeveloped nations는 후진국에 해당된다. (4) 「미국은 선진 공업국 중에서 부부가 같은 성을 쓰는 것이 법적으로 의무화되어 있는 몇몇 나라들 중의 하나이다.」

·관련표현·

an *advanced* class in Chinese 중국어 고급반

an *advanced* base 전진기지

advanced degree 고급 학위(석사, 박사 학위)

as the night *advances* 밤이 깊어 감에 따라

the *advance* of knowledge 지식의 진보

pay in *advance* 선불[가불]하다

advance notice 사전 통고

in *advance* 미리

an *advance* ticket 예매표

syn. come forward, promoted, developed, improved
ant. retreated, withdrawn, demoted, decreased

affidavit [ӕfədéivit]

n. a written statement that you swear is true and is used as evidence in a court 선서 진술서: Mr. Kennedy put his information about the crime in an *affidavit* that was given to the police. 케네디 씨는 범죄 정보를 선서 진술서에 기입했으며, 그것은 경찰에게 넘겨졌다.

·관련표현·

take an *affidavit* 선서 진술서를 받다

swear an *affidavit* (증인이) 선서 진술서에 허위가 없음을 선서하다

affidavit of support 재정 보증서

| 실전문제 |

다음 빈칸에 들어갈 가장 적절한 단어를 고르시오.

The court refused to accept his statement unless he presented it in the form of an _____.

(1) emulation   (2) assertion
(3) order   (4) affidavit

해설 | statement(진술)에 대한 법정 이야기인데, (1)은 '경쟁(competition)', (2)는 '주장, 단언', (3)은 '명령, 주문, 순서' 등의 뜻이다. (4)는 '선서 진술서'의 뜻으로서 본문에 가장 적합하게 연결되는 말이다. (4) 「법정은 그가 선서 진술서의 형태로 제출하지 않는 한, 그의 진술을 받아들이기를 거부했다.」

afterwards [ǽftərwərdz]

ad. doing something or happening after a particular event or time that has already been mentioned 그 뒤에, 그 후에, 나중에: The wounded soldier was taken to a hospital but died soon *afterwards*. 부상당한 그 군인은 병원에 실려 갔으나, 그 직후에 사망했다. / Shortly *afterwards*, the police rounded up the criminal. 그 후 곧, 경찰은 범인을 체포했다.

· 관련표현 ·

not long *afterwards* 그 후 얼마 되지 않아
shortly *afterwards* 그 직후에

syn. afterward, shortly after
ant. shortly before, soon before

|실전문제|

다음 빈칸에 들어갈 적절한 단어를 보기에서 고르시오.

At the time of the birth of the baby and for the few days _____, the doctor is an important person for the mother.

(1) late   (2) afterwards
(3) delayed   (4) spent

해설 | the doctor ~이하는 완전한 문장이므로 문장의 주성분이 아닌 부사가 와야 하는데, (1)의 late는 부사가 되면 '늦게', 형용사가 되면 '늦은'이 되기 때문에 문맥상 맞지 않으며, (2)의 afterwards는 부사로 '그 후' 또는 '나중에'라는 뜻이며 afterward도 같은 뜻의 부사로 쓰인다. (3)과 (4)는 과거분사형 형용사이며 (3)은 '지연된, 연기된', (4)는 '다 써 버린, 힘이 빠진, 기진맥진한' 등의 의미를 나타내며, 그 예로 a spent horse(기진맥진한 말)라는 표현이 있다. (2) 「아기가 태어날 때와 그 후 며칠간, 의사는 엄마에게 중요한 사람이다」

agree [əgríː]

vi. 1 to have the same opinion or feeling 동일한 의견이나 감정을 갖다: We *agreed* to postpone the meeting late. 우리는 회의를 훗날로 미루기로 동의했다. / The workers have *agreed* to the company's pay raise. 노동자들은 회사의 급료 인상에 동의했다.

2 to be consistent with each other 서로 일치하다: The witnesses's statements just don't *agree* with each other. 목격자들의 진술은 서로 일치하지 않는다.

3 to reach a joint decision after discussion 토론 후 공동 결정을 내리다: They finally *agreed* on a package of measures to reduce the trade deficit. 그들은 무역 적자를 줄이기 위한 일괄 조치에 마침내 합의했다.

4 to accept an idea or offer (생각이나 제의를) 받아들이다: The supervisor has *agreed* to competitor's job offer. 그 관리자는 경쟁사의 스카우트 제의를 받아들이기로 했다.

5 to be suitable or healthful (일, 음식 등이) 몸에 맞다: Spicy food does not *agree* with me. 자극적인 음식은 내게 맞지 않는다.

· 파생어 ·

agreeable 기분 좋은, 호감을 주는, 조화되는
agreeably 쾌히, 기꺼이
agreed 약속한, 동의한, 일치하는
agreement 동의, 계약, 협정

· 관련표현 ·

agree **to disagree** 서로의 의견 차이를 인정하고 싸우지 않기로 하다
agree **like cats and dogs** (개와 고양이처럼) 사이가 매우 나쁘다
agree **to differ or disagree** 견해차를 확인하다
agreeable **weather** 쾌적한 날씨
an *agreed* **fare** 협정 요금
agreed **price** 협정 가격
terms of *agreement* 계약 조건

syn. acknowledge, admit,

6 to match or suit 어울리다: The jacket *agrees* well with the pants. 그 자켓은 그 바지와 잘 어울린다.

concede, recognize, accede
ant. oppose, reject, deny, differ

|실전문제|

다음에 주어진 뜻풀이 가운데서 밑줄 친 <u>agree</u>의 의미로 가장 적절한 것은?

Your account of the affair does not <u>agree</u> with his.

(1) to have the same opinion or feeling
(2) to accept an idea or offer
(3) to be consistent with each other
(4) to reach a joint decision about it after discussion

해설 | 설명이 일치하지 않는다는 내용이다. (3) 「사건에 대한 너의 설명이 그의 설명과 일치하지 않는다.」

☐ **ahead** [əhéd]

ad. **1 in front** 앞에, 전방에, 앞으로: The road *ahead* was full of cars. 전방 도로는 차들로 가득 차 있었다.

2 into or in the future (시간적으로) 앞에: They planned for the months *ahead*. 그들은 수개월 앞서 계획을 했다.

3 winning in a competition or game 이기고 있는, 리드하는: Brazil was *ahead* through the game. 브라질은 경기 내내 앞섰다.

· 관련표현 ·
get *ahead* 진보하다, 출세하다
go *ahead* 전진하다, 추진하다, 계속하다
right *ahead* 바로 앞에
wind *ahead* 맞바람

syn. front, before
ant. back

|실전문제|

다음 빈칸에 들어갈 가장 적절한 표현을 고르시오.

If you intend to make a tour of any of the big factories, you had better make an appointment _____ time.

(1) in case of   (2) in spite of
(3) in front of   (4) ahead of

해설 | time(시간) 앞에 따라올 수 있는 표현은 ahead of ~가 적당하며, 그 의미는 '사전에, 미리'의 뜻이다. (1)의 in case of ~는 '~할 경우에'의 뜻으로 in the case of ~로 바꾸어 표현할 수 있으며, (2)의 in spite of ~는 despite와 뜻이 같은 전치사구이며, (3)의 in front of ~는 '~앞에'라는 뜻으로 before로 바꾸어 쓸 수 있다. (4) 「만약 당신이 큰 공장에 견학하러 갈 생각이라면 사전에 약속을 해 두는 편이 좋다.」

☐ **alarm** [əlá:rm]

n. **1 a warning of danger given by ringing a bell or shouting** 경보, 경고: The building was evacuated at the first *alarm*. 첫 번째의 경보 소리에 그 건물에 있는 모두가 피신했다.

2 sudden fear and anxiety 갑작스런 공포, 불안: The news of the oil spill in the west sea caused widespread public *alarm*. 서

· 파생어 ·
alarming 걱정스러운, 놀라운
alarmism 야단법석 떨게 함
alarmedly 놀라서, 당황하여

해안 기름 유출 소식은 전반적으로 국민들의 불안을 야기했다.

3 any apparatus, such as a bell, noise, or flag by which a warning is given 경보기, 경보장치: There is a fire *alarm* installed in every public building. 모든 공공건물에는 화재경보기가 설치되어 있다.

4 a clock which gives a ringing sound at the set time 자명종 시계: I set the *alarm* for 7 in the morning. 나는 자명종을 오전 7시에 맞추어 놓았다.

|실전문제|

다음에 주어진 뜻풀이 가운데서 밑줄 친 <u>alarm</u>의 의미로 가장 적절한 것은?

You need to check the rear door and set the burglar <u>alarm</u>.

(1) sudden fear and anxiety
(2) a clock with gives a ringing sound at the set time
(3) a warning of danger given by ringing a bell or shouting
(4) any apparatus, such as a bell, noise, flag which a warning is given

해설 | burglar alarm은 '도난 경보기' 그리고 fire alarm은 '화재경보기'를 뜻하며, 이때 alarm은 '경보장치'를 말한다. (4) 「뒷문을 확인하고 도난 경보기를 작동시킬 필요가 있습니다.」

·관련표현·

sound the *alarm* 경적[경종]을 울리다
without *alarm* 침착하게
in *alarm* 놀라서, 걱정하여
a thief *alarm* 도난 경보기
set the *alarm* 자명종을 맞추다
give the *alarm* 경보를 발하다
be *alarmed* at ~ ~에 깜짝 놀라다

syn. warning, apprehension, fear, misgiving
ant. composure, calmness, serenity

□ allow [əláu]

***vt.* 1 to let (someone) do something; permit** (누군가 어떤 일을 하게끔) 허락하다: Smoking is not *allowed* in this building. 이 건물 내에서는 흡연이 금지되어 있다. / I don't *allow* pets in my house. 내 집에서는 애완동물을 키울 수 없습니다.

2 to provide or give for a special purpose (특별한 목적을 위해) 제공하거나 주다: They'll have to *allow* two weeks to finish the project. 그들은 그 프로젝트를 끝내는 데 2주를 허용해야 할 것이다.

3 to make possible for 가능하게 하다: The facts *allow* no other explanation. 그 사실은 설명이 불가능하다.

4 to let come or let go (들어오거나 나가는 것을) 허용하다: They don't *allow* any pets in the museum. 박물관 내에는 일체 애완동물의 출입이 허용되지 않는다고 한다.

5 to officially accept (공식적으로) 인정하고 받아들이다: The teacher doesn't *allow* the problem student in his classroom. 그 교사는 그 문제아 학생을 교실에 받아들이기를 거부했다.

6 to say or think 말하거나 생각하다: I *allow* that you're absolutely all right. 나는 당신이 절대적으로 옳다고 생각한다.

·파생어·

allowable 허용할 수 있는, 정당한
allowance 수단, 용돈, 허가

·관련표현·

***Allow* me to ~**
(실례하지만) ~하겠습니다
***allow* oneself in ~** ~에 몰두하다
***Allowing* that ~** ~이라고 하더라도

Capital punishment is *allowable* only under exceptional circumstances. 사형은 오직 예외적인 경우만 허용된다.

make *allowances* for ~
~를 고려하다 (=consider, take into consideration)

retiring *allowance* 퇴직수당
a child's *allowance* 아이의 용돈

vi. **to take into consideration; consider** 고려하다, 감안하다: You have to *allow* for a certain amount of error. 너는 어느 정도의 실수를 참작[고려]해야 해. / *Allowing* for her flight arriving at 9:30, she went to the airport 3 hours earlier. 비행기가 9:30에 도착하는 것을 감안해서 그녀는 세 시간 일찍 출발했다.

syn. grant, let, permit, yield, allot, concede, confess, endure
ant. prohibit, withhold, deny

|실전문제|

다음에 주어진 뜻풀이 가운데서 밑줄 친 allow의 의미로 가장 적절한 것은?

Passengers should <u>allow</u> for additional travel time to the airport in rush hour traffic.

(1) to say or think
(2) to provide or give for a special purpose
(3) to take into consideration or consider
(4) to let someone do something; permit

해설 | 뒤의 for와 합해서 '고려하다, 감안하다'의 뜻이 된다. (3) 「승객들은 교통이 붐빌 때 추가적인 여행 시간을 감안하고 공항에 가야 한다.」

□ **almost** [ɔ́ːlmoust]

***ad.* 1 very nearly but not quite** 거의, 대체로: It's *almost* certain for him to succeed. 그가 성공하리라는 것은 거의 확실하다. / She *almost* fell of her riding horse. 그녀는 달리는 말에서 거의 떨어질 뻔했다. / She contracted avian flu, which *almost* killed her. 그녀는 조류 독감에 걸려서 거의 죽을 뻔했다.

2 (with numbers) about, around, or next to 〈숫자와 같이 쓰여〉 약 ~: It's *almost* 25 miles from here to downtown. 여기서 시내까지는 약 25마일의 거리이다.

· 관련표현 ·

almost never
거의 ~않는(=hardly ever)

almost impossible 거의 불가능한

almost nothing left
거의 아무것도 남아 있지 않은

an *almost* perfect performance 거의 완벽한 공연

almost killed 거의 죽을 뻔한

for *almost* 5 years 거의[약] 5년 동안

almost all students
거의 모든 학생들

syn. nearly, approximately, not far from
ant. exactly, certainly, surely

|실전문제|

1. 다음 빈칸에 들어갈 알맞은 단어나 구를 고르시오.

My daughter lost _____ the coins she had collected.

(1) almost   (2) almost all
(3) most   (4) the most

해설 | 동사인 lost의 목적어가 coins이며, the coins를 수식할 수 있는 말이 되어야 하는데 almost는 부사로서 수식하는 동사 lost 앞에 와야 하며, (2)는 '거의 모든'의 뜻으로 문맥상 정답이 되며, almost all of ~로 바꾸어 사용 가능하다. (3)의 most는 '대부분의' 라는 의미인데 most는 'most + 명사', 또는 'most of the + 명사'로 사용되기 때문에 of가 있어야 한다. (4)의 the most ~는 '가장 ~한'이라는 뜻의 부사구로 뒤에 형용사가 따라온다. (2) 「내 딸은 자기가 모은 거의 모든 동전을 잃어버렸다.」

2. 밑줄 친 부분의 뜻을 설명하기에 가장 적절한 어구를 고르시오.

The concrete wall that used to divide this city has now <u>all but</u> gone.

(1) not ~ at all (2) in any way
(3) above all (4) almost

해설 | 우선 문맥을 보면, 주어인 'concrete wall(콘크리트 벽)이 사라졌다' 라는 틀의 문장에서 '어떻게 사라졌다' 라는 부사나 부사구가 필요하다. 이 중에 답이 되는 것은 (4) '거의(almost)' 가 문맥에 부합되고, (1)은 '전혀 ~하지 않다' 의 뜻으로 anything but, 또는 never로 대신 표현할 수 있다. (2)는 '여하튼, 아무튼, 어쨌든' 의 의미로 at any rate, anyhow 등과 같은 뜻이며, (3)은 '다른 무엇보다도', 또는 '우선 첫째로' 등의 의미를 나타낸다. (4) 「이 도시를 양분했던 콘크리트 벽이 지금은 거의 사라졌다.」

□ alter [ɔ́ːltər]

vi., vt. **1 to make or become different; change** (모양, 성질 등을) 바꾸다, 달라지다: The blonde wig completely *altered* her appearance. 금발의 가발이 그녀의 모습을 완전히 바꾸어 놓았다.

2 to change a plan 계획을 바꾸다, 변경하다: If it rains, we'll have to *alter* our plans for the cookout. 만약 비가 온다면, 우리는 야외 요리 파티 계획을 변경해야 할 것이다.

3 to modify or renovate a house (집을) 개조하다: They *altered* the house into a photo studio. 그들은 그 집을 사진관으로 개조했다.

vt. **to change the size of clothes so that they fit better** (옷의) 치수를 고쳐 입다: She took the coat back to the shop to have it *altered*. 그녀는 코트를 가게로 다시 가지고 가서 수선을 맡겼다.

· 파생어 ·
alteration 변경, 개조, 치수 고치기
alterable 고칠 수 있는
alterative 변화를 일으키는, 체질 개선 작용이 있는

· 관련표현 ·
That *alters* the case. 그러면 이야기가 달라져.
alter for the better 개선하다
alter for the worse 개악하다
alter ego 자기의 다른 면, 분신
structural *alteration* 구조 변경

syn. change, transform, make difference, modify, amend
ant. keep, retain

|실전문제|

밑줄 친 <u>altered</u>의 뜻으로 가장 적당한 말을 고르시오.

The new foods discovered by Columbus <u>altered</u> the fates of nations and strengthened a growing sense of national identity.

(1) decided (2) increased
(3) enriched (4) changed

해설 | alter는 타동사로 change 또는 transform의 뜻으로 '바꾸다' 의 의미를 가지고 있는데, (1)은 '결정을 내리다' 의 의미로 make up one's mind로 나타낼 수 있으며, (2)는 add to ~의 뜻으로 '증가시키다', (3)은 '윤택하게 하다, 풍부하게 하다' 의 뜻이다. (4) 「콜럼버스가 발견한 새로운 식량은 모든 나라의 운명을 바꿨으며 (국민들의) 국가 정체성을 강화시켰다.」

although [ɔːlðóu]

conj. **introducing a subordinate clause which contrasts with the statement in the main clause** 〈종속절 앞에 쓰이는 접속사로〉 비록 ~라 할지라도: *Although* the war has stopped for now, the destruction left behind is enormous. 비록 전쟁은 지금 끝났지만, 남겨진 파괴는 대단하다. / *Although* he is very old, he's quite strong. 그는 나이가 많음에도 불구하고, 힘이 무척 세다.

syn. though, even though

|실전문제|

다음 빈칸에 들어갈 가장 알맞은 단어를 고르시오.

We can get serious diseases such as liver cancer, which _____ rare in the past, are increasing in the present.

(1) although (2) as
(3) even (4) for

해설 | 문맥상, 현재에는 증가하고 있으므로 과거에는 반대가 되는 내용이 따라와야 하는데, although라는 양보의 접속사가 들어갈 수 있으며, although는 접속사이기 때문에 they were라는 주어와 동사가 생략되어 있다. (2)의 as는 일반적으로 '이유, 때'의 접속사로 사용되나, '~로서'라는 자격의 뜻을 나타낼 때는 전치사로 사용됨을 주의한다. (3)은 강조 부사로 '심지어 ~하는'의 뜻이며, (4)는 일반적으로 전치사로 쓰이나 등위접속사로 쓰일 때는 '이유(because)'를 나타내며, 지금의 문맥에서는 맞지 않다. (1)「우리는 간암과 같은 중병에 걸릴 수 있는데, 이 병이 이전에는 희귀했지만 현재는 증가하는 추세이다.」

ambassador [æmbǽsədər]

n. **a government official who lives in a foreign country and represent his or her country's interests** 대사: He was appointed the American *ambassador* to Korea.

·파생어·
ambassadorial 대사의, 사절의
ambassadorship 대사의 직, 대사의 임기
ambassadress 대사 부인; 여대사

·관련표현·
an *ambassador* of peace
평화 사절
a roving *ambassador* 순회 대사, 무임소 대사

|실전문제|

다음의 정의에 해당하는 단어를 고르시오.

A minister representing the government of his country in a foreign country

(1) a prime minister (2) an ambassador
(3) a delegate (4) an envoy

해설 | 외국에서 자국 정부를 대표하므로 (2)의 '대사'가 정답이다. (1)은 '총리(premier)', (3)은 '대표자'로 어떤 행사나 회의 등이 있을 때 대표로 참석하는 사람을 말하며, (4)는 '특사'로서 어떤 임무를 띠고 특정한 시기에 외국에 파견되는 관리를 말하며, a special envoy로도 표현한다. (2)「외국에서 자국 정부를 대표하는 공사」

ambiguous [æmbígjuəs]

a. **1 being unclear and confusing because something can be understood in more than one way** 애매한, 불명료한: Indian is an *ambiguous* word, because it can mean an American Indian or a native of India. 인디언이란 말은 뜻이 애매한데, 이것은 미국 원주민을 뜻하기도 하고, 인도 사람들을 뜻하기도 하기 때문이다.

2 containing several different ideas or attitudes that do not fit well together 모순되는: Students have *ambiguous* feelings that do not fit well together. 학생들은 서로 잘 어울리지 않는 모순된 감정을 가지고 있다.

· 파생어 ·
ambiguity 애매함, 불명료함, 모호함

syn. equivocal, vague, unclear, uncertain
ant. explicit, definite, specific, misleading

| 실전문제 |

밑줄 친 부분과 뜻이 가장 가까운 단어를 고르시오.

His <u>ambiguous</u> directions misled us; we did not know which road to go.

(1) doubtful　　　　　(2) questionable
(3) obscure　　　　　(4) unreliable

해설 | ambiguous의 뜻은 말이나 내용이 '애매모호한, 분명치 않은'의 뜻을 나타낸다. 동의어를 찾는다면 (3) obscure로서 '말이나 의미가 분명치 않고 애매모호한'의 뜻을 가진다. (1)은 '의심이 가는, 불확실한', (2)는 '의심스러운, 수상한', (4)는 '믿을 수 없는, 신뢰할 수 없는' 이라는 뜻으로 untrustworthy가 동의어라고 할 수 있다. (3) 「그가 애매하게 가르쳐 주는 바람에 우리는 길을 잘못 들었다. 우리는 어느 길로 가야할지 몰랐다.」

amenity [əménəti]

n. **1 something that is provided for people's comfort and enjoyment** 쾌적한 설비, 문화적 설비: The hotel *amenities* include health clubs, conference facilities, and banqueting rooms. 그 호텔의 문화적 설비로는 헬스클럽, 회의 시설, 그리고 연회실 등이 포함된다.

2 good manners or politeness (교제상의) 예의: Children should be taught the social *amenities*. 어린아이들에게는 사회적 예의범절을 가르쳐야 한다.

3 geniality, amiability, or gentleness 상냥함, 나긋나긋함: The host greeted his guests with *amenity*. 그 집주인은 손님들을 상냥하게 맞이했다.

· 관련표현 ·
exchange *amenities*
정중한 인사를 나누다
a hotel with all the *amenities*
온갖 시설이 다 갖춰진 호텔
local *amenities* 지역(지방) 문화 설비

syn. facilities, politeness, courtesies, geniality, pleasantness
ant. bad manners, impoliteness, unpleasantness, incivility

| 실전문제 |

다음 밑줄 친 단어의 정의로 가장 알맞은 것을 고르시오.

The flats lacked the obvious <u>amenities</u>, such as central heating, constant hot-water supply, electrically operated lifts from top to bottom, and so on.

(1) things that make life more comfortable
(2) acts of forgiveness given to people who have done wrong against the government
(3) desires to do something special
(4) instruments which use human power, electricity, oil, etc to perform work

해설 | '중앙난방, 순간온수기, 전기 작동 엘리베이터 등의 편의 시설(amenities)'을 말하며, 이에 따른 정의는 (1) '삶을 보다 편리하게 만드는 것' 이다. (2)는 '정부에 대해서 비리를 저지른 자들에게 베풀어지는 사면 행위'의 뜻으로서 amnesty(사면)를 말하며, (4)는 '일을 수행하기 위해 인간의 노동력, 전기, 기름 등을 사용하는 기기' 의 뜻으로 machine에 대한 정의로 볼 수 있다. (1)「그 아파트는 중앙난방 장치, 급탕기[순간온수기], 맨 위층에서 1층까지 오르내리는 전기 작동 엘리베이터 등 당연히 있어야 할 편의 시설이 없었다.」

☐ **analogy** [ənǽlədʒi]

n. **showing that two things are alike in some way** 유사, 비슷함: The doctor pointed out the *analogy* between the heart and a pump. 그 의사는 심장과 펌프의 유사점을 지적했다.

| 실전문제 |

다음 빈칸에 들어갈 적절한 단어를 고르시오.

The American Indians believe all cultures are equally important, and often use the _____ of the wagon wheel to explain this belief: the spokes represent necessary for the wheel.

(1) sense   (2) meaning
(3) significance   (4) analogy

해설 | 문화가 똑같이 중요하다는 것을 설명하기 위해서 마차 바퀴의 유사점을 이용하는 것, 즉 마차 바퀴에 비유한다는 것을 뜻한다. '유사함, 비유, 유추' 등의 뜻을 지닌 analogy가 정답이다. (1)은 '감각이나 의식'을 말하며, (2)는 '의미', (3)은 '중요함, 의미심장함' 등의 뜻이므로 문맥에 맞지 않다. (4)「미국의 원주민들은 모든 문화가 동등하게 중요하다고 믿고 있으며, 이런 믿음을 설명하기 위해 문화를 마차의 수레바퀴에 흔히 비유하는데, 수레바퀴의 살들은 각양각색의 문화를 나타내며, 그것들은 모두 수레바퀴에 절대적으로 필요한 것들이라고 한다.」

· 파생어 ·

analogize 유사하다, 유추하다
analogous 유사한, 비슷한
analogue 유물, 유사체

· 관련표현 ·

on the *analogy* of ~
~에서 유추하여
bear[have] some *analogy* with ~
~와 약간 유사하다
forced *analogy* 그릇된 유추

syn. similarity, likeness, resemblance, correlation
ant. dissimilarity, difference

analyze [ǽnəlàiz]

vt. 1 to consider carefully or use statistical methods to understand 분석하다: The doctor *analyzed* the blood sample for anemia. 그 박사는 빈혈증에 대한 혈액 견본을 분석했다.
2 to examine using scientific methods to find out 분석적으로 검토하다: She *analyzed* it for hidden meaning. 그녀는 숨겨진 의미를 알아내기 위해 그것을 분석적으로 검토했다.

· 파생어 ·
analysis 분석, 분해
analyzable 분석[해부]할 수 있는
analyst 분석가, 분해자
analytical 분석학적인, 분해의

· 관련표현 ·
in the last *analysis* 결국, 요컨대
analyze the problem
문제를 검토하다

syn. examine, evaluate, think through, search
ant. ignore, overlook, neglect, pass over

|실전문제|

다음 빈칸에 들어갈 적절한 단어를 고르시오.

Sometimes it is necessary to _____ a sentence to understand it. By taking the sentence apart, its meaning becomes clear.

(1) determine   (2) expand
(3) analyze   (4) clarify

해설 | '문장을 이해하기 위해서는 이 문장을 _____ 하는 것이 필요하다' 라는 문제인데, 뒷부분을 보면 답을 어렵지 않게 짐작할 수가 있다. take ~ apart는 '분해하다 또는 분석하다' 의 뜻이므로 정답은 (3) '분석하다' 가 된다. (1)은 '결정하다, 규명하다', (2)는 '확장하다, 팽창시키다', (4)는 '명확하게[분명하게] 하다' 를 뜻한다. (3) 「어떤 글을 이해하기 위해서는 가끔, 그것을 분석하는 일이 필요하다. 문장을 분해[분석]함으로써 그 의미가 명확해지는 것이다.」

animosity [æ̀nəmɑ́səti]

n. a strong feeling of dislike, anger, or hatred 악의, 원한, 적의: There's a long history or *animosity* between the Cambodians and the Vietnamese. 캄보디아인과 베트남인들 사이의 원한의 역사는 길다. / The *animosity* between Alexander Hamilton and Aeron Burr finally resulted in a duel. 알렉산더 해밀톤과 에런 버 사이의 원한[적의]은 결국 결투로 끝이 났다.

· 파생어 ·
animus 적의, 원한, 증오; 의사[의도]

· 관련표현 ·
harbor a deep *animus* against ~
~에 대해 깊은 원한을 품다
have no personal *animus* toward ~ ~에게 개인적 원한이 없다

syn. ill will, bitterness, dislike, hatred, hostility, antipathy
ant. goodwill, friendship, harmony, congeniality

|실전문제|

다음 밑줄 친 단어와 뜻이 가장 가까운 것을 고르시오.

There's no <u>animosity</u> between my mother-in-law and me.

(1) affection   (2) hatred
(3) bond   (4) intimacy

해설 | animosity는 a strong feeling of dislike or hatred, 즉 '싫어하는 감정이 강하다' 는 뜻이며, 정답은 (2)이다. (1)은 '애정, 좋아함' 의 뜻이며, (3)은 '유대, 속박' 등을 뜻하며, (4)는 '친밀함 또는 (남녀가) 몰래 정을 통함' 이란 의미이며, be on terms of intimacy는 '~와 절친한 사이, 정을 통하는 사이이다' 의 뜻이며, be on intimate terms with ~로 바꾸어 표현할 수 있다. (2) 「시어머니와 나 사이에는 미워하는 감정이 없다.」

answer [ǽnsər]

n. **1** **what is said or written as a result of someone asking a question** 누가 질문을 한 결과로 뒤따르는 말이나 글: We've made her an offer and we're now waiting for an *answer*. 우리는 그녀에게 제의를 하고, 그 답을 기다리고 있다.

2 **something that is discovered as a result of thinking or calculating** 생각이나 계산의 결과로 나오는 것: There are no easy *answers* to the problem of unemployment. 실업 문제에 대해서는 쉬운 해결책이 없다.

3 **a person or a thing that is regarded as equal or similar** 동등하거나 유사하다고 간주되는 사람이나 사물: She's been described as Korea's *answer* to Margret Thatcher. 그녀는 한국판 마가렛 대처로 묘사되었다.

vt. **1** **to give an answer; reply** 답을 하다, 대답하다: The teacher *answered* the students' questions. 선생님은 학생들의 질문에 답했다.

2 **to act in reply to a telephone ringing or a knock on the door** 전화벨이 울리거나 노크 소리에 대한 반응으로 행동하다: I knocked at the door, but no one *answered*. 내가 문을 두드렸지만 아무런 대답이 없었다.

·파생어·
answerable 책임 있는, 답할 수 있는
answerer 회답자, 응답자

·관련표현·
answer for ~ ~에 책임을 지다
(=be responsible for ~)
in *answer* to ~ ~에 답하여
have[know] all the *answers*
만사에 정통하다
get[receive] an *answer*
해답[회신]을 받다
answering machine
(전화의) 자동 응답 장치

syn. reply, response, explanation, acknowledge, respond
ant. inquiry, question, ask

|실전문제|

다음에 주어진 뜻풀이 가운데서 밑줄 친 answers의 의미로 가장 적절한 것은?

There are no easy <u>answers</u> to the problems facing the economy.

(1) something that is discovered as a result of thinking or calculating
(2) a person or a thing that is regarded as equal or similar
(3) what is said or written as a result of someone asking a question
(4) to give an answer

해설 | 문장의 의미상 '쉬운 해결책'이란 뜻이다. (1) 「경제가 직면한 문제에 대한 쉬운 해결책은 없다.」

anticipate [æntísəpèit]

vt. **1** **to regard as probable; expect** 예상하다, 기대하다, 예감하다: We *anticipate* a lot of snow this winter. 우리는 올겨울에 눈이 많이 올 것으로 예상한다.

2 **to guess or imagine in advance and take the necessary actions to be ready** 미리 막다[대비하다]: In business, you've got to *anticipate* how your competitors will act. 사업을 할 땐, 경쟁사에서 어떻게 행동할 것인가에 대해 미리 대비해야 된다.

·파생어·
anticipation 예상, 기대, 예방
anticipative 예기한, 선수를 친, 앞을 내다본
anticipatory 기대하는, 예측한

·관련표현·
with eager *anticipation*
몹시 기대하며

3 to do something before someone else (일에) 선수를 쓰다: We *anticipated* other publishing companies by putting our book on the shelves of the bookstore. 우리는 다른 출판사보다 우리 책을 먼저 서점에 내놓았다.

4 to consider or make use of before the proper time (수입을 예상하고) 돈을 미리 쓰다: It is unwise of us to *anticipate* your monthly or yearly earning by spending a lot of money. 돈을 많이 쓰는 것을 보고 네 월수입이나 연 수입을 우리가 예측하는 것은 현명치 않다.

anticipate a victory 승리를 기대하다
anticipate the worst 최악의 사태를 고려하다
in *anticipation* 미리, 사전에
in *anticipation* of ~ ~를 예상[기대]하여

syn. expect, forecast, predict, prepare oneself for
ant. doubt, dread, recollect

| 실전문제 |

1. 다음에 주어진 뜻풀이 가운데서 밑줄 친 anticipate의 의미로 가장 적절한 것은?

He tried to <u>anticipate</u> the kind of questions they were likely to ask me at the job interview.

(1) to do something before someone else
(2) to consider or make use of before the proper time
(3) to guess or imagine in advance or take the necessary actions to be ready
(4) to regard as probable; expect

해설 | 면접에서 어떤 질문이 나올까를 미리 예상하고 그에 따라 대비한다는 문장이다. (3) 「그는 취업 면접에서 면접관들이 할 질문을 예상하고, 그에 따라 대비를 하려고 애썼다.」

2. 다음 글의 밑줄 친 부분과 뜻이 가장 가까운 것을 고르시오.

By <u>anticipating</u> the thief's next move, the police were able to arrive at the bank before the robbery occurred.

(1) remembering   (2) foreseeing
(3) experiencing   (4) expressing

해설 | anticipate는 '예상하다, 예견하다, 기대하다'로 영어로 to realize in advance that something may happen and we are prepared for it으로 표현할 수 있다. 그런데 (1)은 단순히 '기억하다', (3)은 '경험하다', 그리고 (4)는 '표현하다'의 뜻으로, 문맥 속에서 '도둑의 다음 행동을 _____ 함으로써'의 밑줄 친 부분에 넣어 말이 되지 않으나, (2)는 '예견하다, 미리 알다'의 뜻으로 anticipate와 동의어에 속한다는 것을 알 수 있다. (2) 「도둑의 다음 행동을 예상함으로써, 경찰은 강도 사건이 일어나기 전에 은행에 도착할 수 있었다.」

☐ anxious [ǽŋkʃəs]

a. **1 feeling uneasy, uncomfortable or worried in one's mind** 마음이 불안한, 걱정스러운: He was very *anxious* about his friend's illness. 그는 친구의 병에 대해서 매우 걱정했다.

2 having a strong wish mixed with a feeling of anxiety; eager 몹시 ~하고 싶어하는: They are really *anxious* to know the test results. 그들은 시험 결과를 몹시 알고 싶어했다.

· 파생어 ·
anxiety 걱정, 근심, 불안; 열망
anxiously 걱정하여
마음을 졸이며; 갈망하여

· 관련표현 ·
an *anxious* look 불안한 표정
an *anxious* feeling 불안한 감정

3 causing anxiety or worrying 조마조마하게 하는, 마음 졸이게 하는:
The applicants had an *anxious* wait for the results of exams.
지원자들은 마음을 졸이면서 시험 결과를 기다렸다.

an *anxious* business
신경이 많이 쓰이는 사업

be on the *anxious* bench
안절부절 못하다

have a great *anxiety* to
succeed 성공하기를 몹시 염원하다

|실전문제|

다음에 주어진 뜻풀이 가운데서 밑줄 친 anxious의 의미로 가장 적절한 것은?

The opposition candidate faces anxious hours before the votes are counted tomorrow evening.

(1) causing anxiety or worrying
(2) having a strong wish mixed with a feeling of anxiety
(3) feeling uneasy, uncomfortable or worried in one's mind
(4) showing an worried feeling in one's face or behavior

syn. uneasy, uncomfortable, worried, eager, desirous
ant. relieved, confident, reluctant, hesitant

해설 | 투표가 집계되기 전 야당 후보의 마음은 불안하고 염려될 것이다. (3) 「그 야당 후보는 투표가 내일 집계되기 전에 초조한 시간을 보내고 있다.」

□ anything [éniθiŋ]

pron. **1 any object, act or event etc.** 무엇이든지, 어느 것이든지: She will do *anything* for her son's safety. 그녀는 아들의 안전을 위해서 라면 어떤 일도 할 것이다. / You may take *anything* you like. 마음에 드는 것이라면 무엇이든 가져도 좋아.

2 (in negatives or questions) any one thing or something 〈부정문 또는 의문문에서〉 어떠한 것: He doesn't know *anything* about the event. 그는 그 사건에 대해 아무 것도 모른다. / Is there *anything* I can do to help? 제가 도울거라도 있나요?

·관련표현·

anything but
조금도 ~아닌(=never, far from)

for *anything* I know 잘은 모르지만

if *anything* 어느 편이나 하면, 오히려

like *anything* 세차게, 몹시
e.g. It rains *like anything*. 비가 세차게 내린다.

for *anything* I care
나는 아무래도 상관없지만

as easy as *anything* 아주 쉬운

anything else 여타 다른 것

syn. everything

|실전문제|

밑줄 친 부분과 가장 비슷한 뜻의 어구를 보기에서 고르시오.

The results of the test were anything but satisfactory.

(1) more or less   (2) as a whole
(3) by no means   (4) by and large

해설 | 전형적인 숙어 문제로 anything but은 부정의 의미가 있어서 '결코 ~하지 않는(never)'의 의미이며, 이와 관련해서 all but은 '거의, 대개(almost)', 그리고 nothing but은 '단지, 다만(only)'의 뜻으로 꼭 기억하도록 한다. 그런데 여기서는 (3)이 이런 뜻을 나타내는 동의 숙어로 역시 '결코 ~하지 않는'의 뜻을 가지고 있다. (1)은 '다소간', (2)는 '전체로서', (4)는 '전반적으로'의 뜻을 가진다. (3)「시험의 결과는 결코 만족스럽지 못했다.」

appeal [əpíːl]

vi. **1 to make a serious and urgent request to** (누구에게 또는 무엇에 대해) 심각하고 긴급한 요구를 하다: The United Nations has *appealed* for help from the international community. 유엔은 국제사회로부터 도움을 호소했다.

2 to attract or interest someone 사람의 관심이나 흥미를 끌다: The song *appeals* to a lot of teenagers these days. 그 노래가 요즘음 많은 십대들의 마음을 끈다.

vi., vt. **to request for a decision to be changed formally** 판결이나 결정이 바뀌도록 요구하다: She said she would *appeal* against the decision. 그녀는 그 판결에 항소하겠다고 말했다. / They intend to *appeal* the verdict. 그들은 그 판결에 불복하여 상고할 작정이다.

n. **a quality which people find attractive** 사람들이 매력적으로 생각하는 특질: Her novels have wide *appeal*. 그녀의 소설은 폭넓은 호소력을 지니고 있다.

· 파생어 ·
appealer 간청하는 사람, 고소인
appealing 매력적인, 호소하는 듯한

· 관련표현 ·
sex *appeal* 성적인 매력
make an *appeal* 상소[항소]를 하다
a court of *appeal* 항소[상고] 법원
an *appealing* smile 매력적인 미소

syn. petition, plea, request, attract, entice, invite, tempt
ant. repulsion, demand, disgust

|실전문제|
다음에 주어진 뜻풀이 가운데서 밑줄 친 <u>appeal</u>의 의미로 가장 적절한 것은?

He will <u>appeal</u> to the state for an extension of unemployment benefits.

(1) to make a serious and urgent request to
(2) to attract or interest someone
(3) to request for a decision to be changed formally
(4) a quality which people find attractive

해설 | 문맥을 보면 실업수당의 연장을 요청하는 것이다. (1) 「그는 실업수당을 연장해 줄 것을 국가에 요청할 것이다.」

appear [əpíər]

vi. **1 to come into view or become noticeable** 보이다, 출현하다: Dark clouds *appeared* on the horizon. 검은 구름이 수평선 위로 나타났다. / His new book will be *appearing* in the bookstores fairly soon. 그의 새로운 책이 곧 서점에 나올 것이다.

2 to be certain or to give other people a particular idea or feeling ~같다, ~로 보이다: It now *appears* certain that the fire was caused deliberately. 그 화재는 고의로 일으킨 것이 명백해 보인다.

3 to be present officially in a court of law or a committee (법정이나 위원회 등에) 출두하다: The lawyer is going to *appear* for you in court tomorrow. 변호사가 당신을 위하여 내일 법정에 출두할 예정이다.

· 파생어 ·
appearance 출현, 출두, 출연; 외관, 생김새
appearing ~인 듯한(=looking)

· 관련표현 ·
make a good *appearance* 풍채가 좋다
***appear* before the judge** 재판을 받다
***appear* as princess Diana** 다이애나 공주 역으로 등장하다[나오다]
make one's *appearance* 출현하다
make an *appearance* 얼굴을 내밀다, 출두하다

47

4 to perform publicly in a film or a play (영화나 연극에) 출연하다, 나오다: He *appeared* as a leading actor in several films including the Titanic. 그는 타이타닉을 포함한 여러 영화에서 주연배우로 나왔다.

| 실전문제 |

다음에 주어진 뜻풀이 가운데서 밑줄 친 appears의 의미로 가장 적절한 것은?

It now <u>appears</u> that dinner will be late.

(1) to perform publicly in a film or a play
(2) to be certain or to give other people a particular idea or feeling
(3) to come into view or become noticeable
(4) to be present officially in a court of law or a committee

해설 | 'appear that 절'의 형태로 나올 때는 주로 '~인 것 같다, ~인 것이 명백하다'의 뜻으로 쓰인다. (2)「저녁 식사가 늦어질 것 같다.」

at first *appearance* 언뜻 보기에는
a neat *appearance*
단정하고 말쑥한 외모
a youthful-*appearing* **man**
젊어 보이는 사람

syn. show, emerge, look, seem, be certain, perform
ant. disappear, be uncertain, be doubtful

☐ **appliance** [əpláiəns]

n. an apparatus, or instrument, or tool for a particular purpose 기구, 장치, 설비: The kitchen is equipped with modern *appliances*. 주방은 현대식 설비[장치]를 갖추고 있다.

| 실전문제 |

다음 밑줄 친 단어의 정의로 가장 알맞은 것을 보기에서 고르시오.

Modern kitchens often have <u>appliances</u> such as stoves and ovens, dishwashers, and refrigerators built into the walls.

(1) small utensils that are used to prepare food
(2) kitchen furniture, such as chairs, tables, and counters
(3) large items that use gas or electricity
(4) places to store food

해설 | appliance의 의미는 중요해서 빈번이 토익 문장에 등장하는데, 주로 '가전제품이나 가전 기구'를 뜻한다. 또는 household[electrical] appliances의 형태로도 사용되나, 흔히 단독으로 자주 쓰이므로 이 단어의 뜻에 주의한다. 이런 가전제품을 설명하는 것은 (3)이며, (1)은 '음식을 준비하는 데 사용되는 조그만 기구로 요리[조리] 기구'를 뜻하고, (2)는 '주방 기구', (4)는 '음식을 저장하는 장소' 이므로 냉장고 (refrigerator) 혹은 냉동고(freezer) 등이 이에 해당된다고 볼 수 있다. (3)「현대의 부엌에는 스토브나 전자레인지, 식기 세척기 그리고 냉장고 등과 같은 가전제품이 벽에 붙박이로 붙어 있다.」

· 관련표현 ·

medical *appliances* 의료 기구
office *appliances* 사무용품
household[electrical] *appliances* 가전제품
domestic *appliances* 가전제품

syn. device, tool, apparatus, gear

apply [əplái]

vi. **1 to write a letter or fill in a form in order to ask for a job or the item** 지원하다, 신청하다: I have *applied* for a few jobs, but there have been no answers yet. 나는 몇 군데 일자리에 지원했으나 아직까지 답을 받지 못했다.

2 to be relevant 해당하다: The rule doesn't *apply* in this case. 이 규칙은 이 경우에 적용되지 않는다.

vt. **1 to concentrate hard on doing something** 전념하다: He has *applied* himself to this task with all his efforts. 그는 온갖 노력으로 이 일에 전념했다.

2 to put or spread on a surface (페인트 등을) 칠하다: *Apply* medicine to the affected part of the body. 환부에 약을 바르시오. / You should *apply* the paint evenly to the wall. 벽에 골고루 페인트를 칠해야 해.

3 to apply to use a rule in a situation 적용하다: The researcher is concerned with *applying* the technology to practical business problems. 그 연구원은 그 기술을 실용적인 비즈니스 문제에 적용하는 데 관여하고 있다. / This is a rule which cannot be *applied* to the whole situation. 이 규칙은 전체 상황에 적용될 수 없다.

· 파생어 ·
applicable 적용[응용]할 수 있는, 적절한
applicant 지원자
application 신청, 지원; 응용, 적용
applied 응용된, 적용된

· 관련표현 ·
***apply* for ~** ~에 지원하다, ~에 신청하다
***apply* … to ~** ~을 ~에 적용하다
***apply* the blind eye** 자기에게 불리한 것은 못 본 척하다
***apply* oneself or one's mind to ~** ~에 전념하다
***applied* linguistics** 응용 언어학
***applied* art** 응용미술

syn. employ, implement, utilize, relate to, request, commit

|실전문제|
다음에 주어진 뜻풀이 가운데서 밑줄 친 <u>applying</u>의 의미로 가장 적절한 것은?

They are <u>applying</u> modern techniques to a traditional craft.

(1) to write a letter or fill in a form in order to ask for a job or the item
(2) to concentrate hard on doing something
(3) to apply to use a rule in a situation
(4) to put or spread on a surface

해설 | apply … to ~는 '…를 ~에 적용하다'의 숙어적 표현으로, '현대적인 기술'을 '적용'하는 것을 말하고 있다. (3)「그들은 전통 공예에 현대적인 기술을 적용하고 있다.」

apprehension [æprihénʃən]

n. **1 a feeling of fear that something bad may happen; worry** 불안, 염려: I've been out of job for two years, so I feel a certain *apprehension* about my future. 내가 실직한 지도 2년이 되었기 때문에 난 미래에 대해 다소 불안하다.

2 understanding or the ability to understand 이해, 이해력: He's quick of *apprehension*. 그는 이해가 빠르다.

· 파생어 ·
apprehend 염려하다; 체포하다; 이해하다
apprehensive 염려[걱정]하는; 이해가 빠른

· 관련표현 ·
under the *apprehension* that ~ ~를 염려하여
in my *apprehension* 내 견해[생각]으로는

3 the act of arresting someone 체포: Anyone who provides the information leading to the *apprehension* of the criminal will be awarded 100,000 dollars in reward. 범인을 체포할 수 있는 정보를 제공하는 사람에게는 십만 달러의 현상금이 주어질 것이다.

4 opinion or viewpoint 의견, 견해: In my *apprehension*, the government should take strong actions against the rising price in real estate. 내 생각으로는, 오르는 부동산 가격을 막기 위해 정부가 강력한 조치를 취해야 한다고 본다.

|실전문제|

다음에 주어진 뜻풀이 가운데서 밑줄 친 apprehension의 의미로 가장 적절한 것은?

I was filled with apprehension over her health.

(1) understanding or the ability to understand
(2) opinion or viewpoint
(3) a feeling of fear that something bad may happen; worry
(4) the act of arresting someone

해설 | 건강에 대한 염려, 불안을 이야기하고 있다. (3) 「내 마음은 그녀의 건강에 대한 염려로 가득 찼다.」

be dull of *apprehension*
이해가 더디다

be above one's *apprehension*
이해할 수 없다

a feeling of *apprehension*
불안감

a state of *apprehension*
불안한 상태

be *apprehensive* **of ~**
~를 염려[걱정]하다

syn. anxiety, dread, fear, perception, understanding, arrest
ant. tranquility, misunderstanding, release

☐ **appreciate**[əpríːʃièit]

vt. 1 to recognize and enjoy the worth or good qualities 가치를 인정하다: She didn't *appreciate* the magnitude of my achievement. 그녀는 내가 이룬 업적의 중대성을 인식하지 못했다.

2 to be grateful for something which has been done for you 감사하다, 고맙게 여기다: I'd *appreciate* your kindness very much. 친절에 무척 감사합니다.

3 to understand fully 온전히 이해하다, 인식하다: I *appreciate* your problem fully, but there's nothing I can help you. 당신의 문제는 충분히 이해하겠지만 제가 도와 드릴 일은 없군요.

vi. to increase in value over a period of time 시세가 오르다: Houses in this area have all *appreciated* significantly since a new subway line was built. 새로운 지하철 노선이 들어선 이후로 이 지역의 집값은 크게 올랐다.

|실전문제|

다음에 주어진 뜻풀이 가운데서 밑줄 친 appreciate의 의미로 가장 적절한 것은?

It is not until we fall sick that we fully appreciate our good health.

(1) to increase in value over a period of time
(2) to recognize and enjoy the worth or good qualities
(3) to be grateful for something which has been done for you
(4) to understand fully

· 파생어 ·

appreciable 평가할 수 있는, 상당한 정도의

appreciation
평가, 감상, 식별; 감사; 증가
opp. depreciation

appreciative
감상할 줄 하는; 감사하고 있는

appreciator 진가를 아는 사람, 감사하는 사람

· 관련표현 ·

appreciate **poetry[music]**
시[음악]를 감상하다

in *appreciation* **of ~** ~에 감사하여

syn. gratefulness, gratitude, thankfulness, awareness, recognition, understanding
ant. ingratitude, ignorance

해설 | 병이 들고 나서야 건강의 중요성을 알게 되거나 가치를 인정한다는 내용이다. (2) 「병이 나고 나서야 건강의 소중함을 온전히 인식하게 된다.」

approach [əpróutʃ]

vt. **1 to come near to in space or time** (공간, 시간 등에 있어서) 가까이 가다, 접근하다: The car slowed as it *approached* the corner. 그 차는 모퉁이에 접근했을 때 속력을 늦추었다.

2 to speak to someone to make a request or suggestion (부탁이나 제안 등을 하기 위해) 이야기를 꺼내다: Did she *approach* you about lending her some money? 그녀가 당신에게 돈을 빌려 달라는 이야기를 꺼내던가요?

3 to begin to deal with or set down to 일을 다루다, 일에 착수하다: I can never think of the efficient way of *approaching* this problem. 나는 이 문제를 다루는 효율적인 방법을 결코 생각해 낼 수 없다.

4 to come close to; match or resemble ~와 비슷하다, ~에 가깝다: Few actors *approach* Laurence Olivier in acting ability. 로렌스 올리비에의 연기력에 버금가는 배우는 거의 없다. / He's a good soccer player, but doesn't *approach* international standard. 그는 훌륭한 축구 선수이기는 하나 국제적인 수준에는 못 미친다.

· 파생어 ·
approaching 가까워지고 있는, 접근[근접]하고 있는
approachable 사귀기 쉬운, 가까이 하기 쉬운

· 관련표현 ·
approach completion
완성에 가깝다
a new *approach* to studying English 영어 공부의 새로운 접근법
make one's *approaches*
~에게 환심을 사려고 하다
approach road
(고속도로로 통하는) 진입로

syn. come close to, match, resemble, undertake, embark on
ant. retreat, withdraw, ignore, leave

|실전문제|
다음에 주어진 뜻풀이 가운데서 밑줄 친 <u>Approach</u>의 의미로 가장 적절한 것은?

<u>Approach</u> each new job with enthusiasm

(1) to speak to someone to make a request or suggestion
(2) to come near to in space or time
(3) to come close to; match or resemble
(4) to begin to deal with or set down to

해설 | with enthusiasm(열정을 가지고)이 있고, new job(새로운 직업)이 있으므로, 이때의 approach의 뜻을 짐작할 수 있다. (4) 「열정을 가지고 매번 새로운 일에 착수하다」

ardent [á:rdənt]

a. **having extremely strong feelings about** 열렬한, 격렬한: He is an *ardent* opponent of the Vietnam War. 그는 월남전의 열렬한 반대자였다. / Nathan Hale was an *ardent* patriot. Nathan Hale은 열렬한 애국자였다.

· 파생어 ·
ardor 열정, 열의
ardently 열렬하게, 격렬하게
ardentness 열렬함, 격렬함
ardency 열심, 열렬

| 실전문제 |

빈칸에 들어갈 가장 적절한 단어를 보기에서 고르시오.

As I entered my teens, my love for zoos became more instead of less _____.

(1) ardent (2) convenient
(3) discouraging (4) neglected

해설 | 동물원을 좋아하는 마음이 식기는커녕 더욱더 열렬해졌다는 내용이므로, (1)이 정답이며, '열렬한, 불타는 듯한'의 뜻을 나타낸다. 그 예로 ardent passion은 '열정'을 의미한다. (2)는 '편리한'의 뜻으로 handy로 표현할 수 있고, (3)은 disappointing으로 나타낼 수 있으며, (4)는 '방치된, 무시된'의 뜻을 나타낸다. (1) 「십대가 되었을 때, 동물원을 좋아하는 내 마음은 식기는커녕, 오히려 더욱더 열렬해졌다.」

· 관련표현 ·

ardent passion 열정
an **ardent** admirer 열렬한 찬미자
an **ardent** support 열렬한 지지
an **ardent** spirits 독한 술(독주)
with **ardor** 열심히

syn. passionate, zealous, fervent, emotional, enthusiastic

□ argue [á:rgju:]

vi. **1 to speak angrily to each other something that they disagree about** (반대하는 사실에 대해 서로에게 화가 나서) 이야기하다, 논쟁하다: They were *arguing* over the matter. 그들은 아직까지도 그 문제에 대해 논쟁을 벌이고 있었다.

2 to discuss with each other giving different opinions (다른 의견을 제시하며 서로) 토론하다: They were *arguing* over employee benefits. 그들은 실업수당에 관해 토론을 벌이고 있었다.

vt. **1 to state and argue the reasons why you think it is true** (진술 후 그것이 사실이라고 생각하는 이유를) 설명하다, 주장하다: His lawyers are *arguing* that he is unfit to stand trial. 그의 담당 변호사들은 그가 법정에 서는 것이 부적절하다고 주장하고 있다.

2 to persuade by showing reasons or against an idea 설득하다: He *argued* her out of her opinion. 그는 그녀를 설득해서 그녀의 의견을 철회시켰다.

3 to prove or show 입증하거나 보이다: The way he spends money *argues* that he's rich. 그가 돈을 쓰는 방법은 그가 부자라는 것을 입증해 준다.(그가 돈을 쓰는 것을 보면 그가 부자라는 것을 알 수 있다.)

· 파생어 ·

arguer 논쟁자
argument 논쟁, 주장, 설명
argumental 논쟁상의
argumentation 논쟁, 논법, 토의
argumentative 논쟁을 좋아하는, 까다로운

· 관련표현 ·

argue with ~ ~와 논하다, ~와 논쟁을 벌이다
argue against ~ ~에 대해 반대하다
argue for ~ ~에 대해 찬성하다
argue it out 철저히[끝까지] 논하다
argue down 설복시키다
argue someone into ~ing 누구를 설득해 ~를 시키다

syn. contend, contest, debate, quarrel, claim, hold
ant. agree

| 실전문제 |

다음에 주어진 뜻풀이 가운데서 밑줄 친 argue의 의미로 가장 적절한 것은?

These latest government actions argue a dramatical change in its thinking.

(1) to discuss with each other giving different opinions
(2) to persuade by showing reasons or against an idea
(3) to speak angrily to each other something that they disagree about
(4) to prove or show

해설 | 정부의 조치가 급격한 변화를 보여 준다는 뜻이다. (4)「이러한 최근의 정부 조치는 사고의 급진적인 변화를 보여주는 것이다.」

arrangement [əréindʒmənt]

n. **1 a plan which is made in advance and in preparation for something** 준비, 채비: We must make *arrangements* for our trip to Paris. 우리는 파리 여행 준비를 해야 한다.
2 something that has been agreed on or settled 조정, 합의: He has an *arrangement* with his ex-wife to see the children every weekend. 그는 주말마다 아이들을 만날 수 있도록 전처와 합의했다.
3 the act of arraying or organization 배열, 배치, 정리: The *arrangement* of the files made it easy to find what I needed. 파일을 정리함으로써 내가 필요한 파일을 찾기가 쉬웠다.
4 changing or adapting a piece of music in a certain way for different instruments 편곡, 편곡한 곡: The symphony orchestra played a special *arrangement* of 'Silent Night'. 그 심포니 오케스트라는 '고요한 밤'을 특별히 편곡한 곡을 연주했다.

| 실전문제 |

다음에 주어진 뜻풀이 가운데서 밑줄 친 arrangements의 의미로 가장 적절한 것은?
He's in charge of the security arrangements for the Queen's visit to Korea.
(1) something that has been agreed or settled
(2) the act of arraying or organization
(3) changing or adapting a piece of music in a certain way for different instruments
(4) a plan which is made in advance and in preparation for something

해설 | security는 '보안, 안전' 등의 뜻이며, 뒤에 여왕의 방문이 있으므로 '보안 준비'를 뜻한다고 볼 수 있다. (4)「그는 여왕의 한국 방문을 위한 보안 준비 책임자이다.」

· 파생어 ·
arrange 배열하다, 정리[정돈]하다, 준비하다, 조정하다, 편곡하다
arranger 편곡자, 조정자

· 관련표현 ·
flower *arrangement* 꽃꽂이
come to an *arrangement* 합의에 이르다, 협상이 성립되다
make *arrangements* for ~ ~에 대한 준비[채비]를 하다
make *arrangements* with ~ ~와 사전 협의를 하다
arrange books on a shelf 책장의 책을 정리하다
arrange a marriage 혼담을 정하다
an *arranged* marriage 중매결혼
make *arrangements* for the wedding 결혼식 준비를 하다

syn. ordering, organization, systematization, preparations, agreement, adaptation
ant. disorder, disorganization, disarray

art [ɑːrt]

n. **1 painting, music, or sculpture etc. that are created for people to look at and admire** (사람들이 보고 감상하도록 만들어진) 그림, 음악 혹은 조각 등의 예술: The museum contains some priceless work of *art*. 그 박물관에는 몇몇 값진 예술 작품이 소장되어 있다.
2 subjects such as history, literature, or languages in contrast to scientific subjects (과학 과목과 대조가 되는) 역사, 문화, 어학 등의 인문 과목: This school aims to balance the amount of time spent on *arts* and science subjects. 이 학교는 인문 과목과 과학 과목에 소요되는 배당 시간을 균형 있게 맞추려고 애쓰고 있다.

· 파생어 ·
artful 교묘한, 기교를 부리는
artist 예술가
artistic 예술적인
artless 꾸밈없는, 소박한

· 관련표현 ·
fine *art* 순수예술
martial *art* 무술
state-of-the-*art* 최첨단의
practice an *art* 기술을 익히다

53

3 something that requires skill 기술, 기예: Driving a car in downtown Seoul is quite an *art*. 서울 시내에서 차를 운전하는 것은 대단한 기술이다. / To type quickly is considered to be an *art*. 워드[타자]를 빨리 치는 것은 하나의 기술로 간주된다.

|실전문제|

다음에 주어진 뜻풀이 가운데서 밑줄 친 <u>art</u>의 의미로 가장 적절한 것은?

We definitely need to have the <u>art</u> of appearing confident at interviews.

(1) something that requires skill
(2) painting, music, or sculpture etc that are created for people to look at and admire
(3) a person who produces works of art
(4) subjects such as history, literature, or languages in contrast to scientific subjects

해설 | 문맥상, 인터뷰 때 자신감 넘쳐 보이는 '기술'에 대해서 말하고 있다. (1) 「우리에게는 면접 때 자신감 넘쳐 보이는 기술이 반드시 필요하다.」

□ **article** [ά:rtikl]

n. **1 a piece of writing on a particular subject in a newspaper or magazine** (신문, 잡지 등의) 기사, 논설: Today's newspaper has an *article* on the greenhouse effect. 오늘자 신문에는 온실효과에 대한 기사가 들어 있다.

2 a particular or separate commodity or product 물품, 품목: Every *article* in the store is on sale. 그 가게의 모든 품목이 할인 판매 중이다.

3 a complete, separate part in a legal agreement or constitution (계약, 헌법, 규칙 등의) 조항, 조목, 규약: They discussed every *article* of business on the agenda. 그들은 의제에 있는 모든 사업 조항을 토의했다.

4 a word used before a noun to show whether it refers to a particular example or to a general and not already mentioned example (문법에서) 관사: We must use the definite *article* before the noun that has been mentioned before. 우리는 전에 언급된 명사 앞에는 정관사를 사용해야 한다.

---

abstract *art* 추상 미술
classical *art* 고전 미술
contemporary *art* 현대 미술
folk *art* 민속 예술
impressionist *art* 인상파 미술
modern *art* 현대[근대] 미술
primitive *art* 원시 미술
surrealistic *art* 초현실적 예술
commercial *art* 상업 예술 작품
an *art* gallery 화랑
an *art* exhibition 미술 전시회
an *art* critic 미술 비평가
the *art* of printing 인쇄술

syn. craft, skill, technique, trade, artistry, finesse
ant. science, incompetence

· 파생어 ·

articled 연기(年期) 계약의

· 관련표현 ·

toilet *articles* 화장품
domestic *articles* 가정용품
discuss *article* by *article* 조목조목 심의(토의)하다
an indefinite *article* 부정관사
in the *article* of ~ ~의 항목 하에, ~에 관하여

syn. story, item, object, product, point, provision

| 실전문제 |

1. 다음에 주어진 뜻풀이 가운데서 밑줄 친 <u>articles</u>의 의미로 가장 적절한 것은?

The negotiators agreed to all the <u>articles</u> of the settlement.

(1) a word used before a noun to show whether it refers to a particular example or to a general and not already mentioned example
(2) a particular or separate commodity or product
(3) a complete, separate part in a legal agreement or constitution
(4) a piece of writing on a particular subject in a newspaper or magazine

해설 | settlement는 문제나 분쟁의 해결을 말하기 때문에 문맥상 이때의 articles는 '조항, 항목' 등을 말한다. (3) 「협상가들은 문제 해결의 모든 조항에 동의했다.」

2. 밑줄 친 단어와 뜻이 가장 가까운 것을 고르시오.

Nearly 10,000 people had contributed <u>articles</u> to these intellectual journals over a four-year-period.

(1) contracts   (2) products
(3) agreements   (4) papers

해설 | 잡지(journals)에 기사(articles)를 기고(contribution)하는 내용이다. article은 기사란 뜻 외에도, '규칙, 법률의 조항, 계약, 물건[물건], 항목' 등의 다양한 뜻을 가지고 있다. (1)은 '계약'의 뜻으로 agreement나 article이 동의어에 속하며, (2)는 '생산품, 제품'의 뜻으로 article의 많은 뜻 중 하나에 속하며, (3)은 '동의, 계약, 협정' 등을 뜻하며, (4)는 '서류, 논문, 신문, 시험지' 등을 뜻하며, '기사를 대신하는 논문'의 뜻을 가지고 있으므로 정답이 될 수 있다. (4) 「약 10,000명의 사람들이 이러한 학술지에 4년이 넘도록 기사를 기고해 왔었다.」

□ articulate [ɑ́ːrtíkjulət]

a. 1 expressing or able to express thoughts and feelings clearly and effectively (생각이나 감정 등을) 분명히 말[표현]할 수 있는, (생각 등이) 명확히 표현된: Though the boy is young, he is very *articulate*. 비록 그 소년은 어릴지라도 분명하게 자기 의사를 표현한다.

2 having clear and separate words and sounds (발음이) 분명한, 분절적인: He's a highly *articulate* speaker. 그는 발음이 아주 분명한 연설가이다.

3 having joints 관절이 있는: Most of the insects are *articulate* animals. 대부분의 곤충들은 관절이 있는 동물이다.

vt. to express thoughts, feelings and ideas easily and well (생각, 감정, 아이디어 등을) 쉽게 잘 표현하다: A good debater must *articulate* his ideas well enough to convince others. 유능한 토론자는 타인들을 충분히 설득시킬 수 있을 정도로 생각을 잘 표현해야 한다.

vi., vt. to speak very clearly (발음을) 또렷하고 분명히 말하다: Please *articulate* clearly so that everyone can hear you. 모든 사람에게 분명히 들리도록 발음을 또렷하게 하십시오.

·파생어·
articulatory 관절의; 유성음의
articulation 뚜렷한 발음, 명료도; 관절

·관련표현·
offer an *articulate* description
분명하고 명확하게 묘사하다
articulate each syllable
각 음절을 분명하게 발음하다
clear *articulation* 분명한 발음

syn. expressive, clearly expressed, enunciate, express, join
ant. inarticulate, inexpressive, incomprehensible

|실전문제|

다음에 주어진 뜻풀이 가운데서 밑줄 친 articulated의 의미로 가장 적절한 것은?

The most important fact about auroras was first articulated by a young scientist.

(1) uttered loudly
(2) expressed loudly
(3) solved with ease
(4) related briefly

해설 | articulate의 뜻은 생각이나 감정, 또는 깨끗한 발음으로 이것들을 분명히 발음하고 표현하는 것을 말하므로 정답은 (2)이다. (1)은 '큰 소리로 말하다'의 의미로 speak up과 같으며, (3)은 '쉽게 해결하다', (4)는 '간단히 이야기하다'의 의미이다. (2) 「한 젊은 과학자가 오로라에 관한 가장 중요한 사실을 처음으로 명확하게 설명했다.」

ascent [əsént]

n. 1 **an upward journey usually by walking or climbing; an upward, vertical movement** 상승, 위로 올라감: The steeplejack is making a careful *ascent* up the roof of the building. 그 수리공이 건물의 지붕에 조심스럽게 올라가고 있다. / When he pushed the button, the elevator began its slow *ascent*. 그가 버튼을 눌렀을 때, 엘리베이터는 서서히 올라갔다.

2 **an upward slope or path** 비탈, 오르막: The road made me sharp *ascent* to the top of the hill. 도로에서 언덕 꼭대기까지는 급경사를 이루고 있었다.

3 **more important or successful position of a person; promotion** 승진: His *ascent* from official boy to president of the company took fifteen years. 그가 일반 사원에서 사장으로 승진하는 데 15년이 걸렸다.

·파생어·

ascend 올라가다, 오르막이 되다; 승진하다
ascending 오르는, 상승의
ascendant 올라가고 있는, 우세한
ascendancy 우세, 주도(지배)권

·관련표현·

ascend the stairs 계단을 올라가다
ascend a hill 언덕을 올라가다
ascend a lookout tower 전망대에 오르다
ascend the throne 왕위에 오르다
have[gain] an *ascendancy* over ~ ~보다 우세하다, ~을 지배하다
ascent of smoke 연기의 솟아오름
rapid *ascent* 급경사
a gentle *ascent* 완만한 경사

syn. climbing, mounting, slope, advancement, promotion
ant. descent, fall, retrogression

|실전문제|

밑줄 친 ascent의 반의어에 해당되는 단어를 포함한 문장을 고르시오.

The purpose of this group was to map the approaches to the mountain, and, if possible, decide a route for ascent.

(1) She expressed strong dissent when her son suggested that he would be a musician.
(2) You need decent clothes when you go to a church.
(3) There is a gradual descent to the sea.
(4) She uses too much scent on her hair.

해설 | 끝 발음이 동일한 단어들이지만, 모두 뜻이 다르다. 본 지문에 나오는 ascent는 전치사 뒤에 쓰였으므로 명사로서, '등반' 이나 '상승'의 뜻을 나타낸다. (1)의 dissent는 '의견 차이' 혹은 '반대'를 뜻하며, (2)의 decent는 '단정한' 또는 '괜찮은'이란 뜻이며, (3)의 descent는 '내리막길' 혹은 '하강'의 뜻으로 이것이 밑줄 친 단어의 반의어라고 할 수 있다. (4)의 scent는 '향기' 또는 '향수(perfume)' 등의 뜻이다. 일반적으로 접두사 de-의 반대는 a-라고 기억하는 것이 좋다. (3) 「이 단체의 목적은 산으로 이르는 길의 지도를 작성하는 것으로, 가능하면 등산로를 결정하는 것이다.」

ascertain [æsərtéin]

vt. **to find out or discover the truth by making a deliberate effort** 확인하다, 알아보다: The investigator is trying to *ascertain* exactly who was with the woman killed last night. 그 수사관은 지난밤 살해된 여성과 같이 있던 사람이 정확히 누구인가 알아보려 하고 있다. / The insurance adjustor had to *ascertain* the exact value of the missing jewels. 손해보험 사정인은 분실된 보석의 정확한 가치를 확인해야만 했다.

|실전문제|

다음에 주어진 뜻풀이 가운데서 밑줄 친 <u>ascertain</u>의 의미로 가장 적절한 것은?

Parents can <u>ascertain</u> what is normal in physical and mental growth in succeeding phases of child development.

(1) testify (2) assure
(3) discover (4) certain

해설 | ascertain은 '확인하다, 알아보다'의 뜻으로 (3) discover가 이 단어의 동의어로 '알아보다, 발견하다'의 뜻으로 생각할 수 있다. (1)은 '증언하다', (2)는 '확신시키다, 보증하다', (4)는 형용사로 답이 될 수가 없고, make[be] certain이 되어 '확인하다, 확실히 다짐하다'의 뜻이 된다. (3) 「아이의 발육 과정에서 부모는 육체적, 정신적 성장이 정상으로 이뤄지는지 확인할 수 있다.」

· 파생어 ·

ascertainable 확인[조사]할 수 있는
ascertainment 확인

· 관련표현 ·

ascertain **what really happened** 일의 진상을 알아보다
ascertain **whether the report is true** 그 보고의 사실 여부를 확인하다
ascertain **that she was dead** 그녀가 죽은 것을 확인하다

syn. find out, determine, detect, unearth

aspect [éspekt]

n. **1 a particular side or point of a many-sided situations, ideas, or plans** (특별한) 면, 양상: Consider the economic *aspects* of your own house. 너의 집의 경제적인 면을 고려해 봐.

2 the direction in which a window, a room, or the front of a building faces (집의) 방향, 전망: The house has a south *aspect*. 그 집은 남향집이다.

3 appearance or look 외모, 용모, 표정: He is wearing a gloomy *aspect*. 그는 우울한 표정을 짓고 있다.

4 an angle or a point of view 각도, 견해: The investigator considered the killing incident in all its *aspects*. 그 수사관은 그 살인 사건을 모든 각도에서 고려했다.

|실전문제|

다음에 주어진 뜻풀이 가운데서 밑줄 친 <u>aspect</u>의 의미로 가장 적절한 것은?

The valley took on a mysterious <u>aspect</u> at dusk.

(1) appearance or look
(2) an angle or a pont of view
(3) a particular side or point of a many-sided situations, ideas, or plans
(4) the direction in which a window, a room, or the front of a building faces

· 관련표현 ·

assume a new *aspect*
새 국면에 접어들다
have a good *aspect*[view]
전망이 좋다
have a north *aspect*
(집이) 북향이다
in[under] an *aspect* 어떤 면에서
a man melancholy in *aspect*
우울한 모습을 한 남자

syn. look, appearance, side, facet, direction, angle

해설 | 계곡이 땅거미가 질 때(at dusk) 신비스런 '모습'을 띠었다는 것을 나타낸다.
(1) 「그 계곡은 땅거미가 질 때 신비로운 모습을 띤다.」

☐ assembly [əsémbli]

n. **1 a large group of people who meet regularly to make decisions for particular purposes** (특별한 목적으로 모이는) 집회, 모임: The *assembly* of doctors discussed the latest medical research. 일단의 의사들은 최근에 행해지고 있는 의학 연구에 대해 토론했다.

2 a meeting together of people 집회, 결사: The government decided to deny citizens the right of an unlawful *assembly*. 정부는 시민들의 불법 집회의 권리를 허용하지 않기로 결정했다. / The U.S. Constitution guarantees freedom of *assembly*. 미 헌법에서는 집회의 자유를 보장하고 있다.

3 a law-making body or legislature 의회: The State *Assembly* passed a trade bill. 주 의회는 무역 법안을 통과시켰다.

4 a gathering of all teachers and students at the beginning of every school day 조회, 집합: All the students must be on the ground for an *assembly* by 9 in the morning. 모든 학생들은 오전 9시까지 조회를 하기 위해 운동장에 모여야 한다.

5 the process of fitting its different parts together (기계 부품의) 조립: There are about 1,000 workers working at car *assembly* plants here in Sao Paolo. 여기 상파울루 자동차 조립 공장에는 약 천 명의 인부가 일을 하고 있다.

· 파생어 ·
assemble 조립하다, 모으다, 소집하다, 모이다
assembler 조립공

· 관련표현 ·
the legislative *assembly* 입법 의회
the General *Assembly* (국제연합의) 총회
the Korean *Assembly* 한국의 국회
assembly **line** 조립 라인
assembly **plant** 조립 공장
assembly **man** 주 의원(하원)
assembly **woman** 주의 여성 하원 의원
freedom of *assembly* 집회 결사의 자유

syn. gathering, congregation, crowd, throng, legislature
ant. dispersion, dismissal, disruption, senate

|실전문제|
밑줄 친 부분과 뜻이 가장 가까운 것을 고르시오.
City squares and markets were primarily centers for <u>assembly</u> and commerce.

(1) construction   (2) recreation
(3) meeting   (4) lecture

해설 | 지금 문장에서 assembly는 '집회, 모임'의 뜻으로 사용되고 있는데, 이런 뜻의 단어는 (3) meeting뿐이다. (1)은 '건축, 건설', (2)는 '오락, 재창조' 그리고 (4)는 '강연'의 뜻이다. 그리고 assembly는 기계나 가구 등을 '조립'한다는 뜻도 가지고 있다. (3) 「도시의 광장과 시장은 주로 집회와 상업의 중심지였다.」

☐ assign [əsáin]

vt. **1 to give as a share or duty** 몫이나 의무로 주다, 할당하다: I've been *assigned* the job of calculating the sales figures. 나에게는 판매 수치를 계산하는 일이 주어졌다.

· 파생어 ·
assignation 할당, 지정, 양도
assignment 할당, 양도, 과제, 숙제
assignor 양도인, 위탁자

2 to give property or rights by a legal process (법적인 절차에 의해 재산이나 권리를) 양도하다: He *assigned* her whole estate to a charitable organization. 그는 자선 단체에 전 재산을 양도했다.

3 to appoint to a position 지명하다, 임명하다: The board of directors *assigned* him to the position of executive director. 이사회는 그를 전무이사 자리에 임명했다. / The director *assigned* me to train new employees on how to do the work the most efficiently. 이사님은 나에게 신입 사원들이 가장 효율적으로 그 일을 하는 방법에 대해 교육시키는 일을 할당했다.

4 to ascribe; attribute ~의 탓[덕]으로 돌리다: He *assigned* his success in business to devoted workers in the company. 그는 사업 성공을 회사의 헌신적인 직원들 덕으로 돌렸다.

|실전문제|

다음에 주어진 뜻풀이 가운데서 밑줄 친 <u>assigned</u>의 의미로 가장 적절한 것은?

He <u>assigned</u> all his land and properties to me.

(1) to give property or rights by a legal process
(2) to ascribe; attribute
(3) to give as a share or duty
(4) to fix or set aside for a purpose

해설 | 땅과 재산을 남에게 '양도' 하는 것이다. (1) 「그는 모든 땅과 재산을 나에게 양도했다.」

· 관련표현 ·

assign work to each man
각자에게 일을 배당하다

assign a day for a party
파티 날로 정하다

assign a right to oneself
권리를 독차지하다

I've been ***assigned*** to take notes.
나에게는 메모하는 일이 할당되었다.

syn. allocate, allot, apportion, dispense, distribute, appoint
ant. withhold, dismiss

☐ **assume** [əsjúːm]

vt. 1 to take power or responsibility such as power (책임이나 권력을) 떠맡다: He will *assume* the role of vice-president soon. 그는 곧 부통령직을 떠맡게 될 것이다.

2 to pretend to have a particular feeling or quality ~인 척하다, 가장하다: She contented herself by *assuming* an air of superiority. 그녀는 잘난 체함으로써 만족했다.

3 to consider a possible situation or event or results (가능한 상황이나 결과를) 고려하다: Let's *assume* for a moment that I'm one of your students in your class. 잠시 당신 반의 학생이라고 간주해 봅시다.

4 to take for granted 당연하게 여기다: When you have a language degree, people *assume* that you speak the language fluently. 당신에게 언어학 학위가 있을 때, 사람들은 당신이 그 언어를 유창하게 할 것이라고 당연하게 생각한다.

· 파생어 ·

assumed 가장한, 떠맡은
assuming 건방진, 주제넘은
assumption 취임; 가정; 건방짐

· 관련표현 ·

assume the responsibility
책임을 지다

assume an air of innocence
결백한 체하다

assume an important air
~인 체하다

Assuming that ~ ~라고 가정한다면

on the ***assumption*** that ~
~라는 가정 아래

|실전문제|

다음에 주어진 뜻풀이 가운데서 밑줄 친 assume의 의미로 가장 적절한 것은?

Japan must assume a certain responsibility matching its economic influence in the international community.

(1) to consider a possible situation or event or results
(2) to take for granted
(3) to take power or responsibility such as power
(4) to pretend to have a particular feeling or quality

해설 | 국제사회에서 어떤 책임을 떠맡는 것을 말한다. (3) 「일본은 국제사회에서 경제력과 걸맞은 어떤 책임을 떠맡아야 한다.」

syn. imagine, speculate, suspect, believe, suppose
ant. know, doubt

☐ assure [əʃúər]

vt. 1 to tell firmly and with confidence in order to remove doubt 보증하다: I can *assure* you that the machine is perfectly safe. 나는 그 약이 완벽하게 안전하다는 것을 보증할 수 있다.

2 to make certain 확신하다: If you want to *assure* that a job gets done right, do it yourself. 만약 일이 옳게 되기를 바란다면 너 자신이 직접 해라.

3 to cause to feel sure ~하다는 것 확신시키다, 납득하다: I was unable to *assure* her of my honesty. 나는 나의 정직함을 그녀에게 확신시킬 수 없었다.

4 to protect by insurance against life or loss of money 보험에 들다: *Assure* the house for its full value. 그 집의 전체 가치에 대해 보험을 드시오.

·파생어·

assurance 보증, 보장, 보험
assurer 보증인, 보험업자
assured 보증된, 확실한, 자신이 있는
assuredly 확실히, 자신만만하게
assuring 보증하는, 확신을 주는

·관련표현·

give an *assurance* 보증하다
with *assurance* 확신을 가지고, 확신 있게
have the *assurance* to ~ 뻔뻔스럽게도 ~하다
an *assured* position 보장된 지위
an *assured* manner 자신 있는 태도

syn. promise, guarantee, ensure, insure
ant. deny, disavow, be uncertain, be unsure

|실전문제|

다음에 주어진 뜻풀이 가운데서 밑줄 친 assured의 의미로 가장 적절한 것은?

The witness assured the judge that he was telling the truth.

(1) to protect by insurance against life or loss of money
(2) to cause to feel sure
(3) to tell firmly and with confidence in order to remove doubt
(4) to make certain

해설 | 증인이 판사에게 that ~ 이하의 사실이 거짓이 아니라고 약속 또는 맹세하는 것이므로 '보증하는 것' 이라고 할 수 있다. (3) 「그 증인은 판사에게 자기가 하고 있는 말이 사실임을 보증했다.」

☐ astronaut [ǽstrənɔ̀ːt]

n. a person who travels in a spacecraft 우주 비행사: It was for the first time that a Korean woman travelled as an *astronaut*. 한국 여성이 러시아 우주선을 타고 여행한 것은 처음 있는 일이다.

| 실전문제 |

다음 밑줄 친 단어의 정의를 고르시오.

<u>Astronauts</u>, I know, manage to get off once in a while. They have even landed on the moon.

(1) persons who practice general medicine
(2) persons who edit books, or magazine
(3) persons who visit places for pleasure and interest
(4) persons who travel in a spacecraft

해설 | 뒤에 '달에 착륙한다[내린다]'에서 우주 비행사를 말하는 것을 알 수 있으며, (4)의 '우주선을 타고 여행하는 사람들'이 정답이다. (1)은 medical practitioner(일반 개업의)를 말하고, (2)는 editor(편집자)를 말하며, (3)은 tourist(관광객)에 대한 정의이다. (4) 「우주 비행사들은 가끔 우주선에서 내리기도 한다. 그들은 심지어 달에 착륙하는 일까지 했었다.」

· 파생어 ·
astronautic, -tical 우주 비행의, 우주 비행사의(=cosmonautic)
astronautics 우주비행학(=cosmonautics)

· 관련표현 ·
***astronautical* engineering** 우주공학

syn. cosmonaut

☐ atmosphere [ǽtməsfìər]

n. 1 the mixture of gases around the earth (지구를 둘러싼) 대기: There are dangerous levels of pollution in the Earth's *atmosphere*. 지구의 대기층은 위험한 수준으로 오염되어 있다.

2 something interesting or feeling that a place or an event has (어떤 장소나 행사가 지니는 흥미로운) 분위기: The old harbor is still full of *atmosphere* and well worth visiting. 그 옛 항구는 여전히 즐거운 분위기로 가득 차 있어서 충분히 방문할 가치가 있는 곳이다.

3 the air that you breathe in a place (특정한 장소의) 공기: These gases pollute the *atmosphere* of the city. 이 가스들은 그 도시의 공기를 오염시킨다.

4 pressure of air 기압: A barometer is used to measure the pressure of the *atmosphere*. 기압계는 기압을 재는 데 이용된다.

| 실전문제 |

다음에 주어진 뜻풀이 가운데서 밑줄 친 atmosphere의 의미로 가장 적절한 것은?

Ever since they had quarrel, there has been an unpleasant <u>atmosphere</u> in the company.

(1) something interesting or feeling that a place or an event has
(2) the mixture of gases around the earth
(3) pressure of air
(4) the air that you breathe in a place

해설 | 다툼이 있고 난 후의 불쾌한 분위기 또는 감정을 말한다. (1) 「그들이 다투고 난 후부터, 회사 내에 불쾌한 분위기가 감돌았다.」

· 파생어 ·
atmosphered 분위기를 자아낸
atmosphereless 공기[대기]가 없는
atmospheric 대기의, 기압의, 분위기의

· 관련표현 ·
an *atmosphere* depression 저기압
an *atmosphere* music 무드음악
clear the *atmosphere* 대기를 깨끗하게 하다; 암운[의혹, 걱정]을 일소하다
poison[pollute] the *atmosphere* 대기를 오염시키다
humid *atmosphere* of the greenhouse 온실의 습한 공기
the upper layers of the *atmosphere* 대기 상층
a family-like *atmosphere* 가족적인 분위기
an *atmospheric* pressure 대기압

syn. air, environment, milieu, surroundings, feeling

attend [əténd]

vt., vi. **1 to be present at a meeting or other event** (회의나 다른 행사에) 참석하다: Finance ministers from many countries will *attend* the meeting. 여러 나라의 재무부 장관들이 그 회의에 참석할 것입니다.

2 to go to an institution regularly, such as a church, school, or college (교회, 학교, 대학과 같은 기관에) 정기적으로 가다: We *attended* college together at the State University of New York. 우리는 뉴욕주립 대학을 같이 다녔다.

3 to give one's attention 주목[주의]하다: Are you *attending* to what is being said? 들리는 말에 주목하고 있습니까?

4 to happen at the same time as something ~에 수반해서 일어나다: The rescue attempt was *attended* by difficulties. 그 구조 시도에는 어려움이 뒤따랐다.

· 파생어 ·
attendance 출석, 참석; 간호
attendant 수행원, 직원;
a. 수행하는, 수반하는
attention 주의, 유의, 경청, 차렷 자세
attentive 주의 깊은, 경청하는, 정중한

· 관련표현 ·
***attend* to ~** ~을 돌보다 (=care for, take care of)
***attend* classes** 수업에 출석하다

syn. tend, accompany, consider, heed, note observe

|실전문제|

다음에 주어진 뜻풀이 가운데서 밑줄 친 <u>attend</u>의 의미로 가장 적절한 것은?

I have some urgent business to <u>attend</u> to.

(1) to happen at the same time as something
(2) to go to an institution regularly, such as a church, school, or college
(3) to be present at a meeting or other event
(4) to give one's attention

해설 | to 부정사가 앞의 명사인 business를 꾸미는 형용사적 용법으로, 주의를 기울여야 할 문제, 즉 '처리해야 할' 문제가 있다는 뜻이다. (4) 「제가 급히 처리해야 할 일이 있습니다.」

attune [ətjúːn]

vt. **1 to adapt or accustom** (무엇을) 조화시키다, 순응시키다: Astronauts have to *attune* themselves to weightlessness in space. 우주 비행사들은 우주의 무중력에 익숙해져야 한다. / I prefer a style *attuned* to a modern taste. 나는 현대인의 기호에 맞춘 양식을 선호한다.

2 to tune (a musical instrument) (악기를) 조율하다, 가락에 맞추다

· 파생어 ·
attuned 조화된, 조율된, 맞추어진
attunement 조화, 맞춤

syn. match, adapt to, accustom

|실전문제|

다음의 밑줄 친 부분의 단어와 뜻이 가장 가까운 것을 고르시오.

What appears to the normal eye to be random arm and leg movements of a baby are actually muscular responses <u>attuned to</u> changes in the mother's speech.

(1) matched to   (2) compared with
(3) suggested by   (4) surprised at

해설 | attune to ~는 '~에 조화시키다, 조율하다'의 뜻을 가지는데, 이런 뜻을 나타내는 것은 (1)이다. (2)는 '~와 비교되다', (3)은 '~에 의해서 암시되다', (4)는 '~에 [~를] 듣고(보고) 놀라다'의 뜻이다. (1) 「보통 사람의 눈에는 아기가 손발을 마구 흔드는 것 같이 보여도, 실제로는 엄마의 말투 변화에 맞춘 근육의 반응인 것이다.」

authority [əθɔ́ːriti]

n. **1 the right to command and control other people** (다른 사람들에게 명령하고 통제할 수 있는) 권한: The judge had no *authority* to order a second trial. 그 판사는 두 번째 재판의 판결을 내릴 권한이 없었다.

2 official permission to do something (어떤 일을 하기 위한) 정식 허가: The prison governor has refused to let him go, saying he must first be given *authority* from his superiors. 교도소장은 우선 상부의 허가를 받아야 된다고 하면서 그의 석방을 거부했다.

3 an official organization or government department that has the power to make decisions (결정을 내릴 권한이 있는) 공식 기관, 정부 부서, 당국: The government *authorities* will take strong measures soon. 정부 당국은 곧 강력한 조치를 취할 것이다.

4 a person who knows a lot about a particular subject (특정한 문제에 대해) 많이 아는 사람, 권위자: The professor is universally recognized as an *authority* on North Korean affairs. 그 교수는 북한 문제에 대한 권위자로서 널리 인정받고 있다.

|실전문제|
다음에 주어진 뜻풀이 가운데서 밑줄 친 authorities의 의미로 가장 적절한 것은?

The <u>authorities</u> have refused permission for the demonstration to take place.

(1) an official organization or government department that has the power to make decisions
(2) a person who knows a lot about a particular subject
(3) the right to command and control other people
(4) official permission to do something

해설 | 일반적으로 정관사가 붙고 복수 명사가 되어 the authorities 형태가 되면 '당국'의 뜻으로 사용된다. (1) 「당국은 그 시위가 열리도록 허가해 주지 않았다.」

·파생어·
author 저자, (어떤 일의) 장본인
authoritative 권위 있는, 독단적인, 당국의
authorization 권한 부여, 공인, 허가서
authorize ~에게 권한을 주다, 허가하다, 정당하다고 인정하다
authorized 공인된, 검정필

·관련표현·
by the *authority* of ~ ~의 권한으로
exceed one's *authority* 월권 하다
on one's own *authority* 독단으로, 자기 마음대로
on the *authority* of ~ ~을 근거로 하여
the *authorities* concerned 관계 당국
under the *authority* of ~ ~의 지배[권력] 아래
an *authorized* textbook 검정필 교과서

syn. expert, judge, master, specialist, command, control
ant. novice, denial

available [əvéiləbəl]

a. **1 not busy and is therefore free to talk to or get together** 바쁘지 않아서 자유롭게 이야기할 수 있는: He's not *available* right now, he's still in a meeting. 지금은 그분을 만날 수가 없습니다, 아직 회의가 끝나지 않았습니다.

·파생어·
avail 소용이 있다, 효력이 있다
availability 이용도, 유효성
unavailable 이용할 수 없는; 예약할 수 없는

2 empty in a building or house, or hotel rooms so that we can rent or make a reservation (건물이나 집, 혹은 호텔 방이 비어 있어서) 임대하거나 예약 또는 숙박할 수 있는: Is there any double room *available* tonight? 오늘 밤 더블 룸이 있습니까?

3 obtainable or able to find 얻을 수 있거나 구할 수 있는: There are only two seats *available* right now. 지금은 두 좌석만 남아 있습니다. / The most up-to-date collection is *available* in this bookstore. 이 서점에서는 최신 전집을 살 수 있다.

· 관련표현 ·
avail oneself of ~
~을 이용하다(=use)
to no avail 무익하게, 보람도 없이
available assets 이용 가능한 자산
easily[readily] available
입수가 용이한

syn. ready, accessible, convenient, handy
ant. inaccessible, inconvenient, unavailable

|실전문제|

1. 다음에 주어진 뜻풀이 가운데서 밑줄 친 available의 의미로 가장 적절한 것은?

   When will you be available for lunch?

   (1) obtainable or able to find
   (2) empty in a building or house, or hotel rooms so that we can rent or make a reservation
   (3) not busy and is therefore free to talk to or get together
   (4) too bad or too pleasant to be accepted

   해설 | '언제 점심을 같이 할 수 있겠냐'는 뜻으로 사용되고 있다. (4)는 unbearable (참을 수 없는)을 설명한 것이다. (3) 「언제 점심 식사나 하게 시간 좀 내주시겠어요?」

2. 다음에서 빈칸에 들어갈 알맞은 단어를 고르시오.

   Private schools are _____ only to those who can afford to pay public school taxes and private school tuition.

   (1) able   (2) capable
   (3) available   (4) possible

   해설 | 문맥을 보면 사립학교(private schools)는 who ~ 이하의 사람들에게만 입학이 가능한 곳이라는 뜻의 문장이므로, '~에게 가능한'의 뜻인 available to ~를 사용해야 한다. (2)는 be capable of ~ing 형태로 쓰여 '~할 수 있다(can, be able to ~)'의 뜻이며, (4)도 '가능한'의 뜻을 가지고 있으나, 어떤 조건을 갖추면 '실현 가능한', 또는 '있음직한'의 뜻이며, 주로 it ~ to …, it ~ that … 등의 구문에 사용된다. (3) 「사립학교는 공립학교의 세금과 사립학교의 수업료를 지불할 경제적 여유가 있는 사람들만 다니는 곳이다.」

☐ **awkward** [ɔ́ːkwərd]

a. **1 lacking skill in moving parts of the body easily; clumsy** (동작이) 서투른: She was an *awkward* driver. 그녀는 운전이 서툴렀다.

2 difficult to use or handle (물건이) 쓰기 불편한, 다루기 힘든: The heavy ax was *awkward* to use. 그 무거운 도끼는 사용하기 불편했다.

3 causing uncomfortable and embarrassing feelings or difficulty 곤란한, 어색한, 마음이 불편한: He's been asking me some very *awkward* questions. 그는 아주 곤란한 질문을 해 왔다.

· 파생어 ·
awkwardly
어색하게, 서투르게, 거북하게
awkwardness 어색함, 거북함, 불편함

· 관련표현 ·
an *awkward* question 곤란한 질문, 골치 아픈 문제
be in an *awkward* situation
곤란한 처지에 있다

4 unwilling to help or agree 억지로 돕거나 동의하는, 마지못해 하는: Don't be so *awkward* in working, and we've got to finish to work by the end of the week. 일을 마지못해 하지 마. 그리고 우리는 이 일을 주말까지는 끝내야 해.

|실전문제|

다음에 주어진 뜻풀이 가운데서 밑줄 친 awkward의 의미로 가장 적절한 것은?

The scandal was an <u>awkward</u> situation for the entire family.

(1) unwilling to help or agree
(2) lacking skill in moving parts of the body easily; clumsy
(3) difficult to use or handle
(4) causing uncomfortable and embarrassing feelings or difficulty

해설 | 스캔들로 가족 모두의 마음이 불편한 것이다. (4) 「그 스캔들은 가족 모두에게 불편한 상황을 초래했다.」

feel *awkward* 거북스럽게 여기다, 쑥스러워하다

***awkward* age** 사춘기(=puberty, adolescent)

at an *awkward* time 난처한[불편한] 시간에

an *awkward* customer 다루기 힘든 상대

syn. clumsy, unskillful, inconvenient, uncomfortable, unwilling
ant. skillful, convenient, handy, graceful

□ awake [əwéik]

vt. **1 to raise from sleep** (잠에서) 깨우다, 눈뜨게 하다: The alarm *awoke* everyone in the house. 자명종 소리에 집 안의 모든 식구가 잠에서 깼다.

2 to make aware or alert 각성시키다, 자극시키다: The pastor's sermon *awoke* me to a sense of sin. 그 목사님의 설교로 인해 나는 죄의식에 눈을 떴다.

3 to stir up memories (기억, 호기심 등을) 불러일으키다: Her pictures *awoke* memories of our childhood. 그녀의 사진을 보니 우리 어릴 때 기억이 생각났다.

vi. **to stop sleeping; wake** 잠에서 깨다: He *awoke* to find himself famous. 그는 하룻밤 사이에 유명해져 있었다. / I *awoke* to the sound of birds chipping. 나는 새들의 지저귀는 소리에 잠을 깼다.

|실전문제|

다음에 주어진 뜻풀이 가운데서 밑줄 친 awoke의 의미로 가장 적절한 것은?

The fuel shortage <u>awoke</u> the country to the need of developing alternative energy.

(1) to stir up memories
(2) to make aware or alert
(3) to raise from sleep
(4) to stop sleeping; wake

해설 | 뒤에 목적어인 '나라'가 있으며, 그 뒤에 to the need of ~(~의 필요성에)가 있으므로, 그 나라로 하여금 필요성에 눈을 뜨게 하는 것, 인식[각성]시키는 것이라고 볼 수 있다. (2) 「연료 부족으로 인해 그 나라는 대체 에너지 개발의 필요성에 눈을 뜨게 되었다.」

· 파생어 ·

wake 잠깨다, 눈뜨다; 각성하다, 깨우다, 깨닫게 하다

awaken 잠에서 깨우다; 일깨우다, 자각시키다

awakening 각성, 눈을 뜸, 자각

· 관련표현 ·

***awake* from[out of] sleep** 잠에서 깨다

***awake* from an illusion** 환상에서 깨어나다

keep *awake* 자지 않고 있다
lie *awake* 잠을 깬 채 누워 있다
be wide *awake* all night 뜬눈으로 밤을 지새우다

***awake* or asleep** 자나 깨나 (=waking or sleeping)

between *waking* and sleeping 비몽사몽 간에

spiritual *awakening* 영적 자각

***wake* up!** 일어나![정신 차려!]

in the *wake* of ~ ~의 결과로[여파로], ~에 계속해서

syn. wake, awaken, alert, arouse
ant. sleep, be unaware

B

baby [béibi]

n. **1 a very young child who can't talk or walk yet** 갓난아이, 아기, 젖먹이: The *baby* is sleeping in the cradle. 그 아기는 요람에서 자고 있다.

2 the youngest or a junior member of a group (가족, 집단의) 막내, 최연소자: Dr. Anderson is the *baby* of our bride club. 앤더슨 박사는 우리 신부 동아리의 최연소자이다.

3 a person acting like a baby or a coward (행동이) 어린애 같은 사람, 겁쟁이: Take your medicine and don't be such a *baby* about it. 어린애같이 행동하지 말고 약을 먹어라.

4 the special responsibility of a particular person 책임, 귀찮은 일: Don't ask me about putting an ad in the newspaper, because it's Brian's *baby*. 신문에 광고 내는 것에 대해선 나에게 묻지 마. 브라이언의 책임이니까.

실전문제

다음에 주어진 뜻풀이 가운데서 밑줄 친 <u>baby</u>의 의미로 가장 적절한 것은?

Whenever he is in a difficult situation, he passes the <u>baby</u>.

(1) a person acting like a baby or a coward
(2) the special responsibility of a particular person
(3) the youngest or a junior member of a group
(4) a very young child who can't talk or walk yet

해설 | 숙어 pass the baby의 뜻을 알면 쉽게 답을 찾을 수 있으며, 이 숙어의 의미는 '책임을 남에게 떠넘기고 면하다'의 뜻이다. (2)「어려운 상황에 처할 때마다 그는 남에게 떠넘겨서 모면한다.」

· 파생어 ·

babyish 유치한(=childish), 어린애 같은
baby-like 아기와 같은
babyism 어린아이 같은 행동, 유치함
babyhood 유년기(=childhood); 유치
baby-sitter 보모(아기를 돌봐 주는 사람)
babe 갓난아이; 어린애 같은 사람, 세상 물정에 어두운 사람

· 관련표현 ·

a *babe* in the woods
봉, 잘 속는 사람
a *babe* in arms 미숙자, 풋내기
It's your *baby*. 그것은 네가 할 일이다.
give ~ the *baby* to hold
~에게 책임을 지우다
a retirement *baby* 노령 출산아
a *baby* bottle 젖병
a *baby* break
출산 휴가(=maternity leave)
a *baby* carriage 유모차(=pram)
a test-tube *baby* 시험관 아기
a *baby* toddles 아기가 아장아장 걷다
a *baby* bawls 아기가 자지러지게 울다

syn. infant, the youngest, coward, responsibility
ant. adult, the oldest, an old woman

back [bæk]

n. **1 the part of a person's or animal's body which is opposite to the chest** 등: He was carrying the baby on his *back* instead of his wife. 그는 아내를 대신해서 아기를 등에 업고 있었다.

2 opposite of front 뒤, 뒤편: He sat in the *back* of the car and took a short nap. 그는 차 뒤편에 앉아서 잠시 낮잠을 잤다. / A small hill is at the *back* of my house. 내 집 뒤편에는 조그만 언덕이 하나 있다.

ad. **1 towards or at the back** 뒤로, 뒤쪽으로: Sit *back* in the armchair and listen to the fantastic sound of this stereo system. 안락의자에서 머리를 뒤로 젖히고 이 환상적인 스테레오의 음을 들어 보라.

2 in return or in reply 답례로, 보답하여: I will pay you *back* someday for the kindness that you've showed to me so far. 지금까지 저에게 보여 주신 친절함에 대해 언젠가는 보답을 하겠습니다.

3 towards or in an earlier time (옛날로) 거슬러 올라가: The story goes *back* to the time when I first met her 10 years ago. 이야기는 10년 전 내가 그녀를 처음 만났을 때로 거슬러 올라간다.

4 into the place or position where it was before 본래 위치[상태]로: You have to put the book *back* on the bookshelf when you've finished reading it. 그 책을 다 읽고 나서 원래 있던 책꽂이에 갖다 놓아야 해.

5 again 다시: I will call you *back* when I return from a business trip. 제가 출장에서 돌아오면 다시 전화를 드리겠습니다.

a. at the back 뒤에 있는: He opened the *back* door leading to the *back* garden. 그는 뒤뜰로 통하는 뒷문을 열었다.

vt. 1 to support and encourage mentally or with money 지지하다, 후원하다: The union leaders decided to *back* the civic groups in their actions. 노조 간부는 시민 단체들의 행동을 지지하기로 결정했다.

2 to go backwards 후퇴시키다, 후진시키다: He *backed* his car into the front gate. 그는 앞문 쪽으로 차를 후진시켰다.

3 to reinforce with facts 사실로써 뒷받침하다: The scientist *backed* up his theory with facts. 그 과학자는 그의 이론을 사실로써 뒷받침했다.

· 파생어 ·
back-breaking (일이) 대단히 힘이 드는
backache 요통
backbite 뒤에서 중상 비방하다
backbone 분수령, 중추
backer 후원자, 지지자
background 배경, 경력
backing 지지, 후원
backward 뒤로, 거꾸로

· 관련표현 ·
at the *back* of ~ ~의 배후에, ~의 뒤에
break one's *back* 열심히 일하다, 노력하다
turn one's *back* to ~ ~에 등을 돌리다
turn one's *back* on ~ ~에 등을 돌리다, ~을 버리다
hold *back* (고통, 눈물을) 참다
look *back* on ~ ~을 회고[회상]하다, ~을 반성하다
***back* and forth** 왔다갔다, 앞뒤로
***back* down from ~** ~에서 물러나다, ~을 철회하다

syn. rear, aid, assist, support
ant. front, advance, oppose

|실전문제|

1. 다음에 주어진 뜻풀이 가운데서 밑줄 친 back의 의미로 가장 적절한 것은?

   The place has a history going back to the Middle Ages.

   (1) in return or in reply
   (2) towards or in an earlier time
   (3) opposite of front
   (4) into the place where it was before

   해설 | go back to ~는 뒤에 중세 시대가 나오므로 중세 시대로 '거슬러 올라가다'의 뜻이며, '~로 돌아오다, ~로 소급되다' 등의 뜻도 나타낸다. (2) 「이곳의 역사는 중세 시대로 거슬러 올라간다.」

2. 다음에 주어진 뜻풀이 가운데서 밑줄 친 back의 의미로 가장 적절한 것은?

   Headache and back pain account for the majority on-the-job pain complaints.

   (1) opposite of front
   (2) to support and encourage
   (3) to reinforce with facts
   (4) the part of person's or animal's body which is opposite to the chest

해설 | 지금은 back pain이 복합명사의 뜻으로 '요통'을 나타내며, back이 명사인 '등'의 의미이다. (4) 「두통과 요통은 직장에서 호소하는 통증 중 대다수를 차지한다.」

backbone [bǽkbòun]

n. **1 bones in the center of a person's or animal's back; spine** 척추(뼈), 등뼈: Good posture results from holding the *backbone* straight. 좋은 자세는 척추를 곧바로 펴는 것에서 나온다.

2 firmness of mind, patience, or strength of character 기골; 인내: Do you have the *backbone* to overcome hard luck? 어려운 일을 극복해 나갈 용기가 있습니까?

3 the most important part of an organization or group of people 중추, 중심적인 지주: The cotton industry was the *backbone* of the Southern United States. 면화 산업은 미국 남부의 중추 산업이었다.

· 파생어 ·
backboned 등뼈가 있는

· 관련표현 ·
to the *backbone* 철저한, 어느 점으로 보나

the *backbone* of a nation 국가의 동량

a Canadian to the *backbone* 캐나다 토박이

syn. spine, vertebrae, character, strength, firmness, courage, basis
ant. cowardice, spinelessness

| 실전문제 |

다음에 주어진 뜻풀이 가운데서 밑줄 친 backbone의 의미로 가장 적절한 것은?

The president described the medium-size and small businesses as the backbone of our country's economy.

(1) firmness of mind, patience, or strength of character
(2) the rear part of the human body from the neck to the base of spine
(3) the most important part of an organization or group of people
(4) bones in the center of a person's or animal's back; spine

해설 | 주어가 중소기업이며, 경제(economy)의 수식을 받고 있으므로, 중소기업이 나라 경제의 근간 또는 중심적인 지주가 된다는 뜻이다. (2)는 back(등)의 설명이다. (3) 「대통령은 중소기업을 우리나라 경제의 중추로 묘사했다.」

background [bǽkgràund]

n. **1 the scenery in a view, a picture, or a photograph** (경치나 사진, 그림 속의) 배경: This is a photograph with trees in the *background*. 이것은 나무를 배경으로 한 사진이다.

2 a person's social origins or education 출신 성분이나 학력: He has a *background* in psychology. 그는 심리학의 소양을 가지고 있다.

3 the conditions that exist when something happens, and that help to explain it (사건의) 배경, 배후 상황: The strike took place against a *background* of law wage and bad working environment. 파업은 낮은 임금과 열악한 작업환경이라는 배후 상황 때문에 일어났다.

· 관련표현 ·
***background* information** 참고 자료(=*background* materials), 예비지식

keep oneself in the *background* 표면에 나타나지 않다

drop in the *background* 세인에게 잊혀지다

have a *background* in ~ ~에 이력이 있다

syn. backdrop, framework, atmosphere
ant. history, training

4 sounds, such as music that you can hear without a full attention 배경음악: Would you tell me the title of *background* music that is playing now here in this restaurant? 지금 이 음식점에서 흘러나오는 배경음악의 제목을 말씀해 주시겠습니까?

|실전문제|

다음에 주어진 뜻풀이 가운데서 밑줄 친 background의 의미로 가장 적절한 것은?

The coup took place against a background of continuing political violence.

(1) a person's social origins or education
(2) the scenery in a view, a picture, or a photograph
(3) sounds, such as music that you can hear without a full attention
(4) the conditions that exist when something happens, and that help to explain it

해설 | against a background of ~는 '~를 배경으로 하여'라는 숙어이다. (4) 「쿠데타는 계속되는 정치 폭력을 배경으로 일어났다.」

backward [bǽkwərd]

a. **1 late in development** 진보가 늦은, 뒤처진: He's a little *backward* in his studies. 그는 학습의 진전이 다소 늦다.

2 turned away from the front or directed towards the back 뒤의, 뒤로 향한: She gave the homestead a sad *backward* glance. 그녀는 슬픈 눈으로 농장 뒤를 쳐다보았다.

3 shy, bashful, or withdraw 수줍어하는, 주저하는: Why do you act so *backward* with strangers? 낯선 사람들 앞에서 왜 그렇게 수줍어해? / She's *backward* in giving other people her views. 그녀는 남에게 자기 의견을 말하기를 수줍어한다.

4 reverse, receding, or retreating 뒤로 물러나는, 역류하는: We watched the *backward* flow of the tide. 우리는 썰물을 지켜보았다.

·관련표현·

go *backward* 퇴보하다, 되돌아가다
backward and forward 왔다갔다, 여기저기
a *backward* country 후진국
a *backward* child 지진아
backward in English 영어가 뒤처진

syn. reversed, retired, undeveloped, slow-witted, retrogressive
ant. forward, correct, advanced, eager, willing

|실전문제|

다음에 주어진 뜻풀이 가운데서 밑줄 친 backward의 의미로 가장 적절한 것은?

Some backward parts of this country has no electricity and water service.

(1) turned away from the front, or directed towards the back
(2) shy, bashful or withdrawn
(3) reverse, receding, or retreating
(4) late in development

해설 | backward parts를 수식하는 of this country(이 나라의)로 보아서 '이 나라의 개발이 뒤처진 지역' 임을 알 수 있다. (4) 「이 나라의 몇몇 개발이 뒤처진 지역에는 전기와 수돗물 공급이 이루어지지 않는다.」

☐ bad [bæd]

a. **1 not good or unpleasant** 나쁜: The *bad* weather conditions prevented the plane from landing at the airport. 악천후로 인해 비행기가 공항에 착륙할 수 없었다.

2 having a harmful effect on one's health 유해한: Smoking can be *bad* for your health. 흡연은 건강에 해로울 수 있다.

3 not skillful or good at 서투른, 잘하지 못하는: He is *bad* at mathematics. 그는 수학을 잘하지 못한다.

4 severe or serious 악성의, 심각한: She had a *bad* cold and went to a doctor. 그녀는 독감에 걸려서 병원에 갔다.

5 decayed or rotten 상한, 썩은: This fish has gone *bad*. 이 고기는 상했다.

|실전문제|

다음에 주어진 뜻풀이 가운데서 밑줄 친 bad의 의미로 가장 적절한 것은?

The food will go <u>bad</u> unless you put in the refrigerator.

(1) having a harmful effect on one's health
(2) decayed or rotten
(3) not good or unpleasant
(4) not skillful or good at

해설 | 음식이 상하거나 부패된다는 내용이다. (2) 「그 음식은 냉장고에 넣지 않으면 상할 것이다.」

· 파생어 ·
badly 나쁘게, 대단히
badness 나쁨, 불량

· 관련표현 ·
bad **language** 욕, 악담
bad **mouth** 욕, 비방
feel *bad* 기분이 나쁘다[언짢다]
That's too *bad*. 그것참 안됐군.
go from *bad* **to worse** 악화하다
to the *bad* 빚이 있는

syn. faulty, poor, rotten, false
ant. good, virtuous, fresh, beneficial

☐ balance [bǽləns]

n. **1 the ability to remain steady** 균형: She lost her *balance* and fell off the ground. 그녀는 균형을 잃고 땅에서 넘어졌다.

2 the amount of money that remains to be paid 차액, 차감 잔액, 잔고: My bank *balance* isn't very large. 은행의 잔고가 얼마 남아 있지 않아. / I'd like to know how much *balance* is in my account. 예금 잔고를 알고 싶은데요.

3 an instrument for weighing, with two dishes hanging from a bar supported in the middle 저울, 천칭: She weighed the package in a *balance*. 그녀는 그 소포를 저울에 달았다.

vi., vt. **to be steady and keep in balance** 균형을 맞추다[잡다]: When learning to ride a bicycle, you must learn to *balance*. 자전거 타는 법을 배우려면, 균형 잡는 법을 익혀야 한다.

· 파생어 ·
balanced 균형이 잡힌
balancer 균형을 잡는 사람; 곡예사

· 관련표현 ·
in the *balance*
결정을 못 내린 상태에서
keep one's *balance*
몸의 균형을 유지하다
lose one's *balance* 몸의 균형을 잃다
the *balance* **of power** 세력 균형
tip the *balance* 사태[국면]를 바꾸다
off *balance* 균형을 잃고(=out of *balance*)

***vt.* to compare the relative importance of two contrasting things** 비교하다, 견주어 보다: You have to *balance* the advantages of living in a big city against the disadvantages. 당신은 대도시 생활의 장점과 단점을 비교해야 할 것이다.

|실전문제|

1. 다음에 주어진 뜻풀이 가운데서 밑줄 친 balanced의 의미로 가장 적절한 것은?

    He balanced his budgets by rigid control over public expenditures.

    (1) to compare the relative importance of two contrasting things
    (2) the ability to remain steady
    (3) the amount of money that remains to be paid
    (4) to be steady and keep in balance

    해설 | 우선 동사로 쓰이고 있으며, 문맥을 보면 '균형을 맞추다'라는 의미로 사용되었다. (4) 「그는 '공공요금'을 엄격히 통제함으로써 예산의 균형을 맞추었다.」

2. 다음 빈칸에 들어갈 가장 알맞은 단어를 고르시오.

    We keep careful records of our business transactions. One such record is called the _____ of payments.

    (1) sheet   (2) balance
    (3) equality   (4) equity

    해설 | the balance of payments는 '국제수지'라는 뜻으로 이미 고정된 표현이다. (1)은 '종이', (3)은 '평등', (4)는 '공평함, 보통주'의 뜻을 나타낸다. (2) 「우리는 사업 상 거래를 주의 깊게 기록한다. 그와 같은 기록의 하나는 국제 수지라고 불린다.」

☐ **ball** [bɔːl]

n. **1 a round object that is used in games like baseball, basketball, and tennis, etc.** 공: The *ball* is in your court, and that means you have to decide what you're going to do. 공은 당신의 코트로 넘어갔다. 이 말은 당신이 할 일을 결정해야 한다는 것을 의미한다.

2 a large formal occasion for social dancing 무도회: They all had a *ball* at the party. 그들 모두 파티에서 무도회를 가졌다.

3 something that has a round shape 공 같은 것, 둥근 것; 탄알: I heard a loud explosion and saw a *ball* of fire go up. 나는 시끄러운 폭발 소리를 들었고 불덩이가 올라오는 것을 보았다.

vi., vt. **to make form a small round shape** 동그랗게 만들다: He *balled* his handkerchief up and put in the bottom drawer. 그는 자기 손수건을 둥글게 말아서 아래쪽 서랍에 넣어 두었다.

· 관련표현 ·

have a *ball* 좋은 시간을 갖다
(=enjoy oneself, have a good time)
carry the *ball* 책임을 지다, 주도권을 잡다
keep the *ball* rolling 잘 진행시켜 흥을 깨지 않다, 계속 진행하게 하다
play *ball* 구기를 하다
start[set] the *ball* rolling 일을 시작하다
That's the way the *ball* bounces. 세상[인생]이란 다 그런 거야.
The *ball* is in you court. (대화, 결정 시에) 이제 네 차례야.
***ball* up** 뒤범벅으로 만들다
lead a *ball* 무도회를 리드하다

syn. globe, sphere, dance, masquerade

|실전문제|

다음에 주어진 뜻풀이 가운데서 밑줄 친 ball의 의미로 가장 적절한 것은?

He gave a ball for us as a token of appreciation.

(1) to make form a small round shape
(2) a large formal occasion for social dancing
(3) something that has a round shape
(4) a round object that is used in games like baseball, basketball, and tennis, etc.

해설 | give a ball은 '무도회를 열다' 라는 뜻이며, have a ball의 ball도 무도회의 뜻이나, 지금은 보통 '좋은 시간을 갖다(=enjoy oneself, have a good time)'의 뜻으로 쓰인다. (2) 「그는 감사의 표시로 우리에게 무도회를 열어 주었다.」

☐ **band** [bænd]

n. **1** a group of musicians that play popular music (대중음악을 연주하는) 밴드: The jazz *band* played their first song quietly. 그 재즈 밴드는 그들의 첫 노래를 조용하게 연주했다.

2 a group of people formed for some common purpose and often with a leader (공동의 목적을 가진) 한 무리의 사람들, 떼, 일단의 무리: A *band* of students brought their grievances before the dean. 일단의 학생들이 학장에게 그들의 불만을 털어놓았다.

3 a flat, narrow, often endless piece of material 끈, 밴드, 띠: Her hair was held in place by a velvet *band*. 그녀의 머리는 벨벳 끈으로 묶여 있었다. / A dark *band* of clouds was on the horizon. 검은 구름 띠가 지평선 위에 떠 있었다.

4 a strip of color or material on something that is different from what is around it 줄무늬: There was an orange *band* along the snake's back. 그 뱀은 등을 따라 오렌지 색깔의 줄무늬가 있었다.

·파생어·

bandage 붕대, 안대, (동여매는) 쇠 띠
bandit 산적, 노상강도, 도적 떼

·관련표현·

a *band* of robbers 도적 떼
a marine *band* 해군 군악대
a rubber *band* 고무 밴드
to beat the *band* 몹시, 풍부히
a rock *band* 락 밴드

syn. orchestra, group, party, throng, stripe

|실전문제|

다음에 주어진 뜻풀이 가운데서 밑줄 친 band의 의미로 가장 적절한 것은?

They enjoyed listening to the band last night in the park.

(1) a flat, narrow, often endless piece of material
(2) a group of musicians that play popular music
(3) a strip of color or material on something that is different from what is around it
(4) a group of people formed for some common purpose and often with a leader

해설 | listen to ~는 '~를 청취하다, 듣다'의 뜻이며, 이때의 band는 음악을 연주하는 악단임을 알 수 있다. (2) 「그들은 지난밤 공원에서 밴드의 음악을 즐겼다.」

banish [bǽniʃ]

vt. 1 to send away by official order from one's own country as a punishment 추방하다, 유형에 처하다: He was *banished* by the government for political reasons. 그는 정치적 이유 때문에 추방당했다.

2 to drive away, or to force to leave 강제적으로 쫓아내다: Those who are noisy should be *banished* from the library. 떠드는 사람들은 도서관에서 퇴실되어야 한다.

3 to forget or to get rid of bad feelings, ideas, and fears (나쁜 감정, 생각, 두려움 등을) 잊어버리거나 떨쳐 버리다: You can *banish* the sad feelings from your mind. 그 슬픈 감정을 마음속에서 지워 버려.

| 실전문제 |

다음 밑줄 친 Banish와 뜻이 가장 가까운 단어를 고르시오.

Learning a foreign language is difficult. Banish the fantasy that one day you will converse fluently with a foreigner.

(1) disappear   (2) discern
(3) discourage   (4) dismiss

해설 | banish는 '추방하다' 라는 뜻인데, '어떠한 생각을 떨쳐 버리다' 의 뜻도 있으며, 이런 의미를 가진 단어는 (4)의 dismiss로서 '생각 등을 잊어버리다, 버리다, 멀리하다' 등의 뜻을 가지고 있다. (1)은 '사라지다', (2)는 '구별[식별]하다', (3)은 '실망시키다, 용기를 잃게 하다' 의 뜻이다. (4) 「외국어를 배우기란 어렵다. 외국인과 어느 날 유창하게 대화할 수 있을 것이라는 환상을 버려라.」

· 파생어 ·
banishment 추방, 유형
banisher 쫓아내는 사람

· 관련표현 ·
banish **anxiety** 근심을 잊다
banish **fear** 두려움을 떨쳐 버리다
go into *banishment* 추방당하다

syn. exile, expel, depart, outlaw, drive out, dismiss, get rid of, eradicate
ant. invite, accept, receive, welcome, foster, cherish

bank [bæŋk]

n. 1 land along the side of a river 제방, 둑: There's a beautiful church along the *bank* of a river. 그 강둑을 따라 아름다운 교회가 있다.

2 an organization that provides various financial services, for example keeping or lending money 돈을 예금하거나 고객들에게 돈을 대출해 주는 곳; 은행: All the *banks* across the country have raised their interest rates. 전국적으로 모든 은행이 이자율을 올렸다.

3 a raised area of ground that slopes at the sides 경사지: I sat on a grassy *bank* at the edge of the field watching the soccer game. 나는 운동장 가장자리의 풀이 무성한 경사지에 앉아서 축구 경기를 보았다.

vi. 1 to put money in a bank 은행과 거래하다: Who do you *bank* with? 누구와 은행 거래를 합니까?

2 to rely on 믿다, 의지하다: We're *banking* on him to help me with the arrangement of the meeting. 우리는 회의 준비를 하는 데 그가 도와줄 것이라고 믿고 있다.

· 파생어 ·
banker 은행가, 은행업자
banking 은행업; 둑 쌓기
bankrupt 파산자; a. 파산한
bankruptcy 파산(=insolvency)

· 관련표현 ·
bank **account** 은행 예금 계좌
bank **balance** 은행 예금 잔고
bank **teller** 은행 출납 담당원
bank **statement** 은행 예금 내역서
go *bankrupt* 파산하다
(=go insolvent, go into insolvency, go into bankruptcy)

vt. **to surround with a bank** 둑을 쌓다, 둑으로 빙 둘러싸다: They *banked* up a house. 그들은 집을 둑으로 빙 둘러쌌다.

syn. depository, embankment, deposit, reserve

|실전문제|

다음에 주어진 뜻풀이 가운데서 밑줄 친 <u>banks</u>의 의미로 가장 적절한 것은?

The river is in flood overflowing its <u>banks</u>.

(1) an organization that provides various financial services, for example keeping or lending money
(2) a raised area of ground that slopes at the sides
(3) land along the side of a river
(4) the business done by a bank

해설 | 강(river)이나 홍수(flood) 등의 단어들로 보아 bank는 '둑, 제방'임을 쉽게 알 수 있다. (4)는 은행 업무(banking)에 대한 정의이다. (3) 「강에 홍수가 나서 둑을 흘러넘치고 있다.」

☐ **bankruptcy** [bǽŋkrʌptsi]

n. **1 the state of being bankrupt** 파산, 도산: Pan Am is the 2nd airline in two months to file for *bankruptcy*. Pan Am 항공사는 2달 후에 파산 신고를 할 두 번째 항공사이다.

2 an instance of an organization or person going bankrupt 파산한 회사, 파산자: The number of corporate *bankruptcies* has risen greatly in October. 10월에 파산 기업의 수가 크게 증가했다.

·파생어·

bankrupt 파산한; *n.* 파산자, 지급불능자

·관련표현·

go into *bankruptcy*
파산하다(=go bankrupt, go insolvent)

morally *bankrupt*
도덕적으로 파탄하여

bankrupt law 파산법

bankrupt of new ideas
새로운 아이디어가 없는

a sharp increase in bankruptcies 파산 기업의 증가

syn. ruin, failing, insolvency, debts
ant. solvent, sound, prosperous

|실전문제|

밑줄 친 <u>bankruptcy</u>의 뜻에 가장 가까운 것을 고르시오.

Louis XIV gave the exclusive right to sell coffee to one supplier, which unfortunately raised the price of coffee so much that consumption declined and the merchant faced <u>bankruptcy</u>.

(1) imprisonment   (2) legal responsibility
(3) profit   (4) financial failure

해설 | bankruptcy는 기업이 재정적으로 파산, 도산하는 것을 말하므로, 정답은 (4)이며, (1)은 '투옥', (2)는 '법적 책임', (3)은 '이윤, 이익'을 뜻한다. make[gain] a profit은 '이익을 얻다, 이윤을 내다'의 뜻이다. (4) 「루이 14세가 커피 판매의 독점권을 한 명의 공급자에게 주었으나, 이것은 불행하게도 커피 가격을 인상시켜 소비 감소를 초래함으로 그 상인은 파산에 직면하였다.」

☐ **bar** [bɑːr]

n. **1 a piece of a long solid and straight material** 막대기, 방망이: The crowd threw stones, fire bombs, and iron *bars* in an

·파생어·

barring ~을 제외하고(=bar, except (for), excepting)

anti-American demonstration. 반미 데모에서 군중들은 돌, 화염병, 그리고 쇠막대기를 던졌다.

2 a thing that prevents someone from doing something; a block or setback 장애: His poor English or computer illiteracy is a *bar* to his getting a decent job. 서툰 영어 혹은 컴맹 상태는 그가 괜찮은 직업을 갖는 데 장애가 된다.

3 a place where you can buy and drink alcoholic drinks 술집: Do you happen to know what time the *bar* closes? 그 술집이 몇 시에 문을 닫는지 혹시 아니?

4 a place where a particular kind of food or drink is served 특정한 음식이나 음료가 제공되는 곳: There is a snack *bar* in front of the station. 역 앞에는 스낵바가 하나 있다.

5 legal profession or body of lawyer 법조계, 변호사단: After finishing law school, he was admitted to the *bar*. 법대를 마친 후, 그는 변호사가 되었다. / He practiced at the *bar* two years ago. 그는 2년 전에 변호사 개업을 했다.(=He practiced law two years ago.)

vt. **1 to close firmly with a bar** (빗장을 질러) 잠그다: She closed the windows and *barred* the door. 그녀는 창문을 닫고 문을 잠갔다.

2 to prevent from entering; exclude 입장을 금하다: After the tragic head-on collision, the whole area was *barred* to the public. 비극적인 정면충돌 후, 전 지역에 일반인들의 출입이 금지되었다.

prep. **except for** ~을 제외하고(=barring): Every member of the party was at the convention *bar* Robert Kennedy. 로버트 케네디를 제외하고 모든 당원들이 총회에 참석했다.

· 관련표현 ·

bar girl 호스티스
bar iron 철봉
a *bar* of soap 비누 한 개
a *bar* of chocolate 초콜릿 한 개
behind *bar* 감옥에 갇혀 있는
singles *bar*
독신 남녀용 배(=dating *bar*)
coffee *bar* 다방 겸 경양식점

syn. pole, shaft, court, saloon, ban, prohibit
ant. encourage, allow

| 실전문제 |

1. 다음에 주어진 뜻풀이 가운데서 밑줄 친 bars의 의미로 가장 적절한 것은?

One of the fundamental bars to learning English is the lack of confidence.

(1) a place where you can buy and drink alcoholic drinks
(2) a place where a particular kind of food or drink is served
(3) a piece of a long solid and straight material
(4) a block or setback

해설 | 영어 학습과 자신감 부족이라는 말로 보아 영어 학습의 '장애 또는 방해물'을 말하고 있다. (4) 「영어 학습의 근본적인 장애 중 하나는 자신감 부족이다.」

2. 다음 문장에서 밑줄 친 bar와 뜻이 가장 비슷한 단어를 보기에서 고르시오.

Lack of mineral resources was a bar to the economic development of the country.

(1) great help   (2) obstacle
(3) improvement   (4) increase

75

해설 | bar는 '변호사, 감옥, 장애, 막대기' 등의 다양한 뜻이 있는데, 이 네 개의 보기 중에 (2)의 '장애(물)'이 문맥에 맞는 정답이다. 동의어는 barrier가 있다. (3)은 '개선, 발전'의 뜻을 나타내며, (4)는 '증가(하다)'의 의미이다. (2)「광물 자원의 부족은 그 나라의 경제 발전에 있어서 장애였다.」

bargain [báːrgən]

n. 1 something for sale or bought at a low price 싸게 산 물건, 할인: This jacket is a real *bargain* and bought a 80 percent off the regular price. 이 재킷은 정말 싸게 주고 샀는데 정가에서 80% 할인된 가격에 구입했어. / The *bargain* sale at the department store around the corner will expire this Saturday. 가까운 거리에 있는 백화점의 염가 판매는 이번 토요일에 끝날 것이다.

2 a formal business agreement 매매 계약, 거래, 합의: The management and the union leaders have struck a *bargain* over a 15% pay hike. 경영진과 노조 간부들은 15%의 봉급 인상에 합의했다.

vi. to talk about the conditions of a sale or a contract 흥정하다, 계약을 하다: The shopkeeper refused to *bargain* over the price. 그 상점 주인은 가격에 대해 흥정하기를 거부했다.

· 파생어 ·

bargain-hunter
싼 물건만 찾아다니는 사람
bargainer 파는 사람(=bargainor)

· 관련표현 ·

drive a *bargain*
유리한 조건으로 거래하다
into the *bargain* 게다가, 덤으로
no *bargain*
(혼히에 달하고도) 별로 매력이 없는 사람
strike[conclude] a *bargain*
계약을 맺다
buy at a *bargain* 물건을 싸게 사다
bargaining chip 협상의 최후 수단
bargaining power 협상 능력

syn. contract, discount, deal, negotiate, transact, barter

|실전문제|

1. 다음에 주어진 뜻풀이 가운데서 밑줄 친 bargain의 의미로 가장 적절한 것은?

You have to admit that I'm offering you a <u>bargain</u>.

(1) something for sale or bought at a low price
(2) to talk about the conditions of a sale or a contract
(3) at a cheap price
(4) a formal business agreement

해설 | '제공하다'는 offer가 있으므로 물건을 싸게 주는 것임을 쉽게 알 수 있다. (1) 「제가 싸게 드린다는 것을 인정하셔야 합니다.」

2. 밑줄 친 bargain for와 뜻이 가장 비슷한 표현을 고르시오.

You will begin to <u>bargain for</u> a reward, to seek applause, and to feel a grievance if you are not appreciated.

(1) throw out as worthless for   (2) destroy for ever
(3) negotiate for   (4) change for the better

해설 | bargain for ~는 '~을 위해서 협상하다'의 의미이며, 이에 해당되는 것은 (3)이다. (1)은 '가치 없는 것으로 간주해 던져 버리다', (2)는 '영구히 파괴하다' 그리고 (4)는 '병, 날씨 등이 호전[진보]되다'의 뜻이다. change for the worse는 반대의 뜻으로 '(병, 날씨가) 악화되다, 더욱 나빠지다'의 뜻이다. (3)「만약 당신이 높이 평가받지 못한다면, 당신은 보상을 위해 협상하거나 칭찬을 요구하거나 불만을 느끼기 시작할 것이다.」

barrel [bǽrəl]

n. **1 a round wooden container with carved sides and a flat top and bottom** (가운데가 불룩한) 통: They bought a *barrel* of apples. 그들은 한 통의 사과를 구입했다. / The wine is left to mature in oak barrels. 포도주는 숙성되도록 참나무통에 넣어 둔다.

2 the amount of oil that a barrel contains as a unit of oil production (석유) 배럴: The price of crude oil has gone up 10 dollars a *barrel*. 석유 가격이 1배럴당 10달러까지 올랐다.

3 a long tube-shaped part of a gun 총열, 포신: The riffle *barrel* was still hot. 그 소총의 포신은 여전히 뜨거웠다.

4 a large quantity 다량: The land developer has a *barrel* of money. 그 토지 개발업자는 상당히 많은 돈을 가지고 있다.

|실전문제|

다음에 주어진 뜻풀이 가운데서 밑줄 친 barrel의 의미로 가장 적절한 것은?

She pushed the barrel of the gun into the bad man's open mouth.

(1) a large quantity
(2) the amount of oil that a barrel contains as a unit of oil production
(3) a round wooden container with carved sides and a flat top and bottom
(4) a long tube-shaped part of a gun

해설 | gun(총)이 있으므로, 이것이 총의 포신임을 알 수 있다. (4) 「그녀는 총의 포신을 그 악당의 벌어진 입에 밀어 넣었다.」

·관련표현·
barreled 통에 든, 통 모양의
barrelful 한 통의 양; 다수, 다량
a *barrel* of beer 맥주 한 통
have a *barrel* of fun 상당히 즐거운 시간을 가지다
over a *barrel* 궁지에 몰려, 꼼짝달싹 못하고
in the *barrel* 해고되어, 빈털터리의

syn. keg, tub, tube

barren [bǽrən]

a. **1 having no ability of producing children or young animals** (여자나 암컷이) 애를 못 낳는, 불임의: The farmer was cheated when he bought a *barren* cow. 그 농부는 속아서 새끼를 낳지 못하는 암소를 샀다.

2 (of land, trees, plants) producing no fruit or seed (땅이) 불모의, (식물이나 나무가) 열매를 못 맺는: No one could raise crops on this *barren* land. 이 척박한 땅에서는 아무도 농작물을 재배할 수 없다.

3 useless, fruitless or unrewarding 효과 없는, 무익한, 소용없는: It's a *barren* topic, not worth discussion. 그 주제는 토론할 가치가 없는 무익한 주제이다.

4 (of a place, or room) having almost no furniture or other objects in (방에) 가구나 다른 물건이 거의 없는: The room was austere, nearly *barren* of furniture or decoration. 그 방은 꾸미지 않았으며, 가구나 장식이 거의 없다.

·파생어·
barrenly 척박하게, 무익하게, 빈약하게
barrenness 불모, 척박함; 불임

·관련표현·
a *barren* woman 불임 여성
a *barren* discussion 헛된[무익한] 토론
barren wasteland 척박한 황무지
barren soil 척박한[불모의] 땅

syn. infertile, unproductive, unfruitful, useless
ant. fertile, productive, prolific, useful, worthwhile, fruitful

|실전문제|

1. 다음에 주어진 뜻풀이 가운데서 밑줄 친 barren의 의미로 가장 적절한 것은?

   This is a picture of the Tibetan landscape of high barren mountains.

   (1) (of land, trees, plants) producing no fruit or seed
   (2) (of a place, or room) having almost no furniture or other objects in
   (3) having no ability of producing children or young animals
   (4) useless, fruitless, or unrewarding

   해설 | land(땅), soil(토양), wasteland(황무지), mountain(산) 등을 barren이 수식할 때, 이 뜻은 '황량한, 척박한, 나무가 없는' 등의 의미이다. (1)「이것은 티베트의 나무가 없는 황량한 높은 산의 사진이다.」

2. 다음 빈칸에 들어갈 알맞은 단어를 고르시오.

   The desert is not as _____ as you would expect, but rather filled with wild flowers and cactus plants.

   (1) abrupt   (2) costly
   (3) barren   (4) fertile

   해설 | but은 등위접속사의 하나로 앞과 뒤의 내용이 반대가 되는 역접 관계일 때 사용하는데, but 뒤의 내용이 '꽃들과 선인장으로 가득 차 있다'는 내용이므로, 앞에는 '기대만큼 그리 불모지가 아니다'는 내용이 와야 한다. (1)은 '돌연한, 갑작스런', (2)는 '값비싼(=expensive), 고가의', (4)는 '비옥한, 다산의(아기를 많이 낳는)'의 뜻이다. (3)「사막은 우리가 생각하는 만큼 불모지가 아니고, 오히려 야생화와 선인장으로 덮여 있다.」

batter [bǽtər]

vt. 1 to damage or break by continual hard use of beating (난폭하게 사용하여) 상하게 하거나 파손시키다: The ship was battered against the rocks. 그 배는 바윗돌에 부딪쳐서 파손되었다. / The old hat was battered beyond recognition. 그 오래된 모자는 알아볼 수 없을 정도로 훼손되었다.

2 to beat hard and repeatedly 연타하다, 난타하다: The hunter battered the ferocious beast about the head. 그 사냥꾼은 맹수의 머리를 연속으로 난타했다.

3 to bomb or bombard targets into pieces 폭격하다: Enemy fire battered the walls of fort. 적의 포화에 성벽이 폭격 당했다. / We battered down the castle with cannon. 우리는 대포로 그 성을 폭격했다.

4 to abuse or criticize harshly 학대하다, 혹평하다: The movie critics battered the movie released last weekend. 영화 비평가들은 지난주에 개봉된 영화를 혹평했다.

·파생어·

battered 구타당한, 폭격된
battery 포병; 구타, 폭행

·관련표현·

battered wife 상습 구타를 당하는 아내
baby **battering** 소아 학대[구타]
battering ram 공성 망치(성벽 파괴용 옛 무기)
restore one's **battered** pride 손상된 자존심을 회복하다

syn. beat, smash, pound, shatter, bombard, beat up

|실전문제|

다음에 주어진 뜻풀이 가운데서 밑줄 친 <u>battered</u>의 의미로 가장 적절한 것은?

The man <u>battered</u> at the door with his fists.

(1) to bomb or bombard targets into pieces
(2) to damage or beak by continual hard use of beating
(3) to beat hard and repeatedly
(4) to abuse or criticize harshly

해설 | 문맥으로 보면 주먹으로 문을 두드리는데, 계속 두드리는 것을 말한다고 볼 수 있다. (3) 「그 남자는 주먹으로 그 문을 계속 두드렸다.」

be to

*be to 용법은 부정사의 형용사적 용법에 속하며 다음의 5가지가 있다.

1 예정(=be going to, will): They *are to* get married next week. 그들은 다음 주 결혼할 예정이다.

2 의무(=must): Children *are to* obey their parents. 어린아이들은 부모님들의 말에 순종[복종]해야 한다.

3 의도(=would): If you *are to* succeed, you must work hard. 만약 성공하려고 한다면, 열심히 일해야 한다.

4 가능(=can, be able to): Not a star *was to* be seen in the sky. 하늘에서는 별을 전혀 볼 수 없었다.

5 운명(=be destined to): They *are* not *to* meet again for the time being. 그들은 당분간은 만나지 못할 운명이었다.

|실전문제|

다음 밑줄 친 <u>are to</u>와 용법이 같은 문장을 고르시오.

I am not saying that only eucalyptus trees <u>are to</u> be blamed, but planting only one sort of plant for commercial purposes does not abide by the rules of the nature.

(1) The worst <u>is</u> still <u>to</u> come.
(2) The watch <u>was</u> not <u>to</u> be found anywhere.
(3) If <u>were to</u> rain, I wouldn't go.
(4) You <u>are to</u> return this book next week.
(5) The whisky <u>is to</u> put you to sleep.

해설 | 부정사의 be to 용법은 형용사적 용법에 속하며, 예정, 목적, 의도, 의무, 가능, 운명 등의 용법이 있다. 본 지문의 be to는 문맥상 '비난받아야 한다'의 뜻이므로 '의무'에 해당되며 must로 대신 표현할 수 있다. (1)은 '예정'(=be going to ~), (2)는 '가능'(=could), (3)은 가정법 과거에서 수와 인칭을 막론하고 if절의 동사는 반드시 were를 사용하며, (4)는 '의무'(=must, should), 그리고 (5)는 '목적'을 나타낸다. 그 밖에 be to가 '의도'를 나타낼 때는 would나 intend to로, '운명'을 나타낼 때는 be destined to ~로 대신 표현할 수 있다. (4) 「나는 유칼립투스 나무가 문제가 된다고 말하는 것이 아니라, 상업적인 목적으로 한 종류의 식물만 심는 것이 자연의 섭리에 어긋난다고 말하는 것이다.」

bear [bɛər]

n. 1 a large carnivorous animal with thick rough fir 곰: We were camping near the national park, when we were attacked by a grizzly *bear*. 우리가 국립공원 근처에서 캠핑을 하고 있을 때 회색곰의 공격을 받았다.

2 a person who sells stocks or goods in expectation of a drop in prices (가격 하락을 예상하여) 주식이나 상품을 파는 사람, 파는 쪽: *Bears* are generally pessimistic about the state of a given market. 매도자들은 주어진 시장 상황에 대해 보통 비관적인 편이다.

vt. 1 to support a weight or load (무게나 짐을) 지탱하다: These columns *bear* the weight of the roof. 이 기둥들은 지붕의 무게를 지탱하고 있다.

2 to give birth to (아이를) 낳다: She did *bear* one son and two daughters. 그녀는 아들 하나와 딸 둘을 낳았다.

3 to transport or carry 나르다, 운반하다: He's *bearing* a heavy load. 그는 무거운 짐을 나르고 있다.

4 to stand or tolerate 참다: He *bore* the pain with great courage. 그는 크게 용기를 갖고 그 고통을 참았다.

5 to produce a crop or fruit (농작물이나 과일을) 생산하다: The tree will *bear* a plenty of pears next year. 그 나무에는 내년에 많은 배가 열릴 것이다.

6 to take a responsibility for 책임을 지다, 부담을 떠안다: If a woman makes decision to have a child alone, she should *bear* that responsibility alone. 만약 여성이 아이를 홀로 키우겠다는 결심을 하면, 혼자 그 책임을 져야 할 것이다.

vi. to pressure or to make an influence on ~을 압박하거나 영향을 주다: To get this door open, you have to *bear* hard against it. 이 문을 열기 위해서는 세게 눌러야 합니다.

· 파생어 ·
bearable 견딜 수 있는, 참을 수 있는
bearing 태도; 관련

· 관련표현 ·
bear market 주식의 약세 시장
opp. **bull market** 주식의 강세 시장
teddy bear 곰 인형
bear hug 난폭하고 강한 포옹
polar bear 북극곰
newborn 신생아
born-again 다시 태어난, 거듭난

syn. carry, support, maintain, give birth to
ant. abort, succumb

|실전문제|

다음에 주어진 뜻풀이 가운데서 밑줄 친 <u>bear</u>의 의미로 가장 적절한 것은?

His grief from the death of his wife was a heavy load to <u>bear</u>.

(1) to give birth to (2) to produce a crop or fruit
(3) to transport or carry (4) to stand or tolerate

해설 | 슬픔(grief), 혹은 죽음(death)의 이야기가 나오므로 문맥상 '견디다, 참다'의 뜻임을 알 수 있다. (4) 「아내의 죽음으로 인한 그의 슬픔은 참기 힘든 무거운 짐이었다.」

behalf [biháef]

n. **1 instead of** ~을 대신해: On *behalf* of our president, I'd like to thank our special guest for his moving speech. 우리 회장님을 대신해서 제가 그의 감동적인 연설에 특별히 감사를 드리고자 합니다.

2 for the good of or because of ~를 위해: She spoke in our *behalf*. 그녀는 우리를 위해 변호했다.

|실전문제|

다음 밑줄 친 on behalf of의 뜻을 가장 잘 나타낸 것을 보기에서 고르시오.

He made a speech on behalf of the whole class.

(1) breaking into halves (2) in favor of
(3) in front of (4) representing

해설 | on behalf of ~는 '~를 대표해서'라는 뜻인데, (4)의 representing이 '대표하는'의 뜻을 가지고 있다. (1)은 '반으로 나누어서', (2)는 '~에게 유리하게', 그리고 (3)은 '~앞에(=before)'의 뜻이다. (4)「그는 반 전체를 대표해서 연설을 했다.」

· 관련표현 ·

in this *behalf* 이것에 대하여, 이 일에 대하여

on one's son's *behalf* 아들을 대신하여, 아들을 위하여

on the *behalf* of colleagues 동료들을 대신해서

syn. **representative**

belly [béli]

n. **1 the part of the body between the chest and the legs; stomach** 배, 복부: Eating green apples gave the boy a pain in his *belly*. 풋사과를 먹어서 그 소년은 복통이 생겼다.

2 liking, desire, or appetite 바람; 식욕: He has no *belly* for adventure. 그는 모험을 좋아하지 않는다.

3 the round or curved part of an object 사물의 둥그런 부분: The luggage is in the *belly* of the plane. 짐은 비행기 동체에 있다.

4 go belly up: to go into bankruptcy or not to have enough money to pay its debts 도산하다, 파산하다: He really couldn't see his company go *belly* up. 그는 그의 회사가 도산하는 것을 볼 수 없었다.

|실전문제|

다음에 주어진 뜻풀이 가운데서 밑줄 친 belly의 의미로 가장 적절한 것은?

The patient should have his health checked on an empty belly.

(1) the round or curved part of an object
(2) to go into bankruptcy or not to have enough money to pay its debts
(3) liking, desire or appetite
(4) the part of the body between the chest and the legs; stomach

해설 | on an empty belly[stomach]는 '공복으로'라는 숙어적 표현이며, 또한 병원의 건강 검진 이야기이기도 하기 때문에 그리 어렵지 않게 의미를 짐작할 수 있다. (4)「그 환자는 공복 상태로 건강 검진을 받아야 했다.」

· 파생어 ·

bellyful 한 배 가득, 충분함
bellied 배가 나온

· 관련표현 ·

lie on one's *belly* 배를 깔고 엎드려 있다

an empty *belly* 공복(=an empty stomach)

***belly* button** 배꼽

bellyache 복통(=stomachache)

***belly* worm** 회충

have had a *bellyful* of ~ (충고나 불평 등을) 진저리나도록 듣다

a *bellyful* of advice 충분한 충고

pot-*bellied* 똥배가 나온

syn. **stomach, abdomen, tammy, liking, appetite, interior**

bend [bend]

vt. 1 to force into a curve or sloping position, not a straight or upright position 구부리다: Be careful or you'll *bend* that spoon. 조심해, 그렇지 않으면 그 숟가락이 구부러질 거야.

2 to direct one's efforts, energy or mind to, or apply oneself to (~에 노력, 정력, 마음을) 기울이다: He *bent* his mind to her new work. 그는 새로운 일에 온 마음을 쏟았다.

vi. 1 to become curved and no longer flat or straight 구부러지다, 휘다: This wire *bends* easily. 이 철사는 쉽게 구부러진다. / The mountain roads *bends* treacherously. 그 산길은 위험하게 구부러져 있다.

2 to kneel down; surrender 무릎을 꿇다, 굴복하다: He tried not to *bend* to his fate. 그는 자신의 운명에 굴복하지 않으려고 노력했다.

| 실전문제 |

다음에 주어진 뜻풀이 가운데서 밑줄 친 <u>bent</u>의 의미로 가장 적절한 것은?

The welder <u>bent</u> himself to his work with determination.

(1) to kneel down; surrender
(2) to become curved and no longer flat or straight
(3) to direct one's efforts, energy, or mind to, or apply oneself to
(4) to force into a curve or sloping position, not a straight or upright position

해설 | bend oneself to ~는 apply oneself to ~ 혹은 devote oneself to ~와 마찬가지로 '~에 전념하다, 노력을 기울이다'의 뜻이다. (3) 「그 용접공은 열심히 그의 일에 전념했다.」

· 파생어 ·
bended 구부러진, 굽은
bender 구부리는 기구(펜치); 술잔치
bendy 마음대로 구부릴 수 있는, 유연한; 길이 꼬불꼬불한
bendable 굽힐 수 있는

· 관련표현 ·
bend one's head 인사하다
bend one's will 자기 뜻(의지)을 굽히다
bend to fate 운명에 굴복하다
be **bent** with age 나이를 먹어 허리가 굽어 있다
bend forward 앞으로 굽히다
bend[lean] over backward 뒤로 몸을 굽히다
on **bended** knees 무릎을 꿇고
go on a **bender** 술 마시며 떠들다

syn. twist, curve, yield, succumb, attend to
ant. straighten, stiffen

benefit [bénəfit]

n. 1 the advantage gained from something 이익, 이득, 도움: The new factory will be a great *benefit* to the local residents. 그 새로운 공장은 지역 주민들에게 큰 이익이 될 것이다.

2 an event that is held to raise money for a particular person or charity 자선 공연: They are planning a *benefit* concert to raise money for the homeless. 그들은 노숙자들을 위한 기금을 마련하고자 자선 공연을 계획하고 있다.

3 extra money or other advantages that you get as part of your job or from insurance that you have 연금, 급부금: Are you eligible for unemployment *benefits*? 당신은 실업 연금[수당]을 받을 자격이 있습니까?

vt. to be helpful or useful to 도움이 되거나 이익이 되다: The semi-conductor factory will *benefit* the entire community. 반도체 공장은 그 지역 전체에 도움이 될 것이다.

· 파생어 ·
beneficial 유익한, 수익의
beneficiary (연금, 보험금의) 수익자, 수령인
beneficient 자선심이 많은, 인정 많은
benevolent 자비심이 많은, 친절한

· 관련표현 ·
for the *benefit* of ~ ~을 위해서 (=for one's *benefit*)
benefit of the doubt 증거가 불충분할 때 피고에게 유리하도록 해석해 주는 것
e.g. give a person the *benefit* of the doubt ~의 의심스러운 점을 선의로 해석해 주다
a fringe *benefit* 부가 수당

vi. **to receive or gain advantage from something** 이익을 얻다:
The big conglomerate is likely to *benefit* greatly from the fall in interest rates. 그 거대 복합기업은 이자율 감소로 큰 이익을 볼 것 같다.

a mutual *benefit* 상호 이익
have a *beneficial* **effect on ~**
~에 유리한 결과를 가져오다
syn. **advantage, profit, assist, promote**
ant. **disadvantage, harm**

|실전문제|

1. 다음에 주어진 뜻풀이 가운데서 밑줄 친 benefit의 의미로 가장 적절한 것은?

   The proceeds from the <u>benefit</u> will go directly to the refugee camps.

   (1) the advantage gained from something
   (2) extra money or other advantages that you get as part of your job or from insurance that you have
   (3) an event that is held to raise money for a particular person or charity
   (4) something contributed, for example, money or an article for a magazine

   해설 | proceeds는 '수익금'을, refugee camps는 '난민 수용소'를 뜻한다. (4)는 '기부금, 기고'라는 뜻인 contribution의 정의이다. (3)「자선 공연으로 얻은 수익금은 직접 이재민 수용소로 갈 것이다.」

2. 다음 글의 빈칸에 들어갈 적절한 단어를 고르시오.

   Most people _____ from living in a foreign country. Learning a new language can experiencing a different way of life are two of the good results of living abroad.

   (1) encourage   (2) come
   (3) benefit   (4) escape

   해설 | 두 번째 문장을 보면, 외국 땅에 살아서 얻을 수 있는 두 가지 이점을 설명하고 있으므로, 이에 관계된 단어가 따라와야 하는데, (3)의 benefit은 타동사로 '~에게 이익을 주다' 그리고 자동사로 쓰일 때는 benefit from ~의 형태로 '~로부터의 이점[이익]을 얻다'의 뜻이므로 정답이 된다. (1)은 타동사로 뒤에 '명사' 형태의 목적어가 바로 오며 '기운을 북돋우다, 장려하다' 등의 뜻이며, (4)는 '도망가다, 탈출하다'의 뜻으로, 자동사 또는 타동사 양쪽으로 다 사용되며, 자동사로 사용될 때는 escape from[out of] ~의 형태로 '~이 되어, ~에서 달아나다[탈출하다]'의 뜻으로 사용된다. (3)「대부분 사람들은 타국 생활에서 이점을 얻고 있다. 새로운 언어의 습득과 다른 양식의 경험은 외국 생활이 가져오는 좋은 결과들 가운데 두 가지이다.」

☐ **bet**[bet]

n. **1 an agreement to risk money on the result of a race or an event** 내기: Do you always have a *bet* on the outcome of the World Cup soccer games? 당신은 항상 월드컵 축구 경기의 결과에 대해 내기를 겁니까?

2 an action or situation that is likely to be successful 잘될 것 같은 방법이나 확신, 가능성: It's a safe *bet* that she'll turn out for the meeting. 그녀가 회의에 나올 것이 확실하다.

3 an opinion 의견: My *bet* is that our economy is picking up in the near future. 내 의견으로는 가까운 장래에 우리 경제가 회복될 것 같다.

· 파생어 ·
betting 내기

· 관련표현 ·
win a *bet* 내기에 이기다
lose a *bet* 내기에 지다
make[take] a *bet* 내기를 하다
accept a *bet* 내기에 응하다
a good *bet* 유망한 사람[후보자]
You *bet!* 물론이지, 틀림없이!

vt. **1 to risk money on the result of a race or an event** 내기하다: I *bet* 50 dollars on the race car. 나는 그 경주용 차에 50달러를 걸었다.

2 to predict a certain outcome 확신하다, 예측하다: I'll *bet* that our company will survive the competition. 우리 회사는 경쟁에 살아남을 것이라고 확신한다.

vi. **to make or place a bet** 내기를 걸다: I'll *bet* on the horse. 저 말에 내기를 걸겠어.

syn. gamble, venture, stake
ant. hazard

|실전문제|

다음에 주어진 뜻풀이 가운데서 밑줄 친 betting의 의미로 가장 적절한 것은?

They are betting on the outcome of the game.

(1) to predict a certain outcome
(2) to take money out of an account
(3) to risk money on the result of a race or an event
(4) to pay a some of money into a bank account or savings account

해설 | 게임의 결과라는 말로 보아 내기 거는 것임을 알 수 있다. (2)는 withdraw(돈을 인출하다), (4)는 deposit(돈을 예금하다)의 정의이다. (3) 「그들은 그 게임의 결과에 내기를 걸고 있다.」

□ **betray** [bitréi]

vt. **1 to be unfaithful or disloyal to** 배반하다, 배신하다: He *betrayed* his friends and country. 그는 그의 친구들과 나라를 배신했다.

2 to reveal or make known to 누설하다, 밀고하다: She *betrayed* the plans to enemy agents. 그녀는 첩자들에게 그 계획을 누설했다.

3 to show the real feelings or intentions to others (감정, 의도, 무지 등을) 드러내다, 나타내다: Her face *betrayed* how nervous she was. 그녀의 얼굴은 그녀가 얼마나 초조해하는지를 보여 주었다. / Her tearful eyes *betrayed* her sadness. 그녀의 눈물 어린 두 눈은 그녀의 슬픔을 말해 주었다.

4 to break or go back on one's trust, expectations, and hope (신뢰, 기대, 희망, 약속 등을) 저버리다, 어기다: You shouldn't *betray* the trust with your parents. 부모님과의 신뢰를 저버려서는 안 된다.

· 파생어 ·
betrayal 배반, 밀고, 내통
betrayer 배반자

· 관련표현 ·
betray a secret to a person
~에게 비밀을 누설하다
betray one's ignorance
무지를 드러내다[나타내다]
betray a confidence
자신감을 저버리다

syn. be disloyal, deceive, reveal, show, expose
ant. hide, conceal, cover, be loyal, be faithful

|실전문제|

다음에 주어진 뜻풀이 가운데서 밑줄 친 betrayed의 의미로 가장 적절한 것은?

To our disappointment, he betrayed our trust.

(1) to show the real feelings or intentions to others
(2) to reveal or make known to
(3) to break or go back on one's trust, expectations, and hope
(4) to be unfaithful or disloyal to

해설 | betray의 목적어로 '신뢰, 믿음, 약속, 기대' 등이 나올 때 이 betray의 의미는 '저버리다'의 뜻이다. (3) 「실망스럽게도 그는 우리의 신뢰를 저버렸다.」

better [bétər]

a. **1** more useful, suitable, or desirable 더 좋은, 더 나은: A down-filled jacket is *better* than a wool one for really cold weather. 아주 추운 날씨에는 아래로 단추를 채우는 재킷이 모직 재킷보다 더 낫다.

2 recovered from an illness or injury 병세에 차도가 있는, 부상에서 회복한: The doctors were saying there wasn't much hope of me getting *better*. 의사들은 나의 병이 회복될 희망은 그다지 많지 않다고 말했다.

vt. **1** to improve social status or the quality of life (사회적 지위, 노동 조건, 삶의 지위 등을) 개선하다: He tried to *better* himself by going to night school. 그는 야간 학교에 다님으로써 자신의 삶을 개선하려고 노력했다.

2 to surpass or exceed 초과하다, 능가하다: The pole vaulter *bettered* the world's record by one point two inches. 그 장대 높이뛰기 선수는 세계 기록보다 1.2인치를 더 뛰었다.

·파생어·
better-off 유복한, 부유한
betterment 개선, 개량(=improvement)

·관련표현·
one's *better* feelings 양심
feel *better*
전보다 기분이[몸 상태가] 낫다
no *better* than ~에 지나지 않은, 매한가지인
not *better* than ~보다 낫지 않은
be *better* off 전보다 살림 형편이 낫다
had *better* + 동사원형
~하는 게 낫다 (충고의 표현)
know *better* 한층 분별이 있다, 철이 들다
for *better* for worse
좋든 싫든 간에(=for better or worse)
a change for the *better* 호전
get the *better* of ~ ~을 극복하다, ~을 이기다

syn. superior, greater, healthier, improving, recovering, improve, exceed
ant. worse, inferior, weaken, depress

|실전문제|
다음 밑줄 친 부분과 뜻이 가장 가까운 것을 고르시오.
They are better off than they were five years ago.

(1) are more proud   (2) feel better
(3) are worse   (4) are richer

해설 | be better off는 '경제적 형편이 나아지다'의 뜻인데, 여기서 답이 될 수 있는 것은 '더욱 부유해지다'는 뜻의 (4)가 정답이다. (1)은 '더더욱 자랑스럽다', (2)는 '기분, 건강 등이 더 좋아지다', 그리고 (3)은 '전보다 건강, 생활 등이 더 나빠지다, 악화되다'의 뜻을 나타낸다. (4) 「그들은 5년 전보다 경제적인 형편이 더 좋아졌다.」

beyond [bijánd]

prep. **1** outside the range or limits of ~이 미치지 않는 곳에, ~의 범위를 넘어서: Glasses or medicines should be kept *beyond* the baby's reach. 유리 제품이나 약은 아이의 손이 미치지 않는 곳에 보관되어야 한다.

2 except for ~이외에, ~를 제외하고: I can't tell you anything *beyond* what you know already. 나는 당신이 이미 알고 있는 것 이외에는 말할 수 없다.

·관련표현·
beyond one's power
힘이 미치지 않는
beyond expectation 의외로
That's *beyond* a joke.
그것은 농담이 아니야.
beyond all things
무엇보다도 먼저(=above all things)

3 later than (시간, 시각, 시기가) ~을 지나서: The party went on until *beyond* midnight. 파티는 자정이 넘어서까지 계속되었다.

4 greater or more than ~보다 이상으로: The rate of unemployment has risen *beyond* 2% since the beginning of this year. 금년 초부터 실업률이 2% 이상 증가했다.

5 to the farther side of ~를 넘어서, ~의 저쪽에: What lies ahead *beyond* the woody forest? 저 울창한 숲 뒤에는 무엇이 있을까?

beyond description
이루 말로 표현할 수 없는

beyond belief 도저히 믿을 수 없는

|실전문제|

1. 다음에 주어진 뜻풀이 가운데서 밑줄 친 <u>beyond</u>의 의미로 가장 적절한 것은?

   Last year's sales figures go <u>beyond</u> all our expectations.

   (1) to the further side of (2) greater or more than
   (3) outside the range or limits of (4) later than

   해설 | 판매 수치는 우리의 기대를 뛰어넘거나 초월하는 것이어서, 이것은 기대 이상이라고 볼 수 있다. (2) 「작년의 판매 수치는 우리의 모든 기대를 뛰어넘었다.」

2. 다음 빈칸에 문법에 맞는 단어나 구를 고르시오.

   The story that the policeman told me was completely _____ belief.

   (1) out of (2) against
   (3) above (4) beyond

   해설 | '믿기 어려운, 도저히 믿을 수 없는' 이라는 뜻의 숙어는 beyond belief이다. 그 이외에도 beyond one's power는 '힘이 미치지 않는', beyond expectation은 '의외로', beyond reason은 '터무니없는', 그리고 beyond a joke는 '농담이 아닌' 등의 뜻을 나타낸다. (1), (2), (3)은 belief와 숙어를 이루지 못한다. 그러나 against a rainy day는 '만일에 대비하여', above all은 '특히, 다른 무엇보다도', 그리고 out of breath는 '숨이 차서', out of work은 '실직하여', out of stock은 '재고가 떨어져서', out of curiosity는 '호기심에서' 의 뜻을 나타낸다. (4) 「경찰관이 나에게 말한 이야기는 아주 믿기 어려운 것이었다.」

☐ **bid** [bid]

vt. 1 to order or tell to do something (~하라고) 명하다, 말하다: She *bid* me enter. 그녀는 나에게 들어오라고 했다.

2 to say (farewell or a greeting) (작별이나 인사를) 고하다: He *bade* farewell to his friend at the airport. 그는 공항에서 친구에게 작별 인사를 했다. / She *bade* me good morning as she passed in the street. 그녀는 길에서 내 옆을 지나칠 때 아침 인사를 했다.

3 to offer to pay a certain price at a sale or an auction 입찰하다, 가격을 매기다: He *bade* 50 dollars for a painting at an auction. 그는 경매에서 그림 값을 50달러로 불렀다.

· 파생어 ·

bidder 입찰[경매]자; 명령자

bidding 입찰(가); 명령

· 관련표현 ·

make a *bid* **for ~** ~에 입찰하다

in a *bid* **to ~** ~하기 위해, ~하기 위한 시도로서

bid **good bye[farewell]**
작별 인사를 하다

at the *bidding* **of ~**
~의 분부[뜻]대로(=at one's *bidding*)

4 to invite 초대하다: There are a lot of guests *bidden* to a formal ball. 무도회에는 많은 손님들이 초대되었다.

n. **1 an offer to pay at an auction or at a sale** 입찰(가): What is the highest *bid* for the musical instrument? 그 악기의 가장 높은 입찰가가 얼마니?

2 an effort or an attempt 노력, 시도: The government reduced the price of a few daily necessities in a *bid* to restore its popularity. 정부는 민심을 회복하기 위해서 몇 가지 생필품 가격을 내렸다.

syn. effort, attempt

|실전문제|

다음에 주어진 뜻풀이 가운데서 밑줄 친 <u>bid</u>의 의미로 가장 적절한 것은?

Both sides failed in their <u>bid</u> to reach a resolution.

(1) an offer to pay at an auction or at a sale
(2) an effort or an attempt
(3) to order or tell someone to do something
(4) to say farewell or a greeting

해설 | 우선 소유격 뒤에 오므로 '명사'가 되어야 한다. in one's bid는 관용적으로 '~의 노력[시도]에 있어서'라는 뜻으로 사용된다. (2) 「양측은 해결책을 찾는 시도에서 실패했다.」

☐ **big** [big]

a. **1 large in physical size** (외형적 규모가) 큰: The car was too *big* to fit into our garage. 그 차는 너무나 커서 우리 차고에 들어갈 수가 없었다.

2 having a lot of influence or authority 영향력이나 권위가 있는: His father was very *big* in the army. 그의 아버지는 군에서 큰 영향력이 있었다.

3 pretentious or boastful 거들먹대는, 허풍의: No one likes his *big* talk. 아무도 그의 허풍을 좋아하지 않는다.

4 generous or gracious 마음이 넓은, 관대한: It takes a *big* man to admit his mistake. 자기의 실수를 인정하려면 마음이 넓어야 한다.

·파생어·
bigly 대규모로; 오만하게
bigness 큰 규모, 치수

·관련표현·
big with child 아이를 밴
a year *big* with events 다사다난한 해
feel *big* 자만심을 갖다
Big Apple New York시의 애칭
Big Board 뉴욕 증권거래소
big buck 큰돈
big bug 거물, 보스
big gun 실력자, 중요 인물
big head 우두머리
big-hearted 관대한, 마음이 넓은
big house (속어) 교도소
big mouth 수다쟁이
big talker 허풍쟁이
big top 서커스의 큰 천막

syn. large, huge, great, monumental, bulky, important, influential, arrogant, generous,

|실전문제|

다음 밑줄 친 부분과 뜻이 가장 가까운 것을 보기에서 고르시오.

A mass of tiny crabs <u>no bigger than ants</u> suddenly emerges from the waves and marches bravely up the beach.

(1) as small as ants
(2) at least smaller than ants
(3) at least bigger than ants
(4) of precisely the same as ants

해설 | no bigger than ants는 '개미보다 크지 않은' 의 뜻으로 해석이 되는데, 뜻은 즉 '개미 크기만 한' 으로 해석이 된다. 그래서 동등 비교 as ~ as가 들어 있는 (1)이 정답이다, (2) '적어도 개미보다 작은', (3) '적어도 개미보다 큰' 그리고 (4) '정확히 개미와 같은' 등은 답이 될 수 없다. (1) 「한 무리의 개미만 한 작은 게들이 갑자기 파도에서 나타나 모래사장을 씩씩하게 행진한다.」

bill [bil]

n. **1 a list of things showing the amount of money that must be paid** 계산서: Let me pick up the *bill*. 내가 요금 낼게. / Could we have the *bill*, please? 계산서 가져다주시겠어요?

2 a written statement or money that you should pay for goods or services 청구서: He couldn't afford to pay the *bills*. 그는 청구서의 대금을 낼 여유가 없었다.

3 a piece of paper money 지폐: Do you have change for a ten-dollar *bill*? 10달러짜리 지폐를 바꿀 거스름돈이 있습니까?

4 a formal statement of a proposed new law 법안: He laid a crime-prevention *bill* before the Congress. 그는 범죄 방지 법안을 국회에 제출했다.

5 the beak of a bird (새의) 부리: What is the bird that has the longest *bill*? 부리가 가장 긴 새는 무엇인가?

vt. **1 to send a bill to** ~에게 청구서[계산서]를 보내다: He *bills* customers bills once a week. 그는 일주일에 한 번씩 고객들에게 청구서를 보낸다.

2 to advertise in printed notices 전단으로 광고하다: The following general election is being *billed* as the most important in a few decades. 차기 총선거는 수십 년 만에 가장 중요한 것으로 광고되고 있다.

| 실전문제 |

다음에 주어진 뜻풀이 가운데서 밑줄 친 bill의 의미로 가장 적절한 것은?

The bill includes tax and service, plus value-added tax.

(1) a written statement or money that you should pay for goods or services
(2) a formal statement of a proposed new law
(3) a piece of paper money
(4) a list of things showing the amount of money that must be paid

해설 | 우선 '명사' 의 뜻이며, 문맥상 '계산서' 의 뜻으로 사용되어 있다. (4) 「그 청구서에는 세금과 봉사료, 그리고 부가가치세도 포함되어 있다.」

benevolent
ant. little, small, tiny, teeny-weeny, insignificant, ordinary, unpretentious, stingy

· 파생어 ·

billed ~한 부리를 가진
biller 청구서 작성자
billing 청구서 작성

· 관련표현 ·

a *bill* of credit 신용장
a *bill* of lading 선하 증권
foot[pick up] the *bill*
요금을 치르다(=pick up the check)
billboard 광고 게시판
a long *billed* bird 긴 부리를 가진 새

syn. legislation, charge, debt
ant. payment

bind [baind]

vt. **1 to tie together with rope** (끈, 줄, 로프 등으로) 묶다: *Bind* this boxes together with a rope. 이 상자들을 로프로 묶으시오.

2 to tie up firmly with bandage or a ribbon (붕대나 리본으로) 꽉 동여매다, 묶다: The nurse *bound up* his wound with bandages. 그 간호사는 그의 상처를 붕대로 동여맸다. / She *bound up* her hair with a ribbon. 그녀는 머리를 붕대로 동여맸다.

3 to fasten a book together and enclose it in a cover (책 등을) 제본하다: The book was *bound* in red leather. 그 책은 붉은 가죽으로 제본되었다.

4 to obligate or to cause to obey by a law, a promise or a duty (법, 약속, 의무 등으로) 구속하다, 묶이게 하다: The contract *binds* the company to pay royalties to the inventor. 그 계약에 따라 그 회사는 발명가에게 로열티를 지불해야 한다.

5 to sew cloth over the edge of a piece of material (옷, 카펫 등에) 가장자리를 두르다[만들다]: The seamstress *bound* the hem of the dress with a ruffle. 그 여자 재봉사는 드레스의 가장자리를 주름 장식으로 만들었다.

| 실전문제 |

다음에 주어진 뜻풀이 가운데서 밑줄 친 bound의 의미로 가장 적절한 것은?

The doctor bound the wound with gauze.

(1) to sew cloth over the edge of a piece of material
(2) to tie up firmly with bandage or a ribbon
(3) to tie together with rope
(4) to obligate or to cause to obey by a law, promise, or a duty

해설 | '상처'가 목적어로 나오므로 '상처를 거즈로 싸매는 것'의 경우에 해당된다.
(2) 「그 의사는 상처를 거즈로 싸맸다.」

· 파생어 ·

binder 제본자; 묶는 것, 바인더(기계)
binding 묶는, 구속하는; *n.* 제본, 묶음

· 관련표현 ·

bind a prisoner with a rope
죄수를 밧줄로 묶다

be bound by a contract
계약에 묶이다

bind up one's hair with ~
~로 머리를 묶다

bind up a wound
상처에 붕대를 감다

be bound to ~ ~를 따르다,
반드시 ~를 해야 한다

be bound with ~
~와 밀접한 관계가 있다

in a bind 난처하게 되어
(=in a dilemma)

have ~ in a bind
누구를 난처하게 하다

syn. fasten, tie up, bandage, oblige, trim, confine
ant. untie, free, uncover, loosen

biography [baiɑ́grəfi]

n. **1 an account of a person's life written by someone else** 전기: By whom was the *biography* written? 그 전기는 누가 썼는가?

2 the branch of literature which deals with accounts of people's lives 전기문학: This is a volume of *biography* and criticism. 이것은 전기와 비평 전집이다.

· 파생어 ·

biographer 전기 작가
biographical 전기의, 전기적인(=biographic)
biographee 전기의 주인공

|실전문제|

다음의 정의에 해당하는 적절한 단어를 고르시오.

a man's life-record written by another person

(1) biology   (2) biography
(3) biochemistry   (4) autobiography

해설 | 다른 사람(another person)에 의해 쓰인 삶의 기록은 전기에 해당되므로 (2)가 정답이다. (1)은 '생물학', (3)은 '생화학', 그리고 (4)는 '자서전'의 뜻이다. 참고로 bio-라는 접두사는 '생명(life)'을 뜻하는 접두사이다. 그 이외에도 biotechnology는 '생물공학[생명공학]'의 뜻이다. (2) 「타인에 의해 기록된 한 사람의 삶의 기록」

· 관련표현 ·

a *biographical* dictionary
인명사전

biographical details
전기적인 상세한 내용

□ bit [bit]

n. **1 a small piece or fragment** 작은 조각, 작은 부분: The road was covered with *bits* of broken glass. 그 도로는 깨진 유리 조각으로 덮여 있었다.

2 any part or piece of something larger 큰 것의 작은 부분: Who would like the last *bit* of cake? 누가 마지막 남은 케이크 조각을 먹겠는가?

3 a slight but not serious amount of 소량, 조금: There's been a *bit* of trouble at the office. 회사에 약간의 문제가 있었다.

4 a short time or while 잠시, 잠깐의 시간: Stay a *bit* longer. 잠시만 더 기다려.

· 관련표현 ·

a little *bit* 약간
bit by *bit* 조금씩, 점차(=by bits)
do one's *bit* 본분을 다하다
quite a *bit* of ~ 꽤, 상당한
not a *bit* 조금도 ~하지 않는
a *bit* much 지나친, 너무한

syn. fragment, particle, small amount, short time
ant. whole, lot, mass, heap, a long time[period]

|실전문제|

다음에 주어진 뜻풀이 가운데서 밑줄 친 bit의 의미로 가장 적절한 것은?

A <u>bit</u> of carrot fell on the floor.

(1) any part of piece of something larger
(2) a slight but not serious amount of
(3) a short time or while
(4) a small piece or fragment

해설 | 문장에서 A bit of는 '몇몇의' 수량을 표현하는 것이기 때문에 (2)가 적절하다. 반면 (1)은 '큰 물체의 특정한 부분'이라는 뜻이며 (3)은 '짧은 기간', (4)는 (1)과 유사한 표현으로 '어떤 물건의 작은 부분'이라는 의미이다. (2) 「몇 개의 당근이 마루에 떨어졌다.」

□ bitter [bítər]

a. **1 having a sharp, biting taste like black coffee** 쓴, 씁쓰레한: Vinegar has a *bitter* taste. 식초는 씁쓰레한 맛이 난다.

2 (of wind or cold) very sharp and biting; harsh (바람이나 추위가) 살을 에는, 모진: The children shouldn't be outdoors in this

· 파생어 ·

bitterly 씁쓸하게
bitterish 씁쓸한 맛을 띤

bitter cold. 어린이들은 이렇게 몹시 추울 땐 밖에 나가선 안 된다.

3 causing pain or grief (고통이나 슬픔이) 견디기 어려운, 괴로운, 쓰라린: Seeing his father's death by himself made him *bitter*. 홀로 그의 아버지의 죽음을 보는 것은 몹시 그를 괴롭게 했다.

4 filled with hate, anger, and other unpleasant feelings 원한을 품은, 몹시 분한: He's still very *bitter* about the way his supervisor treated him. 그는 상사가 자신을 대하는 방식에 여전히 화가 났다.

|실전문제|
다음에 주어진 뜻풀이 가운데서 밑줄 친 <u>bitter</u>의 의미로 가장 적절한 것은?
Flunking in a math test was a <u>bitter</u> blow to the boy's pride.
(1) (of wind or cold) very sharp and biting; harsh
(2) having a sharp, biting taste, like black coffee
(3) filled with hate, anger, and other unpleasant feelings
(4) causing pain or grief

해설 | pride(자존심)가 나오므로, 낙제로 인해 이 자존심에 괴롭고, 쓰라린 상처를 입은 것을 말한다. (4) 「수학 시험에서 낙제한 것은 그 소년의 자존심에 쓰라린 일격을 가했다.」

· 관련표현 ·
bitter winter 살을 에는 겨울
bitter criticism 혹평
a *bitter* experience 쓴 경험
the sweets and *bitters* of life
인생의 단맛과 쓴맛
bitter cup 쓴잔, 고배
bitter sweet 달콤씁쓸한,
(인생이) 괴로움도 있고 즐거움도 있는
a *bitter*sweet memory
괴롭고도 달콤한 추억

syn. acid, sour, harsh, sharp,
  painful, resentful, spiteful
ant. sweet, mild, gentle,
  joyful, grateful

☐ **black** [blæk]

a. **1 completely unlighted in the color of the night or sky** (하늘이) 검은, 암흑의: It was a cold, *black* night. 차갑고 어두운 밤이었다. / *Black* clouds indicates that it is likely to rain soon. 검은 구름은 곧 비가 올 가능성이 있다는 것을 보여준다.

2 of a dark-skinned race, or for the black people 흑인의, 살이 검은: Jackie Robinson was the first *black* major league baseball player. 잭키 로빈슨은 메이저 리그의 최초의 흑인 야구 선수였다.

3 without milk in coffee 커피에 우유를 타지 않은: I'll have my coffee *black*, please. 블랙커피를 주십시오.

4 very bad, threatening, or hostile 위협적인, (얼굴이) 험악한: The bus driver stopped short and gave the pedestrian a *black* look. 그 버스 운전사는 갑자기 버스를 멈추고 그 보행자에게 험악한 얼굴[표정]을 지었다.

5 full of evil 사악한, 음흉한, 엉큼한: The villain had a *black* heart. 그 악당(악한)은 음흉한 마음을 가지고 있었다.

6 dismal or hopeless 희망이 없는, (사태가) 암담한: According to the latest sales figures, things look very *black* for us. 최근 판매 수치에 의하면 사태가 아주 심각하다.

· 파생어 ·
blacken 검게 하다,
(명예나 평판을) 손상시키다
blackly 검게, 어둡게, 사악하게
blackish 거무스름한
blacking 검게 함, 검정 구두약

· 관련표현 ·
a *black* heart 음흉한 마음을 가진 사람
black and blue 멍이 들도록
go *black* 쓰러져 앞이 캄캄하다
look *black* 사태가 험악하다, 노려보다
as *black* as coal[soot]
아주 새카만
dressed in *black*
검은 옷[상복]을 입고 있는
be in the *black* (ink) 적자 상태이다
opp. be in the red (ink) 흑자 상태이다
black box 비행기록장치,
블랙박스(=flight recorder)
black coffee 설탕, 크림,
우유 등을 타지 않은 그대로의 커피

|실전문제|

1. 다음에 주어진 뜻풀이 가운데서 밑줄 친 <u>black</u>의 의미로 가장 적절한 것은?

   Cynics have a <u>black</u> outlook on the state of the world economy.

   (1) very bad, threatening, or hostile
   (2) completely unlighted in the color of the night or sky
   (3) without milk in coffee
   (4) dismal or hopeless

   해설 | outlook이 '전망'이라는 뜻인 것을 감안하고 또한 경제에 관한 이야기이므로, '암울한[희망 없는] 전망'이 된다는 것을 알 수 있다. (4) 「냉소자들은 세계 경제의 상태를 암울하게 바라보고 있다.」

2. 다음 문장에서 빈칸에 들어갈 적절한 단어를 보기에서 고르시오.

   Most of the small manufacturing companies in this town are going broke, but we are lucky we are going into the _____ for the first time in five years.

   (1) blue   (2) red
   (3) black   (4) purple

   해설 | 문장의 초반부에 나오는 go broke의 뜻은 '도산하다, 파산하다(=go bankrupt)'이며, but은 반대, 역접 관계의 접속사가 있으므로, 이에 반대되는 뜻이 따라와야 하므로, go into the black(흑자를 내다)이라는 표현이 정답이라고 할 수 있다. go into the black은 be in the black (ink)로 나타낼 수 있다. (2)의 go into the red는 '적자를 내다'는 뜻으로 be in the red (ink)로 같은 의미를 나타낼 수 있다. 그러나 나머지 (1)과 (4)는 여기서도 숙어를 이루지 못한다. (3) 「이 마을의 대부분의 제조 공장이 도산했지만, 우리는 다행스럽게도 5년 만에 처음으로 흑자를 낼 수 있을 것 같다.」

□ blame [bleim]

vt. 1 to consider (someone or something) responsible for something bad ~의 책임으로 돌리다, ~의 탓으로 돌리다: The police *blamed* the accident on the driver who was attempting to pass. 경찰은 그 사고의 책임을 지나가려고 했던 운전자에게 돌렸다.

2 to find fault with ~을 비난하다: The U.S. government *blamed* China for many of atrocities to Tibet. 미국 정부는 티벳에 대한 수많은 잔학 행위에 대해서 중국을 비난했다.

|실전문제|

다음 문장의 빈칸에 들어갈 가장 적절한 단어를 고르시오.

Being both spoilt and lazy, he _____ everyone else for his lack of success.

(1) accused   (2) charged
(3) abused   (4) blamed

---

be under the *black* dog
침울해 있다

give a *black* eye to ~
~의 평판(신용)을 떨어뜨리다

black ghetto 흑인들의 빈민가

black comedy
빈정거리는 유머의 희극

blackmail 공갈, 등 치기
e.g. levy *blackmail* on ~의 등을 치다

black market 암시장

black marketeer
암거래하다(=blackmarket)

black out 등화관제, 정전

black sheep (집안의) 말썽꾸러기, 골칫덩어리

blacksmith 대장장이

a *black* tie dinner 정찬

black lie 악의 있는 거짓말
opp. white lie 악의 없는 거짓말

syn. dark, lightless, dark-skinned, gloomy, hostile, evil, threaten
ant. white, lighted, bright, friendly, righteous

· 파생어 ·

blamed 천벌 받은
blameful 비난받을
blameless 결백한, 비난할 점이 없는
blameworthy 비난받을 만한

· 관련표현 ·

be to *blame* 마땅히 책임을 져야 한다

bear the *blame* for ~
~의 책임을 지다

lay[place, put] the *blame* on ~
책임을 ~에게 지우다

put all the *blame* on ~ 모든 책임의 탓을 ~에게 돌리다

syn. accuse, reproach, condemn, rebuke, criticize
ant. excuse, forgive, approve, justify

해설 | 문맥을 보면 '그가 성공하지 못해 모든 사람을 비난했다'는 내용인데, 뒤에 따라오는 전치사가 for임에 주의하면 쉽게 답을 찾을 수 있다. blame[criticize, denounce] A for B는 'B 때문에 A를 비난하다'의 뜻으로 for라는 전치사를 사용한다. 그러나 accuse A of B, charge[abuse] A with B에서는 with가 사용되며, 'B 때문에 A를 비난하다' 뜻으로 사용됨에 주의한다. accuse A with B는 'B로 인해 A를 기소하다'의 의미로, blame A on B는 'A를 B의 탓으로 돌리다'의 의미로 사용된다. (4) 「응석받이에 게으르기까지 한 그는 자신이 성공하지 못한 것을 다른 사람들의 탓으로 돌렸다.」

☐ blanket [blǽŋkit]

n. **1** **a large square or rectangular piece of thick cloth used on beds to keep people warm** 담요: Put another *blanket* on the bed. 침대에 다른 담요를 덮어라.
2 **a thick covering like snow or fog** (눈과 안개처럼) 전면을 덮는 것: A *blanket* of snow covered the ground. 눈이 땅 전체를 덮었다.

vt. **to cover completely with a thick layer** 완전히 뒤덮다: More than a foot of snow *blanketed* parts of New York. 1피트 이상의 눈이 뉴욕의 여러 지방을 덮어 버렸다.

|실전문제|

다음 밑줄 친 <u>blanketed</u>와 뜻이 가장 가까운 것을 고르시오.

Spices also had a practical purpose for the pre-refrigeration era: they <u>blanketed</u> the smell of decay.

(1) warmed   (2) kept
(3) cooled   (4) suppressed

해설 | blanket은 동사로 쓰여, '억제하다, 덮다' 등의 의미로 사용되고 있으며, 이에 해당되는 뜻을 가진 (4)의 suppressed(억제하다)가 정답이다. (1)은 '따뜻하게 하다', (2)는 '유지하다', (3)은 '냉각시키다'의 뜻이다. (4) 「향신료는 냉장고가 없던 시대에 실용적으로 쓰였다. 즉 부패된 음식의 냄새를 억제해 주었다.」

·파생어·
blanketing 담요감; 행가래

·관련표현·
a wet *blanket*
throw a wet[cold] *blanket* over[on] ~ ~에 찬물을 끼얹다, ~의 흥을 깨다
be born on the wrong side of the *blanket* 사생아로 태어나다
***blanket* area** (방송국 주변의) 난청 지역
***blanket* bombing** 무차별 공격
cf. carpet bombing 융단 폭격
***blanket* chest** 이불장
under a *blanket* of fog 자욱한 안개 아래

syn. quilt, covering, coating, cover, carpet

☐ blast [blæst]

n. **1** **a big explosion by a bomb** 폭발: A few dozens of people were killed in the *blast*. 수십 명의 사람들이 폭발로 사망했다.
2 **a sudden strong movement of wind or air** 한바탕의 바람, 돌풍: A *blast* of wind shook the house. 한 차례의 돌풍이 그 집을 뒤흔들었다.
3 **a sudden loud noise** 시끄러운 소리: The *blast* of the factory whistle could be heard for miles. 공장의 시끄러운 경적 소리는 수 마일 거리까지 들렸다.
4 **an exciting or enjoyable experience** 즐거움, 즐거운 경험: The downhill ski was a real *blast*. 활강 스키는 정말 멋진 경험이었다.

·파생어·
blasted (희망이) 무너진; 지긋지긋한
blaster 발파공
blasting 폭파; 호된 꾸지람

·관련표현·
at a *blast* 단숨에
at full *blast* 전력을 다해, 전속력으로
play the *blast* on ~ ~을 몹시 비난하다
***blast* furnace** 용광로

syn. explosion, bang, detonate, blow

vt. **1 to criticize strongly** 심하게 비난하다: The president and ruling party members *blasted* an article in a major daily newspaper. 대통령과 여당 당원들은 주요 일간지에 실린 기사를 비난했다.

2 to damage or destroy (희망을) 꺾어 버리거나 손상시키다: The news of her death *blasted* my hopes. 그녀의 사망 소식은 나의 희망을 꺾어 놓았다.

3 to blow up with explosives 폭발시키다: They are using dynamite to *blast* away rocks to put a road in. 그들은 도로를 내기 위해 바윗돌을 폭발시키고자 다이너마이트를 이용하고 있다.

|실전문제|

다음에 주어진 뜻풀이 가운데서 밑줄 친 <u>blast</u>의 의미로 가장 적절한 것은?

There are quite a few buildings that have been destroyed in the <u>blast</u>.

(1) an exciting or enjoyable experience
(2) a big explosion by a bomb
(3) a sudden strong movement of wind or air
(4) a sudden loud noise

해설 | 앞에 파괴되었다(be destroyed)는 표현이 나오므로 '폭발'을 말한다고 할 수 있다. (2) 「꽤 많은 빌딩이 그 폭발로 인해 파괴되었다.」

☐ **blind** [blaind]

a. **1 unable to see; sightless** 눈 먼, 맹인의: Helen Keller was born deaf and *blind*. 헬렌 켈러는 선천적으로 귀가 들리지 않고 눈도 보이지 않았다.

2 unable to recognize or understand (결정, 결과, 이해 등을) 보는 눈이 없는, 이해를 못하는: They seem to be *blind* to the possible consequences of this policy. 그들은 이 정책의 결과를 아마도 모르는 것 같다.

3 without thought or reason 맹목적인, 분별없는: We should not have *blind* faith. 우리는 맹목적인 믿음을 가져서는 안 될 것이다.

4 that a driver in a car cannot see (도로, 모퉁이, 교차로 등이) 앞에 잘 보이지 않는, 숨은: A car entered the highway from the *blind* drive. 차 한 대가 숨은 차도에서 고속도로로 진입했다.

·파생어·

blindly 맹목적으로, 막다른 골목이 되어
blindness 맹목, 무지, 문맹
blindfold 눈가리개(를 하다), ~의 눈을 속이다
blinder 현혹하는 사람; 시야가 좁은 사람

·관련표현·

go[become] *blind* 장님이 되다
blind **haste** 맹목적인 서두름
blind **obedience** 맹종
a *blind* **purchase** 충동구매 (=impulse purchase)
a *blind* **corner** 앞에서 오는 차를 가려 보이지 않게 하는 길모퉁이
as *blind* **as a bat** 장님이나 마찬가지인
turn a *blind* **eye to ~**
~을 보고도 못 본 체하다
blind **alley** 막다른 골목
blind **date** 서로 모르는 남녀의 데이트
blind **spot** 맹점

syn. sightless, ignorant, unaware, unreasonable, concealed

|실전문제|

다음에 주어진 뜻풀이 가운데서 밑줄 친 <u>blind</u>의 의미로 가장 적절한 것은?

The teacher was <u>blind</u> to the fact that some students are cheating.

(1) without thought or reason
(2) that a driver in a car cannot see
(3) unable to recognize or understand
(4) unable to see; sightless

해설 | cheating(커닝)하는 사실을 몰랐거나 파악하지 못했다는 뜻이다. (3) 「교사는 학생들이 커닝하는 사실을 몰랐다.」

ant. sighted, aware, conscious, obvious, cognizant

☐ blink [bliŋk]

vi. **1 to shut and open the eyes quickly or several times** 눈을 깜박거리다, 눈을 깜짝이다: The lady *blinked* as the bright sun shone on her. 그 숙녀는 밝은 태양이 그녀를 비추자 눈을 깜박거렸다.

2 (of distant lights) to go on and off rapidly blinking in the darkness (멀리 있는 등댓불이나 별 등이) 깜박거리다: They could see the lights *blinking* in the darkness. 그들은 어둠 속에서 반짝이는 빛을 볼 수 있었다.

vt. **to refuse to recognize something unpleasant** 무시하다, 보고도 못 본 체하다: It is no use *blinking* the fact that our economy is on the decline. 우리 경제가 내리막길을 가고 있다는 사실을 무시해도 소용없다.

· 파생어 ·
blinker 눈을 깜박이는 사람, 추파를 던지는 여자
blinking 반짝이는; 지독한
blinkard 눈깜작이
blinkered 시야가 좁은

· 관련표현 ·
blink at responsibility
책임을 모른 척 외면하다
on the *blink* 고장이 나, 못 쓰게 되어
be[run] in *blinkers*
주변 형세를 모르다
blinkered view 속 좁은 견해

syn. wink

|실전문제|
다음 문장에서 밑줄 친 blink의 정의를 고르시오.
The new contact lenses made the girl blink her eyes much more than usual.
(1) strain and stretch   (2) open and close
(3) rub   (4) shade

해설 | blink는 '눈을 깜박이다'의 뜻이므로 (2)가 정답이다. (1)은 '무리하게 잡아 늘리다', (3)은 '문지르다', 그리고 (4)는 '빛을 차단하다'의 뜻이다. (2) 「새로운 콘택트렌즈 때문에 그 소녀는 평소보다 눈을 더 많이 깜박였다.」

☐ blow [blou]

vi., vt. **1 to move along by the wind** (바람이) 불다: A chill wind *blew* at the summit of the mountain. 그 산 정상에는 차가운 바람이 불었다. / A strong wind *blew* away most of the dust on the ground. 강한 바람이 불어 땅 위의 대부분의 먼지가 날아갔다.

2 to send out a stream of air from the mouth 입으로 바람을 불다: Take a deep breath and *blow* hard. 심호흡을 하고 힘차게 불어 봐.

vt. **1 to demolish by an explosion** 폭파하다: The airplane had been *blown* to pieces. 비행기가 폭파되어 산산조각 났다.

2 to be very angry or to lose your temper 화를 내다: The supervisor *blew* his top when the new employee came to work at 9:30 in the morning. 상사는 그 신입 사원이 아침 9시 반에 출근했을 때 아주 화를 냈다.

· 파생어 ·
blower 부는 사람[물건]
blown 부푼, (꽃이) 만발한
blowy 바람이 센(=windy)

3 to send out or move strong air 불다, 불어서 날려 보내다: Don't *blow* your breath on my face. 내 얼굴에 입김을 내뿜지 마.

4 to spread rumors 소문내다, 퍼뜨리다: He has *blown* all kinds of malicious rumors about. 그는 온갖 악의적인 유언비어를 퍼뜨리고 다녔다.

5 to make a mistake that loses the chance or causes something to fail 실수하다, 망치다, (기회를) 놓치다: The manager has almost certainly *blown* his chance of getting promoted. 그 매니저는 승진할 기회를 거의 놓쳐 버렸다.

n. **1 a shock, misfortune, or calamity** 충격, 불행, 또는 재난: The failure of his business was a tremendous *blow* to him. 사업 실패는 그에게 엄청난 충격이었다.

2 a forceful stroke with the hand or a weapon 일격: The two fighters came to *blows* with each other. 두 권투 선수는 서로 일격을 가했다.

· 관련표현 ·
strike[deal] a *blow* 일격을 가하다
***Blow* it!** 제기랄!
blow one's top[roof, cork]
불같이 노하다
blow one's cover (정체 등을) 드러내다
blow below the belt 비열한 행위
at a *blow* 일격에
come to *blows*
서로 치기[싸우기] 시작하다

syn. breathe, puff, blast, explode
ant. inhale

|실전문제|

1. 다음에 주어진 뜻풀이 가운데서 밑줄 친 <u>blow</u>의 의미로 가장 적절한 것은?

   The hijackers intimidated to <u>blow</u> the airplane unless their demands are not met.

   (1) to send out a stream of air from the mouth
   (2) to move the air slowly or rapidly
   (3) to be very angry or to lose your temper
   (4) to demolish by an explosion

   해설 | 동사의 뜻을 판단하기 위해서는 그 동사의 목적어나 주어를 보면 짐작이 가는데, 지금은 airplane이라는 목적어와 hijackers라는 주어를 보면 '폭파시키다'라는 뜻으로 쓰였음을 알 수 있다. (4) 「그 납치범들은 자기들의 요구가 받아들여지지 않으면, 비행기를 폭파시키겠다고 위협했다.」

2. 다음 문장에서 밑줄 친 <u>blows up</u>과 뜻이 가장 가까운 것을 고르시오.

   He <u>blows up</u> nowadays whenever the slightest thing goes wrong.

   (1) fells depressed   (2) loses his consciousness
   (3) loses his temper   (4) feels ill at ease

   해설 | blow up은 '폭발시키다' 또는 '화를 내다'를 의미한다. 그런데 (3)은 '화를 내다'의 뜻이며, (1)은 '의기소침해지다', (2)는 '의식을 잃다' 그리고 (4)는 '안절부절못하다, 불편해하다'의 뜻이다. (3) 「그는 요즘 아주 사소한 일이 잘못될 때마다 화를 낸다.」

blue [bluː]

a. **1 of the color of the clear sky or the deep sea** 하늘 빛의, 푸른: The sky is very *blue* today. 오늘 하늘은 참 푸르다.

2 sad without hope (기분이) 우울한: She feels homesick and *blue*. 그녀는 향수에 젖어서 우울하다.

3 concerned with sex 외설적인, 추잡한: Most of his jokes were a bit *blue*. 그의 농담 대부분은 다소 외설적이었다.

|실전문제|
다음 문장에서 밑줄 친 곳에 들어갈 적절한 단어를 고르시오.

The news of her sudden marriage came like a bolt from the _____.

(1) black (2) blue
(3) brown (4) green

해설 | 숙어로 like a bolt from the blue는 '청천벽력과 같은'의 뜻이다. fire into the brown은 '겨누지 않고 마구 쏘다'의 뜻이며, green with envy는 '몹시 샘내는', green with fear는 '공포로 얼굴이 창백한'의 뜻이며, have a green thumb은 '손재주가 없다' 등의 뜻으로 사용된다. (2) 「그녀의 갑작스런 결혼 소식은 청천벽력과도 같았다.」

·파생어·
blueish 푸릇한
blues 울적한 기분; 블루스 노래

·관련표현·
a *blue* mood 우울한 기분
I feel *blue*. 기분이 우울하다
blue in the face 지쳐서, 몹시 노해서
drink till all is *blue* 곤드레만드레가 되도록 술을 마시다
out of the *blues* 뜻밖에, 불시에
blue chip 우량주(식)
blue-collar worker 육체노동자
blue Monday 우울한 월요일(월요병)
blue print 청사진, 면밀한 계획
be in the *blues* 기분이 울적하다
sing the *blues* 우울하다

syn. azure, sky-blue, cobalt-blue, navy-blue, indigo, depressed, gloomy, down in the dumps
ant. elated, excited, delighted, up in the clouds

board [bɔːrd]

n. **1 a flat, thin piece of cut wood** 판자, 널: Saw this *board* in half. 톱으로 이 판자를 반으로 잘라.

2 a long piece of wood which is used for a particular purpose 특별한 용도의 판자(특히 게시판, 칠판 등): They put a notice on the *board*. 그들은 게시판에 공고를 붙였다.

3 meals or cost of meals 식사(대): I paid 150 dollars a month for *board* and lodging. 나는 하숙비로 매달 150달러를 지불했다.

4 a group of people of a company or an organization who control and direct it 중역 위원회, 이사회(=board of directors, board meeting): The CEO of the company is also the chairman of the *board*. 그 회사의 최고 경영자는 이사장이기도 하다.

vt. **1 to cover with the board** 판자를 대다: *Board* up the back door. 뒷문을 판자로 가려.

2 to get into a plane, a ship, a train, or a bus (대중교통을) 타다, 올라타다: He *boarded* the plane bound for New York. 그는 뉴욕행 비행기를 탔다.

vi. **to get meals and lodging for payment** 하숙하다: He's *boarding* with his friend of mine. 그는 친구와 하숙하고 있다.

·파생어·
boarding 널판장; 하숙; 탑승
boardlike 널 모양의

·관련표현·
board room 중역 회의실
across the *board* 전면적으로
board of education 교육 위원회(=educational *board*)
board of elections 선거 관리 위원회
on *board* 배 안에, 차 안에
boarding house 하숙집(=lodging house)
boarding pass 탑승권(=*boarding* ticket)

syn. lumber, meals, committee, embark, lodge
ant. disembark

|실전문제|

1. 다음에 주어진 뜻풀이 가운데서 밑줄 친 board의 의미로 가장 적절한 것은?

There's a rumor going around that Mr. Jenkins will announce his resignation at the board meeting tomorrow morning.

(1) a long piece of wood which is used for a particular purpose
(2) a group of people of a company or an organization who control and direct it
(3) a flat, thin piece of cut wood
(4) meals or cost of meals

해설 | 일반적으로 이사회라고 할 때 board, board meeting, 또는 board of directors 등으로 표현한다. (2) 「젠킨스 씨가 내일 아침 이사회 회의에서 사임을 발표할 것이라는 소문이 돌던데요.」

2. 다음 밑줄 친 board의 정의 중에서 알맞은 것을 고르시오.

John, 23, graduated from university but couldn't find a job challenging enough for him. So he lives at home, paying no room and board, letting his mother cook and clean for him.

(1) A board of directors   (2) a long thin flat piece of out wood
(3) a long narrow connecting way (4) the cost of meals

해설 | pay no room and board에서 보면 정답을 짐작할 수 있다. 즉 '방 값과 식비를 내지 못하다' 의 뜻으로 쉽게 짐작할 수 있다. 이 밖에도 board는 '이사회, 판자, 게시판' 등 많은 뜻이 있다. (1)은 '이사회' 라는 뜻이며, (2)는 '잘린 나무의 길고 납작하며 얇은 나무 조각', 즉 '판자' 를 뜻하며, (3)은 '길고 좁은 연결 통로' 라는 의미이고, (4)는 '식비' 라는 뜻이다. (4) 「23세인 존은 대학을 졸업했지만, 자신이 하고 싶어 하는 일을 찾지 못했다. 그래서 그는 집에 있으면서 요리나 청소를 해 주시는 어머니에게 방 값이나 식비를 드리지 못하고 있다.」

□ **bond** [bɑnd]

n. **1 something that unite two or more people or groups** 결속, 유대: There's a strong *bond* between the two brothers. 그 두 형제 사이에는 강한 결속감이 있다.

2 a written agreement or promise with force 계약, 약정, 동맹: She entered into a *bond* with them. 그녀는 그들과 계약을 맺었다.

3 an official paper promising to pay with interest by the government 채권, 공채증서: Stocks and *bonds* can be good investments. 주식과 채권이 좋은 투자가 될 수 있다.

·파생어·

bondage 속박, 감금, 굴레
bonded 담보가 붙은; 보세품의; 특수 접착제를 붙인

·관련표현·

break one's bonds 자유의 몸이 되다
bond issue 사채 발행
a public bond 공채
a government bond 국채
be under bond 담보에 들어 있다
in bondage to ~ ~의 노예가 된
bonded area 보세 구역
bond servant 노예, 종

|실전문제|

다음 밑줄 친 bond와 가장 비슷한 의미의 단어를 고르시오.

Very few things in this world so instantly form a common bond among people as laughter.

(1) background   (2) contract
(3) relationship (4) glue

해설 | bond는 '결속, 유대 관계, 채권, 계약, 접착제' 등 여러 가지 뜻이 있는데, 문맥을 보면 form a common bond among people이라는 표현은 '사람들 사이에 공통의 무엇을 형성한다'로 해석이 되므로, '유대 관계'가 들어가는 것이 가장 잘 어울린다고 볼 수 있다. 이에 해당하는 단어는 (3)이다. (1)은 '배경', (2)는 '계약', (4)는 '접착제, 아교' 등을 뜻한다. (3) 「이 세상에서 웃음만큼 사람들 사이에 공통의 유대 관계를 바로 형성시키는 것은 없다.」

book [buk]

n. **1 a number of pieces of paper fastened together with words printed on** 책: The 6th *book* of Harry Potter came out a few months ago and became an instant bestseller. 해리포터 6권은 몇 달 전에 나왔으며, 나오자마자 베스트셀러가 되었다.

2 a small number of stamps or tickets fastened together (수표, 표, 우표 등의) 묶음철: Can I have a *book* of stamps, please? 우표첩 한 권 주실까요?

3 the written records of money spent and earned in a business company 장부: For the most part, he leaves the *books* to his managers and accountants. 대체로 그는 장부들을 매니저와 회계사들에게 맡긴다.

vt. **to arrange to have or use a hotel room or a ticket at a particular time** 예약하다: The travel agency *booked* a flight to New York for me. 여행사는 나를 대신해서 뉴욕행 비행기 표를 예약했다.

| 실전문제 |

다음 밑줄 친 부분과 가장 비슷한 의미의 단어를 고르시오.

It is always a good idea to make a reservation for in advance if you are planning to stay in a hotel on Waikiki Beach during the summer vacation.

(1) preserve   (2) remark
(3) promise   (4) book

해설 | 와이키키 해변에 있는 호텔에 머물려고 한다면 훨씬 미리 예약을 하는 것이 좋은 생각이다라는 문장이다. 여기서 make a reservation은 '예약하다'의 뜻으로, 호텔, 식당, 비행기, 기차 등의 경우에 사용되는데, book, reserve 또는 make a booking의 표현도 같은 뜻으로 쓰인다. (1)은 '보존하다, 지키다'의 뜻이며, (2)는 '언급하다, 말하다', (3)은 '약속하다'의 뜻으로 make a promise로도 나타낼 수 있다. (4) 「여름휴가 중에 와이키키 해변의 호텔에 숙박할 예정이라면, 훨씬 전에 예약을 해 두는 것이 좋다.」

syn. bindings, tie, union, guarantee, pledge

· 파생어 ·

bookable 예약할 수 있는
booked 계약한, 예정된
booking 장부 기입
bookish 책을 좋아하는, 문학적인, 학구적인
booklet 소책자

· 관련표현 ·

a *book* of tickets 철한 회수권
according to the *book* 규칙에 따르다
close the *books* 결산하다
cook the *books* 장부를 조작하다
hit the *books* 책을 파듯이 열심히 공부하다
on the *books* 명부에 올라
be *booked* up 예약이 다 차다(=be *booked* solid)
book binding 제본
book fair 도서전
book-keeping 부기 (*book*-keeper 부기 계원)
book review 서평
book case 서가, 책꽂이
bookworm 책벌레

syn. publication, volume, reserve, register, enroll
ant. cancel, disengage

bore [bɔːr]

vt. **1 to make feel bored** 지루하게 하다: Long stories about good old days in the novel *bore* me. 그 소설에 나오는 좋았던 옛 시절 이야기는 길어서 나를 지루하게 한다.

2 to make a deep round hole in using a special tool 구멍을 뚫다, 시굴하다: The engineers had to *bore* through solid rock for oil. 석유를 얻기 위해 그 엔지니어들은 단단한 암석에 구멍을 뚫어야 했다.

|실전문제|

다음 문장에서 밑줄 친 boring과 뜻이 가장 가까운 표현을 고르시오.

Finally, even if we are aware of all this rather technical information about food, we believe that diets consisting mostly of vegetables are boring.

(1) satisfying   (2) uninteresting
(3) fashionable   (4) rich in vitamins

해설 | boring은 일반적으로 tedious와의 동의어로 '지겨운, 지루한' 의 뜻인데, 지루한 것은 흥미가 없기 때문에 실증이 난 것이므로, uninteresting의 의미도 가지고 있다. (1)은 '만족을 주는' 의 뜻이며, '만족스러운' 의 뜻을 나타낼 때는 satisfactory를 사용한다. (3)은 '유행이 되는', 그리고 (4)는 '비타민이 풍부한' 의 뜻을 나타낸다. (2) 「결국, 음식에 대한 이 모든 정보를 꽤 전문적으로 인식하고 있다고 해도, 우리는 거의 채소뿐인 식사는 질리기 마련이라고 생각한다.」

· 파생어 ·

bored 지루한, 실증나는(=boresome)
borer 구멍을 뚫는 사람[기구]
boring 지루한, 따분한

· 관련표현 ·

bore a tunnel through a mountain 산에 터널을 뚫다
bore for oil 석유를 시추하다
bore one's way through ~ ~를 헤치고 나아가다
bore a hole in a board 판자에 구멍을 뚫다
be **bored** to death 실증 나 죽을 지경이다
boring machine 천공기
boring job 지루한[따분한] 일

syn. tire, wear out, exhaust, drill
ant. excite, interest, fill

---

bottom [bátəm]

n. **1 the lowest part** 밑바닥: The keys are in the *bottom* of my car. 열쇠는 차 밑바닥에 떨어져 있었다.

2 base or foot of a mountain (산, 언덕의) 기슭: The entrance of the national park is at the *bottom* of the mountain. 그 국립공원 입구는 산기슭에 있다.

3 buttocks 엉덩이: She spanked her child at his *bottom*. 그녀는 아이의 엉덩이를 찰싹 때렸다.

4 the ground of a sea, river or lake (바다, 강, 호수)의 바닥: A team of scuba diving swam down to the *bottom* of the river to collect wastes. 스쿠버다이빙 팀이 쓰레기를 수거하려고 강바닥으로 헤엄쳐 내려갔다.

vi. **to reach the lowest point** (가격이) 바닥시세가 되다: The price of the company's stock *bottomed* out last week, but has now started to rise again. 그 회사의 주식 시세는 지난주 바닥을 쳤으나 지금은 다시 오르고 있다.

· 파생어 ·

bottom-of-the-line 가장 값싼

· 관련표현 ·

bottom most 제일 아래의, 가장 기본적인
from the **bottom** of heart 진심으로
at the **bottom** of the class 반에서 꼴찌인
Bottoms up! 건배! (=Cheers!, Have a toast!)
get to the **bottom** of ~ ~의 진상을 규명하다
to the **bottom** 철저하게

syn. base, foot, root, heart
ant. top

B

|실전문제|

다음에 주어진 뜻풀이 가운데서 밑줄 친 bottoms의 의미로 가장 적절한 것은?

This exercise is particularly good for flabby thighs and bottoms.

(1) base or foot of a mountain
(2) the lowest part
(3) the ground of a sea, a river or a lake
(4) buttocks

해설 | 주어인 운동(exercise)이 허벅지(thighs)와 bottoms에 특히 좋다고 하므로, 추측컨대 '엉덩이'라는 뜻이 짐작이 간다. (4) 「이 운동은 축 늘어진 허벅지와 엉덩이에 특히 좋다.」

□ bound [baund]

a. **1 certain or very likely to happen** 꼭 ~하게 되어 있는, 확실히 ~할 것 같은: It's *bound* to rain soon. 틀림없이 곧 비가 내릴 것이다.

2 having a duty legally or morally ~할 의무[책임]이 있는: The borrower is *bound* by contract to pay off the debt within a year. 차용자는 1년 이내에 계약에 따라 빚을 청산할 의무가 있다.

3 travelling towards a particular place ~행의, ~로 가는 길인: The plane is *bounding* for London. 그 비행기는 런던으로 가는 중이다.

4 (of a book) fastened with a cover or binding 책을 제본한, 장정한: I have the Bible *bound* in leather. 나는 가죽 표지의 성경이 있다.

n. **the limits beyond which it is impossible or undesirable to go** 경계(선), 범위, 한계: His greed for power knows no *bounds*. 그의 권력욕에는 한계가 없다. / There are a hunting lodge and an orchard within the *bounds* of the estate. 그 토지의 경계 내에는 사냥꾼의 산막과 과수원이 있다.

·파생어·

bounded 경계가 있는
boundless 무한한, 끝없는
boundary 경계(선)
binding 묶는, 구속력 있는: *n.* 제본
binder 묶는 사람, 제본하는 사람; 바인더

·관련표현·

by leaps and *bounds* 쑥쑥 자라다, 성장하다, 급증하다
be *bound* up in ~ ~에 열중하다, ~에 몰두하다
homeward-*bound* 귀향 중인
a *boundary* line 경계선
be *bound* to 꼭 ~하다
know no *bounds* 끝이[한도가] 없다
out of *bounds* 출입 금지의
pass the *bounds* of common sense 상식의 선을 넘다

syn. tied, fastened, covered, certain, sure, required, limited
ant. united, loose, uncertain, free, unlimited

|실전문제|

다음 밑줄 친 숙어의 뜻을 가장 잘 나타낸 것을 고르시오.

World conditions are constantly changing, and our attitudes must change with them. If they do not, catastrophe is bound to follow.

(1) is certain to   (2) is ready to
(3) is open to   (4) is free to

해설 | be bound to ~는 '필연적으로 ~할 것이다, ~할 준비가 되다' 등의 뜻을 가지는 숙어이므로, 정답은 (2)이다. (1)의 be certain to ~는 be sure to ~와 마찬가지로 '확실히 ~하다'의 뜻이며, (3)은 '~에 대하여 개방적이다' 그리고 (4)는 '자유롭게 ~할 수 있다'의 뜻이다. (2) 「세계정세는 계속 변하고 있다. 그래서 그에 따른 자세도 변화해 가지 않으면 안 된다. 만약 그렇게 하지 않으면 필연적으로 큰 파국이 뒤따를 것이다.」

bow [bou]

n. **1 a weapon used for shooting arrows** 활: The inhabitants hunted with *bow* and arrow. 그 주민들은 활과 화살로 사냥했다.

2 an act of bending the head forward to show respect 절, 경례: All the actors and actresses including the production staff made a deep *bow* to the audience, after the play was over. 연극이 끝난 다음, 제작진을 포함한 모든 배우들은 관객들에게 큰절을 했다.

3 the front part of a ship 이물, 뱃머리: The captain walked toward the *bow* of the cruiser. 선장은 그 유람선의 뱃머리 쪽으로 걸어갔다.

vi. **to bend the upper body forward as a sign of respect** 허리를 굽히다, 절하다: He *bowed* down to the ground. 그는 머리를 조아리며 절했다.

vt. **to bend one's head forward** 머리를 숙이다, 기도하다: He stood with his head *bowed* in disappointment. 그는 실망감으로 고개를 숙인 채 서 있었다. / They *bowed* their heads in prayer before their morning meal. 그들은 아침 식사 전, 머리를 숙이고 기도했다.

·파생어·
bowed 굽은, 활 모양을 한
bower (현악기) 연주자; 인사하는 사람; 창자
bowing 절(인사)을 하는
bowyer 활 만드는 사람, 궁술가

·관련표현·
take a *bow*
(소개, 갈채 등에) 답례 인사를 하다
bow man 활잡이
bow tie 나비넥타이

syn. arch, front curve, twist
ant. resist, stern

|실전문제|

다음에 주어진 뜻풀이 가운데서 밑줄 친 <u>bows</u>의 의미로 가장 적절한 것은?

The ship hit a rock and damaged her <u>bows</u>.

(1) an act of bending the head forward to show respect
(2) the front part of a ship
(3) a weapon used for shooting arrows
(4) a necktie tied in a double loop to form a horizontal bow at the collar

해설 | '배'에 대한 이야기이므로 쉽게 '배의 앞부분' 또는 '이물'이란 뜻으로 쓰인 것을 알 수 있다. (2) 「그 배는 바위에 부딪혀서 뱃머리가 부서졌다.」

break [breik]

vt. **1 to cause to separate into parts suddenly or violently** 깨뜨리다, 부수다: I *broke* my leg skiing. 나는 스키를 타다가 발을 부러뜨렸다. / Who *broke* this window? 누가 이 창문을 깨뜨렸지?

2 to violate (a law or regulation) (약속, 법을) 어기다, 위반하다: Did you ever *break* the law? 법을 어겨 본 적 있니? / I had to *break* the appointment with the dentist to attend an emergency meeting. 나는 비상 회의에 참석하고자 치과 의사와의 예약 약속을 어겨야만 했다.

·파생어·
breakable 깨지기 쉬운
breakage 파손, 파괴
breakdown (기계의) 고장; 갑자기 쓰러짐, 붕괴
breaking 파괴; (전기의) 단절
breakpoint 중지점, 휴지점
breakup 붕괴, 해체, 별거(이별)

3 to force a way into suddenly and violently 부수다, 부수고 들어오다: The police *broke* the door open and rounded up drug traffickers on the spot. 경찰은 문을 부수어 열고 현장에서 마약 밀매업자들을 체포했다.

4 to stop from continuing (협상이나 여행을) 중단하다; (전류를) 단절하다: The union *broke* (off) negotiations and called a strike. 노조는 협상을 중단하고 파업을 선언했다. / The electrician *broke* an electric current to do the wiring work. 그 전기 기술자는 배선 공사를 하기 위해 전류를 끊었다.

5 to be the first to tell someone some bad news (비밀을) 털어놓다, 누설하다, 소식을 전하다: Who will *break* the bad news to him? 누가 그에게 그 나쁜 소식을 전하겠는가?

6 to stop the bad habit 나쁜 버릇을 버리다: He should *break* off the smoking habit. 그는 흡연 습관을 버려야 한다.

vi. **to come to an end** 끝나다, 중지되다, 멈추다: The heavy rain will *break* late in the afternoon. 폭우는 오후 늦게 멈출 것이다.

n. **1 the act of breaking** 중단, 중지: There was a service *break* of the subway Line 2 for nearly half an hour this afternoon. 오늘 오후에 거의 30분 동안 지하철 2호선 운행이 중단되었다.

2 a pause for taking a rest between doing something 잠시의 휴식, 쉼: Let's take a 10 minute *break* after class. 수업이 끝난 후 10분간 쉽시다.

·관련표현·

break the neck 목뼈를 부러뜨리다
break one's word[promise] 약속을 어기다
break into 침입[난입]하다
break the ice 어색한 분위기를 깨다
Give me a *break*. 한 번 더 기회를 다오.
break the record 기록을 갱신하다(=set the record)
record-*breaking* 기록적인(=record-setting)

syn. burst, shatter, destroy, ruin, intermission
ant. repair, continuation

|실전문제|

1. 다음에 주어진 뜻풀이 가운데서 밑줄 친 break의 의미로 가장 적절한 것은?

They put forward new proposals to break into the deadlock between the two countries.

(1) to violate (a law or regulation)
(2) to be the first to tell someone some bad news
(3) to stop something from continuing
(4) to cause to separate into parts suddenly or violently

해설 | deadlock이라는 단어의 뜻을 알면 쉽게 답을 찾을 수 있다. (3) 「그들은 그 두 나라 사이의 교착상태를 끝내기 위한 새로운 제안을 제시했다.」

2. 다음 문장에서 밑줄 친 숙어와 뜻이 가장 비슷한 것을 고르시오.

It was interrupted so often that he broke off his speech.

(1) got angry   (2) burst into tears during the speech
(3) stopped speaking (4) shouted violently

해설 | break off one's speech는 '연설을 중지하다'의 뜻이므로, (3)이 정답이다. (1)은 '화를 내다', (2)는 '연설하는 동안 울음을 터뜨리다', 그리고 (4)는 '큰 소리로 [격렬하게] 소리치다'의 뜻이다. (3) 「너무나 빈번이 연설이 중단된 나머지, 그는 도중에 연설을 그만두었다.」

□ breakthrough [bréikθrù:]

n. **important development or achievement** (과학, 기술, 의학 등의) 큰[획기적인] 발전: There is a major *breakthrough* in the treatment of incurable disease. 불치병의 치료에 있어서 획기적인 진전이 있었다. / They made a dramatic *breakthrough* in the non-nuclear proliferation talks. 그들은 핵 확산 금지 조약에 있어서 극적인 돌파구[대진전]를 이룩했다.

·관련표현·

achieve[make] a *breakthrough*
획기적인 진전을 달성하다

***breakthrough* bleeding** (피임약 복용의 부작용으로 인한) 비생리기 자궁출혈

syn. advancement, progress

|실전문제|

다음 문장에서 breakthrough와 뜻이 가장 가까운 단어를 고르시오.

We feel protected by reference to statistics and yet we know that the major breakthrough in knowledge have their origins in those non-rational intuitions that burst unexpectedly from the imaginative depths of personality.

(1) advance　　　　　(2) errors
(3) operations　　　 (4) ruins

해설 | breakthrough는 '획기적 발전'이나 '해결의 돌파구'를 뜻하며, '발전'을 뜻하는 (1)이 정답이다. (2)는 '실수(=mistake)', (3)은 '수술, (기계의) 작동, (공장, 회사의) 운영', (4)는 '폐허, 잔해' 등을 뜻한다. (1) 「우리는 보통 통계를 의존하지만, 지식의 큰 발전은 창의력이 풍부한 인성으로부터 예상치 못하게 발생하는 비이성적인 직관에서 그 기원을 찾을 수 있다는 것을 알고 있다.」

□ bright [brait]

a. **1 giving out light very strongly** 빛나는, 광채 나는: The *bright* light could hurt our eyes. 광채는 우리 눈에 상처를 낼 수도 있다.

2 smart and quick at learning 머리가 좋은, 영리한: The manager came up with *bright* ideas at a strategic meeting. 그 매니저는 전략회의에서 기발한 아이디어를 제시했다.

3 likely to be pleasant or successful (미래가) 밝거나 성공할 것 같은: The future prospects for the automobile industry are much *brighter* than now. 자동차 산업의 미래 전망은 지금보다 훨씬 밝다.

4 cheerful or full of life 명랑하거나 원기 있는: The children's *bright* laughter could be heard throughout the house. 아이들의 명랑한 웃음소리는 집 전체까지 들릴 수 있었다.

·파생어·

brighten 밝게 하다, 반짝이다, 쾌활해지다

brightish 조금 밝은

brightly 밝게, 즐거운 듯이

brightness 빛남, 선명, 영특함

·관련표현·

look on the *bright* **side of things** 일을 낙관하다

as *bright* **as a button**
아주 활발핸영리한]

keep a *bright* **lookout** 방심하지 않고 감시하다

***bright* and early** 아침 일찍

a *bright* **red** 밝은 적색

syn. glowing, luminous, brilliant, shining, cheerful
ant. dull, gloomy, dim

|실전문제|

다음에 주어진 뜻풀이 가운데서 밑줄 친 brighter의 의미로 가장 적절한 것은?

There are a lot brighter prospects for a comprehensive settlement than ever before.

(1) cheerful or full of life　　　 (2) likely to be pleasant or successful
(3) smart and quick at learning　(4) giving out light very strongly

해설 | brighter가 수식하는 명사인 prospects(전망)의 뜻을 생각해 보면 '보다 밝은 전망'이 된다. (2) 「전보다도 포괄적인 해결에 대한 전망이 한층 더 밝다.」

bring [briŋ]

vt. **1 to come with someone or something to a place** 데려오다, 가지고 오다: Come to my birthday party and *bring* a girlfriend with you. 내 생일 파티에 여자 친구를 데리고 와. / *Bring* the dessert to the table. 식탁에 디저트를 가지고 와.

2 to cause something or someone to be in certain state or condition 초래하다, 일으키다: What *brought* you here? 무슨 일로 여기 왔느냐? / April showers *bring* May flowers. 4월의 소나기는 5월의 꽃들을 피게 한다.

3 to make people experience a particular feeling, situation, or quality 생각나게 하다: Your story *brings* to mind my mother in the country. 너의 이야기를 들으니 시골에 계신 어머니 생각이 난다.

·관련표현·
***bring* back** 되돌리다, 되부르다
***bring* forward** 제출하다(=submit)
***bringing*-up** 양육(=upbringing)
***bring* an action against ~**
~을 상대로 소송을 제기하다

syn. carry, deliver, start, generate, sell for
ant. send, prevent, nullify, abolish, revoke

|실전문제|
다음 문장에서 밑줄 친 bring on의 뜻과 가장 비슷한 단어를 고르시오.

It seems likely that human beings who can put men on the moon and produce computers can bring on another miracle.

(1) raise   (2) cause
(3) propose   (4) terminate

해설 | (1)은 '증가시키다, 양육하다(=rear, educate)' 뜻을 나타내며, bring up이라는 숙어로 표현할 수 있다. (2)는 '야기하다, 초래하다'의 뜻으로 bring on으로 표현할 수 있고, (3)은 '제안하다'로 bring forward로 나타낼 수 있다. (4)는 '끝내다'의 뜻으로 bring off로 표현할 수 있다. (2) 「달에 사람을 보내고 컴퓨터를 만들 수 있는 인류는 또 다른 새로운 기적을 일으킬 것으로 보인다.」

budget [bʌ́dʒit]

n. **1 a plan of how to spend money** 예산: The federal *budget* must be approved by congress. 미 연방 예산은 국회의 승인을 받아야 한다.

2 an official statement made once a year giving details of what a government plans to spend 예산안: The prime minister is going to present his government *budget* to Parliament sometimes this week. 수상은 이번 주 언젠가 정부 예산안을 국회에 제출할 것이다.

·파생어·
budgetary 예산의
budgeteer 예산 위원,
예산을 짜는 사람(=budgeter)

·관련표현·
make a *budget* 예산을 편성하다
balance the *budget*
수지 균형을 맞추다

***vt.* to make plans for the careful use of time or money** (돈이나 시간을) 절약해서 쓰도록 계획을 짜다: Smart people *budget* their income. 현명한 사람들은 수입금을 어떻게 쓸까 계획을 세운다. / Students must *budget* their time during school days. 학생들은 학창 시절에 시간을 아껴 써야 한다.

budget one's time[money] 시간[돈]을 절약해서 쓰다
within[below] *budget* 예산 내에서
research *budget* 연구 예산
make a big cut in the education *budget* 교육 예산을 크게 삭감하다

syn. financial plan, allowance, funds, spending plan

|실전문제|

다음 문장의 정의에 해당되는 단어를 고르시오.

a plan to show how much money a person or organization will earn, and how much they will need or be able to spend

(1) account   (2) assurance
(3) budget   (4) subscription

해설 | 개인이나 단체가 벌게 되거나, 그들에게 필요하거나 지출 가능한 금액에 대한 '계획(안)'을 말하므로 (3)의 '예산(안)'이 정답이다. (1)은 '계좌, 거래처'의 뜻이고, (2)는 '확신', (4)는 '(신문, 잡지의) 구독'을 뜻한다. (3)「개인이나 단체가 벌어들인 금액과 필요로 하는 금액, 또는 지출 가능한 금액을 보여 주는 계획안」

☐ **build** [bild]

***vt.* 1 to form by combining materials; construct** 건축하다, 세우다: The school is *building* a larger gymnasium and a dormitory. 그 학교는 체육관과 기숙사를 더 크게 짓고 있다.

2 to develop, form, or create 가르쳐서 만들다: Hard work *builds* up character. 근면은 성격을 형성한다.

3 to gather or make money or reputation (재산, 명성을) 쌓다[모으다]: Don't try to *build* a fortune only. 재산만 모으려고 하지 마.

***vi.* to rely on** 기대하다: You must not *build* on his promise. 그의 약속을 믿지 마.

***n.* the shape or size of the human body** 체격, 골격: He's described as around 40 years old, six inches tall and of medium *build*. 그는 약 40세이며, 키가 6인치이며 중간 체격의 사람으로 묘사된다.

· 파생어 ·
built-in 붙박이로 넣은
builder 건축업자, 건설자
building 건축, 건설, 건축물
buildup 조립, 형성, 증강

· 관련표현 ·
build a fire 불을 지피다(=make a fire)
build into 붙박이로 짜 넣다
a well-***built*** man 체격이 좋은 사람
a ***build***-in bookcase 붙박이 책장

syn. assemble, construct, erect, make
ant. destroy, demolish

|실전문제|

다음에 주어진 뜻풀이 가운데서 밑줄 친 built의 의미로 가장 적절한 것은?

He and his partner set up on their own and built a successful computer software company.

(1) to gather or make money or reputation
(2) to rely on
(3) to form by combining materials; construct
(4) to develop, form, or create

해설 | 뒤에 회사(company)가 따라오므로 '설립하다' 또는 '만들다'의 뜻으로 사용되고 있다. (3)「그와 동업자는 그들 자신의 힘으로 성공적인 컴퓨터 소프트웨어 회사를 설립했다.」

business [bíznis]

n. **1 job or occupation** 직업, 사업: What *business* are you in? 어떤 사업을 하십니까?

2 trade or commerce 거래, 장사: It's a pleasure to do *business* with you. 당신과 거래하게 되어 기쁘군요.

3 a firm or enterprise 회사, 기업: He owns a small *business* in downtown New York. 그는 뉴욕 시내에 작은 업체[회사]를 소유하고 있다.

4 one's concern or affair 용건, 볼일, 관심사: My personal life is none of your *business*. 내 개인 생활에 참견하지 마.

|실전문제|

다음에 주어진 뜻풀이 가운데서 밑줄 친 business의 의미로 가장 적절한 것은?

The club has made a contact with a local business for sponsorship.

(1) one's own concern or affair (2) job or occupation
(3) trade or commerce (4) a firm or enterprise

해설 | make a contact(접촉하다)와 sponsorship(후원)으로 business가 '회사, 기업'임을 쉽게 알 수 있다. (4) 「그 클럽은 후원을 받기 위해 지방 기업과 접촉을 했다.」

· 파생어 ·

businesslike 사무적인, 실질적
businessman 사업가, 실업가
(=business people[person])

· 관련표현 ·

business administration
경영학(=management)
business card 사업상의 명함
business hours 영업시간,
업무 시간(=office hour)
business suit 정장(=formal suit)
business trip 출장
It's none of your *business*.
네가 참견할 바가 아니야.
Everybody's *business* is nobody's business.
((속담)) 공동 책임은 무책임.
a place of *business* 영업소

syn. transaction, occupation, trade, enterprise
ant. matter

but [bʌt]

conj. **1 against what might be expected** 그러나, 하지만: He has made a great fortune, *but* he looked lonely. 그는 큰돈을 모았지만 쓸쓸해 보였다.

2 on the other hand 반면에: These changes will cost quite a bit, *but* they will save us money in the long run. 이러한 변화에는 약간의 비용이 드는 반면, 결국은 돈을 절약해 줄 것이다.

prep. **other than; except** ~을 제외하고: You can come here any day *but* Monday. 당신은 월요일을 제외하고는 언제라도 여기에 올 수 있습니다.

ad. **only or just** 다만, 단지: He is still *but* a child. 그는 아직까지 단지 아이에 불과하다.

|실전문제|

다음 밑줄 친 but과 의미가 같은 but이 나온 문장을 고르시오.

Life is but an empty dream.

(1) There is no man but loves his home.
(2) We go to school every day but Sunday.
(3) It never rains but it pours.
(4) This took him but a few minutes.

· 관련표현 ·

It never rains *but* it pours.
재난은 반드시 한꺼번에 겹친다.
all *but* 거의(=almost)
anything *but* 결코 ~않는(=never)
nothing *but* 단지 ~에 불과한(=only)
cannot *but* + 동사원형
~하지 않을 수 없다(=cannot help ~ing)
not A *but* B A가 아니라 B인
not only A *but* (also) B
A뿐만 아니라 B도

syn. however

해설 | 지문의 but은 '다만, 오직, 단지' 등의 뜻을 나타내며, '인생이란 공허한 꿈에 지나지 않는다.'의 의미이다. 즉, 이때의 but은 only의 뜻으로 사용되었는데, (4)가 '이 일을 하는 데 그에게는 몇 분밖에 걸리지 않았다.'의 뜻으로 only의 의미로 사용되어서 정답이다. (1)은 but 앞에 선행사인 man이 있고, 뒤에는 동사가 따라오므로 '주격대명사'처럼 사용된 '유사관계대명사'로 사용되었고, (2)의 but은 '~를 제외하고(=except)'의 뜻이며, (3)은 except의 뜻이며, It never rains without pouring.과 의미가 같다. (4)「인생이란 공허한 꿈에 지나지 않는다.」

buy [bai]

vt. **1 to obtain by paying money for it** 사다, 구입하다: They cannot afford to *buy* such a big apartment. 그들은 그렇게 큰 아파트를 살 여유가 없다.

2 to believe that something is true (의견을) 받아들이다, 믿다: I won't *buy* such a nonsense. 나는 그런 터무니없는 말을 믿지 않겠어. / Because it's a good idea, I'll *buy* it. 좋은 생각이니까 그것을 받아들이겠습니다.

3 to bribe (사람을) 매수하다: Honest politicians cannot be *bought*. 정직한 정치가들은 매수할 수 없다.

4 to obtain by offering or giving up something in return (대가, 희생을 치르고) 얻다, 획득하다: For him, affluence was *bought* at the price of hard work to achieve his goal. 그에게 있어서, 부는 목표를 달성하기 위한 근면의 대가로 얻어진 것이다.

n. **something bought at a cheap price but in good quality** 싸게 잘 산 물건: It was a really good *buy* at 5 dollars. 그것을 단 5달러에 주고 싸게 샀다.

· 파생어 ·
buy-in (경매의 최저 가격 이하의) 낙찰; (주식의) 매입
buy-off 매점(=buy-out, buyup)
buyback 되사기, 주식 환매
buyer 소비자, 구매자

· 관련표현 ·
buy off
매수(매점)하다(=buy out, buy over)
Buy American
((표어)) 미국 상품 우선 구매
buying power
구매력(=purchasing power)
buyers' market
(수요보다 공급이 많은) 구매자 시장

syn. purchase, procure, get, deal
ant. sell

|실전문제|

다음에 주어진 뜻풀이 가운데서 밑줄 친 <u>buying</u>의 의미로 가장 적절한 것은?

I'm not <u>buying</u> any of the nonsense.

(1) to obtain by offering or giving up something in return
(2) to believe that something is true
(3) to obtain by paying money for it
(4) to bribe

해설 | 목적어인 nonsense(터무니없는 말)란 단어에서 동사인 buy의 뜻을 짐작할 수 있다. (2)「나는 그런 터무니없는 말은 하나도 믿지 않겠어.」

☐ **by** [bai]

ad., prep. **1 through the use or means of** (행위, 교통수단, 방법의) 수단을 이용해서, ~을 타고: You can also reserve ticket *by* phone. 전화로도 표를 예약할 수 있습니다.

2 near or beside 옆에, 근처에: She is standing *by* the window. 그녀는 창 옆에 서 있다.

3 with the use or help of ~을 통하여: He came in *by* the back door. 그는 뒷문을 통해서 들어왔다.

4 to the amount or degree of (정도, 비유에서) ~만큼, ~정도로: The price of oil rose *by* 5 dollars a barrel. 석유 가격이 배럴당 5달러나 올랐다.

5 not later than; before (시간의 완료) ~때까지: You should finish this project *by* the end of the month. 월말까지 이 프로젝트를 끝내야 한다.

· 관련표현 ·

by **and** *by* 이윽고, 얼마 안 있어서
by **and large** 대체로(=on the whole), 전반적으로
little *by* **little** 조금 조금씩
one *by* **one** 하나하나씩
by **oneself** 홀로(=alone)
by **the way** (화제를 전환할 때 쓰는 표현) 그런데
by-**election** 중간 선거, 보궐 선거
by-**product** 부산물, 부작용
bystander 방관자, 구경꾼
by-**talk** 여담, 잡담

syn. beside, next to

|실전문제|

다음 밑줄 친 숙어와 뜻이 가장 가까운 단어를 고르시오.

That is why, <u>by and large</u>, the twentieth century is over.

(1) partly   (2) gradually
(3) greatly   (4) generally

해설 | 본문의 by and large는 문맥을 볼 때, '대체로, 일반적으로'라는 의미로 사용되었으므로, (4)가 정답이다. (1)은 '부분적으로'라는 의미를 나타내며, (2)는 '점차[점진]적으로' 그리고 (3)은 '대단히, 크게' 등의 뜻이다. (4)「그러한 까닭에, 20세기는 대체로 끝난 것이다.」

calculate [kǽlkjulèit]

vt. 1 to reckon or count 계산하다: Income tax is *calculated* on a percentage of net income minus exceptions and deductions. 소득세는 면제와 공제를 뺀 순소득을 기반으로 계산된다.

2 to judge or estimate 판단하거나 평가하다: I *calculate* we'll expand our business to a few countries sooner or later. 나는 우리가 조만간에 몇몇 나라로 사업을 확장할 것으로 판단한다.

3 to project or intend 적합하게 하다, 의도하다: The president's speech was *calculated* to ease world tensions. 그 대통령의 연설은 세계 긴장을 완화시키려는 의도였다. / The office supplies are not *calculated* to serve such purposes. 그 사무용품들은 그러한 목적에 적합하도록 만들어진 것이 아니다.

vi. to predict consequences 기대하다, 예측하다: We *calculate* on his doing a good job. 우리는 그가 일을 잘 해내리라 기대하고 있다.

|실전문제|

다음에 주어진 뜻풀이 가운데서 밑줄 친 <u>calculate</u>의 의미로 가장 적절한 것은?

Evaluation records will be used to <u>calculate</u> employee bonuses.

(1) to predict consequences (2) to project or intend
(3) to judge or estimate (4) to reckon or count

해설 | 대개 동사의 뜻을 알려고 하면 타동사일 경우 그 목적어와의 연결을 보면 알 수 있는데, 이때는 '직원들의 상여금' 이 목적어이므로 '직원의 상여금을 계산하다' 라고 해야 자연스럽다. (4) 「평가 기록이 직원들의 상여금을 계산하는 데 이용될 것이다.」

·파생어·
calculated 계산된, 계획적인
calculating 계산하는, 빈틈없는
calculation 계산, 예상, 신중한 계획
calculator 계산기

·관련표현·
calculate on ~ ~를 예상[기대]하다
calculated crime 계획된 범죄
well *calculated* 면밀히 계획된
calculating machine 계산기(=calculator)
make a *calculation* 계산하다(=calculate)
after much *calculation* 숙고한 끝에
a pocket *calculator* 소형 계산기

syn. count, figure, sum up

calm [kɑːm]

a. 1 free from excitement or strong activity; quiet 고요한, 조용한, (파도가) 잔잔한: The defendant remained *calm* thorough the trial. 피고는 재판이 끝날 때까지 조용하게 있었다.

2 not windy 바람이 잔잔한: After the storm, it was *calm*. 폭풍이 지난 후 바람이 잔잔했다.

n. peace and being quiet 고요함, 잔잔함: He is studying hard in the *calm* of the library. 그는 조용한 도서관에서 열심히 공부하고 있다.

·파생어·
calmy 냉정하게, 침착하게
calmness 냉정, 침착, 고요함[평온함]

·관련표현·
the region of *calm*
(적도 부근의) 무풍지대
calm down a child 아이를 달래다
calm oneself 마음을 가라앉히다
calm weather 바람이 거의 없는 날씨

vt., vi. to make calm, or to reduce the pain (분노, 흥분을) 가라앉히다, 안정시키다: This pill will *calm* the pain. 이 알약을 복용하면 고통이 덜할 것이다. / She *calmed* the baby by giving him some milk. 그녀는 우유를 주어 아기를 달랬다.

|실전문제|
다음의 영문 설명에 해당하는 단어를 고르시오.
free from excitement, nervous activity or strong feeling
(1) sleepless   (2) thoughtful
(3) vacant   (4) calm

해설 | from ~ 이하로부터 자유롭다고 했으므로 (4) calm(고요한, 평온한)밖에 답이 될 수 없다. (1)은 '불면의', (2)는 '생각이 깊은, 사려가 깊은'의 뜻이며, 그리고 (3)은 '(공간이나 방, 사무실 등이) 빈, 공허한'의 뜻이다. (4) 「흥분, 신경질적인 행동, 극한 감정으로부터 자유로운」

calm down (노여움·흥분을) 가라앉히다: (바다·기분·정정[政情] 등이) 가라앉다
as *calm* as a millpond
〈바다 등이〉(거울처럼) 고요한, 잔잔한

syn. motionless, quiet, still, unexcited, peaceful
ant. disturbed, violent, agitated, stormy, excited, worried

call [kɔːl]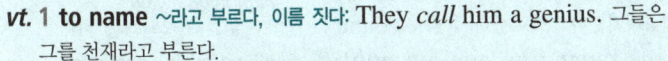

vt. 1 to name ~라고 부르다, 이름 짓다: They *call* him a genius. 그들은 그를 천재라고 부른다.

2 to telephone 전화를 걸다: I'll *call* you as soon as I'm back from the business trip. 출장에서 돌아오는 즉시 전화를 드리겠습니다.

3 to ask (someone) to come by telephoning 전화로 ~을 오라고 하다: If you don't get out now, I'll *call* the police. 지금 나가지 않으면 경찰을 부르겠소.

4 to ask or order (someone) to come 소집하다, 불러내다: The city authorities *called* the civic groups to a meeting. 시 당국은 시민 단체를 회의에 불렀다.

5 to consider to be 간주하다, 평가하다: I don't *call* Japanese a difficult language to learn. 나는 일본어를 배우기 어려운 언어로 간주하지 않는다.

6 to announce or declare 선언하다, 선포하다: The union *called* a strike. 노조는 파업을 선언했다.

vi. to visit or stop by 잠시 방문하다: The recycling agency *called* on me to collect old electronic goods. 재활용 단체가 오래된 전자 제품을 수거하기 위해 내 집을 방문했다.

n. 1 a shout or cry 외침이나 부르는 소리: Did you hear a *call* for help? 도움을 청하는 소리를 들었니?

2 a telephone call 전화 통화: She gave me a *call* of appreciation a few days ago. 그녀는 며칠 전에 나에게 감사의 전화를 했다.

3 a short visit 짧은 방문: The doctor doesn't make house *calls*. 그 의사는 왕진은 하지 않는다.

· 파생어 ·
caller 방문자; 전화 거는 사람
calling 부름, 소집; 신의 소명

· 관련표현 ·
***call* money** 요구불 단기 차입금
***call* after ~**
~을 따라서 이름 짓다(=name after)
***call* back** 다시 전화하다
***call* for** 요구하다
***call* in sick** 전화로 병결을 알리다
***call* it a day** (그날 하루 일을) 끝내다, 마감하다; 일시중단하다
***call* off** 취소하다(=cancel)
on[at] *call* 부르면 곧 응하게 대기하는
pay a *call* 방문하다(=pay a visit)
***call* on ~** ~을 방문하다(=visit)
what is *called*
소위(=so-*called*, what we[they] *called*)
calling card 명함(=visiting card)

syn. name, designate, summon, announce, telephone, clamor, shout
ant. whisper, excuse

| 실전문제 |

다음에 주어진 뜻풀이 가운데서 밑줄 친 call의 의미로 가장 적절한 것은?

Almost all workers followed the decision of the trade unions to call a nation-wide strike.

(1) to consider to be
(2) to announce that something will happen
(3) to ask or order someone to come
(4) to ask someone to come by telephoning

해설 | 뒤에 목적어로 strike(파업)가 따라오므로 call의 의미는 '선언하다'임을 쉽게 알 수 있다. (2) 「거의 모든 근로자들은 전국적인 파업을 선언하자는 무역 노조의 결정을 따랐다.」

campaign [kæmpéin]

n. 1 a set of activities in order to achieve political, commercial or social changes or purposes (정치, 사회적인) 조직적 운동: During his election *campaign*, the top candidate promised to put the domestic economy back on its feet. 선거 운동 기간에, 최고의 후보는 국내 경제를 다시 회복시키겠다고 약속했다. / The country has launched a nationwide *campaign* against public smoking. 그 나라는 전국적인 금연 운동을 시작했다. / The company will start a new sales *campaign* to boost sales. 그 회사는 판매를 증가시키기 위해 새로운 판매 촉진 운동을 시작할 것이다.

2 a series of planned military movements 일련의 군사 행위[움직임]: The allies are intensifying their air *campaign* against enemy positions. 연합군들은 적진에 대한 공습을 강화하고 있다.

vi. to go on a campaign or take part in it 운동에 참가하다, 운동을 벌이다: Some female workers in the company are *campaigning* for women's right to equal pay. 그 회사의 몇몇 여직원들은 남성과 동일한 봉급을 받을 수 있는 여성의 권리를 위한 운동에 참가하고 있다.

· 파생어 ·
campaigner 운동가, 종군자

· 관련표현 ·
campaign fund 선거 자금
campaign swing
선거 유세 여행(=*campaign* trail)
a fund-raising **campaign**
모금 운동
a **campaign** for world peace
세계 평화 운동
a **campaign** against air pollution 대기 오염[공해] 반대 운동
an advertising **campaign**
광고 활동
a bombing **campaign** 폭탄 공습
a worldwide **campaign**
세계적인 운동
campaign for ~
~에 찬성하는 운동을 하다
on **campaign** 종군하여,
출정 중; 운동[유세]에 나서

syn. strategy, maneuvers, tactic, operation, lobby

| 실전문제 |

다음에 주어진 뜻풀이 가운데서 밑줄 친 campaign의 의미로 가장 적절한 것은?

The desert campaign was won with tanks and armed vehicles.

(1) opposing or approving social activities
(2) a series of planned military movements
(3) a set of activities in order to achieve political, commercial or social changes or purposes
(4) a test of strength, skill, or ability

해설 | 탱크와 장갑차가 나오므로 군대의 '공습[공격]' 으로 짐작할 수 있다. (4)는 '경쟁' 이란 competition의 영영 정의이다. (2) 「사막 공습은 탱크와 장갑차로 승리를 거두었다.」

cancel [kǽnsəl]

vt. 1 to give up a planned event or activity (계획된 행사나 활동을) 취소하다: We *canceled* our hotel reservations and stayed with friends. 우리는 호텔 예약을 취소하고 친구들 집에 머물렀다.

2 to destroy the force, effectiveness, or value (서류, 증서, 부채 등의) 힘, 효력, 가치 등을 소멸시키다: There has been a call for Third World debt to be *cancelled*. 제3세계의 부채를 탕감해 주자는 요구가 있어왔다.

3 to stop from having any effect 상쇄하다: The losses of our overseas branches *cancels* out the profits made by the auto company at home. 그 자동차 국내 회사의 이익은 해외 지점에서의 손실을 상쇄한다. / His weakness *cancels* out his virtues. 그의 약점이 장점을 소멸시킨다.

4 to mark a stamp or a check to show that it has already been used and cannot be used again (우표나 수표를) 선을 그어 지우다: The new machine can also *cancel* the check after the transaction is over. 그 새로운 기계는 거래가 끝난 후 그 수표에 선을 그어 폐기할 수 있다.

|실전문제|

다음에 주어진 뜻풀이 가운데서 밑줄 친 <u>cancelled</u>의 의미로 가장 적절한 것은?

I have <u>cancelled</u> my subscription to the newspaper.

(1) to stop from having any effect
(2) to destroy the force, effectiveness, or value
(3) to mark a stamp or a check to show that it has already been used and cannot be used again
(4) to give up a planned event or activity

해설 | 이때의 cancel은 구독(subscription)의 효력을 소멸시키는 것으로 볼 수 있다. (2) 「나는 그 신문 구독을 취소했다.」

·파생어·
cancelled 취소된
cancellation 취소, 말살, 해제
cancellable 취소[해제]할 수 있는

·관련표현·
cancel the appointment
약속을 취소하다
cancel the contract
계약을 취소하다
cancel permission 허가를 취소하다
cancel a stamp 우표에 소인을 찍다
cancelled check
지급이 끝나서 필요 없게 된 수표

syn. quash, revoke, offset, compensate for
ant. confirm, affirm, implement, enforce

capability [kèipəbíləti]

n. 1 the ability to do something 능력, 역량: People experience differences in physical and mental *capability* depending on the time of the day. 사람들은 하루 중 특정한 시간에 따라 신체적, 정신적 능력의 차이를 경험한다. / The company is looking for a computer designer with a good graphics *capability*. 그 회사에서는 그래픽에 좋은 소질이 있는 컴퓨터 디자이너를 찾고 있다.

2 the power or weapons that a country has for war or for military action 국가의 전쟁 능력: The country has virtually no militaty *capability* of its own. 그 나라는 사실상 자체적인 군사력이 없다.

·파생어·
capable 유능한, 능력이 있는
capably 유능하게, 훌륭하게
incapability 불능, 무능

·관련표현·
military *capability* 군사 능력
physical *capability* 신체적 능력
nuclear *capability* 핵전쟁 능력
a man of great *capabilities*
장래가 유망한 사람

113

| 실전문제 |

다음 밑줄 친 capabilities와 뜻이 가장 가까운 단어를 고르시오.

Early upbringing in the home is affected by the cultural pattern of the community and by parents' capabilities, as well as their hopes and desires for the child's future.

(1) acceptability (2) availabilities
(3) visibilities (4) capacities

해설 | capabilities는 일반적으로 '할 수 있는 능력이나 재능 또는 이런 가능성'을 뜻하는 단어인데 (4)의 capacities가 '능력'이란 뜻이며, drinking capacity는 '주량'을 뜻한다. 또한 ability도 동의어에 속한다. 그리고 (2)는 '이용도'나 '유효성'을 뜻하며 (3)은 '시야, 시계'를 의미한다. (4)「가정에서의 유년기 예의범절은 아이의 장래에 대한 부모의 희망이나 소원 그리고 지역 사회의 문화 유형이나 부모의 능력에 영향을 받는다.」

☐ **capacity** [kəpǽsəti]

n. **1 the amount something can hold or contain** 용량, 용적: The fuel tank has a *capacity* of 15 gallons. 그 연료 탱크는 15갤런의 용량을 가지고 있다.

2 the quantity or amount of things that a factory or industry can produce (공장의) 최대 생산 능력: This factory has a productive *capacity* of 250 cars per week. 이 공장은 주당 250대의 차를 생산해 낼 수 있는 능력을 가지고 있다.

3 an ability to do something 능력, 재능: Einstein was a man of overwhelming *capacity*. 아인슈타인은 재능이 굉장히 뛰어난 사람이었다. / His *capacity* to count numbers is remarkable. 숫자 계산에 대한 그의 능력은 놀랄 만하다.

4 a particular position, duty, or function 자격, 입장: In his *capacity* as Commander-in-chief, the president is the head of the armed forces. 대통령은 총사령관의 자격으로서, 군대의 우두머리이다.

| 실전문제 |

다음에 주어진 뜻풀이 가운데서 밑줄 친 capacity의 의미로 가장 적절한 것은?

The United States has the capacity to outproduce all other nations.

(1) a particular position, duty, or function
(2) the amount something can hold or contain
(3) the quantity or amount of things that a factory or industry can produce
(4) an ability to do something

해설 | 다른 국가들보다 미국의 생산 능력이 뛰어나다는 것을 말하는 문장으로, '더 많이 생산할 수 있는 능력'을 말한다. (3)「미국은 다른 모든 국가들보다 더 많이 생산할 수 있는 능력을 갖추고 있다.」

---

have *capability* to ~
~할 능력이 있다

capable of ~ ~에 능숙한

syn. ability, capacity, skill, know-how, talent, gift
ant. inability, impotency, incompetence

· 파생어 ·

capable 유능한, ~할 능력이 있는

capacitate 가능하게 하다, 능력[자격]을 주다

capacious 포용력이 있는, 도량이 넓은, 많이 들어가는

· 관련표현 ·

seating *capacity*
경기장이나 극장의 수용 능력

a man of great *capacity*
대수완가

at full *capacity* (공장이) 풀가동 중인
e.g. work at full *capacity* 전면가동하여 일하다

be filled to *capacity* 꽉 차다, 초만원이다

in a civil *capacity* 한 시민의 자격으로

in a *capacity* of father
아버지의 자격으로

expand plant *capacity*
공장의 생산 능력을 확대하다

to *capacity* 최대한으로, 꽉 차게

plant *capacity* 공장의 생산력

syn. maximum contents, faculty, ability, talent, position
ant. inability, incapacity

capital [kǽpitl]

n. 1 the seat of government; a city that is the center of a specific activity 수도; 중심지: Beijing is the *capital* of China. 베이징(북경)은 중국의 수도이다.

2 money needed to start a business 자본금, 밑천: It needs a plenty of *capital* to start your own business. 당신의 사업을 시작하는 데는 많은 자본이 필요하다.

3 a large form of a letter used to begin sentences 대문자: The middle-aged gentleman wrote his name in *capitals*. 중년의 그 신사는 자기 이름을 대문자로 썼다.

a. 1 excellent or first-rate 훌륭한, 일류의: It was a *capital* idea. 그것 참 좋은 생각이었어.

2 of or relating to financial assets 자본의: We need a big *capital* investment to build railways across the river. 우리는 강을 가로지르는 철로를 건설하기 위해서 많은 자본 투자가 필요하다.

3 perishable by death 사형에 처할 만한, 중대한: The spy got a *capital* punishment. 그 간첩은 사형을 선고받았다.

|실전문제|

다음에 주어진 뜻풀이 가운데서 밑줄 친 capital의 의미로 가장 적절한 것은?

Detroit is the <u>capital</u> of the automobile industry, and Hollywood is that of the movie industry.

(1) a large form of a letter used to begin sentences
(2) the seat of government; a city that is the center of a specific activity
(3) money needed to start a business
(4) the legislative building of the U.S. government

해설 | 문맥상 자동차 산업의 '중심지'라는 내용이며, 뒤에도 할리우드는 영화 산업의 '중심지'라는 의미이다. 명사의 반복을 피하고자, 그 명사가 단수일 때 뒤에 that을, 복수일 때 those를 사용한다. (2) 「디트로이트는 자동차 산업의, 그리고 할리우드는 영화 산업의 중심지이다.」

·파생어·
capitalism 자본주의
capitalist 자본주의자
capitalistic 자본주의의
capitalize 대문자로 쓰다: ~에 편승하다 《on》
capitalization 대문자 사용; 자본화

·관련표현·
capital **letter** 대문자(=capital)
capital **control** 자본 규제
capital **gains tax** 자본 이득세
capital-**intensive industry** 자본 집약형 산업
working *capital* 운영 자본
make *capital* **of ~** ~을 이용하다
venture *capital* 위험 부담 자본
with a *capital* **~** (~ 부분에 강조할 단어의 첫 대문자를 두어) 진짜의; 본격적인
capital **loss** 심각한 손실
capitalist **country** 자본주의 국가
venture *capitalist* 모험 투자가

syn. assets, principal, center, chief, excellent
ant. debts, minor

captain [kǽptin]

n. 1 an officer of fairly high rank in the army, the navy and the air force (육군, 공군의) 대위, (해군의) 대령: Five first lieutenants were promoted to *captains*. 5명의 중위들이 대위로 진급되었다.

2 the person in command of a ship or aircraft (배의) 선장, 함장, (항공기의) 기장: William Butler was the *captain* of the airplane when it crashed. 그 비행기가 추락했을 때 기장은 윌리엄 버틀러였다.

3 the person in charge of a sports team (스포츠 팀의) 주장: She is the *captain* of Korea's handball team. 그녀는 한국 핸드볼 팀의 주장이었다.

·파생어·
captaincy 장, 우두머리의 지위[임기]
captainship 통솔력

·관련표현·
the great *captain* **of industry** 대실업가, 대기업의 우두머리
captain **general** 총사령관
captain **the team** 그 팀의 주장이 되다

4 the leader or chief of a group 집단의 장, 우두머리: Robin Hood was the *captain* of a famous rubber band. 로빈후드는 유명한 도적 떼의 우두머리였다.

be the *captain* of one's soul
자신의 운명을 마음먹은 대로 하다
captains of industry 산업계의 거물

syn. commander, chief, boss, commanding officer, leader
ant. follower, member, deckhand

|실전문제|

다음에 주어진 뜻풀이 가운데서 밑줄 친 <u>captain</u>의 의미로 가장 적절한 것은?

Billy Thomas who is the <u>captain</u> of the Los Angeles baseball team collapsed in his bathroom yesterday.

(1) the person in command of a ship or aircraft
(2) the leader or chief of a group
(3) the person in charge of a sports team
(4) an officer of fairly high rank in the army, the navy and the air force

해설 | baseball(야구)과 같이 스포츠팀에서는 그 팀의 주장을 말한다. (3) 「LA 야구팀의 주장인 빌리 토마스가 어제 자기 집 화장실에서 쓰러졌다.」

carbon [ká:rbən]

n. **1 a chemical substance diamonds and coal are made up of** 탄소: *Carbon* dioxide is taken from the air. 공기로부터 이산화탄소를 얻는다.

2 a sheet of carbon paper 복사지: She inserted the paper and two *carbons*. 그녀는 용지와 2장의 복사지를 밀어 넣었다.

·파생어·

carbonate 탄산염으로 바꾸다, 탄화시키다
carbonation 탄산화
carbonic 탄소의, 탄소를 함유하는
carbonize 숯으로 만들다, 탄화하다

·관련표현·

carbonated water 소다수[탄산수]
carbonated drinks 탄산음료
carbon copy
복사본, 꼭 닮은 사람[물건]
carbon dioxide 이산화탄소

|실전문제|

다음 우리말을 읽고 빈칸에 들어갈 적절한 단어를 넣으시오.

2000년에 일본은 이산화탄소 배출량을 1990년 때와 같은 수준으로 유지하도록 압력을 받을 것이다.

In the year 2000, Japan will be obliged to keep its _____ dioxide emission at the same level as in 1990.

(1) hydrogen   (2) nitrogen
(3) carbon   (4) oxygen

해설 | '이산화탄소' 부분을 묻는 문제인데, 탄소가 carbon이며, dioxide라는 단어와 합쳐져서 이산화탄소가 되므로 답은 (3)이다. (1)은 hydro가 물을 뜻하는 접두사로 '수소'를 뜻하며, (2)의 nitro는 질산, 질소라는 뜻으로 '질소'를 뜻하며, (4)의 oxy는 '산소를 함유하는'의 접두사로 '산소'를 뜻한다. hydrogen dioxide는 과산화수소이며, nitrogen dioxide는 이산화질소의 뜻이다. (3)

care [kɛər]

n. **1 the process of looking after someone** 돌봄, 보살핌: The sick man is still under the doctor's *care*. 그 병자는 아직도 의사의 보살핌을 받고 있다.

2 a feeling of worry or concern 〈종종 *pl.*〉 걱정, 근심(사): The mother's major *care* is the safety of her children. 엄마의 최대 걱정은 아이들의 안전이다. / He seems to have all the *cares* of the world. 그는 아주 걱정거리가 많은 듯하다.

3 serious attention or effort 조심, 주의: Handle these fragile items with *care*. 이 깨지기 쉬운 품목을 조심스럽게 다루세요.

vi. **1 to be concerned or worried** 〈부정문, 의문문에서〉 걱정[염려]하다: He doesn't *care* about dress. 그는 옷차림에 대해 걱정하지 않는다.

2 to like 좋아하다: Would you *care* for a cup of coffee? 커피 한 잔 하시겠습니까?

3 to take care of 돌보다: Who will *care* for my pet while I am away on vacation? 내가 멀리 휴가를 떠나 있을 동안 누가 나의 애완동물을 돌보지?

| 실전문제 |

다음에 주어진 뜻풀이 가운데서 밑줄 친 care의 의미로 가장 적절한 것은?

Condoms can be effective method of birth control and AIDS prevention if we use them with <u>care</u>.

(1) worries
(2) a feeling of worry or concern
(3) the process of looking after someone
(4) serious attention or effort

해설 | '전치사 + 추상명사'는 부사의 뜻을 나타내므로 carefully가 되며 '주의 깊게, 조심스럽게'의 뜻이다. (4) 「우리가 주의 깊이 사용하기만 한다면, 콘돔은 산아제한과 에이즈 예방에 효과적일 수 있다.」

· 파생어 ·
carefree 걱정[근심]없는, 태평한
careful 주의 깊은, 조심스러운
carefully 주의 깊게, 면밀히
careless 부주의한, 경솔한, 무관심한

· 관련표현 ·
take *care* 조심[주의]하다, 수고하다
take *care* of ~
~을 돌보다(=look after)
couldn't *care* less
조금도 개의치 않다
I don't *care* if ~ ~해도 괜찮다
care about ~ ~에 관심을 가지다, ~에 개의하다
with *care* 애써서, 조심하여;
n. 취급 주의(짐을 다룰 때의 주의서)
Be *careful*!
조심해!(=Watch out!, Look out!)
Be *careful* about what you're saying. 말 조심해.
a *careless* driver 부주의한 운전자
a *careless* mistake 경솔한 실수
a *careless* attitude 무관심한 태도

syn. concern, worry, attention, carefulness, attend, wait on
ant. carelessness, neglect

carrier [kǽriər]

n. **1 a vehicle that is used for carrying people, especially soldiers or things** 항공모함: There were armored personnel *carriers* and tanks on the streets. 거리에는 병사 수송 장갑차와 탱크들이 있었다.

2 a person or an animal that is infected with a disease and so can make other people ill with the disease (전염병의) 보균자, 매개체: Harsh Arctic climates killed off the *carriers* of disease such as mosquitoes and worms. 혹독한 북극의 날씨는 모기와 벌레들과 같은 질병의 매개체들을 모두 없앴다. / The AIDS *carriers* should be managed well by the health authorities. 에이즈 보균

· 파생어 ·
carry 운반하다; (병을) 옮기다; 휴대하다; 전문적으로 팔다
carriage 차, 탈 것; 운반; 운임

· 관련표현 ·
(aircraft) *carrier* 항공모함
carry disease 병을 옮기다

자들은 보건 당국에 의해 잘 관리되어야 한다.

3 a passenger air plane 여객기, 항공 회사: The airline is Korea's biggest international *carrier*. 그 항공사는 한국에서 가장 큰 국제 항공사이다.

4 a metal frame fixed to a vehicle to hold bags or goods 운반차, 운반 기계: Can you see those weapons *carriers* over there? 저기에 있는 무기 운반차가 보이니?

|실전문제|

다음에 주어진 뜻풀이 가운데서 밑줄 친 carrier의 의미로 가장 적절한 것은?

The aircraft *carrier* was officially launched by the country's president.

(1) a passenger airplane
(2) a vehicle that is used for carrying people, especially soldiers or things
(3) a mental frame fixed to a vehicle to hold bags or goods
(4) a person or an animal that is infected with a disease and so can make other people ill with the disease

해설 | aircraft carrier는 항공모함이라는 뜻으로 군인들이나 비행기, 무기 등을 실어 나르는 역할을 수행한다. (2) 「그 항공모함은 그 나라의 대통령에 의해서 공식적으로 진수되었다.」

carry [kǽri]

vt. 1 to support and move from one place to another 운반하다, (이동 중에) 들고 있다: She's *carrying* a baby on her back. 그녀는 아기를 등에 업고 가고 있다. / The bellhop *carried* my luggage into my room. 호텔의 사환이 나의 짐을 내 방 안으로 운반해 주었다.

2 to pass a disease from one person to another (병을) 전염시키다, 옮기다: Some disease are *carried* by pets. 어떤 질병들은 애완동물에 의해 전염된다.

3 to have goods for sale 팔다, 취급하다: The store *carries* a wide variety of fishing and mountain-climbing equipment. 그 가게는 다양한 낚시 및 등산용품을 취급한다.

4 to have on one's body 휴대하다, 몸에 지니다: He doesn't usually *carry* too much cash with him. 그는 보통 너무 많은 현금을 소지하고 다니지 않는다.

5 to support the weight of 지탱하다: The walls *carry* the weight of the roof. 벽이 지붕의 무게를 지탱하고 있다.

6 to be followed by; accompany 따르다, 수반하다: Freedom *carries* responsibility with it. 자유에는 책임이 따른다.

---

carry ~ too far
~의 도가 너무 지나치다
e.g. Don't *carry* your joke *too far*.
농담을 지나치게 하지 마.

carry-on (bag, luggage)
기내에 가지고 들어갈 수 있는 간단한 짐

carriage of goods 화물 수송

syn. conveyor, transmitter, hauler

· 파생어 ·

carry-in (가전제품을) 수리를 위해 가지고 올 수 있는

carry-on 비행기 내에 휴대할 수 있는 조그만 짐이나 소지품

carry-out 사 가지고 가는 음식 (=takeout)

· 관련표현 ·

be *carried* away 도취되다, 넋을 잃다

carry on ~ ~을 계속하다(=continue)

carry out 수행하다, 성취하다 (=accomplish)

carry weight 영향력이 있다, 중요하다

Don't *carry* your joke too far.
지나친 농담은 하지 마.

carry it off well (난처핸[곤란한] 사태 등을) 잘 헤쳐 나가다

carry the day 승리를 거두다, 성공하다

carry back 도로 가져개[오]다; ~에게 (지난날의 일이) 생각나게 하다

syn. convey, support, bear,

|실전문제|

다음에 주어진 뜻풀이 가운데서 밑줄 친 <u>carrying</u>의 의미로 가장 적절한 것은?

The main reason of people <u>carrying</u> the AIDS virus is the needle sharing among drug addicts or unsafe sex.

(1) to support the weight of
(2) to have goods for sale
(3) to have on one's body
(4) to pass a disease from one person to another

해설 | AIDS virus가 목적어이므로 '바이러스를 감염시키다'는 뜻으로 이해할 수 있다. (4) 「사람들이 에이즈 바이러스를 옮기는 주된 이유는 마약 중독자들 간의 주사기 공유와 안전하지 못한 성 관계 때문이다.」

case [keis]

n. 1 a particular situation or cases 사정, 상황, 경우: In extreme *cases*, insurance companies can prosecute for fraud. 극단적인 경우에는, 보험회사들이 사기로 기소할 수 있다. / It was a *case* of love at first sight. 그것은 첫눈에 반해서 사랑한 경우였다. / Circumstances alter *cases*. ((속담)) 사정에 따라 입장도 바뀐다.

2 a question decided in a court 소송 (사건): The *case* was brought before a jury. 그 사건은 배심원에게로 넘어갔다.

3 a person or an illness doctors treat 환자, 병증: Many cold or flu *cases* come to a hospital in winter. 많은 감기 및 독감 환자들이 겨울에 병원을 찾는다. / There are hundreds of AIDS *cases* in this country alone. 이 나라에서만도 수백 명의 에이즈 환자들이 있다.

4 an instance or an example 예, 사례: The resignation of the personnel director is a *case* in point. 인사 부장의 사임이 그 좋은 예이다. / It's a *case* in point. 그것은 좋은 예가 된다.

5 the form of word that shows its relationship with other words in a sentence (문법에서) 격: "Him" is the object *case* of "he." "Him"은 "he"의 목적격이다.

6 a person who is hard to deal with 다루기 어려운 사람, 괴짜: I have no idea what to do about him, because he's a real *case*. 그는 다루기 어려운 사람이기 때문에 어떻게 해야 할지 모르겠어.

7 a container or covering used to protect or store things 상자, 용기: Put the file in the filing *case* over there. 그 파일을 저기 있는 서류정리용 케이스에 넣어 두세요. / The thieves took a jewel *case*. 도둑들이 보석 상자를 훔쳐 갔다.

sell
ant. drop

· 파생어 ·

casing 포장, 덮개; 상자에 넣기

· 관련표현 ·

in any case 어쨌든, 여하튼(=anyhow)

in case of ~ ~할 경우에(=in the event of ~) (뒤에 명사 또는 명사구가 따라옴)

in case (that) ~ ~할 경우에 (뒤에 주어와 동사가 있는 절이 따라옴)

in nine cases of out of ten 십중팔구로

a case in point 좋은 예, 유례, 적절한 예(경우)

as is often the case 흔히 있는 일이지만

drop a case 소송을 취하하다

win one's case 승소하다
opp. lose one's case 패소하다

case book (법, 의학 등의) 판례집, 사례집

case study 사례 연구

make a case 주장하다

state a case 입장을 설명하다

a criminal case 형사 사건

a divorce case 이혼 소송

a case of now or never 천재일후의 호기

case by case 하나하나씩, 한 건씩 차례대로

syn. instance, event, suit, matter, patient, box, carton

119

|실전문제|

1. 다음에 주어진 뜻풀이 가운데서 밑줄 친 case의 의미로 가장 적절한 것은?

   Members are concerned that a merger might mean higher costs, in which case they would oppose it.

   (1) a question decided in a court
   (2) an instance or an example
   (3) a particular situation or cases
   (4) a person or an illness doctors treat

   해설 | 문맥을 보면 in any case(어쨌든, 어떠한 경우이든)처럼, '경우, 사정'의 뜻으로 쓰이고 있다. (3)「회원들은 기업 합병으로 인해 가격이 오를지도 모른다는 우려 때문에, 어떠한 경우이든 그 합병에 반대할 것이다.」

2. 빈칸에 들어갈 가장 알맞은 단어를 고르시오.

   Don't forget to bring your umbrella in _____ it rains.

   (1) condition   (2) case
   (3) event   (4) possibility

   해설 | 비가 올 경우를 대비해서 우산을 가지고 가라는 이야기이므로, '~할 경우에, ~한 경우를 대비해서'의 뜻을 지닌 in case가 있는 (2)가 정답이다. 이것은 in the event of ~로도 나타낼 수 있고, 전치사구이므로 뒤에 명사(구)가 따라야 한다. 그러나 in case (that) ~, 또는 in the event (that) ~가 될 때는 접속사로 사용되며, 뒤에 주어와 동사가 포함된 절이 따라온다. (1)은 '상태, 상황'의 뜻이고, (3)은 '사건, 행사' 등의 뜻을 나타내며, (4)는 '가능성'을 나타내며 probability, chances 등으로 대신 표현할 수 있다. (2)「비가 올 것을 대비해서 우산을 꼭 가지고 가시오.」

□ **casual** 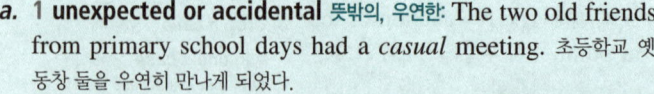[kǽʒuəl]

a. **1 unexpected or accidental** 뜻밖의, 우연한: The two old friends from primary school days had a *casual* meeting. 초등학교 옛 동창 둘을 우연히 만나게 되었다.

2 intended for informal situations or occasions (옷이) 약식의, 격식을 차리지 않은, 평상복의: All the guests invited wore *casual* clothes. 초대된 손님들 모두 평상복을 입고 있었다.

3 showing little interest 무관심한: Her *casual* attitude made her teacher angry. 그녀의 무관심한 태도가 선생님을 화나게 했다.

4 hired for a short period of time, not on a permanent basis 임시직의: It became increasingly cheap to hire *casual* workers. 임시직 노동자를 고용함으로 계속 돈이 적게 들었다.

5 without a clear aim or plan; not serious 표면적인, 건성으로 하는: The lady took a *casual* glance at a fashion magazine. 그 숙녀는 패션 잡지를 건성으로 한번 훑어보았다.

· 파생어 ·
casualize
(정식 고용인을) 임시 노동자로 만들다
casually 우연히, 어쩌다가
casualty 사상자, 희생자
casualism
우연론(우연이 지배하는 상태)

· 관련표현 ·
a *casual* **meeting**
뜻밖의[우연한] 만남
a *casual* **visitor** 불쑥 찾아온 손님
a *casual* **air** 무심한 태도
a *casual* **acquaintance**
안면이 있는 사람
casual **ward** 노숙자 임시 수용소;
응급 의료실[병동]

| 실전문제 |

1. 다음 밑줄 친 어구의 해석으로 적당한 것을 고르시오.

The ideas of cartoons are presented strikingly and clearly so that <u>a casual glance</u> is often all that is needed to grasp them.

(1) 무심코 얼핏 봄   (2) 가벼운 시선
(3) 무관심한 시선   (4) 뜻밖의 시선

해설 | a casual glance는 '무심코 얼핏 바라보는 것'이며, casual 속에는 '가벼운, 무관심한, 뜻밖의' 등의 뜻도 있으므로, 문맥을 잘 살펴서 혼동하지 않도록 한다. (1) 「만화가 나타내는 의도는 눈에 띄고 뚜렷하게 드러나 있어, 종종 한눈에 얼핏 보아도 그 의미를 파악할 수 있게 되어 있다.」

2. 다음에 주어진 뜻풀이 가운데서 밑줄 친 casual의 의미로 가장 적절한 것은?

He's an easy-going, friendly young man with a <u>casual</u> sort of attitude towards money.

(1) not formal
(2) showing little interest
(3) unexpected or accidental
(4) hired for a short period of time, not on a permanent basis

해설 | 뒤에 힌트가 되는 돈에 대해서 나오므로 '돈에 대하여 무관심한 태도로'로 연결됨을 알 수 있다. (2) 「그는 태평스러운 다정한 젊은이로서 돈에 대해 무관심한 태도를 가지고 있다.」

---

casual wear 평상복 (=casual clothes)
a casual friendship 표면적인 우정
a casual remark 무심코[되는대로] 한 말
take a casual glance at ~ ~을 대강 훑어보다

syn. chance, unexpected, informal, indifferent, haphazard
ant. formal, planned, calculated, serious

☐ casualty [kǽʒuəlti]

n. 1 a person who is killed or wounded in an war or in an accident 사상자 (수), 부상자: The earthquake caused many casualties. 그 지진으로 인해 많은 사상자가 발생했다.

2 one that is harmed as a result of an action or a circumstance 피해자, 희생자: Ford has been one of the greatest casualties of the economic recession. 포드(차)가 경기 침체의 가장 큰 희생물 중의 하나이다.

| 실전문제 |

다음 밑줄 친 <u>casualties</u>의 뜻으로 올바른 것을 고르시오.

The news pamphlet had lists of <u>casualties</u> that occurred in the wake of the earthquake.

(1) wars or conflicts on the borders   (2) accidents or incidents
(3) informality   (4) people injured or killed

해설 | 지진의 결과로 인한 '사상자'를 말하고 있으며, 이 단어의 뜻은 사망자와 부상자를 다 포함하고 있다. (1)은 '전쟁이나 국경 분쟁', (2)는 '사고나 사건', 그리고 (3)은 '비공식, 양식' 등을 뜻한다. (4) 「그 뉴스 팸플릿에는 지진의 결과로 일어난 사상자의 목록이 있었다.」

· 관련표현 ·

heavy casualties 많은 사상자
total casualties 사상자 총수
casualty insurance 재해보험
casualty ward
(병원의) 응급 의료실[병동]
traffic casualties 교통사고 사상자
inflict casualties on ~
~에 사상자를 초래하다

syn. fatality, dead persons, wounded persons

catastrophe [kətǽstrəfi]

n. a sudden, unexpected, and terrible event that causes great suffering or destruction 대이변, 큰 재해: We should avoid a war, if we think about its *catastrophe* consequences. 우리가 전쟁의 비극적인 결과를 생각한다면 전쟁은 피해야 한다. / The Mississippi flood of 1973 was a major *catastrophe* resulting in heavy loss of life and destruction. 1973년에 일어난 미시시피 강 홍수는 많은 인명의 손실과 파괴를 가져온 큰 재해였다. / The Republican party could be heading for *catastrophe* in the presidential election. 공화당이 대통령 선거에서 대이변을 낳을 수도 있다.

|실전문제|

다음 밑줄 친 catastrophe와 문맥상 뜻이 가장 가까운 단어를 고르시오.

The play was so bad that our whole evening was a catastrophe.

(1) recession (2) category
(3) disaster (4) stimulus

해설 | catastrophe는 '큰 재해나 대이변', 또는 '(비극의) 파국' 등의 뜻을 나타내므로 (3)이 정답이다. (1)은 '경기 후퇴'(=economic slump)를 뜻하며, (2)는 '범주', 그리고 (4)는 '자극(물), 격려, 흥분제' 등의 의미를 가지고 있는 단어이다. (3)「그 연극이 너무나 재미가 없어서 우리의 저녁 시간은 최악이 되어 버렸다.」

·파생어·

catastrophic 대이변의, 대실패의, 큰 재난의

catastrophically 파멸적[비극적]으로, 대이변이 일어나서

catastrophism [지질] 격변설

·관련표현·

catastrophic damage 파멸적인 큰 피해

have a *catastrophic* effect on ~ ~에 대해 비극[파멸]적인 영향을 미치다

catastrophic illness 큰 병

avert a *catastrophe* 큰 재해를 피하다

survive a *catastrophe* 큰 재난에서 살아남다

a major *catastrophe* 대참사

syn. disaster, calamity, tragedy, devastation
ant. benefit, good fortune, boon

cause [kɔːz]

n. **1** a person, event, or thing that makes something happen 원인, 까닭: Differences over money were the main *cause* of the argument. 돈에 대한 견해차가 그 논쟁의 주된 원인이었다. / The patient's condition is giving *cause* for concern. 그 환자의 상태가 걱정의 원인이다. / Drunk driving was the *cause* of the head-on collision. 음주 운전이 정면충돌의 원인이었다.

2 an aim or principle that a group of people supports or is fighting for 주장, 목적, 주의, 대의명분: They are collecting money for good *causes* such as famine or relief. 그들은 기아 근절이나 구제 활동과 같은 좋은 목적으로 돈을 모금하고 있다.

3 something that provides a satisfactory reason for an action 동기, 이유: Don't complain without good *cause*. 타당한 이유 없이 불평하지 마라.

4 the reason for a legal action in a court (소송의) 사유, 이유: The lawyer pleaded his own *cause*. 그 변호사는 그 소송에 대해 나름대로의 이유를 진술했다.

·파생어·

causeless 우발적인, 이유 없는
causative 원인이 되는, 사역의
causation 원인, 인과관계

·관련표현·

a *cause* for crime 범죄의 동기

work for a good *cause* 대의를 위해 일하다

cause and effect 원인과 결과 (인과)

cause A to B A가 B하도록 야기하다

give *cause* for ~ ~의 원인이 되다, ~의 원인을 제공하다

in a good *cause* 대의를 위해, 훌륭한 목적을 위해

show *cause* for ~ ~의 정당한 이유를 제시하다

***vt.* to make happen 일으키다, 야기하다:** That was genuine mistake, but it did *cause* others some worry. 그것은 진짜 실수였으나 타인들에게 다소의 걱정을 끼쳤다. / His irresponsible behavior *caused* a great deal of anxiety for his family. 그의 무책임한 행동은 그의 가족들에게 많은 걱정을 끼쳤다.

cause inflation 인플레이션을 유발하다
cause trouble 문제를 일으키다
causative verbs 사역동사

syn. lead to, bring about, effect, incite, reason, grounds
ant. prevent, deter, result, consequence, end

|실전문제|

1. 밑줄 친 cause의 가장 적당한 정의를 고르시오.

   He has done so much for the cause of peace and goodwill among nations.

   (1) charge or accusation
   (2) warning or admonishment
   (3) principle or belief advocated or upheld
   (4) reason or motive for an action or state of mind

   해설 | cause라는 단어에는 여러 가지 뜻이 있는데, 지금 본문에서는 '국가 간의 평화와 친선의 대의를 위해 일을 하다'라고 하는 것이 문맥상 가장 적절하므로 '대의', 즉 '주장되고 신봉되는 원칙이나 믿음'을 뜻하는 (3)이 정답이다. (1)은 '비난, 기소', (2)는 '경고 혹은 훈계'의 뜻을 나타내며, (4)는 '어떤 행위 또는 심적 상태에서 일어나는 이유나 동기'를 말하고 있다. (3) 「그는 국가들 사이에 평화와 친선의 대의를 위해서 많은 일을 하고 있다.」

2. 밑줄 친 cause의 알맞은 정의를 고르시오.

   This tension and worry can cause health problems, such as heart attacks or stomach ulcers.

   (1) bring about or result in
   (2) do away with or abolish
   (3) put up with
   (4) break to pieces

   해설 | cause가 can이라는 조동사 다음에 사용되었으므로, 동사의 뜻으로 사용되어 '~을 야기하다, ~를 초래하다'의 의미를 나타낸다. 이러한 뜻을 설명하는 정의는 (1)이며, (2)는 '~을 없애다, 철폐하다'의 뜻으로 같은 뜻은 remove가 있으며, (3)은 '참다, 인내하다'의 뜻으로 endure나 tolerate의 뜻이며, (4)는 '산산조각 나다'의 의미를 나타내는 숙어들이다. (1) 「이러한 긴장과 불안은 심장 마비나 위궤양과 같은 병을 야기할 수 있다.」

3. 다음에 주어진 뜻풀이 가운데서 밑줄 친 cause의 의미로 가장 적절한 것은?

   Patrick Henry spoke for the cause of liberty.

   (1) something that provides a satisfactory reason for an action
   (2) a person, event, or thing that makes something happen
   (3) the reason for a legal action in a court
   (4) an aim or principle that a group of people supports or is fighting for

   해설 | 자유라는 '목적, 대의명분'을 위해 말하고, 이것을 대변했다는 뜻의 문장이다. (4) 「패트릭 헨리는 자유의 대의명분을 대변했다.」

celebrity [səlébrəti]

n. **1 someone who is famous in films, music, writing, or sports** (연예계나 스포츠계의) 유명인: Madonna is one of the *celebrities* who came to Korea for a live performance. 마돈나는 한국에 라이브 공연 차 왔던 유명인 중의 사람이다.

2 the state of being famous 명성: Babe Ruth gained *celebrity* by hitting plenty of home runs. 베이브 루스는 많은 홈런을 침으로써 명성을 얻었다.

|실전문제|

다음 밑줄 친 celebrity의 뜻과 가장 가까운 것을 고르시오.
Mrs. Jane Austen, an ob-gyn in the neighborhood, became a minor celebrity in the small town.
(1) a wealthy person　　　(2) an influential person
(3) an infamous person　　(4) a well-known person

해설 | celebrity는 유명 인사의 뜻이며 '잘 알려진 유명한 사람'을 말하며 정답은 (4)이다. (1)은 '부유한 사람'의 뜻이며, (2)는 '영향력 있는 사람'의 뜻이어서 의미에 차이가 있고, (3)의 '악명 높은 사람'이란 말은 반대의 뜻이 된다. '유명하다'는 말은 famous, well-known, renowned, noted 등이 있고, be famous[well-known, renowned, noted] for ~는 '~로서 유명하다'라는 숙어를 이룬다. (4) 「그 지역의 산부인과 의사인 제인 오스틴 여사는 그 조그만 마을에서 어느 정도 유명 인사가 되었다.」

· 파생어 ·

celebration 축하 (의식), 칭찬
celebrated 유명한(=famous)
celebrate 경축하다, 축하하다
celebrator, celebrater 축하자, 의식 진행자

· 관련표현 ·

hold a *celebration* 축하연을 열다
birthday *celebration* 생일 축하(의식)
in *celebration* of ~ ~을 축하하여
celebrate a festival 축제를 거행하다
celebrate 10th wedding anniversary 10주년 결혼기념식을 거행하다
a *celebrated* musician 유명한 음악가
a literary *celebrity* 문단의 명사
a national *celebrity* 국가적인 저명인사

syn. famous person, star, fame, notability, popularity
ant. nobody, has-been, obscurity

---

certain [sə́:rtən]

a. **1 firmly believing something true and having no doubt about it** 확신하는, 자신하는: I am *certain* that I put the book on the table. 나는 그 책을 탁자 위에 두었다고 확신한다. / I'm not *certain* whether it will rain or not tomorrow. 내일 비가 올지 안 올지는 자신 있게 말할 수 없다.

2 sure to happen 반드시 ~하는, 확실한: The plan is *certain* to succeed. 그 계획은 반드시 성공할 것이다. / He is *certain* to pass the exam. 그는 틀림없이[반드시] 시험에 통과할 것이다.

3 particular but not clearly described (명사 앞에서) 일정한, 어떤 정해진: When the water reaches a *certain* level, the pump switches itself off. 물이 일정한 수준에 이르면 펌프는 자동적으로 꺼진다.

4 named but not known (막연히) 어떤: A *certain* person has been asking questions about you. 어떤 사람이 당신에 대한 질문을 해오더군요.

5 some but not much 어느 정도의, 다소의: I agree with you to a *certain* extent, but not completely. 나는 당신 말에 어느 정도는 동의하지만 전적으로는 동의하지 않습니다.

· 파생어 ·

certainly 확실히, 반드시
certainty 확실성; 확실한 사실; 확신

· 관련표현 ·

a *certain* cure 반드시 낫는 치료(법)
for a *certain* reason 어떤 이유로
to a *certain* extent 어느 정도까지
make *certain* 확인하다, 다짐하다 (=make sure)
on a *certain* day 어떤 정해진 날에
certainly not 안 됩니다; 천만에요
for *certainty* 틀림없이, 분명히, 확실히
certain about ~ ~을 확신하여
a *certain* person 어떤 사람

syn. sure, positive, confident, undoubtful, definite, unmistakable, specific, particular
ant. uncertain, unconvinced, questionable, inconclusive, unreliable

|실전문제|

다음에 주어진 뜻풀이 가운데서 밑줄 친 certain의 의미로 가장 적절한 것은?

The businessman made a certain profit from his business, but he'll never be rich.

(1) named but not known
(2) firmly believing something is true and having no doubt about it
(3) some but not much
(4) sure to happen

해설 | 이윤에 관한 문제로, make a certain profit은 '다소, 어느 정도의 이윤[이익]을 보았다' 라는 뜻으로 문맥에 의해 짐작할 수 있다. (3) 「그 사업가는 사업에서 다소 이익을 보았지만, 절대 부자가 되지는 못할 것이다.」

certificate [sərtífəkit]

n. **1 an official document that says particular facts are true** 증명서, 면허장: Do you have a *certificate* of ownership for this car? 이 차의 소유 증명서를 가지고 있습니까?

2 an official document you receive when you have completed a course of study or training 수료증, 자격증: I got a teacher's *certificate* when I graduated from college. 나는 대학을 졸업할 때 교사 자격증을 받았다.

|실전문제|

밑줄 친 certificates의 정의를 나타내는 것을 고르시오.

We brought the certificates to show you.

(1) pictures of valuable properties
(2) persons who witnessed the events
(3) bank notes
(4) official papers stating that something is true

해설 | certificate은 일반적으로 증명서 또는 자격증의 뜻으로 사용되는데 a birth certificate(출생증명서), a death certificate(사망 증명서), a marriage certificate(결혼 증명서), 그리고 a teacher's certificate(교사 자격증) 등의 예가 있다. 그런데 이에 해당되는 정의를 찾아보면 (4) '사실[진짜]임을 증명하는 공문서' 가 정답이라고 할 수 있다. (1)은 '귀중한 재산의 그림', (2)는 '사건을 목격한 인물' 을 말하는 것으로서 eyewitness(목격자)를 말하고 있고, (3)은 '은행권, 은행지폐' 를 뜻한다. (4)「우리는 당신에게 보여 줄 증명서를 가지고 왔습니다.」

chamber [tʃéimbər]

n. **1 (usually *pl.*) rooms used for a special purpose** (변호사실이나 판사실 등과 같은) 특별한 목적을 위한 방[실]: The lawyer met in the judge's *chambers*. 변호사들은 판사실에 모였다.

·파생어·

certifiable 증명할 수 있는
certified 증명된, 공인한
certify 증명하다, 공인하다, 보증하다

·관련표현·

a marriage *certificate* 결혼 증명서
a birth *certificate* 출생증명서
a teaching *certificate* 교사 자격증
(=a teacher's *certificate*)
I do hereby *certificate* that ~
여기에 ~임을 증명합니다
(=I hereby *certify* that ~)
a *certified* check 보증수표
***Certified* Public Accountant**
공인회계사

syn. license, document, certification, credential

·파생어·

chambered ~의 실(室)이 있는

125

2 a large room used for formal meetings 회의소, 회의장: The city councilmen are going to be in the council *chamber* to discuss some urgent problems. 시의원들은 긴급한 몇몇 문제들을 상의하기 위해 시의회 회의실에 모일 것이다.

3 an enclosed and hollow space inside the body of a person or animal (동물 체내의) 심방[심실], 소실(小室): The human heart has four *chambers*. 인간의 심장은 4개의 심방[심실]을 가지고 있다.

4 a bed room or sitting room 침실, 방: The king retired to his *chamber*. 그 왕은 자기의 침실로 물러갔다.

5 one of the two parts of a parliament (의회의) 상원[하원]: In Britain, the upper *chamber* of Parliament is the House of Lords, the lower the House of Commons. 영국에서 상원은 the House of Lords이고 하원은 the House of Commons이다.

· 관련표현 ·

Lower *Chamber* 하원

a *chamber* of horrors
공포의 방(고문 도구의 진열 장소)

chamber concert 실내악 음악회

chamber council 비밀회의

the upper *chamber* 상원

syn. inner room, council, legislative body, court, bedroom

|실전문제|

다음에 주어진 뜻풀이 가운데서 밑줄 친 <u>chamber</u>의 의미로 가장 적절한 것은?

For many, young and old, the dental surgery remains a torture chamber.

(1) a large room used for formal meetings
(2) rooms used for a special purpose
(3) a bed room or sitting room
(4) an enclosed and hollow space inside the body of a person or animal

해설 | a torture chamber는 고문실의 뜻으로 '고문만을 위한 특별한 방'이므로 특별한 목적을 위한 방이다. (2) 「남녀노소 할 것 없이, 많은 사람들에게는 치과 수술이 여전히 일종의 고문실로 남아있다.」

---

chance [tʃæns]

n. **1 an event or a meeting that is not planned or expected** 우연한 일, 우연: It happened only by *chance*. 그것은 단지 우연히 일어났다.

2 the possibility or likelihood 가능성, 가망, 승산: There's a *chance* of rain tomorrow. 내일 비가 내릴 가능성이 있다. / I guess he's got fifty-fifty *chance* of winning the competition. 나는 그가 그 대회에서 이길 가능성이 반반이라고 생각한다. / The *chances* are against him. 형세는 그에게 불리하다. (그가 이길 가능성은 없다.)

3 an opportunity 기회: Never miss the *chance*-in-a-million. 아주 좋은 기회를 놓치지 마. / Candidates who fail to the driver's test will have another *chance* next month. 운전면허 시험에 낙방한 응시자들은 다음 달에 또 한 번의 기회를 갖게 될 것이다. / Most refugee doctors had little *chance* to practice medicine in French hospitals. 대부분 난민 의사들은 프랑스 병원을 개업할 기회가 거의 없었다.

· 파생어 ·

chance-net 우연히 만난

chanceful 사건이 많은, 위험한

chancy 우연의; 위험한

· 관련표현 ·

a *chance* meeting 우연한 만남

a fair[good] *chance*
좋은 기회(=a good opportunity)

take a *chance*
되든 안 되든 모험 삼아 해 보다

by any *chance* 만약에

by *chance* 우연히

chances are that ~
아마 ~일 가능성이 있다

4 **a risk or danger** 위험, 모험: Don't take *chances* by driving too fast. 너무 빨리 차를 몰아서 위험을 무릅쓰지 마라.

vt. **to take a risk** 위험을 무릅쓰다: It looked like rain so I decided not to *chance* it and brought my umbrella. 비가 올 것 같아서 나는 (어쩌면 안 올 지도 모른다는) 운에 맡기지 않고 우산을 가져왔다.

vi. **to happen by accident** 우연히 일어나다: He *chanced* to be in the coffee shop when I went there with my ex-boyfriend. 내가 전 남자 친구와 함께 커피숍에 갔을 때 그는 우연히도 그 커피숍에 있었다.

a *chance* companion
우연한 길동무

take no *chances*
요행수[우연]를 바라지 않다

Don't miss the *chance*. 기회를 놓치지 마.(=Don't blow the candle.)

a *chance* of a lifetime 평생의 기회
(=a chance-in-a-million)

let the *chance* go 기회를 놓치다
(=miss the *chance*)

an even *chance*
반반의 가능성(=a fifty-fifty *chance*)

nine *chances* out of ten
십중팔구로(=nine cases out of ten)

syn. accident, fortune, possibility, danger, hazard, probability, likelihood, luck
ant. plan, intention, certainty, unlikelihood, design

|실전문제|

1. 다음에 주어진 뜻풀이 가운데서 밑줄 친 chance의 의미로 가장 적절한 것은?

   Candidates who fail to pass the driver's test will have another chance next month.

   (1) the possibility or likelihood
   (2) an event or a meeting that is not planned or expected
   (3) an risk or danger
   (4) an opportunity

   해설 | 앞에 test(검사)라는 단어는 '기회(opportunity)' 와 가장 적절하게 어울린다. (4) 「운전 시험에 통과하지 못한 응시자들은 다음 달에 또 한 번의 기회가 있을 것이다.」

2. 밑줄 친 구의 뜻으로 가장 알맞은 것을 고르시오.

   We are, to put it mildly, in a mess, and there is a strong chance that we shall have exterminated ourselves by the end of the century.

   (1) 대단한 우연   (2) 뜻밖의 행운
   (3) 강력한 기회   (4) 큰 위험

   해설 | 우선 chance의 다양한 뜻을 알아야 하는데, chance는 '우연, 운' 의 뜻 이외에도, '가능성, 가망(=possibility)' 을 뜻하기도 하며, 때로는 '기회(=opportunity)' 의 의미도 나타낸다. 그러나 지금은 run a chance[risk] of failure(실패의 위험을 무릅쓰다)에서처럼 '위험' 이란 의미도 가지고 있으며, 본문에서의 a strong chance는 뒤의 문맥을 보더라도 '큰 위험, 큰 위험의 가능성' 이라는 뜻으로 해석된다. (4) 「조심스럽게 말하자면, 우리는 곤경에 빠져 있다. 그리고 우리는 이번 세기말에 우리 스스로를 몰살시킬 수 있는 큰 위험이 있다.」

3. 빈칸에 들어갈 가장 알맞은 단어를 고르시오.

   Some want the stimulus of frequent hazards; they may deliberately take ＿＿＿ with their lives, their work, and their friendships.

   (1) experiences   (2) changes
   (3) chances   (4) hazards

   해설 | 문맥을 보면 '그들의 삶, 일 그리고 우정에 위험[모험]을 무릅쓰다' 는 내용이므로 take chances with ~ 또는 take risks with ~(위험을 무릅쓰다)의 숙어에서 보듯이 (3)이 정답이다. (1)은 '경험' 을 뜻하며, (2)는 '변화, 잔돈' 을 뜻하고, (4)는 '위험(=dangers)' 또는 '우연' 의 뜻이 있기는 하나 take와 숙어를 이루지 못하고, 대신 run the hazards는 '성패를 하늘에 맡기고 해 보다' 의 뜻으로 사용된다. (3) 「몇몇 사람들은 빈번한 위험의 자극을 원한다. 그들은 고의적으로 그들의 삶, 일 그리고 우정에 위험[모험]을 무릅쓴다.」

change [tʃeindʒ]

vt. 1 to make different 바꾸다, 변경하다: Torrential rain made us *change* our plans for outdoor activities. 폭우가 내려서 우리는 야외 활동을 변경했다.

2 to exchange something you have bought 상품을 교환하다: His new suit didn't fit so he took it back to the shop and *change* it for another. 새로 산 양복이 맞지 않아서 그는 가게에 가지고 가서 딴것과 교환했다.

3 to exchange money into the money of another country 환전하다: I need to *change* some dollars into yen. 달러를 엔화로 바꿨으면 하는데요.

vi., vt. to get off one train, bus, or aircraft and into another (교통수단을) 갈아타다: At what station do you *change* a subway train? 어느 역에서 지하철을 갈아타니?

vi. 1 to become different 바뀌다, 변화하다: In autumn, the leaves *change* from green to brown. 가을에는 나뭇잎들이 푸른색에서 갈색으로 변한다.

2 to move the gear lever on a car or other vehicles in order to use a different gear (자동차의) 기어를 바꾸다: The man looked up into the mirrors as he *changed* through his gears. 그 사람은 미러를 보면서 기어를 바꾸었다.

n. 1 the act of something becoming different 변화, 변경: I feel a sudden *change* in the weather these days. 나는 요즈음 갑작스런 날씨의 변화를 느낀다.

2 something done for excitement 기분 전환: Why don't we go to a movie for a *change*? 기분도 전환할 겸 영화 구경을 가는 것이 어때?

3 coins 잔돈, 거스름돈: Can you get me *change* for a dollar? 1달러를 잔돈으로 바꿔 줄 수 있습니까?

4 replacement or something becoming different (of oil, clothes, and transportation) (기름, 옷, 교통수단의) 갈기, 갈아타기, 교체: Your car needs an oil *change*. 당신의 차에 기름을 교체해야 하겠군요. / He stuffed a suitcase with a few *changes* of clothing. 그는 여행 가방에 갈아입을 몇 벌의 옷을 밀어 넣었다.

·파생어·

changeable 변덕스러운, 불안정한
changeful 변화가 많은, 변하기 쉬운
changer 변경[교환]하는 사람

·관련표현·

change hands 주인이 바뀌다
a *change* of heart 심경의 변화
change for the worse
(병, 날씨 등이) 더 나빠지다
change for the better
(병, 날씨 등이) 더 좋아지다
for a *change* 기분 전환 차
the *change* for life
(여성의) 갱년기(=menopause)
give a person his *change* ~을 위하여 애쓰다: ((속어)) ~에게 앙갚음하다
change beyond all recognition
전혀 알아볼 수 없게 변하다
change into ~ ~으로 바꾸다
take the *change* out of ~
~에게 앙갚음하다

syn. alter, transform, exchange, replace, correct, difference, diversion, transformation
ant. remain, keep, retain, constancy, invariability

|실전문제|

1. 다음에 주어진 뜻풀이 가운데서 밑줄 친 change의 의미로 가장 적절한 것은?

   If you travel frequently, find an agency that will change one foreign currency directly into another.

   (1) to become different
   (2) to exchange something you have bought
   (3) to exchange money into the money of another country
   (4) to make different

   해설 | 화폐(currency)가 나오므로, 다른 나라의 화폐로 환전하는 것임을 알 수 있다. (3)「만약 당신이 자주 여행을 간다면, 외국 돈을 바로 딴 나라의 돈으로 바꿔주는 여행사를 찾도록 하시오.」

2. 다음에 주어진 뜻풀이 가운데서 밑줄 친 change의 의미로 가장 적절한 것은?

   The man in the store won't give him change for the phone unless he buys something there.

   (1) replacement or changing
   (2) coins
   (3) the act of something becoming different
   (4) something done for excitement

   해설 | 문맥을 보면, 무엇인가를 사지 않으면 전화를 걸 무엇을 주지 않는다고 하므로 이것이 전화 걸 때 필요한 '동전' 임을 알 수 있다. (2)「만약 그가 거기서 뭔가를 사지 않으면 가게 주인이 그에게 전화할 수 있는 동전을 주지 않을 것이다.」

channel [tʃǽnl]

n. **1** **a television station and the programmes that it broadcasts** (방송의) 채널: There is going to be a historical drama on *Channel* 9 tonight at 10 PM. 오늘 밤 10시에 9번 채널에서 사극이 방영될 예정이다.

2 **a system or method that people use to send or obtain information, goods, etc.** 경로, 루트: It takes a week for a memo to reach the boss by the normal *channels*. 메모가 사장에게 전달되려면 정상적인 경로로는 1주일이 걸린다.

3 **a passage along which water follows** 수로, 도랑: Keep the drainage *channel*. 배수로를 안 막히게 하라.

4 **a narrow sea passage connecting two seas** 해협: We sailed across the English *Channel*. 우리는 영국 해협을 가로질러 항해했다.

5 **a way or direction of thoughts, conversation and action** (생각, 화제, 행동 등의) 방향: He directed the conversation to a new *channel*. 그는 화제를 새로운 방향으로 돌렸다.

·파생어·

channeler 도랑을 파는 사람

channelize 도랑을 파다; 정보를 전하다, 경로를 통해 보내 주다

·관련표현·

through illegal *channels*
불법으로, 암거래로

channel surfing
(다른 방송을 보기 위해) 채널을 자주 돌림

change the *channel* 화제를 바꾸다

the English *Channel* 영국 해협

syn. passage, strait, watercourse, groove, route, gutter

|실전문제|

다음에 주어진 뜻풀이 가운데서 밑줄 친 <u>channel</u>의 의미로 가장 적절한 것은?

Heavy rain wore a <u>channel</u> in the yard.

(1) a system or method that people use to send or obtain information, goods, etc.
(2) a television station and the programmes that it broadcasts
(3) a way or direction of thoughts, conversation and action
(4) a passage along which water follows

해설 | 폭우가 내려 안마당에 빗물이 흘러가는 도랑이 생긴 경우를 말하고 있다. (4) 「폭우가 내려 안마당에 도랑이 생겼다.」

chaos [kéiɑs]

n. 1 a state of complete disorder and confusion 무질서, 대혼란: Without law and order, people would live in a state of *chaos*. 법과 질서가 없다면 사람들은 혼란의 상태로 살게 될 것이다.

2 the state of universe before there was any order (천지 창조 이전의) 혼돈 (상태)

·파생어·

chaotic 무질서한, 혼돈된

·관련표현·

bring order to chaos 혼란 중에 질서를 가져오다
economic chaos 경제적 혼란
end in chaos 무질서하게 끝나다
create complete[utter] chaos 완전한 무질서를 만들어 내다
be plunged into chaos 혼란 상태에 빠지다
cause chaos 혼란을 일으키다
social chaos 사회적 혼란
political chaos 정치적 혼란
complete chaos 일대 혼란

syn. turmoil, confusion, bedlam, disorder, mess
ant. order, calmness, composure, peacefulness

|실전문제|

다음 밑줄 친 <u>chaos</u>의 정의로 알맞은 것을 고르시오.

The area is a particular masterpiece of disorder and <u>chaos</u>.

(1) a condition which is free from confusion
(2) a condition of total confusion
(3) a condition in which everything is carefully arranged
(4) a condition twisting out of the usual shape

해설 | disorder and chaos는 '무질서와 혼돈'으로 해석이 되므로, 혼돈을 설명한 것을 찾으면 (2)가 정답이다. (1)은 '혼돈(혼란)이 없는 상태' 즉 order(질서)를 정의한 것이며, (3)은 '모든 것이 조심스럽게 정돈된 상태' 즉 order(정리, 정돈)를 정의한 것이며, (4)는 '원래 모양에서 뒤틀어진 상태'를 말한다. (2) 「그 지역은 무질서와 혼돈의 특별한 걸작이다.」

chapter [tʃǽptər]

n. 1 one of the main divisions of a book, that is usually numbered or titled (책, 기사, 논문 등의) 장: Read *chapters* 1 through 5 of the textbook. 교과서의 1장에서 5장까지 읽어라.

2 a particular period or event in history or one's life (역사상, 인생의) 중요사건, 화제, 시기: The Civil War was an important *chapter* in United States history. 남북전쟁은 미국 역사상 중요한 사건이었다.

·관련표현·

a chapter of events 계속되는 사고
chapter and verse 정확한 출처근거 (원래는 성경 책의 장과 절을 말함)
read ~ a chapter ~에게 설교를 하다
to[till] the end of the chapter 최후까지, 영원히

3 a local branch of a society or club (조합, 협회 등의) 지부, 분회: The fraternity has local *chapters* all over the country. 그 남학생 사교 클럽은 전국적으로 지부가 있다.

4 all the priests belonging to a cathedral, or a meeting of these priests (성당 또는 대학 부속 교회의 성직자들이 조직하는) 참사회: The archbishop began his address, thanking the Dean and *Chapter* of Westminster for inviting him to the Abbey. 그 대주교는 웨스트민스터 사원의 학장과 참사회에 자신을 웨스트민스터 사원에 초대해 준 것에 대해 감사를 하면서 연설을 시작했다.

cite *chapter* and verse
(인용구 따위의) 출처를 명백히 밝히다

syn. section, division, branch, affiliate

C

|실전문제|

다음에 주어진 뜻풀이 가운데서 밑줄 친 chapter의 의미로 가장 적절한 것은?

He didn't have to wait till the last chapter who the murderer was in the novel.

(1) a local branch of a society or club
(2) all the priests belonging to a cathedral, or a meeting of these priests
(3) one of the main divisions of a book, that is usually numbered or titled
(4) a particular period or event in history or one's life

해설 | novel이 나오므로 '책' 이야기임을 알 수 있으며, 책의 '장'이라는 것을 알 수 있다. 책이나 기사, 그리고 논문 등의 '장'을 말하는 것이다. (3) 「그는 그 소설에서 살인범이 누구인가를 아는 데 마지막 장까지 읽을 필요가 없었다.」

☐ **character** [kǽriktər]

n. **1 the qualities that make a person or thing different from others** 특색, 개성, 특성, 성격: Even though they are twins, they have very different *characters*. 비록 쌍둥이이지만, 그들은 전혀 다른 성격을 가지고 있다. / Each district has a unique *character*. 각 지역마다 독특한 특색이 있다.

2 the qualities that make up smoeone's personality 인격, 품성, 기질: Individuality is a valued and inherent part of the *character* of the American and British people. 개인주의는 미국과 영국 사람들의 가치 있는 타고난 품성이다.

3 a person in a book, play, or movies 등장인물, 역: Ophelia is the main female *character* in Hamlet. 오필리아는 햄릿에서 주요 여성 인물이다.

4 a letter, sign, or number in writing or printing 문자: Some people insists on the need of education of Chinese *characters*. 몇몇 사람들은 한자 교육의 필요성을 주장하고 있다.

5 the opinion that you have about a certain person 평판, 명성: The legislator got a good *character* in his own community. 그 의원은 자신의 지역에서 좋은 평판을 얻었다.

·파생어·

characterful 특징이 잘 나타난, 특색 있는

characteristic 특색을 이루는: *n.* 특질, 특성

characterization 성격 묘사

characterize 특징짓다, 특색을 이루다

characterless 특징 없는

·관련표현·

a public *character* 공인(公人)

a man of *character* 인격자

character assassination
인신공격

character type 성격유형

inherited *character* 유전 형질

out of *character*
배역에 잘 맞지 않는, 안 어울리는

in *character* 성미에 맞아, 적격인, 어울려; 배역에 꼭 맞는; (~와) 조화되어, 같은 스타일로

131

| 실전문제 |

다음에 주어진 뜻풀이 가운데서 밑줄 친 <u>character</u>의 의미로 가장 적절한 것은?

Judged from his <u>character</u>, it's not surprising that he wasn't successful in such a position which required honesty and integrity.

(1) a person in a book, play, or movies
(2) a letter, sign, or number in writing or printing
(3) the opinion that you have about a certain person
(4) the qualities that make up smoeone's personality

해설 | 정직(honesty)과 성실(integrity) 등은 '품성'에 해당하는 항목들이다. (4) 「그의 품성으로 판단하건대, 정직과 성실이 요구되는 그런 자리에서 그가 성공하지 못한 것은 당연한 일이다.」

a tough *character*
다루기 어려운 인물

play a *character* 인물을 연기하다

syn. personality, quality, integrity
ant. dishonor

☐ **characteristic** [kæ̀riktərístik]

a. typical; representing a person's or thing's usual character
특징인, 특색을 이루는: Windy days are *characteristic* of March. 바람 부는 날이 많은 것이 3월의 특징이다. / It's *characteristic* of him to smile all the time. 항상 미소 짓는 것은 그의 특징이다.

n. a special and easily recognized quality of 특징, 특성, 특질: Good planning is one of the *characteristics* of a successful business. 좋은 계획은 성공적인 사업의 특징 중 하나이다.

· 파생어 ·

character 특징, 특질, 개성, 성격, 인격
characterization 성격묘사, 특징짓기
characterize 특색을 이루다, ~의 성격을 나타내다
characterless 특징 없는
characterful 특징이 잘 나타난, 특색 있는
characteristically 특징적으로, 과연 그답게

· 관련표현 ·

character assassination 인신공격
character disorder 성격 이상, 성격 장애
characterize ~ as a coward ~를 겁쟁이로 보다
characteristic taste 특유의 맛
a dominant *characteristic* 두드러진 특징
an individual *characteristic* 개성

syn. typical, indicative, distinctive, epresentative, quality, trait, trademark
ant. uncharacteristic, unusual, atypical

| 실전문제 |

다음 문장의 빈칸에 알맞은 단어를 고르시오.

Repetitive barking, which is _____ of dogs, is almost never heard from adult wolves.

(1) accustomed   (2) characteristic
(3) habitual   (4) peculiar

해설 | 문맥을 보면, 반복적으로 짖는 것이 개의 특징임을 설명해 주는 것으로 (2)의 be characteristic of ~(~의 특징이다)가 정답이 될 수 있다. (1)은 전치사 to를 동반해서 be accustomed to ~(~에 익숙하다=be used to ~), 그리고 (3)은 '습관적인, 상습적인'의 뜻이며, (4)는 '특별한, 독특한'의 뜻으로, 뒤에 전치사 to가 따라온다. (2) 「반복해서 짖는 것은 개의 특징이지만, 성장한 늑대에게서는 거의 볼 수 없는 것이다.」

☐ **charge** [tʃɑːrdʒ]

vt. 1 to ask in payment 청구하다, 부담시키다: How much do you *charge* for this? 이 요금은 얼마입니까? / A lot of shops in tourist attractions don't *charge* a fair price. 관광 명소의 많은 가게는 공정한 가격을 청구하지 않는다. / They *charged* me 7 dollars for the novel. 나는 그 소설을 사는 데 7달러를 지불했다.

· 파생어 ·

chargable 비난받아야 할; (세금이) 부과되어야 할
charged 충전된; 긴장된
charger 습격자, 돌격자; 충전기

2 to bring an criminal charge against; accuse 고발하다, 고소하다, 기소하다: She was *charged* with stealing cosmetics at a department store. 그녀는 백화점에서 화장품을 훔친 혐의로 기소되었다.

3 to publicly accuse someone of doing something bad (공개적으로) 비난하다: They *charged* their government with the failure in its real estate policy. 그들은 정부가 부동산 정책에 실패했다고 비난했다.

4 to postpone payment on a purchase by recording as a debt ~의 앞으로 비용(금액)을 달아 놓다, 외상으로 하다: *Charge* the cost to my account. 그 금액은 제 계좌로 달아 놓으세요.

5 to store electrical energy in (a battery) 충전하다: Can I have my cell phone *charged* here? 여기서 휴대폰을 충전할 수 있습니까? / You've got to *charge* the battery. 배터리를 충전해야 하겠군요. / The battery was *charged* with electricity. 그 배터리는 전기로 충전되었다.

6 to buy with a credit card 신용카드로 물건을 구입하다: Let me *charge* the suit. 그 양복 값은 신용카드로 지불하겠습니다.

7 to command or instruct 명령하다, 지시하다: The drill master *charged* his students to stand firm. 그 교련 교관은 학생들에게 바로 서라고 명령했다.

8 to rush in an attack 돌격하다, 공격하다: The cavalry *charged* the enemy fort. 기병대는 적의 진지를 공격했다.

|실전문제|

1. 다음에 주어진 뜻풀이 가운데서 밑줄 친 <u>charged</u>의 의미로 가장 적절한 것은?

   All transactions have been <u>charged</u> to your account.

   (1) to store electrical energy in (a battery)
   (2) to ask in payment
   (3) to postpone payment on a purchase by recording as a debt
   (4) to criticize or abuse

   해설 | 문장 끝 부분에 to your account가 있으므로 '계좌에 외상으로 달아 놓다'의 의미로 charge가 사용되고 있다. (3)「모든 거래 내용의 금액은 당신 계좌에 달아 놓았습니다.」

2. 다음 문장의 밑줄 친 어구와 비슷한 뜻을 가진 것을 보기에서 고르시오.

   He <u>took charge of</u> the family business after his father died.

   (1) assumed the responsibility for   (2) made an accusation against
   (3) participated in   (4) was heavily burdened with

   해설 | take charge of ~는 '사업이나 어떤 일을 떠맡다, 맡아서 관리하다'의 뜻이며, (1)이 '책임을 떠맡다'로 정답이 되며, (2)는 '비난을 하다'의 뜻이며, (3)은 '참가[참여]하다(=take part in)', 그리고 (4)는 '심하게 부담을 졌다'의 뜻으로 해석할 수 있다. (1)「그는 아버지가 돌아가신 후에 사업체를 맡아서 관리했다.」

·관련표현·

Charge your glasses with wine. 잔을 포도주로 가득 채우시오.

Charge the cost to my account.
금액은 내 앞으로 달아 놓으시오.

No *charge* for admission.
입장 무료

at a *charge* of ~ ~의 비용으로

free of *charge* 무료로(=for nothing)

take *charge* of ~ ~의 책임을 맡다

charge card 신용카드(=credit card)

charge customer 외상 손님

at one's own *charge* 자비로

in *charge* of ~ ~을 책임지고 있는

lay a *charge* 비난하다,
고소하다(=make a *charge* against ~)

have *charge* of ~ ~을 맡고 있다;
~을 맡다, 담당하다

on the *charge* of ~ ~의 죄로,
~의 혐의로

make a *charge* against ~
~을 비난[고소]하다

syn. demand, exact, load, fill, command, attack, fix
ant. pay, unload, absolve, exonerate, withdraw

charm [tʃɑːrm]

n. **1 the quality or ability to attract or please others** 매력; 아름다운 용모: The girl's warm personality is her greatest *charm*. 그 소녀의 따뜻한 품성이 그녀의 가장 큰 매력이다.

2 an act or saying that is thought to have magic powers 마력, 주문: The fairy godmother's magic *charm* turned Cinderella's rags into a beautiful gown. 대모(代母)의 마술로 인해 신데렐라가 입고 있던 누더기 옷이 아름다운 옷으로 변했다.

3 a small ornament usually fixed to necklace, bracelet, watch strap or bags, that is believed to bring a good luck (행운의 상징으로 다는) 작은 장식물: Some men used to carry a rabbit's foot as a *charm*. 어떤 남자들은 토끼 다리를 부적용 장식물로 가지고 다니곤 했다.

vt. **1 to delight or attract by charm** 매혹하다, 황홀케 하다: Everyone was *charmed* by the lady's graciousness. 모두가 그 숙녀의 우아함에 매혹되었다.

2 to control by magic 마법을 걸다: The witch *charmed* the prince into a frog. 마녀는 왕자에게 마법을 걸어 개구리로 변하게 했다.

· 파생어 ·
charming 매력적인(=attractive)
charmed 매혹된, 마법에 걸린
charmingly 매력적으로
charmer 마법사; 요염한 여자

· 관련표현 ·
act[work] like a *charm*
(약 따위가) 신기하게 잘 듣다
be under the *charm*
마법에 걸려 있다
***charm* a snake into dancing**
뱀에 마력을 걸어 춤추게 하다
bear[have] a *charmed* life
불사신이다

syn. attraction, fascination, spell, amulet, ornament, please, seduce
ant. unattractiveness, repulsiveness, disgust, displease

|실전문제|

다음에 주어진 뜻풀이 가운데서 밑줄 친 charm의 의미로 가장 적절한 것은?

The host of a TV talk show must have a lot of charm.

(1) to delight or attract by charm
(2) the quality of ability to attract or please others
(3) a small ornament usually fixed to necklace, bracelet, watch strap or bags, that is believed to bring a good luck
(4) an act or saying that is thought to have magic powers

해설 | 주어가 사람이므로, 문맥상 이 사람이 지닌 '매력'을 말한다. 그리고 a lot of ~ 뒤에는 명사가 오므로 명사를 찾는다. (2) 「TV 토크쇼의 진행자는 매력이 넘쳐야 한다.」

cheap [tʃiːp]

a. **1 low in price; inexpensive** 값싼, 싸게 파는: This is the *cheapest* restaurant in town. 이곳은 시내에서 음식 값이 가장 싼 음식점이다.

2 of poor quality or little value 싸구려의, 질 낮은: This suit may be expensive, but it looks *cheap*. 이 양복은 비쌀지 모르지만 질이 낮아 보인다.

3 not liking to spend money; stingy or miserly 인색한, 구두쇠의: He's too *cheap* to pick up the check. 그는 너무 인색해서 돈을 잘 내지 않는다.

· 파생어 ·
cheapish 값싼
cheaply 값싸게
cheapen 싸게 하다; 경시하다
cheapie 싸구려 물건이나 영화
cheapskate 구두쇠, 노랑이(=stingy person)

· 관련표현 ·
a *cheap* victory 낙승
***cheap* quality** 저질(=low quality)

4 offensively unpleasant; vulgar 저속한, 천한: She hates this kind of *cheap* humor. 그녀는 이같은 저속한 유머를 무척 싫어한다.

|실전문제|

다음 빈칸에 들어갈 가장 알맞은 단어를 고르시오.

The official of a major manufacturer said that it was natural to move production bases overseas, considering the _____ costs and inexpensive land prices.

(1) advantageous (2) cheap
(3) shift (4) import

해설| '____한 단가와 땅값이 싼 것을 고려해서'라는 표현에서 문맥상, cheap(값싼)이 되며, inexpensive와 동의어이다. (1)은 '이점[이익]이 있는', (3)은 '변화(하다)' 그리고 (4)는 '수입(하다)'의 뜻을 나타내며, export(수출하다)가 반의어이다. (2) 「어느 대기업의 관리는 적은 비용과 땅값이 싼 것을 고려하여 제조 거점을 해외로 이전하는 것이 당연한 일이라고 말했다.」

as *cheap* as dirt 대단히 싼
feel *cheap* 멋쩍게 느끼다
buy[get] a thing *cheap*
물건을 값싸게 구입하다
travel on the *cheap* 싸게 여행하다
hold *cheap* 깔보다, 경시하다
cheap at twice the price
굉장히 싼

syn. low-priced, shoddy, trashy, despicable, vulgar, miserly
ant. expensive, costly, overpriced, high-class, charitable

---

check¹ [tʃek]

n. **1 a bill at a restaurant or bar 계산서(=bill), 회계 전표:** Let me pick up the *check*. 비용은 제가 내겠습니다.
2 the prevention of movement; restraint 저지, 억제: The river acted as a *check* in the army's advance. 그 강은 군의 진격을 저지하는 역할을 했다.
3 an examination or inspection to check if something is in good condition 검사, 조사: The plumber made a careful *check* of the pipes. 그 배관공은 파이프들을 면밀하게 조사했다.
4 a pattern of squares on a cloth 체크무늬: I don't care for a *check* shirt. 나는 체크무늬 셔츠를 좋아하지 않습니다.
5 a printed form, used instead of money, to make payments from one's bank account 수표: I'll pay by *check*. 수표로 지불하겠습니다.

|실전문제|

다음에 주어진 뜻풀이 가운데서 밑줄 친 check의 의미로 가장 적절한 것은?

He gave his car a thorough check before setting out on his journey.

(1) a pattern of squares on a cloth
(2) a bill at a restaurant or bar
(3) an examination or inspection to check if something is in good condition
(4) the prevention of movement; restraint

해설| 여행(journey)과 자동차(car)를 보면 '점검'의 뜻으로 쓰인 것을 문맥을 통해서 알 수 있다. (3) 「그는 여행을 떠나기 전에 철저하게 차를 점검했다.」

·파생어·

checkbook 수표장
checker 바둑판무늬; 서양장기; 검사자
checkered 바둑판무늬의[체크무늬의] (=checked)
check-in (호텔의) 숙박 절차, 비행기의 탑승 수속
checkout (호텔의) 투숙 절차; (기계의) 점검
checkpoint (차량 등의) 검문소
checkroom 휴대품 보관소 (=cloakroom)
checkup 대조, 검사, 건강 진단

·관련표현·

keep[hold] ~ in *check* ~을 막다, 억제하다
check-in counter
(공항의) 탑승 수속대
checkout counter (슈퍼, 가게 등의) 계산대(=checkout stand)

syn. examination, inspection, restraint, money order
ant. encouragement, overlooking

check² [tʃek]

vt. 1 to examine or test to see if something is all right or in good condition 점검하다, 검사하다: His luggage was *checked* by security guards as he entered the building. 그가 건물로 들어갈 때 경비원은 그의 짐을 검사했다.

2 to hold in restraint 억제하다, 억누르다: He tried to *check* his laugh. 그는 웃음을 참으려고 노력했다.

3 to leave luggage to be taken while travelling by air (짐을 맡기다): Have you *checked* your luggage? 짐을 부쳤습니까?

vi. 1 to correspond when compared 일치[부합]하다: This copy doesn't *check* with the original. 이 사본은 원본과 일치하지 않는다.

|실전문제|

다음에 주어진 뜻풀이 가운데서 밑줄 친 check의 의미로 가장 적절한 것은?

More police officers have been employed in an attempt to <u>check</u> the rise in heinous crimes.

(1) to leave luggage to be taken while travelling by air
(2) to correspond when compared
(3) to examine or test to see if something is all right or in good condition
(4) to hold in restraint

해설 | 흉악 범죄(heinous crimes)의 증가(increase)가 목적어로 사용되고 있으므로 '억제하다, 막다'의 뜻으로 쓰이고 있다. (4)「흉악 범죄의 증가를 막고자 경찰관이 증원되었다.」

· 관련표현 ·

check in[into] 호텔에 투숙하다; 공항에서 탑승 수속을 밟다; 출근하다

check out 호텔에서 나가다; (도서관 등에서) 책을 대출하다

check through ~
~을 꼼꼼히 조사하다

check up 조사하다, 확인하다

check over
(틀림이 없는지 자세히) 조사하다

syn. inspect, examine, restrain, correspond, verify

ant. overlook, contradict, disagree

chill [tʃil]

n. 1 a mild illness which gives someone a slight fever and headache, and shaking of the body 오한, 으스스함: He caught a *chill* from being out in the rain. 우중에도 밖에 있다 보니, 그는 몸이 으스스했다.

2 a sudden feeling of fear and anxiety 오싹한 느낌, 무서움: Her words sent a *chill* through me. 그녀의 말은 나를 오싹하게 했다.

3 a dampening of enthusiasm or joy 냉담함, 흥을 깸: A series of recent events in China have led to a *chill* in relations with America. 최근에 중국에서 일어난 일련의 사건은 미국과의 관계에 찬물을 끼얹었다.

4 a moderate but penetrating coldness 냉기, 한기: There is still a *chill* in the air this morning. 오늘 아침 대기 속에서는 아직도 냉기[한기]가 남아 있다.

· 파생어 ·

chilly 차가운, 으스스한, 냉담한
chilliness 냉기, 한기, 냉담
chilled 냉장된, 차가워진
chilling 냉기가 스미는, 으슬으슬한, 냉담한, 쌀쌀한

· 관련표현 ·

the *chill* of the early dawn
새벽의 냉기

have[catch] a *chill* (몸이) 오싹하다

put[cast] a *chill* on[over] ~
~에게 찬물을 끼얹다

send a *chill* up and down ~'s spine 등골을 오싹케 하다

chiller-driller (소설, 영화의) 공포물

|실전문제|

다음에 주어진 뜻풀이 가운데서 밑줄 친 chill의 의미로 가장 적절한 것은?

The violence of the killings used against the two elementary school girls sent a chill to the mothers throughout Korea.

(1) a moderate but penetrating coldness
(2) a sudden feeling of fear and anxiety
(3) a mild illness which gives someone a slight fever and headache, and shaking of the body
(4) a dampening of enthusiasm or joy

해설 | 살인 사건에 사용된 폭력이 한국 어머니들의 등골을 오싹하게 한다는 내용이다. (2) 「그 두 초등학교 소녀들에게 자행된 살인의 폭력은 한국 전역의 어머니들을 오싹하게 했다.」

☐ choke [tʃouk]

vt., vi. 1 to be unable to breathe properly or get enough air into the lungs; to make unable to breathe 숨이 막히다; 질식시키다, 숨 막히게 하다: The girl nearly *choked* to death after breathing in smoke. 그 소녀는 담배 연기를 마신 후 거의 숨이 막혀 죽을 뻔했다. / Very small toys can *choke* a baby. 아주 작은 장난감도 아기를 질식시킬 수 있다.

vt. 1 to squeeze someone's neck until he is dead 목을 졸라 기절케 하다: The robber pushed him into the bedroom and *choked* him with his tie. 그 강도는 그를 침실로 몰아넣고는 그의 넥타이로 그의 목을 졸랐다.

2 to fill a space or passage completely (공간, 통로 등을) 막다, 메우다, 막히게 하다: The roads of the small village are *choked* with traffic. 그 조그만 마을의 도로들이 차로 꽉 막혔다. / Leaves choked up the pipe. 잎들이 파이프 관을 막아 버렸다.

3 to control one's feelings or tears (감정, 눈물 등을) 억누르다, 꾹 참다: He *choked* down his rage for a later time. 그는 후일을 위해 분노를 꾹 참았다.

4 to check or hamper growth or action of (행동, 성장 등을) 억제[저지]하다: The improper national policies *choked* economic growth. 그 부적절한 국가 정책이 경제 성장을 저해했다.

|실전문제|

다음에 주어진 뜻풀이 가운데서 밑줄 친 choked의 의미로 가장 적절한 것은?

The drainpipe was choked up by rubbish.

(1) to fill a space or passage completely
(2) to squeeze someone's neck until he is dead
(3) to control one's feelings or tears
(4) to be unable to breathe properly or get enough air into the lungs

---

chillroom 냉장실
chill out (사람이) 냉정해지다, 침착해지다
a chill in the air 쌀쌀한 기운
chilled meat 냉장 고기

syn. coldness, iciness, chillness, cold, fever
ant. warmth, warming, warmness

C

· 파생어 ·

chocked 목멘, 불쾌한
choking 숨 막히는, 목이 메는 듯한
choker 숨 막히게 하는 것[사람]

· 관련표현 ·

choke off inflation
인플레이션을 억제하다

choke with smoke
연기로 숨이 막히다

choke off supply of oil
석유 공급을 중단하다

choke ~ into unconsciousness
~를 목을 졸라 기절시키다

choke off
〈목을 졸라〉 (비명을) 지르지 못하게 하다

choke back
(감정·눈물 등을) 억누르다, 억제하다

a choking voice
목이 메는 듯한 목소리

a choking cloud of smoke
숨 막힐 듯이 자욱한 (담배) 연기

syn. smother, suffocate, clog, stop up, hamper
ant. clear, unclog, unblock, encourage, help

해설 | drainpipe는 '하수(도)관'을 말하고, rubbish는 '쓰레기'라는 뜻이므로 이때 choke는 '막히게 하다'의 뜻임을 짐작할 수 있다. (1) 「그 하수관은 쓰레기에 의해 막혀 버렸다.」

chronic [kránik]

a. **1** (of illness) lasting for a very long time (병이) 만성인, 고질의: He developed a *chronic* hepatitis. 그는 만성 간염에 걸렸다.
2 (of a civil war or unemployment) continuing for a very long time (내란이나 실업이) 오래 끄는, 장기간 지속되는: There is a *chronic* unemployment going on. 만성적인 실업이 계속되고 있다.
3 (of a situation or problem) being very severe and unpleasant (상황이나 문제가) 아주 심각하거나 싫은: There is a *chronic* shortage of blood supply in most of the hospitals. 대부분의 병원에는 혈액 공급이 심각하게 부족하다.
4 having bad habits or behavior for a long time (버릇[습관]이) 몸에 밴, 상습적인: He's become a *chronic* complainer. 그는 불평이 몸에 배었다. / She is a *chronic* alcoholic. 그녀는 상습적인 알코올 중독자이다.

| 실전문제 |
다음에 주어진 뜻풀이 가운데서 밑줄 친 chronic의 의미로 가장 적절한 것은?

The reason why the factory worker committed a suicide seems to have been chronic poverty.

(1) having bad habits or behavior for a long time
(2) (of illness) lasting for a long time
(3) (of a civil war or unemployment) continuing for a very long time
(4) (of a situation or problem) being very severe and unpleasant

해설 | 공장 직공(factory worker)이 자살한 이유가 chronic poverty이므로 '심각한 가난'임을 짐작할 수 있다. (4) 「그 직공이 자살한 이유는 심각한 가난 때문이었던 것 같다.」

·파생어·
chronically 만성적으로, 상습적으로

·관련표현·
chronic depression
만성적 불황[경기 침체]
a **chronic** disease 만성병
a **chronic** worrier
걱정이 몸에 밴 사람
chronic poverty 심각한 빈곤[가난]
a **chronic** smoker 상습적인 흡연자
chronic rheumatism
만성적인 류머티즘
a **chronic** offender 상습범
chronically underfunded
만성적으로 자금 지원이 부족한

syn. habitual, continual, persistent, recurrent
ant. acute, temporary, infrequent

circulate [sə́ːrkjulèit]

vi., vt. to move in or flow through a circle 순환하다, 돌다: Blood *circulates* in the veins and arteries of our body. 피는 우리 몸의 정맥과 동맥을 순환한다.

vt. to pass around; distribute (신문, 책자 등을) 배부하다: This year anonymous leaflets have been *circulated* in downtown London. 올해 익명의 전단이 런던 시내에서 배부되었다.

vi. **1** to move around, as from person to person (풍문[소문]이) 유포되다: Bad rumors about the movie star *circulated* all over the country. 그 영화배우에 대한 나쁜 소문이 전국적으로 퍼졌다.

·파생어·
circulation 순환, 유통; 발행 부수
circulative 순환을 촉진하는
circulator 유포자, 유통자
circulatory (혈액, 공기 등의) 순환의

·관련표현·
blood **circulation** 혈액 순환
be in **circulation** 유통되다, 유포되다
circulatory system 순환계
circulate money 돈을 유통시키다

2 to move around at a party (파티에서 이리저리 돌아다니다): Waiters *circulated* among the guests serving champagne. 웨이터들이 샴페인을 서빙하면서 손님들 사이를 분주히 돌아다녔다.

|실전문제|

다음에 주어진 뜻풀이 가운데서 밑줄 친 circulated의 의미로 가장 적절한 것은?

I deeply resented those sort of rumors being circulated at a time of deeply personal grief.

(1) to move around at a party
(2) to move around, as from person to person
(3) to move in or flow through a circle
(4) to pass around; distribute

해설 | 결정적으로 힌트가 되는 단어인 rumors(소문)을 보면 '소문을 퍼뜨리다'는 뜻으로 쓰인 것임을 알 수 있다. (2) 「내가 개인적으로 매우 슬플 때에 그러한 종류의 소문이 나돈다는 것에 대해 심히 분개했다.」

---

circumstance [sə́ːrkəmstæns]

n. 1 a fact or condition that affects a situation (일, 사건 등을 둘러싼) 정황: It's amazing that they did so well under the *circumstances*. 그들이 그런 환경에서 그렇게 잘 해낸 것이 놀랍다. / The level of the fine depends on the *circumstances* of the case. 벌금 수준은 그 사건의 상황에 따라 달라진다.

2 events that change your life, over which you have no control 〈보통 *pl.*〉 (개인이 어쩔 수 없는) 환경, 상황: Bad weather is a *circumstance* we cannot control. 악천후는 우리가 통제할 수 없는 상황이다.

3 financial status or means (경제적, 물질적인) 환경: Whether or not you qualify for a loan will depend on your financial *circumstances*. 당신이 대출을 받을 수 있는지 여부는 당신의 재정 상황에 달렸다.

|실전문제|

다음 빈칸에 들어갈 가장 알맞은 단어를 고르시오.

That extra shot of adrenaline brought on by nervousness will help you to think faster, to talk more easily, and to speak with greater emphasis, than under normal _____.

(1) crises   (2) concentration
(3) circumstances   (4) contradiction

해설 | '긴장할 때 분비되는 아드레날린 때문에 보통 _____에서보다 유창하게 말할 수 있다'는 문맥으로 보아, ___는 '상황'이라는 말이 들어가야 되며, circumstances, situation 등의 단어가 들어가야 한다. (1)은 '위기'라는 뜻의 복수 형태이며 crisis가 단수 형태이다. (2)는 '집중' 그리고 (4)는 '모순'의 뜻으로 동사는 contradict이다.

---

circulate through ~ ~을 순환하다
circulate a rumor 소문을 퍼뜨리다

syn. issue, spread, advertise
ant. stagnate, suppress

· 파생어 ·

circumstanced 어떤 사정에 있는, 어떤 경제적 형편에 있는

circumstantial 상황에 의한, 우연한, 부수적인

circumstantiate (상황에 의해) 실증하다, 상세하게 설명하다

circumstantiality 상황, 사정, 상세

· 관련표현 ·

the whole *circumstances*
상세한 내용, 자초지종

depend upon[on] *circumstances*
사정 여하에 따라 달라지다

in bad *circumstances*
살림이 옹색하여

in comfortable *circumstances*
생활 형편이 좋아서

under any *circumstances*
여하한 사정하에서도

under no *circumstances*
어떠한 일이 있어도 ~않다

with much *circumstance*
상세하게

without *circumstance*
격식을 차리지 않고

circumstantial evidence
정황 증거[간접 증거]

syn. occurrence, happening,

(3) 「긴장 때문에 과잉으로 분비되는 아드레날린은 보통의 상황보다 더 빨리 생각하고, 더 쉽게 말하고, 더 많이 강조해서 말할 수 있게끔 당신을 도와줄 것이다.」

phenomenon, condition, ceremony, detail

☐ cite [sait]

vt. 1 to mention as an instance or a reason (이유, 예를) 들다, 예증하다: The lawyer *cited* a previous case to support his argument. 그 변호사는 자신의 주장을 뒷받침하려고 전 사건을 예로 들었다.

2 to summon before a court of law (법정으로) 소환하다: The court *cited* him for a traffic violation. 법정은 그를 교통 위반으로 소환했다.

3 to commend officially (특히 수동형으로) 칭찬하다, 표창하다: He was *cited* for bravery in the arrest of a kidnapper. 그는 유괴범을 체포할 때 보여 준 용기로 인해 표창을 받았다.

4 to mention or refer to 언급하다: Italy was *cited* as one of the most popular holiday destinations in Europe. 이탈리아는 유럽의 가장 인기 있는 휴가지 중 곳으로 언급되었다.

· 파생어 ·

citable 인용할 수 있는
citation 인용, 언급; 소환; 표창장[감사장]
citator 인용자
citatory 소환의

· 관련표현 ·

cite[take] ~ as an example
~을 예로 들다
cite ~ for bravery
~을 용감한 행동으로 표창하다
cite an instance 예를 들다
cite one's sources
~의 출처를 언급[인용]하다

syn. quote, mention, refer to, summon, commend, praise

|실전문제|

다음에 주어진 뜻풀이 가운데서 밑줄 친 cite의 의미로 가장 적절한 것은?

Can you <u>cite</u> a specific example of what you mean?

(1) to mention or refer to
(2) to commend officially
(3) to summon before a court of law
(4) to mention as an instance or a reason

해설 | 예(example)가 있으므로 cite와 연결되어, '예를 들다'로 바로 연결될 수 있다. (4) 「말씀하신 것에 대해 구체적인 예를 들어 주시겠습니까?」

☐ claim [kleim]

vt. 1 to demand or ask for as one's own (권리, 유산 등을) 요구하다: Did you *claim* damages after a car accident? 자동차 사고 후 손해 배상을 요구했니?

2 to assert or allege (사실이라고) 주장하다, 공언하다: He *claimed* the money was stolen, not lost. 그는 그 돈이 분실된 것이 아니라 도난당했다고 주장했다.

3 (of a disaster, an accident) to cause someone's death (병, 재해, 전쟁 등이) 인명을 빼앗아 가다: Heart disease is one of the biggest killers, *claiming* more than 20,000 lives every year. 심장병은 가장 큰 사망 원인 중 하나로 연간 2만 명 이상의 목숨을 앗아 간다.

· 관련표현 ·

claim responsibility for ~
~은 자기네들의 소행이라고 주장하다
a *claim* for damages
손해 배상 요구[청구]
claim damages 손해 배상을 요구하다
lay[make] *claim* to ~
~에 대한 권리[소유권]를 주장하다
claim against a person
~에게 배상을 요구하다, ~을 고소하다
give up a *claim* 권리를 포기하다, 주장을 철회하다

4 to call for someone's notice (사람의 주의를) 끌다, 구하다: The problems *claim* our immediate attention. 그 문제들은 우리가 즉각 주의할 가치가 있다.

n. **1 assertion or allegation** 주장: The jury believed the defendant's *claim* of innocence. 배심원은 피고의 무죄 주장을 믿었다.

2 an official request for money that you think you have a right to (보상금 등에 대한) 청구, 지급 요구: The boss is considering the union's *claim* of pay raise. 사장님은 노조의 봉급 인상 요구를 고려 중이다.

claim ~ back ~의 반환을 요구하다

syn. declare, assert, demand, profess, requirement, proclamation
ant. deny, reject

|실전문제|

다음에 주어진 뜻풀이 가운데서 밑줄 친 claimed의 의미로 가장 적절한 것은?

Trade Union leaders <u>claimed</u> that some of their union members have been victimized.

(1) to call for someone's attention   (2) to assert or allege
(3) to demand or ask for as one's own   (4) to cause someone's death

해설 | 주로 뒤에 that ~ 이하의 목적절이 따라올 때는 '~라고[~을] 주장하다' 의 뜻으로 사용된다. (2) 「무역 노조 간부들은 노조원 몇 명이 희생되었다고 주장했다.」

☐ **class** [klæs]

n. **1 a social group of members with the same social, political and economic class** 계급, 계층: He was born into the middle *class*. 그는 중산층[중류 계급]으로 태어났다.

2 a period of time during which students are taught 수업: Professor Robert teaches the biology *class*. 로버트 교수는 생물학 수업을 맡고 계신다.

3 a group of students who are taught together 반, 학급: Although they are close friends, they are in different *classes*. 비록 그들은 절친한 친구이지만, 반이 다르다.

4 a division of things or people according to their quality 등급: I have never used a first *class* on a business trip. 나는 출장 시에 일등석을 타 본 적이 없다.

vt. **to classify or consider** 분류하다, 간주하다: Paul Cezanne is *classed* as an impressionist painter. 폴 세잔은 인상파 화가로 분류된다. / We *class* her as one of the most beautiful women we know. 우리는 그녀를 우리가 아는 사람 가운데 가장 아름다운 여성 중 한 명으로 간주한다.

·파생어·

classable 분류할 수 있는
classification 분류(법), 등급 매기기
classified 분류된, (광고가) 분류별의, 비밀의(=secret)
classifier 분류자
classify 분류하다, 기밀 서류로 취급하다

·관련표현·

a first-*class* restaurant 일류 음식점
the upper *class* 상류 계급
the *classes* and the masses 상류 계급과 일반 대중
class action 집단 소송(=*class* suit)
class-conscious 계급을 의식하는
cut *class* 수업을 빼먹다
hold[teach] a *class* 수업을 실시하다
miss a *class* 수업에 빠지다
be no *class* 보잘것없다; 열등하다

| 실전문제 |

다음에 주어진 뜻풀이 가운데서 밑줄 친 <u>class</u>의 의미로 가장 적절한 것은?

Some teachers are strongly asking for a reduction in <u>class</u> size.

(1) a division of things or people according to their quality
(2) a social group of members with the same social, political and economic class
(3) a group of students who are taught together
(4) to classify or consider

해설 | 과밀학급, 즉 많은 수의 학생을 줄인다는 내용이며, class size는 학급 규모의 뜻으로 해석이 된다. (3) 「몇몇 교사들은 학급 규모를 줄여 줄 것을 강력히 요구하고 있다.」

a *classified* telephone directory
직업별 전화번호부

classified ads 분류 광고

syn. classification, group, category, status, classify, categorize

clear¹ [kliər]

a. **1 free of rain or cloud** 맑은: On a *clear* day, you can see a small island from here. 맑은 날에는 여기서 조그만 섬을 볼 수 있다.

2 easy to read or understand 읽고 이해하기 쉬운, 알아보기 쉬운: The dictionary is *clear* and adequately illustrated. 그 사전은 이해하기 쉽고 적절하게 삽화가 있다. / His meaning was *clear* as the nose on your face. 그가 말하고자 하는 의미는 아주 명료했다.

3 leaving no doubt or question 명백한: It is becoming unmistakably *clear* that the government policies of education and real estate were wrong. 교육과 부동산에 대한 정부 정책이 잘못되었음이 너무나 명백해지고 있다. / It was a *clear* case of bribery. 그것은 틀림없는 뇌물 사건이었다.

4 overwhelming or absolute 절대적인, 압도적인: The *clear* majority of people think the government has to take actions necessary against the early education becoming too heated. 절대다수의 국민은 정부가 과열되는 조기 교육에 대해 필요한 조치를 취해야 할 것이라고 생각한다.

5 transparent or pure in color or sound (색깔이나 음이) 투명한, 청아한: Spring makes your *clear* yellow dress clean and attractive. 봄이기 때문에 당신의 밝은 노란색 옷은 깨끗하고 매력적으로 보인다. / The water in the bay was *clear* as glass. 그 만의 물은 유리처럼 맑았다.

6 able to think and understand quickly and well (두뇌가) 명석한, 명쾌한: He made a *clear* judgement at that time. 그는 그때 명석한 판단을 했다.

7 free from guilt or blame; innocent 결백한, 죄 없는, 흠 없는: I can make a witness with a *clear* conscience. 나는 깨끗한 양심으로 증언할 수 있다.

· 파생어 ·

clearable 깨끗하게 할 수 있는
clearing 청소, 제거; 개간지
clearly 분명히, 똑똑히, 확실히
clearness 맑음, 분명함, 명료함
clearance 재고 정리 판매; 출국 허가; 통관절차; 정리, 치워 버림; 산림 벌채

· 관련표현 ·

clear water 맑은 물
a *clear* case of embezzlement
명백한 공금 횡령 사건
clear of debt 빚이 없는
make oneself *clear*
생각을 남에게 이해시키다
a *clear* outline 뚜렷한 윤곽
clear-eyed 눈이 맑은
a *clear* head 명석한 두뇌
have a *clear* mind 머리가 좋다
clear from suspicion
혐의가 전혀 없는
speak loud and *clear*
큰 소리로 분명히 말하다
clear one's throat 목청을 가다듬다
in the *clear* 혐의가 풀리어, 빚지지 않고
keep *clear* of ~ ~을 피하고 있다, 가까이 가지 않다
clearance sale 재고 정리 세일

syn. unclouded, distinct, unmistakable, apparent, unconfused, unblocked

|실전문제|

다음에 주어진 뜻풀이 가운데서 밑줄 친 clear의 의미로 가장 적절한 것은?

The purpose of the new company regulations was not immediately clear.

(1) overwhelming or absolute
(2) free of rain or cloud
(3) leaving no doubt or question
(4) easy to read or understand

해설 | 주어가 의도(purpose)이므로 말을 연결해 보면, '이해할 수 없는'의 뜻이 됨을 알 수 있다. (4) 「새로운 회사 규정의 의도를 나는 당장에 이해할 수 없었다.」

clear² [kliər]

vi. 1 (of the sky or the weather) to become clear 맑게 되다: After the torrential rain, the sky *cleared*. 폭우가 내린 다음, 하늘이 맑아졌다.

2 (of smoke or fog) to disappear gradually (안개, 구름 등이) 점차 없어지다, 사라지다: The early morning mist had *cleared*. 이른 아침의 안개가 점차 사라졌다.

vt. 1 to remove 제거하다, 깨끗이 치우다: After having a breakfast, *clear* the table. 아침 식사를 하고 난 후, 식탁을 치워.

2 to prove that someone is innocent (의심, 혐의 등을) 풀다: After many years in prison, he was finally *cleared* of murder. 수년 간의 감옥 생활 끝에 그는 마침내 살인 혐의를 벗었다.

vi., vt. to free one's mind from confused thoughts or doubts 의문, 혼동 등을 떨쳐 버리다: The doctor told him to *clear* his mind of worries. 의사는 그에게 마음의 걱정을 떨쳐 버리라고 했다.

ad. 1 in a clear way 분명히, 또렷하게: When you study English, you should speak loud and *clear*. 영어를 공부할 때는 큰 소리로 또렷하게 말해야 한다.

2 completely; utterly; all the way 완전히, 쭉[줄곧]: The jogger ran *clear* to the end of the island. 조깅하는 그 사람은 섬 끝까지 줄곧 뛰어갔다.

ant. cloudy, obscured, unclear, inaudible, uncertain

· 관련표현 ·

walk *clear* to the destination
목적지까지 계속해서 쭉 걸어가다

clear land 토지를 개간하다

clear one's mind of doubts
의심을 풀다

clear a debt 빚을 갚다

clear one's throat 목청을 가다듬다

in the *clear* (혐의가) 풀려, 결백하여
e.g. Evidence put him *in the clear*.
그의 결백함이 증거에 의해 증명되었다.

clear up 정돈하다; 결제하다; 치우다; (문제·의문 등을) 풀다; (날씨가) (비·구름이 걷히고) 개다

syn. free, remove, rid, evacuate
ant. accuse, deny, obstruct

|실전문제|

1. 다음에 주어진 뜻풀이 가운데서 밑줄 친 clear의 의미로 가장 적절한 것은?

He told me how to <u>clear</u> my mind of doubts.

(1) to remove
(2) to free one's mind from confused thoughts or doubts
(3) to become clear
(4) to prove that someone is innocent

해설 | 숙어인 clear one's mind of doubts를 기억한다면 (2)가 답이 됨을 알 수 있다. (2) 「그는 나에게 의심을 풀라고 말했다.」

2. 다음 빈칸에 들어갈 적당한 단어를 고르시오.

The estimate is that the tropical forests are being ____ at the rate of 64 aches per minute.

(1) replaced
(2) disappeared
(3) cultivated
(4) cleared

해설 | 열대 우림이 분당 64에이크의 속도로 '____되고 있다'에서 '벌채되고 있다' 라는 것이 문맥에 적당하므로 정답이 (4)이다. (1)은 '교체되다', (2)는 '사라지다', 그리고 (3)은 '경작되다'의 뜻이다. (2)가 의미상 정답이 될 수 있다고 생각할지 모르지만 자동사이기 때문에 지금처럼 수동형으로 사용할 수는 없다. at the rate of ~는 '~의 속도로[비율로], ~의 금액에'라는 뜻으로 사용된다. (4)「추정하기로는 열대 우림이 분당 64에이커의 속도로 벌채되고 있다고 한다.」

☐ cliché [kliːʃéi]

n. an idea or an expression that has been used so much that it is not interesting or fresh anymore 진부한 표현, 상투적인 문구: 'Her lips are as red as roses' is a *cliché*. '그녀의 입술은 장미처럼 붉다'라는 말은 진부한 표현이다.

·파생어·
clichéd 상투적인, 오래 써먹은

·관련표현·
a *clichéd* **remark** 상투적인 말
a *clichéd* **image** 상투적인 이미지

syn. hackneyed expression, banality, platitude, trite phrase

|실전문제|
다음 밑줄 친 cliché의 올바른 정의를 보기에서 고르시오.

I have one final piece of advice related to handshakes — remember to smile. It may be a <u>cliché</u> but a smile speaks a thousand words.

(1) a form of expression that has been so often used that its original effectiveness has been lost
(2) a helpful piece of advice
(3) to carry out skillfully an action involving physical movement
(4) an exchange of greetings or communication between people

해설 | cliché 라는 말은 '진부한 표현[말]'이라는 뜻인데 (1)이 이 말의 정의이며, (2)는 '도움이 되는 충고 한마디', (3)은 '신체적인 움직임이 있는 행동을 기술적으로 수행하는 것', 그리고 (4)는 '사람들 사이의 인사말이나 대화의 교환' 등의 의미이다. (1)「악수에 관해서 마지막으로 조언이 있다. 그것은 미소 짓는 것을 잊지 않아야 한다는 것이다. 이것은 진부한 것일지는 모르나 천 마디의 말을 대신한다.」

☐ climate [kláimit]

n. 1 the general weather condition that is typical of the place (한 지역, 한 지방의 연평균) 기후: Retirees often move to a mild *climate*. 퇴직자들은 종종 온화한 기후 지역으로 이사한다.

2 the general feelings or opinions that people have at a particular time 여론이나 정치적, 경제적인 풍토나 환경, 분위기: A major change of political *climate* is not in prospect. 정치적 풍토의 대대적인 변화는 없을 전망이다.

·파생어·
climatic 기후상의, 풍토적(=climatical)
climatize 새로운 환경에 순응시키다, 또는 순응하다
climatology 기후학
climatologist 기후학자, 풍토학자

·관련표현·
a *climate* of **opinion** 여론
intellectual *climate* 지적 풍토

|실전문제|

다음 밑줄 친 climate와 뜻이 가장 가까운 단어를 고르시오.

After the revolution, the climate of the country remained tense.

(1) season   (2) weather
(3) atmosphere   (4) change

해설 | climate은 한 지역의 일반적인 기후를 말하기도 하기 때문에 '그날의 날씨'를 뜻하는 (2)의 weather와는 다르므로 주의해야 한다. 기후라는 뜻 이외에도 '분위기'라는 뜻이 있으므로 정답은 (3)이다. (1)은 '계절', (2)는 '(그날의) 날씨', 그리고 (4)는 '변화'를 뜻한다. (3)「혁명 후, 그 나라의 분위기는 여전히 긴장 상태였다.」

cling [kliŋ]

vi. 1 to hold onto tightly 매달리다, 붙들고 늘어지다: Small children cling to their mothers. 어린아이들은 엄마에게 매달린다.

2 to stick to very tightly on (냄새가) 옷에 배다: (옷 등이) 착 달라붙다: The smell of cigarette smoke tends to cling to our clothes. 담배 연기 냄새는 옷에 배기 십상이다. / The smell of manure still clung to him. 거름 냄새가 아직 그의 몸에 배어 있었다. / The wet clothes clung to my skin. 젖은 옷이 내 살에 달라붙었다.

3 to remain attached, as to an idea, hope, memory (희망, 생각, 주장 등을) 고수하다, 버리지 않다, 집착하다: Always cling to your beliefs. 항상 믿음[소신]을 지켜라. / Politicians sometimes cling to power. 정치가들은 가끔 권력에 집착한다.

4 to stay very near due to a lack of confidence (자신감의 결여로 인해) 붙어 있다: The children clung to each other in the dark. 아이들은 어둠 속에서 서로 딱 붙어 있었다.

|실전문제|

1. 다음에 주어진 뜻풀이 가운데서 밑줄 친 clings의 의미로 가장 적절한 것은?

She still clings to the belief that her husband is alive somewhere.

(1) to stick to very tightly on
(2) to stay very near due to a lack of confidence
(3) to remain attached, as to an idea, hope, memory
(4) to hold onto something or someone tightly

해설 | 어떤 생각이나 믿음을 가지고 있는 것은 그런 생각이나 믿음을 고수하거나 버리지 않는 것이다. (3)「그녀는 아직까지도 자신의 남편이 어딘가에 살아 있다는 믿음을 버리지 않고 있다.」

2. 다음 밑줄 친 cling to와 비슷한 의미를 나타내는 어구를 보기에서 고르시오.

There are many men and women who cling to sex roles.

(1) relate to   (2) look down on
(3) stick to   (4) look up to

---

a dry climate 건조한 지방
the present political climate 현 정치 풍토
a tropical climate 적도 기후 지대
a climate of unrest 소요의 분위기
a social climate 사회 풍토
a political climate 정치 풍토
a friendly climate 우호적인 분위기

syn. weather, atmosphere, mood, general feeling

·파생어·

clinging 들러붙는, (옷이) 몸에 찰싹 달라붙는

clingy 끈적이는, 손이나 신체에 들러붙는

·관련표현·

cling to the last hope
끝까지 희망을 버리지 않다

cling to power 권력에 집착하다

cling together
(물건이) 서로 들러붙다, 단결하다

cling to one's beliefs
소신[믿음]을 지키다

cling to the rim of the glass
유리잔 가에 달라붙다

cling to the past 과거에 집착하다

syn. stick, hold, hold fast, hand on to, be true, maintain
ant. separate, slip off, release, relinquish, forsake

해설 | cling to ~는 일반적으로 '~을 고집하다, ~에 매달리다'의 뜻이며, (3)의 stick to가 비슷한 의미를 나타낸다. (1)은 '~에 관련[관계]시키다,' (2)는 '~을 얕보다, 경멸하다'의 뜻으로 despise로 표현할 수 있고, (4)는 '존경하다'의 뜻으로 respect로 나타낼 수 있다. (3) 「전통적인 성의 역할을 고집하는 남녀들이 많다.」

☐ cloak [klouk]

n. **1 a loose, sleeveless piece of clothing** (소매 없는) 망토: The queen wore an ermine *cloak*. 여왕은 담비 망토를 걸쳤다.
2 something that covers or conceals (눈, 안개 등과 같은) 덮는 것: The invaders attacked under a *cloak* of fog. 침략자들은 안개를 틈타 공격했다.
3 pretension or intention to hide the truth about something 구실, 가면, 은폐 수단: Preparations for the wedding were made under a *cloak* of secrecy. 결혼식 준비는 비밀리에 이루어졌다. / His friendly behavior was a *cloak* for his evil intentions. 그의 다정한 행동은 그의 나쁜 의도의 가면을 쓰고 행해졌다.

|실전문제|

다음 밑줄 친 cloak과 뜻이 가장 가까운 것을 보기에서 고르시오.

She tried to cloak her grief while she was at the party.

(1) reveal   (2) attract
(3) plead   (4) conceal

해설 | cloak은 명사의 뜻으로 '외투나 망토' 또는 '가면, 은폐의 수단'의 의미로 사용되나, 동사로 사용될 때는 '사상, 생각, 목적 등을 숨기다[감추다]'의 의미로 사용되므로 정답은 (4)이다. (1)은 반대의 뜻으로 '드러내다, 폭로하다', (2)는 '매혹하다' 또는 '고객이나 관광객을 유치하다'를 뜻하며, (3)은 '탄원하다, 변론하다, 간청하다' 등의 의미로 사용된다. (4) 「그녀는 파티에 있는 동안, 자신의 슬픔을 감추려고 애썼다.」

· 파생어 ·
cloakroom (극장, 호텔의) 휴대품 보관소

· 관련표현 ·
under the *cloak* of charity
자선을 빙자해서
under the *cloak* of night
야음을 틈타서
be *cloaked* in mystery (의문 속에)
미스터리에 가려지다
under the *cloak* of thick mist
짙은 안개를 틈타
***cloak*-and-dagger** 비밀첩보 활동의

syn. mantle, robe, burnoose, pelisse, cover, shield, concealment, camouflage
ant. revelation, show, display, exposal

☐ close¹ [klouz]

vt. **1 to shut** (문을) 닫다, (눈을) 감다: If you are cold, *close* the window. 춥다면 창문을 닫아라. / After a few hours of study, he *closed* his eyes and fell asleep. 수 시간 동안 공부를 한 후, 그는 눈을 감고 잠이 들었다.
2 to stop doing business or operating permanently (가게 등을) 폐업하다: The multi-national corporation decided to *close* its China branch due to the increasing deficit. 그 다국적 기업은 늘어나는 적자 때문에 중국 지사를 폐쇄하기로 했다.
3 to stop having an account with a bank, store (은행, 상점) 등과 거래를 마감하다: She *closed* her account a few days ago. 그녀는 며칠 전에 계좌를 해지했다.

· 파생어 ·
closed 닫힌, 폐쇄된
closely 밀접하여, 친밀히; 주의하여
closeness 접근, 친밀; 밀폐

· 관련표현 ·
close a gap 틈을 메우다
close a speech 연설을 끝마치다
close a contract 계약을 맺다
Closed Today 금일 휴업
closed conference 비공개 회의

4 to successfully complete the arrangements for a business deal 체결하다, 계약을 맺다: The manager got promoted after he *closed* a deal worth a million dollars. 그 매니저는 백만 달러 가치의 계약을 체결한 다음 승진되었다.

5 to end or finish 끝내다: The CEO has just *closed* his opening speech. 최고 경영자는 개막사를 방금 끝마쳤다.

vi. **1 to be closed** 문이 닫히다, 폐쇄되다: What time does the library *close*? 도서관은 몇 시에 문을 닫니? / The factory *closed* down for lack of business. 그 공장은 일감 부족으로 문을 닫았다.

2 to end a day's trading on a stock market 주식 시장을 폐장하다: The GE shares *closed* at 250 points, up 15 points. General Electric 주식은 15포인트 오른 250포인트로 폐장되었다.

|실전문제|

다음에 주어진 뜻풀이 가운데서 밑줄 친 close의 의미로 가장 적절한 것은?

The inclement weather forced highway officials to close the bridge onto the island.

(1) to successfully complete the arrangements for a business deal
(2) to stop doing business or operating permanently
(3) to end or finish
(4) to end a day's trading on a stock market

해설 | 목적어가 다리(bridge)이므로 타동사인 close의 뜻은 '폐쇄하다'의 의미임을 알 수 있다. (2)「악천후로 인해서 고속도로 관리들은 섬에 연결된 다리를 폐쇄해야 했다.」

□ close² [klous]

a. **1 near in space or time** (거리나 시간상으로) 가까운: My house is *close* to the subway station. 우리 집은 지하철역 가까이에 있다.

2 having an intimate relationship; familar 밀접한, 친밀한: He and his son have always been very *close*. 그와 아들은 항상 친밀하게 지내 왔다.

3 attentive and thorough 면밀한, 철저한: Keep a *close* watch on my children, while I'm away on a business trip. 제가 멀리 출장을 떠나 있을 동안 제 아이들을 잘 돌봐주세요.

4 decided by a slight margin 근소한 차의, 접전의: The election results of the general election were very *close*. 총선의 결과는 아주 접전이었다.

ad. **1 near** 가까이에: Come *close* so I can see you. 내가 너를 볼 수 있도록 가까이 와.

2 carefully 주의 깊게, 주도면밀하게: Please look *close*. 주의 깊게 보십시오.

Listen *closely*. 주의해서 들어라
close off 끝내다, 마감하다; 고립시키다; 흐름을 막다
close over 묻다, 덮어씌우다; 가두다, (남을) 사방에서 덮치다
close out 팔아 버리다, 헐값에 팔다; (사업을) 아주 폐쇄해 버리다
bring ~ to a *close* ~을 끝내다
come[draw] to a *close* 끝나다
a *closed* society 폐쇄 사회
a *closed*-door session 비밀회의
a *closing* speech[remarks] 폐회사

syn. shut, connect, finish, fasten
ant. open, begin

· 관련표현 ·
close relatives 근친[가까운 친척]
a *close* election 백중의 선거전
a *close* analysis 면밀한 분석
shut one's eyes *close* 눈을 꼭 감다
close at hand 가까이에, 임박하여
close to home 마음에 사무치도록
close call 위기일발, 구사일생 (큰일 날 뻔함)
closed-door 비밀의, 비공개의
a *close* investigation 정밀한 검사
keep a *close* eye on ~ ~을 주의 깊게 감시하다
a *close* game[competition] 접전
a *close* friend 절친한 친구
fit *close* (옷이) 딱 맞다

| 실전문제 |

다음에 주어진 뜻풀이 가운데서 밑줄 친 close의 의미로 가장 적절한 것은?

She lived alone, keeping close contact with his two grown-up sons.

(1) attentive and thorough
(2) near
(3) having an intimate relationship; familiar
(4) decided by a slight margin

해설 | contact(접촉)를 수식하므로, 이 수식하는 말과의 관계를 살펴보면 '긴밀한[밀접한] 접촉'이 되는 것이 가장 자연스럽다. (3) 「그녀는 장성한 두 아들과 가깝게 지내며 홀로 살았다.」

by a *close* call 위기일발로, 구사일생으로

syn. near, neighboring, attentive, familiar
ant. distant, spacious, inattentive

☐ closely [klóusli]

ad. **1 in a close manner; similarly** 밀접하게, 친밀하게, 유사하게: The twins resemble very *closely* each other. 그 쌍둥이는 아주 비슷하게 닮았다. / They work *closely* with beautiful career women in the office. 그들은 사무실에서 아름다운 여성들과 친밀하게 일을 한다.

2 carefully and thoroughly 자세히, 면밀히, 주의 깊게: Listen *closely* to the instructions. 지시 사항을 주의 깊게 들으시오. / If you look *closely* at many of the problems in society, you'll see a lot of evidence of racial indiscrimination. 만약 여러분들이 사회의 많은 문제를 자세히 살펴보면, 인종차별 문제에 대한 많은 증거를 보게 될 것이다.

· 파생어 ·

close 눈을 감다, 문을 닫다, 끝내다; *a.* 가까운, 친밀한, 근소한, 닫은, 면밀한
closeness 접근, 친밀함; 밀폐; 인색
closed 닫힌, 밀폐된
closing 폐쇄, 밀폐, 종결, 마감
closure 마감, 폐쇄, 폐점, 토론의 종결

· 관련표현 ·

watch *closely* 주의 깊게 보다
be *closely* **allied with ~**
~와 친밀한 동맹 관계에 있다
closely **related to ~**
~와 밀접하게 관련된
work *closely* **with ~**
~와 친밀하게 일을 하다

syn. carefully, attentively, alertly, intently
ant. carelessly, inattentively

| 실전문제 |

다음 밑줄 친 closely와 뜻이 가장 가까운 것을 보기에서 고르시오.

Looking at the sky closely, it was found that only the stars have perfect circular movement.

(1) fitting tightly   (2) being near together
(3) thoroughly   (4) strictly

해설 | closely는 '면밀히, 열심히 주의하여, 친밀히' 등의 뜻을 나타내는 부사인데, 문맥을 보면, '하늘을 ___하게 보고 ~를 알았다'이며 ____ 속에는 '유심히, 면밀히'라는 부사가 들어가는 것이 적당하므로 정답은 (3)이다. (3)에는 '철저히, 완전히'라는 뜻도 있으므로 주의한다. (1)은 '꼭 맞는', (2)는 '서로 가까이 있는' 그리고 (4)는 '엄격하게'의 뜻이다. (3) 「하늘을 유심히 바라보면 별만이 완벽하게 주기적인 운동을 하고 있음을 알 수 있다.」

cluster [klʌ́stər]

n. a number of things or people of the same kind close together in a group (같은 종류의 물건이나 사람의) 떼, 집단: People were standing in a *cluster* at the bus stop. 버스 정류장에 사람들이 떼를 이루어 서 있었다. / *Clusters* of four-leaf clovers grow in the mountains. 네 잎 클로버가 군(群)을 이루어 산에서 자라고 있다.

vi. to come together in a group (사람, 곤충 등이) 떼를 지어 모여들다: The Boy Scouts *clustered* around the bonfire for warmth. 보이 스카우트 단원들은 몸을 데우기 위해 모닥불 주위에 몰려들었다.

|실전문제|
다음 밑줄 친 구와 의미가 가장 가까운 것을 보기에서 고르시오.

Musicians <u>clustered together</u> in front of the recording device with hardly enough space to play their instruments.

(1) argued with each other　(2) formed a tight group
(3) lined up　(4) pushed each other

해설 | cluster together는 '사람, 짐승, 식물, 송이가 있는 과일 등이 같이 모여 있다', 또는 '주렁주렁 열리다'의 뜻이므로, 정답은 (2)이다. (1)은 '서로 논쟁하다', (3)은 '일렬로 서다, 줄을 서다' 그리고 (4)는 '서로 밀다'의 뜻이다. (2) 「음악가(가수)들이 녹음 장치 앞에 같이 모였으나, 악기를 연주할 만한 충분한 공간이 거의 없었다.」

·파생어·
clustery 한 덩어리의, 집단의

·관련표현·
a *cluster* of grapes 포도 한 송이
a *cluster* of stars 성군(별 무리)
a *cluster* of bees 벌 떼
in a *cluster* 덩어리가 되어, 송이를 이루어
cluster together 주렁주렁 달리다, 몰려들다

syn. clump, bunch, group, collection, throng, congregate
ant. dispersion, scatter

---

coin [kɔin]

vt. 1 to make coins from metal (화폐를) 주조하다: These pennies were *coined* at the mint in Denver. 이 1센트짜리 동전은 덴버에 있는 조폐국에서 주조되었다.

2 to invent a word or phrase (표현이나 말을) 만들어 내다: The word 'lunatic' was *coined* to describe people who went mad at the full moon. 'lunatic(미치광이)'이라는 말은 보름달이 뜰 때 미쳐버리는 사람들을 뜻하기 위해 만들어졌다.

|실전문제|
다음 밑줄 친 coined와 뜻이 가장 가까운 표현을 보기에서 고르시오.

More than any other medium of the period, the movies popularized and occasionally <u>coined</u> underworld slang.

(1) avoided　(2) invented
(3) investigated　(4) made coins out of

해설 | 지금 coin은 동사의 의미로 사용되고 있으며, 동사의 뜻으로는 '고안하다, 만들다'의 의미로 사용되므로 (2) '고안하다'가 정답이다. (1)은 '피하다'(=evade), (3)은 '수사[조사]하다'(=look into ~), 그리고 (4)는 '~에서 동전을 만들다'의 의미이나 동사인 coin의 의미와는 다르게 사용된다는 점에 주의한다. (2) 「영화는 그 당시의 다른 어떤 매체보다 하층 사회의 속어를 유행시켰고, 때로는 만들어 내기도 했다.」

·파생어·
coinage 화폐 주조
coined 만들어진, 주조된
coiner 화폐 주조자

·관련표현·
the other side of the *coin*
반대편[역]의 입장
a *coined* word 신조어
to *coin* a phrase
참신한 표현을 쓰자면
coin money
돈을 자꾸 벌다(=make money)
coin changer 동전 교환기
coin-operated 동전 투입식의
toss a *coin*
동전을 던져 올려서 결정하다
flip a *coin* (문제의 결말을 짓기 위해) 동전을 던지다

syn. mint, make, make up, invent, originate

coincide [kòuinsáid]

vi. 1 to happen at the same time 동시에 일어나다, (장소, 날짜가) 겹치다: My birthday accidentally *coincides* with my wedding anniversary. 내 생일이 우연히 결혼기념일과 겹친다.

2 to be in agreement (의견, 진술, 행동, 취미 등이) 일치하다: Does the witness's story *coincide* with that of the defendant? 증인의 이야기가 피고의 그것과 일치합니까? / The kids' views on life don't always *coincide*, but they are never afraid of giving their opinions on it. 인생에 대한 아이들의 견해는 항상 일치하지는 않지만, 그들은 그것에 대한 견해를 드러내길 절대 두려워하지 않는다.

|실전문제|

다음 빈칸에 들어갈 가장 알맞은 단어를 보기에서 고르시오.

The most novel discoveries, if not the greatest, occur when several chance occurrences _____.

(1) present (2) dispatch
(3) diverge (4) coincide

해설 | '가장 신기한 발견은 몇 가지 우발적인 일들이 _____ 할 때 일어난다'에서 문맥상 적당한 단어는 '동시에 일어나다'의 뜻을 가진 (4)가 정답이다. 이외에도 '우연히 일치하다'의 뜻일 경우 전치사 with와 쓰이는 자동사이다. (1)은 '출석[참석]하다, 발표[제시, 증정]하다' 등의 다양한 뜻을 나타내며, (2)는 '파견하다, 급파하다'의 뜻이며, (3)은 '의견 등이 갈라지다(다르다)'의 뜻으로 사용된다. (4) 「가장 위대하지는 않더라도 가장 신기한 발견은 몇 가지 우발적인 일들이 동시에 일어날 때 이루어진다.」

· 파생어 ·

coincidence 일치, 동시 발생, 동시에 일어난 사건
coincidental 우연의 일치에 의한, 동시에 일어나는

· 관련표현 ·

coincide in opinions
의견이 일치하다
pure **coincidence**
순전한 우연의 일치
by a curious **coincidence**
희한한 우연의 일치로
coincidence of opinions
우연한 의견 일치
coincide with ~ ~와 일치[합치]하다
coincide in ~
~에 있어 의견이 일치하다

syn. be concurrent, agree, concur, correspond, match
ant. diverge, separate, divide, disagree, contradict

collapse [kəláeps]

vi. 1 to fall down suddenly 무너지다, 내려앉다, 붕괴하다: The earthquake caused many buildings to *collapse*. 지진으로 인해 많은 건물이 붕괴되었다. / The bridge *collapsed* under the weight of the train. 다리는 기차의 무게 때문에 내려앉았다.

2 (of a system or institution) to come to an end completely and suddenly (제도, 기관 등이) 갑자기 무너지다, 실패하다: Communism has already *collapsed* in Eastern Europe. 동유럽에서는 공산주의가 이미 무너졌다.

3 to suddenly fall down or faint on account of being ill or sick (과로나 병으로) 쓰러지다, 실신하다: The fireman *collapsed* from smoke inhalation. 그 소방관은 연기 흡입으로 인해 쓰러졌다.

4 to sit or lie down suddenly because of being very tired (피로로 인해) 털썩 주저앉거나 드러눕다: He arrived home late exhausted and barely capable of showering before *collapsing* on the bed. 그는 지친 상태로 늦게 집에 도착해서 거의 샤워도 못하고 침대에 드러누웠다.

· 파생어 ·

collapsing 무너지는, 쓰러지는, 붕괴하는
collapsible (의자 등) 접는 식의

· 관련표현 ·

collapse with laughter
쓰러질 정도로 웃다
on the verge of **collapse**
붕괴 직전에 있는
nervous **collapse** 신경 쇠약
the **collapse** of prices
물가의 대폭락
collapse under
(~의 무게) 때문에 허물어지다
a **collapsible** chair 접의자

|실전문제|

다음에 주어진 뜻풀이 가운데서 밑줄 친 collapsed의 의미로 가장 적절한 것은?

He collapsed during the vigorous exercise in the playground.

(1) to fall inwards and become smaller or flatter
(2) (of a system or institution) to come to an end completely and suddenly
(3) to suddenly fall down or faint on account of being ill or sick
(4) to fold into a shape that doesn't take up a lot of space

해설 | 뒤에 운동(exercise)이 나오므로, 이 운동을 하다가 '쓰러지는' 것을 말한다.
(3)「그는 운동장에서 격렬한 운동을 하다가 쓰러졌다.」

syn. fall, give away, break down, become unconscious
ant. stand, succeed, stand up, recover

☐ colleague [káli:g]

n. someone who works in the same office as you (전문 직업, 회사의) 동료: The executive director is highly respected among his *colleagues*. 그 전무이사는 직장 동료들 사이에서 크게 존경받고 있다. / Let me introduce one of my *colleagues* at the securities firm. 증권 회사의 직장 동료 한 명을 소개시켜 드리겠습니다.

· 파생어 ·
colleagueship 동료 관계, 동료 의식

syn. co-worker, teammate, partner, fellow worker
ant. rival, competitor, adversary, antagonist

|실전문제|

다음 밑줄 친 colleagues와 뜻이 가장 가까운 표현을 보기에서 고르시오.

There's a lot of room there; your colleagues can all do their own things without stepping on each other's toes.

(1) educational institutes   (2) business organization
(3) toy makers   (4) fellow workers

해설 | colleague는 직장 동료란 뜻으로 co-worker 또는 fellow worker 등의 동의어로 나타낼 수 있다. (1)은 '교육 기관', (2)는 '사업 단체[조직]' 그리고 (3)은 '장난감 제조 회사'의 뜻으로 나타낸다. (4)「그곳에는 남아도는 공간이 많다. 그래서 동료 직원들은 서로 방해가 되지 않고 자신의 일을 잘할 수 있다.」

☐ collective [kəléktiv]

a. shared or made by every member of a group or society 공유의, 집단적인: If our team makes a strong *collective* effort, we'll win the game. 우리 팀이 강력한 공동 노력을 한다면, 우리는 그 경기에서 이길 것이다. / The *collective* opinion of the governments of Western Europe is that they don't like the internal interference by the U.S. 서구 유럽 정부들의 집단적 의견은 그들이 미국의 내정 간섭을 싫어한다는 것이다.

· 파생어 ·
collectively 집합적으로, 공동으로
collectivity 집단, 집합체
collection 수집, 모금; (미술품의) 소장품
collectivize 집단 농장화하다

· 관련표현 ·
collective **property** 공유[공유] 재산
collective **noun** 집합명사

151

|실전문제|

다음 밑줄 친 collective와 뜻이 가장 가까운 것을 보기에서 고르시오.

Our collective memory of the war against predator beasts is preserved in myth and fairy tale.

(1) true (2) total
(3) ambiguous (4) affirmative

해설 | collective는 '집단적인'의 뜻이나, 여기서는 '전쟁에 대한 전체적인 기억'이라는 말로, total, entire 등을 뜻한다. (1)은 '참된, 진실된', (3)은 '(의미가) 애매모호한', 그리고 (4)는 '긍정적인'의 뜻으로 negative(부정적인)의 반의어이다. (2) 「육식동물과의 싸움에 얽힌 인간의 축적된 기억이 신화나 옛날이야기 속에 살아 있다.」

collective bargaining
노사의 단체 교섭
collective behavior 집단행동
collective leadership
(공산 국가의) 집단 지도 체제

syn. combined, unified, integrated, collected, cumulative
ant. divided, separate, uncooperative, fragmented

come [kʌm]

vi. **1** **to move towards the speaker or a particular place** (말하는 사람이나 특정한 곳으로) 오다, 가다: I'm *coming* in a minute. 곧 가겠다.

2 **to reach a particular point or place** 도달하다, 도착하다: Christmas is *coming* soon. 크리스마스가 곧 다가온다. / He *came* to a door which led into a warehouse. 그는 창고로 통하는 문에 도달했다. / Her hair *comes* to her waist. 그녀의 머리는 허리까지 내려왔다.

3 **to pass into a paricular state or position** ~의 상태가 되다, ~의 상태에 이르다: They finally *came* to a conclusion after marathon meeting. 그들은 마라톤 회합 후 마침내 결론에 이르렀다.

4 **to become** ~가 되다, ~하게 되다: His dream of winning the first prize has *come* true. 일등상을 타고자 하는 그의 꿈은 실현되었다.

5 **to reach eventually a certain condition** (상태, 결과에) 이르다: As time went by, I *came* to love him. 시간이 감에 따라, 나는 그를 사랑하게 되었다.

6 **come upon[come across]: to find or discover by chance; meet** (누구를) 우연히 만나다, (물건을) 우연히 발견하다: I *came upon* old letters while I was cleaning up the attic. 나는 다락방을 청소하다가 옛 편지들을 우연히 발견했다.

7 **come in for: to be given blame or disapproval; receive** (비난, 반대 등을) 받다: The newspaper *came in for* a lot of blame over the article of its handling of the candlelight open-air assembly. 그 신문은 촛불 집회를 다룬 기사 때문에 많은 비난을 받았다.

8 **come up to: to get near to or almost equal** 거의 ~에 가깝다, (수치가) 거의 ~이다: It's just *coming up to* a quarter to 12 now. 지금은 거의 12시 15분에 가깝다.

· 파생어 ·

comer 오는 사람; 유명한 사람
coming 다가오는, 다음의

· 관련표현 ·

comings and goings 왕래
the *coming* week 다음 주
this *coming* Wednesday
이번 다가오는 수요일
come a long way
크게 진보[발전]하다
come close to ~ing
거의 ~할 뻔하다
come down with ~
~병에 걸리다[감염되다]
come in handy (~에) 도움이 되다
come to think of it 생각해 보니
come up with ~ ~을 생각해 내다
when it *comes* to ~
~의 이야기라면, ~라면
come up to expectations
기대에 부흥하다
come by ~ ~을 손에 넣다(obtain);
((미·속어)) 지나는 길에 들르다
come up to ~ ~에 도달하다(reach);
(기대대로) 되다; (표준·견본에) 맞다;
~와 맞먹다
come to oneself 의식을 되찾다,
정신을 차리다; 자제심을 되찾다,
본심으로 돌아가다

|실전문제|

1. 다음 밑줄 친 구와 뜻이 가장 가까운 것을 보기에서 고르시오.

   The last project has recently come in for some negative criticism.

   (1) received　　　　　(2) renewed
   (3) refused　　　　　 (4) reviewed

   해설 | come in for ~는 '재산이나 비판 등을 받다'는 뜻으로 (1)이 이와 같은 뜻이 된다. (2)는 '갱신하다', (3)은 '거절하다(=turn down)', 그리고 (4)는 '검토하다, 조사하다, 복습하다' 등의 뜻을 나타낸다. (1)「지난번 프로젝트는 최근 부정적인 논평을 받고 있다.」

2. 다음 밑줄 친 구와 뜻이 가장 가까운 것을 보기에서 고르시오.

   In 1869, a Spanish nobleman went out hunting and came upon a large crack in a rock that led downward into a huge echoing cave.

   (1) arrived soon at　　　　(2) discovered by chance
   (3) stumbled over suddenly　(4) was about to meet

   해설 | come upon[on] ~은 '~을 우연히 발견하다'의 뜻으로 영어로 discover by chance이다. (1)은 '곧 도착하다', (3)은 '갑자기 걸려 넘어지다' 그리고 (4)는 '막 만나려고 하던 참이었다'라는 뜻이다. 그런데 (3)에서 stumble across[upon] ~이 되면 come upon[on] ~, come across ~ 등과 같이 '우연히 발견하다'의 뜻이 된다. (2)「1869년에 한 스페인 귀족이 사냥을 나갔다가 바위에 큰 균열이 있는 것을 발견했는데, 그 균열을 따라가니 메아리가 울리는 커다란 지하 동굴로 이어졌다.」

3. 다음 빈칸에 들어갈 가장 알맞은 구를 고르시오.

   His new book did not _____ our expectations.

   (1) come on to　　　(2) come up to
   (3) come up with　　(4) come down with

   해설 | 기대(expectations)와 의미를 이루는 구는 (2)의 come up to로서 come up to one's expectations는 '~의 기대에 미치다[부응하다]'의 뜻을 나타낸다. (1)의 come on to ~는 '찾아오다'의 뜻을 나타내며 (3)의 come up with ~는 '어떠한 기발한 생각이나 해결책 등을 제시하다[제안하다]'의 뜻이며, (4)의 come down with ~는 '전염병에 걸리다[감염되다]'의 뜻이다. (2)「그의 새로운 책은 우리의 기대에 미치지 못했다.」

C

□ **commonplace** [kámənplèis]

a. **1 ordinary, not special or unusual** 평범한, 흔한, 개성이 없는: It is commonplace these days for vacationers to take an oversea trip. 요즈음 휴가 여행자들이 해외여행을 떠나는 것은 흔한 일이다.

　2 not interesting; old-fashioned 진부한, 흔해 빠진: The movie's commonplace plot bored the audience. 그 영화의 진부한 구성으로 관중들이 지겨워했다.

·파생어·
commonplacely 평범하게, 흔하게, 진부하게
commonplaceness 평범함, 진부함

·관련표현·
commonplace sights 흔히 보는 광경

| 실전문제 |

다음 빈칸에 들어갈 가장 적절한 단어를 보기에서 고르시오.

We generally accept sleep as something _____, but when we can't sleep we long for it more intensely than the most precious gem.

(1) commonplace (2) unnatural
(3) valuable (4) worthless

해설 | 역접 관계를 나타내는 but 뒤를 보면, '잠을 못 자면 귀중한 보석보다 더욱 강렬하게 잠을 자고 싶어하다'는 말이 나오므로, 앞에는 '잠을 당연한 것으로 받아들이다'는 내용이 따라와야 한다. (1)의 commonplace가 '평범한, 일반적인'의 뜻이므로, 이에 부합되는 단어라고 볼 수 있다. (2)는 '부자연스러운', (3)은 '귀중한', 그리고 (4)는 '가치 없는'의 뜻이다. (1) 「우리는 일반적으로 수면을 당연한 것으로 받아들이지만, 잠을 잘 수 없을 때는 매우 귀중한 보석 이상으로 수면을 절실히 바란다.」

exchange a few *commonplaces*
몇 가지 상투적인 말을 주고받다

It becomes *commonplace* to ~
~하는 것은 흔한 일이 되다

syn. common, ordinary, routine, customary, uninteresting, hackneyed, stereotyped
ant. unusual, strange, extraordinary, original, imaginative

communion [kəmjúːnjən]

n. **1** the exchange or sharing of deep thoughts or feelings, especially of a religious kind 영적 친교, 간담, 깊은 반성: The old couple had a perfect *communion* of thoughts. 그 노부부는 깊은 영적 친교를 가졌다.

2 the Christian ceremony in which people eat bread and drink wine in memory of the last supper of Jesus Christ 성찬식, 영성체: Most villagers took *communion* only at Easter. 대부분의 마을 사람들은 부활절에만 성찬식을 가졌다.

3 a group of religious people who have the same religious beliefs 종파, 같은 종파의 교우, 교단: She belongs to the Anglican *communion*. 그녀는 영국 국교회[성공회] 종파에 속한다.

·파생어·

communionist 성체 배령자
(성체에 대해 특정 의견을 갖고 있는 사람)

·관련표현·

be of the same *communion*
같은 종단에 속하다

a *communion* cup 성배

take *communion* 성찬식에 참여하다
(=go to *communion*)

the *communion* of saints
성도의 교제

***Communion* Sunday**
성찬 주일 (개신교의 경우)

***communion* table** 성찬대

hold *communion* with ~
~와 영적 교섭을 가지다

syn. the Eucharist, sharing, concord, spiritual concentration, rapport
ant. alienation, disunion, separation, discord, disharmony

| 실전문제 |

다음 밑줄 친 communion의 올바른 정의를 보기에서 고르시오.

Community is the place of <u>communion</u>.

(1) existing as the only one in type or characteristics
(2) a group of people chosen to solve a particular problem
(3) a group of people who have the same interests or beliefs
(4) intimate communication

해설 | communion은 '친교, 종파' 등의 뜻을 가지고 있는데, 지금은 앞에 '장소(place)'라는 단어가 있으므로 '친교, 친밀한 대화'의 뜻으로 사용되어서 정답은 (4)이다. (1)은 '형태나 특징 면에서 유일한 것으로 존재하는', 그리고 (2)는 '어떤 특정 문제를 해결하기 위해 선발된 사람들의 집단' 그리고 (3)은 '같은 관심이나 믿음을 가진 사람들의 집단'의 뜻이며, (4)는 '친밀한 의사소통[대화]'을 뜻한다. (4) 「공동체란 친교의 장소이다.」

competition [kàmpətíʃən]

n. **1 an organized event in which people compete** (경연) 대회, 시합: The figure-skating *competition* was judged by an international panel. 피겨 스케이트 대회는 국제 심판단이 심판을 보았다. / He will be banned from international *competition* for four years due to the drug use. 그는 약물 사용으로 인해 국제 경기 참가가 4년 동안 금지될 것이다.

2 an activity involving two or more firms to make people buy their goods 회사 간의 경쟁: *Competition* between business firms keeps price down. 기업 간의 경쟁이 있으면 가격은 낮아진다.

3 a person or a business company you are competing with 경쟁자, 경쟁 회사[업체]: Who will be the team's *competition* in next week's game? 다음 주에 있을 경기에서 그 팀의 경쟁 상대는 어느 팀이 될까? / It is important in business to keep a careful watch on the *competition*. 기업에서는 경쟁사를 주목하는 것이 중요하다.

|실전문제|

다음 밑줄 친 competition의 뜻으로 가장 알맞은 정의를 보기에서 고르시오.

Each species of animals must limit its population growth sufficiently to permit other life forms to coexist with it. There is competition, of course, but it is not as cruel as some people seem to imagine.

(1) a sense of rivalry   (2) desire for power
(3) man's contest with nature   (4) the struggle for existence

해설 | competition은 인생이나 직장에 있어서의 '경쟁'이며, 여기서는 문맥상 '생존을 위한 노력'(=the struggle for existence)으로 설명할 수 있다. (1)은 '경쟁의식', (2)는 '권력욕', 그리고 (3)은 '인간과 자연 간의 경쟁' 이라는 뜻이다. (4) 「각각의 동물의 종(種)은 다른 종과의 공존을 위해 자기 종의 번식을 충분히 제한하지 않으면 안 된다. 물론 생존 경쟁도 있으나, 그것은 일부 사람들이 상상하는 만큼 잔혹하지 않다.」

·파생어·
compete 경쟁하다, 서로 맞서다
competing 경쟁하는, 시합하는
competitive 경쟁의, 경쟁적인
competitor 경쟁자, 경쟁 상대, 경쟁 회사

·관련표현·
a strong[fierce, stiff] *competition* 치열한 경쟁
survive the *competition* 경쟁에서 살아남다
a wrestling *competition* 레슬링 경기
compete with ~ ~와 경쟁하다
compete against ~ ~에 대항해 경쟁하다
compete for ~ ~을 위해 경쟁하다
a *competitive* price 경쟁 가격
competitive bids 경쟁 입찰
have a *competitive* spirit 경쟁심을 가지다
competitive nature 경쟁 기질
competitive edge 경쟁상의 이점[강점]
enter a *competition* 경기[대회]에 참가하다

syn. competing, rivalry, struggle, rival, contender, event match
ant. cooperation, teamwork, collaboration, partner, helper

complicated [kámpləkèitid]

a. **1 difficult to understand or deal with** 알기 어려운, 복잡한: The special jargons are so *complicated* that I cannot understand them at all. 그 특수 용어들은 너무나 복잡한 나머지 전혀 이해를 하지 못하겠다.

2 consisting of many different but connected parts (기계가) 복잡한: It is such a *complicated* machine that I need to take a close look at the manual. 이것은 너무나 복잡한 기계여서 설명서를 자세히 볼 필요가 있다.

·파생어·
complicate 복잡하게 하다; 합병증으로 병을 악화시키다
complication 복잡, 분규; 합병증
complicatedly 복잡하게, 까다롭게

·관련표현·
complicate matters 일을 복잡하게 만들다
a *complicated* machine 복잡한 기계

155

|실전문제|

다음 문장의 밑줄 친 complicated와 문맥상 뜻이 비슷한 단어를 고르시오.

Honey bees live in a complicated society of about ten to fifty thousand members.

(1) complex
(2) cooperative
(3) crowded
(4) convenient

해설 | complicated는 '복잡한(=complex)'의 의미를 가지고 있다. (2)는 '협력적인', (3)은 '복잡한, 혼잡한' 그리고 (4)는 '편리한'의 뜻을 가진 단어이다. (1) 「꿀벌들은 1만에서 5만 마리 정도로 구성된 복잡한 사회에서 살고 있다.」

☐ compose [kəmpóuz]

vt. **1 to write or produce music or poetry** (음악이나 시를) 작곡하다, 시작(詩作)하다: He uses electronic keyboards to *compose* music. 그는 전자키보드를 이용해 음악을 작곡한다.

2 to make oneself calm and quiet 마음을 가라앉히다, 자신을 편하게 하다: *Compose* yourself before answering that nasty letter. 마음을 가라앉히고 나서 그 고약한 편지에 답장을 써라.

3 to settle one's disagreement or differences 분쟁을 해결하다 [가라앉히다]: The two neighbors *composed* their differences and became friends. 그 두 이웃은 견해차를 해결하고 친구가 되었다.

4 to combine together to form a whole 구성하다[되다], 조직하다: England, Scotland, and Wales *compose* the island of Great Britain. 영국, 스코틀랜드 그리고 웨일스가 영국을 구성한다. / Water is *composed* of oxygen and hydrogen. 물은 산소와 수소로 구성되어 있다.

|실전문제|

다음에 주어진 뜻풀이 가운데서 밑줄 친 composed의 의미로 가장 적절한 것은?

He remained perfectly composed throughout the trial.

(1) to make oneself calm and quiet
(2) to combine together to form a whole
(3) to settle one's disagreement or differences
(4) to write or produce music or poetry

해설 | throughout the trial은 '재판이 끝날 때까지'의 뜻이므로, 이때의 composed는 '마음을 가라앉힌'의 뜻으로 짐작할 수 있다. (1)「그는 재판이 끝날 때까지 마음을 가라앉히고 조용히 있었다.」

complicate a problem
문제를 복잡하게 만들다

a common *complication* of diabetes 당뇨병에 따르는 일반 합병증

complications from a heart attack 심장 마비 합병증

syn. complex, intricate, confused, entangled
ant. uncomplicated, simplified, clarified, untangled

·파생어·

composed (마음이) 가라앉은, 침착한
composer 작곡가, (글, 시의) 작자
composing 진정시키는
composition 구성; 작곡, 작사; 기질[성질]
compositive 조립하는, 합성의

·관련표현·

compose a poem 시작(詩作)하다

compose an opera 오페라를 작곡하다

be *composed* of ~
~로 구성되다(=consist of ~)

a *composed* face 침착[태연]한 얼굴

syn. form, shape, calm, settle
ant. destroy, demolish, contain, encompass

compromise [kámprəmàiz]

vi. to settle an argument or difference of opinion by agreeing to some of the demands of the other 타협하다, 절충하다: Let's *compromise* and each pay half the damages. 타협해서 각자가 피해액의 절반을 부담합시다.

vt. to risk harming or losing something important ~을 위태롭게 하다, (명성 등을) 손상시키다: The malicious rumors *compromised* her good reputation. 악성 유언비어가 그녀의 명성을 손상시켰다.

vi., vt. to concede one's principles to others (원칙, 주의 등을) 양보하다, 굽히다: He refused to *compromise* his principles by making a deal with the abductor. 그는 유괴범과 거래를 함으로써 자신의 원칙을 굽히기를 거부했다.

·파생어·
compromising 명예를 손상시키는
compromiser 타협자

·관련표현·
make an *compromise* with ~
~와 타협하다
reach[come to] a *compromise*
타협[절충]에 이르다
***compromise* oneself** 자기의 체면을 손상시키다, 신용을 떨어뜨리다
reject a *compromise*
타협안을 거부하다
***compromise* one's reputation**
평판을 나쁘게 하다

syn. make a mutual concessions, come to an understanding, make a deal, meet halfway
ant. disagree, argue, differ, quarrel

|실전문제|
다음 빈칸에 들어갈 가장 알맞은 단어를 고르시오.

Real life is, to most men, a long ____ between the ideal and the possible.

(1) advantage   (2) barometer
(3) compromise   (4) difference

해설 | '현실의 삶은 이상적인 것과 가능한 것 사이의 긴 ____이다'에서 문맥에 맞는 답은 (3) compromise(타협)이다. (1)은 '이점, 이익'의 뜻이며, (2)는 '기압계, 척도, 기준' 등을 뜻하며, (4)는 '차이(점)'을 뜻한다. (3)「대부분 사람들에게 있어서, 현실의 삶은 이상적인 것과 가능한 것 사이의 긴 타협이다.」

compulsory [kəmpʌ́lsəri]

a. that must be done forcefully by a rule or law 강제적인, 의무적인: The nation has *compulsory* education for every child between the ages of seven and thirteen. 그 나라는 7세에서 13세 사이의 모든 아이들에게 의무 교육을 실시하고 있다. / Many young generations try to get away from *compulsory* military conscription. 많은 젊은 세대들은 강제적인 징집을 피하려고 한다.

·파생어·
compulsorily 강제적으로, 무리하게
compulsive 강제적인, 강박감에 사로잡힌
compulsion 강요, 강제

·관련표현·
***compulsory* education** 의무 교육
***compulsory* service[conscription]** 징병
a *compulsory* subject 필수 과목
(=required subject)
a *compulsory* eater 충동성 폭식자
by *compulsion* 강제로
a *compulsive* gambler
강박성 도박꾼[상습 도박꾼]

|실전문제|
다음 빈칸에 들어갈 가장 알맞은 단어를 고르시오.

It is ____ for a driver to wear a seat belt in Korea.

(1) moderate   (2) capable
(3) regular   (4) compulsory

157

해설 | 운전사가 안전벨트(seat belt)를 착용하는 것은 당연하며, 한국에서는 의무적이므로 정답은 (4)이다. (1)은 '적당한, 온건적인'의 뜻이며, (2)는 '능력 있는, 가능한', 그리고 (3)은 '정기적인, 규칙적인' 등의 뜻을 나타낸다. regular customer(단골 고객), regular mail(보통 우편), regular price(정가=fixed[list] price) 등도 알아 두자. (4)「한국에서는 운전하는 사람이 안전벨트를 착용하는 것이 의무화되어 있다.」

under *compulsion* 강제되어, 강제로, 억지로

syn. mandatory, required, requisite, obligatory
ant. voluntary, nonobligatory, unimperative, optional

compute [kəmpjú:t]

vi., vt. **to calculate a result or amount** (수, 양, 또는 결과를) 어림잡다, 추정하다: Experts tried to *compute* the cash value of the antique. 전문가들은 그 골동품의 현금 가치를 추정하려고 노력했다. / Can you *compute* the distance of the moon from the earth? 지구에서 달까지의 거리를 계산할 수 있니?

| 실전문제 |
다음 문장에서 밑줄 친 computed와 뜻이 가장 가까운 것을 고르시오.
Professor Pauling computed that a gorilla eats 4,600 milligrams of vitamin C every day.

(1) concluded   (2) calculated
(3) completed   (4) conceived

해설 | compute는 '계산하다 또는 산출하다'의 의미로 (2) calculated(계산하다)가 정답이 된다. (1)은 '결론을 내리다', (3)은 '완성하다, 끝내다'(=finish), 그리고 (4)는 '상상하다, 생각해 내다'를 뜻한다. (2)「폴링 교수는 고릴라가 하루에 4,600밀리그램의 비타민 C를 섭취한다고 계산했다.」

· 파생어 ·
computation 계산, 산정 수치
computer 컴퓨터, 계산기
computerize 컴퓨터로 처리[자동화]하다
computable 계산할 수 있는

· 관련표현 ·
be beyond *compute*
계산할 수 없다
***computer* crime** 컴퓨터 범죄
***computer* illiterate** 컴맹의
with *computer*-like precision
컴퓨터같이 정확하게
***computing* power** 연산력

syn. calculate, count, sum up, reckon, figure out, approximate

concede [kənsí:d]

vt. **1 to admit that something is true, correct or proper often unwillingly** 인정하다, 시인하다: We *conceded* our defeat in the game. 우리는 게임의 패배를 인정했다. / I *concede* that your request is reasonable. 나는 당신의 요청이 적절했다고 인정합니다. / Steve finally *conceded* that Helen was right. 스티브는 마침내 헬렌이 옳았음을 인정했다. / The opposition party *conceded* defeat in the general election. 야당은 총선에서의 패배를 시인했다.

2 to surrender or yield 양보하다: A strike by approximately 1,000 car factory employees has ended after the government *conceded* some of their demands. 약 천 명의 자동차 직공들에 의한 파업은 정부가 그들의 요구 몇 가지에 대해 양보한 이후에 끝이 났다.

3 *concede* a point[goal]: to be unable to prevent one's opponents from scoring (경기, 토론 등에서) 상대방의 점수, 승리를 허용하다, 지다: They *conceded* 8 points to their opponents in 10 minutes. 그들은 10분 만에 상대방에게 8점을 허용했다.

· 파생어 ·
concession 양보, 허가, 용인
concededly 명백히
concessive 양보의, 양여의
conceding 인정하는, 용인하는

· 관련표현 ·
***concede* defeat** 패배를 인정하다
***concede* to ~** ~에게 양보하다
***concede* full independence to ~**
(어떤 나라에게) 완전한 독립을 인정하다
***concede* a goal** 한 골을 허용하다
***concede* someone a right to ~**
누구에게 ~할 권리를 부여하다
make a *concession* to ~
누구에게 양보하다

4 to allow someone to have a right or privilege (권리나 특권을) 부여하다, 용인하다: The communist government *conceded* the right to establish independent trade unions. 그 공산주의 정부는 독립적인 노동조합을 설립할 수 있는 권리를 부여했다.

syn. acknowledge, accept, allow, abandon, surrender
ant. deny, reject, dissent, defeat, win

| 실전문제 |

1. 다음에 주어진 뜻풀이 가운데서 밑줄 친 concede의 의미로 가장 적절한 것은?

   I concede that your request is reasonable.

   (1) to surrender or yield
   (2) to allow someone to have a right or privilege
   (3) to be unable to prevent one's opponents from scoring
   (4) to admit that something is true, correct or proper often unwillingly

   해설 | 문맥상, '요구가 ~하다고 인정, 또는 시인하는' 것이다. (4) 「나는 당신의 요청이 합리적이라고 인정합니다.」

2. 다음 문장의 빈칸에 들어갈 가장 알맞은 단어를 고르시오.

   All the votes had not been counted but my opponent _____ his defeat in the election.

   (1) correlated   (2) corrected
   (3) counterfeited   (4) conceded

   해설 | '상대 후보자(=opponent)가 선거에서 패배를 _____했다'에서 '인정했다'라는 말이 들어가면 문맥에 가장 맞는 단어이다. (1)은 '서로 관련시키다', (2)는 '교정[정정]하다', 그리고 (3)은 '(화폐나 문서를) 위조하다' 또는 '가짜, 모조품' 등을 뜻한다. (4) 「최종 득표수가 아직 판명되지 않았으나, 나의 상대 후보자는 선거에서 패배를 인정했다.」

conceive [kənsíːv]

vi., vt. **1 to imagine** 상상하다: Most people can't *conceive* of living without a telephone. 대부분의 사람은 전화 없이 사는 것을 상상할 수조차 없다.

2 to regard as 간주하다, 생각하다: In ancient times people *conceived* of the earth as flat. 옛날에는 사람들이 지구가 평평하다고 여겼다.

3 to become pregnant 임신하다: The baby was *conceived* in January and was born in October. 그 아기는 1월에 임신이 되어 10월에 태어났다.

vt. **to invent a plan or an idea** (계획을) 고안하다, 입안하다: He *conceived* the first truly portable computer in 1968. 그는 1968년에 실로 최초의 휴대용 컴퓨터를 고안했다.

· 파생어 ·

conceivable 상상할 수 있는, 있을 법한
conception 개념, 생각, 고안, 임신
conceptive 개념 작용의, 임신할 수 있는

· 관련표현 ·

conceive a plan 계획을 입안하다
conceived in plain terms
쉬운 말로 표현된
have no **conception** of ~
~이 전혀 짐작이 가지 않다
conceive of ~ ~을 상상하다
conceive a child 아이를 임신하다

|실전문제|

다음 문장에서 밑줄 친 conceive of의 뜻에 가장 가까운 단어를 고르시오.

Romans could not conceive of a civilized life that was not essentially urban.

(1) reproduce (2) contribute
(3) imagine (4) hatch

해설 | conceive of ~는 '~를 상상하다' 또는 '~한 생각이 떠오르다'의 뜻이며 conceive of A as B가 될 때는 think of A as B와 같이 'A를 B로 간주하다(=look upon[regard] A as B)의 의미를 나타낸다. 보기 중에 '상상하다'의 뜻을 가진 단어는 imagine뿐이다. (1)은 '재현하다, 재생하다'의 뜻이며, (2)는 '기여하다, 기부하다, 공헌하다' 등을 뜻하며, (4)의 hatch는 '(닭 등이) 부화하다, 알을 까다'의 뜻이다. (3) 「로마인들은 본질적으로 도시화되지 않은 문명 생활을 상상할 수 없었다.」

syn. contrive, imagine, understand, consider, invent

☐ concept [kánsept]

n. **an abstract idea or a general notion** 개념, 인식, 생각, 발상: It's very difficult to grasp the *concept* of infinite space. 무한한 우주의 개념을 이해하기란 매우 어렵다. / For those students who have difficulty with English grammar, we must teach the *concept* of each grammar items. 영문법에 어려움이 있는 학생들에게, 우리는 각 영문법 내용의 개념을 가르쳐야 된다.

· 파생어 ·

conception 개념, 생각
conceptive 개념작용의, 생각할 수 있는
conceptual 개념상의
conceptualize 개념적으로 설명하다
conceptually 개념적으로

· 관련표현 ·

basic legal *concept*
기본적인 법률 개념
a grand *conception* 웅대한 구상
grasp a *concept* 개념을 파악하다
an abstract *concept* 추상 개념

|실전문제|

다음 문장에서 밑줄 친 concept의 정의를 보기에서 고르시오.

In Europe, the concept of regular rest is in large part linked to religion.

(1) a way of acting (2) a general notion
(3) unit of angles (4) a long thin flat piece of wood

해설 | concept는 일반적으로 '개념, 인식'의 뜻으로 (2)가 정답이다. (1)은 '행동 양식'을 뜻하며, (3)은 '각의 단위', 그리고 (4)는 board(판자)의 영영 설명에 해당하는 것으로, '길고 얇은 납작한 나무조각'으로 해석할 수 있다. (2) 「유럽에서는 정기적인 휴식을 취한다는 개념이 대부분 종교와 관련되어 있다.」

syn. idea, theory, hypothesis, notion, postulate

☐ condition [kəndíʃən]

n. **1 a state of existence or situation** 상태: The company is in good financial *condition*. 그 회사는 재정 상태가 탄탄하다.

2 a state of health 건강 상태, 컨디션: After a kidney transplant operation, her *condition* is improving. 신장이식 수술 후, 그녀의 건강 상태가 호전되고 있다.

3 something necessary for anything to happen 조건, 필요조건: What are the *conditions* of the contract? 그 계약 조건이 무엇이냐?

· 파생어 ·

conditioned 조건부의, ~한 상태의
conditioner (머리 감은 후에) 정발용 크림, 첨가물; 냉난방 장치
conditioning 검사, 조절

· 관련표현 ·

under difficult *condition* 어려운 환경에 처해 있는

4 an illness or a medical problem 질환, 병: Doctors suspect he may have a heart *condition*. 의사들은 그가 심장 질환이 있을지도 모른다고 생각한다.

|실전문제|

다음에 주어진 뜻풀이 가운데서 밑줄 친 condition의 의미로 가장 적절한 것은?

We agreed to rent the house on condition that the roof and the window be fixed.

(1) a state of health
(2) a state of existence or situation
(3) something necessary for anything to happen
(4) an illness or a medical problem

해설 | 앞뒤의 문맥과 on condition that ~(~라는 조건으로)라는 숙어의 의미를 알고 있다면 이때의 condition은 '조건'의 뜻으로 사용되고 있다는 것을 짐작할 수 있다. (3) 「우리는 지붕과 창문을 수리해 준다는 조건으로 그 집에 세 들기로 동의했다.」

live according to one's *condition* 분수에 맞는 생활을 하다
on *condition* that ~ ~라는 조건으로
under the present *condition* 현 상태로는
a *conditional* contract 조건부 계약
a *conditional* clause (문법의) 조건절
conditional response[reflex] 조건 반사
in *condition* 건강하여[건강하지 못하여], (물건·기계 등이) 좋은[좋지 못한] 상태에
under a given *condition* 주어진 조건하에서

syn. situation, state, circumstance, prerequisite, disease

---

conduct [kándʌkt]

n. **1 the way someone behaves** 행위, 행동: The student's *conduct* in class was disruptive. 교실에서의 그 학생의 행위는 수업을 방해하는 것이었다.

2 the act of directing or controlling 지도, 안내, 운영: His *conduct* of business was very successful. 그의 사업 경영[운영]은 아주 성공적이었다.

vt. **1 to direct the course of; manage** 지도하다, 경영하다: The oldest son *conducts* the family's business affairs. 그 장남은 가족의 사업을 경영한다.

2 to guide or lead 안내하다, 인도하다: The mayor *conducted* the visitors through town. 시장은 방문객들에게 시의 곳곳을 안내했다.

3 to direct the playing of a musical work 음악을 지휘하다: He *conducts* the orchestra. 그는 관현악단을 지휘한다.

4 to allow heat or electricity to go through (열, 전기 등을) 전도하다: Plastic and rubber won't *conduct* electricity but copper will. 플라스틱이나 고무는 전기를 전도하지 않으나 구리는 전도한다.

|실전문제|

다음 밑줄 친 conducted가 문장 속에서 뜻하는 단어를 고르시오.

Before testing this method on patients, the doctor conducted tests for two years on three hundred rats.

(1) answered for   (2) explained
(3) performed   (4) dismissed

· 파생어 ·

conduction 유도, 전도
conductible 전도할 수 있는
conductive 전도력이 있는
conductivity 전도율, 전도성
conductor 안내자, 지도자, 지휘자

· 관련표현 ·

the *conduct* of state affairs 국사의 운영
a prize for good *conduct* 선행 상
conduct a guest to his room 손님을 방으로 안내하다
conduct a survey 조사를 실시하다
conduct instruction 교육을 하다
conduct like ~ ~처럼 행동하다
improper *conduct* 버릇없는 행동
conduct transactions 거래를 하다
conduct a trial 재판을 하다
conductive power 전도력

syn. behavior, ways, manner, management, lead, escort, behave, manage
ant. follow, trail

161

해설 | '의사가 이 방법을 쥐에게 실험해 본 후, 환자에게 ____하다'에서, ____ 속에는 '실행하다, 행하다'라는 의미가 들어가야 한다. 그러한 의미의 (3) perform이 정답이다. (1)은 '책임을 지다'의 뜻으로 be responsible for ~, 또는 be liable for ~의 뜻이며, (2)는 '설명하다', 그리고 (4)는 '해고하다'(=fire, let ~ go)의 뜻이다. (3) 「그 의사는 이 방법을 환자에게 실행하기 전에, 300마리 쥐에게 2년 동안 실험을 했다.」

☐ conference [kάnfərəns]

n. 1 a meeting where formal discussions take place 회의: The teacher had a *conference* with student's parents. 그 교사는 학생들의 부모님들과 회의를 가졌다.

2 a large official meeting organized on a particular subject to bring together people who have a common interest in politics or business (정치적, 사업적인) 회담, 협의, 회의: The U.S. president took the unprecedented step of summoning all the state governors to a *conference* on education. 그 미국 대통령은 교육에 대한 회의를 하기 위해 모든 주지사들을 소집하는 전례 없는 조치를 취했다.

·파생어·
conferencing 회의 (참가)
conferential 회의의

·관련표현·
an international conference 국제회의
have a conference with ~ ~와 협의하다
hold a conference 회의를 열다 (=have a meeting)
conference call 전화 회의
press conference 기자 회견
be in conference 회의 중이다
attend a conference 회의에 참석하다
in conference 회의 중에
hold a news conference 기자 회견을 갖다

syn. meeting, talk, council, discussion

|실전문제|

다음 빈칸에 들어갈 올바른 단어를 고르시오.

_____ is a meeting, one lasting a few days, which is organized on a particular subject or to bring together people who have a common interest.

(1) Register   (2) Laboratory
(3) Party   (4) Conference

해설 | 우선 meeting(회의, 모임)이 있고, 공동의 관심사를 가진 사람들이 모인다고 했으므로, 정답은 (4) '회의'(=meeting)이다. (1)은 '기록 또는 등록하다'를 나타내고, (2)는 '실험실, 연구실', 그리고 (3)은 '파티, 정당, 무리' 등을 나타낸다. (4) 「회의란 며칠에 걸친 회합으로 어떤 특정의 문제로 조직이 되거나 공동의 관심사를 가진 사람들을 모으기 위해 형성된 모임이다.」

☐ confess [kənfés]

vi., vt. 1 to admit that you have committed a crime or is at fault (죄, 잘못을) 털어놓다: Her husband *confessed* to having had an affair. 그녀의 남편이 바람을 피워 왔다는 사실을 털어놓았다.

2 to tell God or to a priest about one's sins to be forgiven (죄를) 참회하다, 고백하다: He *confessed* his sins to the God. 그는 하나님께 죄를 참회했다.

3 to acknowledge reluctantly (수치스러운 것을) 인정하다, 자인하다: I *confess* that I have held him in respect. 내가 그를 존경해 왔다는

·파생어·
confessed 명백한, 자백된
confession 고백, 자인, 고해 성사, 참회(록)
confessional 참회의, 신앙고백의
confessor 고해 신부, 참회자(=confessant)

·관련표현·
confess oneself to God 죄를 하나님께 고하다

162

사실은 인정하겠다. / He *confessed* his love to the girl. 그는 그 소녀에게 사랑을 고백했다.

vt. **to hear someone confess their sins** ~의 참회를 들어 주다: The priest *confessed* the criminal. 신부는 그 범죄자의 참회[고해 성사]를 들어 주었다.

| 실전문제 |

다음에 주어진 뜻풀이 가운데서 밑줄 친 confess의 의미로 가장 적절한 것은?

I blush to confess that I have a dread of insects.

(1) to tell God or to a priest about one's sins to be forgiven
(2) to hear someone confess their sins
(3) to admit that you have committed a crime or is at fault
(4) to acknowledge reluctantly

해설 | I blush to confess that ~는 '부끄럽지만 나는 ~을 인정하겠습니다'의 뜻이다. (4)「부끄럽지만 나는 곤충을 무서워한다는 점을 인정합니다.」

confession [kənféʃən]

n. **1 the act of admitting one's crimes or faults** (죄나 잘못의) 자백, 시인: Introducing the tax on comprehensive real estate would be a *confession* of failure in real estate policies by the government. 종합 부동산세(종부세)를 도입하는 것은 정부가 부동산 정책의 실패를 시인하는 것이다. / The thief's *confession* of guilt closed the case. 그 도둑이 죄를 자백함으로써 그 사건이 종결되었다.

2 the act of telling one's faults or crimes to a priest in private 참회, 고해 성사: He made his *confession* at St. Patrick's. 그는 성 패트릭 성당에서 고해 성사를 했다.

| 실전문제 |

다음 밑줄 친 confession과 뜻이 가장 가까운 단어를 보기에서 고르시오.

At parties or other social gatherings, someone occasionally comes and asks me what I do, and I am obliged to reveal the fact that I am a physicist. This confession is met with one of the limited variety of responses.

(1) admission   (2) advice
(3) concession   (4) resolution

해설 | confession은 '고백, 시인'의 뜻으로 (1)이 동의어에 속한다. (1)은 이외에도 '승인, 자백' 등의 뜻을 나타낸다. (2)는 '충고, 조언'의 뜻이며, (3)은 '양보', 그리고 (4)는 '결의[결심], 결의안' 등의 뜻을 나타낸다. (1)「파티나 다른 사교 모임에서 간혹 누군가가 내게 다가와 직업을 물으면, 나는 내 자신이 물리학자인 것을 밝히지 않으면 안 된다. 이러한 고백은 한정되지만 다양한 반응에 직면하게 된다.」

be *confessed* **of a crime**
죄를 고백하고 죄 사함을 받다

a *confessed* **fact** 명백한 사실

confess **frankly** 솔직하게 고백하다

to *confess* **the truth**
사실을 말하자면

syn. admit, allow, disclose, profess
ant. deny, withhold, conceal

· 파생어 ·

confide (비밀 등을) 털어놓다, 신뢰하다 ⟨in⟩

confess 고백하다, 털어놓다, 인정하다, 참회하다

confessant 고백자; 고해 신부

confessed 명백한, 의심할 여지가 없는

confessedly 명백하게, 자백에 의하면

confessional 참회의, 고해의

confessor 신앙 고백자, 참회자

confessed 명백한, 자백된

· 관련표현 ·

a *confession* **of guilt** 죄의 자백

I've got a *confession* **to make.**
고백할 것이 있어.

make a *confession* 자백[고백]하다

hear *confession* 신부가 고해를 듣다

a sacramental[auricular] *confession* (성직자에게 하는) 비밀 고해

confession **fidei**
신앙 고백(=a confession of faith)

syn. admission, acknowledgement, revelation

confirm [kənfə́:rm]

vt. **1 to show that something is definitely true** 확실히 하다, 확증하다: These new statistics *confirm* our worst fears about the depth of the recession. 이러한 새로운 통계는 경기 침체의 깊이에 대한 우리의 최악의 두려움을 확실히 증명해 주었다.

2 to make an arrangement or meeting certain (진술, 약속 등을) 확인하다: The hotel *confirmed* my reservation by telephone. 호텔에서 나의 예약 여부를 전화로 확인해 주었다.

3 to give a formal approval (협정, 사람들을) 승인하다: The congress *confirmed* the budget legislation. 미 국회는 예산안을 승인했다.

4 to establish firmly (합의, 자리, 의견 등을) 굳히다: She has *confirmed* her position as the world's number one golf player. 그녀는 세계 최고의 골프 선수로 자리를 굳혔다.

5 to formally accept someone as a full member of the Christian Church ~에게 견진 성사를 베풀다: I was *confirmed* when I was 10. 나는 10살 때 견진 성사를 받았다.

· 파생어 ·
confirmation 확인, 확정; 견진 성사
confirmative 확인하는, 확증적인
confirmed 확증된; 상습적인
confirmee 견진 성사를 받는 사람

· 관련표현 ·
confirm an agreement
조약(협정)을 승인하다
in *confirmation* of ~ ~을 확인하여
a *confirmed* drunkard 주정뱅이
a *confirmed* disease
고질적인 만성병
confirm a reservation
예약을 확인하다
confirm a treaty 조약을 비준하다

syn. prove, approve, corroborate
ant. deny, doubt, question

| 실전문제 |

다음에 주어진 뜻풀이 가운데서 밑줄 친 confirm의 의미로 가장 적절한 것은?

Her new role could <u>confirm</u> her as one of the leading actresses in the country.

(1) to give a formal approval
(2) to establish firmly
(3) to show that something is definitely true
(4) to make an arrangement or meeting certain

해설 | 그녀의 새로운 역할(role)이 주연급 배우의 자리를 굳히게 하는 일이 된다는 것을 문맥을 통해서 알 수 있다. (2) 「새로운 역할로 말미암아 그녀는 그 나라의 주연급 여배우로서의 자리를 굳힐 수가 있었다.」

confront [kənfrʌ́nt]

vt. **1 to face or cope with** 맞이하다, 직면하다: We must *confront* the future with optimism. 우리는 미래를 낙관적으로 맞이해야 한다. / He was *confronted* with a lot of difficulties. 그는 많은 어려움에 직면했다.

2 to face bravely or challenge (문제 등에) 대항하다, 맞서다: We had *confronted* the economic problems with proper actions. 우리는 경제적 문제를 적절한 조치를 취함으로써 맞섰다.

3 to present for acknowledgment 맞주 대하게 하거나 증거를 들이대다: When the prosecutor *confronted* him with evidence, he

· 파생어 ·
confrontation 직면, 대결, 대항, 대치(=confrontment)
confrontational 대치적인
confrontationist 대결주의자
confronter 직면자

· 관련표현 ·
confront with ~ ~와 대면시키다
confront over ~ ~을 두고 맞서다

admitted that he was guilty. 검사가 그에게 증거를 제시하자, 그는 유죄임을 시인했다. / The suspect *confronted* his accuser and denied his charges. 그 용의자는 원고와 마주 대하여 혐의를 부인했다.

4 to bring together for comparison 비교하다, 대조하다: Please *confront* this picture with another. 이 사진과 다른 사진을 비교해 보시오.

|실전문제|

1. 다음에 주어진 뜻풀이 가운데서 밑줄 친 confronted의 의미로 가장 적절한 것은?

   When he was confronted with the evidence of his crime, he confessed he did it.

   (1) to bring together for comparison   (2) to face bravely or challenge
   (3) to face or cope with   (4) to present for acknowledgment

   해설 | 증거(evidence)와 범죄(crime)가 있으므로 증거를 제시하는 것임을 알 수 있다. (4) 「범죄의 증거를 제시했을 때 그는 그 일을 자기가 했음을 시인했다.」

2. 다음 문장의 밑줄 친 confronted와 뜻이 가장 가까운 단어를 고르시오.

   Manufactures are confronted with a problem — how to keep sales high enough to stay in business.

   (1) overcome   (2) faced
   (3) harmed   (4) attacked

   해설 | be confronted with ~는 '~에 직면하다'라는 숙어이며, be faced with ~ 와 뜻이 같다. (1)은 '극복하다(=get over)', (3)은 '손상되는' 그리고 (4)는 '공격당하는'의 뜻이다. (2) 「제조업자들은 기업의 운영을 위해 어떻게 하면 매상을 높게 유지하는가 하는 문제에 직면해 있다.」

☐ **congested** [kəndʒéstid]

a. **1 full of traffic** 교통이 혼잡한, 정체된: The roads near the department store are becoming more and more *congested*. 그 백화점 부근의 도로들은 점점 더 혼잡해지고 있다.

2 (of a blood tube) very full of liquid (혈관이) 충혈된, 울혈된: His lungs seem to be *congested*. 그의 폐에 피가 가득 찬 것 같다.

|실전문제|

다음 문장의 빈칸에 들어갈 가장 알맞은 단어를 고르시오.

The new cities resemble neither older U.S. cities nor the ancient cities of Europe. In the new cities, one does not find the _____ sidewalks of New York, or the long sweeping boulevards of the Champs Elysees.

(1) contrived   (2) congested
(3) consolidated   (4) consumed

---

confront ~ face to face
얼굴을 마주하고 대하다
confrontation policy 대결 정책
confrontational government
대치 정부
confront about ~ ~을 두고 맞서다
military *confrontation* 군사 대립
a *confrontation* with ~ ~와의 대립

syn. face, cope with, encounter, challenge, brave
ant. avoid, evade, surrender to, flee

·파생어·
congest 정체시키다, 가득 채워 넣다; 충혈시키다
congestion 혼잡, 과잉; 충혈
congestive 충혈성의

·관련표현·
a *congested* area 인구 밀집 지역
congestion of cities 도시의 과밀화
congestive heart failure
울혈성 심부전증 (몸의 일부가 막힌 상태)

syn. crowded, packed, jammed
ant. empty, deserted, uncrowded, uncongested

해설 | 뉴욕의 인도, 보도(sidewalks)의 상태를 설명하고 있는데, 거리, 도로의 상태 중에서 혼잡한 상태를 설명해 주는 단어가 (2)이며, 이것은 jammed, jampacked, crowded 등으로 표현할 수 있다. (1)은 '고안된', (3)은 '통합된', 그리고 (4)는 '소비된'의 뜻이다. (2)「그 새로운 도시들은 미국의 옛 도시와도, 유럽의 고대 도시와도 비슷하지 않다. 그 곳에는 뉴욕과 같은 혼잡한 인도도 없고, 샹젤리제 거리와 같은 길게 뻗은 가로수 길도 없다.」

connection [kənékʃən]

n. **1 a relationship between people or groups** 관계, 관련: He has denied any *connection* to the kidnapping. 그는 납치와의 관련성을 부인했다.

2 a point where two parts connect 연결(부): The *connection* between the throttle and the carburetor is broken. 스로틀 밸브와 기화기 사이의 연결 부분이 고장이 났다.

3 a person with whom one has a close relationship 연줄, 친척: He used his *connections* in high places to get the job. 그는 높은 자리의 연줄을 이용하여 그 일자리를 얻었다. / He is one of my intimate *connections*. 그는 나의 가까운 친척 중의 사람이다.

4 a conveyance or scheduled run providing continuing service between means of transportation (비행기, 기차, 버스 등의) 갈아타기, 연결 비행: My flight was late and missed the *connection*. 내가 탄 비행기가 늦어서 연결 비행기를 놓쳤다.

| 실전문제 |

다음에 주어진 뜻풀이 가운데서 밑줄 친 <u>connection</u>의 의미로 가장 적절한 것은?

They have the same last name, but are not <u>connection</u> of ours.

(1) a person with whom one has a close relationship
(2) a conveyance or scheduled run providing continuing service between means of transportation
(3) a relationship between people or groups
(4) a point where two parts connect

해설 | '성이 같다(have the same last name)'는 데서 답을 짐작할 수 있다. (1)「그들은 성이 같지만, 우리의 친척은 아니다.」

· 파생어 ·
connect 연결하다, 접속하다, ~와 관련시키다
connected 연고[연줄]가 있는
connective 연결하는: n. 연결물, 연결사
connector 연결기, 연결관, 접속기

· 관련표현 ·
connection ticket
바꿔 탈 수 있는 차표
a business with a good connection 좋은 단골이 있는 장사
be in connection 연관되어 있다, 전화가 연결되다
get a connection with ~
~와 연락하다
in connection with ~ ~와 관련하여
be well connected
좋은 연줄을 가지고 있다
connective tissue 연결 조직
make connection 연락하다
establish a connection
거래 관계를 맺다

syn. association, relationship, junction, link
ant. disconnection

consequence [kánsikwèns]

n. **1 something that happens as a result of a particular action** 결과, 결말: As a *consequence* of his laziness in the office, he was dismissed. 회사에서 게을러서 그는 해고되었다.

2 importance or significance 영향력, 중요성: It is of little *consequence* to me. 그것은 나에게 거의 중요하지 않다. / An event

· 파생어 ·
consequent 결과로서 일어나는, 당연한(=consequential)
consequently 따라서, 그 결과로서
consequential 결과로서 일어나는

· 관련표현 ·
as a consequence of ~
~의 결과로(=as a result of ~)
of great consequence
매우 중대[중요]한

of great *consequence* took place in 1914. 대단히 중요한 사건이 1914년에 일어났다.

|실전문제|
다음 밑줄 친 곳과 뜻이 가장 가까운 표현을 보기에서 고르시오.

In consequence, the way was open for an enormous increase in the speed of travel.

(1) case by case (2) by and large
(3) more and more (4) as a result

해설 | in consequence는 '결과적으로'(=as a result)라는 뜻의 숙어 표현이다. (1)은 '경우에 따라', (2)는 '대체로, 대개', 그리고 (3)은 '점점'의 뜻을 나타낸다. (4) 「결과적으로 여행 속도가 크게 빨라질 가능성이 생겼다.」

consider [kənsídər]

vt. 1 to think carefully about 숙고하다, 검토하다: I'm *considering* applying for a transfer. 나는 전근을 신청할까 생각 중이다. / You do have to *consider* carefully changing your job. 너는 이직을 신중히 검토해야 해.

2 to take into account 고려하다: Before deciding to quit your job, *consider* the effect it will have on your family. 직업을 관둘 결정을 내리기 전에 그것이 가족에게 미칠 영향을 고려해 봐라.

3 to regard as 간주하다: We *consider* him to be a genius. 우리는 그를 천재로 간주한다.

4 to regard with respect 존경하다, 존중하다: The city councilman is greatly *considered* by the local residents. 그 시의원은 지역 주민들에게서 크게 존경을 받고 있다.

|실전문제|
다음에 주어진 뜻풀이 가운데서 밑줄 친 consider의 의미로 가장 적절한 것은?

What some people think of as luxuries, other people consider necessities.

(1) to take into account
(2) to regard with respect
(3) to think carefully about
(4) to regard as

해설 | 앞의 think of A as B는 'A를 B로 간주하다[여기다]'의 뜻이므로 뒤에 consider도 이와 같은 뜻으로 쓰였음을 알 수 있다. (4) 「어떤 사람들에게는 사치품으로 여겨지는 것들이 다른 사람들에게는 필수품으로 여겨진다.」

---

of little *consequence*
거의 중요하지 않은
disastrous *consequence*
치명적인 결과
social *consequence* 사회적인 결과
with the *consequence* that ~
~이라는 결과가 뒤따라, 그 결과 ~하게 되다
take the *consequences*
(자기 행위의) 결과를 감수하다
pay the *consequences* of ~
~에 대해 대가를 치르다
weigh the *consequences*
결과를 신중히 고려하다

syn. result, outcome, aftermath, importance, influence, value
ant. source, root, cause, insignificance, triviality

·파생어·

considerable (수량이) 꽤 많은, 상당한
considerably 상당히, 꽤 많이
considerate 사려 깊은, 인정이 있는
consideration 고려, 중요성
considered 신중한, 충분히 고려된
considering ~ ~을 고려하면

·관련표현·

a *considerable* number of students 상당수의 학생들
after due *consideration*
충분히 고려한 후에
in *consideration* of ~ ~을 고려하여
under *consideration* 고려 중에
take ~ into *consideration*
~을 고려하다(=consider)
all things *considered*
만사를 고려하여
He looks very strong *considering* his age.
나이를 고려할 때 그는 아주 건강해 보인다.
consider a question
문제를 검토하다
the first *consideration* 첫째 요건, 가장 중요한 사항
have no *consideration* for ~
~에 대한 배려가 없다, ~을 고려하지 않다

syn. regard, deliberate, respect
ant. ignore, disregard, despise

☐ considerable [kənsídərəbəl]

a. great in amount, number, or degree (수나 양, 또는 정도가) 대단한, 꽤 많은: Graduating summa cum laude is a *considerable* achievement. 최우등으로 졸업하는 것은 대단한 위업이다. / A *considerable* number of people object to the government's education policy. 상당히 많은 사람들이 정부의 교육 정책에 반대한다.

|실전문제|

다음 밑줄 친 Considerable과 뜻이 가장 가까운 단어를 보기에서 고르시오.

Considerable experience is required to become an airline captain.

(1) trifling (2) extensive
(3) naughty (4) humble

해설 | considerable은 '(범위가) 상당한'의 뜻으로 '광범위한'을 뜻하는 extensive가 그 동의어라고 할 수 있다. (1)은 '하찮은, 사소한', (3)은 '버릇없는'의 뜻이며, (4)는 '겸손한, 보잘것없는, 초라한' 등의 뜻을 가지고 있다. (2) 「비행기의 기장이 되기 위해서는 상당한 경험이 요구된다.」

· 파생어 ·
consider 고려하다, 숙고하다, 간주하다
considerably 꽤, 상당히, 매우

· 관련표현 ·
to a *considerable* extent 대단히, 아주, 상당할 정도로
considerable influence 상당한 영향력
considerable expense 상당핸[꽤 많은] 비용
considerably cold 상당히 추운
a *considerable* blow 상당한 타격
a *considerable* amount 상당한 양
a *considerable* sum of money 상당한 액수의 돈
considerable importance 대단핸[극도의] 중요성
have[make] a *considerable* impact on ~ ~에 상당한 영향을 주다

syn. sizable, substantial, ample, significant, notable
ant. meager, insubstantial, insignificant, unimportant

☐ considerate [kənsídərit]

a. thinking about the needs or feelings of other people 사려 깊은: It was very *considerate* of you to let us know you were going to be late. 늦을 것이라는 것을 저희에게 알려 주신다는 게 참 사려 깊은 행동입니다. / It was very *considerate* of you to send me a get-well card. 저에게 회복을 바라는 문병 카드를 보내 주셔서 참 고마웠습니다.

|실전문제|

다음 빈칸에 알맞은 단어를 보기에서 고르시오.

She is such a _____ person that she is well loved by everyone.

(1) considerable (2) considerate
(3) considering   (4) considered

해설 | 그녀가 모두의 사랑을 받고 있다고 했으므로 (2)의 considerate이 정답이며, '이해심이 많은, 사려 깊은' 등의 뜻을 가지고 있다. (1)은 '상당한, 중요한'의 뜻이고, (3)은 '~라고 생각하면, ~에 비해서, ~를 고려할 때' 그리고 (4)는 '숙고한, 신중한, 고려한 끝의'라는 뜻이다. 이 중에 (3)은 일반적으로 전치사로 쓰이는 것에 주의하자. (2) 「그녀는 이해심이 많아서 모두로부터 사랑받고 있다.」

· 파생어 ·
consideration 고려, 숙고; 동정; 중요성
considerately 사려 깊게

· 관련표현 ·
have no *consideration* for ~ ~을 고려하지 않다
take ~ into *consideration* ~을 고려하다(=consider)
under *consideration* 고려 중인
give ~ serious *consideration* ~을 진지[심각]하게 고려하다
a major *consideration* 주요 고려 사항
the most *considerate* man 가장 사려 깊은 사람
***considerate* of ~** ~을 배려하는

syn. thoughtful, kind, attentive, mindful
ant. inconsiderate, thoughtless, heedless, selfish

consistent [kənsístənt]

a. **1 continually adhering to the same principles or course of action** 일관된, 지속적인: The last five years have seen a *consistent* decline in the country's economy. 지난 5년 동안 그 나라의 경제는 지속적으로 내리막길을 걸어왔다.

2 in agreement (의견, 행동 등이) 일치하는, 조화된: Choose furniture that's *consistent* with the modern style of the house. 그 집의 현대적 스타일과 조화되는 가구를 택하시오. / His views are *consistent* with his action. 그의 말과 행동은 일치한다.

|실전문제|

다음 밑줄 친 consistent의 정의를 보기에서 고르시오.

Only sensitive and consistent responses from adults can protect infants from the lonely fear of being abandoned.

(1) showing gentle love
(2) having a regular pattern
(3) knowing the feelings of others
(4) composed of various things

해설 | sensitive and consistent responses는 '세심하고 지속적인 반응'이라는 뜻이며, 이런 의미를 가진 것이 (2)이다. (1)은 '부드러운 애정을 보이는', (3)은 '타인의 감정을 알고 있는', 그리고 (4)는 '다양한 것들로 구성된'의 뜻이다. (2)「버려지는 것에 대한 고독한 공포감으로부터 어린아이를 지킬 수 있는 것은 아이들에 대한 어른들의 세심하고 지속적인 반응뿐이다.」

· 파생어 ·

consistence 일관성, 언행일치, 조화(=consistency)
consistently 시종일관, 조리 있게, 언행일치하여

· 관련표현 ·

consistent **growth**
착실한[지속적인] 성장
lack *consistency* 일관성이 부족하다
a *consistent* **argument**
일관된 주장
consistent **with ~** ~와 일치하는
consistent **in ~** ~이 한결같은

syn. **constant, steady, persistent, unchanging, harmonious, correspondent**
ant. **irregular, nonuniform, inconsistent, unsuitable**

consume [kənsúːm]

vt. **1 to use up, especially in time, money, energy, and fuel, etc.** 소비하다, 다 써 버리다: The compact car *consumed* very little gas. 그 소형차는 기름을 아주 적게 먹었다. / Playing computer games too much can *consume* very valuable time to students. 컴퓨터 게임을 너무 많이 하는 것은 학생들에게는 아주 귀중한 시간을 낭비하는 것이 될 수 있다.

2 to drink or eat in large amounts 많이 먹다[마시다]: When I invited some of my friends to my house, they *consumed* all of the food in the refrigerator. 내가 몇 명의 친구들을 집에 초대했을 때, 그들은 냉장고 안에 있는 음식을 모두 먹어 치웠다.

3 to destroy or burn by fire (화재에 의해) 태워 버리다, 파괴하다: The skyscraper was *consumed* by a fire. 그 고층 건물이 화재에 의해 다 타 버렸다.

4 to take all of one's attention (주로 수동태로) 마음을 빼앗다, 사로잡히게 하다: The lady was *consumed* with jealousy. 그 숙녀는 질투심에 사로잡혔다.

· 파생어 ·

consumer 소비자
opp. **producer** 생산자
consumable 소비할 수 있는
consumerism 소비주의, 소비자 보호 운동
consumerization 소비화 (정책)
consuming (마음, 욕구가) 절실한, 통절한
consumption 소비
opp. **production** 생산
consumptive 소비의, 소모성의; 폐병에 걸린; 폐병 환자

· 관련표현 ·

consumer **goods**
소비재(=*consumption* goods)
consumer **price index**
소비자 물가 지수
consumer **strike** 소비자의 불매 운동
consumption **tax[duty]** 소비세

169

|실전문제|

다음에 주어진 뜻풀이 가운데서 밑줄 친 consume의 의미로 가장 적절한 것은?

Some of the most efficient refrigerators consume 70% less electricity than traditional models.

(1) to take all of one's attention
(2) to drink or eat in large amounts
(3) to destroy or burn by fire
(4) to use up, especially in time, money, energy, and fuel

해설 | 전기(electricity)는 에너지이므로, 에너지나 돈, 시간 등을 소비하거나 다 써 버리는 것이다. (4) 「가장 효율적인 몇몇 냉장고는 예전의 냉장고보다 70%나 전기를 덜 소비한다.」

be consumed by fire
몽땅 불타 버리다
consumed with ~ ~에 사로잡힌
consume away 낭비하다; 쇠하다
syn. devour, deplete, spend, squander, destroy, preoccupy
ant. conserve, preserve

□ contemplation [kàntəmpléiʃən]

n. **1 the act of thinking deeply and quietly** 숙고, 명상: He reached his decision after a great deal of *contemplation*. 그는 많은 숙고 후 결정을 내렸다. / The monks spend an hour in *contemplation* each morning. 승려들은 매일 아침 한 시간 동안 명상을 한다.

2 the act of looking at something quietly and solemnly 응시, 주시: The tourists' *contemplation* of the Alps was obstructed by fog. 관광객의 알프스 산맥 구경이 안개로 인해 방해를 받았다.

3 intention or expectation 계획, 의도, 예상: The construction of a bridge at this site is under *contemplation*. 이 지역에 다리 건설이 계획 중에 있다.

· 파생어 ·

contemplate 심사숙고하다, 기대하다, 계획하다, 깊이 생각하다
contemplative 명상적인, 관조적인
contemplator 명상자, 숙고하는 사람
contemplable 생각할 수 있는

· 관련표현 ·

be lost in contemplation
명상에 잠기다
be in[under] contemplation
계획 중이다
spiritual contemplation
종교적 묵상[명상]
a contemplative life 묵상[명상] 생활
a contemplative nature
명상적인 본능
contemplate ~ing
~할까 생각 중이다
syn. viewing, looking, thought, meditation, consideration
ant. overlooking, ignorance, disregard

|실전문제|

1. 다음 밑줄 친 contemplation과 뜻이 가장 가까운 단어를 보기에서 고르시오.

Thinking involves active planning as well as passive contemplation.

(1) consideration (2) neglect
(3) procedure (4) solution

해설 | contemplation은 '숙고, 의도, 예상' 등의 뜻을 나타내며, 보기 중에 (1)의 '고려'가 동의어라고 볼 수 있다. (2)는 '태만, 무시', (3)은 '과정' 그리고 (4)는 '해결'의 뜻을 일반적으로 나타낸다. (1) 「사고는 수동적인 숙고와 능동적인 계획을 수반한다.」

2. 다음 밑줄 친 contemplating과 뜻이 가장 가까운 표현을 보기에서 고르시오.

You may be surprised one day to find your baby awake and quietly contemplating some object nearby.

(1) touching (2) smiling at
(3) searching for (4) staring at

해설 | contemplate는 '숙고하다, 응시하다, 꾀하다' 등의 뜻을 가진 동사로서, (4)의 '응시하다'가 같은 뜻의 표현이다. (1)은 '닿는, 감동적인', (2)는 '미소를 짓는', 그리고 (3)은 '찾는'의 뜻을 나타낸다. (4) 「어느 날 당신은 당신의 아기가 잠에서 깨어나 가까이에 있는 물건을 조용히 바라보고 있는 것을 보면 놀랄지도 모른다.」

contemporary [kəntémpərèri]

a. **1 happening or done in the same period of time** 동시대의: Hitler was *contemporary* with Mussolini. 히틀러는 무솔리니와 동시대의 사람이었다.

2 belonging the present time; modern 현대의, 최신의: Do you prefer *contemporary* furniture? 당신은 현대식 가구를 더 좋아합니까?

|실전문제|

다음 밑줄 친 contemporary와 뜻이 가장 가까운 단어를 보기에서 고르시오.

The <u>contemporary</u> Korean language includes words derived from many sources.

(1) modern (2) constant
(3) contemptible (4) comparative

해설 | contemporary는 '동시대의, 현대의'의 뜻을 가지며, 동의어는 (1)의 modern 이다. (2)는 '계속적인, 끊임없는, 일정한', (3)은 '비열한, 경멸할 만한', 그리고 (4)는 '비교의, 상대적인'의 뜻이다. (1) 「현대의 한국어에는 여러 근원으로부터 유입된 단어가 포함되어 있다.」

· 파생어 ·

contemporaneity 동시대성
contemporaneous 동시성의, 동시대의
contemporize 시대를 같게 하다

· 관련표현 ·

contemporary literature 현대 문학
a *contemporary* building 현대식 건물
contemporary art 현대 미술[예술]
contemporary music 현대 음악

syn. modern, up-to-date, present-day, advanced, contemporaneous
ant. antique, old-fashioned, out-of-date, obsolete

contempt [kəntémpt]

n. **1 a total lack of respect, and the thoughts that someone or something is completely worthless or unimportant** 경멸, 모욕: His *contempt* for most of the opposition politicians were clearly expressed in his speech. 대부분의 야당 정치가들에 대한 그의 경멸은 그의 연설에서 분명하게 표현되었다.

2 disobedience or disrespect towards a court of law or legislative body (법정, 국회 등에서) 불복종, 모욕죄: He was sentenced to 3 months in prison for *contempt* of court. 그는 법정 모욕죄로 징역 3개월을 선고받았다.

· 파생어 ·

contemptible 경멸할 만한, 비열한
contemptuous 모욕적인, 경멸하는

· 관련표현 ·

contempt of court 법정 모욕죄
contempt of congress 국회 모욕죄
have[hold] ~ in *contempt*
 ~을 경멸하다
in *contempt* of ~ ~을 경멸[무시]하여
demonstrate *contempt* for ~
 ~에 대한 경멸을 드러내다
bring into *contempt* 창피를 주다
a *contemptible* worm
 ((비속어)) 비열한 녀석
a *contemptuous* smile
얕보는 듯한 미소

|실전문제|

다음 문장의 빈칸 속에 들어갈 적절한 단어를 보기에서 고르시오.

The Bosnian Serbs displayed their ____ for UN peacekeepers.

(1) attempt (2) temporary
(3) contempt (4) temper

해설 | '세르비아인(Serbs)들이 유엔 평화 유지군에게 _____ 를 보였다[나타냈다]'에서 문맥상 (3)의 '경멸'을 나타냈다가 정답이다. (1)은 '시도', (2)는 '일시적인, 잠정적인' 그리고 (3)은 '성질, 기질'의 뜻이다. (3) 「보스니아의 세르비아인들은 유엔 평화 유지군에 대해 경멸을 나타냈다.」

syn. scorn, disdain, humiliation, disgrace, detestation, loathing
ant. honor, respect, admiration

contract [kάntrækt]

vi., vt. **1 to make or become smaller, shorter or narrower** 줄어들다[줄이다], 수축하다[수축시키다]: When you bend your elbow, the muscles of the arm *contract*. 팔꿈치를 구부릴 때, 팔 근육은 수축한다.

2 to agree by formal agreement 계약하다: The firm *contracted* to deliver the goods in three months. 그 회사는 상품을 3개월 안에 배송해 주기로 계약했다.

vt. **1 to get an illness or have a bad habit** 병에 감염되거나 나쁜 버릇이 들다: His aunt *contracted* a serious incurable disease. 그의 숙모는 심각한 불치병에 걸렸다. / She *contracted* a bad habit of oversleeping. 그녀에게는 늦잠 자는 나쁜 버릇이 있다.

2 to have a relationship with, especially by marriage or friendship 약혼이나 친교를 맺다: They *contracted* friendship with each other. 그들은 서로 친교를 맺었다.

|실전문제|
다음에 주어진 뜻풀이 가운데서 밑줄 친 contract의 의미로 가장 적절한 것은?
New research shows that an excess of meat and salt can contract muscles.

(1) to have a relationship with, especially by marriage or friendship
(2) to make or become smaller, shorter or narrower
(3) to agree by formal agreement
(4) to get an illness or have a bad habit

해설 | 과도한 육류 및 염분(소금) 소비는 근육을 '수축시키는 것'이 상식에 맞다. (2) 「새로운 연구 결과, 지나친 육류와 염분은 근육을 수축시킨다는 것이 밝혀졌다.」

· 파생어 ·
contracted 수축된, 단축된; 계약된
contractible 줄일 수 있는
contracting 계약의; 수축성 있는
contradiction 수축, 단축형; 병에 걸림
contractor 계약자, 도급자

· 관련표현 ·
contract a bad cold 독감에 걸리다
contract a huge debt 큰 빚을 지다
contract marriage 계약 결혼
a breach of *contract* 계약 위반
sign an *contract* 계약서에 서명하다
draw up a *contract* 계약서를 작성하다
win a *contract* 계약을 따내다
an exclusive *contract* 독점 계약
a verbal[written] *contract* 구두[서면] 계약
contract marriage with ~ ~와 혼인을 맺다

syn. bargain, pledge, compress, shrink, promise
ant. disagree, expand

contradict [kὰntrədíkt]

vt. **1 to deny the statement of** 부정하다, 부인하다, 반박하다: The witness *contradicted* the defendant's testimony. 그 증인은 피고의 증언을 반박했다.

2 to be inconsistent with 모순되다, 어긋나다: The result seems to *contradict* a major U.S. study released last month. 그 결과는 지난달에 발표된 미국의 조사와 모순되는 것 같다.

· 파생어 ·
contradiction 부인, 반박; 모순
contradictable 반박할 수 있는, 부정[부인]할 수 있는
contradictory 모순된, 양립하지 않는

· 관련표현 ·
contradictory statements 서로 모순되는 진술

|실전문제|

다음 보기 중에서 'contradict'의 올바른 정의를 보기에서 고르시오.

(1) say that you will not do something that you are asked to do
(2) tell people what they should do about something
(3) suggest an idea for people to think about
(4) give an opposite opinion about something or someone

해설 | contradict의 동사의 뜻을 묻는 문제인데, 동사의 의미는 '부정하다, 반론하다' 또는 '(언행이) 모순되다' 등의 의미를 나타낸다. 보기 중에 (4) 즉 '어떤 일이나 사람에 대해서 반대 의견을 말하다'가 '반론하다'의 뜻이므로 정답이다. (1)은 '부탁받은 것을 하지 않겠다고 말하다', (2)는 '사람들이 무엇을 해야 할지 말하다', 그리고 (3)은 '사람들이 생각할 수 있는 아이디어를 제안하다'의 뜻이다.

be *contradictory* to each other 서로 모순되다

in direct *contradiction* to ~
~와 직접 모순되게

contradictory advice
모순적인 충고

contradict oneself 모순된 말을 하다, 자가당착에 빠지다

syn. refute, confute, rebut, belie
ant. verify, affirm, sustain, endorse

contribute [kəntríbjut]

vi., vt. 1 to do things to help or to make successful 기여하다, 공헌하다: The advertising campaign has *contributed* to the high sales of the product. 그 광고 캠페인은 그 제품의 많은 판매에 기여했다.

2 to give money or resources to help achieve a particular purpose 기부하다, 기증하다: The U.S. is *contributing* 5 billion dollars in loans and grants. 미국은 차관 및 보조금으로 50억 달러를 기부할 것이다.

3 to write an article for a newspaper or magazine (신문, 잡지 등에) 기고하다, 투고하다: I was asked to *contribute* to a newspaper article asking making the economic prediction for the new year. 나는 새해의 경제 전망에 관한 신문 기사를 기고해 달라는 부탁을 받았다.

vi. to act as a factor ~의[~한] 원인이 되다: Air pollution *contributes* to respiratory diseases. 공해는 호흡기 질환의 원인이 된다.

· 파생어 ·

contribution 기부(금), 기여, 공헌, 기고
contributor 기부자, 공헌자, 기고가
contributive 기여하는, 공헌하는, 이바지하는 《to》

· 관련표현 ·

make a *contribution* to ~
~에 기여[공헌]하다

a regular *contributor*
정기적인 기부가

charitable *contributions*
자선 기부금

a major *contributor* 주요 기부자

a *contributory* cause 유력한 원인

contribute money 돈을 기부하다

syn. donate, bestow, lead to
ant. receive, impede

|실전문제|

다음 영문 정의에 가장 알맞은 단어를 고르시오.

to give money, support, help or ideas towards a particular aim or purpose

(1) assurance   (2) exhibit
(3) contribute   (4) demonstrate

해설 | 특정한 목적을 위해 돈과 도움을 주는 것은 (3)의 contribute(기부하다, 기여하다)가 정답이다. (1)은 명사로 '확신, 보장'이란 뜻이며, (2)는 '전시회, 전시하다', 그리고 (4)는 '시위하다, 시연하다, 입증하다' 등의 뜻을 나타낸다. (3)「특정한 목적을 위해 금전, 도움, 아이디어 등을 제공하는 것」

☐ conversion [kənvə́ːrʒən]

n. 1 the act of converting from one form or purpose to another 개조, 용도 변경, 전환, 변환: We asked a *conversion* company to change our store into an office. 우리는 우리 가게를 사무실로 바꿔 달라고 개조 회사에 부탁했다. / I totally agree to the *conversion* of disused rail lines into cycle routes. 나는 사용되지 않는 철로를 싸이클 도로로 전환하는 것에 전적으로 찬성한다.

2 the act of changing one's religion or beliefs 개종: Saint Patrick is traditionally regarded as responsible for Ireland's *conversion* to Christianity. 성 패트릭은 전통적으로 아일랜드를 기독교로 개종하게 한 장본인으로 간주된다.

3 the exchange of one type of currency for another 환전: After his *conversion* of yens into dollars, he took an overseas trip. 그는 엔화를 달러로 환전한 후에 해외여행을 떠났다.

|실전문제|

다음에 주어진 뜻풀이 가운데서 밑줄 친 Conversion의 의미로 가장 적절한 것은?

Conversion to gas central heating will save you a lot of money.

(1) the act of changing one's religion or beliefs
(2) the exchange of one type of currency for another
(3) the act of gaining a first down
(4) the act of converting from one form or purpose to another

해설 | 난방(heating)에 대한 이야기이므로 to[into] ~ 이하로 '바꾸는 것(전환하는 것)'에 해당한다. (4)「가스 중앙난방으로 전환하면 많은 돈을 절약하게 해 줄 것이다.」

· 파생어 ·
converse 역의, 전환
conversely 역으로, 거꾸로
convert 전환하다, 개종시키다, 환전하다
converted 개종한
converter 변환기; 개종시키는 사람
convertible 개조할 수 있는, 개종할 수 있는

· 관련표현 ·
conversion table 환산표, 변환표
conversion ratio 전환 비율
a *convertible* sofa 겸용할 수 있는 소파
a *convertible* bond 전환 사채
a religious *conversion* 개종

syn. change, alternative, rebirth

☐ cool [kuːl]

a. 1 neither warm nor cold 서늘한, 시원한: A *cool* breeze is blowing softly on the beach. 선선한 미풍이 해변에서 부드럽게 불고 있다.

2 not excited; calm 침착한, 태연한: Although you hear the fire alarm, keep *cool* and don't panic. 화재경보기의 소리를 듣더라도, 침착하고 당황하지 마.

3 not friendly or enthusiastic 냉정한, 냉담한: The president received a *cool* reception when he visited Iraq. 그 대통령은 이라크를 방문했을 때 냉담한 대접을 받았다.

4 very good or nice 훌륭한, 근사한: She looks real *cool* in that red dress. 그녀가 그 붉은 드레스를 입으니 정말 근사하게 보인다. / The man over there is one of my friends and a real *cool* guy. 저기에 있는 사람은 내 친구인데 근사한 녀석이야.

· 파생어 ·
cool-headed 차분한, 침착한
cooler 냉각기, 냉장고
cooling 냉각
coolish 약간 쌀쌀한[찬]
coolly 냉정하게, 차갑게
coolness 침착, 냉담

· 관련표현 ·
as *cool* as a cucumber 아주 냉정[침착]한
blow[lose] one's *cool* 냉정을 잃다
keep one's *cool* 냉정을 잃지 않다

***vt., vi.* 1 to become or cause to become cool** 시원해지다, 차게 하다:
We turned on the air conditioner to *cool* the room. 우리는 방을 시원하게 하려고 에어컨을 켰다.

2 to become or cause to calm down 진정하다, 마음을 가라앉히다:
I tried to *cool* him down who was too angry at his son. 나는 아들에게 매우 화가 난 그를 진정시키려고 애썼다.

|실전문제|

다음에 주어진 뜻풀이 가운데서 밑줄 친 cool의 의미로 가장 적절한 것은?

His <u>cool</u> response suggested that he didn't like the idea.

(1) very good or nice
(2) to become or cause to become cool
(3) neither warm nor cold
(4) not friendly or enthusiastic

해설 | 반응(response)이라는 명사가 뒤에 따라오므로, 이를 수식하는 형용사의 뜻은 '냉담한'이 가장 적합하다. (4) 「그의 냉담한 반응은 그가 그 생각을 좋아하지 않았음을 시사했다.」

give ~ a *cool* reception
~을 냉대하다

That's *cool*. 좋다, 괜찮다

play it *cool* 냉정한 태도를 취하다

***cool* down** 진정시키다, 가라앉히다

***cooling* drinks[beverage]**
청량 음료

have (a) *cool* cheek
아주 뻔뻔스럽다

syn. chilly, fresh, aloof, refrigerate
ant. warm, friendly, heat

C

count [kaunt]

***vt.* 1 to say numbers in the correct order** 세다: *Count* one to one hundred in English. 1부터 100까지 영어로 세어 봐. / I *counted* passengers and found out that one was missing. 승객들을 세어 보니 한 명이 빠졌다는 것을 알았다.

2 to calculate the total number of 계산하다, 합산하다: The copying machine automatically *counts* how many copies have been made. 그 복사기는 자동으로 몇 부를 복사했는지 합산한다.

3 to believe or consider to be ~로 간주하다, ~로 생각하다: After a fatal traffic accident, we *counted* ourselves fortunate to be alive. 치명적인 교통사고 후, 우리가 살아남은 것이 운이 좋다고 생각했다. / I *count* that he will come to the charity dinner. 나는 그가 자선 만찬회에 오리라고 생각한다.

***vi.* 1 to be important** 중요하다: It is not what you have but what you are that *counts*. 당신이 가진 물질적인 것이 아니라 사람됨이 중요하다.

2 *count* on someone[something]: to depend on ~에 의지하다:
You can *count on* me. I'll help you in every way I can. 나만 믿어. 최대한 너를 도와줄게.

· 파생어 ·

countable 계산할 수 있는 (가산 명사)
opp. **uncountable** 셀 수 없는 (불가산 명사)

counter 계산대

· 관련표현 ·

Every minute *counts*.
1분도 중요하다.

Money *counts* for nothing.
돈은 중요하지 않다.

***count* on** 의지하다, 믿다(=rely on, depend on)

***count* up** 총계하다

***count* to ten** 열까지 세다

serve[stand] behind the *counter* 점원 노릇하다

under the *counter* 몰래, 부정하게

***count* in** ~을 셈에 넣다; ((구어)) (사람을) 한패에 넣다

***count* ~ against a person**
(보통 부정문으로) ~을 ~에게 불리하게 작용시키다

175

| 실전문제 |

1. 다음에 주어진 뜻풀이 가운데서 밑줄 친 counted의 의미로 가장 적절한 것은?

With more than 95 percent of the votes counted, the Republican party will win nearly two thirds of the seats.

(1) to believe or consider to be
(2) to calculate the total number of
(3) to be important
(4) to say numbers in the correct order

해설 | 투표(votes)의 표수를 합산[집계]하는 것임을 문맥을 통해 알 수 있다. (2) 「투표의 95% 이상이 집계되었으므로 공화당은 의석의 2/3 정도를 차지하게 될 것이다.」

2. 다음의 밑줄 친 부분의 뜻을 보기에서 고르시오.

In general, in Korea, a man's personal ability and actual achievement count for much more than family background.

(1) 총계하다, 합산하다
(2) 중요성을 지니다, ~로 간주되다
(3) ~를 의지하다, 기대하다
(4) 셈에 넣다

해설 | '개인의 능력과 업적[성취]가 가족 배경보다 훨씬 ___하다'에서 '중요하다' 라는 말이 들어가야 한다는 것을 짐작할 수 있다. (1)은 count up의 뜻이며, (3)은 count on(=rely on, depend on), 그리고 (4)는 count in의 의미를 나타내고 있다. (2) 「일반적으로, 한국에서는 개인의 능력[실력]과 실적이 가족 배경보다 훨씬 더 중요하다.」

count for much[little, nothing]
가치가 있다[없다], 중요하다[하지 않다]

syn. number, total, consider, regard, matter, depend on, rely on

---

☐ **course** [kɔːrs]

n. 1 the path which something moves along or direction taken by someone or something 진로, 행로, 항로: The plane changed its *course* to avoid turbulent air. 그 비행기는 난기류를 피하고자 항로를 변경했다. / The ship was 70 miles off *course*. 그 배는 본 항로에서 70마일 벗어나 있었다.

2 a series of lessons (학교의) 교육 과정, 강좌: I'm taking a *course* in computer graphics. 나는 컴퓨터그래픽 강좌를 수강하고 있다.

3 one of the successive parts of a meal (식사, 요리의) 코스: The dinner was fantastic, especially the first *course* of a 5-course meal. 저녁 식사는 다섯 가지 코스의 식사 중 첫 번째 코스가 환상적이었다.

4 an area of land or water where races are held (경주, 경기의) 코스, 골프 코스 The golf *course* does harm to the environment. 골프장은 환경에 해를 끼친다.

| 실전문제 |

다음에 주어진 뜻풀이 가운데서 밑줄 친 courses의 의미로 가장 적절한 것은?

The college offers courses in sciences and humanities.

(1) one of the successive parts of a meal
(2) a series of lessons
(3) the path which something moves along or direction taken by someone or something
(4) an area of land or water where races are held

· 파생어 ·

coursework 수업 내용

· 관련표현 ·

a *course* of study 교과 과정
the *course* of a river 강줄기
in mid *course* 도중에
mend one's *course* 행실을 고치다
a matter of *course* 당연한 일
in[under] *course* of ~ ~중
e.g. in course of writing 집필 중
in the *course* of ~ ~동안(=during)
take one's own *course* 자기 생각대로 행하다
take a *course* 수업[강의]를 듣다
of *course* 물론, 당연히
run its *course* 자연의 경과[추이]를 밟다[따르다, 좇다]; 자연히 소멸하다
stay the *course* (경주에서) 완주하다; 끝까지 버티다[포기하지 않다]
by *course* of ~
(법률 등의) 절차를 밟아, ~의 관례에 따라

syn. route, direction, subject, class, sequence

해설 | 과학과 인문[교양] 과목이 있으므로 '교육 과정, 강좌'임을 추측할 수 있다. (2)
「그 대학은 과학과 인문[교양] 과목 강좌들을 개설하고 있다.」

☐ cover [kʌ́vər]

vt. **1 to place something over, so as to hide or protect** 덮어 가리다, 감추다: He whimpered and *covered* his face. 그는 울먹이며 얼굴을 가렸다. / The noise on the construction site was so loud that he *covered* his ears with his hands. 공사장의 소음이 너무 시끄러워서 그는 귀를 손으로 막았다.

2 to include or extend over (어느 범위에) 걸치다, 포함하다, 망라하다: It would not be easy to *cover* 20 miles on that amount of gas. 그 기름 양으로 20마일을 가기는 쉽지 않다. / We had only *covered* half the course. 우리는 그 강좌의 반밖에 다루지 않았다.

3 to report the news about a popular important event 취재하다, 보도하다: All the TV and radio stations across the U.S. will *cover* the shooting incident for a few days in a row. 미국 전역의 TV와 라디오 방송은 연속해서 며칠 동안 그 총격 사건을 보도할 것이다.

4 to cover the expense especially by insurance (보험에서 경비를) 부담하다: These items are not *covered* by medical insurance. 이 항목들은 의료 보험의 적용이 되지 않는다.

vi., vt. **to take someone's place; substitute** ~을 대신하다: We have to hire several temporary workers to *cover* for employees who will be away on vacation. 우리는 휴가를 떠날 직원들을 대신하도록 몇몇 임시직 직원들을 고용해야 한다.

· 파생어 ·
coverage 보도 취재; 보험의 적용 범위
covered 덮인, 지붕이 있는
covering 덮개; 엄금; 엄호 사격; *a.* 엄호하는

· 관련표현 ·
cover **up** 완전히 덮다, 덮어 가리다
take *cover* 지형물을 이용하여 숨다
under the *cover* **of ~**
~의 엄호를 받아; (어둠을) 틈타
cover **girl** 잡지 표지의 미인
cover **letter**
첨부 편지; 간단한 자기소개서
cover **story**
잡지 표지에 나타난 특집 기사
be *covered* **with[in] ~**
~로 덮여 있다
cover **oneself**
(비난·손실을) 예방[방어]하다
cover **the ground**
(어느) 거리를 가다[나아가다]; (강연[자]·보고[자]가) (어떤) 범위를 다루다
blow one's *cover* 신원[비밀]을 폭로하다, ~의 정체를 폭로하다
from *cover* **to** *cover*
책의 처음에서 끝까지

syn. shield, conceal, include, comprise, substitute, protect
ant. exclude, reveal, unwrap

|실전문제|

다음에 주어진 뜻풀이 가운데서 밑줄 친 <u>cover</u>의 의미로 가장 적절한 것은?

The general hospital didn't have enough nurses to <u>cover</u> for those who were sick or took a vacation.

(1) to cover the expense especially by insurance
(2) to place something over, so as to hide or protect
(3) to take someone's place; substitute
(4) to include or extend over

해설 | '~을 대신하다' 라고 할 때에는 cover for ~ 혹은 substitute for ~ 또는 take someone's place 또는 take the place of ~을 사용한다. (3) 「그 종합 병원은 아프거나 휴가를 떠난 사람들을 대신할 간호사들이 충분치 않았다.」

crash [kræʃ]

n. 1 a violent vehicle collision 충돌(사고): There was a serious car *crash* on the freeway last night. 지난밤 고속도로에서 심각한 자동차 충돌 사고가 있었다.

2 a sudden loud noise by a violent blow or fall 갑자기 나는 요란한 소리, 폭발하거나 부서지는 소리: Some people in the apartment complex recalled hearing a loud *crash* at dawn. 그 아파트 단지의 몇몇 사람들은 새벽에 요란한 소리를 들은 것을 기억했다.

3 a plummeting of a plane very fast as an accident (비행기의 추락) 사고: There was an unexpected plane *crash* due to an engine failure. 엔진 고장으로 인해 예기치 않았던 비행기 추락 사고가 있었다.

4 a sudden serious fall in prices or in the value of the stock market (사업체 혹은 주식 시장의) 폭락: Stock experts predicted correctly that there was going to be a stock market *crash* on Monday. 주식 전문가들은 월요일에 주식 시장 폭락이 있을 것이라는 것을 정확히 예측했다.

5 an unexpected failure of a computer system (컴퓨터 시스템의) 고장: He got very mad after the computer had a *crash* for the third time in two weeks. 컴퓨터가 2주 만에 세 번째 고장이 난 후 그는 매우 화가 났다.

|실전문제|

다음에 주어진 뜻풀이 가운데서 밑줄 친 crash의 의미로 가장 적절한 것은?

In the crash, the driver was catapulted through the windscreen.

(1) a plummeting of a plane very fast as an accident
(2) an unexpected failure of a computer system
(3) a violent vehicle collision
(4) a sudden serious fall in prices or in the value of the stock market

해설 | 자동차 이야기이므로 문맥상 충돌(사고) 이야기임을 쉽게 알 수 있다. (3) 「그 충돌 사고에서 운전자는 앞 유리창 밖으로 튕겨 나갔다.」

·파생어·
crashed 술 취한(=drunk)
crusher 요란한 소리로 부서지는 것
crashing 완전한, 특별한

·관련표현·
train *crash* 기차 충돌(=train clash)
the *crash* of breaking glass 유리잔이 깨지는 소리
***crash* diet** 급격한 감식[다이어트]
***crash* course** (입시의) 집중 강좌
go *crash* 와르르 무너지다
***crash* and burn** (회사가) 망하다, 파산하다: ((미·구어)) 사랑에 멋지게 실패하다
***crash* in** 난입(亂入)하다

syn. collision, failure, bang, depression
ant. silence, prosperity, function

credit [krédit]

n. 1 a way of paying for goods or services at a later time 외상 판매, 신용 거래: If you don't have any cash with you, you can buy the electric goods on *credit*. 현금이 없다면 신용 판매[외상]로 전자 제품을 구입할 수 있습니다. / There has been an alarming rise in *credit* card fraud in recent months. 최근 몇 달 동안에 신용카드 사기가 놀랄 정도로 증가했다.

·파생어·
creditable 신용할 수 있는, 칭찬할 만한
creditor 채권자
opp. debtor 채무자
creditability 명예가 됨, 신용할 만함

·관련표현·
a letter of *credit* 신용장
open a *credit* 신용장을 개설하다

2 belief or trust in the truth of something 신뢰, 믿음: Do you place any *credit* in the defendant's story? 피고의 이야기에 신뢰가 가니?

3 the praise given to someone because of what he has done 칭찬, 자랑, 명예: He was given a lot of *credit* for her invention. 그는 자신의 발명품에 대해 칭찬을 많이 들었다.

4 a source of pride or honor 자랑거리: He is one of the best Korean players of recent times and is a *credit* to his team. 그는 최근 한국의 최고 선수 중 하나이며 그의 팀의 자랑거리이다.

5 a unit of study at a college or university (학과의) 학점: I've got 21 *credits* more to take to graduate from my university. 나는 대학을 졸업하기 위해 21학점을 더 이수해야 한다.

|실전문제|

다음에 주어진 뜻풀이 가운데서 밑줄 친 credit의 의미로 가장 적절한 것은?

How could you have credit of such a wild story?

(1) a source of pride or honor
(2) a unit of study at a college or university
(3) a way of paying for goods or services at a later time
(4) belief or trust in the truth of something

해설 | 뒤에 나오는 story(이야기)가 힌트가 되어 '믿음, 신뢰'의 뜻으로 사용되고 있다. (4) 「어떻게 그런 황당한 이야기를 믿을 수 있니?」

□ **critical** [krítikəl]

a. **1 inclined to find fault or to judge severely** 비판적인, 흠잡기를 좋아하는: Why are you so *critical* of everything I do? 왜 당신은 내가 하는 모든 행동에 대해 비판적입니까?

2 being in a very serious and dangerous situation 위급한, 위독한: Two of the injured are said to be in *critical* condition. 부상자들 중 2명이 위독한 상태라고 한다.

3 extremely important 극히 중요한: Environmentalists say a *critical* factor in the city's pollution is its increasing population. 환경론자들은 도시 오염의 중요한 원인이 늘어나는 인구라고 말한다.

4 examining and judging carefully 비판의, 비평의: It takes years to develop one's *critical* abilities. 비판[비평] 능력을 개발하는 데는 수년이 걸린다.

credit card 신용카드
credit limit 신용 한도
credit loan 신용 대부
credit rating 신용 등급 평가
credit sale 외상 판매
credit standing 신용 상태
do ~ *credit* ~의 공이 되다
do *credit* to a person ~의 명예가 되다, 면목을 세우다
on *credit* 외상으로
have[get] the *credit* of ~ ~의 명예를 얻다
give ~ a *credit* ~을 신용하다[믿다]; ~에게 신용 대부하다
give a person *credit* for (성질 등을) ~이 당연히 가진 것으로 보다; (행위 등을) ~에게 돌리다, ~의 공로로 치다
to one's *credit* ~의 명예가 되게, 기특한[하게도]
get *credit* for ~ ~의 공로를 인정받다, ~에 의하여 면목을 세우다

syn. acclaim, honor, recognition, prepayment

·파생어·

critic 비평가, 혹평가; *a.*비판적인
critically 비판적으로, 위태롭게, 결정적으로
criticism 비평, 비난, 흠잡기
criticizable 비판할 만한
criticize 비평하다, 비난하다, 비판하다
critique 비평, 비판, 평론

·관련표현·

a *critical* wound 중상
a *critical* moment 위기
a *critical* condition 위독한 상태
a *critical* situation 중대한 국면
critically ill 위독한

| 실전문제 |

다음에 주어진 뜻풀이 가운데서 밑줄 친 critical의 의미로 가장 적절한 것은?

How you finance a business is <u>critical</u> to the success of your venture.

(1) examining and judging carefully
(2) extremely important
(3) being in a very serious and dangerous situation
(4) inclined to find fault or to judge severely

해설 | 글의 내용이 벤처 사업(venture) 성공의 중요한 요소를 말하고 있다. (2)「어떻게 자금을 공급하느냐 하는 것이 벤처 사업의 성공에 아주 중요하다.」

literary *criticism* 문학 비평
beyond *criticism* 나무랄 데가 없는
accept *criticism* 비판을 받아들이다
level *criticism* at ~
~에 비난을 퍼붓다

syn. faultfinding, grave, dangerous, vital, judging
ant. complimentary, praising, insignificant, safe

☐ crush [krʌʃ]

vt. **1 to press with great force so as to break or damage** 짓밟다, 으깨다, 뭉개다: To make wine, you must first *crush* the grapes. 포도주를 만들기 위해서는 먼저 포도를 으깨야 한다.

2 to violently subdue 진압하다: The army quickly *crushed* the uprising. 군은 신속하게 반란을 진압했다.

3 to hug tightly 힘껏 껴안다: She *crushed* her child to her breast. 그녀는 아이를 힘껏 껴안았다.

4 to make feel disappointed or upset 희망을 꺾다: My hopes were *crushed*. 내 희망은 산산조각이 났다.

·파생어·
crusher 분쇄기, 파쇄기
crushing 분쇄하는; 압도적인, 결정적인

·관련표현·
crush one's way through ~
~을 헤치고 나아가다
crush a rebellion 반란을 진압하다
have[get] a *crush* on ~
~에 홀딱 반하다
crush a cup of wine
포도주를 한 잔 마시다
a *crushing* victory 결정적 승리
a *crushing* defeat 재기 불능의 패배
crush up 분쇄하다;
(종이 등을) 꼬깃꼬깃 뭉치다
crush on (이성에게) 반하다, 연정을 품다
crush unrest 불안을 가라앉히다

syn. grind, smash, squash, hug, overwhelm

| 실전문제 |

다음에 주어진 뜻풀이 가운데서 밑줄 친 crush의 의미로 가장 적절한 것은?

The riot police was the first step in a plan to <u>crush</u> the demonstration.

(1) to hug tightly
(2) to make feel disappointed or upset
(3) to press with great force so as to break or damage
(4) to violently subdue

해설 | 주어가 폭동 진압 경찰(riot police)이며 데모(demonstration)가 있으므로 '폭동, 반란, 데모 등을 진압하다'는 뜻임을 알 수 있다. (4)「폭동 진압 경찰은 그 데모 진압 계획의 첫 단계였다.」

D

dark [dɑːrk]

a. **1 entirely or partly without light** 어두운, 캄캄한, 암흑의: The streets were *dark* during the blackout. 정전이 된 동안에 거리는 캄캄했다.

2 black, or almost black, in color (색깔, 피부 등이) 거무스름한, 가무잡잡한: He wears a *dark* suit and carries a brown attaché case. 그는 검은 양복을 입고 갈색 소형 가방을 들고 다닌다.

3 sad and without hope 슬픈, 암울한; 부정적인: Don't always look on the *dark* side of things. 항상 사물을 부정적으로 보지 마.

4 secret; hidden 비밀의, 감추어진: You should keep it *dark*. 그것을 비밀로 해야 할 거야.

5 serious, unpleasant, or sinister 음울한, 우울한; 음산한: His *dark* expression shows his mood. 그의 우울한 표정은 그의 기분을 나타내 준다.

n. **1 the lack of light** 암흑, 어둠: Most of the women including children are afraid of the *dark*. 어린아이들을 포함한 대부분의 여성들이 어둠을 무서워한다.

2 the time of the day without light; nightfall 땅거미, 밤: The children got home before *dark*. 어린아이들은 어두워지기 전에 집에 돌아갔다.

· 파생어 ·
darken 어둡게 하다, 어두워지다
darkish 어스름한, 거무스름한
darkly 어둡게; 비밀히, 막연히
darkness 암흑, 어둠; 비밀, 무지

· 관련표현 ·
Dark Ages 중세 암흑시대
dark horse 다크호스 (경쟁 상대)
dark room 암실
in a *dark* temper 기분이 언짢은
a stab in the *dark* 억측
in the *dark* 어둠 속에서
keep ~ *dark* ~를 비밀로 해 두다

syn. dim, shadowy, dusky, hidden, darkness, dusk
ant. light, cheerful, dawn

| 실전문제 |

다음에 주어진 뜻풀이 가운데서 밑줄 친 <u>dark</u>의 의미로 가장 적절한 것은?

Tony's chatter kept me from thinking <u>dark</u> thoughts.

(1) secret; hidden
(2) entirely or partly without light
(3) sad and without hope
(4) black, or almost black, in color

해설 | '토니의 이야기 때문에 나는 우울한, 부정적인 생각을 하지 않았다'는 것이 문맥에 맞다. keep … from ~ing는 '…가 ~하지 못하게 막다'는 뜻이다. (3) 「토니의 이야기로 인해 나는 암울한[부정적인] 생각을 하지 않게 되었다.」

dash [dæʃ]

vt. 1 to break by striking violently; throw away 던지다, 박살 내다: He *dashed* the flower pot against the door in anger. 그는 화가 나서 꽃병을 문에 던져 박살 냈다.

2 to ruin or frustrate one's hopes or plans 희망을 꺾다, (계획을) 실망[좌절]시키다: The rainy weather *dashed* our plans for a company picnic. 비가 오는 날씨 때문에 사내 야유회 계획이 수포로 돌아갔다.

3 to splash, often violently (물 등을) 끼얹다, 튀기다: A passing car *dashed* mud on me on a rainy day. 비 오는 날에 지나가는 차가 나에게 흙탕물을 튀겼다.

vi. 1 to run or go somewhere quickly 급히 가다, 돌진하다: Upon hearing the scream, he *dashed* out of the room and up the stairs. 비명 소리를 듣자마자, 그는 빨리 방에서 나와 위층으로 올라갔다.

2 to run against hard on a solid face 세게 부딪치다, 충돌하다: A sparrow *dashed* into the windowpane. 참새가 날아와서 창유리에 부딪쳤다.

|실전문제|

다음에 주어진 뜻풀이 가운데서 밑줄 친 dashed의 의미로 가장 적절한 것은?

He seized the ash tray and dashed it against the wall with tremendous force.

(1) to ruin or frustrate one's hopes or plans
(2) to splash, often violently
(3) to run or go somewhere quickly
(4) to break by striking violently; throw away

해설 | 문장의 앞부분에 '재떨이를 잡다'라는 말이 나왔으므로 문맥 흐름상 '던지다'라는 뜻이 됨을 알 수 있다. (4) 「그는 벽에 재떨이를 매우 세게 집어던졌다.」

· 파생어 ·

dasher 돌진하는 사람, 씩씩한 사람
dashing 용감한, 씩씩한, 멋있는(=dashy)

· 관련표현 ·

dash the hope of ~
~의 희망을 꺾다
dash off to China 중국에 급히 가다
dash cold water on ~
~에 찬물을 끼얹다
I must **dash** off now.
지금 급히 가 봐야 해.
at a **dash** 단숨에
make a **dash** for ~
~를 향해 돌진하다
have a **dash** at ~
시험 삼아 ~를 해 보다

syn. hurry, throw, destroy, ruin

date [deit]

n. 1 the day of the month 날짜: What's the *date* today? 오늘은 며칠입니까?

2 an appointment to meet at a particular time (날짜를 정해서 하는) 약속: Didn't we have a *date* for dinner yesterday? 우리 어제 저녁 약속이 되어 있지 않았니?

3 the historical period (역사적인) 시대, 기간: The *date* of the Renaissance is sometimes considered to be from the 14th to the 17th century. 르네상스 시대는 종종 14세기에서 17세기까지로 간주된다.

· 파생어 ·

dated 날짜가 있는; 구식의
dateless 날짜가 없는, 기한이 없는
dateline 날짜 변경선
dating 날짜 기입; 이성과의 만남
datum 자료, 정보 (*pl.* data)

· 관련표현 ·

a blind *date* (제3자의 소개에 의한) 안면이 없는 남녀의 데이트
have[make] a *date* with ~
~와 약속을 하다, ~와 데이트를 하다
at an early *date* 머지않아, 요사이

4 a person you have a romantic meeting with 데이트 상대: Will you bring your *date* to the party? 파티에 데이트 상대를 데리고 올 거니?

|실전문제|
다음에 주어진 뜻풀이 가운데서 밑줄 친 <u>date</u>의 의미로 가장 적절한 것은?
Can I get an extension on the due <u>date</u> for those figures you want?

(1) the historical period
(2) the day of the month
(3) a person you have a romantic meeting with
(4) an appointment to meet at a particular time

해설 | due date는 보통 금액을 지불할 때 '만기일[만기 날짜]'를 말한다. (2) 「원하시는 금액에 대한 만기일을 연장할 수 있겠습니까?」

day [dei]

n. **1 the time between sunrise and sunset** 낮, 주간: He works during the *day* and goes to school at night. 그는 낮에 일을 하고 밤에는 야간 학교에 다닌다.
2 a period of 24 hours 24시간의 기간: There are seven *days* in a week. 한 주는 7일로 되어 있다.
3 a successful period in one's lifetime 전성기: In my *day*, I was a well-known teacher. 전성기 때에 나는 유명한 교사였다.
4 a day of contest or the contest itself 결전(의 날): The *day* is ours. 승리는 우리의 것이다.

|실전문제|
다음에 주어진 뜻풀이 가운데서 밑줄 친 <u>day</u>의 의미로 가장 적절한 것은?
She never goes out during the <u>day</u>.

(1) a successful period in one's lifetime
(2) a period of 24 hours
(3) a day of contest or the contest itself
(4) the time between sunrise and sunset

해설 | 문맥상 during the day의 뜻은 '낮 시간 동안에'를 의미하므로 이에 해당하는 것을 고른다. (4) 「그녀는 낮 시간 동안에는 절대 외출하지 않는다.」

---

out of *date* 구식의(=old-fashioned)
up to *date* 오늘까지, 최신식의(=up-to-the-minutes)
set[fix] a *date* 날짜를 정하다
closing *date* 마감 날짜
due *date* 지불 만기일
expiration *date* 유효 기간, 만기일
target *date* (계획, 사업의) 목표일
to *date* 지금까지
dating service 데이트 알선 소개(소) (=*dating* agency)

syn. era, period, age, epoch, appointment

· 파생어 ·
daybreak 새벽녘
daydream 백일몽, 공상
daylight 일광; 주간(=daytime)
daytime 주간

· 관련표현 ·
day-care center 탁아소, 보육원
day labor 날품, 날품팔이
in my school *days* 나의 학창 시절에는
Every dog has his own *day*. 쥐구멍에도 볕 들 날이 있다.
by the *day* 일당으로
call it a *day* 하루의 일을 마치다
day after *day* 매일
day and night 주야로
days of wine and roses 영화로운 시절
have[take] a *day* off 하루를 쉬다
one *day* or other 언젠가는
the *day* after tomorrow 내일모레
up to this *day* 오늘날까지
at daybreak 새벽녘에
daylight saving time 일광 절약 시간 (=summer time ((영국)))
in broad daylight 대낮, 대낮에
in the daytime 주간에

syn. daylight, age, date
ant. night

dead [ded]

a. **1 no longer alive** 죽은: The doctor pronounced her *dead* upon arrival at the hospital. 병원에 도착하자마자 의사는 그녀가 죽었다고 말했다.

2 having no power to work properly; out of operation 배터리나 수명이 다 된: The battery seems to be *dead* and the car wouldn't start. 배터리 수명이 다 된 것 같아서 차가 시동이 걸리지 않는다.

3 no longer in use; extinct (언어 등이) 폐기된, 사어의: A language that is no longer spoken is called a *dead* language. 더 이상 대화에서 사용되지 않는 언어는 '사어'라고 불린다.

4 unable to feel; numb 마비된, 감각이 없는: It's so cold that my fingers have gone *dead*. 날씨가 너무 추워서 손가락에 감각이 없어.

5 complete or absolute 완전한, 절대적인: There was a *dead* silence after the announcement. 그 발표가 있은 후 깊은 침묵이 흘렀다.

6 not clear or bright in color or voice (색깔이나 목소리가) 맑지 않거나 산뜻하지 않은: He answered in his cold and *dead* voice. 그는 냉정하면서도 맑지 않은 목소리로 대답을 했다.

|실전문제|

다음에 주어진 뜻풀이 가운데서 밑줄 친 <u>dead</u>의 의미로 가장 적절한 것은?
I think the batteries in your camera have gone <u>dead</u>.

(1) no longer in use; extinct
(2) not clear or bright in color or voice
(3) no longer alive
(4) having no power to work properly; out of operation

해설 | 앞에 주어로 batteries가 나오므로 '수명이 다 된'의 뜻임을 짐작할 수 있다.
(4) 「당신 카메라의 배터리 수명이 다 된 것 같은데요.」

·파생어·

dead-end 막다른; 빈민가의
dead-on-arrival 병원에 도착했을 때 사망한 사람
deaden 무감각하게 하다, (조직 등을) 죽이다
deadline 마감 시한[기한]
deadlock 교착 상태
deadly 죽음의, 치명적인; 대단히
death 죽음
die 죽다, 사망하다

·관련표현·

a *dead* certainty 절대 확실함
dead and gone 말끔히 잊어버린
in *dead* earnest 진정으로
over my *dead* body 내 눈에 흙이 들어가기 전에는
dead letter 배달 불능 우편물
dead beat 몹시 지친, 참패한
dead on arrival 즉사의(DOA)
dead in the water 실패하여, 수포로 돌아가
a *dead*-end street 막다른 골목
a *dead*-end kid 빈민가의 비행 소년
meet[miss] the *deadline* 마감 시한을 맞추다[놓치다]

syn. deceased, extinct, inanimate, exhausted
ant. alive, living

deadly [dédli]

a. **1 likely to cause death** 치명적인: Cancer is a *deadly* disease. 암은 치명적인 질병이다.

2 aiming to kill 죽이고자 하는, 불구대천의: He has become my *deadly* enemy. 그는 나의 불구대천의 적이 되었다.

3 like death in appearance (얼굴이) 죽은 것 같은: Her *deadly* appearance was due to long illness. 그녀의 죽은 듯한 얼굴은 오랫동안 앓아온 병 때문이었다.

4 very dull or uninteresting 지루한, 지겨운: The lecture was so *deadly* that some of the students left the auditorium. 그 강의는 너무 지겨워서 몇몇 학생들이 강당을 떠났다.

·관련표현·

a *deadly* weapon 치명적인 무기
a *deadly* silence 죽음과 같은 고요
a *deadly* combat 격전
a *deadly* party 지루한 파티
a *deadly* pallor 죽은 사람 같은 창백함
a *deadly* evidence 명백한 증거

syn. fatal, lethal, destructive, death-like, boring, tedious
ant. life-giving, placable, healthy, exciting

|실전문제|

다음에 주어진 뜻풀이 가운데서 밑줄 친 deadly의 의미로 가장 적절한 것은?

The authorities are investigating last week's deadly gas explosions.

(1) likely to cause death
(2) aiming to kill
(3) like death in appearance
(4) very dull or uninteresting

해설 | 무기, 질병, 사고 등 앞에 deadly가 오면 일반적으로 '치명적인'으로 해석을 한다. (1) 「당국은 지난주에 일어난 치명적인 가스 폭발 사고를 수사하고 있다.」

deal [diːl]

vt. **1 to give out playing cards among players** (카드 게임에서) 패를 나누어 주다, 분배하다: The person on the right is *dealing* the cards now. 우측에 있는 사람이 카드의 패를 나누어 주고 있다.

2 to give out as a share 나누어 주다: They *dealt* out emergency provisions to the starving people in Africa. 그들은 아프리카의 굶어 죽어 가는 사람들에게 비상식량을 나누어 주었다.

3 deal a blow: to cause harm to someone 타격[일격]을 가하다: The challenger *dealt* the champion *a* swift *blow*. 도전자는 챔피언에게 잽싼 일격을 가했다.

vi. **1 to cope with** 처리하다, 다루다, 대처하다: The book *deals* with the life of Abraham Lincoln. 그 책은 아브라함 링컨의 생애를 다루고 있다. / The CEO *dealt* with the sabotage effectively. 최고 경영자는 사보타주에 효과적으로 대처했다.

2 to do business; trade 장사하다, 취급하다: The outlet store *deals* in women's clothing. 그 판매 대리점은 여성복을 취급하고 있다. / This gallery *deals* in 18th century paintings. 이 화랑에서는 18세기 그림을 팔고 있다.

·파생어·
dealer 상인, 판매인
dealing 취급, 장사, 교제

·관련표현·
That's a *deal*. 좋아, 알았어, 결정짓자.
Let me *deal* with him.
내가 그와 상대하지.
have *dealing* with ~
~와 교제[거래]하다

syn. bargain, deal with, trade, distribute, handle
ant. collect

|실전문제|

다음에 주어진 뜻풀이 가운데서 밑줄 친 deal의 의미로 가장 적절한 것은?

This ambulance is equipped to deal with any emergency.

(1) to do business; trade
(2) to cause harm to someone
(3) to give out playing cards among players
(4) to cope with

해설 | deal 다음에 전치사 with와 합쳐져서 '처리하다, 대처하다'(=treat, handle)의 의미로 사용된다. (4) 「이 앰뷸런스는 어떠한 긴급 상황에도 대처할 수 있는 장비를 갖추고 있다.」

decade [dékeid]

***n.* a period of ten years** 십 년의 기간: Our company has been developed remarkably in the last *decade*. 우리 회사는 지난 10년 동안에 굉장히 발전했다.

|실전문제|

밑줄 친 decades와 뜻이 가장 가까운 것을 고르시오.

Rural areas have become very different places than they were two decades ago.

(1) twenty years
(2) forty years
(3) twenty-four years
(4) two generations

해설 | decade는 10년을 뜻하며 deca-라는 접두사는 숫자의 10을 뜻한다. couple은 둘, dozen은 12, 그리고 score는 20을 뜻한다. (1) 「농촌 지역은 20년 전과는 크게 다른 장소가 되었다.」

·파생어·

decadal 십 년간의, 열의
decadic 십진법의
decagon 10각형

·관련표현·

for several *decades* 수십 년 동안
a *decade*-long effort 십 년간에 걸친 노력
in[for, over] the past *decade* 지난 십 년 동안
in[for, over] the next *decade* 향후 십 년 동안

decent [díːsənt]

***a.* 1 socially or morally acceptable** (사회 기준에) 맞는: I'm not quite sure the movie is *decent* enough for the children under the age of 12. 그 영화가 12세 미만의 어린아이들에게 도덕적으로 적당한지 도대체 모르겠어.

2 adequate; reasonably satisfying (수준, 질이) 적당하고 충분한, 그리 나쁘지 않은: The workers went on strike for *decent* wage and working conditions. 노동자들은 적당한 임금과 작업환경을 요구하면서 파업에 들어갔다.

3 kind or generous 친절하거나 관대한: It's *decent* of you to grant my request. 제 부탁을 들어주셔서 감사합니다.

4 fairly attractive 호감이 가는, 매력적인: She is rather fat, but she has a *decent* face. 그녀는 약간 뚱뚱하지만 얼굴은 호감이 간다.

|실전문제|

다음에 주어진 뜻풀이 가운데서 밑줄 친 decent의 의미로 가장 적절한 것은?

The lack of means of decent public transportation can be a serious disadvantage.

(1) kind or generous
(2) fairly attractive
(3) socially or morally acceptable
(4) adequate; reasonably satisfying

해설 | 대중교통(=public transportation) 앞에 decent가 사용되고 있으므로 문맥에 따라 생각해 보면 '버젓한, 적당한'의 뜻이 된다. (4) 「적당한 대중교통 수단의 부족은 상당히 불리한 조건이 될 수 있다.」

·파생어·

decency 품위, 체면, 예의 바름, 친절(=decentness)
decently 버젓하게, 예의 바르게, 적당하게

·관련표현·

a *decent* house 꽤 괜찮은[훌륭한] 집
in *decent* manner 태도가 단정한
a *decent* wage of living 적당한 생활수준
a *decent* behavior 품위 있는[점잖은] 행동
for *decency's* sake 체면상

syn. modest, suitable, sufficient, courteous, satisfactory
ant. lacking, rude, improper

decline [dikláin]

vi. **1 to slope downward** (아래로) 기울다: The road *declines* sharply at this point. 이 지점에서 길이 가파르게 내리받이가 된다.

2 to fail in strength or vigor; deteriorate 쇠퇴하다, 힘이 쇠하다: She has *declined* in health. 그녀는 건강이 악화되었다. / His health has been *declining* in recent months. 그의 건강은 최근 몇 달 동안에 악화되고 있다.

3 to decrease in importance or quantity (중요성, 양 등이) 감소하다: Hourly production by workers *declined* 1.3% in the first quarter. 직공들의 시간당 생산량이 1/4분기에 1.3% 감소했다.

vt. **to refuse a request or offer politely** (정중히 제의나 요청을) 거절하다: The politician *declined* an offer to come to the charity dinner. 그 정치가는 자선 만찬회의 초대 제의를 거절했다.

|실전문제|

다음에 주어진 뜻풀이 가운데서 밑줄 친 <u>decline</u>의 의미로 가장 적절한 것은?

Exports are expected to <u>decline</u> over the next twelve months.

(1) to refuse a request or offer politely
(2) to slope downward
(3) to decrease in importance or quantity
(4) to fail in strength or vigor

해설 | 주어인 exports(수출)를 보면 이 동사의 뜻을 짐작할 수 있다. ('감소하다'의 의미) 주어를 물으면 동사를, 동사를 물으면 주어나 목적어, 아니면 자동사인 경우는 뒤에 오는 전치사 등을 보면 짐작할 수 있다. (3) 「앞으로 12개월 동안 수출이 감소할 것 같다.」

· 파생어 ·
decliner 사퇴자
declining 쇠약해지는, 기우는

· 관련표현 ·
decline an offer
제의를 정중히 거절하다
go[fall] into a *decline* 쇠약해지다
in the *decline* of one's life 만년에, 늘그막에
on the *decline* 내리막길로, 쇠약하여
declining fortune 약해진 운

syn. deteriorate, refuse, decrease, dwindle
ant. increase, accept

---

deep [di:p]

a. **1 going a long way down from the top or surface** 깊이가 있는: Tommy had dug a *deep* hole in the center of the backyard. 토미는 뒷마당 한가운데 깊은 구멍을 팠다. / Don't go into *deep* water unless you can swim. 수영할 줄 모르면 깊은 물에 들어가지 마라.

2 describing colors that are strong and fairly dark (색깔이) 짙은: The sky was peach-colored in the east, *deep* blue and starry in the west. 동쪽의 하늘은 복숭아 색깔이었고, 서쪽 하늘은 짙은 청색에 별이 빛나고 있었다.

3 far distant in time or space (시간적으로, 공간적으로) 멀리 떨어진: She went into *deep* into the forest. 그녀는 숲 속 깊숙이 들어갔다.

· 관련표현 ·
deep from the bottom
깊은 밑바닥에서
a *deep* wound 깊은 상처
draw a *deep* breath 심호흡을 하다
a *deep* secret 극비
deep dive 급강하
deep sleep 깊은 잠

syn. absorbed, sagacious, strong, intense
ant. shallow, light, dull, high, superficial

187

4 fully involved in an activity or a state 몰두하는, 골몰하는: The philosopher sat there *deep* in thought. 그 철학가는 거기에 앉아 생각에 몰두했다.

5 low in pitch, not high (목소리가) 굵고 낮은: Don't you love his *deep* voice? 그의 굵은 목소리를 좋아하지 않니?

|실전문제|

다음에 주어진 뜻풀이 가운데서 밑줄 친 <u>deep</u>의 의미로 가장 적절한 것은?

Before long, we were <u>deep</u> in conversation.

(1) describing colors that are strong and fairly dark
(2) low in pitch, not high
(3) fully involved in an activity or a state
(4) going a long way down from the top or surface

해설 | 생각이나 대화가 진지한 경우이다. (3) 「머지않아, 우리는 깊은 대화에 빠졌다.」

degree [digríː]

n. **1 the extent to which something happens** 정도, 단계: Recent presidents have used television, as well as radio, with varying *degrees* of success. 최근의 대통령들은 라디오뿐만 아니라 TV를 이용해서 다양한 정도의 성공을 거두었다.

2 a unit for measuring angles or temperature 온도, 각도, 경도, (위도 등의) 도: The thermometer stands at 32 *degrees* Fahrenheit at which water freezes. 온도계는 화씨 32도를 가리키고 있으며 물이 어는 온도이다. / A right angle has 90 *degrees*. 직각은 90도이다.

3 the qualification that you get when you pass a course at a university or college (대학의) 학위: All candidates should have the master's *degree* in economic. 모든 후보자들은 경제학 석사 학위를 소지해야 한다.

4 the degree or level of crime (범죄의) 경중이나 등급: It's a murder in the first *degree*. 그것은 1급 살인이다.

· 파생어 ·

degreeless 학위가 없는, 칭호가 없는

· 관련표현 ·

a high *degree* of technique 고도(수준)의 기술

by *degrees* 점차(로)

in due *degree* 적당히

in some *degree* 다소간, 얼마간은

to a certain *degree* 어느 정도는, 다소는

to such a *degree* that ~ ~라는 정도까지

***degree* day** 학위 수여일

award a *degree* 학위를 수여하다

earn[receive] a *degree* 학위를 받다

syn. grade, stage, ratio, extent, magnitude

|실전문제|

1. 다음에 주어진 뜻풀이 가운데서 밑줄 친 <u>degree</u>의 의미로 가장 적절한 것은?

The suspect was later charged with first-<u>degree</u> murder.

(1) the qualification that you get when you pass a course at a university or college
(2) the degree or level of crime
(3) a unit for measuring angles or temperature
(4) the extent to which something happens

해설 | 문맥을 볼 때 범죄 이야기임을 알 수 있으며, 이것이 범죄의 등급을 말함을 알 수 있다. (2) 「그 용의자는 후에 1급 살인범으로 기소되었다.」

2. 밑줄 친 degree와 뜻이 가장 가까운 것을 고르시오.

The <u>degree</u> of skill varies considerably from person to person.

(1) unit of temperature
(2) extent
(3) unit of angles
(4) title given to a university student

해설 | degree에는 여러 가지 뜻이 있는데 온도의 단위로 '몇 도'의 뜻과 '척도, 각도' 그리고 대학교를 졸업할 때 주는 '학위' 등의 뜻이 있으며, 이 문장의 기술이 수식하는 명사인 degree의 뜻은 문맥상 '정도'가 가장 적합하다. (2) 「기술의 정도는 사람마다 상당히 다양하다.」

delegate [déligət]

n. a person who is chosen to vote or make decisions on behalf of a group of people, usually at a conference or a meeting 보통 회의에서 다른 사람들을 대표해서 투표하거나 결정을 내리는 사람, 대표(단): He gave a deep appreciation to the *delegates*. 그는 대표들에게 깊은 감사의 뜻을 표했다.

|실전문제|

다음 밑줄 친 delegates의 정의를 보기에서 고르시오.

I had a rare opportunity recently to interview Korean university students in English to select <u>delegates</u> for this year's Korea-America Student Conference.

(1) elected representatives sent to a conference or convention
(2) traders, especially ones doing business with foreign countries
(3) chief officers at a college, society, corporation, and etc.
(4) university teachers of the highest grade, holding a chair of some branch of learning

해설 | (1)의 설명은 '회의나 총회로 보내지는 선발된 대표', (2)는 '특히 타국과 거래하는 무역업자', (3)은 '대학, 협회, 기업 등의 임원' 그리고 (4)는 '높은 학위나 어떤 분야에 자리 잡고 있는 교사들'이라는 뜻이다. 지금은 문맥상, 회의에 참석할 사람들이므로 (1)이 정답이다. (1) 「최근 나는 한국의 대학생들과 영어로 인터뷰하여, 올해의 한미 대학생 대표를 선발할 귀중한 기회를 가졌다.」

· 파생어 ·
delegation 대표단
delegatee 피위임자
delegator 위임하는 사람

· 관련표현 ·
delegates from the U.S.
미국 대표단

a papal *delegate* 교황 사절단
foreign *delegates* 외국사절
delegate power[authority] to ~
~에게 권한을 위임하다

syn. ambassador, emissary, representative, commission

deliberation [dilíbəréiʃən]

n. the long and careful consideration of a subject (문제에 대한 길고 주의 깊은) 고려, 숙고: After much *deliberation*, he decided to accept their offer. 숙고 끝에 그는 그들의 제안을 받아들이기로 결정했다.

· 파생어 ·
deliberately 신중히; 일부러
deliberative 신중한, 토의의
deliberator 심의자, 숙고자

| 실전문제 |

밑줄 친 단어의 뜻과 가장 가까운 보기를 고르시오.

The man explained that he had contacted the police after much <u>deliberation</u>.

(1) consideration
(2) consciousness
(3) hesitation
(4) pretension

해설 | 많은 ~후에 경찰에 전화를 걸었다고 했으므로 정답은 (1) '고려' 가 된다. (2)는 '의식, 자각', (3)은 '망설임, 주저', 그리고 (4)는 '겉치레, 가장' 의 뜻을 나타낸다. (1) 「그 남자는 곰곰이 생각하고 나서 경찰을 불렀다고 설명했다.」

· 관련표현 ·

under *deliberation* 숙고 중
with *deliberation* 신중히
deliberative body 심의회

syn. consideration, reflection, thought, discussion, intention, premeditation
ant. offhandedness, chance

delicacy [délikəsi]

n. **1 fineness of texture or quality** 섬세함, 정교함: We admired the *delicacy* of the imported cloth. 우리는 수입 옷감의 섬세함에 감탄했다.

2 something good to eat that is rare and expensive 진미, 맛있는 음식: Caviar is a greatly expensive *delicacy*. 철갑상어 알젓은 상당히 비싼 진미이다.

3 a situation or problem that is difficult to handle and needs special treatment (문제나 사태, 상황의) 미묘함, 다루기 힘듦: Religion is a subject that must be approached with great *delicacy*. 종교는 미묘하게 접근해야만 하는 문제이다.

4 bodily weakness or frailty 신체의 허약, 가냘픔: The *delicacy* of his health has alarmed us all. 그의 허약해진 건강 상태는 우리 모두를 놀라게 했다.

· 관련표현 ·

matters of *delicacy*
신중을 요하는 문제들

a situation of great *delicacy*
매우 미묘한 정세

delicacy of health 병약함

with great *delicacy* 상당히 정밀하게

all *delicacies* of the season
계절의 온갖 진미

syn. finesse, exquisiteness, precision, accuracy, frailness, discrimination
ant. coarseness, rudeness, strength, vitality

| 실전문제 |

다음에 주어진 뜻풀이 가운데서 밑줄 친 <u>delicacies</u>의 의미로 가장 적절한 것은?

We were served course after course of mouth-watering local <u>delicacies</u>.

(1) a situation or problem that is difficult to handle and needs special treatment
(2) something good to eat that is rare and expensive
(3) bodily weakness or frailty
(4) fineness of texture or quality

해설 | mouth-watering은 '군침이 도는' 의 뜻이고, course after course는 '여러 코스' 의 뜻이며 이때의 delicacies는 '진미' 를 말하는 것임을 알 수 있다. (2) 「우리는 군침이 도는 토속 음식을 여러 코스로 제공받았다.」

delicate [délikət]

a. **1 easily broken or damaged** 깨지기 쉬운: You should be careful with those boxes, because they contain very *delicate* glasses. 깨지기 쉬운 유리잔이 포함되어 있기 때문에 조심해서 그 상자들을 다루어야 한다.

2 easily becoming ill or sick 가냘픈, 허약한: We were concerned over his *delicate* condition of the body. 우리는 그의 허약한 몸 상태에 대해 걱정했다.

3 being in a situation or problem that needs to be dealt with care (사태, 문제 등이) 민감한, 신중을 요하는: This popular book tackles the *delicate* issue of adoption with care and simplicity. 인기 있는 이 책은 주의 깊고 단순하게 민감한 낙태 문제에 도전하고 있다.

4 beautifully shaped; elegant 섬세한, 우아한: She wore a long gown of *delicate* silk. 그녀는 우아한 긴 실크 옷을 입고 있었다.

5 (of taste, smell, fragrance) pleasing but not strong (맛, 냄새, 향이) 은은한: This coffee smells *delicate*. 이 커피는 은은한 향이 난다.

| 실전문제 |

다음에 주어진 뜻풀이 가운데서 밑줄 친 delicate의 의미로 가장 적절한 것은?

She chose a <u>delicate</u> floral pattern for her bedroom wallpaper.

(1) being in a situation or problem that needs to be dealt with care
(2) easily broken or damaged
(3) beautifully shaped; elegant
(4) (of taste, smell, fragrance) pleasing but not strong

해설 | 꽃무늬(floral pattern)에 대한 이야기이므로 '우아하고 섬세한'의 뜻임을 쉽게 알 수 있다. (3) 「그녀는 우아한 꽃무늬를 침실 벽지로 골랐다.」

·파생어·
delicacy 섬세, 민감, 미묘함; 진미
delicately 민감하게, 섬세하게, 우아하게
delicateness 섬세함, 민감함, 우아함, 은은함

·관련표현·
a *delicate* situation 미묘한 사태
a *delicate* difference 미묘한 차이
a *delicate* instrument 정밀한 기계
a *delicate* china 깨지기 쉬운 도자기
a *delicate* subject 민감한 주제

syn. fragile, feeble, discreet
ant. unrefined, coarse, insensitive

deliver [dilívər]

vi., vt. **to bring or transport to the proper place or address** (편지나 상품을) 배달하다, 전달하다: We were told the furniture will be *delivered* in an hour. 우리는 가구가 1시간 이내에 배달될 것이라는 말을 들었다.

vt. **1 to make a speech to an audience** 연설하다: The president will *deliver* a state of the union address tomorrow. 대통령은 내일 연두 교서[국정 연설]를 발표할 것이다.

2 to help a woman give birth to her baby 분만시키다: The doctor *delivered* the woman of twin babies. 의사는 그 여성을 도와 쌍둥이를 분만시켰다.

·파생어·
deliverable 교부할 수 있는; 구조[구출]할 수 있는
deliverance 구출, 해방
deliverer 구조자; 배달인, 인도자
delivery 인도, 배달; 해방; 분만

·관련표현·
deliver a speech 연설하다
(=make[give] a speech)
deliver a blow
일격을 가하다 (=strike a blow)

3 to surrender to another; hand over 인도하다, 양도하다: He *delivered* over the house to the buyer. 그는 매입자에게 가옥을 양도했다.

4 to rescue or save from 구해 내다, 해방시키다: They were *delivered* from slavery. 그들은 노예 신분에서 해방되었다. / I prayed to God to *deliver* myself from danger. 나는 위험에서 구해 달라고 하나님께 기도를 드렸다.

on *delivery* 배달 시에, 배달하자마자
make a *delivery* of ~
~을 배달하다(=deliver)

syn. convey, distribute, bear, liberate, save
ant. retain, abort, collect

|실전문제|

다음에 주어진 뜻풀이 가운데서 밑줄 친 <u>deliver</u>의 의미로 가장 적절한 것은?

The courier service was not able to <u>deliver</u> the document to the address listed.

(1) to rescue or save from
(2) to help a woman give birth to a baby
(3) to bring or transport to the proper place or address
(4) to surrender to another; hand over

해설 | 목적어로 나오는 서류(document)와 말을 연결해 보면 '서류를 배달하다'라는 뜻이 된다. (3) 「그 택배 회사는 기록된 주소로 서류를 배달할 수 없었다.」

☐ **demanding** [diméndiŋ]

a. **1 needing a lot of attention and effort** 많은 주의와 노력을 요구하는, 부담이 큰: Taking care of a new baby can be a *demanding* job. 신생아를 돌보는 것은 많은 것을 요구하는 일이다. / He rejected the job offer, because the work he'll do was very *demanding*. 그는 자신이 하게 될 일이 너무 벅찰 것이라는 이유 때문에 그 직업 제의를 사양했다.

2 not easily satisfied 쉽게 만족하지 않고 까다로운: She is very *demanding* in her dress. 그녀는 옷에 있어서 까다롭다.

· 파생어 ·
demand 요구하다, 필요로 하다, 묻다
demandable 요구할 수 있는
demandant 요구자; (법정의) 원고

· 관련표현 ·
be in *demand* 수요가 있다
on *demand* 요구가 있는 대로
make *demands* 요구를 하다

syn. requiring, insisting, commanding, difficult
ant. unrequiring, easy

|실전문제|

빈칸에 들어갈 가장 적당한 단어를 고르시오.

The work I was assigned to was so _____ that it took many burns of concentration.

(1) commanding   (2) demanding
(3) requiring   (4) responding

해설 | '내가 할당받은 일이 너무 _____ 해서 장시간의 집중이 필요했다'에서 답은 (2)로서 '까다로운'의 뜻이다. 다른 단어는 문맥상 맞지 않는데, (1)은 '명령하는, 당당한', (3)은 '요구하는, 필요로 하는', 그리고 (4)는 '반응을 보이는'이라는 뜻이다. (2) 「내가 할당받은 일이 너무나 까다로워서 장시간 동안 집중하지 않으면 안 되었다.」

demolish [dimáliʃ]

vt. **1 to destroy a building or a large structure completely** (건물을) 부수다, 폭파하다: Hurricane landed on the land, *demolished* buildings, and flooded streets. 허리케인이 육지에 상륙해서 건물을 파괴하고, 거리에 홍수가 나게 했다.

2 to prove that an idea or an argument is wrong (생각이나 주장이) 틀린 것을 증명하다: Our intention was to *demolish* malicious rumors that have surrounded her. 우리의 의도는 그녀를 둘러싼 악성 유언비어가 사실이 아님을 입증하는 것이었다.

3 to eat up quickly (음식을) 다 먹어치우다: I was very surprised that he *demolished* a large pizza and two hamburgers. 나는 그가 큰 피자 하나와 두 개의 햄버거를 먹어 치우는 것을 보고 매우 놀랐다.

4 to put an end to 끝내다: The evidence *demolished* the attorney's case. 증거로 인해 그 변호사의 사건은 종료되었다.

| 실전문제 |

밑줄 친 demolished의 뜻과 가장 가까운 것을 고르시오.

That building was demolished about three years ago.

(1) improved (2) constructed
(3) repaired (4) destroyed

해설 | demolish는 '파괴하다'의 뜻으로 destroy가 대표적인 동의어이다. (1)은 '개선된', (2)는 '건축된, 건설된', 그리고 (3)은 '수선된, 고쳐진'의 뜻이다. (4) 「그 건물은 약 3년 전에 파괴되었다.」

· 파생어 ·
demolition 파괴, 해체; (*pl.*) 폭약
demolisher 파괴자

· 관련표현 ·
***demolition* bomb** 파괴용 폭탄
***demolition* derby** 자동차 파괴 경기 (고물 자동차를 박치기하여, 마지막으로 남는 주행 가능한 차가 우승하는 경기)

syn. destroy, wreck, tear down
ant. build, create, restore

demonstrate [démənstrèit]

vt. **1 to prove or make clear by providing examples** 증명하다, 논증하다: How can you *demonstrate* that the earth is round? 지구가 둥글다는 것을 어떻게 증명할 수 있습니까?

2 to show people how something works or how to do it 조작해 보이다, 시연하다: The instructor *demonstrated* the proper way to sew a zipper. 그 강사는 지퍼를 꿰매는 적절한 방법을 시연했다.

3 to show by actions that you have a particular skill, qualily or feeling (감정, 의사, 기술 등을) 드러내다, 나타내다: We *demonstrated* our approval by loud applause. 우리는 큰 박수로 찬성을 표시했다.

vi. **to take part in a public demonstration** 데모를 하다, 시위운동을 하다: The miners and teamsters *demonstrated* for better working conditions. 광부들과 트럭 운전사들은 더 나은 작업 조건을 위해 데모를 했다.

· 파생어 ·
demonstration 증명, 논증, 시연; 데모
demonstrative 명시하는, 확정적인; 지시하는
demonstrator 논증자, 상품의 시연 설명자; 시위자, 시위 운동가

· 관련표현 ·
***demonstrate* great courage** 대단한 용기를 나타내 보이다
***demonstrate* a direct link** 직접적인 연관성을 표시하다
break up the *demonstration* 데모를 해산하다
***demonstrate* against ~** ~에 반대하는 시위를 벌이다
hold[stage] a *demonstration* against ~ ~에 반대하는 시위를 하다

|실전문제|

다음에 주어진 뜻풀이 가운데서 밑줄 친 demonstrated의 의미로 가장 적절한 것은?

The lawyer demonstrated that the witness was lying.

(1) to march or gather somewhere to show their opposition to something
(2) to show people how something works or how to use it
(3) to prove or make clear by providing examples
(4) to show by actions that you have a particular skill, quality, or feeling

해설 | that 이하의 목적절의 내용인 '그 증인이 거짓말을 하고 있었다'로 미루어 보아 (3)의 '입증하다, 증명하다'가 정답이 된다. (3) 「그 변호사는 증인이 거짓말을 하고 있다는 것을 증명했다.」

syn. show, teach, display, prove, march

depend [dipénd]

vi. **1 to vary according to or be determined by** ~에 달려 있다, ~에 따라 좌우되다: The amount of rent you pay *depends* on where you live. 집세는 어디에 사느냐에 따라 좌우된다. / Everything *depends* on whether you pass the interview. 모든 것은 너의 인터뷰 통과 여부에 달려 있다.

2 to have faith or trust 믿다, 신뢰하다: I'm *depending* on you to pass the college entrance examination. 나는 네가 대학 입학시험에 합격할 것이라고 믿고 있어.

3 to need or require for financial or other support 의지하다, 의존하다: The family *depends* heavily on him for most of its income. 그 가족은 대부분의 수입을 주로 그에게 의존하고 있다.

4 to hang down 매달려 있다: A chandelier is *depending* from the ceiling. 샹들리에가 천장에 매달려 있다.

·파생어·

dependable 신뢰할 수 있는, 믿을 수 있는

dependence 의지함, 신뢰

dependent 의존하는, 매달린: *n.* 부양가족(=dependant)

·관련표현·

That *depends*.
그것은 사정에 따라 달라.

be *depending* upon the weather 날씨에 따라 좌우되다

drug *dependence* 마약 의존

dependency-prone
(약물) 의존 경향이 있는

dependent clause (문법) 종속절

syn. rely on, trust, hang

|실전문제|

다음에 주어진 뜻풀이 가운데서 밑줄 친 depends의 의미로 가장 적절한 것은?

Admissions to a university mainly depends on my examination results.

(1) to need or require for financial or other support
(2) to vary according to or be determined by
(3) to hang down
(4) to have faith or trust

해설 | 주어가 입학시험이고, 목적어가 시험 결과이므로 '~에 따라 달라지다, ~에 따라 좌우되다'의 뜻이다. (2) 「대학 입학 여부는 내 시험 결과에 달려 있다.」

dependent [dipéndənt]

a. **1 needing the help or support of others** 의존적인: Too many young people are economically *dependent* on their parents. 너무나 많은 젊은이들이 부모에게 경제적으로 의존한다.

2 decided by ~에 의한, ~에 의해 결정되는[달라지는]: Crops are *dependent* on weather. 농작물은 날씨에 의해 좌우된다.

3 hanging down 매달린: The chandelier *dependent* from the ceiling is luxurious. 천장에 매달린 샹들리에는 화려하다.

|실전문제|

빈칸에 들어갈 가장 알맞은 단어를 고르시오.

The value of your studying is _____ on the value of your materials.

(1) despairing　　　　(2) imaginary
(3) dependent　　　　(4) hesitating

해설 | 주어가 '연구 가치'이며 보어가 '자료의 가치'이고, 빈칸 뒤에 on이란 전치사가 있으므로 정답은 (3)이 된다. be dependent on[upon] ~은 '~에 따라 달라지다[좌우되다]'의 뜻으로 depend on[upon]과 같다. (1)은 '절망적인, 낙담하는', (2)는 '상상력의', 그리고 (4)는 '주저하는, 망설이는'의 뜻이다. (3) 「당신의 연구 가치는 당신의 자료 가치에 달려 있다.」

·파생어·

depend 의존하다(=rely); ~나름이다, ~에 달려 있다

dependable 믿을 수 있는

dependance 의존, 의지, 신뢰; 의거하는 것[사람]

dependency 의존물, 보호령, 의존도

·관련표현·

You may *depend* on it! 확실히

largely *dependent* on ~
~에 주로 의존하는, ~에 따라 주로 달라지는

alcohol *dependency* 알코올 의존도

dependable companion[friend]
믿을 만한 친구

syn. determined by, reliant, trustworthy
ant. independent, self-reliant, unreliable

deposit [dipázit]

n. **1 a sum of money which is part of the full price and must be paid when you agree to buy or rent something** 보증금, 계약금, 착수금: A 200 dollar *deposit* is required and the balance is due upon delivery. 200달러의 보증금을 내야 하며, 잔금은 배달 즉시 지불해야 한다.

2 a sum of money placed in a bank account 은행의 예금: I'd like to make a *deposit*, please. 예금할까 하는데요.

3 a layer of a substance that has been left somewhere as a result of chemical or geological process 퇴적물, 매장물, 침전물: The flood left a large *deposit* of mud in the street. 그 홍수는 거리에 많은 진흙 침전물을 남겼다.

4 in the U.K., an amount of money to be paid if you want to be a candidate in an parliamentary election 선거 공탁금: The Republican candidate lost his *deposit*. 그 공화당 후보는 (선거에 져서) 공탁금을 날려 버렸다.

·파생어·

depositary 수탁자, 보관자; 보관 창고

deposition 공탁물; 침전물; 면직, 파면

depositor 공탁자, 예금자

·관련표현·

oil *deposits* 석유 매장량

fixed *deposits* 정기 예금

make a *deposit* on ~
~의 계약금을 치르다

mineral *deposits* 미네랄 퇴적물

deposits of gold and diamonds 금과 다이아몬드 광산

deposit slip 예금 입금표

deposit receipt 예금 증서

deposit money in a bank
은행에 예금하다

syn. down payment, security, accumulation, sediment

|실전문제|

다음에 주어진 뜻풀이 가운데서 밑줄 친 deposits의 의미로 가장 적절한 것은?

There are rich deposits of gold in those rivers.

(1) a sum of money placed in a bank account
(2) in the U.K., an amount of money to be paid if you want to be a candidate in an parliamentary election
(3) a sum of money which is part of the full price and must be paid when you agree to buy or rent something
(4) an layer of a substance that has been left somewhere as a result of chemical or geological process

해설 | rivers(강)가 나오므로 '금의 침전물[퇴적물]'임을 알 수가 있다. (4) 「저 강에는 금의 퇴적물이 풍부하다.」

☐ depression [dipréʃən]

n. **1 a mental disorder in which one is sad and disappointed** 우울증, 조울병: She was suffering from *depression*. 그녀는 우울증에 시달리고 있었다.

2 a period when there is very little economic activity and high unemployment 불경기, 불황, 경제 공황: During the 1930s, we experienced a severe *depression*. 1930년대에 우리는 심각한 불황을 겪었다.

3 an area that is lower than the parts around it 하강; 침하 지역; 침몰: There was a *depression* in the carpet where the lamp has stood. 램프가 놓여있던 자리의 카펫이 눌려져 있었다.

4 a mass of air under low pressure 저기압: The storm started as a typical mid-Atlantic *depression* in an area to the west of Spain. 그 폭풍우는 대서양 중부의 전형적인 저기압으로 시작되어 스페인 서부 쪽으로 방향을 틀었다.

·파생어·

depress 우울하게 하다; 불경기로 만들다
depressant 의기소침케 하는; 불경기를 초래하는
depressed 우울한, 의기소침한; 불황의
depressing 울적해진, 침울한
depressive 억압적인, 우울하게 하는

·관련표현·

nervous depression
신경 쇠약(=nervous breakdown)
in a state of deep depression
의기소침하여
fall[sink] into a deep depression 몹시 우울해지다
feel depressed 마음이 울적해지다
depressing weather
찌무룩핸[우울한] 날씨
depressing news 침울한 뉴스

syn. despair, discouragement, deflation, recession
ant. boom, mound, exhilaration

|실전문제|

다음에 주어진 뜻풀이 가운데서 밑줄 친 depression의 의미로 가장 적절한 것은?

Tension headaches can be caused by stress and anxiety, tensing head and neck muscles, noise, depression.

(1) a mass of air under low pressure
(2) an area that is lower than the parts around it
(3) a period when there is very little economic activity and high unemployment
(4) a mental disorder in which one is sad and disappointed

해설 | 전치사 by의 목적어로 신체가 느끼는 여러 가지 증세가 나오므로 depression도 우리가 느끼는 '우울증'임을 짐작할 수 있다. (4) 「긴장성 두통은 스트레스나 근심, 머리와 목 근육의 긴장, 소음, 우울증이 원인이 되어 생길 수 있다.」

descent [disént]

n. **1 a path or road that slopes down** 내리막길, 경사: There is a gradual *descent* from the house to the lake. 그 집에서 호수까지는 완만한 내리막길이 있다.

2 the act of moving down to a lower place 하강, 내려오기: The spectators watched the *descent* of the balloon. 구경꾼은 기구가 하강하는 것을 지켜보았다.

3 one's family origins 혈통, 가계: All the contributors were of Jewish *descent*. 기부자들 모두가 유태인 출신이었다.

4 a sudden and unwelcome visit or attack (불시의) 검문, 검속; 급습: The town was destroyed by a *descent* of barbarians. 그 마을은 야만인들의 급습으로 파괴되었다.

|실전문제|

다음에 주어진 뜻풀이 가운데서 밑줄 친 <u>descent</u>의 의미로 가장 적절한 것은?

There was a crash of a Boeing 747 airplane on its <u>descent</u> into New York's Kennedy International Airport.

(1) a sudden and unwelcome visit or attack
(2) one's family origins
(3) the act of moving down to a lower place
(4) a path or road that slopes down

해설 | 비행기(airplane)와 공항(airport) 등이 있으므로, 비행기가 하강하는 것임을 알 수 있다. (3) 「보잉 747기 한 대가 뉴욕 케네디 국제공항으로 하강하다가 추락 사고가 일어났다.」

·파생어·

descendant 자손, 후손
descendent 낙하하는; 조상으로부터 내려오는
descend 내려오다, 내려가다; 경사지다; 갑자기 습격하다
descended 전래한, 유래한

·관련표현·

descend from a mountain
산에서 내려오다
descend a flight of stairs
계단을 내려가다
descend upon the enemy
적을 급습하다
descend from father to son
아버지로부터 아들에게 물려지다
Darkness has now *descended*. 지금 어둠이 내렸다.
a steep *descent* 가파른 내리막길

syn. fall, drop, slope, slant, ancestry, origin, raid, sudden visit
ant. ascent, rise, upward, climb

deserve [dizə́:rv]

vt. **to be worthy or deserving** ~할 가치가 있다, ~할 자격이 있다, ~함이 마땅하다: Since you've been working hard all week, you *deserve* a rest. 한 주 내내 열심히 일했으므로, 당신은 쉴 자격이 있어. / He *deserves* to be promoted to a manager. 그는 매니저로 승진할 자격이 있어. / The deceiver *deserves* to be punished. 그 사기꾼은 처벌받아 마땅하다.

|실전문제|

빈칸에 들어갈 알맞은 단어를 고르시오.

You _____ a reward for saving that child's life.

(1) deceive   (2) descend
(3) deserve   (4) decrease

·파생어·

deserved (상이나 벌이) 당연한
deserving 받을 가치가 있는, 당연히 받아야 하는
deservedly 당연히, 정당히

·관련표현·

deserve attention 주목할 만하다
deserve ill of ~
~로부터 벌 받을 만하다
deserve the award
그 상을 받을 만하다
deserve to be respected
존경받을 만하다
deserve to be denounced [blamed] 비난받을 만하다

해설 | '어린이의 생명을 구했기 때문에 당신은 상을 _____ 했다'라는 문맥에서 '~을 할 자격이 있다'의 뜻인 (3)의 deserve가 그 답이 될 수 있다. (1)은 '속이다', (2)는 '하강하다', 그리고 (4)는 '감소시키다'(=decline)의 뜻으로 increase(=raise)의 반대말이다. (3) 「당신은 그 어린아이의 생명을 구했기 때문에 상을 받을 자격이 있다.」

syn. rate, merit, earn as due, be entitled to

☐ design [dizáin]

vt. **1 to plan or make a drawing of a building, machine, or garment, etc.** 디자인하다, 설계하다: He *designed* a new generator that saved the company a few millions. 그는 새로운 발전기를 설계하여, 그 회사에 수백만 달러를 절약하게 해 주었다.

2 to develop or plan for a certain purpose 계획하다, 대안을 세우다: The new old folks' home has been specially *designed* to provide easy access for the disabled. 새로운 양로원은 장애인들이 이용하기 좋게 특별히 지어졌다. / The fund is *designed* to help worthy students in the name of scholarship. 그 기금은 장학금이라는 명목으로 자격 있는 학생들을 돕기 위해 조성된 것이다.

· 파생어 ·
designer 도안가, 설계자, 디자이너
designing 설계의, 계획적인
designless 무계획적인, 부주의한

· 관련표현 ·
design a dress 옷을 디자인하다
by *design* 고의적으로, 계획적으로(=intentionally)
design to study law 법률 공부에 뜻을 두다
have a *design* for becoming a millionaire in 10 years 십 년 내에 백만장자가 되려고 마음을 먹다

syn. plan, conceive, fashion, devise, intend

|실전문제|
밑줄 친 designed와 같은 의미를 나타내는 것을 고르시오.

Some aspects of animal communication are designed to convey information about the sender.

(1) found   (2) informed
(3) brought (4) planned

해설 | be designed to ~는 '~하기 위해 만들어졌다', 또는 '~할 계획이다'의 뜻으로 뒤에 동사원형이 따라온다. (1)은 '발견된', (2)는 '알려진' 그리고 (3)은 '가져와진'의 뜻이다. (4) 「동물의 의사소통의 몇 가지 양상들이 발신자에 관한 정보를 전달할 수 있도록 되어있다.」

☐ desperate [déspərit]

a. **1 making a final, ultimate effort** 필사적인, 절박한: He made a last *desperate* attempt to save the company. 그는 회사를 지키기 위해 마지막으로 무모한 시도를 했다.

2 wanting or needing something very much 간절히 원하는, ~하고 싶어 못견디는: They have been married for nearly 5 years and Robert was *desperate* to start a family. 그들은 결혼한 지 거의 5년이 되었으며, 로버트는 아기를 몹시 갖고 싶어했다.

3 extremely serious or bad 상황이 매우 어려운, 극심한: The residents are in *desperate* need of outside help due to the long-lasting famine. 주민들은 오랫동안의 기근으로 인해 외부 도움의 필요성이 절실하

· 파생어 ·
desperately 필사적으로; 절망적으로; 지독하게(=excessively)
desperation 절망, 자포자기

· 관련표현 ·
a *desperate* remedy 궁여지책
desperate situation 절망적인 사태(상황)
desperate for money 절실히[몹시] 돈이 필요한
desperate measures 무모한 대책

다. / North Korea has been in a *desperate* shortage of food for many years. 북한은 수년 동안 식량이 매우 부족한 상태였다.

4 reckless or dangerous because of despair or urgency (사람의 행위가) 막가는, 자포자기의: The man is *desperate* and should not be approached as he may have a gun. 그 남자는 자포자기 심정에 있고, 총을 가지고 있을 수도 있기 때문에 가까이 가서는 안 된다.

in *desperation* 필사적으로; 자포자기하여

syn. reckless, dangerous, grave, hopeless, despairing
ant. careful, safe, hopeful, happy, joyful

|실전문제|
다음에 주어진 뜻풀이 가운데서 밑줄 친 desperate의 의미로 가장 적절한 것은?

They said the situation in some African nations was becoming desperate, with supplies of food running low.

(1) reckless or dangerous because of despair or urgency
(2) wanting or needing something very much
(3) extremely serious or bad
(4) making a final, ultimate effort

해설 | 식량이 부족하다는 사실로 보아 매우 어려운 상황임을 알 수 있다. (3) 「그들은 몇몇 아프리카 국가가 식량 공급이 거의 없는 상태에 있어서 상황이 매우 어려워지고 있다고 말했다.」

□ despite [dispáit]

prep. without being influenced by ~에도 불구하고: *Despite* a thorough investigation, no trace of his dead body has been found. 철저한 조사에도 불구하고, 그의 시체에서 아무런 흔적도 발견되지 않았다. / Demand for these big cars has been so high in Korea *despite* their big price. 높은 가격에도 불구하고 한국에서 이 큰 차들의 수요가 많았다.

·파생어·
despiteful 악의 있는, 심술궂은

·관련표현·
despite **oneself**
자기 자신도 모르게(=in spite of oneself)
despite **reports that ~**
~라는 보도에도 불구하고
despite **old age** 노령에도 불구하고
despite **cold weather**
추운 날씨에도 불구하고

syn. **in spite of**

|실전문제|
다음 중에서 문법적으로 올바른 문장을 고르시오.

(1) Despite he studies hard, he doesn't get good marks.
(2) Despite of a bad weather, they went on a picnic.
(3) Despite the bad weather, they went on a picnic.
(4) Despite of he studied hard, he did not get good marks.

해설 | despite는 전치사로 in spite of ~의 전치사로 바꿀 수 있다. 그리고 전치사이기 때문에 뒤에 명사, 혹은 명사구가 따라와야 하므로 정답은 (3)이다. (1)은 despite 뒤에 절이 왔으므로 틀렸고, (2)는 despite 뒤에 of ~가 붙지 않으며, (4)의 경우는 역시 despite 뒤에 of ~가 붙지 않는다. (3) 「(1) 공부를 열심히 하는데도 그는 좋은 성적을 얻지 못한다. (2), (3) 나쁜 날씨에도 불구하고 그들은 소풍을 갔다. (4) 공부를 열심히 했는데도 그는 좋은 성적을 얻지 못했다.」

detached [ditǽtʃt]

a. **1 not personally involved in or having no emotional interest in** 초연한: A judge must be *detached* when judging evidence. 판사는 증거를 판단할 때 초연해야 한다. / The woman has a very *detached* attitude to her divorce. 그 여성은 자신의 이혼에 대해서 아주 초연한 태도를 가지고 있다.

2 separated from a large mass or group 떨어진, 분리된: The coupon is not valid if *detached*. 쿠폰은 절취되면 효력이 없다.

3 impartial or unbiased 공평한, 편견이 없는: He takes a *detached* view of things. 그는 사물을 공평하게 본다.

| 실전문제 |

다음 밑줄 친 표현과 뜻이 가장 가까운 것을 보기에서 고르시오.

He lay still in bed and seemed very <u>detached</u> from what was going on.

(1) interested in   (2) indifferent to
(3) absorbed in   (4) concerned with

해설 | detached from ~은 '~와 분리된, ~에 무관심한'의 뜻을 가지므로 (2)는 indifferent to ~(~에 무관심한)가 정답이다. (1)은 '~에 흥미가 있는', (3)은 '~에 열중한', 그리고 (4)는 '~와 관련된, ~에 관계하는'의 뜻이다. (2) 「그는 여전히 침대 위에 누운 채 주위에서 일어나고 있는 일에 대해 전혀 무관심한 듯했다.」

· 파생어 ·
detach 떼어 내다, 분리하다, 이탈하다
detachable 분리할 수 있는
detachedly 떨어져서, 초연하게; 공평하게
detachment 분리, 이탈, 초연함

· 관련표현 ·
a *detached* palace 별궁
a *detached* house 독립가옥
detached service 파견 근무
detached troops 분견대

syn. separated, disconnected, severed, impartial, fair, aloof, indifferent
ant. attached, joined, connected, biased, involved

detect [ditékt]

vt. **to notice out or discover** 알아내다, 발견하다: She *detected* the robbers as they entered the store. 그녀는 도둑들이 가게로 들어올 때 그들을 발견했다. / I *detected* a note of complaints in her voice. 나는 그녀의 목소리에 불평이 섞인 것을 간파했다. / I *detected* a change in her attitude. 나는 그녀의 태도에 변화가 생겼음을 알아냈다.

| 실전문제 |

빈칸에 들어갈 단어를 고르시오.

The psychologist have set up experiments designed to _____ the components of leadership.

(1) deflect   (2) depict
(3) detract   (4) detect

해설 | 문맥을 자세히 살펴보면 '지도자의 구성 요소(the component of leadership)를 찾기 위한 실험을 했다'는 뜻이므로 '알아채다, 발견하다'의 뜻을 가진 detect가 정답이다. (1)은 '빗나가게 하다', (2)는 '묘사하다'(=describe), 그리고 (3)은 '딴 데로 돌리다'의 뜻이다. (4) 「심리학자들은 리더십을 구성하는 요소를 찾기 위한 실험을 시도해 왔다.」

· 파생어 ·
detection 발견, 간파, 탐지
detective 탐정의; *n.* 탐정
detector 발견자; 검출기, 탐지기

· 관련표현 ·
detect the odor of gas
가스가 새는 것을 발견하다
detective agency
흥신소, 사립 탐정 사무실
a crystal *detector* 광석 검파기
a metal *detector* 금속 탐지기
a *detective* story 탐정 소설
a lie *detector* 거짓말 탐지기

syn. discover, notice, spot, see, catch

deterioration [ditíəriərèiʃən]

n. **a gradual decline or degeneration in quality, physical conditions, or value** (질, 가치, 병 등이) 떨어짐, 악화, 노후화: The *deterioration* of air quality in big cities around the world has been serious for a decade. 전 세계적으로 대도시의 공기질의 악화는 십 년 동안 심각했다. / The steady *deterioration* of his health brought sadness to his family. 그의 계속되는 건강 악화는 가족들에게 슬픔을 안겨 주었다. / The sharp *deterioration* of relations between the two superpowers might lead into a severance of national ties. 두 초강대국 간의 급격한 관계 악화로 인해 국교가 단절될 수도 있다.

| 실전문제 |

다음 문장에서 밑줄 친 Deterioration과 뜻이 가장 가까운 것을 고르시오.

Deterioration of health is a common problem of the elderly.

(1) Declining   (2) Disappointing
(3) Concealing   (4) Frustrating

해설 | 문맥상 건강의 악화를 말하므로, '나빠지다, 감소하다' 의 뜻인 (1)이 정답이다. (2)는 '실망스러운', (3)은 '숨기는', 그리고 (4)는 '실망스러운, 좌절케 하는' 의 뜻이다. (1) 「건강의 악화는 노인들의 공통적인 문제이다.」

· 파생어 ·
deteriorate 악화하다, (질, 건강, 가치 등) 저하시키다, 나빠지다
deteriorative 나빠질 경향이 있는

· 관련표현 ·
deterioration of a political situation 정세의 악화
deterioration of relations 관계 악화
deteriorating health 악화되는 건강

syn. decline, wane, fading
ant. improvement, advance

---

develop [divéləp]

vt. **1 to design and produce** (제품을) 개발하다: The company *developed* a revolutionary product which is both user-friendly and environmentally friendly. 그 회사는 사용자에게 편리하고 환경 친화적인 혁신 제품을 개발했다.

2 to improve or advance (기술, 능력, 품질 등이[을]) 발전하다[시키다]: The children have *developed* their reading skills further for about 6 months. 그 어린아이들은 약 6개월 동안 읽기 능력을 향상시켜 왔다.

3 to use land for a particular purpose (땅, 자원, 지역을) 개발하다: The city government is planning to *develop* the remote area into an industrial complex. 시 정부는 그 외딴 지역을 공업 단지로 개발할 계획이다.

4 to make negatives from a photographic film (필름을) 현상하다: I'd like to have these pictures *developed*. 이 사진들을 현상해 주세요.

· 파생어 ·
developed 공업화한, 선진의
developing 개발 도상의
development 발달, 개발, 발생, 현상
developmental 개발[발달]상의, 진화의

· 관련표현 ·
develop land 토지를 개발하다
develop a theory of ~
~한 이론을 전개하다
developed countries 선진국
developing countries 개발도상국
economic development 경제 개발
development area 개발 지역
developmental disability
발달 장애(=*developmental* disorder)

5 **to become affected by a certain illness or to begin to have a physical pain** 병에 걸리거나 통증을 갖다: He seems to have *developed* a cold. 그는 감기에 걸린 것 같다. / A sharp pain *developed* in his back muscles. 그의 등 근육에 심한 통증이 생겼다.

vi. **to begin to occur** 발생하다, 전개되다: The situation *developed* rapidly. 그 사태는 급속히 전개되었다.

|실전문제|

다음에 주어진 뜻풀이 가운데서 밑줄 친 <u>develop</u>의 의미로 가장 적절한 것은?

There's a possibility that she'll <u>develop</u> pneumonia.

(1) to make negatives from a photographic film
(2) to design and produce
(3) to become affected by a certain illness or to begin to have a physical pain
(4) to use land for a particular purpose

해설 | 보통, 동사의 뜻을 물으면 타동사일 경우, 목적어와 연결시켜 생각해 보면 알 수 있는데, 지금은 목적어가 폐렴이므로 '병에 걸리다'라는 뜻으로 사용되었다. (3) 「그녀가 폐렴에 걸릴 가능성이 있다.」

□ **devoid** [divɔ́id]

a. **completely lacking** 텅 빈, 전혀 없는; 부족한, 결여된: The judge was *devoid* of sympathy when he presented the case. 그가 그 사건을 제출했을 때 판사는 동정심이 전혀 없었다. / The dictator is *devoid* of human feelings. 그 독재자는 인간적인 감정이 결여되어 있다.

|실전문제|

빈칸에 들어갈 가장 적절한 단어를 고르시오.

The room was _____ of furniture.

(1) scanty   (2) without
(3) absent   (4) devoid

해설 | 문맥을 보면 '가구가 없었다'라는 문장이므로 '~가 없는'의 뜻을 나타내는 (4)가 정답이다. (1)은 scanty of ~로 '~가 부족한'(=lacking of ~)의 뜻으로 불가능한 것은 아니지만 (4)가 문맥에 더 잘 어울린다. (2)의 without은 전치사로 '~없이'의 뜻인데, 전치사가 중복되므로 답이 될 수 없고, (3)의 absent는 from과 같이 쓰여 '~에서 불참한, ~에 결석한'의 뜻으로 사용된다. (4) 「그 방에는 가구가 없었다.」

· 관련표현 ·

devoid of humor 유머가 없는
devoid of sense 감각이 없는
devoid of reason 이성이 결여된
devoid of pretense
허세를 부리지 않고

syn. lacking, empty, without, wanting
ant. full, abundant, overflowing

□ **diagnosis** [dàiəgnóusis]

n. **the act of identifying the nature and cause of disease or problems by taking a careful examination** 병의 진단; (문제나 상황의 원인에 대한) 판단 분석: The two doctors gave different

· 파생어 ·

diagnose 진단하다, (문제의) 원인을 규명하다
diagnostic 진단상의, 증상을 나타내는
diagnostics 진단학 (단수 취급)

diagnosis of my disease. 그 두 의사는 내 질병에 대해서 각각 다른 진단을 내렸다. / The doctor's *diagnosis* indicated heart disease. 의사의 진단으로 심장병이라는 결과가 나왔다. / The committee undertook a comprehensive *diagnosis* of the city's problems. 그 위원회는 그 도시의 문제점에 대한 광범위한 분석에 착수했다.

diagnostician 진단의; *n.* 진단자

·관련표현·
diagnosis of the economy
경제 상황 분석
diagnostic equipment 진단 장비
confirm the *diagnosis*
진단을 확인하다
be *diagnosed* as cancer
암으로 진단되다
a *diagnostic* test 진단 테스트

syn. examination, analysis, study, scrutiny

| 실전문제 |
다음 밑줄 친 diagnosis의 정의를 보기에서 고르시오.

She told them she was anxious to know the exact diagnosis since her husband and son had both died of brain tumors.

(1) judgement about the nature and cause of a disease
(2) the stage which a disease has reached
(3) a medical examination made using an X-ray machine
(4) the cause of someone's death

해설 | diagnosis는 '병의 진단' 이란 뜻으로, (1)이 정답이다. 이때 judgement는 '판단, 진단' 의 뜻으로 사용되고 있다. (2)는 '병이 도달한 단계', (3)은 'X-ray 기계를 사용한 병의 검사', 그리고 (4)는 '사망 원인' 이라는 뜻이다. (1) 「그녀는 남편과 아들이 뇌종양으로 죽었기 때문에 정확한 진단 결과를 빨리 알고 싶다고 그들에게 말했다.」

dictate [díkteit]

vt. **1 to say words for someone else to write down** 받아쓰게 하다: He *dictated* his letter of invitation to his secretary. 그는 초대장을 그의 비서에게 받아쓰게 했다.
2 to order or declare with total authority 명령하다, 지시하다: He cannot be allowed to *dictate* what can or cannot be inspected. 그에게는 무엇을 검사하고 하지 말아야 할지 지시하는 것이 허용되지 않았다. / He can *dictate* how the money will be spent. 그는 그 돈의 용도를 지시[명령]할 수 있다.

·파생어·
dictation 받아쓰기, 구술; 명령, 지시
dictator 독재자
dictatorial 독재적인, 명령적인
dictatorship 독재(정권), 절대권

·관련표현·
dictate the surrender terms
항복 조건을 지시하다
dictate to a stenographer
속기사에게 받아쓰게 하다
at the *dictation* of ~
~의 지시에 따라
take a one's *dictation*
~의 구술을 받아쓰다
live under a *dictatorship*
독재 정권하에서 살다
dictatorial powers 독재 권력

| 실전문제 |
밑줄 친 단어의 뜻과 가장 가까운 것을 고르시오.

The apes' tradition dictated the wiping of food with the hands to remove dirt.

(1) announced   (2) prohibited
(3) regulated   (4) required

해설 | dictate는 보통 의례, 전통, 법 등을 주어로 하여 '~를 명령하다, 지시하다' 의 뜻으로 사용된다. (1)은 '어떤 사실을 발표하다' 의 뜻이며, (2)는 '위험한 일이나 나쁜 일을 금지하다' 의 뜻으로 prohibit A from B의 형식으로 사용되어 'A가 B하는 것을 금지하다' 의 의미이다. 그리고 (3)은 '규제하다' 의 뜻이며, (4)는 '(의무적으로) 요구하다' 의 뜻으로 문맥상 가장 가까운 뜻이라고 할 수 있다. (4) 「유인원들은 관례상 음식에 묻은 먼지를 제거하려면 손으로 닦아내야 했다.」

syn. order, ordain, direct, pronounce, say to a person for writing down
ant. submit to, follow, obey, record

die [dai]

vi. **1 to stop living** 죽다: John says he is haunted by the ghosts of friends who *died* young. 존은 일찍 죽은 친구들의 유령이 자기를 괴롭힌다고 말한다.
2 (of fire or light) to stop burning or shining (불이) 꺼지다, (소리나 빛이) 희미해지다: His cigarette glowed brightly, then *died*. 그의 담뱃불은 밝게 타오르다가 희미해졌다.
3 (of a machine) to stop operating (기계나 엔진이) 멈추다: The engine sputtered a few times, then *died*. 그 엔진은 몇 분 소리를 내더니 멈춰 버렸다.
4 (of emotion or facial expression) to disappear completely (감정이나 얼굴 표정이) 완전히 사라지다: My love for you will never *die*. 당신에 대한 나의 사랑은 결코 사라지지[식지] 않을 것이다.
5 to fade away or diminish gradually 서서히 사라지다: The chiming of the bells *died* out but seemed to linger in the air. 종소리는 사라졌지만 허공 속에 머물러 있는 것 같았다.

실전문제

다음에 주어진 뜻풀이 가운데서 밑줄 친 <u>died</u>의 의미로 가장 적절한 것은?

A number of children playing in the playground have nearly <u>died</u> out.

(1) (of emotion or facial expression) to disappear completely
(2) to stop living
(3) to fade away or diminish gradually
(4) (of fire or light) to stop burning or shining

해설 | 주어가 노는 어린아이들이므로 이들이 차츰[점차] 사라지는 것을 뜻한다. (3) 「운동장에서 놀던 많은 아이들이 거의 사라졌다.」

· 파생어 ·
dying 죽어 가는, 죽을 운명의; 몹시 ~하고 싶어하는
dead 죽은, 활력이 없는, 마비된
death 죽음
deadly 죽은 것 같은, 치명적인(=lethal, fatal)

· 관련표현 ·
over my *dead* body 살아생전에는, 내 눈에 흙이 들어가기 전에는
rise from the *dead* 부활하다
to[till] one's *dying* day 죽는 날까지, 언제나
be *dying* to + 동사원형 몹시 ~하고 싶어하다
die* a natural *death 천수를 다하다
as pale as *death* 송장처럼 창백하여
be burnt to *death* 불에 타 죽다
be beaten to *death* 맞아 죽다
be starved to *death* 굶어 죽다
be trampled to *death* 밟혀 죽다
be frozen to *death* 얼어 죽다
a *deathbed* will 임종 직전의 유언

syn. expire, pass away, wane, subside, wither
ant. live, survive, increase, become strong

difference [dífərəns]

n. **1 the quality or condition of being unlike** 다름, 차이: What's the fundamental *difference* between man and woman? 남녀의 근본적인 차이는 무엇인가?
2 a slight disagreement in opinion 의견의 차이, 불화: They haven't spoken since their *difference* last year. 작년에 불화가 있은 이래로 그들은 이야기를 하지 않았다.
3 the amount by which one thing is different from another thing 양의 차이: The *difference* in price was only 10 dollars, so we decided to buy it instead. 가격의 차이가 10달러밖에 되지 않아서 대신 그것을 사기로 결정했다. / The *difference* in their ages is five years. 그들의 나이 차이는 다섯 살이다.

· 파생어 ·
differ 다르다, 의견이 다르다
different 다른, 색다른
differential 차별의, 특이한
differentiate 구별 짓다, 식별하다
differently 다르게, 달리

· 관련표현 ·
***differences* of opinion** 의견의 차이
make a *difference* 차이를 낳다
make no *difference* 차이가 없다
split the *difference* 차액을 등분하다

4 the act of distinguishing; discrimination 차별, 구별: We should make no *difference* between the rich and the poor. 우리는 부자와 가난한 사람을 차별해서는 안 된다.

|실전문제|
다음에 주어진 뜻풀이 가운데서 밑줄 친 difference의 의미로 가장 적절한 것은?

He pays 5 dollars for it, sells it for 10 dollars and pockets the difference.

(1) the amount by which one thing is different from another thing
(2) the act of distinguishing; discrimination
(3) a slight disagreement in opinion
(4) the quality or condition of being unlike

해설 | 문장에 돈의 액수가 나오고 있고, 동사 picket도 '주머니에 챙겨 넣다'의 뜻이므로 이 difference는 '차액'을 뜻함을 알 수 있다. (1)「그는 그 물건을 5달러에 사서 10달러에 팔고 차액을 챙긴다.」

What's the *difference*?
상관없지 않은가?

differ from ~ ~와는 다르다

A is *different* from B
A는 B와 다르다

different people with the same name 동명이인

syn. dissimilarity, discrepancy, disagreement, contrast
ant. agreement, similarity

□ **diligent**[dílədʒənt]
a. **working hard with a steady and careful effort** 근면한, 부지런한: He has been a *diligent* worker and deserves the promotion. 그는 부지런한 일꾼이어서 승진될 자격이 있다. / He is *diligent* in his studies. 그는 열심히 공부한다.

|실전문제|
다음 밑줄 친 diligent와 뜻이 가장 가까운 것을 고르시오.

I got the impression that the students here are very diligent.

(1) wealthy   (2) intelligent
(3) knowledgeable   (4) hardworking

해설 | diligent는 '근면한, 부지런한'의 뜻인데, (4)가 '열심히 일하는'의 뜻으로 동의어라고 할 수 있다. (1)은 '부유한', (2)는 '총명한, 똑똑한' 그리고 (3)은 '식견[지식]이 있는'의 뜻이다. (4)「나는 이곳 학생들에게서 매우 부지런하다는 인상을 받았다.」

·파생어·
diligence 근면, 노력
diligently 부지런히, 열심히

·관련표현·
***diligent* research** 정성 들인 조사
work *diligently*
부지런히 일하다[노력하다]
a *diligent* student 부지런한 학생
esteem ~ for one's *diligence*
~의 근면함을 높이 평가하다
with *diligence* 근면하게, 부지런하게

syn. hardworking, industrious, assiduous, earnest, painstaking
ant. lazy, laggard, dilatory, careless

□ **direct**[dirékt]
vt. **1 to manage or be in charge of** 지도하다, 관리하다, 감독하다: He *directed* the building of an apartment complex. 그는 아파트 단지의 공사를 감독했다.

2 to turn or aim in a particular direction (주의, 활동, 시선, 움직임 등을) ~로 향하게 하다: Would you *direct* your attention to my explanation? 제 설명에 주의를 돌려주시겠습니까?

·파생어·
directed 지시받은, 규제된
direction 지도, 감독, 명령
directional 방향의, 지향성의
directive 지시하는, 관리하는: *n.* 지령
directly 직접, 곧, 즉시

205

3 to tell or show the way to a place 길을 가리켜 주다: Can you *direct* me to the nearest hospital from here? 여기서 가장 가까운 병원으로 가는 길을 가리켜 주시겠습니까?

4 to supervise and control a movie, play or the actors in it (연극, 영화를) 감독하다: Who *directed* the movie, "The Titanic"? 누가 "타이타닉"이라는 영화를 감독했니?

| 실전문제 |

다음에 주어진 뜻풀이 가운데서 밑줄 친 directed의 의미로 가장 적절한 것은?

Many interesting films, such as 'the Holocaust' was <u>directed</u> by Steven Spielberg.

(1) to tell or show the way to a place
(2) to supervise and control a movie, play or the actors in it
(3) to manage or be in charge of
(4) to turn or aim in a particular direction

해설 | 수동태 문장에서는 목적어가 주어 자리에 있는데, 주어가 영화이므로 이 direct는 '감독하다'의 뜻으로 쓰였음을 쉽게 알 수 있다. (2) 「홀로코스트와 같은 많은 흥미로운 영화는 스티븐 스필버그가 감독했다.」

directorate 이사직, 이사회(=board of directors)
director 이사, 중역, 감독
directory 주소 성명록, 전화번호부(=phone directory)

·관련표현·

direct cost 직접 경비
direct deposit 은행의 계좌 입금
direct light 방향 지시등
direct mail(=DM) 광고 우편물
a sense of direction 방향 감각
in all directions 사방팔방으로(=in every direction)
the board of directors 이사회

syn. guide, command, lead, manage
ant. obey, follow

☐ **dirty** [də́ːrti]

a. **1 covered with stains or mud, and needed to be cleaned** 더러운, 불결한, 흙투성이의: Scrape your *dirty* shoes on the doormat. 더러운 신발을 현관 매트에 문질러라.

2 (of action) immoral, dishonest, or unfair 공정하지 못한, 비도덕적인: He got involved in some *dirty* dealings in the stock market. 그는 주식 시장의 불공정한 거래에 관여했다.

3 relating to sex, in a way that some people find offensive 외설적인, 음란한: They were drinking and telling *dirty* jokes. 그들은 술을 마시면서 외설적인 농담을 하고 있었다.

4 looking at someone in a very disapproving way (눈치 등이) 불쾌한 눈빛의, 적의에 찬: The boss gave him a *dirty* look and walked out of the office. 사장은 불쾌한 듯이 그를 바라보고는 사무실을 나갔다.

| 실전문제 |

다음에 주어진 뜻풀이 가운데서 밑줄 친 dirty의 의미로 가장 적절한 것은?

Lots of kids read <u>dirty</u> books in their rooms secretly and hide them under the mattress.

(1) looking at someone in a very disapproving way
(2) covered with stains, or mud, and needed to be cleaned
(3) (of action) immoral, dishonest, or unfair
(4) relating to sex, in a way that some people find offensive

·파생어·

dirt 진흙, 먼지, 오물
dirtiness 불결; 비열

·관련표현·

eat dirt 굴욕을 참다
dirt road 포장이 되지 않은 도로
talk dirt 추잡한 말을 하다
dirty weather 사나운 날씨
a dirty weekend 불륜을 계획한 주말
give ~ a dirty look ~를 화난 눈초리로 보다
fight dirty 비열하게 싸우다
dirty pool 치사한 행위, 부정한 방법

syn. unclean, filthy, untidy, illegal, dishonest, obscene, unpleasant
ant. clean, honest, moral, decent, respectable

해설 | 책, 말, 농담 등이 dirty하다는 것은 '외설적인, 음란한' 등을 뜻한다. (4) 「많은 아이들이 남몰래 방에서 외설적인 책을 보고는 매트리스 밑에 숨겨 놓는다.」

discard [diskɑ́:rd]

vt. **to get rid of something, because it is useless** (불필요해서) 버리다, 처분하다: Let's *discard* some of these old newspapers. 이 오래된 신문들을 버립시다. / The homeless was looking for *discarded* cigarette butts. 그 노숙자는 버려진 담배꽁초를 찾고 있었다.

|실전문제|

밑줄 친 단어의 뜻으로 가장 알맞은 것을 고르시오.

I was handed a leaflet in front of Seoul Station, but promptly discarded it.

(1) perused
(2) threw away
(3) looked over quickly
(4) discharged

해설 | discard는 '버리다'의 의미를 가지고 있으므로 (2)가 정답이다. (1)은 '정독하다', (3)은 '빨리 훑어보다', 그리고 (4)는 '방출하다, 석방시키다, 해고하다'의 뜻이다. (2) 「나는 서울역에서 전단지를 건네받았지만, 즉각 버렸다.」

·관련표현·

discard the tradition 전통을 버리다
discard one's wife 아내를 버리다
discard one's belief 신념을 버리다
go into the *discard* 버림받다, 폐기되다
throw ~ into the *discard*
~를 포기하다, ~를 폐기하다

syn. throw away, remove, abandon, relinquish
ant. retain, preserve, keep

discharge [distʃɑ́:rdʒ]

vt. **1 to officially allow someone to leave** (병원에서 환자를) 퇴원시키다; 해고하다; (학생을) 귀가시키다: She was *discharged* from hospital a couple of days ago. 그녀는 이틀 전에 병원에서 퇴원했다. / His boss *discharged* him because of habitual absenteeism. 사장님은 그의 습관적인 결근 때문에 그를 해고시켰다. / He will be *discharged* from the army two weeks from now. 그는 지금부터 2주 후 군에서 제대할 것이다.

2 to send out or let out (물, 연기, 가스 등을) 뿜어내다, 방출하다: The chimney is *discharging* smoke. 그 굴뚝은 연기를 뿜어내고 있다.

3 to pay a debt entirely (빚을) 청산하다, 변제하다: He sold his antiques in order to *discharge* the debt. 그는 빚을 청산하기 위해서 골동품을 팔았다.

4 to unload passengers or cargo (짐, 승객 등을) 내리다: The airplane *discharges* all of its passengers at the Kennedy International Airport. 그 비행기는 케네디 국제공항에서 모든 승객들을 내렸다.

·파생어·

dischargee 방면된 사람; 해고된 사람
discharger 짐을 부리는 사람; 방면자

·관련표현·

discharge prisons 죄수들을 석방하다
discharge a loan 대출 빚을 갚다
discharge lamp 방전 램프

syn. dismiss, empty, liberate
ant. hire, accumulate, neglect

|실전문제|

다음에 주어진 뜻풀이 가운데서 밑줄 친 discharge의 의미로 가장 적절한 것은?

The sewers discharge their contents into the sea.

(1) to unload passengers or cargo
(2) to officially allow someone to leave
(3) to pay a debt entirely
(4) to send out or let out

해설 | 주어인 sewers(하수구)와 문미의 sea(바다)에서 이 뜻을 짐작할 수 있다. (4) 「오물이 하수구에서 바다로 방류된다.」

☐ disconcerted [dìskənsə́ːrtid]

a. **uneasy, confused or embarrassed** 불안한, 당혹한, 당황한: The performers were *disconcerted* by the latecomers. 공연자들은 지각한 사람들에 의해 당혹스러웠다. / The Korean government was *disconcerted* by the North Korea's action of closing the Kyesung Industrial Complex. 북한이 개성공단을 폐쇄함으로써 한국 정부는 당혹감을 느꼈다.

|실전문제|

밑줄 친 disconcerted와 뜻이 일치하는 것을 보기에서 고르시오.

Westerns visiting the Middle East are likely to find themselves disconcerted at the unexpected physical proximity.

(1) uncomfortable   (2) surrounded
(3) without music   (4) disconnected

해설 | disconcerted는 '불안한(=uncomfortable), 당혹해하는, 당황한'의 뜻이다. find oneself disconcerted at ~은 '~에 불안해하다'의 의미이다. (2)는 '둘러싸인, 에워싸인', (3)은 '음악 없이', 그리고 (4)는 '뿔뿔이 흩어진, 연결이 끊어진'의 뜻이다. (1) 「중동을 방문하는 서양인들은 뜻밖의 육체적인 접근을 불편해할 수 있다.」

·파생어·

disconcert 당황케 하다, 방해하다, 허를 찌르다

disconcerting 당황케 하는, 당혹케 하는

disconcertedly 당황해서, 당혹해하면서

disconcertingly 당황케 하면서, 불편하게 하면서

·관련표현·

a *disconcerting* thought 마음을 괴롭히는 생각

It is *disconcerting* that ~ ~는 불안하다[당혹감을 느끼게 한다]

I've become quite *disconcerted* by ~ 나는 ~에 의해서 당황함[당혹감]을 느꼈다

syn. distracted, mixed-up, confused, disorganized, embarrassed
ant. organized, coherent, logical

☐ discussion [diskʌ́ʃən]

n. **the act of talking about something so as to reach a decision** 토론, 토의: All members are invited to a *discussion* of the proposed bylaws. 모든 회원들은 제안된 회칙에 대한 토론에 초대되었다. / We haven't made a *discussion* yet about how we should deal with the nuclear crisis. 우리는 아직까지 핵 위기에 어떻게 대처할 것인가에 대한 토의를 하지 않았다.

·파생어·

discuss 토론하다, 논의하다
discussable 토론할 수 있는(=discussible)
discussant 토론 참가자

·관련표현·

under *discussion* 토의[심의] 중인
beyond *discussion* 논할 여지도 없는

| 실전문제 |

빈칸에 들어갈 가장 알맞은 단어를 고르시오.

Most of the problems have been settled, but some are still open to _____ .

(1) consequence (2) discussion
(3) dedication   (4) performance

해설 | 앞에 해결되다(settle)라는 단어와 상반되는 내용을 말하는 등위접속사 but으로 추측해 보건대, (2)가 정답이다. open to discussion은 '토의[논의]할 여지가 있는'의 뜻이다. (1)은 '결과'(=result), (3)은 '헌신'(=devotion, commitment), 그리고 (4)는 '업무수행, 실행'의 뜻이다. be open to dispute는 '논쟁의 여지가 있다'는 뜻으로 구별하도록 한다. (2) 「그 문제들의 대부분은 해결되었으나, 몇 가지는 아직 논의할 여지가 있다.」

have[hold] a *discussion*
토론회를 개최하다

discussible problems
토론 가능한 문제들

syn. talk about, converse about, speak of, discourse about

□ disgust [disgʌ́st]

n. a strong and often sick feeling of dislike caused by unpleasant smell or sight 혐오감, 구역질, 역겨운 감정: He couldn't hide his *disgust* at the smell. 그는 그 냄새를 맡고 역겨움을 감출 수 없었다.

vt. to cause a feeling of a strong dislike or sick feeling 정떨어지게 하다, 역겹게 하다: His dirty habits and crudeness *disgusted* us. 그의 더러운 버릇과 유치함은 우리를 넌더리 나게 했다.

·파생어·

disgusted 정떨어지는, 구역질 나는(=disgustful)

disgustedness 정떨어짐, 넌더리 남

disgustedly 정떨어지게

·관련표현·

in *disgust* 싫어서, 정 떨어져서
to one's *disgust* 유감스럽게도
be *disgusted* at[by] ~
~가 싫어지다, ~에 넌더리나다

syn. loathing, distaste, aversion, hatred, displeasure, offend, sicken
ant. delight, liking, fondness, pleasure, please, love

| 실전문제 |

빈칸에 들어갈 가장 알맞은 보기를 고르시오.

The whole world left a bad taste, which means he _____ .

(1) changed his way of cooking
(2) had a feeling of disgust
(3) ate some bad food
(4) wondered what had happened

해설 | leave a bad taste in one's mouth는 음식 때문에 뒷맛이 나빴다는 이야기가 아니라, 숙어로 '~의 뒷맛을 나쁘게 하다'라는 뜻인데, which라는 관계대명사 뒤에 mean(뜻하다)이 있어서 이것을 다시 설명하는 식으로 문장이 되어 있다. 이 숙어의 속뜻은 '나쁜 또는 역겨운 감정을 가지게 하다'는 뜻이므로 정답은 (2)이다. (1)은 '요리 방법을 바꾸었다'는 이야기로 자칫 정답으로 잘못 고르기 쉬우므로 조심한다. (3)은 '약간의 불량 식품을 먹다' (4)는 '무슨 일이 일어났는지 의아해하다'라는 뜻으로 정답과는 거리가 멀다. (2) 「세상 전체가 (그에게 있어) 뒷맛이 나빴다는 것은 그가 넌덜머리가 났다는 것을 뜻한다.」

dispatch [dispǽtʃ]

vt. 1 to send to a place or for a particular purpose (특별한 목적으로) 보내다, 파병하다: The American government is going to *dispatch* 500 U.S. soldiers more to fight against Al-Qaeda forces. 미국 정부는 알 카에다 군에 대항하기 위해 500명의 미군을 더 급파할 것이다.

2 to send a message or a letter to a particular person or place (편지, 메시지 등을) 발송하다: They *dispatched* the report to the field commander. 그들은 그 보고서를 야전 사령관에게 급송했다.

3 to kill a person or an animal (동물이나 사람을) 죽이다: The injured horse was *dispatched* by its owner. 부상당한 말은 주인에 의해 죽임을 당했다.

4 to finish a job or task quickly (일, 회의, 협상 등을) 신속히 끝내다: The negotiations were *dispatched* in record time. 그 협상은 기록적으로 신속히 끝났다.

| 실전문제 |

밑줄 친 dispatched의 뜻과 가장 가까운 것을 고르시오.

The police were dispatched to the scene of the crime.

(1) brought   (2) taken
(3) sent   (4) approached

해설 | dispatch는 '~을 급파하다, 파견하다' 의 뜻으로 (3)의 sent가 가장 근사한 유의어로 볼 수 있다. (1)이나 (2)는 '데리고[갖고] 가다[오다]' 의 의미이고, (4)는 '접근하다' 의 뜻이다. (3) 「경찰은 범죄 현장에 급파되었다.」

· 파생어 ·
dispatcher 발송자, 급파하는 사람

· 관련표현 ·
with *dispatch* 신속히
dispatch box 공문서 송달함
dispatch note
국제 우편 소화물의 꼬리표

syn. send off, transmit rapidly, finish, complete, kill, execute

---

displease [displíːz]

vt. to cause displeasure or to make feel annoyed 불쾌하게 하다, 기분을 상하게 하다: Nothing *displeases* me more than loud talking. 큰 소리로 떠드는 것보다 나를 불쾌하게 하는 것은 없다. / Not wishing to *displease* the president, he avoided asking the question. 사장을 불쾌하게 하지 않으려고 그는 그 질문하는 것을 피했다.

| 실전문제 |

밑줄 친 displeased와 뜻이 가장 가까운 것을 고르시오.

Every time a student challenged him in class, the professor became displeased.

(1) objectionable   (2) ironic
(3) discouraged   (4) irritated

· 파생어 ·
displeased 불쾌한, 못마땅한, 화가 나는
displeasing 불쾌하게 하는, 마땅찮은
displeasure 불쾌, 불만
displeasingly 불유쾌하게

· 관련표현 ·
displease one's senior
윗사람의 기분을 상하게 하다
incur the *displeasure* of ~
~의 노여움을 사다
with *displeasure* 불만스러운 듯이
show one's *displeasure*
불만[불쾌감]을 나타내어 보이다
a *displeased* look 불쾌한 표정

syn. annoy, offend, irritate, disturb

해설 | displeased는 '기분이 나쁜, 기분이 불쾌한'의 뜻으로 pleased(기쁜)의 반대말인데, 이와 가장 비슷한 뜻의 단어는 (4)의 '짜증나게 하다'의 뜻인 irritate이다. (1)은 '반대할 만한, 못마땅한'의 뜻이며, (2)는 '빈정대는', 그리고 (3)은 '낙담한, 실망한'의 뜻이다. (4) 「수업 중에 한 학생이 이의를 제기할 때마다, 그 교수는 기분이 나빴다.」

disposition [dìspəzíʃən]

n. **1 a particular tendency of character or behavior** 성질, 성향, 기질: Did you ever meet anyone with such a cheerful *disposition*? 그렇게 명랑한 성격을 지닌 사람을 만난 적이 있니?

2 arrangement or placement 배열, 배치, 준비: The *disposition* of troops preceeded the battle. 전투 전에 군 배치가 있었다.

3 the power to dispose of; disposal 처분, 정리: The foundation has funds at its *disposition* for the aid of colleges. 그 재단에는 대학들을 지원하는 데 쓸 수 있는 자금이 있다.

4 the act of giving money or property to someone 양도, 증여: Judge Robert Frost was appointed to oversee the *disposition* of funds. 로버트 프로스트 판사가 자금의 양도를 감독하도록 임명받았다.

|실전문제|

1. 다음에 주어진 뜻풀이 가운데서 밑줄 친 disposition의 의미로 가장 적절한 것은?

    He was a man of decisive action and an adventurous disposition.

    (1) the act of giving money or property to someone
    (2) a particular tendency of character or behavior
    (3) arrangement or placement
    (4) the power to disposes of; disposal

    해설 | an adventurous disposition은 '모험적 기질[성격]'을 뜻한다. (2) 「그는 확고한 행동과 모험적 기질을 가진 사람이었다.」

2. 밑줄 친 단어의 뜻과 가장 비슷한 것을 고르시오.

    Tuesday morning finds me rushing up the six flight of stone stairs at twenty-five minutes to 9. It is my disposition to be late.

    (1) natural tendency   (2) arrangement
    (3) identity   (4) the act of state of failing

    해설 | disposition은 '타고난 기질, 성향'을 의미하므로 (1)이 정답이다. (2)는 '정리, 배열'이라는 뜻이며, (3)은 '개성 또는 정체성'의 뜻으로 맞지 않으며, (4)는 '실패의 행위나 상태'라는 뜻이다. (1) 「화요일 아침 나는 언제나 8시 35분에 6개의 돌계단의 층계참을 부라나케 올라간다. 이런 식으로 나는 지각을 자주 하는 편이다.」

ant. please, gratify

D

·파생어·

dispose 배열[배치]하다; 처분하다
disposed 배치된; ~하고 싶어하는

·관련표현·

be *disposed* to ~
~ 하는 경향이 있다

***disposes* of ~** ~을 처분[처리]하다, 결말을 짓다

a man of social *disposition*
사교성이 있는 사람

make one's *disposition*
만반의 준비를 하다

the *disposition* of troops
군대의 배치

syn. nature, tendency, inclination, control, disposal, settlement
ant. disaffection, unwillingness

dispute [dispjú:t]

vt. **1 to discuss** 논의하다: They *disputed* whether they would accept the proposal. 그들은 그 제안의 채택 여부에 관해 논의했다.

2 to argue angrily and for a long time 논박하다, 다투다: The management and the labor union *disputed* the pay raise and better working conditions. 경영진과 노조는 봉급 인상과 더 나은 작업 조건에 대해 논쟁을 벌였다.

3 to doubt or question the truth of 의문시하다, 문제 삼다: The expert *disputed* the authenticity of the document. 전문가는 그 서류의 신빙성[진위]을 문제 삼았다.

4 to fight so as to gain or keep (잃지 않으려고) 싸우다, 경쟁하다: We *disputed* every inch of ground with the enemy armies. 우리는 한 치의 땅도 잃지 않으려고 적군들과 싸웠다.

|실전문제|

다음에 주어진 뜻풀이 가운데서 밑줄 친 <u>dispute</u>의 의미로 가장 적절한 것은?

The strikers began to <u>dispute</u> hotly with members of management.

(1) to doubt or question the truth of
(2) to argue angrily and for a long time
(3) to discuss
(4) to fight so as to gain or keep

해설 | hotly는 '열띠게' 또는 '뜨겁게'라는 뜻의 단어로, 이 단어가 수식하는 동사 dispute와 의미를 연결해 보면 쉽게 답을 찾을 수 있다. (2) 「파업 노동자들은 경영진 측과 열띤 논쟁을 시작했다.」

· 파생어 ·

disputable 논의할 여지가 있는
disputation 논쟁, 토론
disputatious 논쟁적인, 논쟁하기 좋아하는
disputer 논쟁자, 논박자

· 관련표현 ·

beyond[without] *dispute* 토론할 여지없이, 분명히
under[in] *dispute* 논쟁 중인
a point in *dispute* 논쟁점

syn. debate, argue, contest, quarrel
ant. agree, concur

distinction [distíŋkʃən]

n. **1 a clear difference between similar things or people** 구별, 차이: Being color-blind, he can't make a *distinction* between red and green. 색맹이어서 그는 붉은 색과 초록색을 구별할 수 없다.

2 the quality of being excellent 탁월성, 우수성: He has become an author of *distinction*. 그는 탁월한[저명한] 작가가 되었다.

3 a special award or honor that is given to someone for the high level of achievement 영예, 훈장, 포상: The student got a *distinction* in the science competition. 그 학생은 과학 경시 대회에서 상을 탔다.

4 a special or unique quality (딴것과 차이를 나타내는) 특질, 특징, 특성: She has the *distinction* of being regarded as one of the greatest statesmen. 그녀는 가장 위대한 정치가들 중 한 사람으로 간주될 특질을 지니고 있다.

· 파생어 ·

distinct 별개의, 뚜렷한
distinctive 독특한, 특이한

· 관련표현 ·

keep *distinct* 구별하다
gain[win, rise to] *distinction* 이름을 떨치다
gain a *distinction* 훈장을 받다
make no *distinctions* 구별 짓지 않다

syn. differentiation, discrimination, difference, excellence, importance

|실전문제|

다음에 주어진 뜻풀이 가운데서 밑줄 친 distinction의 의미로 가장 적절한 것은?

John Brown emerges as an actor of distinction and sensitivity.

(1) a special or unique quality
(2) a clear difference between similar things or people
(3) the quality of being excellent
(4) a special award or honor that is given to someone for the high level of achievement

해설 | 배우(actor)를 수식하므로 '탁월한, 우수한'의 뜻이다. 참고로 'of + 추상명사'는 형용사의 뜻이며 'with + 추상명사'는 부사의 뜻이다. (3) 「존 브라운은 탁월하고 감수성 있는 배우로 부각되고 있다.」

ant. vagueness, indistinction, obscurity

D

☐ distinguish [distíŋgwiʃ]

vt. **1 to know the difference or recognize clearly** 구별하다: Small children can't *distinguish* right from wrong. 조그만 아이들은 옳고 그름을 구별할 수 없다.

2 to be able to hear, see, or taste something although it is very difficult to detect (맛보고, 듣고, 봄으로써) 식별해 내다: I can *distinguish* them by their uniforms. 나는 제복으로 그들을 식별할 수가 있다.

3 to be a charateristic mark of 차이를 나타내다: Elephants are *distinguished* among other animals by their long trunks. 코끼리는 긴 코 때문에 딴 동물들과 구별된다. / His red hair *distinguished* him from his brothers. 붉은 머리로 인해 그는 형제들과 구별되었다.

4 to cause (oneself) to be eminent or recognized 두드러지다, 유명하다: He *distinguished* himself as a great conductor. 그는 대단한 지휘자로 유명해졌다.

· 파생어 ·

distinguished 눈에 띄는, 훌륭한, 유명한

distinguishing 특징적인, 특색을 이루는

distinguishable 구별 가능한, 식별할 수 있는

· 관련표현 ·

distinguished visitors 귀빈
distinguished family 명문가
distinguish colors 색깔을 구별하다
distinguish good from evil 선악을 구별하다
distinguish oneself in oil paintings 유화 분야에서 유명해지다

syn. discriminate, differentiate, characterize, make prominent

|실전문제|

밑줄 친 distinguish의 뜻과 같은 것을 고르시오.

She cannot distinguish right from wrong.

(1) derive (2) tell
(3) refrain (4) prevent

해설 | 우선, 보기에 나오는 단어 모두는 distinguish처럼 뒤에 from이 따라오는 동사로서 숙어를 이룬다. 우선 distinguish A from B는 'A와 B를 구별하다'의 뜻으로 tell[know] A from B로 고칠 수 있다. (1)의 derive from ~은 '~에서 유래하다'의 뜻이며, (3)의 refrain from ~은 '~하는 것을 삼가다', (4) prevent A from B는 'A가 B 하는 것을 막다[방지하다]'의 뜻이다. (2) 「그녀는 옳은 것과 그른 것을 구별할 줄 모른다.」

distribute [distríbju:t]

vt. 1 to divide and give out in portions 분배하다, 배급하다: The agency will *distribute* the food and clothes among the people hit by the flood. 그 기관은 홍수의 피해를 입은 사람들에게 음식과 옷을 나누어 줄 것이다.

2 to spread out over an area 전 지역에 골고루 퍼뜨리다, 골고루 살포하다: The farmer *distributed* ashes over a field. 농부는 재를 온 밭에 뿌렸다. / This species of fish called blue gills is widely *distributed* in Korean rivers. 블루길스라고 불리는 이런 종의 고기는 한국의 강에 널리 분포되어 있다.

3 to classify or separate into categories 분류하다, 구분하다: The postal department *distributes* the mail by districts. 우체국은 우편물을 지역별로 분류한다.

|실전문제|

다음 밑줄 친 distributed의 정의를 고르시오.

He <u>distributed</u> candy to the children in an orphanage.

(1) obtained in exchange for money
(2) divided among several of many
(3) formed or made
(4) passed his tongue over

해설 | distribute는 '여러 사람에게 무엇을 나누어 주다[분배하다]' 의 뜻으로, (2)의 '여럿 또는 많은 사람들 가운데서 나누다' 가 알맞은 정의이다. (1)은 '돈 대신 바꾸어 손에 넣다', (3)은 '만들다', 그리고 (4)는 '혀로 겉을 핥다' 의 뜻이다. (2) 「그는 고아원에 있는 어린아이들에게 사탕을 나누어 주었다.」

·파생어·

distribution 분배, 배급, 살포
distributing 분배의, 배급의
distributable 분배할 수 있는, 구분할 수 있는
distributor 배급업자, 배달자; 판매 대리점

·관련표현·

distribute clothes to the sufferers 이재민에게 의류를 나누어 주다
a ***distribution*** effect 분배 효과
a ***distribution*** structure 유통 기구[구조]
distribution channel 유통 경로
distributive law 분배 법칙
a ***distributing*** center 집산지, 배급소

syn. divide, allot, deliver, separate
ant. collect, gather, amass

disturbance [distə́:rbəns]

n. 1 a situation in which people behave violently in public 소동: There was some kind of *disturbance* at the party last night. 지난밤 파티에서 어떤 소동이 있었다.

2 the interruption of a calm and ordered state 교란, 방해: You can work in here without any *disturbance*. 당신은 어떠한 방해도 받지 않고 여기서 일할 수 있습니다.

3 a medical or psychological disorder (몸의 기관 또는 마음의) 장애: Poor educational performance is related to emotional *disturbance*. 교육 성취도가 나쁜 것은 정서장애와 관련이 있다.

4 a minor movement of the earth causing a small earthquake 가벼운 지각 변동, 교란

·파생어·

disturb 방해하다, 혼란시키다, 침해하다
disturbed 불안한, 동요한
disturbing 교란시키는, 불안하게 하는

·관련표현·

disturb growth 성장을 억제하다
Don't ***disturb***! 깨우지 마시오!, 출입 금지(호텔의 객실 또는 교수 연구실 등에서 볼 수 있음)
disturb the peace 평화를 깨뜨리다
make[cause] a ***disturbance*** 소동을 일으키다
make much ***disturbance*** about ~ ~에 대해 흥분하다[화내다]

syn. disruption, annoyance, interruption, outbreak, rioting, distress
ant. serenity, order, calm

|실전문제|

밑줄 친 disturbances의 뜻과 같은 것을 고르시오.
During an underwater earthquake, a large part of the sea floor may rise or fall. Such disturbances on the sea floor cause a very large wave, called a tsunami.

(1) accidents
(2) loud noises
(3) big changes
(4) large waves

해설 | disturbances은 '변동, 변화'라는 뜻으로 사용되고 있으므로 정답은 (3)이다. (1)은 '우발적인 사고', (2)는 '큰 소음', 그리고 (4)는 '큰 파도'라는 뜻이다. (3) 「수면 밑에 지진이 발생하는 동안, 해상의 대부분이 상승하거나 하강한다. 해상의 이와 같은 변화는 해일[쓰나미]이라고 부르는 아주 큰 파도를 일으킨다.」

diverse [divə́:rs]

a. **1 being made up of a wide variety of things** 다양한, 가지각색의: The program deals with such *diverse* subjects as presentation skills and computer classes. 그 프로그램은 발표 기술과 컴퓨터 교실과 같은 다양한 주제를 다루고 있다.

2 different from one another 서로 다른, 딴판인: My wife and I have *diverse* ideas on how to raise children. 내 아내와 나는 자녀 양육 방법에 관해 서로 다른 생각을 가지고 있다.

·파생어·
diversification 다양화, 다양성
diversified 다양한, 변화 많은
diversify 다양화하다, 다채롭게 하다
diversity 다양성, 차이점, 변화

·관련표현·
be of a *diverse* nature from ~
~와 다른 성질을 갖다
at *diverse* times 때때로
***diverse* interests** 다양한 흥미
***diversity* of opinions** 의견의 다양성
***diversity* its products**
자체의 상품을 다양화시키다

syn. different, dissimilar, various, contradictory
ant. identical, same

|실전문제|

밑줄 친 diverse와 뜻이 가장 가까운 단어를 고르시오.
No matter how diverse, there still existed an essential harmony between the people and the land.

(1) different
(2) difficult
(3) useful
(4) violent

해설 | diverse의 뜻은 '다양한, 다른'의 의미로 (1)이 같은 뜻의 말이다. (4)는 '폭력적인'의 뜻이다. (1) 「아무리 달라도, 사람들과 대지 사이에는 근본적인 조화가 여전히 존재하고 있었다.」

divide [diváid]

vi., vt. **1 to separate or make separate into two or more parts** 나누다, 분할하다: The physical benefits of exercise can be *divided* into two factors. 운동이 주는 신체상의 이점은 두 가지 요소로 나누어질 수 있다.

2 to give out; share 분배하다, 나누다: *Divide* the money with your brother. 동생과 돈을 나누어 가져라.

·파생어·
divided 분할된, 분리된, 분열된
divider 분할자, 분배자
dividing 나누는, 구분하는
division 분할, 분열; 불일치; 나눗셈
divisive 구분하는; 불화를 일으키는

215

3 to calculate how many times the smaller number can fit exactly into the large number (어떤 수를 다른 수로) 나누다: *Divide* 20 by 4, and you get 5. 20을 4로 나누면 5가 된다.

vt. to cause two or more people to disagree 분열시키다, 갈라놓다: The new expansion proposal *divided* members of the board. 새로운 확장안 때문에 이사회 임원들의 의견이 갈라졌다.

|실전문제|

다음에 주어진 뜻풀이 가운데서 밑줄 친 <u>divide</u>의 의미로 가장 적절한 것은?

Measure the floor area of the garden and <u>divide</u> it by 5.

(1) to cause two or more people to disagree
(2) to separate or make separate into two or more parts
(3) to give out; share
(4) to calculate how many times the smaller number can fit exactly into the large number

해설 | '측정하다'는 뜻의 measure와 숫자가 나오므로 '어떠한 수로 나누다'를 뜻하는 것으로 짐작할 수 있다. (4) 「정원 바닥의 면적을 측정하고 그것을 5로 나누어라.」

·관련표현·

divide profits 이익을 나누다
divide and rule 분할 통치하다
cross the *divide* 죽다(=die, pass away)
the Great *Divide* 미 대륙 분수령 (로키 산맥을 지칭함)
divided payments 분할 지급
a *dividing* ridge 분수령
division of labor 분업
division of powers 삼권 분립

syn. break, detach, separate, segregate, share
ant. combine, connect, join, unite

do away with

to cause to end; abolish 폐지하다, 없애다: The government decide to *do away with* unnecessary laws. 정부는 불필요한 법을 없애기로 결정했다. / We should *do away with* these old rules. 우리는 이 낡은 규칙들을 없애야 한다.

|실전문제|

다음 밑줄 친 숙어와 뜻이 가장 가까운 단어를 고르시오.

The university decided to <u>do away with</u> this kind of examination.

(1) improve   (2) depart
(3) abolish   (4) correct

해설 | do away with ~는 '~를 폐지하다'의 뜻으로 abolish, relinquish로 표현할 수 있다. (1)은 '개선하다'의 뜻이며, (2)는 '출발하다', 그리고 (4)는 '고치다, 교정하다'의 뜻이다. (3) 「대학은 이런 종류의 시험을 폐지하기로 결정했다.」

dogmatic [dɔ(:)gmǽtik]

a. **1** keeping one's beliefs very strongly and expecting other people to accept them 독단적인, 고압적인: He's so *dogmatic* that you can't tell him anything. 그는 너무 독단적이어서 당신은 그에게 아무 말도 할 수 없다.

2 of or pertaining to or characteristic of a doctrine or code of beliefs accepted as authoritative; doctrinal 교리의,

·파생어·

dogma 교리, 교조, 신조
dogmatics 교리론, 교의학(=dogmatic theology)
dogmatism 독단주의, 독단적인 태도
dogmatize 독단적으로 말하다; 교의화하다

교의의: Nicene Creed is one of the most important *dogmatic* statements of Christian faith. 니케아 신조[신경]는 기독교 신앙에 대한 가장 중요한 교리서 중의 하나이다.

·관련표현·
indoctrinate ~ in *dogma* ~에게 교리[교의]를 가르치다
political *dogma* 정치적 독단(론)
***dogmatic* views** 독단적인 견해
religious *dogma* 종교 교리
scientific *dogma* 과학적 독단(론)

syn. opinionated, prejudiced, domineering, obstinate
ant. uncertain, diffident, vacillating

|실전문제|

밑줄 친 dogmatic의 뜻으로 가장 가까운 것을 고르시오.

In discussing vital matters with others, we should avoid being dogmatic.

(1) stubborn
(2) over-authoritative without adequate grounds
(3) vague
(4) complicated

해설 | dogmatic은 '독단적으로 일을 처리하고 명령하는'의 뜻으로 (2)가 정답이다. (1)은 '완고한', (2)의 정확한 해석은 '적절한 이유 없이 지나치게 권위적이고 명령적인'의 뜻이며, (3)은 '모호한', 그리고 (4)는 '복잡한'의 뜻이다. (2)「이와 같은 중대한 문제를 다른 사람들과 논의할 때, 우리는 독단적이 되는 것을 피해야 한다.」

□ **double** [dʌ́bəl]

a. **1 composed of two parts of the same kind** (똑같은 것이) 두 개로 된: There are a pair of *double* doors into the room from the new entrance hall. 새 현관에서 그 방으로 들어가는 데 이중(두 개)의 문이 있다.

2 twice as much or as many as usual 두 배의: The job offer was to start a new research laboratory at *double* the salary he was then getting. 그 스카웃 제의는 그가 그때 받고 있었던 봉급의 두 배를 받고 새로운 연구 실험실에서 일을 시작하는 것이었다.

3 (of a room or a bed) made for two people (침대나 방이) 2인용인: Please reserve a *double* room for me. 저를 위해 더블룸을 예약해 주세요.

4 having two different purposes 이중 목적의: This door has a *double* purpose. 이 문은 이중 목적을 가지고 있다.

5 dual or vague in meaning 두 가지 뜻으로 해석되는, 애매한: This sentence has a *double* meaning which is therefore ambiguous. 이 문장은 이중의 의미가 있어서 애매모호하다.

·파생어·
double-digit 두 자리 수의
double-park 이중 주차하다
doubling 배가 된, 이중으로 됨
doubly 두 배로, 이중으로

·관련표현·
a *double* hit 2루타
***double* personality** 이중인격
play *double* 두 가지 행동을 취하다
on the *double* 속보로, 급히
***double* up** 둘로 접다; 방을 같이 쓰다
***double* agent** 이중간첩
***double* bed** 2인용 침대
***double* decker** 2층 버스
***double* talk** 애매한 이야기

syn. twice, two-fold, twin, ambiguous
ant. single

|실전문제|

다음에 주어진 뜻풀이 가운데서 밑줄 친 double의 의미로 가장 적절한 것은?

Any employees who work on Sundays receive double pay.

(1) twice as much or as many as usual
(2) (of a room or a bed) made for two people
(3) composed of two parts of the same kind
(4) dual or vague in meaning

해설 | 봉급[급료]에 관한 이야기이므로 '급료의 두 배'라는 뜻임을 쉽게 알 수 있다.
(1) 「매주 일요일마다 일을 하는 직원들은 누구나 두 배의 봉급을 받게 된다.」

down [daun]

ad. **1 at or to a lower position** 아래로, 바닥으로: The boy fell *down* and hurt himself. 그 소년은 넘어져서 다쳤다.

2 in or towards the south 남쪽에[으로]: He lives *down* the South. 그는 남쪽에 살고 있다. / He went *down* to Florida down from New York. 그는 뉴욕에서 남쪽인 플로리다로 갔다.

3 on paper or in writing 종이나 서면에 적은: Please write *down* the address on the list. 목록에 주소를 적어 넣으시오.

a. **1 unhappy or depressed** 우울한, 의기소침한: I've been *down* since I heard the news that I had been passed over for the promotion. 나는 내가 승진에서 제외되었다는 소식을 들은 이래로 기분이 우울해졌다.

2 not working properly or not in operation (기계가) 고장 난: The escalator has been *down* for 6 hours now, but should be back up in an hour. 에스컬레이터는 지금까지 6시간 동안 고장이 나 있었으나 한 시간 후면 다시 작동이 될 것이다.

3 being sick or ill 아픈, 병든: She has been *down* with a flu for two weeks. 그녀는 2주 동안 독감을 앓아 왔다.

prep. **1 in a descending direction along** ~의 아래쪽으로: The tears began falling *down* her cheeks. 눈물이 두 뺨 아래로 흘러내리기 시작했다.

2 along the course of ~방향으로, ~를 따라: They are sailing *down* the river on a barge. 그들은 바지선을 타고 강을 끼고 가고 있다. / Walk *down* the street and turn right at the first traffic light. 거리를 따라 쭉 걸어가서 첫 번째 신호등이 나오면 오른쪽으로 도세요.

vt. **1 to eat or drink quickly** (급하게) 먹거나 마시다: I usually *down* one glass of wine after dinner. 나는 보통 저녁 식사 후 포도주 한 잔을 마신다. / The boy *downed* the medicine at one swallow. 그 소년은 그 약을 단숨에 들이켰다.

2 to knock to the ground 쓰러트리다, 지게 하다: He *downed* the challenger with a right hook. 그는 라이트 혹으로 그 도전자를 쓰러트렸다.

· 파생어 ·

down-the-line 전면적으로, 철저한
downscale 가난한, 저소득층의
downside 아래쪽(의)
downsize (규모를) 축소하다
downstair(s) 아래층에
downtown 도심지, 번화가
downturn (경기의) 내림세, 하락
downward 내려가는, 하락하는

· 관련표현 ·

lie *down* 드러눕다
cut *down* **expense** 비용을 줄이다
down **in the dumps** 우울하여, 풀이 죽어
get *down* **to work** 본격적으로 일에 착수하다
down **the ages[years]** 태고 이래
slow *down* 속도[속력]를 줄이다

syn. dejected, depressed, sick, drop, swallow, drink down
ant. up, cheerful, healthy, spirited

|실전문제|

1. 다음에 주어진 뜻풀이 가운데서 밑줄 친 <u>downed</u>의 의미로 가장 적절한 것은?

   He <u>downed</u> the glass of water in one gulp.

   (1) unhappy or depressed
   (2) to knock to the ground
   (3) to eat or drink quickly
   (4) in a descending direction along

   해설 | 주어 다음에 있으므로 동사로 쓰였으며, 포도주가 나오므로 '마시다'의 뜻으로 사용되었다. (3) 「그는 물 한 잔을 단숨에 들이켰다.」

2. 다음에 주어진 뜻풀이 가운데서 밑줄 친 <u>down</u>의 의미로 가장 적절한 것은?

   The photocopying machine has been broken <u>down</u> three times since I joined the company.

   (1) in a descending direction along
   (2) at or to a lower position
   (3) not working properly or not in operation
   (4) in or towards the south

   해설 | 주어가 복사기이므로 break down은 '고장이 나다'의 뜻으로 사용되고 있다. (3) 「내가 입사한 이래로 복사기가 세 번이나 고장 났다.」

D

☐ **draft** [dræft]

n. **1** the first rough and incomplete version of a piece of writing or a plan 초안, 초고: She finished the first *draft* of her new play. 그녀는 자신의 희곡의 첫 초안 작성을 끝냈다.

2 a written order for payment of money by a bank, especially from one bank to another (한 은행에서 다른 지점 앞으로 보내는) 지급 명령서, 환어음: He sent a *draft* for 1,000 dollars to his cousin in America. 그는 미국에 있는 사촌에게 1,000달러의 환어음을 보냈다.

3 the system of ordering people to serve in the armed forces, usually for a limited period of time 징병, 징모: When he was 18, he had to register for the *draft*. 18세였을 때, 그는 징병에 지원해야만 했었다.

4 a current of air in any enclosed space 외풍, 틈새 바람: Close the window and stop that *draft*. 창문을 닫아서 그 외풍을 막아라.

·파생어·

draftable 징병 자격이 있는
drafter 입안자, 기초자
drafty 통풍이 잘 되는
draftsman 입안자, 도안공, 화가

·관련표현·

have a *draft* of beer
맥주를 한잔하다
make a *draft* on ~
~에서 예금을 인출하다
draft beer 생맥주
avoid the *draft* 징병을 피하다
draft dodger 징병 기피자

syn. rough sketch, wind, conscription, money order

|실전문제|

다음에 주어진 뜻풀이 가운데서 밑줄 친 <u>draft</u>의 의미로 가장 적절한 것은?

He's made a first <u>draft</u> of his speech for Friday's awards banquet, but it still needs a lot of revision.

(1) a current of air in any enclosed space
(2) the system of ordering people to serve in the armed forces, usually for a limited period of time
(3) a written order for payment of money by a bank, especially from one bank to another
(4) the first rough and incomplete version of a piece of writing or a plan

해설 | 연설(speech)에 대한 draft이므로 초안(초고)에 해당된다. draft는 이처럼 '책, 보고서, 연설 등의 초안'을 뜻할 때 사용된다. (4)「그는 금요일에 있는 시상 연회의 연설문 초안을 만들었으나, 아직 수정할 것이 많다.」

drag [dræg]

vt. **1 to pull along with effort or difficulty** (무거운 것을) 질질 끌다, 끌어당기다: He *dragged* his chair towards the desk and started to read a book. 그는 책상 쪽으로 의자를 끌어당겨서 책을 읽기 시작했다.

2 to move or bring by force or with great effort 억지로 끌어들이다: Mom *dragged* us to a classical music concert. 엄마는 억지로 우리를 클래식 음악 콘서트에 가게 했다.

vi. **1 to proceed or pass with tedious slowness** (행사, 회의 등이) 느릿느릿 진행되다; (교통 등이) 느리게 움직이다: The meeting between the management and labor leaders was *dragging* along without any result. 노사 대표자들 간의 회의가 별다른 성과 없이 느릿느릿 진행되고 있었다.

2 to trail along the ground 땅에 질질 끌리다: The dog's leash *dragged* on the ground. 그 개의 목줄이 땅에 질질 끌렸다.

· 파생어 ·

dragger 예인선, 끄는 것
dragging 매우 지친, 느릿느릿한
draggle 질질 끌어 더럽히다
draggy 느릿느릿한, 지루한

· 관련표현 ·

drag behind 시간이 남보다 늦어지다
drag one's feet 일부러 꾸물거리다
dragged out 몹시 지쳐서
walk with *dragging* feet
발을 질질 끌며 느리게 걷다

syn. haul, dawdle, lag, loiter, pull

|실전문제|

다음에 주어진 뜻풀이 가운데서 밑줄 친 <u>drags</u>의 의미로 가장 적절한 것은?

Traffic during the rush hour just <u>drags</u>.

(1) to trail along the ground
(2) to move or bring by force or with great effort
(3) to pull along with effort or difficulty
(4) to proceed or pass with tedious slowness

해설 | 교통(많은 차들)의 이야기이므로 '느리게[천천히] 움직이는 것'을 말한다. (4)「출퇴근 시간 동안의 차들은 천천히 움직인다.」

drain [drein]

vi., vt. **1 to let liquid flow away gradually** 배수하다, 액체를[가] 빼내다[빠지다]: Miners built the tunnel to *drain* water out of the mines. 광부들은 탄광에서 물을 빼내기 위해서 터널을 만들었다.

2 to make dry by removing all the liquid from 물기를 빼서 말리다: The government authorities mobilized a great number of people to *drain* flooded land and build or repair banks. 정부 당국은 상당히 많은 사람들을 동원하여 홍수로 침수된 땅의 물을 빼게 하고 제방을 만들거나 수리하게끔 했다.

vt. **1 to drink or remove all the liquid in a container** (잔을) 쭉 들이키다, 다 비우다: Angelia *drained* her glass and refilled it. 안젤리아는 유리잔을 비우고 다시 채웠다.

2 to deprive of strength; to cause money or energy to be used up (힘, 재물 등을) 소모시키다, 고갈시키다: These school kids went into mischief again and *drained* all my energy. 이 학생들은 또다시 장난을 치기 시작했으며 나의 모든 에너지를 소모케 했다. / The country has gradually *drained* its cash reserves. 그 나라는 점진적으로 현금 보유액이 고갈되어 갔다.

3 to send intelligent people or goods to foreign countries (재화, 인재를) 국외로 유출시키다: One of the most serious problems we have is to *drain* away the best brains to foreign countries. 우리의 가장 심각한 문제 중 하나는 가장 우수한 인재들을 외국으로 유출시키는 일이다.

|실전문제|

다음에 주어진 뜻풀이 가운데서 밑줄 친 <u>drained</u>의 의미로 가장 적절한 것은?

The sad and shocking experience left him <u>drained</u> emotionally and physically.

(1) to drink or remove all the liquid in a container
(2) to send intelligent people or goods to foreign countries
(3) to deprive of strength
(4) to make dry by removing all the liquid from

해설 | 주어가 '슬프고 충격적인 경험'이므로 이것이 그를 지치게 하여 힘을 고갈시키는 것이다. (3) 「슬프고 충격적인 경험으로 인해 그는 정신적으로나 육체적으로 지치게 되었다.」

· 파생어 ·
drainage 배수; 배수로; 하수
drainer 하수구; 하수도 공사자
drainless 배수 시설이 없는

· 관련표현 ·
drain away 물이 빠지다; 쇠진하다
down the *drain* 수포로 돌아가다
laugh like a *drain* 크게 웃다
brain *drain* 인재 유출

syn. discharge, deplete, exhaust, empty, devitalize
ant. fill, revive

draw [drɔː]

vt. **1 to pull or drag** 무엇인가를 끌어당기다: How many horses will *draw* the royal coach? 몇 마리의 말이 왕립 마차를 끌 것인가?

2 to open or close curtains (커튼 등을) 걷다, 치다: *Draw* curtains over the windows. 창에 커튼을 쳐라.

· 파생어 ·
drawing 그림; 제비뽑기; 인출
drawn (칼이나 총을) 빼낸, 뽑은; (선이) 그어진

3 to get ideas, information or knowledge from 결론 따위를 이끌어 내다: They say they haven't *drawn* any conclusions about the matter yet. 그들은 아직 그 문제에 관한 결론을 이끌어 낼 수 없었다고 말한다.

4 to make pictures with a pencil, pen or crayons (연필이나 펜, 혹은 크레용으로) 그림을 그리다: She is good at *drawing* pictures. 그녀는 그림을 잘 그린다.

5 to take or pull out a weapon (권총이나 제비 등을) 뽑다, 뽑아내다: The burglar suddenly *drew* a knife and asked for money. 그 강도는 갑자기 칼을 빼서 돈을 요구했다. / He *drew* a cork from the bottle. 그는 병마개를 뺐다.

6 to breathe in; inhale 숨을 들이쉬다: He *drew* a deep breath and then continued to talk. 그는 심호흡을 하고 나서는 말을 계속했다.

|실전문제|

다음에 주어진 뜻풀이 가운데서 밑줄 친 <u>drew</u>의 의미로 가장 적절한 것은?

He <u>drew</u> up his face in an expression of disgust.

(1) to take or pull out a weapon
(2) to breathe in
(3) to pull or drag
(4) to make pictures with a pencil, a pen or crayons

해설 | draw up의 목적어가 얼굴(face)이므로 '얼굴을 그리다' 라는 뜻으로 연결될 수 있다. (4) 「그는 역겨운 표정을 하고 있는 자신의 얼굴을 그렸다.」

·관련표현·
draw interest 흥미를 끌다
draw (in) a deep breath 심호흡하다
draw a long sigh 긴 한숨을 쉬다
draw the winner 당첨되다
draw up (문서, 계약서 등을) 작성하다, (계획을) 입안하다
end in a *draw* 무승부로 끝나다

syn. pull, take, sketch, attract, entice, drag
ant. push

☐ dread [dred]

vt. to have great fear or anxiety about 두려워하다, 무서워하다, 걱정하다: I'm just *dreading* the upcoming final exam. 나는 다가오는 학기말 고사가 걱정돼.

n. a feeling of great anxiety or fear 공포, 불안: Her *dread* of coming home alone late at night made her extremely nervous. 자신이 밤늦게 혼자 온다는 생각이 그녀를 아주 신경 쓰이게 했다.

|실전문제|

밑줄 친 dread의 뜻과 가장 가까운 것을 고르시오.

It is not only in our social life that we <u>dread</u> silence. We love noise more than we know, even when no other human being is present.

(1) try to avoid (2) try to keep
(3) try to endure (4) try to get away with

해설 | dread는 '두려워하다, 무서워하다' 의 뜻으로, '피하려고 노력하다' 의 (1)이 정답이다. (2)는 '지키려고 노력하다', (3)은 '참으려고 노력하다', 그리고 (4)는 '없애려고 노력하다' 의 뜻이다. (1) 「우리가 침묵을 두려워하는 것은 사회생활에 있어서 뿐만은 아니다. 그 밖에 아무도 없을 때조차도 우리는 우리가 알고 있는 것 이상으로 소음을 좋아한다.」

·파생어·
dreadfully 무시무시하게; 몹시, 지독하게
dreadful 무서운, 무시무시한; 아주 지독한

·관련표현·
live in *dread* of ~
~의 공포 속에서 살다
God's *dread* judgement
하나님의 무서운 판결
dreadfully sorry 아주 미안한
dreadfully tired
아주 피로한(=very[extremely] tired)
a *dreadful* accident 끔찍한 사고
dread consequence
무서운[끔찍한] 결과
dreadful storm 무시무시한 폭풍우

syn. fear, be afraid of, anticipate with horror
ant. unafraid, courage, confidence, bravery

dry [drai]

a. **1 free from moisture; arid** 건조한, 마른: The well has gone *dry*. 그 우물은 물이 말랐다.
2 without rain or lacking humidity 비가 안 오는, 가뭄의: Extremely *dry* weather over the past year has cut agricultural production. 지난 한 해 동안 굉장히 가문 날씨로 인해 농업 생산량이 줄어들었다. / This *dry* weather is bad for the crops. 이 건조한 날씨는 농작물에게 해롭다.
3 dull and uninteresting 무미건조한, 재미없는: We do a lot of routine work which is sometimes very *dry* and boring. 우리는 일상적인 일을 많이 하는데, 가끔 아주 무미건조하고 지겨울 때가 있다.
4 feeling very thirsty 목마른, 입술이 타는: My lips were still *dry*. 나의 입술은 여전히 말라 있었다.

|실전문제|
다음에 주어진 뜻풀이 가운데서 밑줄 친 dry의 의미로 가장 적절한 것은?

In schools, math is often considered (to be) a dry and uninteresting subject.

(1) without rain or lacking humidity
(2) having little or no saliva in it, and so feeling very unpleasant
(3) free from moisture or arid
(4) dull and uninteresting

해설 | 수학(math)이 재미없는(uninteresting) 과목이라는 말에서 dry의 뜻을 유추할 수 있다. (4) 「학교에서, 수학은 종종 딱딱하고 재미없는 과목으로 여겨진다.」

· 파생어 ·
dryer 말리는 사람; 건조기[드라이어]
drying 건조, 말림
dryness 건조, 무미건조
dryly 냉담하게, 무미건조하게

· 관련표현 ·
a *dry* cough 마른기침
a *dry* answer 쌀쌀맞은 대답
die a *dry* death 자연사를 하다, 제명에 죽다
run *dry* 말라 버리다
not *dry* behind the ears 미숙한

syn. arid, boring, tedious
ant. exciting, humid, wet

---

dubious [djúːbiəs]

a. **1 not sure whether something is good or true** 의심하는, 반신반의하는: The rumor seems rather *dubious* to me. 그 소문의 진위가 내게는 의심스럽다. / I'm still *dubious* about his plan. 나는 아직까지도 그의 계획이 의심스럽다.
2 probably not honest 수상한, 미덥지 않은: He's a rather *dubious* character. 그는 좀 수상한 인물이다. / She spends too much time with *dubious* friends. 그녀는 수상한 친구들과 너무 많은 시간을 보낸다.

|실전문제|
다음 밑줄 친 단어의 뜻과 가장 가까운 것을 고르시오.

I'm dubious about John's suitability for that job.

(1) confident   (2) doubtful
(3) unconcerned   (4) eager

· 파생어 ·
dubiety 의심스러움, 의혹
dubiously 의심스럽게, 수상하게
dubiousness 의심스러움, 미심쩍음(=dubiety)

· 관련표현 ·
a *dubious* reputation
좋지 않은 평판
a *dubious* suggestion
의심스런[미덥지 않은] 제안
a *dubious* character 수상한 인물

syn. doubtful, uncertain, skeptical, suspicious, unreliable
ant. positive, certain, reliable, trustworthy

해설 | dubious는 '의심스러운'의 뜻으로 doubtful과 동의어이다. (1)은 '자신 있는', (3)은 '무관심한', 그리고 (4)는 '열망하는'의 뜻이다. (2)「존에게 그 일이 적합한지 의문이다.」

☐ due [dju:]

a. **1 expected to happen or arrive** ~할 예정인, ~하기로 되어있는: The gentleman is *due* to arrive here sooner or later. 그 신사는 여기에 곧 도착할 예정이다. / Her baby is *due* next week. 그녀의 아기는 다음 주에 태어날 예정이다. / Student's term papers are *due* next Friday. 학생들의 학기말 리포트는 다음 금요일까지 제출해야 한다.

2 owed as a debt 빚지고 있는: Any money that is *due* to me should be paid until the end of this week. 나에게 빚진 돈은 어떤 돈이라도 이번 주말까지 꼭 갚아야 할 것이다.

3 suitable or correct 마땅한, 적당한, 당연한: When you drive, drive with *due* care and attention. 운전을 할 때는 당연히 남을 배려하고 주의 깊게 운전하시오.

4 because of ~로 인해, ~때문에: Their success in business is *due* largely to their innovative business strategy. 그들의 사업 성공은 주로 그들의 혁신적인 사업 전략 때문이다.

·관련표현·
fall[come] *due* 만기가 되다
in *due* **course** 순조롭게 나가면
membership dues 회비
pay dues 보답을 받다
due **date** 만기일, 지급 기일
due **process** 정당한 법의 절차
due **to bad[inclement] weather** 악천후 때문에

syn. scheduled, unpaid, outstanding, appropriate, proper, owing
ant. improper, paid, insufficient

|실전문제|

다음에 주어진 뜻풀이 가운데서 밑줄 친 due의 의미로 가장 적절한 것은?

Employee performance evaluations are <u>due</u> by the end of this week.

(1) owed as a debt
(2) because of
(3) expected to happen or arrive
(4) suitable or correct

해설 | 평가서, 보고서, 숙제 등이 주어로 나오면 due는 '제출되어야 하는, 기한이 언제까지인'의 뜻으로 사용된다. (3)「업무 능력 평가서는 이번 주말까지 제출되어야 한다.」

☐ duplicate [djú:pləkit]

vt. **1 to copy exactly** 복사하다, 사본하다: I'd like you to *duplicate* this key for me. 이 열쇠를 복사해 주었으면 합니다. / When Ted called me, I was *duplicating* some reports alone in the copy room. 테드가 내게 전화했을 때, 나는 홀로 복사실에서 보고서를 복사하고 있었다.

2 to repeat in exactly same way 중복해서 하다, 되풀이하다: This is an extraordinary feat which would be nearly impossible

·파생어·
duplication 중복; 복제, 복사
duplicator 복사기(=copier)
duplicity 표리부동, 이중성
duplicable 복사[복제]할 수 있는

to *duplicate*. 이것은 되풀이되기가 거의 불가능한 굉장한 위업이다.

n. **a copy exactly like an original** 복사, 사본, 복제: The *duplicate* looks like Rembrandt, but it won't fool the experts. 그 복제품은 렘브란트의 작품처럼 보이지만 전문가들을 속이지는 못할 것이다.

a. **made as an exact copy of something else** 복사의, 복제의: If you lost your key, I can give you a *duplicate* key. 만약 열쇠를 잃어버렸다면, 복제된 열쇠를 줄 수 있어.

·관련표현·
in *duplicate* 2통으로
a *duplicate* key 여벌 열쇠
with *duplicity* 이중성을 가지고, 표리부동하게

syn. copy, imitate, reproduce, repeat, imitation, reproduction
ant. original

| 실전문제 |

다음 밑줄 친 duplicates의 뜻과 가장 가까운 것을 고르시오.

Although the immediacy of E-mail <u>duplicates</u> the spontaneity of speech, the medium of communication is written, not oral.

(1) increase   (2) denies
(3) copies   (4) replaces

해설 | duplicate의 뜻은 '모방하다, 복사하다'의 의미를 가지므로, (3)이 정답이다. (1)은 '증가시키다', (2)는 '부인하다', 그리고 (4)는 '바꾸다, 교체하다'의 뜻이다. (3) 「이메일의 직접성은 확실히 음성 언어의 자발성을 모방하고 있으나, 의사소통의 수단은 음성 언어가 아니라 문장이다.」

dwell [dwel]

vi. 1 to live in a place 살다, 거주하다: He *dwells* in the country during most of the year. 그는 연중 대부분의 시간을 시골에서 거주한다.

2 to think or speak about for a long time 깊이 생각하다; 장황하게 말하다: She *dwelt* at length on the similarities in two paintings. 그녀는 두 그림의 유사점에 대해서 오랫동안 곰곰이 생각했다. / The book *dwells* too much on the political aspects of the situation. 그 책은 그 사태의 정치적 측면에 대해 너무 장황하게 이야기하고 있다.

·파생어·
dweller 주민, 거주자
dwelling 집, 거주, 주소

·관련표현·
dwell in a city 도시 생활을 하다
dwell in one's mind 마음속에 남다
a town *dweller* 도시 거주민(=a city *dweller*)
cave-*dwellers* 철거민 (동굴에 거주)
Welcome to my humble *dwelling*! 누추한 저의 집을 찾아 주신 것을 환영합니다!
3-story *dwelling* 3층짜리 집

syn. live, reside, inhabit, linger over
ant. roam

| 실전문제 |

다음 밑줄 친 숙어의 뜻과 가장 가까운 정의를 고르시오.

The speaker <u>dwelt</u> on the difficulties of teaching in college.

(1) spoke frankly about   (2) talked at length about
(3) complained about   (4) touched on

해설 | dwell on ~은 '~을 장황하게 말하다'의 숙어이므로 at length(장황하게)가 포함된 (2)가 정답이다. (1)은 '~에 대해 솔직하게 이야기하다', (3)은 '~에 대해서 불평하다', 그리고 (4)는 '~에 대해 간단히 언급하다'의 뜻이다. (2) 「그 연사는 대학에서 가르치는 일의 어려움에 대해서 장황하게 말했다.」

E

eager [íːgər]

a. **1 wanting to do or to have something very much** 열망하는, 간절히 바라는: The children were *eager* to go on the picnic. 그 어린아이들은 그 소풍 가기를 간절히 바라고 있었다.

2 working or studying hard; having strong interest or enthusiasm 열심인, 열렬한: He is an *eager* student. 그는 열렬한(열심히 공부하는) 학생이다. / He listened to my explanation with *eager* attention. 그는 나의 설명을 열심히 들었다.

|실전문제|

밑줄 친 eager와 뜻이 가장 가까운 것을 고르시오.
We are all <u>eager</u> to see the new movie.

(1) reluctant   (2) indifferent
(3) willing   (4) anxious

해설 | 'be eager to + 동사원형'은 '~하기를 갈망하다, 몹시 ~하기를 원하다'라는 뜻의 숙어이다. (1)은 'be reluctant to + 동사원형'으로 쓰여 '~하기를 꺼리다', (2)는 'be indifferent to + 명사'의 형태로 쓰여 '~에 무관심하다'의 뜻이며, (3)은 'be willing to + 동사원형'의 형태로 사용되어 '기꺼이 ~하다'의 뜻으로 사용된다. (4)는 'be anxious to + 동사원형'의 형태로 사용되어 '몹시 ~하고 싶어하다', 또는 '~하기를 갈망하다'의 뜻으로 문제의 eager와 뜻이 비슷하다고 할 수 있다. (4) 「우리 모두는 그 신작 영화를 몹시 보고 싶어한다.」

·파생어·
eagerly 열심히, 간절히
eagerness 열심, 열망

·관련표현·
in *eager* pursuit 열심히 추구하여
eagerness for fame 명예욕
be *eager* to ~ 몹시 ~하기를 갈망하다 [열망하다]
eager-beaver 열심히 일하는 사람, 일벌레
an *eagerness* to learn 배우고자 하는 간절한 마음
an *eager* glance 뜨거운 눈길
an *eager* desire 간절한 욕망
eager in one's study 공부에 열심인
eager anticipation 뜨거운 기대

syn. desirous, yearning, longing, thirsting, enthusiastic
ant. indifferent, uninterested, inattentive, unmindful

earthquake [ə́ːrθkwèik]

n. **a sudden shaking of the ground caused by movement of the earth's crust** 지진(=quake): The San Francisco *earthquake* was one of the worst catastrophes of the century. 샌프란시스코의 지진은 금세기 최악의 대재해 중 하나였다. / The suburban area was destroyed by the *earthquake*. 교외 지역은 지진에 의해 파괴되었다.

|실전문제|

다음의 영문 정의에 가장 알맞은 단어를 고르시오.

a sudden shaking of the earth's surface, which may be violent enough to cause great damage

(1) volcano   (2) earthquake
(3) thunderstorm   (4) heavy rain

해설 | 앞부분을 보면 지구의 표면이 갑작스럽게 흔들리는 것이라고 하였으므로 지진(earthquake)을 이야기함을 알 수 있다. (1)은 '화산', (3)은 '폭풍우', 그리고 (4)는 '폭우'를 말한다. (2) 「지표가 갑자기 진동하여 큰 피해를 입히는 것」

·관련표현·
earthquake sea wave 지진 해일
earthquake-proof building 내진 건물(지진에 견디도록 지어진 건물)
a slight *earthquake* 미진
a strong *earthquake* 강진

syn. quake, earth tremor, upheaval

ease [iːz]

n. **1** **the ability to do something without difficulty** 어려움 없이 할 수 있는 능력: Our team won the game with *ease*. 우리 팀은 경기를 쉽게 이겼다.

2 **the condition of being comfortable and without worries** 안락, 편안: The retired couple lived a life of *ease*. 그 은퇴한 부부는 편안한 삶을 살았다.

3 **the quality of being easy to use** (사용하기에) 편리함, 쉬움: The camera's *ease* of use in manual mode makes me satisfied with it. 그 카메라가 수동식으로 사용하기에 편리해서 나는 만족스럽다.

| 실전문제 |

밑줄 친 숙어와 뜻이 가장 가까운 단어를 고르시오.

She felt ill at ease since she was the only one present who was not in evening clothes.

(1) optimistic   (2) cheerful
(3) pessimistic   (4) uncomfortable

해설 | ill at ease는 '불편한'이라는 뜻의 숙어인데, 이런 뜻의 단어는 (4)이다. (1)은 '낙천적인, 낙관적인'의 뜻이고, (2)는 '명랑한, 쾌활한', 그리고 (3)은 '비관적인, 염세적인'의 뜻이다. (4) 「그녀는 이브닝드레스를 입지 않은 유일한 참석자였기 때문에 마음이 편치 않았다.」

· 파생어 ·

easeful 편안한, 안일한, 나태한
easeless 불안한(=uncomfortable)
easement (고통 등의) 완화, 경감, 안도, 위안
easy 쉬운, 편안한
easily 쉽게, 안락하게, 여유 있게
easiness 수월함, 편안(함)

· 관련표현 ·

a life of ease 편안한 삶
at ease 편안하게, 마음 편히
feel at ease 안심하다
with ease 쉽게(=easily)
ease the pain 고통을 덜다
fit easily 낙낙하게 잘 맞다
ease off 완화하다, 가벼워지다
ill at ease 마음 놓이지 않는, 불안해하는
ease oneself 안심하다, 기분을 풀다
set at ease 안심시키다, 해결하다

syn. comfort, solace, relief, rest, relaxed manner
ant. pain, discomfort, difficulty, tension, distortion

easy [iːzi]

a. **1** **done without much difficulty or effort** 쉬운, 힘들지 않는: It was not an *easy* job. 그것은 쉬운 일이 아니었다. / Some people say Japanese is quite an *easy* language to learn. 몇몇 사람들은 일본어가 배우기에 꽤 쉬운 언어라고 말한다.

2 **comfortable, and not worried** 편안한, 안락한: Despite plenty of money he had, he has not led an *easy* life. 많은 돈을 가지고 있음에도 불구하고, 그는 편안한 삶을 살지 못했다.

3 **able to be attacked without difficulty** 만만한, (공격 받기) 쉬운: The students don't regard Mr. Robert as an *easy* teacher. 학생들은 로버트 씨를 만만한 선생님이라고 간주하지 않는다.

4 **free from worry or anxiety** 마음 편한: Please make yourself *easy* about it. 그것에 관해서는 염려 마십시오.

5 **relaxed in attitude; easygoing** (성격이) 너그러운, 태평스러운: His *easy* manner made him many friends. 그의 편안한 태도로 인해 그에게는 많은 친구가 있었다.

· 파생어 ·

easy-care 손질하기 간단한
easy-to-use 사용하기 쉬운
cf. **user-friendly** 사용자에게 편리한
easygoing 태평한, 게으른

· 관련표현 ·

an easy victory 낙승
Be easy! 마음을 느긋하게 가지세요!
Make your mind easy! 안심하세요.
as easy as ABC 아주 쉬운
feel easy about ~ ~에 대해 안심하다
in easy circumstances 유복하여
within easy distance[reach] 매우 가까이에
take it easy 서두르지 않다, 화내지 않다, 몸조심하다
easy chair 안락의자(=arm chair)
easy street 유복한 처지
e.g. be an *easy street* 유복하게 지내다

|실전문제|

다음에 주어진 뜻풀이 가운데서 밑줄 친 underline(easy)의 의미로 가장 적절한 것은?

With no worries and plenty of servants, she's always led an easy life.

(1) able to be attacked without difficulty
(2) comfortable, and not worried
(3) done without much difficulty or effort
(4) free from worry or anxiety

해설 | life가 easy와 결합되면 일반적으로 '편안한, 안락한' 등의 뜻을 나타낸다. (2) 「걱정이 없고 많은 하인들이 있으므로 그녀는 항상 편안한 삶을 살아왔다.」

easy of access 접근하기 쉬운
go easy on ~ ~을 적당한 양을 사용하다
take an easy 쉬다

syn. simple, lenient, relaxed, cozy
ant. difficult, uncomfortable, strict, strained

☐ ecology [i:kάlədʒi]

n. **the scientific study of the relation of plants, animals, and people to each other and to their surroundings** 생태학, 생태 환경: The destruction or deforestation of these big forests near the Amazon River could cause serious consequences to ecology. 아마존 강 근처의 이 대규모 숲을 파괴하고 벌목하는 것은 생태환경에 심각한 결과를 초래할 수 있다. / Global ecological efforts can easily be at odds with local ecologies. 전 세계의 생태학적인 노력은 그 지역 생태 환경과 쉽게 대립될 수 있다.

·파생어·

ecological 생태학의, 생태학적인
ecologically 생태학적으로
ecologist 생태학자

·관련표현·

ecological research[study] 생태학적인 연구
ecologically sound 생태학적으로 건전한
delicate ecological balance 민감한 생태학적 균형
ecological pyramid 생태적 피라미드
ecological succession 생태 천이(遷移)

|실전문제|

다음의 영문 설명에 맞는 정의를 고르시오.

the scientific study of the pattern of relations of plants, animals, and people to each other and to their surroundings

(1) ecology   (2) economics
(3) phycology   (4) social welfare

해설 | 문맥을 보면 식물, 동물, 인간의 상호 관계와 환경과의 관계를 과학적으로 연구한다고 하므로, '생태학'(=ecology)에 해당된다. (2)는 '경제학', (3)은 '조류학', 그리고 (4)는 '사회 복지학'의 뜻이다. (1)「식물, 동물, 그리고 인간의 상호 관계와 그들을 둘러싼 환경과의 관계 등의 양태에 관한 과학적 연구」

·파생어·

economic 경제의, 경제학의
economical 경제적인, 절약하는
economist 경제학자
economy 경제; 절약
economize 절약하다, 경제적으로 쓰다

·관련표현·

economic crisis 경제 위기
economic recession 경기 후퇴[침체]
an economical housewife 알뜰 주부
be economical with one's time and money 시간과 돈을 낭비하지 않다
economic indicator 경제 지표
economic refuge 경제 난민

☐ economics [i:kənámiks]

n. **the study of the way in which money, industry, and trade are organized in a society** 경제학: He's taking a course in macro-economics. 그는 거시 경제학 과정을 밟고 있다. / She's specializing in economics. 그녀는 경제학을 전공하고 있다.

| 실전문제 |

다음의 영문 설명에 맞는 정의를 고르시오.

the scientific study of the way in which wealth is produced and used

(1) physics (2) microbiology
(3) economics (4) physiology

해설 | 어떤 학문을 정의하는 말로써, 끝 부분에 '부가 만들어지고 사용된다'는 말이 있으므로, 이것이 '경제학'(=economics)에 대한 설명임을 짐작할 수 있다. (1)은 '물리학', (2)는 '미생물학', (4)는 '생리학'의 뜻이다. (3)「부가 창출되고 소비되는 방식에 관한 과학적인 연구」

effect [ifékt]

n. **1 something that is produced by a cause; result** 결과: At fifteen, she still had no grasp of cause and *effect*. 열다섯 살이었음에도, 그녀는 아직도 인과관계를 이해하지 못했다.

2 the power to produce an outcome; influence 미치는 영향이나 인상: The drought has made a great *effect* on the farmers for years. 가뭄은 수년 동안 농부들에게 큰 영향을 미쳤다.

3 the specially created sound and scenery for a film (영화, 방송 등에서의) 특수 효과: He won an award for the special *effects* he did for this film. 그는 이 영화에서 보여 준 특수 효과로 인해 상을 받았다.

4 one's personal property or possessions 동산, 재산: Before moving, the family sold as many of their *effects* as possible. 이사하기 전에, 그 가족은 되도록 많은 동산을 팔았다.

| 실전문제 |

다음에 주어진 뜻풀이 가운데서 밑줄 친 effect의 의미로 가장 적절한 것은?

The plea for clemency had no <u>effect</u> on the judge.

(1) the specially created sounds and scenery for a film
(2) something that is produced by a cause
(3) the power to produce an outcome; influence
(4) personal property or possessions

해설 | have an effect on ~은 '~에 영향을 미치다'의 뜻으로 have an influence[impact] on ~도 같은 뜻으로 사용된다. (3)「관대한 처벌에 대한 호소는 판사에게 아무런 영향도 미치지 못했다.」

economic sanctions 경제 제재
practice *economy*
절약하다(=economize)
economy class 비행기의 3등석
economize on water and electricity 물과 전기를 아껴 쓰다
for *economic* reasons
경제적 이유로 인해
economic chaos 경제적 혼란
economic botany 실용 식물학
economic depression 경제 불황
an *economic* giant 경제 대국
be *economical* of ~ ~을 절약하다
on *economical* lines
경제적인 방침으로

· 파생어 ·

effective 효과적인,
효력이 있는; 사실상의; 인상적인
effectual 효험 있는, 유효한
efficacy 효험, 유효

· 관련표현 ·

make an *effective* speech
감명인 연설을 하다
an immediate *effect* 즉효
have[make] an *effect*[influence] on ~ ~에 영향을 미치다
in *effect* 사실상, 요컨대
take *effect*
(법률, 규칙 등이) 효력을 발생하다
to this *effect* 이러한 취지로
effectual demand 유효 수요
effectual measures 유효한 수단
bring ~ to *effect* 실행하다, 수행하다
give *effect* to ~ ~을 실행하다
no *effects* 무재산, 예금 없음
of no *effect* 무효의, 무익한
with *effect* 효과적으로, 감명 깊게
a placebo *effect* 위약 효과
cause and *effect* 원인과 결과
come into *effect* 효력을 나타내다, 실시하다

syn. result, consequence, influence, enforcement, possessions
ant. cause, inducement, origin, source

E

egalitarian [iɡǽlətɛ́əriən]

a. **supporting or following the idea that everyone is equal and should have the same rights and opportunities** 인류 평등주의의: We have the right to live in an *egalitarian* society. 우리는 평등주의 사회에 살 권리가 있다.

|실전문제|

다음 밑줄 친 단어의 올바른 정의를 고르시오.

Hunter-gatherers are the most egalitarian people on earth.

(1) supporting the principle of equal rights and opportunities for everyone
(2) being occupied by the unfair favoring of one group at the expense of another
(3) inclining to hopefulness and confidence
(4) filling one's mind with wicked or vicious thoughts

해설 | hunter-gatherers는 '수렵 채집인'의 뜻으로 이들이 egalitarian(평등주의적)인 사람들이라는 문장이다. (1)은 '만인에게 평등한 권리와 기회를 부여한다는 원칙을 지지하는 것', (2)는 '다른 것을 희생하여 하나의 집단에 대한 편애에 빠져 있는 것', (3)은 '희망과 신뢰를 바라는 경향이 있는 것', 그리고 (4)는 '심술궂은 생각이나 부도덕한 생각이 머릿속에 가득한 것'이라는 뜻이다. 이 중에서 밑줄 친 단어의 정의는 (1)이다. (1) 「수렵 채집인들은 이 세상에서 가장 평등주의적인 사람들이다.」

·파생어·

egalitarianism 인류 평등주의

·관련표현·

an *egalitarian* society
인류 평등 사회

syn. equal, equalitarian
ant. unequal

element [éləmənt]

n. **1 basic chemical substance** 그 이상 분해할 수 없는 화학적 요소, 원소: Hydrogen and oxygen are the two *elements* of water. 수소와 산소는 물의 두 가지 구성 성분이다.

2 basic parts or facts 기본 요소: The exchange of POWs was one of the key *elements* of the U.N. peace plan. 전쟁 포로의 교환은 유엔 평화 계획의 주요 요소 중 하나였다. / Cells are basic *elements* of the human body. 세포는 인간 신체의 기본 요소이다.

3 the basic principles of a subject (학문의) 원리, 기초: The *elements* of microbiology are difficult to grasp 미생물의 원리는 이해하기 어렵다.

4 an environment naturally suited to an individual 천성, 고유의 환경: The musician was out of his *element* among the bankers and financiers. 그 음악가는 은행원들과 금융업자들 사이에 어울리지 않는 환경 속에 있었다.

5 the weather, usually bad weather 폭풍우, 악천후: Structures are vulnerable to the *elements* and erosion. 건물들은 비바람과 부식에 취약하다.

·파생어·

elemental 요소의, 원리의, 자연력의
elementary 기본의, 초보의; 원소의

·관련표현·

discontented *elements*
(사회의) 불평분자

be in one's *element*
본래의 활동 범위 내에 있다

elemental grandeur 자연의 웅대함
elemental forces 자연력
an *elementary* school 초등학교
elementary particle 소립자
elementary knowledge 초보 지식
be out of one's *element*
자기에게 맞지 않는 환경 속에 있다
strife of the *elements* 대폭풍우
elementary education 초등 교육

syn. component, factor, principle, part, habitat

|실전문제|

다음에 주어진 뜻풀이 가운데서 밑줄 친 element의 의미로 가장 적절한 것은?

Fitness has now become an important element in our lives.

(1) basic parts or facts
(2) the basic principles of a subject
(3) basic chemical substance
(4) an environment naturally suited to an individual

해설 | 주어인 체력[건강](fitness)을 보면 답이 쉽게 짐작이 가며, 이 문장은 학문의 원리나 화학적인 것, 그리고 환경적인 것과는 관계가 없다는 것을 알 수 있다. (1) 「체력[건강]은 지금 우리의 생활에서 중요한 요소가 되었다.」

☐ elicit [ilísit]

vt. to succeed in drawing information or a reaction from someone after much effort (정보, 반응을 어렵게) 이끌어 내다: The mayor's speech *elicited* a flood of encouraging letters. 그 시장의 연설로 말미암아 수많은 격려의 편지가 왔다. / After a lot of questioning, he *elicited* the truth from the woman. 많은 심문이 있은 후, 그는 그 여성에게서 진실을 유도해 냈다. / The comedian *elicited* a laugh from the audience. 그 코미디언은 청중들을 웃게 했다.

·파생어·
elicitation 이끌어 냄, 유도

·관련표현·
elicit **it a reply** 대답하도록 유도하다
elicit **public comment**
국민적 반응을 이끌어 내다
elicit **much criticism**
많은 비난을 이끌어 내다, 물의를 일으키다
elicit **a lot of applause**
많은 박수갈채를 이끌어 내다
elicit **a laugh from ~** ~를 웃게 하다

syn. draw out, bring forth, extract
ant. discourage, repress

|실전문제|

밑줄 친 elicits와 뜻이 가장 가까운 단어를 고르시오.

Because E-mail allows instant communication, it elicits an immediate reaction.

(1) invites   (2) discourages
(3) prevents   (4) supports

해설 | elicit는 '~을 이끌어 내다'의 뜻이므로 (1)이 그 뜻을 가진 단어이다. (2)는 '낙담시키다', (3)은 '방해하다, 막다', 그리고 (4)는 '지지하다, 떠받치다'의 뜻이다. (1)「이메일은 즉시 전달할 수 있기 때문에 상대의 응답을 곧바로 이끌어 낼 수 있다.」

☐ embody [embádi]

vt. 1 to express in a real or physical form 구체화하다, 구체적으로 표현하다: The sculpture *embodies* the artist's love of animals. 그 조각품은 그 예술가의 동물에 대한 사랑을 구체적으로 표현하고 있다.

2 to include 포함하다, 수록하다: The testimony is *embodied* in the court record. 그 증언은 법정 기록에 포함되어 있다. / The book *embodies* all the rules. 그 책에는 모든 규칙이 포함[수록]되어 있다.

·파생어·
embodiment 구체화, 구체적 표현, 화신

·관련표현·
embody **thoughts** 사상을 구현하다
embody **democratic ideas**
민주주의 사상을 나타내다
embody **in ~** ~으로 구현하다

|실전문제|

밑줄 친 embodied와 뜻이 가장 가까운 것을 고르시오.

Democracy is embodied in American political institutions and expressed in American political ideals.

(1) submerged by
(2) emigrated into
(3) given concrete form
(4) given abstract expression

해설 | embodied는 '구체화된'의 뜻으로 구체화된 형태가 주어진다는 (3)이 정답이다. (1)은 '~에 의해 침수된', (2)는 '~로 이주한', 그리고 (4)는 '추상적인 표현이 주어진'의 뜻을 나타낸다. (3) 「민주주의는 미국의 정치 제도에서 구체화되어 미국의 정치적 이상을 표현하고 있다.」

embrace [embréis]

vt. **1** **to hold with both arms in loving way** 껴안다, 포옹하다: She *embraced* her crying son warmly. 그녀는 우는 아이를 따뜻하게 포옹했다.

2 **to accept or adopt** (변화, 생각, 규칙, 주의, 신앙 등을) 채택하다, 신봉하다, 받아들이다: He *embraced* the new information age. 그는 새로운 정보화 시대를 받아들였다. / Iceland *embraced* Christianity around the year 1000. 아이슬란드는 약 천 년에 기독교를 받아들였다. / He *embraced* the Christian faith. 그는 기독교인이 되었다.

3 **to include or cover** 포함하다, 포괄하다: A broad range of subjects are *embraced* in an encyclopedia. 백과사전에는 광범위한 주제들이 포함되어 있다. / The study *embraced* all aspects of the problems of air pollution and overcrowdedness. 그 연구 조사에는 공해와 과밀 문제의 모든 면이 포함되어 있었다.

syn. express, represent, exemplify, realize, personify, include
ant. disembody, exclude, scatter, disperse

· 파생어 ·

embracement 포옹, 수락
embracer 포옹하는 사람, 매수자

· 관련표현 ·

embrace Buddhism
불교에 귀의하다
tender *embrace* 부드러운 포옹
embrace a new life
새로운 생활로 들어가다
embrace the whole village
마을 전체를 한눈에 바라보다
embrace a situation
사태를 관찰하다

syn. hug, adopt, include, espouse
ant. reject, refuse, exclude

|실전문제|

다음에 주어진 뜻풀이 가운데서 밑줄 친 embraced의 의미로 가장 적절한 것은?

The new rules have been embraced by the upper management.

(1) to become a believer in
(2) to accept or adopt
(3) to include or cover
(4) to hold with both arms in loving way

해설 | 이것은 수동태 문장인데 능동 문장의 주어는 '고위 경영진'이며, 이들이 회사 규정을 받아들이고 채택하는 것이다. (2) 「새로운 회사 규정을 고위 경영진이 채택했다.」

employ [emplɔ́i]

vt. **1 to hire or give a job to** 고용하다, 일을 주다: The company *employs* more women than men. 그 회사는 남성보다 더 많은 여성들을 고용하고 있다.

2 to use or take advantage of ~를 이용[사용]하다: The police are *employing* force to disperse the crowd. 경찰은 군중을 분산시키기 위해 무력을 행사하고 있다.

3 to spend one's time or energy (시간, 정력 등을) 소비하다, 쓰다: My father *employs* his spare time in gardening. 내 아버지는 여가 시간을 정원 손질에 보내고 있다. / He was *employed* in clipping the hedge. 그는 산울타리의 가지치기를 하였다.

|실전문제|

1. 다음에 주어진 뜻풀이 가운데서 밑줄 친 <u>employed</u>의 의미로 가장 적절한 것은?

   He <u>employed</u> all his energy in writing.

   (1) to work in or be committed to
   (2) to spend one's time or energy
   (3) to hire or give a job to
   (4) to use or take advantage of

   해설 | 목적어인 all his energy가 있는 것으로 보아 시간, 정력 등을 소비한다는 내용이 오는 것이 적절하다. (2) 「그는 글 쓰는 데 자신의 모든 힘을 소비했다.」

2. 밑줄 친 단어와 가장 비슷한 뜻의 단어를 고르시오.

   The linguist Noam Chomsky <u>employed</u> the following languages in the course of his argument.

   (1) used   (2) spent
   (3) required   (4) replaced

   해설 | employed는 '사용된'의 뜻으로 used로 표현할 수 있다. (2)는 '쓰여진, 소비된'의 뜻이며, (3)은 '요구된', 그리고 (4)는 '대치된, 교체된'의 뜻이다. (1) 「언어학자 노암 촘스키는 토론을 진행하는 과정에서 다음 말들을 사용했다.」

·파생어·

employable 고용할 수 있는
employee 고용인, 직원
employer 고용주
employment 고용; 직업
unemployed 실직한
unemployment 실업, 실직
employed 취직하고 있는

·관련표현·

be in the *employ* **of ~**
~에게 고용되어 있다
out of *employ* 실직하여(=out of job, out of *employment*)
seek *employment* 구직하다
full *employment* 완전 고용
take ~ into *employment*
~를 고용하다
***employment* agency** 직업소개소
***unemployment* rate**
실업률(=jobless rate)
take a person into one's *employ* 누군가를 고용하다
throw a person out of *employment* ~를 해고하다

syn. hire, use, utilize, exercise, engage
ant. dismiss, let go

empty [émpti]

a. **1 not having any people or things in** 텅 빈, 비어 있는: There are some *empty* and abandoned houses in the back alley of New York. 뉴욕 빈민가에는 텅 비어 버려진 집들이 있다.

2 without purpose; meaningless 무의미한, 목적 없는, 공허한: The director didn't want to retire and lead an *empty* life. 그 이사는 퇴직해서 공허한 삶을 살고 싶지는 않았다.

·파생어·

empty-handed 빈손의
empty-headed 머리가 빈, 바보 같은
emptily 공허하게, 헛되이
emptiness 텅 빔, 공허함, 무의미함

3 hungry 배고픈, 공복의: Take the medicine on an *empty* stomach three times a day. 하루에 세 번 공복에 그 약을 복용하세요.

4 being void of; lacking in 없는, 결여된: He wanted a room *empty* of furniture so that he can use more space. 그는 공간을 더욱 이용하기 위해서 가구가 없는 방을 원했다.

|실전문제|

다음에 주어진 뜻풀이 가운데서 밑줄 친 empty의 의미로 가장 적절한 것은?

The hotel boom of the late 70s and early 80s led to the <u>empty</u> rooms, high overhead and big losses of the 80s and early 90s.

(1) without purpose; meaningless
(2) hungry
(3) being void of; lacking in
(4) not having any people or things in

해설 | 주어가 hotel boom(호텔 상승 경기)이며 room을 수식하므로 '빈방, 사람이 없는 방'의 뜻으로 짐작할 수 있다. (4) 「70년대 후반과 80년대 초의 호텔 상승 경기가 80년대와 90년대 초에 가서는 텅 빈 객실과 높은 간접비, 그리고 큰 손실의 원인이 되었다.」

· 관련표현 ·

empty promises 말뿐인 약속
return *empty* 헛되이 돌아오다
empty out 모조리 비우다
feel *empty* 허무한 생각이 들다
on an *empty* stomach 배가 고파, 공복으로는
pay a person in *empty* words 누군가에게 말뿐인 약속을 하다
send away a person *empty* ~를 빈손으로 돌려보내다

syn. vacant, void, unoccupied, wanting, destitute
ant. occupied, full, meaningful

☐ **encourage** [enkə́ːridʒ]

vt. 1 to give confidence or hope by giving active approval 용기를 돋우다, 격려하다, 고무하다: Letters of support *encouraged* the mayor to run again. 지지 편지들로 인해 그 시장은 다시 출마할 용기를 얻었다.

2 to foster or promote to happen 조장하다, 촉진하다, 장려하다: Good health *encourages* clear thinking. 좋은 건강은 명확한 사고를 조장한다. / The government is *encouraging* agriculture with tax breaks including many benefits. 정부는 많은 혜택을 포함해서 세제 감면으로 농업을 장려하고 있다.

|실전문제|

다음의 영문 정의에 해당하는 단어를 고르시오.

to make someone feel brave or confident enough to do something by giving active approval

(1) advise   (2) encourage
(3) propose   (4) disappoint

해설 | 앞부분에서 '누구를 충분히 용감하게 하고 자신감 있게 한다'고 했으므로 정의 내린 단어는 (2)임을 알 수 있다. (1)은 '충고[조언]하다', (2)는 '격려하다', (3)은 '제안하다', 그리고 (4)는 '실망시키다'의 뜻이다. (2) 「어떤 사람을 적극적으로 인정해 줌으로 그 사람이 무엇인가를 하도록 용기를 북돋우거나 자신감을 갖도록 해 주는 것」

· 파생어 ·

encouraging 장려하는, 고무하는
encouragingly 고무적으로
encouragement 격려, 장려, 조장

· 관련표현 ·

encouraging signs 고무적인 조짐[징조]

give ~ a great deal of *encouragement* ~에게 많은 격려를 해 주다

Thanks for your advice and *encouragement*. 당신의 조언과 격려에 감사합니다.

encouraging news 쾌보

grants for the *encouragement* of research 연구 장려금

encourage international fellowship 국제 친선을 촉진하다

syn. inspire, inspirit, foster, promote, further, prompt
ant. discourage, dissuade, dispirit, hinder, prevent

□ end [end]

n. **1 the furthest or most extreme part of something** (장소, 물건의 중심부에서 가장 먼) 끝, 끝단, 말단: Both of us walked quietly to the *end* of the road. 우리 둘은 아무 말 없이 도로 끝까지 걸어갔다. / Put the glass at the *end* of the table. 유리잔을 테이블 끝에 놓아라.

2 a result; an outcome 결과: What will be the *end* of their election? 그들의 선거 결과가 어떻게 되겠는가?

3 a purpose, a goal or an aim 목적: He used unscrupulous means to achieve his *end*. 그는 목적을 달성하기 위해서 파렴치한 수단을 사용했다.

4 a little piece that is left after something has been used 남은 끝, (담배)꽁초: Throwing cigarette *ends* in the street is to be fined. 담배꽁초를 거리에 버리면 벌금을 내야 한다.

5 destruction or death 파괴, 종말, 죽음: Another world war could bring on the *end* of civilization. 세계 대전이 또 한 차례 일어나면 문명의 종말을 초래할 수 있다.

|실전문제|

1. 다음에 주어진 뜻풀이 가운데서 밑줄 친 end의 의미로 가장 적절한 것은?

   The <u>end</u> of our society is the common welfare.

   (1) a little piece that is left after something has been used
   (2) the furthest or most extreme part of something
   (3) a purpose, a goal or an aim
   (4) destruction or death

   해설 | 문맥상 보어인 '공공의 복지'를 보면 우리 사회의 목적을 뜻한다고 알 수 있다.
   (3) 「우리 사회의 목적은 공공의 복지이다.」

2. 다음 밑줄 친 부분과 가장 가까운 뜻의 표현을 고르시오.

   I remember how life was years ago, when we lived in a three-room house; when we got up before daylight and worked till after dark to <u>make ends meet</u>.

   (1) to attain our aims as planned
   (2) to get just enough money for our needs
   (3) to save up for a rainy day
   (4) to spend the rest of our lives in peace

   해설 | make ends meet은 '수지를 맞추다'라는 숙어로 (2)의 '필요한 만큼의 돈을 얻는 것'과 가까움을 알 수 있다. (3)은 '만일의 경우를 대비해서 저축하다'의 뜻이며 (1)은 '계획대로 목표를 달성하다', 그리고 (4)는 '여생을 평화롭게 보내다'의 뜻이다.
   (2) 「나는 몇 년 전의 생활이 어떠했는지 기억하고 있다. 그 무렵 우리는 방이 3개 있는 집에서 살았는데, 수입 범위 내에서 꾸려 나가기 위해 해 뜨기 전에 일어나서 어두워질 때까지 일했다.」

· 파생어 ·

end-all 종결, 대단원
ending 결말, 인생의 끝
endless 끝없는, 끊임없는

· 관련표현 ·

gain[attain] one's *ends* 목적을 이루다
at one's wit's *end* 곤경에 빠져
at the *end* 끝내는, 최후에는
come to an *end* 끝나다
bring ~ to an *end* ~를 끝내다
in the *end* 결국에는(=ultimately)
make both *ends* meet 수지를 맞추다
to no *end* 헛되이
to the *end* of earth 땅 끝까지
***end* in smoke** (계획이) 수포로 돌아가다
all *ends* up 완전히 철저하게
at the deep *end* 가장 곤란한 곳에
get the better *end* of ~ ~을 이기다, ~보다 낫다
have an *end* in view 계획(계략)을 품다
make an *end* of ~ ~을 끝내다, ~을 다하다
meet one's *end* 최후를 마치다, 숨을 거두다
never hear the *end* of ~ ~에 대해 끝없이 듣다
see an *end* of ~ ~이 끝나는 것을 지켜보다
serve a person's *end* 뜻대로 되다
think no *end* of a person ~을 존중하다

syn. termination, aim, limit, destruction, result, leftover, consequence
ant. beginning, front

engage [engéidʒ]

vt. 1 to attract someone's attention or interest (흥미나 주의를) 끌다: The boring class didn't *engage* the children's attention. 그 지루한 수업은 어린아이들의 주의를 끌지 못했다.

2 to employ or hire 고용하다: The house was so large that it was necessary to *engage* an extra maid. 그 집은 너무나 커서 추가적으로 하녀를 고용하는 것이 필요했다.

3 to begin to fight 교전하기 시작하다: They *engaged* the enemy force fiercely. 그들은 적군과 맹렬하게 교전했다.

4 to reserve in advance (호텔이나 좌석 등을) 예약하다: He has *engaged* a seat on the train a couple of days ago. 그는 2일 전에 기차 좌석을 예약했다.

5 to pledge or promise to marry 약혼시키다: The couple got married after being *engaged* a month ago. 두 사람은 약혼한 지 한 달 만에 결혼했다.

· 파생어 ·
engaged 예약된; 약혼 중인; 종사하고 있는
engagement 약속, 예약; 약혼
engaging 매력적인

· 관련표현 ·
be *engaged* in ~ ~에 종사하다 (=*engage* oneself in ~)
an *engaged* seat 예약된 좌석
previous *engagement* 선약
military *engagement* 무력
engagement ring 약혼반지
an *engaging* smile 매력적인 미소
engage as ~ ~으로 고용하다
be *engaged* with ~ ~으로 바쁘다
engaged to ~ ~와 약혼 중인
engage for ~ ~을 약속하다, 보증하다

syn. contract, hire, reserve, captivate, betroth
ant. fire, let go, cancel

|실전문제|

1. 다음에 주어진 뜻풀이 가운데서 밑줄 친 engage의 의미로 가장 적절한 것은?

I have already learned skills to engage the attention of the audience.

(1) to begin to fight
(2) to employ or hire
(3) to attract someone's attention or interest
(4) to reserve or book

해설 | attention(주의, 주목)이 목적어이므로 동사의 뜻을 생각해 보면 '주의를 끌다'라는 의미가 된다. (3) 「나는 벌써 청중들의 주의를 끄는 기술을 배웠다.」

2. 밑줄 친 engage와 뜻이 가장 가까운 것을 고르시오.

Once we were seated around the kitchen table, she proceeded to engage each of us in conversation.

(1) admire
(2) hire
(3) involve
(4) surprise

해설 | engage는 '~에 종사시키다'의 뜻으로 (3)이 비슷한 뜻을 나타낸다. (1)은 '존경하다, 칭찬하다', (2)는 '고용하다'(=employ), 그리고 (4)는 '놀라게 하다'의 뜻을 가지고 있다. (3) 「우리가 부엌의 식탁 주위에 앉자, 그녀는 우리를 대화에 끌어들이려고 했다.」

enormous [inɔ́ːrməs]

a. extremely large 막대한, 엄청난, 엄청나게 큰, 대단한, 매우 ~한: The banquet was held in an *enormous* room. 그 연회는 엄청나게 큰 방에서 열렸다. / The merchant has an *enormous* sum of money. 그 상인은 엄청나게 많은 돈을 가지고 있다. / It was an *enormous* disappointment. 그것은 엄청난 실망이었다.

· 파생어 ·
enormously 터무니없이, 대단히, 막대하게
enormousness 거대함, 막대함
enormity 극악, 큰 범죄, 무법

· 관련표현 ·
an *enormous* difference 큰 차이

|실전문제|

밑줄 친 enormous의 뜻으로 알맞은 것을 고르시오.

Whales eat enormous amounts of plankton; the plants and animals that thrive in very salty water.

(1) very large
(2) very clean
(3) very dirty
(4) very small

해설 | enormous는 '규모가 거대하거나 막대한'의 뜻으로 '아주 크다'는 (1)이 정답이다. (1)「고래는 엄청난 양의 플랑크톤, 즉 매우 짠 물에서 번식하는 식물성, 동물성 플랑크톤을 먹는다.」

the most *enormous* crime
가장 악독한 범죄

an *enormous* sum of money
거액의 돈, 엄청나게 많은 돈

the *enormity* of the crime
그 범죄의 흉악성

the *enormity* of the task
그 일의 거대함

syn. huge, vast, immense, tremendous, titanic
ant. small, tiny, minuscule, trivial, teeny

☐ **enrich** [enrítʃ]

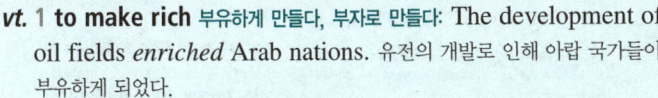

vt. **1 to make rich** 부유하게 만들다, 부자로 만들다: The development of oil fields *enriched* Arab nations. 유전의 개발로 인해 아랍 국가들이 부유하게 되었다.

2 to improve the quality of (질, 맛 등을) 높이다: It is important to *enrich* the soil prior to planting. 나무를 심기 전에 토양의 질을 높이는 것은 중요하다. / Music and arts can *enrich* our lives. 음악과 미술은 우리의 생활을 윤택하게 할 수 있다.

3 to decorate or adorn 장식하다, 꾸미다: She *enriched* her room with flowers. 그녀는 방을 꽃으로 장식했다.

4 to increase the amount of one or more radioactive isotopes in a nuclear fuel (우라늄, 핵연료 등을) 농축시키다: *Enriching* uranium can be used as a means to threaten to the neighboring nations. 우라늄 농축은 이웃 국가들을 위협하는 수단으로 사용될 수 있다.

·파생어·
enriched 부유하게 된, 윤택하게 된
enrichment 비옥, 부유하게 하기; 장식물

·관련표현·
enrich soil 토양을 윤택하게 하다
enrich experience 경험을 넓히다
enriched uranium 농축 우라늄
enrich oneself (by trade) 재산을 모으다
enriched food 강화식품

syn. improve, ameliorate, adorn, improve
ant. degrade, weaken, simplify

|실전문제|

다음에 주어진 뜻풀이 가운데서 밑줄 친 enriched의 의미로 가장 적절한 것은?

The breakfast cereal is enriched with vitamins and minerals.

(1) to increase the amount of one or more radioactive isotopes in a nuclear fuel
(2) to decorate or adorn
(3) to improve the quality of
(4) to make rich

해설 | 시리얼에 비타민과 미네랄이 포함되어 그 시리얼의 품질을 높인다는 의미이다. (3)「아침에 먹는 시리얼은 비타민과 미네랄이 풍부하다.」

237

enter [éntər]

vt. 1 to come or go into a place (~에) 들어가다: He *entered* the house by a back door, because the front door is locked. 그는 앞문이 잠겨 있었기 때문에 뒷문을 통해서 들어갔다.

2 to join or take part in 참가하다, 가입하다, 입대하다: She refused to *enter* the discussion. 그녀는 토론에 참가하기를 거부했다. / He *entered* the army a couple of months ago. 그는 2달 전에 군에 입대했다. / He *entered* politics at an early age. 그는 어린 나이에 정치에 입문했다.

vi. 1 to register as a competitor or participant in (대회 등에) 참가하다: She *entered* for the competition. 그녀는 그 대회에 참가했다.

2 to put information into a computer (자료를 컴퓨터에) 입력하다: I spent quite a lot of time *entering* the data into the computer. 나는 자료를 컴퓨터에 입력하는 데 꽤 많은 시간을 보냈다.

· 파생어 ·
enterable 참가 자격이 있는
entrance 입구, 입장(료)
entry 입장, 참가; 기입

· 관련표현 ·
enter the hospital 입원하다
enter into a contract 계약을 맺다(=make a contract)
enter into an agreement to ~ ~하는 것을 승낙하다(떠맡다)
enter the army 군인이 되다
enter an objection 반대를 제기하다
enter oneself for ~ ~에 응모하다, 참가하다
enter upon one's duties 취임하다

syn. enroll, join, register, penetrate
ant. exit, leave, withdraw

|실전문제|
다음에 주어진 뜻풀이 가운데서 밑줄 친 entered의 의미로 가장 적절한 것은?

Each week he meticulously entered all sums received into the computer.

(1) to register as a competitor or participant in
(2) to put information into a computer
(3) to come or go into
(4) to join or take part in

해설 | 합한 숫자(총액)와 computer가 나오므로 이 숫자를 컴퓨터에 입력시키는 것임을 알 수 있다. (2) 「매주 그는 받은 총액을 모두 매우 꼼꼼하게 컴퓨터에 입력시켰다.」

entitle [entáitl]

vt. 1 to give the right to do or have something ~에게 권리[자격]을 주다: Not lab scientists but general students are not *entitled* to enter the laboratory. 실험실 과학자들이 아닌 일반 학생들은 그 실험실에 들어갈 자격이 없다. / I think I'm *entitled* to know why I didn't pass the job interview. 제가 왜 면접을 통과하지 못했는지 알 권리가 있다고 생각합니다.

2 to give a title to 제목을 붙이다, 명칭을 부여하다: The book is *entitled* "Pride and Prejudice". 그 서적은 "오만과 편견"이라는 제목의 책이다.

3 to designate a person by an honorary title ~라고 칭하다, ~의 칭호를 주다: He *entitles* himself a genius. 그는 천재라고 자칭한다. / They *entitled* him sultan. 그들은 그에게 술탄의 칭호를 주었다.

· 파생어 ·
entitlement 명칭 부여, 자격 부여

· 관련표현 ·
be *entitled* to sit 앉을 자격[권리]이 있다
be *entitled* to respect 존경받을 자격이 있다
be *entitled* to vote 투표할 자격이 있다
be[become] *entitled* to a pension 연금을 받을 자격이 있다

|실전문제|

밑줄 친 숙어의 뜻과 가장 가까운 것을 고르시오.

All employees are entitled to a two-week paid vacation each year.

(1) have the right to
(2) look forward
(3) are anxious to take
(4) must not take more than

해설 | be entitled to ~는 '~의 자격이 있다, ~을 받을 권리가 있다'의 뜻으로 (1)이 정답이다. (2)는 '기대하다'의 뜻으로, look forward to ~ing의 형태로 '~하기를 몹시 기다리다, 학수고대하다'의 의미로 사용되며, (3)은 '몹시 가지고 싶어하다', 그리고 (4)는 '이 이상 가져서는 안 된다'의 뜻이다. (1)「모든 직원은 매년 2주간의 유급휴가를 받을 권리가 있다.」

syn. authorize, have the right to, qualify, name, designate
ant. disqualify, disable

□ entry [éntri]

n. 1 **the act of going into a place** 입장, 침입, 들어감: He was charged with trying to gain illegal *entry* into the building. 그는 건물의 불법 침입 혐의로 기소되었다. / An ovation greeted the candidate's *entry* into the hall. 홀에 등장한 그 후보는 기립 박수로 환영을 받았다.

2 **a piece of information which is included in a list or a book** 기입, 기입 사항, 기재: I made an *entry* in my diary to remind myself of the date. 나는 기억하기 위해서 그 날짜를 일기장 속에 기입했다.

3 **a piece of work that you make or write in order to participate in a competition** 출품작, 출품물: Only *entries* mailed before midnight will be considered. 자정 전에 우편으로 부친 출품작만 참가가 고려될 것이다.

4 **a door, gate, or a passage by which you enter a place** 입구, 들어가는 길, 현관: Please wait in the *entry*. 입구[현관]에서 기다려.

· 파생어 ·

enter 들어가다, 시작하다, 가입하다
enter by ~ ~로 들어가다
enter for ~ ~에 참가하다
entrance 입구; 입학, 등장, 입장(료)

· 관련표현 ·

enter into a contract 계약을 맺다(=make a contract)
enter into relations 관계를 맺다
enter up 정식으로 가입하다
the nation's *entry* into the U.N. 그 나라의 유엔 가입
make an *entry* 입장하다, 들어가다
No *entry* 출입[진입] 금지
entrance examination 입학시험
Entrance Free 입장 무료
No *Entrance* 입장 사절, 출입 금지
force an *entry* 강제로 들어가다
allow *entry* 입국[입장]을 허용하다
a winning *entry* 결승전 참가자

syn. entranceway, doorway, admission, contestant, competition, record
ant. exit, departure, leaving, leave-taking

|실전문제|

다음에 주어진 뜻풀이 가운데서 밑줄 친 entry의 의미로 가장 적절한 것은?

Julius Caesar made his triumphant entry into the city of Rome after winning the war.

(1) a piece of work that you make or write in order to participate in a competition
(2) a piece of information which is included in a list or a book
(3) the act of going into a place
(4) a door, gate, or a passage by which you enter a place

해설 | 로마 시로 줄리어스 시저가 승리의 입장을 한다는 문장으로, 이때 entry는 입장한다는 뜻이다. (3)「줄리어스 시저는 전쟁에서 승리한 후 로마 시로 승리의 입성을 했다.」

239

escape [iskéip]

vi. **1 to succeed in getting away from** 탈출하다, 도망하다: Two prisoners *escaped* from the jail. 두 명의 죄수가 감옥에서 탈출했다.
2 (of gases, liquids, etc.) to leak from a pipe or a container (가스나 액체 등이) 새어 나오다: Gas is *escaping* from the broken pipe. 부서진 파이프에서 가스가 새어 나오고 있다.

vi., vt. **to avoid a difficult situation** (어려움, 위험, 문제 등에서) 벗어나다: He could finally *escape* from the depressing realities of the Vietnam war. 그는 베트남전의 우울한 현실에서 마침내 벗어날 수 있었다.

vt. **to be forgotten** (주의나 기억 등이) 사라지다: She was an attractive actress whose name *escapes* me for the moment. 그녀는 매력적인 여배우였는데 나는 잠시 동안 그녀의 이름이 생각나지 않았다.

|실전문제|
다음에 주어진 뜻풀이 가운데서 밑줄 친 escapes의 의미로 가장 적절한 것은?
The exact date of our meeting <u>escapes</u> me.
(1) (of gases, liquids, etc.) to leak from a pipe or a container
(2) to avoid a difficult situation
(3) to be forgotten
(4) to succeed in getting away from

해설 | 주어가 정확한 날짜(exact date)이므로 동사는 '기억에서 사라지다, 흐려지다'의 뜻이다. (3) 「우리가 만날 정확한 날짜가 기억 나지 않는다.」

· 파생어 ·
escapable 탈출[도망]할 수 있는; 누출 가능한
escapism 현실 도피(주의)
escaped 도망친
escapee 도망자, 탈옥수

· 관련표현 ·
escape from memory 기억에서 사라지다
narrowly *escape* death 간신히 죽음을 모면하다
a narrow *escape* 구사일생
There is no *escape*. 피할 길이 없다.
a fire *escape* 화재 비상구
escape way 탈출구
have one's *escape* cut off 퇴로가 끊기다
effect one's *escape* 무사히 도망치다
an *escaped* fugitive 탈주범

syn. break free, slip away, run away, flee, avoid danger, be discharged, elude, be forgotten by
ant. capture, apprehend, encounter, chase, contain, remember

establish [istǽbliʃ]

vt. **1 to set up or create an organization or system** (단체, 회사 등을) 설립하다, 창립하다: It's been 30 years since my father *established* this company. 내 아버지가 이 회사를 설립한 지 30년이 흘렀다.
2 to start having a relationship with (관계를) 확립하다, 수립하다: The two countries have announced that they are *establishing* diplomatic relations. 그 두 나라는 외교적 관계를 수립한다고 발표했다.
3 to show to be valid or true (사실, 이론 등을) 입증하다, 확증하다: The defense lawyer *established* that the defendant was innocent. 피고 측 변호사는 피고가 무죄임을 입증했다. / No one has been able to *establish* the truth of her story. 아무도 그녀의 이야기의 진실을 알 수 없었다.
4 to cause to be recognized and accepted (명성을) 확립하다, 신용을 굳히다: Mr. Ryu has *established* himself as a pivotal figure in the Taiwanese politics. 미스터 류는 대만 정치의 중심인물로 입지를 굳혔다.

· 파생어 ·
established 확립된, 기존의
establishment 설립, 창립; 시설; 확립

· 관련표현 ·
establish a law 법률을 제정하다
establish oneself 안정되다, 자리 잡다
the *established* religion 국교
establish one's credit 신용을 굳히다
establish a precedent 전례[선례]를 만들다
an *established* fact 기정 사실

| 실전문제 |

다음에 주어진 뜻풀이 가운데서 밑줄 친 establish의 의미로 가장 적절한 것은?

The police tried to establish where he was at the time of the murder.

(1) to show to be valid or true
(2) to cause to be recognized and accepted
(3) to start having a relationship with
(4) to set up or create an organization or system

해설 | 경찰이 살인 사건을 다루는 이야기로, 살인 사건이 일어난 곳을 '입증' 하는 것이다. (1) 「경찰은 살인 사건 당시 그가 어디에 있었는가를 입증하려고 애썼다.」

be on the *establishment*
고용되어 있다

establish as ~
~로서의 지위를 획득하다

syn. found, organize, confirm, verify, prove
ant. close, dissolve, destroy, deny

E

□ **even** [íːvən]

ad. **1** used with comparative adjectives and adverbs to emphasize a quality that someone or something has (비교급을 강조하여) 더욱, 한층, 보다: Jim was speaking *even* more slowly than usual. 짐은 평상시보다 더 느리게 이야기하고 있었다.

2 indeed; used for adding force to an expression (좀 더 강조하여) 정말이지, 실로: She looked depressed, *even* suicidal. 그녀는 우울해 보였고, 심지어 자살까지 할 것 같았다.

a. **1** flat; level; smooth; without surface irregularities (표면, 판자 등이) 평평한, 수평의: An *even* road makes driving easy. 평평한 길에서 운전하기가 쉽다.

2 (of a number) that can be divided exactly by two 짝수의, 우수의: Twelve is an *even* number. 12는 짝수이다.

3 calm; not easily excited or angered 바른, 한결같은: She has a very *even* temperament. 그녀는 한결같은 성격을 가지고 있다.

| 실전문제 |

다음에 주어진 뜻풀이 가운데서 밑줄 친 even의 의미로 가장 적절한 것은?

A teacher should have an even disposition.

(1) used for adding force to an expression
(2) calm; not easily excited or angered
(3) flat; level; smooth; without surface irregularities
(4) used with comparative adjectives and adverbs to emphasize a quality that someone or something has

해설 | disposition이 '성질, 기질' 등의 뜻이므로 이때 even은 '한결같은, 규칙적인'의 뜻이라고 짐작할 수 있다. (2) 「교사는 한결같은 기질을 가져야 한다.」

· 파생어 ·

evenly 평평하게, 균일하게
evenness 평평함; 공평

· 관련표현 ·

even if 비록 ~할지라도(=even though)
even so 비록 그렇다 할지라도
even then 그때조차도, 심지어 그때도

an *even* tenor of life
단조로운 나날의 생활

have an *even* chance 승산은 반반이다(=have a 50-50 chance)

The odds are *even*.
가능성은 반반이다.

an *even* score 동점

get[be] *even* with ~
~에게 보복[앙갚음]하다

not *even* ~ ~조차 않다

even now 아직까지도

syn. flat, straight, uniform, constant, regular, calm, balanced
ant. uneasy, rough, irregular, quick-tempered

examination [igzæmənéiʃən]

n. **1 a spoken or written test of knowledge** 시험, 고사: He failed in his driving *examination* and had to take it again. 그는 운전면허 시험에서 떨어져서 다시 치러야 했다.

2 investigation or inquiry into a matter or an incident (사건, 사고 등에 대한) 조사, 검사, 고찰: The police began to carry out an *examination* of the murder incident. 경찰은 살인 사건을 조사하기 시작했다.

3 a set of medical tests (의사의) 진찰, 검사, 건강 진단: He is getting a medical *examination*. 그는 건강 진단을 받고 있다.

4 a formal questioning of a witness 증인의 신문, 심문: They're doing a preliminary *examination*. 그들은 예비 심문을 행하고 있다.

| 실전문제 |

다음에 주어진 뜻풀이 가운데서 밑줄 친 examination의 의미로 가장 적절한 것은?

The appraiser made a thorough examination of the building.

(1) a formal questioning of a witness
(2) investigation or inquiry into a matter or an incident
(3) a spoken or written test of knowledge
(4) a set of medical tests

해설 | 주어가 감정사(appraiser)이므로 건물의 올바른 가치를 평가하기 위해서 철저히 조사하는 내용이다. (2) 「감정사는 그 건물을 철저하게 조사했다.」

· 파생어 ·
exam 시험, 검사, 진단(=examination)
examine 시험보다, 검사하다, 진찰하다
examinee 수험자
examiner 시험관, 시험 위원

· 관련표현 ·
entrance *examinations* 입학시험
a written *examination*
필기시험(=a written test)
an oral *examination*
구두시험(=an oral test)
cheat in an *examination*
시험에서 커닝을 하다
under *examination* 검사 중인
***examination* paper**
시험 문제, 시험지

syn. test, quiz, review, investigation, study

---

excuse [ikskjúːz]

vt. **1 to forgive for mistakes or faults** 용서하다, 너그러이 봐주다: Please *excuse* me for interrupting. 방해해서 미안합니다. / Please *excuse* me for opening your letter by mistake. 실수로 당신의 편지를 개봉한 것을 용서해 주십시오.

2 to give permission to leave a place (자리 뜨는 것을) 허락하다: May I be *excused*? 화장실에 갔다 와도 됩니까?

3 to release from a duty or responsibility (의무나 책임을) 면제해 주다: She is usually *excused* from her duties during school holidays. 학교를 쉴 때면 보통 그녀는 업무에서 벗어나 있게 된다.

4 to explain a fault in the hope of being forgiven or understood 변명하다, 구실을 대다: That doesn't *excuse* your behavior. 그것은 너의 행동에 대한 변명이 되지 못한다.

· 파생어 ·
excuser 변명, 용서하는 사람
excusable 용서할 수 있는, 변명이 되는

· 관련표현 ·
***Excuse* me.** 실례합니다., 죄송합니다.
***Excuse* me?** (끝을 올림) 다시 한 번 말씀해 주실래요?
You're *excused*. (주로 윗사람이 하는 말로) 자리를 떠도 좋다.
make one's *excuse* for ~
~에 대한 변명을 하다
in *excuse* of ~ ~의 구실로써, ~의 변명으로써

|실전문제|

다음에 주어진 뜻풀이 가운데서 밑줄 친 excuse의 의미로 가장 적절한 것은?

Don't excuse his rudeness by saying he was in a hurry.

(1) to release from a duty or responsibility
(2) to give permission to leave a place
(3) to explain a fault in the hope of being forgiven or understood
(4) to forgive for mistakes or faults

해설 | 문맥상 excuse의 목적어가 rudeness(무례함)이므로, 이런 무례함에 대한 변명이 적합하다고 할 수 있다. (3) 「그가 바빴다고 말하면서 그의 무례함에 대해 변명하려 하지 마.」

without excuse 이유 없이
invent an excuse 구실을 만들다
an adequate excuse 충분한 해명

syn. forgive, pardon, apologize for, justify, relieve of, exempt
ant. blame, criticize, discipline, obligate, hold liable for

□ **exercise**[éksərsàiz]

n. **1** **physical activity done in order to become stronger** 운동: Regular *exercise* is absolutely needed for a good health, and it also stimulates the flow of blood. 규칙적인 운동은 건강에 절대적으로 필요하며, 또한 혈액 순환을 좋게 한다.

2 a set of activities for training soldiers 군사 훈련: The NATO forces are doing military *exercises* at the end of this week. 나토군은 이번 주말 군사 훈련을 할 것이다.

3 the use of rights, power, or skills (권리, 권력 등의) 행사[발휘], (정신력 등의) 사용: When you drive on the highway, the *exercise* of extreme caution is necessary. 고속도로에서 운전할 때는 최대한의 주의를 기울이는 것이 필요하다.

4 a set of questions in a book that test a student's knowledge or skill (학교에서의) 연습 문제: Solve the problems at Exercise 7 in your textbook. 교재에 있는 연습 문제 7의 문제를 풀어라.

5 an activity carried out for a specific purpose, concerned with a specific skill (기량을 닦기 위한) 연습: She is doing an *exercise* in articulation. 그녀는 발음 연습을 하고 있다.

·파생어·

exercisable 운동을 할 수 있는; 권리·권력 등을 행사할 수 있는
exerciser 운동하는 사람; 연습자, 조련사

·관련표현·

take *exercise* 운동하다
outdoor *exercise* 옥외 운동
spelling *exercise* 철자 연습
lack of *exercise* 운동 부족
exercise troops 군대를 훈련시키다
exercise one's right to ~
~에 대한 권리를 행사하다
do one's *exercise*
연습을 하다; 학과를 공부하다
in the *exercise* of one's duty
직권으로써

syn. workout, drill, exertion, application
ant. inactivity, idleness

|실전문제|

다음에 주어진 뜻풀이 가운데서 밑줄 친 exercise의 의미로 가장 적절한 것은?

Lack of exercise can cause feelings of depression and exhaustion.

(1) a set of questions in a book that test a student's knowledge or skill
(2) the use of rights, power, or skills
(3) a set of activities for training soldiers
(4) physical activity done in order to become stronger

해설 | 뒤에 있는 목적어 부분인 우울증과 무력감이므로 주어는 운동 부족임을 쉽게 알 수 있다. (4) 「운동 부족은 우울증과 무력감을 초래할 수 있다.」

☐ exodus [éksədəs]

n. **the movement of a lot of people to another place at the same time** 집단적 대이동, 대이주: On summer weekends the highways are filled by the *exodus* from the city. 여름 주말에는 고속도로들이 도시에서 대규모로 이동하는 사람들로 가득 찬다. / The medical system is facing collapse because of an *exodus* of doctors. 의사들의 대규모 이동 때문에 의료계가 붕괴에 직면해 있다.

| 실전문제 |

밑줄 친 단어의 뜻과 가장 가까운 것을 고르시오.

In much of the world, there is an exodus from the countryside to the cities.

(1) going out or away of many people
(2) receiving one thing in place of another
(3) sending many people away by force
(4) spending too much money, time, or energy

해설 | exodus는 '대이동, 대규모 이주'를 뜻하므로 (1)이 정답이다. (1)은 '많은 사람들이 나가거나 떠나는 것', (2)는 '어떤 것을 다른 것으로 대신 받는 것', (3)은 '많은 사람들을 강제로 쫓아내는 것', 그리고 (4)는 '돈, 시간, 노력을 낭비하는 것'이라는 뜻이다. (1) 「세계의 많은 지역에서 시골에서 도시로의 대이동이 일어나고 있다.」

· 관련표현 ·

an *exodus* of investors
투자가들의 대이동

the *exodus* from one's homeland 고국으로부터의 대이동

the *exodus* of the Israelites from Egypt
이집트에서 이스라엘인들의 대이동

a population *exodus* 인구 대이동

syn. migration, withdrawal, flight, emigration, exile

☐ expose [ikspóuz]

vt. **1 to lay open to danger or harm** (위험, 햇볕 등에) 노출시키다, 드러내다: If you *expose* your skin to the sun for a long period, you're likely to get a skin cancer. 오랜 기간 동안 피부를 햇볕에 노출시키면 피부암에 걸릴 가능성이 많다.

2 to lay open to view 보이게 하다: In many Muslim countries, women do not *expose* their faces in public. 많은 회교 국가에서는 여성들이 사람들 앞에 얼굴을 보이지 않는다.

3 to reveal something bad (비밀이나 불법적인 것 등을) 폭로하다: The newspaper story *exposed* him as a liar. 그 신문기사는 그를 거짓말쟁이라고 폭로했다.

4 to make experience new ideas or feelings (새로운 생각이나 감정을) 경험하게 하다: The local people have been *exposed* to the convenience of the western culture. 그 지역 사람들은 서구 문화의 편리함에 노출되었다.

5 to uncover a film to the light (필름을 빛에) 노출하다: The film was *exposed* to the light by mistake. 필름이 실수로 빛에 노출되었다.

· 파생어 ·

exposed 드러난, 노출된
exposition 박람회, 전시회; 폭로
exposure 노출, 폭로

· 관련표현 ·

expose a secret 비밀을 폭로하다
be *exposed* to ~ ~에 노출되다
expose oneself to ~
~에 몸을 드러내다, 노출하다

syn. exhibit, disclose, reveal, display, endanger, uncover
ant. conceal, hide, cover, shield

|실전문제|

다음에 주어진 뜻풀이 가운데서 밑줄 친 exposed의 의미로 가장 적절한 것은?

The reporter exposed the lawyer's predatory practices.

(1) to uncover a film to the light
(2) to lay open to view
(3) to reveal something bad
(4) to lay open to danger or harm

해설 | 목적어인 practices(행위, 관행)를 보면 동사인 expose의 뜻을 짐작할 수 있다. (3)「그 기자는 변호사의 착복 행위를 폭로했다.」

□ **exquisite**[ikskwízit]

a. **1 extremely beautiful and very delicately made** 정교한, 절묘한, 멋진: He bought an *exquisite* china figurine. 그는 정교한 자기 입상(磁器立像)을 구입했다. / The necklace was made with *exquisite* workmanship. 그 목걸이는 훌륭한 장인 정신으로 만들어졌다.

2 felt in an extreme way (쾌감이나 고통이) 격심한, 격렬한: The words issuing from his lips gave *exquisite* pleasure as they flowed over us. 그의 두 입술에서 나오는 말이 흘러나올 때 격렬한 쾌감을 주었다.

3 (of a hobby and an attitude) delicate and sensitive (취미나 태도가) 고상한, 우아한: She has *exquisite* taste in collecting antiques. 그녀는 골동품 수집이라는 고상한 취미를 가지고 있다.

·파생어·

exquisitely 절묘하게, 멋지게
exquisiteness 절묘함, 정교함, 격렬함

·관련표현·

an *exquisite* pain 격심한 고통
a man of *exquisite* taste
세련된 감각의 사람
an *exquisite* sensibility
예민한 감수성
exquisite beauty 우아한 아름다움
exquisitely beautiful
우아하게 아름다운
exquisitely crafted
정교하게 만들어진
an *exquisite* day 참으로 멋진 하루

syn. elegant, superior, delicate, flawless, admirable
ant. clumsy, ordinary, unrefined, coarse, ugly

|실전문제|

다음에 주어진 뜻풀이 가운데서 밑줄 친 exquisite의 의미로 가장 적절한 것은?

She is a woman of exquisite taste.

(1) superb, excellent or matchless
(2) felt in an extreme way
(3) delicate and sensitive
(4) extremely beautiful and very delicately made

해설 | taste는 '취향, 취미, 기호' 등의 뜻이기 때문에 '고상한 취향[취미]'의 뜻이 된다. (3)「그녀는 고상한 취향을 가진 여성이다.」

·파생어·

extra-atmospheric 대기권 밖의
extra-marital 혼외정사의, 불륜의
extraordinary 대단한,

extra [ékstrə]

a. **1 additional; more than necessary** 여분의, 추가적인: I need *extra* time to finish the paperwork on time. 내가 정시에 서류 작업을 마치려면 여분의 시간이 필요하다.

2 of additional cost 추가적인 비용의, 별도 계산의: Dinner costs 7 dollars and wine is *extra*. 식사 값은 7달러이며 와인은 별도로 계산됩니다.

3 special or temporary 임시의, 특별한: Is there any *extra* train available after midnight? 자정 이후에 임시 열차가 있습니까?

ad. **used for emphasizing adjectives and adverbs** (형용사나 부사 앞에 쓰여) 특별히: What makes a significant garden *extra* special? 굉장한 정원을 더욱 특별하게 만드는 것은 무엇인가?

| 실전문제 |

다음에 주어진 뜻풀이 가운데서 밑줄 친 extra의 의미로 가장 적절한 것은?

Have we ordered an <u>extra</u> telephone for the new manager?

(1) used for emphasizing adjectives and adverbs
(2) special or temporary
(3) additional; more than necessary
(4) of additional cost

해설 | 신입 매니저가 사용할 '여분의, 추가적인' 전화기를 말하고 있다. (3) 「신입 매니저가 사용할 여분의 전화기를 주문했니?」

특별한; 터무니없는
extraordinarily 대단히, 특별히

· 관련표현 ·
an *extra* **edition** 특별 호
extra **time** 여분의 시간
extra **large** 특대의
extra **fine** 특별히 많은
an *extra* **pay** 임시급여
go to the *extra* **mile** 한층 더 노력하다

syn. additional, accessory, particular, surplus, redundant
ant. essential, basic, less

· 파생어 ·
extraction 추출, 발췌; 인용구
extractive 짜낼 수 있는, 발췌의
extractor 추출자, 발췌자; 추출 장치

extract [ikstrǽkt]

vt. **1 to take or pull out with great effort** (힘들여) 꺼내다[뽑다]: The dentist *extracted* his wisdom teeth. 치과 의사는 그의 사랑니를 뽑았다.

2 to remove a substance using a machine or chemical process (진액 등을) 추출하다, 짜내다: The new process *extracts* oil from shale. 그 새로운 과정을 통해 혈암에서 기름을 추출한다.

3 to obtain a particular piece of information from a source 발췌하다, 인용하다: He always manages to *extract* some humor from every situation. 그는 항상 모든 상황에서 유머를 이끌어 낸다. / The newspaper *extracted* several passages from the speech and printed them on the first page. 그 신문은 연설에서 발췌한 몇몇 글귀를 일 면에 실었다.

4 to get information or a response with difficulty (정보나 반응) 겨우 얻어 내다: The investigator *extracted* a confession from the suspect. 수사관은 용의자로부터 자백을 얻어 냈다.

· 관련표현 ·
extract **oil from olives** 올리브에서 기름을 짜내다
extract **pleasure from toil** 괴로움 속에서 즐거움을 얻다
extractive **industries** 채취 산업
extract **moral lessons from ~** ~에서 도덕적인 교훈을 이끌어 내다

syn. pull out, root out, obtain, squeeze out, quote
ant. insert, implant, embed

|실전문제|

다음에 주어진 뜻풀이 가운데서 밑줄 친 extracted의 의미로 가장 적절한 것은?

The oil is extracted from the seeds of certain plants.

(1) to get information or a response with difficulty
(2) to take or pull out with great effort
(3) to obtain a particular piece of information from a source
(4) to remove a substance using a machine or chemical process

해설 | 어떤 식물의 씨앗에서(from the seeds of certain plants)라는 표현으로 짐작해 보면 동사인 extract는 '추출하다, 짜내다'의 뜻을 알 수 있다. (4) 「어떤 식물들의 씨앗으로부터 기름이 추출된다.」

E

□ **extreme** [ikstríːm]

a. **1 of the highest degree; very intense** 극도의: People in the slum live in *extreme* poverty. 빈민가의 사람들은 극도의 가난 속에 살고 있다.

2 farthest; most remote in any direction 맨 끝의, 말단의: The island is located in the *extreme* south of the country. 그 섬은 그 나라의 최남단에 위치해 있다.

3 very strict in measures 조치가 과격하거나 극단적인: The U.S. government had to take *extreme* measures to put down a riot in Iraq. 미국 정부는 이라크의 폭동을 진압하기 위해 극단적인 조치를 취해야 했다.

4 far from moderate in opinions and ideas (의견이나 사상이) 극단적인: His political ideas are very *extreme*. 그의 정치적인 생각은 아주 극단적이다.

|실전문제|

다음에 주어진 뜻풀이 가운데서 밑줄 친 extreme의 의미로 가장 적절한 것은?

Plant the tree in the extreme corner of the yard.

(1) very strict in measures
(2) of the highest degree
(3) far from moderate in opinions and ideas
(4) most remote in any direction

해설 | 문미 단어가 yard(뒤쪽)이므로 제일 '구석'을 뜻함을 짐작할 수 있다. (4) 「뜰의 제일 끝 구석에 그 나무를 심으시오.」

·파생어·

extremely 극단적으로, 대단히, 아주
extremism 극단론, 과격주의
extremity 끝, 극도, 극한

·관련표현·

extreme **joy** 대단한 기쁨
the *extreme* **Left** 극좌파(=far-left)
extreme **ideas** 과격한 사상
go to the *extreme* 극단으로 흐르다
in the *extreme* 극단으로, 극도로
be in a dire *extremity*
비참한 지경에 있다
to the last *extremity* 최후까지
go[proceed] to *extremities*
최후 수단을 쓰다
an *extreme* **case** 극단의 경우

syn. severe, intense,
outrageous, outermost
ant. moderate, ordinary,
reasonable, near

F

fabric [fǽbrik]

n. **1 cloth used for making clothes or curtains** 직물, 섬유, 편물: Don't wash this *fabric* in cold water. 이 직물을 차가운 물에 씻지 마라.

2 the walls or roof of a building (건물의) 구조, 뼈대: The cost of rebuilding the *fabric* of the buildings destroyed by the earthquake is very high. 지진으로 인해 파괴된 건물의 구조를 다시 짓는 데는 상당한 비용이 든다.

3 the basic structure of a society, nation, or system (사회, 나라, 제도 등의) 구조, 구성: The *fabric* of the nation is weakened when its citizens mistrust the government. 시민들이 정부를 불신할 때 그 국가의 구조는 약해진다.

|실전문제|

밑줄 친 fabric과 뜻이 가장 가까운 것을 고르시오.

What happened to the land also happened to the basic social fabric.

(1) practical function
(2) human relationships
(3) cloth used for making clothes or curtains
(4) essential structure

해설 | 문맥 속의 fabric은 '구조'를 뜻한다. (1)은 '실질적인 기능', (2)는 '인간관계', (3)은 '섬유', 그리고 (4)는 '필수적인 구조'라는 뜻이므로 정답은 (4)이다. (4) 「그 토지에 관련해서 일어난 일은 기본적인 사회 구조에서도 일어났다.」

·파생어·

fabricate 제조하다; (이야기, 거짓말 등을) 꾸며 내다, 위조하다
fabricant 제조(업)자
fabricable 만들 수 있는, 구성할 수 있는
fabrication 구성, 제작; 위조

·관련표현·

the *fabric* of society 사회 조직
a total *fabrication* 새빨간 거짓말
fabricated food 합성 가공 식품

syn. cloth, textile, material, structure, framework, makeup

face [feis]

n. **1 the front part of the head, from forehead to chin** 얼굴, 얼굴 생김새: a broad *face* 넓적한 얼굴

2 a facial expression 안색, 표정: a smiling *face* 웃는 얼굴 표정 / The disappointment was written all over her *face*. 그녀의 표정에서 실망감이 나타났다.

3 a surface or side of something 표면, 면, 겉: the *face* of the earth 지표(地表)

vi., vt. **to be looking or pointing in a particular direction** ~을 향하다, ~에 면하다: The terrace *faces* towards the sea. 테라스는 바다 쪽을 향하고 있다.

·파생어·

faceless 얼굴이 없는; 개성이 없는; 익명의, 정체불명의
facedown 얼굴을 숙이고; 겉을 아래로 하고; *n.* 결정적 대결
facial 얼굴의

·관련표현·

face to *face* 대면하여, 마주 보고; ~와 충돌해서; 직면하여
face it out (비난·적의 등을) 무시하다, 아무렇지 않게 여기다
set one's *face* to ~

vt. to accept or deal with (힘든 사실을) 받아들이다: *face* fearful odds 두려운 위험과 맞서다

|실전문제|

다음에 주어진 뜻풀이 가운데서 밑줄 친 face의 의미로 가장 적절한 것은?

The child put on a *face* when told to go to bed.

(1) the expression on someone's face
(2) the front part of the head, from the forehead to the chin
(3) an expression or look that indicates ridicule, disgust, etc.; grimace
(4) to have the face to ask such a rude question

해설 | face라는 단어에 관사 a와 the가 붙을 때 서로 다른 의미를 가진다. make a face는 '얼굴을 찡그리다'의 의미로 불편한 심기를 나타낼 때 쓰이며, have the face to V는 '~할 만큼의 두꺼운[뻔뻔한] 얼굴을 하다'의 의미이다. (3) 「그 아이는 자러 가라는 말을 듣고는 얼굴을 찌푸렸다.」

~쪽을 향하다; ~을 목표로 삼다; ~을 의도하다; ~에 착수하다
in the *face* of ~ ~의 정면에서; ~와 마주 대하여; ~에도 불구하고
on the *face* of it 겉으로만 보아도, 언뜻 보기에는, 표면상
a poker *face* 무표정한[표정 변화가 없는] 얼굴
do one's *face* 화장(化粧)하다
lose (one's) *face* 체면을 잃다, 낯이 없다
make[pull] *faces* 묘한[싫어하는] 표정을 짓다, 얼굴을 찌푸리다

syn. confront, brave
ant. avoid, back

□ **facility** [fəsíləti]

n. **1** **buildings, equipment, or services that are provided for a particular purpose** (편의) 시설, 설비: This kitchen has a garbage disposal and other modern *facilities*. 이 주방은 쓰레기 처리 및 다른 현대식 시설을 갖추고 있다.

2 **the quality of being able to be done or performed easily** 쉬움, 용이함: Modern stoves can be used with greater *facility* than the old wood-burners. 현대식 스토브는 구식의 나무 연소 난로보다 훨씬 더 쉽게 사용할 수 있다.

3 **a natural ability to do or perform easily or fluently** 솜씨, 능숙함, 유창함: He speaks Spanish with *facility*. 그는 유창하게 스페인어로 말한다.

|실전문제|

밑줄 친 facilities의 뜻으로 알맞은 것을 고르시오.

Local control in the United States applies to hiring teachers; it applies to planning the facilities and to shaping the curriculum.

(1) handling skills
(2) things that are built or installed
(3) easy manners
(4) good opportunities

해설 | facilities의 일반적인 뜻은 '시설물, 설치물, 공장' 등의 뜻을 나타낸다. 이에 맞는 답이 (2)로써 '지어지거나 설치되는 것들'로 해석이 된다. (1)은 '조작 능력', (3)은 '잘난 체하지 않는 태도 혹은 쉬운 방법', 그리고 (4)는 '좋은 기회'의 뜻이다. (2) 「미국의 지방 자치 제도는 교사 채용에 적용된다. 이것은 시설물을 계획하고 교육 과정을 계획하는 데에도 적용된다.」

· 파생어 ·
facilitate 손쉽게 하다, 용이하게 하다
facilitator 촉진제[자], 쉽게 하는 사람
facilitation 용이하게 함, 촉진

· 관련표현 ·
with *facility* 용이하게, 유창하게
have a *facility* for ~ ~의 재능이 있다
give[offer] every *facility* for ~ ~에게 모든 편의를 제공하다
monetary *facility* 금융 기관

syn. appliance, ease, fluency, skill, capability
ant. ineptness, clumsiness, pains, difficulty

fact [fækt]

n. 1 something that has actually happened or been accepted as being true (발생한) 사실, 진상, 진실: Certain interesting *facts* about the Mars have just been discovered. 화성에 대한 어떤 흥미로운 사실이 밝혀졌다.

2 truth or reality (의견, 상상에 대한) 현실, 사실, 실제: The novel is based on *fact*. 그 소설은 사실에 기반을 두고 있다.

3 the fact or act of crime 범죄 사실, 범행: The suspect finally confessed the *fact*. 그 용의자는 마침내 범행을 자백했다.

| 실전문제 |

밑줄 친 부분과 뜻이 가장 가까운 숙어를 고르시오.

<u>As a matter of fact</u>, the practice of sending Valentine cards is far older than that of sending Christmas cards.

(1) without doubt   (2) of course
(3) actually   (4) as a piece of information

해설 | As a matter of fact는 in fact, actually와 같이 '사실, 실제로' 등의 뜻을 나타낸다. (3)은 '실제로, 사실'이라는 뜻으로 정답이 된다. (1)은 '틀림없이, 의심할 바 없이'(=undoubtedly), (2)는 '물론', 그리고 (4)는 '하나의 정보로써'의 뜻이다. (3) 「사실 밸런타인데이 카드를 보내는 관행은 크리스마스 카드를 보내는 관행보다 훨씬 더 오래되었다.」

· 파생어 ·

factual 사실의, 실제의(=actual)
factually 사실,
실제로(=as a matter of fact)

· 관련표현 ·

the *fact* **is ~** 사실은 ~이다
in *fact* 사실은,
실제는(=as a matter of fact)
an accepted *fact* 용인된 사실
fact-**finding committee** 진상 조사 위원회
from the *fact* **that ~** ~라는 점에서
in point of *fact* 실제로, 사실상
facts **and figures** 정확한 사실
a cold *fact* 엄연한(명백한) 사실

syn. happening, act, reality, actuality, truth
ant. fiction, opinion, falsehood, invention

---

fade [feid]

vi. 1 to disappear gradually (빛, 소리, 색 등이) 점점 사라지다, 희미해지다, 흐릿해지다: The scream *faded* away little by little. 그 비명소리는 점점 사라졌다. / Hopes of a peace settlement are now *fading*. 평화적 해결에 대한 희망이 점차 사라지고 있다. / The light *faded* as the sun went down. 태양이 짐에 따라 햇볕이 사라졌다.

2 to lose color, strength, or freshness (꽃 등이) 시들다, (색깔이) 바래다, (젊음, 힘 등이) 쇠약해지다, 쇠퇴하다: The blue rug has *faded* over the years. 청색융단은 여러 해가 지남에 따라 색깔이 바랬다. / His strength seemed to *fade* after the operation. 수술 이후로 그의 기력은 쇠약해지는 것 같았다.

| 실전문제 |

밑줄 친 fading과 뜻이 가장 가까운 어구를 고르시오.

The Sun was <u>fading</u> in the west when we arrived at the beach house.

(1) growing bigger   (2) gaining brightness
(3) becoming cheerful (4) losing brightness

· 파생어 ·

faded 시든, (색이) 바랜
fadeless 시들지 않는, 불변의
fading (용모, 기력 등의) 쇠퇴

· 관련표현 ·

fade **in** (화면이나 음향이) 점점 분명해지다
fade **out** (화면이나 음향이) 점점 희미해지다
fade **away** (식물이나 꽃 등이) 시들다, 차츰 사라지다
fade **into ~** 쇠하여 ~이 되다
do a *fade* 자취를 감추다, 사라지다

syn. decline, wither, wane, disappear
ant. brighten, flourish, increase, last, endure

해설 | fade는 '점점 어두워지는 것'을 뜻한다. (1)은 '점점 커지는 것'이며, (2)는 '밝아지는 것', 그리고 (3)은 '명랑하게 되는 것'을 뜻한다. (4)「우리가 해변가 집에 도착했을 때, 태양은 서쪽으로 지고 있었다.」

failure [féiljər]

n. **1 lack of success 실패**: Their marriage ended in *failure*. 그들의 결혼은 실패로 끝났다.

2 a person that is not successful 인생 낙오자: I just felt I had been a *failure*. 나는 인생의 낙오자라고 느껴졌다.

3 malfunction; the state of not functioning (기계의) 고장, 정지: The flight to New York has been delayed mainly due to the mechanical *failure*. 뉴욕행 비행기가 기계 고장을 주 이유로 연착되었다.

4 inactivity of function in human organs (몸 기관의) 기능 부전: His father has been suffering from heart *failure* since a couple of years ago. 그의 아버지는 2년 전부터 심부전증으로 고생하고 있다.

5 a situation which is no longer able to continue operating; bankruptcy 파산, 도산: Business *failures* have risen dramatically in the last 5 years. 사업 도산 건수가 지난 5년 사이에 급격하게 증가했다.

| 실전문제 |
다음에 주어진 뜻풀이 가운데서 밑줄 친 failure의 의미로 가장 적절한 것은?

The immediate cause of the plane crash was engine failure.

(1) a person that is not successful
(2) lack of success
(3) a situation which is no longer able to continue operating; bankruptcy
(4) malfunction; the state of not functioning

해설 | 비행기(plane)와 엔진이 나오므로 '기계 고장'을 말함을 알 수 있다. (4)「그 비행기 추락의 직접적인 원인은 엔진 고장 때문이었다.」

· 파생어 ·
fail 실패하다, ~을 하지 못하다
failing 실패(=failure), 불이행, 결점
failure-prone 실패하기 쉬운, 고장 나기 쉬운

· 관련표현 ·
fail in ~ing ~하는 데 실패하다
fail to + 동사원형 ~하지 못하다
without *fail* 반드시, 틀림없이
a *failure* of crops 흉작
a social *failure* 사회의 낙오자
end in *failure*
실패로 끝나다(=meet with *failure*)
kidney *failure* 신부전(증)
power *failure* 정전
experience *failure* 실패를 경험하다
never *fail* to do 반드시 ~하다
fail safe
(실수에 대비하여) 안전장치를 하다
failing all else 별 방법 없이
be unable to *fail* 실수할 리가 없다
cannot *fail* to do
~하지 않을 리가 없다

syn. breakdown, collapse, bankruptcy, default
ant. success, prosperity, improvement

faint [feint]

a. **1 having very little strength or intensity 어렴풋한, 희미한, (소리가) 약한, 가냘픈**: He could hear a *faint* sound in the distance. 그는 멀리서 약한 소리를 들을 수 있었다. / I have *faint* memories about my childhood. 나는 어린 시절에 대한 희미한 기억이 있다.

2 very small, slight or slim (가능성이) 희박한: His chances of victory are now very *faint*. 그가 승리할 가능성은 희박하다.

· 파생어 ·
fainting 기절, 졸도; *a.* 기절하는
faintly 희미하게, 어렴풋이, 힘없이
faintish 까무러칠 것 같은; 희미한

· 관련표현 ·
a *faint* light 어렴풋한 빛
a *faint* hope 실낱같은 희망
feel *faint* 어지럽다, 현기증이 나다

251

3 not enthusiastic 힘없는, 무기력한: Those who faced the enemy could only give *faint* resistance. 적과 마주친 이들은 무기력하게 저항할 수밖에 없었다.

4 almost losing consciousness because of hunger, exhaustion or dizziness (공복, 피로, 어지러움 등으로) 기절할 것 같은, 실신할 것 같은: I'm almost *faint* from hunger now. 나는 지금 배고파서 쓰러질 지경이다.

fall into a *faint* 기절하다
in a dead *faint* 기절하여
a *faint* smile 가냘픈 미소
feel *faint* from ~
~때문에 현기증을 느끼다

syn. faded, inaudible, feeble, lethargic
ant. distinct, clear, strong, energetic

|실전문제|

1. 다음에 주어진 뜻풀이 가운데서 밑줄 친 <u>faint</u>의 의미로 가장 적절한 것은?

Other signs of angina are nausea, sweating, feeling <u>faint</u> and shortness of breath.

(1) very small, slight or slim
(2) almost losing consciousness because of hunger, exhaustion or dizziness
(3) having very little strength or intensity
(4) not enthusiastic

해설 | feel faint는 '현기증을 느끼다' 또는 '어지럽다'의 뜻인 것을 착안한다. (2) 「협심증의 다른 증세로는 구역질, 발한, 현기증, 그리고 호흡이 가빠지는 증상이 있다.」

2. 밑줄 친 <u>faint</u>와 뜻이 가장 가까운 단어를 고르시오.

Always there was some <u>faint</u> hope that some day her intelligence might put her somewhere she might win.

(1) strong   (2) slight
(3) favorable   (4) steady

해설 | faint는 '희미한', 또는 '약간의' 뜻을 가지고 있어서 (2)의 slight이 가장 뜻이 가깝다. (1)은 '강력한', (3)은 '유리한', 그리고 (4)는 '꾸준한, 변치 않는'의 뜻이다. (2) 「그녀는 자신의 지성이 언젠가 승리로 이끌 것이라는 실낱같은 희망을 항상 가지고 있었다.」

☐ **fair**[fɛər]

a. **1 reasonable, acceptable, right** 올바른, 정당한: It was a *fair* decision. 그것은 타당한 결정이었다.

2 treating everyone equally 공평한, 공정한: Do you feel they're paying their *fair* share? 당신은 그들이 공평한 몫을 지불하고 있다고 생각합니까?

3 quite large in amount, degree, size or distance (양, 정도, 크기, 거리가) 꽤 많은, 상당한: He made a *fair* amount of money by investing his money in real estate. 그는 부동산에 돈을 투자함으로써 꽤 많은 돈을 벌었다.

·파생어·
fairly 공평히, 올바르게; 꽤; 똑똑히
fairness 공평함; 아름다움
fair-minded 공평한, 공정한
fair-faced 살결이 흰; 그럴싸한

·관련표현·
a *fair* woman 미인
a *fair* wages 적정한 임금
a *fair* promise 그럴듯한 약속
fair and square 공정하게, 올바르게
It is only *fair* to ~
~하는 것은 아주 당연하다
fair play 정정당당한 경기
trade *fair* 무역 박람회

4 quite sunny and not raining (하늘이) 맑은, 맑게 갠: It's going to be a *fair* sky late in the afternoon. 오후 늦은 시간에는 날씨가 맑겠습니다.

5 light-colored, not dark in skin 살갗이 흰: *Fair*-skinned people who spend a large amount of time in the sun have the greatest risk of skin cancer. 햇볕을 쬐는 데 많은 시간을 보내는 피부가 흰 사람들이 피부암에 걸릴 위험성이 가장 크다.

6 being average in standard or quality; neither very good nor very bad 그런 정도의, 어지간한: Elizabeth has a *fair* command of English. 엘리자베스는 어느 정도 영어를 구사할 수 있다.

|실전문제|
다음에 주어진 뜻풀이 가운데서 밑줄 친 fair의 의미로 가장 적절한 것은?
My mother lives a *fair* distance away so I don't see her very often.
(1) quite large in amount, degree, size or distance
(2) light-colored, not dark in skin
(3) reasonable, acceptable, right
(4) being average in standard or quality; neither very good nor very bad

해설 | 거리(distance), 양, 크기 등의 앞에 fair가 따라오므로 '상당한' 또는 '꽤 큰, 꽤 먼' 등의 뜻이 된다. (1) 「우리 어머니는 꽤 멀리 떨어져 살기 때문에 내가 자주 찾아뵙지 못한다.」

□ faithful [féiθfəl]

a. 1 showing loyalty 충실한, 성실한: He has been a *faithful* employee for 40 years in this company. 그는 40년 동안 이 회사의 충실한 직원이었다. / The dog remained *faithful* to his master. 그 개는 주인에게 충성을 다했다.

2 true to the facts or to an original (사실이나 원본에) 충실한: It is a *faithful* copy. 그것은 원본에 충실한 사본이다. / She gave a *faithful* account of the accident. 그녀는 그 사고를 사실대로 설명했다.

3 maintaining sexual loyalty to one's lover or spouse (다른 사람과 바람피우지 않는 것으로) 충실한, 정숙한: The woman prided herself on being a *faithful* wife. 그녀는 자신이 정숙한 아내인 것을 자랑스럽게 생각했다.

|실전문제|
밑줄 친 단어와 뜻이 가장 가까운 것을 고르시오.
The <u>faithful</u> wife dreads that her husband might not return; the unfaithful wife dreads that her husband will.
(1) foolish   (2) irreligious
(3) loyal   (4) patient

---

in all fairness 공평하게 말하자면
a fair-weather friend 좋을 때만의 친구
fairly good 꽤 좋은
Fair enough! 좋아, 됐어!
a fair income 상당한 수입
a fair number of 상당수의
fair hair 금발
a fair name 명성
be fair with ~ ~에게 공평하다
be in a fair way to do ~할 가망이 충분히 있다
bid fair to do ~할 가망이 충분히 있다
by fair means or foul 무슨 일이 있어도, 기어코
keep fair with ~ ~와 사이좋게 지내다
stand fair with ~ ~에 대하여 평판이 좋다
no fair 규정에 위반되는 일, 부정행위

syn. impartial, unprejudiced, adequate, attractive
ant. homely, prejudiced, poor, partial

·파생어·
faith 신념, 확신, 신앙
faithfully 충실히, 성실하게, 정확히
faithless 신의 없는, 믿음이 없는

·관련표현·
keep faith with ~ ~과 약속을 지키다
keep one's faith 맹세(약속)를 지키다
take one's story on faith 누군가의 이야기를 그대로 믿다
break one's faith 약속을 깨트리다
promise faithfully 굳게 약속하다
put faith in ~ ~을 믿다
faithful translation 정확한 번역
by the faith of ~ ~앞에 맹세코
in good faith 선의로
pin one's faith on ~ ~을 절대로 믿다
lose faith in ~ ~을 신뢰하는 마음을 잃다
deal faithful with ~ ~을 충실히 다루다

syn. loyal, devoted, reliable,

해설 | faithful은 '충실한, 성실한, 신앙심이 깊은' 등의 뜻을 가지고 있다. 이에 가장 가까운 동의어는 (3) loyal로 '충실한'의 뜻을 가지고 있다. (1)은 '어리석은'(=stupid), (2)는 '신앙이 없는, 비종교적인', 그리고 (4)는 '인내심이 강한'의 뜻이다. (3) 「충실한[정숙한] 아내는 남편이 귀가하지 않는 것을 염려하지만, 정숙치 못한 아내는 남편이 귀가할까 봐 염려한다.」

honest, exact, precise
ant. faithless, disloyal, treacherous, inexact

fake [feik]

vt. **1** to alter dishonestly; falsify 위조하다, 꾸며 내다, 속이다: He *faked* his father's signature. 그는 아버지의 서명을 위조했다.

2 to pretend to have a particular feeling, illness, etc. ~인 체하다, 가장하다: She sighed with *faked* sadness. 그 여자는 슬픈 척하며 탄식했다.

n. an object such as a work of art, a coin or a piece of jewellery that is not genuine but has been made to look as if it is 모조품, 위조품: How do you know a *fake* from the original? 어떻게 원본과 모조품을 구별할 수 있는가?

a. not genuine; false 가짜의, 위조의: *fake* money 위조지폐

| 실전문제 |

다음에 주어진 뜻풀이 가운데서 밑줄 친 <u>fake</u>의 의미로 가장 적절한 것은?

The doctor with the reputed cure for cancer proved to be a <u>fake</u>.

(1) anything made to appear otherwise than it actually is; counterfeit
(2) a person who fakes; faker
(3) a spurious report or story
(4) a simulated play or move intended to deceive an opponent

해설 | fake의 주어가 doctor인 것으로 보아 사람을 나타낸다. (2)를 제외한 나머지 보기에서는 모두 사물이나 사건을 나타내는 것도 하나의 힌트로 볼 수 있다. (2) 「암 치료로 유명한 그 의사는 사실 돌팔이 의사로 판명이 났다.」

· 파생어 ·
faker 위조자, 사기꾼; 노점 상인, 행상인
fakery 속임수, 사기; 가짜, 모조품
fakement 사기, 협잡; 가짜

· 관련표현 ·
fake it 알고[할 수] 있는 체하다, 허세 부리다; 즉흥 연주하다
fake out of ~ 거짓 동작으로 ~을 빼앗다
fake off ((미·속어)) 게으름 피우다
fake out 속이다
fake money 위조지폐
fake an alibi 알리바이를 꾸미다

syn. imitation, forgery, dummy

false [fɔːls]

a. **1** incorrect; not true 그릇된, 부정확한, 틀린: If you make a *false* testimony to the court, you'll be in lot of trouble. 법정에서 거짓 증언을 하면, 많은 곤경에 처하게 될 것이다.

2 being intended to look like a real thing; artificial 가짜의, 모조품의, 인공적인: She was wearing *false* eyelashes. 그녀는 가짜 속눈썹을 하고 있었다.

3 not sincere 성실치 않은, 미덥지 못한: He bowed his head and smiled in *false* modesty. 그는 거짓 겸손으로 머리를 숙여 인사를 하고 미소를 지었다.

· 파생어 ·
falsehood 거짓말, 기만
falsely 그릇되게, 허위로, 가짜로
falsify (서류를) 변조하다, 속이다, 배신하다
falsity 허위, 거짓말

· 관련표현 ·
a *false* judgement 오판
a *false* friend 불성실한[미덥지 않은] 친구
false teeth 틀니
a *false* hair 가발(=wig)
false-hearted 불성실한, 배신의

4 improper or frivolous 부당하거나 경솔한: It was a *false* move for you to do so. 당신이 그렇게 한 것은 경솔한 행동이었다.

| 실전문제 |

다음에 주어진 뜻풀이 가운데서 밑줄 친 false의 의미로 가장 적절한 것은?

The woman was wearing *false* eyelashes.

(1) improper or frivolous
(2) incorrect; not true
(3) not sincere
(4) being intended to look like a real thing; artificial

해설 | false가 눈썹(eyelash)이나 가발(wig), 또는 치아(tooth) 등의 앞에 올 때는 '모조의, 가짜의' 등의 뜻을 나타낸다. (4)「그 여자는 가짜 속눈썹을 하고 있었다.」

□ **familiar**[fəmíljər]

a. **1 well known or recognizable** 잘 알려진, 낯익은[귀 익은], 익숙한: The name Harry Potter will be *familiar* to many readers. 해리 포터라는 이름은 많은 독자들에게 친숙할 것이다.

2 well-acquainted; having a thorough knowledge 잘 아는, 정통한: He is *familiar* with the subject. 그는 그 문제에 정통하다.

3 friendly; close 친한, 친밀한: a *familiar* friend 친한 친구

4 excessively informal 정도 이상으로 스스럼없이 구는, 격식을 차리지 않는: Don't be too *familiar* with the customers. 손님들하고 너무 정도 이상으로 친하게 지내지 마.

| 실전문제 |

다음에 주어진 뜻풀이 가운데서 밑줄 친 familiar의 의미로 가장 적절한 것은?

James is quite *familiar* with the country and it would make it easier to have better understanding of the nuclear issue.

(1) commonly or generally known or seen
(2) well-acquainted; thoroughly conversant
(3) informal; easygoing; unceremonious; unconstrained
(4) closely intimate or personal

해설 | 전치사 with와 함께 쓰이고 있는 점에 주의한다. with 다음에 특정 사실에 관한 내용이 올 경우 be familiar with ~는 '~을[를] 잘 알고 있다, 익숙하다'의 의미이다. 참고로, conversant with ~도 동일한 의미의 '~에 정통한'이라는 숙어이다. (2)「제임스는 그 나라를 매우 잘 알고 있으며 따라서 핵 문제를 더 잘 이해할 수 있을 것이다.」

a *false* signature 거짓 서명
a *false* door 가짜 문
tell a *falsehood* 거짓말하다
make a *false* move 서투른 짓을 하다
be *false* of heart 불성실하다
be *false* to ~ ~를 배반하다
play a person *false* ~를 속이다
a *false* witness 허위 진술을 하는 증인
a *false* wife 부정한 아내
ring *false* 이야기가 참말 같지 않다, 거짓말로 들리다

syn. sham, wrong, forged, imitated
ant. true, genuine, real

· 파생어 ·

familiarity 잘 앎, 정통, 친함
familiarize 친하게 하다, 익숙하게 하다, 통속화하다, 널리 알리다
familiarization 친하게 함, 익숙하게 함
familiarly 친하게, 허물없이; 무엄하게

· 관련표현 ·

make oneself *familiar* with ~
~에 통하다; ~와 친해지다, ~에 허물없이 굴다; ~에 밝아지다

be on *familiar* terms with ~
~와 친숙하다

familiar with ~ ~을 잘 알고 있는
familiar to ~ ~에게 잘 알려진
thorough *familiarity*
속속들이 잘 알고 있음
demonstrate *familiarity*
친밀감을 나타내 보이다
a *familiar* face 친숙한[낯익은] 얼굴

syn. common, close, usual, informed, long-familiar, acquainted, beaten, well-known, common or garden
ant. unfamiliar, strange

F

fast [fǽst]

a. **1 moving or doing quickly** 급속한, 빨리 움직이는: The government party aims to attract votes from the business and professional communities which want a *faster* pace of political reform. 여당은 보다 빠른 정치 개혁을 원하는 사업계와 전문 직업층으로부터 표를 얻는 것을 목표로 하고 있다.

2 showing a time ahead of the real time (제시간보다) 시간이 빠른: I always keep my watch 15 minutes *fast*. 나는 항상 시계를 15분 빠르게 맞춰놓는다.

3 unlikely to change in colors when washed 색이 바래지 않는: Please be careful when you wash these pants whose color isn't *fast*. 색깔이 바래기 쉬운 이 바지들을 세탁할 때 조심하세요.

4 allowing quick movement 빠른 움직임이 허용되는, 고속용의: There has been an accident in the *fast* lane of highway. 고속도로의 고속 차선에서 사고가 있었다.

5 accomplished in a short time 속성의, 단기간의: He's accustomed to a *fast* reading. 그는 속독에 익숙하다.

| 실전문제 |

다음에 주어진 뜻풀이 가운데서 밑줄 친 fast의 의미로 가장 적절한 것은?

My watch is 10 minutes <u>fast</u> a day.

(1) unlikely to change in colors when washed
(2) accomplished in a short time
(3) allowing quick movement
(4) showing a time ahead of the real time

해설 | 시간이 빨리 간다는 뜻으로 사용되고 있으므로 시간에 대해 언급하는 것을 고른다. (4) 「내 시계는 하루에 10분 빨리 간다.」

· 관련표현 ·

a *fast* race 단거리 경주
a *fast* friendship 변함없는 우정
lead a *fast* life 방탕한 생활을 하다
stand *fast* 꿋꿋이 서다
sleep *fast* 깊이 잠들다
rain *fast* 비가 줄기차게 내리다
snow thick and *fast*
눈이 펑펑 내리다
fast buck
손쉽게 빨리 번 돈(=quick buck)
fast food 간이 즉석식품
life in the *fast* lane 경쟁 사회
speak *fast* 빨리 말하다
break one's *fast*
단식을 그치고 조반을 들다
a *fast* reading 속독
take a *fast* grip 꽉 쥐다
fall into a *fast* sleep 숙면을 취하다
make *fast* 꽉 쥐다
lay a person *fast* 누군가를 속박하다
thick and *fast* 줄기차게, 끊임없이

syn. quick, rapid, swift, speedily
ant. slow

feet [fíːt]

n. **the plural form of foot** foot의 복수 형태; 발: It's much easier to get there on *foot* than by car. 거기는 차보다 걸어서 가는 것이 훨씬 쉽다.

| 실전문제 |

밑줄 친 숙어와 뜻이 비슷한 것을 고르시오.

I was going to invite her to a party in the middle of last term, but I got cold feet at the last minute.

(1) my feet were very cold   (2) I didn't have time
(3) I was sick   (4) I was afraid to ask you

· 관련표현 ·

at a *foot's* pace 보통 걸음으로; 보행의 속도로
at the *feet* of ~ ~의 기슭에
keep one's *feet* 발밑을 조심하다, 신중하게 행동하다
on one's *feet*
원기를 회복하고; 독립하여
stand[get] on one's *feet* 자립하다
with one *foot* in the grave
다 죽게 되어
Let me *foot* the bill. = Let me pick up the check.
비용은 제가 계산하겠습니다.

해설 | get cold feet은 '망설이다' 또는 '겁먹다'의 뜻으로 get 대신 have 동사도 사용한다. (1)은 '발이 무척 시렸다', (2)는 '시간이 없었다', (3)은 '병이 났다'의 뜻이지만, (4)가 '물까 망설였다'의 뜻이므로 정답이다. (4)「나는 지난 학기 중반에 그녀를 파티에 초대하려고 했지만, 막판에 망설였다.」

at somebody's *feet* ~의 발치에, ~에 복종하여
set *foot* on ~ ~에 발을 딛다

☐ fertile [fə́:rtl]

a. **1** (of land or soil) producing good crops or plants (땅이) 비옥한, 기름진: This village has wide *fertile* soil. 이 마을에는 넓고 비옥한 땅이 있다.

2 able to produce babies, young animals or new plants 생식 능력이 있는, (인간, 동물이) 자식을 많이 낳는: The surgery cannot be reversed to make her *fertile* again. 그 수술로도 그녀에게 다시 생식력을 갖게 할 수 없다.

3 producing a lot of new ideas (상상력, 창조력이) 풍부한: A novelist must be *fertile* in creative or imaginative ideas. 소설가는 창조력과 상상력이 풍부해야 한다.

|실전문제|
다음에 주어진 뜻풀이 가운데서 밑줄 친 fertile의 의미로 가장 적절한 것은?

He has a lot of fertile imagination.

(1) able to produce babies, young animals or new plants
(2) producing a lot of new ideas
(3) (of land or soil) producing good crops or plants
(4) that produces good results

해설 | 상상력이나 창조력 앞에 fertile이 쓰이면 '풍부한'의 뜻으로 사용된다. (2)「그는 상상력이 풍부하다.」

· 파생어 ·
fertilely 비옥하게, 풍부하게
fertility 비옥, 다산, 독창성
fertilize (땅을) 비옥하게 하다; 수정[수태]시키다
fertilizer 비료, 거름

· 관련표현 ·
fertile showers 단비
fertile eggs 수정란
fertile soil 비옥한 땅[토양]
artificial *fertilizers* 인공 비료
fertile imagination 풍부한 상상력
a *fertile* year 풍년
a *fertile* mind 창의력이 풍부한 마음

syn. productive, prolific, imaginative
ant. sterile, barren

☐ field [fi:ld]

n. **1 an area of land, used for growing crops or keeping animals** 들판, 벌판: Look at the green *fields* of sheep. 양들이 가득한 저 푸른 들판을 봐.

2 an area of land covered in grass and used for sports 경기장, 운동장: Soccer players are running through the *fields*. 축구 선수들이 운동장에서 뛰고 있다.

3 a particular subject of study or sphere of activity or interest 연구나 활동 분야: He has worked for more than 10 years in the *field* of publishing. 그는 출판업 분야에서 10년 이상 일해 왔다.

4 an area where a fighting or a battle takes place 싸움터, 전지: They fought against enemies in the battle *field*. 그들은 전쟁터에서 적들과 싸웠다.

· 관련표현 ·
field work 현장 실습, 야외 작업
field trip 견학 여행
field study 현지 조사
field hospital 야전 병원
field day 행사일, 운동회 날
field army 야전군
have a *field* day 성공을 거두다
in one's own *field* ~의 전문 분야에 있어서
lose the *field* 싸움터에서 패배하다
play the *field* 많은 이성과 교제하다
do *fieldwork* 현지 조사를 하다

257

|실전문제|

다음에 주어진 뜻풀이 가운데서 밑줄 친 field의 의미로 가장 적절한 것은?

The electronic equipment made by up-to-date technology broke new ground in the field of electronics.

(1) an area where a fighting or a battle takes place
(2) an area of land, used for growing crops or keeping animals
(3) a particular subject of study or sphere of activity or interest
(4) an area of land covered in grass and used for sports

해설 | 학문인 전자 공학의 '분야'를 말함을 문맥을 통해 알 수 있다. (3) 「첨단 기술에 의해 만들어진 그 전자 장비는 전자 공학 분야에서 신기원을 열었다.」

have a clear *field* before one
마음껏 활약할 수 있다

have the *field* to oneself
경쟁 상대가 없다

hold the *field* 유리한 위치를 차지하다

syn. grassland, meadow, court, sphere, domain

fierce [fiərs]

a. 1 very aggressive and angry 몹시 사나운, 흉포한: He had a very *fierce* look on his face. 그는 아주 사나운 표정을 하고 있었다.

2 very intense or enthusiastic in actions or feelings (행동이나 감정이) 열렬한, 격렬한: Competition has been *fierce* to get a decent job recently. 괜찮은 직장을 얻기 위한 경쟁이 최근에 치열해졌다.

3 (of the weather) very severe or strong (기상 조건이) 극심한: Mountain climbers were trapped by a *fierce* storm which was lasting for three days. 등산객들은 3일 동안 계속된 폭풍우 때문에 발이 묶였다.

4 terrible or awful in hobbies (취미가) 고약한: It is one of the *fiercest* tastes he has. 그 취미는 그가 가지고 있는 것 중 가장 지독한 취미이다.

· 파생어 ·

fiercely 맹렬히, 지독히
fierceness 맹렬함, 지독함, 치열함

· 관련표현 ·

fierce animals 맹수
fierce looks 무서운 얼굴, 사나운 표정
a **fierce** competition 치열한 경쟁
burn **fiercely** 맹렬히 타다
a **fierce** battle 치열한 전투
fiercely loyal 아주 충성을 다한
a **fiercely** competitive job market 경쟁이 치열한 취업 시장
look **fierce** 무서운 표정을 짓다

syn. barbarous, savage, brutal, intense
ant. mild, tame

|실전문제|

다음에 주어진 뜻풀이 가운데서 밑줄 친 fierce의 의미로 가장 적절한 것은?

The army came up against fierce opposition in every city.

(1) (of the weather) very severe or strong
(2) terrible or awful in hobbies
(3) very aggressive and angry
(4) very intense or enthusiastic in actions or feelings

해설 | 격렬한 저항(fierce opposition)이라는 것은 어떤 것에 거역하거나 버티는 행동이나 감정을 포함하는 격렬한 상태를 말한다. (4) 「군대는 모든 도시에서 격렬한 저항에 부딪혔다.」

fight [fait]

vt. to try in a determined way to prevent something from happening 퇴치하려고 노력하다: Mother Teresa is a great nun who has devoted her life to *fighting* poverty. 마더 테레사는 빈곤 퇴치에 일생을 바친 위대한 수녀이다.

vi. 1 to take part in a war or battle (전쟁터에서) 싸우다: They were *fighting* to gain their freedom from England. 그들은 영국으로부터 자유를 얻기 위해 싸우고 있었다.

2 to argue or quarrel 서로 말다툼하다: As a child he used to *fight* with his younger brother on a trifling matter. 어릴 때, 그는 사소한 문제로 인해 동생과 싸우곤 했다.

3 to strive vigorously or resolutely (~을 물리치거나 얻기 위해서) 분투하다: He had to *fight* against a lot of temptations in his religious life. 그는 자신의 종교적인 삶에서 많은 유혹과 싸워야만 했다. / They were *fighting* for higher wages. 임금 인상을 위한 투쟁을 하고 있었다.

|실전문제|
다음에 주어진 뜻풀이 가운데서 밑줄 친 fighting의 의미로 가장 적절한 것은?

He is now fighting for his life in the hospital.

(1) to argue or quarrel
(2) to take part in a war or battle
(3) to strive vigorously or resolutely
(4) to try in a determined way to prevent something from happening

해설 | '살기 위해' 싸운다는 의미로 자동사로 쓰였다. (3) 「그는 지금 병원에서 생명을 위해 사투를 벌이고 있다.」

figure [fígjər]

n. 1 an official number that has been counted (특히 공식적인) 수치: The *figures* by the government show that two in five marriages end in divorce. 정부 수치는 다섯 건의 결혼 중 두 건이 이혼으로 끝난다고 한다.

2 the shape of a woman's body (여자의) 몸매, 풍채: The Elizabeth is a natural blonde with a slender *figure*. 엘리자베스는 늘씬한 몸매에 자연 금발이다.

3 the shape of a whole human body 사람의 모습, 풍채: I could see a *figure* in the distance, but I don't know what it was. 나는 멀리서 형체를 볼 수 있었지만, 그것이 무엇인지는 몰랐다.

·파생어·
fighter 투사; 전투기
fighting 싸움, 투쟁

·관련표현·
fight against an enemy 적군과 싸우다
fight for fame 명성을 얻으려고 애를 쓰다
fight against temptation 유혹과 싸우다
fight back 반격하다
fight for ~ ~을 위해 싸우다
fight off ~ ~을 격퇴하다
fight to the last 최후까지 싸우다
a *fight* against disease 투병
a street *fighting* 시가전
a *fighter* pilot 전투기 비행사
fight on 계속해 싸우다
fight shy of ~ ~을 피하다, ~에 가까워지지 않도록 하다
fight tooth and nail 철저하게 싸우다
fight one's way 진로를 헤치고 나아가다
stand-up *fight* 정정당당한 싸움
put up a good *fight* 선전(善戰)하다

syn. battle, contend, combat, overcome
ant. reconcile, agree, compromise

·파생어·
figured 모양으로 표시한; 숫자로 나타낸
figurative 비유적인, 상징적인; 조형적인
figural 상으로 된, 묘시적인

·관련표현·
be good at *figures* 계산에 밝다
have a good *figure* 풍채가 훌륭하다
cut a fine *figure* 두각을 나타내다
keep one's *figure* 항상 몸이 날씬하다
figure as ~ ~의 역할을 하다, ~로 통하다

259

4 a number from 0 to 9, written as a sign rather than a word 숫자: He has a six-*figures* income. 그는 여섯 자리(10만 달러 이상 100만 달러 미만의) 수입이 있다.

|실전문제|

다음에 주어진 뜻풀이 가운데서 밑줄 친 figure의 의미로 가장 적절한 것은?

The final inflation <u>figure</u> was 4.5% for the year.

(1) the shape of a woman's body
(2) a number from 0 to 9, written as a sign rather than a word
(3) an official number that has been counted
(4) the shape of a whole human body

해설 | 물가 상승률 수치는 공식적인 집계를 통해서 나온 수치로 볼 수 있다. (3) 「올해 최종 물가 상승률 수치는 4.5 퍼센트였다.」

figure out 이해하다(=understand); 계산하다
figure up 합계[합산]하다
a man of *figure* 지위가 있는 사람, 유명한 사람

syn. number, digit, shape, form

☐ **fill** [fil]

vt. **1 to make full** 가득 차게 하다, 채우다: The fruit *filled* the basket. 광주리가 그 과일로 가득 찼다. / The audience *filled* the auditorium. 청중들이 강당을 가득 메웠다.

2 to meet, satisfy or fulfill the needs (요구를) 충족[만족]시키다: This will *fill* your long-felt want. 이것이 네가 오랫동안 갈망해 왔던 것을 충족시킬 거야. / This new medicine *fills* your urgent need. 이 새로운 약이 너의 긴급한 요구 사항을 만족시킬 거야.

3 to put a filling in a tooth (치아가 빠진 곳을) 봉으로 막다, 때우다: I had two cavities *filled* at the dental clinic. 나는 치과에서 두 개의 충치를 때웠다.

4 to occupy and perform the duties of a vacancy or position (빈자리나 공석을) 메우다: Has the secretarial position been *filled*? 그 비서직 자리가 채워졌습니까? / He's the best person to *fill* the vacancy. 그가 빈자리를 메울 가장 적합한 적임자야.

·파생어·
filler 채우는[메우는] 사람[물건]; 주입기, 충전기; 깔때기
filling 충전(물), 채움

·관련표현·
fill a blank 빈칸을 채우다
fill a vacancy 공석[빈자리]을 채우다
fill an order 주문에 응하다
fill in 서류에 빈 곳을 적어 넣다, 작성하다, 메우다
fill up (자동차에 연료를) 가득 채우다
be *filled* with ~ ~로 가득 차다
fill A in on B A에게 B에 대해서 자세히 알려 주다

syn. inflate, fulfill, saturate
ant. empty, drain, vacate, shrink

|실전문제|

다음에 주어진 뜻풀이 가운데서 밑줄 친 fill의 의미로 가장 적절한 것은?

Who will <u>fill</u> the political void made by his death?

(1) to put a filling in a tooth
(2) to make full
(3) to occupy and perform the duties of a vacancy or position
(4) to meet, satisfy or fulfill the needs

해설 | '빈자리를 메우다', 또는 '공석을 채우다'라는 정의를 찾는다. (3) 「그의 죽음으로 인해 생긴 정치적 공백을 누가 메울 것인가?」

☐ fine [fain]

vt. to make (someone) pay money as punishment 벌금을 부과하다: The judge *fined* him 20 dollars for his jaywalking. 판사는 무단 횡단으로 인해 그에게 20달러의 벌금을 부과했다.

n. an amount of money that must be paid as a punishment 벌금: You must pay a *fine* for your illegal parking. 당신은 불법 주차에 대한 벌금을 물어야 한다.

|실전문제|

밑줄 친 <u>fined</u>의 뜻을 고르시오.

In Britain and Europe, one can be <u>fined</u> heavily for ignoring a non-smoking sign.

(1) punished by enforced payment
(2) punished by long confinement
(3) punished by sudden dismissal
(4) punished by severe whipping

해설 | be fined는 '벌금이 부과되다'의 뜻으로 정답은 (1)로 '강제 벌금(지불)의 벌을 받다'의 의미이다. (2)는 '장기 구류의 벌을 받다', (3)은 '갑작스런 해고의 벌을 받다', 그리고 (4)는 '엄한 채찍질의 벌을 받다' 등을 뜻한다. (1)「영국과 유럽에서는 금연 표시를 무시하면 무거운 벌금이 부과되는 경우가 있다.」

·관련표현·

an on-the-spot *fine* 현장 벌금
pay a *fine* 벌금을 물다
talk *fine* 제법 근사한 말을 하다

syn. penalty, sum demanded as punishment

☐ first [fə:rst]

ad. 1 before anyone or anything else 우선, 맨 먼저: She asked *first* if we were free Friday evening. 그녀는 맨 먼저 우리에게 금요일 저녁에 시간이 나는지 물었다.

2 for the first time 처음으로: When we *first* lived here, there were no buses. 우리가 처음에 여기 살았을 때는 버스가 없었다.

3 to begin with 우선 첫째(로): *First*, I want to explain some basic points. 우선, 첫째로 나는 몇몇 기본 사항을 설명하고자 한다.

a. 1 happening or coming before all others 첫번째의: Is this your *first* visit to Japan? 이번이 당신의 첫 번째 일본 방문입니까?

2 ranking above all others 으뜸의, 제일의: This painting received *first* prize in the contest. 이 그림은 대회에서 1등 상을 받았다.

|실전문제|

밑줄 친 숙어와 뜻이 비슷한 것을 고르시오.

<u>First of all</u>, we must dismiss the cook.

(1) At first hand   (2) For the first time
(3) At first sight   (4) In the first place

·파생어·

firstly 우선, 첫째로, 최초로

·관련표현·

at *first* hand 직접, 바로
at *first* sight 첫눈에, 한 번 보아서
from the *first* 처음부터
come in *first* (경주, 시험 등에서) 1등을 하다
from *first* to last 처음부터 끝까지, 시종일관
first of all 우선, 무엇보다도
first and foremost 맨 먼저, 우선 무엇보다도
for the *first* time 처음으로
first or last 조만간

syn. foremost, prime, ranking, original, basic, to begin with
ant. secondary, later, sooner

해설 | 뜻이 비슷한 점이 있으므로 주의해야 할 숙어들인데, first of all은 '우선 첫째로'라는 뜻이며 (4)의 in the first place(첫 번째로)가 가장 비슷한 뜻이다. (1)은 '직접적으로', (2)는 '처음으로', (3)은 '첫눈에'라는 의미이다. (4)「우선 첫째로 우리는 그 요리사를 해고해야 한다.」

☐ fit [fit]

a. **1 suitable for a certain purpose** 적당한, 적합한, 어울리는: Make your home a *fit* place to work, rest, and play. 집을 일하고, 쉬고, 놀기에 적합한 곳으로 만들어라. / Is this water *fit* to drink? 이 물은 식수로서 적합합니까?

2 physically healthy and strong as a result of exercise 건강이 좋은, 튼튼한: He runs five miles every Saturday, so he's so *fit*. 그는 매주 토요일마다 5마일을 뛰어서 무척 건강하다. / These days he looks *fitter* than I've ever seen him. 요즈음 그는 가장 건강해 보인다.

3 qualified or competent 자격이 있는: Only *fit* applicants need to apply. 자격 있는 지원자만이 지원할 필요가 있다.

|실전문제|

다음 밑줄 친 숙어와 뜻이 가장 비슷한 것을 고르시오.

What kind of exercise do you do to <u>keep fit</u>?

(1) stay alive　　　　　(2) stay healthy
(3) stay young　　　　(4) stay competent

해설 | keep fit은 '건강을 유지하다'라는 뜻으로 건강 프로그램이나 헬스장을 선전할 때 자주 쓰이는 말이기도 하다. 네 가지의 보기 중에서 (2)가 '건강을 유지하다'의 뜻이며, 이때의 stay는 remain이나 keep의 뜻으로 2형식 동사이다. (1)은 '활동적이다', (3)은 '젊음을 유지하다', 그리고 (4)는 '능력을 유지하다'의 뜻이다. (2)「건강을 유지하기 위해 어떤 운동을 하십니까?」

· 파생어 ·
fitly 적당하게, 알맞게
fitness 적당, 적합성; 건강
fitting 적당한, 어울리는(=fit)

· 관련표현 ·
a *fit* occasion 적당한 기회
fit to do the job 그 일을 하기에 적합한
fit to be tied 흥분하여, 성을 내어
fit as a fiddle 극히 건강하여
fit the bill 만족시키다
fit to burst 터질 정도로, 몹시
fit in 잘 끼워 넣다, 꼭 맞다, 적합하다
fit the case 그 경우에 적합하다, 들어맞다
fit up ~에 비치하다, 준비하다

syn. suitable, proper, qualified
ant. unsuitable, inappropriate, untimely

☐ fix [fiks]

vt. **1 to mend or repair** 수리[수선]하다, 고치다: You should get the copy machine *fixed* as soon as possible. 가능한 한 빨리 복사기를 고쳐야 합니다.

2 to fasten firmly in a position 단단히 고정시키다, 붙이다: The workman *fixed* the television antenna to the roof of the house. 그 인부는 집의 지붕에 TV 안테나를 고정시켰다. / Will you *fix* a shelf to the wall? 선반을 벽에 고정시켜 주겠습니까?

· 파생어 ·
fixation 고정, 고착
fixed 고정된, 정돈된
fixable 고정할 수 있는
fixate 고정하다, 고정시키다
fixing 고정; 수선
fixture 정착물, 비품
fixative 정착하는, 고정하는

3 to arrange or decide on a date, a place, or price by agreeing each other (상호 간의 합의에 따라 날짜, 장소, 가격 등을) 정하다: Did you *fix* the date for a wedding? 결혼 날짜를 정했니? / The dealer *fixed* the price at 30 dollars. 딜러는 가격을 30달러로 정했다.

4 to prepare food or drink 음식을 준비하다, 만들다: What time are you going to *fix* dinner? 몇 시에 저녁을 준비할 것입니까?

| 실전문제 |

다음에 주어진 뜻풀이 가운데서 밑줄 친 fix의 의미로 가장 적절한 것은?

Do you think you'll be able to fix this photocopier before the end of the day?

(1) to fasten firmly in a position
(2) to mend or repair
(3) to prepare food or drink
(4) to arrange or decide on a time, a place, or price by agreeing each other

해설 | fix 뒤에 물건인 복사기(=photocopier)가 나오므로, '고치다, 수선하다' 의 뜻이다. (2) 「오늘 퇴근 시간 전에 이 복사기를 고칠 수 있습니까?」

· 관련표현 ·

in a *fix* 곤경에 처한(=in a dilemma)
out of *fix* 몸이나 기계의 상태가 나쁜
with a *fixed* look 뚫어지게 바라보며
get a *fix* on ~ ~의 위치를 확인하다; ~에 분명한 태도를 취하다

syn. fasten, attach, settle, prepare
ant. break, destroy

□ **flat**[flæt]

a. **1 smooth and level** 납작한, 편평한: This area has a lot of *flat* land. 이 지역은 평지가 많다.

2 (of beer or champagne) having no longer bubbles of gas in it (맥주나 샴페인이) 김이 빠진: This beer is *flat* long after it's open. 이 맥주는 오랫동안 뚜껑이 열려 있어서 김이 빠져 있다.

3 (of a tire) not having enough air 바람이 빠진, 펑크 난: I had a *flat* tire on the way home yesterday. 어제 집에 오는 도중에 타이어가 펑크 났다.

4 dull, monotonous or lifeless 지루하고 단조롭거나 생명력이 없는: Everything seems so *flat* after a long holiday. 오랜 휴일이 끝난 후 모든 것이 지루하고 단조로운 것 같다.

| 실전문제 |

다음에 주어진 뜻풀이 가운데서 밑줄 친 flat의 의미로 가장 적절한 것은?

The ginger ale went flat after being left open for a while.

(1) dull, monotonous or lifeless
(2) not having enough air
(3) having no longer bubbles of gas in it
(4) smooth and level

해설 | ale은 맥주의 일종이므로 flat은 '김이 빠졌다' 는 의미로 쓰이고 있다. (3) 「그 진저 에일은 잠시 동안 마개가 개봉되어서 김이 빠졌다.」

· 파생어 ·

flatly 평평하게; 활기 없이; 단호하게
flatten 평평하게 하다; 쓰러뜨리다; (맥주가) 김이 빠지다

· 관련표현 ·

lie *flat* on the face 길게 엎드려 자다
go *flat* (타이어가) 펑크 나다
***flat* broke** 완전히 무일푼이 되어
give the *flat* (구혼자를) 딱 거절하다
***flat*-footed** 평발의; 단호한
***flat*-chested** 앞가슴이 평평한
refuse *flatly* 단호히 거절하다
be in a *flat* spin 곤경에 처하다, 옴쭉 못하다
feel *flat* 따분하다, 속상하다
that's *flat* 바로 그대로다, 과연 그렇다
fall *flat* 넘어지다, 완전히 실패하다
***flat* aback** 혼비백산하여

syn. smooth, restless, tasteless
ant. uneven, rough, fizzy, delicious

flight [flait]

n. 1 an act of flying; a scheduled trip on an airline 비상; (특정 지역으로 가는) 항공편: Can I make a *flight* reservation on July 4th, at 9 p.m.? 7월 4일, 오후 9시 비행기를 예약할 수 있습니까? / There are some birds that are incapable of *flight*. 날지 못하는 새들도 있다.

2 swift movement or quick passage 급히 지나감, 시간의 경과: It is impossible to stop the *flight* of time. 시간이 화살처럼 지나가는 것을 멈추게 하는 건 불가능하다.

3 a group of birds flying together 떼 지어 나는 새들: A *flight* of small birds are singing in the forest. 작은 새 떼들이 숲 속에서 지저귀고 있다.

4 a set of steps between two floors 층계참: We ran down the stairs so quickly that we fell down a *flight* of stairs. 층계를 너무나 빨리 뛰어내려 온 나머지 우리는 층계참에서 넘어졌다.

|실전문제|
다음에 주어진 뜻풀이 가운데서 밑줄 친 flight의 의미로 가장 적절한 것은?

The plane was hijacked while on a <u>flight</u> to Tokyo.

(1) a group of birds flying together
(2) a set of steps between two floors
(3) an act of flying
(4) swift movement or quick passage

해설 | 문두에 비행기(plane)가 있으므로 비행 여행임을 알 수 있다. (3) 「그 비행기는 도쿄로 비행하는 동안에 납치당했다.」

·파생어·
fly 날다
flying 나는, 하늘에 뜬

·관련표현·
catch a *flight* 비행기를 타다(=take a *flight*)
miss a *flight* 비행기를 놓치다
take *flight* 도주[도망]하다
a nonstop *flight* 직항 편
a connecting *flight* 연결 비행[갈아타는 비행]
a chartered *flight* 전세 편, 전세기
in the first *flight* 선두에 서서, 중요한 지위를 차지하여
make a *flight* 비행하다
in *flight* 도주 중에
a *flight* **of wit** 번뜩이는 재치

syn. aviation, escape, stairs

follow [fálou]

vt. 1 to come after or move behind in the same direction 따라가다, 쫓다: The dog *followed* the boy out of the house. 개는 집 밖으로 소년을 따라갔다.

2 to take place after (시간, 순서 상으로) 다음에 일어나다, 뒤를 잇다: "T" *follows* "S" in our alphabet. 알파벳에서는 "S" 다음에 "T"가 따라온다. / The late-night movie *follows* the 10 o'clock news. 10시 뉴스 다음에는 심야 영화가 계속된다.

3 to act in accordance with ~에 따라 행동하다, (규칙이나 지시를) 따르다: If you want to install the software, you have to *follow* the instruction manual. 만약 그 소프트웨어를 설치하길 원한다면, 사용서의 지시 사항을 따라야 할 것입니다.

4 to understand (말을) 이해하다: I don't quite *follow* you what you are saying. 무슨 말인지 잘 이해를 못하겠습니다.

·파생어·
follower (종교, 학설의) 추종자, 신도; 추적자
following 다음의
follow-up 뒤쫓음, 속보

·관련표현·
***follow* in one's footsteps** ~의 예를 본받다
***follow* up** 추적하다; ~을 계속하다
***follow* blindly** 맹목적으로 따르다
***follow* faithfully** 충실하게 따르다
***follow* after ~** ~을 추구하다
***follow* out** 끝까지 해내다
***follow* about** 사람을 줄곧 따라다니다

5 to accept advice or instructions (충고를) 따르다: I have decided not to *follow* anyone's advice. 나는 어느 누구의 충고도 받아들이지 않기로 했다.

syn. imitate, comply with, understand, chase
ant. precede, evade

|실전문제|

다음에 주어진 뜻풀이 가운데서 밑줄 친 <u>follow</u>의 의미로 가장 적절한 것은?

His abstruse style is hard to <u>follow</u>.

(1) to understand
(2) to take place after
(3) to accept advice, instructions, etc.
(4) to come after or move behind in the same direction

해설 | 주어가 문체(style)이므로 '이해하다'가 문맥에 맞다. (1)「그의 난해한 문체는 이해하기가 어렵다.」

□ **foreign** [fɔ́(:)rin]

a. **1 from another country; not domestic** 외국에서 오는, 외국산의: She's decided on a *foreign* car. 그녀는 외제 차를 사기로 했다.

2 having no relation to or not characteristic of ~와 관련이 없는, 맞지 않는: Since she is a very kind woman, arrogance is *foreign* to her nature. 그녀는 아주 친절하기 때문에 거만함은 그녀의 성격과 맞지 않는다.

3 strange or unknown 낯선, 눈에 익지 않은: The whole thing is *foreign* to us. 우리에게는 모든 것이 낯설다.

4 located away from one's own native country 재외의, 외국에 있는: She has visited many *foreign* countries on business so far. 그녀는 여태껏 많은 외국을 업무차 방문했다.

·파생어·
foreigner 외국인, 외국 제품
foreignness 외국풍

·관련표현·
foreign **goods** 외국 제품
foreign **aid** 대외 원조
foreign **policy** 외교 정책
foreign **affairs** 외교 문제
buy *foreign* 외국 제품을 사다
foreign **trade** 해외 무역

syn. unfamiliar, strange, alien, unrelated
ant. native, domestic, relevant

|실전문제|

1. 다음에 주어진 뜻풀이 가운데서 밑줄 친 <u>foreign</u>의 의미로 가장 적절한 것은?

The concept of thrift and saving is <u>foreign</u> to some rich men.

(1) having no relation to or not characteristic of
(2) located away from one's own native country
(3) from another country; not domestic
(4) strange or unknown

해설 | 일부 부자들에게는 절약, 저축이 개념이 낯선 것이 합당한 말이다. (4)「절약과 저축의 개념은 일부 부자들에게는 낯설다.」

2. 밑줄 친 <u>foreign</u>과 뜻이 비슷한 것을 고르시오.

Democracy is <u>foreign</u> to the economic institutions of certain societies.

(1) unfamiliar   (2) favoring
(3) nationalizing   (4) productive

F

265

해설 | be foreign to ~는 '~와는 맞지 않는다'의 뜻이다. 이 중에서 (1)의 be unfamiliar to ~가 비슷한 의미를 가지는 동시에 be foreign to ~처럼 '~에 낯선, ~에 맞지 않은'의 뜻을 나타낸다. (2)는 '유리한', (3)은 '국유로 하는', 그리고 (4)는 '생산적인'의 뜻이다. (1) 「민주주의는 어떤 사회의 경제 제도와는 맞지 않는다.」

☐ formal [fɔ́ːrməl]

a. **1 made or done officially and publicly** 형식에 맞는, 공식의, 의례상의: Since it is a *formal* dinner party, you will have to wear formal dress. 공식적인 만찬회이기 때문에 정장을 해야 한다.

2 correct and prim in behavior and manner (행동과 태도가) 올바르고 단정한: Her manner is gracious but quite *formal*. 그녀의 태도는 우아하지만 꽤 단정하다.

3 regular or symmetrical in form 좌우 대칭형의, 정형적인: *Formal* gardens were very much popular in the 16th century. 좌우 대칭형의 정원이 16세기에 크게 유행했다.

4 bookish or stiff in a style of writing or speaking (문체 등이) 딱딱한, 형식적인: His novel is written in a *formal* style. 그의 소설은 딱딱한 문체로 쓰였다.

|실전문제|
다음에 주어진 뜻풀이 가운데서 밑줄 친 formal의 의미로 가장 적절한 것은?

They wore a black bow tie and tuxedo for <u>formal</u> occasions.

(1) regular or symmetrical in form
(2) made or done officially and publicly
(3) correct and prim in behavior and manner
(4) bookish or stiff in a style of writing or speaking

해설 | formal occasions란 '공식적인 경우[행사]'의 뜻으로 해석이 되며, 앞에 나비넥타이(=bow tie)와 양복이 있다. (2) 「공식적인 행사이기 때문에 그들은 검은 넥타이를 매고 턱시도를 입었다.」

·파생어·
formalism (종교, 예술의) 형식주의
formalist 형식주의자
formality 딱딱함, 형식에 구애됨; (*pl.*) 정식 절차
formalization 형식화
formally 정식으로, 형식적으로

·관련표현·
formal **apology** 공식 사과
formal **procedures** 공식 절차(=formalities)
formal **complaints** 공식 불만(항의)
formal **dress** 정장 차림
formal **expression** 딱딱한 표현
formal **contract** 공식적인 계약
formal **resemblance** 외형적 유사성
formal **education** 정식 교육
formal **with ~** ~에게 격식을 차린
go *formal* 야회복을 입고 가다

syn. official, proper, ceremonial
ant. informal, casual

☐ formidable [fɔ́ːrmidəbəl]

a. **1 causing fear or respect for** 무서운, 가공할 만한: The new range of computers have *formidable* processing power. 컴퓨터 신제품의 처리 능력은 가공할 만하다.

2 difficult to defeat or deal with 매우 어려운, 만만찮은: We have a *formidable* task ahead of us. 만만찮은 일이 우리 앞에 놓여 있다. / They climbed the last peak of the Everest in *formidable* weather conditions. 그는 어려운 기상 조건에도 불구하고 에베레스트 산의 마지막 정상에 올랐다. / Tonight, he will meet a *formidable* enemy. 오늘 밤 그는 강적을 만날 것이다.

·파생어·
formidably 만만찮게, 굉장하게, 매우 어렵게

·관련표현·
a *formidable* **danger** 가공할 위험
a *formidable* **question** 매우 어려운 질문
a *formidable* **voice** 굉장히 큰 목소리

|실전문제|

밑줄 친 단어의 뜻으로 가장 알맞은 것을 고르시오.

With modern means of simultaneous translation, linguistic barriers are coming to appear less formidable.

(1) difficult
(2) apparent
(3) satisfactory
(4) easy

해설 | formidable은 '(문제나 적 등이) 만만치 않은, 어려운' 등을 뜻하는 형용사로 (1)이 동의어이다. (2)는 '명백한', (3)은 '만족스러운', 그리고 (4)는 반대의 뜻인 '쉽다'의 뜻이다. (1)「동시통역이라고 하는 근대적인 방법에 의해 언어의 벽은 이전보다 더 낮아지게 되었다.」

formidably intelligent
굉장히 머리가 좋은

a *formidable* reputation
굉장한 명성

a *formidable* sight
장대한[경이적인] 광경

a *formidable* task 만만찮은 일

syn. awesome, impressive, fearful, dreadful, overwhelming

formula [fɔ́ːrmjulə]

n. **1 a series of numbers or letters that represent a rule or law** 공식, 식: H2O is the chemical *formula* for water. 물의 화학식은 H2O이다.

2 a recipe or prescription in making a drink or a medicine (제품의) 제조법, (약의) 처방법: No one with the exception of the owner knows the *formula* of Coca Cola. 소유주를 제외하고는 아무도 코카콜라의 제조법을 모른다.

3 a method or a secret used to gain a good result 비결, 방법: What's your *formula* for success? 당신의 성공 비결은 무엇입니까?

4 a liquid food for babies 유아용 이유식: She is preparing a *formula* for her baby. 그녀는 아기를 위해 이유식을 준비하고 있다.

·파생어·

formulate 처방하다, 공식화하다(=formularize)

formulism 공식[형식]주의

·관련표현·

a molecular *formula* 분자식

a *formula* for making soap 비누 제조법

a chemical *formula* 화학(공)식

a mathematical *formula* 수학 공식

a structural *formula* 구조식

a secret *formula* 비밀 조리법

a *formula* for success 성공의 비결

syn. recipe, secret, method

|실전문제|

다음에 주어진 뜻풀이 가운데서 밑줄 친 formula의 의미로 가장 적절한 것은?

This scientist made a mathematical formula describing the distances of the planets from the sun.

(1) a method or a secret used to gain a good result
(2) a liquid food for babies
(3) a series of numbers or letters that represent a rule or law
(4) a recipe or prescription in making a drink or a medicine

해설 | a mathematical formula는 수학 공식이라는 말이며, 이때 formula는 '식, 공식'이라는 뜻으로 쓰이고 있다. (3)「그 과학자는 태양으로부터 행성들의 거리를 나타내는 수학 공식을 만들어 냈다.」

formulate [fɔ́ːrmjulèit]

vt. 1 to make or invent (a plan, suggestion, or policy) (계획, 제안, 정책 등을) 만들어 내다: The U.S. government is trying to *formulate* a new policy against terrorist groups. 미국 정부는 테러 단체에 대해 새로운 정책을 수립하려고 한다.

2 to express (an idea) in systematic terms or concepts (어떤 생각을) 명확하게 표현하다: So far he has not been able to *formulate* his ideas. 지금까지 그는 자신의 생각을 명확하게 표현할 수 없었다.

| 실전문제 |

밑줄 친 단어의 가장 알맞은 정의를 고르시오.

Reading what other people have believed can help us <u>formulate</u> our own view of life.

(1) create in a precise form
(2) consider for a good reason
(3) illustrate with a good example
(4) express for other people

해설 | formulate는 '공식화하다, 고안해 내다, 계획을 세우다' 등의 뜻을 나타내며, formulate one's view of life는 '인생관을 세우다[형성하다]'의 뜻으로 쓰였는데, 정확하게 '만들다[세우다]'의 뜻인 (1)이 정답이다. (2)는 '충분한 근거로 고려하다', (3)은 '적절한 예를 들어 설명하다', 그리고 (4)는 '다른 사람들에게 표현하다'의 뜻이다. (1) 「다른 사람들이 믿었던 것에 대한 책을 읽으면 우리 자신의 인생관을 형성하는 데 [세우는 데] 도움이 된다.」

· 파생어 ·

formulation 간명하게 말함; 계통적인 조직화
formulism 형식주의, 공식주의
formula 공식; 약의 처방, 조리법; 유아용 이유식

syn. systematize, frame, devise, invent

---

fortune [fɔ́ːrtʃən]

n. 1 the chance happening of fortunate or adverse events 운의 성쇠, 부침: Let's leave it to *fortune* whether we will win the lottery. 우리가 그 복권에 당첨될지의 여부는 운에 맡깁시다.

2 a very large amount of money 큰 재산, 큰돈: Gold prospectors could make a *fortune* overnight if they hit a rich vein. 금광 시굴자들은 풍부한 금맥을 발견하면 하룻밤 만에 큰 부자가 될 수 있다.

3 a person's fate or future (미래의) 운수[세]: The fortune-teller told his *fortune*. 그 점쟁이는 그의 운세를 점쳤다.

4 good luck 행운, 행복: He had the good *fortune* to free himself from a fatal car accident. 그는 운 좋게도 치명적인 자동차 사고에서 무사했다.

· 파생어 ·

fortuneless 운이 없는; 재산이 없는
fortune-telling 점(치기)
fortune-hunter 재산을 노리는 구혼자
fortune-teller 점쟁이

· 관련표현 ·

make a *fortune* 큰 재산[돈]을 모으다, 부자가 되다
try one's *fortune* 운을 시험해 보다
a stroke of good *fortune* 뜻하지 않은 행운
***fortune* smiles on ~** 운명의 여신[행운의 여신]이 ~에게 미소 짓다

|실전문제|

1. 다음에 주어진 뜻풀이 가운데서 밑줄 친 <u>fortune</u>의 의미로 가장 적절한 것은?

   The diamond necklace she was wearing must be worth a <u>fortune</u>.

   (1) a person's fate or future
   (2) good luck
   (3) a very large amount of money
   (4) the chance happening of fortunate or adverse events

   해설 | 다이아몬드 목걸이가 많은 돈이 나간다는 뜻이므로, '큰 재산, 많은 돈'의 정의를 고른다. (3)「그녀가 하고 있는 그 다이아몬드 목걸이는 틀림없이 비쌀 것이다.」

2. 빈칸에 들어갈 적절한 단어를 고르시오.

   _____ knocks at least once at every man's door, and when it does come, we should seize it.

   (1) Asset   (2) Postman
   (3) Fortune   (4) Tragedy

   해설 | 모든 사람의 문을 한 번은 두드린다고 했으므로, 이것의 주어로 가장 적절한 것은 '행운'을 뜻하는 (3)이다. (1)은 '자산', (2)는 '우편배달부', 그리고 (4)는 '비극'을 뜻한다. (3)「행운은 적어도 한 번쯤은 누구에게나 문을 두드리는데, 이것이 찾아왔을 때 우리는 잡아야 한다.」

have one's *fortune* told
점쟁이에게 점[운세]을 보다

inherit a *fortune* 큰 재산을 물려받다

fortune's wheel 운명의 수레바퀴

come into a *fortune*
재산을 상속받다

marry a *fortune*
재산을 목적으로 결혼하다

tell a person's *fortune*
~의 운수를 점치다

syn. affluence, bonanza, chance, luck, fate
ant. poverty, intention

F

☐ **foul** [faul]

a. **1 smelling or tasting unpleasant** 더러운, 악취가 나는, 구역질 나는: a *foul* smell 악취

2 morally detestable; evil 부정(不正)한, 나쁜, 몹쓸, 사악한: It was *foul* of him to betray her. (= He was *foul* to betray her.) 그녀를 배신했다니 그는 몹쓸 사람이다.

3 offensive or obscene 상스러운, 저속한: a *foul* tongue 입에 담지 못할 말, 욕설

4 stormy (날씨가) 나쁜, 사나운, 비바람 치는: *Foul* weather 악천후

vt. **1 to make dirty or polluted** 더럽히다: Dogs are not permitted to *foul* the pavement. 개가 도로 위를 더럽히는 것은 허용되지 않는다.

2 to commit an act against an opponent which breaches the rules 반칙을 범하다, 반칙으로 퇴장당하다: He was *fouled* inside the penalty area. 그가 페널티 지역 안에서 파울을 당했다.

·파생어·

foulness 불결, 입이 상스러움, 사나움; 불결한 것, 부정

foully 지저분하게, 상스러운 말로; 악랄하게, 부정(不正)하게

foulmouthed 입버릇이 상스러운

·관련표현·

go[fall, run] *foul* of ~
~와 충돌하다[다투다]

foul **up** 망쳐 버리다, 혼란시키다; 실수하다, 당황하다; 부진해지다; 타락하다

make *foul* **water**
(얕은 곳에 온 배가) 물을 흐리다

hit *foul* 부정한 타격을 가하다

through fair and *foul* 좋든 나쁘든, 어떤 경우에도

play a person *foul* 누군가에게 반칙 행위를 하다, (몰래) 더러운 짓을 하다, 배신하다

|실전문제|

다음에 주어진 뜻풀이 가운데서 밑줄 친 foul의 의미로 가장 적절한 것은?

The Internet also lacks the appropriate controls to stop such speech, while violence and foul language are rampant on television.

(1) grossly offensive to the senses
(2) containing or characterized by offensive or noisome matter
(3) unfavorable or stormy
(4) obscene; offensive

해설 | foul과 함께 쓰인 language로 보아 foul은 '상스러운' 정도의 의미로 해석할 수 있다. rampant는 '우글대는, 난무한'의 의미이다. (4) 「TV에서 폭력과 욕이 난무하는 한편, 인터넷 또한 이러한 언행을 막을 적절한 통제력을 가지고 있지 않다.」

foul a person's name
누군가를 헐뜯다

foul one's hands with ~
~에 관계하여 몸을 더럽히다[체면을 잃다]

a ship foul of a rock
바위에 부딪친 배

syn. dirty, unfair, offensive, unjust, unclean, illegible, soiled, malodorous, stinky, unpleasant-smelling, ill-smelling
ant. fair, unclog

foundation [faundéiʃən]

n. **1 the act of founding an institution or organization** 창설, 창립, 건립: He donated a lot of money to the *foundation* of a music school. 그는 음악 학교를 건립하는 데 많은 돈을 기부했다.

2 a fact or a principle on which something is based 기초, 근거: The charges of fraud against the corporation proved to be without *foundation*. 그 기업에 대한 사기 고발은 근거가 없는 것으로 밝혀졌다.

3 an organization that is established to provide money for certain special purposes 재단, 협회: The *foundation* provides money for hospitals and medical research. 그 재단은 병원과 의학연구에 돈을 제공한다.

4 a skin-colored cream that is put on the face underneath other make-up 기초화장품: She doesn't use any other cosmetics but a *foundation*. 그녀는 기초화장품 이외에는 어떤 다른 화장품도 사용하지 않는다.

· 파생어 ·

foundational 기초의, 기본적인

foundationless 근거가 없는, 기초가 없는

found 기초를 세우다, (단체, 회사 등을) 건립하다, ~의 근거를 이루다

· 관련표현 ·

lay the foundations 기초를 쌓다

a rumor without foundation
근거 없는 소문

to the foundations 밑바닥까지, 뿌리까지

foundation course 기초 교양 과정

be on the foundation
재단에서 장학금을 받고 있다

syn. base, groundwork, basis, infrastructure, founding, institution, fund

|실전문제|

밑줄 친 foundation과 뜻이 가장 가까운 것을 고르시오.

Telephones form as much as a part of the foundation of a country as roads and electricity.

(1) origin (2) basis
(3) establishment (4) progress

해설 | foundation은 '기초, 토대, 설립, 기금' 등의 다양한 뜻을 나타내는데, 보기 중에서 (2)의 '기초'가 동의어라고 할 수 있다. (1)은 '기원', (3)은 '설립, 확립' 등의 뜻으로 문맥에 맞지 않으며, (4)는 '진보, 발전'의 뜻이다. (2) 「전화는 도로 및 전기와 마찬가지로 나라 기반의 한 부분을 이루고 있다.」

fragile [frǽdʒəl]

a. **1 easily broken or damaged** 망가지거나 깨지기 쉬운: These wine glasses are much too *fragile* for everyday. 이 포도주 잔들은 매일 사용하기에는 너무나 깨지기 쉽다.

2 weak in health; not very strong 허약한, 상태가 나쁜, 기운이 없는: He has been in *fragile* health all winter. 그는 겨우내 몸이 허약했다. / I'm feeling rather *fragile* today because I drank too much last night. 어젯밤 술을 너무 마셔서 몸 상태가 약간 좋지 않다.

3 lacking in substance (근거 등이) 빈약한, 없는: a *fragile* excuse 근거없는 평계

| 실전문제 |

밑줄 친 fragile과 뜻이 가장 가까운 것을 고르시오.

Because she is very old, her bones have become extremely fragile.

(1) dangerous (2) thin
(3) broken (4) breakable

해설 | fragile은 '부서지기 쉬운, 나약한' 등의 뜻을 가지며, (4)가 동의어이다. (1)은 '위험한'(=perilous), (2)는 '얇은', 그리고 (3)은 '부서진, 고장난' 등의 뜻을 나타낸다. (4) 「그녀는 너무 나이가 들어서 뼈가 몹시 약해져 있다.」

· 파생어 ·
fragilely 허약하게, 망가지기 쉽게; 덧없이
fragility 허약, 부서지기 쉬움

· 관련표현 ·
fragile relationship 깨지기 쉬운 관계
fragility of bones 뼈의 부서지기 쉬움
fragile beauty 우아한 미(=fine beauty)
fragile economies 나약한 경제
fragile chair 부서지기 쉬운 의자
fragile habitus 허약 체질

syn. breakable, frail, feeble, weak, delicate
ant. strong, stout, durable, lasting

free [fri:]

a. **1 not confined or imprisoned** (죄수나 노예 상태에서 벗어나) 자유로운: The Russian serfs and American slaves became *free* at about the same time. 러시아의 농노와 미국의 노예들은 거의 같은 시기에 자유롭게 해방되었다.

2 not limited by rules 통제를 받지 않는, 얽매이지 않는: He used very *free* style in his novel. 그는 소설에서 아주 자유분방한 문체를 사용했다. / You are *free* to come and go as you please. 좋으실 대로 왔다갔다 하셔도 됩니다.

3 not busy 한가한, 볼일 없는: I have very little *free* time during the week. 나는 주 중에는 한가한 시간이 거의 없다.

4 costing nothing 무료의: Do you give *free* refills? 무료로 리필해 줍니까? / Admission is *free* on the handicapped and the elderly. 장애인과 노인들은 입장료가 무료입니다.

5 not containing; empty ~가 없는, ~가 들어 있지 않은: The central halls must be kept *free* from furniture. 중앙 홀에는 가구가 없어야 한다. / Most of the people like to chew sugar-*free* gums these days. 요즈음 대부분 사람은 무가당 껌을 씹기 좋아한다.

· 파생어 ·
freely 자유로이, 무료로
freeness 거리낌 없음, 대범함
free-wheeling 구속당하지 않는, 자유분방한
free-lance (작가나 배우가) 자유 계약의
freedom 자유

· 관련표현 ·
free as the wind[a bird] 자유로운
for *free* 무료로, 공짜로(=*free* for nothing, *free* of charge)
have one's hands *free* 한가하다
set *free* 해방[석방]하다
free sample 무료 샘플
free of debt 빚이 없는
free trade 자유 무역
give with a *free* hand 아낌없이 주다

| 실전문제 |

1. 다음에 주어진 뜻풀이 가운데서 밑줄 친 <u>free</u>의 의미로 가장 적절한 것은?

   They were granted <u>free</u> admission.

   (1) not containing; empty
   (2) costing nothing
   (3) not limited by rules
   (4) not confined or imprisoned

   해설 | '입장'이라는 말을 수식하므로 '무료의' 뜻이 되는 것이 합당하다. (2) 「그들에게는 무료입장이 허용되었다.」

2. 밑줄 친 숙어와 뜻이 가장 가까운 것을 고르시오.

   You never get anything <u>for free</u>.

   (1) with pleasure   (2) for nothing
   (3) on business   (4) in sight

   해설 | for free는 '무료로, 공짜로'라는 뜻인데, (2)가 같은 뜻을 나타낸다. (1)은 '기꺼이', (3)은 '사업차', 그리고 (4)는 '보이는 (곳에서)' 등의 뜻을 나타낸다. (2) 「공짜로 얻는 것은 아무것도 없다.」

make *free* 석방하다
make *free* use of ~
~을 마음대로 쓰다

syn. liberal, generous, unlimited, liberated, devoid
ant. busy, bound, occupied, restricted

freeze [fri:z]

vi. **1 to be turned into ice because of extreme cold** 얼다, 얼어붙다: Salt water *freezes* at a lower temperature than fresh water. 소금물은 민물보다 낮은 온도에서 언다.

2 to feel extremely cold 어는 듯이 춥게 느끼다: It's *freezing* in this room, so put the fire on. 이 방이 춥기 때문에 불을 지펴라.

vt. **1 to turn (something) into ice** 얼게 하다: The cold was severe enough to *freeze* the milk. 추위는 우유를 얼게 할 정도로 혹독했다.

2 to preserve food at a very low temperature (고기나 음식 등을) 냉동시키다: I'll eat some of the beans now, and *freeze* the rest. 나는 지금 콩을 좀 먹고 나머지는 냉동시킬 것이다.

3 to do not allow prices or wages to continue to increase for a period of time (물가, 임금, 해외 재산, 자산 등을) 동결시키다: Wages have been *frozen* and workers laid off. 임금은 동결되고 노동자들[직원들]은 해고되었다. / Under these laws, the dictator's foreign assets have been *frozen*. 이 법하에서 그 독재자의 외국 자산은 동결되었다.

· 파생어 ·
freezer 냉동기, 냉장고
freezing 몹시 추운

· 관련표현 ·
a *freezing* rain 진눈깨비
freezing cold 아주 추운
freezing point 어는 점[빙점]
cf. boiling point 끓는 점
freeze to death
얼어 죽다(=be *frozen* to death)
freeze one's blood
간담을 서늘케 하다
below *freezing* 영하의

syn. harden, refrigerate, benumb, stop, halt

| 실전문제 |

영문 다음의 정의에 가장 알맞은 단어를 고르시오.

to cause to harden into ice as a result of extreme cold

(1) melt   (2) freeze
(3) close   (4) strengthen

해설 | '극도의 추위로 굳게 하여 얼음을 만드는 것'의 뜻이므로, (2) '얼게 하다, 얼다'가 알맞은 정의이다. (1)은 '녹이다', (3)은 '(문을) 닫다', (4)는 '강화하다'의 뜻을 나타낸다. (2) 「극도의 냉기로 굳어 얼음이 되게 하는 것」

☐ fresh [freʃ]

a. **1 (of vegetables, meat, or bread) newly-made or in good natural condition** (채소나 고기, 빵 등이) 갓 만들어진, 신선한, 싱싱한: They have *fresh* bread every morning at the bakery. 그 제과점에서는 매일 아침 신선한 빵이 구워져 나온다. / We can buy *fresh* fruits and vegetable in the produce market. 우리는 농산물 시장에서 신선한 과일과 채소를 구입할 수 있다.

2 full of energy and enthusiasm 생기 있는, 기운찬, 원기 왕성한: He was still *fresh* after working all day. 그는 하루 종일 일하고도 여전히 생기가 넘쳤다.

3 (of water) not salty (물이) 민물인, 짜지 않은: I like swimming in *fresh* water better than sea water. 나는 바닷물보다는 강물에서 수영하는 것을 더 좋아한다.

4 (of air) clean and pure (공기가) 깨끗하고 신선한: Open the window and let in a little *fresh* air. 창문을 열어서 신선한 공기가 들어오게 해.

5 not used before; recently done or made 전에 사용하지 않아 새로운: There's been no *fresh* news these days. 요즈음은 새로운 소식이 없다.

· 파생어 ·
freshly 새로이, 생생하게
freshen 새롭게 하다, 원기 왕성케 하다
freshman 대학 1년생, 신입 사원
freshness 새로움, 생생함

· 관련표현 ·
make a *fresh* start 새로이 출발하다
put on *fresh* make-up 화장을 고치다
green and *fresh* 애송이의, 풋내기의
break *fresh* ground 새로운 분야를 개척하다
a *fresh* hand 미숙자, 풋내기

syn. recent, brand-new, energetic, refreshing
ant. stale, hackneyed, salted, exhausted

| 실전문제 |
다음에 주어진 뜻풀이 가운데서 밑줄 친 fresh의 의미로 가장 적절한 것은?

There is a lot of <u>fresh</u> material in his new novel.

(1) (of water) not salty
(2) (of air) clean and pure
(3) full of energy and enthusiasm
(4) not used before; recently done or made

해설 | 전에 사용하지 않은 새로운 소재를 썼다는 내용이다. (4) 「그의 새로운 소설에는 새로운 소재가 많이 사용되었다.」

☐ friction [fríkʃən]

n. **1 the force that prevents one surface from sliding over another surface** (두 물체의) 마찰(력): *Friction* with the air causes damage to planes flying at high speeds. 공기와의 마찰은 빠른 속도로 날고 있는 비행기에 피해를 야기한다.

· 파생어 ·
frictional 마찰의, 마찰로 인해 생기는
frictionize 마찰이 생기게 하다

2 disagreement between people caused by differing opinions or ideas 불화, (의견의) 마찰: Reporters capitalized on the *friction* between two opposing parties. 기자들은 두 반대 당의 불화를 이용했다.

| 실전문제 |

밑줄 친 friction의 적절한 정의를 고르시오.
Korea and the United States have run into so much friction in their dealings with each other.

(1) a mistaken idea
(2) being cut off from other people
(3) disagreement
(4) a perplexing situation

해설 | friction은 '(타인 또는 타국과의) 마찰이나 불화'를 뜻하는 단어이며, (3)이 동의어이자 정의라고 할 수 있다. (1)은 '잘못된 생각', (2)는 '주위 사람들로부터 고립되는 것', 그리고 (4)는 '난처한 상황'을 뜻한다. (3) 「한국과 미국은 서로 관계를 맺는 데 있어 너무 많은 마찰에 부딪치고 있다.」

· 관련표현 ·
frictional **unemployment**
(노동 시장이 불안정해서 일시적으로 생기는) 마찰적 실업
friction **match** 딱성냥
frictional **electricity** 마찰 전기
aggravate ethnic *frictions*
인종 간의 마찰을 악화시키다
reduce *friction* 마찰을 감소시키다

syn. rubbing, abrasion, conflict, discord

☐ **front**[frʌnt]

n. **1** the forward part or surface of a building (건물, 집 등의) 정면, 앞면: The *front* of the building faces the street. 그 건물의 정면은 거리를 향하고 있다.

2 the area where fighting occurs in time of war (전쟁터의) 전선: He fought bravely at the *front* but lost his life. 그는 전선에서 용감하게 싸웠으나 목숨을 잃었다.

3 an outward, often feigned, manner or appearance (진짜 생각을 감추려는) 태도: He maintained a calm *front* throughout the ordeal. 그는 시련 내내 침착한 태도를 유지했다.

4 a combined movement to achieve a particular purpose 공동 전선: They formed a united *front* against government parties. 그들은 여당에 대해 연합 공동 전선을 폈다.

| 실전문제 |

다음에 주어진 뜻풀이 가운데서 밑줄 친 front의 의미로 가장 적절한 것은?
The young soldiers were drafted and shipped to the front as replacements.

(1) an outward, often feigned, manner or appearance
(2) the area where fighting occurs in time of war
(3) a combined movement to achieve a particular purpose
(4) the forward part or surface of a building

해설 | 군인(=soldiers)이 주어로 나오므로 '전선'이라는 것을 쉽게 추측할 수 있다. (2) 「젊은 군인이 징집되어 보충병으로 전선에 보내졌다.」

· 파생어 ·
frontage 집의 평면, 전면
frontal 정면의; 이마의
frontier 경계; 국경

· 관련표현 ·
in *front* **of ~** ~의 앞에(=before)
come to the *front* 정면에 나서다
show[put on] a bold *front* **on ~**
~에 대해 대담한 태도를 보이다
a cold *front* 한랭 전선
go to the *front* 전선에 나가다
a *frontal* **attack** 정면 공격
try to *front* 남의 욕을 하다

syn. facade, appearance, front lines
ant. back, rear

fruit [fru:t]

n. **1** the parts of a plant that consists of seeds and flesh, and can be eaten as food 식물의 일부로 씨와 과육으로 구성되며 먹을 수 있는 것; 과일: Which *fruit* do you like better, apples or oranges? 사과와 오렌지 중에 어느 과일을 더 좋아하니?

2 a result, a return, or a reward 성과, 결과: I hope he lives to enjoy the *fruits* of his labor. 나는 그가 살아가면서 노동의 결과[대가]를 즐기길 바란다.

3 crops or harvested products (농장의) 수확(물), 생산물, 소산: The Thanksgiving table was laden with all the *fruits* of the earth. 추수 감사절 식탁은 땅에서 나는 모든 수확물이 가득했다.

4 a male friend or a male homosexual 남자 친구 혹은 남성 동성연애자: He is old *fruit* of mine. 그는 나의 오랜 (동성연애) 친구이다.

|실전문제|

1. 다음에 주어진 뜻풀이 가운데서 밑줄 친 fruit의 의미로 가장 적절한 것은?

   The discovery is the <u>fruit</u> of more than five years of research.

   (1) a male friend or a male homosexual
   (2) crops or harvested products
   (3) the parts of a plant that consists of seeds and flesh, and can be eaten as food
   (4) a result, a return, or a reward

   해설 | 어떤 사실이나 과학적인 발견은 연구 조사(research)의 '결과'라고 할 수 있다. (4) 「그 발견은 5년 이상의 연구 조사의 결과였다.」

2. 밑줄 친 부분과 뜻이 비슷한 것을 보기에서 고르시오.

   I'm positive that her sincere efforts will eventually <u>bear fruit</u>.

   (1) bring good luck   (2) win praise
   (3) produce a good result   (4) gain popularity

   해설 | bear fruit은 '열매[결실]를 맺다'는 뜻으로 '좋은 결과를 가져오는 것'을 뜻하며 (3)이 정답이다. (1)은 '행운을 가져다주다', (2)는 '칭찬을 받다', 그리고 (4)는 '인기를 얻다'의 뜻이다. 「그녀의 성실한 노력은 결국에는 열매를 맺을 것이라고 나는 확신한다.」

·파생어·
fruitful 비옥한, 열매가 많이 열리는, 결실이 풍성한
fruitless 열매를 맺지 않는; 자식 없는
fruition 결실, 실현

·관련표현·
tropical *fruits* 열대 과일
fruit cocktail 과일 칵테일
the *fruit* of hard work 근면의 결과
fruit tree 과수
fruit knife 과도(과일 깎는 칼)
grow *fruit* 과일을 재배하다
bear *fruit* 열매[결실]를 맺다
come to *fruition* 결실을 맺다

syn. harvest, product, result, crop

fulfill [fulfil]

vt. **1** to carry out as required, pledged, or expected (약속, 의무, 명령, 조건 등을) 실행하다, 지키다, 완수하다: The term of the contract should be *fulfilled* exactly. 전쟁 없는 세상에 대한 꿈은 아직 실현되지 않았다. / Don't forget about *fulfilling* your obligations 의무를 다하는 것에 대해 잊지 마라.

·파생어·
fulfillment 이행, 달성, 실현
fulfilling 만족스러운, 충족감이 있는

2 to bring to completion or reality (꿈, 소망 등을) 달성하다: The dream of a world without war is yet to be *fulfilled*. 전쟁 없는 세상에 대한 꿈은 아직 실현되지 않았다. / The dream of the reunification of the Korean Peninsula will be *fulfilled* in the future. 한반도 통일의 꿈은 장래에 실현될 것이다.

3 to satisfy or meet (기대, 요구 등을) 충족[만족]시키다: Our Quick Delivery will *fulfill* your expectations. 우리 긴급 배송 업체는 귀하의 기대를 충족시켜 드릴 것입니다.

4 to achieve one's potential or desires 자신의 소질을 충분히 발휘하다: She succeeded in *fulfilling* herself both as an actress and as a mother. 그녀는 배우로서나 엄마로서나 자신의 역량을 발휘하는 데 성공했다.

·관련표현·
fulfill one's expectations
~의 기대를 만족[충족]시키다
fulfill oneself in ~
~에 자신의 힘을 충분히 발휘하다
fulfillment of promise 약속 이행
the duties to *fulfill* 이행해야 할 임무
fulfill one's ambition 야망을 이루다
the *fulfillment* of one's dreams
꿈의 실현
fulfil a promise 약속을 지키다

syn. carry out, realize, obey
ant. ignore, dissatisfy, disregard

|실전문제|
다음에 주어진 뜻풀이 가운데서 밑줄 친 fulfill의 의미로 가장 적절한 것은?
The doctoral dissertation will not <u>fulfill</u> the requirement for your ph. D.
(1) to achieve one's potential or desires
(2) to bring to completion or reality
(3) to carry out as required, pledged, or expected
(4) to satisfy or meet

해설 | 요구 조건(requirement)이 있으므로, 이것은 '희망, 기대, 요구 등을 만족시키는' 내용이다. (4) 「그 박사 학위 논문은 박사 학위의 요구 조건을 충족시키지 못할 것이다.」

□ **full** [ful]

a. 1 containing or having a lot of something 많은, ~이 넘치는: The English composition you did yesterday is *full* of mistakes. 어제 네가 쓴 영작문에는 잘못이 수두룩하다.

2 (of a container or space) filled completely (용기나 공간에) 완전히 가득 찬: Because the theater is *full*, there are no seats left at all. 극장이 가득 찼기 때문에 남아 있는 자리는 전혀 없다.

3 whole; complete 완전한: Will you write down your *full* name and address here? 여기에 성함과 주소를 써 주시겠습니까?

4 of highest degree 최고의[최대의]: The young man drove his car at *full* speed on the highway. 그 젊은이는 고속도로에서 차를 전속력으로 몰았다.

·파생어·
fully 충분히, 완전히
fullness 충만, 풍부

·관련표현·
a *full* mark 만점
full bloom 만발
a *full* stomach 배부름
a *full* supply 충분한 공급
in *full* swing 최고조로, 한창
full up 배부른, 싫증이 나서
full out 전속력으로

|실전문제|

다음에 주어진 뜻풀이 가운데서 밑줄 친 full의 의미로 가장 적절한 것은?

The riot police were in full riot gear, with shields and helmets.

(1) of highest degree
(2) containing or having a lot of something
(3) whole; complete
(4) (of a container or space) filled completely

해설 | gear(장비)를 완전하게 갖추는 것이 상식이다. (3) 「폭동 진압 경찰은 방패와 헬멧을 착용함으로써 완전한 폭동 진압 장비를 갖추었다.」

syn. complete, whole, filled, sufficient
ant. empty, devoid, incomplete, limited

F

□ **fun** [fʌn]

n. **1 a playful activity** 장난: I didn't mean to upset her – it was just a bit of *fun*. 그녀를 화나게 할 생각은 없었다. 그냥 조금 장난친 것 뿐이었는데. / It's cruel to make *fun* of people who stammer. 말을 더듬는 사람을 놀리는 것은 무정한 일이다.

2 a source of amusement; enjoyment 재미있는 것: People-watching is great *fun*. 사람구경하는 것은 정말 재미있다.

a. **enjoyable or amusing** 즐거운, 재미나는, 유쾌한: There are lots of *fun* things to do here. 여기서 재미있게 할 만한 것들이 많다.

·파생어·

funny 익살맞은; 이상한
funnyman 희극 배우, 익살꾼, 해학가
funnily 우습고 재미있게, 기묘하게
funniness 우스꽝스러움, 익살맞음, 기묘함
funniment 익살, 농담; 어리광을 부림

·관련표현·

make *fun* of ~ ~을 놀림감으로 삼다, 놀리다, 조소하다
for the *fun* of it 농으로, 장난으로
for *fun* 장난으로, 농으로, 재미 삼아
have *fun* 재미있게 놀다, 흥겨워하다
clean *fun* 악의 없는 장난
funny business 우스운 짓, 농담; 수상한 짓, 사기
It's poor *fun* to do ~하는 것은 도무지 재미가 없다
What *fun*! 참 재미있는데, 거 참 좋다!
out of *fun* 장난으로, 재미로
like *fun* 한창, 재미나게; v. ((미)) 절대 ~아니다, 조금도 ~아니다 (=by no means)
fun and games 기분 전환, 즐거움; ((구어)) 극히 간단함

|실전문제|

다음에 주어진 뜻풀이 가운데서 밑줄 친 fun의 의미로 가장 적절한 것은?

He told us that he finished the exam in such a short time. Like fun he did!

(1) pertaining to fun, esp. to social fun
(2) whimsical: flamboyant
(3) not seriously; playfully
(4) certainly not; of doubtful truth

해설 | fun이 들어 있는 문장을 해석한다는 것은 무리가 있다. 앞의 문장을 보고, 우리말에 맞게 적절하게 옮기는 수밖에 없다. 앞의 내용이 그가 거의 불가능한 시간에 숙제를 마쳤다는 데 모두들 놀라는 상황에서 Like fun he did!라고 한 점을 감안하면, '말도 안 된다. 믿을 수 없어' 등으로 의역을 해야 한다. informal한(그러나 더 많이 듣게 되는) 표현으로 Like hell he did!라고도 하지만, 영어를 배우는 외국인으로 이런 표현은 삼가는 것이 좋다. (4) 「그는 우리에게 자기는 아주 짧은 시간에 그 시험을 마쳤다고 말했다. 말도 안 된다.」

syn. pleasure, good time, enjoyment, great time, blast

function [fʌ́ŋkʃən]

n. **1 a natural action or intended purpose of a man or a thing** 기능, 구실: The chief *function* of kidneys is to purify the blood. 신장의 기능은 피를 맑게 하는 것이다.

2 a public ceremony or a formal social gathering 공식 회합, 모임, 행사: It was a rather large *function* with all sorts of dignitaries and celebrities in attendance. 그것은 모든 고관과 유명 인사들이 모두 참석한 대규모 행사[의식]이었다.

3 a basic operation that a computer performs 컴퓨터의 기본적 조작, 컴퓨터 기능: It performs arithmetic *functions* perfectly well, but the memory *function* does not operate. 수 계산 기능은 완벽하게 작동했는데, 메모리 기능이 작동하지 않더군요.

4 a factor dependent upon another or other factors 함수 관계, 변수, (수학의) 함수: The size of the crop is a *function* of the quality of the soil and the amount of rainfall. 농작물의 (수확) 규모는 토양의 질 그리고 강우량과 함수 관계이다. / In x = 7y, x is a *function* of y. x = 7y에서 x는 y의 함수이다.

|실전문제|

다음에 주어진 뜻풀이 가운데서 밑줄 친 <u>function</u>의 의미로 가장 적절한 것은?

The brain performs a very important <u>function</u> which controls the nervous system of the body.

(1) a basic operation that a computer performs
(2) a natural action or intended purpose of a man or a thing
(3) a factor dependent upon another or other factors
(4) a public ceremony or a formal social gathering

해설 | 두뇌가 주요 '기능'을 한다는 문장임을 문맥을 통해 알 수 있다. (2) 「두뇌는 신체의 신경계를 통제하는 아주 중요한 기능을 수행한다.」

·파생어·
functional 기능의; 함수의
functionality 기능성; 상관관계
functionalize 기능적으로 하다
functionary 직원, 공무원

·관련표현·
function **word** 기능어(전치사, 관계사, 조동사, 접속사 등)
official *functions* 공식 의식[행사]
function **properly** 적절히 작동하다
fulfill a social *function*
사회적 기능을 수행하다

syn. purpose, role, ceremony, gathering

fundamental [fʌ̀ndəméntl]

a. **(of activities or principles) very important or essential** 근본적인, 중요한, 기초의: His book is on the *fundamental* principles of banking. 그의 책은 근본적인 금융 원칙에 관한 것이다. / There is a *fundamental* difference in attitude between the two politicians. 그 두 정치인 사이에는 근본적인 태도의 차이가 있다.

n. **a rule or law on which a system is based** 원리, 원칙, 기본: Have you mastered the *fundamentals* of taekwondo, one of the Korean martial arts? 한국의 무술 중 하나인 태권도의 기본 원리를 다 깨우쳤느냐?

·파생어·
fundamentally 본질적으로, 근본적으로
fundamentalism 근본주의, (종교의) 원리주의
fundamentalist 근본[원리]주의자, 정통파 기독교 신자

·관련표현·
fundamental **human rights**
기본적 인권
a *fundamental* law 기본법, 근본 법칙

| 실전문제 |

밑줄 친 fundamentals와 뜻이 가장 가까운 표현을 고르시오.

The British do not understand certain fundamentals of eating, as eating, as evidence by their instinct to consume hamburgers with a knife and fork.

(1) basic rules (2) important rules
(3) interesting aspects (4) special meanings

해설 | fundamental은 형용사로 '근본적인, 기본적인'의 뜻을 나타내지만 뒤에 '-s'가 붙어 있고, 앞에 certain이 형용사이므로, 명사의 뜻으로 '기본, 원리' 등을 나타낸다. (2)는 '중요한 규칙', (3)은 '흥미 있는 측면' 그리고 (4)는 '특별한 의미'의 뜻이다. (1) 「영국인들은 햄버거조차도 나이프와 포크로 먹으려고 하는 것으로 증명되듯이 먹는 것에 대한 기본을 전혀 이해하지 못하고 있다.」

fundamental purpose
근본적인 목표[목적]

fundamental of cooking
요리의 (기본) 원칙

Islamic **fundamentalists**
회교 원리주의자

syn. basic, underlying, essential, central, integral
ant. advanced, accidental, secondary, subordinate

F

□ **furnish** [fə́ːrniʃ]

vt. 1 to supply what is needed for a special purpose 공급하다, 제공하다: This shop *furnishes* everything that is needed for fishing. 그 가게는 낚시에 관한 모든 것을 제공한다.

2 to supply a house or room with furniture (가구를) 설비하다, 비치하다: The house was *furnished* entirely with handmade items. 그 집은 전적으로 수공예품 가구가 비치되어 있었다. / Many proprietors try to *furnish* their hotels with antiques. 많은 (호텔) 소유주들은 그들의 호텔에 골동품 가구를 비치하려고 한다.

| 실전문제 |

밑줄 친 furnished와 뜻이 가장 가까운 것을 고르시오.

A furnished room in New York is too expensive for ordinary people.

(1) cleaned daily (2) provided with furniture
(3) spacious (4) vacant

해설 | furnish는 동사로 '가구를 갖추다, 가구를 설비하다'의 뜻인데, 뒤에 '-ed'가 붙어서 형용사의 뜻인 '가구가 딸린[갖추어진]'의 뜻이므로 정답은 (2)이다. (1)은 '매일 청소되는', (3)은 '공간이 넓은', 그리고 (4)는 '건물이나 일자리, 방 등이 비어 있는'이라는 뜻이다. (2) 「뉴욕의 가구가 딸린 방은 보통 사람들이 사용하기에는 너무 비싸다.」

·파생어·

furnished 가구가 딸린
furnishing 가구의 비치, 비품
furnisher 공급자; 가구상(주인)

·관련표현·

well **furnished** 가구가 잘 갖추어진
a well-**furnished** store
재고가 충분한 가게
a **furnished** apartment
가구가 갖추어진 아파트
a well-**furnished** room
가구가 잘 비치된 방
a **furnished** house 가구가 딸린 집

syn. provide, equip, stock, outfit, prepare

G

☐ **gain** [gein]

vt. **1 to obtain or acquire something wanted or useful through efforts** (노력을 통해) 얻다, 획득하다: If nothing more, you will *gain* experience in your job. 설사 별것이 없다 할지라도 너는 그 일에서 경험을 얻게 될 것이다. / The restaurant *gained* a reputation for kindness and quick service. 그 음식점은 친절함과 신속한 서비스로 인해 명성을 얻었다.

2 to increase in weight or speed (몸무게, 속도 등을) 늘리다: I've *gained* 5 pounds in one month. 나는 한 달 만에 5파운드 늘었다. / The motorcycle *gained* speed as it went up the hill. 그 오토바이는 언덕을 올라갈 때 속력을 높였다.

3 (of watch or clock) to go too fast (시계가) 빨리 가다: My watch *gains* more than 10 minutes a day. 내 시계는 하루에 10분 이상 빨리 간다.

4 to gradually become more popular or accepted 점점 인기가 많아지거나 인정되다: The idea that smoking is fatal to health has *gained* ground considerably in recent years. 흡연이 건강에 치명적이라는 견해가 최근 몇 년 동안에 힘을 얻고 있다.

| 실전문제 |

다음에 주어진 뜻풀이 가운데서 밑줄 친 gaining의 의미로 가장 적절한 것은?

Your proposal is gaining more and more adherents.

(1) to increase in weight or speed
(2) to gradually become more popular or accepted
(3) to obtain or acquire something wanted or useful through efforts
(4) (of watch or clock) to go too fast

해설 | adherent는 지지자(=supporter)의 의미이므로 '지지자들을 얻다'의 뜻이다.
(3) 「당신의 제안으로 인해 점점 많은 지지자들을 얻고 있습니다.」

☐ **game** [geim]

n. **1 an activity or sport involving skill, or chance following rules** 놀이, 경기, 오락: Hide-and-seek is one of the favorite children's *games*. 숨바꼭질은 아이들이 가장 좋아하는 놀이 중의 하나이다. / Football is a *game* I'm little interested in. 축구는 내가 별로 관심 없어하는 경기이다.

· 파생어 ·

gainer 획득자, 승자
gainful 수지맞는, 이익이 있는
gainings 소득(액), 이익, 수입
gainless 이익이 없는
gainable 얻을 수 있는, 달성할 수 있는

· 관련표현 ·

gain **information** 정보를 얻다
gain **a victory** 승리를 거두다
gain **one's living** 생활비를 벌다
gain **strength** (병후) 건강해지다
gain **face** 알려지다, 권위[명성]를 얻다
a *gain* **in weight** 체중 증가
No *gains* **without pains.** ((속담)) 고생 없이는 결실도 없다. 고진감래(苦盡甘來)
gain **attention** 주목을 받다
gain **the upper hand** 우세한 위치에 서다
gain **time** 시간을 줄이다
gain **a suit at law** 소송에 이기다
gain **a person over** ~을 자기편에 끌어들이다
gain **the summit** 정상에 오르다
gain **one's ends** 목적을 달성하다

syn. obtain, acquire, build up, attain, increase
ant. lose, fail, decline

· 파생어 ·

gamesome 장난치기 좋아하는
gamester 도박꾼, 노름꾼(=gambler)
gaming 도박, 내기
gamely 용감하게, 과감하게
gameness 불굴, 용기

· 관련표현 ·

forbidden *game* 금렵수
a drawn *game* 무승부

2 wild animals and birds hunted for food or sport 사냥감: A good hunter always has *game* on the table. 유능한 사냥꾼은 항상 사냥감을 식탁에 올린다.

3 a part of a match in tennis or bridge composed of a fixed number of points (테니스나 브리지의) 한 게임: He won two *games* in the first set. 그는 1세트에서 두 게임을 이겼다.

4 a trick or deception 계략, 수법, 속임수: That's not the *game*. 그건 정당한 수법이 아니야.

|실전문제|

다음에 주어진 뜻풀이 가운데서 밑줄 친 game의 의미로 가장 적절한 것은?

Who won the world cup soccer game?

(1) wild animals and birds hunted for food or sport
(2) an activity or sport involving skill, or chance following rules
(3) a trick or deception
(4) a part of a match in tennis or bridge composed of a fixed number of points

해설 | 스포츠를 말하므로 스포츠 경기를 뜻한다는 것을 알 수 있다. (2) 「월드컵 축구 경기에서 어느 팀이 승리했니?」

□ **gape** [geip]

vi. **1 to look hard in surprise or wonder with the mouth open** 멍청히 입을 벌리고 쳐다보다: The audience *gaped* as the magician sawed the girl in half. 마술사가 그 소녀를 반으로 자를 때 관중들은 놀라서 입을 벌리고 쳐다보았다.

2 to open wide (지면 등이) 갈라지다, 크게 벌어지다: Holes *gaped* in the road. 도로의 구멍이 크게 벌어졌다. / The shirt *gapes* where the button comes off. 단추가 풀린 곳에 셔츠가 벌어졌다.

|실전문제|

밑줄 친 단어의 적절한 정의를 고르시오.

He could only gape when he saw the accident.

(1) talk while eating (2) look for something
(3) stare with his mouth open (4) talk too much

해설 | gape는 '입을 벌리다' 또는 '입을 벌린 채 쳐다보다'의 뜻으로 (3)을 정의로 볼 수 있다. (1)은 '뭔가를 먹으면서 이야기하다', (2)는 '무엇인가를 찾다[구하다]', 그리고 (4)는 '수다스럽다'의 뜻이다. (3) 「그 사고를 목격했을 때 그는 단지 입을 벌린 채 보고 있을 수밖에 없었다.」

close *game* 접전
play a fair *game* 정정당당히 싸우다
play a losing *game* 승산 없는 경기를 하다
the name of the *game* 가장 중요한 것[점]
The *game* **is up.** 이제 만사가 다 틀렸어.
What's the *game*? 무슨 일이 일어났을까?
mind *game* 심리적으로 몰아세우다
called *game* 콜드게임
give a person a *game* 아무에게나 져 주다
make a *game* **of ~** ~를 놀리다
not in the *game* 순조로울 것 같지 않은
give the *game* **away** 비밀을 누설하다
be on[off] one's *game* 컨디션이 좋다[나쁘다]

syn. play, recreation, match, contest, wild animals
ant. work, toil, job

·파생어·

gapingly 멍하니, 어처구니없이
gapless 틈이 없는
gapped 여러 군데 틈이 벌어진
gappy 틈이 많은, 결함이 많은
gaper 입을 벌리고 멍하니 바라보는 사람, 하품하는 사람

·관련표현·

gape after[for] ~ ~을 갈망하다, ~을 탐내다
gape at ~ ~을 멍청히 바라보다
have the *gapes* 자꾸 하품을 하다
make a person *gape* ~를 놀라게 하다

syn. stare in wonder, stare open-mouthed, stare stupidly, cleave, yawn, open widely

gas [gæs]

n. **1 a substance like air that we cannot usually see** (공기 이외의) 가스, 기체: The volcanic eruption resulted in a huge cloud of *gas* and dust. 결과적으로 화산 폭발은 거대한 가스와 먼지구름을 만들었다.

2 a poisonous gas used as a weapon 유독가스: The country is going to use a deadly nerve *gas* in the war. 그 나라는 전쟁에서 치명적인 독가스를 사용할 것이다.

3 the liquid fuel that is used to drive cars 자동차 기름(가솔린): We must drop by a filling station for *gas*. 우리는 기름을 넣기 위해 주유소에 들러야 해.

4 a gas used for medical purposes to make patients feel less pain (의학적으로 사용되는) 마취 가스: Most of the dentists use anaesthetic *gas* to make patients feel less pain. 대부분의 치과 의사들은 환자들의 고통을 덜어 주기 위해 마취 가스를 사용한다.

|실전문제|

다음에 주어진 뜻풀이 가운데서 밑줄 친 gas의 의미로 가장 적절한 것은?

Helium is a gas used in balloons which is very light.

(1) a poisonous gas used as a weapon
(2) a gas used for medical purposes to make patients feel less pain
(3) a substance like air that we cannot usually see
(4) the liquid fuel that is used to drive cars

해설 | 가볍고 풍선 속에 사용되는 가스는 눈으로 볼 수 없는 기체 가스이다. (3) 「헬륨은 아주 가벼워서 풍선 속에 넣어 사용된다.」

·파생어·
gaseous 가스의, 기체의
gasoline 가솔린(휘발유)
gassed 독가스로 공격당한
gassy 가스 상태의, 가스가 찬

·관련표현·
natural *gas* 천연가스
propane *gas* 프로판가스
tear *gas* 최루가스
turn down the *gas* 가스를 줄이다
a *gas* **main** 가스 본관
step on the *gas* 속력을 내다, 서두르다
gas and gaiter 헛소리

syn. vapor, fume, gasoline, fuel

gather [gǽðər]

vt. **1 to gain information or evidence from different places** (여기 저기 있는) 정보와 증거를 모으다: He traveled around the country *gathering* information and facts about his thesis. 그는 전국을 여행하면서 그의 논문에 필요한 정보와 자료를 모았다.

2 to collect crops, woods, or several objects together (농작물, 나무, 물건 등을) 수확하다, 주워 모으다: The wood cutter are *gathering* sticks to make a fire. 나무꾼은 불을 지피기 위해 나뭇가지를 주워 모으고 있다.

3 to understand or guess from information or what is said (정보, 추측, 또는 어떤 말에서) 이해하다, 추측하다: From what you said, I *gather* that you're not happy here. 당신의 말로 미루어 보건대, 당신은 여기에 있는 게 마음에 안 드는 모양이군요.

·파생어·
gathering 모임, 채집, 수집, 증가
gathered 주름을 잡는, 눈살을 찌푸린
gather 수금원, 채집인, 모으는 사람

·관련표현·
gather one's energies 전력을 다하다
gather speed 속도를 올리다
gather one's brows 눈살을 찌푸리다
gather breath 간신히 숨을 다시 쉬다
gather dust 먼지가 쌓이다
gather color 혈색이 좋아지다
gather flesh 살찌다

vi. **to come together in a group** 모이다: Storm clouds *gathered* on the horizon. 폭풍 구름이 지평선 위에 모였다.

|실전문제|

다음에 주어진 뜻풀이 가운데서 밑줄 친 gather의 의미로 가장 적절한 것은?

I gather that he was trying to raise money by organizing a concert.

(1) to collect crops, woods, or several objects together
(2) to come together in a group
(3) to gain information or evidence from different places
(4) to understand or guess from information or what is said

해설 | I gather that ~ 혹은 from what I gather ~로 시작이 될 때의 gather는 '추측하다, 이해하다'의 뜻으로 사용된다. (4) 「나는 그가 콘서트를 열어서 기금을 모으려고 했다고 추측한다.」

gather in (작물을) 거두어들이다, 수확하다

gather one's sense
마음을 가라앉히다

gather around 모이다

gather one's breath
잠시 숨을 죽이다

syn. collect, accumulate, understand, infer
ant. disperse, separate

☐ gauge [geidʒ]

vt. **1 to measure or calculate accurately by using a device** (기구를 써서 정확히) 재다, 측정하다: Can you *gauge* the distance to the top of that hill? 그 언덕 꼭대기까지의 거리를 잴 수 있습니까?

2 to judge or evaluate 평가하다, 판단하다: His mood can be *gauged* by his reaction to the embarrassment at the party. 그의 기분은 파티에서의 당황스러운 반응으로 판단할 수 있다.

n. **a fact or event that can be used to judge something** 판단의 척도, 표준: The economic index is the government's chief *gauge* of future economic activity. 그 경제 지표는 미래의 경제 활동에 대한 정부의 주요한 판단의 척도이다.

|실전문제|

밑줄 친 단어와 뜻이 비슷한 것을 고르시오.

Others want a better gauge of possible nuclear danger.

(1) defense   (2) standard of measurement
(3) emphasis   (4) accordance

해설 | gauge는 '척도, 규격'의 뜻을 나타내며, 동사의 뜻으로는 '측정하다' (=measure)의 의미를 가진다. 정답은 (2)이다. (1)은 '방어, 수비', (3)은 '강조', 그리고 (4)는 '조화'의 뜻이다. (2) 「발발할 가능성이 있는 핵 위험에 대해서 더 나은 기준을 마련하길 바라는 사람들도 있다.」

·파생어·

gaugeable 측정[계량]할 수 있는

gauger 재는 사람[또는 물건], 품질 검사원

·관련표현·

take the *gauge* of ~
~을 측정하다[재다], ~을 평가하다

get the *gauge* of ~
~의 의향을 살피다

a *gauging* ruler 셈자

a rain *gauge* 빗물 측정

the fuel *gauge* in a car
차의 연료 측정

syn. estimate, judge, calculate, size, measurement, measuring, device

G

gear [giər]

n. 1 a toothed wheel or disc that engages with another wheel or disc having a different number of teeth, and turns it, so transmitting motion from one rotating shaft to another 톱니바퀴 (장치): The first *gear* engages with the second. 첫 번째 톱니바퀴가 두 번째 톱니바퀴와 맞물린다.

2 a particular position of the gears in a vehicle (자동차의 특정 위치의) 기어: Change into a lower *gear* when going up a hill. 언덕을 올라갈 때는 저속 기어로 바꿔라.

3 the equipment or tools needed for a particular job, sport, etc. 장치, 도구, 용구: The police were in full riot *gear*, with shields and helmets. 경찰은 방패와 헬멧으로 폭동 진압용 장비를 완전히 갖추었다.

vi., vt. 1 to supply with, or connect by gearing 기어를 넣다; 전동 장치로 연결하다; (기계를) 연동시키다: I *geared* up slowly. 나는 천천히 기어를 고속으로 넣었다.

2 to adapt or design something to suit a particular need 맞게 하다, 조정하다: The steel industry was *geared* to the needs of war. 철강 산업은 전쟁 물자 생산에 맞춰졌다.

| 실전문제 |

다음에 주어진 뜻풀이 가운데서 밑줄 친 geared의 의미로 가장 적절한 것은?

The producers geared their output to seasonal demands.

(1) to provide with or connect by gearing
(2) to fit exactly, as one part of gearing into another; come into or be in gear
(3) to provide with gear; supply; equip
(4) to prepare, adjust, or adapt to a particular situation, person, etc., in order to bring about satisfactory results

해설 │ 지시문에 사용된 gear가 뒤에 나오는 demand와 함께 쓰이고 있는 점을 살펴보아야 한다. 즉, 사용자의 요구에 맞는 물건을 만들어 제공한다는 의미를 가진 정의를 고르면 된다. (4) 「농산물 생산업체들은 계절에 맞는 수요를 위해 농산물을 맞추어 준비했다.」

· 파생어 ·

gearbox 변속 장치; 바보
gearing 연동기, 전동 장치, 연동, 전동
gearchange 변속 레버, 기어 전환 장치
gearshift 변속 기어, 기어 전환 장치
gearhead 바보; 프로그래머, 프로그램 작성자
headgear 머리 장식물, 쓸 것, 헤드기어, 머리 덮개

· 관련표현 ·

get into *gear* 순조롭게 움직이기 시작하다, 궤도에 오르다
slip a *gear* 실수하다, 잘못을 저지르다
throw[put] ~ out of *gear* ~의 기어를 풀다; ~의 운전을 방해하다, ~의 상태를 원활치 못하게 하다
***gear* up** 기어를 고속으로 넣다; 준비를 갖추다 (for); (산업 따위를) 확대하다; 준비시키다
***gear* down** 기어를 저속으로 넣다; (활동·생산 따위 등을) 억제하다, 감소시키다; (정도 따위를) 낮추다
out of *gear* 기어가 풀려서; 컨디션이 어긋나서
go into high *gear* 최대한의 활동을 시작하다
a disconnecting *gear* 단절 장치
get one's rear in *gear* 서두르다

general [dʒénərəl]

a. 1 regarding or affectiong all or most people 보편적인, 일반적인: There is a *general* feeling that gambling is not good. 도박이 좋지 않다는 것은 일반적인 생각이다.

2 not exact or detailed; on the whole 대체적인, 총괄적인, 총괄적인: It's his *general* impression that he is sincere and hardworking. 그의 대체적인 인상은 성실하고 근면하다는 것이다.

· 파생어 ·

generally 일반적으로, 대개, 전반에 걸쳐(=generally speaking)
generalize 보편화하다, (사실을) 개괄하다
generality 일반론, 일반적 원칙
generalization 일반화, 보편화

3 describing a person who has an average amount of knowledge or interest in a particular subject (독자, 시청자 등이) 일반적인: This book is intended for the *general* reader rather than experts. 이 책은 전문가용이라기보다는 일반 독자용으로 나온 것이다.

4 describing a person's job to indicate that he or she has complete responsibility in business organization or administration (신분, 권한, 위치 등) 총~, 최상의: He got promoted to the position of *general* manager due to his dedication and hard work. 그는 헌신과 근면으로 인해 총지배인 자리로 승진되었다.

|실전문제|

다음에 주어진 뜻풀이 가운데서 밑줄 친 general의 의미로 가장 적절한 것은?

The general public weren't allowed to enter the building.

(1) describing a person who has an average amount of knowledge or interest in a particular subject
(2) regarding or affecting all or most people
(3) describing a person's job to indicate that he or she has complete responsibility in business organization or administration
(4) not exact or detailed; on the whole

해설 | general public은 '일반 시민들'이란 뜻으로 해석된다. (2) 「일반 시민들은 그 건물에 들어갈 수 없었다.」

·관련표현·

general attack 총공격
general public 일반 대중
general impression 대체적인 인상
attorney *general* (미국의) 법무 장관
as a *general* rule 대체로, 일반적으로(=*generally* speaking)
have a *general* idea of ~ 대체로 어떤 것인지를 대충 알고 있다
general hospital 종합 병원
general manager 총괄 관리자, 총지배인
general practice 일반 진료
general strike 총파업
in *general* 일반적으로, 대체로
general assembly 총회

syn. comprehensive, overall, widespread, universal, normal
ant. specific, particular, uncommon, extraordinary

G

☐ **generate** [dʒénərèit]

vt. **to produce or create** 산출하다, 생산하다, 야기하다: This power plant *generates* electricity for the entire city. 이 발전소는 도시 전체가 사용할 전기를 생산한다[발전시킨다]. / The mayor tried to *generate* enthusiasm for the important plan. 그 시장은 그 중요한 계획에 대해 열성을 일으키려고 애썼다. / The human race was *generated* by Adam. 인류는 아담에 의해 형성이 되었다.

|실전문제|

밑줄 친 단어와 뜻이 가장 가까운 것을 고르시오.

Reviewing the entries in a journal can help writers recall events and ideas that they had somehow lost sight of thus generating topics for further writing.

(1) depending upon (2) worrying about
(3) bringing about (4) looking for

·파생어·

generation 세대, (전기, 열 등의) 발생
generative 생식의, 발생의
generational 세대의, 발생의
generator 발전기, 발생 장치

·관련표현·

a *generative* cell 생식 세포
generative organ 생식기
generation gap 세대차
from *generation* to *generation* 대대로, 계속해서 (=*generation* after *generation*)
love *generation* 히피족
me *generation* 나만을 아는 개인주의 세대
generating station 발전소(=power station)
for *generations* 여러 대에 걸쳐서

해설 | generate는 '낳다, 야기하다, 발행시키다'의 뜻이며, 지금은 topics라는 목적어가 오므로 '토픽[주제]을 만들어 내다'의 뜻으로 쓰이고 있다. 그러므로 '야기하다'의 뜻인 bring about을 동의 숙어로 볼 수 있다. (1)은 '달려 있는, 의존하는'(=depending on, relying on, counting on), (2)는 '걱정, 염려하는'(=concerned about), 그리고 (4)는 '찾는, 구하는'의 뜻이다. (3)「가자들은 신문의 표제어들을 훑어봄으로써 잊고 있었던 과거의 사건들이나 견해를 다시 한 번 상기할 수 있어, 해당 주제에 대한 더 많은 글을 써 나갈 수 있다.」

syn. **produce, make, bring about, create, reproduce**
ant. **extinguish, terminate, stifle, squelch**

☐ generous [dʒénərəs]

a. **1 willing to give away one's money or time** (돈이나 시간 따위를 쓰는 데) 후한: Your father was very *generous* to give you so much pocket money. 너의 아버지는 너무나 후하셔서 너에게 많은 용돈을 주신다. / The owner of the restaurant is not *generous* with the food. 그 식당 주인은 음식을 조금 준다.

2 free from smallness of mind or character 관대한: Aunt Elizabeth has a most *generous* spirit. 엘리자베스 숙모는 매우 관대한 사람이다.

3 larger or kinder than usual 푸짐한, 풍부한: Those farmers receive *generous* subsidies from the government. 그 농부들은 정부로부터 많은 보조금을 받는다.

· 파생어 ·
generosity 관대, 아량, 풍부함
generously 관대하게, 푸짐하게

· 관련표현 ·
generous **gifts** 푸짐하고 큰 선물
generous **meal** 푸짐한 식사
generous **with one's money** 돈을 잘 쓰는
generous **in one's judgement** 판단에 있어서 관대한
generous **remarks** 관대한 말, 편견 없는 말
generous **fare** 푸짐한 성찬

syn. **openhanded, lavish, bountiful, philanthropic, ample, plentiful, humanitarian**
ant. **stingy, tightfisted, miserly, scarce, scanty**

| 실전문제 |

밑줄 친 단어와 뜻이 가장 가까운 것을 고르시오.

At long last, in a comfortable home, with a <u>generous</u> pension, he could learn to take things easy.

(1) ample (2) gorgeous
(3) tolerant (4) universal

해설 | generous는 '관대한, 너그러운, 또는 돈을 쓰는 데 있어서 넉넉한, 풍부한' 등의 뜻을 가지는 형용사이다. (1)의 ample이 그 동의어라고 할 수 있는데, '(돈이나 공간이) 풍부한', '남을 정도로 많은', '충분한' 등의 뜻을 가지고 있다. (2)는 '굉장한, 호화로운', (3)은 '관대한', 그리고 (4)는 '보편적인'의 뜻을 나타낸다. at long last는 '마침내, 결국'의 의미로 finally와 같은 뜻을 나타낸다. (1)「마침내 그는 집에서 편안하게 넉넉한 연금을 받으며 일에 대한 생각을 여유롭게 하게 되었다.」

☐ genius [dʒíːnjəs]

n. **1 a person of great ability, skill or high intelligence** 천재: Einstein is considered to be a great scientific *genius*. 아인슈타인은 위대한 과학 천재로 간주된다.

2 extraordinary intellectual and creative power 천재성: Vincent van Gogh's *genius* is obvious in his paintings. 고흐

· 관련표현 ·
a man of *genius* 천재
an infant *genius* 신동
a *genius* **in language** 어학의 천재
one's good *genius*
좋은 영향을 주는 사람

의 천재성은 그의 그림 속에 명백히 나타난다.

3 a strong natural talent or aptitude 뛰어난 재능, 소질: She has a *genius* for music. 그녀는 음악에 재능이 있다.

4 someone or gods who have a bad influence on someone else (사람, 고장 등의) 수호신, 나쁜 영향자: She is his evil *genius*, leading him into a life of crime. 그녀는 그의 악귀로서 그를 범죄의 늪으로 빠지게 했다.

have a *genius* for ~
~에 재능이 있다
the huge *genius* 무한한 재능
one's evil *genius* 수호신

syn. whiz, prodigy, gift, faculty, endowment
ant. idiot, moron, fool

|실전문제|

1. 다음에 주어진 뜻풀이 가운데서 밑줄 친 genius의 의미로 가장 적절한 것은?

Charlie Chaplin was not just a genius, but he was among the most influential figures in film history.

(1) a strong natural talent or aptitude
(2) a person of great ability, skill or high intelligence
(3) someone or gods who have a bad influence on someone else
(4) extraordinary intellectual and creative power

해설 | 주어가 사람이며, 문맥상으로 볼 때 '천재'라는 뜻으로 쓰이고 있다. (2) 「찰리 채플린은 천재였을 뿐만 아니라 영화사에서 가장 영향력 있는 인물 중 한 사람이었다.」

2. 다음의 영문 정의에 가장 알맞은 단어를 고르시오.

Great ability, especially in producing works of art, or a person of such ability, or of very high intelligence

(1) diligence   (2) endurance
(3) genius   (4) wisdom

해설 | 예술품을 만들어 내는 대단한 능력이나 그런 능력을 가진 사람을 말하므로 genius(천재, 천재성)의 설명이다. (1)은 '부지런함, 근면성', (2)는 '인내심'(=tolerance), 그리고 (4)는 '지혜'를 뜻한다. (3) 「예술 작품을 만들어 내는 위대한 능력 혹은 그러한 능력이나 분야에 대한 매우 높은 지능을 가진 인물」

get through

1 to complete or finish (일을) 마치다: When you *get through* with your work, let's go out to eat. 당신의 일이 끝날 때 외식하러 나갑시다.

2 to be successful or to be officially accepted (시험에) 합격하다, (안이나 법을) 통과시키다: I was very delighted when I heard you'd *got through* your exam. 나는 네가 시험에 합격했다는 소식을 들었을 때 매우 기뻤다. / The government managed to *get through* the controversial law in spite of strong opposition by civic groups. 정부는 시민 단체의 강력한 반대에도 불구하고 문제가 많은 그 법을 가까스로 통과시켰다.

3 to spend money or time away (돈, 시간 등을) 다 써 버리다, 보내다: He won hundreds of thousands of dollars after winning the first prize in lottery, but he *got through* the whole money in less than a year. 그는 1등 복권이 당첨된 후, 수백만 달러를 받았으나 일 년이 되지 않아 그 돈 전부를 다 써 버렸다.

|실전문제|

밑줄 친 숙어와 비슷한 뜻을 가진 숙어를 고르시오.

I couldn't get through because the line was engaged.

(1) make a complaint (2) do my best
(3) make sure (4) make contact

해설 | get through는 '전화가 연결되다' 또는 '(어떤 장소를) 통과하다'의 뜻인데, (4)가 '통화, 연락하다'의 뜻으로 동의 숙어이다. (1)은 '불평하다, 불만을 제기하다' (=complain), (2)는 '최선을 다하다'(=try my best), 그리고 (3)은 '확실히 하다' (=make certain, be sure) 등의 뜻이다. be engaged는 통화 중이라는 뜻으로 be busy와 같은 뜻이다. (4) 「전화가 통화 중이라서 연결되지 않았다.」

□ **gift** [gift]

n. **1 a present or something which is given willingly** 선물: My mother bought an English Bible for me as a Christmas *gift*. 어머니는 크리스마스 선물로 나에게 영어 성경책을 사 주셨다.

2 a natural ability or talent 타고난 재능[재주], 적성: He has a special *gift* for learning languages. 그는 어학에 재능이 있다.

3 something bought cheaply or obtained easily 싸게 산 물건, 거저의 물건: I would not have it as a *gift*. 거저 줘도 싫어. / At 5 dollars, it's a *gift*. 5달러라면 그것은 거저야.

|실전문제|

1. 다음에 주어진 뜻풀이 가운데서 밑줄 친 gift의 의미로 가장 적절한 것은?

Mother has a gift for making people feel at home.

(1) something bought cheaply or obtained easily
(2) to provide as a gift
(3) a natural ability or talent
(4) a present or something which is given willingly

해설 | have a gift for ~의 의미는 '~의 재능이 있다'의 뜻이다. (3)「엄마는 사람들을 편하게 만드는 재주를 가지고 있다.」

· 파생어 ·
gifted 타고난 재능이 있는, 유능한

· 관련표현 ·
gift **certificate** 상품권
gift **tax** 증여세
gift-**wrap** 선물 포장하다
birthdays *gifts* 생일 선물
a *gift* **shop** 선물 가게
as a *gift* 거저라도
a *gifted* **child** 천재(=genius)
in one's *gift* 권한이 ~에게 있다
have a *gift* **for ~** ~의 재능이 있다
a *gift* **of the gap** 말재주, 능변
a *gift* **token** 선물 상품권

syn. endowment, present, donation, favor, talent
ant. penalty, fine

2. 밑줄 친 단어와 같은 뜻의 단어나 숙어를 고르시오.

I came to the conclusion that my gift of imagination has meant more to me than my talent for absorbing practical knowledge.

(1) present
(2) talent
(3) the right or power to give
(4) skill required

해설 | 여기서 gift는 '천부적 재능'(=talent)을 뜻하므로 (2)가 동의어이다. (1)은 '선물', 또는 '참석한, 출석한'의 뜻이며, (3)은 '주어야 할 권리 또는 힘', 그리고 (4)는 '요구되는 기술'의 뜻으로 사용되었다. (2) 「나는 공상하는 재능이 실질적인 지식을 습득하는 재능보다 내게 더 중요하다고 결론 내렸다.」

☐ give [giv]

vt. 1 to cause someone to have or receive something as a present (선물로) 주다, 증여하다: What should I *give* you for your birthday? 생일 선물로 당신에게 무엇을 줄까요? / I *gave* a shirt and tie to my father. 나는 아버지께 셔츠와 넥타이를 선물로 드렸다.

2 to tell someone to do a job or piece of work (과제, 일 등을) 할당하다, 주다: Our teacher *gave* us a lot of homework. 우리 선생님은 우리에게 많은 숙제를 내주셨다.

3 to provide or supply 제공하다: The department store *gives* a 20% discount on all of the ladies' apparel. 그 백화점에서는 모든 숙녀복을 20% 할인해 준다.

4 to punish in the stated way to send someone into a prison 처벌해서 감옥에 보내다: He was *given* a life imprisonment for murder. 그는 살인죄로 무기 징역형을 선고받았다.

| 실전문제 |

다음에 주어진 뜻풀이 가운데서 밑줄 친 give의 의미로 가장 적절한 것은?

Most people give money to some charity at Christmas time.

(1) to tell someone to do a job or piece of work
(2) to punish in the stated way to send someone into a prison
(3) to cause someone to have or receive something as a present
(4) to provide or supply

해설 | charity가 '자선 단체[기관]'의 뜻인 것을 알면, 그냥 선물처럼 기증하는 것이다. (3) 「대부분 사람들은 크리스마스 때 자선 단체에 돈을 기부한다.」

· 파생어 ·

given 주어진
giver 주는 사람, 증여자, 기증자

· 관련표현 ·

give **away** 줘 버리다, 폭로하다, 누설하다
give **back** 돌려주다, 말대꾸하다
give **off** (냄새, 빛 등을) 방출하다, 발하다
give **in** 제출하다(=submit, turn in)
give **up** 포기하다, 단념하다(=abandon)
give **over** 양도하다, 넘겨주다
give **out** 배포하다(=distribute), 공표하다
given **name** 이름
at a *given* **time and place** 정해진 시간과 장소에서
give **ear to ~** ~에 귀를 기울이다, ~를 듣다
give **of one's best** 최선을 다하다
give **of oneself** 헌신하다
give **a damn** 관심을 갖다, 상관하다

syn. provide, distribute, endow, donate
ant. take, receive, deprive, resist

☐ give a hand

to lend a hand to; help 돕다: Could you *give* me *a hand* with this box? 이 박스 운반하는 데 좀 도와주시겠습니까? / I'd be glad to *give* you *a hand*. 당신을 돕게 되어 기쁩니다.

|실전문제|

밑줄 친 숙어와 뜻이 가장 가까운 표현을 고르시오.

I was to clean the house. Would you please <u>give me a hand</u>?

(1) assure me   (2) forgive me
(3) help me   (4) trust me

해설 | give ~ a hand는 '누구를 도와주다'(=help)의 뜻으로 give ~ a helping hand로 표현할 수 있다. 그러나 give ~ a big hand는 '박수치다'(=clap)의 뜻으로, 이 두 가지 뜻을 혼동하지 않도록 한다. (1)은 '보증하다', (2)는 '용서하다'(=pardon), 그리고 (4)는 '신뢰하다'의 뜻이다. (3) 「집을 청소해야 되겠어. 좀 도와주지 않을래?」

□ give over

1 to hand over; entrust 양도하다, 넘기다: He *gave over* the criminal to the police. 그는 그 범인을 경찰에 넘겼다. / After her husband's death, she *gave over* some of his property to her son. 남편이 사망한 후, 그녀는 남편의 일부 재산을 자신의 아들에게 물려주었다.

2 to stop having or doing 그만두다, 포기하다: The doctor told him to *give over* alcohol and smoking. 의사는 그에게 술과 담배를 끊으라고 했다. / She had to *give over* her studies through the lack of money. 그녀는 학비가 부족해서 학업을 그만두어야 했다.

|실전문제|

밑줄 친 숙어와 뜻이 가장 가까운 표현을 고르시오.

Amazingly large areas of Seoul are <u>given over</u> to amusement.

(1) deeply attached   (2) exposed
(3) transferred   (4) assigned

해설 | give A over to B는 '(장소, 시간 등의) A를 B에 충당하다'의 뜻으로, '할당하다, 충당하다'의 뜻인 assigned가 정답이다. (1)은 '깊게 결부된', (2)는 '노출된', 그리고 (3)은 '(사람, 집, 건물, 통장의 돈 등이) 옮겨진'의 뜻이다. (4) 「놀랍게도 서울의 꽤 넓은 지역들이 오락을 위해 사용되고 있다.」

□ give up

1 to stop doing or having 포기하다, 멈추다: She's thinking of *giving up* teaching. 그녀는 교직을 그만둘까(포기할까) 생각 중이다. / The doctor *gave up* his patient. 의사는 환자를 포기했다.

2 to allow someone else to have or use something (자리 등을) 양보하다: One of the young men *gave up* his place on the bus to an old woman. 젊은이 중 한 사람이 버스에서 할머니에게 자리를 양보했다.

| 실전문제 |

밑줄 친 숙어와 뜻이 가장 가까운 단어를 고르시오.

My doctor has told me to give up eating cakes and other sweets.

(1) continue   (2) surrender
(3) discontinue   (4) postpone

해설 | give up은 '포기하다, 그만두다, 단념하다'(=abandon)의 뜻으로, (3)의 discontinue(=stop)가 정답이다. (1)은 '계속하다', (2)는 '넘겨주다, 항복하다'의 뜻이며, (4)는 '연기하다'(=delay, procrastinate, defer)의 뜻이다. 주의할 것은 continue는 뒤에 동명사나 부정사가 모두 올 수 있고 discontinue는 동명사만을 목적어로 받는다. (3) 「의사는 내게 케이크나 과자를 더 이상 먹지 말라고 했다.」

G

□ go [gou]

vi. **1 to leave a place in order to reach another** (어떤 장소로 가기 위해) 가다, 떠나다: I'm sorry but, I must be *going* now. 미안합니다만, 지금 가 봐야 되겠습니다.

2 to travel or move to a place 여행하거나 이동하다: We *went* to Florida for our holidays. 우리는 휴가를 이용해서 플로리다에 갔다. / What time will you *go* to the department store today? 오늘 몇 시에 백화점으로 갈 것입니까?

3 to operate or run (기계가) 작동하다: This machine is *going* properly. 이 기계는 작동이 잘 된다.

4 to be sold 팔리다: The second-hand car *goes* for 3,000 dollars. 그 중고차는 3,000 달러에 팔린다. / The house *went* cheap. 그 집은 헐값에 팔렸다.

5 to become or remain usually in an undesirable state (바람직하지 않은) 상태가 되다: The small-and-medium-sized company has *gone* bankrupt. 그 중소기업은 파산했다.

6 to lead or extend from one place to another ~로 통하다, ~로 뻗치다: Where does this road *go*? 이 도로는 어디로 통합니까?

| 실전문제 |

다음에 주어진 뜻풀이 가운데서 밑줄 친 going의 의미로 가장 적절한 것은?

I'm sorry but, I've got to be going now.

(1) to be sold
(2) to travel or move to a place
(3) to leave a place in order to reach another
(4) to operate or run

해설 | 이 표현은 관용적인 표현으로서, 누구를 만나거나 같이 있다가 '지금은 가 봐야 되겠습니다.'라는 뜻으로 사용된다. 똑같은 뜻의 문장은 I have to go now., I must be going now., 또는 I'd better leave now. 등이 있다. (3) 「미안합니다만, 지금 가 봐야 되겠습니다.」

· 파생어 ·

goer 가는 사람, 활기찬 사람
going 가기, 보행, 출발, 진행 중인, 활동 중인

· 관련표현 ·

go **for a walk**
산책하다(=take a walk)

go **shopping** 장 보레[쇼핑하러]가다

go **by the name of ~**
~의 이름으로 통하다

go **in for ~** (경기에) 참가하다

go **hungry** 배고파지다

on the *go* 끊임없이 활동하여

go **back on** (약속 등을) 취소하다

go **all out** 전력을 다하다

go **in and out** 들락날락하다

go **up for** (시험 등을) 치르다

go **further** 더욱이 나아가다[말하다]

go **without ~** ~이 없다, ~을 갖지 않다

go **by** (옆을) 지나가다

go **behind** ~의 배후를 조사하다, 진상을 밝히다

comers and *goers* 오가는 사람들

syn. move, proceed, leave, work
ant. stay, improve, quit

go hand in hand

to be closely connected and cannot be considered separately from each other 협조하다, 손을 맞잡다; 불가분의 관계에 있다: For us, research and teaching *go hand in hand with* each other. 우리에게는 연구와 가르치는 것이 분리될 수 없는 불가분의 관계에 있다. / Dirt and disease *go hand in hand*. 먼지와 질병은 불가분의 관계에 있다.

|실전문제|

밑줄 친 숙어와 뜻이 가장 가까운 표현을 고르시오.

The rise of individualism in a society goes hand in hand with economic growth.

(1) happens together with (2) is in opposition to
(3) comes into power with (4) is compared to

해설 | go hand in hand with ~는 '~와 손을 맞잡고 가다', '~와 서로 협조하다'의 뜻으로 사용되므로 (1)의 '같이 일어나다'가 가장 가까운 표현이다. (2)는 '~에 반대하다', (3)은 '힘을 갖게 되다', 그리고 (4)는 '비교되다'의 뜻이다. (1) 「한 사회에서 개인주의의 증가는 경제 성장과 같이 일어난다.」

gorge [gɔːrdʒ]

n. **1 a deep narrow valley, usually containing a river** 골짜기, 협곡: A deep *gorge* separates the two halves of the city. 깊은 골짜기가 그 도시를 둘로 갈라놓고 있다.

2 the contents of the stomach 위 속의 음식물: cast up[heave] the *gorge* 먹은 음식을 토하다

3 a spell of greedy eating 포식, 대식, 탐식: He often does *gorge* when stressed out. 그는 스트레스를 받으면 폭식하는 경향이 있다.

vt., vi. **to eat or swallow greedily** 게걸스럽게 먹다, 배불리 먹다: She *gorged* (herself) on cream-cakes. 그녀는 크림 케이크를 실컷 먹었다.

·파생어·

disgorge 토해 내다, 게워 내다; 흘러들다; 마지못해 내놓다
engorge 마구 먹다, 게걸스레 먹다; 충혈시키다

·관련표현·

make a person's *gorge* rise
~에게 불쾌감을 주다, ~을 역겹게 하다, 화나게 하다
One's *gorge* rises at the sight.
그 꼴을 보니 속이 메스꺼워진다.
cast the *gorge* at ~
~에 구역질이 나다, ~을 싫어하다
gorge on ~ ~을 게걸스럽게 먹다

syn. **stuff yourself**

|실전문제|

다음에 주어진 뜻풀이 가운데서 밑줄 친 gorges의 의미로 가장 적절한 것은?

When the ice gorges at Sugar Creek broke up and moved down the Ohio River, the ice began moving out of the Kentucky River.

(1) a deep narrow passage with steep rocky sides
(2) an instance of gluttonous eating
(3) the contents of the stomach; something swallowed
(4) a mass obstructing a narrow passage

해설 | 문제를 푸는 핵심은 명사(ice gorge)의 상태를 설명해 주는 동사와 주절과 종속절의 내용을 파악하는 데 있다. 우선, 동사 break up의 '부서지다'의 의미에서 주어인 gorge는 덩어리라는 의미를 추론할 수 있으며, 또한 이전에 멈춰 있던 것이 began moving out 즉, '움직이기 시작했다'에서 무엇인가에 막혀 나아가는 데 방해를 받았다는 것도 유추할 수 있다. (4) 「슈거 하구의 얼음 덩어리가 부서져서 오하이오 강으로 흘러내려 가면서, 이 얼음덩이는 켄터키 강 밖으로 이동하기 시작했다.」

go together

1 to match or suit each other 어울리다, 조화하다: The blue tie *goes together* with the jacket. 그 청색 넥타이는 그 재킷과 어울린다.

2 to go with ~와 동행하다: Can you *go together* to the shopping mall with me? 나와 함께 쇼핑몰에 같이 갈 수 있니?

3 to associate with ~와 교제하다: Do you really want to *go together* with him? 너 정말 그와 교제하고 싶니?

| 실전문제 |

다음 밑줄 친 어구와 가장 가까운 뜻의 어구를 고르시오.

I think these two colors go together.

(1) are awkward   (2) are compatible
(3) are unbecoming   (4) are matching

해설 | go together의 뜻은 '어울리다'(=match, suit)의 뜻과 함께, '가다, 양립하다'(=be compatible)의 뜻인데, 지금은 문맥상으로 보아 '어울리다'의 뜻으로 사용되고 있기 때문에 정답은 (4)이다. (4) 「나는 이 두 색깔이 어울린다고 생각한다.」

go without saying

to be clear without needing to be stated 말할 필요가 없다: It *goes without saying* that health is more important than wealth. 건강이 재물보다 더 중요하다는 것은 말할 필요가 없다.

| 실전문제 |

밑줄 친 숙어와 뜻이 가장 가까운 것을 고르시오.

It goes without saying that she is the best singer in the country.

(1) is doubtful   (2) is trustworthy
(3) is obvious   (4) is impossible

해설 | go without saying that ~은 that ~ 이하는 두말할 필요 없이 명백하다는 것을 나타내므로 정답은 (3) '명백하다'가 된다. (1)은 '의심스런', (2)는 '믿을만한, 신뢰성 있는', 그리고 (4)는 '불가능한'을 뜻한다. (3) 「그녀는 두말할 나위 없이 그 나라에서 최고의 가수이다.」

☐ **good** [gud]

a. **1 very satisfactory or worthy of praise** 좋은, 훌륭한: Florence Nightingale was renowned for her *good* deeds. Florence Nightingale은 선행으로 유명하다. / I had really a *good* time in Los Angeles. 나는 L.A.에서 좋은 시간을 보냈다.

2 useful or suitable 유익한, 적합한: This is a *good* knife for cutting vegetables. 이 칼은 채소를 자르기에 적합하다. / Thanks a lot for giving me *good* advice. 유익한 조언을 해 주셔서 감사합니다.

3 fairly large in quantity, size, or distance 양이 많거나, 크기가 꽤 크거나 또는 거리가 꽤 먼: They travelled a *good* distance. 그들은 꽤 먼 거리를 여행했다. / He's been there a *good* many times. 그는 꽤 여러 번 그곳에 다녀왔다.

4 kind or helpful 친절한, 인정 있는, 도움을 주는: He was *good* enough to show me the way. 그는 친절하게도 그 길을 안내해 주었다. / She has always been very *good* to me. 그녀는 항상 나에게 친절하게 대해 주었다.

5 effective 유효한: This is a bus pass *good* for one month. 이 버스표는 한 달간 유효하다.

|실전문제|

다음에 주어진 뜻풀이 가운데서 밑줄 친 good의 의미로 가장 적절한 것은?

He spends a good amount of time playing chess.

(1) kind or helpful
(2) very satisfactory or worthy of praise
(3) useful or suitable
(4) fairly large in quantity, size or distance

해설 | good 뒤에 양이나 수가 따라올 때는 '꽤 많은', 또는 '꽤 적은'의 뜻이 된다.
(4) 「그는 꽤 많은 시간을 체스 놀이를 하는 데 보낸다.」

☐ **for good**

finally and permanently; forever 영구히, 영원히: The days of big time racing here on this hill had gone *for good*. 여기 이 언덕 위에서 일류 자동차 경주를 하는 시절은 영원히 사라졌다.

|실전문제|

밑줄 친 숙어와 뜻이 가장 가까운 단어를 고르시오.

He decided to leave his hometown for good.

(1) happily   (2) forever
(3) successfully   (4) unexpectedly

·파생어·

goodness 선량, 친절, 장점
goodly 훌륭한, 고급의, 잘생긴, (크기나 양이) 상당한
goodish 대체로 좋은, 적지 않은, (크기나 수량 등이) 상당한

·관련표현·

good family 좋은 집안
good for two months 두 달간 유효한
good luck 행운
earn **good** money 돈을 잔뜩 벌다
hold **good** 효력이 있다, 적용되다
say a **good** word for ~ ~을 칭찬하다
no **good** 쓸모없는
to the **good** 이익이 되어
in **good** with ~ ~의 마음에 들어
come to **good** 좋은 결과를 맺다
for the **good** of ~ ~을 위하여, ~의 이익을 위하여

syn. kind, noble, qualified, suitable, trustworthy
ant. bad, defective, improper, uneffective, unkind

해설 | for good은 '영원히'라는 뜻의 숙어로 eternally, forever, everlastingly, perpetually 등과 뜻이 같다. (1)은 '행복하게', (3)은 '성공적으로', 그리고 (4)는 '예기치 않게' 등의 뜻을 나타낸다. (2) 「그는 영원히 고향을 떠나기로 마음먹었다.」

govern [gʌ́vərn]

vt. **1 to control and direct the affair of a nation and its people using political power** (국가, 국민 등을) 통치하다, 다스리다: Canada is *governed* by a prime minister and his cabinet. 캐나다는 총리와 그의 내각에 의해 통치된다.

2 to decide or determine 결정하다, 좌우하다: Prices are *governed* by supply and demand. 물가는 수요와 공급에 의해서 결정된다. / What factors *governed* your decision? 어떤 요인이 당신의 결정에 영향을 주었는가? / The price of coffee is *governed* by the quantity that has been produced. 커피 가격은 생산된 커피량에 의해 결정된다.

3 to control or restrain one's temper (격정, 성질 등을) 억제하다, 억누르다: She's never been able to *govern* malicious tongue of hers. 그녀는 욕설을 하는 자신의 혀를 결코 억제할 수 없었다.

|실전문제|

밑줄 친 단어와 뜻이 가장 가까운 단어를 고르시오.

Many ideas are expressed about the scientific laws governing the exchange of goods between countries.

(1) demanding   (2) supplying
(3) supporting   (4) regulating

해설 | governing은 '규제하는', '다스리는' 등의 뜻을 나타내므로 (4)가 동의어로 역시 '규제하다'의 뜻이다. (1)은 '요구하는, 까다로운', (2)는 '공급하는', 그리고 (3)은 '지지하는'의 뜻을 나타낸다. (4) 「국가들 간의 물품 교환을 규정하는 과학적인 법칙에 대하여 많은 의견들이 표출되고 있다.」

·파생어·
governable 통치[지배, 관리]할 수 있는, 억제할 수 있는
governance 통치, 지배, 제어
governing 통치하는, 지배하는
governor 통치자, 미국의 주지사, (영국 식민지의 총독
governability 통치할 수 있는 상태

·관련표현·
govern one's temper 노여움[분노]을 억누르다
govern oneself 자제하다, 처신하다
govern a public enterprise 공공 기업을 운영하다
governing classes 지배 계급
governor of a prison 교도소장

syn. administer, manage, control, restrain, dominate
ant. follow, comply, obey

grab [græb]

vt. **1 to take hold of with a sudden rough movement** 잡아채다, 움켜잡다, 낚아채다: He jumped up from the table, *grabbed* his hat, and ran to the bus stop. 그는 테이블에서 벌떡 일어나서는, 모자를 움켜잡고, 버스 정류장으로 달려갔다. / He *grabbed* the money and ran off. 그는 돈을 낚아채고는 달아났다.

2 to eat quickly 짧은 시간 안에 간단히 요기하다: I missed my lunch, but I managed to *grab* a sandwich outside. 나는 점심을 먹지 못했으나, 밖에서 간단히 샌드위치를 먹을 수 있었다.

·파생어·
grabber 욕심쟁이, 움켜잡는 사람, 흥미를 끄는 것
grabby 욕심 많은, 탐욕스런

·관련표현·
up for *grabs* 쉽게 손에 넣을 수 있는
grab a purse 지갑을 낚아채다
grab at a chance 기회를 잡다

G

295

3 to catch the attention or interest of (관심을) 끌다; (마음을) 사로 잡다: How does that *grab* you? 그것에 대한 인상은 어떠했지? / The rock singer *grabbed* an audience. 그 록 가수는 관중을 매료시켰다.

4 to catch a taxi or use something in a hurry (택시를) 서둘러서 잡거나 어떤 것을 급히 이용하다: Since he doesn't have enough time, he *grabbed* a shower. 시간이 많이 없었기 때문에, 그는 샤워를 급히 했다.

| 실전문제 |

다음에 주어진 뜻풀이 가운데서 밑줄 친 <u>grab</u>의 의미로 가장 적절한 것은?

Let's <u>grab</u> a bite to eat before we start.

(1) to catch the attention or interest of
(2) to catch a taxi or use something in a hurry
(3) to take hold of with a sudden rough movement
(4) to eat quickly

해설 | grab a bite to eat은 '급하게 간단히 요기하다'라는 뜻의 관용적 표현이다.
(4) 「우리 출발하기 전에 간단히 요기나 합시다.」

☐ **grace**[greis]

n. **1 a smooth, fine, and attractive way** 우아함: Ballet classes are important for poise and *grace*. 발레 교실은 균형과 우아함을 유지하는 데 중요하다.

2 a pleasant, polite and dignified way 품위: As a girl, she learned *graces* required of a good hostess. 소녀 때, 그녀는 좋은 안주인이 되는 데 필요한 품위에 대해 배웠다.

3 the kindness that God shows to people (하나님의) 은총, 은혜, 자비: By the *grace* of God the ship came to the port safely through the storm. 하나님의 은혜로, 폭풍우를 뚫고 배는 무사히 항구로 돌아왔다.

4 a prayer before or after a meal (식전, 식후의) 기도: The pastor said *grace* in a daily manner before a meal. 목사는 매일 식사 전에 기도를 했다.

5 a delay period allowed to someone to finish a piece of work or pay a debt (지급) 유예 기간: I'll give you a two weeks' *grace* to finish the work. 나는 너에게 그 일을 끝내는 데 2주간의 유예 기간을 주겠어.

grab ~ **by the arm** ~의 팔을 붙잡다
grab **a bite** 간단히 한 입 먹다

syn. seize, take, grasp, grip
ant. release, free, let loose, surrender

· 파생어 ·
graceful 우아한, 품위 있는
graceless 버릇없는, 품위 없는, 타락한
gracious 호의적인, 친절한, 자비로운, 인자한

· 관련표현 ·
grace **period** (보험료 납입) 유예 기간
grace **cup** 이별의 술잔, (식후의) 축배
say *grace* (식후, 식전에) 기도하다
a fall from *grace* 실추
fall from *grace* 타락하다
give a week's *grace*
1주일의 유예를 주다
by the *grace* **of ~** ~의 덕택으로

syn. elegance, charm, refinement, mercy, extra time
ant. disfavor, animosity, insult, clumsiness

|실전문제|

다음에 주어진 뜻풀이 가운데서 밑줄 친 grace의 의미로 가장 적절한 것은?

Drivers have one month's grace to renew their driver's licenses.

(1) the kindness that God shows to people
(2) a delay period allowed to someone to finish a piece of work or pay a debt
(3) a prayer before or after a meal
(4) a smooth, fine, and attractive way

해설 | 우선 한 달간(one month)이라는 표현과 운전 면허증을 갱신한다는 표현을 종합해 보면 '(유예) 기간'이라는 답이 나온다. (2) 「운전자들은 그들의 운전 면허증을 갱신하는 데 한 달간의 유예 기간이 주어진다.」

G

□ with bad grace

unwillingly and unenthusiastically 마지못해서, 억지로: *With appallingly bad grace* I packed up and drove south. 정말 싫었지만, 나는 억지로 짐을 꾸려 남쪽으로 차를 몰았다. / She accepted my decision *with bad grace*. 그녀는 나의 결정을 마지못해서 받아들였다.

|실전문제|

밑줄 친 숙어와 가장 비슷한 뜻의 단어를 고르시오.

The customs officer asked him to open all his bags, which he did with bad grace.

(1) unhappily   (2) unwillingly
(3) grumpily   (4) unsmilingly

해설 | with bad grace는 '마지못해'라는 뜻이며, 이와는 반대 의미를 가진 with good grace는 '기꺼이'(=willingly)의 뜻을 나타낸다. 정답은 (2)인데, (1)은 '불행히도', (3)은 '까다롭게, 언짢게', 그리고 (4)는 '웃지도 않으며'의 뜻이다. (2)「세관 검사관은 그에게 가방을 모두 열도록 요청했고, 그는 마지못해 그렇게 했다.」

□ grade [greid]

n. **1 a particular level of rank or quality** 등급, 계급: She's in the 2nd *grade* as a painter. 그녀는 이류 화가이다.

2 a number or letter that indicates one's achievement usually in an examination 성적, 점수, 학점: There was plenty of pressure on me to obtain good *grades*. 나에게는 좋은 점수를 받으라는 압력이 많았다. / He got a *grade* of A on the English composition. 그는 영작 과목에서 A학점을 받았다.

·파생어·

gradate 등급을 매기다, 단계적으로 변하다
gradation 단계적 변화, 등급 매기기
gradational 순서가 있는, 단계적인
grader 채점자, ~학년생
grading 등급 매기기
gradient 경사도, 기울기
graded 단계적인, 정도의 차이가 있는
gradable 등급을 매기기 쉬운

3 the degree of inclination of a slope or road (비탈이나 도로의) 경사도, 비탈길: The *grade* of the road can minimize its slipperiness. 도로의 경사도는 미끄러움을 최소화시킬 수 있다.

4 a particular level of a school course (초, 중, 고의) 학년: What *grade* are you in? 너는 몇 학년이니? / I'm in the 7th *grade*. 나는 7학년이야.

|실전문제|

다음에 주어진 뜻풀이 가운데서 밑줄 친 grade의 의미로 가장 적절한 것은?

The truck had a hard time going up the steep grade.

(1) a particular level of a school course
(2) a particular level of rank or quality
(3) the degree of inclination of a slope or road
(4) a number or letter that indicates one's achievement usually in an examination

해설 | steep(가파른)이라는 단어와 전체 문맥을 볼 때, 이때의 grade는 '비탈길', '경사도'를 뜻한다고 할 수 있다. (3) 「그 트럭은 가파른 비탈길을 올라가는 데 어려움이 있었다.」

·관련표현·
on the down *grade* 내리막에
on the up *grade* 오르막에
up to *grade* (품질이) 규격에 맞는, 표준에 맞는
grade **down** 등급을 내리다
grade **up** 등급을 올리다
grade **point average (G.P.A.)** 학년 평균 성적
grade **school** 초등학교
weapons-*grade* **plutonium** 무기급의 플라토늄
a sixth *grade* 6학년
make the *grade* 가파른 비탈을 오르다, 어려움을 이겨 내다; 성공[합격]하다; 노력해서 (~을) 얻다
grade **up with ~** ~와 어깨를 겨루다, ~에 필적하다
grade **low[high]** 낮게[높게] 점수를 매기다

syn. degree, mark, slope, rank

☐ **graduate** [grǽdʒuèit]

vi. **1 to get a degree, especially your first degree, from a university or college** 졸업하다: He *graduated* in medicine from[at] Edinburgh. 그는 에든버러 대학교의 의과 대학을 나왔다.

2 to complete a course in education, especially at high school (고등학교를) 졸업하다: Martha *graduated* from high school two years ago. Martha는 2년 전에 고등학교를 졸업했다.

3 to move up from a lower to a higher level (위의 단계로) 진전하다, 승진하다: *graduate* to important work 중요한 일로 옮기다 / The dawn *graduated* into day. 날이 차츰 밝아 왔다.

vt. **to grant a degree, diploma, etc. to** 학위를 수여하다: The university *graduates* 1,000 students every year. 그 대학은 매년 1,000명의 졸업생을 배출한다.

n. **a person who has a university degree** 졸업생, 학사: She is a *graduate* of UCLA. 그녀는 UCLA 졸업생이다.

·파생어·
graduated 등급별로 배열된, 계급을 붙인; 누진적인; 눈금을 새긴
undergraduate 대학 재학생
postgraduate 대학 졸업 후의, 대학원의
graduation 학위 취득, 졸업

·관련표현·
graduate **students** 대학원 학생
a *graduate* **thesis** 학위 논문
high school *graduates* 고등학교 졸업생
hold *graduation* **ceremonies [exercises]** 졸업식을 거행하다

syn. pass, qualify, get through, sail through

|실전문제|

다음에 주어진 뜻풀이 가운데서 밑줄 친 graduated의 의미로 가장 적절한 것은?

A graduated cylinder is a piece of laboratory equipment used to accurately measure volumes of objects.

(1) to receive a degree or diploma on completing a course of study
(2) to confer a degree upon, or to grant a diploma to
(3) to arrange in grades or gradations
(4) to divide into or mark with degrees or other divisions

해설 | 주어진 문장에서 graduate이 가지는 일반적인 의미로 접근해선 답을 찾을 수 없다. 졸업이라는 단어 자체에서 '단계적으로 무엇인가를 밟고 올라가다'의 의미를 연상할 수 있다면 그리 어렵지 않을 수도 있지만, '눈금을 새기다'의 의미를 이전에 보지 못했다면 조금 당황할 수 있다. 언제나 낯선 의미의 단어가 나오면 주어진 문맥을 꼭 이용하자. 우선, 실린더라는 의미에서 '눈금이 새겨진'의 의미를 유추할 수 있으며, 이것이 실험실에서 사용된다는 점도 도움이 된다. (3)과 (4)가 약간의 혼동이 올 수 있는데, (3)은 '등급이나, 단계적 변화를 순/역방향으로 정렬하다'의 의미이고, (4)는 '도, 급으로 나누다'의 의미이다. (4) 「눈금이 새겨진 실린더는 물체의 부피를 정확하게 측정하기 위해 사용하는 실험실용 장비이다.」

grand [grænd]

a. **1 magnificent, big, and splendid in size or appearance** 웅대한, 장대한: What could be more *grand* than the Great Lakes? 5대호보다 더 웅대한 것이 있을까?

2 majestic or dignified 장엄하거나 엄숙한: The king received his subjects in a *grand* manner. 왕은 신하들을 엄숙하게 맞이했다.

3 important but perhaps too proud 거만한, 오만한: The party was full of nobles and *grand* ladies. 그 파티에는 많은 귀족과 거만한 부인들로 가득 찼다.

4 very satisfactory, pleasant, or enjoyable 굉장한, 멋진: We had a *grand* party. 우리는 멋진 파티를 가졌다. / Going to the concert at this time is a *grand* idea. 이 시간에 콘서트에 가는 것은 아주 좋은 생각이야.

| 실전문제 |

다음에 주어진 뜻풀이 가운데서 밑줄 친 <u>grand</u>의 의미로 가장 적절한 것은?

The shopping mall will have its <u>grand</u> opening after all of the construction and remodeling is finished.

(1) very satisfactory, pleasant, or enjoyable
(2) majestic or dignified
(3) magnificent, big, and splendid in size or appearance
(4) important but perhaps too proud

해설 | 주어인 the shopping mall이 grand opening을 가진다는 말은 개점식이 '성대하거나 규모가 큰' 것을 뜻한다. (3) 「그 쇼핑몰은 재단장을 끝낸 후 큰 규모로 개장을 할 예정이다.」

· 파생어 ·
grandly 웅대하게, 성대하게, 거만하게
grandness 위엄, 공적
grandeur 웅장
grandiloquent 과장된, 호언장담하는
grandiose 뽐내는, 으쓱대는, 웅장한, 숭고한

· 관련표현 ·
a *grand* child 손자
a *grand* daughter 손녀
grandma 할머니
grand-scale 대규모의, 대형의
a *grand* mountain 웅대한 산
a *grand* dinner 성대한 만찬회
with *grand* gestures 거만핸[오만한] 몸짓으로
have a *grand* time 유쾌핸[즐거운] 시간을 보내다
live in *grand* style 호화로운 생활을 하다
a *grand* total 총합계
do the *grand* 잘난 체하다, 뻐기다
make the *grand* tour of ~ ~을 일주[순회]하다
have a *grand* rest 충분히 쉬다

syn. magnificent, imposing, splendid, large, majestic, excellent
ant. petty, small, insignificant, undignified

grant [grænt]

vt. **1 to allow to be fulfilled; permit** 허가하다, 승낙하다: The factory manager *granted* us permission to tour around the factory. 공장장은 우리가 공장을 돌아보게끔 허가했다.

2 to admit that something is true (진실 등을) 인정하다, 시인하다: I had to *grant* the advantages of his decision. 나는 그의 결정 속에 있는 장점을 인정해야만 했다.

3 to give as a favor 주다, 수여하다, 부여하다: The government will *grant* land to anyone willing to farm it. 정부는 땅에 기꺼이 농사를 지을 사람에게 땅을 줄 것이다.

4 to believe that something is true and accept it as normal without thinking about it 당연하게 여기다[생각하다]: He seemed to take it for *granted* that she should make a presentation. 그는 그녀가 발표를 해야 한다는 것을 당연하게 생각하는 것 같았다.

| 실전문제 |

다음에 주어진 뜻풀이 가운데서 밑줄 친 grant의 의미로 가장 적절한 것은?

Are you ready to grant that he was right?

(1) to admit that something is true
(2) to give as a favor
(3) to believe that something is true and accept it as normal without thinking about it
(4) to allow to be fulfilled; permit

해설 | 그가 옳았다는 것을 '인정하다' 이므로, grant는 concede 또는 admit의 뜻이다. (1) 「그가 옳았다는 것을 인정하시겠습니까?」

· 파생어 ·

grantable 수여할 수 있는, 허용할 수 있는
grantee 피수여자, 양수인
granter 수여자, 양도인(=grantor)

· 관련표현 ·

grant one's request
~의 요구를 들어주다
grant a person a favor
~의 부탁을 들어주다
grant ~ to be true
~을 사실로 인정하다
granted[granting] that ~
~이라고 하더라도
take ~ for granted
~을 당연하게 받아들이다
apply for a grant 보조금을 신청하다
award a grant 보조금을 주다
grant admission
입학[입장, 입회]을 허가하다
This granted, what next?
이것은 그렇다 치고 다음은 어떤가?

syn. give, concede, agree, admit
ant. refuse, deny, disagree

grass [græs]

n. **1 a common wild plant with narrow green leaves and stems that are eaten by cows, horses, sheep, etc.** 풀, 꼴풀, 목초: The dry *grass* caught fire. 마른 풀에 불이 붙었다.

2 an area of ground covered with grass, e.g. a lawn or meadow 잔디(밭), 초원, 목장: Don't walk on the *grass*. 잔디밭에 들어가지 마라. / *Grass* grows after rain. 비가 오고 나면 잔디가 자란다.

3 someone who informs on criminals, especially to the police 밀고자, (경찰 등의) 끄나풀: '*Grass*' is criminal slang for 'informer'. grass는 밀고자(informer)를 가리키는 범죄자들의 은어이다.

· 파생어 ·

grassy 풀이 우거진
grassiness 풀이 무성함
grassygreen 연초록색의
grassed 풀로 뒤덮인, 풀이 무성한
grassless 풀이 없는
grasser 밀고자
supergrass 밀고자, 중대 정보 제공자

· 관련표현 ·

be out at grass (말 등이) 방목되어 있다, 풀을 먹고 있다; (사람이) 일터를 떠나서 놀고 있다, 일을 쉬고 있다

vi. **1 to feed (animals) with grass; to provide pasture for them** 풀을 먹이다, 방목하다: It is time to put out the horses to *grass*. 지금은 말들을 방목할 때다.

2 to inform especially to the police 경찰에 밀고하다: He *grassed* on them to the police. 그는 그들을 경찰에 밀고했다.

|실전문제|

다음에 주어진 뜻풀이 가운데서 밑줄 친 grass의 의미로 가장 적절한 것은?

I had interviewed Barao, the executive director of the Jorgenson Family Foundation more than a year ago for a story about grass-fed beef.

(1) the members of the grass family considered as a group
(2) any of various plants having slender leaves characteristic of the grass family
(3) an expanse of ground, such as a lawn, covered with grass or similar plants
(4) grazing land; pasture

해설 | 힌트는 문제의 단어가 들어가 있는 grass-fed beef에 들어 있다. 소 방목의 의미로 grass를 쓰고 있으므로 (4)를 쉽게 선택할 수 있다. (4) 「나는 일년 남짓 목초 사육 쇠고기에 대한 이야기를 위해 Jorgenson Family Foundation의 상무인 Barao를 인터뷰했었다.」

grass roots [grǽsruːts]

n., a. **the ordinary people forming the main part of an organization or movement** 민중, 일반 대중(의): You have to join the party at *grass roots* level from what I understand. 제가 이해하기로는 당신은 일반 당원으로 그 당에 가입을 해야 합니다. / *Grass roots* opinion is in favor of a strike. 일반 대중의 의견은 파업을 지지하는 것이다.

|실전문제|

밑줄 친 단어와 뜻이 비슷한 표현을 고르시오.

Despite its various shortcomings, the U.S. has the most experience with grass roots democracy.

(1) of the farmers (2) in the rural district
(3) of the common people (4) fundamental

해설 | grass roots는 '민중의, 일반 대중의'라는 뜻으로 사용되고 있으며 명사로 사용되어 '민중, 일반 대중'을 나타내기도 한다. (1)은 '농민의, 농부의', (2)는 '시골 지역에서', 그리고 (4)는 '근본적인, 기초의'라는 뜻이다. (3) 「여러 가지 결점들이 있음에도 불구하고, 미국은 대중[풀뿌리] 민주주의에 대해서 가장 경험이 풍부하다.」

---

put out to *grass* (가축을) 방목하다; ((구어)) 해고하다; ((속어)) 때려눕히다; ((구어)) (사람을) 휴양시키다

go to *grass* (가축이) 목장으로 가다; 일을 그만두다, 쉬다; (권투 등에서) 맞아 쓰러지다

let the *grass* grow under one's feet (보통 부정 구문) (우물거리다가) 기회를 놓치다

be between *grass* and hay 아직 어른이 아닌 젊은이이다, 이도 저도 아니다, 어중간하다

cut the *grass* from under a person's feet ~을 훼방 놓다, 방해하다

cut one's own *grass* 혼자 힘으로 생활하다

as green as *grass* 애송이인, 철부지의

hear the *grass* grow 극도로 민감하다

as long as *grass* grows and water runs 영구히

syn. lawn, turf, green, common

· 관련표현 ·

a *grass roots* movement 민중 운동

☐ **grateful** [gréitfəl]

a. **1 feeling or showing thanks to** 감사하는, 고마워하는: We were very *grateful* for your long, newsy letter. 우리는 당신이 길고 뉴스감이 많은 편지를 주셔서 대단히 감사했습니다. / I would like to express my *grateful* thanks to your dedication to our company. 당신이 우리 회사에 헌신해 주신 데 대해 감사를 드리고 싶습니다.

2 good or pleasant in feelings 기분 좋은, 쾌적한: A *grateful* breeze is blowing on the hill. 언덕 위에는 기분 좋은 산들 바람이 불고 있다.

|실전문제|

빈 칸에 들어갈 알맞은 단어를 고르시오.

My mother is very _____ to you for your kindness.

(1) graceful   (2) gracious
(3) grateful   (4) greedy

해설 | 당신의 친절함에 대해서 나의 어머니는 ____하다에서 문맥의 의미상 '감사하다' 라는 (3)이 정답이다. (1)은 '우아한'(=elegant), (2)는 '친절한'(=kind), 그리고 (4)는 '욕심 많은, 탐욕스러운'의 뜻이다. (3)「어머니께서 당신의 친절에 대단히 감사하고 계십니다.」

☐ **grave** [greiv]

a. **1 giving cause for worry; very serious** 근심스러운, 심각한, 진지한: Her face was *grave* as she told them about the result. 그녀가 그들에게 그 결과에 대해 이야기할 때 그녀의 얼굴은 심각했다.

2 critical, crucial, or very important (문제, 사태 등이) 중대한: The international situation is becoming a matter of *grave* concern. 그 국제 사태는 중대한 관심사가 되고 있다.

3 solemn or dignified 근엄한, 엄숙한: He was *grave* when he told the students to study hard for the final exam. 그는 근엄한 표정으로 학생들에게 학기 말 고사 공부를 열심히 하라고 했다.

|실전문제|

다음에 주어진 뜻풀이 가운데서 밑줄 친 grave의 의미로 가장 적절한 것은?

He said the hostage situation in his country is very grave.

(1) critical, crucial, or very important
(2) friendly and likeable
(3) giving cause for worry; very serious
(4) solemn or dignified

해설 | 보어인 grave의 주어가 인질 사태이므로, 이것이 아주 '심각하다'라고 해야 문맥에 맞는다. (3)「그는 그의 나라의 인질 사태가 심각하다고 말했다.」

· 파생어 ·

gratefully 감사하여
gratefulness 감사함, 기분 좋음
gratitude 감사, 사의
gratify 만족시키다(=satisfy), 기쁘게 하다
gratification 만족시키기, 흐뭇하게 해 주기
gratifying 즐거운, 만족시키는, 유쾌한
gratified 만족한, 기뻐하는

· 관련표현 ·

a *grateful* letter 감사의 편지
the *grateful* shade 상쾌한 그늘
be *gratified* to ~ ~를 듣고 만족하다
gratifying results 좋은 성적
express *gratitude* for ~
~에게 감사를 표하다
in *gratitude* for ~ ~에게 감사하여
with *gratitude* 감사하여
grateful for ~을 감사하게 생각하는
be *grateful* for small mercies
그만하기로[불행중] 다행이라고 안도하다

syn. thankful, gratified, deeply appreciative, full of gratitude
ant. ungrateful, unappreciative

· 파생어 ·

gravely 근엄하게, 진지하게, 중대하게
graveness 진지함, 중대함

· 관련표현 ·

grave responsibilities 중대한 책임
pose a *grave* threat to ~
~에 중대한 위협을 가하다
dig one's own *grave*
자신의 무덤을 파다, 파멸을 자초하다
as silent as the *grave*
쥐 죽은 듯 고요한
from the cradle to the *grave*
요람에서 무덤까지
turn in his *grave*
(고인이) 무덤 속에서 탄식하다
sink into the *grave* 죽다
have one foot in the *grave* ((구어))
무덤 속에 한 발을 넣고 있다, 다 죽어 가다

syn. solemn, critical, vital
ant. carefree, gay, undignified, uncritical

ground [graund]

n. **1 the surface of the earth** 지면, 땅: We slid down the roof and dropped to the *ground*. 우리는 지붕에서 미끄러져서 땅으로 떨어졌다.

2 a piece of land used for a particular purpose (특수 목적을 위한) 용지, 장소, ~장: The best fishing *grounds* are around the islands. 가장 좋은 어장은 섬들 주위에 있다. / They're doing a practice at the baseball *grounds*. 그들은 야구장에서 연습을 하고 있다.

3 (usually pl.) a reason that provides a base for an action or feeling 이유, 근거, 동기: What *grounds* do you have for thinking that he did it? 무슨 근거로 그가 그 짓을 했다고 생각해?

4 solid matter in a liquid which sinks to the bottom 찌꺼기, 앙금: You'd better put the coffee *grounds* in the garbage. 커피 찌꺼기는 쓰레기통에 버리는 게 좋아.

|실전문제|

다음에 주어진 뜻풀이 가운데서 밑줄 친 grounds의 의미로 가장 적절한 것은?

The court overturned that decision on the grounds that the prosecutor had withheld crucial evidence.

(1) a piece of land used for a particular purpose
(2) solid matter in a liquid which sinks to the bottom
(3) the surface of the earth
(4) a reason that provides a base for an action or feeling

해설 | 우선 복수 형태가 되어 있으며, 문맥을 보면 that 이하가 '~을 이유로[근거로]'라는 뜻으로 해석이 된다. (4)「법원은 검사가 결정적인 증거를 보류시켰다는 것을 이유로 판결을 뒤집었다.」

grow [grou]

vi. **1 to become bigger and taller by a natural process** 성장하다, 자라다: Orange trees won't *grow* in this climate. 오렌지 나무는 이 기후에서 자라지 않는다. / He doesn't like his hair short, so he's letting it *grow*. 그는 머리가 짧은 것을 좋아하지 않아서, 자라도록 그냥 두고 있다.

2 to increase in size and degree (크기, 정도, 양, 정도가) 증대하다, 발전하다: The multi-corporation has *grown* rapidly in the last 10 years. 그 다국적 기업은 지난 10년 동안에 급속히 성장했다.

3 to become; to come to be by a gradual process ~하게 되다: The patient *grew* weaker every day. 그 환자는 날마다 나약해졌다.

4 to develop or flourish 성장하여[발전하여] ~가 되다, ~으로 변화하다: The report shows how our business has *grown* in the last 5 years. 보고서는 우리 사업이 지난 5년 동안에 얼마나 성장했는가를 보여 준다.

· 파생어 ·

grounded 근거 있는, 기초를 둔
grounding 바탕색; 기초 공사; 기초 훈련
groundless 근거 없는; 기초가 없는
background 배경, 이력; 환경
underground 몰래; 지하에

· 관련표현 ·

fertile *ground* 비옥한 땅
on good *grounds* 상당한 이유로
burn to the *ground* 전소하다, 잿더미가 되다
fall to the *ground* 실패로 끝나다, 땅에 쓰러지다
a common *ground* 공동의 입장
get off the *ground* 이륙하다
on the *ground* 즉석에서
on the *grounds* of ~ ~의 이유로[핑계로]
a *ground*-breaking ceremony 기공식
ground water 지하수
a well-*ground* rumors 근거가 확실한 소문
cf. **groundless rumors** 사실무근의 소문
gain *ground* 확실한 지반을 얻다, 우세해지다; 퍼지다, 유행하다; 진보하다, 좋아지다; (~와) 격차[거리]를 좁히다, 따라잡다
run into the *ground* ~을 지나치게 하다; (격심한 일 등으로) 녹초로 만들다; (물건을) 망가뜨리다
lose *ground* 후퇴하다; 지지[인기, 세력]를 잃다; (~에게) 지다
off the *ground* 행동으로 옮겨져서; 상당히 진척되어
give *ground* 물러나다; 굴복하다
thick on the *ground* 많은

syn. earth, soil, basis, land
ant. the sky, the sea

· 파생어 ·

grower 재배자
growing 자라는, 증대하는
grown 성장한, 재배한
growth 성장, 발전, 증대, 재배
outgrow ~보다 더 커지다, 뻗어 나오다

· 관련표현 ·

grow rich 부자가 되다
grow pale 창백해지다

vt. **to raise or cultivate** 재배하다, 기르다: This looks like good soil to *grow* wheat. 이 토양은 밀을 재배하기에 좋은 것처럼 보인다.

|실전문제|

다음에 주어진 뜻풀이 가운데서 밑줄 친 grows의 의미로 가장 적절한 것은?

She grows flowers as well as vegetables.

(1) to become; to come to be by a gradual process
(2) to develop or flourish into
(3) to become bigger and taller by a natural process
(4) to raise or cultivate

해설 | grow 뒤에 식물이나 동물이 따라오면, '~을 잘 기르다, 재배하다'의 뜻이 된다. (4)「그녀는 채소뿐만 아니라 꽃도 잘 기른다.」

□ **guarantee**[gæ̀rəntíː]

vt. **1 to assume responsibility for the quality of** (품질 등을) 보증하다: The GM Electronics *guaranteed* the microwave oven for five years. GM 전자는 그 전자레인지를 5년간 (고장이 생기면 무상 수리해 주겠다고) 보증했다.

2 to assume responsibility for the debt (빚) 보증을 서다: He didn't like to *guarantee* my debts. 그는 나의 빚보증을 서길 싫어했다.

3 to promise that something will definitely take place 약속하다, 장담하다: We *guarantee* to refund your money if you are not satisfied with your purchase. 만약 구입품이 마음에 안 드신다면, 돈을 환불해 드릴 것을 약속드립니다. / I *guarantee* that he will come around 7. 그가 7시경에 올 것을 내가 장담하지.

4 to secure or ensure 보장하다: Everyone believes a good education would *guarantee* success. 모든 사람은 좋은 교육이 성공을 보장한다고 믿고 있다.

n. **a written promise of quality** 보증서: The TV set has a one-year *guarantee*. 그 TV 수상기는 일 년간의 보증서가 따라온다.

|실전문제|

다음에 주어진 뜻풀이 가운데서 밑줄 친 guarantee의 의미로 가장 적절한 것은?

Buying a train ticket doesn't guarantee you a seat.

(1) to secure or ensure
(2) to promise that something will definitely take place
(3) a written promise of quality
(4) to assume responsibility for the quality of

---

grow **apples** 사과를 재배하다
grow **into ~** 자라서[성장하여] ~가 되다
grow **up** 성인이 되다, 발생하다
grow **away from ~** (친구 등)에서 차츰 멀어져 가다, 소원해지다; (습관 등)에서 벗어나다; (식물이) ~에서 떨어져 자라다
grow **on** (습관·취미가) 점점 자라다[세어지다], 점점 몸에 배어 가다; 점점 좋아하게 되다; (과일 등이) 자라다
grow **apart** 다른 방향으로 자라다; 의견이 엇갈리다
grow **out of ~** ~에서 생기다
grow **on one's hands** (사업 등이) 감당하기 어렵게 되다

syn. raise, produce, enlarge, cultivate, increase
ant. shrink, decrease, die, decline, subside

·파생어·

guarantor 보증인, 담보인
guaranty 보증, 보증물; 담보

·관련표현·

guarantee **fund** 보증 기금
guarantee **bond** 보증 증서
under *guarantee* 보증 기간이 끝나지 않은
be *guarantee* **for ~** ~의 보증인이다[이 되다]
a money-back *guarantee* 환불 보증

syn. warranty, assurance, promise

해설 | 문맥상 자리가 확보되거나 보장되는 것은 아니라는 뜻이다. (1)「기차표를 산다고 자리가 보장되는 것은 아니다.」

gut [gʌt]

n. 1 (*pl.*) **the bowels or intestines of people or animals** (사람 혹은 동물의) 창자 혹은 내장: I've got a terrible pain in my *guts*. 장에 심한 통증이 있어.

2 (*pl.*) **bravery or courage** 용기, 배짱: It really took *guts* to speak up to that bully. 그 불량배와 대항해서 이야기하는 데는 정말로 용기가 필요했다.

3 (*pl.*) **contents or main points** 내용, 실질: His story has no *guts* in it. 그의 이야기에는 내용이 없다.

vt. **to prepare something for cooking by removing all the organs from inside it** 창자를 빼다, 내장을 꺼내다: It's not always necessary to *gut* the fish prior to freezing. 냉동 전에 생선의 내장을 꺼내는 것이 필수적인 것은 아니다.

|실전문제|

다음에 주어진 뜻풀이 가운데서 밑줄 친 guts의 의미로 가장 적절한 것은?

That's basically the guts of his argument.

(1) to prepare something for cooking by removing all the organs from inside it
(2) bravery or courage
(3) contents or main points
(4) the bowels or intestines of people or animals

해설 | 주장(argument)으로 보아서, 이때 guts는 '내용이나 골자'란 것을 알 수 있다. (3)「그것이 기본적으로 그의 주장의 내용[골자]이다.」

· 파생어 ·

gutty 용감한, 대단한
gutless 패기 없는, 겁 많은
gutsy 용감한, 대담한, 기세 좋은, 힘찬, 원기 왕성한

· 관련표현 ·

have no *guts* to ~
~을 할 용기[배짱]가 없다
have a feeling in one's *guts* that ~ ~라는 느낌이 들다
fret one's *guts* 걱정하다, 애태우다
a *gut* feeling 직감
the blind *gut* 맹장
the large *gut* 대장
the small *gut* 소장
bust a *gut* 대단한 노력을 하다
***gut* it out** 끝까지 참아 내다
a *gut* reaction 본능적인 반응
spill one's *guts*
(아는 것을) 모조리 털어놓다; 밀고하다

syn. abdomen, intestines, bowels, courage, bravery
ant. cowardice

G

305

H

hand [hænd]

n. **1 part of our body at the end of arms** 손: Aren't your *hands* cold with no gloves on? 손에 장갑을 끼고 있지 않아 춥지 않니? / The two lovers hold *hands* each other wherever they go. 그 두 연인은 어디를 가든지 손을 잡고 다닌다.

2 a worker, a laborer 고용인, 일꾼, 노동자: He is now working as a farm *hand*. 그는 지금 농장 노동자로 일을 하고 있다.

3 help or assistance 도움: Would you give me a *hand* with this bag? 이 가방 운반하는 데 좀 도와주시겠습니까?

4 style of handwriting; penmanship 필적, 기명, 서명: She writes a beautiful *hand*. 그녀는 글을 예쁘게 쓴다.

5 a round of applause; encouragement given by clapping hands 박수갈채: Let's give him a big *hand*. 그에게 박수를 보냅시다.

· 파생어 ·
handful 소량, 한 움큼
hand-held 손에 쥐고 쓸 수 있는, 소형인
handily 편리하게, 교묘히
handy 알맞은, 편리한

· 관련표현 ·
factory *hands* 직공
give[lend] ~ a *hand* ~을 도와주다
at close *hand* 바로 가까운 곳에
by *hand* 손으로, 손으로 만든
change *hands* 임자가 바뀌다
decline a man's *hand* (여자가) 구혼을 거절하다
from *hand* **to mouth** 하루 벌어먹고 사는
have one's *hand* **in** ~ ~에 관여하다
in the *hands* **of** ~ ~의 수중에, ~의 손에 맡겨져 있는
one's *hands* **are full** (바빠서) 손이 나지 않다
hand **in** 제출하다(=turn in, submit)
hand **down** 유산으로 남기다, 후세에 전하다
hand **out** 나눠 주다, 분배하다
hand **over** 양도하다, 넘겨주다
a *handful* **of men** 적은 인원
left-*handed* 왼손잡이의
heavy-*handed* 서투른; 강압적인
even-*handed* 공정한
keep *hands* **off** 간섭하지 않다
a dirty *hand* 더러운 수법

syn. worker, handwriting, applause

|실전문제|

1. 다음에 주어진 뜻풀이 가운데서 밑줄 친 hands의 의미로 가장 적절한 것은?

 The foreman hired three new hands a few days ago.

 (1) a round of applause; encouragement given by clapping hands
 (2) style of handwriting or penmanship
 (3) part of our body at the end of arms
 (4) a worker, a laborer

 해설 | hired(고용하다)가 동사로 되어 있으므로, 목적어는 '일꾼, 직공' 등의 뜻이 되어야 한다. (4) 「현장 관리인은 며칠 전에 세 명의 인부를 새로 고용했다.」

2. 밑줄 친 숙어와 뜻이 가장 가까운 것을 고르시오.

 The position were reversed and Westerns had the upper hand.

 (1) had a share
 (2) were superior
 (3) were under control
 (4) acquired their usual degree of skill by practice

 해설 | have the upper hand는 '우세하다'의 뜻이므로 be superior to ~로 표현할 수 있으므로 정답은 (2)이다. (1)은 '몫을 차지했다', (3)은 '지배[통제]되었다', 그리고 (4)는 '훈련에 의해 보통 정도의 기술을 익혔다'는 뜻이다. (2) 「지위가 역전되어 서양인들이 우세해졌다.」

3. 밑줄 친 숙어와 뜻이 가장 가까운 것을 고르시오.

Some poor nations look to America to provide leadership, but instead, the nation <u>sits on its hands</u>, confused.

(1) waits for the chance
(2) is proud of its prosperity
(3) does nothing
(4) is suffering from poverty

해설 | sit on one's hand는 '필요한 대응 조치를 취하지 않다', 또는 '찬성하지 않다'의 의미로 (3)의 '아무 일[조치]도 하지 않다'가 정답이다. (1)은 '기회를 기다리다', (2)는 '자체의 번영을 자랑스러워하다', 그리고 (4)는 '가난[빈곤]으로 고생하다'의 뜻이다. (3) 「일부 가난한 나라들은 미국이 지도력을 발휘해 줄 것을 기대하지만, 정작 그들은 속수무책으로 혼란스러워하고 있을 뿐이다.」

□ hand in

to give by hand; submit 건네주다, 제출하다: Please *hand in* your papers at the end of the exam. 시험이 끝나면 리포트를 제출해 주십시오. / All of the executives in the company *handed in* their resignations. 그 회사의 모든 간부들은 사직서를 제출했다.

|실전문제|

밑줄 친 숙어를 한 단어로 나타낸 것을 고르시오.

You are supposed to <u>hand in</u> your paper by the end of the mouth.

(1) complete
(2) postpone
(3) submit
(4) cancel

해설 | hand in은 '~을 제출하다'의 뜻으로 (3) submit으로 나타낼 수 있다. 이외에도 turn in, bring in 등도 같은 뜻을 나타낸다. (2)는 '연기하다'(=delay, put ~ off), (1)은 '완성하다, 기입하다'(=fill in, fill out), 그리고 (4)는 '취소하다'(=call off)의 뜻이다. (3) 「너는 이달 말까지 서류를 제출해야 한다.」

□ handle [hǽndl]

vt. **1 to touch or feel with the hands** 손을 대다: Don't *handle* the strawberries. You'll bruise them. 딸기에는 손을 대지 마세요. 그러면 딸기가 상합니다.

2 to control, operate, or manipulate 조종하다, 작동하다: He hardly knows how to *handle* an airplane. 그는 비행기를 거의 조종할 줄 모른다.

3 to deal with; manage 다루다: A good teacher knows how to *handle* noisy children. 유능한 교사는 시끄럽게 떠드는 학생들을 다룰 줄 안다.

4 to trade or deal in (상품을) 취급하다, 거래하다: The hardware store *handles* a complete line of power tools. 그 철물점은 모든 종류의 전기 공구를 취급한다.

· 파생어 ·
handler 다루는 사람, 조련사
handling 처리, 조종
handy 편리한; 능숙한; 알맞은
handless 손이 없는; 서투른

· 관련표현 ·
up to the *handle* 진심으로, 철저하게
***Handle* with care!** 취급에 주의하시오!
handling charges[fee] 수수료
fly off the *handle* ((구어)) 욱하다, 냉정을 잃다 〈at〉

syn. touch, control, deal with, sell

|실전문제|

다음에 주어진 뜻풀이 가운데서 밑줄 친 handle의 의미로 가장 적절한 것은?

He admitted to himself he didn't know how to handle the problem.

(1) to control, operate, or manipulate
(2) to deal with; manage
(3) to trade or deal in
(4) to touch or feel with the hands

해설 | 문제(=problem)를 다루고 해결하는 것을 말한다. (2) 「그는 그 문제를 다룰 줄 모른다고 시인했다.」

☐ harassment [hərǽsmənt]

n. **behavior that is intended to trouble or annoy someone regularly** 괴롭힘, 괴로움: Another survey said that about 50% of women had experienced some form of sexual *harassment* in their working lives. 또 다른 조사 결과 약 50%의 여성들이 직장 생활에서 일종의 성추행을 경험했다.

|실전문제|

밑줄 친 단어와 뜻이 비슷한 단어를 고르시오.

The law also prohibits sexual harassment in the place.

(1) annoyance   (2) attendance
(3) enjoyment   (4) treatment

해설 | sexual harassment는 '성희롱'이라는 뜻이며, 이때 harassment는 '괴롭힘, 애먹음'의 뜻이고, (1)은 '괴로움, 성가심'의 뜻이므로 정답이 된다. (2)는 '출석, 참석', (3)은 '향유, 즐김', 그리고 (4)는 '치료, 취급, 대우' 등을 뜻한다. (1) 「그 법은 또한 직장 내에서의 성희롱을 금지하고 있다.」

· 파생어 ·

harass 괴롭히다, 애먹이다
harassing 괴롭히는, 애먹이는
harassingly 귀찮게, 괴롭히며
harassed 불안스러운, 몹시 지친

· 관련표현 ·

harass someone with **questions** ~를 질문 공세로 괴롭히다
harassed by anxiety
불안에 시달리는
a busy, harassed wife
바쁘고 지친 아내
racial harassment
인종 차별적 괴롭힘
harassment awareness
성희롱에 대한 자각

syn. repeated attack, continuous assault, annoyance, irritation, intimidation

☐ hard [hɑːrd]

a. **1 very firm and stiff to touch and is not easily bent or broken** 굳은, 단단한, 딱딱한: The candy is so *hard* no one can chew it. 그 사탕은 너무나 딱딱해서 아무도 씹을 수가 없었다. / The plate smashed as it fell on the *hard* floor. 접시는 딱딱한 바닥에 떨어져서 깨졌다.

2 very strong or powerful 강력한, 힘 있는: The *hard* blow knocked the boxer down. 강한 일격으로 인해 그 권투 선수는 쓰러졌다.

3 difficult to do or understand 하기 어렵거나 이해하기 어려운: The question is *hard* to answer. 그 질문은 답하기 어려웠다. / He is a *hard* person to understand. 그는 이해하기 어려운 사람이다.

· 파생어 ·

harden 굳히다, 강하게 하다
hardened 단단해진, 비정한, 냉담한
hardily 튼튼히, 대담하게
hardness 견고함, 경도
hardly 거의[조금도] ~아니다

· 관련표현 ·

hard facts 엄연한 사실
hard work 힘든 일
hard winter 엄동

4 full of difficulty because of a lack of money (특히 경제적으로) 어려움이 많은: Many families had a *hard* time during the depression. 많은 가족들은 경제 공황 동안에 힘든 시간을 보냈다.
5 lacking sympathy; hostile 냉정한, 적대적인: *Hard* feelings existed between the neighbors. 이웃들 사이에는 적대적인 감정이 있었다.

|실전문제|
다음에 주어진 뜻풀이 가운데서 밑줄 친 hard의 의미로 가장 적절한 것은?
Something cold and hard pressed into the back of his neck.

(1) lacking sympathy; hostile
(2) very firm and stiff to touch and is not easily bent or broken
(3) difficult to do or understand
(4) full of difficulty because of a lack of money

해설 | 문맥상 '딱딱한'의 뜻이 되어야 함을 알 수 있다. (2)「차갑고 딱딱한 무엇인가가 그의 목 뒤쪽을 눌렀다.」

a *hard* worker 근면한 일꾼
hard of hearing 귀가 어두운
have *hard* luck 운이 없다
hard money[currency] 경화(硬貨)
(달러 또는 달러와 교환할 수 있는 지폐)
hard-pressed 돈 또는 시간에 쪼들리는
a *hardened* heart 굳어진 마음
hard common sense 건전한 상식
hard dealing 학대
a *hard* saying
이해하기 어려운 말; 너무 심한 말
be *hard* on[upon] ~
~에게 심하게 굴다

syn. difficult, strong, stiff
ant. easy, soft

□ hard and fast (rules)

fixed and unchangeable (규칙 등을) 변경할 수 없는, 단단히 고정된, 엄격한: At this moment, there's no *hard and fast* timetable. 지금은 확정된 시간표가 없습니다. / There are no *hand and fast* rules about this game now. 지금부터 이 게임의 확정된 규칙은 없다. / It's *hard and fast* rules that you should be home by 11 o'clock. 밤 11시까지 귀가하지 않으면 안 된다는 것은 반드시 지켜야 할 규칙이다.

|실전문제|
밑줄 친 숙어와 뜻이 가까운 단어를 고르시오.
The company has hard and fast rules against lateness.

(1) many   (2) strict
(3) difficult   (4) flexible

해설 | hard and fast는 '단단히 고정한', 또는 '엄격한'을 뜻하므로 (2)가 정답이다. (1)은 '많은', (3)은 '어려운'(=hard), 그리고 (4)는 '유연성 있는'의 뜻을 나타낸다. (2)「그 회사는 지각에 대해서 엄한 규칙을 갖고 있다.」

□ have [hæv]

vt. 1 to possess or own 소유하다, 가지고 있다: He *has* a lot of real estate. 그는 부동산을 많이 가지고 있다. / She *has* a good memory. 그녀는 기억력이 좋다.

· 파생어 ·
having 소유(물); 〈분사구문에 사용되어〉
~을 갖고 있으므로[있으면]

2 to be infected with or suffer from (병을) 앓다: I have already *had* a bad cold. 나는 벌써 독감에 걸렸어.

3 to experience or undergo 경험하다, 겪다: She will *have* a brain surgery next week. 그녀는 다음 주에 뇌 수술을 할 것이다.

4 to drink or eat 마시거나 먹다: What are you going to *have* for dinner? 저녁 식사로 무엇을 드실 예정입니까? / Let's *have* a drink tonight. 오늘 밤 같이 술 한 잔 하자.

5 to cause someone to do 누구에게 일을 하도록 시키다 〈사역동사로 쓰임〉: I *had* him finish the project. 나는 그에게 프로젝트를 끝내도록 시켰다.

· 관련표현 ·
have a **headache** 두통이 있다
have a **holiday** 휴가를 얻다
have a **shock** 충격을 받다
have a **meeting** 회의를 가지다
have one's **wallet[purse] stolen** 지갑을 도난당하다
have **what it takes** ((구어)) (어떤 목적 달성에) 필요한 재능[재질]을 갖고 있다
have a **thing about ~**
~을 몹시 싫어하다

syn. possess, eat, experience

| 실전문제 |
다음에 주어진 뜻풀이 가운데서 밑줄 친 <u>had</u>의 의미로 가장 적절한 것은?

He <u>had</u> an operation on his knee at the clinic.

(1) to cause someone to do   (2) to possess or own
(3) to experience or undergo   (4) to drink or eat

해설 | '수술을 받다'는 have[undergo] an operation[surgery]으로 표현을 하여, 일종의 경험을 하는 것이라고 볼 수 있다. (3) 「그는 병원에서 무릎 수술을 받았다.」

☐ **head** [hed]

n. **1** the part of the body that includes the eyes, ears, nose, the mouth, and the brain (신체 중에서) 머리, 두부: The old man took a puff on his pipe and shook his *head*. 그 노인은 파이프 담배를 한 모금 들이마시고는 고개[머리]를 저었다.

2 mind, brain, or intellect 두뇌, 머리, 지력: He has a good *head* for mathematics. 그는 수학에 재주가 있다.

3 a leader, chief, or boss 우두머리, 장, 지도자: He is still the *head* of the organization. 그는 아직까지 그 조직의 우두머리다. / *Heads* of G7 countries got together at one place for an economic summit. G7 국가들의 수반들이 경제 정상 회의를 가지기 위해서 한자리에 모였다.

4 the leading position 일등, 수석, 수위: The girl whose father is a teacher graduated at the *head* of her class. 아버지가 교사인 그 소녀는 학급에서 일등으로 졸업했다.

5 a person (한) 사람, 일인: It costs about 20 dollars a *head* to eat at the restaurant. 그 음식점에서 식사하는 데 1인당 약 20달러가 든다.

· 파생어 ·
heady 무모한, 성급한
headache 두통
headband 머리띠
headed 머리가 있는, 머리가 ~인, ~쪽으로 가는(=heading)
heading 표제, 제목, 방향
headless 머리가 없는, 어리석은
headline 표제, 방송 뉴스의 주요 제목
headquarters 본부, 본사, 사령부

· 관련표현 ·
a good *head* for figures
수에 밝은 머리
at the *head* of ~ ~의 선두에 서서, ~의 선두에
bury one's *head* in the sand
현실을 회피하다
count *heads* 인원수를 세다
hold one's *head* high
거만한 태도를 취하다

| 실전문제 |

1. 다음에 주어진 뜻풀이 가운데서 밑줄 친 Heads의 의미로 가장 적절한 것은?

   <u>Heads</u> of government from more than 100 countries gather in Geneva tomorrow to attend the conference.

   (1) mind, brain, or intellect
   (2) the leading position
   (3) a leader, chief, or boss
   (4) the part of the body that includes the eyes, ears, nose, the mouth, and the brain

   해설 | Heads of government는 '정부 수뇌[우두머리]'라는 뜻이다. (3) 「100개국 이상의 정부 수뇌들이 그 회의에 참석하기 위해서 내일 제네바에 모일 것이다.」

2. 밑줄 친 단어와 같은 뜻으로 사용되는 문장을 고르시오.

   I thought you were <u>headed</u> for the gas station.

   (1) He headed the soccer ball.
   (2) She headed her boat toward the shore.
   (3) The company is headed by John Smith.
   (4) Their car headed the parade.

   해설 | 예문에서의 head는 '~쪽을 향해서 가다'의 뜻으로 쓰이고 있으며, be headed for ~는 be bound for ~와 같은 의미로 사용된다. (1)의 head는 '머리로 헤딩하다'의 뜻이며, (3)의 head는 '이끌다'(=lead), 그리고 (4)의 head는 '선두에 서다'의 의미이다. 그러나 (2)는 '그녀는 배를 해안 쪽으로 몰아갔다'의 뜻이므로 정답이 된다. (2) 「나는 당신이 주유소로 향하고 있다고 생각했다.」

□ head down to

to go somewhere immediately or go back to the things that you were doing ~로 곧장 가다, 하던 일로 되돌아가다: I think I'll *head down to* my company. 나는 회사로 곧장 돌아가 봐야 할 것 같아. / He took a rest for a while, and *headed down to* his work soon. 그는 잠시 쉬고는 곧 자기가 하던 일로 복귀했다.

| 실전문제 |

밑줄 친 숙어의 뜻과 가장 가까운 것을 고르시오.

I cannot tell my 6-year-old son to <u>head down to</u> the lake by himself to play for the afternoon.

(1) jump into headfirst
(2) go over to
(3) move below
(4) spend time at

해설 | head down to ~는 '~까지 가다'의 뜻으로 (2)가 정답이다. (1)은 '거꾸로 뛰어들다', (3)은 '아래로 가다', 그리고 (4)는 '~에서 시간을 보내다'의 뜻이다. (2) 「나는 6살 난 아들에게 혼자 호수까지 가서 오후 동안 놀다 오라고는 말할 수 없다.」

---

keep one's *head* 침착하다
laugh one's *head* off 큰 소리로 웃다
make *head* 전진하다, 나아가다
stand on one's *head* 물구나무서다
shout one's *head* off
목청껏 소리 지르다
head off 회피하다
head up ~의 우두머리가 되다
headhunter
(기업의) 인재 스카우트 담당자
hit[make] the *headlines*
유명해지다, 신문에 나다
have a *headache* 머리가 아프다
above a person's *head*
(=above the heads of a person)
누군가에게는 너무 어려워 이해할 수 없는
get ~ into a person's *head*
누군가에게 ~을 잘 이해시키다
get ~ through a person's *head*
(~을) 아무에게 이해시키다
have a *head* on one's shoulders 상식이 있다,
현명하다; 실무의 재능이 있다

syn. brain, chief, leader, highest rank, source
ant. end, foot, bottom, lowest rank

☐ head and shoulders above

much better than others 두각을 나타내는, ~보다 단연 우수한: He is *head and shoulders above* his friends. 그는 친구들보다 단연 우수하다. / His skills are *head and shoulders above* those of all other players. 그의 기술은 다른 모든 선수의 그것보다 압도적으로 우세하다.

|실전문제|

밑줄 친 숙어와 같은 뜻을 나타내는 것을 고르시오.

This book is <u>head and shoulders above</u> all the other books on the subject.

(1) much heavier than   (2) much harder than
(3) much easier understand   (4) much better than

해설 | head an shoulders above ~의 뜻은 '~중에서는 월등한'의 의미로 (4)가 이 뜻을 나타낸다. 그리고 (3)은 '이해하기에 훨씬 쉬운'의 뜻이다. 주의할 것은 much가 지금 부사로 사용되고 있고 형용사의 비교급을 수식, 강조하고 있으며, 이와 같이 형용사의 비교급을 강조, 수식하는 부사로는 much 이외에 still, even, far, a lot 등이 있다는 것을 알아 두자. (4) 「이 책은 문제를 다룬 책들 중에서 월등하다.」

☐ hit the headlines

to become an important news story 신문에 크게 나다, 대서특필되다: The news of war between Israel and Hamas *hit the headlines* in today's newspaper. 이스라엘과 하마스와의 전쟁 소식이 오늘자 신문에 대서특필되었다.

syn. go into headlines, grab[make] the headlines

|실전문제|

밑줄 친 숙어와 뜻이 가까운 것을 고르시오.

Complaints by visitors of raw sewage on beaches and foul-smelling water began to <u>hit the headlines</u>.

(1) to be shocked at the news
(2) to protect the environment
(3) to bring the industry to a head
(4) to be reported in the newspaper

해설 | hit the headlines는 '신문에 크게 다루어지다, 대서특필되다'의 뜻으로 (4)가 비슷한 뜻이다. (1)은 '그 소식을 듣고 충격을 받다', (2)는 '환경을 보호하다', 그리고 (3)은 '그 산업을 위기에 빠뜨리다'의 의미이다. sewage는 '오수', foul-smelling은 '악취가 나는'의 뜻이다. (4) 「해변가 하수 오물과 악취가 나는 바닷물에 대한 관광객들의 불평이 신문에서 크게 다루어지기 시작했다.」

heart [hɑːrt]

n. **1 the organ in the chest that pumps the blood around the body** 심장, 가슴: She has a weak *heart*. 그녀는 심장이 약하다.

2 feelings, emotion or mood 마음, 감정, 심정, 기분: Don't let your *heart* rule your head. 감정이 이성을 지배하도록 하지 마. / The old lady had a warm *heart* for children. 그 할머니는 아이들에게 따뜻한 마음으로 대했다.

3 capacity for sympathy; compassion 동정(심): The child's sad story won our *heart*. 그 어린이의 슬픈 이야기는 우리의 동정을 샀다.

4 courage, bravery or valor 용기, 기운: I didn't have the *heart* to say that. 그것을 말할 용기가 나지 않았다.

5 the most important or essential part (문제의) 핵심, 급소, 본질: The *heart* of the problem is a shortage of funds. 그 문제의 핵심은 자금 부족이다.

6 the central part of a place 중심부, 중앙: The multi-national corporation is in the *heart* of New York's financial district. 그 다국적 기업은 뉴욕 금융가의 중심부에 위치해 있다.

| 실전문제 |

다음에 주어진 뜻풀이 가운데서 밑줄 친 heart의 의미로 가장 적절한 것은?

I wanted to argue with him, but I hadn't the heart.

(1) the central part of a place
(2) the most important or essential part
(3) capacity for sympathy; compassion
(4) courage, bravery or valor

해설 | 문맥을 보면, 논쟁을 벌이고 싶었으나 그럴 용기가 나지 않았다는 문맥이다.
(4) 「나는 그와 논쟁을 벌이고 싶었으나 그럴 용기가 나지 않았다.」

heavy [hévi]

a. **1 weighing a lot** 무거운, 중량이 있는, 몸무게가 많이 나가는: This desk is too *heavy* for me to lift. 이 책상은 너무나 무거워서 내가 들어 올릴 수가 없다. / You look a little bit *heavy*. 너는 약간 뚱뚱하게 보이는구나.

2 of great force or degree 격렬한, 심한: The tornado was followed by *heavy* rains. 토네이도가 발생한 후에 폭우가 뒤따랐다.

3 large, as in amount 대량의, 다량의: The enemy army suffered *heavy* casualties. 적군은 많은 사상자를 냈다.

·파생어·

hearten 격려하다, 용기를 북돋우다
heartbreaking 가슴이 찢어질 듯한
hearted 마음이 ~한, ~한 마음을 지닌
heartful 진심에서 우러난
heartily 진심으로, 마음으로부터
heartless 무정한, 비정한
hearty 마음으로부터의, 따뜻한, 많은, 풍부한

·관련표현·

touch a person's *heart*
~에게 감동을 주다
the *heart* **of the matter**
문제[사건]의 핵심
at the bottom of one's *heart*
내심으로, 진정코
by *heart* 암기하여
e.g. learn by *heart* 암기하다
change of *heart* 기분의 변화, 변심
have no *heart* 인정머리가 없다
have the *heart* **to ~** ~할 용기가 있다
keep a good *heart* 용기를 잃지 않다
lose *heart* 낙담하다
take *heart* 용기(기운)를 내다
break one's *heart* 가슴을 아프게 하다
with all one's *heart*
진심으로(=with one's whole *heart*)
heart **disease** 심장병
heart **failure** 심장 마비
heart **dysfunction** 심부전증
heart **transplant** 심장 이식
a *heart*-to-*heart* **talk** 솔직한 이야기
take a *hearty* **meal** 배불리[실컷] 먹다
get to the *heart* **of ~**
~의 핵심(核心)을 찌르다
good-*hearted* 친절한
warm-*hearted* 마음이 따뜻한

syn. feelings, sympathy, enthusiasm, essence, center
ant. hatred, cruelty, supplement, outskirts

·파생어·

heavy-handed 고압적인, 솜씨 없는
heavy-headed 우둔한, 머리가 무거운
heavy-hearted 침울한, 마음이 무거운

4 hitting with a lot of force 세게 치는: Going bankrupt was a *heavy* blow to his pride. 파산하는 것은 그의 자존심에 큰 타격이었다.

5 of great importance; significant 중대한, 중요한: The job carries *heavy* responsibilities. 그 직업에는 중대한 책임이 따른다.

|실전문제|

다음에 주어진 뜻풀이 가운데서 밑줄 친 heavy의 의미로 가장 적절한 것은?

The boy is so heavy that he needs extra-large shirts.

(1) hitting with a lot of force
(2) weighing a lot
(3) of great importance; significant
(4) large, as in amount

해설 | 우선 주어가 사람이며, 의류 중 한 가지인 shirt가 있으므로 이것이 '뚱뚱한'의 뜻으로 쓰인 것을 짐작할 수 있다. (2) 「그 소년은 너무나 뚱뚱한 나머지 아주 큰 셔츠를 입어야 한다.」

· 관련표현 ·

a *heavy* crop 대수확[풍작]
heavy deficit 대폭 적자
a *heavy* smoker 골초
a *heavy* blow 큰 타격
heavy rain 폭우(=torrential rain)
a *heavy* task 괴로운 일
with a *heavy* heart 침울하여
heavy industries 중공업
heavy metal 중금속
heavy traffic 교통 혼잡
impose a *heavy* tax 과세하다
heavy-eyed 잠이 와서 눈이 무거운

syn. weighty, burdensome, excessive, important, fat, obese
ant. light, weak, bearable, happy, trivial

☐ **hectic** [héktik]

a. very busy with a lot of activities 매우 바쁜, 눈코 뜰 새 없는: Despite his *hectic* work schedule, he has rarely suffered poor health. 바쁜 작업 일정에도 불구하고, 그는 좀처럼 건강이 나빠지지 않았다. / Moving day was rather *hectic*. 이삿날은 좀 분주하고 바빴다. / I am usually *hectic* when the deadline is near. 나는 보통 마감 날짜가 다가오면 정신없이 바쁘다.

|실전문제|

밑줄 친 단어와 뜻이 가까운 것을 고르시오.

Classes are often hectic when the proper way of speaking a phrase is dominated by its grammatical explanation.

(1) interesting   (2) amusing
(3) pleasant   (4) exciting

해설 | hectic은 몹시 바쁜 상태를 가리키는 말로서 '흥분한, 몹시 바쁜, 정신없이 바쁜'의 뜻을 나타낸다. (1)은 '흥미로운', (2)는 '즐겁게 하는', 그리고 (3)은 '유쾌한, 기쁜'의 뜻을 가지고 있다. (4) 「구절을 올바르게 말하는 방법이 문법 설명에 의해 이뤄지다 보면 수업은 시간상 빡빡해지게 된다.」

· 파생어 ·

hectically 몹시 바쁘게, 흥분해서

· 관련표현 ·

hectic fever (폐결핵 환자의) 소모열
hectic flush 소모열 홍조
hectic city life 바쁜 도시 생활
hectic routine 바쁜 일상생활

syn. frenetic, frantic, furious, feverish, breakneck
ant. calm, peaceful, serene, restful

herald [hérəld]

n. **1 a sign or a person of a future event or situation that is going to happen or appear** 전조, 전조자, 선구자: Shakespeare called the lark the *herald* of the moon. 셰익스피어는 종달새를 달의 전조자로 칭했다.

2 a person who delivers and announces important messages 고지자, 통보자, 전령: The *herald* announced the king's approach. 그 전령은 왕이 오시는 것을 알렸다.

·파생어·
heraldic 미리 알리는, 전조의
heraldist 문장 학자, 문장 연구가

syn. messenger, forerunner, courier, harbinger, proclaimer

|실전문제|

밑줄 친 단어의 뜻으로 알맞은 것을 고르시오.

The railways were the first technical invention which affected everyone in any country where they were built. They were the noisy, smoky, obtrusive herald of a civilization by industrial innovations.

(1) innovators (2) forerunners
(3) inventors (4) transporters

해설 | herald는 '선구자, 예고, 전조' 등의 뜻을 가지며, 동사의 뜻으로는 '~의 예고를 하다'의 의미로 (2)가 동의어이다. (1)은 '혁신가', (3)은 '발명가', 그리고 (4)는 '운송자'의 뜻을 가지고 있다. (2) 「철도는 그것이 놓여진 나라의 모든 사람들에게 영향을 끼친 최초의 기술적인 발명품이다. 철도는 산업 혁명에 의해 이루어진 문명의 시끄럽고, 연기 뿜어내며, 눈에 띄는 전조자였다.」

hesitant [hézətənt]

a. **not doing something quickly or immediately because it is uncertain and makes you worried** 머뭇거리는, 주저하는, (태도가) 분명치 않은: Why were you so *hesitant* about asking for help? 도움을 청하는 데 왜 그렇게 주저했니? / We're *hesitant* to change suppliers, but we probably have to. 납품업체를 바꾸기가 좀 망설여지지만 아마도 그렇게 해야 될 것 같습니다.

·파생어·
hesitantly 망설이며, 주저하면서, 우물쭈물하면서
hesitance 주저, 망설임

·관련표현·
speak *hesitantly*
더듬더듬[주저하며] 말하다
be *hesitant* **to make a decision**
결단을 내리는 데 주저하다
show *hesitancy* 주저하다, 망설이다

syn. half-hearted, reluctant, faltering, indecisive, uncertain
ant. eager, keen, resolute, certain, decisive, decided

|실전문제|

밑줄 친 단어와 뜻이 가장 가까운 단어를 고르시오.

His conscience made him hesitant to leave.

(1) anxious (2) afraid
(3) willing (4) reluctant

해설 | hesitant는 마음이 내키지 않아서 '주저하는, 망설이는'의 뜻을 나타내므로 (4)가 동의어라고 할 수 있다. (1)은 '염려되는, 열망하는', (2)는 '두려워하는', 그리고 (3)은 hesitant의 반의어로 '기꺼이 하는, 자발적인'의 뜻이다. (4) 「그는 양심 때문에 떠나는 것을 망설였다.」

☐ high [hai]

a. **1 measuring a long distance above the ground** 높은, 높은 곳에 있는: How *high* is the tall building? 그 고층 건물은 얼마나 높은가?

2 eminent in rank or status (지위가) 높은: He holds a *high* position in the government. 그는 정부의 중요한 자리[요직]에 있다.

3 high-pitched in voice (목소리가) 높은, 날카로운: The speaker had a very *high* voice. 그 연사는 목소리가 아주 높았다.

4 feeling happy or excited 기분 좋은, 황홀한: The boss has been in *high* spirits all day. 사장은 하루 종일 기분이 좋다.

5 drunk under the effects of drugs 마약에 취한: He got *high* on marijuana. 그는 마리화나에 취해 있었다.

|실전문제|

다음에 주어진 뜻풀이 가운데서 밑줄 친 high의 의미로 가장 적절한 것은?

He was too high on drugs and alcohol to remember them.

(1) high-pitched in voice
(2) drunk under the effects of drugs
(3) measuring a long distance above the ground
(4) eminent in rank or status

해설 | 마약과 술이 나오므로 이것들에 취해 기분이 좋은 것을 말한다. (2) 「그는 마약과 술에 너무나 취한 나머지 그들을 기억할 수 없었다.」

☐ history [hístəri]

n. **1 events in the past which concern a particular subject or place** 역사: The catholic church has played a prominent role throughout the Polish *history*. 가톨릭교회는 폴란드의 전 역사를 통해서 중요한 역할을 해왔다.

2 a record of what has happened to or has been done by someone concerning crime activity or illness 병력 혹은 전과: The defendant had a *history* of violent assaults against women. 그 피고는 여성들에게 폭행을 한 전과가 있었다.

3 the study of development of something during the period when it has existed 발달사: The English language has an interesting *history*. 영어는 꽤 흥미로운 발달사를 가지고 있다.

4 a woman in the past 과거의 여자: I used to love her, but now she is a *history*. 나는 한때 그녀를 사랑했으나, 지금은 과거의 여자야.

· 파생어 ·

higher 더 높은
highest 가장 높은
highly 높이, 대단히(=very)
highness 높이, 높음, (왕족의 경칭) 전하

· 관련표현 ·

a *high* **official** 고관
a *high* **living** 호화로운 생활
have a *high* **opinion of ~** ~을 높이 평가하다
at a *high* **speed** 고속으로
feel *high* 기분이 좋아지다
in a *high* **voice** 새된 소리로
The wind blows *high*. 바람이 세차게 분다.
high **blood pressure** 고혈압(=hypertension)
high **society** 상류 사회
high **horse** 거만한 태도
e.g. be[get] on one's *high* horse 뻐기다, 거만해하다
high **rise** 고층 건물(=tall buildings, skyscrapers)
bid *high* 비싸게 부르다
fly *high* 희망에 가슴이 부풀어 있다, 의기양양하다
higher education 고등 교육
praise in the *highest* 극구 칭찬하다
highly **valuable** 매우 값어치가 있는

syn. tall, towering, important, high-pitched, excited, joyful
ant. low, mild, unimportant, sad, melancholy

· 파생어 ·

historic 역사적으로 유명한
historical 역사의, 역사적인

· 관련표현 ·

medical *history* 병력
a woman with a *history* 파란만장한 역사를 가진 여자
go down in *history* 역사에 남다

|실전문제|

다음에 주어진 뜻풀이 가운데서 밑줄 친 history의 의미로 가장 적절한 것은?

The patient had a history of arthritis.

(1) a woman in the past
(2) a record of what has happened to or has been done by someone concerning crime activity or illness
(3) events in the past which concern a particular subject or place
(4) the study of development of something during the period when it has existed

해설 | 관절염(arthritis)이라는 단어에서 '병력(medical history)'을 말함을 알 수 있다. (2) 「그 환자는 과거에 관절염으로 고생했다.」

☐ **hold** [hould]

vt. **1** **to keep in one's grasp; carry** 붙들다, 잡다, 들다, 안다: She *held* a magazine in one hand and a pen in the other. 그녀는 한손에는 잡지를, 다른 쪽 손에는 펜을 들고 있었다. / The mother *held* the baby. 엄마가 아기를 안고 있었다. / *Hold* me in your arms. 두 팔로 안아 줘.

2 **to bear the weight** 지탱하다, 유지하다: A pile of sandbags *held* the bridge. 모래주머니 더미가 다리를 지탱하고 있다.

3 **to have space for; accommodate** 수용하다, (몇 명, 몇 개가) 들어가다: The stadium *holds* about 50,000. 그 경기장은 약 5만 명을 수용한다.

4 **to cause to take place; to assemble for** (모임, 회의가) 열리다, 일어나다: The club will *hold* its monthly meeting next Wednesday. 그 동아리는 다음 주 수요일에 월례 회의를 열 것이다.

5 **to possess a position, land, or a title** (자리, 땅, 직함 등을) 가지다: The governor has *held* public office for 15 years. 그 주지사는 15년 동안 공직에 있었다.

|실전문제|

다음에 주어진 뜻풀이 가운데서 밑줄 친 hold의 의미로 가장 적절한 것은?

Will that filing cabinet hold all these papers?

(1) to bear the weight
(2) to have space for; accommodate
(3) to possess a position, land, or a title
(4) to keep in one's grasp

해설 | 서류 캐비닛(filing cabinet) 공간에 서류들이 들어가는 것이므로 '수용하다' 라는 뜻으로 해석된다. (2) 「그 서류 캐비닛에 이 모든 서류가 들어갈까?」

historical **facts** 역사적 사실
historical **background** 역사적 배경
historical **events** 역사적 사건
his personal *history* 그의 이력서
That is all *history*. 그것은 모두 옛날 일이다.
pass into *history* 과거가 되다
become *history* (=go down in[to] *history*) 역사에 남다
make *history* 역사에 남을 만한 일을 하다; 후세에 이름을 남기다
historic **relics** 역사적인 유적

syn. yesteryear, record, chronicle
ant. current events, fiction, future

· 파생어 ·

holder 소유[보유]자
holding 지지, 보유, 껴안기

· 관련표현 ·

hold **a person fast** 꽉 끌어안다
hold **a firm belief** 굳은 신념을 갖다
Hold **the line.** (전화에서) 끊지 말고 기다려 주세요.
hold **down** 억누르다, 제지하다
hold **one's breath** 숨을 죽이다
on *hold* 전화를 끊지 않고 보류 상태로
hold **over** 연기하다(=postpone)
hold **back** 말리다; 방해하다; 억제하다, 자제하다
hold **good** 유효하다
hold **on to[onto]** ~을 붙잡고 있다; ~을 의지하다
hold **water** 〈흔히 부정문〉 (이론 따위가) 이치에 맞다

☐ get hold of

1 to keep in touch with 연락을 취하다: Did you ever manage to *get hold of* him? 그에게 연락을 취해보았나요?

2 to obtain 구하다, 얻다: I think it should be harder for a criminal to *get hold of* a gun. 범죄자들이 총을 구하기가 더 어려울 것이다.

|실전문제|

밑줄 친 숙어와 뜻이 가장 가까운 단어를 고르시오.

I wonder how he got hold of her address.

(1) lost (2) showed
(3) obtained (4) remembered

해설 | get hold of ~는 '손으로 ~를 붙잡다', 혹은 '~를 얻다, 입수하다' 의 뜻으로 (3) obtain이 그 뜻을 나타낸다. (1)은 '잃어버렸다', (2)는 '보여 주었다', 그리고 (4)는 '기억했다' 는 뜻이다. (3) 「나는 그가 어떻게 그녀의 주소를 알아냈을까 궁금하다.」

☐ hold good

1 (of medicine) to work well for certain symptoms (약이) 효력이 있다: This cough medicine *holds good*. 이 기침약은 효력이 있다.

2 (of law, tickets, or rules) to be valid or effective (법이나 티켓, 규칙 등이) 유효하다, 효력이 있다: This contract *holds good* for two years. 이 계약은 2년간 유효하다. / Your driver's license *holds good* for another 9 months. 당신의 운전면허는 앞으로 9개월 더 유효합니다. / These rules *hold good* thus far. 이 규칙들은 아직까지 유효하다.

|실전문제|

밑줄 친 숙어와 뜻이 가장 가까운 것을 고르시오.

That promise I made her still holds good.

(1) is cancelled (2) remains valid
(3) is impressive (4) disappears gradually

해설 | hold good은 '유효하다, 해당되다' 등의 뜻으로 be[remain] valid로 나타낼 수 있다. (1)은 '취소되다', (3)은 '감명적이다', 그리고 (4)는 '서서히 사라지다' 의 뜻이다. (2) 「그녀와 맺은 나의 약속은 아직까지 유효하다.」

hold out

1 to last until a certain period of time 어느 때까지 버티다, 지속되다: Can he *hold out* to the last? 그가 끝까지 버틸 수 있을까? / Are you so tired that you cannot *hold out* any longer? 너무 피로해서 더 이상 버틸 수 없니?

2 to reach out one's hand to 손을 내밀다, 제의하다: When we met for the first time, he *held out* his hand. 우리가 처음 만났을 때, 그는 손을 내밀어 악수를 청했다.

|실전문제|

밑줄 친 숙어와 뜻이 가장 가까운 것을 고르시오.

Stay here for as long as the food supply <u>holds out</u>.

(1) holds on (2) increases
(3) waits for (4) lasts

해설 | hold out은 '버티다, 계속 유지하다'의 뜻으로 (4)가 그 뜻을 나타낸다. (1)은 hold on to ~의 형태로 사용되어 '~를 고수하다'(=cling to ~), (2)는 '증가시키다' 그리고 (3)은 '기다리다'(=await)의 뜻이다. (4) 「식량이 남아 있는 한 여기에 있어라.」

honor [ánər]

n. **1 great privilege or pleasure** 영광, 영예: It's an *honor* to meet you. 당신을 뵙게 되어 영광입니다.

2 a person or thing that brings great pride and pleasure 자랑거리, 명예로운 사람: She's an *honor* to the school. 그녀는 학교의 자랑거리이다.

3 a type of university degree that is of a higher level than an ordinary degree 우등 (점수): He graduated with first-class *honors*. 그는 일등으로 졸업했다.

4 great respect or homage 경의, 존경: I was taught to show *honor* to my elders. 나는 연장자들을 존경하도록 배웠다.

5 a special award that is given to someone because of something they have done 훈장, 표창, 상: He was showered with *honors*. 그는 표창장을 받았다.

|실전문제|

다음에 주어진 뜻풀이 가운데서 밑줄 친 <u>honor</u>의 의미로 가장 적절한 것은?

My great grandfather won a <u>honor</u> in the Civil War.

(1) a type of university degree that is of a higher level than an ordinary degree
(2) great respect or homage
(3) great privilege or pleasure
(4) a special award that is given to someone because of something they have done

·파생어·
honorable 명예로운(=honored), 존경할만한
honorary 명예의, 명예직의

·관련표현·
an *honorary* degree 명예 학위
save one's *honor* 체면을 유지하다
a man of *honor* 신의를 존중하는 사람
an *honor* to the family 한 집안의 영광
do *honor* to ~ ~에게 경의를 표하다
in *honor* of ~ ~에게 경의를 표하여
upon one's *honor* 맹세코
with *honors* 우등으로
e.g. graduate *with honors* 우등으로 졸업하다
an *honored* guest 빈객
honorable discharge 명예 제대
honors degree 우등 학위
honorable conduct 훌륭한 행위
an *honorary* member 명예 회원

syn. respect, fame, praise, nobleness
ant. dishonor, disrespect,

H

해설 | 남북 전쟁(Civil War)에서 공을 세워 훈장을 타는 의미가 되는 것이 자연스럽다. (4) 「나의 증조할아버지는 남북 전쟁에서 훈장을 타셨다.」

shame, defame

☐ hostile [hástil]

a. **1 disagreeing with or disapproving of a person or an idea** 강력히 반대하는: The local community was *hostile* to plans for a new highway. 그 자치 단체는 새로운 고속도로 건설 계획을 강력 반대했다.

2 unfriendly and aggressive 적의 있는, 적개심에 불타는: The west has gradually relaxed its *hostile* attitude to this influential state. 서구는 이 영향력 있는 국가에 대한 적대적인 태도를 점차 완화시켰다. / Drinking may make a person *hostile*, violent, or depressed. 음주는 사람을 적대적으로, 폭력적으로, 또한 우울하게 만들 수 있다.

3 belong to a military enemy 적군의: The village was surrounded by *hostile* troops. 그 마을은 적군에 의해 포위되었다.

|실전문제|

밑줄 친 단어와 뜻이 가장 가까운 것을 고르시오.

The hostile attitude of my neighbors frightened me.

(1) doubtful (2) suspicious
(3) hospitable (4) unfriendly

해설 | hostile은 '적의 있는, 적대적인, 냉담한'의 뜻을 가지고 있다. 동의어에 가장 가까운 것은 (4)이다. (1)은 '의심스러운', (2)는 '수상한', 그리고 (3)은 '친절한, 환대하는'의 뜻이다. (4)는 '불친절한'의 뜻으로 정답이 된다. (4) 「이웃 사람들의 불친절한[적의에 찬] 태도에 나는 겁이 났다.」

·파생어·
hostilely 적대적으로, 냉담하게
hostility 적개심, 적의, 적대적인 태도

·관련표현·
hostile forces[troops] 적군
hostile criticism 적의 있는 비판
hostile environment 해가 되는[적대적인] 환경
hostile to reform and change 개혁과 변화에 반대하는
a *hostile* look 적대적인 눈초리
hostile words 적대적인 말

syn. opposing, belligerent, battling, at odds, antagonistic
ant. friendly, peaceful, agreeable, amicable, cordial, kindly

☐ hot [hɑt]

a. **1 having a high temperature; uncomfortably warm** 뜨거운, 더운: Bake the cookies in a *hot* oven. 뜨거운 오븐 위에서 쿠키를 구워라. / It was a *hot* and humid summer day. 그날은 덥고도 습기 찬 여름날이었다.

2 highly seasoned or causing a burning feeling in the mouth (맛이) 매운, 자극성이 있는: Put some of this *hot* sauce on the barbecue ribs. 이 매운 소스를 바비큐 갈비 위에 약간 뿌려라.

3 raging, vehement or passionate 격렬한, 열띤, 발끈하는: You'd better learn to control that *hot* temper of yours. 너는 발끈하는 성질을 조절하는 법을 배워야 될 거야.

·관련표현·
hot coffee 뜨거운 커피
a *hot* pursuit 맹렬한 추격
hot ot news 최신(근) 소식
get *hot* 흥분하다, 화내다
be *hot* on the trail of ~ ~를 맹렬히 뒤쫓다
hot-headed 성미가 급한
hot item 잘 팔리는 상품
sell like *hot* cakes 날개 돋친 듯이 팔리다
get into *hot* water ((속어)) 고생하다

4 absolutely new; fresh (뉴스 등이) 새로운, 최근의, 최신의: Is there any *hot* news on the election results? 선거 결과에 대한 최근 소식이 있니?

5 popular at particular point in time (특정한 시기에) 인기 있는: This is going to be the *hottest* new style of the year. 이것은 금년에 가장 인기 있는 새로운 스타일이 될 것이다.

hot and heavy[strong]
호되게; 맹렬히

hot potato
((구어)) 난감한[불유쾌한] 문제

syn. heated, peppery, violent, recent, popular
ant. cold, unemotional, out-of-date

|실전문제|

다음에 주어진 뜻풀이 가운데서 밑줄 친 <u>hot</u>의 의미로 가장 적절한 것은?

His small greenhouse becomes very <u>hot</u> when the sun is shining.

(1) absolutely new; fresh
(2) popular at particular point in time
(3) highly seasoned or causing a burning feeling in the mouth
(4) having a high temperature; uncomfortably warm

해설 | greenhouse(온실)가 주어이고, 종속절이 태양이 비칠 때인 것으로 미루어 보아 '뜨거워지는' 이라는 의미임을 쉽게 짐작할 수 있다. (4)「그의 작은 온실은 태양이 빛날 때 뜨거워진다.」

humanity [hju:mǽnəti]

n. 1 the state of being a human being 인간다움, 인간성: The Nazi war criminals were condemned for crimes against *humanity*. 나치 전범들은 비인간적인 범죄로 유죄를 선고받았다.

2 the quality of being kind, thoughtful, and sympathetic toward others 인간애, 박애, 자애: His speech showed great maturity and *humanity*. 그의 연설에는 대단한 성숙함과 인간애가 보였다.

3 the subjects which are concerned with human ideas and behavior, such as literature, history, or philosophy, and so forth 인문학, 고전 문학: The student is majoring in the *humanities*. 그 학생은 인문학을 전공하고 있다.

·파생어·

human 인간의, 인간다운, 인간적인
humanism 인간성, 인도주의, 인본주의
humane 자비로운, 인정 있는, 친절한
humanity 인간성, 인간애, 인류
humanitarian 인도주의자, 박애가, 인도주의의
humanly 인간답게
humanely 자비롭게, 인도적으로

·관련표현·

human affairs 인간사
human knowledge 인간의 지식
human feelings 자비심
human studies 인문 과학
humanly possible 인력으로 할 수 있는
a *human* understanding 동정적 해석(견해)
human resources 인적 자원
a *human* touch 인간미

|실전문제|

밑줄 친 단어의 의미를 고르시오.

It has been said that "in the beginning, God created a garden for <u>humanity</u> to dwell in", but people left the garden and built cities.

(1) human nature   (2) human culture
(3) human race   (4) humanness

해설 | humanity는 '인류, 인간' (=human race)의 뜻과 '인간성' (=human nature)의 뜻을 모두 가지고 있으나, 지금 문맥을 보면 a garden for humanity to dwell in(인간이 살 수 있는 정원)에서 '인간(인류)' 의 뜻으로 사용되었다는 것을 알 수 있다.

syn. mankind, human kind, kindness, compassion, charity, warmheartedness, mercy
ant. inhumanity, unkindness,

(1)은 '인간성', (2)는 '인류의 문화' 그리고 (4)는 '인간이 있는 것, 인간적인 것'의 뜻을 나타낸다. (3) 「태초에 하나님이 인류가 살 수 있는 낙원을 창조했다고 전해지지만 사람들은 그 낙원을 떠나 도시를 만들었다.」

cruelty, brutality

hurt [həːrt]

vt. **1 to cause physical pain to** 상처 내다, 다치게 하다: The driver *hurt* himself badly in the accident. 그 운전자는 사고로 심하게 다쳤다.

2 to cause harm or difficulty to 해를 끼치거나 어렵게 하다: A lot of companies will be *hurt* by these new tax laws. 많은 회사들이 이러한 새로운 세법 때문에 피해를 볼 것이다.

3 to cause pain of the mind to 마음[감정]을 상하게 하다: She's afraid and she's going to be *hurt* and that she'll never fall in love again. 그녀는 마음의 상처를 입어서 다시는 사랑을 하지 않게 될까 봐 두려워한다. / It *hurts* me when you talk that way. 당신이 그렇게 말하면 저는 마음이 상합니다.

vi. **to have a feeling of physical pain** 아프다: My leg *hurts*. 내 다리가 아프다.

·파생어·
hurtful 해로운, 유해한
hurtless 무해한, 상처를 주지 않는

·관련표현·
be seriously *hurt* 중상을 입다
***hurt* one's reputation**
명성을 손상시키다
feel *hurt* 불쾌하게 여기다
do *hurt* **to ~** ~에 손상시키다
a slight *hurt* 경상
It doesn't *hurt* **what S + V**
((구어)) 무엇이[아무리] ~해도 태연하다

syn. pain, sting, harm, hamper, offend
ant. heal, cure, console, calm

| 실전문제 |

다음에 주어진 뜻풀이 가운데서 밑줄 친 hurt의 의미로 가장 적절한 것은?

A sloppy appearance <u>hurt</u> the youth's chances of getting a job.

(1) to wound one's feelings or offend
(2) to cause harm or difficulty to
(3) to cause physical pain to
(4) to cause pain of the mind by unkindness

해설 ▶ 외모가 취업의 가능성을 '어렵게' 하는 것이라고 볼 수 있다. (2) 「깔끔하지 못한 외모 때문에 그 젊은이는 그 일자리를 차지할 가능성이 어려워졌다.」

I

identically [aidéntikəli]
ad. **in the very same way** 동일하게, 같이: Nearly all the houses in this region were *identically* built. 이 지역에 있는 집들은 거의 똑같이 지어졌다. / All six dancers are *identically* dressed. 여섯 명의 무희들은 똑같은 옷을 입고 있다.

|실전문제|
밑줄 친 부분과 뜻이 가장 가까운 것을 고르시오.

They were dressed identically, all wearing dark blue suits with pale blue blouses, and polished dark shoes.

(1) They all wear identification cards on their jackets.
(2) They all wore the company uniform.
(3) They all wore clothes of the same color and design.
(4) They all wear fashionable clothes.

해설 | dressed identically는 '같은 복장을 한'의 뜻으로, identically는 '똑같이, 동일하게'의 뜻을 나타낸다. 이런 뜻을 가진 문장은 (3)이다. (1)은 '그들은 상의에 모두 신분증을 착용하고 있다', (2)는 '그들은 모두 회사 유니폼을 입고 있었다', 그리고 (4)는 '그들 모두가 유행하는 옷을 입고 있다'는 뜻이다. (3)「그들은 모두 같은 복장을 하고 있었는데, 짙은 청색 정장에다 엷은 청색 블라우스와 잘 닦은 검은 구두를 신고 있었다.」

· 파생어 ·
identical 아주 동일한
identicalness 동일함, 같음

· 관련표현 ·
identical twins 일란성 쌍둥이
identical equation 항등식
identical chair 똑같은 의자들

syn. similarly, equally, likewise
ant. diversely, differently, separately

idle [áidl]
a. **1 doing nothing or not working** 할 일이 없는: The plant closed and left hundreds of employees *idle*. 공장이 문을 닫아서 수백 명의 직원들이 할 일이 없게 되었다.

2 not in use or operation (기계, 공장 등이) 가동되지 않는: The fuel shortage has left many airplanes *idle*. 연료 부족으로 인해 많은 비행기가 운행되고 있지 않다.

3 lazy or wasting time 게으른, 시간을 낭비하는: The season of spring makes us feel *idle*. 봄이라는 계절은 우리를 게으르게 만든다.

4 baseless or worthless 근거 없는; 하찮은: Don't waste time on *idle* rumors. 근거 없는 소문에 시간을 낭비하지 마.

5 useless or vain 쓸모없는, 헛된, 무익한: It is *idle* to suggest anything to him. 그에게 무엇을 제안하든 헛된 일이다.

· 파생어 ·
idleness 나태, 무익
idler 게으름뱅이
idly 빈둥거리며, 헛되이

· 관련표현 ·
spend *idle* hours 빈둥빈둥 시간을 보내다
an *idle* talk 잡담
an *idle* spectator 수수방관자
idle away 아무 일도 하지 않고 빈둥거리다
have one's hands *idle* 손이 비어 있다

|실전문제|

다음에 주어진 뜻풀이 가운데서 밑줄 친 idle의 의미로 가장 적절한 것은?

Employees have been idle almost a month because of money shortages.

(1) baseless or worthless
(2) useless or vain
(3) lazy or wasting time
(4) doing nothing or not working

해설 | 자금 부족이 원인이 되어 종업원들이 일을 하지 못하고 있다는 내용이다. (4) 「자금 부족 때문에 거의 한 달 동안 종업원들은 할 일이 없었다.」

lie idle 아무 일도 하지 않고 있다; 사용하지 않고 있다; (돈이) 놀고 있다

idle away one's time 시간을 헛되이 보내다

syn. unemployed, lazy, sluggish, baseless
ant. active, energetic, useful, purposeful

ill [il]

a. 1 **not in good health** 건강이 나쁜: Is she still *ill* enough to need a doctor? 그녀는 아직까지도 의사가 필요할 만큼 아프니?

2 **suffering from the injury** 부상으로 인해 아픈: Two riot police are *ill* in the hospital with gunshot wounds. 두 명의 폭동 진압 경찰이 총상으로 병원에 입원해 있다.

3 **not favorable; sinister** 불길한, 불운의: The unusually heavy rainfall is an *ill* omen for the travelers. 유별난 폭우는 여행객들에게 불길한 징조가 된다.

4 **improper, insufficient, or dissatisfied** 서투른, 불충분한, 불만족스러운: I don't like your *ill* management. 나는 당신의 서투른 관리[경영]가 마음에 들지 않는다.

|실전문제|

다음에 주어진 뜻풀이 가운데서 밑줄 친 ill의 의미로 가장 적절한 것은?

She had brought ill luck into her family.

(1) improper, insufficient, or dissatisfied
(2) not favorable; sinister
(3) not in good health
(4) suffering from the injury

해설 | luck(운)이나 omen(불길한 징조) 등의 앞에 ill이 오면 '불길한, 불운한' 등의 뜻이 된다. (2) 「그녀는 가족들에게 불운을 가져다주었다.」

· 파생어 ·

illness 병

ill-advised 분별없는, 사려 없는, 경솔한 *opp.* well-advised 신중한

ill-at-ease 불안한, 편치 않은, 거북한

ill-being 나쁜 상태, 불행 *opp.* well-being 행복

ill-boding 불길한, 재수 없는 *cf.* foreboding (불길한) 예감, 전조, 조짐, 육감; 예언

illegible 읽기[판독하기] 어려운, 불명료한

ill-fated 운이 나쁜, 불행한; 불행을 가져오는

illicit 불법의

ill-natured 심술궂은, 비뚤어진 (=bad-tempered); 찌무룩한, 지르퉁한

· 관련표현 ·

ill in bed 병으로 누워있는

ill deeds 악행

an *ill* omen 흉조

meet with *ill* success 실패로 끝나다

do *ill* 나쁜 짓을 하다

can *ill* afford to ~ ~할 여유가 없다 (=cannot afford to ~)

speak *ill* of ~ ~을 비난하다(=criticize)

for good or *ill* 좋든 나쁘든

syn. sick, ailing, evil, harmful, sinister
ant. healthy, strong, good, vigorous

illiterate [ilítərit]

a. **1 not knowing how to read or write** 문맹의, 무학의: A large percentage of the population in the African country is *illiterate*. 그 아프리카 나라의 대다수 사람들이 문맹이다.

2 not knowing much about technology, music or economics (기술, 음악, 혹은 경제학 등 특정 분야에 대해) 잘 모르는: Some of the executives are technologically *illiterate*, especially when it comes to computers. 많은 간부들은 특히 컴퓨터와 같은 기술에 대해서는 잘 모른다.

| 실전문제 |

밑줄 친 단어와 뜻이 가장 가까운 것을 고르시오.

The unsophisticated, largely illiterate populace was easily satisfied with tracts of a religious nature.

(1) not literary   (2) bad-mannered
(3) unable to read and write (4) low-born

해설 | illiterate는 '읽기, 쓰기를 못하는', 또는 '교양이 없는'의 뜻으로, computer illiterate(컴맹의), functionally illiterate(기계를 못 다루는)의 용례로 사용된다. 그러므로 정답은 (3)이다. (1)은 '문학에 정통하지 못한', (2)는 '예의가 없는', 그리고 (4)는 '태생이 천한'의 뜻이다. (3)「문맹인 대부분의 순진한 대중은 종교적인 성격의 소책자에 쉽게 만족했다.」

· 파생어 ·
illiteracy 문맹, 무학
illiterately 무식하게, 교양 없이

· 관련표현 ·
computer *illiterate* 컴맹인

syn. unlettered, ignorant, unknowledgeable, unlightened
ant. literate, taught, educated, knowledgable

imaginary [imǽdʒənèri]

a. **existing only in one's mind or in a story, not in real life** 상상의, 가상의: Some children are creating an *imaginary* world. 몇몇 아이들은 상상의 세계를 만들어 내고 있다.

| 실전문제 |

빈칸에 들어갈 가장 적절한 단어를 고르시오.

Ghosts and fairies are _____, that is, they exist only in the minds of people.

(1) imaginative   (2) imaginable
(3) imitative   (4) imaginary

해설 | that is(즉, 다시 말해서) 뒤를 보면 오직 사람들의 마음에만 존재한다고 했으므로, (4)의 '상상적인, 가상의'를 뜻하는 imaginary가 정답이다. (1)은 '상상력이 풍부한'의 뜻이며, (2)는 '상상할 수 있는', 그리고 (3)은 '모방하는'의 뜻을 나타낸다. (4)「유령과 요정은 상상의 산물이다. 즉 그것들은 사람들의 마음속에만 존재한다.」

· 파생어 ·
image 상(像), 모습
imaginable 상상할 수 있는
imagination 상상력, 공상, 망상
imaginative 상상력이 풍부한

· 관련표현 ·
an *imaginary* enemy 가상의 적
a strong *imagination* 풍부한 상상력
impress the popular *imagination* 인기를 얻다
imaginative faculty 상상의 능력, 상상력

syn. unreal, invented, made-up, fictious
ant. real, actual, true, factual

immediate [imíːdiət]

a. **1 done or needed right away or promptly** 즉각의, 곧 일어나는, 즉석의: Please send me your *immediate* answer. 즉각적인 당신의 답장을 보내 주십시오. / The government will take *immediate* action to avert catastrophe. 정부는 재난을 피하기 위해 즉각적인 조치를 취할 것이다. / We try to make sure to provide *immediate* delivery. 우리는 즉시 배달을 할 수 있도록 노력하고 있습니다.

2 nearest in time or space (시간적, 공간적으로) 가까이에 있는: The shopping mall is in the *immediate* neighborhood. 쇼핑몰은 동네 근처에 있다.

3 direct 직접적인: It is true that he has been in the hospital a few times, but the *immediate* cause of his death is lung cancer. 그가 몇 번 병원에 입원한 것은 사실이지만, 그의 죽음의 직접적인 원인은 폐암이다.

4 related to the present time; urgent 당면한, 목하[현재]의: We have no *immediate* plans for expansion. 현재는 기업 확장 계획이 없습니다.

|실전문제|

다음에 주어진 뜻풀이 가운데서 밑줄 친 immediate의 의미로 가장 적절한 것은?

Relief agencies say the <u>immediate</u> problem is not a lack of food, but transportation.

(1) done or needed right away or promptly
(2) direct
(3) related to the present time; urgent
(4) nearest in time or space

해설 | 구호기관들(relief agencies)과 식량 부족(a lack of food) 등이 나오므로 '긴급한, 당면한' 문제라고 볼 수 있다. (3) 「구호기관들은 당면한 문제가 식량 부족이 아니라 수송 문제라고 말한다.」

· 파생어 ·
immediately 즉시, 곧, 바로
immediateness 직접, 직접 접촉

· 관련표현 ·
an *immediate* reply 즉답
have an *immediate* effect on ~ ~에 즉효가 있다
have an *immediate* future 장래에(=in the near future, in the foreseeable future)
an *immediate* plan 당면한 계획
immediate payment 일시불
the *immediate* neighborhood (아주 가까이 사는) 이웃
an *immediate* cause 직접 원인, 근인
the *immediate* family 육친(가족)

syn. prompt, instant, next, near, recent
ant. delayed, late, unhurried, remote

---

immigrant [ímigrənt]

n. **a person who has come to live in a foreign country** 이민자, 이주자: Many *immigrants* came to the United States each year from several countries, especially Mexico. 많은 이민자들이 여러 나라들, 특히 멕시코에서 매년 미국으로 왔다. / The bill would tighten border security and impose heavy fines on companies which hire illegal *immigrants*. 그 법안에 따르면 국경 수비를 강화하고, 불법 이민자들을 고용하는 회사들에게 많은 벌금을 부과하게 될 것이다.

· 파생어 ·
immigrate (타국에서) 이주해 오다, (새로운 거주지로) 이주하다
immigration 이주, 이민, 이민자
emigrate (타국으로) 이주하다, 이사하다
emigrant (타국으로) 이주하는, 이민 가는

· 관련표현 ·
an *immigrant* community 이민자[이주자] 마을
immigrant visas 이민 비자

|실전문제|

다음 보기 중에서 'immigrant'의 정의로 알맞은 것을 고르시오.

(1) people who live in a certain area or a country
(2) the place where people arriving from a foreign country have to declare goods that they bring with them
(3) the coming of people into a country in order to live and work there
(4) someone coming into a country from abroad to make their home there

해설 | immigrant란 이민자를 말하는 것으로 '해외에서 어느 나라에 와서 그곳에서 가정을 이루는 사람'이라는 뜻으로 (4)가 정답이다. (1)은 '어느 지역 또는 나라에 거주하는 사람들'로 resident(거주자, 주민)의 정의이며, (2)는 '외국에서 도착한 사람들이 소지품을 신고해야 하는 장소'로 customs(세관)의 정의이며, (3)은 '거주하며 일하기 위해서 어느 나라에 들어오는 것'으로 immigration(이민, 이주)을 설명하는 말이다.

illegal *immigrants* 불법 이민자
Korean *immigrants* to Brazil
브라질로 간 한국인 이민자
Immigration & Naturalization Service (INS) 미국의 이민·귀화국

syn. movers, migrant, settler
ant. emigrant

·파생어·

impart 나누어 주다, (지식, 소식 등을) 전하다
impartiality 공명정대
impartially 공명정대하게, 공평하게

·관련표현·

impartial advice 공평한 조언
impartial measures 공명정대한 조치
lack *impartiality* 공평함이 부족하다
impart knowledge to ~
~에게 지식을 전하다
impart news to ~
~에게 소식을 전하다
an *impartial* judge 공명정대한 재판관
an *impartial* criticism 엄정한 비판
the *impartial* observers of the current political scene
현 정치 현상의 사심 없는 관찰자
impartial and perceptive reporting of the news
공정하고 통찰력 있는 뉴스 보도

syn. fair, unbiased, neutral, unprejudiced
ant. partial, prejudiced, slanted, unfair

□ **impartial** [impá:rʃəl]

a. **not directly involved in a particular situation, and so able to give a fair opinion or decision about** 공평한, 편견 없는:
Try to remain *impartial* until you have heard both sides of the story. 양측의 이야기를 들을 때까지는 편견을 갖지 않도록 노력해라. / Judges usually try to hand down an *impartial* judgement. 재판관들은 보통 공평한 판단을 내리려고 노력한다.

|실전문제|

밑줄 친 단어와 뜻이 가장 비슷한 것을 고르시오.

Everyone felt that the refugee's decision was <u>impartial</u>.

(1) wrong   (2) biased
(3) fair   (4) unjust

해설 | impartial은 partial(편파적인, 불공정한)의 반의어로 '공정한'의 뜻이므로 (3) fair(공정한)가 정답이다. (1)은 '틀린', (2)는 '편견에 치우친(prejudiced)', 그리고 (4)는 '불공평한, 부정한'의 뜻이다. (3)「누구나 심판원의 결정이 공정했다고 생각했다.」

□ **imply** [implái]

vt. **1 to indicate in an indirect way** 함축하다, 암시하다: The doctor's frown *implied* that something was wrong. 의사의 찡그린 얼굴은 무언가가 잘못되었다는 것을 암시했다. / Are you *implying* that I have something to do with the incident? 내가 그 사건과 관계있다는 뜻이니?

2 to necessarily include or accompany 필연적으로 포함하다, 수반하다: A fair trail *implies* an unbiased jury. 공정한 재판은 편견이 없는 배심원을 필연적으로 수반한다.

·파생어·

implication 함축, 암시; 연루, 관련
implicate 함축하다, 뜻하다; 관련시키다
implicative 내포하는, 말려드는

·관련표현·

an *implied* rebuke 암묵의 비난
be *implicated* in a crime
범죄에 관련되다

3 to signify or mean 뜻하다: Silence often *implies* consent. 침묵은 종종 동의를 뜻한다.

| 실전문제 |

밑줄 친 단어와 뜻이 가장 가까운 것을 고르시오.

Somehow he underlined{implied} he was the one who had done all the work.

(1) intended   (2) imagined
(3) explained   (4) hinted

해설 | imply는 '암시하다' 또는 '함축하다' 라는 뜻의 타동사이므로 (4)의 hinted가 '암시하다' 의 뜻으로 동의어에 속한다. (1)은 '의도하다', (2)는 '상상하다', 그리고 (3)은 '설명하다' 의 뜻이다. (4) 「하여튼 그는 자신이 모든 일을 다 했음을 암시하고자 했다.」

implication in a murder
살인 사건에 연루되는 것
catch the *implied* meaning
언외의 뜻을 파악하다
as *implied* in the party
constitution 당헌에 규정된 것과 같이
Silence often *implies* consent.
침묵은 동의를 의미하기도 한다.

syn. indicate, suggest,
     insinuate, signify, mean

▢ **impression** [impréʃən]

n. 1 an image which is produced in the mind by an event or a person 인상, 감명: The new teacher made a bad *impression* on the parents. 그 신임 교사는 부모들에게 나쁜 인상을 주었다.

2 not a clear feeling or idea 막연한 생각이나 기분, 혹은 느낌: I had the *impression* that you were about to leave. 나는 당신이 막 떠나려고 한다는 생각이 들었습니다.

3 a mark or imprint (눌러서 생기는) 자국, 흔적: The *impression* of a heel in the mud is very clear. 진흙 속에 난 힐 자국은 아주 선명했다.

4 a copy of the behavior or appearance of a famous person in a funny way (연예인, 유명 인사들의) 성대모사, 모방: He did a brilliant *impression* of the comedian. 그는 그 코미디언의 성대모사를 꽤 훌륭하게 했다.

| 실전문제 |

다음에 주어진 뜻풀이 가운데서 밑줄 친 underlined{impressions}의 의미로 가장 적절한 것은?

The suspect's shoes had left deep underlined{impressions} in the mud.

(1) not a clear feeling or idea
(2) a mark or imprint
(3) a copy of the behavior or appearance of a famous person in a funny way
(4) an image which is produced in the mind by an event or a person

해설 | shoes나 heel이 주어로 쓰이고 있으므로 이것이 남기는 '흔적' 이라는 뜻이 되는 것이 문맥에 맞다. (2) 「용의자의 신발은 진흙 속에 깊은 자국을 남겼다.」

· 파생어 ·

impress 감명을 주다, 인상 지우다, 자국을 남기다
impressible 다감한, 감수성이 예민한
impressibility 감수성
impressionable 감수성이 예민한
impressionism 인상파, 인상주의
impressionist 인상파 화가[작가]
impressive 인상적인, 감동을 주는

· 관련표현 ·

be deeply *impressed* by ~
~에 깊이 감동받다
impress a seal 도장을 찍다
have a favorable *impression*
호감적인[좋은] 인상을 주다
do[give] an *impression* of an actor 배우의 성대모사를 하다
be under the *impression* that ~ ~하다고 생각하고 있다
impress a kiss upon ~
~에 키스하다
strongly *impress* on one's memory 마음에 강하게 새기다

incentive [inséntiv]

n. **a motivating influence; stimulus** 격려, 장려, 동기, 자극: As an *incentive* to subscribe, we could offer special discounts to subscribers. 구독을 장려하기 위해서, 구독자에 한해 특별 할인을 제공하는 방안도 생각해 볼 수 있습니다. / Profit sharing is a good *incentive* for employees. 이윤 공유는 직원들에게 좋은 자극이 된다.

| 실전문제 |

밑줄 친 단어와 뜻이 비슷한 것을 고르시오.

Today, Chinese is offered even at the high school level in some countries, and the prospect of economic advantage is a major incentive for studying it.

(1) intention   (2) sensation
(3) inclination   (4) stimulus

해설 | incentive는 '자극', 또는 '동기'라는 뜻으로 incentive wages(성과급)으로도 사용된다. (1)은 '의도', (2)는 '감각, 돌풍[선풍]' 등의 뜻이며, (3)은 '경향'이라는 뜻이다. 그러나 (4)는 '자극'이라는 뜻으로 incentive의 동의어가 된다. (4) 「오늘날 일부 국가에서는 고교 과정에서도 중국어를 배우게 하는데, 이것은 경제적인 면에서 유리하다는 것이 주요 동기이다.」

·파생어·
incentivize 장려하다

·관련표현·
incentive **bonus** 생산 향상 장려금 (=*incentive* pay)
incentive **wage** 장려 임금
an *incentive* **speech** 격려사(=words of encouragement)
an *incentive* **tour** 보상 장려 여행
incentive **award** 장려금
cash *incentive* **system** 상금 제도
investment *incentive* 투자 장려책
prove an *incentive* **to mass revolt** 반란의 도화선이 되다
have no *incentive* **to make the effort necessary to push the product** 생산량을 높이기 위해 필요한 노력을 할 자극 요소가 없다

syn. spur, motivation, encouragement, lure
ant. deterrent, prohibition, warning

incidental [ìnsədéntl]

a. **1 less important than the other thing; not a major part of** 주요하지 않은, 부차적인: At the bottom of the bill, you will notice various *incidental* expenses such as copying paper, cartridges, and faxes. 영수증 아래쪽에서 복사지, 카트리지, 그리고 팩스와 같은 다양한 부차적인 비용이 있는 것을 발견할 것입니다.

2 likely to happen as a result of something 부수하여 일어나는, 흔히 있는: Those are dangers *incidental* to a soldier. 그것들은 군인에게 흔히 있는 위험들이다.

| 실전문제 |

밑줄 친 단어의 뜻으로 알맞은 것을 고르시오.

For me, exploration was a personal venture. I did not go to the Arabian Desert to collect plants nor to make a map: such things were incidental.

(1) unnecessary   (2) dangerous
(3) nonessential   (4) impossible

해설 | incidental은 '부수적인, 중요하지 않은'의 뜻으로 '본질적이 아닌, 중요하지 않은'의 뜻인 (3)이 비슷한 뜻을 가진다. (1)은 '불필요한', (2)는 '위험한', 그리고 (4)는 '불가능한'의 뜻을 나타낸다. (3) 「내게 있어 탐험은 개인적인 모험이었다. 아라비아 사막에 가는 것은 식물을 채집하기 위해서도, 지도를 만들기 위해서도 아니다. 그런 것들은 부수적인 것에 지나지 않는다.」

·파생어·
incidentally 부수적으로, 우연히, 말하자면
incident 부수적으로 일어나기 쉬운, 흔히 있는, 사건, 분쟁
incidence (사건의) 범위, 빈도, 발생(률)

·관련표현·
incidental **expenses** 부수비용, 잡비, 부차적인 비용
an *incidental* **remark** 무심코 한 말
incidental **music** (영화, 극 따위의) 부수 음악
without *incident* 무사히, 별일 없이
a border *incident* 국경 분쟁
Loss of memory is *incidental* **upon old age.** 기억 상실은 나이가 들면 부수적으로 발생한다.
trivial *incidental* **details** 자잘한 부수적 사항

syn. secondary, accessory, minor, subordinate
ant. essential, fundamental, basic

inclination [ìnklənéiʃən]

n. 1 a liking or preference 좋아함, 기호, 기분: You'd better follow your own *inclinations* instead of thinking of our own feelings. 우리 기분을 생각하지 말고 당신 자신의 기호를 따르는 것이 좋겠어요.

2 a tendency or propensity to do 경향, 성향: People have an *inclination* to loaf in hot weather. 사람들은 날씨가 더울 때는 빈둥거리는 경향이 있다.

3 the act of bowing or nodding the head (고개를) 끄덕임, 인사: My boss okayed the expansion plan with an *inclination* of his head. 사장님은 고개를 끄덕이며 확장 계획에 동의했다.

4 a slope or slant 경사(면): There is a steep *inclination* in the road ahead. 앞 도로는 급경사가 져 있다.

|실전문제|

다음에 주어진 뜻풀이 가운데서 밑줄 친 inclination의 의미로 가장 적절한 것은?

He had neither the time nor the inclination to think of other things.

(1) the act of bowing or nodding the head
(2) a slope or slant
(3) a liking or preference
(4) a tendency or propensity to do

해설 | 다른 것들을 생각할 시간과 마음이 없었다는 뜻으로 쓰이고 있다. (3) 「그는 다른 것들을 생각할 시간도 없었고, 그럴 마음도 없었다.」

· 파생어 ·

incline 기울이다, (몸을) 굽히다: ~하는 경향이 있다
inclined ~하고 싶은 마음이 드는, ~의 경향을 보이는: 경사진

· 관련표현 ·

have slight *inclination* 약간 경사져 있다
an *inclination* for stealing 도벽
incline one's ear 귀를 기울이다
be *inclined* to ~ ~하는 경향이 있다, ~하고 싶은 마음이 들다
***inclined* railway** 급경사 철도
incline one's head in greeting 인사로 고개를 끄덕이다
incline toward purple 자줏빛에 가깝다
incline to luxury 사치스런 경향이 있다
incline to leanness[stoutness] 야위는[뚱뚱해지는] 체질이다

syn. tendency, proneness, nod, slop
ant. dislike, disinclination, antipathy

incredible [inkrédəbəl]

a. 1 extremely good 엄청나게 좋은: You're always an *incredible* help on these cases. 당신은 항상 이런 경우에 아주 큰 도움을 주는군요.

2 difficult to believe 믿을 수 없는, 거짓말 같은: The tiny woman has an *incredible* appetite. 그 조그만 여성은 굉장한 식욕을 가지고 있다. / It is really *incredible* that one of my close friends I met yesterday died this morning. 내가 어제 만났던 절친한 친구가 오늘 아침 사망했다는 소식은 정말 믿을 수가 없다.

|실전문제|

밑줄 친 단어와 뜻이 가장 비슷한 것을 고르시오.

The judge found the plaintiff's answer incredible.

(1) awfully bad
(2) highly impressive
(3) short and clear
(4) not believable

· 파생어 ·

incredibly 믿을 수 없을 만큼
incredibility 믿을 수 없음
incredulous 의심 많은, 쉽사리 믿지 않은
incredulity 의심이 많음, 쉽사리 믿지 않음

· 관련표현 ·

an *incredible* story 믿을 수 없는 이야기
an *incredible* cost 엄청난 비용
make an *incredible* discovery 놀라운 발견을 하다
an *incredible* smile 의심하는 듯한 웃음
incredibly good-looking 굉장히 용모가 좋은[잘생긴]

해설 | incredible은 '믿을 수 없는', 또는 '신용할 수 없는'의 뜻을 나타내지만, incredible speed처럼 엄청난 속도의 뜻을 나타내기도 한다. (1)은 '굉장히 나쁜', (2)는 '매우 인상적인', 그리고 (3)은 '간단명료한'의 뜻을 나타내고 있으나 (4)는 '믿을 수 없는'의 뜻으로 정답이 된다. (4) 「재판관은 원고의 답변을 믿을 수 없었다.」

have an *incredible* time
굉장히 좋은 시간을 보내다
with *incredulity* 의심하면서

syn. unbelievable, inconceivable, amazing, astonishing
ant. credible, believable, unremarkable

independent [ìndipéndənt]

a. **1 not depending on the help, opinions, and advice of another or others** 독자적인, 자력의: Children should be encouraged to be *independent* thinkers. 어린아이들은 자기 스스로 생각하도록 독려해야 한다.

2 self-governing; autonomous 독립한, 자주의: The United States became an *independent* nation in 1776. 미국은 1776년에 독립국이 되었다.

3 not relying on others for support or funds 자립, 의지하지 않고 살 수 있는: The inheritance made him *independent* for life. 재산 상속으로 인해 그는 평생 편히 살 수 있었다.

4 not affiliated with a larger entity (영향을 받지 않는) 독립적인, 관계없는: The medical college is *independent* of the university. 그 의대는 대학에서 분리되었다.

|실전문제|
다음에 주어진 뜻풀이 가운데서 밑줄 친 independent의 의미로 가장 적절한 것은?
The government ordered an independent investigation into the incident.
(1) not relying on others for support or funds
(2) self-governing; autonomous
(3) not depending on the help, opinions, and advice of another or others
(4) not affiliated with a larger entity

해설 | '독립적인 수사'라는 것은 누구에게도 통제나 영향을 받지 않는 것을 뜻한다. (4) 「정부는 그 사건에 대해 독립적인 수사를 할 것을 명령했다.」

· 파생어 ·
independently 독립하여, 관계없이, 별개로
independence 독립, 자주, 독립심
independency 독립, 독립국
independentist 독립주의자

· 관련표현 ·
an *independent* income
편히 살 수 있는 수입
be *independent* of ~
~에게서 독립한, ~와 관계없는
make *independent* researches
독자적으로 연구하다
an *independent* retail store
자영 소매점
take *independent* action
단독 행동을 하다
newly *independent* nations
신흥 독립국
an *independent* inquiry
독립적인 조사
gain *independence* from ~
~에서 독립하다
economic *independence*
경제적인 독립
declare *independence*
독립을 선언하다

syn. self-reliant, autonomous, self-governing, separate
ant. dependent, subordinate

indifferent [indífərənt]

a. **1 having a complete lack of interest** 무관심한, 냉담한 (to): Some people have become *indifferent* to the suffering of others. 몇몇 사람들은 타인의 고통에 무관심하게 되었다.

2 unimportant, insignificant or trivial 대수롭지 않은, 중요하지 않은: Religion is a matter of being *indifferent* to many of today's youth. 오늘날의 많은 젊은이들에게는 종교가 그다지 중요하지 않은 문제이다.

· 파생어 ·
indifferently 무관심하게, 냉담하게, 차별 없이

3 not very good in quality or standard (질이나 기준이) 떨어지는, (음식이) 맛이 없는, (솜씨가) 서툰: Much of the food we ate was of very *indifferent* quality. 우리가 먹은 많은 음식은 질이 그리 좋지 않아 맛이 없는 편이었다.

|실전문제|

밑줄 친 숙어와 뜻이 가장 가까운 것을 고르시오.

She is quite indifferent to world affairs.

(1) keen on　　　　　　(2) ignorant of
(3) unconcerned about　(4) interested in

해설 | indifferent to ~는 '~에 무관심한'의 뜻으로 (3)이 같은 뜻을 나타낸다. (1)은 '~에 열중하여', (2)는 '~을 모르는', 그리고 (4)는 '~에 관심이 있는'의 뜻이다. (3) 「그녀는 세계정세에 아주 무관심하다.」

indifference 냉담, 무관심, 대수롭지 않음, 중요치 않음

indifferentism 무관심주의

·관련표현·

an *indifferent* meal 맛없는 식사

an *indifferent* decision 중립의 결정

a very *indifferent* player 아주 서투른 선수

be *indifferent* to popular opinion 대중의 목소리에 무관심하다

show *indifference* to ~ ~에게 무관심하다, 냉담하다

a matter of *indifference* 상관없는 일, 중요하지 않은 일

syn. unconcerned, insensible, mediocre, ordinary, without interest, insignificant
ant. eager, keen, interested, remarkable, important

□ **indirect** [ìndirékt]

a. **1 not directly connected; roundabout** 직접적으로 연결이 되지 않은, 우회하는: We took a long, *indirect* route to the beach. 우리는 해변가로 가는 데 긴 우회 도로를 택했다.

2 not directly mentioned (언급이나 설명이) 우회적인, 간접적인: The politician's *indirect* answers angered the press. 그 정치가의 우회적인 답은 언론계(기자단)를 화나게 했다.

3 secondary or unintentional 부차적인, 비의도적인: The job offer was an *indirect* outcome of the meeting. 그 스카우트 제의는 회의의 부차적인 결과였다.

4 not directly speaking in grammar (문법에서) 직접적으로 말하지 않는, 간접의: Do you know what *indirect* narration is? 너는 간접화법이 무엇인지 알고 있니?

|실전문제|

다음에 주어진 뜻풀이 가운데서 밑줄 친 indirect의 의미로 가장 적절한 것은?

His remarks amounted to an indirect appeal for economic aid.

(1) secondary or unintentional
(2) not directly mentioned
(3) not directly speaking in grammar
(4) not directly connected; roundabout

해설 | indirect appeal(간접적인 호소)은 직접적이 아닌, 간접적으로 또는 우회적으로 돌려서 이야기하는 것을 말한다. (2) 「그의 언급은 경제 원조를 바라는 간접적인 호소와 같았다.」

·파생어·

indirectly 간접적으로, 부차적으로

indirection 간접적 표현(수단), 빙 둘러말함

·관련표현·

an *indirect* route 우회 도로

an *indirect* effect 간접적인 영향

an *indirect* allusion 우회적인 언급

an *indirect* object 간접목적어

an *indirect* dealing 부정핸(정직하지 못한) 방식[거래]

make an *indirect* allusion 넌지시 말하다

make an *indirect* demand for money 넌지시 돈을 요구하다

many *indirect* costs in having mountains of inventory sitting around 산더미처럼 쌓여 있는 재고품에 들어가는 많은 간접 비용

syn. devious, unintentional, evasive
ant. direct, straight, direct, connected

indispensable [ìndispénsəbəl]

a. **absolutely essential** 없어서는 안 될, 절대적으로 필요한: A good director is *indispensable* for a successful film. 성공적인 영화를 만드는 데는 좋은 감독이 필수적이다. / The information is *indispensable* to computer users. 그 정보는 컴퓨터 사용자들에게 없어서는 안 되는 것이다. / Light, air, and water are *indispensable* to plants. 빛, 공기 그리고 수분은 식물에게 절대적으로 필요한 것이다.

|실전문제|

밑줄 친 단어와 뜻이 비슷한 것을 고르시오.

A good dictionary is <u>indispensable</u> to learning a foreign language.

(1) reasonable (2) useless
(3) essential   (4) reliable

해설 | indispensable은 '필수적인, 필요불가결한' 의 뜻으로 essential과 동의어이다. (1)은 '합리적인, 적당한' 의 뜻이며, (2)는 '쓸모없는', 그리고 (4)는 '의지가 되는, 믿을만한' 의 뜻이다. (3) 「좋은 사전은 외국어를 학습하는 데 있어 필수적이다.」

·파생어·
indispensably 반드시, 꼭
indispensability 필수, 불가결함

·관련표현·
indispensable obligation 피할 수 없는 의무
indispensable to life 생활에 필수적인
indispensable complement 필수 불가결한 보충물
an *indispensable* member of the staff 없어서는 안 될 스태프 인원

syn. essential, crucial, imperative, absolute, necessary
ant. dispensable, disposable, unnecessary, nonessential

---

indistinct [ìndistíŋkt]

a. **unclear and difficult to see, hear or recognize** (형체, 소리, 의미 등이) 불분명한, 희미한: The point of the book was *indistinct*. 그 책의 요점은 불분명했다. / His speech was so rapid and *indistinct* that most of the people haven't got a clue to what he was saying. 그의 연설이 너무나 빠르고 불분명한 나머지 대부분 사람이 그가 무엇을 말하는지 이해할 수가 없었다.

|실전문제|

밑줄 친 단어와 뜻이 가장 가까운 것을 고르시오.

By the 1960s, more than two thirds of North Americans lived within the rough boundaries of urban centers. But those boundaries have gradually become <u>indistinct</u>.

(1) enlarged   (2) unnecessary
(3) vague   (4) indecent

해설 | indistinct는 '희미한, 뚜렷하지 않은' 의 뜻으로 distinct의 반의어이다. 그러므로 (3)의 vague가 '모호한, 명확하지 않은' 의 뜻으로 동의어가 된다. (1)은 '확장된, 크게 된', (2)는 '불필요한', 그리고 (4)는 '버릇없는, 점잖지 못한' 의 뜻을 나타낸다. (3) 「1960년대까지는 북미 사람들의 2/3 이상이 도심지에 엉성하게 만들어진 경계선 안쪽에 살고 있었다. 그러나 그런 경계선들은 점차 불분명해졌다.」

·파생어·
indistinctly 불분명하게, 희미하게
indistinctness 불분명함, 희미함
indistinction 차별 없음, 불분명
indistinctive 차별 없는, 특색 없는, 구별할 수 없는

·관련표현·
speak *indistinctly* 불분명하게 이야기하다
the *indistinct* murmur of voices 불분명하게 중얼거리는 목소리
an *indistinct* light in the distance 먼 곳의 흐릿한 불빛
indistinct memories 희미한 기억
have an *indistinct* consciousness 의식이 희미하다

syn. vague, unclear, inaudible, cloudy, illegible, ambiguous
ant. distinct, comprehensible, clear, audible, articulate

infer [infə́ːr]

vt. 1 to conclude or judge on the basis of information that is available 추론하다, 추측하다, 추리하다: They *inferred* his displeasure from his cool tone of voice. 그들은 그의 냉랭한 목소리로 미루어 그가 불쾌한 상태에 있다고 추측(판단)했다. / From the testimony, the jury *inferred* that the defendant was lying. 그 증언을 듣고, 배심원은 피고가 거짓말을 하고 있다고 판단했다.

2 to imply or mean 의미하다, 암시하다, (결론으로) 나타내다: Your silence *infers* consent. 자네의 침묵은 동의를 의미하는 거겠지.

|실전문제|

밑줄 친 단어와 뜻이 가장 가까운 것을 고르시오.

We must be particularly cautious when we infer that a person is guilty just on the basis of circumstantial evidence.

(1) seduce (2) induce
(3) deduce (4) produce

해설 | infer의 의미는 '추론하다, 추측하다'의 뜻이므로 (3)의 deduce가 '추론하다'의 뜻이므로 정답이 된다. (1)은 '유혹하다(n. seduction 유혹)', (2)는 '유도하다, ~할 마음이 내키게 하다(n. induction 유도)', 그리고 (4)는 '생산하다(n. production 생산)'의 뜻이며 명사로는 농산물이라는 뜻인데, 강세가 앞 1음절에 온다. (3) 「한 사람에게서 정황 증거에 바탕을 둔 유죄를 추론할 때는 각별히 신중해야 한다.」

·파생어·

inference 추리, 추론, 추정
inferable 추론할 수 있는, 추리할 수 있는
inferential 추리에 의한, 추론상의

·관련표현·

by *inference* 추론에 의해
deductive *inference* 연역 추리
inductive *inference* 귀납적 추리
make[draw] an *inference* from ~
~으로부터 추론하다

syn. deduce, reckon, reason, guess, speculate, conjecture

---

infinite [ínfənit]

a. 1 extremely great in amount or degree (양, 수, 정도 등이) 무한한, 한량없는, 무수한: Learning to ski requires *infinite* patience. 스키를 배우는 데는 무한한 인내가 요구된다. / Man's will to survive is *infinite*. 인간의 생존 의지는 무한하다. / The rich man possesses *infinite* wealth. 그 부자는 무한한 부를 소유하고 있다.

2 having no limits, end, or edge 한계가 없이 무한한: The universe seems *infinite*. 우주는 무한한 것 같다. / We expect God's *infinite* mercy. 우리는 하나님의 무한한 자비를 기대한다.

|실전문제|

밑줄 친 단어와 뜻이 가장 가까운 것을 고르시오.

There seems to be an infinite number of stars in the universe.

(1) unlimited (2) unusual
(3) incredible (4) impossible

해설 | infinite는 '무한한, 끝없는, 헤아릴 수 없는'의 뜻을 나타내므로, 정답은 (1)이 맞다. (2)는 '보통이 아닌', (3)은 '믿을 수 없는', 그리고 (4)는 '불가능한'의 뜻이다. (1) 「우주에는 무수히 많은 별들이 있는 것 같다.」

·파생어·

infinitely 무한히, 끝없이
infiniteness 무한함, 끝없음
infinitize (시간, 공간 등의 제약에서 해방시켜) 무한하게 하다

·관련표현·

an *infinite* sequence 무한수열
infinite space 무한한 공간
with *infinite* care 끝없는 보살핌으로
infinite choice 무한한 선택
infinite sums of money
막대한 금액
an *infinite* quantity 무한대
infinitely large 무한대의
the *infinite* possibilities of man
인간의 무한한 가능성
man's *infinite* yearning to know the truth
진실을 알려는 인간의 끊임없는 욕망
the *infinitely* deep[high] sky
가량없이 높은 하늘

syn. enormous, immense, immeasurable, tremendous
ant. small, limited, finite, restricted, limited

innocent [ínəsənt]

a. **1 not guilty of a crime or sin** 무죄의, 결백한: The defendant was proved to be *innocent*. 그 피고는 무죄가 증명되었다.

2 not able to recognize evil; naive 순진한: He is just an *innocent* young child. 그는 순진한 어린아이에 지나지 않는다.

3 not intended to cause harm 무해한, 해롭지 않은: I was surprised by her angry response to my *innocent* remark. 나의 악의 없는 말에 그녀의 화난 반응을 보고서 나는 놀랐다.

4 devoid of ~가 없는: The windows are *innocent* of glass. 그 창문에는 유리가 없다.

|실전문제|

다음에 주어진 뜻풀이 가운데서 밑줄 친 innocent의 의미로 가장 적절한 것은?

The jury found the accused innocent.

(1) not able to accused evil; naive
(2) devoid of
(3) not guilty of a crime or sin
(4) not intended to cause harm

해설 | the accused는 'the + 형용사 = 복수 보통명사'의 공식에 따라 '피고(=defendant)'라는 뜻이므로, '무죄의'라는 뜻이 되는 것이 논리에 맞는다. (3) 「배심원은 피고가 무죄라고 판명했다.」

· 파생어 ·
innocence 순결; 무죄; 순진

· 관련표현 ·
innocent amusements
해롭지 않은 오락
play *innocent* 모르는 체하다
prove one's *innocence*
무죄를 입증하다 *opp.* prove one's guilty 유죄임을 증명하다
find ~ *innocent*
~가 무죄임을 증명하다

syn. guiltless, sinless, naive, harmless
ant. guilty, harmful, sinful

innumerable [injú:mərəbəl]

a. **too many to be counted** 무수한, 대단히 많은, 헤아릴 수 없는: There are *innumerable* stars in the sky. 하늘에는 무수히 많은 별들이 있다. / He has invented *innumerable* lies. 그는 수많은 거짓말을 해왔다.

|실전문제|

밑줄 친 단어와 뜻이 가장 가까운 것을 고르시오.

He has innumerable weaknesses, which I shall not speak of here.

(1) permanent   (2) very few
(3) numerous   (4) numeral

해설 | innumerable은 '셀 수 없이 많은, 무수한'의 뜻이며, 동의어로는 (3)이 정답이다. (1)은 '영구적인, 영원한(eternal)', (2)는 '아주 적은', 그리고 (4)는 명사로 '숫자'의 뜻이다. (3) 「여기서는 말하지 않겠지만 그에게는 수많은 약점들이 있다.」

· 파생어 ·
innumerably 무수히, 셀 수 없을 정도로
innumerous 무수한, 대단히 많은(=innumerable)
innumerableness 무수히 많음, 대단히 많음

· 관련표현 ·
innumerable variation
무수한 변화(변종)
innumerable excuses 수많은 변명
innumerable opportunities
수많은 기회
innumerable books 수많은 책
face *innumerable* problems
산적한 문제를 직면하다

syn. countless, incalculable, numberless
ant. numerable, countable, computable

335

insensitive [insénsətiv]

a. **1 being unaware of other people's feelings** (남의 기분에) 둔감한: He was always *insensitive* to the feelings of others. 그는 항상 타인의 감정에 무감각했다.

2 not physically sensitive 무감각한: The fisherman's hands were *insensitive* to the cold. 그 어부의 손은 추위에 무감각했다.

|실전문제|

밑줄 친 단어와 비슷한 뜻의 단어를 고르시오.

If the <u>insensitive</u> intruder continues to approach despite these obvious signals of fear, then there is nothing for the child to do but to scream or flee.

(1) rude　　　　　　(2) hesitant
(3) insatiable　　　 (4) inseparable

해설 | insensitive는 '무감각한, 둔감한, 무신경한' 등의 뜻을 나타내며, 문맥 속에는 intruder(침입자)를 수식하고 (1)의 rude가 동의어로 쓰일 수 있다. (2)는 '주저하는, 망설이는', (3)은 '만족할 줄 모르는', 그리고 (4)는 '분리할 수 없는, 나누어지지 않는'의 뜻이다. (1) 「이런 두려움을 나타내는 분명한 신호가 있음에도 무례한 침입자가 계속 접근한다면, 그 아이는 소리를 지르든지 도망가는 수밖에 없다.」

· 파생어 ·
insensitivity 무감각, 둔감
insensitively 무감각하게, 무신경하게

· 관련표현 ·
an *insensitive* heart 둔감한 마음
insensitive to beauty
아름다움[미]에 무감각한
an *insensitive* person
무신경한 사람
become *insensitive* 둔감해지다
be *insensitive* to their complaints 그들의 불편에 무관심하다

syn. unaware of, indifferent, hardened, unfeeling
ant. sensitive, compassionate, susceptible, exposed

inside [insáid]

n. **1 the inner part** 안쪽, 내부: The *inside* of the cabinet is wall-papered. 장식장 내부는 벽지가 발려 있었다.

2 the part of a curved road or track nearest to the middle (커브 길, 경주로의) 안쪽: The lead horse was on the *inside* track. 앞서 가는 말은 트랙 안쪽에 있었다.

3 a position which knows confidential or private information 내부자: They must have been told about the secret information by someone on the *inside*. 그들은 내부의 누군가에 의해서 비밀 정보를 들었음이 틀림없다.

4 (*pl.*) one's stomach or internal organs 배, 뱃속: There's something wrong with my *insides*. 뱃속이 좋지 않아.

|실전문제|

다음에 주어진 뜻풀이 가운데서 밑줄 친 <u>inside</u>의 의미로 가장 적절한 것은?

Which paint is suitable for the <u>inside</u> of the house?

(1) one's stomach or internal organs
(2) the inner part
(3) the part of a curved road or track nearest to the middle
(4) a position which knows confidential or private information

· 파생어 ·
insider 내부자, 내부 사람

· 관련표현 ·
a man on the *inside* 내부 소식통
inside out 뒤집어, 구석구석까지
play *inside* on rainy days
비오는 날에 집안에서 놀다
inside information 내부정보
inside track 안쪽 트랙, 유리한 입장
inside and out 안이나 밖이나
inside job 내부 범죄
know the *inside* of a person
남의 본심[속셈]을 알다
insider trading 내부자 거래

syn. interior
ant. outside, exterior

해설 | 건물에 관한 이야기이므로, 그 건물의 '내부 또는 안쪽'을 말한다고 볼 수 있다. (2) 「그 집 내부를 꾸미는 데 어떤 페인트가 적합하니?」

☐ instill [instíl]

***vt*. 1 to gradually make someone think or feel in a particular way over a period of time** (사상, 감정 등을) 주입시키다, 심어 주다, 조금씩 가르치다: The couple *instilled* a love of music in their children. 그 부부는 자녀들에게 음악을 사랑하도록 가르쳤다. / The parents thought their work would *instill* a sense of responsibility in children. 부모는 그들의 일이 자녀들에게 책임감을 심어 줄 것이라고 생각했다.
2 to pour in drop by drop 한방울씩 떨어뜨리다: *Instill* a few drops of oil in the cat's food. 고양이의 음식에 기름 몇 방울을 떨어뜨려라.

|실전문제|
밑줄 친 단어와 비슷한 뜻을 가진 것을 고르시오.
Family is the place in which the most basic values are instilled in children.
(1) created for   (2) gained by
(3) seen in   (4) taught to

해설 | instill은 '주입시키다, 서서히 가르쳐 주다'의 뜻으로 (4)가 그 뜻을 나타낸다. (1)은 '~을 위해서 만들어지는', (2)는 '~에 의해 얻어지는', 그리고 (3)은 '~에서 보이는'의 뜻이다. (4) 「가정은 가장 근본적인 가치관을 아이들에게 가르쳐 주는 곳이다.」

· 파생어 ·
instillation (사상을) 서서히 주입시킴, (방울을) 떨어뜨림(=instillment)
instiller 주입기, (사상을) 주입시키는 사람

· 관련표현 ·
***instill* the confidence in ~**
~에게 자신감을 심어 주다
***instill* ideas into one's mind**
~에게 사상을 서서히 주입시키다

syn. infuse, impart, introduce gradually, implant
ant. remove, eliminate, eradicate, extirpate

☐ instinct [instiŋkt]

***n*. 1 the natural tendency that a person or animal behaves or reacts in a particular way** 사람이나 동물이 특별하게 행동하거나 반응을 보이는 자연적인 성향; 본능, 직감: A camel has a sure *instinct* for finding water. 낙타에게는 물을 찾아내는 확실한 본능[직감]이 있다.
2 a talent for making or doing something 일의 재주, 천분: He has an *instinct* for music. 그는 음악에 재능이 있다.

|실전문제|
밑줄 친 구를 올바르게 설명한 표현을 고르시오.
Thomas Edison was an indifferent student, but a boy with an intense interest in chemistry and an almost equally strong business instinct.
(1) informed knowledge of trade
(2) natural talent for making money
(3) impulsive to make inventions
(4) skill learned through experience

· 파생어 ·
instinctive 본능적인, 직감적인
instinctively 본능적인, 직감적인, 직감적으로

· 관련표현 ·
an *instinct* for arts 예술적 재능
act on *instinct* 본능에 따라 행동하다
by *instinct* 본능적으로(=instinctively)
have an *instinct* for the jugular
상대의 약점을 알고 있다

syn. sense, impulse, intuition, genius, talent

해설 | business instinct에서 instinct는 '재능, 소질, 본능'의 뜻이므로 '사업의 소질'이라는 뜻이 되는데, 사업은 돈을 버는 것이 일차적인 목표이므로 정답은 (2)가 된다. (1)은 '장사에 대한 넓은 지식', (2)는 '돈을 버는 천부적인 소질', (3)은 '무엇인가를 발명하고 싶은 충동', 그리고 (4)는 '경험을 통해 얻은 기술'을 뜻한다. (2)「토마스 에디슨은 평범한 학생이었지만, 화학에 대해서는 열정적인 관심을 가졌으며, 또한 장사의 재능도 가진 소년이었다.」

insure [inʃúər]

vt. **1 to protect one's life, property, and buildings by buying insurance** 보험을 들다: The owner *insured* the house for 50,000 dollars. 주인은 그 집을 50,000달러 보험에 들었다.

2 to contract insurance for ~의 보험을 계약하다, 보험 매매를 하다: The insurance company will *insure* your building against fire damage. 보험 회사는 당신의 건물에 대한 화재 보험을 계약합니다.

3 to make certain of 보증하다, 확실히 하다: His industry *insures* his success in life. 그의 근면은 인생에 있어서 성공을 보증해 준다.

4 to protect against risk or loss (위험에서) 지키다, 안전하게 하다: Care *insures* us against errors. 조심하면 실수를 하지 않는다.

| 실전문제 |

다음에 주어진 뜻풀이 가운데서 밑줄 친 insure의 의미로 가장 적절한 것은?

We automatically <u>insure</u> your belongings against fire and theft.

(1) to make certain of
(2) to protect against risk or loss
(3) to protect one's life, property, and buildings by buying insurance
(4) to contract insurance for

해설 | 목적어가 재산[소유물]이며, 화재와 절도에 대비해 보험을 들도록 해준다는 의미이므로 문맥상 (3)이 정답이다. (3)「당신의 재산을 화재와 절도에 대비해서 자동적으로 보험에 가입시켜 드립니다.」

· 파생어 ·
insurable 보험을 걸 수 있는
insurance 보험, 보험금(료)
insured 보험에 들어 있는
insurer 보험업자, 보험 회사
insurant 피보험자

· 관련표현 ·
automobile *insurance* 자동차 보험
insurance against traffic accidents 교통 상해 보험
insurance for life 종신 보험
insurance agent 보험 대리점, 보험 회사 직원
insurance premium 보험료
insurance company 보험 회사
insurance broker 보험 중개인
be[get] *insured*
보험에 들다(=*insure* oneself)

syn. secure, underwrite, ensure
ant. imperil, jeopardize

instrument [ínstrəmənt]

n. **1 a tool or a device that is used to do a particular task** 기계, 기구, 도구: All surgical *instruments* must be sterilized. 모든 외과용 의료 기구는 살균되어야 한다.

2 an object that you play in order to produce music 악기: They are playing *instruments* in front of a big audience. 그들은 많은 청중 앞에서 악기를 연주하고 있다.

· 파생어 ·
instrumental 기계의, 도움이 되는, 악기의
instrumentalist 기악 연주자
instrumentality 도움, 덕분, 수단, 대행 기관
instrumentally 기계로, 악기로, 수단으로

3 a device that is used for making measurements of something, such as speed, sound, or height (비행기나 배의 속도, 음, 높이를 측정하는) 계기: The design of crucial *instruments* on the control panel will have to be improved. 제어판의 중요한 계기 설계는 개선되어야 할 것이다.

4 a means or medium 수단, 도구: A 'riot police' in Korea is an *instrument* for keeping law and order. 한국에서 폭동 진압 경찰은 법과 질서를 유지하는 수단이다.

5 legal documents or contracts (계약서, 증권, 증서 등의) 법률 문서: The lawyers will draw up all of the necessary *instruments*. 변호사들이 필요한 모든 법률 문서를 작성할 것이다.

·관련표현·
medical *instruments* 의료 기구
drawing *instruments* 제도 기구
a stringed *instrument* 현악기
a wind *instrument* 관악기
an *instrument* of experiment 실험 수단
instrumental errors in measurement 측정상의 기계 오차
by the *instrumentality* of ~ ~에 의해, ~의 도움으로
be the *instrument* of a person's death 누군가를 죽음에 이르게 하다

syn. tool, device, appliance, agent, contract
ant. obstruction, counteragent

|실전문제|

다음에 주어진 뜻풀이 가운데서 밑줄 친 instruments의 의미로 가장 적절한 것은?

The environment itself will be measured at the same time by about dozens of scientific instruments.

(1) an object that you play in order to produce music
(2) means or medium
(3) a tool or a device that is used to do a particular task
(4) a device that is used for making measurements of something, such as speed, sound, or height

해설 | 특정한 일을 수행하는 데 사용되는 도구나 장치를 말하는데, 지금은 환경 문제를 측정하는 데 사용되는 도구, 장치를 묻고 있다. (3) 「환경 자체가 수십 개의 과학적 기구에 의해서 동시에 측정될 것이다.」

☐ **intend** [inténd]

vt. **1 to have a plan in one's mind** ~할 작정이다, ~하려고 생각하다, 의도하다, 기도하다: I didn't *intend* to insult you at all. 당신을 모욕할 의도는 전혀 없었소. / What do you *intend* to do today? 오늘은 무엇을 할 작정이냐?

2 to mean to express something ~의 뜻으로 말하다, 의미하다, 뜻하다: Her remark was *intended* for me as a joke. 그녀의 말은 나를 빗대어 농담으로 한 것이었다.

3 to design for a certain purpose (어떤 목적에) 쓰려고 하다: The school was *intended* to be a library. 그 학교는 도서관으로 쓸 예정이었다.

·파생어·
intended 의도된, 고의의; 약혼한
intender 계획자
intending 미래의, 지망하는

·관련표현·
my *intended* husband 곧 내 남편이 될 사람
an *intending* judge 판사 지망생
intend no harm 아무런 악의도 가지고 있지 않다
the *intended* purpose 소기의 목적

339

|실전문제|

다음에 주어진 뜻풀이 가운데서 밑줄 친 intended의 의미로 가장 적절한 것은?

He intended to catch the first bus, but he didn't get up in time.

(1) to design for a certain purpose
(2) to direct or turn
(3) to have a plan in one's mind
(4) to mean to express something

해설 | 버스 첫차를 탈 계획이었으나 시간 내에 일어나지 못했다는 의미이다. (3) 「그는 첫차를 탈 계획이었으나, 시간 내에 일어나지 못했다.」

Let me introduce my *intended* spouse. 저의 배우자가 될 사람을 소개하겠습니다.

not *intended* as a joke 농담이 아닌

intend to kill 의도적으로 살해하다

syn. plan, aspire, resolve

interest [íntərist]

n. **1 a state of curiosity about or attention to something** 관심, 흥미, 재미: These days people have little *interest* in politics. 요즘 사람들은 정치에 거의 관심이 없다. / His *interests* include mountain-climbing and tennis. 그는 등산과 테니스에 관심이 있다.

2 something that causes attention, concern, or curiosity 관심사, 흥미의 대상: My greatest *interest* in life is helping others. 나의 인생의 최대 관심사는 남을 돕는 것이다.

3 a charge for the borrowing money 이자, 이율: The loan was made at 5 percent *interest*. 그 대출의 이자는 5%이다.

4 (usually *pl.*) benefit, behalf, or advantage 이익, 위함: A good leader should act in the *interests* of the people. 훌륭한 지도자는 국민의 이익을 위해서 행동해야 한다.

5 a share, stake or portion (사업상의) 지분: He has an *interest* in a chain of hamburger restaurants. 그는 햄버거 식당 체인에 지분을 가지고 있다.

· 파생어 ·

interested 흥미를 가지고 있는, 이해관계가 있는

interesting 흥미 있는, 재미있는

· 관련표현 ·

have[take] an *interest* in ~ ~에 관심[흥미]를 갖다(=be *interested* in ~)

public *interests* 공익

at low *interest* 낮은 이자로[저리로]

in the *interests* of ~ ~을 위하여

with *interest* 흥미를 가지고, 이자를 붙여서

an *interested* look 흥미를 가진 표정

interested parties 이해 당사자들

interested motives 불순한 동기

the person *interested* 관계자

syn. hobby, pastime, benefit, share, advantage
ant. indifference, disadvantage

|실전문제|

다음에 주어진 뜻풀이 가운데서 밑줄 친 interest의 의미로 가장 적절한 것은?

Disney will retain a 51 percent controlling interest in the venture.

(1) something that causes attention, concern, or curiosity
(2) a charge for the borrowing money
(3) a share, stake or portion
(4) a state of curiosity about or attention to something

해설 | venture(합작 사업)가 있으므로 '사업상의 지분' 등을 뜻한다는 것을 알 수 있다. (3) 「디즈니 회사는 그 합작 사업에 51%의 지분을 보유하게 될 것이다.」

interfere [ìntərfíər]

vi. 1 to take part in the affairs of others (남의 일에) 간섭하다, 말참견하다: Don't *interfere* in[with] what does not concern you. 너와 관계없는 일에 간섭 마라.

2 to be a hindrance or obstacle 방해하다, 훼방 놓다: The television *interferes* with my concentration. 텔레비전이 나의 집중을 방해한다. / Smoking and drinking *interferes* with your body's ability to process oxygen. 흡연과 음주는 우리 몸의 산소 처리 능력을 저해한다.

3 to mediate 중재하다, 조정하다: He can't *interfere* in our labor strife. 그는 우리의 노동 쟁의를 조정할 수 없다.

4 to conflict 충돌[대립]하다: Their interests *interfered*. 그들의 이해 관계는 충돌했다.

· 파생어 ·
interferential 방해하는, 간섭하는
interference 방해, 훼방, 간섭
interferer 방해자, 간섭자

· 관련표현 ·
interfere with health 건강을 해치다
interfere in another's life 남의 생활에 간섭하다
interference in internal affairs 내정 간섭
have no business to interfere 간섭할 권리가 없다

syn. meddle, step in, conflict
ant. help, assist

|실전문제|
다음에 주어진 뜻풀이 가운데서 밑줄 친 interfere의 의미로 가장 적절한 것은?
The U.N. cannot interfere with the internal affairs of any country.
(1) to conflict
(2) to mediate
(3) to be a hindrance or obstacle
(4) to take part in the affairs of others

해설 | internal affairs가 '내정'이라는 뜻이므로, 쉽게 '간섭하다'의 의미라는 것을 알 수 있다. (4) 「유엔은 어느 국가라도 내정에 간섭할 수는 없다.」

interrupt [ìntərʌ́pt]

vt. 1 to say or do something that causes someone to stop when they are speaking (이야기를) 중단시키다, 가로막다, 저지하다: May I *interrupt* you for a brief moment? 이야기하시는데 잠시 실례해도 될까요? / The newscaster *interrupted* the quiz show in a flash. 그 뉴스 해설자는 즉시 퀴즈쇼를 중단시켰다.

2 to stop a process or activity for a period of time (과정이나 활동 등을 잠깐) 중단하다: He has rightly *interrupted* his vacation to return to Los Angeles. 그는 즉각 휴가를 중단하고 로스앤젤레스로 돌아왔다.

3 to obstruct a view or line (경치나 차선 따위를) 보이지 않게 막다: Sea walls *interrupt* the long stretch of beach. 방파제가 긴 해변가를 막고 있다.

· 파생어 ·
interrupted 중단된, 방해된, (교통이) 불통된
interruption 방해, 중지, 교통의 불통
interruptible 중단하는, 방해하는(=interruptive)
interruptor 차단물, (전류) 단속기(=interrupter)

· 관련표현 ·
interrupted by the flood 홍수에 의해 교통이 두절된
without interruption 잇따라, 그침 없이
interruption of electric service 정전(=power failure)

syn. stop, halt temporarily, cause to stop, discontinue, disturb,

| 실전문제 |

밑줄 친 단어의 뜻과 비슷한 것을 고르시오.

Mrs. Emerson returned later and <u>interrupted</u> his reading to ask how the children were.

(1) looked into (2) destroyed
(3) interpreted (4) interfere with

해설 | interrupt는 '방해하다, 중간에 끼어들다'의 뜻으로서 (4)가 같은 뜻으로 '끼어들다, 방해하다'의 의미를 나타낸다. (1)은 '조사하다'(=investigate), (2)는 '파괴하다', 그리고 (3)은 '통역하다', '번역하다', '해설하다' 등의 여러 가지 뜻을 나타낸다. (4) 「에머슨 부인이 늦게 돌아와서, 그의 독서를 방해하며 아이들의 상태를 물었다.」

intimate [íntəmət]

a. **1 being extremely close or familiar to** 친한, 친밀한: Only the couple's most *intimate* friends were invited to the birthday party. 그 부부의 가장 친한 친구들만이 생일 파티에 초대되었다.

2 being involved in a loving or sexual way 남녀가 서로 정을 통하는: I just don't want to discuss my *intimate* relationships. 나의 남녀 관계에 대해서는 왈가왈부하고 싶지 않다.

3 very personal or private 개인적인, 사사로운: She wrote about the *intimate* details of her life. 그녀는 사적인 생활을 자세히 썼다.

4 detailed or thorough 자세한, (지식이) 깊은: An *intimate* knowledge of drugs enabled him to help the addicts. 그는 마약에 대한 자세한 지식이 있어서 중독자들을 도울 수 있었다.

interfere, block partially
ant. continue, resume

·파생어·
intimation 암시, 넌지시 비춤
intimacy 친밀함, (남녀가) 몰래 정을 통함

·관련표현·
become *intimate* with ~
~와 친해지다
an *intimate* knowledge
정통한 지식
the *intimate* details of one's life 사생활의 사소한 일
be on *intimate* terms with ~
~와 절친한 사이이다(=have an *intimate* acquaintance with, be on terms of *intimacy*)

syn. familiar, private, detailed
ant. remote, strange

| 실전문제 |

1. 다음에 주어진 뜻풀이 가운데서 밑줄 친 <u>intimate</u>의 의미로 가장 적절한 것은?

I hate to interrupt your <u>intimate</u> discussion, but we do have an assignment to discuss.

(1) being involved in a loving or sexual way
(2) detailed or thorough
(3) being extremely close or familiar to
(4) very personal or private

해설 | intimate discussion은 문맥상 '사적인 토론[대화]'의 뜻으로 쓰였다. (4) 「당신들의 사적인 대화를 방해하는 것은 싫지만, 우리에게는 토론해야 할 과제가 있습니다.」

2. 밑줄 친 단어와 비슷한 뜻을 고르시오.

An established wildlife writer, Savage portrayed the northern lights as a lively and <u>intimate</u> feature of the natural landscape, rather than an isolated phenomenon.

(1) familiar (2) affectionate
(3) essential (4) secretive

해설 | intimate은 '친밀한, 친숙한', 또는 '개인적인' 등의 뜻을 가지고 있으므로 (1) 이 정답이다. (2)는 '애정이 깃든', (3)은 '필수적인', 그리고 (4)는 '비밀의, 숨기는 경향이 있는'의 뜻을 나타낸다. (1)「정평이 나 있는 야생 동물 작가인 새비지는 오로라를 고립된 현상이 아니라 선명하고 친근감이 있는 자연 풍경의 하나로 묘사했다.」

☐ intricate [íntrikət]

a. **containing many different parts and small details that sometimes hard to understand** 난해한, 복잡한, 뒤얽힌: The *intricate* computer requires a skilled operator. 복잡한 컴퓨터는 숙련된 조작자를 필요로 한다. / This novel is so *intricate* that I cannot understand the story. 이 소설은 너무나 난해해서 나는 그 이야기를 이해할 수 없다.

| 실전문제 |

밑줄 친 단어와 뜻이 비슷한 단어를 고르시오.

Both the British and US navies have used the bottle extensively to compile <u>intricate</u> current events.

(1) popular and cheap (2) expensive and bulky
(3) detailed and complex (4) colorful and large

해설 | intricate은 '복잡한, 뒤얽힌, 난해한'을 뜻하므로, '복잡하고 세밀한'을 뜻하는 (3)이 정답이다. (1)은 '인기 있고 값싼', (2)는 '값 비싸고 부피가 큰', 그리고 (4)는 '색깔이 다채롭고 큰'을 뜻한다. (3)「영미의 양쪽 해군은 복잡한 해류도를 수집하기 위해 유리병을 광범위하게 사용해 왔다.」

· 파생어 ·
intricacy 얽히고설킴, 복잡한 사정, 복잡
intricately 난해하게, 복잡하게
intricateness 복잡함, 난해함

· 관련표현 ·
an *intricate* machine 복잡한 기계
an *intricate* story 난해한 이야기
the *intricacy* of the problem 문제의 복잡성
an *intricate* knot 엉클어진 매듭

syn. complicated, complex, difficult to understand
ant. easy, simple, straightforward, plain

☐ intriguing [intríːgiŋ]

a. **very interesting because of having a strange quality** 흥미나 호기심을 자아내는: Most fairy tales are *intriguing* to children. 대부분의 동화는 어린이들에게 흥미를 자아낸다. / The *intriguing* story of Aesop is full of instructions. 흥미로운 이솝 이야기는 교훈으로 가득차 있다.

| 실전문제 |

밑줄 친 단어의 뜻과 가장 가까운 것을 고르시오.

Of all cultural institutions of Korea, none has proved more <u>intriguing</u> and mystifying to foreigners than the tea ceremony.

(1) respectful (2) deceitful
(3) valuable (4) interesting

해설 | intriguing은 '흥미를 자아내는, 재미있는'의 뜻으로 동의어로는 interesting 이 있다. (1)은 '정중한', (2)는 '기만적인', 그리고 (3)은 '귀중한'의 뜻이다. (4)「한국인의 모든 문화적 관습들 중에서 다도만큼 외국인들에게 매력적인 것은 없다.」

· 파생어 ·
intrigue 흥미를 갖게 하다, 얽히게 하다, 음모를 꾀하다
intriguer 음모자, 밀통자

· 관련표현 ·
an *intriguing* story 흥미로운 이야기
an *intriguing* woman 흥미로운 여성
an *intriguing* idea 흥미로운 아이디어
an *intriguing* book 흥미로운 책
intrigue against ~ ~에 대해 음모를 꾸미다

syn. interesting, fascinating, enthralling, appealing
ant. boring, sincere, straightforward

☐ investigate [invéstəgèit]

vi., vt. to try to find out what happened or what is the truth (일어나거나 사실인 것을 찾으려고) 애쓰다, 수사하다, 조사하다: The police are *investigating* the crime. 경찰은 그 범죄를 수사하고 있다.

|실전문제|

다음 밑줄 친 단어를 뜻하는 숙어를 고르시오.

The police are going to investigate the crime.

(1) look for   (2) look over
(3) look at   (4) look into

해설 | investigate의 뜻은 '조사하다, 수사하다'로 look into로 나타낼 수 있다. (1)은 '찾다, 구하다'로 사람이나 잃어버린 물건 또는 직업을 구하거나 찾을 때 사용되며, (2)는 '~을 검토하다', (3)은 '~을 보다'의 뜻이다. (4)「경찰은 그 범죄를 수사하려고 하고 있다.」

·파생어·
investigation 조사, 수사, 연구
investigative 조사[수사]의, 연구를 좋아하는
investigator 연구자, 조사가, 수사관

·관련표현·
under *investigation* 조사[수사] 중의
make an *investigation* **into ~**
~을 조사하다, 연구하다
upon[on] *investigation* 조사해 보니
a close *investigation*
정밀한 검사[조사]
a full-scale *investigation*
전면적인 조사

syn. analyze, inquire, search, study

☐ invite [inváit]

vt. 1 to ask someone to come to a social occasion, such as a party or a meal 초대하다, 초청하다: He *invited* them to stay for the weekend. 그는 그들을 초대해서 주말 동안 머물게 했다.

2 to request formally 정중하게 부탁하다, 요청하다: The new hotel *invited* suggestions from the guests. 새 호텔은 고객들에게 제안을 해 줄 것을 정중히 부탁했다.

3 to encourage something bad to happen (비난, 문제 등을) 초래하다, 야기하다: Their refusal to compromise will inevitably *invite* more criticism from the U.N. 그들의 타협 거부는 유엔으로부터 불가피하게 더 많은 비난을 초래할 것이다. / Some shops seem to *invite* people to steal by making it too easy to take things. 어떤 가게들은 물건을 가져가는 것이 너무 쉬워서 마치 훔치도록 권유하는 것만 같다.

4 to induce, lure or attract (주의·흥미 등을) 끌다, 유인하다: The cool water of the swimming pool *invited* me to swim. 수영장의 물이 시원해서 나는 헤엄치고 싶어졌다.

|실전문제|

다음에 주어진 뜻풀이 가운데서 밑줄 친 inviting의 의미로 가장 적절한 것은?

You're just inviting much criticism if you do that.

(1) to encourage something bad to happen
(2) to request formally
(3) to induce, lure or attract
(4) to ask someone to come to a social occasion, such as a party or a meal

·파생어·
inviting 유혹적인, 마음을 끄는
invitation 초대, 권유, 초대장, 유혹
invitatory 초대의, 권유의

·관련표현·
invite **much discussion**
많은 논의를 일으키다
invite **laugher** 웃음을 자아내다
invite **questions** 질문할 기회를 주다
an *inviting* **dish** 먹음직한 요리
send out *invitations*
초대장을 보내다
decline an *invitation*
초대를 거절하다
an *invitation* **to party** 파티 초대(장)
an *inviting* **smile** 매력적인 미소
inviting **food** 미각을 돋우는 음식

syn. call, lure, cause, encourage
ant. rebuff, repulse

해설 | invite criticism은 '비난을 자초하다' 즉, '비난을 야기하다'의 의미로 해석할 수 있다. (3) 「만약 그것을 하면, 당신은 비난을 자초하게 될 것입니다.」

☐ involve [inválv]

vt. **1 to include or contain as a necessary part (필연적으로) 포함하다, 수반하다:** The plan *involves* the cooperation of both the young and old. 그 계획에는 노소 간의 협조가 필요하다. / The job *involves* travelling abroad for two or three months each year. 그 직업은 매년 2, 3개월씩 해외 출장이 수반된다.

2 to cause to be troublesomely associated 연루시키다, 관련시키다, 말려들게 하다: Your troubles are mostly *involved* with your attitude. 당신의 어려움은 당신의 처신과 밀접하게 관련되어 있습니다. / Treaty obligations *involved* the country in the war. 조약 의무로 인해 그 나라는 전쟁에 말려들게 되었다.

3 (usually in passive) to occupy or engage the interest of 몰두시키다, 열중케 하다: He's *involved* in doing an experiment in the lab. 그는 실험실에서 실험을 하는 데 몰두해 있다.

4 to make complex; complicate 복잡하게 하다: Since it is a long and *involved* explanation, it takes some time to finish it. 그것은 길고 복잡한 설명이어서 끝내는 데 약간 오래 걸린다.

·파생어·
involved 뒤얽힌, 복잡한, 혼란한
involvement 관련, 연루, 포함

·관련표현·
be *involved* in doubt
의문에 쌓여 있다

be[get] *involved* in ~
~에 관련[연루]되다

possible *involvement* in the murder 살인(사건)에 개입했을 가능성

deeply *involved* with a married woman 기혼녀와 깊은 관계에 빠져 있는

syn. include, comprise, implicate, preoccupy
ant. extricate, disentangle, disengage

|실전문제|
다음에 주어진 뜻풀이 가운데서 밑줄 친 <u>involved</u>의 의미로 가장 적절한 것은?

The family was deeply <u>involved</u> in Jewish culture.

(1) to make complex
(2) to occupy or engage the interest of
(3) to include or contain as a necessary part
(4) to cause to be troublesomely associated

해설 | 문맥으로 보면 유대교 문화에 빠져서 열중하고 있는 것이라고 할 수 있다. (2) 「그 가족은 유대교 문화에 깊이 빠져 있다.」

☐ irrelevant [iréləvənt]

a. **not having any real relation to something 무관한, 관련성이 없는:** The question is interesting, but *irrelevant* to the problem. 그 질문은 흥미롭지만 그 문제와는 무관한 것이다. / If he can do the job well, his age is *irrelevant*. 만약 그가 그 일을 잘한다면, 그의 나이는 관계가 없다. / That is *irrelevant* to the problem under discussion. 그것은 논의되고 있는 문제와는 무관하다.

·파생어·
irrelevance 무관함, 부적절

·관련표현·
an *irrelevant* remark
부적절한[관계없는] 발언

an *irrelevant* question 무관한 질문

an *irrelevant* problem
지엽적인 문제

|실전문제|

밑줄 친 단어와 뜻이 가장 가까운 것을 고르시오.

This statement is underlined{irrelevant} and should be disregarded by the jury.

(1) improbable   (2) insufficient
(3) unrelated   (4) pertinent

해설 | irrelevant는 '부적절한, 무관한'의 뜻을 나타내므로 (3)이 정답이다. (1)은 '사실 같지 않은', (2)는 '불충분한' 그리고 (4)는 '타당한'의 의미를 나타낸다. (3)은 '관계없는'의 뜻을 나타낸다. (3) 「이 진술은 사건과 관계없으므로 배심원단은 무시해야 한다.」

syn. unrelated, unconnected, beside the point
ant. relevant, pertinent, related

issue [íʃuː]

n. **1 a subject to be discussed or argued about** 문제, 토론, 논쟁(점): The economic recovery was the main *issue* in the presidential campaign. 경제 회복이 대통령 선거 유세에서 주된 쟁점이었다. / What's the real *issue* in the strike? 파업의 진정한 쟁점은 무엇인가?

2 something which is printed or published so as to be publicly sold or given out 발행물, 발행 부수, 판[호]: The magazine comes out in a monthly *issue*. 그 잡지는 월간 호로 발행된다.

3 results or consequences 결과, 결말: There was little hope that the negotiations would have a happy *issue*. 그 협상이 행복한[좋은] 결과를 낼 것이라는 희망은 거의 없다.

4 the descendants of a person; offspring 자녀, 후손: The king's legal *issue* inherited the throne. 그 왕의 합법적 후손이 왕위를 계승했다.

· 파생어 ·
issueless 자식[자손]이 없는; 결과가 없는
issuer 발행인

· 관련표현 ·
the third *issue*
(책이나 잡지의) 제3호, 제3판
raise an *issue* 문제를 제기하다
have no *issue* 자식이 없다
die without *issue* 후손 없이 죽다
at *issue* 논쟁 중의, 미해결의
the point at *issue* 논쟁점, 문제점
take *issue* with ~ ~와 논쟁하다
make an *issue* of ~ ~을 문제 삼다

syn. publication, problem, dispute, outcome, descendants
ant. beginning, cause

|실전문제|

밑줄 친 단어와 뜻이 가장 가까운 것을 고르시오.

The real underlined{issue} is that we are being outcompeted by Korea in our home markets.

(1) result   (2) problem
(3) publication   (4) offspring

해설 | issue는 (사회, 경제, 정치 등의) '문제, 논점, (출판물의) ~호[판]' 등을 뜻하며, 여기서는 문맥상 (2)가 동의어이다. (1)은 '결과', (3)은 '출판(물)', 그리고 (4)는 '자손, 후손'이라는 뜻으로 descendant가 동의어이다. (2) 「정말로 문제인 것은 국내 시장에서도 한국의 경쟁력에 지고 있다는 것이다.」

J

jam [dʒæm]

vt. 1 to pack or crush tightly into a small space 쑤셔 넣다, 채워 넣다: He *jammed* his clothes into the old suit case. 그는 낡은 여행 가방에 옷을 쑤셔 넣었다.

2 to fill with people or things so that the movement is difficult or impossible 사람이나 차가 가득 차서 이동이 어렵다: The crowd *jammed* the street, demonstrating against the governmental policies of real estate, so no cars could pass. 군중들이 정부의 부동산 정책에 대해 데모를 하면서 거리를 가득 메워서 어느 차도 통과할 수 없었다.

3 to block, obstruct or congest 막다, 움직일 수 없게 하다: The accident *jammed* the access road for many hours. 그 사고는 수 시간 동안 진입로를 막았다.

4 to hit suddenly or press hard (브레이크, 가속 페달 등을) 세게 밟다: The car picked up speed when he *jammed* the accelerator. 그가 가속 페달을 세게 밟았을 때 차는 속도를 내었다.

· 파생어 ·
jammed 술에 취한, 궁지에 몰린

· 관련표현 ·
jam up 혼잡하게 하다
a traffic jam
교통 체증(=traffic congestion)
be in a jam 궁지(곤경)에 빠지다
get into a jam 곤경에 빠지다
jammed up 궁지에 빠져
jam a bill through congress
법안을 억지로 국회에서 통과시키다
a bit of jam 유쾌한 것
real jam 진수성찬, 아주 즐거운 일
have jam on it
대단히 운이 좋은 처지에 있다

syn. press, squeeze, push, block

|실전문제|
다음에 주어진 뜻풀이 가운데서 밑줄 친 jammed의 의미로 가장 적절한 것은?

The stadium was <u>jammed</u> and they had to turn away hundreds of disappointed fans.

(1) to block, obstruct, or congest
(2) to pack or crush tightly into a small space
(3) to fill with people or things so that the movement is difficult or impossible
(4) to hit suddenly or press hard

해설 | 경기장에 입추의 여지없이 사람들로 가득 찬 경우를 말하고 있다. (3) 「그 경기장은 사람들로 가득 차서 그들은 실망한 팬들 수백 명을 되돌려 보내야만 했다.」

jargon [dʒáːrgən]

n. 1 words or expressions used by a particular group of people in a special or technical way (동일 집단 내의) 특수 용어, 은어: A legal secretary should be able to understand the elliptical *jargon* of law. 법률 비서는 생략된 법률 용어를 이해할 수 있어야 한다.

· 파생어 ·
jargonaut 전문어를 많이 쓰는 사람
jargonize 뜻을 알 수 없는 말을[허튼소리를] 하다, 사투리로 말하다

347

2 meaningless talk, or nonsense 허튼소리, 뜻을 알 수 없는 말: The report was full of *jargon* and completely useless. 그 보고서는 허튼소리와 완전히 쓸데없는 말로 가득 차 있었다.

3 a hybrid language or dialect 사투리, 방언: He learned to converse in the native *jargon*. 그는 지역 사투리로 대화하는 법을 배웠다.

· 관련표현 ·
medical *jargon* 의학 용어
computer *jargon* 컴퓨터 용어
the *jargon* of advertising business 광고업 전문 용어
religious *jargon* 종교 용어
military *jargon* 군대 용어
legal *jargon* 법률적인 특수 용어
speak in *jargon* 전문 용어로 말하다

syn. professional language, nonsense, dialect, lingo

|실전문제|

다음에 주어진 뜻풀이 가운데서 밑줄 친 jargon의 의미로 가장 적절한 것은?

You'd better not use corporate jargon, if possible.

(1) a hybrid language or dialect
(2) a form of a language that is spoken in a particular area
(3) words or expressions used by a particular group of people in a special or technical way
(4) meaningless talk or nonsense

해설 | 기업, 군대, 의학계, 종교계, 법조계와 같은 전문 집단에서 특수하게 사용되는 용어를 말하고 있다. (3) 「가능하면 기업 특수 용어는 사용하지 않는 것이 좋습니다.」

☐ **jealous** [dʒéləs]

a. **1 feeling or showing supicion of someone's unfaithfulness** 질투가 많은, 투기하는: a *jealous* husband 질투심 많은 남편

2 feeling resentment because of another's success or advantage 시샘하는, 선망하는: Tom is *jealous* of John's marks. 톰은 존의 성적을 샘내고 있다.

3 anxiously protective of something one has 지키려고 몹시 경계하는, 방심하지 않는: We are *jealous* of our good name. 우리는 우리의 명성을 지키려고 애쓴다.

· 파생어 ·
jealousy 질투, 투기, 시샘

· 관련표현 ·
jealous of ~ ~을 시기하는
be *jealous* of one's independence 자신의 독립을 지키려고 애쓰다
be *jealous* of a winner 승리자를 시기하다
race *jealousies* 인종 사이의 시샘
burning with *jealousy* 질투에 불타서

syn. wishful, distrustful, desirous

|실전문제|

다음에 주어진 뜻풀이 가운데서 밑줄 친 jealous의 의미로 가장 적절한 것은?

The American people are jealous of their freedom.

(1) feeling resentment against someone because of that person's rivalry, success, or advantages
(2) characterized by or proceeding from suspicious fears or envious resentment
(3) inclined to or troubled by suspicions or fears of rivalry, unfaithfulness
(4) solicitous or vigilant in maintaining or guarding something

해설 | jealous의 일반적인 뜻만 생각하면 쉬운 문제가 아니다. 힌트는 their에 있다. 스스로 자기의 것을 질투하는 이는 없다. jealous에는 '방심하지 않는'이란 뜻이 있다. 잘 기억해 두자. (4) 「미국인들은 자신들이 누리는 자유를 잃지 않기 위해 방심하지 않는다.」

jewel [dʒúːəl]

n. **1** a small piece of decorative and valuable stone 보석: The *jewels* were kept in the safe. 보석들이 금고에 보관되어 있었다.

2 an ornament that contains one or more of jewels worn on clothes or on the body (보석 박힌) 장신구: She appeared at the reception wearing her finest *jewels*. 그녀는 최고의 보석 장식 옷을 입고 리셉션 파티에 모습을 드러냈다.

3 a person or thing of great value 귀중품, 소중한 사람: This painting is the *jewel* of mine. 이 그림은 내가 귀중하게 아끼는 것이다.

4 a small real or man-made stone used as a bearing in a watch (시계 등에 박혀 있는) 보석: The *jewel* in her watch makes her look more beautiful. 그녀의 시계에 박힌 보석이 그녀를 더욱 아름답게 보이게 한다.

|실전문제|

다음에 주어진 뜻풀이 가운데서 밑줄 친 jewel의 의미로 가장 적절한 것은?

He is a jewel in our company.

(1) an ornament that contains one or more of jewels worn on clothes or on the body
(2) a small piece of decorative and valuable stone
(3) a small real or man-made stone used as a bearing in a watch
(4) a person or thing of great value

해설 | 문맥을 보면 jewel은 사람을 뜻하는 것으로 이때의 jewel은 asset, 혹은 gem 으로 바꿀 수 있다. (4) 「그는 우리 회사에서 없어서는 안 될 귀중한 사람이다.」

· 파생어 ·
jeweler 보석상, 보석 세공인
jewelery 보석류, 장신구류

· 관련표현 ·
a ring set with a *jewel* 보석 반지
jewel box 보석 상자(=*jewellery* box)
jewel in the crown
여러 것 가운데 최상의 것
a *jeweled* bracelet 보석 팔찌
set a *jewel* in a ring
반지에 보석을 박다
a *jewel* of ~ 보석과 같이 귀중한, 보기 드문
crown *jewels* 대관식에 쓰이는 보석류
a *jewel* thief 보석 도둑

syn. precious stone, ornament, one in a million, apple of one's eye

job [dʒɑb]

n. **1** the work that someone does to earn money 직업, 일자리: Tens of thousands of people have lost their *jobs* due to economic slowdown. 수십만 명의 사람들이 경기 침체로 인해 실직했다.

2 a duty or responsibility 임무, 의무: It's not my *job* to interfere with others's affairs. 다른 사람의 일에 간섭하지 않는 것이 나의 할 일이다.

3 a difficult task 어렵고 벅찬 일: It's quite a *job* to finish the project in two weeks. 그 프로젝트를 2주 안에 끝내는 것은 벅찬 일이다.

4 matters or affairs 일, 사건: The car mechanic did a good *job*. 그 자동차 수리공은 일을 참 잘했다.

5 surgery or operation 수술: She had a nose *job* two weeks ago. 그녀는 2주 전에 코 세우는 수술을 했다.

· 파생어 ·
jobless 실업의(=unemployed)
jobbing 삯일을 하는, 임시 고용의

· 관련표현 ·
get a *job*
일자리를 얻다(=find a *job*, find work)
snow *job* 허세, 사기
lose one's *job* 실직하다
odd *jobs* 허드렛일
on the *job* 일하는 중에; 작동 중인
out of a *job* 실직하여
job-hunter 구직자(=*job*-seeker)
job-hunting 구직
job fair 취업 박람회
job sharing 일감 나누기

|실전문제|

다음에 주어진 뜻풀이 가운데서 밑줄 친 job의 의미로 가장 적절한 것은?

It was my job to see that all orders were filled quickly.

(1) surgery or operation
(2) a duty or responsibility
(3) a difficult task
(4) the work that someone does to earn money

해설 | 주문품이 다 채워지는 것을 감독하는 것이 나의 '할 일[의무]'이 되어야 한다는 의미이다. (2) 「모든 주문품이 빨리 만들어지는지를 감독하는 것이 나의 의무였다.」

a bad job 난처핸[어려운] 상태; 실패
job hopper 직장을 전전하는 사람
Good job! 잘했어, 애썼어!
jobless rate
실업률(=rate of unemployment)

syn. work, task, duty, chore, position

□ join [dʒɔin]

vt. **1** to bring together; connect 연결하다, 결합하다: The hip bone are *joined* to the thigh bone. 엉덩이뼈는 허벅지 뼈와 연결이 되어 있다.

2 to become a member of a club or organization (클럽이나 회사에) 가입[입사]하다: She *joined* the dance company which took her around the world. 그녀는 무용단에 입단하여 전 세계를 누볐다. / He *joined* the company right after he graduated from college. 그는 대학을 졸업한 직후에 입사했다.

3 to meet or accompany 함께 하다, 만나다: You go home first and I'll *join* you later. 너 먼저 집에 가면 나중에 갈게.

4 to meet and merge with (하나가 되도록) 합쳐지다: Where does this river *join* the sea? 이 강은 어디서 바다와 만나니?

5 to take part in or become involved with 참가하다, 관여하다: Telephone operators *joined* the strike and four million engineering workers are also planning action. 전화 교환원들이 파업에 참가했으며 4백만 명의 기술자들까지도 파업을 계획 중이다.

·파생어·

joiner 결합자, 접합물
joining 결합, 연결
joinable 접합 가능한, 합류할 수 있는
jointless 이음매가 없는

·관련표현·

join two things together
둘을 하나로 잇다
join forces 힘을 합하다
join the army[navy]
육군[해군]에 입대하다
join with the enemy 적과 손을 잡다
join the company[firm]
회사에 입사하다
join up 동맹[제휴]하다; 입회하다; 입대하다(enlist)

syn. connect, glue, attach, combine, participate
ant. part, separate, divide, leave

|실전문제|

다음에 주어진 뜻풀이 가운데서 밑줄 친 join의 의미로 가장 적절한 것은?

The pastor requested the women present to join him in prayer.

(1) to become a member of a club or organization
(2) to bring together; connect
(3) to meet or accompany
(4) to take part in or become involved with

해설 | 같이 기도할 것을 요청했다는 의미는 '기도에 참여하라고 요청했다'는 뜻이다. (4) 「목사님은 참석한 여성들이 그와 같이 기도할 것을 요청했다.」

joke [dʒouk]

n. **1** **something that is said or done to amuse people and cause laughter** 농담, 익살: He cracked some funny *jokes*. 그는 우스운 농담을 좀 했다.
2 **something not bo be taken seriously** 쉬운 일, 하찮은 일: The job was so easy that it was *joke*. 그 일은 너무나 식은 죽 먹기였다.
3 **an object of joking or laughingstock** 웃음거리: He is the *joke* of the whole town because of his funny acts. 그는 우스꽝스런 행동 때문에 마을 전체의 웃음거리이다.
4 **an amusing situation or environment** 우스운 상황[사태]: This really goes beyond a *joke*. 이것은 웃을 일이 아니라 중대한 일이다.

|실전문제|

다음에 주어진 뜻풀이 가운데서 밑줄 친 joke의 의미로 가장 적절한 것은?

It was probably just a joke to them, but it wasn't funny to me.

(1) an amusing situation or environment
(2) something that is said or done to amuse people and cause laughter
(3) something not bo be taken seriously
(4) an object of joking or laughingstock

해설 | 뒤에 funny(이상한, 우스꽝스러운)가 힌트가 되어, 앞의 joke는 '우스개, 농담'의 뜻임을 알 수 있다. (2) 「그들에게 그것은 그냥 농담이었겠지만, 나에게는 우스꽝스럽지가 않았다.」

·파생어·
joker 농담하는 사람
joky 농담을 좋아하는(=jokey)
jokingly 농담으로

·관련표현·
make[crack] a heavy *joke* 심한 농담을 하다
for a *joke* 농담 삼아, 농담으로(=in joke)
turn a matter into a *joke* 문제를 농담으로 돌리다
***joking* apart[aside]** 농담은 그만하고
You must be *joking*[kidding]. 설마 농담이겠지.
a dirty *joke* 성에 관한 농담
practical *joke* 짓궂은 장난
a private *joke* 자기끼리만 알아듣는 농담
be beyond a *joke* 웃을 일이 아니다, 중요한 일이다
take a *joke* 놀림을 받고도 화를 내지 않다, 농담을 웃음으로 받아들이다

syn. jest, prank, buffoon, clown, trifle, nothing worth mentioning
ant. seriousness, solemnity, gravity

journal [dʒə́:rnəl]

n. **1** **a magazine which deals with a specialized subject** 잡지, (학회 간행물 같은) 정기 간행물: All our results will be published in scientific *journals*. 우리의 모든 결과는 과학 잡지에 발표될 것이다.
2 **a personal record of one's daily activities; diary** 일기, 일지: On the plane he wrote in his *journal*. 기내에서 그는 일기를 썼다.
3 **a daily or weekly newspaper** 신문, 일간(주간)지: We subscribe to the local *journal*. 우리는 지역 신문을 구독한다.
4 **a logbook or a voage log** 항해 일지: He never forgets to write in a *journal* every night while sailing. 그는 항해 중 매일 밤 항해 일지를 잊지 않고 꼭 쓴다.

·파생어·
journalism 신문 잡지업, 신문 잡지
journalist 신문 잡지 기자, 신문 잡지 업자, 일기 쓰는 사람
journalize 일기를 적다(=keep a diary)
journalistic 신문 잡지 기자의, 기자 기질의
journalese 신문 잡지 기사체

·관련표현·
a home *journal* 가정 잡지
a monthly *journal* 월간 잡지
a college *journal* 대학 신문
enter *journalism* 신문 잡지 기자가 되다
keep a *journal* 일기[일지]를 쓰다
subscribe to a *journal* 잡지를 구독하다

|실전문제|

다음에 주어진 뜻풀이 가운데서 밑줄 친 journal의 의미로 가장 적절한 것은?

I kept a journal during my backpacking trip to Europe.

(1) a personal record of one's daily activities; diary
(2) a logbook or a voage log
(3) a magazine which deals with a specialized subject
(4) a daily or weekly newspaper

해설 | keep a journal은 '일기를 쓰다'의 뜻으로, 매일 쓰는 keep a diary에 비해, 이 표현은 뜻 깊거나 기억할 만한 일이 있을 때 쓰는 일기이다. (1)「나는 유럽 배낭여행을 하는 동안 일기를 썼다.」

syn. diary, newspaper, logbook, periodical

joy [dʒɔi]

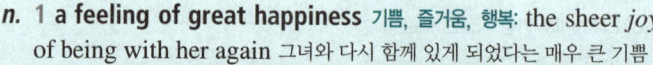

n. **1 a feeling of great happiness** 기쁨, 즐거움, 행복: the sheer *joy* of being with her again 그녀와 다시 함께 있게 되었다는 매우 큰 기쁨

2 a person or thing that causes you to feel very happy 기쁨을 가져다주는 것, 기쁨의 근원: The game was a *joy* to watch. 그 경기는 보기에 재미있었다.

3 success; satisfaction 일이 잘됨, 성공, 만족: "Any *joy* at the shops?" – "No, they didn't have what I wanted." "쇼핑 재미있었니?" – "아니, 내가 원하는 것을 팔지 않았어".

· 파생어 ·
joyful 기쁜, 즐거운, 반가운
joyless 즐겁지 않은, 쓸쓸한
joyance 기쁨, 오락, 즐거움

· 관련표현 ·
full of the *joys* of spring
((구어)) 매우 기뻐서, 몹시 기뻐하는
in one's *joy* 기쁜 나머지
with *joy* 기꺼이, 기쁘게
I wish you *joy*. 축하합니다.

syn. delight, ecstasy, bliss, euphoria

|실전문제|

다음에 주어진 뜻풀이 가운데서 밑줄 친 joy의 의미로 가장 적절한 것은?

Her prose style is a pure joy.

(1) the emotion of great delight or happiness caused by something exceptionally good or satisfying
(2) a source or cause of keen pleasure or delight
(3) the expression or display of glad feeling
(4) a state of happiness or felicity

해설 | 구조적 관점에서 문제를 접근하면, 2형식 문장으로 주어와 보어의 관계는 'her prose style = pure joy'로 볼 수 있다. 즉, a pure joy에서 joy는 셀 수 있는 명사로 간주된 동시에 사물인 점을 알 수 있다. 이를 보아, 주어진 선택지의 (2)만이 만족하는 것을 알 수 있다. (2)「그녀의 산문체는 그녀에게 순수한 기쁨을 가져다주는 것이다.」

judgement [dʒʌ́dʒmənt]

n. **1 an official ruling or decision by a judge, jury or court** 재판, 판결: In the jury's *judgement* he was guilty as charged. 배심원 판결에 있어서, 그는 기소된 대로 유죄였다.

· 파생어 ·
judge 판사, 심판관, 감정가; 판단하다
judgmatic(al)
현명한, 사리 분별력이 있는
judgmental 재판의, 도덕적 판단의

2 the ability to make sensible decisions about a situation 판단력, 사리 분별(력): I respect his *judgement* and I'll follow any advice he gives me. 나는 그의 판단을 존중하고 그가 나에게 하는 어떤 조언도 따를 것이다.

3 an opinion that one has or expresses after thinking carefully 의견, 견해: I don't really want to make any *judgements* on the decisions they made. 나는 그들이 내린 결정에 대해 어떠한 의견도 말하고 싶지 않다.

4 punishment from the heaven (하나님의) 천벌: His misfortunes were *judgement* upon him for his wickedness. 그의 불행은 악행에 대한 천벌이었다.

| 실전문제 |

다음에 주어진 뜻풀이 가운데서 밑줄 친 judgement의 의미로 가장 적절한 것은?

He always had poor judgement in picking friends.

(1) an official ruling or decision by a judge, jury, or the court
(2) the ability to make sensible decisions about a situation
(3) punishment from the heaven
(4) an opinion that you have or express after thinking carefully

해설 | judgement를 설명해 주는 친구를 선택하다(pick friends)라는 표현으로 보아서, '판단력'을 의미한다고 알 수 있다. (2)「그는 친구를 택하는 데 항상 판단력이 부족했다.」

jump [dʒʌmp]

vi. **1 to push against the ground with one's feet, and move quickly upwards in the air** 뛰어오르다, 도약하다, 깡충 뛰다: He not only avoided sidewalk cracks but he *jumped* over them. 그는 인도의 균열을 피했을 뿐만 아니라 그것들을 뛰어넘었다. / I *jumped* over the fence. 나는 울타리를 뛰어넘었다.

2 to suddenly increase or rise by a large amount in a short time (물가 등이) 급등하다, 폭등하다: The price of gasoline *jumped* up this month. 기름 값이 이달에 폭등했다.

3 to form an opinion hastily (급히) 의견을 정하다: Don't *jump* to conclusions. 성급하게 결론을 내리지 마.

4 to gladly agree to an opportunity or suggestion (기회, 제안 등에) 기꺼이 응하다: Employees of the company will *jump* at the chance to become part owners of the corporation. 그 회사 직원들은 그 기업의 공동 소유자가 될 수 있는 기회에 기꺼이 응할 것이다.

· 관련표현 ·

a man of good *judgement* 판단력이 좋은 사람

in my *judgement* 내가 판단하기에는

form a *judgement* 판단을 내리다
(=pass *judgement* on ~)

the *Judgement* Day 최후의 심판 날

a side *judge* 배석 판사

a *judge* of a beauty contest 미인 선발 대회의 심사원

***judging* from ~** ~로 판단하건데

***judge* by ~** ~에 의해 판단하다; ~으로 판단하다

***judgement* call** (의문의 여지가 있는 상황에서의) 심판의 판정; 개인적 의견[해석]

syn. decision, ruling, discretion, opinion

· 파생어 ·

jumper 도약하는 사람; 작업용 상의

jumping 도약의, 뛰는; 도약

jumpy 뛰어오르는, 흥분하기 쉬운, 신경에 거슬리는

· 관련표현 ·

***jump* on to the stage** 무대 위로 뛰어오르다

***jump* down** 뛰어내리다

***jump* the queue** 새치기하다

***jump* for joy** 기뻐 날뛰다

***jump* out of one's skin** 놀라서 펄쩍 뛰다

***jump* to(at) a conclusion** 속단하다

at a full *jump* 전속력으로

one *jump* ahead (남보다) 한발 앞서

***jump* about** 뛰어 돌아다니다; 조급해 있다

| 실전문제 |

다음에 주어진 뜻풀이 가운데서 밑줄 친 jumped의 의미로 가장 적절한 것은?

The price of meat jumped within one month.

(1) to gladly agree to an opportunity or suggestions
(2) to push against the ground with your feet, and move quickly upwards in the air
(3) to suddenly increase or rise by a large amount in a short time
(4) to form an opinion hastily

해설 | 주어가 가격(price)인 것으로 보아 동사 jump는 '폭등(급등)하다'의 뜻이 가장 자연스럽다. (3) 「육류 가격은 한 달 이내에 급등했다.」

juncture [dʒʌ́ŋktʃər]

n. **1 a particular point in time or in a course of events** (중대한) 때, 경우: At this critical *juncture* in the world economy, we must tighten our belts and find a way to get out of the economic recession. 세계 경제의 이 중요 시점에서, 우리는 허리띠를 졸라매고 경기 침체를 벗어날 방법을 찾아야만 한다.

2 a place where two things are joined; a junction 만나는 부분, 교차로, 이음매: The signs were put at the *juncture* of the two mountain paths. 두 산길이 만나는 부분에 표지판을 설치했다. / We placed the wiring at the *juncture* of the two walls. 우리는 두 벽의 이음매 부분에 배선 설비를 했다.

| 실전문제 |

다음에 주어진 뜻풀이 가운데서 밑줄 친 juncture의 의미로 가장 적절한 것은?

The rich man's mansion was located in special juncture in time and space, allowing him to send others to different places and times.

(1) a place where two things are joined; a junction
(2) a particular point in time or in a course of events
(3) a road or path that goes underneath a railway or another road
(4) the act of joining

해설 | 어느 소설에 나오는 이야기인데 '시간과 공간이 만나는 곳', '교차점' 등을 이야기하고 있다. (1) 「그 부자의 대저택은 시간과 공간이 만나는 부분에 있어서, 그가 딴 사람들을 다른 장소와 시간으로 보낼 수 있었다.」

---

jump a question on ~ ~에 질문을 던지다

get the *jump* **on ~** (먼저 시작하였기 때문에) ~보다 우세하다, 앞지르다

on the *jump* 바삐 뛰어다녀, 바쁘게, 눈코 뜰 사이 없이

jump to it 〈보통 명령문으로〉 빨리빨리 착수하다, 서두르다

jump ship (승무원이) 배에서 탈출하다; (활동 등을) (무단으로) 그만두다, 이탈하다

syn. leap, hop, spring, skyrocket

· 파생어 ·

junction 연락, 접합(점)

junctional 연결의, 접속의

· 관련표현 ·

at this *juncture* 이 중대한 때에

a critical *juncture* 중대한 시기 [국면]

at a *juncture* 어떤 상황에서

syn. critical moment, connection, junction, convergence

junior [dʒúːnjər]

ad. **1 connected with young people below a particular age, especially in sports** (특히 스포츠에서) 주니어[청소년]의: the *junior* football club 청소년 축구클럽

2 having a low rank in an organization or a profession 손아래인, 연하의, 하급의: She is *junior* to me. 그녀는 나보다 나이가 어리다. / Hard-pressed *junior* doctors working long hours 장시간 일하며 혹사당하는 수련의들

3 connected with the year before the last year in a high school or college (고등학교나 4년제 대학의) 3학년의: I spent my *junior* year in France. 나는 3학년을 프랑스에서 보냈다.

n. **a person who has a job at a low level within an organization** 하급자, 아랫사람: The problem arises when they send the office *junior*. 그들이 하급 사원을 보낼 때 문제가 발생한다.

|실전문제|

다음에 주어진 뜻풀이 가운데서 밑줄 친 junior의 의미로 가장 적절한 것은?

His appointment is junior to mine by six months.

(1) younger, as a son named after his father
(2) of more recent appointment or admission, as to an office or status
(3) noting or pertaining to the class or year next below that of the senior.
(4) of later date; subsequent to

해설 | 밑줄 친 단어의 뒤에 나오는 by six months를 통해 시간과 관련된 표현임을 알 수 있다. (4) 「그의 약속은 나의 약속보다 6개월 뒤이다.」

· 파생어 ·

juniority 손아래임, 연소, 하급, 하위

· 관련표현 ·

junior **to ~** ~보다 연하의

a *junior* **partner** (주식회사의) 하급 사원

a *junior* **hurricane** 소형의 허리케인

junior **in ~** ~이 아래인

syn. young, younger, secondary, intermediate, immature
ant. senior

just [dʒʌst]

ad. **1 a moment ago, or a brief time ago** 조금 전에: She was *just* here. 그녀는 조금 전에 여기 있었어.

2 no more than; only 다만, 단지: She's *just* an ordinary woman. 그녀는 단지 보통 여자에 지나지 않는다.

3 exactly or precisely 정확히, 틀림없이: That's *just* what they told me. 그것이 정확히 그들이 나에게 말했던 거야.

4 by a narrow margin; barely 겨우, 간신히: He *just* did manage to arrive there on time. 그는 그럭저럭 제때에 그곳에 도착했다.

5 completely; very 아주, 정말로: I've *just* been starving. 정말로 배가 고파.

· 관련표현 ·

fair and *just* **in judgement** 판단이 공정한

a *just* **management** 정확한 측정

just **about everything** 모조리, 몽땅

just **in case (that) ~** ~할 경우를 대비해

just **now** 이제 막, 머지않아

not *just* **A but also B** A뿐만 아니라 B도(=not only A but also B)

just **because** 오로지 ~때문에

That's *just* **it.** 바로 그거야.

just **then** 바로 그때

just **yet** (부정어와 함께) 아직 도저히 (~않다)

just **come up** 신출내기의, 풋내기의, 경험이 없는, 어리석은

|실전문제|

다음에 주어진 뜻풀이 가운데서 밑줄 친 Just의 의미로 가장 적절한 것은?

Just as he prepared to set off the next village, some friends arrived in a taxi.

(1) by a narrow margin; barely
(2) exactly; precisely
(3) a moment ago, or a brief time ago
(4) completely; very

해설 | '막(정확히) ~하려고 할 때'는 just as로 표현하며 as는 when의 의미를 나타낸다. (2) 「막 그가 다음 마을로 출발하려고 준비하고 있었을 때, 몇 명의 친구가 택시를 타고 도착했다.」

☐ **justice** [dʒʌ́stis]

n. **1 the quality of being fair and just** 공정, 공평(함), 정의: In the name of *justice*, all men should be equal. 정의의 이름 하에서 모든 인간은 평등해야 한다.

2 the action or power of law against criminals 사법, 재판: The police caught the criminal and brought him to *justice*. 경찰은 그 범죄자를 잡아 법의 심판을 받게 했다.

3 due punishment or penalty 처벌, 응보: Is there any *justice* after a crime like this? 이와 같은 범죄에 대한 처벌은 없습니까?

4 a judge in a law court 판사: Patrick will be sworn in today as a *justice* on the supreme court. Patrick은 오늘 대법원 판사로서 취임 선서를 할 것이다.

|실전문제|

다음에 주어진 뜻풀이 가운데서 밑줄 친 justice의 의미로 가장 적절한 것은?

The replacement of the minister of justice last week revealed a major problem.

(1) a judge in a law court
(2) due punishment or penalty
(3) the quality of being fair and just
(4) the action or power of law against criminals

해설 | minister는 장관, 목사 등의 뜻이므로, minister of justice는 '법무 장관'이 됨을 알 수 있다. (4) 「지난주 법무부 장관의 교체는 큰 문제가 있음을 시사했다.」

just **as it is** 바로 그대로
just **in time** 겨우 시간에 맞춰
just **like that** ((미·구어)) 쉽사리, 손쉽게; ((미·구어)) 말한 그대로이다
just **as ~** ~와 꼭 마찬가지로; 마침 ~할 때

syn. a short time ago, recently, exactly, completely, merely

·파생어·

just 올바른, 공정한, 타당한, 당연한
justiciable 재판에 회부되어야 할
justiciary 사법의
justify 옳다고 하다, 정당화하다

·관련표현·

a *justiciable* case
재판에 회부되어야만 하는 사건
a court of *justice* 법정
with *justice* 공정하게, 공평하게
justice court 치안 판사 법원
a *just* claim 당연한 요구
a *just* measure 정확한 측정
fair and *just* in judgement
판단이 공정한
Justice prevails. 정의가 승리한다.
bring to *justice*
(죄인을) 법의 심판을 받게 하다
do a person *justice* (인정할 점은 인정하여) 정당하게 취급하다, 공평하게 평하다; (사람·물건을) 실물대로 나타내다; ((익살)) 배불리 먹다
do oneself *justice*
수완을 충분히 발휘하다
deny a person *justice*
~을 공평하게 다루지 않다
in *justice* to a person
~을 공평하게 평하자면

syn. righteousness, fairness, equality, legality, punishment
ant. dishonesty, inequality, unfairness, partiality

justify [dʒʌ́stəfài]

vt. 1 to show that someone or something is right or reasonable 옳다고 보여주다, 타당하다고 주장하다: Her success has clearly *justified* their early faith in her. 그녀의 성공은 그들이 처음에 그녀를 신임했던 것이 옳았음을 분명히 보여 준다.

2 to give an explanation or excuse for something or for doing something ~의 정당한 이유가 되다, 정당화하다: The end *justifies* the means. ((속담)) 목적은 수단을 정당화한다.

|실전문제|

다음에 주어진 뜻풀이 가운데서 밑줄 친 justify의 의미로 가장 적절한 것은?

The end does not always justify the means.

(1) to give an explanation or excuse for something or for doing something
(2) to make a line of type a desired length by spacing the words and letters
(3) to declare innocent or guiltless; absolve; acquit
(4) to level and square

해설 | 제시된 문장에서 justify는 어떤 수단이 '옳거나 정당하다'는 것을 뜻하고 있다. (2)와 (4)는 모두 한글과 같은 문서 파일에서 글자를 조절해 원하는 크기의 문서를 만들 때 쓰는 용어이다. (1) 「목적이 항상 수단을 정당화하는 것은 아니다.」

·파생어·
justifiable 정당하다고 인정할 수 있는
justified 납득이 되는, 이치에 맞는
justification 정당화
justificatory 정당화하는, 정당화할 힘이 있는

·관련표현·
***justify* oneself** 자기의 행위를 변명하다, 자신의 옳음을 밝히다
***justify* a margin** (행간의) 여백을 맞추다
a *justified* complaint 정당한 항의
be *justified* in doing ~하는 것은 정당하다[당연하다], ~해도 무방하다
***justifiable* homicide** 정당방위에 의한 살인

syn. explain, support, warrant, defend, excuse, uphold, vindicate, exonerate

juvenile [dʒúːvənl]

a. 1 connected with young people who are not yet adults 청소년의: These days, *juvenile* delinquency goes on increasing. 청소년 범죄가 늘어가고 있다.

2 silly and more typical of a child than an adult 유치한, 미숙한: Don't be so *juvenile*! 유치하게 놀지 마라.

n. a young person who is not yet an adult 소년 소녀, 청소년: Guidelines for the sentencing of *juveniles* 청소년 형벌에 대한 지침

|실전문제|

다음에 주어진 뜻풀이 가운데서 밑줄 친 juvenile의 의미로 가장 적절한 것은?

His juvenile tantrums are not in keeping with his age.

(1) of, pertaining to, characteristic of, or suitable or intended for young persons
(2) young; youthful
(3) immature; childish; infantile
(4) not fully grown or developed

해설 | tantrum이라는 단어는 '떼를 쓰는 행위'를 나타내는 단어로 보통 아이에게 쓰이는 말이다. 이 단어와 함께 쓰인 juvenile은 뒤에 나오는 내용과 맞추어 볼 때, '덜 성숙한'의 의미임을 알 수 있다. (3) 「그가 어린아이 같이 떼를 쓰는 모습은 나이에 맞지 않다.」

·파생어·
juvenescent 청년기에 달한, 새파랗게 젊은, 회춘하는
juvenescence 젊음, 청춘, 도로 젊어지기, 회춘
juvenilia 초기 작품, 어린이용 도서

·관련표현·
***juvenile* delinquent** 미성년 범죄자, 비행 소년
***juvenile* court** 소년 심판소
***juvenile* corrective institution** 소년 갱생원, 소년원
***juvenile* crime** 청소년 범죄
***juvenile* literature** 아동 문학

syn. immature
ant. adult

K

keep [kiːp]

vt. 1 to continue to have something in one's possession, not throwing away or selling it 간직하다, 가지고 있다: I'll *keep* this for future use. 훗날 쓸 수 있도록 이것을 간직해 두겠습니다. / Linda will have to choose between marrying him and *keeping* her job. 린다는 그 남자와의 결혼과 일자리 중 하나를 선택해야 할 것이다.

2 to own and manage 경영하다, 관리하다: His brother is *keeping* a convenience store. 그의 형은 편의점을 하고 있다.

3 to cause to remain or continue in a particular state ~한 상태로 간직하다, 계속 ~하게 하다: *Keep* your hands clean always in order not to catch a cold. 감기에 걸리지 않게 항상 두 손을 청결하게 해라. / Try to *keep* calm. 침착해 봐.

4 to fulfill a promise or appointment (약속을) 지키다: Due to traffic congestion, I couldn't *keep* my appointment with a dentist. 교통 체증 때문에 나는 치과 의사와의 약속을 지킬 수 없었다.

5 to take care of and provide with food or money; support 먹여 살리다, 부양하다: He *kept* his brother's children when he died. 그는 형님이 돌아가셨을 때 그의 아이들을 돌보았다. / The taxi driver could not *keep* his family on his small income. 그 택시 운전사는 쥐꼬리만한 봉급으로 가족을 부양할 수 없었다.

|실전문제|

다음에 주어진 뜻풀이 가운데서 밑줄 친 <u>keep</u>의 의미로 가장 적절한 것은?

He scarcely earns enough to <u>keep</u> himself and his family.

(1) to fulfill a promise or appointment
(2) to cause to remain or continue in a particular state
(3) to take care of and provide with food or money; support
(4) to continue to have something in one's possession, not throwing away or selling it

해설 | keep one's family가 '가족을 부양하다'라는 것을 알면 정답을 쉽게 고를 수 있다. (3) 「그는 자신과 가족을 부양할 수 있는 충분한 돈을 거의 벌지 못한다.」

·파생어·
keeper 파수꾼, 관리인, 사육자
keeping 보관, 관리, 돌봄

·관련표현·
keep a diary
일기를 쓰다(=*keep* a journal)
keep records 기록하다
keep a promise 약속을 지키다
(=*keep* one's word)
keep a secret 비밀을 지키다
keep hens 닭을 치다(기르다)
keep late hours 밤늦게까지 자지 않다
keep early[good] hours
일찍 자고 일찍 일어나다
be in a good *keep*
보존이 잘 되어 있다
keep up with the Joneses
이웃에게 지지 않으려고 허세를 부리다
keep up with (사람·시대 흐름 등에)
뒤떨어지지 않다, 지지 않다
keep ahead (경기 등에서) 상대보다 앞서다 〈in〉; (상대방·추적자보다) 먼저 가다 〈of〉
keep from ~ ~을 금하다, 억제하다, 삼가다; ~에서 떨어져 있다
keep on doing 계속 ~하다
〈집요하게 반복되는 동작·상태의 계속〉
keep under 억제하다; 복종시키다; (불을) 끄다; 진압하다
have the *keeping* of ~
~를 맡고 있다

syn. retain, possess, store, look after, support, inhibit
ant. discard, release, free, ignore

key [kiː]

n. **1** a specially shaped piece of metal for locking a door, or starting a car 열쇠: They put the *key* in the door and entered. 그들은 문을 열쇠로 열고 들어갔다.

2 a means of access, control, possession (문제, 사건의) 실마리, (성공, 건강의) 비결, 열쇠: Her story gave the *key* to the mystery. 그녀의 이야기가 그 미스터리를 해결할 수 있는 열쇠를 주었다. / Good diet and exercise are two important *keys* to good health. 좋은 식사법과 운동은 건강의 두 가지 중요한 열쇠이다.

3 any of the buttons that you press to operate a computer (컴퓨터 등의) 키: Highlight the file you want to open and press the ENTER *key*. 열고자 하는 파일에 하이라이트 표시를 해 주고 엔터키를 눌러라.

4 a scale of musical notes that begins with one specific note or tone in voice (장조, 단조의) 조성 또는 목소리의 음조: It's in a too high *key* for me. 나에게는 소리(키)가 너무 높아.

|실전문제|

다음에 주어진 뜻풀이 가운데서 밑줄 친 keys의 의미로 가장 적절한 것은?

The arrangement involved her singing in different keys.

(1) any of the buttons that you press to operate a computer
(2) a scale of musical notes that begins with one specific note or tone in voice
(3) a means of access, control, possession
(4) a specially shaped piece of metal for locking a door, or starting a car

해설 | arrangement는 여기서 노래의 편곡을 뜻하므로 이 문장에서의 key는 '음조'를 의미한다. (2) 「그 편곡은 그녀가 다른 음조(키)로 노래 부르도록 만들어졌다.」

·파생어·
keyed 쇠가 걸리는, 건반이 있는
keyless 열쇠가 없는, 열쇠가 필요 없는
keystone 주축, 근본 원리

·관련표현·
the *key* to success 성공의 비결
the *key* to good health 건강의 비결
speak in a high *key* 높은 음조로 말하다
in *key* with ~ ~와 조화를 이루어
key industries 주요 산업
all *keyed* up 매우 흥분(긴장)되어
keyhole 열쇠 구멍
keynote speech 기조연설
key ring 열쇠고리
a *key* position 주요 직책(위치)
have the *key* of the street 밤중에 내쫓기다, 오갈 데가 없게 되다
hold in hand the *key* of ~ (해결의) 열쇠를 거머쥐다, 핵심을 쥐다
key issues 중요 문제
a *keyed* instrument 건반 악기

syn. latchkey, solution, explanation, tone

kick [kik]

vi., **1** to hit forcefully with the foot 발로 차다, 걷어차다: He threw me to the ground and started to *kick*. 그는 나를 땅에 쓰러뜨리고 발로 차기 시작했다.

vt. **1** to stop a bad habit that you regularly do and find difficult to stop doing 마약이나 나쁜 습관을 버리다: He *kicked* her drug habit including cigarettes and booze. 그는 담배와 술을 포함해서 마약 습관을 끊었다.

2 to move one's legs with a quick and forceful way repeatedly (운동이나 스포츠 경기 전에 연습으로) 반복적으로 발을 차다: She begins dancing, *kicking* her legs high in the air. 그녀는 두 발을 공중 높이 차면서 춤을 추기 시작한다.

·파생어·
kicker 차는 사람, 흥분(자극)을 주는 것
kicky (말 등이) 차는 버릇이 있는, 재미있는, 원기 왕성한
kickback 역전, 반동, 반환, 환불금

·관련표현·
kick the habit of ~ ~한 버릇을 버리다
kick off (회합이나 축구 등을) 시작하다, 차서 쫓아 버리다
for kicks 재미로, 스릴을 맛보기 위해서
get the *kick* 해고당하다
give the *kick* 해고시키다(=fire, dismiss, let ~ go)

3 to throw out or fire 쫓아내거나 해고하다: The landlord *kicked* him out of his apartment for nonpayment of rent. 집주인은 집세를 내지 않는 그를 아파트에서 쫓아냈다.

|실전문제|

다음에 주어진 뜻풀이 가운데서 밑줄 친 <u>kicked</u>의 의미로 가장 적절한 것은?

He was <u>kicked</u> out of college for cheating in exams.

(1) to move one's legs with a quick and forceful way repeatedly
(2) to throw out or fire
(3) to hit forcefully with the foot
(4) to stop a bad habit that you regularly do and find difficult to stop doing

해설 | 부정행위(cheating)를 했으므로 대학에서 쫓겨나 퇴학을 당하는 경우이다. (2) 「그는 시험 중에 부정행위로 대학에서 퇴학당했다.」

☐ kid [kid]

n. 1 a child; a young person 아이, 어린이: He's a cute *kid*. 예쁜 아이네요. / When I was a *kid* there used to be a school over there. 내가 어렸을 때 저기에는 학교가 있었다.

2 a young goat, antelope or other related animal 새끼 염소, 새끼 영양: When the little *kids* opened the door, the wolf ran into the house. 새끼 염소들이 문을 열자, 늑대가 집 안으로 뛰어들어 왔다.

3 the smooth soft leather made from the skin of a young goat 새끼 염소 가죽: a pair of white *kid* boots 흰염소 가죽 부츠 한 켤레

a. younger 미숙한, 손아래의: He has a *kid* sister. 그에게는 어린 여동생이 있다.

vt. to fool or deceive light-heartedly or in fun 놀리다, 속이다: He *kidded* his mother that he was ill. 그는 아프다고 어머니에게 거짓말을 했다.

|실전문제|

다음에 주어진 뜻풀이 가운데서 밑줄 친 <u>kid</u>의 의미로 가장 적절한 것은?

Buy <u>kid</u>skin loafers with a price guarantee and top rated customer service. You can compare multiple kidskin loafers styles and find exactly your size and width.

(1) the young of a similar animal, such as an antelope
(2) the flesh of a young goat
(3) leather made from the skin of a young goat
(4) an glove made from this leather

have a *kicking* ass 즐거운(유쾌한) 시간을 보내다

a *kick*-off meeting 첫 번째 모임(회의)

***kick* the bucket** 죽다(=die)

***kick* oneself** ~의 행동을 후회하다, 자책하다

have a *kick* 강한 효과가 있다, 톡 쏘는 맛[자극성]이 있다

***kick* it** 나쁜 습관을 끊다; 도망하다 (escape)

***kick* against ~** ~을 향하여 차다, 덤비다; 반항하다

a *kick* in the pants 비참한 패배[역전]; 스릴; 우스꽝스러움; 재미있는 사람

syn. strike, hit, eject, fire

· 파생어 ·

kidnap 유괴하다
kiddy 새끼 염소, 아이
schoolkid 아동, 학동
kiddo 자네, 너

· 관련표현 ·

I *kid* you not. 심각해, 농담하는 게 아냐, 사실이야.
in *kid* gloves 점잖게; 미온적인 수단으로
no *kid* 농담 아니고, 정말로
***kid* about ~** ~에 대해서 놀리다
a new *kid* on the block 신출내기, 신참
***kid* around with ~** ~을 놀리다
a college *kid* 대학생
Don't *kid* me. 농담 마라.
***kid* stuff** 어린아이 같은 행동
handle with *kid* gloves 부드럽게 다루다; 신중히 대처하다
***kid*-glove treatment** 지나치게 신중한 대우
no *kidding* 농담[거짓말] 아니다, 정말이다; (동의의 뜻으로) 정말 그래

해설 | loafer는 '간편한 신발, 구두'의 의미이다. skin 자체에도 가죽이라는 의미가 있지만, kidskin이라 하면, 특히 '염소 가죽'을 말한다. (3) 「가격 보증이 되고 최고의 고객 서비스를 갖춘 새끼 염소 가죽 구두를 사세요. 염소 가죽 구두의 다양한 스타일을 비교할 수 있고, 당신에게 꼭 맞는 사이즈와 폭을 찾을 수 있습니다.」

syn. child, youngster, baby, toddler, infant, adolescent, juvenile, teenager, youth

☐ **kill** [kil]

vt. **1 to cause the death of** 죽이다, 살해하다: The prisoners *killed* a guard during the escape. 죄수들은 탈옥 중에 간수를 죽였다.
2 to completely destroy or end hope, activity or idea (희망 등을) 꺾다, 묵살하다: Her constant nagging *killed* his ambition. 그녀의 계속적인 잔소리는 그의 야망을 꺾어버렸다. / He drinks to *kill* the pain. 그는 고통을 끝내기 위해서 술을 마신다.
3 to cause to stop or fail 중지하거나 실패하게 하다: Her tactless remark *killed* the conversation. 그녀의 기교 없는 말로 대화가 중지되었다.
4 to cause physical or emotional pain 몹시 아프게 하다, 몹시 괴롭히다: My shoes are *killing* me. 구두가 꽉 끼어서 죽을 지경이다.
5 to attract, thrill or overwhelm (외모, 복장 등이) 매료시키다, 압도하다: Your naive smile is *killing* me. 당신의 순수한 미소는 나를 압도한다.
6 to spend time wastefully or aimlessly (시간, 세월 등을) 헛되이 낭비하다: He *killed* one hour reading a book before his train arrived. 그는 그가 탈 기차가 올 때까지 한 시간을 책을 읽으며 보냈다.

|실전문제|
다음에 주어진 뜻풀이 가운데서 밑줄 친 killed의 의미로 가장 적절한 것은?

He killed about 7 years on that study.

(1) to cause to stop or fail
(2) to cause the death of
(3) to spend time wastefully or aimlessly
(4) to attract, thrill or overwhelm

해설 | 7년간의 세월이 목적어로 되어 있으므로 '헛되이 낭비하다', '세월을 허송하다'의 의미가 된다는 것을 쉽게 알 수 있다. (3) 「그는 7년간의 세월을 그 연구에 허비했다.」

· 파생어 ·
killer 살인자, 살인 청부업자, 강렬한 것(마약 등)
killing 죽이는, 우스워 죽을 지경인, 매력적인
killjoy (일부러) 흥을 깨는 사람
kill-time 심심풀이, 소일거리
killed (술 · 마약에) 취한

· 관련표현 ·
kill time ~ing
~하면서 한가한 시간을 보내다
kill one's hope 희망을 꺾다
kill two birds with one stone
((속담)) 일석이조
on the *kill* (짐승이) 먹이를 노리고
dressed to *kill*
홀딱 반할 만한 옷차림을 한
kill oneself 자살하다
kill a person with kindness 친절이 지나쳐 도리어 화를 입히다: (어린아이를) 응석 받아 주어 버려놓다
go in for the *kill*
상대에게 치명타를 주려고 기회를 노리다

syn. murder, slay, slaughter, ruin, destroy
ant. enliven, revitalize

☐ **kind** [kaind]

n. **1 a group, class, sort, race or type** 종류: He is not the *kind* (of person) to do things by halves. 그는 일을 어중간하게 할 사람이 아니다.

· 파생어 ·
kindly 상냥한; 친절하게
kindliness 친절, 온정, 친절한 행위
kindred 일족, 혈연
unkind 불친절한

361

2 a particular variety or a specimen belonging to a specific variety 종(種), 속(屬), 범주: the human *kind* 인류 / This *kind of* meat tastes better if it cooks for at least two hours. 이런 종류의 고기는 적어도 두 시간 동안 조리하면 맛이 더 좋다.

3 nature or natural character 자연; 본성, 본질, 타고난 성질: the laws of *kind* 자연의 법칙

a. 1 friendly or generous 친절한, 상냥한, 동정심 있는: It is very[so] *kind* of you to lend me the book. 책을 빌려 주셔서 대단히 고맙습니다. / Will you be *kind* enough[so kind as] to write this letter for me? 이 편지를 좀 써 주시겠습니까?

2 warm or cordial 온화한, 부드러운, 따뜻한: *kind* weather 따뜻한 날씨

| 실전문제 |

다음에 주어진 뜻풀이 가운데서 밑줄 친 <u>kind</u>의 의미로 가장 적절한 것은?

Tempe boasts very <u>kind</u> weather nine months of the year. Arizona's hot summers are renowned.

(1) of a good or benevolent nature or disposition, as a person
(2) having, showing, or proceeding from benevolence
(3) indulgent, considerate, or helpful; humane
(4) mild; gentle; clement

해설 | 날씨와 함께 쓰인 kind는 '친절한'의 의미로 해석할 수 없다는 것을 보아 (4)를 선택할 수 있으며, clement가 주로 날씨가 '온화한'에 쓰이는 것을 안다면 더욱 접근이 쉬워진다. (4) 「템피 시는 연중 아홉 달에 달하는 아주 화창한 날씨를 자랑한다. 애리조나의 뜨거운 여름은 유명하다.」

☐ **kindle** [kíndl]

vt. 1 to stir up (정열, 마음을) 타오르게 하다, 흥분시키다: The orphan *kindled* the woman's maternal instincts. 그 고아는 그 여성의 모성 본능을 자극했다.

2 to set fire or ignite 불을 붙이다, 불을 지피다: She *kindled* the logs in the fireplace. 그녀는 벽난로에 있는 통나무에 불을 지폈다. / He came in and *kindled* a fire in the stove. 그는 들어와서 스토브에 불을 붙였다.

vi. 1 to be excited 흥분하다, 격앙되다: The legislator *kindled* at the remarks made by a member of ruling party. 그 국회의원은 여당 의원이 한 말을 듣고 흥분했다.

2 to glow or burn in embarrassment (얼굴이) 빛나거나 화끈거리다: The children's eyes *kindled* with curiosity in a science class. 과학 교실에서 아이들의 눈은 호기심으로 빛났다.

---

unkindly 불친절하게, 무정하게; 불친절한, 무정한
mankind 인류, 인간

· 관련표현 ·

nothing of the *kind* 전혀 그런 것이 아님, 전혀 다른 일; 단 하나뿐인 것, 독특한 것
a *kind* of 일종의 ~, 이른바, ~와 같은; 막연한
***kind* of** 거의, 약간, 어느 쪽인가 하면
after one's *kind* 자기 나름대로
differ in *kind* 성질[본질]이 다르다
in *kind* 본래의 성질이, 본질적으로; 물품으로
that *kind* of money 그렇게 많은 돈
What *kind* of a man is he? (그 사람)은 어떤 사람이오?
***kind* words** 친절한 말
be kissing *kind* 키스할 정도로 친하다
***kind* and courteous** 친절하고 예의 바른
be *kind* enough to ~ 친절하게도 ~하다

syn. good, generous, benign, benevolent, considerate, sweet, thoughtful, sort, type, form, version, variety, style, genre, nature, brand
ant. unkind

· 파생어 ·

kindling 점화, 발화, 흥분, (토끼의) 출산
kindler 점화자, 불쏘시개

· 관련표현 ·

***kindle* one's enthusiasm** 열의에 불을 붙이다
***kindle* straw** 짚에 불을 붙이다
***kindle* much interest** 많은 관심을 불러일으키다
***kindle* a flame** 불을 붙이다, 타오르게 하다, (비유) (정열 등을) 타오르게 하다
***kindle* a person's emotion** ~을 감동시키다

syn. ignite, set the fire to, stir, inspire, enkindle
ant. smother, extinguish, quench

|실전문제|

다음에 주어진 뜻풀이 가운데서 밑줄 친 kindle의 의미로 가장 적절한 것은?

These poems have helped kindle the imagination of generations of children.

(1) to set fire or ignite
(2) to stir up
(3) to be excited
(4) to set fire or ignite

해설 | 뒤의 목적어가 상상력(imagination)이므로, 문맥상 '상상력을 자극하다' 또는 '상상력에 불을 붙이다' 의 뜻이 된다. (2) 「이 시들은 어린 세대들의 상상력을 자극하는 데 이바지했다.」

knit [nit]

vt. 1 to make something from wool or a similar thread by using machines or two knitting needles 뜨다, 짜다: She *knitted* scarves while she was convalescing. 건강이 회복되는 동안 그녀는 스카프를 짰다. / My girlfriend *knitted* me a sweater. 내 여자 친구는 나에게 스웨터를 짜주었다.

2 to join things or people closely; unite 굳게 결합시키다: Our common interests *knitted* the group together. 우리의 공동의 관심사로 우리 집단은 하나로 뭉쳤다.

3 to make a plan 계획을 짜다, 만들다: He spent quite a few hours *knitting* a new promotion plan for the new product. 그는 신제품의 새로운 홍보 계획을 짜는 데 꽤 많은 시간을 보냈다.

vi. (of a broken bone) to grow together 뼈를 접합시키다: The bone hasn't *knitted* together properly. 뼈는 적당히 접합되지 않았다.

·파생어·
knitting 뜨개질, 접합, 결합
knitwear 뜨개질 옷
knitted 짠, 뜬
knitter 뜨개질하는 사람, 편물 기계

·관련표현·
a *knitted* article 니트 제품
knit a sweater out of wool 털실로 스웨터를 짜다
knit bricks together 벽돌을 접착시키다
knit a new plan 새로운 계획을 짜다
knit up ~을 짜다, 결합하다
knitting needle 뜨개바늘
knit in 짜 넣다; 섞어 짜다
knit the brow[one's brows] 이맛살을 찌푸리다
a well-*knit* frame 균형 잡힌 체격

syn. weave, stitch, join, unite

|실전문제|

다음에 주어진 뜻풀이 가운데서 밑줄 친 knits의 의미로 가장 적절한 것은?

The best thing about sports is that it knits the whole family close together.

(1) (of a broken bone) to grow together
(2) to make a plan
(3) to join things or people closely; unite
(4) to make something from wool or a similar thread by using machines or two knitting needles

해설 | 문미에 있는 close together는 '가깝게' 라는 정도로 볼 수 있는 부사구인데, 이것으로 보아 온 가족을 가깝게 '결속시키다' 또는 '단합시키다' 의 뜻으로 해석이 될 수 있다. (3) 「스포츠의 가장 좋은 점은 온 가족을 단합시킨다는 점이다.」

K

knock [nɑk]

vi **1 to hit a door forcefully with a noise** 문을 두드리다: There was definitely somebody home when he *knocked* at the door. 그가 문을 두드렸을 때, 틀림없이 누군가 집에 있었다.

2 (of a car or engine) to make a strange noise because there is something wrong (자동차나 엔진이) 문제가 있어 이상한 소리를 내다: If the engine starts *knocking*, it could be a worn bearing. 만약 엔진에 소리가 나기 시작하면, 낡은 베어링이 문제일 수 있다.

vt **1 to hit hard** 세게 치다, 부딪치다: He *knocked* the fish on the head to kill it quickly. 그는 물고기를 빨리 죽이기 위해서 머리를 세게 쳤다.

2 to hit someone very hard so that he falls over or becomes unconscious 때려눕히다: The boxer *knocked* the current champion to the ground. 그 권투 선수는 현 챔피언을 때려눕혔다.

3 to criticize or express unagreeable opinion about 험담하다, 트집 잡다: The critics *knocked* her last play. 비평가들은 그녀의 마지막 희곡을 비판했다.

4 to make a hole in something by hitting it 두드려 쳐서 구멍 내서 만들다: He decided to *knock* the two rooms into one. 그는 두 개의 방을 쳐서 하나로 만들기로 결정했다.

|실전문제|

다음에 주어진 뜻풀이 가운데서 밑줄 친 knocking의 의미로 가장 적절한 것은?

I'm not knocking them. If they want to do it, it's up to them.

(1) to hit a door forcefully with a noise
(2) to hit someone very hard so that he falls over or becomes unconscious
(3) to criticize or express unagreeable opinion about
(4) to make a strange noise because there is something wrong

해설 | 문맥을 보면, '나는 그들을 비난하고 흠잡는 것이 아니다, 그래서 그들이 그 일을 원한다면 전적으로 그들이 그 일의 책임을 져야 한다' 는 내용이므로, 이때 knock은 '흠잡다, 비난하다' 등의 뜻으로 사용되었다. (3) 「나는 그들을 험담하는 것이 아니다. 그들이 그렇게 하기를 원한다면 결정은 전적으로 그들에게 달려 있다.」

knot [nɑt]

n. **1 a fastening formed by tying together the ends of a piece or pieces of string, wire, and rope** 매듭, 고, 장식 매듭: The woman tied her belt with a *knot*. 그 여자는 벨트를 매듭으로 맸다.

2 a small group of people close together 무리, 소수의 집단: Little *knots* of people had formed, whispering about the rumors. 소수의 사람들이 모여서, 그 소문에 대해서 귓속말을 했다.

·파생어·

knocker 문을 두드리는 사람
knocking 노크 소리, 엔진의 노킹
knockout (펀치가) 통렬한, 압도적인, 굉장한

·관련표현·

knock down 때려눕히다, 때려 부수다
knock it off 조용히 해, 그만둬
knock together 부딪치다, 접촉하다
knock someone dead 누군가를 크게 감동시키다
knock someone on the head 누군가의 머리를 때리다
get the **knock** 해고되다; (배우 등이) 인기가 떨어지다
knock oneself out 열심히 일하다, 많은 노력을 하다
knock a person into shape ~을 정돈[정리]하다; (사람이 되도록) 잘 가르치다
knock a person's hat off ~을 깜짝 놀라게 하다

syn. hit, strike, bang, smash, batter, criticize

·파생어·

knotted 매듭[마디]이 있는, 얽힌, 곤란한
knotless 매듭이 없는, 마디가 없는
knotty 마디가 많은, 해결이 곤란한
knottiness 마디 투성이, 분규
knotting 매듭장식, 마디

·관련표현·

make a *knot* 매듭을 짓다
loosen a *knot* 매듭을 풀다
at the rate of *knots* 아주 빠른 속도로
tie the *knot* 결혼을 하다
tie ~ into[in] *knots* ~를 곤경에 빠뜨리다

3 a unit of speed equal to one nautical mile 노트(1시간에 약 1852km를 달리는 속도): The cruiser travelled at speeds of up to 25 *knots*. 그 유람선은 25노트의 속도로 운행했다.

4 an uncomfortable, tight feeling in the stomach 불편한 긴장감: There was a *knot* of tension in his stomach. 그의 속이 불편했다.

|실전문제|

다음에 주어진 뜻풀이 가운데서 밑줄 친 <u>knots</u>의 의미로 가장 적절한 것은?

This cruiser is going 30 <u>knots</u> per hour.

(1) an uncomfortable, tight feeling in the stomach
(2) a unit of speed equal to one nautical mile
(3) a fastening formed by tying together the ends of a piece, or pieces of string, wire, and rope
(4) a small group of people close together

해설 | 주어가 cruiser(유람선)이므로 이때 knot는 at the rate of knots(아주 빠른 속도로)에서처럼 speed(속도)를 뜻한다. (2) 「이 유람선은 시속 30노트의 속도로 가고 있다.」

knowledge [nάlidʒ]

n. 1 information and understanding gained through experience or study 지식: I was surprised by the breath of her *knowledge*. 나는 그녀의 지식의 폭에 놀랐다.

2 information or news 소식, 보도: *Knowledge* of the disaster from the earthquake quickly spread. 지진으로 인한 재난 소식은 재빨리 번져나갔다.

3 the state of knowing; awareness or understanding 인식, 이해: The matter was never brought to the *knowledge* of the minister. 그 장관은 결코 그 문제를 인식하지 못했다.

4 experience 경험: He will speak to you about a *knowledge* of life. 그는 자신의 인생 경험에 대해서 여러분에게 이야기할 것입니다.

|실전문제|

다음에 주어진 뜻풀이 가운데서 밑줄 친 <u>knowledge</u>의 의미로 가장 적절한 것은?

The populace received <u>knowledge</u> that the war was over.

(1) experience
(2) information and understanding gained through experience or study
(3) the state of knowing; awareness or understanding
(4) information or news

해설 | 대중들이 that 이하의 뉴스나 정보를 '받았다' 혹은 '들었다'고 해야 문맥에 맞는다. (4) 「대중들은 그 전쟁이 끝났다는 소식을 들었다.」

a *knot* of people 일단의 사람들
cut the *knot*
현명한 판단을 내려 난관을 처리하다
undo a *knot* 매듭을 풀다
seek a *knot* in a rush
쓸데없는 소란을 피우다
a *knotty* problem 곤란한 문제

syn. loop, braid, ornament, bundle, collection, group

· 파생어 ·

know 알다, 이해하다
knowing 알고 있는, 학식이 풍부한, 기만한
known 알려진
knowledgable 지식이 있는, 정보통의
knowable 알 수 있는, 알기 쉬운

· 관련표현 ·

a *known* fact 주지의 사실
every branch of *knowledge* 모든 지식의 분야
A little *knowledge* is a dangerous thing. ((속담)) 선무당이 사람 잡는다.('조그만 지식은 위험하다'는 뜻)
a good *knowledge* of biochemistry 생화학에 대한 깊은 학식
It is common *knowledge* that ~
~는 주지된 사실이다
It is a matter of common *knowledge*.
그것은 일반인도 다 아는 것이다.
to my *knowledge* 내가 아는 바로는
without the *knowledge* of ~
~에게 알리지 않고
have some *knowledge* of ~
~을 다소 알고 있다
deny *knowledge*
(~을 전혀) 모른다고 말하다
not to my *knowledge*
내가 아는 바로는 그렇지 않다
to the best of one's *knowledge* ~가 알고 있는 바로는
come to a person's *knowledge* ~에게 알려지다
slight *knowledge*
약간의[피상적인] 지식
practical *knowledge* 실용적 지식

syn. learning, news, report, announcement
ant. ignorance, misunderstanding, unawareness

L

labor [léibər]

n. **1 very hard and tiring physical work** 노동, 근로: Much *labor* went into the building of the pyramids. 피라미드를 짓는 데 많은 노동이 투입되었다.

2 blue-collar workers 노동자, 육체노동자: Most of the auto plant's *labor* is on a strike for more wage. 그 자동차 공장 대부분의 노동자들이 더 많은 임금을 요구하면서 파업을 하고 있다.

3 birth pangs, or the process of giving birth 산고, 출산: She went into *labor* two weeks early. 그녀는 예정일보다 2주나 빨리 산고에 들어갔다.

4 a piece of work 일: You'd better sit down and rest after your *labors*. 일한 후에는 좀 앉아서 쉬는 게 좋겠어.

|실전문제|

다음에 주어진 뜻풀이 가운데서 밑줄 친 Labor의 의미로 가장 적절한 것은?

Labor and management are sitting together at a negotiation table to discuss the wage problem.

(1) birth pangs, or the process of giving speech
(2) a piece of work
(3) blue-collar workers
(4) very hard and tiring physical work

해설 | labor and management는 노사를 말하는데, 여기서 labor는 '노동, 근로' 또는 '노동자, 근로자'의 뜻으로 쓰이고 있다. (4) 「노사가 임금 문제를 논의하기 위해서 협상 테이블에 모일 것이다.」

· 파생어 ·
labored 힘든, 애쓴, 부자연스러운
laborer 노동자
laborious 힘든, 고된, 부지런한
laborsome 힘든, 노력이 필요한
laboring 노동에 종사하는, 고통을 겪고 있는

· 관련표현 ·
labor pain 산고
be in *labor* 분만(진통) 중이다
labor for peace 평화를 위해 노력하다
labor after ~ ~을 얻으려고 애쓰다
labor relations 노사 관계
labor force 노동력, 노동 인구
labor law 노동법
labor union 노동 조합
labor ward 분만실(=delivery room)
labor party 노동당
labor-intensive 노동 집약적인
labor one's way 곤란을 무릅쓰고 나아가다
labor at (어려운 일에) 힘쓰다, 고심하다
a *labored* speech 부자연스러운 연설
a day *laborer* 날품팔이 노동자

syn. manual labor, effort, workers, pains
ant. rest, relaxation, ease

lace [leis]

n. **1 a very delicate cloth which is made with a lot of holes in it** 레이스: She finally found the perfect gown, a beautiful creation trimmed with *lace*. 그녀는 마침내 완벽한 가운을 발견했는데, 이것은 레이스 장식이 있는 아름다운 가운이었다.

2 a string or cord that is pulled through holes in shoes or clothing (구두, 옷 등의) 끈: The child doesn't know how to tie his shoe *laces*. 그 아이는 신발 끈 매는 법을 모른다.

vt. **1 to fasten or pull together by tying lace** 끈을 매다, 끈으로 묶다: If you don't *lace* your shoes, you might trip over. 만약 구두끈을 매지 않는다면, 발에 걸려 넘어질지도 모른다.

· 파생어 ·
lacing 레이스로 장식하기, 끈; 벌
laced 가장자리에 술이 달린(=laciniate)

· 관련표현 ·
lace (up) one's shoes 신발(구두)끈을 매다
a handkerchief *laced* with flowers 꽃 장식이 된 손수건
lace a person's jacket ~를 채찍으로 때리다
lace into ~ ~를 비난하다
lace with ~ ~을 가미하다

***vi.* to punish or chastise** 비난하다: She verbally *laced* into his son for his misbehavior. 그녀는 욕을 퍼부으면서 그의 아들의 비행을 비난했다.

syn. fasten, bind, whip, decorate
ant. unlace, untie

|실전문제|

다음에 주어진 뜻풀이 가운데서 밑줄 친 laces의 의미로 가장 적절한 것은?

Mary was sitting on the bed, tying the laces of an old pair of running shoes.

(1) to fasten or pull together by tying lace
(2) a string or cord that is pulled through holes in shoes or clothing
(3) to punish or chastise
(4) a very delicate cloth which is made with a lot of holes in it

해설 | 우선 the라는 정관사 다음에 있으므로 명사의 뜻을 찾을 수 있는데, 뒤에 운동화(running shoes)가 나오므로 '신발 또는 운동화 끈'을 말함을 알 수 있다. (2) 「메리는 침대에 앉아, 오래된 운동화 끈을 매고 있었다.」

□ **land** [lænd]

n. **1 ground; the part of the earth's surface** 땅, 육지: It isn't clear whether the plane went down over *land* or sea. 그 비행기가 땅에 추락했는지, 바다에 추락했는지는 확실치 않다.

2 an area of ground, especially used for a particular purpose, such as farming or building 토지, 소유지: He found good *land* for growing ginseng. 그는 인삼을 재배하기에 좋은 토지를 발견했다. / Good agricultural *land* is gradually disappearing. 좋은 농토는 점점 사라지고 있다.

3 nation or country 국토, 나라, 국가: He wanted to visit the *land* his father came from. 그는 아버지의 모국을 방문하고 싶었다. / Canada is my native *land*. 캐나다는 나의 모국이다.

4 an area which has the same natural conditions or scenery (동일한 자연조건과 경관을 가진) 지역, 지대: We must protect forest *lands* for environmental reasons. 우리는 환경적인 이유로 삼림 지대를 보호해야 한다.

|실전문제|

다음에 주어진 뜻풀이 가운데서 밑줄 친 land의 의미로 가장 적절한 것은?

Her husband's body lies buried 2,000 miles away in a strange land.

(1) national or country
(2) an area which has the same natural conditions or scenery
(3) an area of ground, especially used for a particular purpose, such as farming or building
(4) ground; the part of the earth's surface

·파생어·
landed 땅을 가진, 땅의
lander 상륙자
landing 상륙, 착륙
landlord 집주인
cf. landlady 여자 집주인
landmark 경계표
landowner 지주, 토지 소유자

·관련표현·
travel by *land* 육로 여행
buy *land* 땅을 사다
arable *land* 경작지
opp. barren *land* 불모지
native *land* 모국(=native country)
on *land* **or at sea** 전 세계 도처에서
land **a job** 일자리를 얻다
land **a plane** 비행기를 착륙시키다
land **from a train** 열차에서 내리다
land **on one's feet** 넘어지지 않고 바로 서다; 난관을 극복하다
land **up** (수로·연못 등을) 매장하다, 흙으로 덮다; (어떤 장소·상태에) 이르다
land **on ~** ~을 몹시 꾸짖다, 혹평하다
landed property 부동산, 토지(=real estate)
make a *landing* 착륙하다

L

367

해설 | strange land는 '낯선(이상한) 땅'으로 번역된다. 그러므로 단순히 바다나 하늘이 아닌 '땅, 육지'의 뜻으로 사용된 것을 고른다. (4) 「그녀의 남편은 2,000마일 떨어진 낯선 땅에 묻혀 있다.」

syn. ground, earth, nation, area, region, country

☐ language [lǽŋgwidʒ]

n. **1 a system of communication which consists of a set of sounds and written symbols** 언어: Students are expected to master a second *language*. 학생들은 제2외국어에 통달해야 한다.

2 the system of human expression by means of voice 말: Experts disagree about the origins of *language*. 전문가들은 언어의 기원에 대해서 의견이 일치하지 않는다.

3 a system of signs and rules to express meaning usually used in a computer (컴퓨터와 같이 정보를 전달하기 위한 일련의 기호와 규칙을 뜻하는) 언어: Some sign *languages* are very sophisticated means of communication. 어떤 기호 언어는 아주 정밀한 의사소통의 수단이다.

4 a particular manner of verbal expression (특정한 방식의) 표현, 말씨: There's a girl going to be in the club, so you guys have to watch your *language*. 이 클럽에는 여자 한 명이 들어오니까, 너희 남자들은 말조심해야 해.

| 실전문제 |
다음에 주어진 뜻풀이 가운데서 밑줄 친 languages의 의미로 가장 적절한 것은?
Television companies tend to censor bad languages in films.
(1) a system of signs and rules to express meaning usually used in a computer.
(2) a particular manner of verbal expression
(3) a system of communication which consists of a set of sounds and written symbols
(4) the system of human expression by means of voice

해설 | bad language는 '욕, 상스러운 말'의 뜻이다. (2) 「TV 방송국은 영화 속에 나오는 욕을 검열하는 경향이 있다.」

· 관련표현 ·

a dead *language* 사어(死語)
sign *language* 수화
a *language* translator 언어 번역기
spoken *language* 구어
written *language* 문어
bad *language* 욕
language lab
어학 실험실(=*language* laboratory)
speak the same *language*
생각 등이 일치해 있다, 기분이 서로 통하다
body *language* (손짓·몸짓 따위로 하는) 신체 언어, 보디랭귀지
use bad *language* to ~
~에게 악담(욕설)을 퍼붓다

syn. tongue, speech, word, profanity

☐ languish [lǽŋgwiʃ]

vi. **1 to become weaker or lose one's vigor** 약해지거나 활력을 잃어 버리다, 시들다: The flower are *languishing* because they lack water. 꽃들이 수분이 부족해서 시들고 있다. / He lost his vigor and *languished* in the tropical climate. 그는 더운 적도 기후 속에서 활력을 잃어버리고 녹초가 되었다.

· 파생어 ·

languid 나른한, 활기 없는, 불경기의
languishing 점점 쇠약해져 가는, 그리워하는
languishment 쇠약, 무기력, 동경
languor 나른함, 권태, 무기력

2 to pine with desire or longing 그리워하다, 연모하다: He *languished* for the sight of his family. 그는 가족들이 몹시 보고 싶었다.

3 to experience long suffering 괴로운 생활을 하다, 참혹한 생활을 하다: They *languished* in a concentration camp for many years. 그들은 여러 해 동안 강제 노동소에서 참혹한 생활을 했다.

4 to be disregarded 무시되다: The petition has *languished* on the governor's desk for 6 months. 그 청원서는 6개월 동안 주지사의 책상 위에 방치되었다.

|실전문제|

다음에 주어진 뜻풀이 가운데서 밑줄 친 languished의 의미로 가장 적절한 것은?

Without the founder's strong driving force and direction the trade company gradually languished.

(1) to experience long suffering
(2) to be disregarded
(3) to become weaker, or lose one's vigor
(4) to pine with desire or longing

해설 | 창립자의 추진력과 지시가 없이 회사가 사업에 있어서 성공을 거두지 못했다는 의미이다. (3) 「창립자의 강력한 추진력과 지시가 없이, 그 무역 회사는 점점 사업이 기울었다.」

·관련표현·
languish for home
고향을 그리워하다
be *languid* about ~
~에 대하여 열의가 없다
languid days
나른한(활기 없는) 낮 시간
languish in ~ ~으로 고통스러워하다, 괴로운 나날을 보내다
a *languishing* look 수심에 잠긴 표정

syn. pine, desire, wither
ant. thrive, prosper, bloom

☐ **lapse** [læps]

n. **1 a small fault or mistake** 착오, 실수, 실책: I had a *lapse* of memory. 나에겐 기억 착오가 있었다.

2 a moment or instance of bad behavior from someone who usually behaves well 정도에서 벗어남, 죄에 빠짐, 타락: His *lapse* into drunkness followed a long run of bad luck. 장기간의 불운 후에 그는 술독에 빠졌다. / He showed neither decency nor dignity. It was uncommon *lapse*. 그는 예의 바름이나 위엄을 보이지 않았다. 그것은 볼 수 없었던 타락이었다.

3 a passage of time 시간의 경과, 흐름: After a *lapse* of one century, the custom has been restored. 일세기가 경과된 후, 그 관습은 다시 회복이 되었다.

vi. **1 (of a business contract or legal right) to come to an end; expire** (사업 계약 혹은 법적 권리가) 끝나다, 소멸하다, 무효가 되다: The warranty *lapsed* three months ago. 그 보증서의 유효 기한은 3개월 전에 끝났다. / His membership of the club *lapsed* because he failed to pay his subscription fee. 그가 구독료를 내지 못했기 때문에 그의 클럽 회원 자격은 소멸되었다.

·파생어·
lapsed 더 이상 사용되지 않는
lapsable 소멸하기 쉬운, 타락하기 쉬운

·관련표현·
with the *lapse* of time
시간이 경과함에 따라
a *lapse* into crime 죄를 범함
lapse into silence 침묵하다
lapse into a coma
혼수상태에 빠지다

syn. mistake, error, downfall, elapse, fall, expire

2 to pass by or slip away 시간이 경과하다, 모르는 사이에 시간이 지나다: Only five minutes had *lapsed* before she returned again. 그녀가 다시 돌아오기까지 단 5분밖에 지나지 않았다.

|실전문제|

다음에 주어진 뜻풀이 가운데서 밑줄 친 lapse의 의미로 가장 적절한 것은?

Your insurance policy will lapse after 30 days.

(1) to pass by or slip away
(2) (of a business contract or legal right) to come to an end; expire
(3) a moment or instance of bad behavior from someone who usually behaves well
(4) a small fault or mistake

해설 | insurance policy는 보험 증서를 뜻하므로, 30일 후에 법적인 권리가 소멸되는 것을 뜻한다. (2) 「당신의 보험 증서는 30일 후에 권리가 소멸될 것입니다.」

□ **lash** [læʃ]

vt. 1 to hit hard with a whip 채찍질하다, 후려치다: The wagon driver *lashed* running horses. 그 마부는 달리는 말에게 채찍질을 했다.

2 to speak very angrily; criticize 꾸짖다, 욕하다, 비난하다: The sergeant *lashed* the troops for their sloppy dress. 그 부사관은 병사들의 단정치 못한 복장을 몹시 꾸짖었다.

3 to tie firmly with rope (밧줄로) 묶다, 매다: We have to *lash* the cargo to the ship's deck in case of the storm. 우리는 폭풍이 올 경우를 대비해서 짐을 배의 갑판에 밧줄로 묶어 놓아야 한다.

vi. to hit violently (바람, 비, 파도 등이) 세차게 부딪치다: Rain *lashed* against the window pane. 비가 창문에 세게 부딪혔다.

n. a stroke with a whip 채찍질: The criminal was sentenced to 70 *lashes*. 그 범죄자는 70대의 채찍질 형을 선고받게 되었다.

|실전문제|

다음에 주어진 뜻풀이 가운데서 밑줄 친 lashed의 의미로 가장 적절한 것은?

The president lashed the department head for the low sales record.

(1) to speak very angrily; criticize
(2) to tie firmly with rope
(3) to hit hard with a whip
(4) to hit violently

해설 | low sales record라는 낮은[저조한] 판매 실적으로 보아 사장은 부장을 비난하고 꾸짖었다는 것을 알 수 있다. (1) 「사장은 저조한 판매 실적으로 인해 부장을 꾸짖었다.」

· 파생어 ·

lasher 채찍질하는 사람, 비난자
lashing 채찍질, 비난, 질책
lashingly 채찍질하면서, 비난하면서

· 관련표현 ·

lash ~ into fury ~를 격노케 하다
lash out at ~ ~에게 폭언을 퍼붓다
the *lash* of waves against the rock 바윗돌에 부딪히는 파도
lash ~ down ~을 단단히 동여매다
long eye *lashes* 긴 속눈썹
lash into ~ ~을 자극하다
lash to ~ ~에 묶다

syn. whip, stroke, hit, scold, castigate
ant. praise, compliment, laud

last [læst]

a. **1 being the only one remaining; final** (행위, 일, 음식 등의) 마지막 남은: He nodded, finishing off the *last* piece of pizza. 그는 고개를 끄덕이면서, 마지막 남은 피자 조각을 먹었다.

2 most recent 지난, 가장 최근의: The *last* few weeks have been hectic. 지난 몇 주 동안은 눈코 뜰 새 없었다.

3 the least likely or suitable 가장 ~할 것 같지 않은: He is the *last* man in the world I want to see. 그는 내가 가장 만나고 싶지 않은 사람이다.

4 ultimate or decisive 최종적인, 결정적인: The manager gave the *last* explanation. 그 매니저는 최종적인 설명을 했다.

| 실전문제 |

다음에 주어진 뜻풀이 가운데서 밑줄 친 last의 의미로 가장 적절한 것은?

She would be the <u>last</u> person who would do such a thing.

(1) the least likely or suitable
(2) being the only one remaining; final
(3) most recent
(4) ultimate or decisive

해설 | 문맥을 보면 the last person은 '~하지 않는 사람'이라는 부정의 뜻을 가지고 있다. (1) 「그녀는 그러한 일을 할 사람이 아니다.」

late [leit]

a. **1 arriving or happening after the usual or expected time** 늦은, 지각한: He is always *late* for appointments. 그는 항상 약속에 늦는다.

2 near the end of the day or period (시각이) 늦은, (시점, 시기가) 늦은: Since *late* last year the border area has been the scene of heavy fighting. 작년 말 이래로, 국경 지역은 치열한 전투 현장이 되어 왔다.

3 recently deceased 최근에 사망한, 작고한: She was an admirer of the *late* president. 그녀는 작고한 대통령을 존경하는 사람이었다.

4 happening a short time ago; most recent 근래의, 최근의: He was a *late* addition to the personnel department. 그는 인사부의 최근 보강된 사원이었다.

· 파생어 ·
lasting 오래가는, 영속적인
lastly 결국, 최후로(=finally)

· 관련표현 ·
a *lasting* peace 항구적인 평화
a *lasting* friendship 변치 않는 우정
the *last* days 임종
drink to the *last* drop 마지막 한 방울까지 다 마시다
in the *last* two weeks 지난 2주간에
of the *last* importance 극히 중요한
for the *last* time 마지막으로, 최후로
finish *last* 꼴찌로 들어오다(=come in *last*)
at *last* 드디어, 마침내(=finally, ultimately)
to the *last* 최후까지(=till the *last*)
fight to the *last* ditch 맨 마지막까지 싸우다
last straw 참을 수 없는 마지막 한계
last-minute effort 마지막 노력
last but not least 마지막에 말하기는 하지만 아주 중요한, 중요한 말을 끝으로 한 마디 해 두는 바이지만
to the *last* man 마지막 한 사람까지; 철저하게
put the *last* hand to ~ ~을 끝내다 [완성하다], ~의 마지막 손질을 하다

syn. final, ultimate, recent, decisive
ant. first, best, in front, foremost

· 파생어 ·
lately 최근에(=recently), 요즈음
lated 때늦은
laten 늦게 하다[되다], 지연시키다
later 더 늦은, 더 나중의
latest 최신의, 최근의, 가장 늦은

· 관련표현 ·
late marriage 만혼
in one's *late* 40's 40대 후반에
my *late* father 작고하신 아버지
arrive *late* 늦게 도착하다
late in the evening 저녁 늦게
of *late* 최근에(=lately, recently)

|실전문제|

다음에 주어진 뜻풀이 가운데서 밑줄 친 late의 의미로 가장 적절한 것은?

The movie was late in starting because of projection difficulties.

(1) happening a short time ago; most recent
(2) arriving or happening after the usual or expected time
(3) recently deceased
(4) near the end of the day or period

해설 | 영화가 원래 예정된 시간보다 늦었다는 정의를 고른다. (2) 「영사기 고장 때문에 영화 상영이 늦었다.」

□ **lax** [læks]

a. **1 not careful or strict about rules or standards of behavior** (규칙 태도 등이) 해이한, (조치나 행동이) 엄하지 않은: The coach was too *lax* about training, and the team had poor results. 코치가 훈련을 너무 느슨하게 한 나머지 팀의 결과가 좋지 않았다. / One of the problems resulting in a terrorist attack is the *lax* security of the international airport. 테러 공격을 가져온 문제 중 하나는 그 국제공항의 느슨한 보안이다. / The police were *lax* in enforcing the law. 경찰은 법 집행에 느슨했다.

2 (of bowels) loose and not easily controlled 설사하는, 창자가 늘어진: He is sometimes *lax*. 그는 가끔 설사를 한다.

|실전문제|

다음에 주어진 뜻풀이 가운데서 밑줄 친 lax의 의미로 가장 적절한 것은?

The holiday season was chosen as the perfect time for the operation, as security was expected to be even more lax than usual.

(1) articulated with relatively relaxed tongue muscles
(2) (of bowels) loose and not easily controlled
(3) unhappy or disappointed because something unpleasant has occurred
(4) not careful or strict about rules or standards of behavior

해설 | lax라는 형용사의 주어는 security(보안)이므로 '느슨한' 정도로 해석이 될 수 있다. (4) 「보안이 평상시보다 더욱 느슨하다고 생각되므로 휴일이 작전을 펼치기에 완벽한 시기로 선택되었다.」

---

till *late* 늦게까지
till *lately* 최근까지
sooner or *later* 조만간에
later on 나중에, 후에
the *latest* fashion 최신 유행
the *latest* news 최근 뉴스
keep *late* hours 늦게 자고 늦게 일어나다
late in the day 느지막이, 늦어서, 뒤늦게; 기회를 놓쳐
as *late* as 바로 ~만큼 최근에

syn. overdue, unpunctual, new, lately dead
ant. early, punctual, alive

· 파생어 ·

laxly 느슨하게, 해이하게
laxation 이완, 방종
laxative 설사를 하게 하는, 완하제
laxity 느슨함, 방종

· 관련표현 ·

lax in instructions
(가정) 교육이 제대로 안된
lax morals 해이한 도덕
lax in one's duties
임무 수행이 느슨한
laxative medicine 설사약
lax about ~ ~이 단정하지 않은
lax security 느슨한 경비

syn. negligent, loose, undutiful, slack, unstructured, relaxed
ant. firm, strict, rigid, disciplined, precise, tense

launch [lɔːntʃ]

vt. 1 to put a boat or a ship into the water 배를 진수시키다, 보트를 물 위에 띄우다: The shipyard workers *launched* the freighter with a great splash. 조선소 직공들은 큰 철벅 소리와 함께 화물선을 진수시켰다.

2 to send a missile, a rocket or a modern weapon into the sky or space (미사일, 로켓 등을) 발사하다: NASA plans to *launch* a satellite to study cosmic rays. 미 항공 우주국은 우주 광선을 연구하기 위해서 위성을 발사할 계획이다.

3 to start or begin an activity, a business or a plan (활동, 사업, 계획을) 시작하다, 착수하다: The police have *launched* an investigation into the incident. 경찰은 그 사건의 수사에 착수했다. / He's planning to *launch* a company to make electronic toys. 그는 전자 장난감을 만들기 위해 회사를 차릴 계획이다.

4 to make a new product available to the public 신제품을 출시하다: The firm *launched* the new product with a big advertising campaign. 그 회사는 대규모 광고 활동과 함께 그 신제품을 출시했다.

|실전문제|

다음에 주어진 뜻풀이 가운데서 밑줄 친 launched의 의미로 가장 적절한 것은?

Heavy fighting has been going on after the guerrillas had launched their offensive.

(1) to start or begin an activity, a business or a plan
(2) to make a new product available to the public
(3) to put a boat or a ship into the water
(4) to send a missile, a rocket or a modern weapon into the sky or space

해설 | launch one's offensive[attack]는 '공격[공세]을 시작하다'의 뜻이다. (1) 「게릴라들이 공격을 시작한 후, 치열한 전투가 계속되었다.」

·파생어·
launcher 발사기, 로켓 발사 장치
launching (배의) 진수, (로켓의) 발진
prelaunch 발사 준비 중의, 발사 준비 단계의

·관련표현·
launch an artificial satellite 인공위성을 발사하다
launch into a new business 새로운 사업을 시작하다
launch a new product 신제품을 출시하다
launch pad 발사대, 발판
launching site 발사 기지
launch into ~ ~을 시작하다
launch out into ~ ~에 나서다, ~을 시작하다
launch a probe 조사를 시작하다, 우주 탐사용 로켓을 쏘아 올리다

syn. float, begin, shoot
ant. terminate, withdraw, withhold

lay [lei]

vt. 1 to put or place in a position 두다, 놓다: *Lay* all the packages on the table. 모든 짐을 테이블 위에 두어라.

2 to establish as a basis (기초 등을) 두다: He has been committed to *laying* the foundation of the company. 그는 회사의 기반을 닦는 데 헌신해 왔다.

3 to prepare or make ready 준비하다: The police were *laying* a trap for the kid napper. 경찰은 유괴범을 잡기 위해 함정을 준비하고 있었다.

·파생어·
layer 층, 계획자
laying 쌓기, 놓기, 산란
layout 지면 배치

·관련표현·
lay a baby to sleep 아기를 재우다
lay a pipeline 송유관을 깔다
lay a conspiracy 음모를 꾸미다

4 to produce eggs (새, 곤충, 어류가 알을) 낳다: Last week, the hens *laid* 25 eggs, but they aren't *laying* right now. 지난 주, 암탉은 25개의 알을 낳았으나 지금은 낳지 않고 있다.

5 to impute or put a burden on (비난을) 하다, (부담을) 지우다: He *laid* the blame squarely on the government. 그는 단호하게 정부 측을 비난했다. / Don't *lay* a big burden on him. 그에게 큰 부담을 지우지 마.

|실전문제|
다음에 주어진 뜻풀이 가운데서 밑줄 친 laid의 의미로 가장 적절한 것은?

The town <u>laid</u> the property assessment on its owner.

(1) to prepare or make ready
(2) to put or place in a position
(3) to impute or put a burden on
(4) to establish as a basis

해설 | 재산(토지) 평가라는 의무를 주인에게 맡기거나 지우는 것이다. (3) 「시 측은 재산 평가를 주인에게 맡겼다.」

lay a paint on the floor
마루에 페인트칠을 하다

lay an accusation against ~
~을 비난하다, 책망하다

lay aside 간직해[떼어] 두다, 따로 제쳐 두다 《for》; 저축해 두다

lay open 벌거벗기다, 드러나게 하다, 폭로하다

lay into 때리다, 공격하다; 비난하다, 꾸짖다

syn. put, place, prepare, set, form
ant. raise, erect, withdraw, disarrange

☐ **lead** [liːd]

vt. 1 to go in front in order to show the way 안내하다, 인도하다: The tug boat will *lead* the liner into the harbor. 그 예인선은 정기 여객선을 항구로 인도할 것이다.

2 to cause to happen or cause to do ~하게 하다, ~하게 유도하다: He *led* me to believe that he had a lot of influence on the country's politics. 그는 자신이 그 나라의 정치에 많은 영향력을 가지고 있다는 사실을 나에게 믿게 했다.

3 to be in charge of a group 인솔하다, 거느리다: A general *leads* the army. 장군이 그 군을 통솔한다.

4 to live a particular kind of life 살다, 생활을 보내다: That *led* her a miserable life. 그것 때문에 그녀는 비참한 삶을 살았다. / He *leads* a full and active life. 그는 충실하고 활동적인 삶을 산다.

5 to be ahead in sports or games (스포츠나 경기에서) 앞서 가다, 리드하다: The Korean soccer team is *leading* Spain 2 to 1 at half time. 한국 축구 팀은 스페인 팀을 전반전에서 2 대 1로 앞서고 있다.

6 to have top position in ~에서 첫째로: Iowa *leads* the nation in corn production. 아이오와 주는 미국에서 옥수수를 제일 많이 생산한다.

·파생어·

leader 지도자, 선도자, 주창자
leadership 지도(력), 통솔력, 지도
leading 지도, 지휘, 지도적 수완; 주된, 주요한
leaderless 리더가 없는

·관련표현·

lead a happy life
행복한 삶을 영위하다

lead nowhere
아무것도 안 되고 헛 일로 끝나다

follow the *lead* of ~
~이 모범[예]을 따르다

have the *lead* 리드하다

take the *lead* of ~ 솔선하다, 주도권을 잡다

lead up to ~ 차츰 ~에 이르다; 서서히 ~으로 이야기를 돌리다

hold a *lead* 주도권을 쥐다, 우위를 점하다, 우위에 서다

lead anywhere 〈부정문에서〉 아무 성과도 나지 않다, 허사가 되다

build up one's *lead*
지도적 지위를 굳히다, 우위를 다지다

374

| 실전문제 |

다음에 주어진 뜻풀이 가운데서 밑줄 친 leads의 의미로 가장 적절한 것은?

The general walks with a stick, but still leads his soldiers into battle.

(1) to be in charge of a group
(2) to be ahead in sports or games
(3) to live a particular kind of life
(4) to go in front to show the way

해설 | 장군(general)과 전투(battle)가 나오므로 장군이 전투를 지휘하고 이끈다는 사실을 짐작할 수 있다. (1)「그 장군은 지팡이를 짚고 걷지만 아직까지도 전투에서 군인들을 통솔한다.」

syn. guide, command, influence, proceed, direct, excel, head, result in, cause

☐ leaf [liːf]

n. 1 **a flat green part of a plant attached to a stem or branch** 잎, 나뭇잎: The trees are coming into *leaf*. 그 나무에서 잎이 나오고 있다. / The *leaves* of most plants are green. 대부분의 식물의 잎은 녹색이다.

2 **a sheet of paper bound in a book** (책의) 낱장: The old book's *leaves* are dry and crumbling. 그 고서의 책장들은 건조하고 부서지기 쉽다.

3 **metal, especially, gold or silver in the form of thin sheets** 금박, 은박: The leather Bible is decorated with gold *leaf*. 그 가죽 커버의 성경은 금박으로 장식되어 있다.

4 **the flat part of a tabletop, door that can be folded** (접이식 문의) 한쪽 문짝, 테이블의 자재판: The table can be extended with three *leaves*. 그 테이블은 세 폭을 연장할 수 있다.

· 파생어 ·

leafy 잎이 많은, 잎이 우거진
leaflet 작은 잎, 어린잎
leafed 잎이 있는
leafless 잎이 없는, 잎이 떨어진
leafage 잎, 잎 장식

· 관련표현 ·

come into *leaf* 잎이 나오다
turn over a *leaf* 책장을 넘기다
turn over a new *leaf* 마음을 고쳐먹고 새 출발하다
take a *leaf* **from someone's book** ~의 예를 따르다
leaf **through** 쭉 페이지를 넘기다, 쭉 훑어보다
leafy **vegetables** 잎줄기 채소
a four-*leafed* clover 네 잎 클로버

syn. petal, foliole, page, sheet, sheet of metal

| 실전문제 |

다음에 주어진 뜻풀이 가운데서 밑줄 친 leaf의 의미로 가장 적절한 것은?

It is particularly famous for its tea ceremony room in which both the walls and the implements were covered in gold leaf.

(1) the flat part of a tabletop, door that can be folded
(2) a flat green part of a plant attached to a stem or branch
(3) a sheet of paper bound in a book
(4) metal, especially, gold or silver in the form of thin sheets

해설 | leaf 앞에 gold(금)가 있으므로 '금박'임을 쉽게 알 수 있다. (4)「그 방은 특별히 다도로 유명한 방인데 벽과 도구들이 모두 금박으로 덮여 있었다.」

☐ lean [liːn]

vi. 1 **to support oneself in a bent or sloping position** 기대다: The exhausted runner *leaned* against the fence. 기진맥진한 달리기 선수는 담장에 몸을 기대었다.

· 파생어 ·

leaner 의지하는 사람
leaning 경사, 경향

2 to incline or bend from the vertical 기울다, 구부러지다: The trees *lean* in the typhoon. 나무들이 태풍에 의해 구부러진다.

3 to rely or depend 의존하다, 의지하다: Many people *lean* on a personal philosophy in times of misfortune. 많은 사람은 불행의 시기에 개인적인 철학에 의존한다.

4 to have a propensity (~하는) 경향이 있다, (사상, 감정이) 쏠리다: Most of the writer's works *lean* toward satire. 대부분 작가들의 작품은 풍자 쪽으로 기울어져 있다. / Kids today *lean* toward casual clothes. 오늘날 아이들은 캐주얼한 옷 쪽으로 마음이 쏠리고 있다.

· 관련표현 ·

lean against a wall 벽에 몸을 기대다
lean on others for help 타인의 도움에 의지하다
lean over 몸을 앞으로 쑥 내밀다, 상체를 구부리다
lean meat 살코기
lean crops 흉작
lean as a rake 뼈와 가죽뿐인
lean against ~ ~에 비우호적이다, 반대하다
lean to ~ ~로 마음이 기울다
a *lean* year 흉년

syn. rest, recline, bend, rely on, tend to
ant. straighten up, be independent

|실전문제|
다음에 주어진 뜻풀이 가운데서 밑줄 친 lean의 의미로 가장 적절한 것은?
Most scientists would probably lean toward this viewpoint.

(1) to rely or depend
(2) to incline or bend from the vertical
(3) to have a propensity
(4) to support oneself in a bent or sloping position

해설 | lean toward ~는 '~쪽으로 마음이 쏠리다'의 의미를 가진다. (3) 「대부분 과학자들은 아무래도 이 견해로 쏠리는 경향이 있다.」

□ **leak** [liːk]

n. **1 a small hole or crack that permits some substance, such as liquid or gas flows in or out** (물, 공기, 가스 등의) 누출(구), 새는 구멍: Water poured in through a *leak* in the ship's hull. 그 배 선체에 난 구멍으로 물이 쏟아져 들어왔다.

2 an escape of liquid, gas or air (공기, 가스, 액체 등의) 누출: The *leak* was so slow that we barely noticed it. 새는 것이 너무나 느린 나머지 우리는 거의 알아차리지 못했다.

3 intentional spreading of secret information 기밀 누설: More serious *leaks*, possibly involving national security are likely to be investigated by the police. 아마도 국가 안보와 관련될지도 모르는 더욱더 심각한 기밀 누설은 경찰이 수사할 것이다.

4 an act of passing water from the body; urination 방뇨: He's taking a *leak*. 그는 오줌을 누고 있다.

· 파생어 ·

leakage 누출, 누수, 누전, 누설
leaky 새기 쉬운, 비밀을 잘 누설하는
leakproof 새지 않는, 비밀 누설 방지의

· 관련표현 ·

a gas *leak* 가스 누출
stop a *leak* 새는 구멍을 막다
have[take, do] a *leak* 오줌 누다
leak out 누설되다
leak in 새어 들어오다
a *leaky* bucket 물이 새는 양동이
a *leaky* memory 잊기 쉬운 기억

syn. hole, fissure, breach, draining
ant. concealment, hiding

|실전문제|
다음에 주어진 뜻풀이 가운데서 밑줄 친 leak의 의미로 가장 적절한 것은?
It's thought that a gas leak may have caused the explosion.

(1) an escape of liquid, gas or air
(2) intentional spreading of secret information
(3) a small hole or crack that permits some substance, such as liquid or gas flows in or out
(4) an act of passing water from the body; urination

해설 | 공기나 가스가 새는 것을 고른다. (1) 「가스 누출이 그 폭발을 야기했다고 생각된다.」

leave [li:v]

vt. **1 to go away from a place or a person** 떠나다, 헤어지다: My flight *leaves* in less than an hour. 내가 탈 비행기는 한 시간이 안 되어서 떠날 것이다.

2 to stop living with or finish the relationship 같이 살지 않고 헤어지다: I would be insanely jealous if Bill *left* me for another woman. 나는 빌이 딴 여자를 찾아 떠난다면, 미칠 정도로 질투가 날 것이다.

3 to cause to be or remain in a particular state or position ~인 채로 남겨 두다, 방치하다: She *left* her car in the middle of the road. 그녀는 차를 도로 한중간에 세웠다. / My girlfriend *left* me waiting in the rain. 내 여자 친구는 내가 비를 맞으면서 기다리게 했다. / Don't *leave* the windows open when you go out. 외출할 때 창문을 열어 놓지 마.

4 to give for use after one's death 유산으로 남기다: The millionaire *left* his only daughter 5 million dollars by his will. 그 백만장자는 유언으로 외동딸에게 5백만 달러를 남겼다. / The CEO *left* most of his money to charity. 그 CEO는 대부분의 자산을 자선 단체에 맡겼다.

5 to have remaining after death 유족으로 남기다: He *left* a wife and two sons. 그는 아내와 두 아들을 남기고 갔다.

6 to place or deliver a message or a letter 전할 말이나 편지를 남기다: You can *leave* a message on our answering machine. 자동 응답기에 메시지를 남기면 됩니다.

|실전문제|

다음에 주어진 뜻풀이 가운데서 밑줄 친 left의 의미로 가장 적절한 것은?

A charity worker killed trying to save the children in the fire has left a wife and three sons.

(1) to cause to be or remain in a particular state or position
(2) to have remaining after death
(3) to go away from a place or a person
(4) to stop living with or finish the relationship

해설 | charity worker(자선 사업가)가 죽으면서 슬하에 남기는 아들과 딸을 말한다. (2) 「불속에서 아이들을 구하려다 죽은 자선 사업가는 슬하에 아내와 세 아들을 두고 떠났다.」

· 파생어 ·
leave 떠나는 사람
leave-taking 작별(=farewell)
leaving 떠나는

· 관련표현 ·
Leave me alone.
나 혼자 있게 내버려 둬.
leave one's job
일을 그만두다(=quit one's job)
leave work 퇴근하다(=go for the day)
I will *leave* ~ to you.
~은 당신에게 맡기겠습니다.
leave behind 잊은 채 내버려 두고 가다
leave out 생략하다(omit), 빠트리다
be *left* in the cold
따돌림[냉대] 당하다
ask for *leave* 휴가를 신청하다
sick *leave* 병가
maternity *leave* 출산 휴가
take a *leave*
휴가를 갖다(=take a vacation)
take one's *leave* of (~에게) 작별을 고하다, 작별 인사를 하다, 인사하고 (~와) 헤어지다
leave alone 혼자 내버려 두다, 상관하지 않다, 간섭하지 않다
leave a person cold ~에게 아무 인상도 주지 않다, 보아도[들어도] 흥미를 느끼지 않게 하다
Take it or *leave* it. (제시된 가격 등을 그대로 무조건) 받아들이든[사든] 말든 마음대로 해라.
leave a person to himself ~에게 마음대로 하게 하다, 멋대로 하게 하다

syn. depart, quit, keep, abandon, bequeath
ant. arrive, gain, stay

☐ lemon [lémən]

n. **1 a bright yellow fruit with very sour juice** 레몬: *Lemons* grow on trees in tropical countries. 레몬은 열대 지방의 나무에서 자란다.

2 a foolish person 바보: I just stood there like a *lemon*. 나는 거기에 바보처럼 서 있었다.

3 a defective car which is not as good as it should be 고물 차, 결함 있는 차, 불량품: She took a little test drive and agreed the car was a *lemon*. 그녀는 약간의 시험 운전을 해 보고 그 차가 결함이 있다는 데 동의했다.

4 a color of pale yellow 담황색: He painted walls in *lemon*. 그는 벽을 담황색으로 페인트칠했다.

|실전문제|

다음에 주어진 뜻풀이 가운데서 밑줄 친 lemon의 의미로 가장 적절한 것은?

The car they sold him turned out to be a real lemon.

(1) a color of pale yellow
(2) a defective car which is not as good as it should be
(3) a foolish person
(4) a bright yellow fruit with very sour juice

해설 | 우선 차(car)에 대한 이야기인 것을 알 수 있으며, 차에 대해서는 '고물 차, 결함 있는 차'의 의미로 반드시 사용된다. (2) 「그들이 그에게 팔았던 차는 진짜 고물 차로 드러났다.」

· 파생어 ·

lemonade 레몬수
lemony 레몬 맛(향기)이 나는

· 관련표현 ·

hand ~ a *lemon* 거래에서 ~를 속이다
go *lemony* at ~ ~에게 화를 내다
lemon squeezer 레몬을 짜는 기구

syn. clunker, dud, washout, idiot, blockhead

☐ lesson [lésn]

n. **1 a period of instruction; a class** (학교의) 수업(시간): Today's English *lesson* will be on relative pronouns. 오늘의 영어 수업은 관계대명사에 관한 것이 될 것이다. / She taught him *lessons* in music composition. 그녀는 그에게 음악 작곡 과정[수업]을 가르쳤다.

2 a part of an exercise that is assigned to a student for study (교과서의) 과: The mid-term exam will cover *lessons* 1 through 5. 중간고사는 1과에서 5과까지에서 나올 것이다.

3 a warning example or experience 교훈, 훈계: Her faith throughout the ordeal was a *lesson* to all of us. 시련을 거치는 동안 그녀가 가졌던 믿음은 우리 모두에게 교훈이 되었다.

4 a short piece read from the Bible during religious services 교회의 일과로 조석으로 읽는 성서 중의 한 부분: The Reverend Williams read the *lesson*. Williams 목사는 매일 읽는 성서의 그 부분을 읽었다.

· 관련표현 ·

teach *lessons* in music
음악 수업을 가르치다

teach ~ a *lesson*
~에게 본때를 보여 주다

give a drawing *lesson*
미술 수업을 하다

a driving *lesson*
운전 면허증 따기 수업

be a *lesson* to ~ ~에게 교훈이 되다

take a *lesson* from ~
~로부터 교훈을 얻다

learn one's *lesson* 경험으로 배우다

a valuable *lesson* 귀중한 교훈

give *lessons* 수업하다, 가르치다

|실전문제|

다음에 주어진 뜻풀이 가운데서 밑줄 친 lesson의 의미로 가장 적절한 것은?

You should take a lesson from your mistakes.

(1) a short piece read from the Bible during religious services
(2) a part of an exercise that is assigned to a student for study
(3) a warning example or experience
(4) a period of instruction; a class

해설 | 뒤에 '실수(mistakes)'가 있으므로 이 실수로부터 교훈을 배우라는 문장임을 알 수 있다. (3) 「실수에서 교훈을 배워야 해.」

syn. class, learning session, example, warning, reading
ant. misguidance, bad example

level [lévəl]

n. 1 **a degree of achievement or intensity** (강도, 세기, 성취도의) 정도, 수준, 수치: If you don't know your cholesterol *level*, it's a good idea to have it checked. 만약 당신의 콜레스테롤 수치를 모른다면 재어 보는 것이 좋다. / We must increase production *levels* to meet the increasing demand. 증가하는 수요를 충족시키기 위해서는 생산 수준을 늘려야 한다. / High *levels* of radiation were found in the sea nearby. 많은 양의 방사능이 인근 바다에서 발견되었다.

2 **the height or depth of river, sea and the lake** (강, 바다, 호수 등의) 수위, 높이: The water *level* of the Mississippi River is already 6.5 feet below normal. 벌써 미시시피 강의 수위는 보통보다 낮은 6.5피트이다.

3 **relative position or rank on a scale** (가치 질 등의) 수준: His acting was on the *level* of amateur. 그의 연기는 아마추어 수준이었다.

4 **floor or layer** (건물이나 광석의) 층: The men's clothing department is on the 6th *level*. 남성복 매장은 6층에 있습니다.

·파생어·
leveling 땅을 평평하게 하기, 평준화
leveler 땅을 고르는 기계, 평등론자
levelly 차분하게, 침착하게

·관련표현·
at the *level* of one's eyes 눈높이에
rise to a higher *level* 보다 높은 수준에 도달하다
the *level* of living 생활수준(=the standard of living)
on the *level* 공평하게, 정직하게
keep a *level* head 냉정을 유지하다
answer in a *level* tone 침착한 어조로 대답을 하다
Let me *level* with you. 사실대로 말할게.
find one's own *level* 분수에 맞는 지위를 얻다, 알맞은 곳에 자리 잡다
***level* off** 평평하게 하다(되다); 항공 (착륙 직전에) 수평 비행을 하다; (물가 등이) 안정 상태가 되다
on a *level* with ~ ~와 동일 수준에, ~와 동격으로
draw *level* with ~ ~와 대등해지다; (경주에서) ~을 따라잡다

syn. height, elevation, floor, layer

|실전문제|

다음에 주어진 뜻풀이 가운데서 밑줄 친 level의 의미로 가장 적절한 것은?

The whole class is at a fourth grade math level.

(1) the height or depth of river, sea and the lake
(2) floor or layer
(3) relative position or rank on a scale
(4) a degree of achievement or intensity

해설 | 전체 학급의 수학의 수준을 말하고 있다. (3) 「학급 전체의 수학 수준은 4학년 정도의 수준이다.」

liable [láiəbəl]

a. **1 likely or apt** ~하기 쉬운, ~하는 경향이 있는, ~할 것 같은: All men are *liable* to make mistakes. 무릇 모든 인간은 실수를 저지르기 쉽다. / It is *liable* to rain. 비가 올 것 같다. / If you disagree with him, he's *liable* to get angry. 그의 의견에 반대하면, 그는 화를 내는 경향이 있다.

2 regally responsible 법적 책임을 져야 할: The man was *liable* for his wife's debt. 그 남자는 아내의 부채를 갚을 책임이 있었다.

3 suffering from or falling easily into ~당하기 쉬운, ~에 걸리기 쉬운: You will probably grow into a woman *liable* to depression and insomnia. 당신은 아마도 우울증과 불면증에 걸리기 쉬운 여성이 될 것이다. / Compulsive eaters are *liable* to obesity. 무언가 먹지 않으면 안 되는 사람은 비만이 되기 쉽다.

|실전문제|

다음에 주어진 뜻풀이 가운데서 밑줄 친 <u>liable</u>의 의미로 가장 적절한 것은?

The airline's insurance company is <u>liable</u> for damages to the victim's families.

(1) suffering from or falling easily into (2) likely or apt
(3) legally responsible   (4) easy to like

해설 | 우선 be liable for ~는 '~에 책임이 있다' 라는 뜻으로 be responsible [accountable] for ~의 뜻이며, 또 뒤에 오는 damages(손해액, 피해액)에서 쉽게 추측을 할 수 있다. (3) 「그 항공 회사가 가입한 보험 회사는 희생자들의 가족에게 피해액을 물어 줄 책임이 있다.」

·파생어·
liability 경향이 있음, 책임, 채무

·관련표현·
liable to military service
병역 의무를 져야 하는
liable to atopy
아토피성 체질이 되기 쉬운
liable to rain
비가 올 것 같은(=likely to rain)
liability to pay taxes 납세의 의무
liable for ~ ~에 대하여 책임이 있는
limited liability 유한 책임

syn. likely, vulnerable, prone, responsible
ant. unlikely, unaccountable, exempt

liberal [líbərəl]

a. **1 willing to understand and respect the new ideas or opinions of others** 진보적인, 자유주의를 존중하는: He is known to have *liberal* views on divorce and contraception. 그는 이혼과 피임에 있어서 진보적인 견해를 가진 것으로 알려져 있다.

2 tolerant or broad-minded 관대한, 도량이 넓은: Try to keep a *liberal* attitude and listen to both sides. 관대한 태도를 가지고 양쪽의 이야기를 들어 보도록 하시오.

3 willing to give in large quantities 인색하지 않은, 아끼지 않는: He is *liberal* with his money. 그는 돈을 잘 쓴다.

4 generous in amount; ample 풍부한, 많은: *Liberal* donations enabled the hospital to build a new wing. 많은 기부금으로 인해 그 병원은 새로운 부속 건물을 다시 지을 수 있게 되었다.

·파생어·
liberality 관대함, 너그러움, 인색하지 않음
liberalize 관대하게 하다
liberally 자유로이, 개방적으로
liberalist 진보주의자
opp. conservatives 보수주의자

·관련표현·
liberal democracy 자유 민주주의
liberal party 진보당, 자유당
liberal in giving 손이 큰
a liberal table 푸짐한 성찬
liberal education 일반 교양 교육
liberal arts 교양 과목

|실전문제|

다음에 주어진 뜻풀이 가운데서 밑줄 친 liberal의 의미로 가장 적절한 것은?

The chairman gave a liberal interpretation of the rules.

(1) generous in amount; ample
(2) willing to give in large quantities
(3) tolerant or broad-minded
(4) willing to understand and respect the new ideas or opinions of others

해설 | interpretation of the rules(규칙의 해석) 앞에 liberal이 오므로, '규칙에 대한 관대한 해석'이라고 해야지 자연스럽다. (3) 「그 의장은 규칙을 관대하고 자유롭게 해석을 했다.」

liberty [líbərti]

n. **1 the state of being free from conditions that prohibit someone from doing anything he can do without others' permission** 자유: The constitution guarantees the *liberty* of the people. 헌법은 국민의 자유를 보장한다.

2 the right to do or use something ~를 할 수 있고 사용할 수 있는 권리, 특권: Employees have *liberty* to use all the museum facilities. 직원들에게는 박물관 시설을 마음대로 이용할 수 있는 특권이 있다.

3 freedom from enslavement or confinement (감옥이나 노예 상태로부터) 석방, 해방, 방면: Lincoln's Emancipation Proclamation gave slaves their *liberty*. 링컨의 노예 해방 선언은 노예들을 해방시켜 주었다.

4 vacation or free time 휴가, 자유 시간: The entire crew can have a week's *liberty* once we reach shore. 일단 우리가 해안가에 도착하면 모든 승무원은 일주일 동안 자유 시간을 가질 수 있다.

|실전문제|

다음에 주어진 뜻풀이 가운데서 밑줄 친 liberties의 의미로 가장 적절한 것은?

The Iraqis are going to turn out to be one of the strongest affirmations of the universal values of freedom and liberties.

(1) freedom from enslavement or confinement
(2) vacation or free time
(3) the state of being free from conditions that prohibit someone from doing anything he can do without others' permission
(4) the right to do or use something

해설 | freedom(자유)이 있으므로 문맥상 '해방, 석방'이라는 뜻이 합당하다. (1) 「이라크 국민들은 결국 '자유와 해방'이라는 전 인류의 보편적인 가치를 가장 강력하게 확신하는 사람들이 될 것입니다.」

---

liberal-minded 관대한, 마음이 넓은
liberal in ~ ~에 너그러운
a *liberal* attitude 진보적인 태도

syn. progressive, freethinking, left-wing, open-minded, abundant, tolerant
ant. conservative, right-wing, intolerant, prejudiced, strict

·파생어·

liberate 해방하다, 석방하다
liberation 해방, 방면
liberationism 국교 폐지론
libertarian 자유의지론자
libertine 자유 사상가, 난봉꾼

·관련표현·

religious *liberty* 신앙의 자유
liberty of choice 선택의 자유
at *liberty* 자유로, 마음대로
liberty of conscience 양심의 자유
liberty of speech and the press 언론 및 출판의 자유
set at *liberty* 해방되다, 석방되다
Liberty Bell 자유의 종(필라델피아에 있으며 미국 독립 선언 당시 친 종)

syn. freedom, liberation, privilege, vacation, permission
ant. tyranny, restraint, slavery, captivity, enslavement

lie [lai]

vi. 1 to be in a horizontal position, not standing or sitting 눕다, 드러눕다: There was a child *lying* on the ground. 한 아이가 땅에 누워 있었다. / He *lay* down on the grass reading a book. 그는 잔디밭에 드러누워서 책을 읽고 있었다.

2 to be in a flat position or be in a horizontal place (물건이) 놓여 있다: There's a cassette player *lying* on a nearby table. 카세트 플레이어가 근처 탁자 위에 놓여 있다. / The future lies before us. 미래는 우리 앞에 놓여 있다.

3 to be located or situated (특정한 장소에) 있다: The village *lies* north of here. 그 마을은 이곳의 북쪽에 있다. / The island *lies* at the most southern end of our country. 그 섬은 우리나라의 최남단 끝에 있다.

4 to be buried in a particular place (사람의 시체가) 묻혀 있다, 고이 잠들어 있다: My uncle *lies* in the small cemetery a few miles up this road. 내 삼촌은 이 길을 따라 몇 마일 위쪽에 있는 조그만 묘지에 묻혀 있다.

5 to make an untrue statement in order to deceive 거짓말하다: He *lied* about his educational background to get a job. 그는 일자리를 구하기 위해서 그의 학력을 속였다.

| 실전문제 |

다음에 주어진 뜻풀이 가운데서 밑줄 친 lie의 의미로 가장 적절한 것은?

We're going to lie in the sun and have a suntan for 10 days.

(1) to be in a flat position or be in a horizontal place
(2) to be in a horizontal position, not standing or sitting
(3) to be buried in a particular place
(4) to be located or situated

해설 | in the sun(태양 아래)라는 표현에 따라 이것이 '눕다' 라는 뜻이 되는 것이 가장 적당하다. (2) 「우리는 10일 동안 태양 아래 누워 선탠할 것이다.」

· 파생어 ·
lier 누워 있는 사람
lying 드러누워 있는; 거짓말하기
lyingly 거짓으로

· 관련표현 ·
lie idle (일꾼, 기계 등이) 놀고 있다
lie ahead 앞에 가로놓여 있다
lie asleep 드러누워 자다
a direct lie 뻔뻔한 거짓말
live a lie 바르지 못한 생활을 하다, 거짓말을 하며 살아가다
lie in one's teeth[throat] 새빨간 거짓말을 하다
lie detector 거짓말 탐지기
lie in ~ ~에 있다(consist in); ~에 달리다; ~에 모이다
lie down (휴식하려고) 눕다 《on》; (구어) 굴복하다, 감수하다 《under》
lie off (육지 또는 다른 배로부터) 좀 떨어져 있다; 잠시 일을 쉬다, 휴식하다
lie about 어지럽게 방치해 두다; 빈둥빈둥 지내다
lie at death's door 죽어 가고 있다

syn. rest, be buried, be located
ant. rise, stand, be active

lift [lift]

vt. 1 to move to another position, especially, upwards 들어 올리다, 올리다: He *lifted* the phone and dialed his customer. 그는 수화기를 들고는 고객에게 전화를 걸었다. / *Lift* your head up and pay attention. 머리를 위로 들고 주목해.

2 to bring or put to an end; remove (조치, 법령 등을) 해제하다: The government *lifted* the ban on the tourist travel. 정부는 관광 금지 조치를 해제했다.

· 파생어 ·
lifter 들어 올리는 사람이나 물건, 들치기
lifting 들어 올림
liftoff 수직 이륙, 발진

· 관련표현 ·
lift (up) one's eyes 올려다보다
lift (up) one's heart 기운을 내다

382

3 **to make more cheerful** 기운을 돋우다, 힘을 내게 하다: The encouraging letter *lifted* our spirits. 고무적인 편지가 우리에게 힘을 내게 했다.

4 **to take and use other people's works, papers, etc. as one's own; plagiarize** 표절하다: All main ideas in this article are *lifted* from other papers. 이 기사의 모든 요지는 다른 논문들에서 표절한 것이다.

vi. **to disappear or disperse** (구름, 안개 등이) 걷히다, 없어지다: The plane will take off once the thick fog has *lifted*. 일단 짙은 안개가 걷히면 비행기가 이륙할 것이다.

|실전문제|

다음에 주어진 뜻풀이 가운데서 밑줄 친 lift의 의미로 가장 적절한 것은?

The Chinese government has agreed to lift restrictions on trade with the United States.

(1) to make more cheerful
(2) to disappear or disperse
(3) to move something to another position, especially upwards
(4) to bring or put to an end; remove

해설 | 금지 조치(ban), 통금(curfew), 제재 조치(restrictions) 등을 해제하거나 없애는 것을 말한다. (4) 「중국 정부는 미국과의 무역에 대한 제재 조치를 해제하기로 동의했다.」

lift **a ban on ~**
~에 대한 금지 조치를 해제하다

lift **many passages from Shakespeare**
셰익스피어 작품의 많은 구절을 표절하다

didn't *lift* **a finger**
손가락 하나 까딱 안 했다

a *lift* **in prices** 물가 상승

give ~ a *lift*
~를 차 태워 주다(=give ~ a rise)

lift **girl** 엘리베이터 걸(=elevator girl)

lift **up one's heel against ~**
~을 뒷발로 걷어차려 하다; 괴롭히다

lift **up a finger** 노력하다(=make an effort); 원조하다(=assist)

weight *lifting* 역도

syn. raise, elevate, remove, rise, steal
ant. impose, lower, fall, drop

□ light [lait]

a. **1 not weighing very much** 가벼운, 경량의: The suit case is surprisingly *light*. 그 여행 가방은 놀랄 정도로 가볍다.

2 small in amount; less than average (양, 정도가) 소량의, 경미한, 약한: We are having *light* rainfall later in the evening. 저녁 늦게 가랑비가 내릴 것이다.

3 intended only for entertainment; not severe or difficult 단지 오락을 위한, 딱딱하지 않고 가벼운: Let's see a *light* movie for a change. 기분도 전환할 겸 가벼운 영화를 보러 가자.

4 drinking, smoking, eating or exercising in small amount (술, 담배, 식사, 운동 등을) 가볍게 하는, 약한: A *light* dinner is recommended for good digestion. 소화를 돕기 위해서 저녁 식사를 가볍게 하는 것이 권장된다. / He's a *light* smoker. 그는 담배를 많이 피우지 않는다.

·파생어·

lighten 밝게 하다, 밝아지다, 가볍게 하다, 가벼워지다

lighter 라이터, 거룻배

lightly 가볍게, 부드럽게, 엷게

lighting 채광, 조명, 점화

lightness 밝기, 빛깔이 엷음, 가벼움, 경솔함

lightless 빛이 없는, 어두운

·관련표현·

lighting **fixtures** 조명 기구

a *light* **rain** 가랑비(=drizzle)

a *light* **meal** 가벼운 식사

a *light* **punishment** 가벼운 처벌

light **music** 경음악

feel *light* **in the head**
현기증이 나다(=feel dizzy)

***Light* come, *light* go.**
((속담)) 쉽게 얻은 것은 쉽게 없어진다.

light **on one's feet[legs]**
(떨어졌을 때) 오뚝 서다

L

| 실전문제 |

다음에 주어진 뜻풀이 가운데서 밑줄 친 light의 의미로 가장 적절한 것은?

Some light exercise is healthy during convalescence.

(1) intended only for entertainment
(2) not weighing very much
(3) drinking, smoking, eating or exercising in small amount
(4) small in amount; less than average

해설 | 가벼운 운동을 하는 것에 유의한다. (3) 「회복기 동안에는 가벼운 운동이 건강에 도움이 된다.」

put out the *light* 불[등]을 끄다
Will you give me a *light*?
담뱃불 좀 빌려주시겠습니까?
bring ~ to *light* ~을 드러내다, 폭로하다
come to *light* 드러나다
in the *light* of ~ ~의 관점(견지)에서
a *light* room 밝은 방
see *light* (문제 해결의) 실마리를 찾다, 돌파구가 보이다
throw *light* on ~ ~의 해명에 도움을 주다, ~을 해명하다, ~에 광명을 던지다
stand in one's own *light* (분별 없는 행위로) 스스로 자신의 출세[성공, 이익]를 방해하다
think *lightly* of ~ ~을 경시하다

syn. moderate, light-hearted, easy
ant. heavy, strong, serious, hard

□ **life** [laif]

n. **1 the active force in animals and plants that makes them different from inanimate matter and dead organisms** 생명(체): There are many forms of *life* on earth. 지구상에는 많은 생명체가 있다. / There is no *life* on the moon. 달에는 생명체가 없다.

2 the state of the condition of being alive or the typical qualities of human existence 삶, 인생: It's a matter of *life* and death. 그것은 삶과 죽음의 문제이다. / His *life* has been one of great achievement. 그의 삶은 위대한 업적의 삶이었다. / *Life* is full of flaws and surprises. 인생(삶)은 많은 결점과 놀라움으로 가득 차 있다.

3 a stated type of existence 생활: How is your married *life* coming along? 너의 결혼 생활은 좀 어때?

4 vigor, vitality or energy 활기, 활력, 기운: The children are full of *life* all the time. 어린아이들은 항상 활기가 넘친다.

5 a written or filmed account of one's life 전기, 일대기: The author's *life* of Albert Schweitzer was made into a movie. 그 작가의 슈바이처 일대기가 영화로 만들어졌다.

6 a life span 수명: The mayfly has an average *life* of 24 hours. 메이플라이(하루살이의 일종)는 평균 수명이 하루이다.

7 a living being 인명, 목숨: How many *lives* were saved? 몇 사람이 구출되었는가? / Many *lives* were lost in the explosion. 그 폭발로 많은 인명이 손실되었다.

· 파생어 ·

lifeless 생명(체)이 없는, 죽은, 활기가 없는
lifelike 살아 있는 것 같은, 실물 그대로의
lifelong 일생의, 평생의
lifetime 일생, 평생, 수명
lifestyle 생활양식

· 관련표현 ·

lifeless matter 무생물
lifelong education 평생 교육
the struggle for *life* 생존 경쟁
human *life* 인명
a long *life* 장수(=longevity)
take one's own *life* 자살하다(=kill oneself, commit a suicide)
lead a lonely *life* 외롭게 살아가다
Such is *life*.
인생이란 그런 것이야.(=That's life.)
larger than *life* 실물보다 큰
bring ~ to *life* ~를 소생시키다
come to *life* 소생하다
life expectancy 평균 예상 수명 (=expectation of life)
for *life* 종신형으로
e.g. imprisonment for *life*
종신 징역, 무기 징역
in after *life* 내세에서
in later *life* 후년에

|실전문제|

다음에 주어진 뜻풀이 가운데서 밑줄 친 life의 의미로 가장 적절한 것은?

She had spent most of her life abroad, but she's going to spend the rest of her life in her mother country.

(1) vigor, vitality or energy
(2) a written or filmed account of one's life
(3) the state of the condition of being alive or the typical qualities of human existence
(4) the active force in animals and plants that make them different from inanimate matter and dead organisms

해설 | 문맥상, 동사가 spend(보내다)이며 abroad(해외에서)가 나오므로 이때의 life는 '삶'으로 자연스럽게 번역이 된다. (3) 「그녀는 대부분의 삶을 해외에서 보냈으나, 여생은 모국에서 보낼 것이다.」

in one's *life* 일생에
not on your *life* 결코 ~가 아닌
true to *life* 현실적으로, 실물과 똑같이
life insurance 생명 보험
life jacket 구명조끼(=*life* vest)
life-saver 인명 구조자, 생명의 은인
as large as *life* 실물 크기의; 틀림없이, 정말로
not for the *life* of me 어떤 일이 있어도 결코 ~하지 않다, 아무리 해도 ~않다

syn. living thing, human being, lifetime, mode of living, vigor
ant. death, lifelessness, spiritlessness

☐ **likely** [láikli]

a. **1 probably true or probably going to happen 있음직한, ~할 것 같은**: It is *likely* to rain this afternoon. 오늘 오후에 비가 올 것 같다. / An accident is *likely* to happen at that intersection. 그 교차로[사거리]에서 사고가 일어남 직하다.

2 seeming suitable for a particular purpose (사람, 장소, 물건 등이) 적합한, 그럴듯한: At this point in crisis, he seems a *likely* presidential candidate to save our country. 이 위기의 순간에 그가 우리나라를 구할 적당한 대통령 후보자인 것 같다.

3 promising and trustworthy 유망하고 믿음직한: The former quarterback is a *likely* person for the coaching job. 코치 자리에는 전 쿼터백이 유망할 것 같다.

ad. **in all probability; presumably 십중팔구, 아마도**: We will most *likely* be late. 우리는 십중팔구 늦을 것이다.

|실전문제|

다음에 주어진 뜻풀이 가운데서 밑줄 친 likely의 의미로 가장 적절한 것은?

The park is a likely spot for the picnic.

(1) promising and trustworthy
(2) probably true or probably going to happen
(3) in all probability; presumably
(4) seeming suitable for a particular purpose

해설 | 주어가 공원(park)이며, 뒤에 picnic이 있으므로 '공원은 소풍 가기에 적합한 곳'이라는 뜻임을 알 수 있다. (4) 「그 공원이 소풍 가기에 적당한 장소인 것 같다.」

·파생어·

likelihood 가능성, 있음직한 일(=likeliness)

·관련표현·

a *likely* result 있음직한 결과
in all *likelihood* 아마도, 십중팔구
most *likely* 십중팔구로
not *likely* 설마, 어림없지!
as *likely* as not 어쩌면 ~일지도 모르다, 아마
more *likely* than not 어느 쪽이냐 하면, 아마
likely enough 아마도, 아마 (그럴 것이다)
a *likely* young man 유망한 청년

syn. probable, liable, plausible, credible, suitable, promising
ant. unlikely, questionable, doubtful, unpromising

limit [límit]

n. 1 the edge or the farthest area that cannot or may not be passed 경계: These stakes mark the *limits* of the property. 이 말뚝들은 토지의 경계를 나타낸다.

2 the greatest amount, extent or degree of something that is possible 한도, 한계: The climbers had reached the *limit* of their endurance. 등반가들은 인내의 한계에 도달했다.

3 the largest or smallest amount of something such as time or money that is allowed by a law, rule or decision (시간, 속도 또는 액수의) 제한(액), 한도액: Is there a speed *limit* on the freeway? 그 고속도로에는 속도 제한이 있습니까? / The government has imposed a 5% *limit* on the pay increase of public officials. 정부는 공무원들의 봉급 인상을 5%로 제한했다.

vt. to keep within a certain size, amount, area or speed (크기, 양, 액수, 속도 등을) 제한하다: We must *limit* our spending. 우리는 비용 지출을 제한해야 한다. / The nation is trying to *limit* unnecessary land development. 국가는 불필요한 토지 개발을 제한하려고 한다.

|실전문제|

다음에 주어진 뜻풀이 가운데서 밑줄 친 limits의 의미로 가장 적절한 것은?

We have to work within the limits of a fairly tight budget.

(1) the largest or smallest amount of something such as time or money that is allowed by a law, rule or decision
(2) to keep within a certain size, amount, area or speed
(3) the edge or the farthest area that cannot or may not be passed
(4) the greatest amount, extent or degree of something that is possible

해설 | (1)과 (4)가 모두 '한도', 또는 '한도액'을 정의하고 있으므로 정답은 (1)과 (4) 둘 다 될 수 있다. (1), (4) 「우리는 꽤 빡빡한 예산의 한도 내에서 일을 해야 된다.」

·파생어·

limitable 제한[한정]할 수 있는
limitary 제한된, 제한적인, 경계상의
limitation 제한, 경계, 한도
limited 한정된, 유한 책임의
limiting 제한하는
limitless 무제한의, 무한한의

·관련표현·

off *limits* 출입 금지
within *limits* 적당히, 조심스럽게
without *limit* 무제한으로
go the *limit* 철저히 하다, 갈 데까지 가다
have no *limits* 끝이 없다
within the *limits* **of ~**
~의 범위 안에서
limitation on imports 수입 제한
a *limited* **express** 특급
know one's *limits*
자신의 능력의 한계를 알다
to the utmost *limit* 극한까지
establish a speed *limit*
제한 속도를 정하다
without *limitation* 무제한으로

syn. end, greatest extent, ultimate, boundary, margin, restriction

line [lain]

n. 1 a long, narrow mark on a surface 선, 줄: Draw a *line* under the misspelled words. 철자가 잘못된 단어 아래 밑줄을 그어라. / Do not write below this *line*. 이 선 밑에는 쓰지 마시오.

2 thin marks on someone's skin that appear as they get older 피부의 주름: Her face bore *lines* of worry. 그녀의 얼굴에는 근심의 주름이 있었다. / The old farmer's face is covered with deep *lines*. 그 늙은 농부의 얼굴은 깊이 패인 주름살로 덮여 있다.

3 a number of people or things arranged in a row or series 줄, 행렬: There was a long *line* at the box office,

·파생어·

lineable 한 줄로 늘어세울 수 있는
linear 직선의, 선 같은
lined 줄을 친, 안감을 댄

·관련표현·

line **beauty** 각선미
line **of life** 손에 있는 생명선
give a *line* **on ~**
~에 관한 정보를 주다

because the movie was popular with young people. 그 영화가 젊은이들에게 인기가 있기 때문에 매표소에는 긴 줄이 늘어서 있었다.

4 a short letter 짤막한 편지, 짧은 소식: Drop me a *line* when you arrive in America. 미국에 도착하면 짤막한 편지를 보내 줘.

5 a telephone line or connection 전화, 전신망: The *line* is busy[engaged]. 통화 중입니다. / Hold the *line*, please. 전화 수화기를 끊지 말고 들고 계십시오.

6 a row of words on a printed page 글자, 페이지의 행, 줄: There are about 15 words to a *line*. 한 줄에 약 15개의 단어가 있다.

7 the kind of work that someone does 직업, 장사: What *line* of business are you in? 어떤 일을 하십니까? / What is your father's *line* of business? 당신의 아버지는 어떤 일을 하십니까?

8 a particular type of product that a company makes or sells 품종, 품목, 종류: The Green Apparel is having the fall *line* ready. Green Apparel에서는 가을 품목[상품]을 준비 중이다.

9 a series of generations of persons, animals, or plants descended from a common ancester 혈통, 가계, 핏줄: The calf comes from a long *line* of prize cattle. 그 송아지는 오래전의 소싸움 우승 소의 혈통이다.

10 the line of battle; frontline 전선: The troops infiltrated the enemy *lines*. 그 부대들은 적의 전선에 침입했다.

|실전문제|

다음에 주어진 뜻풀이 가운데서 밑줄 친 line의 의미로 가장 적절한 것은?

Soldiers in the line suffer the most casualties.

(1) the kind of work that someone does
(2) a telephone line or connection
(3) the line of battle; frontline
(4) thin marks on someone's skin that appear as they get older

해설 | 군인(soldiers)이라는 단어에서, 이들이 싸우는 곳은 '전선'(=frontline)이라고 생각할 수 있다. (3) 「전선에서 싸우는 군인들이 가장 사상자가 많다.」

come of a good *line* 가문이 좋다
go to the front *line* 전선으로 가다
deep *lines* **in one's face** 얼굴의 깊은 주름살
take a strong *line* 강경 수단을 취하다
down the *line* 완전히, 전폭적으로
draw the[a] *line* 구별하다, 한계를 짓다
hold the *line* 전화를 끊지 않고 기다리다
read between the *lines* 행간의 숨은 뜻을 파악하다
in *line* **of duty** 직무 중(로)
  e.g. die **in the** *line* **of duty** 순직하다
in a *line* 한 줄로 〈with〉; 줄을 서서 〈기다리다〉 〈for〉; 횡대를 이루어
keep in *line* 정렬해 있다[하게 하다]; 규칙[관행]을 지키(게 하)다
bottom *line* 순익, 경비; 최종 결과, 결말, 최종 결정, 결론

syn. border, wrinkle, queue, message, stance, breed, occupation, front line, product

L

☐ **litter** [lítər]

n. 1 waste materials thrown away 쓰레기, 잡동사니, 어수선하게 흐트러진 물건: In the early morning, the streets are full of *litter*. 이른 아침에 그 거리는 쓰레기들로 가득하다.

2 a bed or seat used to carry wounded or improtant people 들것, 침상 모양의 가마: The wounded were carried into the hospital on *litters*. 부상자들은 들것에 실려 병원으로 옮겨졌다.

· 파생어 ·
littery 어수선한, 깔짚(투성이)의

· 관련표현 ·
at a *litter* 한배에
No *litter*, **please.** 쓰레기를 버리지 말 것. [표지판의 문구]

3 a pile of straw used as an animal's bed 짐승의 깔갯짚: The squirrel made a *litter* out of dried leaves. 그 다람쥐는 마른 잎으로 깔갯짚을 만들었다.

4 a group of young animals born at the same time to one mother (동물의) 한 뱃속에서 태어난 새끼들: The shepard had a *litter* of five pups. 그 세퍼드는 5마리의 새끼를 낳았다.

|실전문제|

다음에 주어진 뜻풀이 가운데서 밑줄 친 litter의 의미로 가장 적절한 것은?

Good campers don't leave litter on the campsite.

(1) a group of young animals born at the same time to one mother
(2) a pile of straw used as an animal's bed
(3) waste materials thrown away
(4) a bed or seat used to carry wounded or rich people

해설 | 야영자(campers)와 야영지(campsite)가 나오므로, 이때의 litter는 문맥상 '쓰레기'밖에 될 수 없다. (3) 「선량한 야영자들은 야영지에 쓰레기를 버리고 떠나지 않는다.」

Don't be a *litterbug*.
쓰레기를 버리지 마시오.
littered with ~ ~로 어질러져 있는
litter bin 쓰레기통(=garbage can)
in a *litter* 어지럽게, 지저분하게
have a *litter* of kittens 심히 걱정
[당황]하다: ((미·속어)) 발끈하다, 몹시 흥분하다

syn. rubbish, trash, refuse, heap, stretcher, nest

☐ little [lítl]

a. 1 small in amount or degree; not much 소량의, (양이나 정도 면에서) 적은: There is *little* milk left in the pitcher. 주전자 속에는 우유가 거의 남아 있지 않다. / The doctor has *little* hope for his recovery from liver cancer. 의사는 그가 간암으로부터 회복될 거라는 희망을 거의 갖고 있지 않다. / I have *little* money in my pocket. 나는 주머니에 돈이 거의 없다.

2 a small amount but at least some used with 'a' or 'the' 약간의, 조금 있는: Give me a *little* more of that wine. 저 포도주 약간만 더 주세요. / He was a *little* bit afraid of his mother's reaction. 그는 그의 어머니의 반응이 좀 두려웠다.

3 short in length or time (길이나 시간이) 짧은: I've been wanting to have a *little* talk to you. 당신과 잠시 이야기를 하고 싶었습니다.

4 not serious or important; trivial 하찮은, 대수롭지 않은: She had a *little* cold last week, but she's fine now. 그녀는 지난주에 감기가 있었으나 지금은 괜찮다.

5 small in size 크기가 작은: The old man lived in a *little* house in the woods. 그 노인은 숲 속에 있는 작은 집에 살았다.

· 파생어 ·
less 더욱 작은[적은]
least 가장 적은[작은]

· 관련표현 ·
a *little* bit 약간[조금]의 ~
quite a *little* 꽤 많은(=much)
a *little* tired 약간 피로한
***little* more than** ~내외[정도]
***little* better than** ~나 마찬가지인, ~와 별 다름이 없는(=*little* less than)
little* by *little 조금씩, 점차로(=by *little* and *little*, gradually)
think *little* of ~ ~을 경시하다
have a *little* difficulty ~ing
~하는 데 좀 애먹다
no *little* 적지 않은, 상당한, 많은
make *little* of ~
~을 얕보다, 업신여기다

syn. small, petite, tiny, minute, meager, short, brief, trivial, narrow-minded
ant. big, large, great, much, giant, long, important

|실전문제|

다음에 주어진 뜻풀이 가운데서 밑줄 친 little의 의미로 가장 적절한 것은?

As I'm busy nearly everyday, I have little opportunity for making a trip.

(1) short in length or time
(2) small in amount or degree; not much
(3) small in size
(4) not serious or important; trivial

해설 | little 앞에 부정관사 a가 있으면 '약간, 조금'의 뜻을 나타내지만 부정관사가 없이 쓰이면 '거의 없는'의 뜻으로 사용된다. (2) 「거의 매일 바빠서, 나는 여행 갈 기회가 별로 없다.」

☐ locate [loukéit]

vt. **1 to find a position or where a person is** (위치(장소)를) 알아내다, 찾아내다: The police are trying to *locate* the missing man. 경찰은 행방불명된 사람을 찾으려고 하고 있다. / The plumber *located* the leak in a pipe. 그 배관공은 파이프의 새는 곳을 찾아냈다.

2 to place at a certain place ~에 위치를 정하다, ~에 두다: The firehouse is *located* on Main Street. 그 소방서는 Main가에 있다. / The office is conveniently *located* near the factory. 사무실은 편리하게도 공장 근처에 있다.

3 to fix or set in a place (위치를) 정하다, 고정시키다: The dentist carefully *located* the filling in the cavity. 그 치과 의사는 조심스럽게 충치 속에 충전재를 고정시켰다.

vi. **to establish one's business or residence in a place** (어떤 장소에) 정착하다, 정주[거주]하다: The firm finally *located* in Tokyo. 그 회사는 마침내 도쿄에 정착하게 되었다.

· 파생어 ·

location 장소, 위치, 위치 선정
locative 위치를 가리키는
locatable 찾아낼 수 있는, 정착할 수 있는

· 관련표현 ·

a mining *location* 탄광 지대
on *location* 야외 촬영 중인
a suitable *location* 적당한 위치
a good *location* for a gas station 주유소 하기에 좋은 위치
locate oneself 위치를 차지하다
locate a source 출처를 찾다

syn. find, discover, uncover, situate, settle down, put down roots, fix
ant. lose, shake, conceal, leave, abandon, desert

|실전문제|

다음에 주어진 뜻풀이 가운데서 밑줄 친 locate의 의미로 가장 적절한 것은?

After he retires, he's going to locate in California.

(1) to place at a certain place
(2) to establish one's business or residence in a place
(3) to fix or set in place
(4) to find a position or where a person is

해설 | locate는 자동사와 타동사 두 가지로 사용된다. 지금의 문맥을 보면 retire(퇴직하다)가 나오고 있으므로, '퇴직한 후 캘리포니아에 정착하다'가 가장 적합하다. (2) 「퇴직한 후, 그는 캘리포니아에 정착할 예정이다.」

lofty [lɔ́:fti]

a. **1 (of ideas or plans) of unusually high quality** 고상한, 원대한, 고결한: Despite the chaos, he had *lofty* aims. 혼란에도 불구하고, 그는 높은[고상한] 목표를 가지고 있었다.

2 behaving in a proud and unpleasant way 거만한, 거드름 피우는: I didn't like his *lofty* treatment of the visitors. 나는 그가 방문객들을 거만하게 대하는 것이 마음에 들지 않았다.

3 (of buildings or mountains) very high (건물이나 산이) 높은, 높이 치솟은: *Lofty* towers flanked the river. 높은 탑이 강 옆에 솟아 있다.

4 high in position or rank 지위가 높은, 고위의: Despite his *lofty* rank, he listened to poor men's grievances. 높은 지위에 있음에도 불구하고, 그는 가난한 사람들의 호소를 경청했다.

|실전문제|
다음에 주어진 뜻풀이 가운데서 밑줄 친 lofty의 의미로 가장 적절한 것은?

His plans were criticized as having lofty but unrealistic goals.

(1) high in position or rank
(2) (of buildings or mountains) very high
(3) (of ideas or plans) of unusually high quality
(4) behaving in a proud and unpleasant way

해설 | 주어가 계획(plans)이고, 뒤에 목표(goals)가 있으므로 원대하지만 비현실적인 목표를 가진 계획을 말함을 알 수 있다. (3) 「그의 계획은 원대하지만 목표가 비현실적이라는 비난을 받았다.」

· 파생어 ·
loft 고미다락, 위층의 관람석
loftily 고상하게, 거만하게, 높이
loftness 고상함, 높음, 거만함

· 관련표현 ·
a *lofty* peak 고봉
lofty contempt 고고함[거만한] 태도
lofty ideals 고고한 이상
lofty smile 거만한 미소
in a *lofty* manner[way, fashion] 거만하게

syn. soaring, high-reaching, imposing, distinguished, arrogant, haughty
ant. low, undignified, modest, humble, cordial

---

long [lɔ:ŋ]

a. **1 measuring a great length or distance, or larger and longer than average** 평균보다 긴, (거리가) 먼, 큰: She wore a *long* dress, reaching down to her feet. 그녀는 발까지 내려오는 긴 드레스를 입었다. / Alaska has a *long* coastline. 알래스카는 긴 해안선을 가지고 있다. / We're a *long* way from home. 우리는 집으로부터 멀리 떨어져 있다.

2 lasting more time than usual or taking a long time (시간이나 어떤 행위가) 긴: There will be a *long* wait until the next bus. 다음 버스가 올 때까지는 오랫동안 기다려야 할 것이다.

3 covering a certain distance from one end to the other 길이, 거리가 ~인: The backyard is 20 meters *long* and 15 meters wide. 뒤뜰은 길이가 20미터이고 폭은 15미터이다.

ad. **for a long time** 오랫동안: It won't take *long* to finish the job. 그 일은 끝내는 데 오랜 시간이 걸리지 않을 것이다.

· 파생어 ·
longing 갈망, 동경, 열망; 간절히 바라는
longish 긴, 갸름한
longingly 열망하여, 간절히 원하여

· 관련표현 ·
a *long* distance 장거리
take a *long* view of life 먼 장래 일을 생각하다
take a *long* chance 위험을 알면서 해보다
in the *long* run 결국에(=in the end, finally)
as *long* as ~하는 한, ~하는 동안은
long before 오래전에
before *long* 머지않아, 곧(=soon)
long for peace 평화를 갈망하다

| 실전문제 |

다음에 주어진 뜻풀이 가운데서 밑줄 친 long의 의미로 가장 적절한 것은?

This is a long film, three hours and thirty minutes.

(1) covering a certain distance from one end to the other
(2) measuring a great length or distance, or larger and longer than average
(3) for a long time
(4) lasting more time than usual or taking a long time

해설 | 명사를 수식하므로 형용사로 쓰였으며, film(영화)이 있으므로 '긴 시간의 영화'로 쉽게 이해될 수 있다. (4)「이 영화는 긴 시간의 영화로 3시간 반이나 계속된다.」

for so long 〈주로 부정문·의문문 또는 조건절에서〉 오랫동안
the long and the short of it 요점, 요지; 본질
in the long term 장기적으로 보아

syn. lengthy, unending, prolonged
ant. short, brief, quick, curtailed

□ loose [luːs]

a. **1 unfastened, untied or unchained** 매지 않은, 풀어 놓은: Her hair hung *loose* to her shoulders. 그녀의 머리는 풀어져서 어깨까지 내려왔다.

2 not compact or dense in structure 푸석푸석한, 올이 성긴: She gathered *loose* soil and let it filter slowly through her fingers. 그녀는 푸석푸석한 모래를 집어서 손가락 사이로 서서히 빠져나가게 했다.

3 careless in what one says 말이 부주의하거나 신뢰할 수 없는: Never tell him a secret; he's got a *loose* tongue. 그에게 비밀을 이야기하지 마, 그는 입이 가벼워.

4 not exact or controlled 부정확하거나 야무지지 못한: The secretary did *loose* accounting job that has cost the firm a lot of money for years. 그 비서는 회계를 부정확하게 봐서 수년간 그 회사에 많은 손해를 끼쳤다.

· 파생어 ·
looseness 헐거움, 부정확, 방탕
loosely 느슨하게, 부정확하게
loosen 풀다, 고삐를 늦추다, 느슨해지다
loosish 느슨한 듯한, 단정치 못한 듯한
loose-fitting (의복이) 헐렁한, 느슨한

· 관련표현 ·
live *loosely* 방종한 생활을 하다
a *loose* **dog** 묶어 놓지 않은 개
loose **teeth** 흔들리는 이빨
have *loose* **bowels** 설사를 하다
a *loose* **thinker** 생각이 치밀하지 못한 사람
let *loose* 풀어 주다, 해방하다(=set *loose*)
be on the *loose* 자유롭다
break *loose* 탈출하다, 도망치다
give a *loose* **to** (감정·공상이) 쏠리는 대로 두다
loose **one's hold of ~** ~에서 손을 늦추다, 자유롭게 하다
come *loose* 풀리다, 느슨해지다

syn. abandoned, untied, unchained
ant. tied, bound, moral, exact

| 실전문제 |

다음에 주어진 뜻풀이 가운데서 밑줄 친 loose의 의미로 가장 적절한 것은?

Peter was chased by a loose dog.

(1) careless in what one says
(2) not compact or dense in structure
(3) not exact or controlled
(4) unfastened, untied or unchained

해설 | a loose dog이라는 말은 끈을 매어 놓지 않고 풀어 놓은 개를 말한다. (4)「피터는 풀어 놓은 개에 의해 추격을 받았다.」

L

391

loss [lɔ(:)s]

n. 1 the act of losing 분실, 잃음: Did you report the *loss* of your valuable goods to the police? 경찰에 귀중품 분실에 대해 신고했습니까? / The *loss* of the ship ended his career as a captain. 배를 잃음으로써 그는 선장으로서의 직업을 잃었다.

2 the amount of something lost in business (사업상의) 손실, 손해: Can the company bear the *loss* of a million dollars? 그 회사가 백만 달러의 손실을 감당할 수 있을까?

3 the feeling of sadness when someone dies or something is taken away from 상실(감): Talk to others about your feelings of *loss* and grief, and it will help. 다른 사람들에게 당신의 상실감과 슬픔을 이야기해 보세요. 그러면 도움이 될 것입니다.

4 the gradual reduction of heat, blood or fluid in a human body (열, 혈액, 액의) 감소, 감손: After a few years of regular exercise, he finally succeeded in his weight *loss*. 몇 년간의 규칙적인 운동 이후에, 그는 마침내 체중 감량에 성공했다.

5 failure to win; defeat (경기에서의) 패배: How did the boxer take the *loss* of his fight? 그 권투 선수는 경기 패배를 어떻게 이겨 냈니?

| 실전문제 |

다음에 주어진 뜻풀이 가운데서 밑줄 친 loss의 의미로 가장 적절한 것은?

The <u>loss</u> of her purse caused her much inconvenience.

(1) failure to win; defeat
(2) the feeling of sadness when someone dies or something is taken away from
(3) the gradual reduction of heat, blood or fluid in a human body
(4) the act of losing

해설 | 이 문장은 지갑을 '분실'해서 그녀가 참 불편했다는 내용이다. (4) 「그녀는 지갑을 분실해서 불편함이 많았다.」

· 파생어 ·
lose 잃다, 분실하다, 낭비하다, 상실하다
lost 잃은, 분실한, 낭비한, 길을 잃은
loser 분실자, 패배자, 전과자
lossy 손실이 많은

· 관련표현 ·
the *loss* of sight 실명
suffer great *losses* 큰 손해[손실]를 보다
***loss* of time** 시간 낭비(=waste of time)
far at a *loss* 우울하여, 몹시 지쳐서
***lost* sheep** 길 잃은 양
be[get] *lost* 길을 잃다
a *losing* game 이길 가망이 없는 경기
cut a *loss* (일찌감치 손을 떼어) 더 이상의 손해를 막다
at a *loss* 당황하여, 어찌할 바를 몰라
be no *loss* 아무런 손해[손실]도 보지 않다
without *loss* of time 지체 없이, 당장, 곧

syn. destruction, removal, deprivation, losing
ant. saving, gain, recovery, restoration, finding, vanquishment

lot [lɑt]

n. 1 a great quantity, number or amount 많음, 다량, 듬뿍: A *lot* of people have lost their jobs in recent years. 최근 몇 년 동안에 많은 사람이 실직했다. / We all like ice cream, so give every one a *lot*. 우리 모두가 아이스크림을 좋아하므로 모두에게 많이 주어라.

2 used adverbially to mean "to a great degree or extent" or "frequently" 많은 양: This is a *lot* better. 이것이 훨씬 더 좋은 것이다.

3 any of a set of objects used for making a choice or decision by chance 제비뽑기, 추첨: The boys drew *lots* to

· 파생어 ·
lottery 복권 뽑기, 추첨

· 관련표현 ·
cast[drew] *lots* 제비를 뽑아서 결정하다
a parking *lot* 주차장
an empty *lot* 공터
Thanks a *lot*. 대단히 감사하다.
cast[throw] in one's *lot* with ~ ~와 운명을 같이하다

determine who would go first. 소년들은 누가 먼저 갈 것인가 결정하기 위해서 제비를 뽑았다.

4 an area of land for a particular purpose 한 구획의 땅, 부지: The neighbors bought a *lot* to build a house on. 이웃은 집을 짓기 위해서 부지를 샀였다.

5 one's fortune in life; fate 운명, 운: It was her *lot* to suffer through life. 평생 동안 고생하는 것은 그녀의 운명이다.

| 실전문제 |

다음에 주어진 뜻풀이 가운데서 밑줄 친 lot의 의미로 가장 적절한 것은?

He advanced one hundred million won to me on the lot.

(1) one's fortune in life; fate
(2) a great quantity, number or amount
(3) any of a set of objects used for making a choice or decision by chance
(4) an area of land for a particular purpose

해설 | 돈을 빌려 주었다는 이야기가 나오므로 이때 lot은 '부지, 토지'의 뜻으로 쓰인 것을 알 수 있다. (4) 「그는 나에게 그 부지[토지]를 저당 잡고 1억을 빌려 주었다.」

a *lot* of 많은
by *lot* 추첨으로
a *lot* of cattle 한 떼의 소
lot on ~ ~을 기대하다, ~에 의지하다

syn. fate, destiny, share, piece of ground, a great deal

☐ **low** [lou]

a. **1 not measuring much from the base to the top; not high** (높이, 키가) 낮은: He jumped over the *low* wall. 그는 나지막한 벽을 뛰어넘었다. / He put it down on the *low* table. 그는 나지막한 탁자 위에 그것을 놓았다.

2 small in amount or degree (양이나 정도가) 낮은: They still have to live on very *low* income. 그들은 여전히 아주 적은 수입으로 살아가야 한다.

3 very poor in quality or standard 저급의, (질이) 낮은: The school would not accept *low* quality of homework from any student. 그 학교는 어떤 학생으로부터도 형편없는 숙제를 받지 않는다.

4 describing negative feelings and attitudes (생각이나 태도가 부정적으로) 낮은: People have very *low* expectations of our politics. 국민들은 우리의 정치에 대해 극히 낮은 기대감을 가지고 있다.

5 quiet or soft in voice 저음의, (목소리가) 낮은: Keep your voice *low*. I don't want you to wake up my family. 목소리를 낮춰. 나는 네 목소리로 인해 내 가족이 깨는 것을 원치 않아.

6 small in value or size (가치, 크기 등이) 낮은: The price of oil is at its *lowest* level for a couple of years. 석유 가격은 2년 동안 낮은 수준을 기록하고 있다.

7 unhappy or depressed (기분이) 침울한, 의기소침한: I've been feeling *low* all week. 나는 한 주 내내 기분이 우울했다.

·파생어·

lower (물가, 목소리, 물건 등을) 낮추다, 떨어뜨리다, 내려가다
lowly (신분, 지위 등이) 낮은, 비천한, 초라한
lowness 비천, 낮음, 야비함
lowering 저하시키는, 체력을 약하게 하는; 저하, 하락

·관련표현·

low income bracket 저소득층
low in price 값싸게
feel *low* 기(풀)가 죽다(=feel depressed), 마음이 우울하다, 기운이 없다
fall *low* 타락하다
lie *low* 웅크리다, 눈에 띄지 않게 조용히 있다
talk *low* 목소리를 죽여 이야기하다
low blood pressure 저기압(=hypotension)
low-born 출신이 미천한
low-cost 값이 싼
lower class 하층 계급
low-fat milk 저지방유
low gear 저속 기어
low-level 저지(低地)의, 수준이 낮은

|실전문제|

다음에 주어진 뜻풀이 가운데서 밑줄 친 low의 의미로 가장 적절한 것은?

How could you do such a low thing?

(1) very poor in quality or standard
(2) describing negative feelings and attitudes
(3) not measuring much from the base to the top; not high
(4) small in value or size

해설 | do a low thing은 '천박한(질이 낮은) 일을 하다'로 사용되고 있다. (1)「어떻게 그런 천박한 일을 할 수 있니?」

keep a *low* profile 저자세이다
low-rise apartment 저층 아파트
cf. high-rise buildings 고층 건물
run *low* (자금 등이) 고갈하다, 결핍하다
have a *low* opinion of ~
~을 대수롭지 않게 여기다, 경시하다

syn. low-lying, depressed,
    unhappy, small, mean
ant. high, tall, happy,
    elevated, loud, noisy

lump [lʌmp]

n. **1 a mass of something solid without a particular size or shape** 덩어리: They used to buy ten kilos of beef in one *lump*. 그들은 10킬로그램의 쇠고기를 한 덩어리로 사곤 했다. / I usually put one *lump* of sugar and two spoons of cream in my coffee. 나는 보통 커피에 각설탕 하나와 두 스푼의 크림을 타서 마신다.

2 a hard swelling on the body caused by an injury or illness 혹, 종기, 부스럼: I got a *lump* on my head. 내 머리에 혹이 났다. / How did you get that *lump* on your head? 네 머리에 혹[종기]이 왜 생겼니?

3 the group of workers in the building industry who are not employed continuously but only when they are needed 임시(건설) 노동자: They hired some *lumps* to finish the road construction. 그들은 도로 공사를 끝내기 위해서 임시 노동자들을 고용했다.

4 a stupid or awkward person 바보, 멍청이, 얼간이: You'll break it, if you do it that way, you great *lump*. 그것을 그렇게 하면 부서져, 이 바보야.

· 파생어 ·
lumping 많은, 무거운
lumpish 덩어리 같은, 바보 같은
lumpy 덩어리의, 땅딸막하고 굼뜬

· 관련표현 ·
a *lump* of clay 찰흙 한 덩어리
feel[have] a *lump* in one's throat (감동하여) 목이 메다
by (in) the *lump* 전부, 통틀어서
all of a *lump* 통틀어,
한 덩어리가 되어; 온통 부어올라
a *lump* of money 많은 돈
like it or *lump* it 좋든 싫든 간에;
〈명령형〉 포기해라, 선택의 여지가 없다

syn. mash, chunk, bump,
    swelling, fool
ant. grain, cavity, particle

|실전문제|

다음에 주어진 뜻풀이 가운데서 밑줄 친 lump의 의미로 가장 적절한 것은?

Williams had to have cancer surgery for a lump in his chest.

(1) a stupid or awkward person
(2) a hard swelling on the body caused by an injury or illness
(3) a mass of something solid without a particular size or shape
(4) the group of workers in the building industry who are not employed continuously but only when they are needed

해설 | a lump in one's chest는 '가슴의 혹(종기)'을 말한다. (2)「윌리엄스는 가슴에 난 혹[종기] 때문에 암 수술을 받아야 했다.」

luxury [lʌ́kʃəri]

n. **1 great comfort provided by expensive and beautiful things** 호화스러움, 사치: They lived in *luxury* all their lives. 그들은 평생 호화롭게 살았다. / Buying a new coat before the old one wore out would just be a *luxury*. 옛 코트가 닳기 전에 새 코트를 사는 것은 사치이다.

2 something that is very pleasant and enjoyable 즐거움, 쾌락: A long hot bath can be pure *luxury*. 오랫동안 온욕을 하는 것은 더없는 만족감을 준다.

3 something that is expensive and enjoyable but not essential 사치품: We can't afford money on *luxuries*. 우리는 사치품에 돈을 쓸 여유가 없다.

4 a big expensive car 고급 대형 승용차: The couple rode on a *luxury* to go on a honeymoon after marriage. 그 부부는 결혼이 끝난 다음 신혼여행을 가기 위해 고급 대형 승용차를 탔다.

| 실전문제 |

다음에 주어진 뜻풀이 가운데서 밑줄 친 luxury의 의미로 가장 적절한 것은?

We were going to have the luxury of a free weekend to rest and do whatever we wanted to.

(1) something that is very pleasant and enjoyable
(2) great comfort provided by expensive and beautiful things
(3) a big expensive car
(4) something that is expensive and enjoyable but not essential

해설 | luxury 이하의 내용이 쾌락이나 사치품이 아닌 주말을 자유롭게 보내는 것이므로, 이것이 즐거움을 주는 행동이 된다. (1)「우리는 휴식을 취하며 하고 싶은 일은 무엇이든 하는 그런 자유로운 주말의 즐거움을 누릴 예정이었다.」

·파생어·

luxurious 사치스러운, 호화스러운, 쾌락을 추구하는

luxuriant 번성한, 무성한, (땅이) 비옥한, (문체나 장식이) 화려한

luxuriate 번성하게 하다, 사치스럽게 지내다

luxuriance 번성, 무성, 다산, (문체의) 화려함

·관련표현·

luxury **tax** 사치세
a *luxury* **car** 고급 차
a *luxury* **hotel** 일류 고급 호텔
luxurious **life-style** 사치스러운 생활 방식
in an atmosphere of *luxury* **and wealth** 사치와 부의 환경 속에서
luxury **goods** 사치품
luxuriously **furnished** 사치스런 가구가 비치되어 있는
afford a *luxury* 사치품을 살 여유가 있다
in *luxury* 사치스럽게

syn. extreme comfort, delight, enjoyment, pleasure, extravagance
ant. poverty, destitution, austerity, misery, necessity

M

☐ mad [mæd]

a. **1 having a mind that does not work in a normal way; insane** 미친, 실성한: The *mad* old lady was wandering in the street. 실성한 할머니가 거리를 배회하고 있었다.
2 very angry 아주 화가 난: My father got *mad* at me because I don't study very hard and spend my free time playing computer games. 우리 아버지는 내가 열심히 공부하지 않고 여가 시간에 컴퓨터 오락을 하는 데 시간을 보낸다고 나에게 매우 화를 내셨다.
3 filled with strong feeling, interest, or enthusiasm 열중인, 열광적인: He's not as *mad* about sports as I am. 그는 나만큼 스포츠에 열광적이지는 않다.
4 very foolish 어리석은, 바보 같은: You'd be *mad* to work with him again. 그와 또다시 같이 일한다는 것은 어리석은 일이 될 것입니다.

|실전문제|
다음에 주어진 뜻풀이 가운데서 밑줄 친 <u>mad</u>의 의미로 가장 적절한 것은?
This itching is driving me <u>mad</u>.
(1) very foolish
(2) filled with strong feeling, interest, or enthusiasm
(3) having a mind that does not work in a normal way
(4) very angry

해설 | drive one mad는 '누구를 미치게 하다', 또는 '몹시 화[짜증]나게 하다'의 뜻으로 사용되는 일반적인 관용구이다. (4) 「이 가려움증이 나를 미치게 한다.」

·파생어·
madden 성나게 하다, 미치게 하다, 미치다
maddish 미친 것 같은
madly 미친 듯이, 바보같이; 극단적으로
madness 열광, 바보짓, 광기

·관련표현·
mad **efforts** 무모한 노력
as *mad* **as hornet** 몹시 화내어(=as *mad* as a wet hen)
drive ~ *mad* ~을 미치게 하다
go *mad* **after ~** ~에 열중하다(=run *mad* over ~)
be *mad* **keen** (~을) 열렬히 좋아하다; (~에) 열광하다
get *mad* 미친 듯이 화를 내다
mad **about ~** ~에 혹해 있는

syn. crazy, angry, furious
ant. sane, pleased

☐ mail [meil]

n. **1 a system by which letters, packages, and other postal materials are transported** 우편, 우편 제도: send by air *mail* (우편물을) 항공편으로 보내다 / The postage for air *mail* is greater than that for regular *mail*. 항공 우편 요금은 정규 우편 요금보다 비싸다.
2 letters, packages, etc., that are sent or delivered by means of the postal system 우편물: take the *mails* 우편물을 받다 / Some *mail* came for you this morning. 오늘 오전에 당신 앞으로 우편물이 좀 왔어요.
a. **relating to mail** 우편의: buy something by *mail* order 우편 주문으로 무엇을 사다

·파생어·
mailing 우송; 1회에 보내는 동일 우편물
mail-order 통신 판매 제도의; 통신 판매로 주문하다
mailbox 우체통
mailer 우송자, 우편 이용자
blackmail 공갈, 협박하다
E-mail 이메일, 전자 우편; ~에게 이메일을 보내다
airmail 항공 우편

vt. to send a letter or parcel by post 우송하다, 우편으로 보내다: *mail* a book to him 책을 그에게 우송하다 / *Mail* me a new form, please. 제게 새 양식을 보내 주십시오.

|실전문제|
다음 주어진 뜻풀이 가운데서 밑줄 친 mail의 의미로 가장 적절한 것은?
Lessons by mail is a totally interactive correspondence program for the ever-evolving guitarist or bassist.
(1) letters, packages, etc., that are sent or delivered by means of the postal system
(2) a system by which letters, packages, and other postal materials are transported
(3) a train, boat, etc., as a carrier of postal matter
(4) electronic mail; e-mail.

해설 | 제시 문장의 mail은 수단의 by와 함께 쓰이면서 (2)에서 설명하는 '교환 도구', '수단', '방식' 등의 의미를 나타낸다. (4) 「메일을 통한 수업은 계속적인 성장을 하는 기타 또는 콘트라베이스 연주자들을 위한 완벽한 상호 소통 프로그램이다.」

·관련표현·
a piece of *mail* 한 통의 우편물
voice *mail* 음성 녹음 장치
mail **from ~** ~에서 우송하다
mail **to ~** ~로 부치다
by *mail* 우편으로
mail **a letter** 편지를 보내다
an E-*mail* **address** 전자 우편 주소
a *mail*-**order house** 통신 판매 회사
mailing card 우편엽서(=post card)
haul the *mail* ((미·속어)) (뒤늦음을 만회하기 위해) 가속하다
pack the *mail* ((미·속어)) 빨리 달리다, 급히 여행하다
up *mail* 배달 준비가 된 우편물
carry the *mail* ((미·속어)) 계획을 잘 완수하다

☐ maintain [meintéin]

vt. 1 **to continue to have or do as before; keep up** 지속하다, 계속하다, 유지하다: I wanted to *maintain* my friendship with him. 나는 그와의 우정을 계속 유지하고 싶었다. / She took the lead, and *maintained* it until the end of the race. 그녀는 선두였으며, 경주가 끝날 때까지 그것을 유지했다. / The U.S. army *maintained* their attacks against guerillas. 미군은 게릴라들에 대한 공격을 계속했다.

2 **to argue or support in favor of** (권리, 주장 등을) 주장하다: Throughout the trial, she *maintained* her innocence. 재판 때 시종일관 그녀는 무죄를 주장했다. / He *maintained* women's right to vote. 그는 여성의 투표권을 옹호했다.

3 **to provide money and other necessary things** (가족 등을) 부양하다: He's too poor to *maintain* his family. 그는 너무 가난해서 그의 가족을 부양할 수가 없다.

4 **to keep in good condition by checking regularly and repairing** 간수하다, 보존하다, 보수하다: The house costs a fortune to *maintain*. 그 집은 보존하는 데 많은 돈이 든다. / The roads and railway lines will have to be constantly *maintained*. 도로와 철로는 계속적으로 보수가 이루어져야 한다.

·파생어·
maintenance 유지, 보수, 부양, 주장
maintainable 유지 가능한, 부양할 수 있는, 주장할 수 있는

·관련표현·
maintain **an attack** 공격을 계속하다
maintain **one's rights** 권리를 지키다[옹호하다]
maintain **one's family** 가족을 부양하다
maintain **a house** 집을 보수하다
health *maintenance* 건강 유지
a *maintenance* **shop** 정비 공장
maintenance-**free** 정비가 필요 없는
maintain **one's ground against ~** ~에 대하여 자기 입장을 지키다
maintain **prices** 가격을 유지하다

syn. sustain, keep, preserve, support, claim
ant. deny, abandon

|실전문제|

다음에 주어진 뜻풀이 가운데서 밑줄 친 maintained의 의미로 가장 적절한 것은?

He has always maintained that he was innocent of the crime.

(1) to provide money and other necessary things
(2) to argue or support in favor of
(3) to keep in good condition by checking regularly and repairing
(4) to continue to have or do as before; keep up

해설 | maintain that ~의 that은 접속사로써 뒤에 절이 따라오고 있으며, 이런 형식으로 쓰일 때 maintain은 일반적으로 '주장하다'는 뜻으로 사용된다. (2) 「그는 항상 자신이 그 죄를 짓지 않았다고 주장해 왔다.」

□ major [méidʒər]

a. **1 more important; great in umber, size, or extent** 보다 중요한, (수, 규모, 정도 면에서) 큰: He is undergoing a *major* surgery today. 그는 오늘 대수술을 받을 것이다. / Exercise plays a *major* part to play in preventing and combating diseases. 운동은 질병의 예방 및 퇴치에 중요한 역할을 한다.

2 based on a scale in which the third note is two tones higher than the first (음악의) 장조의: I love Mozart's symphony No. 35 in D *major*. 나는 모차르트의 교향곡 D 장조 35번이 무척 좋아.

n. **1 an officer of middle rank above captain in the army** (육군에서 대위 위의) 소령: I used to be a *major* in the Vietnam War. 나는 월남전에서 소령이었다.

2 the main subject that a person studies at university 대학의 전공(과목): She changed her *major* in college to biology. 그녀는 대학 전공과목을 생물학으로 바꾸었다.

· 파생어 ·

majority 대부분, 대다수, 과반수, 성년
majorly 주로, 첫째로, 지극히

· 관련표현 ·

the *major* vote 다수표
the *major* opinion 다수의 의견
the *major* industry 주요 산업
the *major* improvement 전면적인[대대적인] 개선
take English as one's *major* 영어를 전공하다(=*major* in English)
a *majority* decision 다수결
an overall[absolute] *majority* 절대다수
reach one's *majority* 성년에 도달하다 (미국은 21세, 영국은 18세에 해당)
majority leader 다수당 원내 총무
majority rule 다수결 원칙
give a *major* 전공과목을 개설하다
a *major* talent 두드러진 재능
a *major* question 중요한 문제
by a *majority* ~의 차이로[표 차이로]

syn. chief, primary, significant, vital
ant. minor, dispensable, secondary

|실전문제|

다음에 주어진 뜻풀이 가운데서 밑줄 친 major의 의미로 가장 적절한 것은?

A major has a crown on the shoulder of his uniform.

(1) the main subject that a person studies at university
(2) based on a a scale in which the third note is two tones higher than the first
(3) an officer of middle rank above captain in the army
(4) more important; great in umber, size, or extent

해설 | 관사 다음에 있으므로 명사가 되어야 하는데, 문맥상 군의 '소령'을 뜻한다. (3) 「소령의 제복 어깨에는 왕관 표시가 하나 있다.」

☐ **makeup**[méikʌ̀p]

n. **1 powder, eye shadow or lipstick worn on the face** 화장(품), 분장: Normally, she wears little *make-up*, but this evening was clearly an exception. 보통 그녀는 약간의 화장을 하지만, 오늘 저녁은 분명히 예외적인 경우이다.

2 an examination taken by students who missed or failed an earlier one 추가 시험, 재시험: He's got to take a *makeup* test in math he missed when he was in the hospital. 그는 병원에 입원했을 때 치르지 못했던 수학 시험을 다시 보게 되었다.

3 the composition of materials or organizations (물질이나 단체의) 구성: The *makeup* of the committee is 7 Americans, 5 Englishmen, and two Asian people. 그 위원회의 구성은 7명의 미국인, 5명의 영국인, 그리고 2명의 아시아인들로 되어 있다.

4 nature and various qualities in character 성질, 기질: You can't get him to change his behavior at his age, because it's in his *makeup*. 당신이 그의 행동을 바꿀 수는 없어, 왜냐하면 그것이 그의 기질이기 때문이야.

|실전문제|

다음에 주어진 뜻풀이 가운데서 밑줄 친 makeup의 의미로 가장 적절한 것은?

I suppose that there is some fatal flaw in his <u>makeup</u>.

(1) the composition of materials or organizations
(2) nature and various qualities in character
(3) powder, eye shadow or lipstick worn on the face
(4) an examination taken by students who missed or failed an earlier one

해설 | 앞에 fatal flaw(치명적인 결함)가 있다고 했으므로 이때 makeup은 '성질, 기질' 이 되어야 한다. (2) 「나는 그의 기질에 어떤 치명적인 결함이 있다고 생각한다.」

·관련표현·

the *makeup* of a sentence
문장의 구조

a national *makeup* 국민성

wear little *makeup* 거의 화장을 하지 않다

wear[put on] *makeup* 화장하다

freshen one's *makeup*
화장을 고치다

stage *makeup* 무대 화장

wipe off one's *makeup*
화장을 닦아 내다

eye *makeup* 눈 화장

give a *makeup* test
재시험을 실시하다

makeup an examination
재시험을 치르다

syn. composition, constitution, formation, retest, disposition, nature

☐ **man**[mæn]

n. **1 an adult male human** 남성, 사내: The average *man* is taller than the average woman. 평균적으로 남성은 여성보다 키가 크다.

2 a human being; the human race 인간, 인류: *Man* cannot live by bread alone. 인간은 빵으로만 살 수 없다. / All *men* must die. 모든 인간(인류)은 반드시 죽게 되어 있다.

3 a husband or a male lover 남편, 애인: The minister pronounced them *man* and wife. 목사는 그들을 남편과 아내로 선포했다.

·파생어·

mankind 인류, 인간(=human being)

manlike 남자다운(=masculine)

manless 남자가 없는, 남편이 없는

manly 남자다운, 씩씩한, 남성다운

·관련표현·

a *man* of all work 팔방미인, 만능인

a *man* of his word
약속을 잘 지키는 사람

4 a male servant 하인, 머슴: Hire a *man* to take care of the garden. 정원을 돌볼 하인을 구하시오.

5 a male of low rank in the armed forces, not officers 병사, 사병, 부하: About 50 officers and *men* had to be taken straight to the hospital. 약 50명의 장교들과 사병들이 병원으로 곧장 이송되어야 했다.

| 실전문제 |

다음에 주어진 뜻풀이 가운데서 밑줄 친 <u>men</u>의 의미로 가장 적절한 것은?

The commander commanded his <u>men</u> to fire.

(1) a husband or a male lover
(2) a male of low rank in the armed forces, not officers
(3) a human being; the human race
(4) an adult male human

해설 | 주어가 commander(사령관, 지휘관)이며, 동사도 command(명령하다=order)이므로 목적어인 men은 '부하, 사병'의 뜻이 됨을 알 수 있다. (2) 「사령관은 그의 부하들에게 사격[발포]하라고 명령했다.」

a *man* of honor
신사, 명예를 존중하는 사람
a *man* of *man* 남자 중의 남자
my *man* 야, 여보게 (아랫사람에게)
a *man* of few words 과묵한 사람
to a *man* 만장일치로, 마지막 한 사람까지
man to *man*
개인 대 개인으로; 솔직하게
a *man* of the world 세계적인 인물

syn. humankind, human race, male, husband, male servant
ant. woman, female

□ **manage** [mǽnidʒ]

vt. 1 to be in charge or be responsible for controlling business or the people who work in it (사무, 업무를) 관리하다, 경영하다, 처리하다, 감독하다: Most factories in the area are obsolete and badly *managed*. 그 지역에 있는 대부분의 공장들이 설비가 노후하고 경영이 부실하다. / There's a lack of confidence in the government's ability to *manage* the economy. 경제를 이끌어 나갈 정부의 능력에 대한 확신이 부족하다.

2 to deal with time, money, and other resources carefully and do not waste them (시간, 돈, 자원 등을) 낭비하지 않다: In a busy world, *managing* your time is increasingly important. 바쁜 세상에서, 시간 관리는 계속적으로 중요해지고 있다.

3 to succeed in doing something difficult 그럭저럭 해내다, 가까스로 해내다: Over the last 12 months, the company has *managed* to make a 10-percent improvement. 지난 1년 동안 그 회사는 10% 성장을 했다. / She *managed* to get there in time. 그녀는 가까스로 시간에 맞추어 그곳에 도착했다.

vi. 1 to succeed in coping with a difficult situation (어려운 일을) 해내다, 실현하다: He had *managed* perfectly well without medication for a couple of years. 그는 2년 동안 약 없이 잘 버텼다.

· 파생어 ·

management 처리, 관리, 경영, 경영진
manageable 다루기 쉬운, 관리하기 쉬운
manager 경영자, 관리자, 부장

· 관련표현 ·

manage a household
살림을 꾸려 나가다
manage an estate 토지를 관리하다
manageable level 관리 가능한 수준
a bank *manager* 은행 지점장
a hotel *manager* 호텔 지배인
sales *manager* 판매[영업] 부장
department *manager* 부장
personnel *management*
인사 경영
under new *management*
새로운 경영진하에서
labor and *management*
노사(노동자와 사용자)
manage without ~ ~없이 지내다
efficient *management*
효율적인 경영

2 to say as a way of refusing someone's help or offer and insisting on doing something alone 혼자 하다: Thanks for the offer, but I can *manage* by myself. 제의에 감사합니다만 제 혼자 힘으로 할 수 있습니다.

syn. administer, handle, cope, control
ant. fail, follow, bungle

|실전문제|

다음에 주어진 뜻풀이 가운데서 밑줄 친 <u>managed</u>의 의미로 가장 적절한 것은?

The little girl had somehow <u>managed</u> to tie her shoelaces together.

(1) to deal with time, money, and other resources carefully and do not waste them
(2) to say as a way of refusing someone's help or offer and insisting on doing something alone
(3) to succeed in doing something difficult
(4) to be in charge or be responsible for controlling business or the people who work in it

해설 | 'manage to + 동사원형'은 어려운 일을 용케, 또는 가까스로 해내는 것을 말한다. (3) 「그 어린 소녀는 가까스로 운동화 끈을 맬 수 있었다.」

☐ **manipulate** [mənípjulèit]

vt. **1 to operate or process a complicated piece of equipment or a difficult idea skillfully** (기계나 문제 등을) 능숙하게 처리하다: The technology uses a pen to *manipulate* a computer. 그 기술은 펜을 사용해서 컴퓨터를 조작한다.

2 to control or influence public opinion or stock prices cleverly (여론, 주가 등을) 조작하다, (부정하게) 조정하다: He blamed the government for *manipulating* public opinion. 그는 정부가 여론을 조작한다고 비난했다.

3 to use or control an event or situation for one's own benefit (자신에게 유리하도록 사태나 상황을) 이용하다, 속이다: I was unable, for once, to control and *manipulate* events. 이번만큼은 사태를 내 자신에게 유리하게 할 수 없었다.

4 to move and press bones and muscles skillfully with one's hands to remove tension or push the bones into the right position 손으로 탈구를 바로잡다: His dislocated shoulder was carefully *manipulated* back into place. 그의 탈구된 어깨는 손으로 조심스럽게 밀어 넣어 제자리로 들어갔다.

·파생어·

manipulation 시장 조작, (계산, 장부의) 속임수, 정골(整骨)
manipulative 속임수의, 손으로 교묘히 다루는(=manipulatory)
manipulatively 속임수를 써서, 손으로 교묘히 다루면서
manipulator 시세 조작자, 손으로 교묘히 다루는 사람

·관련표현·

***manipulate* public opinion** 여론을 조작하다
***manipulate* stock price** 주가를 조작하다
***manipulate* accounts** 계정을 조작하다
skillful *manipulation* of figures 교묘한 숫자의 조작

syn. dominate, maneuver, handle, manage

|실전문제|

다음에 주어진 뜻풀이 가운데서 밑줄 친 manipulate의 의미로 가장 적절한 것은?

The way he can manipulate my leg has helped my arthritis so much.

(1) to move and press bones and muscles skillfully with your hands to remove tension or push the bones into the right position
(2) to control or influence public opinion or stock prices for cleverly
(3) to operate or process a complicated piece of equipment or a difficult idea skillfully
(4) to use or control an event or situation for your own benefit

해설 | leg(다리)와 arthritis(관절염)가 나오므로, 이때의 manipulate는 '손으로 교묘히 만지다'의 뜻인 것을 쉽게 알 수 있다. (1)「그가 내 다리를 솜씨 있게 다룸으로써 나의 관절염을 완화시키는 데 큰 도움이 되었다.」

☐ **manner** [mǽnər]

n. **1 the way or method that something is done or happens** 방법, 방식: She smiled again in a friendly *manner*. 그녀는 또다시 다정하게 미소를 지었다.

2 a personal way of acting or behaving towards other people 태도, 거동: I like his brisk, businesslike *manner*. 나는 그의 활기차고, 사무적인 태도가 마음에 든다.

3 kind or sort 종류: What kind of husband could treat his wife in such a bad *manner*? 도대체 어떤 남편이 아내를 그렇게 심하게 대할 수 있는가?

4 (usually *pl.*) social habits, customs, or ways of behaving 예의범절, 예법: Her parents obviously didn't teach her good *manners*. 분명히 그녀의 부모는 그녀에게 예의범절을 가르치지 않았다.

·파생어·

mannerism (문학, 예술, 태도, 언행 등이 틀에 박힌) 매너리즘
mannerly 정중한, 예의 바른
mannerless 버릇없는
manneristic 틀에 박힌, 습관적인

·관련표현·

in a professional *manner* 프로답게
in a graceful *manner* 우아하게
manner **of speaking** 말투
all *manners* **of** 모든 종류의(=all kinds of)
in no *manner* 절대 ~아니다
to the *manner* **born** 타고난, 나면서부터
table *manners* 식탁 예절

syn. fashion, way, custom, method

|실전문제|

다음에 주어진 뜻풀이 가운데서 밑줄 친 manner의 의미로 가장 적절한 것은?

He is both friendly and kind despite his rather bluff manner.

(1) social habits, customs, or ways of behaving
(2) kind or sort
(3) the way or method that something is done or happens
(4) a personal way of acting or behaving towards other people

해설 | 앞에 다정하고 친절하다는 말과 bluff(무뚝뚝한)라는 단어가 있으므로, 이때의 manner는 '태도'가 됨을 유추할 수 있다. (4)「다소 무뚝뚝한 태도에도 불구하고, 그는 다정하고 친절하다.」

manufacture [mænjufǽktʃər]

vt. **1 to make from raw materials, especially in large quantities using machinery** 제조하다, 제작하다: *manufactured* goods (생산) 제품 / We *manufacture* memory products that retain their data. 우리는 데이터를 저장하는 메모리 제품을 생산한다.

2 to invent or fabricate 날조하다, 조작하다: *manufacture* some excuse to leave 구실을 만들어 떠나다

n. **1 the practice, act or process of manufacturing something** 제조, 제작; 생산: steel *manufacture* 제강업 / of domestic *manufacture* 국산의

2 anything manufactured 제품, 제조품: cotton *manufacture* 면제품 / utilize waste products of *manufacture* 남은 제품을 활용하다

|실전문제|

다음에 주어진 뜻풀이 가운데서 밑줄 친 manufacture의 의미로 가장 적절한 것은?

Perhaps the goal is to <u>manufacture</u> an excuse for the failure to anticipate the events of September 11th.

(1) to make or process (a raw material) into a finished product, especially by means of a large-scale industrial operation
(2) to make or process (a product), especially with the use of industrial machines
(3) to create, produce, or turn out in a mechanical manner
(4) to concoct or invent; fabricate

해설 | collocation이란 말 뭉치 정도에 해당하는 말은 'take a shower', 'take a taxi', 'go for a walk', 'make a decision' 등과 같이 주로 동사와 명사가 이루어져 함께 만들어진 숙어적 표현이다. 제시문의 make[manufacture, concoct] an excuse도 이에 해당하는 말 뭉치의 하나로 볼 수 있다. (4) 「9.11 사건을 미리 예측하지 못한 것에 대한 변명을 지어내는 것이 아마도 그 목적일 것이다.」

·파생어·

manufacturer 제조업자
remanufacture 재제조하다, 다른 제품으로 만들다
manufacturing 제조업; 제조
manufactory 제조소, 공장

·관련표현·

manufactured goods 제품
a computer *manufacturer* 컴퓨터 제조 회사
a radio *manufacturer* 라디오 제조 회사
an aircraft *manufacturer* 항공기 제조 회사
a drug *manufacturer* 제약업자
the *manufacturing* industry 제조 공업
manufacture iron into wares 철로 기물을 만들다

syn. produce, turn out, churn out, mass-produce

margin [mά:rdʒin]

n. **1 the empty space of a page near the edge where there is no writing or printing** (페이지의) 여백: She scribbled some notes in the *margin* of the book. 그녀는 책의 여백에 주석을 갈겨써 놓았다.

2 an amount by which one thing is greater than the other (시간, 득표 수의) 차: We must leave no *margin* for error. 우리에게는 한 치의 오차도 있어서는 안 된다.

·파생어·

margin 가장자리의, 변경의, 최저한의
marginate 가장자리가 달린; 가장자리를 달다
marginal 변두리의, 한계의

·관련표현·

by a narrow *margin* 아슬아슬한 표차로
by a wide *margin* 큰 표차로

M

403

3 an extreme edge or an area on the outside edge of a larger area 가장자리, 변두리: These islands are on the *margin* of human habitation. 이 섬들은 인간 주거지의 가장 자리에 있다.

4 a room of expense or time to spare (시간, 경비의) 여유, 여지: I left a *margin* of one hour in case of a traffic jam. 나는 교통 체증이 일어날 경우를 대비해서 한 시간의 여유를 남겨 두었다.

|실전문제|

다음에 주어진 뜻풀이 가운데서 밑줄 친 margin의 의미로 가장 적절한 것은?

He added his comments in the margin.

(1) a room of expense or time to spare
(2) an amount by which one thing is greater than the other
(3) the empty space of a page near the edge where there is no writing or printing
(4) an extreme edge or an area on the outside edge of a larger area

해설 | comments(의견)가 나왔으므로, 이때 margin은 책의 '여백'을 말한다는 것을 알 수 있다. (3) 「그는 여백에 자신의 의견을 추가했다.」

a *margin* of error 잘못이 발생할 여지
marginal substance 최저 생활
marginal cost 한계 비용
marginal man 주변인(이질적인 두 문화에 속하면서 어느 쪽에도 완전히 동화되지 않은 사람)
marginal utility 한계 효용
go near the *margin* 아슬아슬한 짓을 하다
marginal ability 최저한의 능력

syn. border, edge, leeway, perimeter
ant. center

□ **market** [máːrkit]

n. **1 a place where people buy and sell goods, food, or animals, etc.** 장, 시장: She bought a lot of meat, vegetables, and fish in the *market* for an ancestor worship. 그녀는 제사를 지내기 위해서 시장에서 많은 고기류, 채소, 그리고 생선들을 샀다.

2 an area where there is a demand for goods (수요가 있는) 시장: The company wants to open up a new *market* in south eastern Asia. 그 회사는 동남아시아 지역에 새로운 시장을 개설하기를 원한다. / The company export most of their products to the overseas *market*. 그 회사는 대부분의 제품을 해외 시장으로 수출한다.

3 the state of trade in particular goods 특정 상품에 대한 매매 또는 거래 정황: The *market* is rather depressed at the moment. 지금은 시장이 다소 침체되어 있다.

4 the amount of trade in a particular type of goods 연간 팔리는 특정 제품의 총량: The two big companies control 80% of the *market*. 두 거대 회사가 그 시장의 80%를 장악하고 있다.

· 파생어 ·

marketable 팔리는, 시장성이 높은
marketability 시장성
marketing 매매, 시장 거래
marketer 시장 상인

· 관련표현 ·

the grain *market* 곡물 시장
a brisk[active] *market* 활기 있는 시장
a black *market* 암시장
be on the *market* 시판되다
find a *market* 판로를 찾다
play the *market*
주식 투기(증권)를 하다
market analysis 시장 분석
market research 시장 조사
marketing strategy 마케팅 전략
market price 시가(시장 가격)
market share 시장 점유율
go to *market* 장 보러 가다;
((구어)) 일을 꾸미다, 해 보다
open a new *market*
새로운 시장을 개척하다

|실전문제|

다음에 주어진 뜻풀이 가운데서 밑줄 친 market의 의미로 가장 적절한 것은?

Prices continued to fall on the stock market today.

(1) a place where people buy and sell goods, food, or animals, etc.
(2) the state of trade in particular goods
(3) the amount of trade in a particular type of goods
(4) an area where there is a demand for goods

해설 | 식품이나 채소를 파는 시장이 아니라, 주식 시장(stock market)은 수요가 있는 지역(시장)이다. (4) 「오늘 주식 시장의 주가는 계속 떨어졌다.」

mass [mæs]

n. **1** a large solid lump or pile without a clear shape 덩어리: A great *mass* of rock had fallen from the cliff and now blocked the road. 큰 바윗돌이 절벽에서 떨어져서 지금은 도로를 막고 있다.

2 a large number of 다수, 많음: There are *masses* of people here in the exhibition hall. 여기 전시회장에는 많은 사람이 있다. / A *mass* of crowds gathered along the road to see the march. 많은 사람이 그 행진을 보기 위해서 도로가에 모여들었다.

3 a large amount of 양이 많음: There's a *mass* of work for him to do now. 지금 그에게는 할 일이 산더미처럼 많다.

4 (a capital letter) a Christian church ceremony in a Roman Catholic church during which people eat bread and drink wine 가톨릭교회의 미사: She attended a convent and went to *Mass* everyday. 그녀는 매일 수도원 미사에 다녔다.

|실전문제|

다음에 주어진 뜻풀이 가운데서 밑줄 친 mass의 의미로 가장 적절한 것은?

The mass of workers do not want the general strike.

(1) a large amount of
(2) a Christian church ceremony in a Roman Catholic church during which people eat bread and drink wine
(3) a large number of
(4) a large solid lump or pile without a clear shape

해설 | 양이 아닌 '다수의 노동자'를 뜻한다. (3) 「대다수 노동자들은 총파업을 원치 않는다.」

come into the *market*
(상품이) 시장에 나오다

bring one's eggs to a bad *market* 예상 착오를 하다, 오산하다

syn. mart, shop, trading, demand

· 파생어 ·

massive 부피가 큰, 대량의
massless 질량이 없는
massacre 대량 학살

· 관련표현 ·

a *mass* of iron 쇳덩어리
a *mass* of letters 산더미 같은 편지
say[read] *Mass* 미사를 올리다
mass grave 공동묘지
mass meeting 대중 집회
mass psychology 군중 심리
mass transit 대중교통(지하철, 버스 등)
in a *mass* 일시불로, 하나로 합쳐서
in the *mass* 통틀어, 대체로, 전체로
be a *mass* of ~ ~투성이다
the *mass* media 대중 매체, 매스 미디어

syn. crowd, lump, heap, bulk, mob

master [mǽstər]

n. **1 a man in control of people, animals, lands, or things** 주인, 소유주: The slaves revelled against their *masters*. 노예들은 주인들에게 대항하여 반란을 일으켰다. / He's not even a *master* in his own house, because his wife and children are always rude to him. 아내와 아이들이 그에게 항상 무례하게 대하기 때문에 그는 자기 집에서 주인 노릇을 하지 못한다.

2 a man who is greatly skilled at something 대가, 달인, 정통한 사람: He is a *master* of the English language. 그는 영어의 대가이다. / The porcelain is work done by a *master's* hand. 그 도자기는 대가의 작품이다.

3 a male teacher, especially in a British public school 선생, 교사: Mr. Robert was a retired music *master*. 로버트 씨는 퇴직한 음악 선생이었다.

4 the Master; Jesus Christ 선생님; 예수 그리스도: *Master*, what should I do if I want to have eternal life? 선생님이시여, 영생을 얻으려면 어떻게 해야 합니까?

| 실전문제 |

다음에 주어진 뜻풀이 가운데서 밑줄 친 master의 의미로 가장 적절한 것은?

Charlie Chaplin was a <u>master</u> of mime.

(1) the Master; Jesus Christ
(2) a man who is greatly skilled at something
(3) a man in control of people, animals, lands, or things
(4) a male teacher, especially in a British public school

해설 | 찰리 채플린이 무언극의 '대가, 전문가'인 것은 누구나 알고 있는 사실이다.
(2) 「찰리 채플린은 무언극(마임)의 대가였다.」

· 파생어 ·
masterful 건방진, 능숙한, 노련한
masterfully 능숙하게
masterly 교묘하게, 명인 같이
mastery 지배, 우세, 숙달, 정통
mastermind 주모자, 주도자
masterpiece 걸작, 명작

· 관련표현 ·
gain the *mastery* of ~
~에 숙달[정통]되다[하다]
the *headmaster* of the school
교장 선생
a *master* of three languages
3개 국어에 능통한 사람
master's degree 석사 학위
master of ceremonies(=MC)
사회자
be *master* of ~ ~을 소유하다,
~에 정통하다
a *master* plan 종합 기본 계획
masterhand 명수, 명인
be *master* of the situation
사태에 잘 대처해 나갈 수 있다
be one's own *master*
남의 속박을 받지 않다

syn. chief, mentor, teacher, expert, lord, maestro
ant. subject, student, novice

matter [mǽtər]

n. **1 a subject that needs attention; affair** 문제, 일: There are several important *matters* we must discuss. 우리가 토의해야 될 몇 가지 중요한 문제가 있습니다.

2 difficulty; trouble 지장, 장애: What's the *matter* with the copy machine? 그 복사기에 무슨 문제라도 있습니까?

3 the physical part of the universe consisting of solids, liquids, and gases 물질: A proton is an elementary particle of *matter* that possesses a positive charge. 양성자는 양극 전하를 가진 물질의 초기 입자이다.

· 파생어 ·
matter-of-fact 실제의, 사무적인, 인정미 없는

· 관련표현 ·
in a *matter*-of-fact voice
인정미 없는 목소리
money *matters* 금전적인 문제
a serious *matter* 중대사
take *matters* seriously
매사를 진지[심각]하게 생각하다
printed *matter* 인쇄물
first-class *matter* 1종 우편물

4 something printed or otherwise set down in writing (인쇄, 출판, 우편 등의) 물(物): I'd like to take some suitable and interesting reading *matter* for my business trip. 나는 출장 갈 때 무언가 적당하고 흥미로운 읽을거리를 가지고 가고 싶다.

|실전문제|
다음에 주어진 뜻풀이 가운데서 밑줄 친 matter의 의미로 가장 적절한 것은?

He's committed a serious crime, but since he's so young we've decided to let the matter drop.

(1) the physical part of the universe consisting of solids, liquids, and gases
(2) a subject that needs attention; affair
(3) something printed or otherwise set down in writing
(4) difficulty; trouble

해설 | let the matter drop[rest]은 '문제를 그대로 방치하다, 내버려 두다'의 숙어적인 뜻이며, 문맥상 '일, 문제'로 해석이 된다. (2) 「그는 심각한 범죄를 저질렀으나, 너무 어려서 우리는 그 문제[일]를 처벌하지 않고 그대로 두기로 했다.」

a *matter* of course 당연한 일
as a *matter* of fact 실은, 사실은(=in fact)
a *matter* of life and death 중대 문제
let the *matter* drop[rest] 내버려 두다, 방치하다
no *matter* what 비록 무엇을 할지라도(=whatever)
no *matter* who 누구라 할지라도 (=whoever)
It doesn't *matter* to me. 내게는 별 상관이 없습니다. [중요하지 않습니다]
for that *matter* 그 문제[점]에 관해서는
to make *matter* worse 설상가상으로
a *matter* of time 시간문제

syn. element, material, substance, topic, situation

☐ mean [mi:n]

a. **1 unwilling to give or share what one possesses** 인색한: She's very *mean* with her money. 그녀는 돈에 있어서 아주 인색하다.

2 low in social status 태생이 비천한: He's a man of *mean* birth. 그는 태생이 천하다.

3 nasty or disliking 싫은, 역겨운, 골치 아픈: It is the *meanest* thing that I've ever done. 그 일은 내가 한 일 중에서 가장 역겨운 일이다.

4 (of a place) poor-looking (장소나 거리가) 초라한, 가난한: He was raised on the *mean* streets of 6th Avenue in New York. 그는 뉴욕 6번가의 초라한 거리에서 자랐다.

|실전문제|
다음에 주어진 뜻풀이 가운데서 밑줄 친 mean의 의미로 가장 적절한 것은?

He was very rich, but he was also very mean.

(1) nasty or disliking
(2) low in social status
(3) unwilling to give or share what one possesses
(4) (of a place) poor-looking

해설 | rich(부유한)라는 말이 있으므로, but(앞·뒤의 관계가 반대가 되는 접속사) 뒤에는 '인색한(mean)'이 따라와야 한다. (3) 「그는 대단한 부자였지만, 또한 아주 인색하기도 했다.」

·파생어·
meaning (말의) 의미, 뜻, 중요성
meaningful 의미심장한, 뜻있는 (=significant)
meaningless 무의미한
meaningly 일부러
meanly 비열하게, 초라하게
meaness 비열함, 천한 행위

·관련표현·
think *meanly* of ~ ~을 경멸하다
no *mean* 대단한, 아주 훌륭한
of *meaning* birth 태생이 천한
a *mean* trick 비열한 속임수
mean about money 돈에 대해 인색한
feel *mean* 부끄럽게 여기다
take a *mean* course 중용의 길을 택하다
in the *mean* time 그동안(=in the *mean* while)
with *meaning* 의미심장하게(=significantly)
for the *mean* time 그동안, 일시적으로
mean a great deal 깊은 뜻이 있다

syn. stingy, humble, lowly, niggardly, parsimonious

measure [méʒər]

n. **1 an action that is taken to bring about a result** 대책, 조치[조치], 방책: The government has taken a lot of *measures* to help the unemployed. 정부는 실업자들을 돕기 위해 많은 대책[조치]을 강구해 왔다.

2 a unit in a measuring system 도량 단위, 측량 단위: An hour is a *measure* of time. 한 시간은 시간의 측량 단위이다.

3 an instrument or container used for calculating the amount, length, weight, etc. 도량형기: Pour the solution into a liter *measure*. 그 용액을 리터 측정 용기에 부어라.

4 a legislative bill or enactment 법안, 법령: The *measure* is now before the legislature. 그 법안은 지금 국회에 상정되어 있다.

5 limit; bounds 한계, 한도: He loved her beyond *measure*. 그는 그녀를 무한정 사랑했다.

|실전문제|

다음에 주어진 뜻풀이 가운데서 밑줄 친 measures의 의미로 가장 적절한 것은?

The City Council adopted measures in response to unexpected demands of new residents.

(1) an instrument or container used for calculating the amount, length, weight, etc.
(2) a unit in a measuring system
(3) a legislative bill or enactment
(4) an action taken to bring about a result

해설 | 국회나 시의회에서 채택하는 것은 '법안'(=bills, measures)이다. (3) 「그 시의회는 새로운 주민들의 예기치 않은 요구에 응하여 법안을 채택했다.」

·파생어·

measurable 측정할 수 있는, 적당한
measurement 측정(법), 치수
measureless 무한한, 헤아릴 수 없는
measuring 측정(량)의, 측정하는
measurer 재는 사람, 계량기

·관련표현·

measure of capacity 용량
metric **measure** 미터법
by any **measure** 어떤 기준에 비추어도
have no **measure** 한계를 모르다
take preventive **measures** 예방 조치[대책]를 취하다
in a large[great] **measure** 대부분, 꽤 많이
in a **measure** 다소간
take a person's **measure** ~의 치수를 재다, ~의 사람됨을 보다
measuring cup 계량컵
measuring tape 줄자
measure this against that 이것과 저것을 비교 평가하다
measure up ~의 치수를 (정확하게) 재다
within **measure** 알맞게
give the **measure** of ~ ~한 정도[역량]를 나타내다

syn. gauge, rule, quantity, limit, bill, actions

medium [míːdiəm]

n. **1 a way of communicating information or entertainment to people** 매체, 보도 기관: Television can be an excellent *medium* for education, giving information, and entertainment. TV는 교육과 정보와 오락 제공에 탁월한 매체가 될 수 있다.

2 a middle position or middle ground 중간, 중간위치: There has to be a *medium* between good and bad. 좋은 것과 나쁜 것(선, 악)의 사이에는 중간의 것이 있어야 한다.

3 a surrounding environment in which living things or objects functions or thrives (생물 등의) 환경, 생활 조건: Fish live in an aqueous *medium*. 물고기들은 물이 있는 환경에서 산다.

·파생어·

media 매체, 매스컴 (medium의 복수)
medial 중간의, 중앙의, 중용의
median 중앙의, 중간의, 중간 값

·관련표현·

mass **medium** 대중 매체
through[by] the **medium** of ~ ~의 매개로, ~을 통하여
medium-sized 중간 크기의, 보통형의
medium wave (라디오의) 중파(MW)
strike[hit] a happy **medium** 중용을 취하다

4 a fortune-teller or spiritualist 무당, 영매: The *medium* supposedly called forth her dead father. 그 무당이 아마도 오래전에 죽은 그녀의 아버지를 불러낸 것 같다.

a. **of middle size, amount, or quality** 중간의, 보통의: The boy is of *medium* height for his age. 그 소년은 나이에 비해서 키가 보통이다.

|실전문제|

다음에 주어진 뜻풀이 가운데서 밑줄 친 medium의 의미로 가장 적절한 것은?

It is only in recent time that video has come into its own as an art medium.

(1) a substance in which living things or objects exist
(2) a fortune-teller or spiritualist
(3) a middle position or middle ground
(4) a way of communicating information or entertainment to people

해설 | art medium은 예술 매체라는 뜻. '영화, 연극, 미술, 음악'을 말하는 것이다.
(4) 「비디오가 예술의 매체로 자리 잡은 것은 다만 최근의 일이다.」

by the *medium* of ~ ~의 매개로, ~을 통하여
a *medium* size 중간 사이즈

syn. meddle way, agency, means, fortune-teller, environment
ant. extreme, limit

☐ **meet**[miːt]

vt. **1 to come together by chance or arrangement** 만나다: Why don't we *meet* for a drink after work? 일이 끝난 후에 우리 한잔하자. / He's the kindest and sincerest person I've ever *met*. 그는 내가 지금까지 만난 사람 중에서 가장 친절하고 성실한 사람이다.

2 to be introduced to and begin talking to someone (소개받아) 처음으로 만나다: Come to the reception party and *meet* many types of people. 리셉션 파티로 와서 많은 유형의 사람들을 만나 봐.

3 to go to the station, airport, or bus stop to be there when someone arrives 마중하다, 도착을 기다리다: I'll *meet* you off the train. 우리는 기차에서 내리는 너를 마중 나갈 것이다.

4 to satisfy a need, demand, order, or expectation (수요, 요구, 주문, 기대감 등을) 만족시키다: Does this restaurant *meet* your expectations? 이 음식점이 당신의 기대를 만족시킵니까? / They had to work overtime to *meet* the deadline. 그들은 마감 시한을 맞추기 위해서 잔업을 해야만 했다.

5 to deal with a problem (적, 곤란, 도전 등에) 맞서다, 대항하다, 대처하다: They *met* the danger calmly. 그들은 위험에 태연히 맞섰다.

·파생어·
meeting 만남, 모임, 회의

·관련표현·
call a *meeting* 회의를 소집하다
address the *meeting*
회중에게 연설을 하다
meeting room 회의실
weekly *meeting* 주간 회의
emergency *meeting* 비상 회의
meet one's fate calmly
태연히 운명에 따르다
meet obligations 의무를 다하다
meet the requirements
요구를 만족시키다
more than meets the eye
눈에 보이는 이상의 것, 속내 사정
meet with 경험하다, 맛보다, ~을 받다
meet a person in the face
~와 우연히 만나다
have a *meeting* of the minds
의견 일치를 보다, 합의하다

syn. encounter, confront, satisfy, gather
ant. avoid, ignore, disperse

|실전문제|

다음에 주어진 뜻풀이 가운데서 밑줄 친 meet의 의미로 가장 적절한 것은?

Can we meet all their requirements?

(1) to go to the station, airport, or bus stop to be there when someone arrives
(2) to deal with a problem
(3) to satisfy a need, demand, order, or expectation
(4) to come together by chance or arrangement

해설 | 일반적으로 meet 뒤에 목적어로 requirements, demands, expectations 등이 오면 meet은 '~을 만족시키다'의 뜻이다. (3) 「우리가 그들의 요구 사항을 모두 만족시킬 수 있을까?」

mild [maild]

a. 1 **describing a feeling or illness that is not very strong or severe** (병이나 감정 등이) 가벼운: If you have only *mild* symptoms, try an over-the-counter medicine. 증세가 가볍다면, 의사의 처방전 없이 약국의 약을 복용해 보시오.

2 **gentle and do not get angry easily** (성질, 태도가) 온순한, 상냥한: He has too *mild* nature to get angry, even if he has good cause. 그는 천성이 너무 온순해서 화를 낼 만한 이유가 있어도 그렇게 하지 못한다.

3 **(of food or drink) not strong or bitter in taste** (음식이나 음료가) 맛이 강하지도 않고 자극성도 없는: He only drinks *mild* coffee. 그는 순한 커피만 마신다. / This cheese has a soft, *mild* flavor. 이 치즈는 부드럽고 담백한 맛이 난다.

4 **neither extremely hot nor extremely cold in weather** (날씨나 기후가) 온화한, 따뜻한: This region is famous for its very *mild* winter climate. 이 지역은 아주 온화한 겨울 날씨로 유명하다.

·파생어·

milden 온화하게[약하게] 하다
mildly 온순하게, 친절하게, 조심해서

·관련표현·

to put it *mildly* 조심스럽게 말하자면
mild **manner** 온순한 태도
mild **weather** 온화한 날씨
mild **punishment** 가벼운 처벌
mild-**mannered** 태도가 온순한
meek and *mild* 유순한, 말 잘 듣는

syn. placid, weak, gentle, soft
ant. violent, stormy, strong

|실전문제|

다음에 주어진 뜻풀이 가운데서 밑줄 친 mild의 의미로 가장 적절한 것은?

His illness was diagnosed as a mild form of pneumonia.

(1) neither extremely hot nor extremely cold in weather
(2) describing a feeling or illness that is not very strong or severe
(3) gentle and do not get angry easily
(4) (of food or drink) not strong or bitter in taste

해설 | pneumonia(폐렴)란 병을 말하기 때문에, '병이 가벼운(심하지 않은)'의 뜻을 나타냄을 쉽게 알 수 있다. (2) 「그의 병은 가벼운 폐렴으로 진단되었다.」

mind [maind]

vi., vt. **1** (**in negative and interrogative sentences**) **to be annoyed or bothered by** 〈부정문, 의문문, 조건문에서〉 꺼리다, 귀찮게 여기다: It involved a little extra work, but nobody seemed to *mind*. 약간의 가외 일이 포함되어 있었으나 아무도 개의치 않는 것 같았다.

2 to care about; be concerned about 신경 쓰다, 걱정하다: I don't *mind* your smoking here. 여기서는 담배를 피우셔도 됩니다. / They don't *mind* what you do. 그들은 당신이 무엇을 하든지 신경을 쓰지 않는다.

vt. **1 to take care or charge of; look after** 돌보다, 보살피다: One of our neighbors will *mind* our dog while we're on vacation. 우리가 휴가를 가 있을 동안, 이웃이 우리 개를 돌보아 줄 것이다.

2 to be careful or pay close attention to; used to tell someone to be careful about something or warn them about a danger 조심하다, 유의하다: *Mind* your language. 말 조심해. / *Mind* your own business. 내 일에 참견 마.

|실전문제|

다음에 주어진 뜻풀이 가운데서 밑줄 친 mind의 의미로 가장 적절한 것은?

Good drivers are always careful to mind the speed limit.

(1) to take care or charge of; look after
(2) to be careful or pay close attention to
(3) to be annoyed or bothered by
(4) to care about; be concerned about

해설 | 목적어인 speed limit(제한 속도)와 연결시켜 생각해 보면, '제한 속도를 조심해서 지키는'의 의미로 해석이 된다. (2) 「좋은 운전자들은 항상 주의하여 제한 속도를 지킨다.」

· 파생어 ·

minded ~할 마음이 있는, ~하고 싶어하는
mindful 주의 깊은, 마음에 두는, 유념하는
mindless 부주의한, 분별없는, 유념하지 않는

· 관련표현 ·

absent-*minded* 정신 나간
strong-*minded* 마음이 강한
if you don't *mind* 괜찮으시다면
Would[Will, Do] you *mind* **if I ~?** 제가 ~해도 되겠습니까?
Never *mind*. 걱정 마.
keep[bear] in *mind* 잊지 않다
sound *mind* 건전한 마음[정신]
make up one's *mind* 결정하다(=decide)
set one's *mind* **on ~** ~에 열중하다 (=devote oneself to ~)
slip one's *mind* 깜박 잊다
have a *mind* **to do** ~할 생각[마음]이 있다, ~하고 싶어하다
bring ~ to *mind* ~을 생각해 내다; (사물이) 생각나게 하다
put a person in *mind* **of ~** ~에게 ~을 생각나게 하다, 상기시키다

syn. heed, watch, care for, object
ant. disobey, neglect

minor [máinər]

a. **1 lesser or smaller in importance, size, or number** 보다 작은, 비교적 중요치 않은: His daughter, unlike his son, received only a *minor* share of his wealth. 그의 아들과는 달리, 그의 딸은 보다 적은 몫의 재산을 상속받았다.

2 not likely to be dangerous to someone's life or health (수술이나 병이) 대단치 않은: Her sister had to go to the hospital for *minor* surgery. 그녀의 여동생은 사소한 수술이지만 병원에 가야만 했다.

3 based on a musical scale in which the third note is a half tone higher than the second note (음악의) 단조의: She began to play gracefully the unfinished sonata movement in F *minor*. 그녀는 미완성 소나타 악장 F 단조를 우아하게 연주하기 시작했다.

· 파생어 ·

minority 소수파, 소수 민족, 소수당

· 관련표현 ·

minor **faults** 사소한 과실
a *minor* **problem** 사소한 문제
a *minor* **subject** 부전공 과목(=minor)
minority group 소수 집단
minority leader 소수당 원내 총무
minority whip 소수당 원내 부총무
minor **key** 단조; 음울함
e.g. **in a** *minor* **key** 음울하게; 단조로
minor **offense** 경범죄

411

n. **a person who has not reached full legal age** 미성년자: They never sell drinks and cigarettes to *minors*. 그들은 절대로 미성년자들에게는 술과 담배를 팔지 않는다.

syn. unimportant, insignificant, trifling
teenager
ant. major, greater
adult

|실전문제|

다음에 주어진 뜻풀이 가운데서 밑줄 친 minor의 의미로 가장 적절한 것은?

Western officials say the problem is <u>minor</u>, and should be quickly overcome.

(1) based on a musical scale in which the third note is a half tone higher than the second note
(2) not likely to be dangerous to someone's life or health
(3) a person who has not reached full legal age
(4) lesser or smaller in importance, size, or number

해설 | 우선 be동사의 보어로 쓰였고, 앞에 부정관사가 없으므로 형용사로 사용된 것을 알 수 있으며, 주어가 problem(문제)이므로 이것은 '중요치 않은, 사소한'이란 뜻으로 파악될 수 있다. (4)「서구 관리들은 그 문제는 사소한 것이며, 신속히 극복해야 할 것이라고 말한다.」

miss [mis]

vt. **1 to fail to hit, catch, or meet** (목표를) 못 맞히다; (버스나 기차 등을) 타지 못하다; 만나지 못하다: He arrived at the airport too late and *missed* the flight. 그는 공항에 너무 늦게 도착해서 비행기를 놓쳤다. / I went to the station to meet him, but *missed* him in the crowd. 나는 그를 만나기 위해 역에 갔으나 인파 속에서 그를 만나지 못했다.

2 to fail to hear, see, or understand 빠트리고 듣거나 보지 못하거나, 이해하거나 깨닫지 못하다: I *missed* the point of his speech. 그의 연설의 요지를 알 수 없었어. / We *missed* the start of the movie. 우리는 영화의 첫 부분을 보지 못했다.

3 to avoid or escape from something bad 면하다, 까딱 잘못해서 ~할 뻔하다: He almost *missed* being killed. 그는 까딱 잘못해서 죽을 뻔했다.

4 to feel the lack or loss of 그리워하다, 아쉽게 생각하다: He was a gentle, sensitive, lovable man who will be *missed* by a host of friends. 그는 다정하고, 섬세하며, 사랑스러워서 많은 친구들이 그리워할 것이다.

5 to fail to take advantage of a chance or opportunity (기회를) 놓치다: It was too good an opportunity to *miss*. 그것은 놓치기에는 정말로 너무나 좋은 기회였다.

· 파생어 ·

missing 분실한, 행방불명의; 행방불명자들

· 관련표현 ·

***missing* in action** 전투 중에 실종된
***miss* breakfast** 아침 식사를 거르다
***miss* out** 생략하다, 빠트리다
never *miss* a trick 호기를 놓치지 않다
give ~ a *miss* ~를 고의로 피하다
***miss* the deadline** 마감 시한을 맞추지 못하다
***miss* by a mile** 겨냥이 크게 빗나가다; 크게 실패하다
***miss* the bus** 버스를 놓치다; 좋은 기회를 놓치다, 실패하다
***miss* one's cue** 자기 차례를 잊다; 좋은 기회를 놓치다
a *missing* child 미아

syn. skip, overlook, pine for, avoid, let go
ant. hit, attain, catch, understand, succeed

|실전문제|

1. 다음에 주어진 뜻풀이 가운데서 밑줄 친 missed의 의미로 가장 적절한 것은?

I had already missed my flight, and the next one wasn't available until the following morning.

(1) to fail to hear, see or understand
(2) to fail to take advantage of a chance or opportunity
(3) to fail to hit, catch, or meet
(4) to avoid or escape from something bad

해설 | miss the flight은 '비행기를 놓치다'의 뜻이며, 그 반대로 catch the[one's] flight은 '비행기를 타다'라는 뜻이다. (3) 「나는 이미 타야 할 비행기를 놓쳐 버렸고, 다음 비행기도 다음 날 아침이 되어서야 탈 수 있었다.」

2. 밑줄 친 단어의 뜻과 가장 가까운 것을 고르시오.

They couldn't miss the possibility that he was killed.

(1) figure out   (2) go out
(3) rule out   (4) stand out

해설 | miss는 여러 가지 의미, 즉 '그리워하다', '놓치다', '(수업이나 식사를) 빼먹다' 등의 뜻이 있으나, 지금은 목적어로 가능성(possibility)이 따라오므로, 숙어로 '가능성을 배제하다'의 뜻으로 쓰이고 있다. (1)은 '이해하다', 또는 '계산하다'의 뜻이며, (2)는 '외출하다,' 그리고 (4)는 '두드러지다'의 뜻이다. (3) 「그들은 그가 살해당했을 가능성을 배제할 수 없었다.」

M

□ **mission** [míʃən]

n. **1 an important task or military duty that people are given to do, especially when they are sent to other countries** 임무, 사명: He has been on a *mission* to help end the Burmese political crisis. 그는 미얀마(버마)의 정치적 위기의 종식을 돕는 사명을 띠고 있었다.

2 a group of people sent abroad to act for their country 사절단: The American diplomatic *mission* has just reached the Incheon International Airport. 미국의 외교 사절단이 방금 인천 국제공항에 도착했다.

3 a strong commitment and sense of duty (개인의) 사명, 천직: She desperately felt that her *mission* in life was to help old and sick people. 그녀는 인생에 있어서 자신의 천직(사명)은 늙고 병든 자를 돕는 것이라는 것을 절실히 느꼈다.

4 the activities of a group of Christians sent to a place to teach people about Christianity 전도, 포교: God spoke to them to go on a *mission* to the poorest country in the world. 하나님은 그들에게 세계에서 가장 빈곤한 나라로 전도를 떠나라고 말했다.

·파생어·

missionary 선교사, 전도사
missioner 교구 전도사
missionize 전도하다, 전도사로서 일하다

·관련표현·

a trade *mission* 무역 사절단
an economic *mission* 경제 사절단
foreign *mission* 외국 전도 활동
as a *missionary* 선교사로서
a *missionary* meeting 전도 집회
on a *mission* 임무를 맡고, 파견되어
undertake a *mission* 임무를 맡다

syn. task, aim, assignment, purpose, calling, evangelization

413

5 a building in which missionary work is carried out 전도 사업 시설: The poor people came to the *mission* from many miles away to see the doctor. 가난한 사람들은 의사의 진찰을 받기 위해 수 마일 떨어진 곳에서 선교단으로 왔다.

|실전문제|

다음에 주어진 뜻풀이 가운데서 밑줄 친 mission의 의미로 가장 적절한 것은?

A UN mission has been sent to mediate between the warring factions.

(1) a strong commitment and sense of duty
(2) the activities of a group of Christians sent to a place to teach people about Christianity
(3) an important task or military duty that people are given to do, especially when they are sent to other countries
(4) a group of people sent abroad to act for their country

해설 | 전쟁 중인 파벌들을 중재하는 일이 '사절단'들이 할 일이라고 볼 수 있다. (4) 「전쟁 중인 파벌들을 중재하기 위해 유엔 사절단이 파견되었다.」

☐ **mixed** [mikst]

a. **1 consisting of different constituents** 갖가지의, 뒤섞인: It's a *mixed* collection. 그것은 잡동사니를 모은 것이다.

2 consisting of people of different sex, race or social class (인종, 문화 등이) 섞인, 이족족 간의: They are people of *mixed* blood. 그들은 혼혈 민족이다.

3 of or for both males and females 혼성의, 남녀 공학[공용]의: That story shouldn't be told in a *mixed* crowd. 남녀가 같이 있는 곳에서 그 이야기를 해서는 안 된다.

4 ambivalent or inconclusive 애매모호한: My reaction was *mixed*. 나의 반응은 애매모호했다.

|실전문제|

다음에 주어진 뜻풀이 가운데서 밑줄 친 mixed의 의미로 가장 적절한 것은?

Don't give me mixed signals, will you?

(1) of or for both males and females
(2) ambivalent or inconclusive
(3) consisting of different constituents
(4) consisting of people of different sex, race or social class

해설 | signals는 '태도(attitudes)'의 뜻이므로 mixed signals는 '알쏭달쏭하고 애매모호한' 태도를 뜻한다. (2) 「나에게 애매모호한 태도를 취하지 마, 알겠지?」

· 파생어 ·
mix 섞다, 혼합하다
mixer 혼합기, 믹서, 믹싱 장치
mixing 혼합, 혼성 목소리
mixture 혼합, 조화, 혼합물

· 관련표현 ·
be[become] *mixed*
머리가 혼란해지다
mix **like oil and water**
조화가 잘 안되다
a *mixed* **chorus** 혼성 합창
a *mixed* **class** 남녀 공학반
have *mixed* **feelings**
좋고 나쁜 두 가지 감정이 생기다
mixed-**up** 혼란된, 정신 착란의
a *mixed* **bathing** 혼욕[혼탕]
mix **and match** (의복을) 서로 어울리지 않는 것끼리 짝 지어 착용하다
mix **it up** (~와) 싸움을 하다, 맹렬히 치고받다

syn. mingled, not pure, heterogeneous, ambivalent, uncertain
ant. unmixed, pure, homogeneous, straight

mock [mɑk]

vt. **1 to laugh at someone, often by copying them in a funny but unkind way** 비웃으며 놀리다, 흉내 내며 조롱하다: You shouldn't *mock* the handicapped by imitating their awkward behavior. 당신은 그들의 어색한 행동을 흉내 냄으로써 장애인들을 놀려서는 안 된다. / He made the other students in the class laugh by *mocking* the way the teacher spoke and walked. 그는 선생님이 말하고 걷는 모습을 흉내 냄으로써 교실의 다른 학생들을 웃겼다.

2 to make completely useless (노력을) 헛되게 만들다; (계획 등을) 망치다: The long-lasting railway strike *mocked* the management's efforts to find a solution to it. 장기간의 철도 파업으로 인해 경영진들의 해결책을 찾으려는 노력이 허사로 돌아갔다.

3 to deceive or let down 속이다, 실망시키다: His irresponsibility *mocked* my trust in him. 그의 무책임함은 그에 대한 나의 신뢰에 실망을 주었다.

vi. **to express scorn or ridicule** 경멸감을 보이거나 조롱하다: They *mocked* at the idea. 그들은 그 아이디어를 조롱했다.

| 실전문제 |

다음에 주어진 뜻풀이 가운데서 밑줄 친 mock의 의미로 가장 적절한 것은?

The heavy steel doors seemed to <u>mock</u> our attempts to open them.

(1) to express scorn or ridicule
(2) to make completely useless
(3) to laugh at someone, often by copying them in a funny but unkind way
(4) to deceive or let down

해설 | 육중한 철문이므로 잘 열리지 않을 것이며, 그럼에도 우리가 문을 열려고 하니, 그 시도를 '비웃는(조롱하는)' 것이 된다. (3) 「그 육중한 철문은 그것을 열려는 우리의 시도를 비웃는 것 같았다.」

· 파생어 ·
mockery 조롱, 놀림감, 비웃음
mocker 흉내 내는 사람, 조롱하는 사람

· 관련표현 ·
make a *mockery* of ~ ~을 놀리다
make a *mock* of ~ ~을 비웃다, ~을 놀리다
a *mock* trial 모의재판
***mock*-fighting** 모의 전투
a *mockery* of an original 원작의 위작
***mock* majesty** 허세, 허장성세
***mock* modesty** 거짓 겸손

syn. ridicule, jeer, imitate, disappoint
ant. praise, honor, fulfill

---

modest [mάdist]

a. **1 (of building or houses) not large or expensive** 수수한, 간소한: We have to stay in a *modest* hotel, because we have little money left. 우리는 거의 돈이 남아 있지 않기 때문에 수수한 호텔에 머물러야 한다.

2 relatively small or moderate in amount, size, or extent 알맞은, 적당한: He made only a *modest* donation. 그는 단지 적당하게 기부를 하였다.

· 파생어 ·
modestly 조심성 있게, 적당하게
modesty 겸손, 조심성, 정숙, 수수함

· 관련표현 ·
***modest* in one's speech** 말을 조심하는
in all *modesty* 자랑은 아니지만, 조심스럽게 말씀드리겠지만

M

3 having or showing a low opinion of one's own ability 겸손한, 삼가는, 조심성 있는: The young artist is very *modest* about his success. 그 젊은 예술가는 그의 성공에 대해 겸손했다.

4 avoiding doing any behaviors or wearing any dress that might excite sexual feelings (의상이 성적 감정을 일으키지 않게) 점잖은, 정숙한, 수수한: She is too *modest* to be seen in a bathing suit. 그녀는 수영복을 입은 모습이 너무나 수수해 보인다.

|실전문제|

다음에 주어진 뜻풀이 가운데서 밑줄 친 <u>modest</u>의 의미로 가장 적절한 것은?

Considering how he won the award, he should be <u>modest</u> about it.

(1) relatively small or moderate in amount, size, or extent
(2) avoiding doing any behaviors or wearing any dress that might excite sexual feelings
(3) having or showing a low opinion of one's own ability
(4) (of buildings or houses) not large or expensive

해설 | 상을 탔는데 어떤 동기나 사연이 있다는 말이 앞부분에 나오고 있지만 상을 탄 데 대해 겸손해야 한다는 문맥이라고 볼 수 있다. (3) 「그가 어떻게 그 상을 탔는가를 고려해 볼 때, 그는 그것에 대해 겸손해야 한다.」

a *modest* rise in oil prices 석유 가격의 적정한 인상
modest in one's demands 요구가 적당한
modest dress 정숙핸[수수한] 옷
modest ambitions 적당한 야망
false *modesty* 위장된 겸손

syn. humble, unassuming, simple, moderate, reserved, constrained
ant. vain, boastful, showy, pretentious, brazen, improper

☐ model [mádl]

n. 1 a small-scale representation of something that serves as a guide in constructing the full-scale version 모형, 원형: A *model* of the proposed airport 제안된 공항의 모형

2 one of several types or designs of a particular product 방식, 방법, (자동차 등의) 형(型): the 1987 *model* of a car 1987년형의 자동차

3 a person whose job is to display clothes to potential buyers by wearing them (의류) 모델: Alicia Silverstone is an American actress and former fashion *model*. 알리샤 실버스톤은 미국의 배우이자 전직 패션 모델이다.

4 an excellent example; an example to be copied 모범, 귀감: a *model* of written style 문체의 모범

vt. 1 to make a model of ~의 모형을 만들다: The mathematician needed to *model* a nonlinear system. 그 수학자는 비선형 시스템의 모형을 만들 필요가 있었다.

2 to create a copy of something so that you can study it before dealing with the real thing (본을 맞춰) 만들다; 모양으로 나타내다, 설계하다: The program can *model* a typical home page for you. 그 프로그램으로 너에게 맞는 전형적인 홈페이지를 만들 수 있다.

· 파생어 ·
modeling 모형 제작, 조형, 소상술; 입체감 표현, 살 붙임; 모형화
modello 대작을 위한 스케치
remodel ~의 형(型)을 고치다
supermodel 슈퍼 모델

· 관련표현 ·
stand *model* 모델대(臺)에 서다, 모델 노릇을 하다
model one's manners on those of the old school 구식 예법을 본받다
model out of ~ ~을 재료로 만들다
model after ~ ~을 본떠서 만들다
a *model* in clay 점토로 만든 모형
model oneself upon ~ ~을 귀감으로 삼다
after the *model* of ~ ~을 모범으로 하여
make a *model* of ~ ~을 본보기로 삼다
model in ~ ~으로 본을 뜨다
a *model* father 모범적인 아버지

| 실전문제 |

다음에 주어진 뜻풀이 가운데서 밑줄 친 <u>modeled</u>의 의미로 가장 적절한 것은?

They <u>modeled</u> dresses of a kind I'd never seen: dresses of pure pearl, of feathers and fringe, dresses that revealed legs, arms

(1) to form or plan according to a model
(2) to display to other persons or to prospective customers, esp. by wearing
(3) to fashion in clay, wax, or the like
(4) to use or include as an element in a larger construct

해설 | model은 목적어로 옷이라는 말을 가지는 타동사로 쓰이고 있다. 자연스레 '옷을 전시하다, 내보이다' 등의 의미를 이끌어 낼 수 있다. 나머지는 '만들어 내다', '사용하다' 의 의미로 쓰이고 있다. (2) 「그들은 진주, 깃털과 술 장식, 다리와 팔을 드러낸 드레스와 같은 내가 한 번도 본 적이 없는 그런 종류의 드레스를 선보였다.」

□ **moderate** [mάdərət]

a. **1 not extreme; not strong or violent** 알맞은, 적당한, 절제 있는, 온건한: *moderate* exercise 적당한 운동 / a man of *moderate* opinions 온건한 생각을 가진 사람

2 average; mediocre 보통의, 중간 정도의: *moderate* talent 평범한 재능

vi., vt. **1 to make or become less extreme, violent or intense** 절제하다, 완화하다: *moderate* prices 가격을 낮추다 / He must learn to *moderate* his temper. 그는 성질을 조절하는 법을 배워야 한다.

2 to act as a moderator at a meeting or discussion 조정 역[의장]을 맡다, 사회를 보다: The television debate was *moderated* by a law professor. TV 토론은 법학 교수가 사회를 맡았다.

n. **a person who has opinions, especially about politics, that are not extreme** 온건한 사람, 온건주의자: *Moderates* have displaced the extremists on the committee. 그 위원회에는 과격파 대신 온건파들이 들어섰다.

| 실전문제 |

다음에 주어진 뜻풀이 가운데서 밑줄 친 <u>moderate</u>의 의미로 가장 적절한 것은?

But Rafsanjani has changed his loyalties frequently in the past, sometimes backing the hard-liner camp, sometimes taking a more <u>moderate</u> line and seeking to build ties with the West.

(1) of medium quantity, extent, or amount
(2) mediocre or fair
(3) calm or mild, as of the weather
(4) of or pertaining to moderates, as in politics or religion

model into ~ ~을 만들다

syn. pattern, prototype, precedent, blueprint, template

· 파생어 ·

moderately 알맞게
moderation 알맞음, 온건함
immoderation 무절제, 지나친 행동, 과도, 극단
moderator 중재자, 조절기; 사회자, 의장
moderato 모데라토, 알맞은 속도로

· 관련표현 ·

moderate in ~ ~에 관해서 온건한
moderate prices 적당한 값, 싼값
moderate means 적당한 재산
at a *moderate* estimate 줄잡아, 어림하여
a *moderately* hot day 다소 더운 날
take a *moderate* course 중도를 걷다
a *moderate* view 온건한 견해
a *moderate* decrease 약간의 감소
a *moderate* size 보통 크기
Be *moderate* in everything. 매사에 과도하지 않도록 하여라.

syn. (v.) dampen, temper, blunt, tone down, modify
ant. (a.) immoderate

해설 | 제시된 지문의 문맥적 접근이 필요하다. loyalties, hard-liner camp, build ties with the West와 같은 단어에서 moderate은 '중도파의' 정도로 해석할 수 있다. (4) 「그러나 라프산자니(이란 정치가)는 과거에 종종 자신의 정치적 행동을 바꿨는데, 때로는 강경파 진영을 후원하기도 하고, 때로는 좀 더 중도파적 성향을 취해 서방과 유대 관계를 세우려 했다.」

moment [móumənt]

n. **1** a very short period of time 잠시, 찰나, 잠깐: Wait a *moment*, please. 잠깐만 기다려 주십시오. / I'll be with you in a *moment*. 곧 갈게, 곧 다시 전화 걸게, 잠깐만 기다리면 곧 다시 올게.

2 a particular point in time (어느 특정한) 때, 순간: Many people around the world still remember the *moment* when they heard that president Kennedy had been assassinated and princess Diana had been killed in a car accident. 세계의 많은 사람들은 케네디 대통령이 암살되었다는 것과 다이애나 공주가 자동차 사고에서 죽었다는 소식을 들었을 때의 그 순간을 아직도 기억하고 있다.

3 importance 중요성: The president will speak to the nation tonight on a matter of the greatest *moment*. 대통령은 오늘 밤 전 국민에게 대단히 중요한 문제에 대해서 연설을 할 것이다.

4 the time for doing something (어떤 일을 할 적절한) 때, 시기: This is not the best *moment* to merge the firm. 지금은 그 회사를 합병하기에 가장 적절한 시기가 아니다.

· 파생어 ·
momentary 순간의, 찰나의, 일시적인
momentous 중대한, 중요한
momentum 추진력

· 관련표현 ·
seize the *moment* 기회를 잡다
in a *moment* 순식간에
at a *moment*'s notice 즉석에서
a critical *moment* 위기
affairs of great *moment* 중대 사건
on[upon] the *moment* 당장에
at any *moment* 당장에라도, 언제라도
***moment* of truth** 결정적 순간, 위기
gain *momentum* 탄력이 붙다, 세(勢)를 얻다
at the last *moment* 위급한 순간에, 막판에

syn. instant, flash, time, importance, significance
ant. eternity, everlastingness

|실전문제|
다음에 주어진 뜻풀이 가운데서 밑줄 친 moment의 의미로 가장 적절한 것은?
Your opinion is of great <u>moment</u> to me.
(1) a particular point in time   (2) importance
(3) the time for doing something   (4) a very short period of time

해설 | 당신의 의견은 나에게 어떠하냐는 문장을 생각해 볼 때, 의미상 '중요한'의 의미가 가장 합당하다. 결국, of great moment는 very important의 뜻이다. (2) 「당신의 의견은 나에게 아주 중요하다.」

moral [mɔ́(:)rəl]

a. **1** belonging or relating to the principles of good and evil, or right and wrong 도덕(상)의, 윤리의: *Moral* considerations were sacrificed on the altar of profit. 이윤이라는 대의를 위해 도덕적 고려는 희생되었다.

2 based on conscience or one's own sense of what is right 도덕적인(virtuous), 도의상의: Journalists have a *moral* duty

· 파생어 ·
morality 도덕
immorality 부도덕, 품행이 나쁨; 악덕, 사악, 난잡함
morally 도덕상, 도덕적으로
moralist 도덕가
moralistic 선악에 대해서 엄격한
moralize 설교하다.

to report the truth. 기자들은 진실을 보도할 도의적 의무가 있다. / a *moral* responsibility 도덕적 책임

3 capable of distinguishing between right and wrong 선악을 판단할 수 있는: A baby is not a *moral* being. 젖먹이는 선악을 분간하지 못한다.

4 having psychological rather than practical effects 정신적인, 마음의: I need some *moral* support. 난 정신적 지원이 필요해요.

n. **a principle or practical lesson that can be learned from a story or event** 우화, 교훈, 격언: There's a *moral* to this story. 이 이야기에는 배울 점이 있다.

|실전문제|

다음에 주어진 뜻풀이 가운데서 밑줄 친 Moral의 의미로 가장 적절한 것은?

Moral obligations in the Kantian tradition define duties or obligatory actions that we owe to everybody under all circumstances.

(1) of, pertaining to, or concerned with the principles or rules of right conduct or the distinction between right and wrong
(2) expressing or conveying truths or counsel as to right conduct, as a speaker or a literary work
(3) founded on the fundamental principles of right conduct rather than on legalities, enactment, or custom
(4) capable of conforming to the rules of right conduct

해설 | 제시문에서 moral의 문맥적 힌트는 we owe to everybody under all circumstances 즉, '어떤 상황에서도 우리가 모든 이에게 행해야 될 의무처럼 느끼는 빚' 정도의 의미인데, 이는 나라마다, 풍습마다, 시대마다 다르긴 하나 인간이라면 누구나 가지는 도덕적 의무를 나타내는 것으로 풀이할 수 있다. (3) 「칸트 철학에서 도덕적 의무란 어떠한 상황에서도 우리가 모든 이에게 해야만 하는 의무 또는 의무의 행위로 정의한다.」

도덕적으로 설명하다; 도덕을 가르치다
amoral 도덕과 관계없는

·관련표현·

draw the *moral*
(우화에서) 교훈을 얻어 내다
point a *moral*
(실례를 들어) 교훈을 주다
a *moral* certainty
틀림없다고 생각되는 일
a *moral* to ~ ~에 대한 교훈
moral duty[obligation]
도의적인 의무
moral character 덕성, 품성
a *moral* lesson 교훈
moral cowardice
남의 비난을 두려워하는 마음
the *moral* sense 도덕감
a high *moral* plane 높은 도덕 수준
a man of weak *moral* fiber
정신력이 약한 사람
a *moral* lapse 타락
morally dishonest
도덕적으로 불성실한
loose *morals* 단정하지 못한 품행
morally bankrupt 도덕적으로 파멸한

syn. ethical
ant. immoral

□ **mortal** [mɔ́ːrtl]

a. **1 that cannot live forever and having to die** 죽을 수밖에 없는 운명의: A man is ultimately designed to be *mortal*. 인간은 결국 죽게 되어 있다.

2 of human beings 인간의: Everything is momentary in this *mortal* world. 이 인간 세상에서는 모든 것이 일시적인 것이다.

3 very serious and causing death (병이) 치명적인, 생사와 관계된: The boxer received a *mortal* blow. 그 권투 선수는 치명적인 타격을 받았다.

4 extremely great in fear 몹시 두려운, 공포스러운: She lives in *mortal* terror of her husband's anger. 그녀는 남편의 분노가 조장하는 지독한 공포 속에 살고 있다.

·파생어·

mortality 죽어야 할 운명, 사망자 수
mortally 치명적으로, 매우

·관련표현·

mortal knowledge 인간의 지식
a *mortal* wound 치명상
a *mortal* disease 죽을 병
a *mortal* enemy 불구대천의 원수
in *mortal* fear 몹시 두려워서
mortality rate 사망자 수
mortality sin 가톨릭의 대죄

M

|실전문제|

다음에 주어진 뜻풀이 가운데서 밑줄 친 mortal의 의미로 가장 적절한 것은?

We were in mortal danger of being found out by the killer.

(1) very serious and causing death
(2) that cannot live forever and having to die
(3) extremely great in fear
(4) of human beings

해설 | 문미에 killer(살인자)가 있으므로 mortal danger는 '발견될 수도 있는 극도의 위험'을 뜻한다. (3) 「우리는 살인범에 의해서 발견될 극도의 위험 속에 있었다.」

in a *mortal* hurry 몹시 허둥대며, 황급히
mortal combat 목숨을 건 싸움
at one's *mortal* hour 임종 때에

syn. earthly, temporal, fatal, extreme
ant. immortal, venial, eternal, undying

mouth [mauθ]

n. **1 the opening in the face used for speaking, eating, etc.** 입: Open your *mouth* and close your eyes. 입을 벌리고 두 눈을 감으세요.

2 speaking in a particular way 말투, 어조: He has a big *mouth*. 그는 수다스럽다. / She speaks English with a French-like *mouth*. 그녀는 프랑스 어조로 영어를 말한다.

3 entrance or opening of a cave, river, hole, or bottle 동굴의 입구, 강어귀, 병 아가리: At the *mouth* of the tunnel, he bent to retie his shoelace. 터널 입구에서 그는 몸을 구부려 신발 끈을 다시 매었다. / The *mouth* of the jar was chipped. 그 항아리의 아가리에 이가 빠져 있었다.

4 the number of family members to feed and look after 부양가족: He has five *mouths* to feed. 그는 먹여 살려야 할 부양가족이 5명이나 있다.

|실전문제|

다음에 주어진 뜻풀이 가운데서 밑줄 친 mouth의 의미로 가장 적절한 것은?

The man standing at the mouth of the cave beckoned her in.

(1) the number of family members to feed and look after
(2) entrance or opening of a cave, river, hole, or bottle
(3) the opening in the face used for speaking, eating, etc.
(4) speaking in a particular way

해설 | 동굴(cave), 강의 입구나 병 아가리를 뜻하는 mouth이다. (2) 「동굴 입구에 서 있던 그 남자는 그녀에게 들어오라고 손짓했다.」

· 파생어 ·

mouthful 한 입의 양, 소량의 음식
mouthed 입이 있는, 입의
mouthwash 양치질 약
mouthly 큰소리치는, 수다스러운
mouth-filling (말이나 글이) 장황한
mouth-watering (음식이) 군침을 흘리게 하는, 아주 매력적인
mouthpiece 대변인

· 관련표현 ·

make a *mouthful* of ~ ~을 단숨에 들이켜다
a foul-*mouthed* man 말버릇이 고약한 사람
many *mouths* to feed 많은 부양가족
at the *mouth* of a river 강어귀에
by word of *mouth* 구전으로
from *mouth* to *mouth* (소문 등이) 입에서 입으로 전해지는
have a big *mouth* 수다스럽다, 큰 소리로 이야기하다
have a foul *mouth* 말버릇이 나쁘다
keep one's *mouth* shut 입을 다물다, 조용히 하다
with a smile at corner of one's *mouth* 입가에 미소를 띠고
You take a word out of my *mouth*. 내가 할 말을 네가 하는구나.

syn. oral cavity, opening, entrance, outlet

☐ **move**[muːv]

***vi., vt.* 1 to change position or make change position from one point to another** 움직이다, 이동시키다: I could see the branches of the trees *moving* back and forth by the wind. 나는 나뭇가지가 바람에 의해 앞뒤로 움직이는 것을 볼 수 있었다.

2 to leave the house or the building where one had been living or working in order to live or work in a different place 이사하다, 옮기다: They have finally decided to *move* their house into a suburb of the city. 그들은 그 도시의 교외 지역으로 이사하기로 마침내 결정했다. / She had often considered *moving* to a big city. 그녀는 종종 대도시로 이사 갈 것을 생각해 보았다.

***vt.* 1 to cause to feel admiration, sadness, pity, and anger** 감동시키다, 흥분시키다, 마음을 움직이다: I was very *moved* by the child's sad story. 나는 그 어린아이의 슬픈 이야기에 감동이 되었다. / I was truly *moved* by her tears. 나는 그녀의 눈물을 보고 감동받았다.

2 to formally suggest a proposal at a meeting so that everyone present can vote for or against it 제안하다, 제의하다, 동의하다: I *move* that the case be adjourned for a week. 나는 심의를 1주간 연기할 것을 제의합니다. / Mr. Chairman, I *move* that the meeting be continued after lunch. 의장님, 점심 후에 회의를 속개할 것을 제의하는 바입니다.

|실전문제|

다음에 주어진 뜻풀이 가운데서 밑줄 친 moved의 의미로 가장 적절한 것은?

He just moved here at the beginning of the term.

(1) to cause to feel admiration, sadness, pity, and anger
(2) to formally suggest a proposal at a meeting so that everyone present can vote for or against it
(3) to change position or make change position from one point to another
(4) to leave the house or the building where one had been living or working in order to live or work in a different place

해설 | 학기 초(the beginning of the term)가 있으므로, '학기 초에 이곳으로 이사해 오다' 라고 쉽게 이해할 수 있다. (4) 「그는 학기 초에 이곳으로 이사해 왔다.」

· 파생어 ·

movement 운동, 이동, 추세
mover 움직이는 사람; 제안자
moving 움직이는; 감동시키는
movable 움직일 수 있는, 이동할 수 있는
movability 가동성
moveless 움직이지 않는, 정지한

· 관련표현 ·

a *moving* story 감동적인 이야기
move house 이사하다
move a court 법원에 제소하다
move forward 앞으로 전진하다
move back 후퇴하다
move aside 옆으로 비키다, 옆으로 제쳐 놓다
move heaven and earth to ~ 온갖 수단을 다하여 ~하다
move in[into] 이사해 오다, 입주하다
move out 이사해 나가다
on the *move* 활동하고 있는, 이동 중인
moving picture 영화
moving van[truck] 이삿짐 트럭
move up 승진하다[시키다], 나아가다

syn. change, advance, relocate, operate, start
ant. stop

N

☐ **name** [neim]

vt. **1 to give a name, usually at the beginning of one's or its life** 이름을 붙이다[짓다], 명명하다: We *named* the new-born baby. 우리는 갓 태어난 아기의 이름을 지었다.

2 to appoint or nominate 임명하다, 지명하다: When will they *name* a successor? 그들이 언제 후계자를 임명할까? / He was *named* as chairman. 그는 의장으로 임명되었다.

3 to identify by stating the name of ~의 이름을 말하다, ~의 이름을 생각해 내다: One of the victims of the weekend's rainstorm has been *named* as William Bernard. 주말의 폭풍우의 희생자 중 한 명의 이름이 윌리엄 버나드로 밝혀졌다. / Can you *name* this animal? 이 동물의 이름을 말해 줄 수 있니?

4 to specify or fix (날짜나 가격을) 정하다: The government *named* the date for the parliamentary election. 정부는 국회의원 선거 날짜를 정했다.

│실전문제│

다음에 주어진 뜻풀이 가운데에서 밑줄 친 <u>name</u>의 의미로 가장 적절한 것은?

He has secret information about this financial scandal, and has threatened to <u>name</u> names.

(1) to appoint or nominate
(2) to identify by stating the name of
(3) to specify or fix
(4) to give a name, usually at the beginning of one's or its life

해설│금융 스캔들에서 가담자의 이름을 '밝히겠다'고 위협했다는 의미의 문장이다. (2) 「그는 이 금융 스캔들에 관해 비밀 정보를 알고 있으며, 그래서 가담자들을 밝히겠다고 위협했다.」

·파생어·
named 지명된, 지정된
nameless 이름 없는, 익명의, 작자 불명의
namely 즉, 다시 말하면(=that is to say, so to speak)
namer 명명자, 지명자
namable 이름 붙일 수 있는; 유명한

·관련표현·
name ~ **a mayor**
~를 시장으로 임명하다
name **several reasons**
몇 가지 이유를 말하다
name **after[for]** ~
~을 따서 이름을 짓다
You *name* **it.** 무엇이든지 (말하시오).
by[under] the *name* **of** ~
~라는 이름으로
call ~ (bad) *names* ~를 욕하다
in the *name* **of** ~ ~의 이름을 빌어, 맹세코
name **and shame**
이름을 공개하여[거명하여] 창피를 주다

☐ **nail** [neil]

n. **1 the outer structure, composed of keratin, that grows from a tuck in the skin and protects part of the fleshy tip of a finger or toe** 손톱, 발톱: do one's *nails* 손톱 손질을 하다

2 a metal spike hammered into something to join two objects together or to serve as a hook 못, 장: Drive a *nail* home. 못을 깊숙이 박아. / He's scratched his hand on a *nail*. 그는 못에 손이 긁혀서 생채기가 났다.

·파생어·
nail-biting 손톱을 깨무는 버릇; 초조하게 하는, 불안하게 하는
nail-biter 손톱 깨무는 버릇이 있는 사람
nailer 못 만드는 사람, 못 박는 사람; 자동 못 박는 기계
nailbrush 손톱 솔
nailhead 못대가리, 못대가리 모양의 장식

vt. 1 to fasten with a nail or nails ~에 못[징]을 박다, 못을 쳐[못질하여] 고정하다: *Nail* down the window. 창문에 (열리지 않게) 못을 박아 버려라. / She *nailed* the boards together. 그녀는 판자를 맞대어 못질을 했다.

2 to keep fixed or motionless (사람을) 어떤 곳에서 꼼짝 못하게 하다: Surprise *nailed* her to the spot. 그녀는 너무 놀란 나머지 그 자리에 경직되어 서 있었다.

| 실전문제 |

1. 다음에 주어진 뜻풀이 가운데서 밑줄 친 nail의 의미로 가장 적절한 것은?

   She is the only gymnast to nail the dismount.

   (1) to fasten with a nail or nails
   (2) to enclose or confine (something) by nailing
   (3) to make fast or keep firmly in one place or position
   (4) to accomplish perfectly

   해설 | nail에는 '무엇인가를 완벽하게 성취하다'는 뜻이 있다. 이 뜻을 전혀 모른다면 앞뒤의 문맥으로 보아, (3)과 (4)에 혼동을 가져올 수 있다. (4) 「그녀는 착지를 완벽하게 한 유일한 체조 선수이다.」

2. 다음에 주어진 뜻풀이 가운데서 밑줄 친 nailed의 의미로 가장 적절한 것은?

   Surprise nailed him to the spot.

   (1) to fasten with a nail or nails
   (2) to enclose or confine (something) by nailing
   (3) to make fast or keep firmly in one place or position
   (4) to accomplish perfectly

   해설 | 우리말에도 '한자리에 못을 박다'라는 표현이 있듯이, nail에도 그런 의미가 있어 상황에 맞게 적용할 수 있어야 한다. (3) 「그는 너무 놀란 나머지 그 자리에서 움직일 수 없었다.」

·관련표현·

nail together (아무렇게나) 못질하여 만들다

a *nail* in a person's coffin 수명[파멸]을 재촉하는 원인

nail down 못을 쳐서 고정시키다

nail one's eyes on the scene 그 광경을 주시하다

on the *nail* 즉석에서 (지불하다), 맞돈으로 (지불하다); 당면의, 문제가 되는

nail up 못질하다; (그림 등을) 높은 자리에 못질하여 걸다

nail one's colors to the mast 주의(主義)를 고집하다; 결심을 굽히지 않다

for want of a *nail* 못 하나가 모자라서, 극히 사소한 일 때문에

nail to the counter 증거를 제시해 허위를 폭로하다

nail a person to the wall ~을 엄하게 처벌하다, 박해하다

to the *nail* 철저하게; 완전히, 끝까지

(as) hard as *nails* 건강한; 완고하고 냉혹한

(as) right as *nails* 올바른, 틀림없는

bite one's *nails* 분해서[할 일이 없이] 손톱을 깨물다

deaf as a *nail* 심한 귀머거리의

drive the *nail* home[to the head] 못을 충분히 박다; 철저하게 하다

nail it 속임수를[거짓을] 간파하다; 성공하다

□ **narrow** [nǽrou]

a. **1 of small or limited width, especially in comparison with length; not wide** 폭이 좁은: The handle of the brush is long and *narrow*. 그 솔의 손잡이는 길고 가늘다.

2 of someone's ideas, attitudes, or beliefs restricted in some way (도량이나 시야가) 좁은, 편협한: I don't like your ideas of women's role in society which are too *narrow*. 나는 여성의 사회적 역할에 대한 너의 너무나 편협한 생각이 마음에 들지 않아.

3 almost not enough or only just successful 아슬아슬한, 가까스로 된: The opposition candidate won the election by a *narrow* majority. 그 야당 후보자는 가까스로 과반수를 얻어 선거에서 승리했다.

·파생어·

narrowness 협소, 도량이 좁음
narrowly 좁게, 정밀하게, 겨우, 간신히
narrow-minded 도량이 좁은, 편협한

·관련표현·

narrow in one's opinions 생각이 좁다

have a *narrow* escape 구사일생하다

narrow down the choice to three 선택 범위를 3명으로 줄이다

4 **careful and thorough** 엄밀한, 정밀한: He made a *narrow* examination of the facts. 그는 사실에 대해 정밀한 조사를 하였다.

|실전문제|

다음에 주어진 뜻풀이 가운데서 밑줄 친 narrow의 의미로 가장 적절한 것은?

The decision was taken for <u>narrow</u> economic reasons, without considering its social effects.

(1) almost not enough or only just successful
(2) careful and thorough
(3) of someone's ideas, attitudes, or beliefs restricted in some way
(4) of small or limited width, especially in comparison with length; not wide

해설 | 사회적인 영향을 고려하지 않았다는 것은 '근시안적인' 경제적 이유가 되어야 논리적이라고 할 수 있다. (3) 「그 결정은 사회적인 영향을 고려하지 않은 채 근시안적인 경제적인 이유로 이루어졌다.」

narrowly avoided hitting the trucks 트럭과 부딪히는 것을 간신히 면했다
narrow in on (목표물에) 가까워지다
a **narrow** victory 가까스로 얻은 승리

syn. slim, slender, cramped, tight, narrow-minded, close
ant. broad-minded, tolerant, receptive

□ **native** [néitiv]

a. 1 **being the place of one's birth** 출생지의: It was his first visit to his *native* country since 1950. 1950년 이래로 그는 고국을 첫 방문했다.

2 **(of person) belonging to a place of birth** 토박이의: She is a *native* New Yorker. 그녀는 뉴욕 토박이다.

3 **concerning the original people of a place** 원주민의, 토착민의, 토산의: They are *native* inhabitants of the area. 그들은 그 지역의 원주민들이다.

4 **existing naturally in a place** ~원산의: It is a plant *native* only to the area. 그것은 그 지역에서만 자라는 식물이다.

5 **of ability or quality that someone possesses naturally without having to learn it** 선천적인, 타고난, 천부적인: We have our *native* inborn talent, yet we hardly use it. 우리는 타고난 재능을 가지고 있지만 거의 그것을 사용하지 않는다.

· 파생어 ·
nativism 생득설, 원주민 보호주의
nativity 출생, 탄생

· 관련표현 ·
native place 출생지
native customs 토착적인 관습
native talent 천부적인 재능
native rights 천부적인 권리
native American 아메리카 원주민(미국의 인디언들)
go *native* 원주민과 같은 생활을 하다
native to ~ ~에 고유한
a *native* speaker 모국어 사용자

syn. natal, innate, natural, indigenous, homegrown
ant. foreign, imported, learned, adopted

|실전문제|

다음에 주어진 뜻풀이 가운데서 밑줄 친 native의 의미로 가장 적절한 것은?

His <u>native</u> musical ability impressed his teachers.

(1) concerning the original people of a place
(2) of ability or quality that someone possesses naturally without having to learn it
(3) being the place of one's birth
(4) (of person) belonging to a place of birth

해설 | natural ability는 '천부적인, 또는 타고난 능력'을 말한다. 일반적으로 ability나 right(권리) 앞에 native가 오면 '천부적인, 타고난'의 뜻으로 보통 사용된다. (2) 「그의 천부적인 음악적 재능은 그의 담당 선생님들에게 감명을 주었다.」

natural [nǽtʃərəl]

a. **1 existing in or formed by nature** 자연 그대로의, 천연의, 가공하지 않은: The country's *natural* resources include oil and coal. 그 나라의 천연자원에는 석유와 석탄이 있다.

2 expected from experience; usual 당연한, 지당한: It is *natural* that she should be indignant. 그녀가 분개하는 것도 당연하다.

3 not looking or sounding different from usual 꾸밈없는, 평상 시의, 바탕 그대로의: You should speak in a *natural* voice this time. 너 이번에는 평상시의 자연스런 목소리로 말해야 해.

4 inherent; not learned (행동이) 타고난, 천성적인: Cats have a *natural* aversion to water. 고양이들은 천성적으로 물을 싫어한다.

5 having talents or skills from birth (능력이) 천부적인, 타고난: It takes *natural* talent and a lot of hard work. 그 일을 하는 데는 천부적인 재능과 노력이 필요하다.

| 실전문제 |

다음에 주어진 뜻풀이 가운데서 밑줄 친 natural의 의미로 가장 적절한 것은?

The well-known actor posed very <u>natural</u> gestures.

(1) having talents or skills from birth
(2) existing in or formed by nature
(3) expected from experience; usual
(4) not looking or sounding different from usual

해설 | 동사가 pose, 즉 '자세를 취하다'의 뜻이며, 그리고 gestures 앞에서 이 단어를 수식하는 natural은 '꾸밈없는, 있는 그대로의'의 뜻임을 짐작할 수 있다. (4) 「그 배우는 아주 자연스러운 제스처를 취했다.」

· 파생어 ·

naturally 자연히, 태어나면서부터, 꾸밈없이
nature 자연, 천성, 본성
naturalist 자연주의자, 박물학자
naturalistic 자연주의의, 자연의
naturalize 귀화시키다

· 관련표현 ·

a *natural* phenomenon 자연현상
a *natural* enemy 천적
natural rubber 천연고무
a *natural* opera singer 천부적인 오페라 가수
a *natural* attitude[pose] 자연스러운 태도[자세]
natural parents 친부모
behave *naturally* 자연스럽게 행동하다
natural preserve 생태 보존 지역
come *natural* to ~ ~에게는 조금도 힘들지 않다, 아주 쉽다[수월하다]
in all one's *natural* 평생토록
become *naturalized* 토착화하다
natural gifts 천부적인 재능
natural food 자연식품
natural gas 천연가스
natural life 천수
natural monument 천연기념물
natural resources 천연자원

syn. earthly, native, inborn, inherent, spontaneous
ant. artificial, affected, counterfeited, feigned

nature [néitʃər]

n. **1 animals, plants, earth, rivers, rocks, etc. that exist in the world and are not made by people** 자연, 자연계: The most amazing thing about *nature* is its infinite variety. 자연에 대한 가장 놀라운 것은 무한한 다양성이다.

2 basic quality or character 본성, 성질, 천성: A cat by *nature* is very clean. 고양이는 천성적으로 매우 깨끗하다. / It is his *nature* to be kind to the poor and handicapped. 가난한 사람들과 장애인들에게 친절한 것은 그의 천성이다.

3 a type or sort 종류: What is the *nature* of your business? 당신은 어떤 사업을 하십니까?

· 파생어 ·

natural 자연의, 천연의, 본래의
naturalism 자연주의
naturalist 박물학자, (문학의) 자연주의자
naturalize 귀화시키다, (외국어, 습관 등을) 받아들이다
naturally 자연히, 태어나면서부터, 있는 그대로, 당연히

· 관련표현 ·

a man of good *nature*
품성이 좋은 사람

4 special characteristics or features 특징, 특질: Do you have any idea about the *nature* of atomic energy? 당신은 원자 에너지의 특징을 알고 있습니까?

|실전문제|

다음에 주어진 뜻풀이 가운데서 밑줄 친 natures의 의미로 가장 적절한 것은?

Cats and dogs have quite different <u>natures</u>: dogs like company but cats are independent.

(1) special characteristics or features
(2) basic quality or character
(3) animals, plants, earth, rivers, rocks, etc. that exist in the world and are not made by people
(4) a type or sort

해설 | 개가 무리를 짓고, 고양이는 혼자 다닌다는 것은 이들의 성질이나 천성을 말한다. (2) 「고양이와 개는 아주 다른 성질을 가지고 있는데, 개는 무리 짓는 것을 좋아하지만 고양이는 독립적으로 다닌다.」

by *nature* 본래, 선천적으로
in the *nature* of ~ ~의 성질을 가진, ~와 비슷하여
turn to *nature* 실물그대로, 진짜와 똑같이

syn. wilderness, character, temperament, kind, features

☐ **near** [niər]

ad. **1 to, at, or within a short distance or interval in space or time** 가까이, 근접하여, 이웃하여: The New Year draws *near*. 새해가 다가온다.

2 almost; nearly 거의: a period of *near* 30 years 약 30년간 / a *near*-perfect performance 거의 완벽한 공연

prep. **at a short distance from something** ~의 가까이(에), ~에 가깝게: Her house is *near* the new airport. 그녀의 집은 새로 생긴 공항 근처에 있다. / *Near* the Italian border 이태리 국경 가까이

a. **1 a short distance or time away; close** 가까운, 가까운 쪽의: on a *near* day 가까운 날에, 근간에

2 closely related by kinship 가까운 친척의: the *near* relations of the deceased 고인의 가까운 친척

3 similar; comparable 아주 닮은[흡사한], 진짜에 가까운: a *near* translation 원문에 충실한 번역 / a *near* guess 과히 빗나가지 않은 추측

|실전문제|

다음에 주어진 뜻풀이 가운데서 밑줄 친 near의 의미로 가장 적절한 것은?

That could be considered what is called a "<u>near</u>" translation.

(1) close to an original   (2) intimate or familiar
(3) narrow or close   (4) thrifty or stingy

해설 | '가까운' 이라는 뜻의 near는 문맥에 따라 아주 다양한 뜻으로 쓰이는데, 다른 예로, a near friend에선 close 정도의 의미가 될 것이고, He is always near the pocketbook.에서 near는 (4)의 stingy 정도가 된다. (1) 「뭐 그게 소위 "근접한" 번역이라 볼 수 있겠네요.」

·파생어·
nearly 거의, 하마터면
nearby 가까운: 가까이로, 가까이에
nearside 왼쪽, 좌측, 길가 쪽; 좌측의

·관련표현·
a *near* translation 원문에 충실한 번역
near upon (시간적으로) 거의
near escape 위기일발, 구사일생
near at hand 바로 가까이에; 머지않아
on a *near* day 가까운 날에, 근간에
as *near* as one can do ~할 수 있는 한에서는
come *near* doing 거의[하마터면] ~할 뻔하다
as *near* as makes no difference 차이가 문제가 안 될 정도로 근접하여; 거의
from far and *near* 원근(遠近)을 불문하고, 여기저기로부터
(as) *near* as (one) can guess 추측할 수 있는 한에서는
make a *near* escape[touch, thing] 겨우 도망치다, 구사일생하다
near and *near* 친밀한
a person's *nearest* and dearest 근친(아내·남편·자식·부모·형제자매)

syn. left, close, nearby, adjacent
ant. far

neat [niːt]

a. **1 tidy and smart with everything arranged in an orderly way** 단정한, 정연한: Everything in her house was *neat* and tidy and gleamingly clean. 그녀의 집에 있는 모든 것은 단정하고 빛날 정도로 깨끗했다. / He keeps his office *neat* and tidy all the time. 그는 항상 사무실을 깨끗하고 단정하게 유지한다.

2 simple, proper, and effective 적절한, 솜씨 있는: There are no *neat* solutions to this problem. 이 문제는 적절한 해결책이 없다. / He is such a *neat* worker. 그는 참 솜씨 좋은 일꾼이다.

3 liking order and tidiness 깨끗한 것을 좋아하는, 단정한 것을 좋아하는: Cats are *neat* animals. 고양이는 깨끗한 것을 좋아하는 동물이다.

4 very good; excellent 아주 멋진, 훌륭한: They thought John was a really *neat* guy. 그들은 존이 정말 멋진 친구라고 생각했다.

|실전문제|
다음에 주어진 뜻풀이 가운데서 밑줄 친 neat의 의미로 가장 적절한 것은?

We tried to get the garden looking neat and tidy.

(1) simple, proper, and effective
(2) very good; excellent
(3) tidy and smart with everything arranged in an orderly way
(4) liking order and tidiness

해설 | 정원이 보이는 모양을 말하므로, '단정하게 정돈된'의 의미가 되어야 한다. (3) 「우리는 정원을 깔끔하고 정돈되게 보이려고 애썼다.」

· 파생어 ·
neatly 산뜻하게, 말쑥하게, 적절히
neaten 깨끗이 정돈하다
neatness 단정함, 산뜻함, 훌륭함

· 관련표현 ·
***neatly*-dressed** 말쑥한 복장의
a *neat* dress 말쑥한 옷
***neat* profits** 순이익(=net profits)
a *neat* party 멋진 파티
***neat*-handed** 손재주가 있는
as *neat*[clean] as a new pin 매우 말쑥한(산뜻한)
drink whisky *neat* 위스키를 스트레이트로 마시다
dress *neatly* 단정하게 차려입다

syn. tidy, organized, clean, efficient, great
ant. messy, untidy, disorganized, lousy

need [niːd]

n. **1 a condition in which something necessary or useful is wanted** 필요, 소용: There's no *need* for you to stay anymore. 당신이 더 이상 여기에 머물 필요는 없다. / The accident shows the *need* for stricter safety regulations. 그 사고로 인해 보다 엄격한 안전 규정이 필요하다는 것을 알게 되었다.

2 something required or wanted 필요한 물건: The hotel staff will provide all your *needs*. 호텔 직원들은 당신이 필요한 물건을 모두 제공해 줄 것입니다.

3 the state of not having enough money or food (돈, 음식 등에 있어서) 빈곤한 상태, 궁핍: Many people in the neighborhood are in desperate *need*. 이 동네의 많은 사람들이 빈곤하게 살고 있다. / A friend in *need* is a friend indeed. 곤궁할 때 도와주는 친구가 참된 친구이다.

· 파생어 ·
needful 필요한, 없어서는 안 될, 필요한 것
neediness 곤궁, 빈곤
needless 필요 없는
needy 가난한, 생활 형편이 딱한
needily 궁핍하여

· 관련표현 ·
***needless* remark[talk]** 쓸데없는 이야기
the poor and *needy* 빈궁한 자
our daily *needs* 우리의 생활필수품(=daily necessities)
be in *need* of ~ ~을 필요로 하다
if *need* be 필요하다면(=if necessary)

4 a necessary duty or what one must do as an obligation 해야 될 일, 필요한 의무: There's no *need* to come, if you don't want to. 만약 당신이 원치 않는다면 올 필요[의무]가 없다.

|실전문제|

다음에 주어진 뜻풀이 가운데서 밑줄 친 <u>need</u>의 의미로 가장 적절한 것은?

It's up to us to help those people who are in <u>need</u>.

(1) the state of not having enough money or food
(2) a necessary duty or what one must do as an obligation
(3) a condition in which something necessary or useful is wanted
(4) something required or wanted

해설 | '사람 + (who are) in need'는 '관용적으로 곤궁한, 어려움에 처한 사람들'이라는 것을 알아두자. (1) 「곤궁한 사람들을 돕는 것은 우리에게 달렸다.」

in case of *need* 유사시에는
meet the *needs* of ~ ~의 필요에 응하다
need fixing 수선할 필요가 있다 (=*need* to be fixed)
more than *needs* 필요 이상으로
needless to day 말할 필요도 없이
I *need* hardly say ~ ~이라고 말할 필요가 없을 것 같다
have *need* of ~ ~을 필요로 하다, ~이 필요하다
fill a *need* 필요에 부합되다

syn. necessity, requirement, poverty, pennilessness
ant. wealth, affluence, excess

☐ **nerve**[nə:rv]

n. **1** one of the cords, consisting of a bundle of fibers, that carry instructions for movement and information on sensation between the brain or spinal cord and other parts of the body 신경: *nerve* strain 신경 과로 / the auditory *nerve* 청신경

2 courage; assurance 용기, 담력, 기력: Surely she didn't have the *nerve* to say that to him. 분명히 그녀는 그에게 그 말을 할 용기가 없었다. / get up the *nerve* 용기를 내다

3 boldness; impudence 뻔뻔스러움, 무례: He had the *nerve* to say that. 그는 뻔뻔스럽게도 그렇게 말했다. / He had the barefaced *nerve* to accuse me of cheating! 그는 뻔뻔스럽게도 나를 사기죄로 고발했다!

4 nervousness; tension; stress 신경과민, 신경질, 겁, 우울: I was a bundle of *nerves* at the interview. 나는 그 인터뷰에서 바짝 긴장했다. / have a fit of *nerves* 신경과민이 되다

vt. **to give strength or courage to** ~에게 힘을 주다, 용기를 북돋우다, 격려하다: Her advice *nerved* him to go his own way. 그녀의 충고로 그는 자기의 길을 갈 용기를 얻었다.

· 파생어 ·

nerveless 신경이 없는; 활기가 없는, 무기력한
nerve-racking 신경을 괴롭히는, 신경질 나게 하는
nerved 신경이 ~한, 활기 있는, 대담한
unnerve ~의 기운을 빼앗다
nervous 신경질의, 신경의
nervously 신경질적으로

· 관련표현 ·

hit a *nerve* 아픈 곳을 건드리다
lose one's *nerve* 켕기다, 겁내다
***nerve* strain** 신경 과로
have the *nerve* to do ~할 용기가 있다; ((구어)) 뻔뻔스럽게도 ~하다
***nerve* oneself to do** 힘[용기]을 내다, 분기하다 〈for〉
strain every *nerve* 힘껏 노력하다, 전력을 다하다
be all *nerves* 몹시 신경과민이다
get[jar] on a person's *nerves*(=give a person the *nerves*) 누군가의 신경을 건드리다, 누군가를 짜증나게 하다
get up the *nerve* 용기를 내다
have a fit[an attack] of *nerves* 신경과민이 되다, 무서워하다

| 실전문제 |

다음에 주어진 뜻풀이 가운데서 밑줄 친 nerve의 의미로 가장 적절한 것은?

He had the nerve to say that?

(1) a sinew or tendon
(2) firmness or courage under trying circumstances
(3) boldness; audacity; impudence; impertinence
(4) strength, vigor, or energy

해설 | nerve는 '힘줄', '용기', '배짱', '힘' 등의 뜻으로 다양하게 쓰인다. 제시문은 '~할 배짱'에 해당하는 뜻으로 쓰이고 있다. (3)「그가 그런 말을 할 배짱이 있었어?」

have iron nerves(=have nerves of steel) 담력이 있다, 대담하다
What a nerve! 참 뻔뻔스럽기도 하군!
have no nerves(=not know what nerves are) (신경이 없는 것같이) 태연자약하다, 대담하다

syn. cheek, guts, brass

nice [nais]

a. **1 kind or friendly** 친절한, 다정한: It's very nice of you to show me the way. 길을 알려주어서 참 고맙습니다. / Helen is the nicest person I know. 헬렌은 내가 아는 사람 중에서 가장 다정한 사람이다.

2 giving pleasure; pleasant 기쁜, 유쾌한: That was a nice party you gave. 당신의 파티가 참 즐거웠습니다. / Have a nice time at the party. 파티에서 유쾌한[좋은] 시간을 보내십시오.

3 very clear or precise based on good reasoning 꼼꼼한, 정확한, 미세한: He is very nice about the choice of words. 그는 단어 선택에 있어서 정확하다.

4 attractive in appearance 매력적인: I think silk ties can be quite nice. 나는 실크 넥타이가 꽤 매력적이라고 생각한다.

5 (of food or weather) giving pleasure (맛이나 날씨가) 좋은, 기쁨을 주는: This fruit tastes nice. 이 과일은 맛이 좋다. / It is very nice weather for mountain-climbing today. 오늘 날씨는 등산하기에 아주 좋다. / I had a nice meal with a glass of wine. 나는 포도주 한 잔과 함께 맛있는 식사를 했다.

6 showing or indicating very small differences; subtle 미묘한: You've got to understand the nice distinction between two sentences. 너는 두 문장 간의 미묘한 차이(점)를 이해해야 한다.

7 suitable or proper 적당한, 적절한: That was not a nice remark. 그것은 적절한 발언이 아니었다.

· 파생어 ·

nicely 좋게, 훌륭하게, 친절하게, 세심하게
nicety 정확, 섬세함, 미묘함
niceness 훌륭함, 좋음, 친절함, 섬세함
niceish 꽤 좋은, 짭짤한

· 관련표현 ·

nice dishes 맛있는 요리
a nice ear 예민한 귀
a nice problem 어려운 문제
as nice as can be 더없이 좋은
say nice things 입에 발린 소리를 하다
fit nicely 꼭 맞다
speak nicely to ~ ~에게 친절하게 말하다
to a nicety 정확히, 정밀하게, 완벽하게
very nice weather for hiking 하이킹 가기에 아주 좋은 날씨
a nice distinction 미세한 차이
a nice issues[problem] 어려운 문제
nice going! (비꼬면서) 좋겠구나!, 잘했어!
over nice 지나치게 잔소리가 심한

syn. kind, pleasant, friendly, cordial, attractive, well-bred, careful, precise
ant. awful, unpleasant, unkind, vulgar, careless

|실전문제|

다음에 주어진 뜻풀이 가운데서 밑줄 친 <u>nice</u>의 의미로 가장 적절한 것은?

The cabinet maker does <u>nice</u> work.

(1) giving pleasure or pleasant
(2) very clear or precise based on good reasoning
(3) kind or friendly
(4) attractive in appearance

해설 | 주어가 cabinetmaker(가구 제작자)이므로 일을 섬세하고 꼼꼼하게 할 것이라는 것을 짐작할 수 있다. (2)「그 가구 제작자는 일을 섬세하게 한다.」

☐ nip [nip]

vt. **1 to seize and pinch or bite lightly** (집게발이나 개가) 물다, 집다: There have been a few cases recently where dogs have *nipped* babies. 개가 아기를 문 사건이 최근에 몇 건 있었다.

2 to affect sharply and painfully, as a very cold temperature (바람, 추위, 서리 등이) 해치다, 생육을 막다: The frost *nipped* the fruit trees. 서리가 과수나무의 생육을 막았다.

3 to cut off 자르다, 잘라 내다: Don't *nip* any stalks off the plant until it's through blooming. 그 식물이 꽃을 피울 때까지 식물 줄기를 자르지 마.

4 to put an end to or check in growth 저지하다, 좌절시키다: The government *nipped* the rebellion in the bud. 정부는 반란을 미연에 방지했다.

vi. **to go quickly for only a short time** 급히 가다, 재빨리 떠나다: Should I *nip* out and get some groceries? 내가 급히 나가서 식료품을 좀 사올까?

· 파생어 ·

nippy 살을 에는 듯한, 날카로운, 기민한
nipper 집는 물건[사람], 집게발, 못뽑이

· 관련표현 ·

nip **up** 급히 줍다, 불쑥 찾아오다

nip **a dress in at the waist**
옷의 허리 치수를 줄이다

nip **~ in the bud** 미연에 ~를 방지하다

nip **off** 낚아채다, 빼앗다

nip **at a person's heels**
~을 내몰다

syn. pinch, snap, cut, finish off, chill

|실전문제|

다음에 주어진 뜻풀이 가운데서 밑줄 친 <u>nipped</u>의 의미로 가장 적절한 것은?

A sharp wind <u>nipped</u> the young blooms.

(1) to put an end to or check in growth
(2) to go quickly for only a short time
(3) to seize and pinch or bite lightly
(4) to affect sharply and painfully, as a very cold temperature

해설 | 주어가 날카로운[차가운] 바람이고, 목적어가 어린 꽃들이므로 동사는 '생육을 막다, 해치다'의 뜻이 되어야 한다. (4)「날카로운 바람이 어린 꽃들의 생육을 막았다.」

noble [nóubəl]

a. **1 deserving praise and admiration due to high moral quality** 고상한, 고결한, 숭고한: In keeping with his *noble* character, he donated all his fortune to charity. 그의 고결한 인격에 걸맞게, 그는 전 재산을 자선 단체에 기부했다.

2 grand in appearance (외관이) 웅장한, 당당한, 웅대한: The Yellow Stone National Park has a lot of *noble* trees. 옐로스톤 국립공원에는 웅장한 나무들이 많다.

3 belonging to a family of high social class 귀족의, 고귀한: He lived as a poor man although he was of *noble* birth. 그는 비록 귀족 태생이었지만 가난한 사람으로 살았다.

4 (of metals) not chemically changed by air 불활성의: It is a kind of *noble* gas. 그것은 일종의 불활성 가스이다.

| 실전문제 |

다음에 주어진 뜻풀이 가운데서 밑줄 친 Noble의 의미로 가장 적절한 것은?

Noble mansions line the river bank.

(1) belonging to a family of high social class
(2) (of metals) not chemically changed by air
(3) deserving praise and admiration due to high moral quality
(4) grand in appearance

해설 | mansion은 '대저택'의 뜻이므로, 나무나 건물 등이 웅장하고 거대하게 보이는 경우이다. (4) 「거대하고 웅장한 대저택들이 강둑을 따라 줄지어 서 있다.」

· 파생어 ·
nobility 고귀, 고귀한 태생, 귀족 (계급)
nobleness 고결, 고상, 고귀
nobly 훌륭하게, 고결하게, 귀족으로

· 관련표현 ·
a man of *noble* character
고매한 인물
be *nobly* born 귀족으로 태어나다
of *noble* birth 귀족 태생(출신)의
noble-minded 마음이 고결한(숭고한)
noblesse oblige
높은 신분에 따르는 도덕상의 의무
noble man 귀족

syn. high-born, gentle, aristocratic, distinguished, reputable, stately, grand, lofty
ant. lowborn, humble, ignoble, vulgar, modest

noise [nɔiz]

n. **1 a sound of any kind** 소리: the *noise* of wind 바람소리

2 a harsh disagreeable sound, or such sound; a din 소음, 소란, 요란, 시끄러움: The *noise* was dying down. 소음이 잦아들고 있었다. / The *noise* of traffic is a constant irritant. 교통 소음은 계속적인 짜증을 유발한다. / the *noise* from overflying planes 상공을 나는 비행기들이 내는 소음

3 interference in a signal 잡음: There's a lot of *noise* on the line. 전화가 잡음이 심하다.

4 (pl.) something one says as a conventional response, vague indication of inclinations, etc. 주장, 발언, 비평: He made all the right *noises*. 그는 모든 입바른 소리를 해댔다.

vt. **to make generally known; to spread a rumour of** 소문내다, 퍼뜨리다: It was soon *noised* abroad that the war ended. 종전 소식은 곧 널리 퍼졌다.

· 파생어 ·
noisy 떠들썩한, 시끄러운
noisily 요란하게
noiseless 소음이 없는
noisemaker 소리를 내는 물건

· 관련표현 ·
perpetual *noise* 끊임없는 소음
noise pollution 소음 공해
a fearsome *noise* 무시무시한 소리
make a lot of *noise* about ~
~에 대해 떠들다,
떠들어대다 (about); 소문이 나다
make a *noise* in the world
크게 소문나다, 유명해지다
a big *noise* 명사(名士), 거물, 두목
abate the *noise* 소리를 낮추다

| 실전문제 |

다음에 주어진 뜻풀이 가운데서 밑줄 친 noise의 의미로 가장 적절한 것은?

The noise in the report obscured its useful information.

(1) loud shouting, outcry, or clamor
(2) a nonharmonious or discordant group of sounds
(3) an electric disturbance in a communications system that interferes with or prevents reception of a signal or of information, as the buzz on a telephone or snow on a television screen
(4) extraneous, irrelevant, or meaningless facts, information, statistics, etc.

해설 | 다양한 의미를 가진 단어는 항상 문맥적 상황을 고려해야 한다. 제시문에 나온 힌트를 최대한 활용하자. 우선 in the report의 수식을 받는 noise는 귀에 들리는 소리의 의미로 쓰이지 않고 있다는 것을 금세 알 수 있다. 그러므로 (1)과 (2)는 답이 아니다. (3)의 경우도 방해 전자파의 의미로 쓰인 것을 보면 답이 아니다. (4)「그 리포트와 전혀 관계없는 정보가 이 정보의 유용성을 흐렸다.」

make a *noise* 소리를 내다; 떠들다; 소란 피우다, 불평(不平)하다

noise it around that ~
~이라고 퍼뜨리다

Hold your *noise*! 잠자코 있어, 떠들지 매!

◻ note [nout]

n. **1 a short and informal letter** (격식을 차리지 않은 짧은) 편지: Eric sent her a *note* asking her to come to his dinner. 에릭은 그녀에게 저녁 식사에 오라고 요청하는 편지를 보냈다.

2 a remark added at the side or bottom of a page to give more information 주석, 주해: I made a lot of *notes* in the margin. 나는 여백에 많은 주석을 써 놓았다.

3 a record or reminder in writing 메모, 필기: Students are busy taking *notes* in the class. 교실에서 학생들은 필기하기에 바쁘다.

4 a piece of paper money 지폐: He paid the bill in 100-dollar *notes*. 그는 100달러 지폐로 계산서 비용을 지불했다.

5 a particular quality in someone's voice that shows how he or she feels (목소리에 섞여 있는 특별한) 분위기, 어조: There was an unmistakable *note* of nostalgia in his voice. 그의 목소리에는 분명한 향수의 감정이 포함되어 있었다.

| 실전문제 |

다음에 주어진 뜻풀이 가운데서 밑줄 친 note의 의미로 가장 적절한 것은?

It was not that difficult for me to catch the note of happiness in her voice.

(1) a remark added at the side or bottom of a page to give more information
(2) a particular quality in someone's voice that shows how he or she feels
(3) a piece of paper money
(4) a record or reminder in writing

· 파생어 ·

noted 저명한, 주목할 만한
noteless 무명의; 음조가 나쁜
noteworthy 주목할 가치가 있는
notable 주목할 만한

· 관련표현 ·

a thank-you *note* 감사의 편지
a man of *note* 저명인사
change one's *note*
태도[어조]를 바꾸다
make[take] a *note* of ~
~을 필기[노트]하다
take *note* of ~ ~에 주목[주의]하다
It should be *noted* that ~
~에 특히 주의해야 한다
strike a false *note*
엉뚱한 짓[말]을 하다
make a mental *note* of ~
~을 마음에 새겨 두다, 명심하다

syn. brief letter, bill, regard, importance
ant. inattention, insignificance, disregard

해설 | 감정을 뜻하는 nostalgia(향수), happiness(행복), sadness(슬픔), surprise(놀라움) 앞에 note가 이와 같이 따라오면 '~한 감정'의 뜻이다. (2) 「그녀의 목소리 속에 행복감을 알아차리기란 나로서는 그다지 어렵지가 않았다.」

number [nʌ́mbər]

n. **1** a quantity of people or things (사람, 사물의) 수: The *number* of tourists starts to tail off in October. 관광객 수는 10월이 되면 점차 감소하기 시작한다.

2 a numeral or set of numerals used for identification 번호: a phone *number* 전화번호 / What *number* did you ring? 몇 번에 거셨어요?

vt. to give a number to; to mark with a number ~에 번호를 매기다, 페이지 수를 적어 넣다: We *numbered* the tickets from one to five hundred. 우리는 티켓에 1부터 500까지 번호를 매겼다.

vi. to amount to a specified number or amount (총계가) ~이 되다, (~의 수에) 달하다: The applicants *numbered* in the thousands. 지원자는 총계 수천 명에 달했다.

| 실전문제 |
다음에 주어진 뜻풀이 가운데서 밑줄 친 numbers의 의미로 가장 적절한 것은?

The manuscript already <u>numbers</u> 425 pages.

(1) to mark with or distinguish by numbers
(2) to amount to or comprise in number; total
(3) to consider or include in a number
(4) to count over one by one; tell

해설 | 선택지의 각 정의의 예문을 보고 그 의미를 확인하자. 문제에서의 numbers는 동사로 "숫자가 총계 얼마에 달하다"의 의미이다. 이 중 (2)번을 이런 뜻으로 볼 수 있다. (2) 「원고가 벌써 425 페이지에 달한다.」

· 파생어 ·

numberless 셀 수 없이 많은
outnumber ~보다 수적으로 우세하다
renumber ~의 번호를 다시 매기다
numbered 번호가 있는, 번호를 매긴
numerous 다수의

· 관련표현 ·

in *number* 수로; 수효는; 통계로, 전부
among the *number* **of ~**
~의 수 안에, ~의 가운데에
beyond *number*
셀 수 없는[없을 만큼]
a small *number* **of** 소수의, 얼마 안 되는
do a *number* **on ~** (속이거나 비난하거나 구타하는 등) ~에게 몹쓸[모진] 짓을 하다
have a person's *number* **on it**
(총탄 등이) ~에게 맞게[죽이게] 되어 있다
get a person's *number*
~의 속셈[정체]을 간파하다[꿰뚫어 보다]
number **off** (군인이) 번호를 부르다; (군인이) (정렬하여) 번호를 부르다; 구령 번호! ((미)) count off
make one's *number* 얼굴을 내밀다, 출두하다 《at》; 인사하다 《with》; 연락을 취하다 《with》
one's *number* **goes up** (사람이) 죽어 가다, 임종이 가깝다, 운이 다하다, 곤경에 빠지다
do one's *number* ((미·속어)) 흥미 있는 얘기만 하다[쓰다]; ((미·속어)) (사회적 지위·직업에) 어울리는 태도를 취하다
in round *number* 대충, 어림셈으로
out of *number*(=**without** *number*) 무수한
make one's *number* **with a person** ((속어)) 누군가와 연락을 하다

syn. amount, volume, sum, quantity, letter, figure, symbol, digit, character, mark, sign

N

☐ **nurse** [nəːrs]

vt. **1 to care for or take care of sick or injured people** 돌보다, 간호하다, 병구완하다: His wife *nursed* him back to health. 그의 아내는 그를 간호해서 건강을 회복하게 해 주었다(돌봐주었다).

2 to feed a baby with milk from the breast 젖[모유]을 먹이다: The mother cat refused to *nurse* her kittens. 어미 고양이는 새끼들에게 젖을 먹이는 것을 거부했다. / I saw a young woman *nurse* a young baby the other day. 나는 그 전날에 한 젊은 여자가 어린 아기에게 젖을 먹이는 것을 보았다.

3 to look after with care; cherish 소중히 다루다, 간직하다: He *nursed* the watch his sweetheart gave him a few days ago lovingly. 그는 연인이 며칠 전에 그에게 준 시계를 소중히 간직했다.

4 to have good or bad feeling in the mind (희망, 원한 등을) 마음에 품다: Robertson had long *nursed* an ambition to win the world marathon race. 로버트슨 씨는 오랫동안 세계 마라톤 대회에서 우승하려는 야망을 간직해 왔다. / He has been *nursing* a grudge for weeks. 그는 몇 주 동안 유감[원한]을 품어 왔다.

| 실전문제 |

다음에 주어진 뜻풀이 가운데서 밑줄 친 nursed의 의미로 가장 적절한 것은?

He had nursed an ambition to lead his own orchestra for a long time.

(1) to look after with care; cherish
(2) to feed a baby with milk from the breast
(3) to care for or take care of sick or injured people
(4) to have good or bad feeling in the mind

해설 | 희망(hope), 야망(ambition), 원한(grudge), 감정 등이 nurse 뒤에 오면 '~을 품다'의 뜻이 된다. (4)「그는 오랫동안 자신의 오케스트라를 가질 야망을 품어 왔다.」

· 파생어 ·

nurser 유모
nursery 탁아소, 육아실, 보육원
nursing 간호직

· 관련표현 ·

nursing bottle 수유병
nursing school 간호학교
nursing home 요양소
nurse a baby at the breast 아기를 모유로 키우다
nurse a cold 감기 치유를 위해 몸조리하다
nurse an ambition 야망을 품다
nursery rhyme 자장가(=lullaby)
nurse's aide 간호 보조원
nursing mother 양모
nursery tale 동화, 옛날이야기
put ~ out to *nurse* 남의 젖손으로 기르다; 수양 아이로 주다; (재산 따위를) 관재인에게 예탁하다
at *nurse* 유모[보모]에게 맡기어; 수양 아이로 보내져
nurse a grudge against ~ ~에게 원한을 품다

syn. care for, attend to, feed, harbor
ant. neglect, disregard, destroy

object [ábdʒikt]

n. **1** **anything that has a fixed shape or form** 물건, 물체, 사물: A bright moving *object* appeared in the sky at sunset. 움직이는 밝은 물체가 저물녘에 하늘에 나타났다.

2 **an aim or a purpose** 목적, 목표: What is the *object* of the research? 연구의 목적은 무엇입니까?

3 **someone or something that produces a feeling of interest and attention** (동작, 감정 등의) 대상: The principal has been the *object* of much criticism. 교장은 많은 비난의 대상이었다.

4 **a noun or pronoun that is affected by the action of a verb** (문법의) 목적어: What is the *object* of this sentence? 이 문장의 목적어는 무엇인가?

|실전문제|

다음에 주어진 뜻풀이 가운데서 밑줄 친 object의 의미로 가장 적절한 것은?

He left the college with the object of going into business.

(1) a noun or pronoun that is affected by the action of a verb
(2) an aim or a purpose
(3) anything that has a fixed shape or form
(4) someone or something that produces a feeling of interest and attention

해설 | with the object of ~는 '~할 목적으로'라는 숙어적인 표현이다. (2) 「그는 사업계에 뛰어들 목적으로 대학을 떠났다.」

· 파생어 ·

objection 반대, 반감, 거절, 장애
objectify 객관화하다, 구체화하다
objectionable 반대할 만한, 싫은
objective 객관적인; 물질적인; 목적격의
objectivity 객관성
objectivism 객관주의, 객관론
objectless 목적어가 없는

· 관련표현 ·

an *object* of pity 동정의 대상
an *object* clause 목적절
object to ~
~에 반대하다(=be opposed to ~)
attain one's *object*
목적을 달성하다
objective criticism 객관적인 비평
have an *object* in view
계획을 가지고 있다
with the *object* of ~ ~할 목적으로
the ultimate *objective*
궁극적인 목적

syn. thing, target, aim

obscure [əbskjúər]

a. **1** **unknown or known by only a few people** 세상에 알려지지 않은, 무명의: The hymn was written by an *obscure* Greek Composer for the 1896 Athens Olympics. 그 찬송가는 1896년 아테네 올림픽을 위해 한 무명의 그리스 작곡가에 의해 가사가 쓰였다.

2 **difficult to understand** (말, 의미 등이) 분명치 않은, 모호한, 알기 어려운: The point of his speech was *obscure*. 그의 연설의 요지는 분명치 않았다. / The talk show includes a lot of speeches full of *obscure* political jokes. 그 토크쇼에는 이해하기 어려운 정치적 농담이 가득한 많은 연설이 포함된다.

3 **dark or dim** 어두운, 어두컴컴한: The room is too *obscure* to read books. 그 방은 너무 어두워서 책을 읽을 수 없다.

· 파생어 ·

obscurity 어두컴컴함, 불명료, 무명
obscurely 모호하게, 불명료하게

· 관련표현 ·

an *obscure* corner 어두컴컴한 구석
an *obscure* reference
분명치 않은 언급
an *obscure* voice 애매한 목소리
an *obscure* author 무명작가
of *obscure* origin[birth]
근본[태생]이 비천한
rise from *obscurity* to fame
낮은 신분에서 출세하다

435

4 indistinctly heard; faint (소리, 모양 등이) 희미한, 흐릿한: An *obscure* figure could be seen through the fog. 희미한 물체를 안개 사이로 볼 수 있었다.

retire into *obscurity*
은퇴해서 초야에 묻히다

obscure to ~ ~에게 있어서 애매한

live in *obscurity*
조용히[세상에 묻혀] 살다

| 실전문제 |

다음에 주어진 뜻풀이 가운데서 밑줄 친 obscure의 의미로 가장 적절한 것은?

He regarded the lecture as the one that is very obscure and incomprehensible.

(1) difficult to understand
(2) indistinctly heard; faint
(3) unknown or known by only a few people
(4) dark or dim

syn. unclear, uncertain, nameless, unknown, indistinct
ant. clear, obvious, evident, well-known, distinct

해설 | 관계대명사 that의 선행사이며, 동사 is의 주어인 lecture(강의)는 '모호하다'라고 하는 것이 논리에 맞다. 그리고 뒤에 '이해할 수 없다' 라는 단어와도 연관이 되어야 한다. (1) 「그는 그 강의를 아주 모호하고 이해할 수 없는 것으로 간주했다.」

□ **observe** [əbzə́:rv]

vt. 1 to watch carefully in order to learn something about 관찰하다: The psychologist studies and *observes* the behavior of a babies. 그 심리학자는 아기들의 행동을 연구하고 관찰한다.

2 to obey or follow laws or customs (관습, 규정, 법률 등을) 지키다, 준수하다: You should *observe* the rules. 너는 규칙을 준수해야만 해.

3 to make a remark or comment (소견을) 진술하다, 말하다: She *observed* that the plan would work well. 그녀는 그 계획이 잘 진행될 것이라고 말했다.

4 to celebrate a holiday (명절을) 축하하다: Do the people in North Korea *observe* Christmas? 북한 사람들은 크리스마스를 축하할까?

5 to see and notice 보다, 알아차리다, 목격하다: Didn't you *observe* anything unusual in her behavior? 그녀의 행동에서 이상한 점을 알아차리지 못했니?

· 파생어 ·

observable 관찰할 수 있는, 주목할 만한
observance (법, 관습, 규칙 등의) 준수
observant 관찰력이 예리한, 준수하는
observation 관찰, 관찰력, 주목
observatory 천문대, 기상대, 전망대
observational 관측의, 관찰에 의한

· 관련표현 ·

observe laws 법을 준수하다
observe Christmas 크리스마스를 축하하다
keep *observation* on[upon] ~ ~을 주시하다
make an *observation* on ~ ~에 관하여 소견을 말하다
observant of the traffic rules 교통 규칙을 준수하는
observe a custom 관습을 따르다
a shrewd *observer* 빈틈없는 관찰자

| 실전문제 |

다음에 주어진 뜻풀이 가운데서 밑줄 친 observed의 의미로 가장 적절한 것은?

Thousands of people observed the Titanic leaving the harbor.

(1) to make a remark or comment
(2) to celebrate a holiday
(3) to see and notice
(4) to watch carefully in order to learn something about

해설 | 목적어가 the Titanic(타이타닉호)이며, '떠나다'는 뜻의 leaving이 목적보어로 사용되었기 때문에, 이때의 observe는 '지켜보다, 보다'의 의미이다. (3) 「수천 명의 사람들이 타이타닉호가 항구를 떠나는 것을 지켜보았다.」

syn. see, watch, view, remark, obey, celebrate
ant. disobey, disregard, profane

occupy [ákjupài]

vt. **1 to live or work in a building or a place** 점유하다, 거주하다: The house is no longer *occupied*. 그 집에는 더 이상 사람이 살지 않는다.

2 to take possession and control of as by military force 점령하다, 점거하다: Enemy troops *occupied* the country. 적국이 그 나라를 점령했다. / The workers *occupied* the department store, asking for the release of some co-workers and a wage increase. 종업원들은 그 백화점을 점거해서 몇몇 동료 직원들의 석방과 임금 인상을 요구했다.

3 to keep busy at an activity ~에 종사하다, 바쁘게 ~을 하다: I *occupied* myself in writing letters. 나는 편지를 쓰는 데 바빴다. / Grandmother *occupied* her time by knitting. 할머니는 뜨개질로 시간을 보냈다.

4 to fill or cover a particular area or space (장소 등을) 차지하다: Bookshelves *occupied* most of the living room walls. 책꽂이가 거실벽 대부분을 차지했다. / Is anyone *occupying* this seat? 이 자리에 임자가 있습니까?

5 to hold or fill an office or position (지위, 일자리를) 차지하다: Many men still *occupy* more positions of power than women. 아직도 많은 남성이 여성들보다도 더 많은 권력 직을 차지하고 있다.

6 to take some amount of time to complete (시간을) 요하다, (시간이) 걸리다: The round-trip *occupied* 8 hours. 그 왕복 여행은 8시간이 걸렸다.

· 파생어 ·

occupant 점유자, 거주자
occupation 직업, 소일거리, 점령
occupational 직업의, 점령의
occupancy 점유, 점령, 점유 기간
occupied 사용 중인, 바쁜, 분주한; 지배된, 점령된

· 관련표현 ·

occupational disease 직업병
occupy a high position 높은 자리를 차지하다
occupation troops 점령군
occupational hazard 직업상의 위험
be *occupied* with ~ ~에 종사하다
occupy with ~ ~을 바쁘게 만들다, ~을 자꾸 시키다
occupy oneself by doing ~ ~에 빠지다, 몰두[전념]하다

syn. fill, live, employ
ant. free, vacate, leave, evacuate

| 실전문제 |

다음에 주어진 뜻풀이 가운데서 밑줄 친 occupied의 의미로 가장 적절한 것은?

The house next door has not been occupied for many years.

(1) to fill or cover a particular area or space
(2) to keep busy at an activity
(3) to take possession and control of as by military force
(4) to live or work in a building or a place

해설 | 수동형의 문장이지만, 주어가 house(집)이므로, 여기에 사람이 '거주하지 않는, 살지 않는'의 뜻이 되는 것이 문맥의 흐름상 자연스럽다. (4) 「내 옆집은 수 년 동안 사람이 살지 않고 텅텅 비어 있다.」

437

odd [ad]

a. **1 deviating from what is ordinary and usual; unusual, peculiar** 기묘한, 이상한, 묘한: Something *odd* began to happen. 무언가 이상한 일이 일어나기 시작했다. / It's *odd* that she didn't answer to my letter. 그녀가 내 편지의 답장을 보내 주지 않았다는 것이 이상하다.

2 the numbers which cannot be divided exactly by two 기수(홀수)의: There's an *odd* number of candidates running for the election. 선거에 출마한 홀수 숫자의 후보자들이 있다.

3 (used after a number) more less, especially a little more ~여의, ~남짓의: I have lived here in this city for twenty *odd* years. 나는 이 도시에서 20여 년 동안 살아왔다.

4 not belonging to the same set or pair 한 짝의, 짝이 모자라는: What shall I do with this *odd* sock? 양말 한 짝이 없는데 어떻게 할까?

5 not regular; occasional 임시의, 가끔의: The young man earned pocket money doing *odd* jobs. 그 젊은이는 틈틈이 일을 해서 용돈을 벌었다.

| 실전문제 |

다음에 주어진 뜻풀이 가운데서 밑줄 친 odd의 의미로 가장 적절한 것은?

She has now appeared in eighty *odd* films.

(1) the numbers which cannot be divided exactly by two
(2) not regular; occasional
(3) deviating from what is ordinary and usual; unusual, peculiar
(4) (used after a number) more less, especially a little more

해설 | odd는 숫자 뒤에 와서 '~남짓의, ~여' 등의 뜻을 나타낸다. (4) 「그녀는 지금까지 80여 편의 영화에 출연했다.」

· 파생어 ·

oddly 기묘하게, 이상하게(=strangely); 기수로
oddity 기이함, 이상한 것, 괴짜
odds 차이, 승산, 불화, 가능성
oddish 좀 이상한, 이상야릇한
oddment 짝이 맞지 않는 물건, 잡동사니

· 관련표현 ·

an *odd* number 홀수
opp. an even number 짝수
a hundred-*odd* dollars 100여 달러
an *odd* earring 한 짝이 없는 귀걸이
at *odd* times[moments] 이따금, 가끔
***odd* jobs** 틈틈이 하는 일, 임시 일
***odd* choice** 묘한 취미
***odd* and[or] even** 아이들의 홀짝 놀이
***odds* and ends** 나머지, 잡동사니
***odd*-job man** 임시 고용인
***odd*-looking** 이상야릇하게 보이는(=strangely-looking)
against the[all] *odds* 곤란을 무릅쓰고, 가능성이 없어도
The *odds* are against ~ ~에게 형세가 불리하다
It is *odd* that ~ ~는 이상하다
It is *odds* that ~ 아마 ~할 가능성이 있다

syn. strange, queer, unmatched, occasional
ant. common, familiar, paired, regular

offense [əféns]

n. **1 a crime that breaks a particular law and requires a particular punishment** (규칙, 법령 등의) 위반, 범죄, 불법: For what *offense* was he arrested? 어떠한 범죄[위반]로 그가 체포되었는가? / Driving while drunk is a serious *offense*. 음주 운전은 심각한 범죄이다.

2 the feeling of resentful displeasure 기분 상함, 화냄: I hope you won't take *offense* if I ask you not to smoke. 당신에게 담배 피우지 마시라고 부탁해도 기분이 상하지 않기를 바랍니다.

· 파생어 ·

offensive 싫은, 무례한, 공격적인
offenseful 무례한, 괘씸한
offenseless 감정을 건드리지 않은, 공격이 없는
offend 화나게 하다, 불쾌하게 하다
offenders 위반자, 범죄자(=criminals)
offensively 무례하게, 공세로

3 something that causes displeasure 불쾌한 것, 귀에 거슬리는 것: The old building is an *offense* to the eye. 그 오래된 건물은 사람들의 눈에 거슬리는 것이다.

4 the act of attacking 공격 (측): The most effective defense is *offense*. 최상의 방어는 공격이다.

|실전문제|

다음에 주어진 뜻풀이 가운데서 밑줄 친 offense의 의미로 가장 적절한 것은?

Interrupting an assembly is an <u>offense</u> in this country.

(1) the act of attacking
(2) something that causes displeasure
(3) a crime that breaks a particular law and requires a particular punishment
(4) the feeling of resentful displeasure

해설 | 주어가 집회를 방해하는 것이므로, 이것은 '위반'이라고 하는 것이 자연스럽다.
(3) 「이 나라에서 집회를 방해하는 것은 법률 위반이다.」

·관련표현·
take *offense* **at ~** ~에게 화내다
an *offense* **to the ear** 귀에 거슬리는 것
a traffic *offense* 교통 위반(=a traffic violation)
a minor *offense* 경범죄
a first *offense* 초범
give *offense* **to ~** ~을 화나게 하다
act on the *offensive* 공세로 나오다
offensive remark 공격적인 말
previous *offense* 전과
commit an *offense* **against ~** ~을 위반하다
a trivial *offense* 하찮은 죄, 경범죄

syn. crime, violation, assault, attack, offensive
ant. defense

☐ **offer**[ɔ́(:)fər]

vt. 1 to ask someone if they would like to have something or use it (서비스나 도움을) 권하다, 제공하다: She *offered* us some of her cookies. 그녀는 자신이 만든 쿠키를 좀 권했다. / This agreement does not *offer* much hope of a lasting peace. 이 조약은 항구적인 평화에 대한 큰 희망을 주지는 않는다.

2 to put forward for consideration; propose 제안하다, 제시하다: The police *offered* a big reward for any information about the serial killer. 경찰 측은 그 연쇄 살인범에 대한 정보를 제공하는 사람에게는 많은 현상금을 주겠다고 제시했다.

3 to express willingness to do something ~하겠다고 제의하다: He *offered* to give her a lift to the office. 그는 그녀에게 회사까지 차를 태워 주겠다고 제의했다.

4 to provide or give information or advice (정보나 충고를) 제공하다, 주다: They manage a company *offering* advice on mergers and acquisitions. 그들은 기업 합병 및 인수에 관한 조언을 제공하는 회사를 운영한다.

5 to give prayers, or a sacrifice to God (하나님께) 희생 제물을 바치거나 기도를 하다: Church leaders *offered* prayers to God and blamed the bloodshed. 교회 지도자들은 하나님께 기도를 드리고 그 유혈 사태를 비난했다.

·파생어·
offering 공물; (교회의) 헌금; 제공
offerer 제공자, 신청자
offertory 봉헌, 봉헌송(誦); 헌금 성가; 헌금식; 헌금

·관련표현·
offer prayers to God 하나님에게 기도를 드리다
offer opinion 의견을 제출하다
as opportunity offers 기회가 있을 때
decline an *offer* 제의[제안]을 거절하다
opp. **accept an** *offer* 제의[제안]을 수락하다
special *offer* 특별[특가] 제공
under *offer* (팔 집이) 살 사람이 나서, 값이 매겨져
offer one's hand (악수하기 위하여) 손을 내밀다; 구혼[청혼]하다
have something to *offer* (가치·매력 있는 것으로) ~에게 줄[제공할] 것이 있다

syn. present, bestow, propose, suggest
ant. withdraw, accept, reject, decline

6 to pay a particular amount of money to buy or sell something (값, 금액을) 부르다, (어떤 값에) 팔려고 내어 놓다: The owner *offered* him 15 dollars for a radio. 주인은 라디오를 15달러에 팔겠다고 했다.

| 실전문제 |

다음에 주어진 뜻풀이 가운데서 밑줄 친 <u>offer</u>의 의미로 가장 적절한 것은?

We <u>offer</u> a 15% discount for immediate payment.

(1) to pay a particular amount of money to buy or sell something
(2) to put forward for consideration; propose
(3) to ask someone if they would like to have something or use it
(4) to give prayers, or a sacrifice to God

해설 | '할인가로 제공하다', 또는 '~를 할인해 주다'라고 할 때 offer[give] ~ a %라는 표현을 사용한다. 일반적으로 offer 뒤에 to 부정사가 아닌 일반 목적어가 따라오면 '~을 제공하다(provide)'의 뜻으로 해석한다. (3) 「즉시 지불 시에는 15%를 할인해 드립니다.」

☐ official [əfíʃəl]

a. **1 relating or belonging to an office or position of authority** 공적인, 공무의, 직무의, 관(官)의: *official* funds 공금 / in his *official* capacity as mayor 시장으로서의 그의 직권 내에

2 given or authorized by an authority 공식의, 공인된: an *official* statement 공식 성명 / receive *official* approbation 공적인 인가를 받다

3 suitable for or characteristic of a person of authority; formal 관[공]직에 있는, 관리의 티를 내는, 격식을 차린: *official* circumlocution 장황하고 두루뭉술한 관청 용어법 / in an *official* manner 격식을 차려서

n. **someone who holds an office or who is in a position of authority** 공무원, 관공리, 임원: government[public] *officials* 공무원, 관리, 공리 / *Officials* are coy about the details. 공무원들은 세부 내용에 대해 좀처럼 입을 열지 않는다.

| 실전문제 |

다음에 주어진 뜻풀이 가운데서 밑줄 친 <u>official</u>의 의미로 가장 적절한 것은?

The company had started commercial services from March 1 prior to the <u>official</u> opening and has lured 40,000 subscribers so far.

(1) of or pertaining to an office or position of duty, trust, or authority
(2) authorized or issued authoritatively
(3) appointed or authorized to act in a designated capacity
(4) intended for the notice of the public and performed

· 파생어 ·

officially 공무상
officialdom 공무원, 관리, 관료주의
officialize 관청식으로 하다, 공표하다
officialism 형식주의, 관료주의
unofficial 비공식적인
office 사무실, 관직

· 관련표현 ·

bribe an *official*
관리에게 뇌물을 주다
a law-enforcement *official*
보안관, 경찰관
an *official* residence 관사, 관저, 공관
official recognition 공식적인 인정
a police *official* 경찰관
high-ranking government officials 정부 고위 관리들
official language 공용어
be in *office* 재직하다; (정당이) 정권을 잡고 있다
give the *office* 훈수하다[받다], 암시를 주다

syn. (a.) formal, authorized, licensed, accredited
(n.) officer, councillor, councilman,

해설 | opening과 함께 쓰인 official은 '공식적인 개업'의 뜻으로 고객을 확보하여 본격적인 장사를 시작한다는 의미에서 (4)가 적절하다. (4)「그 회사는 공식적인 오프닝 이전에 3월 1일부터 판매를 시작해서, 지금까지 4만 명이 가입되었다.」

councilwoman, mayor, commissioner, civil servant, secretary, bureaucrat
ant. (a.) unofficial

old [ould]

a. **1 having lived for a long time** 나이 먹은, 늙은: The *old* and the young do not always understand each other. 나이 든 사람들과 젊은이들은 항상 서로를 이해하지 못한다.

2 having long used or being no longer fresh 낡은, 닳은, 오래 사용한: This *old* coat doesn't fit me anymore. 이 낡은 코트는 이제 나에게 맞지 않는다. / You'd better throw these *old* shoes. 이 낡은 신발은 버리는 게 좋겠어. / What an *old* car my father has! 우리 아빠는 참 오래된 차를 가지고 있다.

3 having continued in the relationship for a long time (우정, 친함 등이) 오래된, 이전부터 친한: He's an *old* school friend of mine. 그는 나의 옛 학교 친구다. / Do you remember the good *old* days? 너 옛날의 좋았던 시절이 기억나니?

4 former or previous 이전의, 원래의: She got her *old* job back. 그녀는 예전의 직업을 되찾았다.

실전문제

다음에 주어진 뜻풀이 가운데서 밑줄 친 old의 의미로 가장 적절한 것은?

I came across an old friend on the subway.

(1) former or previous
(2) having lived for a long time
(3) having continued in the relationship for a long time
(4) having long used or being no longer fresh

해설 | 옛 친구(an old friend)란 오랫동안 우정이 지속되어 온 것을 나타내므로 정답은 (3)이다. (3)「나는 지하철 열차 안에서 옛 친구를 우연히 만났다.」

·파생어·
olden 오래된
oldie 낡은 것, 옛 사람, 낡은 노래나 영화
old-fashioned 구식의, 유행에 뒤떨어진

·관련표현·
old wine 오래된 포도주
an *old* ailment 오래된 병
as *old* as the hills[world] 아주 오래된
an *old*-age pension 노령 연금 (OAP)
old-fashioned clothes 유행에 뒤진 옷
old soldier 노병, 숙련자
old-timer 고참, 선비
You're never too *old* to learn. 당신은 배움에 있어 결코 늙은 것이 아니다. (배움은 나이와 상관없다.)
as *old* as time 매우 오래된, 아주 옛날부터 있는
any *old* thing 어떤 것이라도 (상관없다)
in days of *old* 옛날에, 이전에는

syn. elderly, out-of-date, age-old, worn-out, former
ant. new, recent, young, up-to-date, modern

open [óupən]

a. **1 not shut or closed** (문, 창문, 입 등이) 열린, 열려 있는: He stood there with his mouth wide *open*. 그는 입을 크게 벌린 채 거기 서 있었다. / He pushed the door *open*. 그는 밀어서 문을 열었다.

2 without a roof or a lid 지붕이나 뚜껑이 없는: Look at that *open* car. 저 오픈카를 좀 봐.

3 not surrounded by the walls, or not enclosed (바다, 평야 등이) 막히지 않은, 탁 트인, 장애물이 없는: The boat was headed for the *open* sea. 그 배는 탁 트인 바다로 향했다.

·파생어·
opener 병[깡통] 따개
opening 열기, 열린 구멍, 취직자리
openly 솔직하게, 공공연하게
openness 개방성, 솔직함

·관련표현·
open competition 공개 경쟁[경기]
an *open* secret 공공연한 비밀
an *open* question 미해결의 문제

441

4 (of a job) not filled 자리가 비어있는: Is the secretarial position still *open*? 비서실이 아직까지 비어 있습니까?

5 willing to receive 관용적인, 기꺼이 받아들이는: I'm always *open* to suggestions. 나는 항상 제안을 받아들일 자세가 되어 있습니다.

6 impartial or unbiased 편견 없는, 공평한: A juror must keep an *open* mind. 배심원은 공평한 마음을 유지해야 한다.

7 being exposed to, or susceptible to (영향, 공격 등에) 노출되어 있는, (유혹, 공격, 비난 등을) 받기 쉬운: He's *open* to temptation. 그는 유혹에 빠지기 쉽다. / His speech is *open* to criticism. 그의 연설은 비난을 면치 못할 것이다.

|실전문제|

다음에 주어진 뜻풀이 가운데서 밑줄 친 open의 의미로 가장 적절한 것은?

The job is <u>open</u> to applicants with at least more than 3 years' experience in marketing.

(1) not surrounded by the walls, or not enclosed
(2) (of a job) not filled
(3) being exposed to, or susceptible to
(4) willing to receive

해설 | 어떠한 직업이 어떤 지원자들에게 열려 있다는 의미의 문장이다. (2) 「그 직업은 적어도 마케팅 분야에서 3년 이상의 경험을 가진 지원자들에게 열려 있다.」

☐ **opening** [óupəniŋ]

n. **1 the first part of a book, play, or concert** 시작(부분): The book's *opening* is dull, but the last chapters are interesting. 그 책의 시작 부분은 따분하지만, 마지막 장은 재미있다.

2 an unfilled job or position 빈 일자리, 공석: There are no *openings* at the company at present. 현재 그 회사에는 빈자리가 없다.

3 a hole or empty space through which things or people can pass 통로, 틈, 구멍: The children squeezed through a narrow *opening* in the fence. 아이들은 울타리에 난 좁은 통로를 비집어 통과했다.

4 a good opportunity to do something 좋은 기회, 호기: All he needs is an *opening* to show them his capabilities. 그에게 필요한 것은 그들에게 자신의 능력을 보여 줄 기회이다.

keep one's eyes *open*
방심하지 않다

in the *open* 야외에서, 여러 사람 앞에서 공공연하게

look for an *opening*
취직자리를 찾다

open-minded 편견이 없는, 너그러운

opening speech[address]
개회사

have an *open* mind
(~에 대한) (제안·아이디어 등을) 환영하다

open the door to ~
~에게 기회[편의]를 주다, 문호를 개방하다

open and shut
명백[명쾌]한, 쉽게 해결할 수 있는

·파생어·

open 열다, 개방하다, 열린, 비어 있는, 공석의

openly 공공연히, 솔직하게

opener 병따개, 개시자, 여는 사람

·관련표현·

an *opening* in the wall
벽에 낸 구멍

the *opening* of his speech
그의 연설의 시작 부분

opening at a restaurant
음식점의 일자리

look for an *opening*
취직자리를 찾다

opening night
(영화, 연극의) 첫날밤의 공연

open-minded 너그러운, 개방적인

open society 개방사회

an *opening* address[speech]
개회사

| 실전문제 |

다음에 주어진 뜻풀이 가운데서 밑줄 친 opening의 의미로 가장 적절한 것은?

The bugs come through the opening on the wall.

(1) a hole or empty space through which things or people can pass
(2) a good opportunity to do something
(3) an unfilled job or position
(4) the first part of a book, play, or concert

해설 | 주어가 벌레(bugs)이며 명사(opening)를 꾸며 주는 on the wall이라는 전치사구가 있으므로, 벌레가 벽에 난 '구멍'을 통해서 나왔다는 뜻이다. (1) 「벌레들이 벽에 난 구멍을 통해 나왔다.」

syn. hole, gap, beginning, initiation, vacancy
ant. blockage, closing, ending, conclusion

☐ **operation** [àpəréiʃən]

n. **1 a process of working** (기계 등의) 가동, 조작: The students watched a printing process in operation. 학생들은 인쇄기가 작동되는 것을 지켜보았다.

2 military activity 군사 행동, 작전: The rescue operation began on Friday night. 구조 작전은 금요일 밤에 시작되었다.

3 a business or company 회사, 기업: The Japanese electronic's operation employs about 3,000 people. 일본 전자 회사는 약 3,000명을 고용하고 있다.

4 the process of cutting one's body to remove or repair a damaged part 수술: The doctors say the brain operation was a complete success. 의사들은 뇌 수술이 완전한 성공을 거두었다고 말한다.

5 effect or influence 효력, 효과, 영향: The operation of narcotics on the mind is really serious. 마약이 정신에 미치는 영향은 실로 심각하다.

· 파생어 ·

operational 조작 상의, 작전 상의, 운전 중의

operator (기계의) 조작사, 전화 교환원, 수술자

operative 작용하는, 운전하는, 효과 있는; 직공, 직원

operationalize 조작할 수 있게 하다

· 관련표현 ·

a machine in operation
가동 중인 기계

perform an operation on ~
~에게 수술을 하다

undergo[have] an operation
수술을 받다

military operation 군사 작전

a multinational operation
다국적 기업

come into operation 움직이기 시작하다, 실시되다(=become operative)

in operation 운전 중, 작업 중

operational control 작전 통제

a wireless operator 무선 통신원

get into operation 일하게 하다, 가동시키다, 활동시키다

conduct an operation
군사 행동을 실시하다

put into operation 실시[시행]하다

| 실전문제 |

다음에 주어진 뜻풀이 가운데서 밑줄 친 operation의 의미로 가장 적절한 것은?

The two parent groups now run their business as a single combined operation.

(1) the process of cutting one's body to remove or repair a damaged part
(2) a process of working
(3) a business or company
(4) military activity

해설 | 회사나 기업의 이야기를 하고 있는 단어들이 보이므로, 이때 사용되는 operation의 의미도 같은 것으로 짐작할 수 있다. (3) 「두 개의 모회사 그룹은 지금 그들의 업체를 단일 합작 회사로 운영하고 있다.」

syn. performance, activity, procedure, influence, surgery

☐ order [ɔ́ːrdər]

n. 1 a request for something to be brought, made, or obtained 주문(서): When did you place an *order*? 언제 주문을 했습니까?

2 the situation which exists when people obey the law and do things peacefully 질서, 준법: The riot police was sent to maintain public *order*. 치안을 유지하기 위해 폭동 진압 경찰(전경)이 출동했다.

3 the state in which things are carefully arranged in their proper place 정리, 정돈: You may need to have sometime to put your ideas into *order*. 아마도 당신의 생각을 정리하기 위해서는 시간이 조금 필요할 거야.

4 a command or direction given by a person who has the right to command 명령, 지시: You must obey my *orders*. 나의 명령에 복종해야 해. / The general gave *orders* for troops to advance. 장군은 군에게 진격 명령을 내렸다.

5 arrangement of things which follow another, according to a particular time or importance 순서: The files are kept in alphabetical *order*. 서류들은 알파벳 순서로 보관되어 있다.

6 a taxonomic category of organisms ranking above a family and below a class 종, (생물 분류상의) 목(目): Fish are a lower *order* of life than birds. 물고기는 새보다 하등의 생명체이다.

7 a specific group or rank in a society (사회적) 계급, 신분: All *orders* of society participated in the conference. 사회 모든 계층의 사람들이 그 회의에 참석했다.

8 a society of people who lead a holy life according to a particular set of religious rules 교단, 수도회: They joined the Christian *order*. 그들은 그 기독교 교단에 참여했다.

· 파생어 ·

ordered 정연한, 질서 바른, 정돈된
orderly 순서 바른, 규율 있는, 예의 바른
orderliness 질서 정연함, 순종함
ordering 배열, 순서

· 관련표현 ·

orderly behavior 예의 바른 태도
make[place] an order 주문하다
obey[follow] orders 명령에 따르다
peace and order 안녕질서
public order 사회질서, 치안
in chronological order 연대순으로
keep things in order 물건을 정리해 두다
be in good order[condition] 상태가 좋다
a monastic order 수도회
fill an order 주문대로 완수하다
take orders from ~ ~에게 명령을 받다
until further orders 추후(별도) 지시가 있을 때까지
out of order 부적절한, 어울리지 않는; 문란하여; 고장이 나, 파손되어
just what the doctor ordered (바로) 필요한 것, (바로) 갖고 싶었던 것
in order to do ~할 목적으로, ~하기 위하여

syn. command, harmony, arrangement, sequence, society

|실전문제|

다음에 주어진 뜻풀이 가운데서 밑줄 친 <u>order</u>의 의미로 가장 적절한 것은?

The old <u>order</u> in European continent saw a rapid change in the late 1980's.

(1) a specific group or rank in a society
(2) the state in which things are carefully arranged in their proper place
(3) a request for something to be brought, made, or obtained
(4) the situation which exists when people obey the law and do things peacefully

해설 | 문맥상으로 볼 때 유럽의 질서에 큰 변화가 있었다는 의미이므로 '질서'라는 뜻의 정의를 찾는다. (4) 「유럽 대륙의 구 질서[체제]는 1980년대 후반에 급격한 변화를 보였다.」

organize [ɔ́ːrgənàiz]

vt. 1 to prepare or arrange an activity or event 조직[준비]하다, 구성하다: Let's *organize* a debating society. 토론 협회를 조직합시다. / We all decided to *organize* a protest meeting. 우리 모두는 항의 집회를 준비하기로 결정했다.

2 to arrange things in an ordered way 정리하다, 체계화하다: I'm trying to *organize* these dresser drawers. 나는 이 화장대[경대] 서랍을 정리하려고 해.

vi. to form a labor union 노조를 조직하다: Workers have a right to *organize*. 노동자들에게는 단결 조직을 만들 권리가 있다.

|실전문제|

다음에 주어진 뜻풀이 가운데서 밑줄 친 organize의 의미로 가장 적절한 것은?

He asked his wife to <u>organize</u> coffee and sandwiches for breakfast.

(1) to prepare or arrange an activity or event
(2) to arrange things in an ordered way
(3) to form a labor union
(4) to give it a particular shape, using your hands or a tool

해설 | 우선 목적어가 있으므로 타동사로 사용되었으며, 아침 식사로 for breakfast가 있기 때문에 커피와 샌드위치를 준비한다는 것이 문맥 흐름에 맞다. (1) 「그는 아내에게 아침 식사로 커피와 샌드위치를 준비해달라고 부탁했다.」

· 파생어 ·
organization 조직, 구성, 조직체, 조합
organizable 조직화되는
organized 정리된, 조직화된
organizer 조직자, 주최자
organism 유기체, 유기적 조직체
organic 유기체(물)의

· 관련표현 ·
organize an army
군대를 조직[편성]하다
organized crime 조직범죄
a charity *organization* 자선 단체
organic fertilizer 유기 비료
organic farming 유기 농업
organic matter 유기물
organize a revolution
혁명을 계획하다[준비하다]

syn. form, establish, prepare, arrange, systematize
ant. disorganize, confuse, disorder

original [ərídʒənəl]

a. 1 relating to the origin or beginning of something 최초의 (earliest), 원래의, 기원의, 근원의: the *original* inhabitants of the country 그 나라의 원주민 / His *original* enthusiasm has turned sour. 그의 원래 열정이 시들해졌다.

2 creative or inventive 독창적인, 독자적인, 창의성이 풍부한: He has an *original* mind. 그는 독창적 정신을 갖고 있는 사람이다.

3 not copied or derived from something else 원형의: an *original* edition 원판 / That's not an *original* Rembrandt. 그것은 렘브란트 원화가 아니다.

4 not thought of before; fresh or new 신선한, 참신한, 기발한: an *original* idea 참신한 생각

n. a work of art or literature that is not a copy, reproduction or imitation 원형, 원문, 원작: I read the book in the *original*. 나는 그 책을 원문으로 읽었다.

· 파생어 ·
origin 기원, 태생
originate 시작하다, 비롯하다, 생기다
originality 독창성
originally 원래
aboriginal 원주(原住)의 토착의, 토착민의
unoriginal 독창적이 아닌, 본래의 것이 아닌

· 관련표현 ·
in the *original* 원문으로, 원어[원서]로
an *original* idea 기발한 생각
an *original* thinker 독창적인 사상가
original sin 원죄
true to the *original* 원문에 충실한
check a copy with the *original*
원본과 사본을 대조해 보다
by origin 태어나기는, 가문은
of origin ~출신인, 근원인

|실전문제|

다음에 주어진 뜻풀이 가운데서 밑줄 친 original의 의미로 가장 적절한 것은?

The bill has been scaled down from its original version, apparently due to vehement opposition to its original plan.

(1) arising or proceeding independently of anything else
(2) new; fresh; inventive; novel
(3) belonging or pertaining to the origin
(4) capable of or given to thinking or acting in an independent, creative, or individual manner

해설 | original version은 어떤 계획의 최초의 상태(pertaining to the origin)를 나타내는 것이다. (3) 「그 의안은 처음 가졌던 계획이 심한 반대에 부딪히면서 축소가 되었다.」

be of obscure *origin*
미천한 출신이다

have an *origin* in ~ ~에 기원이 있다

The *Origin* of Species
종의 기원 《Darwin의 저서》

syn. new, fresh, primary, novel, innovative, avant-garde, daring, freehand, germinal, newfangled, groundbreaking, originative, underived, first
ant. unoriginal

□ otherwise [ʌ́ðərwàiz]

ad. **1 in a different fashion; differently** 다르게, 달리: He was presumed to be innocent until proved *otherwise*. 그는 유죄가 입증될 때까지는 무죄로 여겨졌다.

2 if not 만약 ~하지 않으면: You'd better get up early tomorrow, *otherwise* you'll be late for school. 내일 아침 일찍 일어나는 것이 좋을 거야, 그렇지 않으면 학교에 늦을 거야.

3 apart from that 그 점 제외하고: The soup was rather cold, but *otherwise* the meal was fantastic. 수프는 약간 차가웠으나 그 점을 제외하고는 식사가 환상적이었다.

4 (with 'and') and so on, or and so forth 기타: Many thousands of foreigners, diplomats, and *otherwise* are still being held against their will. 수천 명의 외국인들, 외교단, 그리고 그 밖의 사람들이 그들의 의지와는 반하게 아직 잡혀 있다.

· 관련표현 ·

otherwise directed
달리 지시가 없으면

or *otherwise* ~인지 아닌지, 또는 그 반대

and *otherwise* 그 밖에, 기타, ~등등

otherwise-minded
의견이 다른, 취미가 다른

think *otherwise*
달리[다르게] 생각하다

cannot do *otherwise* than ~
~하지 않고는 못 배기다

unless *otherwise* noted
달리 언급이 없으면

syn. if not, or else, differently, barring
ant. similarly, alike, correspondingly

|실전문제|

다음에 주어진 뜻풀이 가운데서 밑줄 친 otherwise의 의미로 가장 적절한 것은?

He's too fat; otherwise he's nice-looking.

(1) apart from that
(2) and so on, or and so forth
(3) if not
(4) in a different fashion; differently

해설 | fat과 nice-looking은 일종의 대조가 되는 말이므로 이 중에서 반대 또는 대조 되는 것을 찾는다. 대조를 뜻하는 (1)과 (3) 중에서 문맥을 고려해서 답을 고른다. (1) 「그는 너무 뚱뚱한데, 그 점을 제외하면 멋지다.」

out of hand

1 (of reaching decisions) at once and without any further thought 즉시, 깊이 생각지 않고: I refused their offer *out of hand*. 나는 즉시 그들의 제의를 거절했다.

2 no longer able to control 더는 통제할 수 없는: His drinking had gone *out of hand*. 그의 음주는 더는 통제할 수 없는 정도까지 갔다.

| 실전문제 |

밑줄 친 숙어와 비슷한 것을 고르시오.

The meeting got <u>out of hand</u> and the police had to restore the order.

(1) too many people
(2) to the end
(3) into a state of disorder
(4) out of trouble

해설 | out of hand는 '통제할 수 없는'(=uncontrollable), 또는 '혼란에 빠진' 등의 뜻으로 (3)의 '혼란 상태[무질서]에 빠진'이 정답이다. (1)은 '너무 많은 사람들', (2)는 '마지막[끝]까지', 그리고 (4)는 '곤란에서 벗어난'의 뜻이다. (3) 「회의가 혼란에 빠져 경찰이 질서를 바로잡아야 했다.」

outrageous [autréidʒəs]

a. **1 violent in temperament or behavior** 난폭한, 포악한: He is using *outrageous* language. 그는 난폭한 언어를 사용하고 있다.

2 very unusual and unexpected 별난, 이상한: The clown is wearing *outrageous* clothes. 그 광대는 괴상한 옷을 입고 있다.

3 unacceptable or very shocking 지나친, 터무니없는: Charges for cellular phone calls are particularly *outrageous*. 휴대폰 전화 요금이 너무 터무니없다.

| 실전문제 |

다음에 주어진 뜻풀이 가운데서 밑줄 친 <u>outrageous</u>의 의미로 가장 적절한 것은?

I've never heard such an <u>outrageous</u> remark in my life.

(1) unacceptable or very shocking
(2) very unexpected and unusual
(3) unreasonable in prices
(4) violent in temperament or behavior

해설 | remark는 '말, 언급'의 뜻이므로 말이 포악하고 난폭한 것을 말한다고 볼 수 있다. (4) 「나는 내 평생에 그렇게 난폭한 말을 들어 본 적이 없다.」

· 파생어 ·

outrage 위반, 불법 행위, 난폭, 무도함
outrageously 터무니없이, 지나치게, 난폭하게

· 관련표현 ·

commit an *outrage* on ~
~에게 폭행을 가하다

***outrageous* manners**
버르장머리 없는 태도

***outrageous* crime** 포악한 범죄

***outrageous* price** 터무니없는 가격

***outrageous* hats** 괴상하게 생긴 모자

outrageously expensive
터무니없이 비싼

syn. atrocious, heinous, inhumane, offensive, shocking, unreasonable
ant. reasonable, moderate, trivial, fair, tolerable

outside [àutsáid]

a. **1 on or of the outer side** 바깥쪽의, 외부의: The *outside* walls are brick. 외부 벽은 벽돌로 만들어져 있다.

2 not belonging to a certain group or association 외부의, 외적인: We can't do it ourselves and we must get *outside* help. 우리는 그 일을 할 수 없으므로 외부의 도움을 받아야 한다.

3 slight; very unlikely (가능성이) 희박한: There's just an *outside* chance that we'll win the competition. 우리가 그 경기에서 우승할 가능성은 희박하다.

ad. **not inside** 바깥에, 밖에서: There are some children playing *outside* in the playground. 몇몇 아이들이 바깥 놀이터에서 놀고 있다.

prep. **1 beyond the limits of** ~의 범위를 넘어: It's quite *outside* my capacity. 그것은 내 능력 밖의 일이다.

2 except (for) (~을) 제외하고: No one knows it *outside* two or three persons. 두세 사람을 제외하고는 아무도 그것을 모른다.

|실전문제|

다음에 주어진 뜻풀이 가운데서 밑줄 친 outside의 의미로 가장 적절한 것은?

The matter is <u>outside</u> my area of responsibility.

(1) except for
(2) beyond the limits of
(3) slight; very unlikely
(4) not belonging to a certain group or association

해설 | outside 뒤에 책임이나, 능력, 범위 등이 따라오면 '~밖의, ~가 미치지 않는'의 뜻이다. (2)「그 문제는 내 책임 밖의 일이다.」

·파생어·
outsider 국외자, 한패가 아닌 사람

·관련표현·
at the very *outside* 기껏해야, 고작
an *outside* lane 바깥쪽 차선[차로]
an *outside* job 외근 직
an *outside* address 겉봉의 주소
an *outside* chance 희박한 가능성, 만에 하나의 기회
go *outside* the house 집 밖으로 나가다
be *outside* of ~ ~을 삼키다 (swallow), 먹다(eat); ((미·속어)) ~을 양해[이해]하다
those on the *outside* 문외한, 초심자
an *outside* price 최고 가격

syn. external, outdoor, extraneous, remote, slight, distant from
ant. inside, indoor(s), inner, inward

outlook [áutlùk]

n. **1 the general attitudes towards life or general points of view** 인생관; 견해: She has a very unique *outlook* on life. 그녀는 아주 독특한 인생관을 가지고 있다. / His *outlook* has become quite optimistic. 그의 견해는 꽤 낙관적이었다.

2 expectation for the future (앞날에 대한) 전망, 예측: The experts say the economic *outlook* for the next 5 year is good. 전문가들은 향후 5년 동안의 경제 전망이 좋다고 말한다.

3 a view or scene from a particular place 전망, 경치: The *outlook* from the top of the mountain is breathtaking. 산 정상에서의 경치[전망]는 숨 막히게 아름답다.

4 weather forecast or report 일기 예보: The *outlook* for next week will be sunny. 다음 주 일기[날씨]는 맑고 화창하겠습니다.

·관련표현·
a pleasant *outlook* 좋은 전망
a bright *outlook* on life 밝은 인생관
on the *outlook* 경계[조심]하여
a poor *outlook* 나쁜 전망
have an *outlook* on ~ ~에 대한 견해를 가지고 있다
an *outlook* for ~ ~의 전망

syn. view, prospect, scene, viewpoint, forecast, expectation
ant. hindsight, recapitulation

|실전문제|

다음에 주어진 뜻풀이 가운데서 밑줄 친 outlook의 의미로 가장 적절한 것은?

Meeting him has changed her whole outlook on him.

(1) expectation for the future
(2) weather forecast or report
(3) the general attitudes towards life or general points of view
(4) a view or scene from a particular place

해설 | on 뒤에 사람을 뜻하는 대명사인 him이 있으므로 이것이 '그에 대한 견해[생각]'임을 쉽게 알 수 있다. (3)「그를 만남으로써 그에 대한 그녀의 견해[생각]가 완전히 바뀌었다.」

☐ **own** [oun]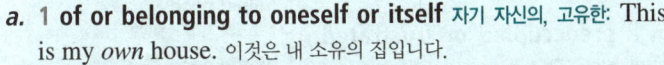

a. **1** **of or belonging to oneself or itself** 자기 자신의, 고유한: This is my *own* house. 이것은 내 소유의 집입니다.

2 **alone; for oneself; without anyone's help** 스스로 하는, 남의 힘을 빌리지 않는: He cooks his *own* meals. 그는 자취하고 있다.

vt. **to have something as a possession or property** 소유[소지]하다: Who *owns* this land? 이 땅은 누구 소유인가?

vi. **to admit that something is true** 인정하다, 자백하다: He *owned* to having known about it. 그는 그 일을 알고 있었다고 자백했다.

|실전문제|

다음에 주어진 뜻풀이 가운데서 밑줄 친 own의 의미로 가장 적절한 것은?

He finally came to own his fault.

(1) to have or hold as one's own; possess
(2) to maintain one's position or condition
(3) to acknowledge as one's own; recognize as having full claim, authority, power, dominion, etc.
(4) to acknowledge or admit

해설 | own이라는 동사는 자/타동사로 '~을/를 인정하다'의 뜻을 가지고 있다. 여러 가지 뜻을 가지고 있는 동사의 경우 앞·뒤에 오는 단어나 문맥을 통해 그 뜻을 알 수 있는데, 여기선 뒤에 나오는 fault라는 동사가 힌트가 된다. (4)「그는 마침내 자신의 실수를 인정하게 되었다.」

· 파생어 ·

owner 주인

ownership 소유주임, 소유권

· 관련표현 ·

own oneself 자인하다, 인정하다

a moment to call one's own 〈보통 부정문에서〉 자기 마음대로 할 수 있는 시간

hold one's own (공격 등에 대하여) 자기의 입장을 고수하다

come into one's own 당연히 받을 만한 것을 받다(재산·명예·신용·감사); 본래의 특성을 발휘하다

of one's own making 스스로[자기 자신이] 만든, 손수 만든

get[have] one's own back (〈구어〉) (~에게) 앙갚음하다

on one's own 자신이, 독력으로; 자기 돈[책임]으로; 자신의 생각으로, 자진하여

for its own sake 그 자신을 위해

own a person body and soul (〈구어〉) (아무의) 심신을 지배하다, (아무의) 생살여탈권을 쥐고 있다

own up (〈구어〉) 털어놓고[깨끗이] 자백하다

syn. personal, individual, private, subjective, exclusive, have

P

☐ **pace** [peis]

n. **1 a single step** 한 걸음, 한 발, 걸음: make three *paces* 3보 걷다
2 the distance covered by one step when walking 일보의 거리, 보폭: the military[regulation] *pace* 군사[표준] 보폭
3 the rate of walking or running the; rate of movement or progress 걸음걸이, 걷는 속도, 발걸음, 보조; (일·생활 등의) 속도, 페이스: a quick *pace* 속보 / We slackened our *pace* a little. 우리는 속도를 좀 늦추었다. / She slackened her *pace* so I could keep up with her. 그녀는 내가 따라잡을 수 있게 걸음을 늦추었다.

vi. **to keep walking about, in a preoccupied or frustrated way** (초조하거나 화가 나서) 왔다 갔다 하다: The bear *paced* up and down (his cage). 곰은 (우리 안을) 천천히 왔다 갔다 했다. / He *paced* up and down distractedly. 그는 마음의 갈피를 못 잡고 이리저리 서성였다.

vt. **to set the pace for others in a race, etc.** 천천히[보조를 맞추어] 걷다: You need to *pace* yourself in a job like this. 이런 직업에서는 일정하게 보조를 맞춰야 한다.

|실전문제|

다음에 주어진 뜻풀이 가운데서 밑줄 친 <u>paced</u>의 의미로 가장 적절한 것은?

He <u>paced</u> the floor nervously.

(1) to set the pace for, as in racing
(2) to traverse or go over with steps
(4) to measure by paces
(4) to train to a certain pace; exercise in pacing; pace a horse

해설 | 제시된 문장에서 부사의 역할을 하는 nervously에서 단서를 찾을 수 있다. pace는 nervously와 함께 조심스럽게 마루를 '천천히 왔다 갔다 하다'의 의미를 나타낸다. (2) 「그는 조심스럽게 마루를 왔다 갔다 했다.」

·파생어·
pacey 속도가 있는, 활기 있는
pacer 천천히 걷는 사람
pacemaking 보조 조정
pacemaker 페이스메이커, 심장 박동 조절 장치

·관련표현·
pace **oneself**
(경기에서) 자기에게 맞는 페이스를 지키다
go[hit] *pace* 전속력으로 나아가다; 호화롭게 지내다, 방탕한 생활을 하다
off the *pace* 선두[1위]보다 뒤떨어서서
make[set] the *pace* (선두에 서서) 보조를 정하다; 모범을 보이다, 솔선수범하다
go through one's *paces*
솜씨를 (드러내) 보이다
at a foot's *pace* 보통 걸음으로
at a good *pace*
잰 걸음으로, 상당한 속도로; 활발하게
hold[keep] *pace* **with ~**
~와 보조를 맞추다, ~에 뒤지지 않도록 하다
stand[stay] the *pace*
뒤처지지 않고 따라가다
try a person's *paces*
~의 역량을 시험하다; 인물[인품]을 보다

☐ **pack** [pæk]

n. **1 a bag that someone carries on his back while travelling** 배낭, 보따리: I hid the money in my *pack*. 나는 배낭 속에 그 돈을 숨겼다.

·파생어·
package 포장, 소포, 꾸러미
packed ~로 꽉 찬, 팩에 들어 있는
packer 포장업자, 통조림업자

2 a number of things wrapped or tied together 꾸러미, 묶음: The travel agency will send him a free information *pack*. 그 여행사는 그에게 무료 종합 정보를 보낼 것이다.

3 a group of people or things (사람이나 물건의) 떼, 무리: That's a *pack* of lies. 그것은 순전히 거짓말이야. / A *pack* of angry travellers demanded their money back in front of the ticket office. 일단의 화난 여행객들이 매표소 앞에서 돈을 환불해 줄 것을 요구했다.

4 a group of animals such as wolves or hounds (이리, 사냥개 등의) 한 떼, 무리: The *pack* of hounds was baying loudly. 사냥개 떼는 시끄럽게 짖어댔다.

5 a complete set of playing cards (카드) 한 벌: He dealt the *pack*. 그는 카드를 나누었다.

| 실전문제 |

다음에 주어진 뜻풀이 가운데서 밑줄 친 pack의 의미로 가장 적절한 것은?

A *pack* of four huskies pulled our equipment and supplies in our expedition.

(1) a bag that someone carries on his back while travelling
(2) a group of animals such as wolves or hounds
(3) a complete set of playing cards
(4) a number of things wrapped or tied together

해설 | 늑대, 사냥개, 그리고 비행기와 한 떼나 무리를 말하며, husky는 북극에서 짐을 운반하는 에스키모개를 말한다. (2) 「한 조를 이룬 4마리의 북극 개들이 우리 탐험대의 장비와 보급 물자를 끌고 갔다.」

☐ **pain** [pein]

n. **1 the feeling of great physical discomfort when someone is hurt or ill** (신체적인) 아픔, 고통: I felt a sharp *pain* in my lower back. 나는 허리 밑에 심한 통증을 느꼈다.

2 the feeling of unhappiness from unpleasant or dissatisfied things 고통, 괴로움, 고뇌: His misbehavior caused his parents a great deal of *pain*. 그의 비행은 부모님에게 많은 고통을 안겨 주었다.

3 (*pl.*) effort or trouble 노력, 수고: He took great *pains* with his work. 그는 자신의 일에 상당한 노력을 기울였다.

4 (*pl.*) a physical pain before delivery 산고, 진통: She went into great *pains* right before delivering a baby. 그녀는 아기를 낳기 직전에 대단한 산고를 겪었다.

packet (편지의) 한 묶음, (작은) 소포
packing 포장, 짐꾸리기, 통조림업

· 관련표현 ·

a peddler's *pack* 행상인의 보따리
a *pack* of thieves 도둑의 일당
a *pack* of cigarettes 담배 한 갑
pack up one's things[belongings] 소지품을 꾸리다
pack a leaking joint 물이 새는 이음새를 막다
pack up one's job 직장을 그만두다
cf. quit one's job
a *package* of goods 한 꾸러미의 상품
package tour 패키지 여행(운임, 숙박비 등을 일괄 지급하는 단체 여행)
pay *packet* 급료 봉투
packing paper 포장지
stimulus *packs*(=stimulus *packages*) 경제 부양 종합 정책

syn. package, parcel, bunch, kit, group, flock, herd

· 파생어 ·

painful 아픈, 괴로운
painless 무통의, 쉬운
painkiller 진통제
painstaking 수고를 아끼지 않는, 근면한, 공들인

· 관련표현 ·

painless childbirth 무통 분만
pain in the head 두통(=headache)
a *pain* in the neck[ass] 지겨운 것[사람], 골칫거리
feel no *pain* 전혀 고통을 느끼지 않다
take *pains* 수고하다, 애쓰다

|실전문제|

다음에 주어진 뜻풀이 가운데서 밑줄 친 <u>pain</u>의 의미로 가장 적절한 것은?

This country may never again know the <u>pain</u> of war.

(1) a physical pain before delivery
(2) the feeling of great physical discomfort when someone is hurt or ill
(3) effort or trouble
(4) the feeling of unhappiness from unpleasant or dissatisfied things

해설 | 전쟁의 고통을 말하고 있고, 이 고통은 신체적인 고통이 아니라 정신적으로 괴로운 고통의 감정이다. (4) 「이 나라에는 전쟁의 아픔이 다시는 찾아오지 않을는지도 모른다.」

spare no *pains* to ~
수고를 아끼지 않고 ~하다

No *pain*, no gain.
고통 없이 얻는 것은 없다.

syn. ache, hurt, suffering, agony, discomfort
ant. comfort, pleasure, happiness

□ paint [peint]

vt. 1 to cover with paint 페인트를 칠하다: I made a guitar and *painted* it red. 나는 기타를 만들어 빨간 페인트를 칠했다.

2 to draw a picture using paint (물감을 사용하여) 그림을 그리다: When he has a free time, he often *paints* pictures. 그는 여가 시간이 날 때 종종 그림을 그린다.

3 to describe in a clear and vivid word (생생하게) 묘사하다: His letters *paint* a wonderful picture of his prison life. 그의 편지에는 그의 수감 생활이 생생하게 묘사되어 있다.

4 to put cosmetics on one's face or fingernails 화장하다: She propped the mirror against her hand bag and began to *paint* her lips. 그녀는 핸드백에 거울을 기대어 놓고 입술 화장을 하기 시작했다.

|실전문제|

다음에 주어진 뜻풀이 가운데서 밑줄 친 <u>paints</u>의 의미로 가장 적절한 것은?

The report <u>paints</u> a grim picture of life there.

(1) to draw a picture using paint
(2) to put cosmetics on one's face or fingernails
(3) to describe in a clear and vivid word
(4) to cover with paint

해설 | 어두운 삶의 단면을 '묘사' 하는 의미로 사용되고 있다. (3) 「그 보고서는 그곳에서의 어두운 삶의 모습을 묘사하고 있다.」

· 파생어 ·

painted 그린, 페인트칠한, 짙은 화장을 한
painter 화가, 페인트공
painting 그림, 채색, 그림물감
painty 그림물감의, 도료를 지나치게 칠한
painterly 화가의, 화가 특유의
paintress 여류 화가

· 관련표현 ·

painted prostitutes
짙은 화장을 한 창녀
Wet *paint*! 칠 주의
paint oneself thick 짙게 화장하다
paint ~ black ~를 나쁘게 말하다
paint it red 선정적으로 기사를 쓰다
paint the town red
술을 진탕 마시며 법석을 떨다
a *painted* woman 창녀
(=prostitute), 바람둥이
wall painting 벽화
cf. oil *paint* 유화
painted as a picture
짙은 화장을 하고

syn. picture, describe, make-up

□ pant [pænt]

vi. 1 to breathe quickly or take short breaths after great effort 헐떡거리다, 숨차다: After jogging a quarter of a mile, he was sweating and *panting*. 0.25마일을 조깅한 후, 그는 땀을 흘리고 헐떡거렸다.

· 파생어 ·

panting 숨을 헐떡이는, 갈망하는
pantingly 숨을 헐떡이면서

· 관련표현 ·

pant for liberty 자유를 갈망하다

2 to say while panting 헐떡거리며 말하다: He *panted* out his message and then collapsed. 그는 숨을 헐떡거리며 말을 전하고 나서는 쓰러졌다.

3 to have a strong or eager desire 갈망[열망]하다: The manager was *panting* for a chance to get promoted. 그 매니저는 승진할 기회를 몹시 갈망했다.

4 (usually of a train, or a steamer) to pass giving off steam or smoke (기차나 기선이) 증기나 연기를 뿜으면서 지나가다: The steam locomotive is *panting* on the railroad. 그 증기 기관차가 증기와 연기를 내뿜으면서 철로 위를 달리고 있다.

|실전문제|

다음에 주어진 뜻풀이 가운데서 밑줄 친 panting의 의미로 가장 적절한 것은?

He climbed rapidly until he was panting with the effort.

(1) to have a strong or eager desire
(2) to say while panting
(3) to breathe quickly or take short breaths after great effort
(4) to pass giving off steam or smoke

해설 | 높은 곳을 오른다는 뜻의 climb이 나온 것을 봤을 때, 이때의 pant는 '가파른 산이나 계단을 오르거나 빨리 뛰고 난 다음 숨을 헐떡이는 것'을 뜻한다고 볼 수 있다. (3) 「그는 숨을 헐떡거릴 때까지 빨리 산을 올랐다.」

paper [péipər]

n. **1 a material that you write on or that is also used for wrapping things** 종이: He wrote his name down on a piece of *paper*. 그는 한 장의 종이 위에 그의 이름을 썼다.

2 a newspaper 신문: I saw the ad for a cook in the *paper* yesterday. 어제 신문에 요리사를 구한다는 광고를 보았습니다.

3 a written or printed document or the like 서류, 문서: I'm sorry but, I left all of my *papers* on the table. 미안합니다만, 모든 서류를 탁자 위에 놓아두고 왔습니다.

4 a piece of written work for school or a course of study (학교나 과목의) 숙제, 과제물: Each student must write a *paper* on what he learned from the course. 각 학생들은 그 과정에서 배운 것에 대해 숙제[과제물]를 해야 한다.

5 a long essay written on an academic subject 논문: He just published a *paper* in the journal Nature analyzing the fires. 그는 얼마 전에 화재를 분석한 논문을 'Nature' 지에 실었다.

---

stand *panting* 숨을 헐떡이며 서 있다

pant for ~
~를 갈망(열망)하다(=eager for, yearn)

ant. gasp for breath, long for, aspire

· 파생어 ·

paperless
종이를 쓰지 않고 정보나 데이터를 전달하는

papery 종이의, 종이 같은

paperback 종이 표지의 (염가 보급책)

paperwork 서류 작업, 문서 업무

· 관련표현 ·

a piece[sheet] of *paper* 종이 한 장
a daily news*paper* 일간지
top-secret *papers* 극비 문서
state *papers* 공문서
on *paper* 서류상으로, 명목상
a good scheme on *paper*
이론상으론 좋은 계획
a *paper* promise 명목상의 약속
a *paper* boy 신문팔이 소년

|실전문제|

다음에 주어진 뜻풀이 가운데서 밑줄 친 paper의 의미로 가장 적절한 것은?

What does the paper say about tomorrow's weather?

(1) a written or printed document or the like
(2) a newspaper
(3) a long essay written on an academic subject
(4) a material that you write on or that is also used for wrapping things

해설 | 날씨에 대해 정보를 제공하는 것은 '신문'이며, 4개의 보기 중에서 '신문'의 뜻으로 쓰인 것을 고른다. (2) 「신문에서 내일 날씨가 어떻다고 하니?」

paper money 지폐, 유가증권
a paper on economic reform 경제 개혁에 대한 논문

syn. document, newspaper, report, essay, thesis

part [pɑːrt]

a. **1** a portion or division of a whole that is separate 부분, 일부: Which part of the town do you live in? 그 도시의 어느 부분에 살고 있습니까? / The U.S. government is made up of three parts: Executive, Legislature, and Judicial. 미국정부는 행정부, 입법부, 사법부의 세 부분으로 구성된다.

2 one of the smaller pieces that is used to make a machine or vehicle (기계나 자동차의) 부속(품): Do you have spare parts for this machine? 이 기계의 부속품 여분이 있습니까?

3 a role played by an actor in a play or movie 역할, 역: The young actress took the part of Joan of Arc. 그 젊은 여배우는 잔 다르크의 역할을 맡았다.

4 one's share or responsibility in some action 몫, 분담, 책임: It's not my part to interfere. 내가 간섭할 일이 아니야.

5 a division of a story or other works that appears regularly on radio, television or newspaper (라디오, TV, 신문 따위의) 편, 부: We can see part three of the historical serial at the same time next week. 우리는 연속 사극의 3부를 다음 주 동일한 시간에 볼 수 있다.

|실전문제|

다음에 주어진 뜻풀이 가운데서 밑줄 친 part의 의미로 가장 적절한 것은?

What was your part in the Shakespearian play?

(1) one of the smaller pieces that is used to make a machine or vehicle
(2) one's share or responsibility in some action
(3) a role played by an actor in a play or movie
(4) a portion or division of a whole that is separate

해설 | 문미에 연극(play)이란 단어에서 이때의 part는 맡은 '역할'(=role)을 말함을 알 수 있다. (3) 「그 셰익스피어 연극에서 네가 맡은 역할은 무엇이었니?」

· 파생어 ·

parted 갈라진, 나뉜
parting 이별, 사별, 분할; 이별의, 나누는
partly 부분적으로, 얼마간, 조금은
partial 부분적인, 한쪽에 치우친, 편파적인
partaker 참가자

· 관련표현 ·

parting words 고별사
a parting gift 작별의 선물
automobile parts 자동차 부속품
sing in three parts 삼부 합창[삼중창]을 하다
do one's part 자기의 본분을 다하다
for the most part 대개, 대체로(=mostly)
have a part in ~ ~에 관여하다
in large part 대부분(=mostly)
on the part of ~ ~의 편에서는
play a part[role] in ~ ~의 역할을 하다
take part in ~ ~에 참가[참여]하다(=participate in ~)
take (the) part with ~ ~의 편을 들다
part from[with] ~ ~와 헤어지다
travel in foreign parts 외지[외국 땅]를 여행하다
a part reply 불완전한 대답
spare parts of a machine 기계의 예비 부품

454

partake [pɑːrtéik]

vi. **1 to take part; participate** 참가하다, 참여하다: He seems to *partake* in an enterprise with you. 그는 당신과 사업을 같이 할 것 같습니다.

2 to share pleasure or joys 기쁨을 함께 나누다: The husband and the wife *partook* in joys with each other. 남편과 아내는 기쁨을 함께 나누었다.

3 to eat or drink something offered (음식, 음료수, 술 등을) 먹다, 마시다: Will you *partake* of a little wine? 포도주 좀 마시겠습니까?

4 to have the qualities to some degree 얼마간 ~한 성질이 있다: He has a self-confident manner that *partakes* of arrogance. 그는 약간 거만한 기질이 있는 자신만만한 태도의 소유자이다.

·파생어·
partaker 분담자, 참가자, 고난을 같이 하는 사람

·관련표현·
partake of regret 후회의 기색이 있다
partake in the festivities 축제에 참가하다

syn. share, participate, join, drink, eat
ant. be excluded, abstain, refrain from, relinquish

|실전문제|
다음에 주어진 뜻풀이 가운데서 밑줄 친 <u>partook</u>의 의미로 가장 적절한 것은?

Everyone <u>partook</u> of the sumptuous meal.

(1) to have the qualities to some degree
(2) to share pleasure or joys
(3) to eat or drink something offered
(4) to take part; participate

해설 | 우선 전치사 of의 목적어로 meal(식사)이 나오는 것으로 보아, 이때의 partook은 '식사를 하다, 먹다'(=eat)의 뜻이라는 것을 쉽게 알 수 있다. (3) 「모든 사람이 호화스런 식사를 했다.」

pass [pæs]

vt. **1 to go through or across** 통과하다, 지나치다: The drug traffickers *passed* the checkpoint without being searched. 그 마약 밀매업자들은 수색 받지 않고 검문소를 통과했다. / I *passed* the theater on my way to the library. 나는 도서관에 가는 길에 극장을 지나쳤다.

2 to cause to be transferred from one person to another by hand 넘겨주다, 건네주다: Would you *pass* me the salt, please? 소금 좀 건네주시겠습니까?

3 to spend time in a rather short and interesting way (시간이나 세월을) 보내다, 지내다: *Pass* your vacation time pleasantly. 방학(휴가) 시간을 유쾌하게 보내. / Mother *passes* her time knitting. 어머니는 뜨개질하면서 소일하신다.

4 to officially approve after a vote (의안, 법안 등을) 가결시키다, 통과시키다: Congress expected to *pass* the bill. 미 국회는 그 법안을 통과시킬 것으로 예상되었다.

·파생어·
passable 통행할 수 있는, (의안이) 통과될 수 있는, 합격할 수 있는
passage 통행, 통과, 경과, 추이, (의안) 통과, 통로
passed 지나간, 통과한
passing 통과하는, 지나가는, 한때의
passer 통행인, 시험 합격자
passer-by 지나가는 사람, 통행인
passe 한창때가 지난, (여자가) 한물간, 시대에 뒤처진

·관련표현·
pass into a deep sleep
깊은 잠에 빠지다
pass belief 믿기 힘들다
pass down
대대로 전하다(=hand down)

5 to succeed in examination or tests (시험이나 검사에) 합격하다, 통과하다: To become a sergeant, a policeman must *pass* certain requirements. 경사가 되기 위해서 경찰관은 특정 조건들을 통과해야 한다.

***vi.* 1 to disappear or come to an end** 사라져 없어지다, 끝나다: Your sorrow will *pass* sooner or later. 너의 슬픔은 조만간에 사라질 것이다. / Wait for the rain to *pass*. 비가 그칠 때까지 기다려.

2 to move past in time (시간이) 흐르다: The days *passed* quickly. 하루하루가 빠르게 지나갔다.

| 실전문제 |

다음에 주어진 뜻풀이 가운데서 밑줄 친 passes의 의미로 가장 적절한 것은?

Time *passes* quickly on vacation.

(1) to succeed in examination or tests
(2) to move past in time
(3) to go through or across
(4) to spend time in a rather short and interesting way

해설 | 우선 주어가 time(시간)이며, 뒤에는 on vacation(방학 때, 휴가 때)이므로 time(시간)이 빨리 지나감을 알 수 있다. (2)「휴가[방학] 기간은 빨리 지나간다.」

come to *pass*
일어나다(=happen, occur)

make a *pass* at ~
(여자에게) 집적거리다, 추파를 던지다

***pass* water** 소변보다

purple *passing* into pink
핑크빛으로 변해 가는 보랏빛

***passed* into the hands of ~**
~의 손에 들어가다

***passes* under the name of ~**
~의 이름으로 통하다

let it *pass* (관대히) 그냥 넘기다

***pass* in eating** 과식하다

***pass* for ~** ~로 통하다

syn. go by, pass away, disappear, spend, complete successfully, legislate
ant. stop, wait, withdraw, vote down, disapprove, fail, start

---

☐ **passage**[pǽsidʒ]

***n.* 1 a long narrow space with walls or fences on both sides which connects one place with another** 통로: He stepped into the *passage* and closed the door behind him. 그는 통로에 들어선 후 뒤에 있는 문을 닫았다. / Is there a *passage* through the mountains? 산으로 통하는 길이 있니?

2 the official acceptance of a bill or act by a parliament (의안, 법안의) 통과: *Passage* of the bill depends on public support. 그 법안의 통과는 국민들의 지지에 달려 있다.

3 a passing of time (시간의) 경과: With the *passage* of time the incident was forgotten. 시간이 경과함에 따라 그 사건은 잊혀졌다.

4 the action of going across or through something 통행, 통과: The *passage* of strangers is rare in this valley. 이 계곡은 외지인의 통행이 드문 곳이다.

5 a short part from a speech, a book, or piece of music (인용・발췌된) 한 줄, 구절: She loves the *passage* in which Blake spoke of the world of imagination. 그녀는 블레이크가 상상의 세계를 이야기하는 그 구절을 무척 좋아한다.

· 파생어 ·

passable 통행 가능한, 유통될 수 있는, (의안 등이) 통과될 수 있는

pass 통과하다, 통과시키다, 통용되다, (의안을) 가결하다

passed 통과한, 지나간

passer 통행인, 공을 패스하는 사람

· 관련표현 ·

No *passage* this way!
이 길은 통행을 금함!

book one's *passage*
승채[선]권을 예약하다

force a *passage* through a crowd 군중을 헤치며 나아가다

some *passage* from Milton
밀턴의 작품에서 인용한 몇 마디

the *passage* of a bill 의안의 통과

have[exchange] angry *passages* with ~
~와 크게 말싸움을 벌이다

syn. paragraph, passing, approval, passageway
ant. rejection, veto, obstruction, obstacle

실전문제

다음에 주어진 뜻풀이 가운데서 밑줄 친 passage의 의미로 가장 적절한 것은?

Don't park your motorbike in the passage.

(1) a short part from a speech, a book, or piece of music
(2) the official acceptance of a bill or act by a parliament
(3) the action of going across or through something
(4) a long narrow space with walls or fences on both sides which connects one place with another

해설 | park(주차시키다)라는 단어에서 passage의 뜻이 '길'의 뜻이 되어야 할 것이라고 추측을 할 수 있는데, 이때의 passage는 '건물 사이의 좁은 길이나 통로'를 말한다. (4) 「이 통로에 소형 오토바이를 주차시키지 마시오.」

party [páːrti]

n. **1** **a political group of people who have similar aims and beliefs** 정당, 당: He always follows *party* lines. 그는 항상 당의 노선을 따른다.

2 **a social event in which people enjoy themselves eating, dancing, and talking to other people** (사교 목적의) 모임, 파티: Most teenagers like to go to *parties*. 대부분의 십대들은 파티에 가기를 좋아한다.

3 **a group of people doing something together** 일행, 단체: How many are there in your *party*, sir? 손님, 일행이 몇 명입니까? / They sent out the search *party* to find the missing. 그들은 실종자를 찾기 위해 수색대를 파견했다.

4 **one of the people involved in a legal agreement or dispute** (계약, 소송의) 당사자: Both *parties* of the criminal suit appeared on the court. 형사 소송의 두 당사자들이 법정에 출두했다.

실전문제

다음에 주어진 뜻풀이 가운데서 밑줄 친 party의 의미로 가장 적절한 것은?

Forest rangers sent out a rescue party to save the injured hiker.

(1) a social event in which people enjoy themselves eating, dancing, and talking to other people
(2) one of the people involved in a legal agreement or dispute
(3) a group of people doing something together
(4) a political group of people who have similar aims and beliefs

해설 | rescue party는 '구조대'라는 뜻이며, 이때의 party는 행동을 같이 하는 사람들의 집단이다. (3) 「산림 감시원들은 부상당한 도보 여행자를 구하기 위해 구조대를 파견했다.」

·관련표현·

give[hold, throw] a *party* 파티를 열다[개최하다]

the opposition *party* 야당
opp. ruling *party*(=government *party*) 여당

the third *party* 제3자[당]

the *parties* concerned 당사자들

become a *party* to ~ ~에 관여하다

***party* spirit** 당파심, 애당심

***party*goer** 파티에 자주 가는 사람
cf. moviegoer 영화광

***party* line** 당의 정치 노선

***party*ism** 당파심(=party spirit)

a *party* of school children 한 패거리의 학교 아이들

the life of the *party* ((구어)) 파티에서 가장 잘 떠드는 사람; 연회의 중심인물

a *party* dress 파티에 입고 가는 옷

syn. gathering, get-together, faction, group, litigant, participant

☐ **pay**[pei]

vt. **1 to give (money) in exchange of goods, service, and work** (비용을) 지불하다, (대금을) 치르다: Please *pay* this bill by the end of the month. 월말까지 이 청구서의 요금을 지불하십시오. / They *paid* the cashier and left there. 그들은 계산원에게 돈을 치르고는 그 곳을 떠났다.

2 to afford advantage or gain to ~에게 이익을 가져다주다: It won't *pay* you to argue with her. 그녀와 논쟁을 벌이는 것은 아무 소용[이익]이 없을 것이다. / Your training will *pay* you in the future. 당신의 훈련[연수]은 미래에 도움이 될 것이다.

3 to settle a debt (빚을) 청산하다: Have you *paid* your bank debt yet? 당신 은행 빚은 갚았습니까?

4 to give or render (respects, attention, etc.) 방문 등을 하다; 경의를 표하다; 주의하다: Please *pay* attention to this announcement. 이 발표에 주목해 주십시오. / I'll *pay* a call on you this weekend. 이번 주말에 당신을 방문하겠습니다. / She *paid* her respect to the professor. 그녀는 그 교수를 존경했다.

vi., vt. **to give compensation, as for damage** 보답[보상]하다, 보복하다: Does this job *pay* well? 이 일은 그만한 보상이 따릅니까? / I'll *pay* you for this. 이 일에 대해 반드시 앙갚음해 줄 거야.

vi. **to be profitable** (일 등이) 수지가 맞다, 이득이 되다: Does it *pay* to invest in municipal bonds now? 지금 시 채권에 투자하면 수지가 맞겠습니까?

|실전문제|

다음에 주어진 뜻풀이 가운데서 밑줄 친 pay의 의미로 가장 적절한 것은?

It doesn't <u>pay</u> to waste time.

(1) to give or render (respects, attention, etc.)
(2) to settle a debt
(3) to give compensation, as for damage
(4) to be profitable

해설 | 'It ~ to' 용법, 즉 가주어, 진주어 용법의 문장인데 주어는 to waste time이며 동사는 pay이다. 즉 '시간을 낭비하는 것은' 이 주어이고 pay가 자동사로 쓰였으므로 '도움이 되다, 이익을 가져다주다' 가 동사로 적당함을 알 수 있다. (4)「시간을 낭비하는 것은 도움이 되지 않는다.」

· 파생어 ·
payable 지불[급]할 수 있는, 유리한, 수지맞는
paying 지불하는, 유리한
payment 지불, 납부, 변상, 보복
payer 지급인

· 관련표현 ·
pay one's **debts** 빚을 청산하다
pay wages 임금을 치르다
pay one's **way through college** 고학으로 대학을 나오다
pay down 맞돈으로 지불하다, 계약금을 내다
paycheck 봉급 수표, 봉급, 급료
installment *payment* 분할 지급, 할부
pay a visit to ~ ~에 방문하다
pay attention to ~ ~에 관심을 보이다
pay respect to ~ ~에 경의를 표하다
This job doesn't *pay* **me.** 이 일은 수지가 안 맞는다.
pay back 되갚다, 보복하다

syn. settle, be advantageous, profit, reimburse
ant. collect, owe, be disadvantageous, charge, retain

☐ **peculiar**[pikjúːljər]

a. **1 strange or unusual in a troubling or displeasing way** 기묘한, 괴상한, 이상한: What a *peculiar* hat it is! 참 이상하게 생긴 모자이구나!

· 파생어 ·
peculiarly 특별히, 기묘하게
peculiarity 특색, 기묘, 버릇

2 belonging or relating to one particular thing, person, or situation 고유한, 독특한: Every society has its own *peculiar* customs. 각 사회에는 자체의 고유한 관습이 있다. / Every bell has own peculiar sound. 모든 종은 자체의 독특한 소리를 지니고 있다.

3 slightly ill or dizzy 약간 몸이 좋지 않거나 현기증이 나는: I'm feeling a bit *peculiar*, so I think I'll go and lie down. 나는 몸이 좋지 않아서 가서 누워야겠다.

4 particular or special 특별한, 두드러진: This is a matter of *peculiar* interest to all of us. 이것은 우리 모두에게 특별한 문제이다.

|실전문제|
다음에 주어진 뜻풀이 가운데서 밑줄 친 peculiar의 의미로 가장 적절한 것은?
Richard has a rather peculiar sense of humor.
(1) lightly ill or dizzy
(2) particular or special
(3) belonging or relating to one particular thing, person, or situation
(4) strange or unusual in a troubling or displeasing way

해설 | a sense of humor(유머 감각)를 수식하는 형용사이며, 주어가 사람이므로 '이상한, 유별난, 괴상한'의 뜻을 나타낸다고 볼 수 있다. (4) 「리처드는 좀 별난[이상한] 유머 감각을 지니고 있다.」

·관련표현·
be *peculiarly* sensitive to smell 냄새에 특별히 민감하다
peculiarities of speech 말버릇
a *peculiar* flavor 묘한 맛
a *peculiar* fellow 괴짜
an English expression *peculiar* to Australia 호주 특유의 영어 표현
behave *peculiarly* 기묘하게 행동하다
feel *peculiar* 몸이 편치 않고 어지럽다
syn. particular, unique, distinctive, strange, eccentric, unusual
ant. common, ordinary, familiar, general

---

penetrate [pénətrèit]

vt. 1 to enter or force a way into 침투하다, 관통하다, 통과하다: The nail easily *penetrated* the soft wood. 그 못은 쉽게 부드러운 나무를 관통했다. / His men were ordered to shoot onsight anyone trying to *penetrate* the area. 그의 부하들은 누구라도 그 지역에 침투하려고 하는 자는 발견 즉시 쏘라는 명령을 받았다.

2 to see into or understand (마음, 진의, 위장 등을) 간파하다, 통찰하다, 이해하다: Were you able to *penetrate* the author's symbolism in this book? 이 책 속에 있는 저자의 상징주의를 이해했니?

3 to give a deep impression; affect 깊은 감명을 주다: He is *penetrated* with respect. 그의 마음은 존경심으로 가득 찼다.

vi., vt. 1 to succeed in selling one's products in the market (기업, 상품이) 시장에 침투하다: The drugs industry is complex and hard to *penetrate*. 제약 산업은 뚫기에 복잡하고 어렵다.

2 to permeate or enter into (냄새나 비 등이) 스며들다: The rain had *penetrated* right through his clothes to the skin. 비가 그의 옷 속 피부까지 스며들었다. / The foul odor *penetrated* the entire house. 악취가 집안 전체에 스며들었다.

·파생어·
penetrating 관통하는 통찰력이 있는, 날카로운
penetration 침투, 관통, 통찰력
penetrative 꿰뚫고 들어가는, 통찰력이 있는
penetrator 통찰자, 침입자

·관련표현·
a *penetrating* observation 예리한 관찰
a man of *penetration* 통찰력 있는 사람
penetrate a person's disguise ~의 가장[정체]을 간파하다
a *penetrating* study 통찰력 있는 연구
show a *penetration* in ~ ~에서 대단한 통찰력을 보여 주다
penetrating whistle 날카로운 호각소리
penetration of international market 국제 시장 침투

| 실전문제 |

다음에 주어진 뜻풀이 가운데서 밑줄 친 penetrated의 의미로 가장 적절한 것은?

The noise of the explosion penetrated the thick walls.

(1) to permeate or enter into
(2) to enter or force a way into
(3) to see into or understand
(4) to give a deep impression

해설 | 폭발 소리는 벽을 통과하는 것이 되어야지 논리에 맞는 말이다. (2) 「그 폭발 소리는 두꺼운 벽도 통과했다.」

syn. pierce, permeate, enter, invade, comprehend, fathom
ant. rebound, carom, ricochet

perform [pərfɔ́ːrm]

vt. 1 to carry out duty or a piece of work according to an established method 실행하다, 수행하다, 이행하다: A skilled worker can *perform* the task easily. 숙련된 일꾼이라면 그 일을 쉽게 할 수 있다. / A father must *perform* economic obligation for his family. 아버지라면 그의 가족을 위해서 경제적인 의무를 다해야만 한다.

2 to do the work that requires skills (기술이 필요한 일을) 하다, 행하다: He must *perform* two or three surgical operations a week. 그는 한 주에 두세 번의 외과 수술을 해야만 한다.

3 to do a play, a dance, or play a piece of music in front of an audience (연극, 음악, 춤 등을) 공연하다, 연주하다, 연기하다: She *performs* some classical music which I don't know the title of. 그녀는 제목을 모르는 어떤 고전 음악을 연주했다.

vi. (of a machine) to work or operate in the proper way (기계가) 작동하다: Does this car *perform* well on the place where there's snow and ice? 눈과 얼음이 있는 곳에서 이 차가 잘 작동[운행]이 될까?

· 파생어 ·

performance 실행, 수행: 성과: 연기, 연주: 성능

performable 실행[이행]할 수 있는, 작동될 수 있는

performing 실행[이행]하는: 공연을 요하는

· 관련표현 ·

good *performance* 좋은 성적[성과]

perform one's promise 약속을 이행하다

perform one's duties[obligations] 의무를 다하다

perform a piece of music 음악 한 곡을 연주하다

perform well (기계가) 잘 작동하다

performance pay 능력급

performing arts 공연 예술(연극, 음악, 무용 등)

perform an operation[surgery] 수술을 하다

syn. play, accomplish, execute, fulfill
ant. fail, attempt

| 실전문제 |

다음에 주어진 뜻풀이 가운데서 밑줄 친 performs의 의미로 가장 적절한 것은?

The machine performs the whole operation in 10 seconds.

(1) to do a play, a dance, or play a piece of music in front of an audience
(2) to carry out duty or a piece of work according to an established method
(3) (of a machine) to work or operate in the proper way
(4) to do the work that requires skills

해설 | 목적어가 있으므로 우선 타동사이며, 기계가 모든 공정을 잘 수행하는 것을 말한다. (2) 「그 기계는 모든 작동을 10초 이내에 수행한다.」

period [píəriəd]

n. **1 a stretch of time with a beginning and an end** 기간, 시간, 시기: The student's lunch *period* is from twelve to one. 학생들의 점심시간은 12시에서 1시까지이다. / Our economy is experiencing a transition *period*. 우리 경제는 지금 과도기를 겪고 있다.

2 a particular length of time in history or development of a person (역사적인) 시대, 시기, (사람의) 성장 발달시기: What *period* of history are you studying? 역사의 어느 시기를 공부하고 있니? / His teenage daughter is going through puberty *period* at the moment. 그의 십대 딸은 지금 사춘기를 겪고 있다.

3 a division of a school day; lesson (학교의) 수업 시간, 교시: He has four *periods* of math a week. 그는 한 주에 수학이 4시간 들었다.

4 the bleeding from a woman's womb that happens once a month unless she is pregnant 여성의 월경(주기): She's got *period* pains. 그녀는 월경으로 인한 생리통이 있다.

5 a punctuation mark which is used at the end of a sentence to express completeness, or firmness of decision 마침표, 종지부: The suspect's confession put a *period* to the investigation. 그 혐의자의 자백으로 수사가 종결되었다. / I'm not going, *period*! 나는 안 가겠어, 알겠지!

·파생어·
periodic 주기적인; 간헐적인, 이따금의
periodical 정기적인; 정기 간행의; *n.* 정기 간행물
periodicity 주기성, 정기적임
periodization (역사의) 시대 구분

·관련표현·
for a short *period* 잠시 동안(=for a short time[while])
a *period* **of change** 변화기
the third *period* (학교의) 3교시
put a *period* **to ~** ~에 종지부를 찍다
periodic wind 계절풍
periodic law (원소의) 주기율
periodic table (원소의) 주기율표
period **of grace** 유예 기간
period **of revolution** 공전 주기
period **of rotation** 자전 주기

syn. time, duration, era, age, stop, finish

|실전문제|
다음에 주어진 뜻풀이 가운데서 밑줄 친 period의 의미로 가장 적절한 것은?

Dinosaurs roamed the earth in an earlier period.

(1) a division of a school day; lesson
(2) a particular length of time in history or development of a person
(3) the bleeding from a woman's womb that happens once a month unless she is pregnant
(4) a stretch of time with a beginning and an end

해설 | 공룡이 살았던 때는 역사적인 특정 시기이다. (2) 「공룡들은 초기에 땅 위를 돌아다녔다.」

personal [pə́ːrsənəl]

a. **1 relating to one particular person; private** 개인적인, 자기만의: I'd like to discuss a *personal* matter with you. 나는 당신과 개인적인 문제에 대해서 의논하고 싶습니다.

2 done directly by a particular person, not by a representative 직접의, 본인 스스로의: The director is going to have a *personal* interview with the top candidate. 이사가 수석 후보자와 직접 면접을 할 것이다.

·파생어·
personally 몸소, 개인적으로
personality 개성, 성격, 인물
personalize 개인화하다, 인격화하다, 의인화하다
impersonal 개인에 관계가 없는; 비인격적인

3 directed to the appearance or character of a particular person in an offensive manner 인신공격의: They made some *personal* jokes about her body weight. 그들은 그녀의 체중에 대해 인신공격을 했다.

4 relating to a person's body or appearance 신체나 용모에 관한: *Personal* hygiene is important for your health. 위생 관념[개인위생]은 건강에 있어서 중요하다.

|실전문제|

다음에 주어진 뜻풀이 가운데서 밑줄 친 <u>personal</u>의 의미로 가장 적절한 것은?

The premier made a <u>personal</u> appearance at the sport event.

(1) relating to a person's body or appearance
(2) relating to one particular person; private
(3) done directly by a particular person, not by a representative
(4) directed to the appearance or character of a particular person in an offensive manner

해설 | make personal appearance는 '직접(몸소) 참석하거나 모습을 드러내는 것'을 말한다. (3) 「총리가 직접 그 스포츠 행사에 참석했다.」

· 관련표현 ·

impersonal forces
인간의 외적인 힘(자연력 · 운명 따위)
a *personal* matter 개인적 문제[일]
a *personal* call[visit] 개인 방문
***personal* abuse**
인신공격(=character assassination)
***personal* pronoun** 인칭대명사
***personal* estate** 동산
cf. real estate 부동산
***personal* effects**
개인 소지품(=*personal* belongings)
dual[double] *personality*
이중인격
***personality* disorder** 인격 장애
become *personal* 남을 비판하다, 인신 공격하기 되다

syn. private, individual, confidential, physical
ant. public, general

☐ perfect [pə́ːrfikt]

a. 1 complete in all essential elements; faultless; flawless 완전한, 완벽한, 이상적인, 결점이 없는: a *perfect* gentleman 신사 중의 신사 / We are in *perfect* accord. 우리는 완벽한 조화를 이룬다.

2 excellent; absolutely satisfactory 훌륭한, 절대적으로 만족스러운: How could you prepare such a *perfect* dinner? 어떻게 그런 훌륭한 식사를 준비할 수 있었니?

3 absolute; utter 순전한, 지독한, 전적인, 절대적인: *perfect* strangers 생판 모르는 사람들

4 exact and accurate 정확한, 조금도 틀림없는: a *perfect* copy 원본과 똑같은 사본 / describe a *perfect* circle on the ice 얼음 위에 완벽한 원을 그리다

vt. to bring to completion or perfection 완성하다, 끝마치다, 수행하다: *perfect* one's education 학업을 끝마치다 / a violinist who spent years *perfecting* her technique 테크닉을 숙달하는 데 몇 년을 보낸 바이올린 연주자

· 파생어 ·

perfectly 완전히
perfection 완전, 완벽
perfective 완전하게 하는, 향상하고 있는
perfectible 완전하게 할 수 있는

· 관련표현 ·

perfect oneself in ~
~에 아주 숙달하다
perfect for ~ ~에 안성맞춤인
perfect harmony 완벽한 조화
perfect control 절대적인 지배
the future *perfect* 미래완료 시제
to *perfection* 완벽하게, 더할 나위 없이
a *perfective* verb 완료형 동사

syn. impeccable, exemplary, unspoiled, pristine, flawless, immaculate, faultless
ant. imperfect

|실전문제|

다음에 주어진 뜻풀이 가운데서 밑줄 친 perfect의 의미로 가장 적절한 것은?

That all makes perfect sense, but it limits opportunities for the game to grow.

(1) expert; accomplished; proficient
(2) exactly fitting the need in a certain situation or for a certain purpose
(3) excellent or complete beyond practical or theoretical improvement
(4) entirely without any flaws, defects, or shortcomings

해설 | perfect와 함께 쓰인 명사 sense로 그 뜻을 유추할 수 있다. 즉, 어떤 상황이나 이론이 아무런 오류 없이 이치에 맞는다는 의미의 make sense에 그 의미를 강조한 것이라 할 수 있다. (2) 「이 모든 것이 딱 들어맞지만, 이것은 이 게임이 발전하는 기회를 제한한다.」

P

☐ **picture** [píktʃər]

n. **1 a painting or drawing** 그림: Where shall I hang this *picture*? 이 그림을 어디에 걸까요?

2 a photograph 사진: I had my *picture* taken yesterday. 나는 어제 사진을 찍었다.

3 the perfect example; embodiment 화신, 꼭 닮은 것: He is the *picture* of my dead father. 그는 돌아가신 아버지를 꼭 닮았다.

4 a person, thing, or scene regarded as resembling a work of pictorial art in beauty 그림같이 아름다운 것[사람, 경치]: She was a *picture* in her new blue dress. 푸른색의 드레스를 입은 그녀는 한 장의 그림 같았다.

5 (pl.) a motion picture; a movie 영화: There are good *pictures* in downtown New York today. 오늘 뉴욕 시내에는 좋은 영화들이 상영되고 있다.

6 a vivid description 생생한 묘사: This book gives a vivid *picture* of life in America 100 years ago. 이 책은 100년 전의 미국의 삶을 생생하게 묘사하고 있다.

·파생어·

picturesque 그림과 같이 아름다운, 생생한

·관련표현·

draw a *picture*
그림을 그리다(스케치나 크레용 그림)

paint a *picture*
(물감을 사용하여) 그림을 그리다

hang a *picture*
사진[액자]을 걸다; 상황을 설명하다

a *picture* postcard 그림 카드 엽서

the *picture* in the mirror
거울에 비친 상

give a *picture* of ~
~을 묘사하다(=describe)

go to the *pictures*
영화 보러 가다(=go to the movies)

in the *picture* 두드러지게, 중요하여

***picture* frame** 사진 액자

***picture* painting** 그림 문자, 상형 문자

syn. drawing, painting, photograph, movie, embodiment, description

|실전문제|

다음에 주어진 뜻풀이 가운데서 밑줄 친 picture의 의미로 가장 적절한 것은?

I'll try to give you a better picture of what the boy did.

(1) a person, thing, or scene regarded as resembling a work of pictorial art in beauty
(2) the perfect example; embodiment
(3) a vivid description
(4) a painting or drawing

해설 | picture에는 여러 가지 뜻이 있으나, give a picture of ~는 '~에 대해[을] 묘사하다'의 뜻을 지닌 숙어적 표현이다. (3) 「그 남자애가 무엇을 했는지 더 잘 설명해 줄게.」

piece [piːs]

n. **1** one of the parts into which a thing is destructively divided or broken (깨어진) 조각, 단편: fall to *pieces* 떨어져서 박살이 나다.

2 any of the sections into which something is divided; a portion taken from a whole (자르거나 나눠놓은 것의) 한 부분[조각]: He broke a *piece* of bread from the loaf. 그는 빵 덩어리에서 한 조각을 떼어 내었다.

3 one of the parts that something is made of 부분, 부품, 일부: the *pieces* of a machine 기계의 부품

4 a musical, artistic, literary or dramatic work 그림, 작품, 한 편의 시, 글, 악곡, 각본: a fine *piece* of workmanship 훌륭한 공예품 / a *piece* scored for violin, viola and cello 바이올린, 비올라 그리고 첼로를 위해 편곡된 작품

vt. to join together to form a whole 접합하다, 결합하다, 완성하다: *piece* out a set of china 도자기 세트의 부족분을 보완하다 / She *pieced* my pants with blue cloth. 그녀는 파란 헝겊을 덧대어 내 바지를 기워 주었다.

| 실전문제 |

다음에 주어진 뜻풀이 가운데서 밑줄 친 piece의 의미로 가장 적절한 것은?

This brutal piece of history is still vivid to the Chinese.

(1) a part or a share of something
(2) a particular length, as of certain goods prepared for the market
(3) an amount of work forming a single job
(4) an example of workmanship, esp. of artistic production, as a picture or a statue

해설 | a piece of history는 역사의 한 부분으로 이때, piece는 '특정 사건' 이나 '역사적 순간' 을 나타낸다. (1) 「이 역사의 잔혹한 부분(사건)은 중국인들에게 아직도 생생하다.」

pierce [piərs]

vt. **1** to make a hole in or through with a sharp instrument 꿰찌르다, 관통하다: The spear and swords *pierced* his belly. 창과 검들이 그의 복부를 찔렀다. / The bullet *pierced* the wall. 총탄이 벽을 관통했다.

2 to have a small hole made through so that someone can wear a piece of jewellery (귓등에 귀걸이를 달기 위해) 구멍을 내다: I had my ears *pierced* last week. 나 지난주에 귀 뚫었어.

3 to manage to get through and invade 돌파하여 침입하다: German armored divisions *pierced* the Russian lines. 독일의

· 파생어 ·

piecemeal 하나씩, 조금씩, 점차적으로; 조각조각으로

piecework 삯일, 청부 일

piecewise 낱낱으로

masterpiece 걸작, 대작

· 관련표현 ·

piece by piece 하나하나씩, 조금씩

of a *piece* with ~ ~와 같은 종류의; ~와 동일한, ~와 일치한

speak one's *piece* 불평하다, 구혼하다, 의견을 솔직하게 말하다

all in one *piece* 흠[상처] 없이, 무사히

a *piece* of cake 아주 쉬운 일, 누워서 떡 먹기

a ten-cent *piece* 10센트의 동전

piece on 접합하다, 맞붙다

all of a *piece* 시종일관한

a *piece* of work 작품, 힘든 일; ((속어)) 소동

go to *pieces* 산산조각이 나다; 엉망이 되다

take to *pieces* 산산조각을 내다, 풀다, 해체하다

cut to[in] *pieces* 난도질하다; 혹평하다

piece together 종합하다; 이어 맞추다

syn. (n.) lump, block, slice, loaf, slab, bar, chunk, length, cube, wedge, hunk, rasher

ant. (v.) disassemble

· 파생어 ·

pierceable 꿰뚫을 수 있는

piercing 꿰뚫는, 날카로운, 통찰력 있는

· 관련표현 ·

a *piercing* shriek 새된 목소리

have one's ear *pierced* 귀를 뚫다

pierce a disguise 변장한 것을 알아내다

be *pierced* with sorrow 슬픔으로 가슴이 찢어지다

기갑 사단이 러시아의 전선을 돌파했다.

4 (of light, sound, pain) to be suddenly seen, heard, or felt in or through (소리, 고통, 빛 등이) 날카롭게 들리거나 비추다: A sharp cry *pierced* his ear. 날카로운 외침 소리가 그의 귀를 울렸다. / A shaft of sunlight *pierced* the gloom. 한 줄기의 햇볕이 어둠을 뚫었다.

syn. penetrate, perforate, prick, sting, hurt
ant. patch, soothe, calm, please

|실전문제|

다음에 주어진 뜻풀이 가운데서 밑줄 친 <u>pierced</u>의 의미로 가장 적절한 것은?

The nail completely <u>pierced</u> the tire.

(1) to manage to get through and invade
(2) (of light, sound, pain) to be suddenly seen, heard, or felt in or through
(3) to make a hole in or through with a sharp instrument
(4) to have a small hole made through so that someone can wear a piece of jewellery

해설 | 못이 타이어를 '꿰찌르다, 관통하다'로 해석이 된다. (3) 「그 못은 완전히 그 타이어를 뚫었다.」

□ **pious** [páiəs]

a. **1 showing and feeling a deep respect for God and religion** 경건한, 신앙심이 강한: His parents are *pious* churchgoers. 그의 부모는 경건한 기독교 신도들이다.

2 pretending to be moral, good, or religious 위선적인, 종교를 빙자한: Despite his *pious* expressions of regret, we could see that the outcome was quite satisfactory to him. 그의 위선적인 후회의 표시에도 불구하고, 우리는 그 결과가 그에게 꽤 만족스러운 것을 알 수 있었다.

3 unlikely to come true 실현성이 없는: I think some of them may not have been destroyed, but it's a rather *pious* hope. 나는 그것들 중 몇몇은 파괴되지 않았을지도 모른다고 생각하지만 그것은 실현성이 없는 희망이다.

4 commendable; worthy 칭찬받을 만한, 가치 있는: a *pious* effort 가상한 노력

·파생어·
piousity 지나치게 경건함, 경건한 체함
piously 경건하게, 효성스럽게
piety 경건함, 신앙심, 충성심, 효심(=filial piety)

·관련표현·
pious literature 종교문학
a *pious* fraud 종교를 빙자한 사기
a *pious* hope 실현성 없는 희망

syn. religious, devout, divine, hypocritical, insincere
ant. impious, secular

|실전문제|

다음에 주어진 뜻풀이 가운데서 밑줄 친 <u>pious</u>의 의미로 가장 적절한 것은?

The revivalist's <u>pious</u> statement that the meek shall inherit the earth was felt by some to be hypocritical.

(1) commendable; worthy
(2) showing and feeling a deep respect for God and religion
(3) pretending to be moral, good, or religious
(4) unlikely to come true

해설 | hypocritical(위선적인)이란 단어로 보아 신앙 부흥 운동가의 말은 경건한 말이 아니라는 것을 짐작할 수 있다. (3) 「온유한 자들이 이 땅을 물려받게 될 것이라는」 그 신앙 부흥 운동가의 말을 어떤 이는 위선적이라고 생각했다.

□ place [pleis]

n. **1 a particular building, area, town or country** 장소, 곳: This is no *place* for children. 여기는 아이들이 올 곳이 아니다. / Beware of that slick *place* on the sidewalk. 인도를 걸을 때 저 미끄러운 곳을 조심해.

2 a seat or portion of space that is available for someone to occupy 좌석, 자리: There were only two *places* left in the front now. 앞줄에는 두 자리밖에 남아 있지 않았다.

3 a house or apartment that someone lives 집: Let's all go back to my *place*. 모두 다 내 집으로 돌아가자.

4 a position in a race or competition among other competitors 등수, 등위, 등: He has risen second *place* in the opinion polls. 그는 여론 조사에서 2위로 뛰어올랐다. / Robert took first *place* in the math exam. 로버트는 수학 시험에서 1등을 했다.

| 실전문제 |

다음에 주어진 뜻풀이 가운데서 밑줄 친 places의 의미로 가장 적절한 것은?

You'd better hurry and get a ticket by making a reservation, or there won't be any places left.

(1) a house or apartment that someone lives
(2) a seat or portion of space that is available for someone to occupy
(3) a position in a race or competition among other competitors
(4) a particular building, area, town or country

해설 | get a ticket(표를 사다)이라는 표현에서 이 문장이 표 예약에 관한 문장이며 place는 '좌석'(=seat)을 의미함을 알 수 있다. (2) 「서둘러 표를 예약하는 게 좋아, 아니면 남는 자리가 없을 거야.」

· 파생어 ·
placement 배치, 직업 소개, 일자리
placer 배치하는 사람, 입상자

· 관련표현 ·
a market *place* 시장, 장터
cf. **a work***place* 작업장, 일터
a native *place* 출생지
if I were in your *place*[shoes]
만약 내가 너의 처지[입장]라면
time and *place*[space]
시간과 공간
Go back to your *place*.
제자리로 돌아가시오.
take *place*
일어나다(=happen, occur)
give *place* **to ~**
~에게 자리를 양보하다, 길을 비켜 주다
take the *place* **of ~** ~을 대신하다
in *place* **of ~**
~대신에(=instead of, in lieu of)
in the first *place* 첫째로, 우선
placement **test**
학급 배치 시험(*level test는 콩글리시)
place **in the sun** 유리한 곳[입장]

syn. spot, point, position, house, residence, area, region

□ plain [plein]

a. **1 without anything added; simple** 간단한, 단순한: It was a *plain* grey brick house. 그것은 단순한 회색 벽돌집이었다. / The hostess wore a *plain* blue dress. 그 안주인은 단순한 청색 드레스를 입고 있었다.

2 easy to recognize or understand 알기 쉬운, 알아보기 쉬운: The sentences aren't *plain* enough to understand. 그 문장들은 이해하기가 그리 쉽지 않았다. / Explain it to me in *plain* English. 그것을

· 파생어 ·
plainly 명백히, 솔직히, 수수하게
plainness 솔직함, 명백함, 검소함

· 관련표현 ·
in *plain* **speech** 알기 쉬운 말로
a *plain* **manner** 꾸밈없는 태도
a *plain* **meal** 검소한 식사
a *plain* **woman**
예쁘지[아름답지] 않은 여자

쉬운 말로 설명해 주시오.

3 showing honestly what you think of or feel 솔직한, 거짓 없는, 꾸밈없는: The *plain* truth is that he doesn't love you anymore. 실은 그가 너를 이제 사랑하지 않는다. / You will forgive my *plain* speaking. 솔직히 말씀드리는 것을 용서하십시오.

4 not pretty or good-looking (얼굴이) 예쁘지 않은: The girl had a good figure but a *plain* face. 그 소녀는 몸매는 좋았지만 얼굴은 예쁘지 않았다.

5 sheer; simple 완전한, 순전한: It's just *plain* foolishness to spend all your pay as soon as you get it. 봉급을 받자마자 다 써 버리는 것은 정말 어리석은 짓이다.

|실전문제|

다음에 주어진 뜻풀이 가운데서 밑줄 친 plain의 의미로 가장 적절한 것은?

In general, a plain carpet makes a room look bigger.

(1) not pretty, good-looking, homely
(2) showing honestly what you think of or feel
(3) without anything added; simple
(4) sheer; simple

해설 | a plain carpet은 카펫이 단순하며 단색인 것을 말한다. (3) 「일반적으로 말해서, 무늬 없이 단순한 카펫이 방을 더욱 커 보이게 한다.」

☐ **plant**[plænt]

n. **1 a living thing that has a stem, leaves, and roots** 식물, 초목: Water each *plant* as often as possible. 각 식물마다 가능한 대로 자주 물을 주어라.

2 a factory or place where power is generated or products are made 공장, 제조 공장: The workers at the *plant* belong to the union. 그 공장의 직공들은 노조에 속해 있다.

3 a large machinery that is used in industrial processes 설비, 장비: Firms may start to invest in *plant* and equipment abroad where costs may be lower. 회사들은 임금이 싼 해외의 시설과 장비에 투자를 시작할는지 모른다.

vt. **1 to put (plants or seeds) in the ground to grow** 심다, (씨를) 뿌리다: He plans to *plant* fruit trees and vegetables in the garden. 그는 정원에 과수나무와 채소를 심을 계획이다.

2 to fix or place firmly or forcefully (특정 장소에 단단히) 두다, 박다: He *planted* posts along the road. 그는 길을 따라서 말뚝을 단단히 박았다.

plainclothes 평복, 사복
plainclothes man 사복형사
plain-looking 보통으로 생긴, 잘나지 못한(=homely)
plainspoken 노골적인(=outspoken), 솔직한(=frank)

syn. clear, conspicuous, vivid, easy, unmistakable, homely, unattractive
ant. vague, illegible, obscure, ambiguous, beautiful, attractive

·파생어·
planter 심는 사람, 경작자, 재배자
planting 재배, 씨 뿌리기
plantlet 작은 식물, 작은 묘목

·관련표현·
a waterpower *plant* 수력 발전소
a chemical *plant* 화학 공장
physical *plants* 시설
plant love for learning in growing children 자라는 아이들에게 공부하는 재미를 몸에 배게 하다
plant out (화분에서) 땅으로 옮겨 심다
plant an idea in ~ ~에 생각을 주입시키다
plant a bomb 폭탄을 장치하다

3 to send an informer or spy in order to make secret reports on its members (스파이나 첩자를) 잠입시키다[보내다]: They *planted* a detective before the house of the suspect. 그들은 용의자의 집 앞에 형사를 잠복시켰다. / Plain-clothes policemen have been *planted* at all the exits. 모든 출구마다 사복 경찰들이 잠복했다.

| 실전문제 |

다음에 주어진 뜻풀이 가운데서 밑줄 친 <u>plant</u>의 의미로 가장 적절한 것은?

This highly automated <u>plant</u> is producing products in a precise manner.

(1) a large machinery that is used in industrial processes
(2) to put (plants or seeds) in the ground to grow
(3) a living thing that has a stem, leaves, and roots
(4) a factory or place where power is generated or products are made

해설 | 우선 주어로 사용되고 있으며 형용사인 automated의 수식을 받고 있으므로 명사가 되어야 하며, products(제품)라는 단어로 보아서 '공장'을 말함을 알 수 있다. (4) 「고도의 자동화가 이루어진 이 공장에서는 정확하게 제품을 생산하고 있다.」

play [plei]

vi. **1 to employ oneself in amusement or recreation** 놀다; 장난하다: There are children *playing* about in the garden. 뜰에서 아이들이 뛰어놀고 있다.

2 to take part in a game, sport, match, round, etc. 경기를 하다; 경기에 참가하다: *play* at basketball 농구를 하다 / *play* for the B team B팀에서 경기하다

3 to perform a role in a play 상연하다, 출연하다, 연극을 하다: He has often *played* in theatricals. 그는 종종 연극에 출연했다.

4 to act or behave in a certain way 행동하다, 해내다, 수행하다: *play* fair 공명정대하게 행동하다

vi., vt. **to perform a specified type of music on an instrument** 연주하다: Music began to *play*. 음악이 연주되기 시작했다. / Play Mozart for me. 내게 모차르트의 곡을 연주해 주시오.

n. **1 recreation; activity engaged in for fun and amusement** 놀이, 유희: children at *play* 놀고 있는 아이들

2 a dramatic piece for the stage or a performance of it 연극, 희곡, 극, 각본: write a *play* for television 텔레비전 각본을 쓰다 / a *play* in five acts 5막으로 된 연극

· 파생어 ·
player 선수, 연주자
multiplayer 멀티플레이어; 멀티플레이어의
playground 운동장
playhouse 장난감 집, 극장
playful 놀기 좋아하는, 농담의
playboy 바람둥이, 난봉꾼

· 관련표현 ·
***play* along** 기다리게 하다, 애타게 하다; (~에게) 동조하는 체하다; (사람·생각 등에) 맞추다; 협력하다

***play* ball** 시합을 시작하다; 협력하다; ((미·속어)) 정정당당하게 하다; 양보하다

***play* off** (요술 등을) 부리다, 속이다; 창피 주다

***play* both ends against the middle** 양다리를 걸치다; 두 사람을 서로 다투게 하여 덕을 보다

make a *play* for ~ (여자 등을) 온갖 수단으로 유혹하다; (직장 등을) 구하려고 갖은 노력을 다하다

***play* up to a person** ~의 상대역조연을 하다, 조연하다; 후원하다; ~에게 아부하다, 아양 떨다

***play* it by ear** 일이 되어 가는 대로 처신하다; 임기응변의 조치를 취하다

***play* away** 노름으로 (돈 등을) 잃다, (시간을) 낭비하다

|실전문제|

다음에 주어진 뜻풀이 가운데서 밑줄 친 play의 의미로 가장 적절한 것은?

I said it merely in play.

(1) a dramatic composition or piece
(2) a dramatic performance, as on the stage
(3) fun or jest, as opposed to seriousness
(4) the manner or style of playing or of doing something

해설 | in play라는 숙어를 알면 접근이 쉽지만, 모른다 하여도, 앞의 '단순히'라는 merely를 보고 유추를 할 수 있도록 해야 한다. 일반적으로 play를 명사로 해석할 경우, 우리말의 '장난'이라는 의미가 떠오른다면 의외로 쉽게 맞출 수 있는 문제이다. (3) 「나는 단순히 장난삼아 그 이야기를 했다.」

give free *play* to ~ ~을 자유롭게 활동시키다, 하고 싶은 대로 하게 하다
play around with ~ ~을 곰곰이 생각하다; ~을 되는대로 다루다, 갖고 놀다
play a person a trick(=*play* a trick on a person) 누군가를 속이다
play high 큰 도박을 하다
play horse with ~ ~을 바보 취급하다
come into *play* 활동하기 시작하다

syn. (v.) have fun, enjoy yourself, have a good/great time, live it up, celebrate, go in for, compete, enter, perform, stage, do, produce, act, put on (n.) drama, comedy, tragedy, sketch, farce
ant. (n.) tightness

□ **pledge**[pledʒ]

n. 1 **a solemn agreement or promise** 공약, 서약, 언질: I gave him my *pledge* I would vote for him. 나는 그에게 찬성표를 던지겠다는 언질을 주었다. / People reminded the politician of the election *pledge* to reduce taxes. 사람들은 그 정치가에게 세금을 낮추겠다고 했던 선거 때의 공약을 상기시켰다.

2 **something given as a sign of friendship or faithful love** (우정, 사랑의) 표시, 증거: I'll give you this ring as a *pledge* of our love. 사랑의 징표로 당신에게 이 반지를 드립니다.

3 **something valuable left as proof that you will fulfill a promise** 저당, 담보(물): The pawnbroker took the camera in *pledge* for the loan. 전당포 주인은 빌려 간 돈 대신 카메라를 저당물로 잡아 두었다.

vt. **to make a solemn promise** 맹세하다, 서약하다: I *pledge* allegiance to our flag. 나는 우리 국기에 충성을 맹세한다.

|실전문제|

다음에 주어진 뜻풀이 가운데서 밑줄 친 pledge의 의미로 가장 적절한 것은?

She borrowed 500 dollars and left her gold necklace as a pledge.

(1) something given as a sign of friendship or faithful love
(2) a solemn agreement or promise
(3) to make a solemn promise
(4) something valuable left as proof that you will fulfill a promise

해설 | 앞부분을 보면 그녀가 500달러를 빌렸다는 말이 나와 있고, 뒤에 금 목걸이를 맡겼다는 말까지 나오기 때문에 문맥상 '저당', '담보'라는 뜻의 (4)가 정답이다. (4) 「그녀는 500달러를 빌리고 금 목걸이를 담보로 잡혔다.」

·파생어·

pledge 저당권자, 질권자
pledgeable 저당 잡힐 수 있는, 보증할 수 있는

·관련표현·

honor a *pledge* 약속을 이행하다
as a *pledge* of friendship 우정의 표시로
make a *pledge* 서약하다
pledge one's word 맹세하다, 보증하다
take[sign] the *pledge* 금주 맹세를 하다

syn. vow, solemn promise, avowal, agreement, security, promise

plot [plɑt]

n. 1 the set of connected events on which a story, play, or film based (소설, 연극, 영화의) 구성[줄거리]: The *plot* of the novel was so complicated that I couldn't follow it. 소설 구성이 너무나 복잡해서 이해할 수 없었다.

2 a secret plan for accomplishing evil or unlawful ends (사악하거나 불법적인 목적을 달성하기 위한) 비밀 계획, 음모: They uncovered a *plot* to assassinate the President just in time. 그들은 적시에 대통령을 암살하려는 음모를 적발했다.

3 a small piece of land that is developed or available for development; a lot (개발되거나 개발 가능한) 작은 땅: The couple grew vegetables in a little *plot*. 그 부부는 조그마한 땅에 채소를 재배했다. / The farmer subdivided the old farm into *plots* for tract houses. 그 농부는 주택 단지를 조성하기 위해 옛 농장을 작은 구획의 땅으로 분할했다.

vi., vt. to engage in a secret plan to accomplish evil and unlawful ends (사악하거나 불법적인 목적을 달성하기 위한 비밀 계획에) 가담하다, 음모를 꾸미다: Mobsters were caught *plotting* to take over the company. 폭도들은 그 회사를 점거하려는 음모를 꾸미다가 잡혔다.

| 실전문제 |

다음에 주어진 뜻풀이 가운데서 밑줄 친 plot의 의미로 가장 적절한 것은?

A <u>plot</u> is the collection of events in a work of literature.

(1) a secret plan for accomplishing evil or unlawful ends
(2) to engage in a secret plan to accomplish evil and unlawful ends
(3) a small piece of land that is developed or available for development: a lot
(4) the set of connected events on which a story, play, or film based

해설 | 문맥을 보면, 문학 작품 속에서 일어나는 사건들을 모아 놓은 것이라고 했으므로 이것은 '줄거리, 구성'을 말한다. (4) 「줄거리는 한 문학 작품 안에서의 사건들의 집합이다.」

· 파생어 ·
plotful 음모가 있는, 계획이 많은
plotless 계획이 없는, (소설이) 줄거리가 없는
plotter 음모자, 구성을 짜는 사람
plotting 제도, 구획 정리
plotty (소설 등의) 줄거리가 복잡한

· 관련표현 ·
a well-knit *plot* 잘 짜여진 구성
the *plot* of a novel 소설의 줄거리[구성]
***plot*[conspire] against life** 암살 음모를 꾸미다
hatch[frame] a *plot* against ~ ~에 대한 음모를 꾸미다
wind the *plot* 음모를 알아채다
entangle in a *plot* 음모에 끌어들이다
be privy to the *plot* 음모에 가담하다
the *plot* thickens 사건이 점점 복잡해지다[흥미진진하게 되다]
a garden *plot* 정원지
a vegetable *plot* 채소 텃밭
discover a *plot* 음모가 있다는 것을 알아채다
***plot* treason** 반역을 꾀하다
engineer a *plot* 계략을 꾸미다
expose a *plot* to the police 경찰에 음모를 알려 주다
terror *plot* 테러 음모
bomb *plot* 폭격[폭파] 음모

syn. conspiracy, scheme, intrigue, lot, field, conspire, contrive, intrigue

plunge [plʌndʒ]

vi. 1 to move or be thrown downwards suddenly (어떤 상태에) 빠지다: He fell from the cliff and *plunged* to his death. 그는 벼랑에서 떨어져 투신자살했다.

2 to move up and down violently (배가 위·아래, 또는 앞·뒤로) 흔들리다: The boat *plunged* in the high seas. 보트가 파도가 높이 치는 바다에서 위·아래로 심하게 흔들렸다.

3 to fall down in price or stock price sharply (물가 또는 주가가) 급격하게 폭락하다: The price of oil has *plunged* into a new low. 석유 가격이 새로운 최저치로 하락했다.

· 파생어 ·
plunger 잠수자, 돌진자
plunging 뛰어드는, 몰아넣는, 돌진하는

· 관련표현 ·
***plunge* into water** 물에 뛰어들다
***plunge* into debts** 빚지다
be *plunged* in meditation 명상에 잠기다
take a *plunge* 뛰어들다
take the *plunge* 과감히 모험을 하다

4 to submerge or jump into the water 잠수하다, 뛰어들다: The boys *plunged* into the swimming pool. 소년들은 수영장으로 뛰어들었다.

vt. **to force suddenly into the unpleasant condition** (어떤 안 좋은 상태로) 빠지게 하다: The mistrust among politicians could *plunge* the country into chaos. 정치가들 사이의 불신은 나라를 무질서 상태로 몰아넣을 수 있었다.

a *plunging* neckline (여성복의) 가슴이 깊이 파인 V자형 목 라인

plunge bath 전신욕

syn. immerse, sink, dive, jump, rush, jerk, tumble
ant. emerge, rise, amble, stroll

|실전문제|

다음에 주어진 뜻풀이 가운데서 밑줄 친 <u>plunged</u>의 의미로 가장 적절한 것은?

The strife-ridden opposition party <u>plunged</u> into deeper dilemma by another factional strife.

(1) to fall down in price or stock price sharply
(2) to move up and down violently
(3) to move or be thrown downwards suddenly
(4) to submerge or jump into the water

해설 | 주어가 야당(opposition party)이며, 보다 깊은 딜레마[곤경]가 있으며, '야당이 이것에 빠지다' 라고 해야 문맥에 맞는 글이다. (3) 「내분이 분분하던 야당은 또 다른 한 차례의 파벌 싸움으로 인해 더욱 곤경에 빠지게 되었다.」

□ ply [plai]

vi. **to wait at a particular place looking for passengers** (택시나 짐꾼이) 손님을 기다리다: There are a lot of taxi drivers at the train station *plying* for hire. 그 기차역에는 손님을 기다리는 택시 운전사들이 많이 있다.

vt. **1 to travel regularly over a route** (버스, 택시, 배 등이) 정기적으로 왕복하다: The old ship *plies* the route between Hong Kong and Singapore. 그 오래된 배는 홍콩과 싱가포르를 정기적으로 운행한다.

2 to work at one's trade or work steadily (연장 등을) 부지런히 쓰다, 부지런히 일을 하다: Father still *plies* his trade as a carpenter. 아버지는 아직까지 부지런히 목수 일을 하신다.

3 to ask repeatedly and persistently (질문 등을) 집요하게 하다: Reporters *plied* the candidate with questions. 기자들은 그 후보자에게 집요하게 질문을 했다.

4 to offer or provide food and drink repeatedly to (음식, 음료를) 억지로 권하다: The salesman *plied* his customers with food and drink. 그 영업 사원은 그의 고객들에게 음식과 음료를 억지로 권했다.

·파생어·
plying 부지런히 일하는, 왕복하는, 집요하게 묻는

·관련표현·
ply a trade 장사를 열심히 하다
a two-*ply* rope 두 가닥의 밧줄
take a *ply* 버릇이 들다, 경향을 띠다

syn. practice, labor at, supply persistently, travel regularly, make repeated trips

| 실전문제 |

다음에 주어진 뜻풀이 가운데서 밑줄 친 plied의 의미로 가장 적절한 것은?

The students plied the teacher with questions.

(1) to wait at a particular place looking for passengers
(2) to offer or provide food and drink repeatedly to
(3) to travel regularly over a route
(4) to ask repeatedly and persistently

해설 | 문맥상 학생들이 선생에게 하는 행위이므로 '질문을 퍼붓다'의 뜻으로 이해할 수 있다. (4) 「학생들은 선생님에게 집요하게 질문을 퍼부었다.」

□ point [pɔint]

n. **1** a particular detail or fact (특정한) 사항, 문제(점): The following tale will clearly illustrate this *point*. 다음의 이야기는 이 점을 명확하게 입증해 줄 것이다. / There were two or three *points* in your report I didn't understand. 당신 보고서에는 내가 이해할 수 없는 두세 가지 사항이 있었습니다.

2 a particular place or position where something happens 지점, 장소: The pain originated from a *point* in her left shoulder. 그 고통은 그녀의 왼쪽 어깨의 한 지점에서 비롯되었다.

3 a particular instant of time (특정한) 때, 시점, 순간: We're all going to die at some *point*. 우리 모두가 언젠가는 죽을 것이다.

4 a particular aspect or quality of (특징이 되는) 점, 요소: The most interesting *point* about the village is its customs. 그 마을의 가장 흥미로운 점은 관습이다.

5 the thin, sharp end of a pin, a needle or a knife 뾰족한 끝, (무기, 연장의) 끝: Do you have a pencil with a sharper *point*? 끝이 더 뾰족한 연필을 가지고 있니?

6 one of the single marks that are added together to give the total score 득점, 점수, 학점[평점]: Our team won by two *points*. 우리 팀이 2점 차로 이겼다.

7 a measure of increase or decrease in cost or value (물가, 주식 등의) 지표, 포인트, (온도계의) 눈금: The thermometer went down 5 *points*. 온도계가 5도 내려갔다. / The dollar has risen up to 10 *points* today on the money market. 달러의 시세가 오늘 금융 시장에서 10포인트까지 올랐다.

8 a purpose to be reached or achieved 목적, (의도하는) 의미: What is the *point* of seeing him? 그를 만나는 목적이 무엇인가? / There's not much *point* in fixing that old watch again. 그 오래된 시계를 다시 고치는 것은 별 의미가 없다.

· 파생어 ·

pointed 뾰족한, 예리한, 신랄한
pointer 지시하는 사람[물건], (시계, 저울 등의) 바늘
pointy 끝이 약간 뾰족한, 뾰족한 데가 있는

· 관련표현 ·

a *pointed* remark 날카로운 비평
the *point* of a needle 바늘 끝
decimal *point* 소수점
an exclamation *point*[mark] 감탄 부호
boiling *point* 끓는점
cf. freezing *point* 어는점(빙점)
a vantage *point* 유리한 지점
miss the (main) *point* 요점을 놓치다
beside the *point* 요점[예상]을 벗어난
a case in *point* 적절한 예
on the *point* of ~ing ~하려는 순간[찰나]에
make a *point* of ~ 반드시 ~를 하다
to the *point* 적절한, 요령 있는
a *point*-blank question 솔직한 질문
a *point*-blank refusal 단도직입적인 거절

syn. degree, mark, place, essence, reason, detail, score

|실전문제|

다음에 주어진 뜻풀이 가운데서 밑줄 친 point의 의미로 가장 적절한 것은?

The lighthouse is situated on the northern point of the island.

(1) a measure of increase or decrease in cost or value
(2) the thin, sharp end of a pin, a needle or a knife
(3) a particular place or position where something happens
(4) a particular detail or fact

해설 | 섬이 있는 특정한 지점[지역]을 말하고 있다. (3) 「그 등대는 섬의 북쪽 지점에 있다.」

pool [puːl]

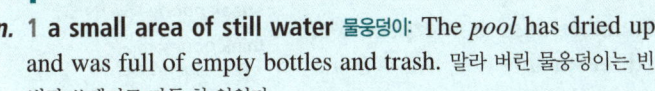

n. **1 a small area of still water** 물웅덩이: The *pool* has dried up and was full of empty bottles and trash. 말라 버린 물웅덩이는 빈 병과 쓰레기로 가득 차 있었다.

2 a swimming pool 수영장: During summer, many people swim and therefore, the *pool* is very crowded. 여름에는 많은 사람이 수영을 즐기므로, 수영장이 아주 붐빈다.

3 a supply of money or things for an organization or group to use or share 합동 자금, 공동 시설: The new proposal would create a reserve *pool* of cash. 그 새로운 제안으로 인해 예비 합동 자금이 만들어질 것이다.

4 a game played on a six-pocket billiards table usually with 15 object balls and a cue ball 당구: He was shooting *pool* with two other colleagues. 그는 다른 두 명의 동료 직원과 함께 당구를 치고 있었다.

·관련표현·

car *pool* 카풀
a *pool* of blood 피바다[웅덩이]
pool one's money
자금을 공동 출자하다
pool table 당구대(포켓이 6개 있음)
pool room 당구장
play *pool* 당구하다(=shoot *pool*)

syn. puddle, group, billiard

|실전문제|

다음에 주어진 뜻풀이 가운데서 밑줄 친 pools의 의미로 가장 적절한 것은?

It was raining hard and steadily, and there were little pools of water on the road.

(1) a supply of money or things for an organization or group to use or share
(2) a small area of still water
(3) a game played on a six-pocket billiards table usually with 15 object balls and a cue ball
(4) a swimming pool

해설 | 비가 세차게 내리고 있으며, 문미에 on the road(도로에)라는 부사구가 있으므로 이때의 pool은 '물웅덩이'를 말함을 알 수 있다. (2) 「비가 세차게 끊임없이 내리고 있어서 도로에는 작은 물웅덩이들이 생겼다.」

☐ **poor** [puər]

a. **1 having very little money and few possessions** 가난한, 빈곤한: He was so *poor* that he couldn't even afford the bus fare. 그는 너무 가난해서 심지어 버스 요금도 감당할 수 없었다. / Even the poor have their pride. 심지어 가난한 사람들도 자존심을 가지고 있다.

2 eliciting sympathy for someone 가엾은, 불쌍한: I feel sorry for that *poor* child. 나는 그 아이가 참 불쌍해. / The *poor* little puppy had been abandoned by its owner. 그 가엾은 강아지는 주인에 의해서 버림을 받았어.

3 of a low quality and standard or that it is in bad condition (물건이) 빈약한, 질이 떨어지는: The wine was *poor*. 그 포도주는 질이 형편없었다.

4 (of an amount, rate, and number) less than expected or less than what is considered reasonable (액수, 비율, 수 등이) 빈약한, 부족한, 보잘것없는: They are in strike due to *poor* wages and working conditions. 그들은 부족한 임금과 형편없는 작업 조건으로 인해 파업을 하고 있다.

5 not very good or skillful in a particular activity; inferior (활동이나 작품 등이) 서투른, 어설픈, 형편없는: He's *poor* hand at math. 그는 수학을 잘 못한다.

|실전문제|

다음에 주어진 뜻풀이 가운데서 밑줄 친 poor의 의미로 가장 적절한 것은?

They blamed the bankruptcy of the company on poor management.

(1) eliciting sympathy for someone
(2) of a low quality and standard or that it is in bad condition
(3) not very good or skillful in a particular activity; inferior
(4) having very little money and few possessions

해설 | 수식을 받은 말이 management(경영)이므로, '서투른[부실한] 경영' 을 말한다고 볼 수 있다. 참고로 bad management는 '부실 경영' 그리고 loose management는 '방만한 경영' 의 뜻으로 사용된다. 그리고 'blame + 목적어 + on ~' 은 '목적어를 ~의 탓으로 돌리다' 의 뜻이다. (3) 「그들은 회사의 파산을 부실 경영의 탓으로 돌렸다.」

· 파생어 ·
poorly 가난하게, 빈약하게, 서투르게
poorness 결핍, 불완전, 허약

· 관련표현 ·
poorly dressed 초라한 옷차림을 한
poorly paid 박봉의
poor soil 메마른 땅
a *poor* crop 흉작
poor health 좋지 않은 건강
as *poor* as a church mouse 매우 가난한
poor box (교회의) 헌금함
speak *poorly* 말이 서투르다
think *poorly* of ~ ~을 시시하게 생각하다

syn. moneyless, penniless, broke, infertile, deficient, wretched, pitiable
ant. rich, affluent, wealthy, fertile, fruitful

☐ **position** [pəzíʃən]

n. **1 the role and the importance that someone has in society** 사회적 지위, 신분: She was a woman of high *position*. 그녀는 높은 사회적 지위에 있는 여자였다.

2 a job or a post of employment 일자리, 직위: Hyundai Motor said it would scale back its U.S. operations by eliminating

· 파생어 ·
positional 위치의, 지위의

· 관련표현 ·
be placed in an awkward *position* 곤란한 입장에 놓이다
one's *position* in society 사회적 지위[신분]

100 *positions*. 현대 자동차 측은 100개의 일자리를 없애 미국 내 공장 조업을 줄이겠다고 말했다.

3 a place or location 장소, 위치: The hilltop is a perfect *position* for a watchtower. 언덕 꼭대기 지점이 감시탑을 설치하기에 가장 좋은 곳이다.

4 a posture or stance 자세: The sprinters lined up in a tense crouching *position*. 단거리 선수들은 긴장된 구부린 자세로 출발선에 서 있었다.

5 an attitude or opinion on a certain subject 견해, 입장, 태도: What's your *position* on foreign aid? 외국 원조에 대한 당신의 견해[입장]는 어떻습니까?

6 a situation, as it relates to the surrounding circumstances 상태, 형편, 형세: I'd like to help you, but I'm in no *position* to do so. 당신을 돕고 싶지만, 저는 지금 그럴 형편이 아닙니다.

get a good *position*
좋은 일자리를 얻다
out of *position* 부적당한 자리에 놓여
sitting *position* 앉아 있는 자세
standing *position* 서 있는 자세

syn. place, posture, situation, status, job, viewpoint

|실전문제|
다음에 주어진 뜻풀이 가운데서 밑줄 친 position의 의미로 가장 적절한 것은?

In the company's present position they can't afford to offer higher wages.

(1) a posture or stance
(2) the role and the importance that someone has in society
(3) a job or a post of employment
(4) a situation, as it relates to the surrounding circumstances

해설 | 회사가 더 많은 임금을 줄 수 없다는 것은 회사의 현재 처해 있는 '상태' 또는 '형편'이다. (4) 「회사의 현 상태로는 더 많은 임금을 줄 형편이 되지 않는다.」

□ **positive** [pázətiv]

a. **1 being certain; very sure** 확신하는, 자신 있는: She was *positive* she had seen him before. 그녀는 전에 그를 본 적이 있다고 확신했다. / The theory seemed unlikely to me, but the scientist seemed absolutely *positive* about it. 나는 그 이론이 가능성이 없는 것처럼 보였지만, 그 과학자는 절대적으로 확신을 하는 것처럼 보였다.

2 leaving no possibility of doubt; irrefutable 의문의 여지가 없는, 명확한, 확실한: He gave a *positive* identification of the killer. 그는 그 살인자를 명확하게 확인해 주었다. / These fingerprints are *positive* proof that he broke into the house. 이 지문들은 그가 그 집에 침입했다는 확실한 증거이다.

3 showing confidence or hope 적극적인: I like your *positive* attitude to life. 나는 인생에 대한 너의 적극적인 태도가 좋아.

· 파생어 ·
positively 확실히, 정말로, 적극적으로, 긍정적으로
positivity 확신, 적극성
positivism 명백성, 확신, 실증 철학

· 관련표현 ·
a *positive* answer 긍정적인 답
positive knowledge 명확한 지식
a *positive* lie 명백한 거짓말
positively true 절대적으로 사실인
be *positive* about[of] ~
~을 확신하다(=be sure about ~)

4 producing a successful result; constructive 건설적인: I'd like to make a *positive* suggestion to this project. 나는 이 프로젝트에 대해 건설적인 제안을 하고 싶군요.

5 optimistic or affirmative 긍정적인: What we need is some *positive* thinking. 우리에게 필요한 것은 긍정적인 사고입니다.

syn. sure, firm, decisive, certain, confident, constructive, optimistic
ant. unsure, negative, impractical, pessimistic, uncertain

|실전문제|

다음에 주어진 뜻풀이 가운데서 밑줄 친 positive의 의미로 가장 적절한 것은?

He always suggests some positive ideas on company policy.

(1) showing confidence or hope
(2) leaving no possibility of doubt; irrefutable
(3) producing a successful result; constructive
(4) optimistic or affirmative

해설 | 우선 on company policy(회사 정책에 관해서)라는 표현이 있으므로 문맥상 '건설적인 아이디어를 제안하다'가 가장 어울리는 말이다. (3) 「그는 항상 회사 정책[방침]에 대해 건설적인 생각을 제안한다.」

□ possess [pəzés]

vt. 1 to have as property; own (재산을) 가지다, 소유하다: The rich man *possesses* a few buildings and a lot of property. 그 부자는 몇 개의 건물과 많은 땅을 소유하고 있다.

2 to have a particular quality (자질, 특징을) 지니다: She *possesses* a beautiful singing voice. 그녀는 아름다운 목소리를 가지고 있다.

3 to contain or control one's feelings or mind (마음, 감정 등을) 억제하다: He doesn't know how to *possess* his temper. 그는 노여움을 참는 법을 모른다.

4 to conquer or seize 점유하다, 정복하다, 손에 넣다: Nazi Germany *possessed* most of Europe during World War II. 나치 독일은 제2차 세계 대전 중에 유럽 대부분을 손에 넣었다.

5 to gain control over; dominate 지배하다, 마음을 사로잡다: Richard III was *possessed* by his wish to be a king. 리처드 3세는 왕이 되려는 마음에 사로잡혔다.

· 파생어 ·

possession 소유, 점유; 소지품, 소유물, 재산; 홀림, 사로잡힌 생각
possessive 소유의, 소유를 나타내는; 소유격
possessor 소유자, 점유자
possessed 홀린, 열중한

· 관련표현 ·

possess **wisdom** 지혜를 가지다
possess **a gun** 총을 소지하다
be *possessed* 불법 소지
possessed **of devil** 귀신에 사로잡혀
illegal *possession* 불법 소지
be in *possession* of ~
~을 소유하다
possessive **instinct** 소유 본능

syn. hold, own, maintain, be endowed with, conquer, control, dominate

|실전문제|

다음에 주어진 뜻풀이 가운데서 밑줄 친 possessed의 의미로 가장 적절한 것은?

She seemed to be possessed of a devil.

(1) to contain or control one's feelings or mind
(2) to gain control over; dominate
(3) to have as property; own
(4) to conquer or seize

해설 | 뒤에 악마(devil)가 나오므로, '악마에게 홀리다[사로잡히다]'가 가장 적당한 답이다. (2) 「그녀는 악마에게 홀린 것 같았다.」

□ pour [pɔːr]

vt. **1 to make (a liquid) flow steadily, as from a container** 따르다, 붓다: The waitress *poured* champagne into the glasses. 여급이 유리잔에 샴페인을 부었다. / *Pour* yourself another cup of tea. 차를 한 잔 더 따라 마셔라.

2 to send forth or express in an uncontrolled way (말을) 토해내다, (걱정이나 괴로움을) 늘어놓다: She *poured* out her worries to the consultant. 그녀는 상담자에게 걱정을 털어놓았다.

vi. **1 to rain heavily** (비가) 억수같이 퍼붓다: It has been *pouring* with rain all week. 한 주 내내 비가 억수같이 내렸다.

2 to move or proceed in large numbers 쇄도하다, 밀어닥치다: Holidaymakers continued to *poured* down to the coast in search of surf and sun. 행락객들이 파도와 태양을 찾아서 해안가로 계속 밀려들었다.

· 파생어 ·
pouring 쏟아 붓는, (비가) 세차게 내리는

· 관련표현 ·
pour water 물을 따르다
pour cold water on ~ ~의 기세를 꺾다
pour over (강 등이) 넘치다, 범람하다
pouring rain 억수같이 쏟아지는 비

syn. descend, flow, rain in torrents

| 실전문제 |
다음에 주어진 뜻풀이 가운데서 밑줄 친 pouring의 의미로 가장 적절한 것은?
Smoke was pouring from the window.
(1) to send forth or express in an uncontrolled way
(2) to move or proceed in large numbers
(3) to make (a liquid) flow steadily, as from a container
(4) to rain heavily

해설 | 전체 문맥을 볼 때 '연기가 창문으로부터 밀어닥치다', 또는 '밀려들다'라고 해야 논리적으로 무리가 없다. (2) 「담배 연기가 창문으로부터 밀려들고 있었다.」

□ power [páuər]

n. **1 the ability to control people or things** 지배력, 권력, 권위: The reporter interviewed three woman who have reached position of great *power* and influence. 그 기자는 상당한 권력과 영향력이 있는 자리에 오른 세 명의 여성들과 인터뷰를 했다.

2 a right to act, given by law, rule, or official position 위임된 권력, 권한, 위임: The police and the army have been given special *powers* to deal with the situation. 그 사태에 대처하기 위한 특별 권한이 군경에게 주어졌다. / The prime mister has the *power* to dismiss and appoint cabinet ministers. 국무총리는 장관들을 해임하고 임명할 권한을 가지고 있다.

· 파생어 ·
powerful 강한, 강력한, (약이) 효능 있는
powerless 무력한, 무능한, 효능이 없는

· 관련표현 ·
the *power* of nature 자연의 힘
the *power* of a prayer 기도의 효험
a *power* plant 발전소
a *power* failure 정전(=a *power* outrage, *power* cut)
the great *powers* 열강들

477

3 a specific capacity or aptitude; natural ability 특수한 능력, 재능: The fortune-teller claims to have the *powers* to see the future. 그 점쟁이는 미래를 볼 수 있는 능력을 가지고 있다고 주장한다.

4 a country that has strong military forces and is very rich 강대국, 강국: The western *powers* turned down the Russian proposal. 서구 강국들은 러시아의 그 제안을 거절했다.

5 force that can be used to produce electricity or to drive a machine 전력, 동력: *Power* has been restored to most parts that were hit last night by strong winds. 지난밤 강풍이 강타한 대부분의 지역의 전력[전기]이 복구되었다.

|실전문제|

다음에 주어진 뜻풀이 가운데서 밑줄 친 power의 의미로 가장 적절한 것은?

The manager has the power to fire an employee.

(1) a country that has strong military forces and is very rich
(2) force that can be used to produce electricity or to drive a machine
(3) a right to act, given by law, rule, or official position
(4) the ability to control people or things

해설 | 직원을 해고하는 것은 하나의 '권한'에 속한다. (3) 「매니저는 직원을 해고할 권한을 가지고 있다.」

☐ **practice** [prǽktis]

n. **1** a repeated performance or exercise in order to improve one's skill 연습, 실습: They have three choir *practices* a week. 그들은 일주일에 세 번 성가대 연습을 한다.

2 a doctor's or lawyer's business (의사, 변호사 등의) 업무, 영업: My law *practices* isn't the most important thing in my life. 변호사 사무소 운영이 내 인생에서 가장 중요한 일은 아니다.

3 the act or process of doing something 실제, 실행: It looks all right in theory, but will it work in *practice*? 이론상으로는 괜찮지만 실제로는 잘될까?

4 a repeated or standard act or course of action 버릇, 관습, 관행: We must get away with unfair trade *practices*. 우리는 불공정 무역 관행을 없애야 한다.

a super *power*
초강대국(미국과 러시아)

a *power* behind the throne
막후 실력자

out of one's *power* 불가능한
(=impossible)

have[hold] *power* over ~
~을 지배하다

to the best[utmost] of one's
power ~의 힘이 미치는 한, 가능한 한

within[in] one's *power*
힘이 미치는 범위 내에서

power supply 전력 공급

a *powerful* argument
설득력 있는 논쟁

syn. capacity, force, strength,
right, influence, authority
ant. incapability, weakness,
feebleness

·파생어·

practiced 경험이 있는, 연습을 쌓는

practicing 개업 중인

practicer 개업자, 실행자

practitioner (의사, 변호사의) 개업자

practical 실제의, 실용적인,
경험이 풍부한

practically 실질적으로, 사실상

practicable 실행할 수 있는,
사용할 수 있는

·관련표현·

a *practiced* driver 숙련된 운전자

a *practicing* doctor
개업의(개업 의사)

a general *practitioner* 일반 개업의

practically speaking 실제는

in *practice* 실제로는

daily piano *practice*
매일 하는 피아노 연습

labor *practice* 노사 관행

be in *practice* 연습하다.

|실전문제|

다음에 주어진 뜻풀이 가운데서 밑줄 친 practice의 의미로 가장 적절한 것은?

With a lot of practice he could speak Spanish fluently.

(1) the act or process of doing something
(2) a repeated or standard act or course of action
(3) a doctor's or lawyer's business
(4) a repeated performance or exercise in order to improve one's skill

해설 | 영어를 유창하게 하기 위해서는 꾸준한 '연습(practice)'이 필요하다. (4) 「많은 연습으로 그는 영어를 유창하게 말할 수 있었다.」

개업하고 있다
put ~ into *practice*
~을 실행에 옮기다
***practice* law** 변호사 개업을 하다
***practice* medicine** 의사 개업을 하다
a *practical* experience 실제 경험
***practical* English** 실용 영어
a matter of daily *practice*
일상다반사

syn. training, operation, habit, custom

·파생어·

pregnancy 임신; 풍부; 의미심장
pregnantly 임신해서; 의미심장하게; 풍부하게

□ pregnant [prégnənt]

a. **1 having an unborn baby in the body** 임신한: She was *pregnant* with their first child. 그녀는 그들의 첫 번째 아이를 임신했다. / How long has she been *pregnant*? 그녀가 임신한 지 얼마나 됩니까?

2 creative or inventive 창의력이 풍부한, 지략이 풍부한: He provided a lot of *pregnant* ideas. 그는 창의적인 아이디어를 많이 내놓았다.

3 filled with something not yet fully known (결과 등) 내포하고 있는: This is the situation *pregnant* with several interesting possibilities. 이것은 몇 가지 흥미로운 가능성을 내포한 상황이야.

4 filled with or rich in (~로) 가득한, (~가) 풍부한: The garden was *pregnant* with trees and bushes. 정원은 나무와 덤불로 울창했다.

·관련표현·

become *pregnant* 임신하다
be 3 months *pregnant*
임신 3개월이다
a *pregnancy* test 임신 테스트
during *pregnancy* 임신 기간 동안

syn. having a baby, expecting, full, teeming, meaningful, significant

|실전문제|

다음에 주어진 뜻풀이 가운데서 밑줄 친 pregnant의 의미로 가장 적절한 것은?

The land was pregnant with lush growth.

(1) filled with something not yet fully known
(2) having an unborn baby in the body
(3) filled with or rich in
(4) creative or inventive

해설 | lush growth(무성한 식물)이므로 land(땅)와 관련시켜 보면 이때의 pregnant는 '~가 많은, ~로 가득 찬'의 뜻이 적당하다. (3) 「그 땅은 무성한 식물로 가득 찼다.」

□ present [prézənt]

vt. **1 to give away formally or officially** 선물하다, 증정하다: When he retired from the company, the president *presented* a gold watch to him. 그가 회사를 퇴직했을 때, 사장은 그에게 금시계를 선물했다.

·파생어·

presently 이윽고, 곧; 현재(=at *present*)
presentment 진술, 상연, 제출
presentable 남에게 내놓을 만한, 선사하기에 알맞은

2 to cause to happen or be experienced (어려움, 도전, 기회 등을) 야기하다: His sudden resignation *presented* a serious problem. 그의 갑작스러운 사직은 심각한 문제를 초래했다. / The future is going to be the one that *presents* many challenges. 미래에는 많은 도전이 야기될 것이다.

3 to offer for consideration or acceptance 제시하다: When is the group *presenting* its report? 그 그룹은 언제 보고서를 제출할 것이냐?

4 to introduce and take part in a television or radio show (TV나 라디오 쇼에서) 소개시키다: And here to *present* the show tonight is Bob Smith. 오늘 밤 쇼에 소개될 분은 밥 스미스입니다.

·관련표현·

present ~ an opportunity
~에게 기회를 주다

present a new play
새 연극을 상연하다

present a petition to ~
~에게 탄원서[청원서]를 제출하다

in the *present* case 이 경우

for the *present*
당분간은(=for the time being)

up to the *present*
오늘날에 이르기까지

syn. award, give, provide, cause, introduce, submit

|실전문제|

다음에 주어진 뜻풀이 가운데서 밑줄 친 presented의 의미로 가장 적절한 것은?

He presented the school principal with a check for one million dollars as a scholarship.

(1) to introduce and take part in a television or radio show
(2) to offer for consideration or acceptance
(3) to give away formally or officially
(4) to cause to happen or be experienced

해설 ▶ 뒤에 100만 달러 수표가 있으며, '장학금으로'(as a scholarship)라는 표현도 있으므로, '기증[증정]하다, 선물로 주다'라고 해야 할 것이다. (3) 「그는 학교 교장에게 백만 달러 수표를 장학금으로 기증했다.」

□ **press** [pres]

vt. 1 to push firmly against something else 누르다: *Press* the button to start the engine. 엔진의 가동을 시작하기 위해서는 단추를 눌러라.

2 to hold firmly as a sign of friendship or love 껴안다, 꽉 쥐다: She *pressed* my hand firmly when we met for the first time. 우리가 처음 만났을 때 그녀는 내 손을 꽉 쥐었다. / He *pressed* her in his arms. 그는 두 팔로 그녀를 꽉 껴안았다.

3 to urge strongly 강요하다, 몹시 조르다: He *pressed* his friends to stay a little longer. 그는 친구들에게 조금 더 있다가 가라고 졸랐다.

4 to push one's way through the crowd (군중 속에서) 헤치고 나아가다: They *pressed* their way through the crowd. 그들은 군중을 헤치고 나아갔다.

5 to emphasize, underline or stress 강조하다, 역설하다: He *pressed* his point strongly. 그는 자기 논지를 강력히 주장했다.

·파생어·

pressing 절박한, 긴급한
pressure 압력, 압박, 곤란

·관련표현·

press the button for help
버튼을 눌러 도움을 청하다

press flesh
(선거 운동에서) 악수하다(=shake hands)

press grapes 포도즙을 짜내다

be *pressed* for time 시간에 쫓기다

be *pressed* for money
돈에 쪼들리다

press down on the brake
브레이크를 밟다

press for an answer
대답을 강요하다

| 실전문제 |

다음에 주어진 뜻풀이 가운데서 밑줄 친 pressed의 의미로 가장 적절한 것은?

She pressed her puppy to her bosom.

(1) to hold firmly as a sign of friendship or love
(2) to push one's way through the crowd
(3) to push firmly against something else
(4) to urge strongly

해설 | puppy(강아지)라는 말에서 press는 '껴안다(embrace, hug)'의 뜻인 것을 짐작할 수 있다. (1)「그녀는 그 강아지를 가슴에 꽉 안았다.」

price [prais]

n. **1 the amount of money a thing is sold or bought for** (물건의) 가격, 시세: What's the *price* of that car? 저 차의 가격은 얼마입니까? / Fruits are selling at a high *price*. 과일들이 비싼 가격에 팔리고 있다.

2 something that you have to do or suffer in order to get something 대가, 희생: He conquered the enemy, but at a heavy *price*. 그는 적을 정복했지만 대가는 컸다.

vt. **1 to fix the price for sale** (판매용으로) 가격을 정하다: The coat was *priced* at 80 dollars. 그 코트는 80달러의 가격이 매겨졌다.

2 to find out the price of 가격을 알아보다, 가격을 묻다: I have been *pricing* refrigerators in the downtown electric goods store. 나는 시내 전기 제품 가게에서 냉장고의 가격을 알아보고 있어.

| 실전문제 |

다음에 주어진 뜻풀이 가운데서 밑줄 친 price의 의미로 가장 적절한 것은?

They paid a heavy price for their freedom and independence.

(1) to fix the price for sale
(2) the amount of money a thing is sold or bought for
(3) something that you have to do or suffer in order to get something
(4) to find out the price of

해설 | for their freedom and independence(자유와 독립을 얻기 위해서)가 있으므로 이때 price는 명사의 뜻으로 '대가'가 된다. (3)「그들은 자유와 독립을 얻기 위해 많은 대가를 치렀다.」

---

be in the *press* 인쇄 중이다
out of *press* 절판되어
press conference 기자 회견(=news conference)
press release 보도 자료
press room 신문 기자실, 인쇄실
press secretary (미국의) 공보담당관

· 파생어 ·

priced ~의 가격의, 정가가 붙은
priceless 귀중한, 값을 따질 수 없는
pricey, pricy 비싼(=expensive)

· 관련표현 ·

reduced *price*
할인 가격(=discounted *price*)
list *price* (=regular *price*, marked *price*) 정가
a retail *price* 소매가
cf. a wholesale *price* 도매가
pay a *price* 대가를 지불하다
at cost *price* 원가로
the asked *price* 부르는 가격
high-*priced* 가격이 비싼
opp. low-*priced* 가격이 낮은
price fixing 가격 조작
price tag 가격 꼬리표
price war 에누리 경쟁

syn. cost, face value, expensive, worth, penalty, set a price on

☐ pride [praid]

n. 1 a feeling of pleasure and satisfaction at one's own or another's accomplishments, possessions, etc. 자존심, 자긍심, 긍지: Her *pride* was hurt. 그녀는 자존심에 상처를 받았다.

2 a source of pleasure or satisfaction 자랑거리: He is the *pride* of his parents. 그는 양친의 자랑거리다.

3 an unjustified assumption of superiority; arrogance 자만, 교만: *Pride* will have a fall. 교만한 자는 오래가지 못한다.

vt. to be proud of 자랑하다: She *prides* herself on her skill in cooking. 그녀는 요리 솜씨가 자랑이다. / He *prides* himself on always remaining calm in an emergency. 그는 위급 상황에서도 항상 침착함을 유지하는 것이 자랑이다.

|실전문제|

다음에 주어진 뜻풀이 가운데서 밑줄 친 pride의 의미로 가장 적절한 것은?

His art collection was the pride of the family.

(1) the state or feeling of being proud.
(2) a source of pleasure or satisfaction
(3) the best of a group, class, society, etc.
(4) the most flourishing state or period: in the pride of adulthood.

해설 | pride는 여러 뜻이 있다. '자랑', '자존심', '긍지', '자만', '자랑거리', '한창 때', '(사자 따위의) 때', '혈기' 등의 뜻이 있는데, 여기에서는 the와 함께 쓰이는 '자랑거리' 의 뜻으로 쓰이고 있다. (2) 「그가 소장한 예술 작품들이 그의 가족을 자랑스럽게 만든다.(자랑거리란 뜻)」

·파생어·
prideful 교만한, 건방진, 자존심이 강한
self-pride 자랑, 자부심, 자만

·관련표현·
a person's *pride* and joy
대단히 소중히 여기는 사람[물건]
give ~ *pride* of place
최고로 평가하다
in the *pride* of one's years
전성(全盛)시대에, 한창때에
keep one's *pride* 자존심을 지키다
***pride* on ~** ~을 자랑하다
take a *pride* in ~ ~을 자랑하다
the *pride* of the desert 낙타
the *pride* of the morning
새벽녘의 안개
civic *pride* 시민의 긍지

syn. arrogance, vanity, egoism, hubris, conceit
ant. humility

☐ prime [praim]

a. 1 first in importance or the most important in a situation 가장 중요한, 첫째의: He's the *prime* suspect in the murder case. 그는 그 살인 사건의 주요 용의자이다. / Economic stability will be the *prime* concern. 경제 안정이 첫째 관심사가 될 것이다.

2 of the very best quality 일류의, 최고급의: Only *prime* foods are served at the luxurious hotel. 그 고급 호텔에서는 양질의 음식만 제공된다.

3 great or excellent 훌륭한, 우수한: He's in *prime* conditions. 그는 컨디션이 좋다.

4 basic, fundamental, or essential 기초적인, 근본적인: Love is a *prime* emotion. 사랑은 근본적인 감정이다.

·파생어·
primary 첫째의, 주요한, 근본적인, 초등 교육의
primely 최초로, 뛰어나게
primarily 첫째로, 근본적으로, 주로
primer 초보서, 입문서; 뇌관

·관련표현·
feel *prime* 기운이 넘치다
in the *prime* of life 인생의 한창때에
the *prime* of youth
청년 시절(21~28세)
***prime* minister** 국무총리, 수상
***prime* time** TV, 라디오의 시청률이 가장 높은 시간(=golden hour)

|실전문제|

다음에 주어진 뜻풀이 가운데서 밑줄 친 primary의 의미로 가장 적절한 것은?

I don't think young people's <u>primary</u> aim in life is to smoke and get drunk.

(1) basic, fundamental, or essential
(2) great or excellent
(3) of the very best quality
(4) first in importance or the most important in a situation

해설 | aim(목표)의 수식을 받고 있으므로, aim과 말을 만들어 보면, '인생의 (주된, 일차적인) 목표' 라고 해석이 된다. (4) 「나는 젊은이들의 주된 인생 목표가 흡연하고 술에 취하는 것은 아니라고 생각한다.」

□ **primitive** [prímətiv]

a. **1 of the earliest stage in the development of life or humans** 원시의, 태고의: The Eskimos of the far north are *primitive* people. 극북 지역의 에스키모인들은 원시인들이다.

2 roughly made or done; not greatly developed or improved 원시적인, 소박한, 미발달의: Small seashells were often used as a *primitive* kind of money. 어떤 조가비들은 종종 원시적인 형태의 돈으로 사용되었다. / Some tribes on earth still live in *primitive* fashion. 지구상의 몇몇 부족들은 여전히 소박한 원시생활을 하고 있다.

3 inconvenient and old-fashioned 구식의, 불편한: The pioneers had to endure quite *primitive* living conditions. 개척자들은 꽤 불편한 생활을 이겨내야만 했다.

n. **a painter or a sculptor of the time before the Renaissance** 르네상스[문예 부흥] 이전의 화가 또는 조각가: Could you tell me about one of the *primitives*? 르네상스 이전의 화가 중 한 명에 대해서 말해 줄 수 있습니까?

prime election 예비 선거
primary school 초등학교 (=elementary school)
prime for ~
~을 준비하다(=prepare for ~)
of *prime* importance 가장 중요한
of *prime* quality 최고급의

syn. chief, main, superior, supreme, fundamental, excellent
ant. secondary, inconvenient, low

· 파생어 ·
primitively 원시적으로, 소박하게
primitivism 원시주의

· 관련표현 ·
primitive culture 원시 문화
primitive stage 원시 단계
primitive weapons 원시적 무기(창, 칼 등)
primitive art 원시 예술

syn. earliest, undeveloped, uncivilized, uncomfortable, inconvenient
ant. advanced, developed, sophisticated, refined, comfortable

|실전문제|

다음에 주어진 뜻풀이 가운데서 밑줄 친 primitive의 의미로 가장 적절한 것은?

He likes a <u>primitive</u> style of painting.

(1) roughly made or done; not greatly developed or improved
(2) inconvenient and old-fashioned
(3) a painter or a sculptor of the time before the Renaissance
(4) of the earliest stage in the development of life or humans

해설 | 뒤에 painting(그림)이 있으므로 이때의 primitive는 '원시적인 그림' 이 된다.
(1) 「그는 원시적인 스타일의 그림을 좋아한다.」

☐ **private**[práivit]

a. **1 not shared with others; personal or secret** 비밀의, 사적인: Plans of the M&A were kept *private*. 기업 합병 및 인수 계획은 비밀에 부쳐졌다. / Don't tell anyone else what I told you. It's *private*. 내가 너에게 이야기한 것을 아무에게도 말하지 마. 비밀이야.

2 not intended for everyone but for a chosen group; not public 사유의, 개인 전용의: This is *private* property. 이 땅은 개인 사유지이다. / The famous entertainers in America have their own *private* planes. 미국의 유명 연예인들은 개인 전용 비행기를 가지고 있다.

3 not connected with, or owned by government; independent 사립의, 민간의, 독립된: Treatment in government hospitals is free, but if you go to a *private* hospital, you must pay. 정부 병원에서의 치료는 무료이지만 개인 병원에 가면, 돈을 내야 한다.

4 secluded or reclusive 은둔한, 남의 눈을 피한: He retired to his *private* retreat in the mountains. 그는 산속 피난처로 은둔했다.

|실전문제|

다음에 주어진 뜻풀이 가운데서 밑줄 친 private의 의미로 가장 적절한 것은?

The king was on a private visit to enable him to pray at the tombs of his ancestors.

(1) secluded or reclusive
(2) not shared with others; personal or secret
(3) not connected with, or owned by government; independent
(4) not intended for everyone but for a chosen group; not public

해설 | private visit은 '개인적인 방문'으로 이미 굳어져 있는 표현이며, 문맥을 보더라도 홀로, 또는 개인적으로 묘를 방문하는 내용이다. (2) 「그 왕은 개인적으로 조상의 묘를 방문하여 절을 했다.」

· 파생어 ·

privacy 사적 자유, 사생활, 비밀
privately 개인적으로, 비밀로
privatize 민영화하다, 독점하다

· 관련표현 ·

private life 사생활(=*privacy*)
in my *private* opinion 사견으로는
private enterprise 사기업, 민간 기업
private detective 사립[사설] 탐정(=*private* eye)
private sector 민간 부문
cf. public sector 공공 부문
private conversation 밀담, 사적인 대화

syn. personal, confined, confidential, clandestine, secluded, isolated
ant. public, open, disclosed, revealed

☐ **proceed**[prousí:d]

vi. **1 to go in a particular direction** 앞으로 나아가다, 가는 길을 계속하다: Let's *proceed* to the cafeteria. 구내식당으로 갑시다.

2 to set out or begin to carry on an action 착수하다, 시작하다: After everyone was seated, the chairperson *preceeded* to announce his plans. 모든 사람이 앉은 후, 의장은 그의 계획을 발표하기 시작했다.

3 to continue with a story, a lesson, or a meeting (이야기, 수업, 회의 등을) 계속하다: *Proceed* with your story. 당신의 이야기를 계속하시오.

· 파생어 ·

proceeding 진행, 소송 절차
process 진행, 과정, 진전
proceeds (*pl.*) 수익, 매상금

· 관련표현 ·

summary *proceedings* 약식 재판 절차

the *proceeds* of a business 영업 수익

proceed to extremes 극단에 이르다

proceed downstairs

4 to go on and do not stop an activity or events (행동이나 행사가) 계속되다: Their corporate expansion has *proceeded* steadily since the corporation was founded. 그 기업이 설립된 이래로 기업 확장은 꾸준히 계속되었다. / The work is *proceeding* according to the plan. 그 일은 계획대로 진행 중이다.

5 to result from; originate 일어나다, 기인하다: His destitution *proceeded* from unwise spending. 그의 궁핍은 현명치 못한 지출에서 기인했다.

아래층으로 내려가다
process of manufacture
제조 공정
in the *process* of time
시간이 흐름에 따라
in the *process* of ~ ~의 진행 중에

|실전문제|
다음에 주어진 뜻풀이 가운데서 밑줄 친 proceeding의 의미로 가장 적절한 것은?
The construction project was proceeding with surprising speed.
(1) to result from; originate
(2) to go on and do not stop an activity or events
(3) to set out or begin to carry on an action
(4) to go in a particular direction
해설 | 주어가 건설 공사이므로, 이것이 '놀라운 속도로 진행되다'라고 하는 것이 문맥에 맞다. (2) 「그 건설 공사는 놀라운 속도로 진행되고 있다.」

☐ **produce**[prədjúːs]

vt. **1 to make in large quantities** (대량으로) 생산하다, 제작하다: They're thinking of *producing* a new synthetic fiber. 그들은 새로운 합성 섬유 생산을 고려 중이다.

2 to bring into existence 생기게 하다, 산출하다: The pancreas is an organ in the body that *produces* insulin. 췌장은 우리 몸에서 인슐린을 만드는 기관이다.

3 to show or present evidence or proof (증거를) 제시하다[제출하다]: Can you *produce* any proof of your date of birth? 당신 생년월일의 증거를 댈 수 있습니까?

4 to bring (a play, movie) before the public (연극을) 공연하다 [연출하다]: They *produce* a good play in a downtown theater. 시내의 한 극장에서 좋은 연극을 상연한다.

5 to cause a particular result 야기하다, 일으키다: Dim lights and soft music are likely to *produce* a romantic atmosphere. 어두침침한 불빛과 부드러운 음악은 낭만적 분위기를 자아낸다.

·파생어·
product 제품, 생산품
production 생산
productive 생산적인, 다산의, 결과로 생기는
productivity 생산성, 생산력
producer 생산자, 제작자
producing 생산하는

·관련표현·
produce a sensation
일대 선풍을 일으키다
produce one's proof
증거를 제시하다
produce on the line
일관 작업으로 대량 생산하다
agricultural *product* 농산물
productive land 기름진 땅
labor *productivity* 노동 생산성

| 실전문제 |

다음에 주어진 뜻풀이 가운데서 밑줄 친 produce의 의미로 가장 적절한 것은?

Can you produce evidence to clear him?

(1) to bring into existence
(2) to show or present evidence or proof
(3) to make in large quantities
(4) to cause a particular result

해설 | 목적어로 evidence(증거)가 나오므로, '증거를 제시하다[제출하다]'의 뜻이 된다. (2) 「그의 결백함을 입증하기 위해 증거를 댈 수 있습니까?」

syn. make, create, devise, give, provide, show, bring out, give rise to

project [prədʒékt]

vt. **1 to think about as a likely course of action; plan** 계획하다, 설계하다: The *projected* cuts in government force will be strongly opposed by the public unions. 정부 인력의 계획된 감축에 대해 공공 노조들이 강력히 반대할 것이다.

2 to predict or calculate 추측[추정]하다, 예측하다: Can you *project* next year's sales? 내년 판매량을 예측할 수 있습니까?

3 to throw through the air with force 내던지다, 발사하다: The U.S. is planning to *project* a missile into space. 미국은 우주로 미사일을 발사할 계획이다.

vi. to stick out beyond an edge or surface 삐죽 튀어나오다: Ledges *project* about one foot all around the building. 건물 전체에 선반이 약 1피트쯤 튀어나와 있다.

·파생어·

projection 계획, 설계, 발사, 돌출부
projective 튀어나온, 투사되는
projector 설계자, 계획자, 영사기
projectile 발사하는, 추진하는, 투사될 수 있는

·관련표현·

a *projected* visit 계획된 방문
carry out a *project* 계획을 실시하다
housing *project* 토목 사업
the *projective* power of the mind 상상력
projective figure 투영도
draw up a *project* 계획을 세우다
projectile force 추진력, 발사력

syn. plan, draft, devise, jut out, stick out, forecast, calculate

| 실전문제 |

다음에 주어진 뜻풀이 가운데서 밑줄 친 project의 의미로 가장 적절한 것은?

Can you project how much the trip will cost you?

(1) to predict or calculate
(2) to throw through the air with force
(3) to stick out beyond an edge or surface
(4) to think about as a likely course of action

해설 | 문맥상 금액[액수]을 project하는 것이므로 '예측하다'의 뜻이 합당하다. (1) 「여행 경비가 얼마가 될지 예측할 수 있습니까?」

property [prápərti]

n. **1 something which is owned; possessions or belongings** 재산, 소유물: He left all his *property* to his only son. 그는 모든 재산을 그의 외동아들에게 물려주었다.

2 a building or a piece of land 땅, 건물, 부동산: We're interested in buying *property* in Alaska. 우리는 알래스카의 땅을 사는 데 관심이 있다. / Several *properties* in the street are for sale. 거리의 몇몇 건물이 매물로 나와 있다.

3 an essential or distinctive quality of a thing 고유한 성질, 특성: Cheerfulness is a *property* of her personality 쾌활함이 그녀 성격의 특징이다. / Oil has a *property* of floating on water. 기름은 물 위에 뜨는 성질을 가지고 있다.

4 ownership with its rights and duties according to the law (권리와 의무가 있는) 소유(권): *Property* has its obligations. 소유에는 의무가 따른다.

· 파생어 ·
propertied 재산이 있는
propertyless 재산[땅]이 없는

· 관련표현 ·
chemical *property* 화학적인 성질
personal[movable] *property* 동산
real *property* 부동산
literary *property* 저작권
property **tax** 재산세
propertied classes 유산 계급

syn. possessions, belongings, land, real estate, quality, aspect

|실전문제|
다음에 주어진 뜻풀이 가운데서 밑줄 친 <u>property</u>의 의미로 가장 적절한 것은?

The city is growing rapidly and the <u>property</u> in the center is becoming more expensive.

(1) an essential or distinctive quality of a thing
(2) a building or a piece of land
(3) something which is owned; possessions or belongings
(4) ownership with its rights and duties according to the law

해설 | 보어 부분을 보면 more expensive(더욱더 비싼)가 있으므로, 비싼 것은 '땅이나 토지'(=property)이지 '재산, 성질, 소유'의 뜻은 아니다. (2) 「그 시는 빠르게 성장하고 있어서 중심지 땅값이 점점 더 오르고 있다.」

proportion [prəpɔ́ːrʃən]

n. **1 the compared relationship between two things regarding the size, amount, and importance, etc.** 비, 비율: The *proportion* of men and women in the population has changed in recent years. 최근 몇 년 동안에 남녀의 인구 비율이 바뀌었다.

2 balance or symmetry 조화, 균형: The size of the furniture should be in *proportion* to the size of the room. 가구의 크기는 방 크기와 균형이 맞아야 한다. / Try not to lose your sense of *proportion*. 균형[평형] 감각을 잃지 않도록 하시오.

3 a part or share in its relation to the whole 부분, 몫, 할당분: A large *proportion* of the report was written by someone else. 그 보고서의 대부분이 다른 사람에 의해 쓰였다.

· 파생어 ·
proportional 비례하는, 균형 잡힌
proportionate 균형 잡히게 하다; 균형 잡힌(=proportional, proportioned)
well-proportioned 균형이 잘 잡힌
proportionment 비례, 균형이 잡힘

· 관련표현 ·
do one's *proportion* **of the work** 일에서 자기 몫을 하다
the *proportion* **of the expenditure to the income** 수입에 대한 지출의 비율

P

487

4 (*pl.*) dimensions or size 〈보통 복수로〉 크기, 규모: The *proportions* of the room allowed us to put in a grand piano. 방 크기가 커서 우리는 그랜드 피아노를 들여놓을 수 있었다. / Look at the tower of majestic *proportions*. 웅장한 저 탑을 보아라.

|실전문제|

다음에 주어진 뜻풀이 가운데서 밑줄 친 proportions의 의미로 가장 적절한 것은?

In the tropics plants grow to huge proportions.

(1) balance or symmetry
(2) the compared relationship between two things regarding the size, amount, and importance, etc.
(3) dimensions or size
(4) a part or share in its relation to the whole

해설 | huge(거대한)가 있으므로 '규모'나 '크기'를 말한다는 것을 알 수 있다. (3) 「적도 지방에서는 식물들이 굉장한 크기로 자란다.」

direct *proportion* 정비례
opp. indirect *proportion* 반비례

in *proportion* to[as] ~
~에 비례하여(to는 전치사, as는 접속사)

out of *proportion*
균형이 잡히지 않은

be directly[inversely] *proportionate* to ~ ~에 정[반]비례하다

proportional representation
비례 대표제

syn. balance, ratio, harmony, size, part, portion
ant. disproportion, disparity, unbalance, disharmony

☐ **proud** [praud]

a. **1 feeling pleasure or satisfaction about one's achievements or possessions** 자랑스러운, 자랑할 만한: I'm so *proud* of you. 네가 무척 자랑스럽다. / I'm so *proud* of you for winning the competition despite the difficult situations. 나는 어려운 상황에도 불구하고 경기에서 우승한 네가 무척 자랑스럽구나.

2 having too high an opinion of oneself and one's own importance; arrogant 거만한, 뽐내는, 잘난 체하는: He is too *proud* to ask questions. 그는 너무나 거만해서 질문을 안 한다. / She is so *proud* that she won't even speak to people like us. 그녀는 너무나 거만한 나머지 우리 같은 사람들과는 이야기도 하지 않는다.

3 imposing, glorious, or exalted 당당한, 훌륭한: It was a *proud* time for his parents when he received a full scholarship. 그가 전액 장학금을 받았을 때 그의 부모에게는 당당한 시간이었다.

4 laying an importance on one's honor 명예를 중히 여기는, 자존심이 있는: The statesman is too *proud* to take a bribe. 그 정치가는 자존심이 강해서 뇌물을 받지 않는다.

|실전문제|

다음에 주어진 뜻풀이 가운데서 밑줄 친 proud의 의미로 가장 적절한 것은?

He is too proud to accept charity.

(1) imposing, glorious, or exalted
(2) having too high an opinion of oneself and one's own importance
(3) feeling pleasure or satisfaction about one's achievements or possessions

· 파생어 ·

proudly 자랑스럽게, 거만하게, 당당히
pride 자랑, 자존심, 자랑거리

· 관련표현 ·

a *proud* achievement
자랑스러운 업적

as *proud* as a peacock[turkey]
의기양양하여, 크게 기뻐하면서

humble one's *proud*
~의 거만한 콧대를 꺾다

swallow one's *proud*
자존심을 억누르다

take[have] a *proud* in ~
~을 자랑하다 (=*pride* oneself on ~)

syn. filled with pride, conceited, boastful, arrogant, glorious, exalted stately
ant. humble, dishonorable, ashamed, modest, humiliating

(4) laying an importance on one's honor

해설 | 우선 accept charity(자선 단체의 도움을 받다)가 있으므로, 이때 proud는 '자존심이 있는'의 뜻이 가장 적당하다고 볼 수 있다. (4) 「그는 자선 단체의 도움을 받아들이기에는 자존심이 허락하지 않는다.」

provide [prəváid]

vt. **1** to arrange for someone to use something useful; supply 공급하다, 제공하다: The Red Cross *provides* food and shelter for disaster victims. 적십자는 재난 피해자들에게 음식과 거주지를 제공한다.

2 to stipulate certain terms that must be fulfilled by the law (법률로) 규정하다: The contract *provides* that he cannot work for another company. 계약서에는 그가 딴 회사에서 근무할 수 없다고 규정하고 있다.

vi. **1** to supply with the things necessary for life (생활필수품을) 공급하다, 부양하다: He has five dependants to *provide* for. 그에게는 부양해야 할 가족이 다섯 명이 있다.

2 to prepare in advance 미리 준비하다, 대비하다: He worked hard to *provide* for his old age. 그는 자신의 노후를 대비하고자 열심히 일했다. / A wise man would *provide* against a rainy day. 현명한 사람이라면 만약의 불행에 대비할 것이다.

|실전문제|

다음에 주어진 뜻풀이 가운데서 밑줄 친 <u>provides</u>의 의미로 가장 적절한 것은?

The law <u>provides</u> that the old buildings must be owned by the government.

(1) to prepare in advance
(2) to arrange for someone to use something useful
(3) to supply with the things necessary for life
(4) to stipulate certain terms that must be fulfilled by the law

해설 | 주어가 law(법)이거나 contracts(계약서) 등일 때 provide의 뜻은 '규정하다 (=stipulate, postulate)'의 뜻이다. (4) 「오래된 그 건물들은 정부가 소유한다고 법에서[법으로] 규정하고 있다.」

public [pʌ́blik]

a. **1** relating to the people in a country, a city or a community 일반 국민의, 시민의: The president is attempting to drum up *public* support for his educational program. 대통령은 그의 교육 프로그램에 대한 국민들의 지지를 이끌어내려 하고 있다.

· 파생어 ·

provided 만약 ~이면(=if), ~을 조건으로(=on the condition that ~)

providing 만약 ~라면(=if) (provided 보다는 구어적인 표현)

provider 공급자, 부양자

provision 준비; (pl.) 식량, 규정, 조항

· 관련표현 ·

well *provided* for 아무 부족함이 없이 사는

be *provided* with ~ ~가 갖추어져 있다, ~가 준비되어 있다

a universal *provider* 만물상, 잡화상

***provide* for ~** ~을 준비하다, ~에 대비하다, ~을 부양하다

***provide* against (a rainy day)** (만일의 경우에) 대비하다

syn. supply, furnish, offer, allow, prepare, postulate, stipulate
ant. deprive, refuse, disallow, neglect

· 파생어 ·

publicly 공공연히(=in public)
publication 발표, 출판(물)
publicist 홍보(선전) 담당자, 정치 평론가
publicity 널리 알려짐, 평판, 선전
publish 발표하다, (서적 등을) 출판하다
publisher 출판업자, 출판사, 신문업자

2 being provided for everyone to use 공중의, 공공에 속하는: Whenever I have a free time, I usually go to a *public* library and read books. 나는 시간이 날 때마다 공공 도서관에 가서 책을 읽는다.

3 widely known or familiar to many people 널리 알려진, 공개적인, 모르는 사람이 없는: The scientist made his findings *public* to every man in his country. 그 과학자는 자신의 연구 결과를 그 나라의 모든 사람에게 공개했다.

4 connected with or acting on behalf of the people or government 공적인, 공무의: The social services account for a substantial part of *public* spending. 사회 서비스 분야는 공공 비용 지출의 상당 부분을 차지한다.

|실전문제|

다음에 주어진 뜻풀이 가운데서 밑줄 친 public의 의미로 가장 적절한 것은?

I intentionally avoid working in places which are too public.

(1) being provided for everyone to use
(2) widely known or familiar to many people
(3) connected with or acting on behalf of the people or government
(4) relating to the people in a country, a city or a community

해설 | 관계대명사인 which의 선행사는 places인데, 장소를 이야기하므로 '잘 알려진, 공개적인'의 뜻으로 짐작할 수 있다. (2) 「나는 일반 사람들이 잘 아는 곳을 의도적으로 피한다.」

· 관련표현 ·

a *publicity* campaign 선전 활동
a *public* bath 공중목욕탕
public welfare 공공복리
a *public* official
공무원(=government official)
public document 공문서
a *public* debate 공개 토론회
public good 공익(=*public* interest)
public hearing 공청회
cf. hearing 청문회
public library 공립 도서관
public opinion 여론
e.g. a *public* opinion poll 여론 조사
public prosecutor 검사
public relations 홍보, 선전(=PR)
public speech 대중 연설
public utility (전기, 가스, 수도 등의) 공익사업[설비]

syn. common, civic, plain, accessible
ant. private, personal, secret, hidden, unknown

☐ **pulse** [pʌls]

n. **1 the regular beating of blood through one's body** 맥박, 고동: The doctor took the patient's *pulse*. 그 의사는 환자의 맥박을 짚어 보았다.

2 a strong regular beat in music (음악의) 박(拍): I like the repetitive *pulse* of the music. 나는 그 음악의 반복적인 비트가 마음에 든다.

3 a small change in the quantity of electricity going through something (전기의) 펄스(지속 시간이 극히 짧은 전류): The switch works by passing a *pulse* of current between the tip and the surface. 그 스위치는 끝 부분과 표면 사이에 전류가 통과함으로써 작동된다.

4 the ideas, opinions, or feelings of a group of people 의향, 기분, 경향: The people in America insist that the president should be in touch with the *pulse* of the Hispanic community. 미국 국민들은 대통령이 히스패닉 지역의 입장을 알아야 된다고 주장한다.

· 파생어 ·

pulsate 진동하다, 고동치다
pulsatile 고동치는, 두근거리는
pulsation 맥박, 진동, 맥동
pulsative 고동치는, 박동하는(=pulsatory)
pulseless 맥박 없는, 활기 없는

· 관련표현 ·

pulsate with excitement
흥분으로 떨다
feel[take] one's *pulse*
맥박을 짚어보다
stir one's *pulse* 누구를 흥분시키다

| 실전문제 |

다음에 주어진 뜻풀이 가운데서 밑줄 친 pulse의 의미로 가장 적절한 것은?

The movie star claims he doesn't understand his own appeal to raise the pulse rate of American women.

(1) a small change in the quantity of electricity going through something
(2) a strong regular beat in music
(3) the ideas, opinions, or feelings of a group of people
(4) the regular beating of blood through one's body

해설 | pulse rate는 '맥박 수'라는 뜻이며, raise와 합해서 '맥박 수를 증가시키다, 기분을 좋게 하다'의 뜻으로 사용된다. (4)「그 영화배우는 미국 여성들의 마음을 설레게 하는 자신의 매력이 무엇인지를 이해하지 못하겠다고 말한다.」

feel on the *pulse* 피부로 느끼다
pulse rate 맥박 수[율]
pulse-taking 동향 조사

syn. throb, palpitation, rhythm, beat, vibration

P

☐ purpose [pə́:rpəs]

n. **1 a person's reason for an action; intention** 의도, 목적: Did you come to New York to see your family, or for business *purpose*? 뉴욕에 가족을 만나러 왔습니까, 아니면 사업 목적으로 왔습니까?

2 the thing a person wants to achieve (이루고자 하는) 목적: His *purpose* was to make a profit by improving the company's performance. 그의 목적은 그 회사의 업무 수행을 개선함으로써 이윤을 창출하는 것이었다.

3 a use, result, or effect 효과, 용도: I haven't got a pen, but a pencil will serve the same *purpose*. 펜은 없지만 연필도 같은 용도[효과]로 쓸 수 있다.

4 a point in question 문제점, 취지, 요점: He spoke to the same *purpose*. 그도 같은 취지의 말을 했다.

5 determination or resolution 결심, 결의: He renewed his *purpose* this year. 그는 금년에는 결의를 새롭게 했다.

| 실전문제 |

다음에 주어진 뜻풀이 가운데서 밑줄 친 purpose의 의미로 가장 적절한 것은?

He walked with a stride full of purpose.

(1) a point in question
(2) a person's reason for an action; intention
(3) a use, result, or effect
(4) determination or resolution

해설 | full of purpose는 '결의[결심]으로 가득 차서'를 뜻하는 숙어 표현이다. 이것이 목적이나 의도 또는 취지가 되어서는 문맥에 전혀 맞지 않는다. (4)「그는 결의로 가득 차서 힘차게 걸었다.」

· 파생어 ·

purposeful 목적이 있는, 고의의
purposeless 무의미한, 목적이 없는, 결의가 없는
purposely 목적을 갖고, 고의로 (=intentionally)

· 관련표현 ·

attain[accomplish] one's *purpose* 목적을 달성하다
renew one's *purpose* 결의를 새롭게 하다
come to the *purpose* 문제에 이르다
on *purpose* 고의로, 일부러(=intentionally)
opp. by accident 우발적으로
to the *purpose* 적절히, 요령 있게
a sense of *purpose* 목적의식

syn. objective, intent, aim, intention, determination
ant. purposelessness, aimlessness, indetermination

☐ **pursue** [pərsúː]

vt. **1 to carry out an activity or a plan** (일, 연구, 계획 등을) 수행하다, 종사하다: She had come to Hollywood to *pursue* an acting career. 그녀는 연기 생활을 하기 위해서 헐리우드에 왔었다.

2 to make efforts to achieve a particular aim or result 추구하다: Is it possible to *pursue* economic reform and democracy simultaneously? 경제 개혁과 민주주의를 동시에 추구하는 것은 불가능할까?

3 to bother others by following around or asking questions 귀찮게 따라다니다, 질문으로 괴롭히다: The student *pursued* his teacher with a lot of questions. 그 학생은 많은 질문으로 선생님을 괴롭혔다.

4 to follow in an effort to overtake or capture 잡기 위해 추격하다: The police officer is *pursuing* the pickpocket who has stolen a woman's bag. 경찰관은 한 여성의 가방을 훔친 소매치기를 뒤쫓고 있다.

· 파생어 ·

pursuit 추적, 추격, 수행
pursuer 추적자, 수행자, 연구자

· 관련표현 ·

in the best *pursuit* of ~
~을 맹렬히 추적하는

in the *pursuit* of happiness
행복을 추구하는

pursue pleasure 쾌락을 추구하다

pursue a robber 강도를 뒤쫓다

pursue one's studies
연구에 종사하다

syn. follow, seek, attempt, strive

|실전문제|

다음에 주어진 뜻풀이 가운데서 밑줄 친 <u>pursued</u>의 의미로 가장 적절한 것은?

She <u>pursued</u> the goal of perfection in her art.

(1) to bother others by following around or asking questions
(2) to make efforts to achieve a particular aim or result
(3) to follow in an effort to overtake or capture
(4) to carry out an activity or a plan

해설 | 목적어인 goal(목표)을 보면 동사의 뜻을 짐작할 수 있는데 목표를 '추구하다'로 해석하는 것이 자연스럽다. (2) 「그녀는 자신의 예술에 있어 완벽을 추구했다.」

Q

qualify [kwάləfài]

vt. **1 to provide with necessary knowledge or skills** (일을 하는 데 필요한 지식, 기술 등의) 자격을 주다: His teaching experience *qualifies* him admirably for the job. 교직 경험으로 인해 그는 그 직업을 얻을 수 있는 데 적절한 자격이 된다.

2 to soften or nullify one's anger or sadness (분노나 슬픔을) 누그러뜨리다, 진정시키다: He's trying to *qualify* his anger. 그는 노여움을 진정시키려고 애쓰고 있다.

3 to modify or limit in some way 수정하다, 한정[제한]하다: The mayor said no, but later *qualified* his answer. 시장은 아니라고 했으나, 후에 그의 대답을 정정했다.

4 to modify the meaning of (문법에서) 수식하다, 꾸미다: Broadly speaking, adverbs are words that *qualify* verbs, adjectives, and other adverbs. 일반적으로 부사는 동사, 형용사, 그리고 다른 부사들을 수식하는 말이다.

|실전문제|

다음에 주어진 뜻풀이 가운데서 밑줄 친 qualified의 의미로 가장 적절한 것은?

Three years of experience <u>qualified</u> him for a promotion.

(1) to soften or nullify one's anger or sadness
(2) to modify or limit in some way
(4) to modify the meaning of
(4) to provide with necessary knowledge or skills

해설 | 동사를 묻는 경우에는 흔히 주어나 목적어를 보면 이를 짐작할 수 있는데, 지금은 주어가 3년간의 경험이므로 이것이 그에게 '자격을 준다'고 해야 자연스럽다. (4) 「3년의 경험으로 인해 그에게 승진의 자격이 주어졌다.」

·파생어·
qualified 자격 있는, 적당한
qualifier 자격을 주는 사람, 한정사, 수식어
qualifying 적격자 선발을 위한
qualification 자격(증), 조건, 제한

·관련표현·
qualifying examination 자격시험
a person **qualified** for the position 그 자리의 적임자
outstanding **qualification** 탁월한 자격
be **qualified** for[as] ~ ~로써 자격이 있다(=*qualify* for ~)
qualify ~ as … ~를 …라고 부르다
gain a medical **qualification** 의사 자격(증)을 따다
without any **qualification** 무조건[무제한]으로

syn. be eligible, entitle, limit, restrict, modify, soften

quarter [kwɔ́ːrtər]

n. **1 one of four equal parts of a whole** (전체의) 1/4: A *quarter* of the population voted for the candidate. 인구의 1/4이 그 후보자에게 찬성표를 던졌다. / Prices have fallen by a *quarter* since last January. 작년 1월 이래로 물가가 1/4까지 떨어졌다.

2 15 minutes before or after every hour 시간의 15분: It's a *quarter* past three. 지금 시각은 3시 15분이다. / This clock strikes the *quarters*. 이 시계는 15분마다 친다.

·파생어·
quarterly 연 4회의, 철마다, 계간지
quartered 4등분한, 숙소를 지급받은

·관련표현·
residential **quarters** 주택 지구
take up one's **quarters** 숙소를 잡다

493

3 a fixed period of three months for making payments 4분기의 한 분기: The profits of the multi-national corporation rose by 15% in the first *quarter*. 1/4분기에 그 다국적 기업의 이윤이 15%까지 상승했다.

4 one fourth of a U.S. or Canadian dollar that is worth 25 cents 25센트짜리 동전: He dropped a *quarter* into the slot of the pay phone. 그는 공중전화의 구멍 속에 25센트 동전을 넣었다.

5 (*pl.*) a room provided for soldiers, servants, or workers to live in 숙소: He went down from deck to the officers' *quarters*. 그는 갑판에서 장교 숙소로 내려갔다.

6 a place where a particular group of people traditionally live or work 지역, 거리, 지구: We visited the Chinese *quarter* of San Francisco. 우리는 샌프란시스코의 중국인 지역을 방문했다.

|실전문제|

다음에 주어진 뜻풀이 가운데서 밑줄 친 quarter의 의미로 가장 적절한 것은?

Insurance premiums are due every quarter.

(1) one fourth of a U.S. or Canadian dollar that is worth 25 cents
(2) a fixed period of three months for making payments
(3) a place where a particular group of people traditionally live or work
(4) a room provided for soldiers, servants, or workers to live in

해설 | 주어가 보험료이며, due는 일반적으로 '언제까지 납부[제출]해야 되는'의 뜻으로 보험료, 세금, 보고서, 숙제 등에 주로 쓰인다. (2) 「보험료는 분기별로 납부해야 한다.」

□ **queer**[kwiər]

a. **1 strange or unusually different** 이상한, 색다른, 괴상한: There's something *queer* about this house. 이 집은 어딘가 모르게 이상한 점이 있다. / There's something a bit *queer* going on there. 약간 괴상한 일이 거기서 벌어지고 있어.

2 slightly mad 약간 머리가 돈: He's a bit *queer* in the head. 그녀는 약간 머리가 돌았다.

3 suspicious or doubtful 수상한, 의심스러운: He gave some *queer* answers to the policeman's questions. 그는 경찰관의 질문에 대해 미심쩍은 답변을 했다.

4 slightly unwell 약간 몸[기분]이 좋지 않은: I'm a little bit *queer*, so I think I'll go home. 몸이 좀 좋지 않아서 집에 갈까 생각해.

---

live in close *quarters* 비좁은 곳에 빽빽이 살다

three *quarters* 3/4

send the bills each *quarter* 4분기마다 청구서를 보내다

ask for *quarter* (패전자·포로가) 살려 달라고 애걸하다

not a *quarter* 4분의 1[조금]도 ~않다

quarter oneself at a hotel[with a person] 호텔[~의 집]에 숙박하다

syn. one-fourth, area, region, lodgings

·파생어·

queerly 이상하게, 수상하게

queerish 조금 이상한

·관련표현·

a *queer* sort of fellow 좀 이상한 놈

a *queer* character 의심스러운 인물

go *queer* ((속어)) 머리가 좀 돌다

a *queer* fish[bird] 괴짜, 기인

queer money 위조 화폐

queer a person's pitch ~의 계획[기회]을 (사전에) 좌절시키다

a *queer* transaction 부정 거래

syn. odd, uncommon,

|실전문제|

다음에 주어진 뜻풀이 가운데서 밑줄 친 queer의 의미로 가장 적절한 것은?

Her queer way of dressing attracted the stares of passersby.

(1) strange or unusually different
(2) suspicious or doubtful
(3) strange or usually different
(4) slightly mad

해설 | 우선 queer가 수식하는 명사가 way(방법)이므로, 다른 것은 문맥에 맞지 않고, '괴상한[이상한] 방법'이라고 하는 것이 자연스럽다. (3) 「그녀의 괴상한 의상은 지나가는 사람들의 시선을 끌었다.」

question [kwéstʃən]

n. **1 something you say or write in order to ask someone about something** 질문, 물음: May I ask you a *question*? 질문 하나 해도 될까요? / I asked him a *question*, but he refused to answer it. 나는 그에게 질문을 했으나, 그는 답하기를 거부했다.

2 doubt or uncertainty 의심, 의문: There's no *question* that he will accept our job offer. 그가 우리의 채용 제의를 받아들일 것이라는 데는 의심의 여지가 없다.

3 a problem, matter, or point which needs to be considered and solved 해결할 문제, 현안: The *question* is who will solve the complex economical problems of Korea. 문제는 누가 한국의 복잡한 경제 문제를 해결하는가 하는 것이다. / There is the *question* of how to raise the welfare funds. 복지 기금을 어떻게 마련하느냐 하는 문제가 있다.

4 the problems which are set in order to test one's knowledge or understanding 시험 문제: That *question* did come up in the final examination. 그 문제가 학기 말 고사에 나왔다.

|실전문제|

다음에 주어진 뜻풀이 가운데서 밑줄 친 question의 의미로 가장 적절한 것은?

I'd like to travel more, but there's always the hard question of money.

(1) doubt or uncertainty
(2) something you say or write in order to ask someone about something
(3) the problems which are set in order to test your knowledge or understanding
(4) a problem, matter, or point which needs to be considered and solved

해설 | 뒤에 돈(money)이 있으므로, 여행에 필요한 '돈 문제'라고 해야 한다. (4) 「나는 더 많은 여행을 하고 싶으나, 항상 돈이라는 힘든 문제가 따라다닌다.」

suspicious, faint, abnormal
ant. common, normal, natural, sane, straight

· 파생어 ·

questionable 의심스러운, 수상한
questionless 의심 없는, 명백한
questionary 질문의, 의문의
questionnaire 질문서, 앙케트 조사
questioningly 질문조로, 미심쩍게

· 관련표현 ·

question and answer
질의응답(=Q & A)

raise a *question* 문제를 제기하다

put the matter to the *question*
문제를 표결에 부치다

and no *question* asked
무조건으로, 이의 없이

come into *question* 문제가 되다

out of the *question* 전혀 불가능한 (=impossible), 문제가 되지 않는

call in *question* (진술 등에) 의심을 가지다, 이의를 제기하다

beg the *question* 질문을 얼버무리다, 논점을 교묘히 피해 가다

bring ~ into *question*
~을 논의의 대상으로 하다, 문제시하다

syn. issue, question, subject, problem, difficulty

quick [kwik]

a. **1 moving or doing things with great speed** (속도가) 빠른, 민첩한: After a *quick* courtship they married. 짧은 연애 기간을 가진 후 그들은 빨리 결혼을 했다. / He's *quick* in his decisions. 그는 결단을 빨리 내린다.

2 taking or lasting only a short time (시간상) 빠른, 신속한: He took one last *quick* look about the room. 그는 마지막으로 한 번 방 주위를 빨리 돌아보았다.

3 clever and being able to understand fast 영리한, 머리가 잘 돌아가는: My son is a *quick* student and always has high grades. 내 아들은 영리해서 항상 높은 점수를 받는다. / He has *quick* wits. 그는 재치가 있다.

4 easily excited; hasty 성미 급한, 성마른, 괄괄한: He has a *quick* tongue, but is usually sorry afterward. 그는 성미 급하게 말을 하지만 보통 나중에는 미안해한다.

|실전문제|

다음에 주어진 뜻풀이 가운데서 밑줄 친 quick의 의미로 가장 적절한 것은?

She ran with quick steps to the house when it started raining.

(1) easily excited; hasty
(2) moving or doing things with great speed
(3) taking or lasting only a short time
(4) clever and being able to understand fast

해설 | '형용사 + 명사'로 형용사가 명사를 수식할 때는 명사를 보면 형용사가 어떤 뜻인지 대략적으로 짐작할 수 있다. 지금은 steps(발걸음)이므로 '빠른 발걸음으로' 라고 해석이 된다. (2) 「비가 오기 시작했을 때 그녀는 뛰어가듯이 속보로 집에 들어갔다.」

· 관련표현 ·

have a *quick* temper 성미가 급하다, 성마르다
***quick* reply** 즉답
***quick* to learn** 사물을 빨리 깨치는
***quick* at figures** 숫자 계산에 빠른
in *quick* succession 잇따라
***quick* and dirty** 급히 날림으로 지은
to the *quick* 속살까지, 절실히, 토박이의
***quick* fix** 임시변통책
***quick* freezing** 급속 냉동(법)
***quick*-tempered** 성급한, 화를 잘 내는
***quick*-witted** 재치 있는, 약삭빠른
***quick* of hearing** 귀가 예민한
***quick* of apprehension** 이해가 빠른

syn. brief, rapid, fast, sudden, speedy, swift, bright, impatient, irritable
ant. slow, dull, stupid, slow-witted, unskillful

quit [kwit]

vt. **1 to stop doing something** 그만두다, 중지하다: It is very difficult for him to *quit* smoking. 그가 금연하기는 참 어렵다.

2 to leave a place 떠나다, 물러나다: She *quit* her room in anger. 그녀는 화가 나서 방을 나갔다.

3 to leave one's job; resign (직을) 떠나다, 사직하다, 직장을 그만두다: You can't *quit* your job now. 당신은 지금 직장을 그만둘 수는 없습니다.

4 to pay one's debts or feelings back 빚을 갚다, 보답하다, 되갚음하다: She *quit* love with hate. 그녀는 사랑을 미움으로 갚았다.

· 관련표현 ·

***quit* office** 사직하다(=resign, *quit* a job)
be[get] *quit* of one's debts 빚에서 벗어나다
be *quit* of one's difficulties 어려움에서 벗어나다
give notice to *quit* 사직 통고를 하다
be *quit* of one's responsibilities 책임에서 벗어나다
***quit* hold of ~** ~을 놓아주다

| 실전문제 |

다음에 주어진 뜻풀이 가운데서 밑줄 친 quit의 의미로 가장 적절한 것은?

He quit the urban rat race and bought a farm in the country.

(1) to pay one's debts or feelings back
(2) to leave one's job; resign
(3) to leave a place
(4) to stop doing something

해설 | 목적어가 도시의 치열한 경쟁이며, 문맥상 '이것을 그만두고 떠난다'는 뜻이다.
(3) 「그는 치열한 도시의 경쟁을 떠나 시골에 농장을 구입했다.」

syn. stop, cease, discontinue, terminate, leave, go away from, resign
ant. start, begin, keep on, remain, maintain

Q

□ **quite** [kwait]

ad. **1 completely; to the greatest extent** 완전히, 아주: I'm not *quite* ready to go. 나는 전혀 갈 준비가 되지 않았어. / The bottle is *quite* empty. 그 병은 완전히 비어 있다.

2 fairly, or to a small extent, but not very 꽤, 상당히: She's a *quite* a lady. 그녀는 상당히 근사한 여자이다.

3 very; really 매우, 아주: The meal I had in the buffet was *quite* good. 내가 그 뷔페에서 먹은 음식은 아주 좋았다. / I've been *quite* busy lately. 나는 최근에 아주 바빴어.

4 to some degree; rather 다소간, 얼마간은: It takes *quite* sometime to finish the monthly meeting. 월례 회의를 마치려면 꽤 시간이 걸린다. / It was *quite* good, but not perfect. 훌륭하긴 했지만 완벽하지는 않았다.

· 관련표현 ·

quite agree with ~
~에 전적으로 동의하다

quite tired 매우[대단히] 피곤한

quite a few 적지 않은, 많은(=many)

quite something 대단한 것[일]

quite a little 적지 않은, 많은(=much)

quite recover from ~
~에서 완전히 회복되다

quite certain 아주 확실한

quite a number of ~ 상당수의 ~

be *quite* the thing 대유행이다

syn. totally, entirely, perfectly, exactly, extremely, considerably

| 실전문제 |

다음에 주어진 뜻풀이 가운데서 밑줄 친 quite의 의미로 가장 적절한 것은?

If you've quite finished interrupting, perhaps I can continue.

(1) very; really
(2) to some degree; rather
(3) completely; to the greatest extent
(4) fairly, or to a small extent, but not very

해설 | '말 가로막기(interrupting)가 끝났다'에서 동사인 finish를 수식하는 말로 '완전히 끝났다'라고 하는 것이 자연스럽다. (2)의 '다소간', (1)의 '아주, 매우', 그리고 (4)의 '꽤, 상당히'는 문맥에 맞지 않다. (3) 「말 자르는 것 다 끝나셨으면 제 말을 계속하겠습니다.」

R

☐ **race** [reis]

n. **1 a competition to see who is the fastest, for example in running, swimming, or driving** 경주: It rained the day of the stock car *races*. 차 경주를 하는 날에 비가 왔다.

2 one of the main groups into which human beings can be divided according to their physical differences 인종, 종족, 민족: Discrimination by employers on the grounds of *race* and nationality is illegal. 고용주가 인종과 국적의 이유로 차별을 하는 것은 불법이다.

3 a breed or type of animal or plant (동, 식물의) 품종: They bred an improved *race* of cattle. 그들은 우량종의 소를 길렀다.

4 a group of people with the same history, language, and customs 민족, 국민: The Korean race is not a single *race* any more. 한민족은 이제 단일 민족이 아니다.

5 a situation people or organizations compete for power or control (권력을 잡기 위한) 경쟁: Quite a few candidates entered the mayoral *race*. 꽤 많은 후보자들이 시장 선거에 뛰어들었다.

·파생어·
racer 경주자, 경주용 자동차 또는 요트
racial 인종의, 종족의
racing 질주 경기, 경주의
racism 인종 차별주의, 인종적 편견
racist 인종[민족] 차별주의자

·관련표현·
racial **discrimination** 인종 차별
racial **integration** 인종 차별 철폐
a *racing* **boat** 경주용 보트
race **up** (~을) 뛰어올라 가다; (기온·경비 등이) (~까지) 급상승하다
run a *race* 경주하다
race **around** (급한 일로) 여기저기 뛰어 다니다, 허둥대다

|실전문제|

다음에 주어진 뜻풀이 가운데서 밑줄 친 race의 의미로 가장 적절한 것은?

The family was burnt out of house during the race riots.

(1) a group of people with the same history, language, and customs
(2) a situation people or organizations compete for power or control
(3) one of the main groups into which human beings can be divided according to their physical differences
(4) a breed or type of animal or plant

해설 | race riots는 '인종 폭동' 이란 뜻으로, 이때 '인종(race)' 은 신체적인 차이에 따라 나누는 인간의 무리를 뜻한다. (3) 「인종 폭동으로 인해 그 가족의 집은 불타 없어졌다.」

☐ **rage** [reidʒ]

n. **1 strong anger that is difficult to control** 격노, 분격: The criminal admitted shooting the man in a fit of *rage*. 그 범인은 화가 치밀어 올라 그 사람을 쏘았다고 시인했다.

2 something popular and fashionable (일시적인) 대유행: Big earrings are on the *rage* now. 요즘은 큰 귀고리가 유행이다.

·파생어·
raging 격노한, 맹렬한
ragingly 맹렬하게, 터무니없이
rageful 미칠 듯이 화가 난

3 a strong desire or yearning 열망, 욕구: He has a great *rage* for power. 그는 권력에 대한 욕망이 대단하다.

4 a state of excitement 흥분 (상태): She was in a *rage* of excitement when she heard the news. 그녀는 그 소식을 듣고 흥분했다.

5 violence of wind, waves or disease (바람, 파도, 병 등의) 사나움, 맹위: The *rage* of the waves washed against the pier has been enormous. 방파제에 부딪치며 밀려오는 파도의 맹위는 대단했다.

|실전문제|

다음에 주어진 뜻풀이 가운데서 밑줄 친 <u>rage</u>의 의미로 가장 적절한 것은?

The defeated candidate stamped his foot in a <u>rage</u>.

(1) violence of wind, waves or disease
(2) something popular and fashionable
(3) strong anger that is difficult to control
(4) a strong desire or yearning

해설 | in a rage 또는 in a anger는 '화가 나서'라는 뜻의 관용적인 표현이므로 꼭 암기해야 한다. (3)「패배한 후보자는 화가 나서 발을 동동 굴렀다.」

· 관련표현 ·

fly into a *rage* 벌컥 화를 내다
a *rage* for power 권력에 대한 열망
in a *rage* of excitement 흥분하여
***rage* against ~** ~에게 심하게 화내다
in a *rage* 화를 벌컥 내어
wild with *rage* 노발대발하여

syn. wrath, frenzy, indignation, fashion, vogue
ant. calmness, pleasure, joy

☐ **raise** [reiz]

***vt*. 1 to lift or move upwards** 위로 올리다, 끌어올리다: She *raised* her finger to her lips as a sign for silence. 그녀는 조용히 하라는 표시로 그녀의 손가락을 입술에 대었다.

2 to display (a flag or banner) by moving it into a high place (깃발[국기]을) 게양하다: They had *raised* the white flag as a sign of surrender. 그들은 항복의 표시로 백기를 게양했다.

3 to increase the amount, size, rate, or temperature (액수, 크기, 비율, 온도 등을) 증가시키다: A few murder incidents in recent week's have *raised* the level of concern. 최근 몇 주 동안에 일어난 몇 건의 살인 사건으로 우려가 증가되었다. / The building owner has decided to *raise* the rent of all tenants. 빌딩 소유주는 모든 세입자들의 집세를 올리기로 했다.

4 to ask money for a charity or an institution (돈을) 모금하다: We're trying to *raise* funds for the handicapped. 우리는 장애인들을 위한 기금을 모금하려고 한다.

5 to mention a subject or a question and bring it to someone's attention (화제, 문제 등을) 제기하다: There is an important moral issue I want to *raise*. 저는 한 가지 중요한 도덕적 문제를 제기하고 싶습니다.

· 파생어 ·

raised 높인, 도드라진
raiser 사육자, 재배자, 자금 조달자
raising 상승

· 관련표현 ·

raise the rent 집세[임대료]를 올리다
raise a fallen child 넘어진 어린아이를 일으키다
raise a person from the dead ~을 소생시키다
raise one's voice 고함을 지르다, 언성을 높이다
raise up an army 모병하다
raise one's head 머리를 들다, 나오다
raise one's eyes 눈을 치켜뜨다
raise a cloud of dust 뽀얗게 먼지를 일으키다
raise hell 소동을 일으키다, 야단법석을 하다; 화내다, (큰 소리로) 질책하다, 야단치다
raise a dust 먼지를 일으키다[피우다]; 소동을 일으키다
make a raise 찾아내다; 돈을 조달하다

R

499

6 to grow or breed to maturity 기르다, 재배하다: I'm now *raising* chickens and pigs. 나는 지금 닭과 돼지를 기르고 있다.

|실전문제|

다음에 주어진 뜻풀이 가운데서 밑줄 친 raises의 의미로 가장 적절한 것은?

The farmer raises cows and corn.

(1) to increase the amount, size, rate, or temperature
(2) to grow or breed to maturity
(3) to ask money for a charity or an institution
(4) to display (a flag or banner) by moving it into a high place

해설 | 동물, 가축, 곡물, 어린아이들을 기를 때도 raise를 사용한다. (2)「그 농부는 소와 옥수수를 재배한다.」

raise one's voice against ~ ~에 항의하다

raised beach 융기 해안

syn. erect, lift, build, grow, arouse, put forward, increase, collect
ant. lower, drop, destroy, soothe, suppress, decrease, slash

---

rank [ræŋk]

n. **1 the position someone holds in the army or navy** (군대의) 계급, 신분, 지위: He's above me in *rank*. 그는 나보다 계급[신분]이 높다. / The captain was promoted to the *rank* of mayor. 대위는 소령으로 진급되었다.

2 the high social class that someone belongs to 높은 지위, 고관: His *rank* allowed him to join the most exclusive clubs. 그의 높은 지위로 인해 그는 상류층을 상대로 하는 전문적인 클럽에 가입할 수 있었다.

3 a row of people or things 열, 행렬: *Ranks* of police in riot gear stood nervously by. 폭동 진압 장비를 착용한 경찰들이 초조하게 옆에 서 있었다.

4 a relative position or degree 등급: It was a terrible play which was very lowest *rank*. 그 연극은 질이 가장 낮은 형편없는 것이었다.

· 파생어 ·
ranking 등급 매기기, 순위
ranker 줄 세우는 사람, 사병

· 관련표현 ·
a high-*ranking* official 고위 관리
a *rank* of pillars 기둥의 열
the front *rank* 앞줄[열](=front row)
high in *rank* 지위가 높은
people of all *ranks* 모든 계층의 사람들
fall into *rank* 열에 끼다, 줄 서다
take *rank* with ~ ~와 나란히 서다
rank and file 일반 조합원들, 일반 시민

syn. grade, quality, position, class, status, line, row

|실전문제|

다음에 주어진 뜻풀이 가운데서 밑줄 친 ranks의 의미로 가장 적절한 것은?

Soldiers stood in ranks for inspection.

(1) a relative position or degree
(2) the position someone holds in the army or navy
(3) a row of people or things
(4) the high social class that someone belongs to

해설 | 주어(soldiers)의 열[줄]을 말함을 문맥을 통해 알 수 있다. (3)「군인들이 검사를 받으려고 줄지어 서 있었다.」

rate [reit]

n. 1 a measure of a part with respect to a whole 율, 비율: The drug has a high success *rate* in curing the disease. 그 약은 그 질병 치료에 성공률이 매우 높다.

2 the cost per unit of a commodity or service 가격: The rooms *rates* at the hotel ranged from 10 dollars to 35 dollar per day. 그 호텔의 객실료는 하루에 10달러에서 35달러까지 이른다.

3 the speed at which something happens 속도: She can read at the *rate* of 100 words a minute. 그녀는 분당 100 단어의 속도로 속독할 수 있다.

4 the amount of tax or interest that needs to be paid 세금, 세율: All the banks have put up interest *rates* for borrowers to 10%. 모든 은행이 대출자의 이자율을 10퍼센트까지 올렸다.

5 a local tax which you must pay if you have property 지방세: Soldiers were exempt from paying *rates*. 군인들은 지방세 납부를 면제받았다.

| 실전문제 |

다음에 주어진 뜻풀이 가운데서 밑줄 친 <u>rate</u>의 의미로 가장 적절한 것은?

The unemployment <u>rate</u> hit an all-time high on account of a rash of plant closures.

(1) the speed at which something happens
(2) a measure of a part with respect to a whole
(3) the amount of tax or interest that needs to be paid
(4) a local tax which you must pay if you have property

해설 | unemployment rate는 '실업률'로서, 이때 rate는 '비율'을 뜻하며, jobless rate와 의미가 같다. (2) 「공장들이 앞 다투어 문을 닫음에 따라 실업률이 사상 최고에 달했다.」

· 파생어 ·
rated (~로) 평가되는, 등급 지어지는
rater 평가자, ~급의 사람[물건]

· 관련표현 ·
the *rate* of exchange 환시세
the birth *rate* 출생률
at the *rate* of ~ ~의 비율[속도]로
rates and taxes 지방세와 국세
pay the *rates* 지방세를 내다
a first-*rate* engineer 일급 기술자
the *rate* of inflation 인플레이션 비율
at any *rate* 하여튼, 어쨌든(=in any way)
live at a high *rate* 호사스럽게 살다
rate as ~ ~라고 평가하다
rate low 낮게 평가하다
rate with ~ ~에 필적하다
a 5-*rate* ship 5등급의 선박

syn. speed, price, tempo, expense, assessment

rather [rǽðər]

ad. 1 to some degree 어느 정도, 다소, 꽤: It's *rather* hot today. 오늘은 다소 덥다. / I grew up in *rather* unusual circumstance. 나는 꽤 흔치 않은 환경 속에서 자랐습니다.

2 (with would or had) more willingly 그보다는 ~하는 것이 낫겠: I'd *rather* play soccer than baseball. 나는 야구보다는 축구를 하겠다. / I'd *rather* you went home now. 이젠 당신이 집에 가 주었으면 좋겠어. / I would stay home *rather* than go out. 난 외출하기보다는 차라리 집에 있겠다.

· 파생어 ·
ratherish 다소간(=somewhat)

· 관련표현 ·
I should *rather* think so.
그렇고 말고요.
would *rather* + 동사원형
차라리 ~하겠다
all the *rather* that ~
~이기 때문에 더욱

3 more exactly; more accurately 더 정확히 말하면: I returned late last night, or *rather* early this morning. 나는 어젯밤 늦게, 아니 더 정확히 말하면 오늘 아침 일찍이 돌아왔다.

4 with better reason 오히려, 차라리: The problem is *rather* psychological than physiological. 그 문제는 생리학적이라기보다는 심리학적인 것이다.

by the string *rather* than the bow 단도직입적으로

syn. quite, pretty, slightly, somewhat, relatively, a bit

|실전문제|

다음에 주어진 뜻풀이 가운데서 밑줄 친 <u>rather</u>의 의미로 가장 적절한 것은?

I was <u>rather</u> surprised at her odd behavior.

(1) more exactly; more accurately
(2) (with would or had) more willingly
(3) with better reason
(4) to some degree

해설 | 뒤에 놀랐다는 surprised가 있으므로, '어느 정도'는, '다소(간)' 등의 뜻이 무난하다. (4) 「나는 그녀의 이상한 행동에 어느 정도[다소간] 놀랐다.」

☐ **raw**[rɔː]

a. **1 uncooked** 생것의, 날것의, 설익은: The main ingredient of steak tartare is *raw* chopped beef. 타타르 스테이크의 주재료는 토막 난 설익은 쇠고기이다. / I'm crazy about *raw* fish. 나는 회를 무척 좋아한다.

2 in the natural state or not yet treated for use 가공하지 않은, 천연 그대로의: Which country produces *raw* rubber most? 어느 나라가 천연 생고무를 가장 많이 생산하는가?

3 not experienced, not skilled, or not yet trained 경험이 없는, 미숙한, 풋내기의: The *raw* forces of townspeople were no match for the well-trained invaders. 훈련 경험이 없는 도시 사람들은 잘 훈련된 침략자들에게 상대가 되지 않았다. / My son is a *raw* recruit who has just joined the army. 내 아들은 최근에 입대한 풋내기 신병이다.

4 sore or painful in one's skin 피부가 까져서 쓰라린, 따끔따끔 쑤시는: I had a *raw* cut when I rode a bike yesterday. 나는 어제 자전거를 타다가 피부가 까졌다.

5 (of the weather) cold and wet, or chilly and damp (날씨가) 쌀쌀하며 으스 추운: It's rather *raw* outside, so dress warmly. 밖이 으스스하고 추우니 따뜻하게 옷을 입어.

·파생어·

rawness 생것, 미숙함, 냉습
rawly 날것으로, 미숙하게, 자연 그대로
rawish 날것의, 미숙한(=raw)

·관련표현·

eat oysters *raw* 굴을 날로 먹다
a *raw* **hand** 풋내기
a *raw* **throat** 뜨끔뜨끔 쑤시는 목구멍
in the *raw* 가공하지 않은, 자연 그대로
touch ~ on the *raw*
～의 약점을 건드리다
have[get] a *raw* **deal** 푸대접받다
raw **material** 원료
a *raw* **day** 으스스 추운 날
a *raw* **egg** 날달걀
a *raw*[**new**] **recruit** 초심자, 풋내기

syn. undercooked, uncooked, natural, crude, unprocessed, unskilled, inexperienced, chilly, cold, harsh
ant. cooked, prepared, trained, experienced, warm, fair

|실전문제|

다음에 주어진 뜻풀이 가운데서 밑줄 친 raw의 의미로 가장 적절한 것은?

The raw materials arrived at the factory by the trainload.

(1) not experienced, not skilled, or not yet trained
(2) in the natural state or not yet treated for use
(3) sore or painful in one's skin
(4) (of the weather) cold and wet, or chilly and damp

해설 | 우선 materials(재료, 원료)를 수식하므로, '가공되지 않은, 자연 그대로의'의 뜻인 것을 추측할 수 있다. (2) 「원료가 열차 화물로 공장에 도착했다.」

R

☐ **reach** [riːtʃ]

vt. **1 to arrive in or at some place** ~에 도착하다, 도달하다, 이르다: When will we *reach* London? 우리가 런던에 언제 도착하지? / The management and labor *reached* a final agreement. 노사는 최종 합의 안에 도달했다.

2 to get in touch with, usually by phone; contact ~와 연락이 되다: How can I *reach* you? 어떻게 하면 당신에게 연락을 할 수 있습니까? / You can *reach* me at this number. 이 번호로 저와 연락이 가능합니다.

3 to grasp and hand over to another by stretching out a hand or arm (손을 뻗어) 건네주다: Will you *reach* the sugar over for me? 설탕을 좀 건네주시겠습니까?

vi., vt. **to stretch out one's arm or hand to take or touch something** (손이나 팔을) 뻗다, 내밀다: He *reached* for the phone and quickly dialed a number. 그는 팔을 내밀어 전화기를 들고 재빨리 전화번호를 돌렸다. / The tree *reaches* its branches over the wall. 나무가 담 너머로 가지를 뻗고 있다.

· 파생어 ·

reachable 손을 뻗어 닿을 수 있는

· 관련표현 ·

reach for the stars
불가능한 것을 이루려 하다

as far as the eye can *reach*
눈길이 미치는 데까지

keep ~ out of children's *reach*
~을 어린이가 손에 닿지 않는 곳에 두다

reaches of meadow 광활한 목초지

reach after happiness
행복을 추구하다

reach for a dictionary
사전을 잡으려고 손을 뻗다

in *reach* 손이 닿는 곳에,
힘이 미치는 곳에

reach out to (손 등을) 뻗다

reach smooth water 난관을 뚫고 나가다, 어려운 고비를 넘기다

syn. arrive, contact, touch, seize, stretch, extend

|실전문제|

다음에 주어진 뜻풀이 가운데서 밑줄 친 reach의 의미로 가장 적절한 것은?

Has the doctor told you how to <u>reach</u> him or her in emergencies?

(1) to grasp and hand over to another by stretching out a hand or arm
(2) to stretch out one's arm or hand to take or touch something
(3) to get in touch with, usually by phone; contact
(4) to arrive in or at some place

해설 | 문맥에 의하면, '응급 시에 누구에게 ~하다'의 뜻이므로 '연락을 취하거나 전화를 걸다'로 해석이 된다. (3) 「의사가 응급 시에 연락하는 방법을 너에게 말해 주었니?」

read [riːd]

☐

vt. 1 to look at or understand a book or an article, or words written there 읽다, 이해하고 읽다: I *read* a good article in today's paper. 나는 오늘자 신문에서 좋은 기사를 읽었어. / Have you ever *read* the book? 그 책을 읽은 적이 있니?

2 to say words aloud 낭독하다, 낭송하다: She *read* the poem so beautifully. 그녀는 그 시를 매우 아름답게 낭송한다.

3 to interpret or understand the meaning of (signs or characters) (기호, 암호, 악보, 속기 등을) 해독하다, 읽다: Later on I learned how to *read* music. 후에 나는 악보 읽는 법을 배웠다.

4 to know or learn by reading 읽어서 알다: I *read* in yesterday's newspaper that he died in a prison a few days ago. 나는 어제 신문에서 그가 며칠 전에 옥사했다는 사실을 알았다.

5 to show a particular amount by a measuring device (온도계 등의 눈금이) 몇 도를 가리키다: The thermometer now *reads* 55 degrees. 온도계는 지금 55도를 가리키고 있다.

6 to read the mind or thoughts in one's face (표정으로부터) 마음이나 생각을 읽다: Can you *read* my mind? 너 나의 마음을 읽을 수 있겠니?

│실전문제│

다음에 주어진 뜻풀이 가운데서 밑줄 친 <u>read</u>의 의미로 가장 적절한 것은?

Silence must not always be <u>read</u> as consent.

(1) to say words aloud
(2) to look at or understand a book or an article, or words written there
(3) to show a particular amount by a measuring device
(4) to interpret or understand the meaning of (signs or characters)

해설 │ be read as consent는 '동의(=agreement)로 이해되다'의 뜻으로 해석이 된다. (2) 「침묵이 항상 동의로 이해되어서는 안 된다.」

·파생어·

reader 독자, 낭독자, (컴퓨터의) 판독기
readable 읽기 쉬운, 읽어서 재미있는
reading 독서, 읽기, 낭독

·관련표현·

read a dream 꿈을 해몽하다
read a riddle 수수께끼를 풀다
read the future 미래를 예언하다 (=predict the future)
read between the lines 행간의 숨은 뜻을 파악하다
read through a book 책을 통독하다
read like ~ ~라고 씌어 있다, ~으로 해석되다
be fond of reading 독서를 좋아하다

syn. understand, apprehend, glance, decipher

---

ready [rédi]

☐

a. 1 properly prepared and now able to be used 준비가 된, 채비를 갖춘: It took us several hours to get the gymnasium *ready* for the school dance. 학교 무도회를 위해 우리가 체육관 준비를 갖추는 데 수 시간이 걸렸다.

2 willing to do or prepared to do 기꺼이 하는, 각오가 되어 있는: I'm always *ready* to die for my country. 나는 항상 조국을 위해서 죽을 각오가 되어 있다. / I'll be *ready* to help you whenever you need my help. 당신이 내 도움을 필요로 할 때마다 기꺼이 도와 드리겠습니다.

·파생어·

readily 기꺼이, 쾌히, 쉽게(=easily)
readiness 준비, 채비, 용이, 신속

·관련표현·

be readily available 쉽게 구할 수 있다
with readiness 기꺼이
Dinner is ready. 저녁 식사가 준비되었습니다.
a ready answer 즉답

3 about to do or likely to do 금방이라도 ~할 것 같은: He felt *ready* to cry with frustration. 그는 실망감[좌절감] 때문에 금방이라도 울 것 같았다.

4 quick and clever 영리한, 재치있는: He was a *ready* student, quickly learning his teacher had to teach him and more. 그는 영리한 학생이어서 선생님이 그에게 가르쳐야 할 것과 그 이상의 것을 빨리 학습했다.

| 실전문제 |

다음에 주어진 뜻풀이 가운데서 밑줄 친 ready의 의미로 가장 적절한 것은?

He's always ready with an answer.

(1) about to do or likely to do
(2) quick and clever
(3) willing to do or prepared to do
(4) properly prepared and now able to be used

해설 | ready with an answer는 '즉시[선뜻] 대답하다'의 뜻으로 기꺼이 대답하는 것을 말한다. (3) 「그는 항상 대답할 준비가 되어 있다.」

reason [ríːzən]

n. **1 a fact or situation which explains why something happens or what causes it to happen** 이유, 까닭, 동기: The exact locations are being kept secret for security *reasons*. 정확한 위치는 보안상의 이유 때문에 비밀로 지켜지고 있다. / She decided not to accept the job offer, but wouldn't tell us her *reasons*. 그녀는 스카우트 제의를 받아들이지 않았지만, 우리에게 이유를 말하려고 하지 않았다.

2 the ability to think, understand, and form opinions or judgement based on facts 지성, 이성: People are different from animals because they possess the power of *reason*. 사람들은 이성을 가졌기 때문에 동물과는 다르다. / There is a conflict between emotions and *reason* in his mind. 그의 마음속에는 감성과 이성이 싸우고 있다.

3 good judgment; sound sense 분별, 지각, 판단력: An obstinate person will not listen to *reason*. 고집 센 사람은 분별 있는 이야기를 듣지 않는다. / There is no *reason* in a mad man. 미친 사람에게는 분별력이 없다.

4 a healthy mind that is not mad 제정신: He has lost his *reason*. 그는 제정신을 잃었다.

have a *ready* wit 재치가 있다
have[keep] ~ *ready* 항상 준비하다, 항상 곁에 두다
get *ready* 준비를 갖추다
ready-made clothes[suit] 기성복
opp. custom-made clothes[suit] 맞춤옷
ready-to-eat 인스턴트의, 즉시 먹을 수 있는
ready-to-wear 기성품인
pay *ready* money 맞돈[현찰]을 지불하다
ready to one's hand 바로 가까이 있는, 바로 쓸 수 있는
make oneself *ready* for ~ ~에 대비하다, 준비하다

syn. prepared, set, fit, handy, prompt, quick-witted, likely
ant. unready, unprepared, unavailable, unwilling

· 파생어 ·

reasonable 분별 있는, 적당한, 이치에 맞는, 가격이 알맞은
reasonably 합리적으로, 정당하게, 꽤
reasoned 이성에 의거한, 심사숙고한
reasoning 추론, 논거
reasonless 이성이 없는, 도리를 모르는
reasonability 적당함, 합리적임

· 관련표현 ·

at a *reasonable* price 적당한 가격으로
reasoning power 추리력
have *reason* for[to do] ~ ~의[할] 이유가 있다, ~임[함]은 당연하다
bring to *reason* 도리를 깨치게 하다, 잘 알아듣게 하다
in all *reason* 도리상, 올바른
with good *reason* 당연한, 무리가 아닌

syn. motive, grounds, cause, common sense, logic, sanity
ant. unsoundness, insanity, abnormality

505

|실전문제|

다음에 주어진 뜻풀이 가운데서 밑줄 친 reason의 의미로 가장 적절한 것은?

There is a reason for every important thing that happens.

(1) good judgment; sound sense
(2) a fact or situation which explains why something happens or what causes it to happen
(3) a healthy mind that is not mad
(4) the ability to think, understand, and form opinions or judgement based on facts

해설 | 일어난 중요한 일에 대한 '이유'를 말하고 있다. (2) 「일어나는 모든 중요한 일에는 그 이유가 있다.」

receive [risíːv]

vt. 1 **to get something after someone gives it to you or send it to you** 받다, 수령하다: He will *receive* the award at a ceremony in Washington. 그는 워싱턴에서 열리게 될 시상식에서 그 상을 받게 될 것이다. / The department store *received* a lot of complaining letters this month. 그 백화점은 이달에 불만의 편지를 많이 받았다.

2 **to experience or undergo** (타격, 치료, 환영 등을) 받다, 겪다, 입다: The boy *received* a blow on the head from a falling stone. 그 소년은 낙석에 머리를 맞았다. / The patient is *receiving* a special treatment at a big general hospital. 그 환자는 한 대형 종합 병원에서 특수 치료를 받고 있다.

3 **to greet a visitor or a guest** (손님을) 맞이하다, 환영하다: The hotel *receives* guests from all over the world. 그 호텔은 전 세계의 손님들을 받고 있다.

4 **to pick up the signals of a radio or a television and convert them into sound or pictures** (라디오나 TV 등을) 수신하다: The microwave radio is clear enough to *receive* signal. 그 단파 라디오는 수신 상태가 깨끗하다.

5 **to buy things that are stolen** (장물을) 사들이다: The jeweler went to prison for *receiving* stolen jewels. 그 보석상은 도난당한 보석을 장물로 사들인 죄로 교도소에 갔다.

·파생어·

receiver 수령인, 수납계원, 전화 수신기
receiving 수신의, 환영의; 장물 취득
reception 수령, 접대, 환영회, 수신
receptive 잘 받아들이는, 이해력이 빠른
receptionist 호텔, 음식점의 접수계원

·관련표현·

a *receiving* antenna 수신 안테나
a wedding *reception* 결혼 피로연
receive a good education
양질의[좋은] 교육을 받다
receive new ideas
새로운 사상을 받아들이다
receive a visitor 손님을 맞다
receive ~ with open arms
~을 크게 환영하다
receive one's confession
~의 고해(성사)를 받다[듣다]
favorably *received* 호평의,
평판이 좋은
have a favorable *reception*
호평을 받다
give a *reception* to ~
~을 환영하다
reception desk (호텔의) 접수부
reception room 응접실, 접견실
reception clerk
(호텔의) 예약 접수 담당자

syn. get, secure, admit, experience, greet

|실전문제|

다음에 주어진 뜻풀이 가운데서 밑줄 친 received의 의미로 가장 적절한 것은?

The prisoners <u>received</u> harsh and unfair treatment.

(1) to buy things that are stolen
(2) to get something after someone gives it to you or send it to you
(3) to greet a visitor or a guest
(4) to experience or undergo

해설 | 죄수들이 부당한 대우를 받는 것은, 그러한 대우를 경험하는 것이라고 볼 수 있다. (4) 「그 죄수들은 심하고 부당한 대우를 받았다.」

reckon [rékən]

vt. 1 to think or suppose 생각하다: I *reckon* you'll be able to leave the hospital soon. 나는 당신이 곧 병원에서 퇴원할 수 있을 것이라고 생각한다.

2 to consider; regard as (~로) 간주하다, 보다: He was *reckoned* to be the most popular actor in the world. 그는 세계에서 가장 인기 있는 배우로 여겨졌다.

3 to calculate an amount or cost 계산하다: The wages were *reckoned* by the amount of hours worked. 임금은 일한 시간 양에 의해 계산이 되었다.

4 to take an amount into account in a sum; include 셈에 넣다, 포함시키다: Have you *reckoned* the charge of delivery in the total? 전체 금액에 배송료를 포함시켰습니까?

vi. to rely, as in expectation 기대하다, 믿다: Can we *reckon* upon your help in this matter? 이 문제에 있어서 당신의 도움을 기대해도 좋습니까?

·파생어·
reckonable 계산할 수 있는, 생각[기대]할 수 있는
reckoner 계산하는 사람, 청산인
reckoning 계산, 셈, 예측, 청산

·관련표현·
reckon **in** 계산에 넣다[포함시키다]
reckon **with** 청산하다, 처리하다
reckon **up** 합계하다, 요약하다
reckon **for ~** ~에 책임이 있다; ~의 준비를 하다
reckon **without ~** ~을 무시하다, 간과하다, 고려하지 않다

syn. count, add up, figure, think, expect, calculate, consider

|실전문제|

다음에 주어진 뜻풀이 가운데서 밑줄 친 reckon의 의미로 가장 적절한 것은?

Because our family is happy and healthy, we <u>reckon</u> ourselves fortunate.

(1) to calculate an amount or cost
(2) to think or suppose
(3) to take an amount into account in a sum; include
(4) to consider; regard as

해설 | 가족이 행복하고 건강한 것이 이유가 되며, 이때 reckon은 '생각하다'의 뜻으로 볼 수는 있으나 think는 3형식 동사이지 5형식으로는 보통 사용하지 않으며, 지금과 같이 5형식일 때는 consider 동사를 쓰면 된다. (4) 「우리 가족이 행복하고 건강하기 때문에, 우리는 다행이라고 생각한다.」

recognize [rékəgnàiz]

vt. 1 to know who someone is or what something is 알아보다, 인지하다: He could scarcely *recognize* his old friend. 그는 옛 친구를 보고도 거의 못 알아볼 정도였다. / I didn't *recognize* you in that disguise. 그렇게 변장을 하고 있어서 너를 알아보지 못했어.

2 to accept as being legal, or having value (사실, 권위 등을) 인정하다: They refused to *recognize* the union. 그들은 노동조합을 인정하기를 거부했다. / I *recognize* my own shortcomings. 나는 내 자신의 약점은 인정한다.

3 to show official gratefulness for (공로를) 인정하다, 감사[표창]하다: The company *recognized* his services by giving him an award. 그 회사는 그의 공로를 인정해 상을 주었다.

4 to give or acknowledge the right to speak 발언권을 주거나 인정하다: The chairman *recognized* Mr. Channey. 의장은 채니 씨에게 발언권을 주었다.

|실전문제|

다음에 주어진 뜻풀이 가운데서 밑줄 친 <u>recognized</u>의 의미로 가장 적절한 것은?

The pediatrician immediately <u>recognized</u> the baby's symptoms that is measles.

(1) to give or acknowledge the right to speak
(2) to show official gratefulness for
(3) to know who someone is or what something is
(4) to accept as being legal, or having value

해설 | 문맥에 따르면 pediatrician(소아과 의사)이 아기의 증상을 알아보는 것을 뜻한다. (3) 「그 소아과 의사는 그 아기가 홍역 증세가 있다는 것을 즉각 알아보았다.」

· 파생어 ·
recognizable 알아볼 수 있는, 승인할 수 있는
recognition 인지, 승인, (공로의) 인정, 표창
recognizance 서약서, 보석금

· 관련표현 ·
receive much *recognition* 크게 인정받다
in *recognition* **of ~** ~을 인정하여, ~의 답례[보수]로
beyond[out of] *recognition* 모습을 알아볼 수 없을 만큼
gain *recognition* 인정을 받다
officially *recognized* 공식적으로 인정되는
generally *recognized* 보편적으로 인정되는
give no sign of *recognition* 아는 내색을 하지 않다

syn. identify, appreciate, acknowledge, realize
ant. ignore, overlook

recover [rikʌ́vər]

vi. to become well from an illness or an injury; get over 회복하다, 건강을 되찾다: She has fully *recovered* from a bad cold. 그녀는 독감에서 완전히 회복되었다.

vt. 1 to find something that has been lost or stolen, or get it back (잃어버린 것을) 되찾다: Police raided ten houses in downtown Tokyo and *recovered* stolen cultural assets. 경찰은 도쿄 시내의 열 채의 집을 습격해 도난당한 문화재를 되찾았다.

2 to get back the same amount of money that has been spent or invested (잃어버린 돈을) 만회하다, 벌충하다: Legal action is being taken to try to *recover* the money. 그 돈을 되찾기 위해서 법적인 조치를 취하고 있다.

· 파생어 ·
recovery 쾌유, 경기 회복
recovering 회복하는, 차도가 있는
recoverable 회복할 수 있는, 되찾을 수 있는

· 관련표현 ·
make a quick *recovery* 쾌유하다
economic *recovery* 경제 회복
***recover* lost time** 잃어버린 시간을 만회하다
***recover* one's consciousness** 의식을 회복하다
***recover* oneself** 제정신으로 돌아오다; 침착해지다; 몸의 균형을 되찾다

3 to regain consciousness (의식 등을) 되찾다, 회복하다: He suddenly fell to the ground, but managed to *recover* himself a moment ago. 그는 갑자기 쓰러졌으나 방금 전에 가까스로 의식을 되찾았다.

recover from disaster 재난을 극복하다
half *recovered* 거의 회복된

syn. retrieve, regain, compensate, recuperate, rejuvenate
ant. relapse, fail, deteriorate

|실전문제|
다음에 주어진 뜻풀이 가운데서 밑줄 친 recover의 의미로 가장 적절한 것은?

He had a severe attack of asthma and it took hours to <u>recover</u> his breath.

(1) to find something that has been lost or stolen, or get it back
(2) to get back the same amount of money that has been spent or invested
(3) to regain consciousness
(4) to become well from an illness or an injury

해설 | 의식이나 정상적인 호흡을 되찾는 것으로서, 천식에 걸려서 곤란한 호흡 상태가 정상으로 돌아오는 것에 해당된다. (3) 「그는 심한 천식 증상이 있어서 정상적인 호흡을 회복하는 데 수 시간이 걸렸다.」

☐ **redeem** [ridíːm]

vt. 1 to buy back something you have given in return for borrowing money (저당물을) 도로 찾다: I *redeemed* my expensive watch from a pawnshop a few days ago. 나는 며칠 전에 값비싼 시계를 전당포에서 되찾았다.

2 to save from the power of evil 구속하다, 속죄하다: Jesus Christ came to the earth to *redeem* us from sin. 예수 그리스도는 죄에서 우리를 구속하기 위해 이 땅에 오셨다.

3 to carry out or fulfill one's promise or duty (약속이나 의무를) 이행하다: Has he *redeemed* all his duties as a son? 그가 아들로서의 의무를 다했는가?

4 to restore rights or honor by making a lot of efforts (많은 노력에 의해 권리나 명예를) 회복하다, 되찾다: He tried very hard to *redeem* his honor. 그는 명예를 회복하기 위해 많은 노력을 했다.

5 to compensate for mistakes or weak points (결점, 과실 등을) 벌충하다, 보상하다: She worked on weekends to *redeem* the lost time. 그녀는 빠진 근무 시간을 보충하기 위해서 주말에도 일을 했다.

· 파생어 ·
redeemable 구제할 수 있는, 되찾을 수 있는
redeemer 찾는 사람, 구세주(그리스도)
redeeming 벌충하는
redemption 되찾음, 이행, 구속

· 관련표현 ·
a *redeeming* point
다른 결점을 벌충하는 장점
beyond[without] *redemption*
회복할 가능성이 없는
redeem one's honor
명예를 회복하다
redeem a person from sin
사람을 죄에서 구하다
redemption by installment
분할 상환
redemption price 상환 가격

syn. reclaim, regain, fulfill, save, deliver
ant. forfeit, lose, break, disregard

509

|실전문제|

다음에 주어진 뜻풀이 가운데서 밑줄 친 redeemed의 의미로 가장 적절한 것은?

By getting the work done on time he redeemed his promise to me.

(1) to carry out or fulfill one's promise or duty
(2) to restore rights or honor by making a lot of efforts
(3) to buy back something you have given in return for borrowing money
(4) to compensate for mistakes or weak points

해설 | redeem 뒤에 약속이나 의무 등이 따라오면 '~을 이행하다, ~을 지키다'의 의미로 해석이 된다. (1)「정시에 일을 끝냄으로써 그는 나에게 한 약속을 지켰다.」

□ **reduce** [ridjúːs]

vt. **1 to make less in size, amount, price, degree, etc.** (크기, 액수, 양, 가격, 정도 등을) 줄이다, 축소하다: We've *reduced* the price of the coat from 100 dollars to 65 dollars. 우리는 그 코트의 가격을 100달러에서 65달러로 깎았다. / The plague *reduced* the population to half its previous level. 그 역병으로 인해 인구가 예전 수준의 반으로 줄었다.

2 to bring to a weaker or unfavorable state (사람을) 영락시키다, (사물을) 전락시키다: Poverty *reduced* him to begging for a living. 가난 때문에 그는 먹고 살기 위해 구걸하게 되었다.

3 to defeat or take control of 진압하다, 항복시키다: By constant bombardment, we *reduced* the citadel. 계속적인 폭격으로 우리는 그 요새를 장악했다.

vi. **to lose weight, as by dieting** (식이 요법으로) 체중을 줄이다: The doctor told me I had to *reduce*. 의사가 나에게 감량을 해야 한다고 말했다.

·파생어·
reduction 감소, 할인, 정복, 축소
reducible 감소시킬 수 있는
reducing 체중 감량법
reductive 감소하는, 복원하는

·관련표현·
reduce one's expenditure 경비를 줄이다
reduce one's weight 몸무게를 줄이다
reduce the rebels to submission 반군(폭도)을 진압하다
at *reduced* prices 할인된 가격으로
be *reduced* to skin and bones 말라서 피골이 상접해지다
reduce the major to captain 소령을 대위로 강등시키다
reduce the house to a shambles 그 집을 파괴시키다
reduce a person to poverty ~을 가난하게 하다
reduce to obedience 복종시키다

syn. lessen, discount, slim down, minimize, break, lower
ant. increase, enlarge, gain weight, strengthen, enhance

|실전문제|

다음에 주어진 뜻풀이 가운데서 밑줄 친 reduce의 의미로 가장 적절한 것은?

It's easy to reduce if you simply watch what you eat.

(1) to defeat or take control of
(2) to lose weight, as by dieting
(3) to bring to a weaker or unfavorable state
(4) to make less in size, amount, price, degree, etc.

해설 | if절[종속절]에 먹는 것이 나오므로 이때의 reduce는 '체중을 줄이다'의 의미이다. (2)「먹는 음식에 주의만 한다면 체중을 줄이는 것은 쉽다.」

refer [rifə́:r]

vi. **1 to talk about or mention a person or a particular subject** 언급하다: Who are you *referring* to? 누구 이야기를 하고 있는 거야? / In her speech, she *refer* to her recent trip to Chicago. 연설에서 그녀는 최근에 갔다 온 시카고 여행에 대해 언급했다.

2 to look at a book or other source for information 참고하다, 참조하다: Let me just *refer* to my notes to find some exact figures. 정확한 수치를 알기 위해서 제 노트를 좀 보겠습니다. / He usually *refers* to a dictionary when there is a word or a phrase he doesn't know the meaning about. 그는 모르는 단어와 표현이 있을 때 보통 사전을 참조한다[찾는다].

vt. **1 to normally tell a problem or a task to a person or an organization, so that they can deal with it** 위탁하다, 맡기다: She could *refer* the matter to the high court. 그녀는 그 문제를 고등 법원에 위임[위탁]할 수 있었다.

2 to attribute to …의 탓으로 돌리다: He *referred* the evils to the war. 그는 악폐를 전쟁의 탓으로 돌렸다.

3 to send a person to a place or someone for the help he needs 누구를 어디에 소개시켜 주다[의뢰하다]: Now and then he *referred* a client to me. 가끔 그는 고객을 나에게 소개시켜 준다.

|실전문제|

다음에 주어진 뜻풀이 가운데서 밑줄 친 refer의 의미로 가장 적절한 것은?

Employees were asked to refer to their employee identification number when making inquiries about salary.

(1) to look at a book or other source for information
(2) to talk about or mention a person or a particular subject
(3) to send a person to a place or someone for the help he needs
(4) to attribute to

해설 | 뒤에 I.D. 번호가 나오므로, 이 번호를 언급하거나 말하는 것이 나와야 한다.
(2) 「직원들은 봉급에 대해서 문의할 때 직원 신분증 번호를 언급하도록 요청받았다.」

· 파생어 ·
referee 중재인, 심판, 주심, 신원 보증인
reference 문의, 참고, 참조, 언급
referential 관련한, 참조의

· 관련표현 ·
make a *reference* to a guidebook 안내서를 참고하다
refer to A as B A를 B라 부르다[칭하다]
make *reference* to ~ ~을 참고하다, ~을 언급하다
in *reference* to ~ ~에 관하여
without *reference* to ~ ~에 관계없이
e.g. *without reference to* age or sex 남녀노소 구별 없이
***reference* book** 참고 도서
refer to ~ ~에 대해 언급하다, ~에 위탁[조회]하다

syn. mention, consult, submit, send

reflection [riflékʃən]

n. **1 an image reflected in a mirror or water** (거울이나 물에 비친) 모습이나 상: They looked at their *reflections* in the lake. 그들은 호수에 비친 그들의 모습을 보았다. / Cinderella looked at her *reflection* in the mirror. 신데렐라는 거울에 비친 자신의 모습을 바라보았다.

2 the reflecting of heat, sound, and light (열, 소리, 빛 등의) 반사: The moon looks bright because of the *reflection* of light. 달은 빛을 반사하기 때문에 밝게 보인다.

· 파생어 ·
reflect 반사하다, 반영하다, 초래하다, 회고하다, 곰곰이 생각하다
reflectingly 반사적으로, 곰곰이 생각하여
reflective 반사[반영]하는, 숙고하는, 반성적인

511

3 serious and careful thought 숙고, 심사: He gave much *reflection* to the problem, but still had no answer. 그는 그 문제에 대해 숙고를 했으나 아직 답을 얻지 못했다.

4 disapproval and criticism expressed in an indirect manner 비난, 잔소리: Your brother's irresponsibility is no *reflection* on you. 네 형의 무책임함 때문에 너를 비난하지는 않는다. / I intended no *reflection* on your character. 너를 나쁘게 말할 생각은 없었어.

· 관련표현 ·

on[upon] *reflection* 숙고한 끝에
without *reflection* 경솔하게
reflecting telescope 반사 망원경
after *reflection* 잘 생각해 보니, 심사숙고한 후에

syn. deliberation, thought, blame, mirror image

|실전문제|

다음에 주어진 뜻풀이 가운데서 밑줄 친 reflection의 의미로 가장 적절한 것은?

The fact that we're dismissing him is no <u>reflection</u> on the quality of his work.

(1) disapproval and criticism expressed in an indirect manner
(2) the reflecting of heat, sound, and light
(3) an image reflected in a mirror or water
(4) serious and careful thought

해설 | 주어 부분이 해고한다는 것이며, 뒤에 일의 질이 나오므로 문맥상 '비난'의 뜻임을 알 수 있다. (1)「우리가 그를 해고한다는 사실이 그의 직업 태도를 비난한다는 것은 아니다.」

☐ regular [régjulər]

a. **1 happening or doing something again and again at the same time every day, week, or month, etc.** 정기적인: We make it a rule to hold the *regular* monthly meeting at the 25th of each month. 우리는 매달 25일에 정기적인 월례 회의를 규칙적으로 갖고 있다.

2 ordinary or average 보통의, 평균의, 표준의: Do you want the *regular* size or this big one? 이 보통 크기를 원하십니까? 아니면 이 큰 것을 원하십니까?

3 done or happening often 잦은, 규칙적인: Getting up at dawn is part of his *regular* routine. 새벽에 일어나는 것은 그의 규칙적인 일상의 일부이다.

4 doning the same thing almost every time 자주 하는, 상습적인: He was called down by his boss due to his *regular* failure to meet the deadlines. 그는 늘 마감 시한을 맞추지 못해서 사장에게 꾸지람을 들었다.

· 파생어 ·

regularly 규칙적으로, 정기적으로, 아주
regularity 규칙적임, 일정불변, 정규적임
regularize 질서 있게 하다, 정식화하다

· 관련표현 ·

a *regular* meeting 정기 모임[회의]
a *regular* customer 단골손님(=patron)
a *regular* guy (붙임성 있는) 좋은 녀석
a *regular* triangle 정삼각형
keep *regular* hours 규칙적인 생활을 하다(=lead a *regular* life)
regular army 정규군
cf. reserve army 예비군
go to church *regularly* 규칙적으로 빠지지 않고 교회에 가다
in a *regular* basis[fashion, manner] 정기적으로, 규칙적으로
at *regular* intervals 일정한 간격으로

|실전문제|

다음에 주어진 뜻풀이 가운데서 밑줄 친 regular의 의미로 가장 적절한 것은?

Is it all right if I wash this jacket with regular detergent?

(1) done or happening often
(2) ordinary or average
(3) doning the same thing almost every time
(4) happening or doing something again and again at the same time every day, week, or month, etc.

해설 | detergent는 세제의 뜻이므로 '보통' 또는 '일반적인' 세제가 되는 것이 문맥에 맞는 자연스러운 표현이다. (2) 「제가 이 재킷을 일반 세제로 세탁해도 괜찮겠습니까?」

syn. usual, ordinary, habitual, genuine, uniform, well-balanced
ant. irregular, unusual, exceptional, varying, occasional

R

□ release [rilíːs]

vt. **1 to set free from confinement or restraint** 석방하다, 해방하다: The convict was *released* from prison after serving his sentences. 그 죄수는 형을 마치고 감옥에서 석방되었다.

2 to relieve of obligation or debt (의무, 책임 등에서) 자유롭게 하다; 면제하다: Divorce *releases* both the husband and wife from all martial obligations to each other. 이혼은 남편과 아내 양쪽에게 모든 결혼의 의무에서 자유롭게 해 준다. / The government *released* him from a debt. 정부는 그의 빚을 면제해 주었다.

3 to cause gas, heat to leave its container and enter the surrounding area (가스나 열을) 방출하다, 배출하다: The contraction of muscles uses energy and *releases* heat. 근육이 수축하려면 에너지를 사용하며 열이 방출되어야 한다.

4 to make a new record, video, or film available for people to buy or see (성명, 레코드, 비디오, 영화 등을) 발표하다, 발매하다, 개봉하다: The actress' new film will be *released* next month. 그 여배우의 새로운 영화가 다음 달 개봉될 것이다. / The Department of Defense *released* an important statement to the press. 국방부는 언론에 중요한 성명을 발표했다.

·파생어·

releasee (권리나 재산의) 양수인
releaser 해방자, 석방자
releasor (권리나 재산의) 양도인

·관련표현·

release one's hold 잡았던 손을 놓다
the newest *release* 최신 개봉 영화
released time
(종교 활동, 교외 활동의) 자유 시간
release a person from prison
~을 교도소에서 석방하다

syn. liberate, discharge, relieve, distribute
ant. imprison, detain, fasten, conceal

|실전문제|

다음에 주어진 뜻풀이 가운데서 밑줄 친 release의 의미로 가장 적절한 것은?

The bacteria in our body make the small intestine release amounts of liquid containing chemicals that our body needs.

(1) to make a new record, video, or film available for people to buy or see
(2) to set free from confinement or restraint
(3) to relieve of obligation or debt
(4) to cause gas, heat to leave its container and enter the surrounding area

513

해설 | 목적어를 보면 다량의 액이므로 동사는 '방출하다, 분비하다' 등의 뜻이 되는 것이 바람직하다. 이처럼 타동사의 경우, 적당한 동사를 찾는 문제는 목적어를, 목적어를 찾는 문제는 동사를 보면 쉽게 해결이 되는 수가 많다. (4) 「우리 몸의 박테리아는 소장에서 인체에 필요한 화학 물질을 함유하는 액을 방출하게 해 준다.」

☐ relieve [rilíːv]

vt. 1 to make an unpleasant feeling less or cause it to disappear completely 완화시키다, 경감하다, 덜다: Painkillers can *relieve* much of the pain. 진통제는 웬만한 고통은 대부분 완화시켜 줄 수 있다. / No words will *relieve* my sorrow. 어떤 위안의 말도 나의 슬픔에 위로가 되지 않는다.

2 to make less boring or let someone have changes 단조로움을 덜다, 변화를 갖게 하다: I went to a nearby park to *relieve* the boredom of the day. 나는 매일의 권태로움을 덜기 위해 근처 공원으로 갔다.

3 to take someone's place and continue to do the job or duty that he or she has been doing 교체하다, 교대하다: At about 7 o'clock, the night nurse came in to *relieve* her. 약 7시쯤, 야간 간호사가 그녀와 교대하기 위해 들어왔다.

4 to free from pain, worries, and fear (고통, 걱정, 긴장, 공포 등으로부터) 해방시키다: He *relieved* his daughter from fear. 그는 그의 딸을 공포에서 해방시켰다. / His humorous remark *relieved* the meeting room from tension. 그의 유머러스한 말로 인해 회의실의 긴장감이 없어졌다.

· 파생어 ·
relief 경감, 안심, 구원, 교체
relieving 경감시키는, 안도케 하는
relieved 안심하여

· 관련표현 ·
a *relief* fund 구제 기금
feel a sense of *relief* 안도감을 느끼다
give *relief* ~ from pain ~의 아픔[고통]을 덜어 주다
relieve a security guard 수위를 교체하다
relieve nature 용변을 보다(=*relieve* the bowels)
relieve one's feelings (울거나 고함을 지름으로써) 답답함을 풀다

syn. alleviate, appease, solace, assist, replace, free
ant. intensify, heighten, burden

| 실전문제 |

다음에 주어진 뜻풀이 가운데서 밑줄 친 relieve의 의미로 가장 적절한 것은?

Passengers on the plane are reading magazines to relieve the dullness of the flight.

(1) to free from pain, worries, and fear
(2) to take someone's place and continue to do the job or duty that he or she has been doing
(3) to make less boring or let someone have changes
(4) to make an unpleasant feeling less or cause it to disappear completely

해설 | dullness는 boredom(권태, 지루함)의 동의어이므로 '비행의 지루함을 덜다'라는 뜻으로 해석이 됨을 알 수 있다. (3) 「기내 승객들은 비행의 지루함을 덜고자 잡지를 읽고 있다.」

remit [rimít]

vt. 1 to send money to a person or place 돈을 보내다, 송금하다: Many parents in Korea regularly *remit* money to their children who are studying overseas. 한국의 많은 부모는 해외 유학 중인 자녀들에게 정기적으로 돈을 송금한다.

2 to send back to the lower courts for a decision or other actions (소송, 판결을) 하급 법원으로 돌려보내다: The matter was *remitted* to the district court. 그 사건은 지방 법원으로 되돌려졌다.

3 to exempt from debts, taxes, or prison terms (부채와 세금, 또는 형기를) 면제하다: The prisoners were not *remitted* even when found to be innocent. 그 죄수들은 심지어 죄가 없음이 드러났을 때도 석방되지 않았다. / The National Taxation Service *remitted* taxes to half the amount for the low-income brackets. 국세청은 저소득층의 세금을 반액으로 감면해 주었다.

4 to abate or decrease anger, pain, and cold (노여움, 고통, 추위를) 누그러뜨리다, 감소시키다: The cold wave finally *remitted* its icy grip on the city. 도시의 한파가 한풀 꺾였다.

ㆍ파생어ㆍ
remitment 송금(액)
remittance 송금(액), 송금 수단
remittal 사면, 면죄, 경감
remittor 송금자(=remitter)

ㆍ관련표현ㆍ
enclose one's *remittance* 송금액을 동봉하다
Remit by check immediately. 즉각 수표로 송금해 주세요.
Remit payment upon the receipt of this bill. 이 고지서를 받자마자 돈을 송금해 주시오.
a wide *remit* 폭넓은 권한

syn. send in payment, transmit, pardon, release, diminish, abate
ant. withhold, punish, imprison, increase

|실전문제|
다음에 주어진 뜻풀이 가운데서 밑줄 친 remitted의 의미로 가장 적절한 것은?

The president <u>remitted</u> a prison sentence of the bribed politician as a special pardon on the occasion of a national holiday.

(1) to exempt from debts, taxes, or prison terms
(2) to abate or decrease anger, pain, and cold
(3) to send money to a person or place
(4) to send back to the lower courts for a decision or other actions

해설 | a prison sentence(감옥살이, 형기)가 역시 목적어가 되어 있으므로 동사 remit의 뜻은 '면제하다, 용서하다'의 뜻임을 추측할 수 있다. (1) 「대통령은 국경일을 맞이하여 특별 사면으로 뇌물을 수수했던 정치가의 형기를 면제해 주었다.」

remote [rimóut]

a. 1 distant in time (시간상) 먼: He thought what he would be in the *remote* future. 그는 먼 미래에 무엇이 되어 있을까 생각을 해 보았다.

2 distant in space; far from the city 먼, 외딴: He lived in a *remote* part of the Amazon forest. 그는 아마존 숲의 외딴 지역에 살았다. / He dreamed of travelling to *remote* islands by himself. 그는 혼자서 먼 섬으로 여행을 가는 꿈을 꾸었다.

3 not closely related, or widely separated from 크게 다른, 관계가 적은: That's *remote* from my intentions. 그것은 내 의도와는 크게 다르다.

ㆍ파생어ㆍ
remoteness 멈, 멀리 떨어져 있음, 근소함
remotely 멀리 떨어져서, 희미하게, 근소하게, 아주 적은 정도로

ㆍ관련표현ㆍ
a *remote* ancestor 먼 조상
a *remote* possibility 근소한 가능성
a *remote* resemblance 근소한 유사성

515

4 slight in possibility or chances 가능성이 희박한: Space travel seemed only a *remote* possibility to our parents. 우리 부모들이 우주여행을 갈 가능성은 극히 희박하다.

5 not showing interests in others 흥미가 없는: He seemed *remote*, uninterested in the conversation. 그는 그 대화에 관심[흥미]이 없는 것처럼 보였다.

|실전문제|

다음에 주어진 뜻풀이 가운데서 밑줄 친 <u>remote</u>의 의미로 가장 적절한 것은?

The connection between these two facts is very <u>remote</u>.

(1) not closely related, or widely separated from
(2) not showing interests in others
(3) distant in time; far from the city
(4) slight in possibility or chances

해설 | 주어가 가능성을 뜻하는 chances, possibility 또는 connection일 때 보어로 쓰인 remote는 slight의 뜻으로 '(가능성이) 희박한'의 뜻이다. (4)「이 두 가지 사실 간의 연관성은 극히 희박하다.」

remote control 원격 제어 장치
remote cousins 먼 사촌
with a *remote* air 쌀쌀맞은 태도로
remote stars 멀리 떨어진 별들

syn. far, distant, secluded, lonely, faint, removed, far-off, uninterested
ant. near, close, near-by, interested, attentive, approachable

---

□ **remove** [rimúːv]

***vt.* 1 to move from a place occupied** 치우다, 옮기다: *Remove* those muddy shoes. 저 진흙투성이의 신발을 다른 곳으로 치워라.

2 to do away with; eliminate 제거하다, 없애다: *Remove* my name from your mailing list. 너의 우편 목록에서 내 이름을 없애라.

3 to dismiss or fire 해고하다, 면직하다: The corrupt official was *removed* from his office. 부정부패한 그 관리는 해고당했다.

4 to cut off 절단하다, 잘라 버리다: The accident victim had to have his leg *removed*. 그 사고 피해자는 그의 발을 잘라 내야만 했다.

|실전문제|

다음에 주어진 뜻풀이 가운데서 밑줄 친 <u>remove</u>의 의미로 가장 적절한 것은?

<u>Remove</u> the pan from the heat and leave to cool.

(1) to cut off
(2) to move from a place occupied; take away
(3) to do away with; eliminate
(4) to dismiss or fire

해설 | 뒤에 from the heat이 나오는 것을 볼 때, 어떤 장소에 있던 것을 '옮기거나 치운다' 라는 표현이 오는 것이 자연스럽다. (2)「프라이팬을 불에서 내리고 열을 식히세요.」

· 파생어 ·

removal 이동, 제거, 해임
removed 떨어진, 제거된
remover 이전자, 이삿짐 센터
removable 제거할 수 있는, 이동 가능한, 해임할 수 있는

· 관련표현 ·

be *removed* from school
학교에서 퇴학당하다
far *removed* from the truth
사실과는 아주 거리가 먼
fingernail polish *remover*
손톱 매니큐어 지우는 약
remove oneself 물러가다, 떠나가다
get one's *remove* 진급하다
at many *removes* from ~
~에서 멀리 떨어져

syn. take off, dislodge, cut off, move, transfer, wipe out, get rid of, discharge, fire
ant. join, unite, retain, maintain, hang on, stay

renew [rinjúː]

vt. **1 to begin relationship or activities again** (관계, 활동을) 재개하다, 계속하다: We *renewed* our old friendship. 우리는 옛 우정을 계속 이어나갔다. / Syria *renewed* its diplomatic relations with Egypt in 1989. 시리아는 1989년에 이집트와의 외교 관계를 재개했다.

2 to make vaild for a further period of time (계약 등을) 갱신하다, (기한을) 연장하다: The tenant *renewed* a contract with the landlord a few days ago. 세입자는 집주인과 며칠 전에 계약을 갱신했다.

3 to give new life and freshness to or make as good as new again 새롭게 하다, 갱생시키다, 부활하다: I came back from the holiday vacation with *renewed* strength. 나는 새로이 힘을 얻어 휴가지에서 돌아왔다.

4 to replace something old with something new of the same kind 새것과 교환하다: We've got to *renew* this defective product with a new one in five days after I bought it. 우리는 불량품을 구입한지 5일 이내에 새것으로 교환해야 해.

|실전문제|

다음에 주어진 뜻풀이 가운데서 밑줄 친 renew의 의미로 가장 적절한 것은?

He tries hard to renew his faith.

(1) to make vaild for a further period of time
(2) to replace something old with something new of the same kind
(3) to begin relationship, or activities again
(4) to give new life and freshness to or make as good as new again

해설 | faith(신앙)는 다시 시작하는 것이 아니라 새롭게 하는 것이며, 연장하는 것이나 교체하는 대상도 아니다. (4) 「그는 자신의 신앙을 새롭게 하려고 대단히 노력을 했다.」

·파생어·
renewable 갱신할 수 있는, 회복 가능한
renewal 재생, 회복, 갱신
renewed 새롭게 한, 다시 시작한; 회복된

·관련표현·
renew tires 타이어를 교체하다
renew a driver's license 운전 면허증을 갱신하다
renew one's attack 공격을 재개하다
renewable resources 재생 가능 자원
the **renewal** of the contract 계약 갱신
renew one's youth 다시 젊어지다
urban **renewal** 도시 재개발

syn. resume, prolong, extend, revitalize, restore
ant. discontinue, drop, depreciate, end

represent [rèprizént]

vt. **1 to act on behalf of a person or group of people** 대표하다, 대신하다: The foreign minister *represented* his country at the international conference. 외무부 장관이 국제회의에서 자신의 나라를 대표했다. / The general secretary may *represent* the president at some official ceremonies. 총무(부장)가 몇몇 공식 석상에서 사장을 대신하는지도 모른다.

2 to be a symbol or expression of an idea or quality (그림, 기호 등이) 상징하다, 의미하다: This picture *represents* a nude reposing on a couch. 이 그림은 소파에서 쉬고 있는 누드 그림이다. / This sign *represents* parking is not allowed here. 이 표시판은 이곳에 주차를 할 수 없다는 것을 의미한다.

·파생어·
representation 표시, 설명, 상상(력)
representative 대표적인, 표시하는, 묘사하는; 대표자, (미국의) 하원 의원
representable 묘사할 수 있는, 대신할 수 있는

·관련표현·
represent much to ~
~에게 큰 의미가 있다
represent very little to ~
~에게 거의 무의미하다
regional **representation**
지역 대표제

3 to describe as (사람이나 사물을) ~로 표현하다, 묘사하다: He *represented* his girlfriend as being much prettier than she was. 그는 자신의 여자 친구를 실제보다 훨씬 예쁘게 묘사했다.

4 to imagine or envision 상상하다, 마음에 그리다: Can you *represent* infinity to yourself? 당신은 무한이라는 것을 상상할 수 있습니까?

|실전문제|

다음에 주어진 뜻풀이 가운데서 밑줄 친 represent의 의미로 가장 적절한 것은?

The red lines on the map <u>represent</u> railways.

(1) to describe as
(2) to act on behalf of a person or group of people
(3) to imagine or envision
(4) to be a symbol or expression of an idea or quality

해설 | 그림, 기호, 부호, 표지판 등이 무엇을 나타내고 의미하는 경우이다. (4) 「지도 상의 붉은 선은 철로를 나타낸다.」

the House of *Representative*
미 하원 *opp*. Senator 미 상원

represent as ~ ~로 묘사하다

be *representative* of ~
~을 대표하다; ~을 나타내다

make *representations* to ~
~에 항의하다

syn. symbolize, designate, act as a substitute for, portray, describe

---

▯ **reserve** [rizə́:rv]

vt. **1 to make a reservation or make a booking** 예약하다: Have you *reserved* our seats on the train? 우리 기차표를 예약했니? / Call ahead to *reserve* a table. (음식점의) 자리 예약을 하려면 미리 전화를 해.

2 to set apart or set aside for a particular person or use (어떤 목적을 위해) 준비해 두다, 떼어 두다, 남겨 두다: These seats are *reserved* for old and disabled people. 이 좌석들은 노인과 장애인들을 위한 자리이다.

3 to have something available for use when it is needed (권리나 이익 또는 판단을) 유보하다: It is often wise to *reserve* judgement. 종종 판단을 유보하는 것이 현명할 때도 있다.

4 to save future use or for a special purpose (만일을 대비해서) 아끼다, 비축하다: Try to *reserve* energy. 에너지를 아끼려고 노력해. / *Reserve* your strength for the climb. 등산에 대비하여 힘을 아껴 두어라.

|실전문제|

다음에 주어진 뜻풀이 가운데서 밑줄 친 reserve의 의미로 가장 적절한 것은?

They told us to <u>reserve</u> our strength for the soccer game on the weekend between departments.

(1) to have something available for use when it is needed
(2) to make a reservation or make a booking
(3) to save for future use or for a special purpose
(4) to set apart or set aside for a particular person or use

· 파생어 ·

reservation
예약, 보류, 사양, 인디언 보호구역, 금렵지

reservationist
(항공사 따위의) 예약 접수계원

reserved 보류된, 내성적인

reservist 예비군

reservoir 저수지

reservedly 삼가서, 터놓지 않고

· 관련표현 ·

a great *reservoir* of knowledge 많은 지식의 축적

all rights *reserved* 판권 본사 소유

in *reserve* 예비의, 남겨 둔

without *reserve* 거리낌 없이, 무조건으로

with *reserve* 삼가서, 조건부로

reserve clause 유보 조항

a *reserved* seat 예약석

Reserve Officers' Training Corps(R.O.T.C.) 예비역 장교 훈련단

해설 | 타동사로 쓰였으며 목적어가 힘(strength)이므로, 힘을 '아끼다[비축하다]'의 뜻임을 알 수 있다. (3)「그들은 우리에게 주말에 있을 부서 간의 축구 경기를 위해 힘을 아껴 두라고 말했다.」

☐ resolution [rèzəlúːʃən]

n. **1 a formal decision taken at a meeting by means of a vote** 결의안: The UN had passed two major *resolutions* calling for a complete withdrawal. 유엔은 완전한 철수를 요구하는 두 개의 주요 결의안을 통과시켰다.

2 determination to do or not to do something 결심, 결의: Have you made a New Year's *resolution*? 신년 결심을 했니?

3 the act of solving a problem or difficulty (문제의) 해결, 해답: The U.N. inspectors went to North in order to find a peaceful *resolution* to the nuclear crisis. 유엔 (핵) 사찰단들이 핵 위기의 평화로운 해결책을 찾고자 북한에 갔다.

4 a technical term in science which means how clear the image of TV or computers are (컴퓨터, TV의) 해상도: This machine gives us such high *resolution* that we can see very small specks of calcium. 이 기계는 해상도가 아주 높아서 우리가 칼슘의 아주 작은 알갱이까지 볼 수 있다.

· 파생어 ·
resolute 굳게 결심한(=determined), 단호한
resolutive 용해할 수 있는, 분해력이 있는
resolve 용해하다, 분해하다, 해결하다, 결심하다
resolved 단호한(=resolute), 결심한
resolvent 분해하는, (종기를) 삭히는

· 관련표현 ·
make a *resolution*
결심하다(=determine)
a nonconfidence *resolution*
불신임 결의
a *resolution* of a problem
문제의 해결
***resolve* one's fears** 근심을 해소하다
I *resolve* that ~ 나는 ~의 결심을 한다
a man of *resolve* 결의가 굳은 사람
firm *resolution* 굳은 결심
a man of great *resolution*
결단력이 강한 사람

|실전문제|
다음에 주어진 뜻풀이 가운데서 밑줄 친 resolution의 의미로 가장 적절한 것은?

He lacked the resolution to get through medical school.

(1) the act of solving of a problem or difficulty
(2) a technical term in science which means how clear the image of TV or computers are
(3) determination to do or not to do something
(4) a formal decision taken at a meeting by means of a vote

해설 | 동사인 lack(부족하다)을 보면 목적어를 짐작할 수 있는데, '의대를 마칠 결심[결의]이 부족했다'는 뜻으로 해석이 된다. (3)「그는 의대를 마칠 결심이 부족했다.」

☐ respect [rispékt]

n. **1 a feeling of admiration; esteem** 존경, 경의: Children should show *respect* for their teachers. 어린아이들은 선생님에게 경의를 표해야 한다.

2 consideration or care 주의, 관심: Reporters have no *respect* for anyone's privacy. 기자들은 누구라도 그 사람의 사생활에 관심을 기울이지 않는다.

· 파생어 ·
respectable 존경할 만한, 훌륭한, 상당한
respected 존경받는, 높이 평가되는
respectful 공손한, 예의 바른
respecting
~에 관하여(=regarding, concerning)
respective 각각의, 각자의

3 a detail or a particular point 점, 측면: You're absolutely right in that *respect*. 그 점에 있어서는 당신이 전적으로 옳다.

4 (usually *pl.*) the best regards 안부, 인사: Give my *respects* to your father. 너의 아버지께 내 안부 전해 줘. / It's necessary to call on a new neighbor to pay one's *respects*. 새로 이사 온 이웃에게 방문해서 인사를 하는 것은 필요하다.

|실전문제|

다음에 주어진 뜻풀이 가운데서 밑줄 친 <u>respect</u>의 의미로 가장 적절한 것은?

What do you think about in this <u>respect</u>?

(1) consideration or care
(2) a detail or a particular point
(3) a feeling of admiration; esteem
(4) the best regards

해설 | 어떤 사실에 대한 견해를 묻고 있으므로 '이 점에 있어서'라는 뜻으로 사용되고 있다. (2) 「이 점에 있어서 당신은 어떻게 생각합니까?」

respectively 각각, 따로따로

·관련표현·

quite a *respectable* income
꽤 적지 않은 수입

get into a *respected* university
일류 대학에 입학하다

respective merits 각각의 장점

send one's *respects* to ~에게 안부를 전하다(=give one's best regards to)

pay one's last *respects*
장례식에 참석하다

in any *respect* 어떠한 점에 있어서
in every *respect* 모든 점에 있어서
in this *respect* 이 점에 있어서

with *respect* to ~
~에 관하여(=regarding)

a *respectable* position 상당한 위치

earn a *respectable* salary
적지 않은 봉급을 받다

syn. point, reverence,
   veneration, greetings
ant. disrespect, disregard,
   contempt, neglect, ignore

□ **restore** [ristɔ́ːr]

vt. 1 to bring back into use or existence 복구하다, 회복하다: The thermal treatments were somewhat effective in *restoring* her. 그 열 치료법은 그녀를 회복시키는 데 다소 효과적이었다. / Mother *restored* the old jacket by putting patches on the elbows. 엄마는 팔꿈치에 헝겊을 대어 낡은 재킷을 수선했다.

2 to put (someone) back into a former position (원래 지위, 자리로) 복귀시키다: He was later *restored* to his former rank. 그는 후에 이전 계급으로 복귀되었다.

3 to give back or return to the owner 되돌려 주다: The stolen property was *restored* into its owner. 그 도난 물건을 주인에게 되돌려 주었다.

4 to put an old building, furniture, or work of art back into the original state (옛 건물, 가구, 예술품 등을) 옛날 상태로 복원하다: The old building was damaged in a fire and had to be painstakingly *restored*. 그 옛 건물은 화재로 피해를 입어서 정성을 들여 다시 복원해야만 했다. / The picture was *restored* to its original condition. 그 그림은 원래의 상태로 복원되었다.

·파생어·

restorable 회복[복구]할 수 있는

restorative (건강, 원기를) 회복시키는, 강장제

restoration 회복, 복구, 복원, 복직

·관련표현·

restore order 질서를 회복하다
restore to life 부활시키다
restore of a painting 그림의 복원
a picture *restorer* 그림 복원자
a bottle of hair *restorer*
발모제 약병
restore one's makeup
화장을 고치다

syn. bring back, recover,
   retrieve, reconstruct,
   rehabilitate, reinstate,
   reinstall

|실전문제|

다음에 주어진 뜻풀이 가운데서 밑줄 친 restore의 의미로 가장 적절한 것은?

The homeroom teacher finally shouted to restore quiet in the classroom.

(1) to put an old building, furniture, or work of art back into the original state
(2) to put (someone) back into a former position
(3) to bring back into use or existence
(4) to give back or return to the owner

해설 | 교실의 조용함을 다시 회복시키는 것이므로 (3)이 정답이다. (3) 「그 담임선생님은 학급을 다시 조용하게 하기 위해 마침내 소리쳤다.」

R

retire [ritáiər]

vi. **1 to stop working at one's job because of age 퇴직하다, 은퇴하다**: At the age when most people *retire*, he is ready to face a new career. 대부분의 사람이 퇴직할 나이에, 그는 새로운 직업을 가질 각오가 되어 있다. / Teachers *retire* at the age of 62. 교사들은 정년이 62세이다.

2 to stop competing during a game or race (운동선수 등이 부상으로) 물러나다, 퇴장하다: Due to a leg injury, he was forced to *retire* from the marathon race. 다리 부상으로 인해 그는 할 수 없이 마라톤 경주에서 물러나야 했다.

3 to go to bed 자다, 잠자리에 들다: I'm tired, so I'll *retire* now. 피로해서 지금 잠자리에 들어야겠다.

4 to move back from a battle intentionally without being forced to (전쟁터에서) 퇴각하다: Our armies have *retired* to regroup for a fresh attack. 아군은 전열을 가다듬어 재공격하기 위해 퇴각했다.

·파생어·
retired 퇴직한
retirement 퇴직, 은퇴, 은거
retiring 은퇴하는, 수줍은
retiree 퇴직자, 은퇴자

·관련표현·
a *retired* father 퇴직하신 아버지
go into *retirement* 은거 생활을 시작하다
a *retiring* allowance 퇴직금
live in *retirement* 한거하다
retirement community 노인촌
retirement pension 퇴직 연금
retiring age 퇴직 연령
retirement party 퇴직 송별회
retire into oneself 갑자기 말이 없어지다, 혼자 생각에 잠기다
retire into one's shell 마음을 터놓지 않다, 입을 다물다

syn. withdraw, go to sleep, resign, secede
ant. arise, join, awaken, enlist

|실전문제|

다음에 주어진 뜻풀이 가운데서 밑줄 친 retired의 의미로 가장 적절한 것은?

The platoon retired to their prepared positions.

(1) to stop competing during a game or race
(2) to stop working at one's job because of age
(3) to go to bed
(4) to move back from a battle intentionally without being forced to

해설 | 내용을 보면 군대 이야기로, 소대(platoon)와 진지(positions)가 나오고 있다. 그러므로 소대가 그들의 진지로 '퇴각[후퇴]했다'는 것임을 알 수 있다. (4) 「그 소대는 그들의 예정된 진지로 후퇴했다.」

☐ **return** [ritə́ːrn]

vi. **to go or come back to a former place or activity** (본래 또는 예전의 장소, 활동으로) 되돌아가다: What time does your husband *return* from work? 당신의 남편은 몇 시에 퇴근합니까? / We thought that spring would never *return*. 우리는 봄이 다시는 오지 않을 것이라고 생각했다.

vt. **1 to give, put, or send back** (책, 상품, 포로 등을) 반환하다, 반품하다, 제자리로 되돌려 주다: The thief *returned* the missing jewels. 그 도둑은 없어진 보석을 되돌려 주었다. / I'm going to the library to *return* my books. 나는 도서관에 가서 책을 반납할 것이다. / Can I *return* this jacket, because it's a little bit tight? 약간 끼여서 말인데 이 재킷을 반품할 수 있을까요?

2 to give or do in exchange 보답하다, 답례하다: Permit me to *return* the compliment. 제가 답례로 칭찬을 하겠습니다. / The president said he would *return* his visit to the country someday in the near future. 그 대통령은 그 나라를 가까운 장래에 언젠가는 답례차 방문할 것이라고 말했다.

3 to produce as a profit or loss (수익이나 손실을) 내다: The stocks *returned* more than 15 percent a year. 그 주식들은 연간 15% 이상의 수익을 냈다.

| 실전문제 |

다음에 주어진 뜻풀이 가운데서 밑줄 친 return의 의미로 가장 적절한 것은?

The dispute between transport workers and management has been settled and services will <u>return</u> to normal tomorrow.

(1) to produce as a profit
(2) to give or do in exchange
(3) to give, put, or send back
(4) to go or come back to a former place or activity

해설 | return to normal은 숙어로서 '정상으로 되돌아가다'의 뜻이다. 이때의 return은 어떤 활동이 원래 상태로 되돌아가는 것이므로 정답은 (4)이다. (4) 「운송 인부들과 경영진 간의 논쟁은 해결이 되어서 내일이면 운행이 정상화될 것이다.」

· 파생어 ·
returnable 되돌릴 수 있는, 반환해야 하는
returned 반송된, 돌아온
returnless 보수가 없는, 돌아갈 수 없는
returnee (전쟁터에서의) 귀환자, 복학자

· 관련표현 ·
return a good interest 상당한 이자를 내다
return to life 되살아나다
return to oneself 제정신이 들다
in **return** 답례로, 회답으로(=in return for)
the point of no **return** 뒤로 물러설 수 없는 단계[지점, 시점]
yield a quick **return** 곧 이익을 낳다
return address 발신인의 주소
return ticket 왕복표[영국](=round-trip ticket[미국])
return trip 왕복 여행[영국](=round trip[미국])
make a **return** for ~ ~에게 답례하다, ~에 보답하다
without **return** 수익[이익] 없이
return to the basics 기본[원점, 초심]으로 돌아가다

syn. go[come] back, recur, restore, repay, yield, give interest
ant. depart, leave, disappear, retain, lose, remove

☐ **review** [rivjúː]

n. **1 an examination of a situation or system to see whether it can be improved** 재검토, 재조사: The White House quickly announced that the policy is under *review*. 백악관은 재빨리 그 정책이 검토 중에 있다고 발표했다.

**2 a report in a newspaper or magazine, or on the Internet, television or radio about one's opinion of a new

· 파생어 ·
reviewable 재검토할 수 있는, 세밀히 검사할 수 있는
reviewer 평론가, 비평가, 검열자

· 관련표현 ·
a court of **review** 재심 법원
review exercises 연습 문제

book, movies, TV programs, or records, etc. 비평, 논평: The college publishes a drama *review*. 그 대학에서는 드라마 평론서를 출간한다. / Disney's Beauty and the Beast has won rare *reviews*. 디즈니의 만화영화 '미녀와 야수'는 유례없는 호평을 받았다.

3 the inspection or the watch of the troops in a military parade 열병(식), 관병식: When he passed troops in *review*, he smiled and raised his hat. 그가 열병을 받았을 때, 그는 미소를 지으며 모자를 추켜올렸다.

4 a second look at the lesson or books you have learned or read before (수업의) 복습: The teacher told the students to make a *review* of today's lesson tonight before they went to bed. 선생님은 학생들에게 오늘 밤 잠자리에 들기 전에 오늘 수업을 복습하라고 말씀하셨다.

| 실전문제 |

다음에 주어진 뜻풀이 가운데서 밑줄 친 review의 의미로 가장 적절한 것은?

The committee has met for a final review of the facts.

(1) the inspection or the watch of the troops in a military parade
(2) a second look at the lesson or books you have learned or read before
(3) a report in a newspaper or magazine, or on the Internet, television or radio about one's opinion of a new book, movies, TV programs, or records, etc.
(4) an examination of a situation or system to see whether it can be improved

해설 | 주어가 위원회(committee)이고, 전치사 of 뒤의 명사가 '사실'이므로, '사실의 재검토[재조사]'임을 추측할 수 있다. (4) 「그 위원회는 사실의 최종적인 재검토를 위해 모였다.」

march in *review* 분열 행진하다
under *review* 검토[조사] 중에 있는
review **for an exam** 시험에 대비해 복습하다
the Board of *Review* (영화 등의) 검열국

syn. examination, study, parade, evaluation

R

☐ **rich** [ritʃ]

a. **1 possessing a lot of money or property; wealthy** 부자의, 부유한: The rich get *richer* and the poor get poorer. 부자는 더욱더 부자가 되고 가난한 사람은 더 가난해진다.[빈익빈 부익부]

2 containing a lot of something ~가 많은, ~가 풍부한: Our home was always *rich* in love and understanding. 우리 집은 항상 사랑과 이해심이 많은 곳이었다. / Sardines are *rich* in oil. 정어리는 기름이 풍부하다.

3 deep, strong, and beautiful in sound or color (음이나 색깔이) 낭랑한, 굵은, 짙은, 선명한: His voice was a *rich* baritone. 그의 목소리는 성량이 풍부한 바리톤이었다. / I like *rich* dark red roses. 나는 선명하게 검붉은 장미를 좋아한다.

· 파생어 ·
richly 화려하게, 풍부하게, 고가로
richness 부유, 풍부, 비옥
richen 풍부하게 하다, 더욱 부자가 되다

· 관련표현 ·
the new *rich* 벼락[신흥] 부자들
rich **milk** 진한 우유
rich **in fiber** 섬유소가 풍부한
rich **soil** 기름진 땅
rich **in natural resources** 천연자원이 풍부한
as *rich* **as a Jew** 아주 돈이 많은

523

4 (of land) good for growing plants or flowers (땅이) 식물 재배에 좋은, 비옥한, 기름진: Manitoba has a lot of *rich* farmland. 마니토바 지역에는 기름진 농토가 많다.

|실전문제|

다음에 주어진 뜻풀이 가운데서 밑줄 친 rich의 의미로 가장 적절한 것은?

It is most deplorable when we often see a wasteful use of rich resources.

(1) (of land) good for growing plants or flowers
(2) possessing a lot of money or property; wealthy
(3) containing a lot of something
(4) deep, strong, and beautiful in sound or color

해설 | rich resources는 '풍부한 자원'이라는 뜻으로, 이때의 rich는 '풍부한, 많은'의 뜻을 나타낸다. (3)「풍부한 자원이 낭비되는 것을 볼 때 개탄을 금할 수 없다.」

strike it *rich* 벼락부자가 되다, 횡재를 하다

as *rich* as Croesus 막대한 재산을 가진

as *rich* as a Jew 큰 부자인

syn. well-to-do, wealthy, affluent, valuable, precious, intense, deep, abundant, fertile, productive
ant. poor, impoverished, worthless, inexpensive, lacking, scanty, barren, sterile

---

☐ **ripe** [raip]

a. **1 (of fruit or grain) fully grown and ready to be eaten** (과일이나 곡식이) 익은, 여문: If you eat fruit that is not *ripe*, you may have indigestion problems. 만약 익지 않은 과일을 먹으면, 소화 불량이 생길지도 모른다.

2 ready or suitable to happen (기회가) 무르익은, (~에) 적합한: This society is *ripe* for change. 이 사회는 변화의 분위기가 무르익은 상태다. / The time is *ripe* for action. 이제 실행할 때가 되었다.

3 of old age 고령의: He died at a *ripe* age yesterday. 그는 어제 노환으로 죽었다.

4 thoroughly matured by experience 성숙한: Although she is still young, she is a person of *ripe* years. 비록 그녀는 아직 어리지만, 경험이 많다.

|실전문제|

다음에 주어진 뜻풀이 가운데서 밑줄 친 ripe의 의미로 가장 적절한 것은?

The time is ripe for a challenge to the power of the government.

(1) thoroughly matured by experience
(2) of old age
(3) ready or suitable to happen
(4) (of fruit or grain) fully grown and ready to be eaten

해설 | The time is ripe for ~라는 구문은 '지금이야말로 ~할 때이다', 또는 '지금이야말로 ~할 때가 무르익었다'의 뜻을 나타냄을 알아 두자. (3)「이제야말로 정부의 힘에 도전할 때다.」

· 파생어 ·

ripen 익다, 원숙하다, 곪다
ripely 익어서, 기회가 무르익어
ripeness 성숙, 원숙, 곪음

· 관련표현 ·

Soon *ripe*, soon rotten. 대기만성
ripe cheese 숙성한 치즈
a *ripe* fruit 익은 과일
a *ripe* old age 고령, 노령
be *ripe* in ~ ~에 숙달해 있다, ~에 원숙하다

syn. mature, mellow, timely, accomplished
ant. unripe, unready, immature, unprepared, untimely

roll [roul]

vt. 1 to move along a surface and turn over many times (공, 바퀴 등이) 굴러가다, 구르다: *Roll* the ball to me. 그 공을 나에게 굴려라. / I *rolled* a ball across the carpet. 나는 카펫을 가로질러 공을 굴렸다.

2 to turn eyes up or from one side to another (눈알을) 굴리다 [희번덕거리다], (눈을) 부라리다: People sometimes *roll* their eyes when they are very frightened or upset. 사람들은 그들이 가끔 아주 놀라거나 화를 낼 때 눈을 희번덕거린다.

3 to cause a car window, blind or shutter to move upwards or downwards (차창, 셔터, 차양 등을) 내리거나 올리다: He *rolled* his car window down and asked someone for directions. 그는 차창을 내리고는 누군가에게 길 방향을 물어보았다.

vi. 1 to move steadily and slowly along 꾸준히 그리고 천천히 움직이다: The train *rolled* slowly into the station. 그 기차는 서서히 역으로 들어왔다. / Tears were *rolling* down her cheeks. 눈물이 그녀의 두 뺨 아래로 흘러내렸다.

2 to swing from side to side with the movement of the waves (배나 비행기가) 좌우로 흔들리다: The pleasure boat *rolled* so heavily that we were all sick. 유람선이 너무 흔들린 나머지 우리 모두에게 배 멀미가 났다. / A boat slowly *rolled* over. 배가 서서히 흔들리다 전복했다.

3 to turn over and over 뒹굴다: The pet dog *rolled* on the floor. 그 애완견은 마룻바닥에서 굴렀다.

|실전문제|

다음에 주어진 뜻풀이 가운데서 밑줄 친 roll의 의미로 가장 적절한 것은?

In the evening the shopkeeper began to <u>roll</u> down the shutter.

(1) to move steadily and slowly along
(2) to move along a surface and turn over many times
(3) to turn eyes up or turn eyes from one side to another
(4) to cause a car window, blind or shutter to move upwards or downwards

해설 | 차창, 셔터, 차양 등을 내리거나 올릴 때의 경우이므로, 이러한 어휘를 보고 쉽게 답을 찾을 수 있다. (4) 「저녁에 상점 주인은 셔터를 내리기 시작했다.」

· 파생어 ·

roller 굴림대, 롤러
rolling 구르는, 회전하는, 비틀거리는

· 관련표현 ·

get business *rolling* 일을 척척 진행시키다
***roll* in** 꾸역꾸역 많이 몰려들다
***roll* out the red carpet** 붉은 카펫을 펼치다
***roll* up one's sleeves** 소매를 걷어붙이다
be on the *rolls* 명부에 있다
***roll* call** 출석조사, 점호
roller coaster 놀이 공원의 오락용 활주 차
***roll* film** 두루마리 필름
***rolling* stone** 직업을 자주 바꾸는 사람
A *rolling* stone gathers no moss. 구르는 돌은 이끼가 끼지 않는다 (직업을 자주 바꾸면서 옮겨 다니는 것은 좋지 않다는 의미)
***roll* out** 굴러 나가다; ((구어)) ((침대 등에서)) 일어나서 나오다
call the *roll* 출석을 부르다

syn. rotate, spin, surge, swell, roar, curl, tumble

rotten [rátn]

a. **1 decayed and no longer used** 썩은, 부패한: The smell outside this store is overwhelming like *rotten* eggs. 이 상점 밖의 냄새는 썩은 달걀 냄새처럼 굉장하다.

2 very unpleasant or very bad 굉장히 불쾌한, 형편없는: I had a pretty *rotten* day. 나는 오늘 일진이 굉장히 안 좋았다. / It was *rotten* of him to say so. 그렇게 말하다니 그도 지독하군.

3 distressed and uncomfortable (자신이 한 일이) 찝찝한, 편치 않은: I feel *rotten* about having to sack him, but I had no alternative. 그를 해고한 것은 기분이 좀 찝찝하지만 어쩔 수가 없었어.

4 morally decayed and corrupt; bribed (도덕적으로) 부패한, 타락한, 뇌물을 받은: To clear a town of *rotten* officials is easier said than done. 한 지역에서 부패한 관리들을 걸러 내는 것은 말처럼 쉽지가 않다.

· 파생어 ·
rottenly 냄새 고약하게, 불쾌하게
rottenness 부패, 썩음, 타락, 불쾌함

· 관련표현 ·
rotten fish 썩은 생선
a *rotten* child 버릇없이 응석을 부리는 아이
feel *rotten* 기분이 나쁘다
look *rotten* 우울한 얼굴을 하다
rotten throughout 완전히 썩은
rotten luck 불운
a *rotten* apple 악영향을 미치는 것[사람], 암적 존재

syn. decayed, decomposed, corrupt, dishonest, vicious, unpleasant
ant. wholesome, untainted, honest, moral, incorruptible

|실전문제|
다음에 주어진 뜻풀이 가운데서 밑줄 친 rotten의 의미로 가장 적절한 것은?

It's a rotten shame that they didn't give you a promotion.

(1) morally decayed and corrupt; bribed
(2) distressed and uncomfortable
(3) decayed and no longer used
(4) very unpleasant or very bad

해설 | 문맥으로 보아 '기분이 나쁘다'는 의미로 볼 수 있다. (4) 「그들이 너를 승진시켜 주지 않았다니 너무 심한 처사다.」

rude [ru:d]

a. **1 intentionally bad-mannered, or not at all polite in behavior** 무례한, 버릇없는: *Rude* behaviour will not be tolerated. 무례한 행동은 참을 수가 없다.

2 describing words and behaviour that are likely to embarrass or offend people (말이나 행동이) 교양이 없는, 저속한: Frank kept making *rude* jokes with the guests. 프랭크는 손님들과 듣기 민망한 (성적) 농담을 계속했다.

3 roughly made; makeshift 조잡한, 임시의, 대강 만들어진: Robert has just finished constructing a *rude* cabin for his family in case of necessity. 로버트는 필요한 경우에 그의 가족들이 사용할 조잡한 오두막을 방금 다 지었다.

4 unpleasant and unexpected 예상치 못한 돌연한: The whole staff had a *rude* shock when they learned that their company

· 파생어 ·
rudely 무례하게, 교양 없이, 미숙하게
rudeness 무례함, 거침, 조잡

· 관련표현 ·
rude manners 무례한 태도(=*rude* behaviour)
rude realities 냉혹한 현실
a *rude* sketch 조잡한 묘사
a *rude* estimate 대강의 견적
a *rude* shock 갑작스런 충격
say *rude* things 무례한 말을 하다
be *rude* to ~ ~에게 실례가 되다, ~을 모욕하다
speak *rudely* 버릇없이 말하다

was in a serious financial trouble. 전 직원들은 회사가 심각한 재정적 문제에 빠져 있다는 것을 알았을 때 갑작스런 충격을 받았다.

5 strong and healthy 건강한, 튼튼한: He is still in *rude* health and can cycle 40 or 50 miles nonstop. 그는 아직 건강하며 쉬지 않고 40 내지 50마일 거리를 자전거로 달릴 수 있다.

syn. discourteous, impolite, insolent, unmannerly, makeshift, coarse, unrefined, healthy
ant. courteous, polite, civil, mannerly, decent, refined, elegant

R

| 실전문제 |

다음에 주어진 뜻풀이 가운데서 밑줄 친 rude의 의미로 가장 적절한 것은?

We put up a rude shed and huddled in it.

(1) unpleasant and unexpected
(2) intentionally bad-mannered, or not at all polite in behaviour
(3) roughly made; makeshift
(4) describing words and behaviour that are likely to embarrass or offend people

해설 | shed는 헛간이나 광을 말하며, 이것을 수식하는 rude는 네 개의 뜻 가운데 '임시의[조잡한]'의 뜻이 될 수밖에 없다. (3) 「우리는 임시로 조잡한 헛간을 만들고 급히 그 안에 숨었다.」

S

safe [seif]

a. **1 not in danger, or not threatened by harm** 안전한, 위험이 없는: The back streets aren't *safe* at night. 뒷골목은 밤에는 안전하지 않다. / We are *safe* from the bombing from the enemy in the underground shelter. 우리는 지하 방공호에 있어서 적들의 폭격으로부터 안전하다.

2 not harmed, or not hurt 탈 없는, 무사한: She prayed for the *safe* return of the kidnapped daughter. 그녀는 납치된 딸이 무사히 돌아오기를 기도했다.

3 not likely to cause harm or danger 위험이 없는, 피해 입을 걱정이 없는: Is this water *safe* for drinking? 이 물은 마시기에 안전합니까? / Flying is considered to be one of the *safest* forms of travel. 비행기 여행은 가장 안전한 형태의 여행 중 하나로 간주된다.

4 not involving any risk or danger 믿을 수 있는, 안심할 수 있는: To invest money in stock is not *safe* these days. 요즈음 주식에 투자하는 것은 안심할 수 없다.

5 (of a person) fit to be trusted; reliable (사람이) 믿을 만한: The cab company wants to hire a *safe* driver. 그 택시 회사는 믿을 만한 운전사를 고용하기를 원한다.

|실전문제|

다음에 주어진 뜻풀이 가운데서 밑줄 친 safe의 의미로 가장 적절한 것은?
The fragile china survived the bumpy journey safe and sound.
(1) not involving any risk or danger
(2) (of a person) fit to be trusted; reliable
(3) not harmed, or not hurt
(4) not likely to cause harm or danger

해설 | 도자기가 덜컹덜컹하는 여행에서 깨지지 않고, 아무런 해도 입지 않았다는 뜻이므로 정답은 (3)이다. (3) 「그 깨지기 쉬운 도자기는 덜컹덜컹하는 여행에서도 깨지지 않았다.」

·파생어·
safely 안전하게, 무사히
safety 안전, 무사
safen 안전하게 하다

·관련표현·
be on the *safe* side 신중을 기하다, 조심하다
It is a *safe* bet that ~ ~라고 해도 괜찮다(=It is *safe* to say that ~)
***safe* and sound** 무사히, 탈 없이
play it *safe* 모험을 하지 않다
***safe* bet** 안전한 것, 확실한 것
***safe* deposit** 귀중품 보관소
***safe* haven** 안전 대피소
arrive *safe* 무사히 도착하다
***safety* belt** 안전벨트(=seat belt)
e.g. Fasten your *safety* belt.
안전벨트를 매시오.
***safety* glass** 안전유리
better *safe* than sorry 나중에 후회하기보다는 미리 주의를 하는 것이 좋다
drive *safely* 안전하게 운전하시오
to break into a *safe* 금고를 부수다
***safety* lock** 안전 자물쇠

syn. secure, unharmed, unbroken, protected, cautious, prudent, reliable, trustworthy, harmless
ant. harmed, damaged, risky, hazardous, undependable, harmful

savage [sǽvidʒ]

a. **1 forcefully violent or cruel; brutal** 사나운, 잔혹한, 잔인한: The poor man received a *savage* beating from the thugs. 그 불쌍한 사람은 깡패에게 잔인하게 구타당했다.

·파생어·
savagely 야만적으로, 잔인하게
savagery 야만, 미개, 잔인, 황량한 풍경 (=savageness)

528

2 uncivilized or barbaric 미개한, 야만의: Long time ago there were many *savage* tribes who lived in caves or in the wilderness. 오래전에는 동굴이나 들판에서 많은 미개인이 살았다.

3 untamed or undomesticated 길들여지지 않은, 야생의: If you love *savage* beasts, leave them alone. 만약 야수들을 좋아한다면, 그대로 내버려 두어라.

4 harsh or rough, especially in wind, rain or of scenery; wild (비나 바람이) 매서운, 황량한: *Savage* winds whipped about the mountain climber's head. 매서운 바람이 등반가의 머리 주위로 매섭게 불었다.

|실전문제|

다음에 주어진 뜻풀이 가운데서 밑줄 친 savage의 의미로 가장 적절한 것은?
The wild pig got a <u>savage</u> attack by some hound dogs.

(1) untamed or undomesticated
(2) harsh or rough, especially in wind, rain or of scenery; wild
(3) uncivilized or barbaric
(4) forcefully violent or cruel; brutal

해설 | hound dogs(사냥개)가 멧돼지를 사납게 공격했다는 문맥이므로 정답은 (4)이다. (4) 「그 멧돼지는 몇몇 사냥개들의 사나운 공격을 받았다.」

□ **save** [seiv]

vt. **1 to help to avoid harm or escape from a dangerous or unpleasant situation** (위험, 위협 등에서) 구하다, 건지다: The firemen *saved* the girl from the burning building. 소방대원들이 불타는 건물에서 그 소녀를 구했다.

2 to gradually collect money by spending less in order to buy something that someone wants 절약하다, 저축하다: You must learn to *save* money if you want to provide for the future. 미래를 대비하기 원한다면 절약하는 법을 배워야 한다. / The majority of the people dwelling in the city intend to *save* money, but find that by the end of the month there isn't any left. 대다수 도시 거주민이 저축하려고 하지만 월말경에는 저축할 돈이 남아 있지 않음을 알게 된다.

3 to avoid the waste of time or energy (시간 혹은 에너지 등을) 아끼다, 절약하다: You'll *save* electricity by turning off lights not in use. 사용하지 않는 불을 끄면 전기를 절약할 수 있다. / It *saves* time in the kitchen to have things you use a lot within easy reach. 주방에서 많이 사용하는 것들은 손이 쉽게 가는 곳에 두는 것이 시간을 절약한다.

·관련표현·

make a *savage* **attack upon ~**
~을 맹렬히 공격하다

savage **fine arts** 미개인의 예술

savage **mountain scenery**
쓸쓸한 산 경치

a *savage* **dog** 사나운 개

a *savage* **temper** 잔인한 성격

a *savage* **anger** 사나운 분노

savages **living in caves**
동굴에 사는 원시인들[미개인들]

savage **customs** 야만적인 풍습

syn. ferocious, brutal, barbaric, merciless, unmerciful, untamed, desolate, rough

ant. kind, merciful, tame, civilized

·파생어·

saving 절약하는, 도움이 되는, 예외의

saver 절약가, 구조자, 절약기 장치

savior 구세주[주 예수], 구조자

·관련표현·

a *saving* **clause** 유보 조항, 절약, 저금, 구조

labor-*saver* 노동[수고] 절약 장치

save **a person from drowning**
물에 빠진 사람을 구하다

save **one's honor** 명예를 지키다

save **one's face** 체면을 유지하다

save **up** 돈을 모으다

save **the tide** 호기를 놓치지 않다

save **for** ~을 제외하고(=except, except for) 〈이때는 전치사로 사용됨〉

save **one's voice**
목을 아끼다[보호하다]

529

4 to help to avoid efforts or trouble; make unnecessary (수고나 어려움을) 덜어주다, 면하게 하다: It *saved* me the trouble of looking for a parking lot. 덕분에 주차장을 찾지 않아도 되었다. / A stitch in time *saves* nine. 적시의 조치는 후환을 막는다(쇠뿔도 단김에 빼라, 때를 놓치지 마라).((속담)) / If you lend me 5 dollars, it will *save* me from having to go to the bank. 만약 당신이 5달러를 빌려 주면, 내가 은행에 갈 필요가 없을 것입니다.

syn. rescue, safeguard, conserve, economize
ant. endanger, imperil, consume, waste, spend

|실전문제|

다음에 주어진 뜻풀이 가운데서 밑줄 친 <u>save</u>의 의미로 가장 적절한 것은?

We can <u>save</u> fuel if we drive at a regular speed.

(1) to help to avoid efforts or trouble
(2) to avoid the waste of time or energy
(3) to help to avoid harm or escape from a dangerous or unpleasant situation
(4) to gradually collect money by spending less in order to buy something that someone wants

해설 | electricity, gas, fuel 등은 energy에 속하며, 이것을 절약하고 아끼는 것을 찾는다. (2) 「우리가 일정한 속도로 운전한다면 연료[기름]를 절약할 수 있다.」

☐ **scale** [skeil]

n. **1 a set of levels or numbers which are used in a particular system of measuring or comparing things** 눈금, 척도, 등급: There was a strong earthquake in San Francisco last night measuring six point five on the Richter *scale*. 지난밤 리히터 지진계로 강도 6.5의 강진이 샌프란시스코에서 있었다. / On a *scale* of 1 to 10, how do you rate the whole employee's job performance? 1에서 10까지의 등급으로 전체 직원들의 업무 평가를 어떻게 합니까?

2 size or extent 규모, 정도: The breakdown of law and order could result in a killing on a massive *scale*. 법과 질서의 파괴는 대규모의 살인을 초래할 수 있을 것이다.

3 relationship between the size of something in the map, plan, or model and its size in the real world (지도의) 축척, 비율: This is a map drawn to a *scale* of 1:10,000. 이 지도는 10,000대 1의 비율로 축소한 지도이다.

4 a fixed sequence of musical notes, each one higher than the next 음계: The opera singer could sing in several *scales*. 그 오페라 가수는 몇몇 음계로(폭넓은 음역을) 노래할 수 있다.

5 a piece of equipment used for weighing things 저울, 체중계: Weigh the fruit on the *scale*. 저울에 그 과일을 달아 보시오.

·파생어·
scaled 눈금이 있는, 비늘무늬가 있는
scaler 생선 비늘을 제거하는 사람, 치석 제거기
scaling 비례 축소, 크기 조정, 치석 제거
scaledown 규모 축소

·관련표현·
a *scaledown* of military expenditure 군비 삭감

syn. measure, ratio, rate, key, size, extent

6 small and flat pieces of hard skin covering the bodies of fish or reptiles (생선, 파충류의) 비늘: You have to remove the *scale* of fish before cooking. 요리하기 전에 생선의 비늘을 없애야 한다.

|실전문제|

다음에 주어진 뜻풀이 가운데서 밑줄 친 <u>scale</u>의 의미로 가장 적절한 것은?

The problem is he may underestimate the <u>scale</u> of the disaster.

(1) a fixed sequence of musical notes, each one higher than the next
(2) a set of levels or numbers which are used in a particular system of measuring or comparing things
(3) small and flat pieces of hard skin covering the bodies of fish or reptiles
(4) size or extent

해설 | underestimate는 '과소평가하다'라는 뜻이므로, 그의 목적어인 the scale of the disaster는 '재난의 규모'가 되어야 마땅하다. (4)「문제는 그가 그 재난의 규모를 과소평가할지도 모른다는 사실이다.」

S

☐ scene [siːn]

n. **1 a place where an event or crime occurs** (사건이나 범죄의) 장소: Criminals are said to return to the *scene* of the crime. 범인들은 범죄 현장으로 다시 와 본다고 한다.

2 a display of anger or temper in public 큰 소동: I'm ashamed of you to make a *scene* in the wedding party like that. 결혼 피로연에서 그와 같이 소동을 피우다니 나는 당신이 창피해요.

3 any of the division of a movie or play during which it has no change of place and time (연극, 영화의) 장, 장면: We missed the first few *scenes* of the movie. 우리는 그 영화의 첫 몇 장면을 놓쳤다. / Take a look at Hamlet, Act 5, *Scene* II. 햄릿의 5막 2장을 보라.

4 the background, backdrop, or locale of a novel or film (소설, 영화의) 배경: The *scene* of the story is Victorian England. 그 이야기의 배경은 영국의 빅토리아 시기이다.

5 a sight or panorama 경치, 풍경: The setting of the moon over the lake was a beautiful *scene*. 호수에 비친 달의 배경은 아름다운 경치였다.

· 파생어 ·

scenery 경치, 배경, 무대 장면
scenic 경치의, 무대[배경]의, 극적인(=scenical)
scenically 극적으로, 풍경에 대해서

· 관련표현 ·

natural scenery 자연 풍경
a change of scene 장면의 변화, 환경의 변화
behind the scenes 막후에서
create[make] a scene 한바탕 소동을 피우다
appear[come] to the scene 무대에 등장하다
quit the scene 퇴장하다
on the scene 현장에서(=on the spot)
mountain scenery 산 경치
scenic effects 무대 효과

|실전문제|

다음에 주어진 뜻풀이 가운데서 밑줄 친 scene의 의미로 가장 적절한 것은?

The loan shark made a scene when he couldn't pay money back on time.

(1) any of the division of a movie or play during which it has no change of place and time
(2) the background, backdrop, or locale of a novel or film
(3) a place where an event or crime occurs
(4) a display of anger or temper in public

해설 | make a scene은 '소동을 일으키다'라는 뜻의 숙어이며, 주어가 loan shark(고리대금업자)이므로, 이때의 scene의 의미를 짐작할 수 있다. (4) 「그 고리대 금업자는 그가 제때에 돈을 갚지 못하자 소동을 일으켰다.」

score [skɔːr]

n. **1 the number of points showing what you achieved or reached** 득점, 점수: There is close link between children's low math *scores* and parents' numeracy problems. 아이들의 낮은 수학 점수와 그 부모들의 수리적 사고 능력 문제 사이에는 밀접한 관계가 있다. / Is anybody keeping the *score*? 누가 득점[점수]을 기록하고 있는 거야?

2 twenty, or approximately twenty 20, 20명[개]: The Bible states that the life of man is three *scores* and ten. 성경에서는 인간의 수명이 70이라고 말하고 있다.

3 a written copy of a piece of music; the music written for a film or a play 악보; (영화, 연극의) 음악: He wrote *scores* for many hit films and musicals. 그는 히트를 친 많은 영화와 뮤지컬에 들어가는 음악을 작곡했다. / He recognizes enough notation to be able to follow a *score*. 그는 악보를 따라가기에 충분한 기보법을 이해하고 있다.

4 the facts of a situation; reality 일의 진상, 사실, 내막: He's a naive kid who doesn't know what the *score* is. 그는 사실[진상]을 모르는 순진한 아이다.

5 a debt; an amount due 셈, 빚: I have to pay off this *score* before spending any more money. 나는 더 이상의 돈을 쓰기 전에 이 빚을 갚아야 되겠다.

· 파생어 ·

scorer 점수 기록원(=scorekeeper)
scoring 득점, 경기 기록

· 관련표현 ·

scores of people
수십 명의 사람들(=dozens of people)
make a score 득점하다
pay off[clear] a score
묵은 셈을 치르다, 쌓인 원한을 풀다
in scores 다수, 많이(=by scores)
keep (the) scores 득점을 기록하다
know the scores 내막을 알고 있다
make a good score
대량 득점을 하다, 성적이 좋다
on that score 그러한 이유로;
그 점에서는
three score and ten
인생 70년(성경의 시편에 나오는 말)
What is the score?
지금 득점은 어떻게 되었나?

syn. point, tally, grade, mark, debt, facts, music

|실전문제|

다음에 주어진 뜻풀이 가운데서 밑줄 친 score의 의미로 가장 적절한 것은?

It's thought a score of countries may be either producing or planning to obtain chemical weapons.

(1) a written copy of a piece of music; the music written for a film or a play
(2) the facts of a situation; reality
(3) twenty or twenty people usually in written English
(4) the number of points showing what you achieved or reached

해설 | a score of ~는 '20(명, 나라)의~'라는 뜻이며, scores of ~라고 복수로 쓸 때는 '수십 명[개]의~'라는 뜻으로 dozens of ~와 뜻이 같다. (3) 「20개국이 화학 무기를 생산하거나 소유할 계획이라고 추정된다.」

S

□ **scrap** [skræp]

n. **1 a very small piece of something** 작은 조각, 토막: A crumpled *scrap* of paper was found in her handbag. 구겨진 종잇조각이 그녀의 핸드백 속에서 발견되었다.

2 pieces of food left 먹다 남은 음식, 찌꺼기: The old people in the park are throwing *scraps* of bread to the birds. 공원에 있는 노인들은 새들에게 빵 부스러기를 던져 주고 있다.

3 metal from old or damaged machinery or cars 고철 부스러기: The old copper pipes were sold for *scrap*. 오래된 동파이프가 고철로 팔렸다.

4 a sudden, short, and noisy fight or quarrel between people but not a serious one 다툼, 싸움: They are always getting into *scraps*. 그들은 항상 다툰다.

5 a little bit 약간, 조금: There is not a *scrap* of truth in his claim. 그의 주장에는 약간의 진실성도 없다.

·파생어·
scrappy 부스러기의, 단편적인, 툭 하면 싸우는

·관련표현·
a *scrap* of truth 약간의 진실
scrap iron 쇠 부스러기
do not care a *scrap* 조금도 걱정하지 않다
scrapbook 스크랩북
scrap heap 고철[쓰레기] 더미
go[throw] *scrap* heap on ~ ~에 쓸모없이 버려지다

syn. piece, particle, junk, trash, quarrel

|실전문제|

다음에 주어진 뜻풀이 가운데서 밑줄 친 scrap의 의미로 가장 적절한 것은?

There wasn't a scrap of evidence to convict him.

(1) pieces of food left
(2) a little bit
(3) a sudden, short, and noisy fight or quarrel between people but not a serious one
(4) metal from old or damaged machinery or cars

해설 | a scrap of information은 '약간의 정보', a scrap of truth는 '약간의 진실(성)', 그리고 a scrap of evidence는 '약간의 증거'라는 뜻이다. (2) 「그를 기소할 만한 증거가 하나도 없다.」

scramble [skræmbəl]

vi. 1 to climb or move quickly using one's hands 기어오르다: Tourists were *scrambling* over the rocks looking for the perfect camera angle. 관광객들은 완벽한 카메라 각도를 얻기 위해 바윗돌을 기어오르고 있었다.

2 to compete with others in a rough and undignified manner 얻으려고 서로 다투다, 서로 빼앗다: The three of us had to *scramble* for the loose ball. 우리 세 명은 떨어진 공을 잡으려고 서로 다투어야만 했다.

3 to move in a hurried way 급히 움직이다: She threw back the covers and *scrambled* out of bed. 그녀는 이불을 밀어 던지고는 침대에서 급히 나왔다.

vt. to mix the whites and yolks of the eggs, and cook by stirring (달걀의 흰자와 노른자를) 뒤섞다, 저어 익히다: Make the toast and *scramble* the eggs. 토스트를 만들고 달걀을 저어 익혀라.

|실전문제|

다음에 주어진 뜻풀이 가운데서 밑줄 친 scrambled의 의미로 가장 적절한 것은?

We scrambled for cover against the sudden heavy rain.

(1) to mix the whites and yolks of the eggs, and cook by stirring
(2) to climb or move quickly using one's hands
(3) to compete with others in a rough and undignified manner
(4) to move in a hurried way

해설 | for cover는 '숨기 위해서, 또는 '피하기 위해서'라는 뜻이므로 이 뜻에 따라 동사의 뜻을 유추하면 '급히 뛰어가다'의 뜻으로 해석이 되어야 한다. (4) 「우리는 갑작스런 폭우를 피하려고 급히 뛰어갔다.」

·파생어·
scrambler (도청방지용) 주파수대 변환기

·관련표현·
scramble down 기어 내려가다
scramble for a seat 자리를 잡으려고 서로 다투다
scramble for a living 그럭저럭 겨우 먹고살다
scrambled eggs 스크램블드에그

syn. rush, hurry, struggle, fight, jumble, mix, confuse

---

screen [skri:n]

n. 1 an upright frame which is used as a movable wall for dividing a room or protecting people from view or cold 칸막이, 차폐물, 커튼: She changed clothes behind a *screen*. 그녀는 칸막이 뒤에서 옷을 갈아입었다. / Nurses put a *screen* around the patient's bed, so the doctor could examine him. 의사가 그를 진찰할 수 있도록 간호사들은 그 환자의 침대 주위로 칸막이를 쳤다.

2 a surface on which a film is shown (영화의) 스크린: Sir. Laurence Olivier is a star of stage and *screen*. 로렌스 올리비에 경은 무대와 은막[영화]의 스타이다.

3 anything that protects, shelters, or hides 보호막: The fog acted as a *screen* for the smugglers. 안개가 밀수품들의 보호막 구실을 했다.

·파생어·
screening 체로 치기, 심사, 영사, 상영

·관련표현·
under *screen* **of night** 야음을 틈타서
***screen* a visa application** 비자 신청서를 심사하다
a *screening* **test** 적격 심사
a *screening* **committee** 적격 심사 위원회
screenplay 영화 대본
***screen* writer** 시나리오 작가
a liver cancer *screening* 간암 정밀 검사

4 the front surface of a television or computer (TV나 컴퓨터의) 화면: The popular comedy show will be back on the *screen* again from next month. 인기 있는 그 코미디 쇼가 다음 달부터 다시 TV에서 방영될 것이다.

5 sieve or sifter 체, 그물눈: The little children love to sift sand through a *screen*. 그 어린아이들은 모래를 체질하는 것을 좋아한다.

|실전문제|
다음에 주어진 뜻풀이 가운데서 밑줄 친 screen의 의미로 가장 적절한 것은?
Close the screen of the flies so that they will not get into the house.

(1) the front surface of a television or computer
(2) an upright frame which is used as a movable wall for dividing a room or protecting people from view or cold
(3) a surface on which a film is shown
(4) anything that protects, shelters, or hides

해설 | 뒤에 '파리가 집에 들어오지 않도록'이라는 표현이 있으므로 이때의 screen of the flies는 파리나 기타 곤충들이 들어오지 못하게 하는 '차폐물', '방충망' 등을 뜻한다. (2)「파리들이 집에 들어오지 않도록 방충망을 내려라.」

screen out the sunlight
햇볕을 막아 주다

syn. partition, protection, curtain, motion pictures, window screen, sieve

S

☐ **seat**[si:t]

n. **1 a place for sitting** 자리, 좌석: Won't you come in and have a *seat*? 들어와서 앉으렴. / I forgot to reserve *seats* on the train. 나는 깜빡 잊고 기차표를 예매하지 않았다.

2 a position as a member of official body (의원, 위원의) 의석: He ran for a *seat* in Congress. 그는 국회의원에 출마했다. / He lost his *seat* in Parliament in the election. 그는 선거에서 국회의원 선거에 낙선했다.

3 a place where a particular activity occurs 중심지, (활동의) 소재지: Hollywood is the *seat* of the film industry. 할리우드는 영화 산업의 중심지이다.

4 the part of the body on which you sit; buttocks 엉덩이, 둔부: She had grass stains on the *seat* of her skirt. 그녀의 치마 엉덩이 부분에 풀 자국이 났다.

5 a big mansion that is part of an estate 대저택, 별장: The castle was the *seat* of a noble family. 그 성은 귀족의 저택이었다.

·파생어·
seated 걸상[좌석]이 ~인, 위치가 ~인
seater (자동차, 비행기의) ~인승
seating 착석, 좌석 (배치)

·관련표현·
win[get] a *seat* 의석을 얻다, 의원에 당선되다
Have your *seats*. 앉으시기 바랍니다.
rise from one's *seats*
자리에서 일어나다
take a *seat* 자리에 앉다(=take one's *seat*, have a *seat*)
by the *seat* **of one's pants**
가까스로, 아슬아슬하게
a deep-*seated* **disease**
뿌리 깊은 만성병
a 6-*seater* 6인승

535

|실전문제|

다음에 주어진 뜻풀이 가운데서 밑줄 친 seat의 의미로 가장 적절한 것은?

The naughty child received several slaps on his seat.

(1) a position as a member of official body
(2) the part of the body on which you sit; buttocks
(3) a place for sitting
(4) a big mansion that is part of an estate

해설 | slaps는 '철썩 때리기'의 뜻이며, naughty child는 '개구쟁이 어린아이'라는 것을 알면 이때의 seats는 '엉덩이'(=buttocks) 밖에 될 수 없다. (2) 「그 장난꾸러기 아이는 엉덩이를 수차례 철썩 맞았다.」

a seating capacity 수용력, 좌석 수
seat belt 안전벨트(=safety belt)

syn. chair, place, buttocks, center, heart, residence, dwelling

□ **secret**[síːkrit]

a. **1 known about by only a small number of people, and not told to anyone else** 비밀의, 기밀의: The president was elected by a *secret* ballot. 대통령은 비밀 투표에 의해 선출되었다.

2 mysterious or unfathomable 속을 헤아릴 수 없는: He's a devious and *secret* person, and I don't trust him. 그는 속임수를 쓰며 속을 알 수 없는 사람이어서 나는 그를 믿지 않는다.

3 tight-lipped or clandestine 입이 무거운, 숨기는: She is *secret* in her habits. 그녀는 무엇이든 숨기는 버릇이 있다.

4 undisclosed, unrevealed, or nearly invisible 사람 눈에 안 띄는, 으슥한: A *secret* room is located behind the bookcase. 책꽂이 뒤에 밀실이 있다.

· 파생어 ·

secrete 비밀로 하다, 숨기다
secretion 은닉, 숨김, 분비(물)
secretly 비밀로, 남몰래
secretive 숨기는, 잠자코 있는

· 관련표현 ·

secrete oneself 숨다
keep a **secret** 비밀을 지키다
break a **secret** 비밀을 누설하다
smell out **secrets** 비밀을 탐지하다
disclose a **secret** 비밀을 폭로하다
the **secret** of success 성공의 비결
secret agent 간첩, 비밀 첩자
secret ballot[vote] 비밀 투표
secret service 첩보부, 비밀 기관

syn. confidential, clandestine, unknown, closemouthed, secretive
ant. open, public, obvious, candid

|실전문제|

다음에 주어진 뜻풀이 가운데서 밑줄 친 secret의 의미로 가장 적절한 것은?

The patient medicine is based on a secret formula.

(1) tight-lipped or clandestine
(2) mysterious or unfathomable
(3) known about by only a small number of people, and not told to anyone else
(4) undisclosed, unrevealed, or nearly invisible

해설 | formula는 '처방(법), 제조법, 요리법' 등의 뜻으로 사용되며, 주어가 medicine(약)이므로 처방법의 뜻으로 쓰이고 있다는 것을 생각해 볼 때 '남모르는[공개되지 않은] 처방법'의 뜻으로 유추해볼 수 있다. (4) 「환자 약은 공개되지 않은 처방에 기초를 두고 있다.」

section [sékʃən]

n. **1 a separate part of a larger object, group or place** 부분, 부서: My *section* of office deals with record keeping. 나의 사무실 부서는 기록 보관 일을 한다.

2 a department or division of an office or a corporation (관청, 회사의) 부서, 과: The personnel *section* of the corporation is looking for a *secretary* who is fluent in English and types well. 그 회사의 인사부에서는 영어가 유창하고 워드에 능숙한 비서를 구하고 있다.

3 any of the equal parts into which some fruits like orange are naturally divided (오렌지, 레몬 등의) 한 쪽, 단편: The *sections* of an orange are more convenient to eat than the orange itself. 오렌지 조각이 오렌지 자체보다 먹기에 더 편리하다.

4 an area or vicinity (도시의) 지역, 구역: The residential *section* of the city is both spacious and airy. 그 도시의 주거 지역은 널찍하고 바람이 잘 통한다.

|실전문제|

다음에 주어진 뜻풀이 가운데서 밑줄 친 section의 의미로 가장 적절한 것은?

The smoking section of the movie theater is in the balcony.

(1) any of the equal parts into which some fruits like orange are naturally divided
(2) an area or vicinity
(3) a separate part of a larger object, group or place
(4) a department or division of an office or a corporation

해설 | smoking section은 '흡연 구역[지역]'이라는 뜻으로 잘 알고 있다. (2) 「그 극장의 흡연 구역은 발코니에 있습니다.」

·파생어·
sectional 부분의, 단락의, 조립식의, 지방[지역]적인
sectionally 부분적으로, 지방적으로, 조립식으로
sectionalize 구획하다, 지역으로 나누다
sectionalism 지방 중심주의, 파벌주의

·관련표현·
Caesarean *section* 제왕 절개
sections of a machine 기계 부품
in *sections* 분해하여, 조립식의
a *section* of tissue 피부 조직의 절제 부분[샘플]

secure [sikjúər]

a. **1 safe or protected against danger** 안전한, 위험이 없는: No store can be completely *secure* against theft. 어떤 가게도 절도로부터 완전히 안전하지는 못하다.

2 fixed firmly in position (발판, 매듭 등이) 튼튼한: Check joints are *secure* and the wood is sound. 연결 부분이 튼튼하고 나무가 견실한지 조사해 보시오.

3 likely to continue or be successful for a long time (일자리가) 안정된: It is natural that anyone is looking for a *secure* job with good pay. 모두가 급료가 좋은 안정된 일자리를 찾고 있다는 것은 당연하다.

·파생어·
security 안전, 안심, 안전조치, 보증[보장]
securely 확실히, 안전하게
securable 안전하게 할 수 있는, 확보할 수 있는

·관련표현·
make *secure* 공고히 하다, 튼튼하게 하다
secure locks 자물쇠를 단단히 채우다
a *secure* victory 확실한 승리

537

4 feeling safe and not worrying about 안심하는, 걱정 없는: He felt *secure* when he was with her. 그는 그녀와 같이 있을 때 안심했다. / She doesn't feel *secure* about her future. 그녀는 미래에 대해서 불안감을 느끼고 있다. / They felt *secure* only when both doors are locked. 양쪽 문이 자물쇠로 잠겼을 때 비로소 그들은 안전함을 느꼈다.

5 strong and reliable in foundation (기초나 토대가) 튼튼한, 강한: It may be some years before the new company can gain a *secure* foothold in the market. 신생 회사는 시장에서 튼튼한 기반[발판]을 다지는 데 몇 년이 걸릴 것이다.

Please *secure* a seat for me. 자리를 하나 잡아 주시오.

syn. safe, protected, reassured, unattackable, fixed, certain
ant. insecure, unsafe, unfixed, uncertain, unsettled

|실전문제|

다음에 주어진 뜻풀이 가운데서 밑줄 친 <u>secure</u>의 의미로 가장 적절한 것은?

The little boy felt <u>secure</u> when he is near his parents.

(1) strong and reliable in foundation
(2) safe or protected against danger
(3) feeling safe and not worrying about
(4) fixed firmly in position

해설 | feel secure는 '안심하다', '안전함을 느끼다' 의 의미로 숙어적으로 외워 둔다. (3) 「그 어린 소년은 부모 곁에 있을 때 안심했다.」

□ **security** [sikjúəriti]

n. **1 the state of being secure** 안전, 무사: My family's health and *security* are of the utmost importance to me. 내 가족의 건강과 안전이 나에게는 가장 중요하다.

2 a protection against law-breaking, violence or burglars 보안(조치), 경비, 방위: The airport's system of *security* measures requires that every passenger be searched. 그 공항의 보안 시스템은 모든 승객들이 조사받을 것을 요구하고 있다.

3 something given as surety for the fulfillment of a promise or an obligation 담보(물), 보증(금): The businessman has got a big loan from the bank putting up his apartment as *security*. 그 사업가는 자신의 아파트를 담보로 은행에서 대출을 많이 받았다.

4 a feeling of being safe and free from worry 안도(감): You can rely on your future in our company with *security*. 미래를 안심하고 우리 회사에 맡기십시오.

5 (pl.) an official piece of writing, such as a bond or a stock 〈복수로 쓰여〉 유가 증권, 주식: In recent months, there has been heavy trading in government *securities*. 최근 몇 달 동안 공채가 활발하게 거래되었다. / If you want to invest your money in

· 관련표현 ·

security for a loan 융자에 대한 담보
securities market 증권 시장
securities firms[company] 증권 회사
give[stand] *security* for ~ ~의 보증인이 되다
on *security* of ~ ~을 담보로 하여
in *security* for ~ ~의 보증으로
security analyst 증권 분석가
security guard[man] (빌딩, 아파트의) 경비원, (현금 수송이나 요인들의) 경호원

syn. protection, safety, safeguard, guarantee, collateral, certainty, assurance, stocks, bonds stock, you don't have to go to a *securities* firm, and instead, can invest your money online at home. 만약 주식에 돈을 투자하고 싶다면 굳이 증권 회사에 갈 필요 없이 집에서 온라인으로 돈을 투자할 수 있다.

|실전문제|

다음에 주어진 뜻풀이 가운데서 밑줄 친 security의 의미로 가장 적절한 것은?

Strict security measures are being taken during the visit of the Queen Elizabeth to Korea.

(1) a feeling of being safe and free from worry
(2) a protection against law-breaking, violence or burglars
(3) an official piece of writing, such as a bond or a stock
(4) the state of being secure

해설 | 뒤에 measures(조치)가 있으므로 security measures는 '보안[안보] 조치'라는 의미가 됨을 기억해 두자. (2) 「엘리자베스 여왕의 한국 방문 시기 동안 철저한 보안 조치가 취해지고 있다.」

□ see [si:]

vt. **1 to have or use the power of sight** (시력을 이용하여) 보다: It was so dark that I could *see* nothing. 너무 어두워서 아무 것도 볼 수가 없었어.

2 to notice, or recognize by looking 발견하다, (보고) 알다: I looked for him, but I couldn't *see* him in the crowd. 나는 그를 찾아보았으나 군중 속에서 그를 발견할 수 없었다.

3 to understand or realize through experience 이해하다, 깨닫다: I don't *see* what's wrong with it. 나는 무엇이 잘못되었는지 모르겠다. / Do you *see* now why I did that? 내가 왜 그런 행동을 했는지 이제 이해하십니까? / I don't *see* what you're complaining about. 나는 당신이 무엇을 불평하는지 잘 모르겠습니다. / She didn't *see* herself to be foolish. 그녀는 자신의 어리석음을 깨닫지 못했다.

4 to consider or regard in a particular way 간주하다, 생각하다: People *see* the incident of oil spill as further proof of the government's incompetence. 사람들은 이 기름 유출 사고를 정부의 또 다른 무능의 증거로서 간주한다.

5 to pay a visit 방문하다, (환자를) 문병하다: Please come to *see* us again soon. 곧 다시 우리를 찾아 주십시오. / Tom wants to *see* his friend who is sick in bed. 탐은 병석에 있는 친구를 문병하기를 원한다. / You'd better go *see* a doctor right away. 당장 병원에 가 보는 것이 좋겠습니다.

6 to keep company with or date with 자주 만나다, 데이트하다, 사귀다: How long have you two been *seeing* each other? 두 사람이 서로 사귄 지[데이트한 지] 얼마나 되었지?

·파생어·

seeing 보기, 시력, ~한 것을 보면
seen 눈에 보이는, 정통한
seer 보는 사람, 선각자, 예언자

·관련표현·

as I *see* it 내가 보는[생각하는] 바로는
as you *see* 보시다시피
Let me *see*. 두고 봅시다, 글쎄요
see no further than one's nose 한 치 앞도 못 보다
see off ~ ~을 배웅하다
see through ~ ~을 꿰뚫어 보다
see to it that ~ ~하도록 하다[조처하다]
You *see*. 아시겠죠, 어때요.
You shall *see*. 곧 알게 될 거야.
I *see*. 알겠습니다.
be well *seen* in music 음악에 정통하다

|실전문제|

다음에 주어진 뜻풀이 가운데서 밑줄 친 see의 의미로 가장 적절한 것은?

I don't really see any reason for changing the system.

(1) to consider or regard in a particular way
(2) to pay a visit
(3) to understand or realize through experience
(4) to have or use the power of sight

해설 | 목적어가 이유(reason)이므로 그 이유를 '모르겠다', 또는 '이해 못 하겠다'라고 하는 것이 자연스럽다. (3) 「나는 그 제도를 바꾸는 이유를 도대체 모르겠다.」

□ seize [siːz]

vt. **1 to take hold of quickly, firmly, and forcefully** 붙잡다, 붙들다, 꽉 쥐다: He *seized* me by the arm. 그는 나의 팔을 붙잡았다. / He *seized* his gun and ran out to investigate. 그는 권총을 꽉 잡고는 수사하기 위해 밖으로 뛰쳐나갔다.

2 to take possession of by force or by legal authority 장악하다, 압수하다, 탈취하다: The army *seized* power in a military coup. 군이 쿠데타에서 권력을 장악했다. / The drugs found in the house were *seized* by the police. 그 집에서 발견된 마약은 경찰에 의해 압수당했다.

3 to take advantage of or make use of opportunity (기회를) 포착하다: *Seize* every opportunity you can if you want to succeed. 만약 성공하기를 원한다면 모든 기회를 놓치지 말고 붙잡아라.

4 to understand or comprehend (의미를) 이해하다, 파악하다: He was quick to *seize* the meaning of her words. 그는 그녀가 한 말의 의미를 빨리 이해했다.

· 파생어 ·

seized 점유한, 소유한, 정지한
seizure 붙잡기, 압수, 점유, 발작
seizer 압류인(=seizor)
seizable 잡을 수 있는

· 관련표현 ·

a *seized* engine 정지한 엔진
a heart *seizure* 심장 발작
seize a rope 밧줄을 꽉 붙잡다
seize the point 요점을 파악하다
seize one's property 재산을 압류[차입]하다
seize the throne 왕위를 빼앗다
a *seizure* of power 권력 장악

syn. grab, grasp, confiscate, comprehend, arrest, utilize
ant. release, let go, let pass, abandon

|실전문제|

다음에 주어진 뜻풀이 가운데서 밑줄 친 seized의 의미로 가장 적절한 것은?

The police were reported to have seized all of the papers in the office.

(1) to take advantage of or make use of opportunity
(2) to understand or comprehend
(3) to take possession of by force or by legal authority
(4) to take hold of quickly, firmly, and forcefully

해설 | 목적어가 '사무실에 있는 모든 서류'이므로, 이 서류를 '압수하다'가 자연스럽다. (3) 「경찰은 그 사무실에 있는 모든 서류를 압수한 것으로 보도되었다.」

senior [síːjər]

***n.* 1 someone who is older than someone else** 연장자, 손윗사람: He became involved with a married woman many years his *senior*. 그는 자신보다 여러 살 위인 기혼녀와 연루되어 있었다.

2 someone who has higher rank and has more experience 선배, 고참, 상사: He is *senior* to me, though he's younger. 그는 나이는 어리지만 나의 상사[고참]이다.

3 a student of the last year in a high school or university (고등학교나 대학교의) 4학년, 최상급생: My sister is a *senior* majoring in computer science at the Washington State University. 우리 누나는 워싱턴 주립 대학에서 컴퓨터 공학을 전공하는 4학년생이다.

4 old people 노인들, 어른들: You must respect the village *seniors*. 너는 마을의 어른들을 공경해야 한다.

|실전문제|

다음에 주어진 뜻풀이 가운데서 밑줄 친 <u>Seniors</u>의 의미로 가장 적절한 것은?

<u>Seniors</u> are the students both in a high school and in a university who are the oldest and are spending the last year in their studies.

(1) someone who has higher rank and has more experience
(2) someone who is older than someone else
(3) old people
(4) a student of the last year in a high school or university

해설 | 고등학교나 대학교의 고학년인 4학년생에 대한 설명이다. (4) 「4학년생들은 고등학교, 대학교에서 가장 나이가 많고, 마지막 해의 공부를 하고 있는 학생들이다.」

·파생어·
seniority 연장자의 특권, 연장자 순서

·관련표현·
***senior* citizen** 노인(여자 60세, 남자 65세 이상), 고령 시민
***senior* high (school)** 고등학교
cf. junior high (school) 중학교
***senior* official** 정부 고관, 고위 관리
***senior* vice president** 회사의 전무나 상무

syn. superior, elder
ant. junior, subordinate

sense [sens]

***n.* 1 one of the physical abilities of sight, hearing, smell, taste, and touch** 감각, 5감의 하나: The dog has a keen *sense* of smell. 개는 예민한 후각을 가지고 있다. / I lost my *sense* of taste. 나는 미각을 잃어버렸다.

2 the ability to understand or make judgements (직감적인) 이해, 의식, 감각, 관념, 분별력, 판단력: Since I don't have any good *sense* of direction, I often get lost. 나는 방향 감각이 좋지 않기 때문에 종종 길을 잃는다. / The salaried man had the good *sense* to go by subway train rather than drive his car after hearing the weather forecast of icy conditions. 그 회사원은 빙판이 될 것이라는 일기예보를 들은 후 차를 몰기보다는 지하철로 출근해야 하겠다는 현명한 판단을 했다.

·파생어·
senseless 무감각한, 어리석은, 분별없는
sensibility 감각(력), 감수성, 민감성
sensible 분별[양식] 있는, 느끼고 있는
sensitive 민감한, 과민한, 감수성이 강한
sensibly 현명하게(=wisely), 분별 있게
sensitivity 민감도, 감성, 자극 반응성
senseful 사려, 분별 있는
sensation 감각, 물의, 마음, 흥분

3 a meaning or signification 의미, 뜻: The word 'see' has several different *senses*. 'see' 라는 단어에는 몇 가지 다른 의미가 있다.

4 a feeling which is difficult to depict exactly 감, 느낌: A square meal gives one a *sense* of well-being. 푸짐한[알찬] 식사는 누구에게나 행복감을 준다.

| 실전문제 |

다음에 주어진 뜻풀이 가운데서 밑줄 친 <u>sense</u>의 의미로 가장 적절한 것은?

She has an impeccable <u>sense</u> of time.

(1) a meaning or signification
(2) the ability to understand or make judgements
(3) a feeling which is difficult to depict exactly
(4) one of the physical abilities of sight, hearing, smell, taste, and touch

해설 | sense of time이란 말은 '시간 감각[관념]'이라는 뜻으로 분별력이나 센스를 담고 있는 표현이다. (2) 「그녀의 시간관념은 흠 잡을 데가 없다.」

·관련표현·
fall *senseless* 졸도하다
speak *sensibly* 분별 있는 말을 하다
cause[create] a *sensation* 선풍을 일으키다

syn. understanding, judgement, meaning, feeling
ant. stupidity, nonsense, misunderstanding, neglect

□ **separate** [sépərèit]

vt. 1 to come apart or to cause to become disconnected physically 분리하다, 가르다: A split rail fence *separates* the two farms. 분리된 철로 담이 두 농장을 갈라놓고 있다. / *Separate* the orange into many sections. 그 오렌지를 여러 부분으로 가르시오.

2 to set apart or sort out 분리하다, 분류하다: *Separate* the white clothes from the dark clothes before laundering. 세탁하기 전에 흰옷과 검은 옷을 분리해라.

vi. to stop living together as husband and wife by agreement 별거하다, 갈라지다: We *separated* after 20 years of marriage. 우리는 결혼한 지 20년 만에 갈라졌다.

a. 1 not joined to something else 분리된, 갈라진: The suite consists of four *separate* rooms. 그 스위트룸은 네 개의 분리된 방으로 구성되어 있다.

2 different 별개의: The restaurant and the bar in this establishment are under *separate* management. 이 건물 내의 음식점과 술집은 별개로 운영이 되고 있다.

·파생어·
separately 따로 따로, 갈라져
separation 분리, 별거, 분류, 칸막이, 퇴직
separatism (정치나 종교의) 분리주의
separatist 분리주의자, 이탈자
separative 분리성의, 독립적인

·관련표현·
in their *separate* ways 독자적 방식으로
separate the family 가족을 갈라놓다
live *separate* from one's wife 아내와 별거하다
separation of church and state 교회와 국가[정교] 분리
separation from the employment 퇴직, 이직
separation of powers 3권 분립

|실전문제|

다음에 주어진 뜻풀이 가운데서 밑줄 친 separate의 의미로 가장 적절한 것은?

He found the two men fighting and stepped in to separate them.

(1) to set apart or sort out
(2) different
(3) to come apart or to cause to become disconnected physically
(4) to stop living together as husband and wife by agreement

해설 | 문맥상 앞에 싸우는 내용이 나와 있으므로 to 부정사 뒤의 separate는 동사로 쓰였으며, '갈라놓다, 떼어 놓다'의 뜻으로 사용되었다. (3) 「그는 두 남자가 싸우는 것을 보고 그들을 갈라놓기 위해서 끼어들었다.」

serious [síəriəs]

a. **1 being very bad in a situation and causing people to be afraid or worried** (사태나 표정이) 심각한: The doctor emerged from the operation room with a *serious* look on his face. 의사는 심각한 표정을 지으면서 수술실에서 나왔다. / The automobile company is in *serious* financial problems. 그 자동차 회사는 심각한 재정 문제에 빠져 있다.

2 being important and deserving careful and thoughtful consideration 진지한, 심상치 않은, (문제 등이) 중대한: If you're *serious* about becoming a lawyer, you must study harder than ever before. 만약 네가 진정으로[진지하게] 변호사가 되려고 생각한다면, 전보다 더 열심히 공부해야 할 것이다. / I regard this as a *serious* matter. 나는 이것을 중대한 문제로 간주한다. / He's quite *serious* about this problem. 그는 이 문제에 대해서 무척 진지하게 생각하고 있다.

3 requiring concentration to understand or appreciate music or literature (미술, 음악, 내용 등이) 진지한, 딱딱한: There is more *serious* articles in newspapers than in magazines. 딱딱한 기사는 잡지보다도 신문에 더 많다. / There is sometimes that I want to listen to some *serious* classical music. 가끔은 진지하고 딱딱한 고전 음악을 듣고 싶을 때가 있다.

4 very bad or fatal in an accident or illness (병 등이) 중한, 위독한, 위험한: He was in *serious* condition after a fatal car accident on the free way. 그는 고속도로에서 치명적인 자동차 사고를 당한 후 중태에 빠져 있었다.

syn. divide, split, partition, sever, single out, divorce, go apart, disunited
ant. join, attach, unite, combine, cling, shared, united

· 파생어 ·

seriously 진정으로, 심각하게
seriousness 진지함, 심각함, 중대함, 딱딱함

· 관련표현 ·

take ~ seriously ~을 진지[심각]하게 받아들이다
a *serious* face[look] 심각한 표정
a *serious* matter 중대한 문제
a *serious* condition (병의) 중태
serious literature 딱딱한[진지한] 순수 문학
serious-minded 진지한, 신중한
cause *serious* damage 심각한 피해를 야기하다
a *serious* crime 심각한[중대한] 범죄

syn. grave, thoughtful, sincere, important, crucial, severe, critical
ant. careless, jolly, frivolous, unimportant, slight

| 실전문제 |

다음에 주어진 뜻풀이 가운데서 밑줄 친 serious의 의미로 가장 적절한 것은?

In the near future, the whole world will be threatened with a serious fuel shortage.

(1) being important and deserving careful and thoughtful consideration
(2) requiring concentration to understand or appreciate music or literature
(3) very bad or fatal in an accident or illness
(4) being very bad in a situation and causing people to be afraid or worried

해설 | 뒤에 fuel shortage(연료 부족)가 하나의 사태이므로 '연료 부족 사태' 라는 뜻으로 해석이 된다. (4) 「가까운 장래에 전 세계는 심각한 연료 부족의 위협을 느낄 것이다.」

serve [sə:rv]

vt. 1 to work or perform duties for ~에게 봉사하다, ~을 섬기다: The butler has *served* him faithfully for 25 years. 그 집사는 25년 동안 충실하게 그를 섬겨왔다.

2 to be of help to, or render assistance to ~에게 도움이 되다, ~에게 소용되다: How may we *serve* you? 어떻게 도와 드릴까요? / The excuse does not *serve* you. 그 변명은 소용이 없어.

3 to offer for eating or drinking (음식이나 음료를) 제공하다, (식탁을) 차리다: Dinner will be *served* in the main dining room. 주 식당 거실에서 저녁 식사가 제공될 것입니다. / We're not allowed to *serve* alcohol to minorities in this restaurant. 이 음식점은 미성년자에게는 술을 제공하지 않습니다.

4 to complete a period of time in office, the army, or jail (직책, 군, 감옥소에서) 복무하다, 채우다: The convict has to *serve* his sentence. 그 죄인은 그의 형을 살아야 한다. / He *served* 15 years in prison for murder. 그는 살인죄로 감옥에서 15년을 살았다. / He *served* three terms as president. 그는 대통령으로서 3번의 임기를 끝냈다.

vi. to be good enough or suitable for ~하기에 충분하다, ~에 적합하다: The incident *serves* as a reminder of how dangerous these weapons really are. 그 사건은 이 무기들이 실제로 얼마나 위험한가를 상기시켜 주기에 충분하다. / His apartment also *serves* as his office. 그의 아파트는 그의 사무실로 사용하기에도 적합하다.

· 파생어 ·

server 봉사자, 시중꾼, 컴퓨터의 서버
service 봉사, 공헌, 유용, 도움, 서비스, 수리, 군무 (기간)
serviceable 쓸모 있는, 편리한
serving 음식 시중, 접대
servicing 수리, 정비

· 관련표현 ·

serve one's purpose
~을 위해 소용되다

serve a customer
손님[고객]을 접대하다

Dinner is *served*.
식사 준비가 됐습니다.

It *serves* him right. 꼴좋다, 고소하다.

serve for nothing 아무 쓸모도 없다

serve one's term 임기를 채우다, 형기를 끝내다

serve time 복역하다

when the opportunity *serves*
적당한 때에

syn. work for, act as a servant to, provide, give aid to, go through a term of service, wait table, set food on the table, be used as

ant. command, deceive, obstruct, be insufficient for, be useless

| 실전문제 |

다음에 주어진 뜻풀이 가운데서 밑줄 친 serve의 의미로 가장 적절한 것은?

This light dinner will underline{serve} me.

(1) to be of help to, or render assistance to
(2) to be good enough or suitable for
(3) to work or perform duties for
(4) to complete a period of time in office, the army, or jail

해설 | 우선 주어가 light dinner(가벼운 저녁 식사)이므로, 이것이면 '나에게 충분하다' 는 뜻이다. (2) 「이 가벼운 음식이 나에게는 충분할 것이다.」

service [sə́ːrvis]

n. **1** **the serving of customers in a shop, a hotel, or a restaurant** (손님, 고객에 대한) 서비스, 시중: The home appliance supplier provides customers with good-quality after-sale *service*. 그 가전제품 공급업체는 고객들에게 양질의 애프터서비스를 제공한다. / The *service* in this place is too slow. 이곳(음식점)의 서비스는 너무 늦다.

2 **the supplying of utilities, such as transport, postal service, electricity, water, gas, and hospitals required by the public** 공공사업, (운송, 가스, 수도, 우편, 전화, 병원 등의) 시설 또는 그곳에서 제공하는 서비스: Is there any railway *service* here on Sundays? 이 지역에서는 매주 일요일에 기차 운행이 되고 있습니까? / Britain still boasts the cheapest postal *service*. 영국은 아직도 가장 값싼 우편 업무 요금을 자랑하고 있다.

3 **activities that contribute to a country's economy, but that are not directly related to producing goods** (관광객에게나 은행에서 제공하는) 3차 산업 서비스: The banking rose by 5%, manufacturing by 8%, and *services* by 4.5%. 금융업이 5%, 제조업이 8%, 그리고 서비스업이 4.5%까지 증가했다.

4 **duty in armed forces** 군 복무: He joined the *service* last month. 그는 지난 달 군에 입대했다. / The general was in the *service* during World War II. 그 장성은 2차 대전 중에 군에 복무했다.

5 **a fixed form of a religious ceremony** 예배(의식): A Christian *service* is usually composed of prayers, readings from the Bible, hymns, and sermons. 기독교의 예배는 주로 기도, 성경 봉독, 찬송가, 그리고 설교로 구성이 된다. / There are church *services* on Wednesdays and Sundays. 매주 수요일과 일요일마다 교회 예배가 있다.

· 파생어 ·

serve 섬기다, 봉사하다, 시중들다, 주문을 받다, 대우하다
server 봉사자, 식사 시중드는 사람
serviceable 쓸모 있는, 편리한, 친절한

· 관련표현 ·

repair *service* 수리 서비스
airline *service* 항공편 운항
a burial *service* 장례식
receive a *service*
(테니스, 탁구 등에서) 서브를 받다
at one's *service*
~의 분부대로[마음대로]
enter the *service*
군에 입대하다(=join the army)
lip *service* 입에 발린 말
in *service* (탈것, 기구, 도로 등이) 사용되고 있는
opp. out of use 사용되고 있지 않는
service **industry** 서비스 산업
service **man** 군인, 수리공
service **station**
주유소(=gas station)
be of *service* **to ~**
~에게 소용이 되다, 도움이 되다
repair *service* 수리 서비스
military *service* 군 복무, 병역

6 one's turn to serve in tennis, valley ball, table tennis, or badminton (테니스, 배구, 탁구, 배드민턴 등에서의) 서브: The tennis player conceded just two points in his *service* during the first set. 그 테니스 선수는 첫 세트 동안 서브에서 단 2점만 허용했다.

be in *service* (철도, 버스, 엘리베이터 등의 시설물이) 사용되다
opp. be out of *service* 사용되지 않다

die in *service* 전사하다

syn. assistance, accommodation, facility, military, repair, attendance, ritual

|실전문제|

1. 다음에 주어진 뜻풀이 가운데서 밑줄 친 service의 의미로 가장 적절한 것은?

   He spent many years overseas on active service.

   (1) activities that contribute to a country's economy, but that are not directly related to producing goods
   (2) duty in armed forces
   (3) a fixed form of a religious ceremony
   (4) one's turn to serve in tennis, valley ball, table tennis, or badminton

   해설 | on active service는 군에 '현역 복무 중인'의 뜻을 나타내는 숙어적 표현이므로 암기하도록 한다. (2) 「그는 현역 복무로 해외에서 여러 해를 보냈다.」

2. 다음에 주어진 뜻풀이 가운데서 밑줄 친 service의 의미로 가장 적절한 것은?

   The service in this restaurant is excellent, and the price is reasonable, and the taste of the food is gorgeous.

   (1) the supplying of utilities, such as transport, postal service, electricity, water, gas, and hospitals required by the public
   (2) a fixed form of a religious ceremony
   (3) the serving of customers in a shop, a hotel, or a restaurant
   (4) duty in armed forces

   해설 | 수식하는 장소의 전치사구가 '식당에서의'이므로 식당에서 하는 '봉사', '서비스'라는 것을 알 수 있다. (3) 「이 음식점의 서비스는 아주 좋고, 가격도 합리적이고, 음식 맛도 굉장히 좋다.」

□ **settle** [sétl]

***vi.* 1 to establish one's residence** 정착하다, 자리 잡다: The Pilgrims *settled* in Massachusetts. 청교도들은 매사추세츠에 정착했다.

2 to come to rest from above or from flight 침전하다, 가라앉다, 내려앉다: The bird *settled* on a high branch. 새가 높은 나뭇가지에 내려앉았다. / Bits of cork *settled* in wine bottle. 코르크 마개 조각이 포도주 병 밑에 가라앉았다. / The excitement has *settled* down. 흥분이 가라앉았다. / The car *settled* in the soft ground. 차가 무른 땅에 빠져 버렸다.

***vt.* 1 to put into comfortable position or state** 두다, 놓다: She *settled* the baby in the cradle. 그녀는 아기를 요람에 두었다.

2 to make or become quiet and calm (마음을) 진정시키다, 가라앉히다: The sedative *settled* her nerves. 진정제가 그녀의 신경을 안정

· 파생어 ·

settled 고정된, 일정한, 정주하는, 빚이 청산된
settlement 정착, 생활의 안정, (사건의) 해결, (빚의) 청산, 침전(물)
settler 이주민, 정착자, 해결사
settling 고정, 침전(물), 청산, 해결

· 관련표현 ·

settle oneself in an armchair
안락의자에 앉다

settle a dispute
분쟁을 수습[해결]하다

settle for ~
~을 (불만스럽지만) 받아들이고 만족하다

시켰다. / This medicine should *settle* your stomach. 이 약을 먹으면 뱃속이 좋아질 거야.

3 to decide on or make the last arrangements about (조건, 가격, 시기 등을) 결정하다, 정하다: We've *settled* that we'll go to Hawaii, but we still haven't *settled* when we're going. 우리는 하와이로 갈 것을 결정했지만 언제 갈 것인가는 아직 결정하지 못했다.

4 to pay a debt or a bill (셈이나 빚을) 지불[청산]하다: He has a debt to *settle* with me. 그는 나에게 갚아야 하는 빚이 있다. / Please *settle* your account within 10 days. 10일 이내에 셈을 치르도록 하시오.

5 to end an argument or bring the matter to an agreement; solve (문제, 곤란 등을) 해결하다: They *settled* their differences in a friendly way. 그들은 견해차를 우호적으로 해결했다.

| 실전문제 |

다음에 주어진 뜻풀이 가운데서 밑줄 친 <u>settle</u>의 의미로 가장 적절한 것은?

Let's <u>settle</u> problems between us once and for all.

(1) to decide on or make the last arrangements about
(2) to make or become quiet and calm
(3) to establish one's residence
(4) to end an argument or bring the matter to an agreement; solve

해설 | settle 뒤에 목적어로 문제 또는 곤란함이 오면 '해결하다(=solve), 결말짓다'의 뜻이 된다. (4) 「우리 사이의 문제를 단호하게 해결합시다.」

□ **settlement**[sétlmənt]

n. **1 an agreement between two sides who were involved in an argument or conflict** (사건의) 해결, (소송의) 화해: After the *settlement* of our differences, we became friends. 견해차를 해결한 후, 우리는 친구가 되었다. / The management have reached a *settlement* with the union over the pay dispute. 경영진(사용자 측)은 봉급 논쟁에 관해 노조와 해결점에 이르렀다.

2 the movement of a new population into a place to live there 정착, 정주: The full-scale *settlement* of immigrants began in the occupied territories. 점령지에서 대규모 이민자들의 정착이 시작되었다.

3 the act of paying back the money you owe (빚의) 청산, 결산: His father couldn't afford the *settlement* of his gambling debts. 그의 아버지는 노름빚을 청산할 형편이 되지 않았다.

4 transfer of money or property for the future needs of a person (권리, 재산 등의) 증여, 양도: He made a handsome *settlement* on his son when he got married. 그는 아들이 결혼했을 때 꽤 많은 재산을 증여했다.

a *settled* account 청산된 셈
come to[reach] a *settlement* 화해하다
a *settler* of disputes 분쟁 해결사
early *settler* 초기 정착자
settle a gun 포를 설치하다

syn. fix, decide, resolve, solve, take roots, collect at the bottom, sink, come to rest, reconcile
ant. disagree, confuse, emigrate, excite, ascend

· 파생어 ·

settle 놓다, 두다, 정착시키다, 해결하다, 결정하다, 양도하다, 물려주다, 결심하다
settled 정해진, 청산된, 고정된
settler 이민, 정착자, 해결사
settling 고정, 결정, 청산, 이주
settlor 재산 양도자

· 관련표현 ·

a *settled* debt 청산된 셈
settle problems 문제를 해결하다
settle a date for the conference 회의 날짜를 정하다
settle up a bill 계산[셈]을 치르다
settle down 이주하다, 정착하다
settle up 지불하다, 결말짓다
come to[reach] a *settlement* 화해하다, 해결되다

5 a recently-built small village in an area or a newly settled place 정착촌, 개척지: There has been an on-going battle between Israel and Palestine in the Israeli settlement. 이스라엘 정착촌에서는 이스라엘과 팔레스타인 간의 싸움이 계속되어 왔다.

|실전문제|
다음에 주어진 뜻풀이 가운데서 밑줄 친 <u>settlement</u>의 의미로 가장 적절한 것은?
The whole country is hoping for the <u>settlement</u> of this strike.

(1) the act of paying back the money you owe
(2) an agreement between two sides who were involved in an argument or conflict
(3) a recently-built small village in an area or a newly settled place
(4) transfer of money or property for the future needs of a person

해설 | 뒤에 파업(strike)이라는 단어가 있으므로, 이 파업의 '해결'이 됨이 마땅하다.
(2) 「나라 전체가 이 파업의 해결을 바라고 있다.」

make a *settlement* on ~
~에게 재산을 증여하다

a divorce *settlement*
이혼 소송의 해결

syn. reconciliation, resolution, colonization, liquidation, payment

□ **severe**[sivíər]

a. **1 causing serious harm or pain** (피해나 고통이) 심한, 격심한, 위중한: He received *severe* head and leg injuries in the head-on collision. 그는 정면충돌 사고로 머리와 다리에 심한 부상을 입었다. / Before he could reply, his mother launched into a *severe* reprimand. 그가 대답도 하기 전에 그의 엄마는 심하게 질책하기 시작했다.

2 extremely difficult to perform or endure (일, 시험, 취업 등이) 힘이 드는, 어려운: Competition for the job is very *severe*. 취업 경쟁이 치열하다.

3 not allowing change in rules and standards, and also not kind or gentle in treatment (용서, 대우 등이) 가차 없는, 엄한: The general had a *severe* manner. 그 장군의 태도는 엄했다. / Don't be too *severe* on her. 그녀에게 너무 심하게 대하지 마.

4 entirely plain and without decoration (차림, 태도 등이) 수수한, 꾸밈없는: That coat is too *severe* to be worn anywhere but to a funeral. 저 코트는 장례식을 제외하고는 입고 다니기엔 너무 수수하다.

5 intense and violent in weather conditions (폭풍이나 기상이) 맹렬한: The weatherman predicts *severe* cold. 일기 예보자는 격심한 추위를 예고하고 있다.

· 파생어 ·
severely 호되게, 엄격하게, 심하게, 간소하게

severity 엄격, 가혹, 고통, 간소[수수]함, (복수로) 가혹한 처사

· 관련표현 ·
a *severe* criticism 혹평

be *severe* on ~
~에게 모질게 대하다(=be harsh on)

a *severe* illness 중병

a *severe* look 엄숙한 표정

severe storm 맹렬할 폭풍

severe headache 심한 두통

syn. harsh, strict, stiff, ruthless, serious, grave, simple, intense, extreme
ant. gentle, mild, kind, genial, cheerful, decorative, mild

| 실전문제 |

다음에 주어진 뜻풀이 가운데서 밑줄 친 severe의 의미로 가장 적절한 것은?

He suffered from severe bouts of depression.

(1) not allowing change in rules and standards, and also not kind or gentle in treatment
(2) entirely plain and without decoration
(3) causing serious harm or pain
(4) extremely difficult to perform or endure

해설 | a bout of ~는 '한 차례의'라는 뜻으로 a bout of violence(한 차례의 폭력), a bout of flu(한 차례의 독감), 그리고 a bout of depression(한 차례의 우울증) 등의 표현이 있다. (3) 「그는 수차례의 심각한 우울증을 앓았다.」

shade [ʃeid]

n. **1 any of its different forms of a particular color** 색조, 명암의 정도: A lighter *shade* of blue will make the room seem larger. 보다 연한 색조의 파란색은 그 방을 더 크게 보이게 할 것이다.

2 an area that is dark and cool 그늘: It was so hot in the sun that they went into the *shade*. 날씨가 너무 더워서 그들은 그늘 속으로 들어갔다.

3 something used to provide a protection from a direct source of light 블라인드, 해가리개: The *shades* will keep the sun out of the room. 차양(빛 가리개)은 방에서 햇볕을 막아줄 것이다.

4 a slight difference in degree (의미나 색깔의) 미묘한 차이, 사소한 차이: There are different *shades* of opinion within the ruling party. 집권당(여당) 내에는 다른 미묘한 견해차가 있다.

5 a little bit 약간, 극히 조금: She was a *shade* embarrassed by their personal questions. 그녀는 그들의 개인적 질문으로 인해 약간 당황했다.

6 representation of shadow or darkness in a painting or picture (그림이나 사건의) 명암, 음영: This artist effectively uses light and *shade* to good effect. 이 미술가는 좋은 효과를 내기 위해서 빛과 음영[명암]을 효과적으로 사용한다.

7 a dissatisfied and disappointed look in one's face 어두운 기색, 실망한 기색: There was a *shade* of disappointment on his face. 그의 얼굴에는 실망의 기색이 보였다.

· 파생어 ·

shading 차광, 명암법, (빛깔, 명암 등의) 미세한 변화

shadeless 그늘이 없는

shady 그늘진, 그늘이 많은, 의심스러운, 수상한

· 관련표현 ·

keep shade 비밀로 하다

all shades of blue 여러 가지 색조의 파란색

remain in the shade 세상에 알려지지 않다

without light and shade (그림이) 명암이 없는

fall into the shade 세상에서 잊혀지다

a delicate shade of meaning 미묘한 의미 차이

a shady character 수상한 인물

syn. shadow, darkness, blind, drape, tone, hue, bit, degree

ant. sunlight, brightness, light, lot

|실전문제|

다음에 주어진 뜻풀이 가운데서 밑줄 친 shade의 의미로 가장 적절한 것은?

There's only a shade of differences between the two candidates.

(1) an area that is dark and cool
(2) a slight difference in degree
(3) any of its different forms of a particular color
(4) a little bit

해설 | 견해차(difference)를 말하기 때문에 '사소한 견해차'라고 번역이 될 수 있다.
(2) 「두 후보자 간에는 다만 약간의 견해차가 있을 뿐이다.」

shadow [ʃǽdou]

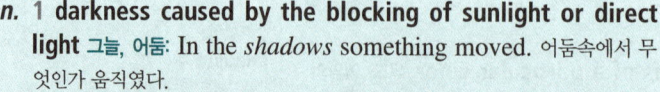

n. **1 darkness caused by the blocking of sunlight or direct light** 그늘, 어둠: In the *shadows* something moved. 어둠 속에서 무엇인가 움직였다.

2 a dark shape made on a surface by something between the surface and direct light 그림자: As the sun set, the *shadows* lengthened. 태양이 졌을 때, 그림자는 길어졌다. / No *shadow* is cast when the sun is directly overhead. 태양이 바로 머리 위에 있을 때는 그림자가 생기지 않는다.

3 a dark area of a painting, picture, or a face (그림, 사진, 얼굴의) 검은 부분: She had *shadows* around her eyes from fatigue. 그녀는 피로 때문에 눈 주위가 거무스름했다.

4 a person or thing that follows another closely 그림자처럼 따라다니는 사람[동물], 미행자, 찰거머리: Dogs are usually their masters' *shadows*. 보통 개들은 주인을 찰거머리처럼 따라다닌다.

5 (in questions or negatives) a slight bit 극히 조금, 약간: There's not a *shadow* of truth in her confession. 그녀의 자백 속에는 약간의 진실도 없다. / There is not a *shadow* of doubt about it. 그것에 대해서는 추호의 의심도 없다.

6 a feeling of gloom or sadness in mind (마음의) 어두운 그림자, 슬픔: His lies cast a *shadow* on his reputation. 거짓말이 그의 명성에 어두운 그림자를 던졌다.

·파생어·

shadowy 그림자가 많은, 어렴풋한, 어렴풋한

shadowless 그림자가 없는

·관련표현·

the *shadow* of death
죽음의 그림자

cast a *shadow* on ~
~에 어두운 그림자를 던지다

without a *shadow* of doubt
추호의 의심도 없이

***shadows* of war** 전쟁의 조짐

under the *shadow* of ~
~의 위기에 직면하여

within the *shadow* of ~
~의 바로 곁에

live in the *shadow*
세상에 알려지지 않고 살다

a *shadowy* hope 허망한 희망

syn. reflection, shade, bit, trace, ghost, cloud, blemish

|실전문제|

다음에 주어진 뜻풀이 가운데서 밑줄 친 shadow의 의미로 가장 적절한 것은?

The financial scandal left a shadow on his reputation as a politician.

(1) a person or thing that follows another closely
(2) a feeling of gloom caused by the blocking of sunlight, or direct light
(3) a feeling of gloom or sadness in mind
(4) a dark shape made on a surface by something between the surface and direct light

해설 | 뒤에 명성(reputation)이 있고, 주어가 금융 스캔들이므로, 이것은 '마음속의 어두운 그림자'를 말한다. 또는 leave a shadow on ~은 '~에 어두운 그림자를 던지다'라는 숙어적 표현이다. (3) 「그 금융 스캔들은 그의 정치가로서의 명성에 어두운 그림자를 던졌다.」

shake [ʃeik]

vt. 1 to cause to move quickly backwards and forwards, or up and down 흔들다, 뒤흔들다: The nurse took the thermometer, *shook* it, and put it under the patient's armpit. 그 간호사는 체온계를 꺼내서, 흔들고 난 후, 그 환자의 겨드랑이 밑에 넣었다. / *Shake* the medicine bottle well. 약병을 잘 흔들어라.

2 to make a belief less certain (자신감이나 신뢰감을) 흔들리게 하다, 줄어들게 하다: Nothing could *shake* his belief in her honesty. 그녀의 정직성에 대한 그의 신뢰를 어느 것도 흔들리게 할 수는 없었다.

3 to turn one's head from side to side to say no, or to show disapproval, or sadness (부정, 반대, 슬픔의 의미로) 고개를 젓다: She was *shaking* her head, shedding tears quietly. 그녀는 머리를 저으면서 조용히 눈물을 흘리고 있었다.

4 to shake off or escape from worries, illness, or bad customs (걱정, 병, 악습으로부터) 도망치다, 떨쳐 버리다: I had difficulty in breathing and was feeling so bad that I just couldn't *shake* it off. 나는 호흡에 곤란이 있고 건강이 너무 좋지 않은 나머지 그러한 증세를 떨쳐 버릴 수가 없었다.

vi. to make quick and small movements because of fear or cold (공포, 추위로) 떨다, 벌벌 떨다: His hand *shook* so much that he could hardly hold the microphone. 그의 손은 너무나 떨려서 거의 마이크를 잡을 수 없었다.

|실전문제|

다음에 주어진 뜻풀이 가운데서 밑줄 친 shake의 의미로 가장 적절한 것은?

I can't seem to shake off this flu.

(1) to turn one's head from side to side to say no, or to show disapproval, or sadness
(2) to shake off or escape from worries, illness, or bad customs
(3) to cause to move quickly backwards and forwards, or up and down
(4) to make a belief less certain

해설 | 위에 질병의 종류인 독감이 나오므로, '질병이나 걱정' 등을 떨쳐 버리는 경우를 찾는다. (2) 「이 독감이 떨어질 것 같지 않다.」

shame [ʃeim]

n. **1 a feeling of moral discomfort or loss of self-respect** 부끄러움, 수치심: The student felt great *shame* at having flunked the test. 그 학생은 시험에 낙제해서 커다란 수치심을 느꼈다. / People feel *shame* at having told a lie. 사람들은 거짓말을 하면 부끄러워한다.

2 loss of honor; disgrace or humiliation 수치, 창피, 불명예: The corrupt politician brought *shame* to his party. 부정한 그 정치인은 자신이 속한 당에 불명예를 안겼다. / There is no *shame* in being poor. 가난한 것은 창피[수치]가 아니다.

3 a great disappointment or an unfortunate state of affairs 유감스러운 일, 안 된 일: What a *shame* that it rained the day of the school picnic. 학교 소풍 가는 날에 비가 왔다니 참 유감스러운 일이야.

vt. **to bring dishonor to or cause to feel shame** 창피 주다, 망신시키다, 부끄럽게 하다: The class's unruly behavior *shamed* the homeroom teacher to the visiting parents. 그 학급 학생들의 제멋대로 구는 행동 때문에 담임선생님은 방문 중인 부모들 앞에서 창피했다.

|실전문제|

다음에 주어진 뜻풀이 가운데서 밑줄 친 shame의 의미로 가장 적절한 것은?
The student's bad behavior brought shame on the whole school.
(1) a great disappointment or an unfortunate state of affairs
(2) to bring dishonor to or cause to feel shame
(3) a feeling of moral discomfort or loss of self-respect
(4) loss of honor; disgrace or humiliation

해설 | 우선 shame이 타동사인 brought의 목적어로 명사의 뜻이며 주어가 '학생의 비행'이므로 이것이 학교 전체를 수치스럽게 또는 창피스럽게 했다는 것이 문맥에 맞는 글이다. (4) 「그 학생의 비행은 학교 전체에 불명예를 안겼다.」

·파생어·
shameful 부끄러운, 창피스러운, 추잡한
shameless 부끄럼이 없는, 뻔뻔스러운, 추잡한
shamefully 부끄럽게, 창피하게, 추잡하게

·관련표현·
in *shame* 부끄러워서
flush with *shame* 부끄러워서 얼굴을 붉히다
without[dead to] *shame* 창피[수치]를 모르는
put[bring] ~ to *shame* ~에게 창피[무안]를 주다
to one's *shame* 부끄러운 이야기지만
a *shameful* **conduct** 부끄러운 행동[행위]
a *shameless* **liar** 부끄러움을 모르는 뻔뻔스러운 거짓말쟁이
shameless **distortion of truth** 파렴치한 진실의 왜곡

syn. guilt, self-disgust, embarrassment, disgrace, dishonor, regretful thing, disappointment
ant. shamelessness, pride, honor, make proud

sharp [ʃɑːrp]

a. **1 having a fine point or edge that can cut things easily** 날카로운, 날이 잘 드는, 뾰족한: Be careful with that *sharp* axe. 저 날카로운 도끼를 조심해라.

2 quick to notice, hear, understand, or react to things 예리한, 빈틈이 없는: He was known to be a superb analyst with a *sharp* eye and an excellent memory. 그는 예리한 관찰력과 탁월한 기억력을 소유한 훌륭한 분석가로 알려져 있다.

3 saying critically and rather angrily (말, 목소리가) 날카로운, 신랄한: The decision had drawn *sharp* criticism from civil rights groups. 그 판결은 민권 단체로부터 신랄한 비판을 받았다.

·파생어·
sharply 날카롭게, 격렬하게, 빈틈없이
sharpen 날카롭게 하다, 뾰족하게 하다, 또렷하게 하다

·관련표현·
a *sharp* **point** 날카로운[뾰족한] 끝
a *sharp* **temper** 날카로운 성미
a *sharp* **voice** 날카로운 목소리
sharp **wits** 번득이는 재치
sharp **at science** 과학을 잘하는
a *sharp* **impression** 뚜렷한[선명한] 인상

4 **neat, elegant, and fashionable** 멋진 옷차림을 한, 유행에 따른: She is a very *sharp* dresser. 그녀는 옷을 잘 차려입는 멋쟁이다.

5 **so strong or intense in wind or frost** (바람이나 추위가) 매서운, 얼얼한, 살을 에는 듯한: The cold this year was not as *sharp* as it had been. 금년의 추위는 예년의 그것보다는 매섭지 않았다.

|실전문제|

다음에 주어진 뜻풀이 가운데서 밑줄 친 sharp의 의미로 가장 적절한 것은?

The angry men exchanged <u>sharp</u> words.

(1) neat, elegant, and fashionable
(2) so strong or intense in wind or frost
(3) having a fine point or edge that can cut things easily
(4) saying critically and rather angrily

해설 | 수식받는 명사가 말(words)이며, 이를 수식하여 자연스런 표현이 되므로, 또한 문맥에 맞는 말을 고른다. (4) 「그 화난 남자들은 격렬한 말을 주고받았다.」

☐ **shed** [ʃed]

vt. 1 (of leaves) to let fall by natural process (잎이) 떨어지게 하다: Some of the trees were already beginning to *shed* their leaves. 몇몇 나무에서는 벌써 잎이 떨어지고 있다.

2 (of an animal) to have its hair or skin come off naturally (동물이 털이나 허물을) 벗다: A snake *sheds* its skin each year. 뱀은 매년 허물을 벗는다.

3 to get rid of something that are not needed (악습을) 버리다, (체중이나 필요 없는 것을) 제거하다: I'd like to *shed* a few pounds and become a slim woman next year. 나는 몇 파운드의 살을 빼서 내년에는 날씬한 여성이 되고 싶다.

4 to cry; to kill in a violent way (눈물이나 땀을) 흘리다; (사람을 폭력적으로) 죽이다: They will *shed* some tears at their daughter's wedding. 그들은 딸의 결혼식장에서 약간의 눈물을 흘릴 것이다. / The army finally succeeded in bringing down the government without *shedding* any blood. 군부는 무혈로 정부를 전복시키는 데 마침내 성공했다.

5 to emit or diffuse heat, light, and fragrance (열, 빛, 향기 등을) 발산하다, 퍼뜨리다: These lilacs *shed* a sweet perfume. 이 라일락은 좋은 향기가 난다.

---

as *sharp* as a needle
매우 영리한, 머리가 좋은

sharp-eyed 눈이 날카로운

sharpen a pencil
연필을 뾰족하게 깎다

sharpen one's appetite
식욕을 돋우다

sharp-tongued 바른 말하는

sharp-witted 빈틈없는

syn. pointed, edged, distinct, clear, acid, bitter, tricky, angry
ant. blunt, dull, slow, unclear, gentle, friendly

·파생어·

shedding 눈물 흘리기, 벗은 허물, 헛간

shedder (눈물이나 피 등을) 흘리는 사람

·관련표현·

shed blood 피를 흘리다

shed tears 눈물을 흘리다

shed a bad habit 악습을 버리다

shed one's colleagues
직장 동료와 헤어지다

shed one's light on ~
~을 보다 명백하게 밝히다

syn. emit, discharge, drop, discard
ant. withhold, gather, collect, suppress

|실전문제|

다음에 주어진 뜻풀이 가운데서 밑줄 친 shed의 의미로 가장 적절한 것은?

Many trees, including maple trees, shed a lot of leaves in autumn.

(1) (of an animal) to have its hair or skin come off naturally
(2) to cry; to kill in a violent way
(3) (of leaves) to let fall by natural process
(4) to emit or diffuse heat, light, and fragrance

해설 | 주어가 '나무'이며, 목적어가 '잎'이므로 잎을 '떨어뜨리다'가 되어야 한다. (3) 「단풍나무를 포함한 많은 나무에서 가을에는 많은 잎이 떨어진다.」

short [ʃɔːrt]

a. **1 measuring smaller than the average in distance, length, and time** (거리, 길이, 시간 등이) 짧은: It's only a *short* distance from here. 여기서 짧은[가까운] 거리에 있어. / Our vacation was far too *short*. 우리의 방학은 너무나 짧았다.

2 smaller than the average person in height 키가 작은: A *short* person may have difficulty reaching the top shelves. 키가 작은 사람은 맨 위 선반에 손이 닿는 데 어려움이 있을지도 모른다.

3 not having many words (연설, 편지 등이) 간결한, 짧은: This is a *short* note to say thank you. 이것은 감사를 표시하기 위한 짤막한 편지이다. / The mayor gave a *short* speech to the crowd. 시장은 군중 앞에서 짤막한 연설을 했다.

4 not enough; insufficient 불충분한, 모자란: Time is running *short*. 시간이 다 되어 갑니다. / Supplies of everything including food are *short*. 식량을 포함한 모든 보급 물자가 부족하다.

5 shallow or narrow-minded in knowledge and opinions (지식, 견해 등이) 좁은, 얕은: He takes a *short* view on education. 그는 교육에 대해 근시안적 관점을 가지고 있다.

· 파생어 ·

shortage 부족, 결핍, 부족액, 부족량
shorten 짧게 하다, 삭감하다, 빼앗다, 치수를 줄이다
shortly 곧(=soon), 즉시, 간략하게, 간단히

· 관련표현 ·

shorten trousers 바지의 치수를 줄이다
to put it **shortly** 간략하게 말하자면
a **short** walk trip 단거리의 도보 여행
a **short** notice 급한 예고
short of breath 숨을 헐떡이며
short sight 근시(=near sight)
have a **short** memory 잘 잊다
be **short** on brains 머리가 모자라다
in the **short** run 단기적으로는; 요컨대
short and sweet (요점이) 간결하고 분명한
take a **short** cut 지름길을 택하다
to be **short** 간단히 말하면, 요컨대(=**shortly** speaking)
fall[come] **short** of ~ ~에 미치지 못하다
run **short** 부족하다, 바닥나다
food **shortage** 식량 부족
a **shortage** of cash 현금 부족
shorten one's sentence ~의 형을 경감하다
shortly before[after] 직전[후]에

syn. small, little, stubby, brief, hasty, scanty, scarce, slim, thin, meager
ant. long, tall, high, lengthy, adequate, sufficient, profuse, abundant

|실전문제|

다음에 주어진 뜻풀이 가운데서 밑줄 친 short의 의미로 가장 적절한 것은?

The plane had only a short fuel reserve.

(1) not having many words
(2) not enough; insufficient
(3) measuring smaller than the average in distance, length, and time
(4) shallow or narrow-minded in knowledge and opinions

해설 | fuel reserve(연료 비축량)가 따라오므로 이를 수식하는 short는 '부족한'의 뜻이 되어야만 문맥에 맞다. (2) 「그 비행기는 연료 비축량이 부족했다.」

show [ʃou]

n. **1** **a showing of some quality or feeling; display** (감정, 지지 등의) 보이기, 표시, 나타내기: His face gave no *show* of fear. 그의 얼굴에는 두려워하는 기색이 안 보였다. / Many hands went up in a *show* of support. 지지의 표시로 많은 이가 손을 들었다.

2 **a performance in a theater or on television and radio** (극장, TV, 라디오 등의) 프로, 흥행, 구경거리: There's a good television *show* tonight. 오늘 밤 재미있는 TV 프로가 방영된다. / The local theater has a new *show* this week. 그 지방(연극) 극장은 금주에 새로운 연극을 상연한다.

3 **a public showing, collection of things for the public to look at; exhibition** 전시회, 전람회: The painting was purchased at an art *show*. 그 그림은 미술 전람회에서 구입했다.

4 **an outward appearance; pretense** 외관, 겉치레, 시늉: I made a false *show* of interest, but I really didn't like the book at all. 나는 거짓으로 관심이 있는 척했으나, 실은 그 책을 전혀 좋아하지 않았다.

|실전문제|

다음에 주어진 뜻풀이 가운데서 밑줄 친 show의 의미로 가장 적절한 것은?

His headache was just a <u>show</u> to avoid going to work.

(1) a performance in a theater or on television and radio
(2) an outward appearance; pretense
(3) a showing of some quality or feeling; display
(4) a public showing, collection of things for the public to look at; exhibition

해설 | show를 수식하는 to 부정사구를 보면 '직장에 출근을 하지 않으려는' 이 있으므로 (2)의 시늉[쇼]에 해당이 된다. (2)「그의 두통은 직장 출근을 피하려는 시늉[쇼]이었다.」

· 파생어 ·
shower 보이는 사람(또는 물건), 소나기
showing 진열, 전시회, 외관
showy 화려한, 현란한

· 관련표현 ·
put on a *show* 거짓을 꾸미다
make a *show* of ~ ~을 과시하다
run the *show* 주도권을 쥐다
steal the *show* 인기를 가로채다
stop the *show* 대성공을 거두다
as a *show* of strength 힘의 과시로
poor *showing* (경기에서의) 저조한 기록
scattered *showers* 산발적인 소나기
take a *shower* 샤워하다
make a good *show* 실적을 올리다, 외관이 좋다

syn. display, exhibition, expression, exposition, program, entertainment, pretense
ant. hiding, concealing, disguise, camouflage

side [said]

n. **1** **a surface of something that is not the top, bottom, front, or back; flank** 측면, 옆, 측: Please write on both *sides* of the paper. 종이의 옆쪽에 쓰시오. / We'll have to go around to the *side* of the building. 우리는 돌아서 건물의 옆쪽으로 돌아가야 한다.

2 **an edge or border; boundary** 변두리, 끝, 가: The boy stood at the far *side* of the room. 그 소년은 그 방의 끝에 서 있었다. / He sat at the *side* of the road. 그는 도로가에 앉았다.

3 **one of the positions in a quarrel, election, sports team, war, etc.** (논쟁, 전쟁, 선거, 스포츠팀 등에서의) 편, 쪽: Whose *side* are you on? 너는 누구의 편이니?/ Which *side* do you think will win the election? 너는 어느 쪽이 선거에서 승리할 것으로 생각하니?

· 파생어 ·
sided 면 · 변이 있는
siding 측선, 편들기, 지지

· 관련표현 ·
at her *side* 그녀 곁에
a pain in the *side* 옆구리의 통증
take *sides* with ~ ~의 편을 들다(=*side* with)
choose *sides* 편을 짜다
from all *sides* 모든 방면에서, 빈틈없이

4 a part of a family; line of descent (집안 혈통의) 쪽, 계: Harry is related on my father's *side* of the family. 해리는 가족 중 내 아버지 쪽 친척이다.

|실전문제|

다음에 주어진 뜻풀이 가운데서 밑줄 친 side의 의미로 가장 적절한 것은?

Both teams wanted the best pitcher on their side.

(1) an edge or border; boundary
(2) a surface of something that is not the top, bottom, front, or back; flank
(3) a part of a family; line of descent
(4) one of the positions in a quarrel, election, sports team, war, etc.

해설 | 문맥을 보면 '스포츠팀의 쪽[편]'을 말하므로 정답은 (4)이다. (4) 「양 팀은 그들 팀의 최우수 투수를 원했다.」

on all *sides* 도처에
side by side 나란히
stand by ~'s side ~의 편을 들다
(=take *sides* with)
a *side* job 부업
sidewalk 인도, 보도
a *sideways* glance 곁눈질

syn. flank, surface, boundary, edge, border, team, position, opinion, lineage
ant. back, front, middle, center

☐ sight [sait]

n. **1 the power of seeing; vision** 시력: Wearing glasses will aid poor *sight*. 안경을 끼면 나쁜 시력에 도움이 된다.

2 the act of seeing 봄, 보기, 일견: The *sight* of land in many months at the sea elated the ship's crew. 몇 개월 만에 육지를 보게 되어서 선원들은 의기양양해졌다.

3 the range of what can be seen 시야, 시계: The pirate ship came into *sight*. 그 해적선이 시야에 들어왔다.

4 something which looks very bad or makes people laugh about (우스운) 광경, 꼴불견: What a *sight* you are, with paint all over your clothes. 너의 옷 전체에 페인트가 묻어 있다니 참 볼만한 광경이구나.

5 a great deal 많음, 다량: The car is costing me a darn *sight* more to run than I expected. 그 차는 기대한 것보다도 훨씬 더 유지비가 많이 들고 있다.

6 something worth seeing; scenery or spectacle (볼 가치가 있는) 경치, 풍경: The sun setting over the ocean was a *sight* to behold. 해가 바다 위로 지는 것은 정말 볼만한 경치이다.

· 파생어 ·

sightless 시력이 없는, 보지 못하는
sightly 보기 좋은, 전망이 좋은
sighting 관찰하기
sightseeing 관광, 유람
sightsee 관광하러 가다

· 관련표현 ·

a familar *sight* 흔히 볼 수 있는 광경
take a careful *sight* 잘 조준하다
a *sight* of money 산더미 같은 돈
a *sight* translation
즉독즉해, 빠른 번역
at first *sight* 첫눈에
in *sight* 보이는 거리에, 보이는 곳에
lose *sight* of ~ ~의 시야에서 놓치다
out of *sight* 보이지 않는 곳에, 터무니없이 비싼
Out of *sight*, out of mind.
시야에서 멀어지면, 마음도 멀어진다.
go *sightseeing* 관광 여행하러 가다

syn. vision, eyesight, view, seeing, visibility, glimpse, scenery
ant. blindness

|실전문제|

다음에 주어진 뜻풀이 가운데서 밑줄 친 sight의 의미로 가장 적절한 것은?

We waved until the car was out of sight.

(1) the act of seeing
(2) the range of what can be seen
(3) something worth seeing; scenery or spectacle
(4) the power of seeing; vision

해설 | 차가 보이지 않을 때까지, 즉 시야에서 멀어질 때까지 손을 흔들었다는 뜻이다.
(2) 「우리는 그 차가 시야에서 보이지 않을 때까지 손을 흔들었다.」

simple [símpl]

a. **1 not complicated and easy to understand** 단순한, 쉬운, 간단한: When you apply for a visa extension, state *simple* and clear reasons why you need an extension. 비자 연장을 신청할 때 왜 연장이 필요한지 간단하고 명확한 이유를 말하라. / Even a child can solve this *simple* puzzle. 이렇게 쉬운 퍼즐은 심지어 어린아이도 풀 수 있다.

2 having all the basic or necessary things, but nothing extra 검소한, 간소한, 수수한: He is living a very *simple* life for a man who has become incredibly rich. 그는 굉장히 부자가 된 사람 치고는 아주 검소한 삶을 살고 있다.

3 plain; without decoration in food or clothes (옷이나 음식 등이) 수수한, 간소한: They are setting the table with *simple* but well-prepared food. 그들은 간소하지만 잘 준비된 음식으로 식탁을 차리고 있다.

4 consisting of only one thing or part 단일한, 분해할 수 없는, 갈라지지 않는: Bacteria are *simple* forms of life. 박테리아는 생명체의 단세포 형태이다.

· 파생어 ·

simply 솔직히, 알기 쉽게, 간단히, 꾸밈없이
simplicity 단순, 간단, 간소, 검소, 순박함
simplify 단순화하다, 간단하게 하다, 수수하게 하다

· 관련표현 ·

a *simple* question 간단한 질문
simple food 간소핸[담백한] 음식
lead a *simple* life
간소핸[검소한] 생활을 하다
simple-hearted 순진한, 티 없는
the sweet *simplicity* of a child
어린아이의 귀여운 천진난만함
simplify one's explanation
알기 쉽게 설명하다
be *simply* dressed
수수한 옷을 입고 있다
have *simply* nothing to do
전혀 할 일이 없다

syn. uncomplicated, basic, elementary, undecorated, common, ordinary, plain, honest, innocent
ant. complex, complicated, compound, decorated, dishonest, sly

|실전문제|

다음에 주어진 뜻풀이 가운데서 밑줄 친 simple의 의미로 가장 적절한 것은?

She wore a simple black dress to the reception.

(1) consisting of only one thing or part
(2) not complicated and easy to understand
(3) having all the basic or necessary things, but nothing extra
(4) plain; without decoration in food or clothes

해설 | 옷(dress)이 목적어이므로, 이것은 '소박한, 수수한, 검소한' 옷이 되는 것이 합리적이다. (4) 「그녀는 리셉션 파티에 수수핸[간단한] 검은 드레스를 입고 갔다.」

single [síŋgl]

a. **1 only one** 단 하나의, 단 한 개의: Put a *single* rose in the vase. 꽃병에 단 한 송이의 장미만 꽂으시오. / He didn't utter a single word. 그는 단 한마디도 말하지 않았다. / Not a *single* one of his colleagues lent any money to her. 단 한 명의 직장 동료도 그녀에게 돈을 빌려 주지 않았다.

2 not married or describing someone who does not have a girlfriend or a boyfriend (결혼을 안 해서, 또는 여자, 남자 친구가 없어서) 혼자의, 독신의: Is the new manager married or *single*? 신임 매니저는 결혼했습니까, 아니면 독신입니까?

3 individual, or separate from other things 유일한, 단일의: The Middle East is the world's *single* most important source of oil. 중동은 세계에서 가장 중요한 유일한 석유의 공급처이다.

4 designed for one person 1인용의: Do you have a *single* room available tonight? 오늘 밤 1인용 방 하나가 있습니까?

5 of a ticket for a journey from one place to another but not back again; one-way (차표 등의) 편도의: The price of a *single* ticket is 20 dollars. 편도 표의 가격은 20달러이다.

|실전문제|

다음에 주어진 뜻풀이 가운데서 밑줄 친 single의 의미로 가장 적절한 것은?

Cigarette smoking is considered to be the single most important cause of lung cancer.

(1) not married or describing someone who does not have a girlfriend or a boyfriend
(2) designed for one person
(3) individual, or separate from other things
(4) only one

해설 | single 뒤에 이와 같이 최상급이 따라올 때는 '유일한', '단일한' 등으로 해석이 된다. (3) 「흡연이 단일하게는 가장 중요한 폐암의 원인으로 간주된다.」

·파생어·

singly 단독으로, 홀로, 따로 따로
singular 유일한, 단독의, 각자의, (문법) 단수의
singularity 기이, 야릇함, 단독
singularize 단수화하다, 개별화하다
singlenss 단독, 독신

·관련표현·

a *single* **survivor** 유일한 생존자
a *single* **life** 독신 생활
with a *single* **eye[heart]** 성심성의로
in *single* 한 사람 한 사람씩
single-**breasted** 외줄 단추의
opp. double-breasted (단추가) 더블인
single-**handed** 단독의
single-**hearted** 진심의, 성의 있는
single-**minded** 단 하나의 목적을 가진
single-**parent** 홀로 아이를 키우는 홀부모(의)
singular to **say** 이상한 이야기지만(=strange to say)

syn. solitary, individual, unmarried, unwed
ant. several, married, numerous

skin [skin]

n. **1 the external covering of a person's or animal's body** (사람, 동물의) 피부, 표피: There are three major types of *skin* cancer. 피부암에는 세 가지 유형이 있다. / Many Scandinavians have fair *skin*. 많은 스칸디나비아 지역 사람들은 피부가 하얗다.

2 the skin that has been removed from a dead animal (동물의) 가죽: Animal *skins* are used to make things such as coats and rugs. 동물 가죽은 코트와 바닥 깔개 등과 같은 것을 만드는 데 쓰인다.

·파생어·

skinful 가죽 부대 하나 가득, 배불리 잔뜩
skinned 속은, (도박, 사업 파산 등으로) 빈털터리가 된
skinner 가죽 상인, 사기꾼
skinny 바싹 여윈, 뼈 가죽만 남은

·관련표현·

be wet[drenched] to the *skin*
(비에) 옷 속까지 흠뻑 젖다

3 the outer layer or covering of a fruit or vegetable (과일이나 채소의) 껍질: The outer *skin* of the orange is called the zest. 오렌지의 겉껍질은 zest라고 한다.

4 the outer covering surface of a vessel or rocket (선체, 비행기 등의) 외판: Aircraft wings have metal or cloth *skins*. 비행기 날개에는 금속 또는 천 외판이 있다.

|실전문제|

다음에 주어진 뜻풀이 가운데서 밑줄 친 skins의 의미로 가장 적절한 것은?

Boiled potatoes in their skins are delicious.

(1) the skin that has been removed from a dead animal
(2) the outer layer or covering of a fruit or vegetable
(3) the outer covering surface of a vessel or rocket
(4) the external covering of a person's or animal's body

해설 | 과일이나 채소, 그리고 감자, 고구마 등의 skin은 '껍질'이라는 뜻이다. (2) 「껍질째 삶은 감자는 맛이 좋다.」

slack [slæk]

a. **1 loose; not stretched tightly** (옷이) 느슨한, (고삐가) 늘어진: Keep the reins of the horse *slack*. 말의 고삐를 늦추어라.

2 not doing one's work properly or diligently; careless, idle (일이) 태만한, 되는 대로의, 해이한: You've been very *slack* in your work recently. 당신은 최근에 일을 태만하게 했습니다. / Living alone, he became *slack* about his appearance. 혼자 살기 때문에 그는 외모에 대해 주의를 기울이지 않았다./ The teacher was too *slack* to his students. 그 선생은 학생들에게 너무나 느슨했다.

3 not busy or active in business 경기가 없는, 부진한, 한산한: Winter is the *slack* season at most hotels. 겨울에는 대부분 호텔이 한산한 철이다.

vi. **to be lazy in one's work** (하는 일에) 태만해지다: Everyone *slacks* off a bit at the end of the week. 주말이 되면 모든 사람이 조금은 태만해진다.

|실전문제|

다음에 주어진 뜻풀이 가운데서 밑줄 친 slacking의 의미로 가장 적절한 것은?

Stop slacking and get on with your work.

(1) to be lazy in one's work
(2) not busy or active in business
(3) not doing one's work properly or diligently
(4) loose; not stretched tightly

해설 | 일을 하는 것이므로 일에 있어서 태만하고 게으른 것을 뜻하는 것이 이치에 맞다. (1) 「게으름 피우지 말고 일을 계속하세요.」

---

cast the *skin* 허물을 벗다
a fair *skin* 하얀[깨끗한] 살결
by[with] the *skin* of one's teeth 간신히, 겨우
get under one's *skin* ~을 애타게[성나게] 하다
skin and bone 뼈와 가죽뿐인
under the *skin* 내면은, 한꺼풀 벗기면
skin care 피부 손질
skin-deep 피상적인, 겉만의
skin disease 피부병
skinny-dip 알몸으로 헤엄치다[헤엄치기]
skin specialist 피부과 전문의(=dermatologist)

syn. covering, hide, peel, hull, epidermis

· 파생어 ·

slacken 늦추다, 느슨하게 하다, (속력, 노력 등을) 줄이다
slacker 태만한 사람, 일을 아무렇게나 하는 사람

· 관련표현 ·

slack weather 끄물거리는 날씨
a *slack* season 불경기철
keep a *slack* rein 고삐를 늦추다
take up the *slack* 느슨함을 죄다, 기강을 쇄신하다

syn. loose, lax, untied, undemanding, lazy, slow
ant. tight, rigid, tied, demanding, careful, fast-moving

☐ slash [slæʃ]

vt. 1 to make a long, deep cut 깊이 베다, 깊숙한 상처를 내다: She tried to kill herself by *slashing* his wrists. 그녀는 손목을 벰으로써 자살하려고 했다.

2 to reduce costs, budget, or prices by a large amount (예산, 가격, 단가 등을) 대폭 삭감하다: Everyone agrees that subsides have to be *slashed*. 보조금이 삭감되어야 한다고 모두가 동의한다.

3 to criticize harshly 혹평하다: The union has *slashed* the government on economic policies. 노조는 정부의 경제 정책을 혹평했다.

vi. (of rain) to come down hard (비 등이) 세차게 내리다: The rain *slashed* against window. 비가 세차게 창문에 부딪혔다.

|실전문제|

다음에 주어진 뜻풀이 가운데서 밑줄 친 slash의 의미로 가장 적절한 것은?

The shop plans to <u>slash</u> for fur prices after the Christmas holiday.

(1) to criticize harshly
(2) to make a long, deep cut
(3) (of rain) to come down hard
(4) to reduce costs, budget, or prices by a large amount

해설 | 가격, 단가, 예산 등이 목적어로 따라오면, slash는 크게 '삭감하다, 줄이다'의 뜻이다. (4) 「그 가게는 크리스마스 휴일이 지난 후 모피 가격을 크게 내릴 계획이다.」

·파생어·

slashing (공격이) 맹렬한, (비난이) 신랄한, 굉장한

slasher 베는 사람, 혹평자, 삭감자, 공붓벌레

·관련표현·

slash one's way through the jungle 나무를 자르고 정글을 통과하다

slash one's wrists 팔목을 깊게 베다

slash the defense budget 국방 예산을 크게 삭감하다

slash at someone with a knife ~에게 칼을 마구 휘두르다

slash costs[prices] 요금[가격]을 대폭 낮추다

a razor *slash* 면도날에 깊이 베인 상처

have a quick *slash* 급히 소변을 보다

syn. cut, gash, reduce, decrease

☐ slip [slip]

vi. 1 to fall by losing one's balance, or fall by sliding 미끄러지다, 미끄러져 넘어지다: She *slipped* and fell down the stairs. 그녀는 미끄러져서 계단 밑으로 떨어졌다. / Be careful not to *slip* on the ice. 얼음 위에서 미끄러지지 않도록 조심해.

2 to move unnoticed or secretly 슬그머니 움직이다: We *slipped* from the party unnoticed. 우리는 그 무리에서 살짝 빠져나갔다.

3 to escape from a grasp or fastening (어떤 위치에서) 빠져 나가다: The burglar *slipped* from my grasp. 그 밤도둑은 내가 잡을 수 있는 범위를 빠져나갔다.

4 to make a slight mistake 가벼운 실수를 하다: The post office *slipped* up and the letter was never sent. 우체국 측에서의 가벼운 실수로 그 편지는 배달되지 않았다.

vt. to escape from one's memory or attention or be forgotten (기억에서) 사라지다, 깜빡 잊어버리다: The appointment *slipped* my memory. 그 약속을 깜빡 잊었다.

·파생어·

slippery (길이) 미끄러운, 잡기 힘든, 믿을 수 없는

slippy 재빠른, 기민한, 빈틈없는

slipper (가벼운) 실내화

·관련표현·

slip into the room 몰래 방에 들어가다

an embarrassing *slip* 당황스런 실수

slippery floor 미끄러운 마룻바닥

slip one's opportunity 호기를 놓치다

slip one's breath[wind] 죽다

a *slippery* customer 신용할 수 없는 사람

as *slippery* as an eel 붙잡기 어려운, 파악할 수 없는

|실전문제|

다음에 주어진 뜻풀이 가운데서 밑줄 친 slip의 의미로 가장 적절한 것은?

He's not going to let a wonderful chance like that slip through his fingers.

(1) to make a slight mistake
(2) to fall by losing one's balance, or fall by sliding
(3) to move unnoticed or secretly
(4) to escape from one's memory or attention or be forgotten

해설 | slip through one's fingers는 '기회 등이 사라지다' 또는 '~을 손에서 놓치다'의 뜻으로서, 이때의 slip은 '남몰래 빠져나가다'는 뜻이다. (3) 「그는 그와 같은 좋은 기회가 그대로 없어지게 하지 않을 것이다. (그는 이같이 좋은 기회를 그냥 지나가게 가만있지 않을 것이다.)」

syn. slide, glide, sneak, escape from, pass quickly, decline
ant. improve, rise, increase

S

☐ **smooth** [smu:ð]

a. **1 having no roughness, lumps, or holes** 매끄러운, 반드러운: The road is very *smooth* here. 도로의 이곳은 아주 반들반들하다.

2 mixed well without any lumps (반죽, 풀 등이) 고루 잘 섞인, 잘 이겨진: Stir the mixture to form a *smooth* paste. 고루 잘 섞일 때까지 혼합물을 저어라.

3 not bitter or sour; pleasant in the mouth (음식이) 입에 당기는, 부드러운, 감칠맛이 나는: This makes the coffee much *smoother*. 이것은 커피를 한층 맛있게 해 준다. / That's a *smooth* wine. 그것은 부드러운 포도주야.

4 even in movement without sudden changes or breaks (움직임이) 부드러운, 유연한: The toboggan made a *smooth* run down the mountain. 터보건 썰매는 산 밑으로 유연하게 내려갔다.

5 having no problems or difficulties (일이) 순조로운, 원활히 진행되는: The changeover in management was very *smooth*. 경영진의 교체는 아주 순조로웠다.

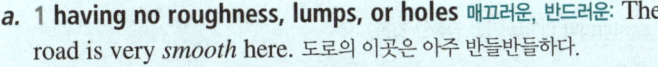

· 파생어 ·

smoothly 매끈하게, 부드럽게, 유창하게, 순조롭게
smoothness 부드러움, 순조로움

· 관련표현 ·

a *smooth* surface 부드러운 표면
smooth water 잔잔한 수면
e.g. get to *smooth* water 어려움을 극복하다
speak *smooth* words 듣기 좋은 치렛말을 하다
run *smooth* 일이 순조롭게 되어 가다
make things *smooth* 일을 순조롭게 하다
smooth down one's hair 흐트러진 머리를 매만지다
smooth down a person ~의 분노[화]를 가라앉히다
smooth-faced 얼굴에 수염이 없는
smooth-shaven 수염을 깨끗이 깎은

|실전문제|

다음에 주어진 뜻풀이 가운데서 밑줄 친 smooth의 의미로 가장 적절한 것은?

The car came to a smooth stop.

(1) having no problems or difficulties
(2) having no roughness, lumps, or holes
(3) not bitter or sour; pleasant in the mouth
(4) even in movement without sudden changes or breaks

해설 | 움직임이 부드러운 것을 말하고 있다. (4) 「그 차는 유연하게 정지했다.」

soak [souk]

vi. 1 to be completely covered by water, rain or any liquid, or to be completely wet (물 또는 비에) 흠뻑 젖다, 잠기다: The wet snow *soaked* through my boots. 젖은 눈이 들어와 나의 장화는 흠뻑 젖었다. / The entire field has been *soaked* with rain. 들판 전체가 비로 흠뻑 젖었다.

2 to pass through pores or holes (물 따위가 구멍 따위로) 스며들다: Rain had *soaked* through the sand. 비가 모래 속으로 스며들었다.

3 to spend a long time in a hot bath (오랫동안 뜨거운 목욕물에) 몸을 담그다: What I need is to *soak* in a hot tub. 내가 원하는 것은 뜨거운 욕조에서 목욕하는 것이다.

vt. to devote oneself to, or to commit oneself to ~에 전념하다, 몰두하다: He *soaked* himself to his own studies. 그는 연구에 몰두했다.

|실전문제|

다음에 주어진 뜻풀이 가운데서 밑줄 친 <u>soaking</u>의 의미로 가장 적절한 것은?

The bedspread is <u>soaking</u> in the dye.

(1) to devote oneself to, or to commit oneself to
(2) to spend a long time in a hot bath
(3) to be completely covered by water, rain or any liquid, or to be completely wet
(4) to pass through pores or holes

해설 | dye는 '염료', '염색액'의 뜻으로, 침대 커버가 염료에 잠겨서 담겨 있는 것을 뜻한다. (3) 「침대 커버가 염료에 잠겨 있다.」

· 파생어 ·
soaked 흠뻑 젖은, 술 취한
soaking 흠뻑 젖은
soakingly 흠뻑 젖어, 서서히

· 관련표현 ·
a *soaking* downpour 호우
soak up ink 잉크를 빨아들이다
be[get] *soaked* through to the skin 흠뻑 젖다
soak up the sun 일광욕을 하다 (=take a sunbath)

syn. bathe, saturate, absorb, penetrate, permeate

sober [sóubər]

a. 1 not drunk; not under the influence of alcohol 술 취하지 않은, 맑은 정신의: He joined Alcoholics Anonymous and has been *sober* for 7 years. 그는 Alcoholics Anonymous에 가입해서 7년 동안 술을 마시지 않았다.

2 serious, thoughtful; not silly 진지한, 심각한: He was a *sober* man who seldom smiled. 그는 거의 웃지 않는 진지한 사람이다. / On more *sober* reflection, I decided to turn down the offer. 더욱 더 진지하게 생각한 끝에 나는 그 제의를 거절하기로 결정했다.

3 not decorative or brightly colored (옷이나 색깔 등이) 수수한, 소박한: The room colors are *sober* and depressing. 방 색깔은 수수하며 침울했다.

4 grave, solemn, or grim 엄숙한: A funeral is a *sober* event. 장례식은 엄숙한 행사이다.

· 파생어 ·
sobering (사람을) 진지하게 하는
soberness 진지함, 제정신
sobriety 절제, 음주, 근엄, 냉정

· 관련표현 ·
become *sober* 술이 깨다
sober colors 수수한 색깔
as *sober* as a judge on Friday 매우 근엄한, 매우 진지한
a *sobriety* test 음주 측정 테스트
a *sobriety* checkpoint 음주 측정 검문소
a *sobering* thought 진지한 생각
a *sober* occasion 엄숙한 행사

|실전문제|

다음에 주어진 뜻풀이 가운데서 밑줄 친 sober의 의미로 가장 적절한 것은?

The euphoria is giving way to a more sober assessment of the situation.

(1) grave, solemn, or grim
(2) not decorative or brightly colored
(3) not drunk; not under the influence of alcohol
(4) serious, thoughtful; not silly

해설 | 형용사는 뒤에 수식되는 명사와의 관계를 따져 보거나 연결해서 자연스러운 말이 되는 것이 답이 된다. 뒤에 assessment(평가)가 따라오므로 이때의 sober는 전체 문맥을 고려하면, '진지한', '심각한' 등의 뜻이 되는 것이 자연스럽다. (4) 「행복감은 그 사태의 더욱더 진지한 평가로 바뀔 것이다.」

syn. solemn, serious, grave, grim, dull, prudent, temperate
ant. gay, frivolous, joyous, colorful, passionate, intoxicated

S

□ **social** [sóuʃəl]

a. **1 relating to society or to the way society is organized** 사회적인, 사회에 관한: Man is a *social* animal. 인간은 사회적 동물이다. / We discussed a variety of *social* problems including education and welfare. 우리는 교육과 복지를 포함한 다양한 사회적 문제에 관해서 논의했다.

2 of good relationships with others 사교적인, 교제에 능한, 친목의: My husband is a good-mannered *social* person. 내 남편은 매너가 좋은 사교적인 사람이다.

3 (of animals or plants) living in groups and doing things together (식물이나 동물이) 군거하는, 군생하는: There are *social* insects like bees and ants. 벌이나 개미들과 같은 군거 곤충들이 있다.

4 based on status or rank in society 사회 계층의: It's comfortable for us to meet friends of our own *social* level. 우리 사회 계층에 맞는 친구들을 만나는 것이 편하다.

·파생어·
sociable 사교적인, 친목적인
sociably 사교적으로, 상냥하게
socialism 사회주의
socialist 사회주의자
society 사회, ~계, (사회의) 층
sociology 사회학
socialize 사회화하다, 교제하다

·관련표현·
social problems 사회 문제
social participation 사회 참여
social gathering (party) 사교 모임 (파티)
social class 사회 계층[계급]
social evil 사회악
social security 사회 보장 제도
social welfare 사회복지

syn. sociable, gregarious, friendly, stylish, cooperative
ant. antisocial, unfriendly, solitary, reclusive

|실전문제|

다음에 주어진 뜻풀이 가운데서 밑줄 친 social의 의미로 가장 적절한 것은?

The ball is one of the most important social occasions of the year.

(1) based on status or rank in society
(2) of good relationships with others
(3) relating to society or to the way society is organized
(4) (of animals or plants) living in groups and doing things together

해설 | occasion은 지금 행사의 의미로 사용되므로 social은 '사교적인'의 뜻밖에 될 수 없다. (2) 「무도회는 연중 가장 중요한 사교적인 행사 중 하나이다.」

563

☐ soft [sɔ(ː)ft]

a. **1 not hard or rough; not firm against pressure** 부드러운, 폭신한: A *soft* mattress is bad for one's back. 부드러운 매트리스는 등에 해롭다.

2 pleasant to touch; smooth 매끄러운, 촉감이 좋은: This silk scarf feels so *soft*. 이 실크 스카프는 촉감이 좋다.

3 quiet or not making much noise (음성, 소리가) 낮은, 조용한: As he slept, he couldn't hear the *soft* doorbell. 자고 있었기 때문에 그는 약한 초인종 소리를 들을 수가 없었다.

4 gentle, mild, or with little force (기후가) 온화한, 가벼운, 부드러운: The lovers walked hand in hand in the *soft* rain. 그 연인들은 손을 잡고 약한[부드러운] 비를 맞으며 걸었다.

5 too kind or easy to influence upon 너그러운, 관대한: The police officer was too *soft* with the first offender. 그 경찰관은 그 초범자에게 너무 너그러웠다.

|실전문제|
다음에 주어진 뜻풀이 가운데서 밑줄 친 <u>soft</u>의 의미로 가장 적절한 것은?

A <u>soft</u> spring rain has fallen all day long.

(1) quiet or not making much noise
(2) pleasant to touch; smooth
(3) gentle, mild, or with little force
(4) not hard or rough; not firm against pressure

해설 | 바람, 비, 눈과 같이 기후와 관한 이야기이므로, '온화한, 상쾌한, 부드러운'의 뜻으로 쓰였다. (3)「가벼운 봄비가 하루 종일 내렸다.」

·파생어·
softly 부드럽게, 관대히
soften 부드럽게 하다, 마음을 누그러지게 하다, 덜다, 경감하다
softy 몹시 감상적인 사람, 바보(=softie)

·관련표현·
a *soft* pillow 부드러운 베개
a *soft* voice 조용한 목소리
a *soft* heart 다정한 마음
be *soft* in the head 머리가 좀 모자라다
soft drinks 청량음료
soft-core (포르노 영화가) 덜 노골적인
opp. hard-core 성 묘사가 노골적인
soften the punishment 처벌을 가볍게 하다
soft-headed 멍청한(=soft-witted)
soft-hearted 온화한, 상냥한
soft-landing 연착륙
*soft*spot 약점

syn. smooth, gentle, mild, delicate, tender, kind, weak, quiet
ant. hard, stiff, rough, noisy, loud, strong, unkind, tough

☐ solid [sálid]

a. **1 strong and well made** 견고한, 튼튼한: This new building has a remarkably *solid* foundation. 이 새 건물은 기초 공사가 매우 튼튼하게 지어졌다.

2 hard or firm; not liquid or gas 고체의, 고형의, 단단한: A rock is *solid* object. 바윗돌은 단단한 물체이다.

3 having an inside that is filled up or that is not hollow 속이 비지 않은, 속까지 굳은: Children's bicycles sometimes have *solid* rubber tires. 어린아이들의 자전거에는 가끔 속이 찬 고무 타이어가 있을 때도 있다.

4 continuous; without spaces or breaks 연속된, 끊긴 데 없는: What we want is a *solid* program of entertainment with no commercials. 우리가 원하는 것은 상업 광고가 없이 연속으로 방영되는 오락 프로그램이다.

·파생어·
solidly 딱딱하게, 견고하게, 충실하게
solidify 응고시키다, 단결시키다
solidity 단단함, 고체성, 속이 참
solidarity 단결, 결속

·관련표현·
solid ground 단단한 땅
solid fuel 고체 연료
a *solid* building 견고한 건물
a *solid* meal 실속 있는 식사
go *solid* for ~ 만장일치로 ~에 찬성하다
a *solid* hour 꼬박 한 시간

5 unanimous; undivided 만장일치의, 일치단결의: The city council was *solid* in its decision to build a city center. 시의회는 시민 회관을 짓자는 결정에 만장일치로 찬성했다.

|실전문제|
다음에 주어진 뜻풀이 가운데서 밑줄 친 <u>solid</u>의 의미로 가장 적절한 것은?

He waited for her for two <u>solid</u> hours and then went home angry.

(1) hard or firm; not liquid or gas
(2) unanimous; undivided
(3) strong and well made
(4) continuous; without spaces or breaks

해설 | 이처럼 뒤에 '시간'이 올 때는 '연속된, 끊기지 않는'의 뜻으로 사용된다. (4) 「그는 그녀를 꼬박 2시간 동안 기다리고는 화가 나서 집으로 돌아갔다.」

a *solid* joy 진정한 기쁨
solid green 초록색 일색의

syn. dense, continuous, constant, firm, hard, strong, pure
ant. hollow, liquid, unstable, mixed, undecided

S

solution [səlúːʃən]

n. **1 an answer to a problem or difficulty** (문제, 어려움 등의) 해답, 해결: The *solution* of the crime took many years. 그 범죄 해결에는 수년이 걸렸다.

2 a liquid in which a solid substance has been dissolved 용액, 용제: The marinade is a *solution* of wine and spices. 마리네이드는 포도주와 향신료의 용액이다.

3 the answer to a riddle or puzzle (수수께끼나 퍼즐의) 해답, 해법: It's not that easy to find the *solution* of the crossword puzzle. 크로스워드 퍼즐의 답을 구하기가 그렇게 쉽지 않다.

4 the process of dissolving a solid or gas in a liquid 용해, 용해 상태: The sea-water holds various substances in *solution*. 바닷물에는 여러 가지 물질이 용해되어 있다.

5 an answer to a mathematical problem (수학 문제에 대한) 해법, 풀이: The *solution* to the algebraic equation was too hard to find. 그 대수 방정식 문제의 정답은 구하기가 어려웠다.

· 파생어 ·
solve 풀다, 해결하다, 용해하다(=melt)
solute 용해된
soluble 녹는, 녹기 쉬운, 용해할 수 있는
solvent 용해력이 있는, 용제, 용매

· 관련표현 ·
a strong *solution* 진한 용액
in *solution* 용해 상태로, 녹아서
soluble in water 물에 녹기 쉬운

syn. resolution, answer, mixture

|실전문제|
다음에 주어진 뜻풀이 가운데서 밑줄 친 <u>solution</u>의 의미로 가장 적절한 것은?

Although the leader has sought to find a peaceful <u>solution</u>, he is facing to use military force.

(1) the answer to a riddle or puzzle
(2) an answer to a mathematical problem
(3) an answer to a problem or difficulty
(4) a liquid in which a solid substance has been dissolved

해설 | peaceful solution은 '평화로운 방법에 의한 해결(평화적 해결)'을 말하며 퍼즐이나 수학 문제에 대한 답이나 용액이 아니다. (3) 「그 지도자는 평화적 해결을 모색해 왔지만, 그는 군사력을 사용할 처지에 놓여 있다.」

sound [saund]

a. **1 without damage or disease; in good condition** 정상적인, 상하지 않은, 건전한: Her heart is as *sound* as a drum. 그녀의 심장은 아주 건강하다. / A sound mind in a *sound* body. 건강한 신체에 건전한 정신이 깃든다.

2 thorough; complete 철저한, 충분한: The officer gave him a *sound* reprimand. 장교는 그를 철저하게 견책했다. / The director gave employees a *sound* training. 이사는 직원들을 철저하게 훈련시켰다.

3 showing good sense or good judgement 좋은 생각이나 판단을 하는: He made a *sound* investment that is sure to bring good profit. 그는 확실히 그에게 많은 이익을 가져다줄 옳은 투자를 하였다.

4 (of economy or financial situation) secure or stable; strong (경제나 재정 상태가) 안정된, 견실한, 강한: He has a *sound* growing business. 그는 성장하는 견실한 업체를 가지고 있다.

5 deep or untroubled in sleep 깊은 잠의: I was in a *sound* sleep when you called. 나는 네가 전화했을 때 숙면하고 있었다.

|실전문제|

다음에 주어진 뜻풀이 가운데서 밑줄 친 <u>sound</u>의 의미로 가장 적절한 것은?

The general presented a <u>sound</u> analysis of the situation.

(1) deep or untroubled in sleep
(2) without damage or disease; in good condition
(3) (of economy or financial situation) secure or stable; strong
(4) thorough; complete

해설 | sound가 수식하는 명사가 analysis(분석)이므로, 이 명사가 문맥상 자연스러운 형용사는 '철저한, 완전한'으로 '철저한 분석'이 된다. (4) 「그 장군은 그 사태에 대해 철저한 분석을 했다.」

· 파생어 ·
sounding 울려 퍼지는, 당당한
soundingly 당당하게, 울려 퍼질 듯이
soundly 푹, 깊이, 견실하게, 건전하게
soundless 아주 고요한, 헤아릴 수 없는

· 관련표현 ·
a *sound* **friend** 믿을만한 친구
sound **finance** 견실한 재정
a *sound* **sleep** 숙면
safe and *sound* 무사히, 탈 없이
as *sound* **as a top**
(팽이처럼) 푹 잠든
sound **advice** 건전한 충고
soundly beaten 호되게 맞은
financially *sound* 재정적으로 견실한
sound **effects** 음향 효과
a *sounding* **title** 어마어마한 직함
a *sound*-**proof room** 방음이 된 방

syn. robust, healthy, undamaged, well-built, stable, reliable, deep, thorough, reasonable
ant. ailing, damaged, failing, shaky, unreliable, light, frivolous

space [speis]

n. **1 an area that is available for a particular activity** (특정 목적을 위한) 장소, 구역, 좌석: Luckily, there was an extra *space* on the plane. 다행히도 여분의 비행기 좌석이 있었다.

2 the area beyond the earth's atmosphere (대기권 밖의) 우주: The rocket was lost in *space*. 우주에서 로켓이 길을 잃었다.

3 a period of time 시간, 기간: There's been 50% increase in sales during the *space* of three years. 3년 동안에 판매가 50%나 증가했다.

· 파생어 ·
spacious 공간이 넓은, 넓은 범위의
spacing 공간, 간격, 간격을 두기

· 관련표현 ·
time and *space* 시간과 공간
vanish into *space* 허공으로 사라지다
outer *space* 우주(=universe, *space*)
a parking *space* 주차 공간
reverse one's *space*
좌석을 예약하다

4 an area that is empty or available 빈 곳, 공터, 공간, 장소: We need more *space* to set up the equipment. 우리는 그 장비를 설치하는 데 더 많은 공간이 필요하다.

|실전문제|
다음에 주어진 뜻풀이 가운데서 밑줄 친 <u>space</u>의 의미로 가장 적절한 것은?
Can you finish eating all this food in the <u>space</u> of an hour?
(1) an area that is empty or available
(2) a period of time
(3) an area that is available for a particular activity
(4) the area beyond the earth's atmosphere

해설 | 뒤에 시간이 따라오므로 '한 시간'이라는 기간을 말하는 것을 쉽게 짐작할 수 있다. (2) 「이 모든 음식을 한 시간 안에 다 먹을 수 있니?」

for a *space*
잠시 동안(=for a moment)
take up *space*
장소를 잡다, 공간을 차지하다
spacecraft 우주선(=*spaceship*)
***space* flight**
우주 비행(=*space* travel)
***space* bus**
우주 왕복 연락선(=*space* shuttle)
***space* station** 우주 정류장

syn. universe, room, area, expanse, gap, distance, duration, period

---

□ **spare** [spɛər]

***vt.* 1 to give or grant out of one's resources** 나누어 주다, 빌려 주다, (시간, 돈 등을) 할애하다: I can *spare* some time right now. 나는 지금 얼마간의 시간을 할애할 수 있다.

2 to keep from punishing, killing, or harming (고생 등을) 시키지 않다, ~당하지 않게 하다: The doctor tried to *spare* him from pain. 의사는 그를 고통에서 벗어나게 하려고 애썼다. / She gave thanks to God that her father was *spared*. 그녀는 아버지의 목숨이 무사한 것에 대해 하나님께 감사를 드렸다.

3 (in negative or questions) to keep from using or spending; save 절약하다, 아끼다: *Spare* your energy until the last lap. 마지막까지 에너지를 아끼세요.

4 to do without or dispense with ~없이 지내다: I can't *spare* the car today. 오늘은 그 차가 꼭 필요하다.

|실전문제|
다음에 주어진 뜻풀이 가운데서 밑줄 친 <u>spares</u>의 의미로 가장 적절한 것은?
She never <u>spares</u> the butter when baking.
(1) to do without or dispense with
(2) to give or grant out of one's resources
(3) to save; to keep from using or spending
(4) to keep from punishing, killing, or harming

해설 | 목적어가 버터이며 이 버터를 '아끼는 것'과 관련해 말하고 있다. (3) 「그녀는 빵을 구울 때 버터를 절대 아끼지 않는다.」

· 파생어 ·
sparely 인색하게, 부족하게
spareness 결핍, 부족
sparing 삼가는, 검소한, 부족한

· 관련표현 ·
***Spare* the rod, spoil the child.**
매를 아끼면, 자식을 망친다. ((영·속담))
***spare* no expense**
비용을 아끼지 않다
I have no time to *spare*.
나는 한가한 시간이 없습니다.
***Spare* my life!** 목숨만은 살려 주시오!
***spare* to speak** 말을 삼가다
money to *spare* 여분의 돈
***spare* parts** 여분의 부속품
***spare* tire** 여분의 타이어

syn. forgive, protect, conserve, save
ant. punish, harm, use, spend, squander

spirit [spírit]

n. 1 the part of a person that includes their mind, feelings and character 정신, 영, 마음: They believe the *spirit* lives on after death. 그들은 죽은 이후에도 영[정신]은 계속 살아남는다고 믿는다. / Blessed are those who are poor in *spirit*. 마음이 가난한 자는 복이 있나니.

2 the courage and determination that helps people to survive in difficult times 기운, 용기, 기백: He was so brave that everyone who knew him admired his *spirit*. 그는 너무나 용감해서 그를 아는 모든 사람은 그의 용기에 감탄했다.

3 a ghost or supernatural being 유령, 망령, 악마: The haunted house was filled with *spirits*. 귀신이 붙은 그 집은 유령들로 가득 차 있었다.

4 the feeling of loyalty to a group shared by the people who belong to the group (소속 단체에 대한) 충성심: There is a great sense of team *spirit* among the workers. 직공들 사이에서는 상당한 팀 충성심이 있다.

5 (*pl.*) a strong alcoholic drink like whiskey (위스키 같은) 독한 술: The *spirits* include whiskey and gin. 독주에는 위스키와 진이 포함된다.

|실전문제|

다음에 주어진 뜻풀이 가운데서 밑줄 친 spirits의 의미로 가장 적절한 것은?

He was deeply depressed, and no one could lift his spirits.

(1) a strong alcoholic drinks like whiskey
(2) the feeling of loyalty to a group shared by the people who belong to the group
(3) the courage and determination that helps people to survive in difficult times
(4) the part of a person that includes their mind, feelings and character

해설 | 앞에 '의기소침하다'라는 내용이 있으므로, '그의 기운[기분]을 끌어올릴 사람이 없다'는 뜻으로 쓰였음을 알 수 있다. (3) 「그는 너무나 의기소침해서 아무도 그의 기운을 끌어올려 줄 수 없었다.」

· 파생어 ·

spirited 기운 찬, 활발한
spiritless 생기가 없는, 정신이 없는
spiritedly 기운차게, 용기 있게
spiritual 정신적인, 영적인

· 관련표현 ·

a *spiritual* life 영적 생활
lose one's *spirits* 사기를 잃다
a man of *spirit* 용기가 있는 사람
school *spirit* 애교심
in low[poor] *spirits* 의기소침하여
recover one's *spirits* 기운을 내다

syn. soul, mind, psyche, ghost, specter, mind
ant. body, flesh, dullness, timidity

split [split]

***vi., vt.* 1 to divide or to make divide along a straight line with force or by a blow; tear** 쪼개다[쪼개지다], 찢다[찢어지다]: *Split* the pineapple before peeling it. 그 파인애플의 껍질을 까기 전에 먼저 쪼개라. / The board *split* as I sawed it. 그 판자는 내가 톱질했을 때 갈라졌다.

· 파생어 ·

splitting 쪼개질 듯한, (두통이) 심한
splitter 쪼개는 사람[도구]
splittism 분열주의

2 to divide or to make divide into separate parts (작은 부분들로) 나누다[나뉘다]: The strike *split* the union members into angry factions. 파업으로 인해 노조원들이 화난 무리로 나누어졌다.

vt. to divide and share (몫 등을) 나누다: The robbers *split* the loot evenly. 도둑들은 약탈한 물건을 고르게 나누었다.

vi. 1 to end marriage or friendship 불화하다, 이혼하다, 사이가 틀어지다: She *split* with her boy friend 5 years ago. 그녀는 5년 전에 남자 친구와 헤어졌다.

2 to leave quickly 급히 떠나다, 도망치다: I'm getting tired of this place. Let's *split*. 나는 이곳이 싫증이 나. 이곳을 떠나자.

|실전문제|

다음에 주어진 뜻풀이 가운데서 밑줄 친 split의 의미로 가장 적절한 것은?

When he bent over, he split his pants.

(1) to end marriage or friendship
(2) to leave quickly
(3) to divide or to make divide along a straight line with force or by a blow; tear
(4) to divide or to make divide into separate parts

해설 | 위 문장을 보면, 몸을 구부렸을 때 바지가 '찢어졌다'는 뜻이 되어야 하므로, '찢다, 쪼개다'의 뜻인 (3)이 정답이다. (3)「그가 몸을 구부렸을 때, 그의 바지가 찢어졌다.」

·관련표현·

split wood 나무를 쪼개다
split a job with ~ ~와 일을 분담하다
Let's *split* the bill.
비용을 나누어서 내자.
as full *split* 아주 급하게
splitting headache
머리가 쪼개질 듯이 심한 두통
split opinion 갈라진 의견
the *split* in the party 당의 분열

syn. divide, halve, sever, share, tear, parcel out
ant. join, unite, union, merge

S

□ squeeze [skwi:z]

vt. 1 to press firmly together from opposite sides 죄다, 압착하다, 꽉 쥐다: *Squeeze* the walnuts together to crack them. 호두를 까기 위해서는 그것들을 압착하라. / He *squeezed* her arm sympathetically. 그는 동정심이 들어 그녀의 팔을 꽉 쥐었다.

2 to extract by applying pressure (억지로) 짜내다: He *squeezed* the last bit from the toothpaste tube. 그는 마지막 남은 치약을 짜냈다.

3 to push or force in a confined space (사람이나 물건을) 밀어 넣다, 무리하게 쑤셔 넣다: We *squeezed* our whole party into the elevator. 우리는 무리 전체를 그 엘리베이터 속으로 밀어 넣었다. / The woman *squeezed* a lot of suits and pants into a suitcase. 그 여자는 많은 양복과 바지들을 여행용 가방 안에 억지로 쑤셔 넣었다.

4 to cause money difficulties by means of tight controls or severe demands 자금[돈]에 쪼들리게 하다: Many businesses are being *squeezed* by high costs and reduced sales. 많은 사업체들은 높은 비용과 판매 감소로 인해 자금 사정에 쪼들리고 있다.

5 to embrace or hug 포옹하다, 꽉 껴안다: Mother *squeezed* me tightly when I left. 엄마는 내가 떠날 때 나를 꽉 껴안았다.

·파생어·

squeezer 압착하는 사람, 탈수기, 압착기
squeezable 압착할 수 있는, 껴안고 싶은 심정의

·관련표현·

squeeze the trigger
방아쇠를 당기다
squeeze one's hand
~의 손을 꽉 쥐다
squeeze one's way through a crowd 군중을 헤치며 나아가다
squeeze the poor
가난한 사람들을 착취하다
squeeze to death 압살하다, 눌러 죽이다
at a *squeeze* 위급한 때를 당하여
in a tight *squeeze* (재정적으로) 궁지에 빠져
squeezed orange
이용 가치가 없어진 사람[물건]

|실전문제|

다음에 주어진 뜻풀이 가운데서 밑줄 친 squeeze의 의미로 가장 적절한 것은?

Would you squeeze some fruit and make a glass of juice?

(1) to embrace or hug
(2) to cause money difficulties by means of tight controls or severe demands
(3) to extract by applying pressure
(4) to push or force in a confined space

해설 | 과일을 squeeze하는 것이므로 과일을 짜서 주스를 만드는 것이다. (3) 「과일을 갈아서 주스 한 잔을 만들어 주시겠습니까?」

syn. extract, press out, draw out, crowd, cram, cramp, shove

□ stable [stéibl]

a. **1 not easily moved or changed; steady** 안정된, 견고한: He finally built a *stable* business operation. 그는 마침내 안정된 사업체를 갖게 되었다. / The building has a *stable* foundation. 그 건물은 기초 공사(토대)가 견고하다.

2 unlikely to behave unreasonably; reliable, dependable 믿을만한: John is a *stable* employee. 존은 믿을만한 직원이다.

3 likely to continue or last; unchangeable 변동이 없는, 지속성이 있는: Our country has a *stable* government. 우리나라는 견실한 정부를 가지고 있다.

n. **a part of a building for keeping and feeding horses or cattle** 마구간, 가축우리: Lock the *stable* after the horse is stolen. 소 잃고 외양간 고치기.

· 파생어 ·

stabler 마구간 지기
stabling 마구간에 넣기, 마구간
stableman
마부(=stable boy, stable lad)

· 관련표현 ·

go out of the *stable*
(말이) 경주에 나가다

stable marriage 안정된 결혼 생활

stable rate of exchange
안정된 환율

a politically *stable* country
정치적으로 안정된 나라

syn. reliable, secure, well-grounded, solid, unchangeable, steady
ant. unstable, shaky, unsteady, changeable, unreliable, volatile

|실전문제|

다음에 주어진 뜻풀이 가운데서 밑줄 친 stable의 의미로 가장 적절한 것은?

He's a bit neurotic, but his wife is a very stable person.

(1) likely to continue or last; unchangeable
(2) a part of a building for keeping and feeding horses or cattle
(3) unlikely to behave unreasonably; reliable, dependable
(4) not easily moved or changed; steady

해설 | 문맥상, 명사를 수식하며 부사의 수식을 받으므로 형용사로 사용되고 있고, 사람에게 쓰이는 말로, '믿을만한'(=reliable)의 뜻이 되는 것이 가장 잘 어울린다. (3) 「그는 약간 신경과민의 사람이지만, 그의 아내는 아주 믿을만한 사람이다.」

staff [stæf]

n. **1 a group of workers who carry on a job of business organization** 직원, 사원: How many are on the hotel *staff*? 그 호텔 직원이 몇 명입니까? / When is the *staff* meeting going to be held? 직원회의가 언제 열릴 예정입니까?

2 a long stick used as a support when walking 지팡이, 막대기: The old man needed his *staff* to climb the hill. 그 노인은 언덕을 올라가기 위해 지팡이가 필요했다.

3 a pole for a flag on 깃대, 장대: The flag was raised only halfway up the *staff*. 깃발은 깃대의 반쯤에 게양되었다.

vt. **to provide the workers for an organization** 직원을 두다, 직원으로 근무하다: How many employees will it take to *staff* this resort? 이 휴양지에 직원을 두기 위해서 몇 명의 종업원이 필요할까?

|실전문제|

다음에 주어진 뜻풀이 가운데서 밑줄 친 staff의 의미로 가장 적절한 것은?

The reorganization as a result of corporate merger may lead to staff reductions.

(1) a pole for a flag on
(2) a group of workers who carry on a job of business organization
(3) to provide the workers for an organization
(4) a long stick used as a support when walking

해설 | 우선 명사로 사용되었고, staff reductions는 흔히 '직원 감축', '감원'의 뜻이다. (2) 「기업 합병의 결과로 인한 구조 조정은 감원으로 이어질지도 모른다.」

· 파생어 ·
staffer 직원(의 한 사람)(=staffman)
staffing 직원 수

· 관련표현 ·
teaching *staff* 교수진
be on the *staff* 직원[부원]이다
set up one's *staff* 정착하다
staff **up** 직원[인원]을 늘리다
staff **sergeant** 미 육군 하사
staff **officer** 참모 장교
staff **meeting** 직원회의

syn. force, crew, personnel, employee

stale [steil]

a. **1 no longer fresh or good to eat** (음식 등이) 상한, 신선하지 않은: These old peanuts taste *stale*. 이 오래된 땅콩들은 오래되어 무르다.

2 having lost novelty or interest 흔해 빠진, 진부한: His style of writing has become *stale*. 그의 문체는 진부하게 되어 갔다. / I've heard the same *stale* old jokes a hundred times. 나는 그 지겨운 옛날 농담을 수백 번이나 들었어.

3 no loger able to perform well or creatively because it is all the same (장소, 활동, 생각 등이) 항상 같기 때문에 생산성이 떨어지는, 케케묵은: If you stay in the job for more than 10 years, you get *stale*. 한 직장에서 10년 이상 있으면 생산성이 떨어진다.

4 having unpleasant air or smells because they are no longer fresh (공기나 냄새가) 곰팡내 나는: Open the windows and get rid of this *style* air. 창문을 열어서 이 곰팡내 나는 공기를 없애라.

· 파생어 ·
staleness 곰팡내, 케케묵음
staley 케케하게, 곰팡내 나게, 진부하게

· 관련표현 ·
stale **jokes** 진부한 농담
stale **bread** 상해서 곰팡내 나는 빵
stale **air** 케케핸[곰팡내 나는] 공기
stale **news** 진부한 소식

syn. tasteless, musty, trite, hackneyed, insipid, mediocre
ant. fresh, original, varied

|실전문제|

다음에 주어진 뜻풀이 가운데서 밑줄 친 stale의 의미로 가장 적절한 것은?

I don't want to drink stale beer.

(1) having lost novelty or interest
(2) having unpleasant air or smells because they are no longer fresh
(3) no longer able to perform well or creatively because it is all the same
(4) no longer fresh or good to eat

해설 | 맥주에 대한 이야기이므로 '김빠진'의 뜻이다. (4)「나는 김빠진 맥주를 마시고 싶지 않다.」

statement [stéitmənt]

n. **1 an official or formal announcement that is issued on a particular occasion** 성명, 성명서: The police have issued a *statement* urging the public to sustain law and order. 경찰은 시민들에게 법과 질서를 유지해 달라는 내용의 성명서를 발표했다.

2 the act of expressing in words 말, 표현: He made a flattering *statement* about her clothes. 그는 그녀의 복장에 대해 알랑거리는 말을 했다.

3 official account of events which a suspect or a witness gives to the police 진술, 진술문: Her *statement* that she had nothing to do with the sexual scandal was greeted with much criticism. 그녀가 성 추문과 관계가 없다는 진술은 많은 비난을 받았다.

4 a list showing amounts of money paid, received or owed 명세서: The customers get a bank *statement* at the end of the month. 고객들은 월말에 은행에서 명세서를 받는다.

· 파생어 ·

state 진술하다, 주장하다, 지정하다; 상태, 주, 국가
stated 정하여진, 공식의, 규정된
stateless 위엄이 없는, 국적 없는
stately 위엄 있는, 품위 있는, 당당한

· 관련표현 ·

a *stated* price 규정 가격[요금]
make a *statement* 성명을 발표하다
make a *statement* to the effect that ~ ~라는 뜻의 진술을 하다
a flattering *statement* 아첨하는 말

syn. pronouncement, declaration, profession, report, announcement

|실전문제|

다음에 주어진 뜻풀이 가운데서 밑줄 친 statement의 의미로 가장 적절한 것은?

The company prepared a statement of its profits and losses.

(1) official account of events which a suspect or a witness gives to the police
(2) the act of expressing in words
(3) a list showing amounts of money paid, received or owed
(4) an official or formal announcement that is issued on a particular occasion

해설 | 문맥상 손익에 대한 성명(서)를 준비했다는 내용이다. (4)「그 회사는 자체의 이익과 손실에 대한 성명을 준비했다.」

steady [stédi]

a. **1 firm or fixed in position; not shaking** 고정된, 흔들리지 않는: Is that stool *steady* enough to stand on? 그 등받이 없는 의자가 서 있을 만큼 충분히 고정되어 있습니까? / Hold that candle *steady*. 그 촛불이 흔들리지 않게 잡고 있어.

2 moving or developing in a continuous way; regular 안정된, 한결같은, 견고한: The drummer maintained a *steady* beat. 그 드러머는 한결같은[일정한] 박자를 유지했다. / He has a *steady* job in a good company. 그는 좋은 회사의 안정된 직업을 가지고 있다.

3 dependable and serious-minded 믿을만한, 진지한: She wants to marry someone *steady*. 그녀는 믿을만한 사람과 결혼하고 싶어한다.

4 steadfast, constant, or unwavering 불변의, 한결같은, 꾸준한: He's *steady* in his commitment to his job. 그는 한결같이 자기 일을 헌신적으로 한다.

|실전문제|
다음에 주어진 뜻풀이 가운데서 밑줄 친 steady의 의미로 가장 적절한 것은?
He's a *steady* student who always does his work on schedule.

(1) steadfast, constant, or unwavering
(2) dependable and serious-minded
(3) moving or developing in a continuous way; regular
(4) firm or fixed in position; not shaking

해설 | 예정대로 그의 맡은 일을 하므로 '믿을만한[진지한] 학생' 이라고 할 수 있다.
(2) 「그는 예정대로 그의 일을 하는 믿을만한[진지한] 학생이다.」

· 파생어 ·
steadily 착실하게, 꾸준히, 끊임없이
steadfast 확고부동한, 불변의, 부동의
steadiness 불변, 한결같음, 착실

· 관련표현 ·
a *steady* ladder 고정된 사다리
steady as a rock 바위같이 흔들리지 않는
give a *steady* look 뚫어지게 보다, 응시하다
go *steady* with 한 사람하고만 데이트하다
a *steady* boy 남자 친구(=boy friend)
a *steady* girl 여자 친구(=girl friend)
a *steady* speed 한결같은 속도
a *steady* economic growth 꾸준한 경제 성장
a *steady* driver 믿을만한 운전사
a *steady* rain 계속적으로 내리는 비

syn. continuous, persistent, incessant, unceasing, habitual, regular, unfaltering, reliable, deliberate
ant. faltering, shaky, insecure, irregular, infrequent

step [step]

n. **1 an act of moving by raising one foot and bringing it down somewhere else** 걸음, 보행: With every *step* I took, the load seemed to get heavier. 매번 걸음을 옮길 때마다 짐이 점점 더 무거워지는 것 같았다.

2 the sound the step makes; stepping sound 발소리, 발자국 소리: Didn't you hear a *step* downstairs right now? 지금 아래층에서 나는 발자국 소리를 듣지 못했니?

3 the distance covered in one step; a short distance 근거리, 한 걸음: It is just a *step* from my house to hers. 나의 집에서 그녀의 집까지는 얼마 떨어져 있지 않다.

· 파생어 ·
stepper 걸음걸이가 ~한 사람[말], 댄서
stepway 계단으로 된 통로

· 관련표현 ·
take a *step* forward 일보 전진하다
take a false *step* 발을 헛디디다
know ~'s *step* ~의 발소리를 알다
a *step* in the right direction 적절한 조치
one *step* forward, two *steps* back 일보 전진, 이보 후퇴

4 an act or a set of actions or measures which should produce a certain result 조치, 대책: We must take *steps* to help families of those who lost their homes by hurricane. 우리는 허리케인 때문에 집을 잃은 사람들의 가족을 돕기 위해서 조치를 취해야 한다.

5 a flat narrow space on which the foot is placed for climbing up and down; stair 계단: Mind the *step* outside the door. 문 밖에 있는 계단을 조심해라.

| 실전문제 |

다음에 주어진 뜻풀이 가운데서 밑줄 친 step의 의미로 가장 적절한 것은?

Our first **step** must be a change in working hours; then we must decide how to improve working environment.

(1) a flat narrow space on which the foot is placed for climbing up and down; stair
(2) the distance covered in one step; a short distance
(3) the sound the step makes; stepping sound
(4) an act or a set of actions or measures which should produce a certain result

해설 | 직장에서 업무[작업] 시간(working hours)을 변화시키고 작업 환경(working environment)을 개선하는 것은 '조처[조치]' 또는 '대책'에 속한다. (4) 「우리의 첫 번째 조치는 업무 시간을 변경하는 것이 될 것이며, 그리고 나서 우리는 작업 환경을 개선하는 방법을 결정해야 한다.」

step by *step* 한 걸음, 한 걸음씩
watch[mind] one's *steps* 발밑을 조심하다
take *steps* 조치를 취하다 (=take measures, take actions)
step in 개입하다, 간섭하다(=intervene)
step up (양, 크기, 속도 등을) 늘리다, 증가시키다
step down (높은 지위, 대통령이나 수상직에서) 사임하다, 물러나다
tread in the *steps* of ~
~을 본으로 삼다, ~의 뒤를 따라가다 (=follow in the footsteps of)

syn. footstep, stride, stepping sound, footprint, stage, measure, stair, grade, level

---

☐ stir [stəːr]

vt. 1 to move liquid around with a spoon or a similar object to mix thoroughly 휘젓다, 뒤섞다: Put two spoonfuls of sugar and cream in your coffee and *stir* it well. 설탕과 크림 두 스푼을 넣고 커피를 잘 저어라.

2 to produce or incite strong feelings 자극하다, 선동하다: The coach's emotional pep talk *stirred* the team. 그 코치의 감정에 호소하는 격려의 연설은 팀을 자극했다.

vi., vt. 1 to cause trouble between others by spreading false stories (문제, 불만 등을) 일으키다: Don't try to *stir* up trouble. 문제를 일으키려고 하지 마.

2 to make or cause a slight movement (약간) 움직이다, 바람이 ~을 살랑거리게 하다: A light breeze *stirred* the surface of the lake. 부드러운 미풍으로 인해 호수 표면이 약간 움직였다. / The wind *stirs* the leaves. 바람이 불어서 나뭇잎들이 살랑거린다.

· 파생어 ·

stirless 움직이지 않는, 조용한
stirring 마음을 동요시키는, 고무하는, 붐비는
stirrer 휘젓는 사람, 활동가, 선동자

· 관련표현 ·

stir up the strike 파업을 선동하다
stir a person to tears
~을 감동시켜 울리다
Stir yourself! 기운을 내라!
stir one's blood ~의 피를 끓게 하다, ~을 열광시키다
create[make, cause] a *stir*
물의[대소동]를 일으키다

syn. shake, mix, mingle, rouse, excite, stimulate
ant. relax, calm, pacify, deaden

|실전문제|

다음에 주어진 뜻풀이 가운데서 밑줄 친 stir의 의미로 가장 적절한 것은?

The branches began to stir as the breeze came up.

(1) to produce or incite strong feelings
(2) to move liquid around with a spoon or a similar object to mix thoroughly
(3) to cause trouble between others by spreading false stories
(4) to make or cause a slight movement

해설 | 나뭇가지(branches)가 주어이며, 종속절의 주어도 미풍(breeze)이므로 '약간 움직이다, 살랑거리다' 의 뜻이 된다. (4) 「미풍이 불어오자 나뭇가지가 약간 움직이기 시작했다.」

S

□ stock [stɑk]

n. 1 **a supply of goods for sale in a shop or store** 재고(품): Do you have any of the red skirts in *stock*? 그 붉은 치마의 재고가 남아 있습니까?

2 **a money lent to the government or company on which interest is paid** 채권, 국채 (증서), 주식: He put all of his money into the government *stocks*. 그는 정부의 국채에 그가 가진 모든 돈을 투자했다. / How much money did you invest in the company *stock*? 얼마나 많은 돈을 그 회사 주식에 투자했니?

3 **the descendants of a common ancestor** 혈통, 가계: She came from sturdy peasant *stock*. 그녀는 튼튼한 농부의 혈통이다.

4 **a supply of something for future use** 저장, 비축: We made *stocks* of food in case of shortages later. 우리는 나중의 부족에 대비해서 식량을 비축해 놓았다.

5 **farm animals like cattle; livestock** 가축, 사육용 동물: We're running low on feed for the *stock*. 그 가축의 사료가 떨어져 가고 있다.

|실전문제|

다음에 주어진 뜻풀이 가운데서 밑줄 친 Stocks의 의미로 가장 적절한 것은?

Stocks of bullets and ammunition were running low.

(1) a money lent to the government or company on which interest is paid
(2) a supply of goods for sale in a shop or store
(3) farm animals like cattle; livestock
(4) a supply of something for future use

해설 | 뒤에 동사 부분 run low(다 떨어져 가다, 고갈되다)가 힌트가 될 수 있으며 옷이나 상품이면 재고가 일반적이겠으나, 지금은 총알과 탄약이므로 '비축(량), 저장' 의 의미가 된다. (4) 「총알과 탄약의 비축량이 다 떨어져 가고 있었다.」

·파생어·

stocker 번식용 가축, 비축하는 사람
stockish 어리석은, 둔한
stockless 재고가 없는
stocky 땅딸막한, 줄기가 튼튼한

·관련표현·

have a good *stock* of information 풍부한 정보를 가지고 있다
out of *stock* 재고가 떨어진
opp. **in *stock*** 재고가 남아 있는
take *stock* 재고 조사를 하다(=take inventory)
take *stock* in ~ ~의 주식을 사다, ~에 관심을 가지다
take no *stock* in ~ ~에 관심을 가지지 않다
***stock* in on** ~ ~을 사들이다
***stock* up on ~** ~을 비축해 두다
stockbroker 주식 중개인
***stock* car** (엔진 등을 바꾼) 경주용 차, 가축 차
***stock* dividend** 주식 배당
***stock* exchange** 증권 거래소
stockholder 주주(=shareholder)
***stock* market** 주식 시장
stockpile 비축(량), 자재 재고
stockroom (상품, 물품의) 저장실, (호텔의) 상품 전시실
***stock* raising** 목축, 축산

syn. **inventory, accumulation, stockpile, provision, shares, capital, cattle, breed, lineage**

straight [streit]

a. **1 unbent, not curved, but direct** 일직선의, 곧은: They cut a *straight* trail from the top to the bottom of the mountain. 그들은 산꼭대기에서 밑으로 일직선 길로 내려갔다.

2 in the correct position 똑바로 조정한: Make sure the rearview mirror is *straight*. 백미러를 똑바로 조정해. / Is my tie *straight*? 나의 넥타이가 바르게 되었니?

3 in order or tidy; orderly 정리·정돈된, 가지런한: His desk is always *straight*. 그의 책상은 항상 정리·정돈이 되어 있다.

4 honest and truthful; candid (말 등이) 솔직한, 정직한: I couldn't get a *straight* answer to a *straight* question. 나는 솔직한 질문에 솔직하게 답할 수 없었다.

5 continuous; successive 계속하는, 계속적인: We've had 10 *straight* days of rain. 연 10일 동안 계속 비가 내렸다.

|실전문제|

다음에 주어진 뜻풀이 가운데서 밑줄 친 <u>straight</u>의 의미로 가장 적절한 것은?

I'm trying to get the house straight before the visitors arrive.

(1) honest and truthful; candid (2) unbent, not curved, but direct
(3) continuous; successive (4) in order or tidy; orderly

해설 | get의 목적어가 house이며, '집을 ~하다'라는 뜻이 되어야 하므로 집을 '정리·정돈하다, 말끔하게 청소하다'의 의미로 쉽게 추측을 할 수 있다. (4) 「나는 손님들이 도착하기 전에 집을 정돈하려고 한다.」

·파생어·

straightly 일직선으로, 바르게, 정직하게, 곧장
straighten 똑바르게 하다, (주름살, 구겨진 것 등을) 펴다, (고민, 문제 등을) 해결하다, 정리·정돈하다
straightness 곧음, 솔직함, 분명함
straightforward 정직한, 솔직한

·관련표현·

a *straight* line 직선
put a room *straight* 방을 정돈하다
a *straight* talk 솔직한 이야기
cf. talk *straight* 솔직하게 이야기하다
keep one's face *straight*
진지한 표정을 짓다
stand up *straight* 꼿꼿이 서다
live *straight* 바로 살다
the *straight* and narrow
도덕적으로 바른 생활
straight-A student 장학생
straighten out difficulties
(어려운 일이나 고민 등을) 해결하다
tell a person *straight*
누구에게 거침없이 말하다
straight whiskey
물을 타지 않은 순수한 위스키
a *straight* person
동성애자가 아닌 정상적인 사람

syn. direct, unbent, adjusted, candid, uninterrupted, consecutive, orderly, neat
ant. curved, bent, indirect, discontinuous, messy, untidy

strength [streŋkθ]

n. **1 the quality or degree of being strong or power** 힘, 세기: He did weight-lifting exercise to build up his physical *strength*. 그는 힘을 기르기 위해서 역기 훈련을 했다. / It is too much for my *strength*. 그것은 나에게는 벅차다.

2 force measured in numbers 인력, 인원수: What is your *strength*? 당신네 쪽의 인원은 얼마입니까? / What is the total *strength* of the enemy army? 적군의 총 인원수는 얼마입니까?

3 something that provides power or force; strongpoints 장점, 강점: Math is his *strength*, but languages his weakness. 수학이 그의 강점이지만 언어 과목은 그의 약점이다.

4 intensity, concentration, or vitality 농도, 강도: The clouds diminished the *strength* of the sunlight. 구름이 가려서 빛의 강도가 감소되었다. / What is the *strength* of the solution? 그 용액의 농도는 얼마입니까?

·파생어·

strong 강한, 완강한, (경제나 몸이) 튼튼한, (맛, 냄새 등이) 강렬한
strengthen 강화하다, 튼튼해지다
strengthless 힘없는
strongly 강하게, 맹렬히, 강경하게

·관련표현·

have the *strength* to ~
~할 힘을 가지고 있다
at full *strength* 총력으로, 전원 빠짐없이
in full *strength* 전원이 모여

| 실전문제 |

다음에 주어진 뜻풀이 가운데서 밑줄 친 strength의 의미로 가장 적절한 것은?

The great strength of my plan is that it is both time-saving and inexpensive.

(1) force measured in numbers
(2) intensity, concentration, or vitality
(3) something that provides power or force; strongpoint
(4) the quality or degree of being strong or power

해설 | 문맥을 보면 '내 계획의 ___는 시간 절약과 적은 비용이 드는 것'이라고 이야기하고 있으므로 '장점, 강점'(strongpoints, merits)의 뜻이 되어야 한다. (3) 「내 계획의 큰 강점은 시간을 절약할 수 있고 비용이 적게 드는 것이다.」

strengthen one's hand 입장을 강화하다
a strong economy 강력핸[튼튼한] 경제
a strong conviction 확신
a strong market (주식의) 강세의 시장(=a bull market)
strongly built 견고하게 지어진

syn. power, vigor, might, number, intensity, concentration, strong point
ant. weakness, powerlessness, ineffectiveness, frailty, weakpoint

strike [straik]

vt. **1** **to hit forcefully with the hand or a weapon** 치다, 때리다, 두드리다: *Strike* the nail as straight as you can. 가능하면 바르게 못을 쳐라. / He *struck* me with his fist. 그는 주먹으로 나를 때렸다. / *Strike* while the iron is hot. 쇠뿔도 단김에 빼라.

2 **to make time known by hitting of a bell** 시계가 시각을 쳐서 알리다: When the church clock *struck* eleven, the worship service began. 교회 시계가 11시를 알리자 교회 예배가 시작되었다.

3 **to reach by agreement or treaty** (거래, 조약, 계약 등을) 맺다, 체결하다: The negotiators failed to *strike* a compromise. 협상가들은 타협안[절충안]에 이르지 못했다.

4 **to come suddenly to the mind of; occur to** (생각 등이) 갑자기 떠오르다: The lateness of the hour suddenly *struck* us. 시간이 늦었다는 생각이 갑자기 떠올랐다.

5 **to find suddenly or accidentally** (물건, 물질, 장소, 해결책 등을) 우연히 발견하다: He *struck* down the solution quite by accident. 그는 진짜 우연히 그 해결책을 발견했다[찾아냈다].

vi. **1** **to stop working because of disagreement; walk out** (~에 대해) 파업을 하다[선포하다]: The subway workers *struck* just before the national holiday. 지하철 노동자들은 국경일 직전에 파업을 했다.

2 **to make a sudden attack; assail or assault** 습격하다, 공격하다: The enemy *struck* at dawn. 적은 새벽에 공격했다.

· 파생어 ·

striking 현저한, 두드러진, 공격의, 파업 중인, 시간을 알리는
striker 파업 참가자, 타자
strikingly 현저하게
strikingness 현저함, 두드러짐, 인상적임

· 관련표현 ·

strike a ball 볼을 치다[때리다]
strike a person in the face ~의 얼굴을 때리다
strike a light (성냥으로) 불을 붙이다
strike a compromise 타협하다
strike a bargain 거래하다(=make a deal)
It *strikes* me that ~ 나에게는 ~같이 생각된다
strike it rich 뜻밖의 횡재를 하다
call a *strike* 파업을 선언하다
be on (a) *strike* 파업 중이다
within *striking* distance 아주 가까이에
a scene of *striking* beauty 눈을 끄는 아주 아름다운 경치

syn. hit, bang, pound, beat, attack, assail, occur to, find accidentally, reach, toll, walk out

|실전문제|

다음에 주어진 뜻풀이 가운데서 밑줄 친 struck의 의미로 가장 적절한 것은?

Prospectors finally struck gold.

(1) to produce or reach an agreement or treaty
(2) to find suddenly or accidentally
(3) to stop working because of disagreement; walk out
(4) to hit forcefully or deal a blow to

해설 | 목적어로 금(맥)이 따라오기 때문에 '발견했다'의 뜻으로 짐작할 수 있다. (2)
「시굴자들은 마침내 금맥을 발견했다.」

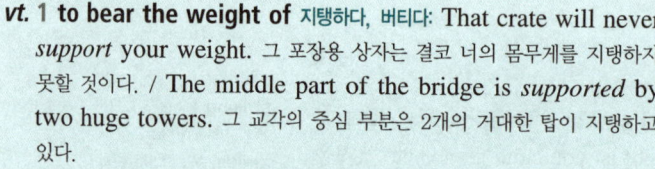

support [səpɔ́ːrt]

vt. 1 to bear the weight of 지탱하다, 버티다: That crate will never *support* your weight. 그 포장용 상자는 결코 너의 몸무게를 지탱하지 못할 것이다. / The middle part of the bridge is *supported* by two huge towers. 그 교각의 중심 부분은 2개의 거대한 탑이 지탱하고 있다.

2 to provide money for a person or a family to live on (가족을) 부양하다, ~을 먹여 살리다: She has to *support* her brother before she gets married. 그녀는 동생이 결혼할 때까지 그를 부양해야 한다.

3 to argue in favor of; encourage or defend 찬성하다, 후원하다, 지지하다, 옹호하다: A large majority of House of Representatives *supported* the bill. 대다수의 하원 의원들은 그 법안에 찬성했다.

4 to show the truth or correctness of; confirm or verify (진술, 사건 등을) 입증하다, 뒷받침하다: Your testimony will *support* his plea of innocence. 당신의 증언이 그의 무죄 주장을 입증해 줄 것입니다. / The findings will *support* my original theory. 그 결과가 나의 원래 이론을 입증[증명]해 줄 것입니다.

5 to put up with; bear or tolerate 참다, 견디다: The teacher could never *support* students' disobedience. 그 교사는 결코 학생들의 불복종을 참을 수가 없었다.

· 파생어 ·

supportable 지탱할 수 있는, 참을 수 있는, 부양 가능한

supporter 지지자, 후원자, 부양자, 지지물

supporting 버티는, 지지하는, 원조하는

supportive 협력적인, 지지가 되는

supportless 버팀이 없는, 지지자가 없는

· 관련표현 ·

support oneself 자활하다

give *support* to ~
~을 지지[후원]하다

a *supporting* actor 조연 배우

drum up *support* of ~
(북을 쳐서) 지지를 모으다

syn. uphold, bolster, sustain, maintain, provide for, defend, champion, confirm, verify, endure, tolerate

|실전문제|

다음에 주어진 뜻풀이 가운데서 밑줄 친 support의 의미로 가장 적절한 것은?

He needs a high income to support such a large family.

(1) to show the truth or correctness of; confirm or verify
(2) to provide money for a person or a family to live on
(3) to put up with; bear or tolerate
(4) to bear the weight of

해설 | support의 목적어가 family(가족)이므로 '가족을 부양하다'의 뜻이 되는 것이 문맥에 맞다. (2)「그는 대가족을 부양하기 위해서 많은 수입이 필요하다.」

sustain [səstéin]

vt. 1 to keep up the strength or determination of 지탱하게 하다, 기운 내게 하다: He ate a good *sustaining* food before he went on a business trip. 그는 출장을 떠나기 전에 힘을 돋우는 몸에 좋은 음식을 먹었다. / A light meal won't *sustain* us throughout the day. 가벼운 식사를 해서는 우리가 하루 종일 지탱할 수가 없을 것이다.

2 to keep in existence over a long period; maintain 유지하다, 계속하다: She couldn't *sustain* her interest in the matter. 그녀는 그 일에 대한 관심을 지속할 수가 없었다.

3 to suffer harm or loss (손해 또는 상처를) 입다, 받다: He *sustained* a terrible head injury. 그녀는 끔찍한 머리 부상을 입었다.

4 to hold up the weight of, especially from below (아래서 무게를) 떠받치다, 지탱하다: These four posts *sustain* the entire building. 이 네 개의 기둥이 전체 건물을 떠받치고 있다.

5 to endure; tolerate 참고 견디다: The trucking company was somehow able to *sustain* the severe fuel shortage. 그 운송 회사는 여하튼 심각한 연료 부족 상태를 이겨 나갈 수 있었다.

· 파생어 ·

sustainable 유지[계속]할 수 있는
sustainment 유지, 지지, 격려
sustaining 떠받치는, 몸에 좋은
sustained 일련의, 지속된, 지속적인
sustainer 떠받치는 물건 또는 사람

· 관련표현 ·

sustain a conversation
대화를 계속하다
sustain severe injuries
중상을 입다
sustaining food 몸에 좋은 음식
sustainable economic development
계속될 수 있는 경제 개발
sustained economic growth
지속적인 경제 성장

syn. support, prop, endure suffer, undergo, maintain, nourish, nurture

| 실전문제 |

다음에 주어진 뜻풀이 가운데서 밑줄 친 sustain의 의미로 가장 적절한 것은?

The runner was able to <u>sustain</u> the same pace for hours.

(1) to suffer harm or loss
(2) to endure; tolerate
(3) to keep in existence over a long period; maintain
(4) to hold up the weight of, especially from below

해설 | 주어가 주자(runner)이며, 목적어가 속도(pace)이므로 '이러한 속도를 유지하다, 또는 계속하다'의 뜻이 되어야 한다. (3)「그 주자는 수 시간 동안 똑같은 속도를 유지할 수 있었다.」

T

☐ take [teik]

vt. **1 to reach out for and hold something** 손에 잡다, 쥐다: He *took* her in his arms and tried to comfort her. 그는 두 팔로 그녀를 껴안고 위로하려 했다. / He *took* a pencil up with his finger. 그는 손가락으로 연필을 집어 올렸다.

2 to carry or have something with 가지고 가다, 휴대하다: Be sure to *take* an umbrella with you in case it rains. 비가 올 경우를 대비해서 꼭 우산을 가지고 가거라.

3 to go away with something without a permission; steal 훔쳐가다, 탈취하다: The burglars *took* just about anything they could carry. 도둑들은 가지고 갈 수 있는 것은 다 가져갔다.

4 to need a particular amount of time or efforts (시간, 노력 등을) 필요로 하다: Since the roads are very bad and slippery, it *took* me a long time to get to the destination. 도로 상태가 나쁘고 미끄러웠기 때문에 내가 목적지까지 가는 데는 오랜 시간이 걸렸다.

5 to agree to accept the blame, advice, responsibility, or credit for something (비난, 책임, 칭찬, 충고 등을) 받아들이다: I shall *take* none of your advice. 당신의 충고 따위는 받아들이지 않겠다. / He was willing to *take* all the responsibility for his acts. 그는 자기 행동에 대한 모든 책임을 기꺼이 받아들이고자 했다.

6 to eat or drink (체내에) 섭취하다, 먹다, 흡수하다: It was so difficult for her to go to sleep at night that she decided to *take* sleeping pills. 그녀는 밤에 잠들기가 너무 어려워서 수면제를 먹기로 결심했다.

7 to be willing to bear or endure (시련, 모욕, 혹사 등을) 기꺼이 참아 내다: She couldn't *take* much more of his nagging. 그녀는 더 이상 그의 잔소리를 참을 수 없었다.

8 to receive or regard as, or understand as something good or bad (좋게, 또는 나쁘게) 받아들이다, ~라고 간주하다: She *took* my remark as an insult. 그녀는 나의 말을 모욕으로 받아들였다.

·파생어·
taking 관심을 끄는, 매력적인
taker 잡는 사람, 포획자, 수취인

·관련표현·
in a *taking* manner
애교 있는 말투로

take me by the hand
나의 손을 잡다

take a bag from someone's hand
누구의 손에서 가방을 탈취하다

take a bribe 뇌물을 받다

take medicine 약을 복용하다

take multi-vitamins
복합 비타민제를 복용하다

take someone by surprise
~를 불시에 습격하다, 놀래키다

take someone's eye
누구의 눈길을 끌다

take action(s) 조치[행동]을 취하다
(=*take* measures)

take a trip 여행하다
(=make a trip, travel)

take a rest 휴식을 취하다

take the subway to work
지하철로 출근하다

take after ~ ~을 닮다
(=resemble, look like)

take it easy
여유를 가지고 천천히 하다

Take my word for it.
내 말은 정말이야. 내 말을 꼭 믿어.

take over 점거하다, 인수 인계받다

take to study 연구에 전념하다

take apart 분해하다, 분석하다

|실전문제|

다음에 주어진 뜻풀이 가운데서 밑줄 친 took의 의미로 가장 적절한 것은?

The thieves took all the money that was in the safe.

(1) to need a particular amount of time or efforts
(2) to steal; to go away with something without a permission
(3) to eat or drink
(4) to be willing to bear or endure

해설 | 도둑이 금고 속에 있는 돈을 훔쳐 간다는 문장으로 took 다음에 money가 있다는 것에서 힌트를 얻을 수 있다. (2) 「도둑들은 금고 속에 있는 돈을 모두 훔쳐 갔다.」

tame [teim]

a. **1 not wild; trained to live with people** 길들인, 유순한: Even a *tame* monkey can become a dangerous pet. 심지어 길들인 원숭이도 위험한 애완동물이 될 수 있다.

2 (of a game, or a place) uninteresting and unexciting, or dull 재미가 없는, 단조로운: The basketball game was so *tame* that spectators left the stadium early. 그 농구 경기는 너무나 재미가 없어서 구경꾼들이 일찍 운동장을 떠났다.

3 lacking in spirit or initiative 무기력한, 나약한: Some of today's school boys and girls look rather *tame*. 요즘 몇몇 학교의 소년, 소녀들은 나약하게 보인다. / Greg is too *tame* to stand up for his own rights. 그렉은 너무 무기력해서 자신의 권리도 주장하지 못한다.

4 (of plants or land) raised or cultivated (식물이나 토지가) 재배되거나 경작된: Look at those *tame* plants which are so beautiful to see. 보기에도 아름다운 저 재배된 식물을 보라.

· 파생어 ·

tameable 길들여질 수 있는

tameless 길들여지지 않은, 야성의(=wild)

tamer 조련사

· 관련표현 ·

a *tame* football match
재미없는 미식축구 경기

as *tame* as a house cat 아주 순한

tame horses 길들인 말

tame cat 집 고양이

a *tame* husband
아내에게 쥐어 사는 남편

a very *tame* party 매우 지루한 파티

syn. domesticated, docile, gentle, timid, dull, boring
ant. wild, untamed, stubborn, interesting, exciting

|실전문제|

다음에 주어진 뜻풀이 가운데서 밑줄 친 tame의 의미로 가장 적절한 것은?

Country life was too tame for the city boy.

(1) (of plants or land) raised or cultivated
(2) (of a game, a place) uninteresting and unexciting, or dull
(3) lacking in spirit or initiative
(4) not wild; trained to live with people

해설 | 주어가 시골 생활(=country life)이며, 뒤에 city boy(도시 소년)가 있으므로 이 뜻을 짐작할 수 있다. (2) 「시골 생활이 도시 소년에게는 따분하고 재미가 없다.」

taste [teist]

n. **1** **the sense by which the qualities and flavor of a substance are distinguished by the taste buds** 미각, 맛: This coleslaw has sour *taste*. 이 양배추 샐러드는 신맛이 난다.

2 **a small amount of food or drink to try to see what the flavor is like** 시식, 시음, 맛보기: Won't you have a *taste* of this wine? 이 포도주를 한 모금 맛보시지 않겠습니까? / Have a *taste* of this delicious pie. 이 맛 좋은 파이를 한 입 맛보세요.

3 **a personal liking or preference for** 기호, 좋아함, 취미: Robert has a *taste* for sweets. 로버트는 단 것[사탕]을 좋아한다. / Modern furniture is more to my *taste* than antiques. 현대식 가구가 골동품보다 내 기호에 맞다.

4 **a short experience of something** 약간의 경험, 맛보기: Give him a *taste* of the whip. 그에게 따끔한 채찍 맛을 보여 줘라.

5 **the ability to make good judgements in fashion, beauty, and style** 고상한 취미, 심미안: She has excellent *taste* in dress. 그녀는 옷에 대한 센스가 뛰어나다.

|실전문제|

다음에 주어진 뜻풀이 가운데서 밑줄 친 taste의 의미로 가장 적절한 것은?

He's always had a <u>taste</u> for 19 century American literature.

(1) a small amount of food or drink to try to see what the flavor is like
(2) a brief experience of something
(3) a personal liking or preference for
(4) the sense by which the qualities and flavor of a substance are distinguished by the taste buds

해설 | 음식이 아니고 문학에 대한 이야기이므로, 19세기 미 문학을 좋아한다는 의미이다. (3) 「그는 항상 19세기 미 문학을 좋아했었다.」

· 파생어 ·
tastable 맛볼 수 있는
tasteful 멋을 아는, 멋있는, 우아한
tasteless 맛없는, 멋없는, 품위 없는
tasty 맛있는(=delicious), 재미있는, (복장이) 고상한, 멋진

· 관련표현 ·
bitter *taste* 쓴맛
a *taste* **for music** 음악에 대한 취미
have a *taste* **for ~** ~을 좋아하다, ~에 취미가 있다
have no *taste* 맛이 없다
in good *taste* 취미가 고상하게
in bad *taste* 품위 없이, 천하게
leave a nasty *taste* **in the mouth** 뒷맛이 쓰다, 나쁜 인상을 남기다
***taste* bitter** 맛이 쓰다
out of *taste* 정취가 없는, 멋없는
give a person a *taste* **of ~** …에게 ~을 경험시키다

syn. flavor, relish, bite, bit, liking, propensity, discernment, judgement
ant. disliking, hatred, loathing, tastelessness, crudeness

tell [tel]

vt. **1** **to give a detailed account** (뉴스나 소식을) 알리다, (길, 방법을) 가르쳐 주다: Just *tell* me what happened. 무슨 일이 있었는지 내게 알려줘.

2 **to be able to recognize the difference between** 분간하다, 구별하다, 식별하다: How do you *tell* this from another? 어떻게 이것과 다른 것을 구별할 수 있니? / They look so alike that I can't *tell* her from her sister. 그들은 너무나 꼭 닮아서 그녀와 그녀의 동생을 구별할 수가 없다.

3 **to order, instruct or advise someone to do** 명령하다, 지시하다, 충고하다: I *told* my daughter to come home everyday by 9 pm. 나는 딸에게 매일 밤 9시까지는 집에 돌아오라고 명령했다. / The mother *told* her son to study harder. 엄마는 아들에게 더 열심히 공

· 파생어 ·
teller 이야기하는 사람, (은행의) 금전 출납원
telling 효력이 있는, 반응이 있는

· 관련표현 ·
with *telling* **effect** 뚜렷한 효과가 있어
***tell* a sad story** 슬픈 이야기를 하다
***tell* the difference** 차이를 구별하다
all *told* 합계해서, 통틀어(=in total)
Don't *tell* **me!** 설마, 바보 같은 소리 마
***tell* tales** 비밀을 고자질하다[누설하다]

부하라고 말했다.

4 to communicate something such as a lie, a secret, and a joke using speech (거짓말, 비밀, 농담 등을) 말하다, 누설하다: Don't *tell* me a lie. 나한테 거짓말을 하지 마라. / My uncle is good at *telling* jokes. 우리 삼촌은 농담을 잘한다. / *Tell* me the truth about it. 그것에 대해 사실[진실]을 이야기해 다오.

| 실전문제 |

다음에 주어진 뜻풀이 가운데서 밑줄 친 tell의 의미로 가장 적절한 것은?

Even the weathermen couldn't <u>tell</u> the tornado was coming.

(1) to communicate something such as a lie, a secret, and a joke using speech
(2) to be able to recognize the difference
(3) to give a detailed account
(4) to order, instruct, or advise some to do

해설 | 토네이도가 온다는 것을 예측하기 위해서 과학적인 사실을 식별할 수 없었다는 것이지 (3)과 같이 단순히 정보를 알려 준다는 의미는 아니다. (2) 「심지어 일기 예보자들도 토네이도가 오고 있다는 것을 확실히 말할 수 없었다.」

Time will *tell*. 때가 되면 알 것이다.
Who can *tell*? 아무도 모른다 (=Who knows?)
***tell* over** (돈을) 여러 번 세다: (이야기를) 몇 번이고 되풀이하다
***tell* against ~** ~에 불리하게 작용하다, ~의 성공의 방해가 되다
***tell* apart** 식별하다

syn. utter, state, distinguish, discern, direct, count

□ **tender** [téndər]

a. **1 soft, or easy to bite through** (고기가) 부드러운, 씹기 쉬운: Cook for minimum of one and a half hours until the meat is *tender*. 고기가 부드러워질 때까지 최소한 한 시간 반 동안 요리하시오.
2 young and inexperienced 어린, 미숙한: She had become attracted to the basketball at the *tender* age of 10. 그녀는 10살이란 어린 나이에 농구에 매력을 갖게 되었다.
3 sensitive and painful in one's body when touched 만지면 아픈, (촉각이) 예민한, 민감한: You'd better treat *tender* points by massaging. 만지면 아픈 곳을 마사지함으로써 치료하는 것이 좋아.
4 gentle, kind and loving 친절한, 상냥한, 애정이 깃든: Patients may not receive the *tender*, loving care if they are in the hospital. 환자들은 그들이 병원에 입원하면, 애정이 깃든 사랑의 간호를 받을 수 없을지도 모른다.

| 실전문제 |

다음에 주어진 뜻풀이 가운데서 밑줄 친 tender의 의미로 가장 적절한 것은?

Since the scandal, bankruptcy is a <u>tender</u> subject in this office.

(1) gentle, kind and loving
(2) young and inexperienced
(3) sensitive and painful in one's body when touched
(4) soft or easy to bite through

· 파생어 ·

tend 돌보다, 간호하다, 주의하다, 경향이 있다 《to》
tenderly 부드럽게, 무르게
tenderness 부드러움, 허약함, 미숙함
tenderize (고기를) 연하게 하다

· 관련표현 ·

***tender* meat** 부드러운 고기
a child of *tender* age 어린[철없는] 아이(상처받기 쉬운 아이)
a *tender* skin 상하기 쉬운 피부
a *tender* heart 다정한 마음
***tender* emotions** 애정, 동정심
a baby *tender* 아이 보는 사람(=a baby-sitter)
***tender*-hearted** 다정한, 상냥한
***tender*-minded** 심약한
***tender* one's apologies** 사과하다
grow *tender* of a person ~가 마음에 들게 되다, 좋아지다
***tend* towards** (길·진로 따위가) ~로 나아가는 경향이 있다

syn. soft, delicate, gentle, kind, weak, young, sensitive

583

해설 | bankruptcy(파산)라는 주제(subject)는 토의하기가 '민감한', '예민한' 것이라는 뜻이다. (3) 「그 스캔들 이래로, 파산은 사무실에서 이야기하기 민감한 주제이다.」

ant. tough, hard, unkind, strong, insensitive

☐ **term** [tə:rm]

n. **1 a fixed or limited period of time** 기간, 임기, 회기: The president will complete his *term* next year. 대통령은 내년에 임기를 끝낼 것이다. / He was elected for a five-year *term*. 그는 5년 임기 직에 선출이 되었다.

2 a word or expression that has a particular meaning 말, 용어, 표현: A doctor's secretary must be familiar with medical *terms*. 의사의 비서는 의학용어에 익숙해야 한다.

3 conditions which must be accepted by the people involved in (계약, 지불, 요금 등의) 조건: One of the *terms* of the contract calls for high-grade steel in the construction. 그 계약 조건 중의 하나는 공사에 고급 철강재를 사용해야 한다는 것이다.

4 a period when a school is in session 대학, 학교의 학기: Are there any exams at the end of the *term*? 학기 말에 어떤 시험이 있습니까?

5 (*pl.*) the relationship between two poeple or groups 사이, 관계: He's on good *terms* with his employer. 그는 고용주[사장]와 관계가 좋다.

| 실전문제 |

다음에 주어진 뜻풀이 가운데서 밑줄 친 terms의 의미로 가장 적절한 것은?

The document is expressed in <u>terms</u> that are readily understood and agreed.

(1) conditions which must be accepted by the people involved in
(2) a word or expression that has a particular meaning
(3) a period when a school is in session
(4) a fixed or limited period of time

해설 | 서류가 주어로 되어 있고 that 이하의 관계대명사절에 쉽게 이해된다는 말이 있으므로 이때의 terms는 '용어', '말' 등으로 사용된 것을 알 수 있다. (2) 「그 서류는 쉽게 이해할 수 있고 일치된 용어로 표현되었다.」

· 파생어 ·

terminable (일정 기간에) 끝마칠 수 있는, 기한부의
terminal 학기 말의, 종착역의, 종말의
terminate 끝내다, 종결시키다
terminative 종결의, 결정적인

· 관련표현 ·

a *terminal* examination 학기 말 시험
terminate a contract 해약하다
a *term* of office 임기
terms of contract 계약 조건
terms of intimacy 친한 사이
on bad *terms* with ~ ~와 불화하여, 사이가 나쁜
on equal *terms* 대등하게
on speaking *terms* 말을 건넬 정도의 사이인
technical *terms* 전문 용어
come to *terms* with ~ ~와 타협하다
in high *terms* 극구 칭찬하여
in *terms* of ~ ~에 관하여
in the long *term* 장기적으로는
in the short *term* 단기적으로는
be officially *termed* ~ 공식적으로 ~라고 불리다
term paper 학기 말 리포트[논문]
in any *term* 어떻게 해서든지
be in *terms* 교섭[상담, 담판] 중이다

syn. word, expression, duration, period, condition, relations

☐ **theater** [θí(:)ətər]

n. **1 a building or place for the presentation of plays or films** (연극 상연) 극장: The play was given in a small *theater* off Broadway. 그 연극은 브로드웨이를 벗어난 소극장에서 상연되었다.

2 a scene of important military activity (전쟁의) 현장: The

· 파생어 ·

theatrical 극장의, 연극 같은, 과장된, 연극 기법의(=theatric)
theatrics 연극법, 연출법 (단수 취급에 주의)
theatrically 극적으로, 연극 같이

South Pacific was the *theater* for much of the action in World War II. 남태평양은 2차 대전 때 많은 군사 작전이 이루어진 전장이었다.

3 the work or activity of people who write or act in plays 연극: He's been in the *theater* all his life. 그는 평생 동안 연극을 해 왔다.

4 a room with rows of seats one above the other where people can watch or listen to some kind of activities, lessons, or speeches 계단 강당, 계단교실: The entire *theater* gave the star a standing ovation. 그 강당에 있는 사람 모두가 그 스타에게 기립 박수를 보냈다.

|실전문제|

다음에 주어진 뜻풀이 가운데서 밑줄 친 theater의 의미로 가장 적절한 것은?

The woman reporter covered the news in a new theater of civil war.

(1) a room with rows of seats one above the other where people can watch or listen to some kinds of activities, lessons, or speeches
(2) a scene of important military activity
(3) a building or place for the presentation of plays or films
(4) the work or activity of people who write or act in plays

해설 | theater 뒤에 civil war(내란)가 나오므로 '군사 행동, 전쟁의 현장'의 의미가 있는 것이 문맥에 적합하다. (2) 「그 여기자는 새로운 내전 현장에서 뉴스를 취재했다.」

thick [θik]

a. **1 having a larger distance between opposite sides than normal; not thin** 두꺼운: That little restaurant makes good *thick* sandwiches. 그 작은 음식점의 샌드위치는 두껍고 맛이 있다.

2 measuring in depth, width, or from side to side 두께가 ~인: The castle walls are about 2 meters *thick*. 그 성벽은 두께가 약 2 미터이다.

3 (of liquid) not watery or not flowing easily (액체 등이) 진한, 걸쭉한: The army had to battle through *thick* mud to reach their position. 군은 진지에 도달하기 위해 빽빽한 진흙을 힘겹게 지나가야 했다.

4 difficult to see through (안개, 연기 등이) 짙은, 자욱한: *Thick* smoke impeded the firemen. 자욱한 연기가 소방대원들을 방해했다.

5 crowded or packed with ~로 혼잡한, ~가 많은: The marsh was *thick* with mosquitoes. 그 습지에는 모기가 너무 많다.

6 stupid or dull-witted 우둔한, 미련한: How could she have been so *thick*? 그녀는 어떻게 그처럼 우둔할 수가 있을까?

theatricalize 연극화하다, 과장하여 표현하다

· 관련표현 ·

a drive-in theater
(자동차를 탄 채 보는) 야외 영화관
the theater of earthquakes
지진의 현장
the theater of operations
전투 지역
theatrical effect 극적인 효과
theatrical scenery 무대 배경
do a theater 연극 구경을 가다

syn. playhouse, movie theater, amphitheater, drama, audience, arena, scene, place

· 파생어 ·

thicken 두껍게 하다, 빽빽하게 하다
thickening 두껍게 하기, 굵어짐
thickish 약간 두꺼운
thickness 두께, 굵기, 혼탁함

· 관련표현 ·

thick soup 걸쭉한 수프
thick fog 짙은 안개
thick forest 울창한 숲
have a thick head 머리가 나쁘다
as thick as two short planks
머리가 매우 나쁜
through thick and thin
물불을 가리지 않고, 온갖 고난을 무릅쓰고
thick-headed 머리가 나쁜
thick-necked 목이 굵은
thick-skinned 피부가 두꺼운, 뻔뻔스러운
lay it on thick 지나치게 칭찬을 늘어놓

| 실전문제 |

다음에 주어진 뜻풀이 가운데서 밑줄 친 thick의 의미로 가장 적절한 것은?

You'll never get that through his thick head.

(1) measuring in depth, width, or from side to side
(2) crowded or packed with
(3) having a larger distance between opposite sides than normal
(4) stupid or dull-witted

해설 | thick head는 '우둔한', 또는 '나쁜 머리'를 뜻한다. (4) 「너는 그 멍청한 사람에게 그것을 절대 이해시킬 수 없을 거야.」

thick and fast 끊임없이, 잇따라, 줄기차게, 세차게
as thick as thieves 매우 사이가 좋은

syn. fat, dense, viscous, glutinous, inarticulate, stupid, crowded
ant. thin, slim, shallow, lean, slight, smart, intelligent

☐ thin [θin]

a. **1 having a smaller distance than average between opposite surfaces** 얇은, 두껍지 않은: A light-bulb filament is very *thin*. 전구의 필라멘트는 아주 얇다.

2 having little fat on the body 홀쭉한, 야윈, 마른: The boy was *thin* for his age. 그 소년은 나이에 비해서 야위었다.

3 (of liquid) watery or flowing easily (액체가) 묽은, 진하지 않은: This gravy is too *thin*. 이 고깃국물은 너무 묽다.

4 not having the necessary qualities; not satisfactory (내용이) 빈약한, 박약한: It was quite an entertaining class, but rather *thin* in terms of content. 꽤 재미있는 수업이었으나 내용 면에서는 빈약했다.

5 (of sound) lacking in strength or fullness (음성이) 힘없는, 가냘픈: She has a *thin* high voice. 그녀는 높고도 가냘픈 목소리를 가졌다.

· 파생어 ·
thinly 얇게, 가늘게, 빈약하게
thinness 희박, 야윔, 빈약, 가늚
thinnish 좀 얇은, 약간 가는

· 관련표현 ·
thin air 희박한 공기
thin soup 묽은 수프
a thin story 재미없는 이야기
as thin as rake[stick] (사람이) 깡마른
thin hair 성긴 머리카락
thin-skinned 피부가 얇은, 성마른
out of thin air 무(無)에서 (=out of nothing); 아무런 근거도 없이
a thin argument 설득력 없는 의논
vanish into thin air 완전히 자취를 감추다

syn. lean, slim, scrawny, watery, weak, feeble, sparse
ant. thick, fat, overweight, strong, adequate

| 실전문제 |

다음에 주어진 뜻풀이 가운데서 밑줄 친 thin의 의미로 가장 적절한 것은?

That's a pretty thin excuse.

(1) having little fat on the body
(2) (of liquid) watery or flowing easily
(3) not having the necessary qualities; not satisfactory
(4) having a smaller distance than average between opposite surfaces

해설 | 우선 수식되는 명사가 변명(excuse)이므로, 이 형용사의 뜻을 쉽게 짐작할 수 있다. (3) 「그것은 꽤 빈약한 변명이다.」

☐ **ticket** [tíkit]

n. **1 a printed piece of paper or card given to someone that they have paid for the service** 표, 권: He had two *tickets* to the Broadway play. 그는 브로드웨이 연극 표 두 장을 가지고 있었다. / Please show your boarding *ticket* to the flight attendant when you board the plane. 비행기를 탑승할 때 비행 승무원에게 탑승권을 보여 주십시오.

2 a legal summmons, especially for a traffic violation 교통위반 딱지: The driver got a *ticket* for speeding. 그 운전자는 과속 딱지를 발부받았다.

3 a label that shows the price or size of an object for sale in a shop or store (크기, 가격 등을 나타내는) 정가표, 가격표: The sales *ticket* says the coat is 30 dollars. 그 판매 가격표에는 그 코트가 30달러라고 적혀 있다.

4 a list of people supported by one political party in an election (정당의) 공천 후보자 (명단): The governor ran on the Democratic *ticket*. 그 주 지사는 민주당 공천 후보자로 출마했다.

5 the thing that is needed or proper 필요한 것, 적당한 것, 당연한 것: That cup of green tea was just the *ticket*. 그 녹차 한 잔이 바로 필요한 것이었다.

|실전문제|

다음에 주어진 뜻풀이 가운데서 밑줄 친 ticket의 의미로 가장 적절한 것은?

She wants to remain on the Democratic ticket for the parliamentary election.

(1) a list of people supported by one political party in an election
(2) a legal summmons, especially for a traffic violation
(3) a printed piece of paper or card given to someone that they have paid for the service
(4) a label that shows the price or size of an object for sale in a shop or store

해설 | 문장을 보면 정치 이야기이므로, 극장표나 교통 위반 딱지 등의 뜻이 아닌 '공천 후보자 명단' 의 뜻임을 쉽게 알 수 있다. (1) 「그녀는 국회의원 선거를 위해 민주당 공천 후보자 명단에 오르기를 원하고 있다.」

☐ **tidy** [táidi]

a. **1 neat and orderly in thinking, appearance, and habits** (생각, 외모, 버릇 등이) 단정한, 정돈된, 정연한: His desk is already *tidy*. 그의 책상은 이미 정돈되어 있다.

· 관련표현 ·

a round trip *ticket*
왕복표(=a return *ticket*)

a one-way *ticket*
편도 표(=a single *ticket*)

That's just the *ticket*.
바로 그거다(안성맞춤이다).

write one's own *ticket*
장래의 계획을 세우다

a price *ticket* 가격표

***ticket* collector** 검표원, 개표원

***ticket* office**
매표소(=box office, booking office)

***ticket* scalper** 암표상

parking *ticket* 주차 위반 딱지

***ticket*-of-leave** 가출옥 허가증

admission *ticket* 입장권

write one's own *ticket* (스스로)
장래의 방침을 세우다, 원하는 대로 직업을 선택하다

vote a *ticket*
어떤 정당의 공천 후보자에게 투표하다

syn. voucher, coupon, tag, list of nominees, pass

· 파생어 ·

tidily 질서 정연하게, 정돈되어, 패 많이, 알맞게

tidiness 단정, 정돈, 깔끔함

2 (of amounts of money or degree) **quite large or substantial** (액수나 정도가) 꽤 많은, 상당한: The opportunities are there to make a *tidy* profit. 상당한 이윤을 볼 기회가 왔다.

3 (of a person) **liking everything to be neat and arranged in an orderly way** (사람이) 깨끗한 것을 좋아하는, 정돈된 것을 좋아하는: The carpenter is a good example of a *tidy* worker. 그 목수야말로 깔끔한 일꾼의 좋은 예이다.

4 proper; quite satisfactory 알맞은, 만족스러운: I cannot but say it is a *tidy* solution. 나는 그것이 만족스러운 해결책이라고 말할 수밖에 없다.

·관련표현·

a *tidy* room 잘 정돈된 방
cost a *tidy* penny 큰돈이 들다
tidy up a room 방을 치우다
tidy away (책, 옷, 서류 등을) 치우다, 정리·정돈하다
tidy out (불필요한 것을 치워) 깨끗하게 하다
a *tidy* income 상당한 수입

syn. neat, orderly, systematic, clean, large
ant. messy, untidy, slovenly, disorderly, tiny

|실전문제|

다음에 주어진 뜻풀이 가운데서 밑줄 친 tidy의 의미로 가장 적절한 것은?

He must have had a <u>tidy</u> income from his business.

(1) (of a person) liking everything to be neat and arranged in an orderly way
(2) proper; quite satisfactory
(3) (of amounts of money or degree) quite large or substantial
(4) neat and orderly in thinking, appearance, and habits

해설 | 수식받는 명사가 income(수입)이라는 것에 유의한다면, 이것이 돈에 관한 이야기라는 것을 알 수 있다. (3) 「그는 그 장사에서 수입이 꽤 많았던 게 틀림없다.」

☐ **tight** [tait]

a. 1 closely fastened or knotted 단단히 맨, 빡빡해서 열리지 않는: This window is so *tight* that I can't open it. 이 창문은 너무나 빡빡해서 내가 열 수 없다.

2 fitting too closely to one's body (옷, 신발 등이 몸이나 발에) 꼭 맞는, 꽉 끼는: This dress fits *tight*. 이 옷은 몸에 꽉 낀다.

3 very strict in rules (관리, 단속이) 엄한, 엄격한: The teacher kept *tight* control over the students. 교사는 학생들을 엄격히 통제했다.

4 unwilling to spend money 인색한: He is *tight* about money. 그는 돈에 대해서 인색하다.

5 allowing very little time or money 돈이 딸리는, 시간에 쫓기는: She is on a *tight* budget for clothes. 그녀는 옷을 살 예산이 빡빡했다.

ad. firmly and securely 단단히, 꽉: Hold it *tight*. 그것을 꽉 붙들고 있어라.

·파생어·

tighten 죄다, 엄하게 하다, 강화하다
tightly 단단히, 꼭
tightness 죄임, 갑갑함

·관련표현·

a *tight* drawer
빡빡해서 열리지 않는 서랍
a *tight* smile 딱딱한 웃음
a *tight* shoes 꽉 끼는 신발
a *tight* schedule
꽉 차 있는 빡빡한 스케줄
a *tight* game 팽팽한 게임
keep a *tight* rein on ~
~을 엄격히 다루다
perform on the *tight* rope
곡예사가 줄타기하다
shut *tight* 꼭 잠겨 있다
sit *tight* 침착한 자세를 취하다, 때를 기다리다, 주장을 굽히지 않다

| 실전문제 |

다음에 주어진 뜻풀이 가운데서 밑줄 친 <u>tight</u>의 의미로 가장 적절한 것은?

Just hold <u>tight</u> to my hand and follow along.

(1) allowing very little time or money
(2) firmly and securely
(3) very strict in rules
(4) closely fastened or knotted

해설 | hold라는 자동사 뒤에 오므로 tight는 부사로 사용되었으며 hold tight to my hand는 '내 손을 꽉 붙잡다'의 뜻이다. (2) 「내 손을 꽉 잡고 따라와.」

a *tight* knot 단단한 매듭
a *tight* situation 힘든 상황

syn. firm, secure, fitting closely, close-fitting
ant. loose, relaxed, flexible, lenient, lax, sufficient

time [taim]

n. **1** **a continuous progress of existence and events from the past through the present, and into the future** (과거, 현재, 미래로 계속되는) 시간, 때, 세월: The Universe exists in space and *time*. 우주는 공간과 시간에 존재한다. / *Time* and tide wait for no man. 세월은 사람을 기다려 주지 않는다. / It's been a long *time* since we've seen each other. 오랜만에 우리가 만났구나.

2 (*pl.*) **a certain period in history** 시대, 연대: The Parthenon was built in ancient *times*. 파르테논 신전은 고대에 지어졌다.

3 **a particular point or appointed time in the day or year** (특정한) 시간, 해: The Christmas *time* is almost here. 크리스마스가 곧 다가온다. / By the *time* you receive this letter, I will be on my way home. 당신이 이 편지를 받을 때쯤이면 나는 집에 가는 도중에 있을 것이다.

4 **a moment or period that is intended or suitable for a particular activity or event** (어떤 일이나 행사를 할) 시간[때]: I don't have much *time* for reading these days. 요즘은 독서할 시간이 많이 없다. / It's high *time* that you studied very hard. 지금이야말로 네가 열심히 공부할 때다.

5 **the whole lifetime** 평생, 일생: The *time* of man is three scores and ten. 인간의 평생[수명]은 육십하고 열이라.((성경))

6 **the amount of time available to work or rest** (일, 휴식을 하는 데 드는) 시간: I don't have the *time* to play golf. 나는 골프 칠 시간이 없다. / There is a *time* and a place for everything. 모든 일에는 시간과 장소가 있는 법이다.

7 **a person's experience during a specific period or on a certain occasion** 지난 시간[때], (좋은, 나쁜 일 등을) 경험했던 시간: I had a great *time* at your birthday party. 당신의 생일 파티에서 참 멋진 시간을 보냈습니다. / The 1930s were hard *times* for many people. 1930년대는 많은 사람에게 어려운 때였다.

· 파생어 ·

timed 때가 마침 ~한
timeful 시기가 좋은, 시기에 알맞은
timeless 영원한, 특정 시간에 제한받지 않는
timely 시기적절한, 때에 알맞은
timer 초시계, 시간 측정 장치

· 관련표현 ·

keep up with the *times*
시세에 따라가다

ahead of *time* 약속 시간보다 빠르게
opp. **behind *time*** 약속 시간보다 늦게

work against *time*
시간을 다투어 일하다

all the *time* 내내, 항상, 줄곧(=always)

at all *times* 언제든지

at the same *time* 동시에

at *times* 때때로(=sometimes)

ahead of the *times* 시대보다 앞서서
opp. **behind the *times*** 시대에 뒤져서

for the *time* being
당분간은(=for the time)

from *time* to *time* 가끔, 때때로
(=sometimes, once in a while)

have no *time* to spare
잠시도 틈이 없이 바쁘다

in due *time* 머지않아, 곧(=soon)

in no *time*
곧, 즉시(=soon, immediately)

kill *time* 시간을 보내다[죽이다]

lose *time* (시계가) 시간이 늦게 가다
opp. **gain *time*** 시간이 빨리 가다

|실전문제|

다음에 주어진 뜻풀이 가운데서 밑줄 친 time의 의미로 가장 적절한 것은?

I'd love to stop by and talk with you, but I haven't got the time.

(1) a person's experience during a specific period or on a certain occasion
(2) a particular point or appointed time in the day or year
(3) the amount of time available to work or rest
(4) a continuous progress of existence and events from the past through the present, and into the future

해설 | 지금은 '만나서 이야기할 시간', 즉 '이야기할 수 있는 기회나 여유 시간'을 말하므로 (3)이 정답이다. (3) 「저는 들러서 당신과 이야기를 나누고 싶으나 그럴 시간이 없습니다.」

one at a *time* 한 번에 하나씩
pressed for *time* 시간에 쫓겨서
take *time* 시간[시일]이 걸리다
time and *time* again 재차, 반복해서(=*time* after *time*)
the *time* of one's life 매우 즐거운 때
timely warning 시기적절한 경고
timeless universe 영원한 우주
time bomb 시한폭탄
timely advice 시기적절한 조언
time off 할 일 없는[한가한] 시간, (활동의) 잠시 중단, 휴지
an ill-*timed* arrival 좋지 않은 때의 도착
in a *timely* manner 시기적절하게

syn. duration, period, spell, era, stage, lifetime, free time, opportunity, tempo, rhythm

together [təɡéðər]

ad. **1 with each other** 같이, 함께: They are living *together*. 그들은 같이 살고 있다. / Add these two numbers *together*. 이 두 숫자를 같이 합해라.

2 in or into one gathering or place 한 곳에, 모여서, 함께 되어서: People came *together* from all over the country to see this funeral. 사람들은 이 장례식을 보기 위해 전국에서 모여들었다.

3 married (결혼 등으로) 결합하여: She and her ex-husband are getting back *together*. 그녀와 전남편은 곧 재결합한다.

4 at the same time 동시에: Why do all the bills always back *together*? 왜 모든 고지서가 동시에 날아오는가?

5 without interruption 계속하여, 중단 없이: It rained for seven days *together*. 비가 7일 동안 계속해서 내렸다.

·파생어·
togetherness 침착, (가족의) 단란함, 같이 있음
altogether 전적으로, 다 합하여

·관련표현·
stand *together* 함께[같이] 서다
fight *together* 서로 싸우다
come *together* 함께 되다, 함께 모이다
all *together* 전부 합계해서
together with ~ ~뿐만 아니라, ~이외에도
put *together* 조립하다(=assemble)
get oneself *together* 진정하다, 제정신을 차리다, 이성을 찾다
put two and two *together* 여러 가지 자료에 근거하여 결론을 내리다
live *together* 함께 살다, 동거하다

syn. collectively, jointly, unitedly
ant. separately, individually

|실전문제|

다음에 주어진 뜻풀이 가운데서 밑줄 친 together의 의미로 가장 적절한 것은?

All his troubles seemed to come together.

(1) without interruption
(2) married
(3) with each other
(4) at the same time

해설 | troubles 즉, '재난', '문제' 등이 한꺼번에 또는 동시에 찾아온다는 문장이다. (4) 「그에게 모든 재난이 일시에[동시에] 덮쳐든 것 같았다.」

top [tɑp]

n. **1 the upper or highest part** 정상, 절정, 꼭대기: His name is on the *top* of the black list. 그의 이름은 요주 인물 명단의 맨 위에 있다. / Let's climb to the *top* of that hill. 저 언덕의 꼭대기까지 올라가자.

2 the highest or most successful part or position 최고, 최고의 자리: Bill Steward graduated at the *top* of his class. 빌 스튜어드는 학급에서 1등으로 졸업했다.

3 a cover for a small container 뚜껑, 마개: Where's the *top* to this bottle? 이 병의 뚜껑은 어디 있느냐?

4 the surface of the sea or ground (바다나 육지의) 표면, 지면: The spaceship landed on the *top* of the Mars. 그 우주선은 화성 표면에 착륙했다.

5 a child's toy which spins and balances by twisting it quickly 팽이: The boy is spinning a *top*. 그 소년은 팽이를 돌리고 있다.

| 실전문제 |

다음에 주어진 뜻풀이 가운데서 밑줄 친 top의 의미로 가장 적절한 것은?

The company will have to expand if it wants to stay on top.

(1) a child's toy which spins and balances by twisting it quickly
(2) the surface of the sea or ground
(3) the highest or most successful part or position
(4) the upper or the highest part

해설 | stay on top은 '최고의 자리에 이르다'라는 표현으로 직장, 스포츠, 그리고 학교 성적 등이 이에 해당된다. (3) 「그 회사가 최고 자리를 유지하려면 사업 확장을 해야 할 것이다.」

· 파생어 ·
topless 상부가 없는, (아주 높아서) 정상이 보이지 않는
topping 우뚝 치솟은, 뛰어난, 최고의

· 관련표현 ·
the *top* of a mountain 산꼭대기
come to the *top* 수석을 하다
at the *top* of speed 전속력으로
remove the *top* of the bottle 병마개를 따다
from *top* to bottom 머리끝에서 발끝까지, 철두철미하게
on *top* of ~ 게다가, ~외에(=besides)
on *top* of the world 최고의 기분으로
the *top* of the tide 만조
***top* or tail** 전혀
e.g. I cannot make *top* or *tail* of it. 나는 그것을 전혀 이해할 수가 없다.
spin a *top* 팽이를 돌리다
sleep as sound as a *top* 푹 자다
the *top* of the milk (프로 중의) 가장 좋은[재미있는] 것; 백미
***top* and bottom** 전체, 전부; 결국(은)

syn. summit, peak, pinnacle, lid, head, lead
ant. bottom, base, inferior

touch [tʌtʃ]

n. **1 the act of touching** 접촉, 만지기: The slightest *touch* will bruise the flower. 그 꽃은 살짝만 만져도 상할 것이다.

2 the sense of feeling to be hard, smooth, or rough with the fingers 감촉, 촉감: She felt the *touch* of his hand on her shoulder. 그녀는 어깨 위에 얹은 그의 손의 감촉을 느꼈다.

3 the state of being in contact 연락, 교섭, 교제: She immigrated to Canada, and I lost *touch* with her. 그녀는 캐나다로 이민을 갔고 나는 그녀와 연락이 끊겼다.

4 a slight attack of an illness (병의) 기미, 가벼운 이상: He has a light *touch* of flu. 그는 가벼운 독감 증세가 있다.

5 a small amount 조금, 약간: This salad has a *touch* of garlic. 이 샐러드에는 약간의 마늘이 들어 있다.

· 파생어 ·
touched 감동받은, 정신이 좀 든
touchable 만질 수 있는, 감동시킬 수 있는
touching 감동시키는, 애처로운
touchy 위험한, 폭발성의, 다루기 힘든

· 관련표현 ·
a *touchy* issue 골치 아픈 문제
give a person a *touch* 누군가를 건드리다
a finishing *touch* 마무리, 끝손질
by a mere *touch* 근소한 차로
come in *touch* with ~ ~와 접촉[교제]하다

| 실전문제 |

다음에 주어진 뜻풀이 가운데서 밑줄 친 touch의 의미로 가장 적절한 것은?

The salesman kept in touch with the office by phone.

(1) a slight attack of an illness
(2) an act of touching
(3) the state of being in contact
(4) the sense of feeling to be hard, smooth, or rough with the fingers

해설 | keep in touch with ~는 '~와 연락을 취하다'의 뜻으로 전화나 이메일, 또는 편지로 하는 연락을 말한다. (3) 「그 영업 사원은 전화로 회사에 연락을 했다.」

□ tough [tʌf]

a. **1 not easily broken or weakened** 구부려도 부러지지 않는, 단단한, 강인한: He has established a reputation as a *tough* businessman. 그는 강인한 사업가로 명성이 나 있다. / The tabletop is made of very *tough* plastic. 그 테이블의 윗면은 단단한 플라스틱으로 만들어진다.

2 difficult to cut or chew (고기가) 질긴: What a *tough* steak! 스테이크가 왜 이리 질긴 거야!

3 showing strong determination 불굴의, 끈질긴: We won the bid through the *tough* negotiation. 우리는 끈질긴 협상을 통해서 입찰을 땄다.

4 hard or difficult to deal with 어려운, 곤란한: The multinational corporation faces *tough* competition. 그 다국적 기업은 곤란한 경쟁에 직면해 있다.

5 rough and violent 거칠고 폭력적인, 흉악한: The bully's *tough* talk frightened the other boys. 그 깡패의 거친 말은 나머지 소년들을 깜짝 놀라게 했다.

| 실전문제 |

다음에 주어진 뜻풀이 가운데서 밑줄 친 tough의 의미로 가장 적절한 것은?

The boss is a tough man to convince.

(1) showing strong determination
(2) rough and violent
(3) not easily broken or weakened
(4) hard or difficult to deal with

해설 | convince가 '설득하다'는 뜻이므로 '설득하기에 어려운 사람'이라고 해석된다. (4) 「상사는 설득시키기 힘든 사람이다.」

---

get in *touch* **with ~** ~와 연락하다
lose *touch* **with ~** ~와 연락이 끊어지다
*touch***-and-go** 아슬아슬한, 위태로운
e.g. a high *touch-and-go* situation 일촉즉발의 상황
keep in *touch* **with ~** ~와 접촉[연락]을 지속하다, 기맥을 통하다, (시류 등에) 뒤떨어지지 않다
touch **pitch** 나쁜 일에 관계하다, 좋지 못한 친구와 사귀다
have the *touch*
재주[기교, 솜씨]가 있다
touch **on** 간단히 언급하다, 암시하다

syn. feeling, touching, handling, quality, contact

· 파생어 ·

toughness 강인함
toughly 강인하게, 끈질기게, 집요하게
toughen 강인하게 하다[해지다]
toughie[toughy] 불량배, 난폭한 사람
toughish 약간 터프한

· 관련표현 ·

tough **meat** 질긴 고기
a *tough* **worker** 피로를 모르는 일꾼
a *tough* **enemy** 강적
a *tough* **customer** 다루기 힘든 상대
a *tough* **policy** 강압 정책
talk *tough* 강경하게 이야기하다
tough **guy** 강인한 남자, 깡패
*tough***-talk** 강하게[고자세로] 발언하다
tough **it out** 어려움을 참고 견디다
a *tough* **racket** 곤란한 일

syn. strong, firm, difficult, stern, rigid, rough
ant. soft, weak, frail, easy, lenient, humane, gentle

☐ **trade**[treid]

n. **1 the process of buying and selling or exchanging goods** 무역, 교역, 거래, 장사: Foreign *trade* kept the country's economy healthy. 대외 무역으로 그 나라의 경제가 건실하게 되었다. / Members of professions used to look down on people in *trade*. 전문직 종사자들은 장사를 하는 사람들을 무시하곤 했다.

2 a particular business or industry (특정 유형의) 사업: He works in the financial *trade*. 그는 금융 업계에서 일을 한다.

3 a job that needs special skill with the hands (손을 사용하고, 특정 기술이 필요한) 일, 직업: He is a construction worker by *trade*. 그는 직업이 건설 노동자이다.

4 the people who work in a particular business or industry 업계 사람[종사자]: This is a specialist magazine which is intended for the *trade* of tourism. 이것은 관광업 종사자들을 위한 전문 잡지이다.

5 clientele or customers 고객, 거래처: The jewelry store caters to the elite *trade*. 그 보석 가게는 엘리트 고객들을 대상으로 하고 있다.

|실전문제|
다음에 주어진 뜻풀이 가운데서 밑줄 친 <u>trade</u>의 의미로 가장 적절한 것은?
Henry is a dentist by <u>trade</u> but does fine sculpture as a hobby.

(1) a particular business or industry
(2) a job that needs special skill with the hands
(3) the people who work in a particular business or industry
(4) the process of buying and selling or exchanging goods

해설 by trade는 관용어로 '직업은', '직업이'의 뜻이다. (2) 「헨리는 직업이 치과 의사이지만 취미로 조각을 한다.」

·파생어·
trader 상인, 무역업자
tradesman 소매상인, 점원
trading 상거래, 무역, (정당의) 타협

·관련표현·
free *trade* 자유 무역
furniture *trade* 가구업
tourist *trade* 관광업
the automobile *trade* 자동차 업자
be in *trade* 장사하다
protective *trade* 보호 무역
trade **balance** 무역 수지
trade **in (for)** 웃돈을 얹어 새것과 교환하다
trade **agreement** 무역 협정
e.g. F.T.A.=Free *Trade* Agreement 자유무역협정
trade **barrier** 무역 장벽
trade **deficit** 무역 적자
opp. *trade* **surplus** 무역 흑자
trade **gap** 무역 불균형
trade **mark** 등록 상표, 사람을 상징하는 특징
trade **fair** 무역 박람회
trade **union** 노동조합(=labor union)
trade **wind** 무역풍
trade **name** 상품명
be good for *trade* 살 마음이 생기게 하다
trade **off** 팔아 버리다; 서로 지위를 교체하다; 번갈아 사용하다; 교환하다

syn. exchange, business, occupation, vocation, industry

☐ **trail**[treil]

vi., vt. **1 to drag or allow to drag behind along the ground** (질질) 끌다[끌리다]: The little boy *trailed* along behind his father. 그 어린 소년은 그의 아버지 뒤를 질질 끌며 따라갔다. / He *trailed* along his wounded leg. 그는 다친 다리를 질질 끌며 걸었다.

2 to fall behind in a game, competition or election (경기, 경주, 선거에서) 뒤를 달리다, 뒤처지다: At half time, our team was *trailing* by 10 goals to 7. 전반전에서 우리 팀은 10대 7로 뒤처지고 있었다.

·파생어·
trailer (땅 위로) 끄는 기계[사람], 트레일러, 추적자, 이동 주택
trailerable 트레일러로 이동할 수 있는 (=trailable)
trailing 질질 끌리는, 길게 나부끼는

·관련표현·
trail **one's skirt** 치마[스커트]를 질질 끌다

vi. **(of sound or voice) to diminish gradually and reduce to nothing** (소리 따위가) 점차 사라지다: Her voice *trailed* away into silence. 그녀의 목소리는 점차 작아지면서 사라졌다. / His voice *trailed* to a whisper. 그의 목소리는 점점 작아져서 귓속말로 들렸다.

vt. **to follow the trail of; track** 추적하다, 뒤를 밟다: Police *trailed* the thieves to their hideout. 경찰은 그들의 은신처까지 도둑들의 뒤를 밟았다.

|실전문제|

다음에 주어진 뜻풀이 가운데서 밑줄 친 trail의 의미로 가장 적절한 것은?

According to the recent poll, the Democrats trail the Republicans by 15%.

(1) to follow the trail of; track
(2) to fall behind in a game, competition or election
(3) (of sound or voice) to diminish gradually and reduce to nothing
(4) to drag or allow to drag behind, as along the ground

해설 | 민주당이 공화당에게 여론 조사에서 15% '뒤진다'는 문맥이므로 정답은 (2)이다. (2) 「최근 여론 조사에 의하면, 민주당이 공화당에게 15% 뒤처지고 있다.」

a *trail* of blood 핏자국
a *trail* of destruction 파괴의 흔적
hit the *trail* 여행을 떠나다
off the *trail* 길을 잃어, (사냥개가) 냄새 자국을 잃고
on the *trail* 추적하여
take up the *trail* 추적하다
trailer camp[park] 이동 주택의 주차 지정 구역
trail after ~ ~의 뒤를 (질질 끌리듯) 따라가다

syn. drag along, follow, lag behind, hunt, dwindle, grow small
ant. push, lead, flee, go before, increase, swell, rise

□ **transfer**[trænsfɔ́ːr]

to give ownership of property to another person (재산, 권리 등을) 양도하다, 명의 변경하다: The professor *transferred* the ownership of the house to his wife. 그 교수는 집의 소유권을 부인의 명의로 옮겼다.

vt., vi. **1 to change from one vehicle to another during a journey** 교통수단[탈것]을 갈아타다, 환승하다: I took a bus and *transferred* to the subway. 나는 버스를 타고 가서 지하철로 갈아탔다.

2 to move money from one account to another in a bank or at an ATM 한 계좌에서 다른 계좌로 돈을 송금하다: She didn't know how to *transfer* some money to the account of her daughter. 그녀는 딸의 계좌로 돈을 송금하는 방법을 몰랐다.

3 to move from one place, position, or job to another (장소, 직장, 자리 등을) 옮기다, 이동하다: Let's *transfer* these files to the new cabinets. 이 파일들을 새로운 캐비닛으로 옮깁시다.

· 파생어 ·

transferable 양도할 수 있는, 옮길 수 있는
transferee 양도받는 사람, 양수인
transference 이전, 이동, 양도
transferrer 양도인, 양도하는 사람

· 관련표현 ·

savings *transfer* account 예금 대체 계좌
***transfer* fee** (직업 선수의) 이적료
***transfer* paper** 복사지(=copying paper)
***transfer* ticket** 환승권
make a *transfer* 이동하다, 이전하다
a *transfer* student 편입생

syn. relocate, move, change, hand over
ant. retain, leave, keep

|실전문제|

다음에 주어진 뜻풀이 가운데서 밑줄 친 transferred의 의미로 가장 적절한 것은?

She was transferred from the Accounting Department to the Personnel Department.

(1) to change from one vehicle to another during a journey
(2) to give ownership of property to another person
(3) to move from one place, position, or job to another
(4) to move money from one account to another in a bank or at an ATM

해설 | Accounting Department는 경리과[회계과]이며 Personnel Department는 인사과(=Human Resources Department)의 의미이므로 부서를 옮기는 것을 뜻한다. (3) 「그녀는 경리과에서 인사과로 자리를 옮겼다.」

T

□ **treat** [triːt]

vt. **1** to act or behave towards in a particular way (특정한 태도로) 다루다, 대우하다, 취급하다: I like the firm in that it has *treated* its workers well. 나는 직원들을 잘 대우한다는 점에서 그 회사를 좋아한다.

2 to deal with in a book or newspaper (문학, 서적, 신문 등에서) 다루다, 표현하다: The daily newspaper *treated* the scandal of the politician in a sensational way. 그 일간지는 정치가의 스캔들을 선정적으로 표현했다.

3 to consider or regard in a certain way 간주하다, 생각하다: Everyone *treated* it as a joke. 모두가 그것을 농담으로 간주했다.

4 to try and cure by medical means 치료하다: The physician *treated* her for pneumonia. 내과 의사는 그녀의 폐렴을 치료해 주었다.

5 to provide with something special as a friendly act 대접하다, 한턱내다: Father *treated* everyone to dinner at a restaurant. 아버지는 음식점에서 모두에게 저녁 식사를 대접했다.

|실전문제|

다음에 주어진 뜻풀이 가운데서 밑줄 친 treats의 의미로 가장 적절한 것은?

The book treats the problems of economic development.

(1) to consider or regard in a certain way
(2) to deal with in a book or newspaper
(3) to provide with something special as a friendly act
(4) to act or behave towards in a particular way

해설 | 책이 어떠한 문제를 다루는 것으로 되어 있다. (2) 「그 책은 경제 발전의 문제를 다루고 있다.」

· 파생어 ·

treatment 취급, 대우, 처리, 치료
treatable (병을) 치료할 수 있는
treaty 조약, 협정

· 관련표현 ·

treat ~ as a child ~를 아이 취급하다
treat ~ badly ~를 구박하다
treat well 후대하다
This is to be my *treat*.
이것은 내가 한턱내는 것이다.
stand *treat*
한턱내다(=be a person's *treat*)
be under medical *treatment*
치료 중이다
sewage *treatment* 오수 처리
a new *treatment* for stomach cancer 위암의 새로운 치료법
treat a person like a doormat
~을 굴욕[치욕]적으로 대접하다; 쓰레기 취급하다
treat a person as a friend
~을 친구로 대하다
a fair *treat* 멋진 것[사람]

syn. manage, handle, cure, remedy, entertain

595

trick [trik]

n. 1 a clever set of actions to entertain people by using skills 요술, 묘기: He performed some magic *tricks*. 그는 몇 가지 마술을 행했다.

2 a clever act or plan in order to deceive or cheat someone 속임수, 계략, 책략: The deceiver got the money from me by a *trick*. 그 사기꾼은 속임수로 나의 돈을 가로챘다.

3 a playful act or prank 장난, 농담: Telling someone his shoe is untied is an old April Fool's *trick*. 누군가에게 구두끈이 풀려 있다고 말하는 것은 오래된 만우절의 농담이다.

4 a quick or clever way to do something or get a desired result 비결, 요령: The businessman knows all the *tricks* of the trade. 그 사업가는 장사의 모든 요령을 알고 있다.

|실전문제|

다음에 주어진 뜻풀이 가운데서 밑줄 친 trick의 의미로 가장 적절한 것은?

There's a *trick* to making good coffee.

(1) a playful act or prank
(2) a quick and clever way to do something or get a desired result
(3) a clever act or plan in order to deceive or cheat someone
(4) a clever set of actions to entertain people by using skills

해설 | 뒤에 커피를 만든다는 이야기가 나오므로, 커피 만드는 '비결'이나 '요령'을 말하고 있다고 볼 수 있다. (2) 「커피를 맛있게 만드는 데에는 요령[비결]이 있다.」

·파생어·
trickery 속임수, 책략
trickish (조금) 교활한, 책략을 쓰는
tricky 속이는, 다루기 힘든, 교묘한
tricksy 장난을 좋아하는, 교활한; 믿지 못할, 처리하기 힘든, 위험한

·관련표현·
the *trick* of fortune 운명의 장난
do the *trick* 약이 효험이 있다, 소기의 목적을 달성하다
play a *trick* on ~ ~을 녹이다, ~에게 장난하다
use *tricks* 잔재주를 부리다
know a *trick* or two 보통내기가 아니다

syn. deception, gimmick, joke, prank, know-how, skill
ant. honesty, truth, frankness, sincerity

---

trim [trim]

vt. 1 to make neat or tidy by cutting or removing unwanted parts (잔디, 나무, 울타리 등을) 치다, 손질하다, 정돈하다: Be sure to *trim* the rosebushes. 장미 덩굴을 꼭 치도록 해라.

2 to reduce or slash by removing what is unnecessary (예산, 경비, 인원 등을) 삭감하다: The businessman *trimmed* his costs to increase his profits. 그 사업가는 이윤을 증가시키기 위해 경비를 삭감했다.

3 to decorate around the edges (옷이나 크리스마스 트리를) 장식하다: The seamstress *trimmed* the dress with red stitching. 그 재봉사는 붉은 바느질 땀으로 그 옷을 장식했다.

a. neat, tidy, and attractive 정돈이 잘된, 깔끔한: The neighbors' gardens were *trim* and neat. 이웃의 정원들은 깔끔하고 정돈이 잘 되어 있었다.

·파생어·
trimmer 정돈하는 사람[도구], 깎는 사람
trimming 정돈, 손질, 깎아 다듬기

·관련표현·
trim a hedge 산울타리의 가지를 치다
trim one's nails 손·발톱을 깎다
trim a Christmas tree 크리스마스트리를 장식하다
get one's hair *trimmed* 머리를 깎다(=get one's hair cut)
in good *trim* 잘 정돈되어
out of *trim* 잘 정돈이 안 된 상태가 나쁜

|실전문제|

다음에 주어진 뜻풀이 가운데서 밑줄 친 trim의 의미로 가장 적절한 것은?

The company closed its overseas branches to trim the costs.

(1) to decorate around the edges
(2) neat, tidy, and attractive
(3) to reduce or slash by removing what is not necessary
(4) to make neat or tidy by cutting or removing unwanted parts

해설 | 우선 to 부정사 뒤에는 동사원형을 사용해야 하며, 목적어가 cost(단가, 가격)이므로 '단가를 줄인다'는 뜻이다. (3)「그 회사는 경비를 줄이기 위해 해외 지점들을 폐쇄했다.」

trim down 깎아서 손질하다; (체형 등을) 작게[가늘게] 하다; 몸무게가 줄다; 바짝 줄이다, 삭감하다

trim hair 머리를 다듬다

syn. cut, reduce, decorate, adorn, arrange

T

trouble [trʌ́bəl]

n. **1 a problem, difficulty, and worry** 고생, 걱정, 고민, 문제: Did you have much *trouble* getting tickets to the opera? 오페라 티켓을 구하는 데 어려움이 있었니? / Paying the rent is the least of my *troubles* at present. 임대료[집세]를 내는 것은 현재 가장 덜 중요한 문제야.

2 a difficult or dangerous position or situation 위험하거나 어려운 처지, 곤경: The electronic company did well in business at first, but ran into economic *trouble* a few years later. 그 전자회사는 처음에는 사업이 잘되었으나 몇 년 후에는 경제적 어려움에 빠졌다.

3 failure to work properly; malfunction (기계의) 고장: Car *trouble* made me late for work. 자동차 고장으로 인해 나는 출근이 늦었다.

4 something wrong with one of the parts of one's body 병, 아픔: The patient has never before had any heart *trouble*. 그 환자는 전에 심장병을 앓은 적이 없었다.

5 something that causes more than usual work or effort 수고, 폐: Thank you for taking the *trouble* to cook us a meal. 수고스럽게도 저희를 위해 요리를 해 주셔서 고맙습니다.

·파생어·

troubled 난처한, 걱정스러운
troublesome 골치 아픈, 다루기 힘든
trouble-free 고장이 없는, 문제가 없는
troublemaker 말썽꾸러기

·관련표현·

a *troubled* expression 불안한 표정
family *troubles* 가정불화
liver *trouble* 간장병
ask for *trouble* 고생을 사서 하다
make *trouble* 말썽[소란]을 일으키다
take *trouble* 수고하다
take the trouble to ~ 수고스럽게 ~하다
troubled waters 거친 바다
trouble shooter 분쟁 해결자
trouble spot (국제적인) 분쟁력, 문제점
in *trouble* 곤란하여, (~와) 분쟁을 일으켜
get into *trouble* 말썽이 나다; 경찰에 불려 가다, 처벌당하다, 꾸지람 듣다
get out of *trouble* 벌을 면하다, 곤란을 벗어나다, 구출되다
have *trouble* to do ~하는 데 힘이 들다

syn. difficulty, problems, worry, inconvenience, exertion, suffering, disorder, ailment, breakdown

ant. convenience, pleasure, comfort, contentment, peacefulness

|실전문제|

다음에 주어진 뜻풀이 가운데서 밑줄 친 trouble의 의미로 가장 적절한 것은?

The plane caused engine trouble shortly after taking off.

(1) a difficult or dangerous position or situation
(2) failure to work properly; malfunction
(3) something wrong with one of the parts of one's body
(4) a problem, difficulty, and worry

해설 | engine trouble[breakdown]은 '엔진 고장'이란 뜻으로 '고장'이란 뜻을 찾는다. (2)「그 비행기는 이륙 직후 엔진 고장을 일으켰다.」

597

☐ **try** [trai]

vt. **1 to make an attempt or effort to do** 해보다, 시도하다: Please *try* to finish this job by Friday. 이 일을 금요일까지 끝내도록 해 보시오.

2 to test (something) so as to find out its quality, worth, or usefulness 시험해 보다, 점검하다, 조사해 보다: We *tried* growing all our own vegetables, but found it was impossible to grow enough for the family. 우리는 시험 삼아 채소를 재배해 보았으나 가족들이 먹기에 충분한 채소를 재배하는 것이 불가능한 일임을 알았다.

3 to examine and judge in a court of law 재판에 부치다, 재판하다: The conspiracy case was *tried* by the supreme court. 그 모반 사건은 대법원에 의해 재판이 이루어졌다.

4 to put someone's patience to a severe test with continual annoyances 인내심을 시험하다, 괴롭히다: The unruly children *tried* our patience. 버릇없는 어린아이들이 나의 인내심을 시험했다.

5 to go to a particular place, such as a restaurant or a music shop (음식점, 음반 가게 등에) 가보다: Have you *tried* the local Italian restaurant that opened yesterday? 어제 문을 연 동네 이태리식 음식점에 가보았니?

·파생어·

trying 괴로운, 고된, 견디기 어려운
trial 재판, 시도, 시험

·관련표현·

in *trying* circumstances
곤경에 처하여

trial and error 시행착오

try an experiment 실험해 보다

try a dish 요리를 맛보다

try someone for theft
누구를 절도죄로 심리[재판]하다

try on (맞는지 옷이나 신발 등을) 입어 보다, 신어 보다

Do *try* more. (술, 음식 등을 권할 때) 자, 더 드시지요.

give it a *try* 한번 해 보다, 시험해 보다

try over 복습하다;
(연극 등을) 미리 해 보다, 예행연습하다

try one's fortune 운을 시험해 보다

syn. endeavor, strive, risk, strain, test

|실전문제|
다음에 주어진 뜻풀이 가운데서 밑줄 친 <u>trying</u>의 의미로 가장 적절한 것은?

The two countries are still <u>trying</u> to reach an agreement.

(1) to test (something) so as to find out its quality, worth, or usefulness
(2) to examine and judge in a court of law
(3) to put someone's patience to a severe test with continual annoyances
(4) to make an attempt or effort to do

해설 | 뒤에 '합의[협정]에 이르다[도달하다]'는 표현이 있으므로, 이런 노력을 하고 있다는 try의 뜻을 짐작할 수 있다. (4) 「양국은 합의에 도달하기 위해 아직까지 노력하고 있다.」

☐ **turn** [təːrn]

vt. **1 to make move around a central point; to make move in a circle** 돌리다, 회전시키다: *Turn* the wheel to the right. 차바퀴를 우측으로 돌리시오. / *Turn* your head around and look at me. 고개를 돌려 나를 봐.

2 to reach or pass a certain age or time (연령, 시각 등을) 지나다, 넘다: She has not yet *turned* 50. 그녀는 아직 50살이 되지 않았다. / It has just *turned* 12 midnight. 지금 막 12시 자정이 지났다.

·파생어·

turned 역전된, 거꾸로 된
turning 회전, 전향, 갈림길
turner 공중제비하는 사람, 돌리는[뒤집는] 사람
turnover 회전, 전향, (기업의) 총매상고

·관련표현·

turn the lights on 불을 켜다
turn one's stomach 구역질이 나다

vi. **1 to move one's body so as to face in a different direction** (몸이 다른 방향을 향하도록) 몸을 돌리다, 뒤치락거리다: She tossed and *turned* all night. 그녀는 밤새도록 잠자리에서 몸을 뒤치락거렸다.

2 to depend on; to be contingent on ~여하에 달려 있다, ~에 의존[의지]하다: The outcome of the election *turns* on whether the voters believed the senator's speech or not. 선거의 결과는 유권자들이 그 상원 의원의 연설을 믿느냐에 달려 있다.

vi., vt. **1 to change in form or nature** (형태나 성질 등이) 바뀌다, 변화되다: In the fall, the leaves *turn* red and gold. 가을에는 잎이 붉은색과 노란색으로 변한다. / Military school *turned* the youth into a self confident leader. 군사 학교에 다님으로써 그 젊은이는 자신감 있는 지도자로 변모했다.

2 to set or direct in a particular direction (어떤 방향으로) 향하게 하다, (얼굴이나 눈을) ~로 돌리다: She *turned* her back on him. 그녀는 그에게 등을 돌렸다. / You can always *turn* to me for help. 너는 언제라도 나에게 도움을 청할 수 있어.

|실전문제|

다음에 주어진 뜻풀이 가운데서 밑줄 친 turns의 의미로 가장 적절한 것은?

Everything turns on this last play of the game.

(1) to set or direct in a particular direction
(2) to change in form or nature
(3) to depend on; to be contingent on
(4) to make move around a central point; to make move in a circle

해설 | 이때의 turn은 목적어가 없고, 뒤에 전치사가 따라오므로 자동사로 사용되었고, 뒤에 마지막 경기[게임]가 따라오므로, 문맥상 '~에 달려 있다, ~에 따라 좌우된다' 의 뜻으로 해석이 된다. (3) 「모든 것은 마지막 경기에 달려 있다.」

turn to God
하나님께 의지하다[기도하다]

turn sour (우유 등이) 변질되다

turn for the worse 사태가 악화되다
opp. *turn* for the better
사태가 호전되다

not know where to *turn*
어찌할 바를 모르다

turn inside out 안팎을 뒤집다

turn upside down 뒤엎다, 거꾸로 하다

turn up one's nose at ~
~을 경멸[멸시]하다

at the *turn* of the century
세기의 변환기[초두]에

It's your *turn*. 네 차례야.

have a *turn* for music
음악에 재능이 있다

by *turns* 차례로, 번갈아

take *turns* (~ing) 교대로 ~하다

take a *turn* for the better
(건강, 경제가) 점점 나아지다

take a *turn* for the worse
(건강, 경제가) 점점 나빠지다

turn out of ~ ~에서 쫓아내다;
~에서 나가다; (속의 것을) 비우다

syn. revolve, rotate, spin, change, depend on, direct, wrench

ant. remain, keep, retain, hold, catch

U

ugly [ʌ́gli]

a. **1 unpleasant to look at** 추한, 보기 흉한: One sister is beautiful, but the other is *ugly*. 한 자매는 아름다우나 나머지 자매는 얼굴이 못생겼다.

2 very unpleasant because of involving violence or aggression 험악한, 불온한: An *ugly* scene developed when some people in the crowd started fighting. 군중 속의 몇몇 사람이 싸우기 시작했을 때 험악한 사태가 발생했다.

3 threatening or forbidding in weather (하늘이) 찌푸린, 비가 올 것 같은: *Ugly* clouds gathered on the horizon. 먹구름이 지평선에 모여들었다.

4 nasty, mean, or disgusting (성질이) 싫은, 귀찮은, 역겨운: His *ugly* disposition gained him few friends. 그의 좋지 않은 성질[기질]로 말미암아 그에게는 친구가 거의 없었다.

|실전문제|

다음에 주어진 뜻풀이 가운데서 밑줄 친 ugly의 의미로 가장 적절한 것은?

She made me feel dowdy and <u>ugly</u>.

(1) nasty, mean, or disgusting
(2) unpleasant to look at
(3) threatening or forbidding
(4) very unpleasant because of involving violence and aggression

해설 | feel ugly는 '못생겼다고 느끼다'의 뜻이다. (2)「그녀는 내가 초라하고 못생겼다고 느끼게 했다.」

· 파생어 ·

ugliness 추함, 험악함, 싫음
uglily 추하게, 꼴사납게, 추악하게
uglify 추하게 하다, 보기 흉하게 하다

· 관련표현 ·

an *ugly* **crime** 추악한 범죄
an *ugly* **American** (그 지역에 무신경하고 거만한) 추한 미국인
ugly **duckling** 미운 오리 새끼
an *ugly* **task** 싫은 일
as *ugly* as **sin** 참으로 못생긴
an *ugly* **story** 추악한 이야기
ugly **smells** 불쾌한 냄새
an *ugly* **customer** 귀찮은 녀석, 어찌할 도리가 없는 인간

syn. homely, unattractive, nasty, obnoxious, ominous, threatening
ant. beautiful, pretty, attractive, pleasant, sweet

unbroken [ʌ̀nbróukən]

a. **1 not broken; whole** 파손되지 않은, 깨지지 않은: After the storm only three of the windows remained *unbroken*. 폭풍우가 지난 후, 창문 3장만이 깨어지지 않고 남아 있었다.

2 continuous or consecutive 계속적인: The new year brought an *unbroken* series of success. 신년에는 일련의 계속적인 성공이 있었다.

3 unviolated, especially in laws (법률 등이) 위반되지 않은: This kind of law should be *unbroken*. 이러한 종류의 법은 어겨서는 안 된다.

· 파생어 ·

unbrokenness 파손되지 않음, 계속됨
unbrokenly 계속되게, 위반되지 않게, 계속적으로

· 관련표현 ·

unbroken **sleep** 방해받지 않는 수면
unbroken **silence** 방해받지 않는 침묵
an *unbroken* **series** 끊어짐이 없는 연속

4 not surpassed in a record (기록이) 깨지지 않는: This record can be *unbroken* by anybody for the time being. 이 기록은 당분간 어느 누구도 깨지 못할 것이다.

|실전문제|
다음에 주어진 뜻풀이 가운데서 밑줄 친 unbroken의 의미로 가장 적절한 것은?
We've had almost ten days of unbroken sunshine.

(1) unviolated, especially in laws (2) not surpassed in a record
(3) not broken; whole (4) continuous or consecutive

해설 | ten days가 앞에 있으므로, '10일 동안 계속해서 내리쬐는 태양' 이라는 뜻인 것을 짐작할 수 있다. (4) 「거의 10일 동안 햇살이 계속 내리비쳤다.」

under [ʌ́ndər]

prep. 1 in or to a lower place than ~아래에, ~밑에: The toy is *under* the table. 그 장난감은 탁자 아래에 있다.

2 less than ~미만의: The children *under* the age of 15 cannot see this movie. 15세 미만의 어린아이들은 이 영화를 볼 수 없다.

3 according to ~에 의하여: *Under* the terms of agreement, you have to pay a two months' rent in advance. 계약 조건에 의하여, 당신은 두 달 집세를 미리 내야 한다.

4 in the process of, or during the course of ~하는 중에: The building is *under* construction. 그 건물은 공사 중에 있다. / Your resume is still *under* review. 당신의 이력서는 검토 중에 있습니다.

5 in or into a state of ~한 상태에[로], ~를 당하여: At last the fire fighters brought the big fire *under* control. 마침내 소방대원들은 그 대형 화재의 불길을 잡았다. / The bridge would give away *under* heavy traffic. 그 다리는 교통량이 많으면 무너질 것이다.

|실전문제|
다음에 주어진 뜻풀이 가운데서 밑줄 친 under의 의미로 가장 적절한 것은?
The matter is now under serious consideration.

(1) in the process of, or during the course of
(2) according to
(3) in or into a state of
(4) in or to a lower place than

해설 | under consideration은 '고려 중인' 의 뜻으로 고려가 진행 중임을 나타낸다. 이처럼 under가 진행 중임을 나타내는 숙어는 각종 시험에 잘 등장하는데, 다른 예를 보면 under review(고려 중인), under renovations(내부 수리 중인), under repair(수리 중인) 등의 표현이 있다. (1) 「그 문제는 지금 심각하게 고려 중이다.」

an *unbroken* horse bucks 길들지 않은 말이 날뛰다
syn. uninterrupted, continuous, untamed, unviolated
ant. interrupted, violated, sporadic

U

· 관련표현 ·

under the bridge 다리 밑에
under discussion 토의 중에 있는
under consideration 고려 중인
under present conditions 현 상황으로는
under a heavy load 무거운 짐을 지고
under the cover of darkness 어둠을 틈타
under pretense of ~ ~을 가장하여
keep one's feelings *under* 자신의 감정을 억누르다
under[lower] lip 아랫입술
underage 미성년의
underbred 본데없이 자란, 버릇없는
underclothes 속옷(=underwear)
undercover agent 비밀 수사원, 첩자
a *underdeveloped* country[nation] 미개발국, 후진국
underdog (경쟁, 싸움 등의) 패배자
opp. top dog 승자
underemployment 불완전 고용
underestimate 과소평가하다
opp. overestimate 과대평가하다
understaffed 직원(인원)이 부족한
under-the-counter 비밀 거래의, 불법의
underway (일이) 진행 중인, (배가) 진행 중인
under close questioning 철저한 심문을 받고
under arms 무장을 갖추고, 전쟁(전투) 준비가 되어

syn. below, lower
ant. above, over

uneasy [ʌníːzi]

a. **1 feeling uncomfortable; anxious** 불안한, 걱정되는: She felt *uneasy* about her future 그녀는 장래가 걱정스러웠다. / The driver was *uneasy* about the icy roads. 그 운전자는 빙판 길이 불안했다.

2 not settled and not lasting long; unsafe (어떠한 사태나 관계가) 불안정한; 해결되지 않고 오래갈 것 같은: There is an *uneasy* relationship between the president and opposition party. 대통령과 야당 사이의 관계는 불편하다.

3 difficult; not easy 이해하기 어려운, 간단하지 않은: This is an *uneasy* geometry book. 이것은 쉽지 않은 기하학 책이다.

4 uncomfortable or awkward because something does not fit someone (몸이) 거북한, 불편한: She was *uneasy* in a tight dress. 그녀는 꽉 끼는 옷을 입어서 몸이 불편했다.

|실전문제|

다음에 주어진 뜻풀이 가운데서 밑줄 친 uneasy의 의미로 가장 적절한 것은?

The nuclear deterrent has maintained an uneasy peace since World War II.

(1) difficult; not easy
(2) feeling uncomfortable or anxious in the mind
(3) uncomfortable or awkward because something does not fit someone
(4) not settled and not lasting long; unsafe

해설 | 뒤에 uneasy가 수식하는 명사가 '평화'이므로, 이 말과 연결시켜 의미를 생각해 보면, an uneasy peace의 뜻은 '오래갈 것 같지 않는 불안한 평화'를 의미한다고 할 수 있다. (4) 「핵 억제력은 제2차 세계 대전 이래로 불안한 평화를 유지해 왔다.」

·파생어·

uneasily 불안하게, 불편하게, 거북하게
unease 불안, 걱정
uneasiness 불안, 걱정, 근심, 거북함

·관련표현·

cause someone uneasiness
누구를 불안하게 하다
have an uneasy feeling
마음이 불안하다
give an uneasy laugh
어색한 웃음을 짓다
have an uneasy night
불안한 밤을 보내다
uneasy about ~ ~에 대해 불안한
cause uneasiness 불안을 초래하다

syn. worried, awkward, uncomfortable, unpleasant
ant. comfortable, pleasant

unfit [ʌnfít]

a. **1 not in good health or good physical condition** 건강하지 않은, 건강이 좋지 않은: He is *unfit* and couldn't play in the big match. 그는 건강이 좋지 않아서 큰 경기에 뛸 수 없었다.

2 not having the right qualities or skills; unqualified 부적당한, 자질이 없는: The youngman is *unfit* to run that business. 그 젊은이는 그 사업을 운영해 나갈 자질이 없다. / He is *unfit* to hold public office due to a lot of financial scandals. 그는 많은 금융 스캔들 때문에 공직을 맡기가 부적당하다.

3 unsuitable or not suited 적당치 못한, 부적합한: This water is *unfit* for drinking because of water pollution. 이 물은 수질 오염 때문에 식수로는 부적합하다.

·파생어·

unfitted 부적당한, 맞지 않는
unfitting
어울리지 않는(=unbecoming)
unfitly 부적당[부적절]하게, 건강치 못하게

·관련표현·

unfit for farming
농사짓기에는 부적당한
unfit for an academic life
학구적인 생활에는 어울리지 않는
unfit to be a teacher
교사가 되기에는 자격이 없는
unfit for motherhood
엄마가 되기에는 부적당한

|실전문제|

다음에 주어진 뜻풀이 가운데서 밑줄 친 unfit의 의미로 가장 적절한 것은?

The stomach operation left her unfit for months.

(1) unsuitable or not suited
(2) not supported by facts; baseless
(3) not having the right qualities or skills; unqualified
(4) not in good health or good physical condition

해설 | 위 수술(stomach operation)이 주어이므로, 이러한 위 수술을 받고 여러 달 동안(for months) 몸 상태가 좋지 않았다는 것이 문맥에 맞다. (2)는 unfounded(근거가 없는)의 정의로 baseless와 뜻이 같다. (4) 「위 수술로 인해서 그녀는 여러 달 동안 몸 상태가 좋지 않았다.」

mentally *unfit*
정신적으로 건강하지 못한

syn. unsuited, inadequate, unqualified, unprepared, unsuitable, unhealthy
ant. suitable, adequate, qualified, prepared, healthy, sturdy

U

□ **union** [júːnjən]

n. **1 a workers' organization that represents its members and improves their working conditions including pay** 노동조합: Men and women in all types of employment can benefit from joining a *union*. 모든 고용 형태에 있는 남녀들은 노동조합에 가입하면 혜택을 받을 수 있다.

2 the act of joining together or the state of being joined together 결합, 합체: The *union* of hydrogen and oxygen forms water. 수소와 산소의 결합은 물을 만든다.

3 the marriage of two people 결혼, 혼인: He began to think their *union* was blessed in the eyes of God. 그는 그들의 결혼이 하나님 편에서 볼 때 축복받은 것이라고 생각하기 시작했다.

4 the act of joining of two more countries or organizations together (국가의 정치적인) 병합, 연합 동맹: Representatives from each state hoped to form a more perfect *union*. 각 국가의 대표자들은 더욱더 완벽한 동맹을 만들기를 원했다.

· 파생어 ·

unionize 통일하다, 노동조합에 가입시키다
unionism 노동조합주의
unionist 노동조합원, 연합론자

· 관련표현 ·

spiritual *union* 정신적인 결합
a *union* **leader** 노동조합 지도자
in *union* 공동으로, 협조하여
e.g. live *in* perfect *union*
화목하게 같이 살다
Union Jack 영국 국기(=*Union* flag)

syn. combination, mixture, marriage, fusion, federation, labor union
ant. separation, division

|실전문제|

다음에 주어진 뜻풀이 가운데서 밑줄 친 union의 의미로 가장 적절한 것은?

The book is a perfect union of humor and seriousness.

(1) the act of joining together or the state of being joined together
(2) the marriage of two people
(3) the act of joining of two more countries or organizations together
(4) a worker's organization that represents its members and improves their working conditions including pay

해설 | 책의 내용이 humor와 seriousness가 섞여 있는 것을 말하고 있다. (1) 「그 책은 유머와 진지함이 결합되어 쓰인 것이다.」

upset [ʌpsét]

vt. 1 to make feel worried and unhappy 걱정시키다, 당황케 하다: Losing a wedding ring really *upset* her mind. 결혼반지를 잃어버린 것은 정말로 그녀를 당황케 했다.

2 to cause a procedure or a state of affairs to go wrong (계획, 절차, 일, 상태 등을) 엉망으로 만들다, 망쳐 버리다, 실패하게 하다: The heavy rain *upset* our plans for a picnic. 폭우 때문에 소풍 계획을 망쳐 버렸다.

3 to knock (something) over; spill 뒤집어엎다, 뒤집어서 흘리다: Your child *upset* the glass of milk. 당신 아이가 우유 잔을 뒤집어엎었어요.

4 to overthrow or defeat unexpectedly (예상을 뒤엎고) 물리치다, 이기다: The home team *upset* the world champion team. 국내 팀이 세계 챔피언 팀을 물리쳤다.

|실전문제|

다음에 주어진 뜻풀이 가운데서 밑줄 친 <u>upset</u>의 의미로 가장 적절한 것은?

The unexcited visit <u>upset</u> our busy schedule.

(1) to knock (something) over ; spill
(2) to cause a procedure or a state of affairs to go wrong
(3) to overthrow or defeat unexpectedly
(4) to make feel worried and unhappy

해설 | 뒤에 schedule이 따라오므로, 이 스케줄을 '엉망으로 만들다', 또는 '망쳐 버리다'의 뜻이 되어야 자연스럽다. (2) '불청객의 방문이 우리의 바쁜 일정을 망쳐 놓았다.'

·파생어·
upsetting 엉망으로 만드는, 소란을 일으키는
upsetter 혼란시키는 사람, 뒤엎는 사람

·관련표현·
upset the boat
보트를 뒤엎다[전복시키다]
upset one's stomach 배탈이 나게 하다 cf. have a stomach *upset* 배탈이 나다
upset one's mind 당황하게 하다
be emotionally **upset**
마음이 산란하다
Don't get **upset** over ~
~에 대해 당황하지 마라
be **upset** 화가 나다(=be angry)
upset with ~ ~을 못마땅해 하는
get **upset** about ~
~에 대해 당황하다
upset the apple cart
계획을 망쳐 놓다

syn. overturn, capsize, disturb, worry, cancel, defeat
ant. pacify, settle, stabilize, lose, arrange

urge [əːrdʒ]

vt. 1 to try hard to persuade (someone) to do 재촉하다, 다그치다: The mediator *urged* employers and unions to adapt their pay settlements to the hard economic circumstances. 중재자는 고용주와 노조에게 어려운 경제 상황에 맞추어 그들의 봉급 문제를 해결하자고 재촉했다.

2 to strongly advise that some actions or measures be taken ~하도록 촉구하다, 강제하다: The leader *urged* immediate action against the illegal sale. 그 지도자는 불법 판매에 대해서 즉각적인 조치를 촉구했다.

3 to drive or force forward (말 따위를) 몰아대다: The riders *urged* their horses up the steep hill. 기수들은 말들을 가파른 언덕 쪽으로 몰아댔다.

·파생어·
urgency 긴급(함), 절박, 긴급한 일
urgent 긴급한, 절박한, 재촉하는
urgently 긴급히, 다급하여

·관련표현·
on **urgent** business 급한 일로
urge silence 침묵을 강요하다
urge the growth of ~
~의 성장을 촉진하다
a sexual **urge** 성적 충동
urgent in one's demands
요구가 집요한
a very **urgent** message
아주 긴급한 메시지
a matter of great **urgency**
아주 긴급한 문제

4 to suggest or insist very strongly 주장하다, 역설하다, 강조하다:
The senator *urged* the adoption of the housing bill 그 상원 의원은 주택 법안을 채택해 줄 것을 역설했다.

| 실전문제 |
다음에 주어진 뜻풀이 가운데서 밑줄 친 urged의 의미로 가장 적절한 것은?

She urged the members to pay their dues promptly.

(1) to drive or force forward
(2) to try hard to persuade (someone) to do
(3) to strongly advise that some actions or measures be taken
(4) to suggest or insist very strongly

해설 | dues는 명사의 뜻으로 '회비'이며, 이 회비를 제때에 내 달라고 촉구하는 것이지, 주장하는 것은 아니다. (3) 「그녀는 회원들에게 회비를 즉시 납부해 달라고 촉구했다.」

urge one's way[course]
길을 서두르다
satisfy an *urge* 충동을 만족시키다
urge a person to a task
~에게 일을 억지로 시키다

syn. drive, push, exhort, persuade, advocate, push for
ant. hinder, deter, discourage, oppose

V

☐ vacancy [véikənsi]

n. **1 a job or a position that has not been filled** 공석, 빈자리, 결원: The personnel department is trying to fill a *vacancy* in the purchasing department. 인사과에서는 자재구매과의 빈자리를 채우려 하고 있다.

2 a building or hotel room that is available to rent or check in 빈 건물, 빈방: This year hotels that usually are crowded with customers had *vacancies* all summer. 보통은 손님들로 붐비는 호텔들이 금년에는 여름 내내 빈방이 있다.

3 lack of interest or thought 방심, (마음의) 공허: Her face wore a look of utter *vacancy*. 그녀의 얼굴에는 공허한 빛이 드러나 있었다.

4 an empty space or a gap 틈, 사이, 간격: The *vacancy* between the walls was filled with rubble. 벽 사이의 틈은 깨진 기와 조각으로 채워졌다.

|실전문제|

다음에 주어진 뜻풀이 가운데서 밑줄 친 vacancy의 의미로 가장 적절한 것은?

She stared into space with the expression of vacancy on her face.

(1) a building or a hotel room that is available to rent or check in
(2) a job or a position that has not been filled
(3) an empty space or a gap
(4) lack of interest or thought

해설 | expression이 표정이라는 뜻이므로 '공허한 표정'이 되는 것이 자연스럽다.
(4) 「그녀는 공허한 표정으로 공간을 응시했다.」

·파생어·

vacant 빈, 공허한, (자리가) 비어 있는, 멍청한
vacate (집이나 방을) 비우다, 퇴거하다
vacantly 멍하니, 멍청하게
vacantness 멍함, 비어 있음

·관련표현·

a *vacant* job 공석 중인 자리
fill up a *vacancy* 결원을 보충하다, 공석을 메우다
"No *vacancies*" "빈방 없음"
a *vacant* look 멍청한 표정, 멍한 표정
with a *vacant* stare[look, expression] 멍한 눈[표정]으로
vacate a house 집을 비우다
a *vacant* seat 빈 좌석
vacant one's job 사퇴하다, 물러나다
create a *vacancy* 공석을 만들다, (후진에게) 길을 열다

syn. gap, emptiness, opening
ant. occupation, occupancy

☐ value [vǽljuː]

n. **1 the quality of being useful or important** 가치, 값어치: the *value* of a college education 대학 교육의 가치 / the utility *value* of a dishwasher 식기 세척기의 실용적 가치

2 worth in monetary terms 가격, 값: market *value* 시가(市價) / the nominal *value* of the shares 주식의 액면가

3 the quality of being a fair exchange 대가(對價): give good *value* for ~에 대해 충분히 값어치 있는 것을 주다

·파생어·

valuer 평가자, 가격 사정인
valued 평가된, 가격이 사정된, 존중되는, 귀중한; ~의 가치를 가진
valueless 값어치가 없는, 하찮은
devalue 가치를 감하다, 평가 절하다; 가치가 내리다
undervalue 과소평가하다, ~의 가치를 감소시키다

·관련표현·

value at ~ ~로 평가하다[어림잡다]
value for ~ ~때문에 귀중하게 여기다
value as ~ ~로서 귀중하게 여기다

4 beliefs about what is right and wrong and what is important in life 가치 기준, 가치관: the erosion of traditional *values* 전통적 가치관의 붕괴

vt. **1 to think that someone or something is important** 높이 평가하다, 존중하다, 소중히 하다: He *values* your friendship. 그는 너의 우정을 존중한다. / I *value* her as a friend. 나는 그녀를 친구로 소중하게 생각한다.

2 to decide that something is worth a particular amount of money 평가하다, 값을 매기다: The actor's property was *valued* at $3,000,000. 그 배우의 재산은 3백만 달러로 평가되었다.

| 실전문제 |

다음에 주어진 뜻풀이 가운데서 밑줄 친 value의 의미로 가장 적절한 것은?

This piece of land has greatly increased in value.

(1) relative worth, merit, or importance
(2) monetary or material worth, as in commerce or trade
(3) liking or affection
(4) import or meaning; force; significance

해설 | 제시문에서 사용된 value는 우선 상업적 교환 가치(exchange value)를 말한다. 즉, 땅을 팔았을 때, 그 값어치(value)에 해당하는 가치가 증가했다는 의미로 쓰이고 있다. (2) 「이 땅은 값어치가 엄청 올랐다.」

---

vanity [vǽnəti]

n. **1 unreasonable pride in oneself or one's appearance or abilities** 허영(심): She's pretty, but that's no excuse for such *vanity*. 그녀는 예쁘기는 하지만, 그렇다고 그것이 그녀가 가진 허영심의 핑계가 될 수 없다.

2 the quality of being vain without true lasting value 덧없음, 무상함, 허무, 공허: The minister's sermon was on the *vanity* of amassing worldly goods and fortunes. 그 목사의 설교는 세속적인 재물의 축적이 얼마나 덧없는가[허무한가]에 관한 것이었다.

3 a dressing table or mirror table 화장대, 경대: Let's put the *vanity* between the two windows. 두 창문 사이에 화장대를 놓읍시다.

4 a vanity case or powder box 휴대용 화장품 상자, 분갑: She took out her *vanity* and began powdering her nose. 그녀는 화장품 상자를 꺼내서 그녀의 코에 분을 바르기 시작했다.

---

value for money 금액에 어울리는 가치(가 있는 것), 돈에 상응하는 것
for *value* received 대가 수취(對價受取) (어음 액면의 기재 문구)
of *value* 가치 있는, 귀중한(valuable); 값비싼
get good *value* for one's money
돈 값어치만큼의 좋은 물건을 얻다[사다]
give good *value* for ~
~에 대해 충분히 값어치 있는 것을 주다
set[place, put] much[a high] *value* on ~ ~을 높이 평가하다, 중시하다
to the *value* of ~
~의 금액[가격 한도]까지
value oneself for ~
(자기가 한 일 따위)를 자만하다
value oneself on[upon] ~
~을 뽐내다, ~에 우쭐해지다
face *value* 액면 가격
a *value* judgment 가치 판단
have a nuisance *value*
방해 효과가 있다
take a person's promise at face *value*
(~의 약속을) 액면대로[그대로] 믿다

syn. (n.) quality, merit, worth, excellence, distinction, meaning
ant. (v.) disrespect, disesteem

·파생어·

vanish 사라지다, 희미해지다 (=disappear)
vanishing 사라지는(=disappearing)
vain 헛된, 보람 없는, 허영심이 강한
vainly 헛되이, 자만하여

·관련표현·

vanish away like smoke
연기처럼 사라지다
vain hope 헛된 희망
in *vain* 헛되이, 경솔하게
vain efforts 헛수고
as *vain* as a peacock
아주 허영심이 강한
the *vanity* of wealth 부의 허무함
the *vanities* of life
인생의 헛된[무상한] 일들

|실전문제|

다음에 주어진 뜻풀이 가운데서 밑줄 친 vanity의 의미로 가장 적절한 것은?

As the final moment approached, she realized the vanity of her life.

(1) a dressing table or mirror table
(2) the quality of being vain without true lasting value
(3) a vanity case or powder box
(4) unreasonable pride in oneself or one's appearance or abilities

해설 | final moments는 죽음이 가까웠다는 것을 의미하므로, the vanity of her life는 '인생의 허무함, 무상함'을 뜻한다. (2) 「마지막 순간이 다가왔을 때, 그녀는 인생의 허무함을 깨달았다.」

tickle one's *vanity* 허영심을 부추기다
vanity fair 상류 사회, 허영에 찬 속세
excite *vanity* 허영심을 자극하다
inflate the *vanity* 허영심을 부채질하다

syn. conceit, pride, egotism, worthlessness, emptiness, dressing table, powder box
ant. self-abasement, humility, worth, meaningfulness

☐ **vein** [vein]

n. **1 any of the tubes that carry blood from any part of the body to the heart** 정맥, 혈관, 심줄: He was so angry that the *veins* stood out on his forehead. 그는 너무나 화가 나서 이마에 혈관이 드러나 보였다.

2 a crack in rock, filled with useful or valuable metal or minerals 암맥, 광맥: There was a *vein* of coal running through the mountain. 그 산을 통해서 석탄 맥이 흐르고 있었다.

3 a noticeable amount of a particular quality or tendency 기질, 성향, 성질: The book has a *vein* of cynicism throughout. 그 책은 전편에 걸쳐 냉소적인 성향을 담고 있다.

4 a temporary mood or attitude (일시적인) 기분, 태도: He spoke to the crowd in a humorous *vein*. 그는 반 농담조로 관중들에게 말했다. / Please listen to my speech in a serious *vein* for a moment. 잠시 동안 제 말을 심각하게 들어 주십시오.

·파생어·

veinless 맥이 없는, 기질이 없는
veinal 혈관[심줄]의, 기질[성질]의
veined 잎맥이 있는, 나뭇결이 있는
veining 맥 무늬, 맥 형성

·관련표현·

a poetic *vein* 시인의 기질
a literary *vein* 문학적 기질
say[speak] in a humorous *vein* 반 농담조로 말하다
a *vein* of gold 금맥
veined leaf 맥이 있는 잎
veined marble 결이 있는 대리석
be in the *vein* for ~ing[또는 명사] ~할 기분[마음]이 나다
a *vein* of cruelty 냉혹한 마음
pop a *vein* 핏대를 세우며 화내다

syn. blood vessel, layer, stratum, mood, tone, style, disposition, propensity

|실전문제|

다음에 주어진 뜻풀이 가운데서 밑줄 친 vein의 의미로 가장 적절한 것은?

There was a rich vein of humor running through all his stories.

(1) a crack in rock, filled with useful or valuable metal or minerals
(2) a noticeable amount of a particular quality or tendency
(3) any of the tubes that carry blood from any part of the body to the heart
(4) a temporary mood or attitude

해설 | 문맥을 보면 그의 이야기 전편에 있다고 했으므로 a rich vein of humor는 '풍부한 유머적 기질'이라는 뜻으로 해석이 된다. (2) 「그의 이야기 전체에는 풍부한 유머적 성향[기질]이 흐르고 있었다.」

venture [véntʃər]

n. 1 an activity, especially one that involves taking risks 모험, 모험적 행위: This lucky *venture* made him. 그 모험 덕에 그는 성공했다.

2 a business project, especially one involving risk or speculation 모험적 사업, 투기적 기업: organize a *venture* business 벤처 기업을 설립하다 / a new *venture* 신규 개발 사업

vi., vt. to be so brave as to; to dare 위험을 무릅쓰고 ~하다, 과감히 ~하다: Nothing *ventured*, nothing gained. 호랑이 굴에 들어가야 호랑이 새끼를 잡는다.((속담))

vt. 1 to put forward or present a suggestion, etc. in the face of possible opposition (모험하듯) 조심스럽게 말하다: She *ventured* that our idea might be flawed. 그녀는 우리 생각이 틀릴지도 모른다고 조심스럽게 말했다. / I *venture* to suggest that your whole idea is unworkable. 당신의 생각은 전체적으로 실행 불가능하다고 감히 말씀 드리고 싶습니다.

2 to expose danger or risk 위험에 내맡기다, (생명·재산 등을) 내걸다: He *ventured* his fortune on a single chance. 그는 한 번의 기회에 재산을 내걸었다.

|실전문제|
다음에 주어진 뜻풀이 가운데서 밑줄 친 venture의 의미로 가장 적절한 것은?
I venture to say that you are behaving foolishly.
(1) to expose danger or risk
(2) to be so brave as to; to dare
(3) to put forward or present a suggestion, etc. in the face of possible opposition
(4) to invest venture capital

해설 | venter to say는 '과감히 ~을 표현하다' 라는 의미로 dare to say와 같은 의미이다. (2) 「나는 네가 바보같이 행동하고 있다고 과감히 말하는 거야.」

·파생어·
venturous 모험을 좋아하는, 무모한
venturer 모험자, 투기자, 무역상
venturesome 모험을 좋아하는, 대담한, 무모한; 위험이 따르는, 위험한
adventure 모험, 희한한 사건
misadventure 불운, 불행, 불운한 사건, 재난; 사고사, 우발사고

·관련표현·
join a person in a *venture*
~를 모험에 가담시키다
a lucky *venture* 바로 들어맞은 투기
a new *venture* 신규 개발 사업
a business *venture* 투기적 사업
a collaborative *venture* 합작 벤처
***venture* oneself** 위험을 무릅쓰다, 과감히 나아가다
at a *venture* 모험적으로, 운에 맡기고, 무작위로, 엉터리로
I hardly *venture* to say it, but ~
말씀드리기 대단히 죄송합니다만
undertake a *venture*
투기[벤처 사업]에 손을 대다
ready for any *venture*
어떤 위험도 불사하고
***venture* into the unknown**
미지의 세계에 발을 들여놓다[탐험하다]
draw a bow at a *venture*
어림짐작으로 말해 보다; 마구잡이로 활을 쏘다, 되는대로 하다

syn. undertaking, gamble

vicious [víʃəs]

a. 1 having a desire to hurt; cruel 잔인한, 사악한: It was one of the most *vicious* crimes of the century. 그것은 금세기의 가장 사악한 범죄 중 하나이다.

2 untamed; wild and dangerous 길들여지지 않은, 사나운: That *vicious* dog ought to be on a leash. 그 사나운[길들여지지 않은] 개는 끈에 묶어야 한다.

3 spiteful, or malicious 악의 있는: He made up a *vicious* story about me to get even. 그는 앙갚음[복수]하기 위해서 나에 대한 악의적인 이야기를 꾸며 냈다.

·파생어·
viciously 사악하게, 맹렬하게
viciousness 사악함, 악의 있음, 맹렬함
vice 악, 사악, 부도덕, (인격, 육체적) 결함
viceless 악[결함]이 없는

4 dangerous, or likely to cause severe hurt 위험한, 심각한 상처를 줄 것 같은: Take that *vicious*-looking knife immediately. 위험하게 보이는 그 칼 당장 치워.

5 (of storm or pain) violent or severe (폭풍, 고통 등이) 맹렬한, 심한: It was the most *vicious* headache that I've ever had. 그것은 내가 앓았던 두통 중에서 가장 심한 것이었다.

|실전문제|

다음에 주어진 뜻풀이 가운데서 밑줄 친 vicious의 의미로 가장 적절한 것은?

The trainer gave the dog a vicious blow with his stick.

(1) untamed; wild and dangerous
(2) spiteful, or malicious
(3) dangerous or likely to cause severe hurt; cruel
(4) having a desire to hurt; cruel

해설 | 개가 미워서 조련사가 막대기로 세게 때렸다는 뜻이므로 정답은 (4)이다.
(4) 「개 조련사는 막대기로 그 개를 세게 한 방 때렸다.」

· 관련표현 ·

vicious remarks 악의 있는 말
vicious look 심술궂은 표정
a *vicious* horse 길들여지지 않은 말
a *vicious* headache 심한 두통
vicious cycle of poverty
빈곤의 악순환
vicious spiral of wages and prices
임금 상승과 물가 앙등(昂騰)의 악순환
have a *vice* of ~ing
~하는 나쁜 버릇이 있다
a *vicious* gossip 짓궂은 소문

syn. ferocious, brutal, untamed, wicked, awful, spiteful, venomous
ant. tame, good-natural, moral, righteous, kindly, laudatory

□ **view** [vjuː]

n. 1 the beliefs or opinions about something 견해, 의견: What are your *views* on the school reform? 학교 개혁에 관한 당신의 견해는 어떻습니까?

2 something seen from a particular place; a scene 전망, 조망, 경치: Can I have a room with a nice *view*? 전망이 좋은 방이 있습니까? / What a beautiful *view* it is! 참 아름다운 경치군요!

3 the ability to see or be seen from a particular place; sight 시계, 시야: The car turned the corner and was lost to our *view*. 그 차는 모퉁이를 돌아서 우리의 시야에서 사라졌다.

4 a purpose, an objective, or intention 목적, 의도: The president called a meeting of all parties with a *view* to forming a national reconciliation government. 대통령은 국가적인 화해의 정부를 구성할 목적으로 모든 당이 모이는 회의를 소집했다.

5 a look or a glance 보기, 바라보기: The tourists crowded closer to get a better *view* of the painting. 관광객들은 그림을 더 잘 보려고 더 가까이 몰려들었다.

· 파생어 ·

viewer 보는 사람, 시청자, 구경꾼
viewless 눈에 보이지 않는, 전망이 좋지 않은
viewpoint 견해, 관점
viewy 야릇한, 눈에 띄는
viewable 보이는, 조사할 수 있는

· 관련표현 ·

be exposed to *view*
모습을 드러내다
in the long *view* 장기적으로 보면
in *view* of ~ ~을 고려하여, ~을 예상하여
lost to *view* 보이지 않게 되어
out of *view* 보이지 않는 곳에
take the long *view*
선견지명이 있다, 장래를 내다보다
take the short *view* 근시안적이다

| 실전문제 |

다음에 주어진 뜻풀이 가운데서 밑줄 친 view의 의미로 가장 적절한 것은?

In the mayor's <u>view</u>, the town budget must be increased.

(1) something seen from a particular place; a scene
(2) a purpose, an objective, or intention
(3) the beliefs or opinions about something
(4) the ability to see or to be seen from a particular place

해설 | 예산을 증가해야 한다는 것은 시장의 '견해[의견]'가 되어야 하는 것이 가장 합리적인 생각이다. (3) 「그 시장의 견해로는, 그 마을의 예산을 증가해야 한다.」

with a *view* to ~ing
~할 목적으로(=for the purpose of ~ing)

view a movie
영화를 보다(=see a movie)

view A as B A를 B로 간주하다
(=look upon A as B, see A as B)

point of *view* 견지, 관점, 견해

keep a thing in *view* ~을 주목하다

syn. sight, vision, scene, opinion, prospect

☐ **violent**[váiələnt]

a. 1 **using physical force or weapons to injure or kill other people** 폭력적인, 광포한: The labor members went on a *violent* strike. 노조원들은 폭력적인 파업을 일으켰다.

2 **happening suddenly with great force** (자연현상, 폭발, 행동, 감정 등이) 격렬한, 맹렬한: A *violent* explosion seemed to jolt the whole ground. 격렬한 폭발로 땅 전체가 흔들리는 것 같았다.

3 **extremely stormy and windy in weather** (날씨가 폭풍우 치고 바람이 많이 불어) 격렬한: A *violent* storm hit the area. 격렬한 폭풍우가 그 지역을 강타했다.

4 **containing a lot of scenes which show violence** (TV 프로그램 등이) 폭력적인: It was the more *violent* film than any other film that I've ever seen. 그것은 내가 본 것 중에서 가장 폭력적인 영화였다.

·파생어·
violence 폭력, 격렬함, 모독
violently 맹렬하게, 폭력적으로

·관련표현·
use *violence* 폭력을 쓰다
violent attack 맹렬한[격렬한] 공격
at *violent* speed 맹렬한 속력[속도]로
violent pain 극심한 고통
resort to *violence* 폭력에 호소하다
with *violence* 난폭하게, 폭력적으로
violent earthquake 강력한 지진
a *violent* death 변사, 사고사
lay *violent* hands on ~
~에게 폭행을 가하다, ~에게 손대다
in a *violent* temper 격노하여

syn. strong, severe, fierce, uncontrollable, cruel
ant. mild, weak, calm, quiet, tranquil, peaceful

| 실전문제 |

다음에 주어진 뜻풀이 가운데서 밑줄 친 violent의 의미로 가장 적절한 것은?

The mental patient became <u>violent</u> and had to be strapped to the bed.

(1) containing a lot of scenes which show violence
(2) using physical force or weapons to injure or kill other people
(3) happening suddenly with great force
(4) extremely stormy and windy in weather

해설 | 주어가 '정신병 환자'이므로, 이 사람의 행동을 생각해 보면 무력[완력]을 쓰면서 사람을 해하려고 한다는 데 착안한다. (2) 「그 정신병 환자는 광포해져서 가죽 끈으로 묶어 침대에 눕혀야만 했다.」

V

visit [vízit]

vt. **1 to go or come to see a person or place socially or professionally** 방문하다: *visit* a friend 친구를 방문하다 / We *visit* grandma as often as we can. 우리는 가능한 한 자주 할머니를 찾아뵙거든요.

2 to go to a website on the Internet (인터넷을) 찾아가다, 구경 가다: For more information, *visit* our website. 더 많은 정보를 얻고 싶으시면, 우리 홈페이지에 접속해 보세요.

3 to stay somewhere for a short time (~의 손님으로) 묵다, 체재하다: I *visited* an old friend for a week. 나는 일주일간 옛 친구 집에 머물렀다.

n. **1 an occasion or a period of time when someone goes to see a place or person and spends time there** 방문: a *visit* to Chicago 시카고 방문 / He sent us a small remembrance of his *visit*. 그는 자신의 방문을 기념하는 작은 선물을 우리에게 보내왔다.

2 an occasion when two or more people meet to talk in an informal way 비공식적인 이야기, 잡담, 환담: *visit* with a person over the telephone 남과 전화로 이야기하다

|실전문제|

다음에 주어진 뜻풀이 가운데서 밑줄 친 visited의 의미로 가장 적절한 것은?

The plague <u>visited</u> London in 1665.

(1) to come or go to
(2) to come to in order to comfort or aid
(3) to come upon; assail; afflict
(4) to cause trouble, suffering

해설 | 주어로 쓰인 plague(역병)가 런던을 방문했다는 의미는 역병이 런던을 '덮치다', '강타하다' 등의 의미로 쓰이고 있다. (4)의 의미는 The event visited him with sorrows.(그 사건은 그에게 많은 슬픔을 가져왔다.)와 같이 활용된다. (3) 「1665년 역병이 런던을 덮쳤다.」

· 파생어 ·

visitor 방문객
visiting 방문, 시찰, 수다, 떠들어댐; 방문용의, 내방(來訪)의
visitant 방문객, 관광객
visitable 방문할 수 있는, 구경할 가치가 있는
visitatorial 순회의, 순시의

· 관련표현 ·

one's daily *visit* to a dentist
매일 치과에 가기

visit with a return in kind
같은 것으로 갚다

receive a *visit* from a person
~의 방문을 받다

return a *visit* 답례로 방문하다

one's *visit* with ~ ~와의 잡담

pay ~ a *visit* ~을 방문하다, 심방하다, 문안하다, 순회하다, 참례하다, 구경하다

on a *visit* to ~
~을 방문[체류] 중(에), 구경 중(에)

visit one's indignation[blunder] on[upon] a person
~에게 화풀이하다[실수를 탓하다]

visit Paris 파리에 구경하러 가다[오다]

a *visit* of civility[respect]
의례상의 방문

syn. tour, stay, call, stopover, go to, see, attend, call, drop in[round/by], pop in[round/over], stop by, look in on, look up

vital [váitl]

a. **1 extremely necessary or very important** 지극히 중요한, 절대로 필요한: This is one of the most *vital* issues now before Congress. 이것이 지금 국회 앞에 놓인 가장 중요한 문제 중의 하나이다.

2 very energetic and full of life 생생한, 생기가 넘치는: He's one of the most *vital* people in the organization. 그는 그 단체에서 가장 생기가 넘치는 사람 중 하나이다.

3 necessary so as to stay alive 생명 유지에 필요한, 생명의: The soldier was lucky that the bullet hadn't entered a *vital* organ. 총알이 주요 장기에 관통하지 않은 것으로 보아 그 군인은 운이 좋았다.

· 파생어 ·

vitality 생명력, 활력, 활기
vitalize 활력을 주다, 생명을 주다, 원기를 북돋우다
vitally 치명적으로

· 관련표현 ·

vital process 생명 과정
vital organs 생명 유지에 절대적으로 필요한 기관들(심장, 뇌등)
a *vital* spot[part] 급소
of *vital* importance 지극히 중요한

4 fatal 치명적인, 생사에 관한: The boxer has got a *vital* wound on his head. 그 권투 선수는 머리에 치명상을 입었다.

|실전문제|

다음에 주어진 뜻풀이 가운데서 밑줄 친 vital의 의미로 가장 적절한 것은?

The patient's pulse and other vital signs are gradually weakening.

(1) fatal
(2) extremely necessary or very important
(3) very energetic and full of life
(4) necessary to stay alive

해설 | vital signs는 맥박, 호흡, 체온 등과 같은 '생명의 징후'를 말하며, 이것이 생명을 유지하는 데 절대적으로 필요한 것이다. (4) 「그 환자의 맥박과 생명의 징후가 점점 약해지고 있다.」

a style devoid of *vitality*
생기가 없는 문장

vital signs
생명 징후(맥박, 호흡, 체온, 혈압 등)

vital for ~ ~에 필수불가결한

syn. animated, alive, energetic, significant, dynamic, crucial, requisite
ant. dead, inanimated, pathetic, phlegmatic, unimportant, trivial, dispensable

V

□ **voice** [vɔis]

n. **1** the sound or sounds produced through the mouth by a person speaking or singing 목소리, 음성: in a deep[low, soft] *voice* 힘찬 저음의[낮은, 부드러운] 목소리로 / I can hear *voices* through the wall. 나는 벽 저쪽에서 들리는 목소리들을 들을 수가 있다.

2 the right to express one's opinion and influence decisions 발언권, 선택권, 투표권; 영향력: Employees should have a *voice* in the decision-making process. 노동자들은 의사 결정 과정에서 발언권을 가져야 한다.

3 a particular attitude, opinion or feeling that is expressed; a feeling or an opinion that you become aware of inside yourself 표명, 표현: It wasn't a joke that Peter gave *voice* to his life on acting. 피터가 그의 연기 인생에 대해 의견을 표명한 것은 장난이 아니었다.

vt. to tell people one's feelings or opinions about something 말로 나타내다, 표명하다, 선언하다: A number of parents have *voiced* concern about their children's safety. 많은 부모들이 아이들의 안전에 대해 걱정을 나타냈다.

|실전문제|

다음에 주어진 뜻풀이 가운데서 밑줄 친 voice의 의미로 가장 적절한 것은?

Councilmen voice discontent over lack of police resource funding for Staten Island.

(1) to give utterance or expression to; declare; proclaim
(2) to regulate the tone of, as the pipes of an organ
(3) to interpret from sign language into spoken language
(4) to provide the voice for (a cartoon character or show, for example)

· 파생어 ·

voiceless 목소리가 없는
voiced 소리가 ~인, 말로 표명한; 유성의
voiceprint 성문(聲紋)
devoice 무성음화하다; 무성음화되다
voicing 발성, 유성화

· 관련표현 ·

give *voice* to ~ ~을 입 밖에 내다, 토로하다, 표명하다

lose one's singing *voice*
(노래하는) 목소리가 나오지 않게 되다

at the top of one's *voice*
목청껏[있는 힘껏 소리를] (지르다)

find one's *voice*
입 밖에 내어 말하다, 소리가 나오다

make one's *voice* heard
남에게 자신의 의견을 고려하게 하다

have a *voice* in ~ ~(의 결정)에 대하여 선택[발언, 투표]권이 있다[없다]

raise one's *voice* 더 큰 소리로 말하다; 호통 치다; 불평하다, 항의하다

be in good *voice* (노래하는 데) 소리가 잘 나오다[나오지 않다]

talk to hear one's own *voice*
너무 떠들어대다, 혼자 독선적으로 지껄이다

the still small *voice*
고요하고 가는 소리

recover one's *voice*
말을 할 수 있게 되다

with one *voice* 이구동성으로, 만장일치로

해설 | voice와 함께 쓰이고 있는 discontent로 그 의미를 유추할 수 있다. 사실 이런 표현은 앞에서도 언급한 collocation의 일종으로 우리말의 '말뭉치' 이다. 숙어적 표현과 비슷한 것으로 궁합이 서로 맞는 단어끼리 주로 함께 쓰이는 굳어진 표현이라고 보면 된다. voice discontent 즉, '불만을 토로하다' 로 통째로 암기해야 한다. (1) 「시의회 의원들은 Staten Island에 경찰 자원 기금의 부족에 불만을 토로한다.」

lift up one's *voice* 소리 내다, 말하다, 노래하다; 외치다; 항의하다, 불평하다

syn. (n.) accent, tone, pronunciation, speech, intonation
ant. (v.) devoice

☐ volume [váljuːm]

n. **1 the amount of space that a substance or object occupies** 용량, 용적, (액체나 물의) 양: What is the *volume* of water in the tank? 물탱크 속의 물의 양은 얼마인가?

2 the amount produced by some kind of activity (활동으로 야기된) 양, 교통량, 우편물의 양: During the holiday season the post office handles a tremendous *volume* of mail. 휴일 기간 동안에 우체국은 굉장한 양의 우편물을 취급한다. / The sheer *volume* of traffic and accidents has been increasing in the past few months. 지난 몇 달 동안에 순전한 교통량과 사고량이 증가되어 왔다.

3 degree of loudness of sound 음량, 볼륨: Please turn down the *volume* on that radio. 그 라디오의 음량을 줄이시오.

4 one book in a series of books (책의) 권: The library is full of rare old *volumes*. 그 도서관은 희귀하고 오래된 책들로 가득 차 있다.

|실전문제|

다음에 주어진 뜻풀이 가운데서 밑줄 친 volumes의 의미로 가장 적절한 것은?

The encyclopedia is in twenty volumes.

(1) degree of loudness of sound
(2) the amount of space that a substance or object occupies
(3) one book in a series of books
(4) the amount produced by some kind of activity

해설 | 주어가 백과사전(encyclopedia)이므로, 이것은 한 권이 20권으로 되어 있는 사전을 말하고 있다. (3) 「그 백과사전은 20권으로 되어 있다.」

· 파생어 ·

volumed 권으로 된, 부피가 나가는
volumetry 용량[부피] 측정
voluminal 용적[부피]의
voluminous 권수가 많은, 풍부한, 용적이 큰

· 관련표현 ·

traffic *volume* 교통량
increase the *volume* 볼륨을 올리다
sound *volume* 음량
by *volume* 무게로 달아서, 부피로
in *volume* 대량으로
gather *volume* 정도가 커지다, 증대[증가]하다
a *volume* of mail 다량의 우편물

syn. content, amount, quantity, book, sound

☐ voluntary [váləntèri]

a. **1 acting or done willingly without being forced** 자발적인: The orphanage is supported by *voluntary* contributions. 그 고아원은 자발적인 기부의 도움을 받고 있다.

2 under the control of the brain consciously 의식적으로 행하는, (신체의 움직임을) 마음대로 통제할 수 있는: Blinking is not a *voluntary* muscular action. 눈 깜박임은 자발적인 근육 운동이 아니다.

· 파생어 ·

volunteer 지원자, 지원병, 지원하다; 자원 봉사하다
voluntarily 자발적으로, 임의로
voluntarism (종교, 교육, 병역 등의) 임의제, 자유 지원제(=volunteerism)

· 관련표현 ·

***voluntary* workers** 자원 봉사자

3 done by people who are not paid for, but do something because they want to do it 자진해서 일하는, 자원하는: In his spare time, he does *voluntary* work. 여가 시간에 그는 자원 봉사 일을 한다.

4 intentional or planned 의도적인, 계획적인: It is a *voluntary* manslaughter. 그것은 계획적인 살인이었다.

|실전문제|

다음에 주어진 뜻풀이 가운데서 밑줄 친 <u>voluntary</u>의 의미로 가장 적절한 것은?

She is working at the local hospital for the handicapped and mentally-retarded on a <u>voluntary</u> basis.

(1) under the control of the brain consciously
(2) done by people who are not paid for it, but do something because they want to do it
(3) intentional or planned
(4) acting or done willingly without being forced

해설 | 'on a + 형용사 + basis'는 '~하게'라는 부사구이며, 다른 예로는 on a friendly basis(다정하게), on a monthly basis(매달) 등이 있다. (2)「그녀는 자원해서 장애인과 정신박약아들을 위한 지역 병원에서 일하고 있다.」

a *voluntary* contribution
자발적인 기부

a *volunteer* corps
의용군(=a *volunteer* army)

a *volunteer* police 자경단

a *volunteer* state 테네시 주의 속칭

voluntary termination
자발적인 퇴직, 사직

a *voluntary* donation 자발적 기부

syn. unforced, noncompulsory, intentional
ant. forced, involuntary, compulsory, unintentional

W

☐ wait [weit]

vi., vt. **1** to delay action or remain in a certain place in expectation or be in readiness 기다리다, 대기하다: Please *wait* for a moment. 잠시 기다려 주시오.

2 to serve with food as a waiter or waitress 시중들다, 모시다, 섬기다: She will *wait* on table. 그녀가 식사 시중을 들 것이다.

vi. to remain temporarily undealt with 내버려 두어도 되다, 급하지 않다, 미룰 수 있다: Dinner can *wait*. 저녁 식사는 나중에 해도 된다.

n. an act of waiting; an amount of time waited 기다림, 대기, 기다리는 시간: We had a long *wait* for the bus. 우리는 버스를 오래 기다렸다.

| 실전문제 |
다음에 주어진 뜻풀이 가운데서 밑줄 친 waiting의 의미로 가장 적절한 것은?

A letter is waiting for you.

(1) to remain inactive or in a state of repose, as until something expected happens
(2) (of things) to be available or in readiness
(3) to remain neglected for a time
(4) to postpone or delay something or to be postponed or delayed

해설 | 본문의 wait는 주어와의 관계를 살펴보면 의외의 뜻을 가지고 있다는 것을 알 수 있다. 즉, 문장의 주어인 letter는 사람이 아닌 사물이므로, wait를 '기다리다'로 해석하면 어색한 해석이 된다. 편지가 '준비되어 있는'의 뜻으로 쓰이는 것을 잘 기억하도록 하자. (2)「편지가 와 있습니다.」

· 파생어 ·
waiting 기다림
waiter 시중드는 사람
waitress 웨이트리스(여급)
waitering 웨이터 일
await 기다리다
outwait ~보다 오래 기다리다

· 관련표현 ·
wait and see 일이 돌아가는 것을 두고 보다, 경과를 관망하다
wait on table (직업으로서 식당에서) 급사 노릇을 하다
wait on ~ ~의 시중을 들다; ~을 받들다
wait out (~이) 호전될[그칠] 때까지 기다리다, 꾹 참아 내다
wait a person's convenience ~의 형편[명령]을 기다리다
lie in *wait* for ~ ~을 잠복하여 기다리다
wait on hand and foot 최선을 다해 섬기다, (~을 위하여) 최선을 다하다
You *wait*! 어디 두고 보자!

syn. hang on, hold on, sit tight

☐ wake [weik]

n. **1** a track left by a ship in water 배가 지나간 자국: Seagulls followed in the *wake* of the ship. 바다 갈매기들은 배의 자국을 따라 날아갔다.

2 the result 결과, 여파: Hunger and disease followed in the *wake* of the long-lasting war. 오랫동안의 전쟁의 여파로 기아와 질병이 뒤따랐다.

vi., vt. **1** to stop sleeping 잠 깨다, 일어나다, 깨우다: She *waked* her father and told him the good news. 그녀는 아버지를 깨워서 그에게 좋은 소식을 전했다. / I usually *wake* up early in the morning. 나는 대개 아침 일찍 일어난다.

· 파생어 ·
waken 눈을 뜨다, 잠을 깨다, 각성시키다
wakeless 편안한, 깊은 잠을 자는
waking 깨어나 있는

· 관련표현 ·
in one's *waking* hours 깨어 있을 때에
wake up! 일어나!, 정신 차려!
wake from sleep 잠에서 깨다(=waken from sleep)
in the *wake* of ~ ~의 결과[여파]로, ~의 자국을 쫓아서

616

2 to arouse or awaken 깨닫게 하다[깨닫다], 각성하다: She *woke* her audience to the need of cooperation. 그녀는 청중들에게 협력의 필요성을 깨닫게 했다.

|실전문제|

다음에 주어진 뜻풀이 가운데서 밑줄 친 <u>waked</u>의 의미로 가장 적절한 것은?

The newspaper article <u>waked</u> my interest in archaeology.

(1) to stop sleeping
(2) to arouse or awaken
(3) a track left by a ship in water
(4) the result

해설 | 우선 동사로 쓰였으며, 목적어가 나의 관심[흥미]이므로, '일깨우다', '불러일으키다'의 뜻이다. (2) 「그 신문 기사는 고고학에 대한 나의 흥미를 일깨워 주었다.」

ward [wɔːrd]

n. 1 a large room in a hospital for people needing similar treatment 병동, 병실: The patient was taken to the isolation *ward*. 그 환자는 격리 병동으로 실려 갔다.

2 a person, or a child who is under the protection of another person or of a law court (법원, 후견인의 보호를 받는) 피보호자[피후견인]: Everyone was shocked to hear that he married his young *ward*. 그가 후견하고 있는 어린 아이와 결혼했다는 소식을 듣고서 모두가 충격을 받았다. / The orphan became a *ward* of the state. 그 고아는 국가의 보호를 받는 아이가 되었다.

3 a division of a city for political or management purposes (도시의) 행정 구역, 구: He's running for councilman of our *ward*. 그는 우리 구의 구 의원으로 출마하고 있다.

|실전문제|

다음에 주어진 뜻풀이 가운데서 밑줄 친 <u>ward</u>의 의미로 가장 적절한 것은?

A girl was admitted to the emergency <u>ward</u> with a fatal wound in her leg.

(1) a defensive position or motion
(2) a division of a city for political or management purposes
(3) a person, or a child who is under the protection of another person or of a law court
(4) a large room in a hospital for people needing similar treatment

해설 | 상처 이야기가 나오는 것을 보아서 병원 이야기임을 알 수 있으며, emergency ward는 '응급 병동'을 말한다. (4) 「한 소녀가 다리에 치명적인 상처를 입고 응급 병동에 입원했다.」

---

make a *wake*-up call to ~
~에게 잠 깨우는 전화를 걸다
between *waking* and sleeping
비몽사몽 간에
***waken* the reader's interest**
독자의 흥미를 불러일으키다
***wake* up to ~** ~의 중요성을 깨닫다
***wake* a sleeping dog[wolf]**
일을 시끄럽게 만들다

syn. awake, arouse, enlive, revive
ant. put to sleep, soothe, appease, calm

·파생어·

warden 관리자, 감시자, 교도소장
warder 감시인, 수위, 교도관

·관련표현·

be under *ward* 감금[연금]되어 있다
***ward* a patient**
환자를 병동에 수용하다
***ward* maid** (병원의) 청소부, 잡역부
***ward* sister** 병동 간호사
wardship 후견 받는 미성년자
e.g. be under *wardship* of ~
~의 보호를 받고 있다
***ward* off bankruptcy** 파산을 막다
be in *ward* to ~ ~의 후견을 받고 있다
keep watch and *ward*
끊임없이 감시하다
put a person in *ward*
~을 감금하다

syn. precinct, dependent, section of a hospital, zone

warm [wɔːrm]

a. **1 at a fairly high temperature** 따뜻한, 더운: Wheat is grown in places which have cold winters and *warm*, dry summers. 밀은 겨울은 춥고 여름은 따뜻하고, 건조한 지역에서 자란다. / April is a *warm*, sunny month. 4월은 따뜻하고 햇볕이 많이 있는 달이다.

2 able to keep in heat or keep out of cold 열을 보존하는, 추위를 막아 주는: You'd better wear a *warm* sweater in this cold weather. 이렇게 추운 날씨에는 따뜻한 스웨터를 입는 게 좋아.

3 showing or marked by affection or kindness (마음이) 다정한, 따뜻한, 마음에서 우러나오는: The teacher had a *warm* smile for everyone. 선생님은 모두에게 따뜻한 미소를 지었다.

4 having red or yellow rather than blue or green which makes you feel comfortable and relaxed 따뜻한 색의: The dining room was decorated in *warm* colors. 식당은 따뜻한 색깔로 장식되었다.

|실전문제|

다음에 주어진 뜻풀이 가운데서 밑줄 친 warm의 의미로 가장 적절한 것은?

Aunt Suzie is a very warm person.

(1) having red or yellow rather than blue or green which makes you feel comfortable and relaxed
(2) able to keep in heat or keep out of cold
(3) showing or marked by affection or kindness
(4) at a fairly high temperature

해설 | warm이 사람을 수식하면 어떤 뜻이 될 것인가를 생각해 보자. (3) 「수지 이모는 마음이 아주 따뜻한 사람이다.」

· 파생어 ·

warmly 따뜻이, 다정하게
warmth 따뜻함, 온기, 온정
warmish 좀 따뜻한
warming 따뜻하게 하기

· 관련표현 ·

the *warmth* of the fire 불의 온기
warm climate 따뜻한 기후
warm water 따뜻핸더운] 물
a *warm* welcome 따뜻한 환영
a *warm* heart 다정한 마음
warm interest 뜨거운 관심
a *warm* scent 생생한 냄새
get *warm* 따뜻해지다
grow *warm* 흥분하다
keep *warm* 식지 않도록 하다
warm-blooded 온혈의, 피가 따뜻한 *opp.* cold-blooded 냉혈의
warm-hearted 마음씨가 따뜻한
with *warmth* 흥분하여, 감격하여
warm oneself 몸을 따뜻하게 하다
make it *warm* for a person ~에 대한 반감을 조장하다, (몹시 반대해) 배겨 낼 수 없게 하다
warm over (식은 음식 등을) 다시 데우다; (같은 디자인·작품 등을) 재탕하다

syn. warming, bright, warm-hearted, lively, hot
ant. cold, cool, chilly, unfriendly, cold-hearted

wash [wɑʃ]

vt. **1 to cleanse with water or other liquid, usually with soap or detergent** 씻다, 빨래하다, 세탁하다: *Wash* your hands clean before each meal. 식사 전에 손을 깨끗이 씻어라.

2 to remove from something through washing 씻어 버리다, 없애다: *wash* the dust off one's face 얼굴의 먼지를 씻어 내다

vi., *vt.* **to flow against or over a place or land feature, etc.** ~에 밀려오다: The waves *wash* the foot of the cliffs. 파도가 절벽 밑을 철썩이고 있다.

n. **1 the process of washing or being washed** 빨래, 세탁, 세척: give the car a *wash* 세차하다

· 파생어 ·

washing 씻음, 세탁
washbasin 세면기, 세숫대야
washer 씻는 사람, 세탁기
washable 빨 수 있는, 물에 녹을 수 있는: 세탁할 수 있는 옷
washroom 세면실, 화장실
brainwash 세뇌(洗腦)하다, 세뇌
washout 유실(流失), 붕괴 장소: 실패, 실망, 낙오자, 낙제생

· 관련표현 ·

wash down 씻어 내리다: (파도 등이) 쓸어 가다: (음식을) 꿀꺽 삼키다
come out in the *wash* (수치 등이)

2 a quantity of clothes, etc. for washing, or just washed
세탁물: a heavy *wash* 산더미 같은 세탁물 / take the *wash* out of the machine 기계에서 세탁물을 꺼내다

|실전문제|

다음에 주어진 뜻풀이 가운데서 밑줄 친 <u>washed</u>의 의미로 가장 적절한 것은?

The rain had <u>washed</u> away the lettering on the stone.

(1) to apply water or some other liquid to (something or someone) for the purpose of cleansing
(2) to free from spiritual defilement or from sin, guilt, etc.
(3) to carry, bring, remove, or deposit (something) by means of water or any liquid, or as the water or liquid does
(4) to wear or diminish, as water does by flowing over or against a surface

해설 | wash와 함께 쓰인 away에서 숙어적 의미를 유추할 수 있다. 무엇인가를 취해 달아나는 것이 away의 의미를 가진다면, wash away는 '물로 어떤 것을 쓸어 버리다, 씻어 버리다'의 의미일 것이다. 뒤에 나오는 lettering(새겨진 글)과 함께 쓰여 '새겨진 글을 지워 버리다'로 볼 수 있다. (4) 「비는 돌에 새겨진 글을 지워 버렸다.」

waste [weist]

n. **1 an act or instance of using something carelessly or extravagantly** 낭비, 허비: Such a routine job is a *waste* of her talents. 그런 일상적인 일은 그녀의 재능을 낭비하는 것이다. / The city budget can afford no *waste*. 시 예산은 낭비할 여유가 없다.

2 waste material or unwanted matter; garbage, trash 폐물, 쓰레기: Industrial *waste* must be collected not to pollute our rivers and nearby oceans. 산업 폐기물은 우리의 강과 인근 해양을 오염시키지 않도록 수거되어야 한다. / A lot of poisonous *waste* from the chemical factories goes into the river. 화학 공장에서 나온 많은 유독성 폐기물이 강으로 흘러들어 간다.

3 an unused or useless stretch of land; wasteland or desert region 불모의 땅, 황무지, 사막 지역: The explorers spent months in the Arctic *wastes* to find the proof of environmental destruction. 탐험가들은 환경 파괴의 증거를 찾기 위해 북극 땅에서 수개월을 보냈다. / No crops will grow on these stony *wastes*. 이 돌무지 불모의 땅에서는 농작물이 자라지 않는다.

4 devastation or destruction caused by a war or fire (전쟁, 화재 등으로 인한) 폐허, 황폐, 파괴: Nothing could stop the *waste* of the city by the barbarians. 아무것도 야만인에 의한 도시 파괴를 막을 수 없었다.

드러나다, 탄로 나다: 끝에 가서 잘되다, 좋은 결과로 끝나다

wash over a person (감정 따위가) 갑자기 매우 강하게 밀려오다

wash one's dirty linen in public 집안의 수치를 외부에 드러내다

be at the wash (옷이) 세탁소에 가 있다

wash one's hands of ~ ~에서 손을 떼다, 관계를 끊다

wash out 씻어버리다; 빨아서 색을 바래게 하다; 휩쓸어 가다; ((구어)) (희망 등을) 버리다, (계획 등을) 단념하다

wash oneself 몸[손, 얼굴]을 씻다

wash for a living 세탁업을 하다

stand wash 세탁이 잘 되다

give a thing a wash 물건을 씻다

send a thing to the wash 물건을 세탁하러 보내다

· 파생어 ·

wasteness 황폐, 불모

wasted 황폐한, 헛된, (정신적, 육체적으로) 지쳐 있는

wasteful 낭비하는, 파괴시키는

wasteless 무진장한, 다 쓸 수 없는

wasting 황폐하게 하는, 소모시키는

wasteland 황무지

· 관련표현 ·

go[run] to waste 낭비되다, 폐물이 되다

wasted efforts 헛된 노력

a waste of time and money 돈과 시간의 낭비

waste disposal 쓰레기 폐기물

industrial wastes 산업 폐기물

waste product (생산 과정의) 폐기물, (몸의) 노폐물

waste water 공장 폐수

wasting disease (결핵 등과 같은) 소모성 질환

waste one's words[breath] 쓸데없는 말을 하다

waste basket[bin] 휴지통(=wastepaper basket)

lay waste to ~ ~을 파괴하다

619

5 remnants, leftovers, or scraps 나머지, 여분: The seamstress used *waste* to make doll clothing. 그 재봉사는 인형의 옷을 만들기 위해 짜투리 천을 사용하곤 했다.

be *wasted* on ~
~에게는 소용없는 일이다

waste away 쇠약해지다

syn. refuse, garbage, litter, remnants, leftovers, squandering misuse, wasteland, ruin, demolition, wrecking

ant. saving, economy, thrift, frugality, conservation

|실전문제|

다음에 주어진 뜻풀이 가운데서 밑줄 친 waste의 의미로 가장 적절한 것은?

Bodily waste is excreted in the form of feces and urine.

(1) devastation or destruction caused by a war and fire
(2) waste material or unwanted matter; garbage, trash
(3) an unused or useless stretch of land
(4) an act or instance of using something carelessly or extravagantly

해설 | bodily waste는 '몸의 폐기물'이라는 뜻으로, 공장이나 산업체에서 나오는 산업 폐기물과 같은 개념으로 '몸에서 나오는 쓰레기나 찌꺼기'를 말한다. (2) 「우리 몸의 노폐물은 대변과 오줌의 형태로 분비된다.」

watch [wɑtʃ]

vt., vi. **1 to look attentively; look or gaze at** 지켜보다, 구경하다, 주시하다: *Watch* the magician and try to figure out how he makes the rabbit disappear. 마술사를 지켜보고 어떻게 토끼가 사라지는지를 알아내 보세요. / He kissed her fiancee while some of his friends are *watching*. 그는 몇몇 친구들이 지켜보고 있는 가운데 그의 약혼녀에게 키스를 했다.

2 to pay attention to or be careful with food or something (식사나 체중 등에) 주의하다, 마음 쓰다: She *watches* her weight more as she grows older. 그녀는 나이가 들어감에 따라 체중에 더욱 신경을 쓴다. / *Watch* that he doesn't cheat you. 그에게 사기당하지 않도록 주의해.

3 to be on the lookout, or keep an eye out for or take care of 망보다, 지키다, 돌보다: Please *watch* this luggage while I'm away. 내가 없는 동안 이 짐을 좀 봐 주시오. / Who's *watching* the children while the parents are away on vacation? 부모들이 멀리 휴가를 떠날 때 누가 아이들을 돌봅니까?

4 to be wary or keep an eye on 경계하다, 감시하다: I didn't know that I was being *watched*. 나는 내 자신이 감시당하고 있다는 것을 몰랐다.

· 파생어 ·

watcher 당직자, 관측자, (문제의) 전문가
watchful 조심스러운, 주의 깊은, 경계하는
watchfully 조심스럽게, 경계하면서
watchfulness 경계, 신중
watchword 암호, 표어, 슬로건
watchdog 지키는 개, 충실한 경비원, 감시인

· 관련표현 ·

watch out for ~ ~을 조심하다, ~을 경계하다
watch one's time 시기를 엿보다
be on the *watch* for ~
~을 조심하고 있다, ~을 기다리고 있다
keep a good *watch* 망을 잘 보다
watch and ward 엄중한 경계, 부단핸(밤낮 없는) 감시
watch over 간호하다, 돌보아 주다; 감시하다
watch one's step 발밑을 조심하다;
((구어)) 조심하다, 신중히 행동하다

|실전문제|

다음에 주어진 뜻풀이 가운데서 밑줄 친 Watch의 의미로 가장 적절한 것은?

Watch your money or it will be gone before payday.

(1) to be wary or keep an eye on
(2) to be on the lookout, or keep an eye out for or take care of
(3) to pay attention to or be careful with food or something
(4) to look attentively; look or gaze at

해설 | 위 문장은 '명령문, or ~'의 구문을 사용하고 있다. 즉, '~하라, 그렇지 않으면 ~할 것이다'라는 구문을 사용하고 있으며, 이때의 watch는 '돈을 아껴 쓴다'는 뜻이며, 돈을 잘 '간수하다'의 의미로 이해될 수 있다. (2) 「돈을 잘 간수해라, 그렇지 않으면 봉급날 전에 없어질 것이다.」

wave [weiv]

n. **1 a raised moving part on the surface of a large body of water** 파도, 물결: The *waves* crashed against the rocks. 파도가 바윗돌에 부딪혀 부서졌다. / A big *wave* swamped the rowboat. 큰 파도가 보트를 침수시켰다.

2 a movement of the hand or arm from side to side (팔, 손 등을) 흔들기: The neighbor gave me a *wave* from across the street. 그 이웃 사람은 길 건너편에서 나에게 손을 흔들었다.

3 an evenly curved part of the hair (머리카락의) 물결 모양, 웨이브 퍼머: She has a natural *wave* in her hair. 그녀는 천성적으로 웨이브 한 머리[곱슬머리]를 가지고 있다.

4 a particular feeling or pattern of behavior happening uncontrollably and often passing on from person to person (감동, 상태 등의) 물결, 고조: There has been a *wave* of selling on the stock exchange. 증권 거래소에서는 매각이 급증세를 보였다. / The group was responsible for a *wave* of terrorist bombings. 그 집단에게 폭탄 테러 공세의 책임이 있었다.

5 the way in which some types of energy, such as light and sound travels (빛, 소리 등의) 파, 파동: Can strong magnets distort radio *waves*? 강한 자석은 전파를 일그러뜨릴 수 있는가?

· 파생어 ·

waveless 파도가 없는, 파동이 없는
wavelet 작은 파도[물결]
cf. piglet 새끼 돼지
wavy 파도치는, (머리가) 웨이브가 된
wavelike 파도[파동]와 같은
waver 흔들리다; 흔드는 사람

· 관련표현 ·

a *wave* of depression
불경기의 물결
a *wave* of enthusiasm
열광의 고조
with a *wave* of hand 손을 흔들어
golden *waves* of grain
곡식의 황금물결
make *waves* 풍파를 일으키다
wave away 거절하다,
손을 흔들어 쫓아내다
wave down 차를 손 흔들어 세우다
wave a person adieu
손을 흔들어 ~와 작별하다
a cold *wave* 한파

syn. swell, billow, pulse, curl, curve, motion, surge, increase

|실전문제|

다음에 주어진 뜻풀이 가운데서 밑줄 친 <u>wave</u>의 의미로 가장 적절한 것은?

A <u>wave</u> of the teacher's hand silenced the class.

(1) the way in which some types of energy, such as light and sound travels
(2) a particular feeling or pattern of behavior happening uncontrollably and often passing on from person to person
(3) a movement of the hand or arm from side to side
(4) an evenly curved part of the hair

해설 | teacher's hand(교사의 손)의 wave이므로 '손짓, 손을 흔드는 것'임을 짐작할 수 있다. (3) 「그 교사의 손짓이 전 학급을 조용하게 만들었다.」

weak [wiːk]

a. **1 not strong enough to work or last properly** 약한, 연약한: The flu victim was too *weak* to walk. 그 독감 환자는 너무나 힘이 없어서 걸을 수가 없었다. / The walls are too *weak* to hold up the roof. 벽이 너무나 약해서 지붕을 지탱할 수가 없다.

2 not strong or firm in character, or not determined (성격 면에서) 강하지 못한, 결단력이 없는: We need strong leaders, not *weak* ones. 우리는 약한 지도자가 아닌 강력한 지도자를 원한다.

3 containing a lot of water, or having little taste (차, 커피 등이) 묽은: Don't make the coffee too *weak*. 커피를 너무 묽게 타지 마.

4 lacking effectiveness or persuasiveness 증거가 박약한, 설득력이 없는: The arguments in favor of the proposal are very *weak*. 그 제안을 지지하는 주장은 너무 설득력이 없다.

|실전문제|

다음에 주어진 뜻풀이 가운데서 밑줄 친 weak의 의미로 가장 적절한 것은?

The teacher was so weak that the children do what they like to do.

(1) containing a lot of water, or having little taste
(2) lacking effectiveness or persuasiveness
(3) not strong or firm in character, or not determined
(4) not strong enough to work or last properly

해설 | 주어가 교사(teacher)이며, 뒤에 어린아이들이 나오므로 교사가 아이들에게 '강하고 무섭지 못한'의 뜻으로 쓰인 것을 알 수 있다. (3) 「그 교사는 너무나 우유부단해서 아이들이 제멋대로 한다.」

· 파생어 ·
weaken 약하게 하다, 약해지다
weakly 약하게, 약한, 병약한
weakness 약함, 우유부단, 약점, 박약
weakling 약한 사람[동물], 약골

· 관련표현 ·
weakened eyesight 약해진 시력
a **weak** character 약한 성격
a **weak** point[spot] 약점
as **weak** as kitten (사람이) 연약한
weak-spirited 마음이 약한
weak-willed 의지가 약한
weak-hearted 용기가 없는
as **weak** as a kitten 연약한, 체력이 쇠약해진
weak at the knees (감정·공포·병 등으로) 일어서지 못할 정도의

syn. feeble, frail, shaky, unsteady, fragile, wishy-washy, vulnerable
ant. strong, powerful, hardy, solid, forceful, substantial

wear [wɛər]

vt. **1 to have on one's body as clothing but sometimes also for protection, decoration, or other purposes** 입다, 신다, 쓰다: Are you going to *wear* blue jeans or a dress? 당신은 청바지를 입을 것입니까, 아니면 드레스를 입을 것입니까? / The policeman *wore* his badge proudly. 그 경찰관은 자랑스럽게 배지를 달고 있었다.

2 to have a certain expression on the face (표정을) 하다[띠다]: He *wore* an angry frown. 그는 화나고 찡그린 표정을 지었다.

3 to make tired or exhausted 지치게 하다, 약하게 하다: The long wait *wore* everyone out. 오랫동안의 기다림은 모두를 지치게 했다.

vi., vt. **to become, or make become reduced, weakened, or damaged by continued use** 닳다, 닳게 하다, 써서 낡게 하다: I liked this shirt, but the collar has *worn*. 나는 이 셔츠가 마음에 들었으나 칼라가 닳았다.

· 파생어 ·
weary 피로한, 녹초가 된, 싫증 나는
weariful 싫증 나게 하는, 지치게 하는
wearisome 피곤하게 하는, 싫증 나는
wearable 착용할 수 있는, 착용에 견디는, 오래가는

· 관련표현 ·
weary legs 피로한 다리
wear a dark suit 검은 양복을 입다
wear a wristwatch 손목시계를 차다
wear a smile 미소를 짓다
wear a moustache 콧수염을 기르다
wear the pants[the trousers] 여자가 남편을 깔아뭉개다; 기가 세다
wear thin 닳아서 얇어지다
children's **wear** 아동복

| 실전문제 |

다음에 주어진 뜻풀이 가운데서 밑줄 친 worn의 의미로 가장 적절한 것은?

This sweater has worn thin at the elbows.

(1) to make tired or exhausted
(2) to become, or make become reduced, weakened, or damaged by continued use
(3) to have on one's body as clothing but sometimes also for protection, decoration, or other purposes
(4) to have a certain expression on the face

해설 | 스웨터가 나오고 팔꿈치를 뜻하는 elbow가 나오므로 계속 사용해서 닳은 것을 말한다. (2) 「이 스웨터는 팔꿈치 쪽이 닳아 헤어졌다.」

□ **weather** [wéðər]

n. the atmospheric conditions at a given time and place with regard to sun, cloud, temperature, wind and rain, etc. 날씨, 일기: What is the *weather* like? 날씨는 어떤가? / The *weather* is very changeable. 날씨가 몹시 변덕스럽다.

vt. **1** to expose or be exposed to the effects of wind, sun and rain, etc. 비바람을 맞게 하다, 바깥공기를 쏘이다: *weather* timber 목재를 바깥공기에 쏘이다

2 to come safely through a storm or difficult situation 견디어 내다, 뚫고 나가다: *weather* a storm (배가) 폭풍을 뚫고 나아가다 / *weather* a crisis 위기를 헤쳐 나오다

| 실전문제 |

다음에 주어진 뜻풀이 가운데서 밑줄 친 weathers의 의미로 가장 적절한 것은?

She remained a good friend in all weathers.

(1) the state of the atmosphere with respect to wind, temperature, cloudiness, moisture, pressure, etc.
(2) a strong wind or storm or strong winds and storms collectively
(3) a weathercast
(4) changes or vicissitudes in one's lot or fortunes

해설 | weather가 날씨라는 뜻으로 쓰일 때, 보통 단수형을 취하는데, 본문은 복수형을 취하고 있는 것이 하나의 단서가 될 수 있으며, weathers를 '어떠한 날씨 속에서도'라는 의미를 '환경'이라는 문맥적 의미로 바꾸어 해석할 수 있도록 한다. (4) 「그녀는 모든 어려운 환경 속에서도 좋은 친구로 남아 주었다.」

be the worse for *wear* 입어서 몹시 낡다
***wear* and tear** 소모, 마모, 마멸
***wear* down** 피로하게 하다; 닳아 없어지게 하다, 마멸시키다; 조금씩 파괴하다
***wear* one's age[years] well** 나이에 비해서 젊다, 늙지 않다
have in *wear* 입고 있다

syn. clothe, don, abrade, exhaust

· 파생어 ·

weathering 풍화, 배수(排水)를 위한 물매
weathered 풍화된, 비바람에 씻긴; 천연 건조된
weatherproof 비바람에 견디는
weathertight 비바람에 견디는
weather beaten 비바람에 시달린, 비바람을 맞아 온

· 관련표현 ·

under the *weather* ((구어)) 기후 탓으로; 몸이 편치 않아, 불쾌하여
above the *weather* ((구어)) (이제) 건강 상태가 나쁘지 않은
make heavy *weather* ~에 시달리다, ~의 화를 당하다
weather **in** 날씨가 나빠 오도 가도 못하다; (비행기·비행장 등을) 악천후로 사용을 정지시키다
weather **a storm** 폭풍우를 헤쳐 나아가다; ((비유)) 난국을 타개해 나가다
weather **out** 악천후로 구내 진입을 금하다
under stress of *weather* 폭풍우로 말미암아, 궂은 날씨를 만나서
weather **through** 폭풍우(위험, 곤란)을 뚫고 나아가다
dance and sing all *weathers* 시세에 순응하다, 형세를 살피다
make (it) fair *weather* 아첨하다
weather **permitting** 날씨만 좋으면
keep one's *weather* **eye open** ((구어)) 감시하고 있다; 경계하고 있다

syn. climate, the elements

weigh [wei]

vt. 1 to determine the weight by using a scale 무게를 달다, 체중을 달다: When you're on a diet, *weigh* yourself everyday. 다이어트를 할 때에는 매일 체중을 달아라.

2 to consider or compare carefully in order to form a judgement or make a decision 숙고하다, 평가하다: The jury must *weigh* the evidence before reaching a verdict. 배심원은 판결에 이르기 전에 증거의 경중을 따져야 한다.

vi. 1 to be important or have influence on 중요시되다, 중요하다: Their evidence *weighed* quite strongly with the judge. 그들의 증거는 판사에게 꽤 중요시되었다.

2 to cause worry or great difficulty 마음을 무겁게 하다, 걱정시키다: The lies began to *weigh* on his conscience. 거짓말은 그의 양심을 짓누르기 시작했다.

|실전문제|

다음에 주어진 뜻풀이 가운데서 밑줄 친 weighs의 의미로 가장 적절한 것은?

The burden of debt weighs heavily on his mind.

(1) to consider or compare carefully in order to form a judgement or make a decision
(2) to be important or have influence on
(3) to cause worry or great difficulty
(4) to determine the weight by using a scale

해설 | 주어는 부채의 부담이며, 뒤에 마음(mind)이 있으므로 '부채의 부담이 마음을 무겁게 하고 억누르는 것'을 말한다. (3) 「부채의 부담이 그의 마음을 무겁게 했다.」

· 파생어 ·
weight 무게, 중량, 부담, 중요성
weighed 무거운 짐을 진, 무게가 된
weighty 무거운, 중요한, 중대한
weightless 중량이 거의 없는, 무중력의

· 관련표현 ·
put on *weight* 살찌다
lose *weight* 살을 빼다
gain *weight* 체중[살]이 늘다
gross *weight* 총중량
***weigh* the words** 신중히 생각하고 말하다
***weigh* the thumb** (엄지손가락으로 저울을 눌러서) 무게를 속이다
***weighing* machine** 계량기
lift *weight* 역기를 들어 올리다
cf. *weight* lifting 역도
watch one's *weight* 체중을 조절하다
swing one's *weight* 영향력을 행사하다
***weigh* with ~** ~에 영향을 주다, ~에 중대한 영향이 있다
***weigh* down** 내리누르다, 힘주어 구부리다; 무게 때문에 가라앉다; 압박하다, 침울하게 하다
***weigh* on one's mind** 마음에 걸리다

syn. burden, make heavy, measure by weight, have influence, consider carefully
ant. relieve, lighten, ease

welcome [wélkəm]

vt. 1 to receive (a guest or visitor, etc.) with a warm greeting or kind hospitality 환영하다, 기쁘게 맞이하다: He was warmly *welcomed*. 그는 따뜻한 환영을 받았다.

2 to invite suggestions or contributions, etc. 기꺼이 받아들이다: *welcome* a new idea 새 사상을 기꺼이 받아들이다

n. the act of welcoming 환영, 환대: Receive a tumultuous *welcome* 왁자지껄한 환영을 받다 / A cooling drink is *welcome* on a hot day. 더운 날에는 시원한 음료가 제격이다.

a. 1 warmly received 환영받는, 기꺼이 받아들여지는: a *welcome* visitor 환영받는 방문자

· 파생어 ·
welcoming 환영의
unwelcoming 반기지 않는, 환영하지 않는

· 관련표현 ·
make a person *welcome* ~을 환영하다
and *welcome* 그만하면 됐다, 그래도 괜찮다
***welcome* news** 희소식
***welcome* cordially** 마음으로[열렬히, 따뜻하게] 맞이하다.
give a person a warm *welcome* ~을 따뜻이 맞이하다: 〈반어적〉 ~에게 완강하게 저항하다

2 gladly permitted or encouraged to do or keep something 제 마음대로 써도 좋은, 마음대로 할 수 있는, 자유로이 ~해도 좋은: You are *welcome* to try it. 마음대로 해 보셔도 좋습니다. / You are *welcome* to another opinion. 다른 의견이 있으셔도 좋습니다.

|실전문제|
다음에 주어진 뜻풀이 가운데서 밑줄 친 welcome의 의미로 가장 적절한 것은?

According to her career history, she is more than welcome to try it.

(1) gladly received, as one whose arrival gives pleasure
(2) agreeable, as something arriving, occurring, or experienced
(3) given full right by the cordial consent of others
(4) without obligation for the courtesy or favor received (used as a conventional response to expressions of thanks)

해설 앞뒤의 문맥을 잘 보아야 한다. 경력으로 판단하여 어떤 일을 시도하는 데 무리가 없다는 의미의 문맥에서 'welcome to V'는 '~하는 데 충분한 권한 또는 자격이 있는'의 의미를 전달한다. (3)「그녀의 경력을 보니, 이것을 시도하는 데 충분한 권한(자격)이 있다.」

□ well [wel]

ad. 1 in a good way; satisfactorily or successfully 잘, 만족하게, 훌륭하게: Marty is getting along *well* at college. 마티는 대학에 잘 다니고 있다. / The party went *well*. 그 파티는 성공적이었다. / He speaks English pretty *well*. 그는 영어를 잘한다.

2 justly, wisely or properly 적절히, 바로, 알맞게: We could not turn down her invitation very *well*. 우리는 그녀의 초대를 바로 거절할 수 없었다. / That is *well* said. 그 말씀이 맞습니다[적절합니다].

3 quite, much, or considerably 꽤, 상당히, 훨씬: The bracelet is worth *well* over thousand dollars. 그 팔찌는 족히 1,000달러 이상의 가치가 있다. / Profits were *well* above our original forecast. 우리가 원래 예측한 것보다 이윤이 훨씬 많았다.

4 thoroughly or completely 철저히, 완전히: Dust the room *well*. 그 방의 먼지를 깨끗하게 청소해라. / Wash the clothes *well* before you dry them. 말리기 전에 그 옷들을 완전히 빨아라.

|실전문제|
다음에 주어진 뜻풀이 가운데서 밑줄 친 well의 의미로 가장 적절한 것은?

It's a popular hotel, so you have to make your reservations well in advance.

(1) thoroughly or completely
(2) justly, wisely or properly
(3) quite, much, or considerably
(4) in a good way; satisfactorily or successfully

---

wear out one's *welcome* 너무 오래 묵어 미움을 사다
***welcome* from ~** ~로부터 오는 것을 환영하다.
bid a person *welcome* ~을 환영하다, 환대하다
as *welcome* as the flowers in May 대환영을 받는; 매우 고맙게 여겨지는

syn. appreciate
ant. unwelcome, say farewell

· 파생어 ·

well-being 복지, 안녕
well-bred 본데 있게 자란, 잘 자란
well-educated 교양 있는
well-founded 근거가 충분한
well-known 유명한, 잘 알고 있는
well-to-do 유복한
well-trodden 사람의 통행이 많은; 길이 잘 닦인
well-wisher 남의 행복을 비는 사람, 지지자

· 관련표현 ·

***well* aware of ~** ~을 충분히 알고 있는
***well* worth** 충분히 가치가 있는
as *well* 또한, 역시(=too, also)
as *well* as ~ ~뿐만 아니라
get on *well* with ~ ~와 사이좋게 지내다
may *well* + 동사원형 ~하는 것도 당연하다
might as *well* + 동사원형 ~하는 것이 낫다(=had better + 동사원형)
It may be as *well* to + 동사원형 ~하는 것도 좋대[그리 나쁘지 않다]
wish ~'s *well* ~의 행복을 빌다
All is *well* that ends *well*. 끝이 좋으면 만사가 다 좋다.((속담))
***well* and truly** 완전히, 아주(=completely)
dig a *well* 우물을 파다
a *well* of information 지식의 샘, 만물박사
***well* enough** 충분히 (잘); 꽤 좋게; 꽤 건강하여
do *well* 잘되다, 성공하다
come off *well* 좋은 결과가 되다,

해설 | 이때 well은 in advance(미리, 사전에)를 강조하는 강조부사로 '훨씬 이전에', '상당히 이전에' 등의 의미를 가진다. (3) 「이곳은 유명한 호텔이어서 훨씬 이전에 미리 예약을 해야 해.」

□ whole [houl]

a. **1 all or full amount of** 전부의, 모든: When I had a traffic accident, I spent a *whole* month in a hospital. 내가 교통사고를 당했을 때, 나는 한 달 내내 병원에서 보냈다.

2 not divided or broken; complete 완전한, 있는 그대로의: The detective found a *whole* human skeleton in the closet. 그 탐정은 옷장 속에서 완전한 인간의 해골을 발견했다.

3 sound or in good health 건강한, 건전한: After a month of recuperation, he's *whole* again. 한 달 동안의 회복기가 있은 후, 그는 다시 건강해졌다.

4 emphasizing a large extent or number (말하는 것을 강조하여) 대단한, 아주: The businessman helped me invent a *whole* new way of doing business. 그 사업가는 내가 아주 새로운 사업 방법을 고안해 내는 것을 도와주었다.

| 실전문제 |

다음에 주어진 뜻풀이 가운데서 밑줄 친 whole의 의미로 가장 적절한 것은?

Captive seals still prefer eating whole fish rather than pieces.

(1) sound or in good health
(2) not divided or broken; complete
(3) all or full amount of
(4) emphasizing a large extent or number

해설 | 고기를 물개가 먹는 것이므로, 고기를 '통째로', 그리고 '완전한' 고기를 먹길 좋아한다는 의미이다. (2) 「잡힌 물개들은 부서진 물고기 조각보다는 통째로 고기를 먹길 여전히 선호한다.」

□ wide [waid]

a. **1 measuring a particular distance from edge to edge or side to side** 폭넓은, 폭이 ~인: How *wide* is this living room? 이 거실은 폭이 얼마나 됩니까? / The gate isn't *wide* enough to get the car through. 그 문은 그 차가 통과할 만큼 충분히 넓지 않다.

2 covering or including a large range of things 광범위한, 다방면의, (범위가) 넓은: The group discussed a *wide* variety of subjects. 그 그룹은 광범위한 주제에 관해 토론했다. / He has *wide* experience in that field. 그는 그 분야에 폭넓은 경험을 가지고 있다.

잘되다, 운이 좋다
syn. satisfactorily, nicely, adequately, favorably, rightly, suitably, considerably, sufficiently
ant. badly, poorly, unsatisfactorily, incompletely, unkindly, disapprovingly

· 파생어 ·

wholeness 전체, 모두, 건강함
wholly 전혀, 완전히
wholesome 건강에 좋은, 건전한, 유익한
wholesale 도매의; 대규모의, 광범위한

· 관련표현 ·

not *wholly* 전적으로 ~하지는 않다
wholesome environment 건전한 환경
a *whole* year 일 년 내내
whole truth 있는 그대로의 진실
a *whole* lot 크게, 많이
as a *whole* 전체로서
on the *whole* 대체로, 전체로 보아서
with a *whole* skin 무사하고, 상처를 입지 않고
whole-hearted 성심의, 성의의
whole-length 전장의, 전체 길이의

syn. entire, full, total, undivided, sound, healthy, complete
ant. partial, incomplete, feeble, unwell

· 파생어 ·

widely 널리, 크게, 대단히
widen (지식이나 폭을) 넓히다, 넓어지다
widish 널찍한, 다소 넓은
widespread 널리 보급된, 넓게 펼쳐진

· 관련표현 ·

a *wide* street 넓은 거리
a *wide* ocean 광대한 대양

3 fully open (눈이) 동그란, 크게 뜬: The children's eyes were *wide* with excitement as Santa Claus led the parade down the street. 산타클로스가 거리 아래쪽으로 행진을 함에 따라, 어린아이들은 눈을 동그랗게 뜬 채 신이 나 있었다.

4 not fitting closely; loose or ample (옷이) 헐렁한, 낙낙한: Are the shoes *wide* enough for your feet? 그 신발이 너의 발에 꽉 끼지 않고 적당하니?

|실전문제|

다음에 주어진 뜻풀이 가운데서 밑줄 친 <u>wide</u>의 의미로 가장 적절한 것은?

The library has a lot of books on a <u>wide</u> selection of subjects.

(1) fully open
(2) covering or including a large range of things
(3) not fitting closely; loose or ample
(4) measuring a particular distance from edge to edge or side to side

해설 | 도서관의 책에 관한 이야기이므로 a wide selection of subjects는 '광범위한 주제' 라는 의미가 된다. (2)「그 도서관에는 광범위한 주제에 관한 책들이 많이 있다.」

a *wide* circle of readers 폭넓은 독자층
a *wide* blouse 헐렁한 블라우스
a *wide* difference 큰 차이
wide of the mark 엉뚱하게, 과녁을 빗나간
travel far and *wide* 널리 여행하다
broke to the *wide* 무일푼이 되어
wide awake 완전히 잠을 깬
widely known that ~라고 널리 알려진
differ *wide* in opinions 의견이 크게 다르다
with *wide* eyes 눈을 크게 뜨고

syn. broad, spacious, extensive, boundless, capacious, wide open
ant. narrow, long, limited, tight, shut

W

□ **wild** [waild]

a. **1 living or growing in natural conditions** 야생의, 자생의: Some *wild* horses still live in this valley. 이 계곡에는 아직까지도 야생마들이 살고 있다. / A pack of dogs runs *wild* in these woods. 개 떼들이 이 숲에서 야생으로 살고 있다.

2 violent and uncontrollable in behavior; untamed, uncultivated 사나운, 길들여지지 않은: He had a *wild* look in his eyes. 그는 사나운 표정을 지었다.

3 in a uncivilized or primitive state; barbaric 야만의, 미개한: *Wild* tribes still inhabit part of the Philippines. 야만족들이 아직까지도 필리핀의 일부 지역에 살고 있다.

4 without restraint or undisciplined 방종한, 야단법석 떠는: A group of *wild* youths vandalized the school. 일단의 방종한 젊은 이들이 학교를 파괴했다.

5 based on little or no evidence or probability; wide of the mark (추측, 생각, 이야기 등이) 엉뚱한, 터무니없는, 엉터리 같은: Is that another of his *wild* ideas to make us all rich? 우리 모두를 부자로 만들어 준다는 것은 그의 또 다른 터무니없는 생각이니? / I took a *wild* guess at the answer. 나는 대충 짐작해서 답을 찍었다.

· 파생어 ·

widely 사납게, 난폭하게, 야생 그대로
wildness 야생, 난폭, 황야
wilderness 황무지, 사막, 미개지
wildlife 야생 생물; 야생 생물의, 야생 생물이 풍부한

· 관련표현 ·

wild animals 야생 동물
wild weather 거친[사나운] 날씨
wild scenery 황량한 경치
a *wild* party 야단법석을 떠는 파티
a *wild* guess 막연한 추측
cf. educated guess 경험에서 나온 추측
go *wild* 미쳐 날뛰다, 몹시 화내다
out in the *wilds* 사람 사는 곳에서 멀리 떨어져서
in the *wilderness* 고립하여, (정치가가) 실각하여
wild and wooly 거친, 야만적인, 난폭한; 미개한; 파란만장한; 흥분시키는
drive a person *wild* ~을 발광하게 만들다, 몹시 흥분[열광]시키다
wild with rage 노발대발하여

|실전문제|

다음에 주어진 뜻풀이 가운데서 밑줄 친 wild의 의미로 가장 적절한 것은?

Aborigines still live wild in the jungle.

(1) violent and uncontrollable in behavior; untamed, uncultivated
(2) in a uncivilized or primitive state; barbaric
(3) based on little or no evidence or probability; wide of the mark
(4) living or growing in natural conditions

해설 | 우선 주어가 aborigines(원주민들)이며, 이들이 정글 속에 사는 삶은 '미개하고 야만적인' 것임을 짐작할 수 있다. (2)「원주민들은 아직까지도 정글 속에서 미개하게 살고 있다.」

syn. undomesticated, uncultivated, natural, primitive, savage, violent, undisciplined, uninformed
ant. domesticated, planted, inhabited, mild, gentle, careful, well-advised

wit [wit]

n. **1** **the ability to say things or words that are both clever and amusing at the same time** 기지, 재치: A good-after-dinner-speech must contain some *wit*. 식후 탁상연설은 약간의 재치를 포함해야 할 것이다. / Dorothy Darker's writing is known for its *wit*. Dorothy Darker의 작품은 그 속에 포함되어 있는 기지로 유명하다.

2 **a person who has the ability to say things in a clever and amusing way; witty person** 재치 있는 사람: The speaker is known as a *wit*. 그 연사는 재치 있는 사람으로 알려졌다.

3 **power of wisdom or thought; intelligence or sense** 지혜, 이해력: She showed a great deal of *wit* in handling the delicate situation. 그녀는 미묘한 사태를 다루는 데 많은 지혜를 보여 주었다.

4 **(usually *pl*.) mental balance or mental alertness; sanity** 제정신: I was out of *wits* with worry. 나는 걱정으로 인해 제정신이 아니었다. / Keep your *wits* about you when you're driving. 운전할 때는 정신 똑바로 차려라.

· 파생어 ·

witty 재치[기지]가 있는, 재담을 잘하는
witted 재지[才智]가 ~한, 이해력이 ~한
witless 재치가 없는, 어리석은

· 관련표현 ·

lose one's *wits* 제정신을 잃다
have quick *wits* 이해가 빠르다, 재치가 있다
have slow *wits* 이해가 더디다[형광등이다], 재치가 없다
in one's right *wits* 본정신으로
at one's *wit*'s end 어찌할 바를 몰라, 곤경에 빠져
sparkling with *wit* 재치가 번뜩이는
quick-*witted* 재치 있는, 이해가 빠른
live by[on] one's *wits* 약삭빠르게[슬기롭게] 처세하다, 잔재주로 이럭저럭 둘러맞추다: 교묘하게 임시 변통하다
out of one's *wits* 제정신을 잃고

syn. cleverness, humor, jokes, witticism, intelligence, wisdom, sagacity
ant. seriousness, gravity, dullness, foolishness

|실전문제|

다음에 주어진 뜻풀이 가운데서 밑줄 친 wits의 의미로 가장 적절한 것은?

It is surely not beyond the wits of the experts to solve this problem.

(1) mental balance or mental alertness; sanity
(2) a person who has the ability to say things in a clever and amusing way
(3) the ability to say things or words that are both clever and amusing at the same time
(4) power of wisdom or thought; intelligence or sense

해설 | 뒤에 to solve this problem(이 문제를 풀기 위해서는)이 나오며 이것과 wits of the experts를 연결시켜 보면 '전문가들의 지혜'가 됨을 알 수 있다. (4)「확실한 것은 이 문제를 푸는 데 전문가들의 지혜를 벗어나지 않는다는 것이다.」

withdraw [wiðdrɔ́ː]

vt. 1 to take away or back the money from a bank account (은행에서) 돈을 찾다[인출하다]: He *withdrew* 150 dollars from a bank account after checking out of the hotel. 그는 호텔에서 나온 후 은행 통장에서 150달러를 인출했다.

2 to cancel one's promise or say that a statement one has made is untrue (약속이나 말을) 철회하다, 취소하다: I *withdraw* that last statement and ask that it be removed from the record. 나는 지난번의 언급을 철회하며 기록에서 삭제해 줄 것을 요청합니다.

vi., vt. 1 to move back or away or make do this from the place where one is fighting or where one is based (군을) 철수하다, 물러나게 하다: They *withdrew* their troops from the position. 그들은 진지에서 군을 철수시켰다.

2 to stop taking part or make stop from doing in any activities, such as an election, race, or competition (선거, 경기 등에) 참가하지 않다, 물러나다: The candidate *withdrew* from the election. 그 후보자는 선거에서 물러났다.

·파생어·
withdrawal 물러남, 철회, 철수, 후퇴, 인출
withdrawn 인적이 드문, 철회한

·관련표현·
***withdraw* money from the bank** 은행에서 돈을 찾다
***withdraw* a promise** 약속을 취소하다
***withdraw* from a competition** 시합을 기권하다
***withdraw* from heroin** 헤로인을 끊다
***withdrawal* symptoms** 금단 증상
***withdraw* an objection** 반대 의견을 철회하다

syn. remove, take away, retire, retreat, retract, recall
ant. appear, propose, offer, reiterate

|실전문제|

다음에 주어진 뜻풀이 가운데서 밑줄 친 withdrew의 의미로 가장 적절한 것은?

The general withdrew his army because it was suffering so many casualties.

(1) to cancel one's promise or say that a statement one has made is untrue
(2) to stop taking part or make stop from doing in any activities, such as an election, race, or competition
(3) to move back or away or make do this from the place where one is fighting or where one is based
(4) to take away or back the money from a bank account

해설 | 뒤에 목적어가 '군(army)'이므로 군을 철수시킨다는 뜻이다. (3) 「그 장군은 희생자가 너무 많아서 아군을 철수시켰다.」

work [wəːrk]

n. 1 the job that one does in order to earn money 일, 업무: The unemployed man is looking for *work*. 그 실업자는 일[직업]을 찾고 있다.

2 the subject or material one is working on 일감, 일거리: I'm taking some *work* home to do this evening. 나는 약간의 일감을 집에 가지고 가서 오늘 저녁에 할 것이다.

·파생어·
workable 일할 수 있는, 운전할 수 있는, 실행할 수 있는
worked 가공된, 장식을 한
worker 일을 하는 사람
working 일, 노동, 작업, 해결

·관련표현·
***worked* material** 가공 원료
a hard *worker* 노력가, 열심히 일을 하는 사람
***working* conditions** 근로 조건
look for *work* 일[직장]을 찾다(=look for a job)
go to *work* 출근하다(=get to *work*)
get home from *work* 일을 마치고 귀가하다
***works* of mercy** 자비로운[자선] 행위

3 something such as a painting, book, piece of music produced by an artist, composer, or writer (예술가, 작곡가, 작가의) 작품: This painting is one of Matisse's great *works*. 이것은 마티스의 위대한 미술 작품 중 하나이다.

4 the place where someone does his or her job 직장, 일터: Every morning, quite a lot of people take the subway to *work*. 매일 아침 꽤 많은 사람들이 출근하기 위해 지하철을 탄다.

|실전문제|

다음에 주어진 뜻풀이 가운데서 밑줄 친 work의 의미로 가장 적절한 것은?

Treasure Island is probably Robert Louis Stevenson's best-known work.

(1) the subject or material one is working on
(2) the job that one does in order to earn money
(3) the place where someone does his or her job
(4) something such as a painting, book, piece of music produced by an artist, composer, or writer

해설 | 보물섬(Treasure Island)이라는 문학 작품이 주어로 나온다는 데에 주의한다.
(4) 「보물섬은 아마도 로버트 루이스 스티븐슨의 가장 잘 알려진 작품일 것이다.」

musical *works* 음악 작품
out of *work* 실업의(=out of job, unemployed)
set to *work* 일에 착수하다
work at[for] a bank 은행에 근무하다
have all one's *work* cut out for one 벅찬[힘겨운] 일을 맡고 있다
work away 부지런히 일[공부]을 계속하다
all in a day's *work* 아주 일상적인[보통의, 당연한] 일인
at *work* 일하고, 집무 중에: 현역으로
make short *work* of ~ ~을 재빨리 해치우다, 척척 처리하다

syn. effort, task, job, occupation, work of art
ant. play, recreation, entertainment, unemployment

□ **wrong** [rɔːŋ]

a. **1 not right; correct** 잘못된, 틀린: Sorry, I must have dailed the *wrong* number. 죄송해요, 제가 전화를 잘못 걸었나보네요.

2 making a mistake and not choosing the one that one really wants 실수해서 잘못된, (계산 등이) 틀린: He was *wrong* in his conjecture. 그의 추측은 틀렸다. / She got on the *wrong* bus on the way home. 그녀는 집에 오는 도중에 버스를 잘못 탔다.

3 not working properly; malfunctioning 기계 고장의, 고장 난: There's something *wrong* with the copy machine. 복사기가 고장이 났다.

4 not morally right or honest (도덕적, 윤리적으로) 그릇된, 잘못된, 나쁜: It's *wrong* to tell a lie. 거짓말하는 것은 나쁜 것이다. / She was *wrong* to beat the young baby. 그녀가 어린 아기를 때리는 것은 잘못이었다.

|실전문제|

다음에 주어진 뜻풀이 가운데서 밑줄 친 wrong의 의미로 가장 적절한 것은?

Three wrong answers, and you fail the test.

(1) not working properly; malfunctioning
(2) not morally right or honest
(3) making a mistake and not choosing the one that one really wants
(4) not right; correct

해설 | 수식하는 명사가 답(answer)이므로, '틀린 답, 실수로 잘못된 답' 등에 속한다. (3) 「세 개의 답이 틀리면 낙방이야.」

· 파생어 ·
wrongly 부정하게, 불법으로
wrongful 불법의, 부정한, 나쁜
wronged 부당한 취급을 받은

· 관련표현 ·
a **wrongful** dismissal 부당 해고
go the *wrong* way 일이 잘못되다
on the *wrong* side of ~ ~의 연령을 초과한
wrong side out 뒤집어서
the *wrong* way round 반대로, 역으로
guess *wrong* 잘못 추측하다
Don't get me *wrong*. 나를 오해하지 마세요.
in the *wrong* 부정으로, 나쁜
wrongdoing 비행, 나쁜 짓
do a person *wrong* ~에게 나쁜[불법] 행동을 하다, ~을 부당하게 대우하다; 오해하다, ~의 동기를 올바르게 판단하지 않다

syn. immoral, bad, dishonest, incorrect, mistaken, malfunctioning
ant. right, moral, good, correct, proper, suitable

Y

yard [jɑːrd]

n. **1 the ground surrounding a building** 안마당: The children are playing in the *yard*. 어린아이들이 안마당에서 놀고 있다.

2 a unit of length 길이의 단위, 야드(0.914미터, 3피트): Will two *yards* of dress material be enough? 옷감 2야드면 충분하겠습니까?

3 an enclosed or partly enclosed area next to a building or group of buildings 구내: He spied a stranger entering the *yard*. 그는 낯선 사람이 구내에 들어서는 것을 알아차렸다.

4 an area enclosed for a special purpose 작업장, 제조소: There is the Hyundai Ulsan ship*yard* in Korea which makes the country the first in shipbuilding in the world. 한국에는 자국을 조선업 세계 제1위로 만든 현대 울산 조선소가 있다.

5 a great length or quantity 긴 길이나 많은 양: His estimate was *yards* out. 그의 추산은 많이 틀렸다.

|실전문제|

다음에 주어진 뜻풀이 가운데서 밑줄 친 yard의 의미로 가장 적절한 것은?

We measure distance by the mile and yard.

(1) an area enclosed for a special purpose
(2) a great length or quantity
(3) a unit of length
(4) the ground surrounding a building

해설 | 앞에 '거리를 잰다(measure distance)'는 말이 나오므로 길이의 측정 단위임을 알 수 있다. (3) 「우리는 거리를 재는 데 마일과 야드를 사용한다.」

· 파생어 ·
yardman 날품팔이 일꾼, 뜰을 손질하는 사람
yardage (가축 등의) 위탁장 사용료[권]
yardstick 판단 · 비교의 표준

· 관련표현 ·
a front *yard* 앞마당
a back *yard* 뒷마당
a *shipyard* 조선소(=a shipbuilding *yard*)
a square *yard* 제곱 야드
by the *yard* 상세히
yardsale 주말에 마당에 중고 혹은 필요가 없는 물건을 내놓고 이웃에게나 지나가는 사람에게 판매하는 것(=garage sale)
yardwork 뜰 일, 마당 일
a *coalyard* 저탄장
a *graveyard* 묘지
go the full *yard* 철저하게 하다
stay in one's own *yard* 참견하지 않다

syn. courtyard, compound

year [jiər]

n. **1 a period of 365 days divided into 12 months** 연, 해: That incident happened two *years* ago. 그 사건은 2년 전에(두 해 전에) 일어났다. / The company's fiscal *year* ends on October 15th. 그 회사의 회계 연도는 10월 15일에 끝난다.

2 a period of 12 months connected with a particular activity (특정 활동과 관련된) 한 해: The school *year* was broken up with many holidays. 그 학년(1년간)은 많은 휴일로 인해 끊김이 있었다.

3 (*pl.*) age; time of life 연령; 노령: The boy seemed very mature for his *years*. 그 소년은 나이에 비해 아주 성숙하게 보였다.

· 파생어 ·
yearly 매년의, 1년간의
yearling 한 살 아이, (동 · 식물의) 1년생

· 관련표현 ·
a *yearly* event 매년[연중] 행사
a *yearly* income 연간 소득[수입]
a *yearly* plant 1년생 식물
yearly medical examination 연례 · 정기 검진
year-long absence 1년 동안의 부재

4 *(pl.)* **a long time; many years** 시대, 다년간: The country went through *years* of turmoil. 그 나라는 혼란의 시대[시기]를 겪었다.

|실전문제|

다음에 주어진 뜻풀이 가운데서 밑줄 친 <u>years</u>의 의미로 가장 적절한 것은?

It's <u>years</u> since I saw her last.

(1) a period of 12 months connected with a particular activity
(2) age; time of life
(3) a period of 365 days divided into 12 months
(4) a long time; many years

해설 | 지난번 당신을 본 이래로 years가 되었다는 것은 오랜 시간[세월]이 흘렀다는 것을 의미한다. (4) 「그녀를 지난번 본 후 오랜만이다.」

☐ yield [ji:ld]

vt. to produce or to bring forth as a result of work or effort 산출하다, 생산하다, 생기게 하다: His business *yields* big profits. 그의 사업은 큰 이윤을 낸다. / This old tree still *yields* apples every year. 이 오래된 나무에서는 아직도 매년 사과가 열린다.

vi. 1 to give up control; surrender 항복하다, 굴복하다: Don't *yield* to temptation. 유혹에 굴복하지 마라. / They *yielded* up their position to the enemy. 그들은 적군에게 그들의 진지를 내주었다.

2 to bend or break due to a strong pressure or force (압력, 힘 때문에) 구부러[휘어]지다, 무너지다: The shelf *yielded* under the heavy weight. 무게 때문에 그 선반이 휘었다. / The small chair *yielded* under his weight. 그 작은 의자는 그의 몸무게 때문에 부서졌다.

3 to allow another traffic to go first or to give up one's rights for someone (도로에서 다른 차에게) 양보하다, (딴 사람에게 자기의 권리를) 양보하다: You'd better *yield* to traffic from the left. 당신이 좌측 차량에게 길을 양보하는 것이 좋겠습니다.

|실전문제|

다음에 주어진 뜻풀이 가운데서 밑줄 친 <u>yield</u>의 의미로 가장 적절한 것은?

Will the speaker <u>yield</u> five minutes of his alloted speaking time to the senator from California?

(1) to bend or break due to a strong pressure or force
(2) to give up control; surrender
(3) to allow another traffic to go first or to give up one's rights for someone
(4) to produce or to bring forth as a result of work or effort

해설 | 자기에게 할당된 발언 시간을 양보하는 것으로, 자신의 권리를 '남에게 양보하는' 것이다. (3) 「국회 의장님이 그에게 할당된 발언 시간 중 5분을 캘리포니아 출신 상원 의원에게 양보할까요?」

---

year **planner** 연간 계획[예정]표
a *year***-round sport** 연중 계속되는 스포츠
*year***-on-***year* **comparisons** 연도별 비교
in the *years* **to come** 다가올 시대에는
a leap *year* 윤년
a calender *year* 역년
from *year* **to** *year* 매년, 해마다(=every *year*)
year **in and** *year* **out** 연년세세, 언제나
a good *year* 풍성핸[성과가 좋은] 해
year **after** *year* 매년, 해마다: 연년
spend a *year* (어디에서) 해를 보내다

syn. age, period, time, era, the time of life

·파생어·

yielding 다산의, 영향을 받기 쉬운
yieldable 산출[생산]할 수 있는, 구부러질 수 있는, 양보할 수 있는

·관련표현·

in *yielding* **mood** 동의할 생각으로
yield **possession** 소유권을 양도하다
yield **(up) to the temptation** 유혹에 넘어가다
yield **submission** 복종하다
yield **precedence to ~** ~에게 차례를 양보하다
yield **to none** 아무에게도 양보하지 않다[지지 않다]
yield **one's consent** 승낙하다
yield **oneself up to ~** ~에 몰두하다
yield **a profit** 이익을 낳다

syn. produce, give birth to, generate, give in, succumb, give up, collapse
ant. resist, attack, reserve, maintain

yoke [jouk]

n. **1** **a wooden bar for joining two animals together so as to pull heavy loads or farm vehicles** 멍에: The two oxen were put into the *yoke*. 두 마리의 황소는 멍에가 씌어 있었다.

2 **control, burden or oppression** 속박, 지배: Lincoln's Emancipation Proclamation freed the slaves from their *yoke*. 링컨의 노예 해방 선언은 노예들을 그들의 속박[지배]에서 자유롭게 했다.

3 **a team, pair, or couple** 한 팀, 조, 두 마리: It takes a *yoke* of oxen to pull that wagon. 그 마차를 끄는 데는 두 마리의 황소가 필요하다.

4 **something that binds people or things together** 인연, 연결: Are you talking about the *yoke* of love? 당신 사랑의 인연에 대해서 이야기하고 있습니까?

|실전문제|
다음에 주어진 뜻풀이 가운데서 밑줄 친 yoke의 의미로 가장 적절한 것은?
They had no alternative but to pass under the yoke.

(1) a team, pair, or couple
(2) something that binds people or things together
(3) control, burden or oppression
(4) a wooden bar for joining two animals together so as to pull heavy loads or farm vehicles

해설 | pass[come] under the yoke는 '굴복하다'의 숙어로 흔히 사용되는 표현이며, 이때 yoke는 '지배', '속박' 등의 의미이다. (3) 「그들은 굴복하지 않을 수 없었다.」

· 파생어 ·
yokefellow 동료 일꾼, 배우자(=yokemate)

· 관련표현 ·
put to the yoke 멍에를 씌우다
cast[throw] off the yoke 속박을 벗어던지다
the yoke of marriage 결혼할 만한 인연
submit to ~'s yoke ~의 지배에 굴복하다
yoke well 잘 어울리다(=match well)
under the yoke of the country 그 나라의 지배하에
not ready for the yoke of responsibility 책임질 준비가 되어 있지 않은
endure the yoke 남의 지배를 받다

syn. bond, collar, pair, team, slavery, bondage, oppression, burden
ant. freedom, joy, delight, satisfaction, liberty

youth [ju:θ]

n. **1** **the quality or state of being young** 젊음, 원기, 혈기: Shall I tell you the secret of keeping your *youth*? 당신의 젊음을 유지하는 비결을 제가 이야기해 줄까요? / She's trying frantically to maintain her *youth*. 그녀는 광적으로 젊음을 유지하려고 애쓰고 있다.

2 **the period of being young, or the period between being a child and being fully grown** 젊은 시절, 청년기, 청춘기: I visited Alaska in my *youth*. 나는 젊은 시절에 알래스카를 방문했다.

3 **a young person, or a male teenager** 청년, 젊은이: The *youth* ran away from his house to join the circus. 그 젊은이는 서커스단에 입단하기 위해서 집을 뛰쳐나갔다.

4 **young men and young women considered a group** 젊은이들, 청춘 남녀: The new TV comic program is aimed at *youth*. 그 새로운 코믹 TV 프로그램은 젊은이들을 겨냥한 것이다.

· 파생어 ·
youthful 젊은, 발랄한, 청년의
youthless 젊지 않은, 청년답지 않은

· 관련표현 ·
youthful enthusiasm 청년다운 열정
in one's youth 젊었을 때
in the youth of civilization 문명의 초기에
a promising youth 전도유망한 젊은이
youth culture 청소년 문화
youth hostel 유스호스텔(청소년 여행자 숙박 시설)
youthquake 젊은이의 반란 (1960~1970년대의 사회를 뒤흔든 젊은이의 문화, 가치관)

|실전문제|

다음에 주어진 뜻풀이 가운데서 밑줄 친 youth의 의미로 가장 적절한 것은?

The youth of the country are being ignored by politicians.

(1) young men and young women considered a group
(2) the quality or state of being young
(3) the period of being young, or the period between being a child and being fully grown
(4) a young person, or a male teenager

해설 | 문맥을 볼 때, 그 나라의 '젊은이들, 청년들'의 의미로 집합적인 뜻으로 사용되었다. (1)「그 나라의 젊은이들은 정치가들로부터 무시되고 있다.」

restore *youth* 젊음을 회복하다
youth employment 청년 실업
in one's hot *youth*
혈기 왕성한 시절에

syn. **adolescence, childhood, boy, youngster, teenager, young people**
ant. **old age, adulthood, old-timers, grown-ups**

Z

zip [zip]

vi. **1 to move very quickly and forcefully** 빠르고 기운차게 나아가다: *Zip* down to the store and get a bottle of wine. 가게로 급히 가서 포도주 한 병 사 와.

2 to travel with a hissing sound 핑 소리를 내며 지나가다: The bullet *zipped* through the air. 총탄은 핑 소리 내며 지나갔다.

vt. **1 to fasten with a zip** 지퍼로 잠그다: Will you *zip* my dress? 내 옷 지퍼 좀 올려 줄래?

2 (slang) to be quiet, or keep one's mouth shut 입을 다물다, 조용히 하다: Will you *zip* your lips? 입을 다물어 주겠니?

|실전문제|

다음에 주어진 뜻풀이 가운데서 밑줄 친 <u>zipping</u>의 의미로 가장 적절한 것은?

He's just <u>zipping</u> into a convenient store to buy some food late at night.

(1) to be quiet, or keep one's mouth shut
(2) to travel with a hissing sound
(3) to fasten with a zip
(4) to move very quickly and forcefully

해설 | 편의점으로 음식을 사기 위해서 급히 달려간다는 문장이다. (4) 「그는 밤늦게 음식을 사기 위해서 편의점으로 급히 달려가는 중이다.」

· 파생어 ·
zipper 지퍼; 지퍼 달린 장화
zip-up 지퍼로 잠그는
zippy 기운찬, 활발한

· 관련표현 ·
zip along the street
거리를 기운차게 나아가다
Zip it up! ((속어)) 입 다물어, 닥쳐(=Keep your mouth shut!)
zip up one's jacket
재킷의 지퍼를 잠그다
zip[button] one's lips 입을 다물다
unzip one's dress
옷의 지퍼를 내리다
a *zip* gets stuck 지퍼가 걸리다
zip code 우편번호(=postal number)

syn. run, dash, zip up
ant. unzip, creep, inch, crawl

zoom [zu:m]

vi. **1 to go quickly with a loud noise** 붕 소리를 내며 빨리 움직이다[가다]: The motorbike *zoomed* past away. 그 오토바이는 붕 소리를 내며 지나갔다.

2 to increase suddenly and quickly in prices (물가가) 급등하다: The cost of living has *zoomed* in recent years. 최근 몇 년 동안에 생활비가 급등했다.

3 to move smoothly from a long shot to a close-up or vice versa (카메라가) 피사체에 초점을 맞추고 빨리 접근하다[멀어지다]: The camera *zoomed* in on the girl's face. 카메라는 그 소녀의 얼굴을 가까이에서 잡았다.

· 파생어 ·
zoomer 줌 렌즈(=zoom lens)
zooming 급상승
zoomy 줌 렌즈에 의한, 줌 렌즈를 사용한

· 관련표현 ·
zoom off 급히 사라지다, 급히 도망치다
zoom up
(비행기·물가 등이) 급상승하다

syn. speed, skyrocket, soar, shoot
ant. crawl, pull back

4 (of an airplane) to skyrocket or soar into the sky (비행기가) 급상승하다: The jet fighter *zoomed* into the sky. 그 제트 전투기는 하늘로 급상승하며 날아올랐다.

| 실전문제 |

다음에 주어진 뜻풀이 가운데서 밑줄 친 zooming의 의미로 가장 적절한 것은?

John Kennedy went zooming past in his new car.

(1) to increase suddenly and quickly in prices
(2) to move smoothly from a long shot to a close-up or vice versa
(3) (of an airplane) to skyrocket or soar into the sky
(4) to go quickly with a loud noise

해설 | 뒤에 차가 있으므로, 차를 타고 갈 때 붕하는 소리를 생각한다. (4) 「존 케네디는 새 차를 타고 붕 소리를 내며 지나갔다.」